Le guide du routard

Normandie

W0248940

Directeur de collection et auteur
Philippe GLOAGUEN

Cofondateurs
Philippe GLOAGUEN
et Michel DUVAL

Rédacteur en chef
Pierre JOSSE

Rédacteurs en chef adjoints
Amanda KERAVEL
et Benoît LUCCHINI

Directrice de la coordination
Florence CHARMETANT

Directrice administrative
Bénédicte GLOAGUEN

Direction éditoriale
Catherine JULHE

Rédaction
Olivier PAGE
Véronique de CHARDON
Isabelle AL SUBAIHI
Anne-Caroline DUMAS
Carole BORDES
André PONCELET
Marie BURIN des ROZIERS
Thierry BROUARD
Géraldine LEMAUF-BEAUVOIS
Anne POINSOT
Mathilde de BOISGROLLIER
Alain PALLIER
Gavin's CLEMENTE-RUÏZ
Fiona DEBRABANDER

2012/2013

hachette

Remarque importante aux hôteliers et restaurateurs

Les enquêteurs du *Guide du routard* travaillent dans le plus strict anonymat. Aucune réduction, aucun avantage quelconque, aucune rétribution n'est jamais demandé en contrepartie. Face aux aigrefins, la loi autorise les hôteliers et restaurateurs à porter plainte.

Hors-d'œuvre

Le *Guide du routard,* ce n'est pas comme le bon vin, il vieillit mal. On ne veut pas pousser à la consommation, mais évitez de partir avec une édition ancienne. Les modifications sont souvent importantes.

routard.com

✓ Rejoignez la plus grande communauté francophone de voyageurs : plus de **2 millions** de visiteurs !

✓ Échangez avec les routarnautes : forums, photos, avis d'hôtels.

✓ Retrouvez aussi toutes les informations actualisées pour choisir et préparer vos voyages : plus de 200 fiches pays, une centaine de dossiers pratiques et un magazine en ligne pour découvrir tous les secrets de votre destination.

✓ Enfin, comparez les offres pour organiser et réserver votre voyage au meilleur prix.

✓ ***routard.com,*** le voyage à portée de clics !

Avis aux lecteurs

Les réductions accordées à nos lecteurs ne sont jamais demandées par nos rédacteurs afin de préserver leur indépendance. Les hôteliers et restaurateurs sont sollicités par une société de mailing, totalement indépendante de la rédaction, qui reste donc libre de ses choix. De même pour les autocollants et plaques émaillées.

Pour que votre pub voyage autant que nos lecteurs,
contactez nos régies publicitaires :
• *fbrunel@hachette-livre.fr* •
• *veronique@routard.com* •

Mille excuses, on ne peut plus répondre individuellement aux centaines de CV reçus chaque année.

© HACHETTE LIVRE (Hachette Tourisme), 2012

Tous droits de traduction, de reproduction et d'adaptation réservés pour tous pays.

© **Cartographie** Hachette Tourisme.

I.S.B.N. 978-2-01-245312-8

TABLE DES MATIÈRES

▸ Pour la carte générale de la Normandie, se reporter au cahier couleur.

COMMENT Y ALLER ?

NORMANDIE UTILE

HOMMES, CULTURE, ENVIRONNEMENT

LA SEINE-MARITIME

LA VALLÉE DE LA SEINE

LA BAIE DE SEINE

LA CÔTE D'ALBÂTRE

La vallée de la Durdent

LE PAYS DE CAUX

De Saint-Valery-en-Caux à Dieppe

LE PETIT CAUX

La basse vallée de la Bresle

LE PAYS DE BRAY

ENTRE PAYS DE BRAY ET PAYS DE CAUX

L'EURE

LA VALLÉE DE LA SEINE

LE PAYS DU VEXIN NORMAND

La vallée de l'Epte

Lyons-Andelle

LA VALLÉE DE L'EURE

LE PAYS D'AVRE ET ITON

LE PAYS D'OUCHE

LA VALLÉE DE LA RISLE ET DE LA CHARENTONNE

LE PAYS D'AUGE ET LE LIEUVIN

LE PARC NATUREL RÉGIONAL DES BOUCLES DE LA SEINE NORMANDE

LE CALVADOS

LA CÔTE FLEURIE

LE PAYS D'AUGE

Les manoirs du pays d'Auge

La route du Cidre

LA CÔTE DE NACRE ET LES PLAGES DU DÉBARQUEMENT

LE BESSIN

LA SUISSE NORMANDE ET LE PAYS DE FALAISE

LA MANCHE

SAINT-LÔ ET LA VALLÉE DE LA VIRE

LE COTENTIN

Le bocage

Le val de Saire

La Côte du Plain (de Barfleur à Cherbourg)

La presqu'île de la Hague

La Côte des Isles

LE PAYS DE COUTANCES

Le bord de mer du pays de Coutances

Le sud du pays de Coutances

LA BAIE DU MONT-SAINT-MICHEL

LE PAYS DU SUD-MANCHE ET LE MORTAINAIS

Le Mortainais

L'ORNE

Le pays d'Alençon

Le pays d'Andaine et le Domfrontais

La Suisse normande de l'Orne

La région des haras et des châteaux

Le pays d'Auge ornais

Le pays d'Ouche

Le Perche ornais

Recommandation à nos lecteurs qui souhaitent profiter des réductions et avantages proposés dans le *Guide du routard* par les hôteliers et les restaurateurs : à l'hôtel, prenez la précaution de les réclamer **à l'arrivée** (ou dès la réservation) et, au restaurant, **au moment** de la commande (pour les apéritifs) et surtout **avant** l'établissement de l'addition. Poser votre *Guide du routard* sur la table ne suffit pas : le personnel de salle n'est pas toujours au courant et, une fois le ticket de caisse imprimé, il est difficile pour votre hôte d'en modifier le contenu. En cas de doute, montrez la notice relative à l'établissement dans le guide et ne manquez pas de nous faire part de toute difficulté rencontrée.

NOUVEAU ET IMPORTANT : DERNIÈRE MINUTE

Sauf exception, les *Guides du routard* bénéficient d'une parution annuelle à date fixe. Entre ces deux dates, des événements fortuits (formalités, taux de change, catastrophes naturelles, conditions d'accès aux sites, fermetures inopinées, etc.) peuvent modifier vos projets en voyage. Pour éviter les déconvenues, nous vous recommandons de consulter la rubrique « Guide » par pays de notre site • *routard.com* • et plus particulièrement les dernières « Actus voyageurs ».

NOS NOUVEAUTÉS

ISRAËL, PALESTINE (mai 2012)

Enfin un guide *Israël, Palestine* ! Malgré les apparences, les conditions d'une paix durable semblent enfin se dessiner dans la région. De chaque côté, on découvre des opposants à la haine et au racisme. Partout, des gens de bonne volonté, plus proches les uns des autres qu'on ne le pense. Ils font entendre leur volonté de paix. D'une façon assourdissante. Voici un guide qui permet de découvrir une région dont les identités sont si fortement imbriquées... outre les lieux branchés, les hébergements pour tous les budgets, les gastronomies (tant de plats typiques et délicieux en commun), les cultures... Et puis aussi, de Tel-Aviv à Ramallah, des endroits inouïs. Une vraie mosaïque passionnante et foisonnante qui compose cette Terre sainte... trois fois sainte.

SRI LANKA (Ceylan ; mai 2012)

Montagnes verdoyantes, plantations de thé peignées comme un dimanche, cascades impressionnantes et villages de bout du monde. Des pluies chaudes, des lumières fortes, des forêts primaires... En guise de bienvenue, le sourire des enfants et la robe safran des moines qui colorie ce décor. Répondant au vert de la nature, le bleu des lagons, tout simplement. Les Anglais avaient le nez pour découvrir les lieux paradisiaques, ils ont laissé ici l'empreinte de petits cottages où il fait bon séjourner pour vivre en harmonie avec ce décor. Il est temps de redécouvrir ce paradis. Sri Lanka en a terminé avec la guerre civile et le tsunami. Soyez les premiers à en rouvrir les portes.

Nous tenons à remercier tout particulièrement Loup-Maëlle Besançon, Thierry Bessou, Gérard Bouchu, François Chauvin, Grégory Dalex, Stéphanie Déro, Solenne Deschamps, Fabrice Doumergue, Cédric Fischer, Carole Fouque, Michelle Georget, Claude Hervé-Bazin, Emmanuel Juste, Dimitri Lefèvre, Sacha Lenormand, Fabrice de Lestang, Romain Meynier, Éric Milet, Pierre Mitrano, Jean-Sébastien Petitdemange, Thomas Rivallain, Dominique Roland et Solange Vivier pour leur collaboration régulière.

Et pour cette nouvelle collection, nous remercions aussi :

Maureen Abel
David Alon
Sarah Amoyel
Pauline Augé
Emmanuelle Bauquis
Solene de Bellefon
Gwladys Bonnassie
Jean-Jacques Bordier-Chêne
Michèle Boucher
Alain Chaplais
Stéphanie Condis
Élodie Coué
Agnès Debiage
Jérôme Denoix
Tovi et Ahmet Diler
Clélie Dudon
Sophie Duval
Clara Favini
Alain Fisch
David Giason
Adrien et Clément Gloaguen
Stéphane Gourmelen
Xavier Haudiquet
Bernard Hilaire
Sébastien Jauffret
François et Sylvie Jouffa
Laetitia Le Couédic
Solenne Leclerc
Jacques Lemoine
Valérie Loth
Jacques Muller
Caroline Ollion
Nicolas Pallier
Martine Partrat
Odile Paugam et Didier Jehanno
Delis Pusiol
Amélie Robin
Prakit Saiporn
Jean-Luc et Antigone Schilling
Laura Vanzo

Direction : Nathalie Pujo
Contrôle de gestion : Héloïse Morel d'Arleux et Aurélie Knafo
Secrétariat : Catherine Maîtrepierre
Direction éditoriale : Catherine Julhe
Édition : Matthieu Devaux, Géraldine Péron, Olga Krokhina, Gia-Quy Tran, Julie Dupré, Juliette Genest, Christine de Geyer, Barbara Janssens, Anaïs Petit et Clémence Toublanc
Préparation-lecture : Danielle Blondy
Cartographie : Frédéric Clémençon et Aurélie Huot
Fabrication : Nathalie Lautout et Audrey Detournay
Relations presse France : COM'PROD, Fred Papet. ☎ 01-70-69-04-69.
• *info@comprod.fr* •
Illustrations : Anne-Sophie de Précourt
Direction marketing : Muriel Widmaier, Lydie Firmin et Claire Bourdillon
Contacts partenariats : André Magniez (EMD). • *andremagniez@gmail.com* •
Édition des partenariats : Élise Ernest
Informatique éditoriale : Lionel Barth
Couverture : Clément Gloaguen et Seenk
Maquette intérieure : le-bureau-des-affaires-graphiques.com, Thibault Reumaux et npeg.fr
Relations presse : Martine Levens (Belgique) et Maureen Browne (Suisse)
Régie publicitaire : Florence Brunel-Jars

Remerciements

Pour la Seine-Maritime

– Éric Talbot, Estelle Clabaux et Michèle Desbruères, du Comité départemental du tourisme de Seine-Maritime.

– Les offices de tourisme de Seine-Maritime, en particulier ceux de Rouen, Dieppe, Étretat, Fécamp, Le Havre.

Pour l'Eure

– Capucine d'Halluin, de Eure Tourisme (Comité départemental du tourisme de l'Eure).

– Marion Hossin et Agnès Le Maitre, de l'office de tourisme d'Evreux.

– Les offices de tourisme de l'Eure : Les Andelys, Bernay, Bourneville, Conches-en-Ouche, Gisors, Louviers, Lyons-la-Forêt, Pacy-sur-Eure, Pont-Audemer, Verneuil-sur-Avre, Vernon.

Pour le Calvados

– Armelle Le Goff et les services de Calvados Tourisme.

– Les offices de tourisme du Calvados, en particulier ceux de Bayeux, Cabourg, Caen, Deauville, Honfleur, Houlgate, Lisieux, Livarot, Orbec, Ouistreham, Pont-L'Évêque, Saint-Pierre-sur-Dives, Trouville, Villers-sur-Mer et de la Suisse Normande.

Pour la Manche

– Isabelle Chollet et Sophie Bougeard, de Manche Tourisme.

– Les offices de tourisme de la Manche en particulier ceux de Barneville-Carteret, Cherbourg-Cotentin, Mortain, Port-Bail, Saint-Lô, Saint-Sauveur-Lendelin, Saint-Sauveur-le-Vicomte.

– Claire Montémont du Syndicat mixte Baie-du-Mont-Saint-Michel.

Pour l'Orne

– Carole Rauber, du Comité départemental du tourisme de l'Orne.

– Pierre Poisson, des Gîtes de France.

– Joël Delaunay, de la Chambre de commerce et d'industrie territoriale d'Alençon.

– Les offices de tourisme de l'Orne pour leur superbe accueil et leur disponibilité, en particulier ceux de : L'Aigle, Alençon, Argentan, Athis-de-l'Orne, Bagnoles-de-l'Orne, Bellême, Domfront, Flers, Mortagne-au-Perche, Sées, Tinchebray et Vimoutiers.

– L'équipe de la Maison du Parc naturel régional du Perche.

– Marie-Dominique Rousseau et son équipe, de la Maison du Parc naturel régional Nomandie-Maine.

LES COUPS DE CŒUR DU ROUTARD

Remonter le temps à travers la visite époustouflante des abbayes quasi millénaires, le long de la vallée de la Seine, et vibrer au son des chants grégoriens.

Découvrir l'urbanisme moderne d'Auguste Perret au Havre, et se laisser surprendre par l'étonnante omniprésence du béton.

Partir sur les traces d'Arsène Lupin en admirant les falaises d'Étretat, et tenter d'élucider le mystère de *L'Aiguille creuse.*

Au printemps, **contempler les nymphéas dans les jardins de Monet** à Giverny.

Chercher les fantômes de la très romantique **abbaye de Mortemer.**

Observer et écouter les oiseaux de bon matin, dans le silence fabuleux du Marais-Vernier.

Prendre un *pass* et **assister au Festival du cinéma américain de Deauville,** quitte à dormir dans un camping. Une expérience extra, pas si chère que ça.

Se constituer un pique-nique au marché de Honfleur et le déguster sur la plage avec un bon cidre brut.

Assister à la fabrication du livarot dans une fromagerie à... Livarot.

Se balader à la pointe du Hoc dès l'ouverture du site, afin de ressentir, avec émotion, ce qu'a pu être le débarquement du 6 juin 1944.

Apprécier l'accueil des Manchots ou Manchois, simple et vraiment sympathique.

S'offrir les huîtres de Saint-Vaast-la-Hougue pour croquer la mer à pleines dents !

Ne pas manquer le cap de la Hague, ses adorables villages et le port de Goury... surtout par temps déchaîné !

Flâner dans les rues moyenâgeuses de Villedieu-les-Poêles, une ville épargnée par les bombardements et où subistent tous les métiers de la dinanderie.

Prendre un apéro dînatoire au coucher de soleil sur les rochers du Grouin du Sud, l'un des plus beaux panoramas sur Le Mont-Saint-Michel, dans son écrin.

Gravir le sommet de la roche d'Oëtre, vers Rouvrou, à plus de 400 m de hauteur, et contempler la Rouvre qui s'écoule paisiblement !

Déguster l'eau pure de l'abbaye de la Trappe et s'imprégner de l'atmosphère spirituelle des lieux.

Suivre la route des manoirs du Perche, et s'offrir une ou plusieurs nuits dans une coquette gentilhommière de la région.

COMMENT Y ALLER ?

PAR LA ROUTE

Info utile

• *tolltickets.com* • Pour les automobilistes, un site où l'on peut acheter en ligne les vignettes autoroutières, les *pass*, etc., pour un certain nombre de pays européens. Renseignements également sur les tunnels, les ferries et autres portions payantes du réseau routier.
Et pour la France, une carte du réseau et d'une grille indiquant le coût de tous les tronçons autoroutiers de l'Hexagone : • *autoroutes.fr/fileadmin/user_upload/Preparez_votre_voyage/Tarifs_2012_volet_tarifs.pdf* •

Les autoroutes

Pour aller revoir sa Normandie par l'autoroute, sauf pour nos lecteurs du Nord et de l'Ouest, qui pourront emprunter les autoroutes A 28 et A 29, la principale porte d'accès reste Paris. Deux itinéraires :

➢ Le plus long, l'***autoroute de Normandie*** (original !), ou ***A 13,*** passe par Rouen et bifurque ensuite pour aller jusqu'à Caen. Pour éviter les encombrements à la sortie de Paris, on peut également emprunter à partir de La Défense un tronçon à péage ***(A 14)*** qui rejoint l'***A 13*** à Orgeval.

➢ Pour se rendre au Mont-Saint-Michel, emprunter la ***N 175*** jusqu'à Avranches.

Les petites routes

Prendre les nationales et les départementales, c'est bien sûr moins rapide, mais ça fait voir du pays – c'est bien ce que vous cherchez, non ?

➢ ***Pour l'Eure, Gisors :*** on laisse derrière soi l'A 15 à la hauteur de Pontoise et on file sur la D 915 en passant par Marines.

➢ ***Pour la Côte d'Albâtre, Étretat, Yport et Fécamp :*** on bénéficie de l'A 13 jusqu'à Rouen et on continue par de jolies routes : la D 6015, puis la D 926 et la D 925 qui longe la côte sans laisser apercevoir la crête d'une vague.

➢ ***Pour Dieppe :*** on bifurque sur la D 927 à partir de Rouen, et on remonte facilement vers Le Tréport et Eu par la D 925. Pour gagner Aumale et le pays de Bray, il vous faudra passer par Neufchâtel-en-Bray en empruntant la D 929.

➢ ***Pour la côte normande, de Trouville à Cabourg en passant par les Planches de Deauville :*** on quitte l'autoroute de Normandie à la hauteur de Pont-l'Évêque et on gagne l'air marin en passant par l'A 132 puis par la D 677.

➢ ***Pour Le Mont-Saint-Michel :*** la classique N 12 est une brave et bonne route, autrefois celle des diligences, aujourd'hui celle des automobilistes diligents. Nuance ! Passez par Verneuil-sur-Avre, L'Aigle, Alençon, Domfront.

➢ ***Pour le Cotentin, Cherbourg :*** autoroute jusqu'à Caen, puis on traverse Bayeux (sans oublier d'aller voir sa tapisserie légendaire) et Carentan sur la N 13.

➢ ***Pour l'Orne :*** un parcours sans embûches jusqu'au Mans sur l'autoroute qui mène à Nantes (A 11). À la hauteur du Mans, on emprunte la D 338 qui conduit à Alençon.

Le covoiturage

Le principe est économique, écologique et convivial. Les conducteurs sont invités à proposer leurs places libres afin de partager le trajet et les frais avec des passagers. L'inscription est gratuite.
• *covoiturage.fr* • (disponible sur le Web et sur mobile).

EN TRAIN

▲ **VOYAGES-SNCF.COM**
Voyages-sncf.com, acteur majeur du tourisme français qui recense neuf millions de visiteurs par mois, propose d'acheter en ligne des billets de train, d'avion, des chambres d'hôtel, des locations de voitures, de vacances et des séjours clés en main ou Alacarte®, ainsi que des spectacles, des excursions et des visites de musées. Un large choix et des prix avantageux sont offerts toute l'année, pour tous types de voyages dans le monde entier : SNCF, 180 compagnies aériennes, 84 000 hôtels référencés et les principaux loueurs de voitures.
Leur site • *voyages-sncf.com* • permet d'accéder tous les jours, 24h/24, à plusieurs services : envoi gratuit des billets à domicile, Alerte Résa pour être informé de l'ouverture des réservations et profiter du plus grand choix, calendrier des meilleurs prix (TTC), mais aussi des offres de dernière minute et des promotions...
Pratique : • *voyages-sncf.mobi* •, le site mobile pour réserver, s'informer et profiter des bons plans n'importe où et à n'importe quel moment.
Et grâce à l'ÉcoComparateur, en exclusivité sur • *voyages-sncf.com* •, possibilité de comparer le prix, le temps de trajet et l'indice de pollution pour un même trajet en train, en avion et en voiture.

Au départ de Paris et de la province

➢ Pour la Normandie, départ de Paris ***gare Saint-Lazare*** ou ***Montparnasse 3-Vaugirard*** pour Vernon, Rouen, Le Havre, Évreux, Caen, Cherbourg, Lisieux, Deauville-Trouville, Granville, Alençon, Honfleur, Cabourg, Bayeux, Fécamp, Dieppe.

➢ Il est possible de rejoindre ***Rouen*** depuis ***Avignon, Lille, Lyon, Marseille*** et ***Valence.***

Pour préparer votre voyage

– ***Billet à domicile :*** commandez et payez votre billet par téléphone au ☎ 36-35 (0,34 € TTC/mn) ou sur Internet, la SNCF vous l'envoie gratuitement à domicile.
– ***Service « Bagages à domicile » :*** appelez le ☎ 36-35 (0,34 € TTC/mn), la SNCF prend en charge vos bagages où vous le souhaitez, et vous les livre là où vous allez en ***24h de porte à porte.***

Pour voyager au meilleur prix

La SNCF propose des tarifs adaptés à chacun de vos voyages.
➢ ***TGV Prem's, Téoz Prem's et Lunéa Prem's :*** des petits prix disponibles toute l'année. Tarifs non échangeables et non remboursables (offres soumises à conditions).
– ***Prem's :*** pour des prix mini si vous réservez jusqu'à 90 j. avant votre départ, à partir de 22 € l'aller en 2de classe avec TGV, 17 € en 2de classe avec Téoz et 35 € en 2de classe en couchette avec Lunéa (32 € sur Internet).
– ***Prem's Dernière Minute :*** des offres exclusives à saisir sur Internet. Bénéficiez jusqu'à 50 % de réduction sur des places encore disponibles quelques jours avant le départ du train.
– ***Prem's Vente Flash :*** des promotions ponctuelles.
– ***TGV Prem's Week-End :*** 25 € ou 45 € garantis en 2de classe pour des départs sur les derniers TGV du vendredi soir et du dimanche soir (une offre exclusive TGV).
➢ ***Les tarifs Loisir***
Une offre pour tous ceux qui programment leurs voyages mais souhaitent avoir la liberté de décider au dernier moment et de changer d'avis (offres soumises à conditions, tarifs échangeables et remboursables). Pour bénéficier des meilleures réductions, pensez à réserver vos billets à l'avance (les réservations sont ouvertes jusqu'à 90 j. avant le départ) ou à voyager en période de faible affluence.

autoescape.com

partout dans le monde

Louez votre voiture au meilleur prix, partout en France

Depuis 11 ans, nous sélectionnons les meilleurs loueurs et négocions des prix discount, en France et partout dans le monde.

Sixt Hertz Europcar AVIS National Budget Alamo

-5%

de remise pour les Routards*
Pour toute réservation par Internet, avec le code de réduction : **GDR5AE**

assistance téléphonique pour vous conseiller à tout moment

0 892 46 46 10
0,34€/min

*réduction valable jusqu'au 31/12/2012, non cumulable avec toute remise ou promotion

www.antidote-design.com - Crédit photos : Istock

➢ ***Les cartes***

Pour ceux qui voyagent régulièrement, profitez de réductions garanties tout le temps avec les Cartes Enfant +, 12-25, Escapades ou Senior (valables 1 an).

– Vous voyagez avec un enfant de moins 12 ans : pour 70 €, la ***Carte Enfant +*** permet aux accompagnateurs (jusqu'à 4 adultes ou enfants, sans obligation de lien de parenté) de bénéficier de réductions allant jusqu'à 50 %, et à l'enfant titulaire de la carte de payer la moitié du prix adulte après réduction (s'il a moins de 4 ans, l'enfant voyage gratuitement).

– Vous avez entre 12 et 25 ans : avec la ***Carte 12-25,*** pour 49 €, vous bénéficiez jusqu'à 60 % de réduction et - 25 % garantis sur tous vos voyages, même au dernier moment.

– Vous avez entre 26 et 59 ans : avec la ***Carte Escapades,*** pour 85 €, vous bénéficiez jusqu'à 40 % de réduction et - 25 % garantis sur tous vos voyages, même au dernier moment. Ces réductions sont valables pour tout aller-retour de plus de 200 km effectué sur la journée du samedi ou du dimanche, ou comprenant la nuit du samedi au dimanche sur place.

– Vous avez plus de 60 ans : avec la ***Carte Senior,*** pour 56 €, vous bénéficiez jusqu'à 50 % de réduction et - 25 % garantis sur tous vos voyages, même au dernier moment.

Pour obtenir plus d'informations sur les conditions de réservation et d'achat de vos billets

– ***Internet :*** *• voyages-sncf.com • tgv.com • corailteoz.com • coraillunea.fr •*
– ***Téléphone :*** *☎ 36-35 (0,34 €/mn).*
– Également dans les gares, les boutiques SNCF et les agences de voyages agréées SNCF.

Le transport express régional (TER)

Avec le TER, la SNCF et la région Normandie vous proposent des trains et cars desservant un grand nombre de points d'arrêts pour vous permettre de découvrir les principaux sites touristiques.

– ***Pass Évasion :*** une bonne formule pour voyager économique et qui permet de circuler en TER à travers toute la région grâce à un forfait journalier valable chaque week-end et tous les jours fériés. Formules de 2 à 5 personnes, par département (8,50 €) ou pour la région entière (13,50 €). À savoir, un forfait adulte garantit la gratuité pour un enfant de moins de 12 ans. En vente auprès des guichets SNCF de la région Normandie.

POUR TOUS RENSEIGNEMENTS

– **Ligne directe :** *pour la Basse-Normandie : ☎ 0825-00-33-00 (0,15 €/mn) ; pour la Haute-Normandie : ☎ 0825-00-02-76 (0,15 €/mn).*
– ***Internet :*** *• ter-sncf.com •*

EN AVION

▲ AIR FRANCE

Rens et résas au ☎ 36-54 (0,34 €/mn, tlj 6h30-22h), sur • airfrance.fr •, dans les agences Air France (fermées dim) et dans ttes les agences de voyages.

➢ Caen est desservi depuis l'aéroport de Lyon 1 à 3 fois/j. Pour Rouen, 1 à 3 vols/j. depuis Lyon.

Air France propose à tous des tarifs attractifs toute l'année. Vous avez la possibilité de consulter les meilleurs tarifs du moment sur Internet dans l'onglet « Achat & enregistrement en ligne », rubrique « Meilleures offres ».

Le programme de fidélisation Air France KLM permet de cumuler des *miles* à son rythme et de profiter d'un large choix de primes. Avec votre carte *Flying Blue,* vous êtes immédiatement identifié comme client privilégié lorsque vous voyagez avec tous les partenaires.

Air France propose également des réductions jeunes avec la carte *Flying Blue Jeune,* réservée aux jeunes âgés de 2 à 24 ans résidant en France métropolitaine, dans les départements d'outre-mer, au Maroc ou en Tunisie. Avec plus de 800 destinations et plus de 100 partenaires, *Flying Blue Jeune* offre autant d'occasions de cumuler des *miles* partout dans le monde.

Hertz offre 10%
de réduction aux Routards

Bénéficiez de 10% de remise sur vos locations week-end et semaine*

Réservation sur hertz.fr ou au 0 825 861 861**
en précisant le code CDP 967 130

* Offre valable sur les tarifs week-end et semaine, pour une location dans le pays présenté dans ce guide, jusqu'au 31/12/2013, non cumulable avec toute remise ou promotion, non remboursable.

** 0,15€ TTC/min.

Hertz.fr
Pour de plus beaux voyages

NORMANDIE UTILE

AVANT LE DÉPART

Adresses et infos utiles

- **Comité régional du tourisme de Normandie :** 14, rue Charles-Corbeau, 27000 Évreux. ☎ 02-32-33-79-00. • normandie-tourisme.fr • Vous y trouverez les brochures en ligne ainsi que des suggestions d'escapades.
- Pour les ***comités départementaux du tourisme,*** se référer aux chapitres correspondants.
- ***Maison des Gîtes de France et du tourisme vert :*** *pour commander des brochures, s'adresser au 56, rue Saint-Lazare, 75009 Paris.* ☎ *01-49-70-75-75.* • *gites-de-france.com* • Ⓜ *Trinité-d'Estienne-d'Orves. Lun-ven 10h-18h.* Les réservations se font auprès des relais départementaux des *Gîtes de France* (indiqués dans ce guide en introduction de chaque département).

– ***Savoir-faire et Découverte :*** *La Caillère, 61100 La Carneille.* ☎ *0820-820-186 (0,12 €/mn).* • *lesavoirfaire.fr* • Organise des séjours et week-ends pour découvrir et pratiquer des savoir-faire traditionnels, écologiquement responsables : pain au four à bois, rénovation du bâti ancien, utilisation des plantes sauvages... en tout plus de 60 propositions dans toute la Normandie. Nombreux ateliers aussi pour les plus jeunes. Sur inscription. Payant. Les artisans, les artistes et les agriculteurs qui animent les stages n'utilisent que des produits naturels.

– ***Label « Normandie Qualité Tourisme » :*** • *normandie-qualite-tourisme.com* • Les chambres de commerce et d'industrie de Normandie, en collaboration avec les comités départementaux et les offices de tourisme, ont établi ce label visant à identifier les établissements ayant répondu aux 250 critères de sélection concernant l'accueil, la qualité des prestations et l'information touristique. Ces points majeurs sont régulièrement contrôlés. Certains de ces établissements labellisés ont été retenus par nos enquêteurs dans ce guide.

– ***L'Assiette de Pays :*** ☎ *02-31-27-93-55.* • *normandie-pays.com* • Une démarche qu'il faut saluer. Pour promouvoir leurs produits du terroir, 3 régions (Normandie, Aquitaine et Bretagne) ont adopté le concept de « l'Assiette de Pays ». Les restaurateurs affichant le logo d'une assiette et de deux couverts s'engagent à proposer, au moins en saison, une assiette salée ou sucrée, ou une formule à prix étudiés.

Carte internationale des auberges de jeunesse (carte FUAJ)

Cette carte, valable dans plus de 90 pays, vous ouvre les portes des 4 000 auberges de jeunesse du réseau *Hostelling International,* réparties dans le monde entier. Les périodes d'ouverture varient selon les pays et les AJ. À noter, la carte est souvent obligatoire pour séjourner en auberge de jeunesse, donc nous vous conseillons de vous la procurer avant votre départ. En outre, adhérer en France vous reviendra moins cher qu'à l'étranger.

Recommandé par le Guide du Routard

De l'international au local, l'actualité décryptée et analysée au quotidien.
Toutes les infos sports, loisirs et culture sont aussi dans Ouest-France.

ouest france

Vous pouvez adhérer

– En ligne, avec un paiement sécurisé, sur le site • fuaj.org •
– Dans toutes les auberges de jeunesse, points d'information et de réservations en France.
– Auprès de l'antenne nationale : 27, rue Pajol, 75018 Paris. ☎ 01-44-89-87-27. • fuaj.org • Ⓜ Marx-Dormoy ou La Chapelle. Horaires d'ouverture disponibles sur le site internet rubrique « Nous contacter ».
– Dans l'une des trois antennes régionales de la FUAJ. Coordonnées sur le site internet, rubrique « Nous contacter ».
– Par correspondance en envoyant une photocopie d'une pièce d'identité et un chèque à l'ordre de la FUAJ du montant correspondant à l'adhésion. Ajoutez 2 € de plus pour les frais d'envoi. Vous recevrez votre carte sous 15 jours.

LES TARIFS DE L'ADHÉSION 2012

– Carte internationale FUAJ moins de 26 ans : 11 €.
Pour les mineurs, une autorisation parentale et la carte d'identité du parent tuteur sont nécessaires pour l'inscription.
– Carte internationale FUAJ plus de 26 ans : 16 €.
– Carte internationale FUAJ Famille : 23 €.
Seules les familles ayant un ou plusieurs enfants de moins de 16 ans peuvent bénéficier de la carte « famille » sur présentation du livret de famille. Les enfants de plus de 16 ans devront acquérir une carte individuelle.
– La carte donne également droit à des réductions sur les transports, les musées et les attractions touristiques dans plus de 90 pays. Ces avantages varient d'un pays à l'autre, ce qui n'empêche pas de la présenter à chaque occasion. Liste de ces réductions disponible sur • hihostels.com • et celle des réductions en France sur • fuaj.org •

En Belgique

La carte d'adhésion est obligatoire. Son prix varie selon l'âge : de 3 à 15 ans, 3 € ; de 16 à 25 ans, 9 € ; après 25 ans, 15 €.

■ ***LAJ :*** *rue de la Sablonnière, 28, Bruxelles 1000.* ☎ *02-219-56-76.* • *info@laj.be* • *laj.be* •
■ ***Vlaamse Jeugdherbergcentrale (VJH) :*** *Van Stralenstraat 40, B 2060 Antwerpen.* ☎ *03-232-72-18.* • *info@vjh.be* • *vjh.be* •

– Votre carte de membre vous permet d'obtenir de 3 à 20 € de réduction sur votre première nuit dans les réseaux LAJ, VJH et CAJL (Luxembourg), ainsi que des réductions auprès de nombreux partenaires en Belgique.

En Suisse (SJH)

Le prix de la carte dépend de l'âge : 22 Fs pour les moins de 18 ans, 33 Fs pour les adultes et 44 Fs pour une famille avec des enfants de moins de 18 ans.

■ ***Schweizer Jugendherbergen (SJH) :*** *service des membres des auberges de jeunesse suisses, Schaffhauserstr. 14, 8042 Zurich.* ☎ *01-44-360-14-14.* • *booking@youthhostel.ch* • *et* • *contact@youthhostel.ch* • *youthhostel.ch* •

Au Canada

Elle coûte 35 $Ca pour une durée de 16 à 28 mois et 175 $Ca pour une carte valable à vie. Gratuit pour les enfants de moins de 18 ans qui accompagnent leurs parents.

■ ***Auberges de jeunesse du Saint-Laurent / St Laurent Youth Hostels :*** *3514, av. Lacombe, Montréal, (Québec) H3T 1M1.* ☎ *(514) 731-10-15. N° gratuit (au Canada) :* ☎ *1-800-663-5777.*
■ ***Canadian Hostelling Association :*** *205 Catherine St, bureau 400, Ottawa, (Ontario) K2P 1C3.* ☎ *(613) 237-78-84.* • *info@hihostels.ca* • *hihostels.ca* •
– Il n'y a pas de limite d'âge pour séjourner en AJ. Il faut simplement être adhérent.
– La FUAJ offre à ses adhérents la possibilité de réserver en ligne grâce à son système de réservation international

Le guide du routard

Dénicheur de talents !

18.30 €

- Plus de 600 adresses avec des photos
- Plein de menus à moins de 30 €

hachette TOURISME

• *hihostels.com* • jusqu'à 12 mois à l'avance, dans plus de 1 600 auberges de jeunesse dans le monde. Et si vous prévoyez un séjour itinérant, vous pouvez réserver plusieurs auberges en une seule fois.
Ce système permet d'obtenir toutes informations utiles sur les auberges reliées au système, de vérifier les disponibilités, de réserver et de payer en ligne.

Carte internationale d'étudiant (carte ISIC)

Elle prouve le statut d'étudiant dans le monde entier et permet de bénéficier de tous les avantages, services, réductions étudiants du monde, concernant les transports, les hébergements, la culture, les loisirs... C'est la clé de la mobilité étudiante !
La carte ISIC donne aussi accès à des avantages exclusifs sur le voyage (billets d'avion, hôtels et auberges de jeunesse, assurances, cartes SIM, location de voitures...).
Pour plus d'informations sur la carte ISIC et pour la commander en ligne, rendez-vous sur le site • *isic.fr* •

Pour l'obtenir en France

Pour localiser un point de vente proche de chez vous : • *isic.fr* • *ou* ☎ *01-42-18-20-20.*
Se présenter au point de vente avec :
– une preuve du statut d'étudiant (carte d'étudiant, certificat de scolarité...) ;
– une photo d'identité ;
– 12 €, ou 13 € par correspondance incluant les frais d'envoi des documents d'information sur la carte.
Émission immédiate.

En Belgique

La carte coûte 12 € (+ 1 € frais d'envoi) et s'obtient sur présentation de la carte d'identité, de la carte d'étudiant et d'une photo auprès de :

■ ***Connections :*** *rens au* ☎ *070-23-33-13 ou 479-807-129.* • *isic.be* •

En Suisse

Sur présentation de la carte d'étudiant, d'une photo et de 20 Fs dans toutes les agences ***STA Travel.*** ☎ *058-450-40-00. Commande de la carte en ligne :* • *isic.ch* • *ou* • *statravel.ch* •

Au Canada

La carte coûte 20 $Ca (+ 1,50 $Ca frais d'envoi) ; elle est disponible dans les agences ***Travel Cuts/Voyages Campus,*** mais aussi dans les bureaux d'associations étudiants. Pour plus d'infos : • *voyagescampus.com* •

Cartes de paiement

Quelle que soit la carte que vous possédez, chaque banque gère elle-même le processus d'opposition et le numéro de téléphone correspondant ! Avant de partir, notez donc bien le numéro d'opposition propre à votre banque (il figure souvent au dos des tickets de retrait, sur votre contrat ou à côté des distributeurs de billets), ainsi que le numéro à 16 chiffres de votre carte. Bien entendu, conserver ces informations en lieu sûr, et séparément de votre carte. Par ailleurs, l'assistance médicale se limite aux 90 premiers jours du voyage et l'assistance véhicule aux cartes haut de gamme (renseignez-vous auprès de votre banque).
– ***Carte Bleue Visa Internationale :*** *assistance médicale et véhicule incluse ; numéro d'urgence (Europ Assistance) :* ☎ *00-33-1-41-85-85-85. Pour faire opposition, contactez le numéro communiqué par votre banque, à défaut si vous êtes en France faites le* ☎ *0892-705-705 (serveur vocal à 0,34 €/mn).* • *carte-europe.fr* •
– ***Carte MasterCard :*** *assistance médicale incluse ; numéro d'urgence :* ☎ *00-33-1-45-16-65-65.* • *mastercardfrance.com* • *En cas de perte ou de vol, composez le numéro communiqué par votre banque pour faire opposition.*
– ***Carte American Express :*** *téléphonez en cas de pépin au* ☎ *00-33-1-47-77-72-00. Numéro accessible tlj 24h/24.* • *americanexpress.fr* •

– Pour ttes les cartes émises par ***La Banque postale :*** *composez le ☎ 0825-809-803 (0,15 €/mn), et pour les DOM ou depuis l'étranger : ☎ 00-33-5-55-42-51-96.*

– Également un numéro d'appel valable ***quelle que soit votre carte de paiement :*** *☎ 0892-705-705 (serveur vocal à 0,34 €/mn). Ne fonctionne ni en PCV, ni depuis l'étranger.*

Petite mesure de précaution. Si vous retirez de l'argent dans un distributeur, utilisez de préférence les distributeurs attenants à une agence bancaire. En cas de pépin avec votre carte (carte avalée, erreurs de numéro...), vous aurez un interlocuteur dans l'agence, pendant les heures ouvrables du moins.

BUDGET

Nous vous indiquons ci-dessous l'échelle des tarifs auxquels nous nous référons pour l'ensemble de nos guides France.

Hébergement

Promotions sur Internet

De plus en plus d'hôtels modulent les tarifs de leurs chambres sur Internet en fonction du taux d'occupation. Il y a donc les prix de base (ceux que nous indiquons) et les promos proposées sur le Net. À certaines périodes, le prix des chambres évolue en permanence, ce qui permet d'optimiser le chiffre d'affaires (comme le font les compagnies aériennes).

Ces promotions sont extrêmement variables d'une semaine à l'autre, voire d'un jour à l'autre. Elles sont particulièrement intéressantes pour les hôtels de gamme supérieure (3 étoiles). Exemple, un établissement qui annonce des prix officiels de 90 à 130 € proposera les mêmes chambres entre 60 et 80 € sur son site, à certaines périodes.

Bref, lorsque vous avez choisi votre hôtel dans votre guide préféré, allez donc faire un tour sur son site pour voir ce qu'il propose. De vraies bonnes affaires en perspective !

D'une manière générale, nous indiquons des fourchettes de prix allant de la chambre double la moins chère en basse saison à celle la plus chère en haute saison. Ce qui implique parfois d'importantes fourchettes de prix, pas toujours en adéquation avec la rubrique dans laquelle l'établissement est cité. Le classement retenu est donc celui du prix de la majorité des chambres et de leur rapport qualité-prix.

À noter que lorsque les lieux d'hébergement sont équipés d'un accès Internet et/ou wifi, nous le mentionnons sans autre précision.

– Les tarifs des ***campings*** sont calculés sur la base d'un emplacement pour deux avec voiture et tente, en haute saison. Ils sont classés en tête de rubrique « Où dormir ? ».

– Les ***auberges de jeunesse*** et ***gîtes d'étape*** pratiquent en règle générale des tarifs « Bon marché » pour une nuitée en dortoir (avec ou sans les draps). Le tarif indiqué est celui du lit en dortoir et/ou parfois de la chambre double, quand il y en a.

– En ***chambres d'hôtes,*** les prix sont donnés sur la base d'une chambre double. Ils incluent le petit déjeuner. Les cartes de paiement sont rarement acceptées. Dans les cas contraires, nous indiquons « petit déj en sus » et « CB acceptées ».
– Concernant les ***hôtels,*** la base reste celle d'une nuit en chambre double (sans petit déjeuner), sauf exception, notamment pour les chambres familiales.
– ***Bon marché :*** jusqu'à 50 €.
– ***Prix moyens :*** de 50 à 70 €.
– ***Chic :*** de 70 à 100 €.
– ***Plus chic :*** de 100 à 150 €
– ***Beaucoup plus chic :*** au-delà de 150 €.

Restos

Au restaurant, notre critère de classement est le prix du premier menu servi le soir (hors boissons). Les notions de « Prix moyens » ou « Plus chic » n'engagent donc que les prix. Autrement dit, certains restos chic proposant parfois d'intéressantes formules, notamment au déjeuner, pourront malgré tout être classés dans la rubrique « Plus chic ».
– ***Très bon marché :*** moins de 12 €.
– ***Bon marché :*** de 12 à 20 €.
– ***Prix moyens :*** de 20 à 30 €.
– ***Plus chic :*** de 30 à 40 €.
– ***Beaucoup plus chic :*** plus de 40 €.

LIVRES DE ROUTE

Commençons par un incontournable de la littérature française : ***Madame Bovary*** est le livre de chevet sur la Normandie – quoique Flaubert parlât aussi du Calvados dans ***Bouvard et Pécuchet*** ou dans ***Un cœur simple.*** Son fils spirituel et compatriote, Guy de Maupassant, qui avait une maison à Étretat, décrivait son matériau humain avec des touches aussi subtiles qu'un paysage normand (en y ajoutant quand même un trait de vitriol). De nombreux passages de ***À la recherche du temps perdu*** (tous les volumes sont disponibles en livres de poche) se déroulent en Normandie : Cambremer, Carquethuit, les marines d'Elstir et Cabourg – où Proust s'emprisonna au *Grand Hôtel* –, le Balbec mondain de ***À l'ombre des jeunes filles en fleurs.*** On retrouve tout cet esprit à travers les ouvrages de Dominique Bussillet, ***Marcel Proust du côté de Cabourg*** (Cahiers du Temps ; d'autres très beaux ouvrages sur la Basse-Normandie dans cette maison d'édition basée à Cabourg : • *cahiersdutemps.com* •).
La station balnéaire d'Étretat fut lancée par les romans d'Alphonse Karr, où se déroule également l'action de ***L'Aiguille creuse*** (LGF, Le Livre de Poche), le meilleur des Arsène Lupin (de Maurice Leblanc). La campagne de L'Aigle imbibe les romans de la comtesse de Ségur, et le Cotentin ceux de Barbey d'Aurevilly ***(L'Ensorcelée...),*** tandis qu'André Maurois décrit la bourgeoisie industrielle d'Elbeuf dans ***Bernard Quesnay*** (Gallimard, coll. Blanche). Jean de La Varende (***Nez-de-cuir,*** LGF, Le Livre de Poche) est le hussard (avant la lettre !) du pays d'Ouche. Raymond Queneau place ***Un rude hiver*** (Gallimard) dans Le Havre du début du XXe s. Martine Marie Muller, de l'école de Brive, inscrit ses histoires dans le pays de Caux (Robert Laffont). Flaubert, Maupassant et Maurois ont revu (et corrigé) leur Normandie au charbon. Mais le plus méchant reste Octave Mirbeau : les ***Contes de la chaumière*** (Le Serpent à Plumes) dépeignent le Perche

comme un véritable enfer ! Lisez aussi de toute urgence l'opus de Tonino Benacquista, ***Malavita*** (Gallimard, Folio) et vous hésiterez à errer sur les routes de l'Eure, plus précisément du côté de Cholong-sur-Avre (cherchez bien !). Si vous tombez nez à nez avec cette famille Blake, fuyez ! Philippe Delerm, quant à lui, a mis à l'honneur « sa » Normandie à travers notamment ***La Première gorgée de bière*** (Gallimard), célébrant la cueillette des mûres ou la fin de l'été normand. Maxime Chattam nous fait frissonner au mythique, mais non moins énigmatique, Mont-Saint-Michel, avec ***Le Sang du temps*** (Pocket). Et c'est à Jérôme Garcin, en cavalier émérite et meneur de troupe du « Masque et la Plume », de dresser un émouvant portrait du pays d'Auge équestre et sensuel dans ***La Chute de cheval*** (Gallimard, Folio) et ***Théâtre intime*** (Gallimard, Folio). Didier Decoin, quant à lui, dans ***Avec vue sur la mer*** (Pocket), nous parle avec humour et tendresse de son refuge à La Roche, hameau du bout du monde, près du port de Goury, dans la péninsule de La Hague. Ce magnifique coin du Cotentin est aussi le cadre du roman ***Les Déferlantes*** de Claudie Gallay (Le Rouergue, La Brune), œuvre sur laquelle souffle un vent fort plein de mystères.
De son côté, Janine Montupet nous fait revivre une époque, le XIXe s ouvrier dans l'Orne, à travers une belle saga, ***La Dentellière d'Alençon*** (Pocket).
Sur les pas de Guillaume le Conquérant (Nouv. Éd. Latines), partons de la Normandie vers l'Angleterre en 1066. ***1066, L'Histoire secrète de la tapisserie de Bayeux,*** c'est justement le titre choisi par A. Bridgeford pour son roman historique (Éd. du Rocher). Il allègue le fait que le point de vue des vaincus anglo-saxons transparaît, codé, entre les fils. Toujours sur la tapisserie de Bayeux, Adrien Goetz dans ***Intrigue à l'anglaise*** (LGF, Le Livre de Poche) s'amuse à élucider le mystère des trois mètres manquants de la tapisserie ; une enquête pleine de rebondissements (et d'humour) menée par Pénélope Breuil, conservatrice au musée de la Tapisserie.
Pour vous permettre d'en savoir plus sur le Débarquement et la bataille de Normandie, nous vous recommandons bien sûr les ouvrages du spécialiste de la question, Eddy Florentin, qui nous a prêté son concours pour la rédaction de ce guide : ***Stalingrad en Normandie*** (Perrin), et aux Presses de la Cité, ***La Rückmarsch, Montgomery franchit la Seine, Le Havre 44 à feu et à sang.*** Ne manquez pas non plus, aux Éditions Ouest-France, ***Les Plages du Débarquement*** par Yves Lecouturier, offrant un panorama des principaux sites touchés par la guerre avec force images du présent et du passé, bien pratiques pour se faire une idée.
Enfin, que serait la Normandie sans sa gastronomie, si riche et si inventive ? ***Aimer la cuisine de Normandie*** (Éd. Ouest-France) de Michel Bruneau et Bernard Enjolras donne un sens et un goût nouveaux aux éléments traditionnels : il est ainsi le créateur d'un sorbet au camembert... Partez aussi, avec Gilles du Pontavice, à la découverte de ***La Cuisine des châteaux de Normandie*** (Éd. Ouest-France), ou bien avec Brigitte Racine pour les ***Recettes secrètes des jardiniers de Normandie*** (Éd. Ouest-France) et craquez pour le gratin de poires ou les beignets de fleurs de courgette. Enfin, Charles-Henri de Valbray transmet les recettes qu'il pratique en tables d'hôtes au *Château de Saint-Paterne,* dans l'Orne, avec ***80 Plats uniques et leurs desserts*** (Albin Michel).
– Notez une initiative pour le moins originale, mise en place par l'association ***Pages et Paysages*** *(80, rue Saint-Martin, à Caen ; ☎ 02-31-79-92-73. • pages-paysages.org • Compter 8-15 €/pers).* Elle propose des balades littéraires (à pied) d'une journée ou d'une demi-journée, animées par la lecture des grands auteurs normands et le récit des légendes locales. Ces balades ont lieu dans la Manche (Mont-Saint-Michel, Granville, Coutances, etc.) et dans le Calvados (Caen, Honfleur, etc.).

PERSONNES HANDICAPÉES

Le label Tourisme et Handicap

Ce label national, créé par le secrétariat d'État à la Consommation et au Tourisme en partenariat avec les professionnels du tourisme et les associations représentant les personnes handicapées, permet d'identifier les lieux de vacances (hôtels, campings, sites naturels, etc.), de loisirs (parcs d'attractions, etc.) ou de culture (musées, monuments, etc.) accessibles aux personnes handicapées. Il apporte aux touristes en situation de handicap une information fiable sur l'accessibilité des lieux. Cette accessibilité, visualisée par un pictogramme correspondant aux quatre types de handicap (moteur, visuel, auditif et mental), garantit un accueil et une utilisation des services proposés avec un maximum d'autonomie dans un environnement sécurisant.

Pour connaître la liste des sites labellisés : • *franceguide.com* • (rubrique « Tourisme et handicap »).

TOURISME & HANDICAP

Par ailleurs, dans notre guide, nous indiquons par le logo ♿ les établissements qui possèdent un accès ou des chambres pouvant accueillir des personnes handicapées. Certaines adresses sont parfaitement équipées selon les critères les plus modernes. D'autres, plus simples, plus anciennes aussi, sans répondre aux normes les plus récentes, favorisent l'accueil des personnes handicapées en facilitant l'accès à leur établissement, tant sur le plan matériel que sur le plan humain. Évidemment, les handicaps étant très divers, des lieux accessibles à certaines personnes ne le seront pas pour d'autres. Appelez donc auparavant pour savoir si l'équipement de l'hôtel ou du resto est compatible avec votre niveau de mobilité.

Malgré les combats menés par les nombreuses associations, l'intégration des personnes handicapées à la vie de tous les jours est encore balbutiante en France. Il tient à chacun de nous de faire changer les choses. Une prise de conscience est nécessaire, nous sommes tous concernés.

SITES INTERNET

• ***routard.com*** • Rejoignez la plus grande communauté francophone de voyageurs ! Échangez avec les routarnautes : forums, photos, avis d'hôtels. Retrouvez aussi toutes les informations actualisées pour choisir et préparer vos voyages : plus de 200 fiches pays, une centaine de dossiers pratiques et un magazine en ligne pour découvrir tous les secrets de votre destination. Enfin, comparez les offres pour organiser et réserver votre voyage au meilleur prix. Routard.com, le voyage à portée de clics !

• ***normandie-tourisme.fr*** • Le site officiel du Comité régional du tourisme de Normandie. Nombreux liens sur la Normandie (hôtels, restaurants, visites, manifestations...).

• ***normandie-pays.com*** • La *Fédération régionale des pays d'accueil touristiques* vous propose d'organiser votre séjour et de recevoir gratuitement ses brochures sur les 22 « pays » normands. Dates des manifestations, idées week-ends, circuits de randonnée, etc.

• ***normandie-web.com*** • Le site de l'association *Curieuse Idée* propose toutes sortes d'informations axées sur la vie culturelle et artistique en Normandie.

• ***plagesdu6juin1944.com*** • Guide des plages du jour J, illustré de photos actuelles et d'époque. Réalisé par deux jeunes qui l'enrichissent régulièrement.

• ***info-cidre.com*** • Tout sur ce doux breuvage à base de pommes... qui est aussi normand (et basque), et pas uniquement breton !

• ***action-cheval.com*** • Le site du cheval en Normandie. Où trouver un hébergement équestre ? Où voir un maréchal-ferrant ? Où monter ? Très bien conçu.

• ***fromages.org*** • Un site bien sympathique sur les fromages de Normandie avec leur histoire, leurs particularités, etc. De quoi être incollable sur les quatre AOC de la région !

• ***paysdubessin.com*** • Un site très bien fait sur le Bessin, comprenant un peu d'histoire et de géographie sur la région, et pas mal d'infos sur la politique économique.

• ***mondes-normands.caen.fr*** • Un survol de l'histoire des Normands tout à fait intéressant, avec généalogies, bibliographie à l'appui.

• ***cra-normandie.fr*** • Tout sur l'or blanc normand, les cultures de Haute et Basse-Normandie, l'élevage et les produits de la mer, sur le site de la chambre régionale d'agriculture.

• ***musees-haute-normandie.fr*** • ***musees-basse-normandie.fr*** • Tout est dit dans le nom !

URGENCE EN CAS DE PERTE OU DE VOL DE VOTRE TÉLÉPHONE PORTABLE

Suspendre aussitôt sa ligne permet d'éviter de douloureuses surprises au retour du voyage ! Voici les numéros des trois opérateurs français, accessibles depuis la France et l'étranger :

– ***SFR :*** depuis la France, ☎ 10-23 ; depuis l'étranger, 📱 + 33-6-1000-1900.

– ***Bouygues Télécom :*** depuis la France comme depuis l'étranger, ☎ 0-800-29-1000 (remplacer le « 0 » initial par « + 33 » depuis l'étranger).

– ***Orange :*** depuis la France comme depuis l'étranger, 📱 + 33-6-07-62-64-64.

Vous pouvez aussi demander la suspension depuis le site internet de votre opérateur.

HOMMES, CULTURE, ENVIRONNEMENT

Il y a mille ans, la « France » était l'Île-de-France et la Normandie, un pays viking. Aujourd'hui, la Normandie est la campagne de Paris. Une campagne pur jus, si bonhomme avec ses chaumières fleuries, ses vaches artistes, ses petits « réconfortants » de derrière les fagots et mille autres détails charmants. C'est une campagne ultra-civilisée, tellement bichonnée qu'à la longue elle ressemble à un jardin anglais. Il n'y manque même pas les brumes, les barrières blanches ou les mondanités équestres. Voilà longtemps que les Parisiens en apprécient la musique douillette. Qui ne connaît ces fromages trois étoiles ? Qui n'a rêvé devant ces longues plages bordées de falaises, ces pâturages verdoyants, ces manoirs en pain d'épice et le miroitement gracieux du fleuve où les péniches glissent dans la brume ? La Normandie, c'est tout cela. Et bien d'autres choses encore…

Une puissance agricole, par exemple, où la campagne, comme dans les Flandres, bascula tout naturellement vers l'industrie. Et puis, sous sa couette verte à impression pommiers en fleur, la Normandie cache des fureurs et des subtilités impénétrables. Que découvrir de plus chez cette vieille connaissance ? Un cortège de petites industries scrupuleuses et de zones pétrochimiques, d'immenses propriétés laitières et des banlieues ouvrières qui dessinent, derrière le chromo un brin désuet, la Normandie vivante, intense, adulte… Et encore : l'opacité du bocage, les landes du Cotentin blanchies par le sel, l'épopée vraie des sagas scandinaves, l'explosion des rouleaux de la Manche à la Hague… Une tout autre Normandie sur laquelle veille, au loin, la silhouette mystique du Mont-Saint-Michel.

La Normandie regroupe deux régions administratives : la Basse-Normandie, avec les départements du Calvados, de la Manche et de l'Orne, et la Haute-Normandie, rassemblant les départements de l'Eure et de la Seine-Maritime.

ON N'AIME PAS LES CORNES

Parfois, les paysans décornent les bœufs pour les empêcher de se blesser. Un inconvénient, les mouches adorent se poser sur ces plaies mais ne volent guère par grand vent. Voilà pourquoi les vachers écornaient leurs bovins quand le temps était venteux. D'où l'expression « un vent à décorner les bœufs ».

ARCHITECTURE

D'où vient l'expression « art roman » ? Au XIXe s, les artistes et les intellectuels qui veulent rompre avec le classicisme du siècle précédent redécouvrent les

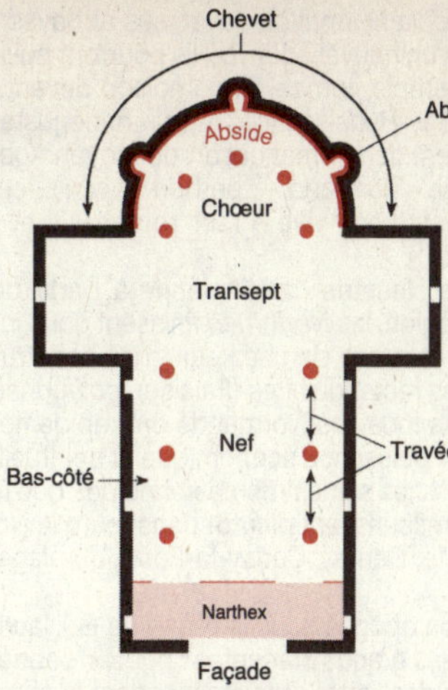

PLAN D'UNE ÉGLISE ROMANE

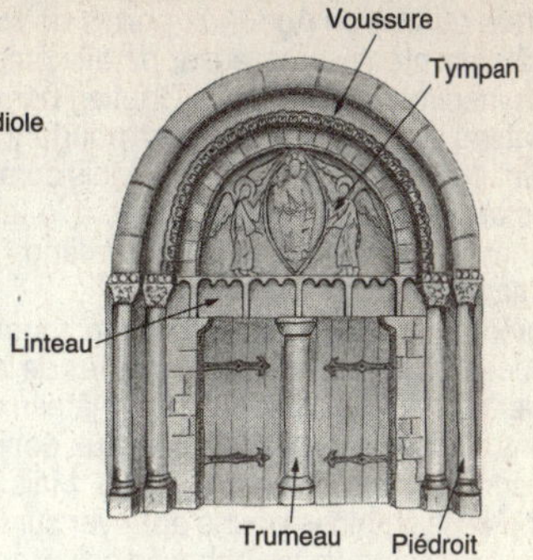

PORTAIL D'ÉGLISE ROMANE

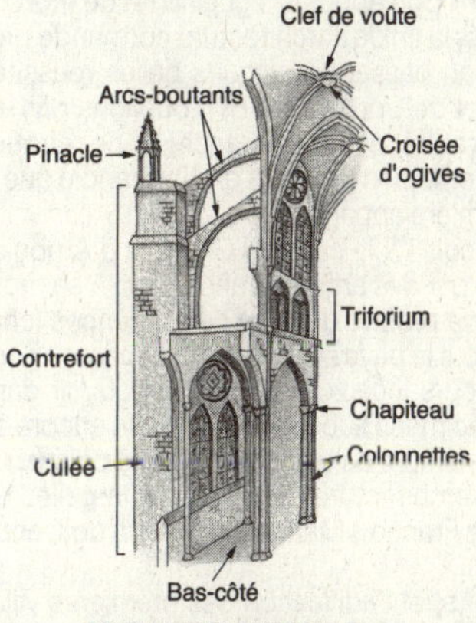

COUPE TRANSVERSALE
D'UNE ÉGLISE GOTHIQUE

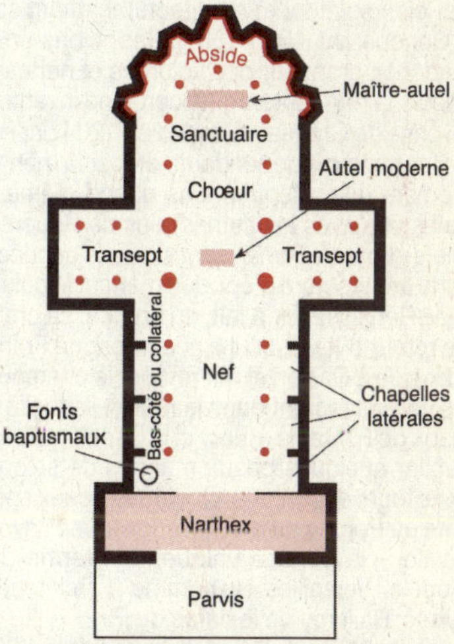

PLAN D'UNE ÉGLISE GOTHIQUE

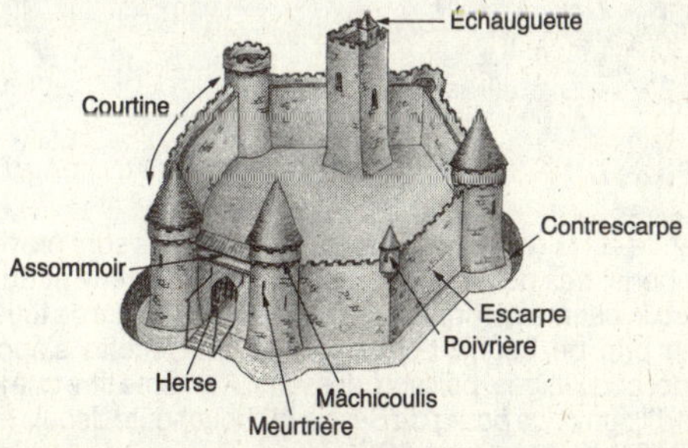

CHÂTEAU FORT

vertus du Moyen Âge. Aux portes de Paris, la Normandie, avec ses abbayes et châteaux médiévaux, leur apparaît comme un nouvel éden, où ils pourront puiser leur inspiration. Théophile Gautier, par exemple, tombe en pâmoison devant le château de Tourlaville, datant pourtant de la Renaissance, mais « ruiné juste à point pour être pittoresque » ! Mais comment dénommer cet art du Moyen Âge ? Les archéologues anglais utilisent le terme « normand » : en bon français, cela donnera « roman ». « L'art normand » est mort, vive « l'art roman »... et le romantisme !
Après avoir mis à feu et à sang toute la Neustrie carolingienne à partir des années 840 et s'être rendus maîtres de la région, les *Northmen* finissent par s'installer en érigeant d'abord des châteaux à la mode de chez eux : des constructions claires, logiques, sobres, aux donjons rectangulaires (Falaise), polygonaux (Gisors) ou circulaires (Conches). Mais pas fous, les Normands ont rapidement rappelé les moines pour s'appuyer sur leur puissance économique et spirituelle. Il faut reconstruire les abbayes détruites. Bâties sur les mêmes principes que les châteaux des seigneurs vikings, celles-ci refleurissent bientôt dans toute la Normandie (Fécamp, Saint-Sauveur-le-Vicomte, Bernay, Cerisy-la-Forêt, Jumièges, Le Bec-Hellouin, Lessay).
Cet élan spirituel et architectural atteint son apogée sous le règne de Guillaume le Conquérant (1035-1087). Rappelons-en les grands préceptes : rigueur, sobriété du décor, grandeur des volumes et netteté des lignes, lumière inondant le chœur depuis la tour-lanterne (encore une invention normande).
La prise de Château-Gaillard en 1204 par Philippe Auguste signe l'arrêt de mort de la Normandie indépendante et, par là même, la fin de l'architecture normande proprement dite. Mentionnons quand même au passage quelques belles réussites gothiques avec les cathédrales de Rouen et de Coutances. Et n'oublions pas les chefs-d'œuvre Renaissance : dans aucune autre région de France, on ne retrouve cette architecture d'époque mariant le bois et la pierre et c'est en Normandie que le style Renaissance a fait, en France, sa première apparition.
De retour d'Italie, où il a accompagné François Ier, le cardinal Georges d'Amboise s'installe à Gaillon et fait retaper le château par des artistes transalpins. À sa mort, les Italiens restent dans la région, laquelle va profiter de leurs compétences (châteaux de Fontaine-Henry et d'O) : bientôt, tout le pays se mettra au diapason. Sans oublier quelques beaux manoirs de seigneurs locaux, aspirant au pouvoir dans leurs tours et donjons. Quelques beaux spécimens subsistent d'ailleurs encore du côté du Perche ou du Calvados. Avec l'avènement de Louis XIV et de la puissance royale, « la pensée unique » en terme d'architecture châtelaine s'installe. Un modèle : Versailles. Un homme : l'architecte François Mansart, à qui l'on doit, entre autres, Balleroy ou le haras du Pin.
Finalement, il faudra attendre la fin du XIXe s, et l'édification des premières villas dans les stations balnéaires à la mode, pour voir émerger à nouveau dans la région un style architectural original. La seule villa Strassburger de Deauville en est la preuve !

CUISINE

La vache normande est la nourrice de Paris. Ses mamelles sont proverbiales. Il en sort des camemberts, des petits-suisses, de la crème fleurette et du beurre d'Isigny. La *crème* est un baume qui console du temps gris ; elle est de tous les plats (en compagnie d'un brin de beurre demi-sel fondu, la recette s'appelle « vallée d'Auge ») : viande, coquillages, poisson, desserts. Au même titre que le *beurre,* elle doit se réclamer d'Isigny : ce bourg du Bessin la chouchoute depuis le XVIIe s (à tel point qu'elle a d'ailleurs obtenu une AOC).

Péchés de chère

Le Normand est très protéiné. Sa mer abonde en *poissons plats* (sole, limande, plie, et le fameux turbot, coqueluche des grands chefs...), *lisettes* (les petits maquereaux de Dieppe), *crustacés* (tout de même sacrément concurrencés par ceux de Bretagne), quantité de coquillages, dont les *huîtres* du Cotentin (un must : les plates, dites pieds-de-cheval), les *moules* (la Normandie est la première productrice au monde de moules de bouchot), les *coquilles Saint-Jacques* (la Normandie est la première exportatrice) et les *pétoncles,* à ne pas confondre avec les premières (pas le même goût, ni les mêmes valeurs nutritives, ni le même prix !). Pourtant, dans certains restaurants, on vous les fait passer pour des coquilles Saint-Jacques. La meilleure période pour consommer les unes et les autres s'étend d'octobre à avril et plus encore de décembre à mars.

LES HUÎTRES ET LA DERNIÈRE GUERRE

Autrefois, les huîtres étaient consommées par une élite sociale. Dès 1941, la nourriture ne s'achetait plus que sur présentation de tickets de rationnement. Toutefois, les huîtres (trop rares ?) se vendaient sans tickets. Très vite, la consommation décupla. La production aussi. À la fin de la guerre, les Français y avaient pris goût.

L'iode est tout autant apprécié dans les viandes : on met les *moutons* dans les prés salés (recouverts périodiquement par la marée) du Cotentin ouest et de la baie du Mont-Saint-Michel, et le résultat est fameux. Autrement, la basse-cour normande offre un concentré des vertus fermières. Son héros est le *canard.* Cuisiné au cidre, en terrine, au vinaigre de cidre, flambé au calvados, ou encore à la rouennaise.
Autres stars, les *tripes à la mode de Caen* réunissent cinq espèces d'abats de bœuf et cuisent une quinzaine d'heures, jusqu'à ce que le jus, dit-on, en soit limpide. La confrérie de la Tripière d'or n'autorise aucune déviation. Une bonne association : les pommes de terre soufflées.
Après vous être régalé de *jambon de la Manche,* la virée à Vire s'impose pour goûter l'*andouille* : solide, saine, fumée, bref, sérieuse – à vous dégoûter de la fausse andouille de Vire que bâclent les industriels du reste de la France. Dans le même esprit, le *boudin de Mortagne,* l'*andouillette de Bernay* et les *quenelles de Neuf-Marché* se sont rendus célèbres. On trouve même une *carotte* sous appellation contrôlée : les maraîchers de Créances, dans la Manche, lui réservent des sables fumés au varech.

Sortilèges de mamelle

M. de Cambremer, un personnage de Proust, se désolait qu'on écorchât son nom en Camembert. C'était pourtant flatteur : avec la baguette et le litron, il est devenu l'une des trois figures de la France.
Ce dieu des pâtes molles serait sorti de son giron au début du XIXe s, dans un village de l'Orne, situé près de Vimoutiers : Camembert. Depuis, toute la Normandie s'y est mise. Choisissez-le dans sa boîte en bois en version « fermière » au lait cru, « quand la croûte est fleurie et le milieu aussi tendre que les bords ».
En plus du camembert, le pays d'Auge a engendré deux autres gâteries. Le *livarot* – un vieux de la vieille celui-là, il n'y a qu'à sentir –, surnommé le colonel pour les cinq galons qui l'entourent. C'est un fromage artisanal, guère gras, mais corsé... Quant au *pont-l'évêque,* sa croûte orangée cache une pâte souple, très odorante elle aussi. Autres trésors de vache : le *bondon de Neufchâtel* (mille ans d'âge, très crémeux), le *boursin* et son père le *gournay* (triple-crème, à choisir « mousseux »), le *bricquebec,* le *brillat-savarin,* le *cœur de Bray* (doux), la *bouille,* le *pavé d'Auge* (inspirateur du pont-l'évêque et du livarot), le *demi-sel* et même le *petit-suisse,* fromage enrichi de crème offert à la postérité par une fermière de Gournay. Un de ses

détaillants fit fortune : il s'appelait Charles Gervais. Et puis n'oublions pas les créations pour le moins originales de M. Pennec, fromager qui faisait les beaux jours des marchés de la Côte Fleurie, qui affole toujours nos papilles avec son successeur M. Frohn et « Le Cul Terreux » ou le « Puant-Normand ». Tout un programme ! Passons aux desserts. Tout y est pur beurre, et plutôt trois fois qu'une. Gisors et Gournay sont des capitales de la *brioche.* Yport abrite une *tarte au sucre* (pommes et pâte sablée), Asnelles cultive les *sablés,* Rouen a pour drapeau le *sucre de pomme* et Honfleur ne jure que par la *teurgoule,* un riz au lait cuit au four, avec un soupçon de cannelle, à déguster avec une brioche aux œufs et à la crème fraîche, la *falue.* La *pomme,* qui est reine en Normandie, offre à tout cela un supplément de douceur. Enrobée de pâte à pain, elle s'appelle *douillon* ou *bourdelot.* Cuite au cidre, elle orne les *tartes normandes* que tout restaurant met son point d'honneur à vous assener en coup final d'un repas pantagruélique. Il n'est pas jusqu'au *chausson aux pommes* qui n'aurait son ancêtre chez la Bovary.

LE DÉBARQUEMENT

Quatre ans de mijotage

Le 23 juin 1940, en pleine défaite, les Anglais débarquaient déjà. C'était trop tard – ou trop tôt. La Wehrmacht roule vers Bordeaux. Huit millions de fugitifs errent sur les routes. Entre Boulogne et Berck, les vedettes rapides de la Navy débarquent 115 hommes jusque sur la plage de Merlimont pour se rappeler, par quelques judicieuses grenades, au bon souvenir de ces messieurs en vert-de-gris. Et rembarquent sans aucune perte.

Ils sont fous ces Anglais ? Le 4 juin 1940 – quatre ans presque jour pour jour avant la date prévue pour débarquer en Normandie –, Churchill passait une courte note aux chefs d'état-major : « S'il est possible pour les Allemands de nous envahir, pourquoi pas l'inverse ? » Le soir même, l'officier Dudley Clarke – qui entrera dans l'histoire comme le père des commandos – rédige les premiers principes du raid mené par de petites forces sur les côtes ennemies.

Les raids prônés par Dudley Clarke visent d'abord à se faire la main. Les coups d'épingle se succèdent cette année-là (sur Guernesey occupée, le 14 juillet) et la suivante (Italie du Sud le 10 février, îles Lofoten le 4 mars, Libye en avril, Crète le 26 mai, Liban le 7 juin, Tobrouk le 18 juillet et, le 25 août, aux mines du Spitzberg, où de nouveaux bateaux de débarquement sont testés). L'amiral Keynes a révolutionné ces raids en créant les « opérations combinées », stratégie qui peut conduire le fantassin à obéir à un marin, le marin à un aviateur, et l'aviateur aux armées de terre... Mais voici que, le 27 octobre 1941, cet officier inventif cède la place à un jeune capitaine, Lord Louis Mountbatten, cousin du roi George VI. Son rôle sera de « préparer la grande contre-invasion de l'Europe ».

Six semaines plus tard, un événement imprévu l'y aide : l'agression de Pearl Harbor a précipité les États-Unis dans la guerre. Ainsi, Londres n'est plus seule. Dès la fin décembre, les états-majors des deux pays créent un organe commun, le *Combined Chiefs of Staff,* qui étudie le lancement d'une opération à grande échelle sur l'Europe du Nord-Ouest. Pour 1942... Laissant les états-majors phosphorer, Mountbatten multiplie les raids-tests en Norvège, au pays de Caux et enfin sur Saint-Nazaire. Ça urge. La guerre s'est déplacée en Russie. Staline n'en peut plus : « Alors, ce second front, c'est pour quand ? » Réponse britannique : « Après une détérioration sérieuse de la puissance militaire allemande. » L'attaque du 19 août 1942 sur Dieppe sera la répétition générale.

Promu simultanément vice-amiral, général d'armée et maréchal de l'Air, Mountbatten a toutes les commandes en main pour lancer une opération combinée. Le raid sur Dieppe sera sanglant (3 000 morts !), mais la leçon bénéfique. La prochaine fois, pas question d'approcher les côtes avant que les nœuds routiers et ferroviai-

res n'aient été neutralisés. Et on évitera d'attaquer un port. Mais l'important, c'est que les Allemands soient persuadés du contraire... « Aucun doute, dira plus tard Lord Mountbatten, dans mon esprit, la bataille de Normandie a été gagnée sur les plages de Dieppe. »
Il n'empêche, ce désastre sanglant a désarçonné les esprits. « Si nous ne pouvons pas débarquer dans un port, lance un sceptique, comment fait-on ? » Un officier répond, agacé : « Eh bien, on en apporte un ! » L'idée du port artificiel d'Arromanches est née.
L'heure des attaques massives a sonné. Le 8 novembre 1942, l'opération *Torch* ouvre l'Afrique du Nord. Le 9 juillet 1943, la Sicile est envahie. Deux mois plus tard, l'offensive gagne l'Italie. La décision définitive d'un débarquement en Normandie est prise en janvier 1943 à Québec, lors d'une réunion entre Roosevelt et Churchill. Deux mois plus tard, le commandement suprême allié étudie un plan, nommé *Fortitude,* destiné à leurrer l'ennemi sur le lieu et la date (simulée pour 1943) du débarquement. Dans le même temps, on prépare un schéma d'attaque massive du continent au cas où les défenses allemandes s'effondreraient. Sait-on jamais... Et, bien sûr, on planifie la véritable opération qui, en 1944, consacrera le retour en Europe. Le jour J est fixé : 1er mai 1944 au plus tard. Sous le nom d'*Overlord,* on lancera trois divisions entre Grandcamp et Ouistreham, plus une division aéroportée au-dessus de Caen. On envisage un débarquement secondaire en Provence. Dans les contingents, les soldats noirs américains sont loin derrière la ligne de front et consignés aux basses besognes. Il faudra attendre un ordre de Truman à la fin de la guerre pour qu'ils intègrent les rangs.
Montgomery, après avoir fait ses adieux à l'armée du Désert, très occupée en Italie, atterrit à Londres en février 1944. Il bouscule les plans de ses prédécesseurs. Si Eisenhower a reçu le commandement suprême, « Monty », lui, commandera les forces terrestres « dès l'instant où elles auront posé pied sur les plages ». Les autres protagonistes sont prêts : l'amiral Ramsay est en charge de la traversée (dite opération *Neptune*), le maréchal de l'Air Mallory s'occupe des opérations aériennes.

Bonjour l'intox !

Et l'opération *Fortitude* commence. Tout est bon pour leurrer l'Allemagne. On sacrifie des agents de la Résistance. On multiplie les « révélations » aux agents doubles, triples, retournés dans tous les sens. On bombarde férocement le Pas-de-Calais. On mine la mer du Nord et la Baltique. On masse des navires dans les ports du Nord-Est anglais. Pour tromper les avions espions, on crée de faux parcs de matériel avec des chars et des Jeep en caoutchouc, de faux aérodromes avec des avions en bois. Une intense activité radio « dénonce » l'existence d'une IIIe armée fictive, basée dans le Kent. Mongtomery paie de sa « personne » : la veille du 6 juin, un sosie (pas bête !) est chargé d'inspecter ostensiblement la garnison de Gibraltar, juste à portée de jumelles des agents allemands d'Algésiras.

ACTEUR AU SERVICE DE SA MAJESTÉ

Les services secrets britanniques furont frappés par la ressemblance de l'acteur australien James Clifton avec le maréchal Montgomery. Il fut contacté par le colonel David Niven, autre comédien célèbre. On envoya le sosie se balader à Gibraltar, Alger et Le Caire alors que Montgomery préparait le débarquement en Normandie. Le maréchal ne buvait pas et ne fumait pas. Ce fut le plus dur, avouera Clifton...

Parallèlement, l'heure est venue d'entraîner les troupes aux opérations très délicates du débarquement. Au printemps 1944, les manœuvres se comptent par dizaines. Celle de la nuit du 28 avril met aux prises deux camps fictifs, les « débarquants » et les « défenseurs ». Des vedettes lance-torpilles britanniques endossent le rôle des vedettes ennemies qui ne manqueront pas de surgir dans la ceinture de navires de guerre protégeant le débarquement. En avant la manœuvre ! Les barges approchent des plages, dégorgent leurs soldats. C'est l'attaque. Obus, fusées jaunes, fusées rouges, balles à gogo. Mais les vedettes qui tirent sont cent pour cent allemandes ! Arrivées par hasard de Boulogne et de Cherbourg, elles canardent de vraies balles. Panique dans l'exercice. Lorsqu'on réalise, il est trop tard... 700 soldats sont morts.

Le 2 juin 1944, Churchill envoie un message à de Gaulle, à Alger : « Venez, c'est urgent ! » Deux jours plus tard, de Gaulle est conduit à Portsmouth, centre nerveux d'*Overlord,* où Churchill le met dans la confidence. Eisenhower les attend dans son QG tapissé de cartes. « Le temps est très mauvais, explique-t-il, tant pour la navigation que pour l'abordage. Or je dois donner l'ordre : déclencher ou remettre. Cet ordre doit être donné au plus tard demain. Qu'en pensez-vous, général ? J'approuve par avance et sans réserve le parti que vous choisirez de prendre. À votre place, pourtant, je ne différerais pas ! »

Orages d'acier

Ce mardi 6 juin 1944, il pleut dès le matin. Un vrai temps de juin pour un jour de guerre ordinaire. À 9h, ceux qui le peuvent se branchent sur la BBC. Le communiqué du jour diffusé par la BBC est sobre : « Sous le commandement du général Eisenhower, les forces navales alliées appuyées par une aviation puissante ont commencé à débarquer les armées alliées sur la côte nord de la France. » Un canular ? On n'ose y croire. Pour la France comme pour l'Europe entière, c'est à nouveau l'annonce du sang et des larmes. Mais aussi l'espoir de la libération.

ON CHANGE DE DATE !

Le débarquement allié était fixé au 5 juin 1944, en fonction de deux critères : marée très basse et pleine lune. Les prévisions météo étaient (déjà) approximatives. Les navires partirent le 4 et furent rappelés très vite à cause d'une mer démontée. La prochaine date idéale était en septembre. Le secret du débarquement était impossible à tenir si on attendait trois mois. Eisenhower décida alors le 6 juin.

Ce débarquement, les Allemands l'attendaient. Mais au plus près des côtes anglaises : sur le Pas-de-Calais. Seul Hitler, véritablement extralucide, en était sûr : il s'opérerait entre l'Orne et la Vire. Ses généraux n'agirent pas en conséquence. Trop de bombardements de diversion avaient brouillé les pistes. La colossale opération *Overlord* avait été montée au petit poil... Le plan ? Cinq divisions débarquant sur cinq plages, sur 80 km de côte entre Caen et Sainte-Mère-Église. Trois divisions parachutistes, larguées au préalable, se chargeraient de barrer la route aux renforts allemands.

Initialement prévue pour la veille, l'opération avait été retardée pour cause de temps exécrable : toute cette armada complexe et tentaculaire avait déjà été déployée en mer lorsqu'elle reçut l'ordre de rebrousser chemin... Puis la météo s'était annoncée – un peu – meilleure.

Depuis la veille au soir, peu avant minuit, les dix batteries allemandes postées sur ces plages subissent un déluge de feu. 10 000 bombardiers lourds les pilonnent, soit 1 000 bombardiers par batterie. En tout, 6 000 t de bombes. De quoi réduire en bouillie les Allemands – si les bombardements avaient été précis.

Quelques minutes plus tard, les parachutistes de la 101e Airborne atterrissent entre Sainte-Mère-Église et la mer, dans les prés inondés du Cotentin. Leur rôle est de garantir les routes aux troupes américaines d'Utah Beach, dès que celles-ci progresseront vers l'intérieur pour couper la presqu'île. Pendant ce temps, la 6e Airborne s'active à l'autre bout du front. Leur ordre de mission est chargé : tenir l'Orne et son canal, neutraliser la batterie de Merville, enfin détruire quatre ponts sur la Dives (et son affluent la Divette) pour transformer ce fleuve en fossé protecteur.

Quel sera le premier village libéré de France ? Ranville. Au château, le comte et la comtesse de Rohan-Chabot sont réveillés par des coups de crosse frappés contre la porte. Surgissent des soldats aux visages noircis, en tenue de camouflage, leurs casques recouverts de branchages. « Encore les Fritz, bougonne le comte. Ils viennent de finir leurs manœuvres de nuit. Et ils parlent anglais pour nous piéger. Ils veulent savoir ce que nous pensons vraiment d'eux... » Jusqu'à l'aube, il restera sur ses gardes. C'est en vain que la comtesse le rassure : ce sont de purs Anglais, elle peut le jurer. D'ailleurs, il y en a d'autres, beaucoup d'autres. Les quelque 6 000 hommes de la Pegasus Division ont été largués sur Ranville. Il est 2h30...
Cette nuit plus que jamais, le ciel appartient aux Alliés : 15 000 appareils, 10 000 sorties, 12 000 bombes. Le mur de l'Atlantique tremble sur ses bases.
Pour la Résistance normande (une dizaine de réseaux), c'est aussi la nuit la plus longue. Mais les trois plans à appliquer sont au point depuis longtemps : paralysie des voies ferrées, du réseau de télécommunications et des routes conduisant aux plages. Très loin à l'ouest, d'autres Français arrivent. Ce sont les SAS du colonel Bourgoin (dit « le Manchot »). Aux petites heures de la nuit, on les a largués sur les landes paumées du Morbihan et des Côtes-du-Nord (actuellement Côtes-d'Armor).

Le raz de marée

Enfin, l'aube se lève sur la côte normande. La mer agitée porte un spectacle incroyable : une forêt d'acier danse sur les vagues. 7 000 bateaux, venus de partout. Près de 100 000 hommes les conduisent, plus de 100 000 autres s'apprêtent à en sortir. Les dragueurs ont ébréché les champs de mines et, à 3h30, les premières barges cinglent vers Omaha Beach. Un nom de code qui réunit les trois plages de Vierville, Colleville et Saint-Laurent. Les hommes ne sont pas frais. Les pilules contre le mal de mer, si généreusement distribuées, renfermaient une forte dose de narcotique !

HITLER DORMAIT !

Une des grandes faiblesses de l'armée allemande consistait dans le fait qu'il n'y avait pas d'unité de commandement. Plusieurs généraux étaient en poste (Rommel, von Rundstedt et d'autres) et personne n'avait les mêmes méthodes pour repousser le débarquement allié en Normandie. En fait, le seul chef suprême était Hitler. Au moment du Débarquement, il dormait et personne n'osa le réveiller...

Pendant que cette masse d'hommes et d'acier se répand sur les plages, où sont les Normands ? On les a évacués à 14 km de la côte. Mais comment ne pas deviner, au grondement continu du canon, que les cuirassés, les croiseurs et les destroyers pilonnent les défenses côtières ? Comment ne pas remarquer que, pour la première fois depuis quatre ans, les avions survolent les hameaux côtiers tous feux allumés ? À défaut du poste radio, confisqué par l'occupant, chacun colle une oreille anxieuse au poste à galène bricolé en hâte...
C'est l'enfer : peu avant 5h30, l'aviation tactique a pris le relais des bombardiers. Les batteries du mont Canisy, de Riva-Bella, de la pointe du Hoc, de Maisy et de la Pernelle sont pilonnées sans répit. Une heure après, l'infanterie entre en action. Il a été convenu d'échelonner les quatre débarquements d'ouest en est, suivant l'heure de la marée descendante. Le premier va s'ébranler à 6h30, sur la côte orientale du Cotentin.

Comme les cinq doigts de la main

– ***Utah Beach, 6h30.*** Il s'agit de la 4e division d'infanterie américaine (celle-là même qui entrera dans Paris avec Leclerc). À moins de 3 km du rivage, elle lâche une trentaine de chars amphibies : tous, sauf un, parviennent au rivage. Des fantassins les suivent. En un jour, ils parviendront à établir une tête de pont de 3,6 km ! Après avoir « réduit » les forts points de résistance allemande et nettoyé la plage de ses obstacles, ils traversent les prés inondés et réussissent, en certains points, à pénétrer jusqu'à 9 km. Le contact est établi avec la 101e Airborne. Bref, tout va bien.

LES ROCHAMBELLES ? RESPECT

L'histoire a oublié ces ambulancières françaises qui ont débarqué à Utah Beach, avec la 2e DB de Leclerc. Ces 38 femmes sauvèrent bien des vies de la Normandie à Berchtesgaden. Financée par Florence Conrad, une riche veuve américaine, cette unité féminine sera la seule à être opérationnelle pendant le débarquement allié.

– ***Omaha Beach, 6h45.*** Le débarquement va s'y révéler incomparablement plus difficile. Les deux groupes de combat américains doivent s'emparer, entre Vierville et Colleville, d'un croissant de falaises truffées de casemates, de canons et de mitrailleuses. De plus, la mer est grosse et les obstacles sous-marins abondent. Terrible surprise : les soldats américains n'ont que 7,5 secondes pour lutter contre la marée et se mettre à l'abri. Les Allemands font un carton sur les barges de débarquement et les chars amphibies. Angoisse : le bombardement aérien a été mal conduit. L'un des aviateurs, nommé Cornelius Ryan, en gardera toute sa vie le traumatisme. Longtemps après, il enquêtera sur les circonstances de la mort que ses frères d'armes ont trouvée à terre, et écrira *Le Jour le plus long.* Un récit qui sera transposé au cinéma en 1962 par Ken Annakin, avec John Wayne, et grâce à la caution technique d'Eisenhower en personne. Pendant ce temps, le soldat de deuxième classe Samuel Fuller se débat sur la plage « 3 heures durant au lieu des 25 minutes prévues. La mer est rouge de sang. Des culs, des couilles, des yeux, des têtes, des intestins, des bras, des doigts, des bouches, juste une bouche. Partout ! Un cauchemar ! » Samuel Fuller, qui n'avait rien oublié, réalisa en 1980 le film *Au-delà de la gloire (The Big Red One).* Que s'est-il passé à « Omaha la Sanglante » ? La marine de guerre a été gênée par la configuration des falaises. On parle aussi d'une erreur de navigation. Et surtout, une unité allemande non signalée (on ne l'a repérée qu'au dernier moment, alors que les bateaux d'état-major étaient astreints au silence radio) se trouve être en manœuvre sur les lieux. Et ce ne sont pas les cibles qui manquent ! Privées d'appui, les unités alliées de tête sont clouées sur place par les canons et les mitrailleuses. Les pertes d'Omaha Beach atteindront 40 % de celles du jour J (notamment en raison de la terrible boucherie de la pointe du Hoc ; se reporter au passage « La pointe du Hoc », dans le Bessin, Calvados). À midi, le commandant des troupes décimées, Bradley, envisage même de rembarquer. Mais en cette matinée d'horreur, le *GI* américain entre dans la légende : il enlève un à un chaque ouvrage et s'accroche au terrain conquis. Mètre après mètre. Et c'est ainsi qu'à la tombée de la nuit, la tête de pont, longue de 1 500 m, s'agrippe enfin au sommet des falaises.

– ***Gold Beach, 7h25.*** Malgré un début difficile, la situation y est plus favorable. Le débarquement britannique a commencé sur les plages du Hamel et de La Rivière. Objectif : Bayeux. Dans le même temps, le 41e commando est censé s'emparer de Port-en-Bessin – vital pour l'acheminement des renforts – et assurer la jonction vers l'ouest avec les Américains d'Omaha Beach. Mais la météo ne l'entend pas de cette oreille. Ciel couvert, visibilité médiocre, vent de force 5... Impossible de mettre à l'eau les chars amphibies qui doivent protéger l'infanterie. Pour comble, beaucoup d'embarcations chavirent. Les fantassins qui atteignent la plage se retrouvent épuisés et malades avant même d'avoir tiré un seul coup de fusil. Les Allemands s'en donnent à cœur joie : leur précision est méticuleuse. La progression des troupes s'effectue de manière inégale. Le bombardement de La Rivière a été si efficace que le hameau se trouve libéré dès les premières minutes. Vers 9h30, le pont de Meuvaines est pris dans la foulée. En revanche, les obus de la flotte et les bombes aériennes ont peu d'effet au Hamel. Devant ce village, l'infanterie se trouve clouée au sol. Elle ne l'emportera qu'à 16h30. Déjà, la brigade de tête file sur la route Caen-Bayeux. Bayeux tombera le lendemain à l'aube.

– ***Juno Beach, 7h35.*** Sous les ordres du major général Keller, la 3e division d'infanterie canadienne débarque sur les plages de Courseulles, Bernières et Saint-Aubin. Elle est en retard sur l'horaire. Et il faut occuper, le soir même, la crête qui s'étend de Putot-en-Bessin jusqu'à l'ouest de Caen ! Les ennuis sont là. Fonds rocheux, vagues démontées, plus un véritable festival de pièges et de mines. Les barges de débarquement dérivent. Elles sont cueillies par un feu nourri. Beaucoup d'hommes tombent alors qu'ils pataugent, avec de l'eau jusqu'aux aisselles. Le génie livre une lutte de vitesse contre la marée montante qui recouvre les obstacles sous-marins. Ce n'est pas du gâteau. Une bonne part des casemates et des blockhaus ont survécu au bombardement préliminaire. Autant dire que les voies d'accès vers l'intérieur sont longues à nettoyer. Bernières est défendu par deux canons antichars, deux mortiers lourds, huit nids de mitrailleuses : mais vers 8h30, la place tombe. Courseulles est infiniment mieux équipé : deux attaques et d'épuisants combats de rue en viendront à bout vers 10h. Saint-Aubin, Langrune et Graye-sur-Mer attendront le 7 juin pour tomber.

– ***Sword, 7h25.*** La 3e division d'infanterie britannique a bien l'intention de dîner à Caen ce soir-là. Au moment de toucher la plage de Colleville, les barges anglaises se laissent courtoisement dépasser par les 177 Bérets verts du lieutenant Philippe Kieffer. Juste revanche sur le « Messieurs les Anglais, tirez les premiers » de la bataille de Fontenoy. Mais la bataille qui s'annonce n'a rien à voir avec la guerre en dentelle. La brigade de tête de la 3e DI anglaise doit rapidement établir une base solide sur la hauteur de Périers, qui est comme la clé de la ville de Caen. Toute la division, débarquée à Hermanville, Colleville et Ouistreham, devra rejoindre le pont de Bénouville pour établir la jonction avec les parachutistes largués la nuit précédente. Et pendant ce temps, les commandos nettoieront vers l'ouest en direction de Juno Beach. Ce scénario va-t-il être respecté ? Les premières vagues d'assaut débarquent à l'heure, malgré la forte houle. Deux bataillons de chars amphibies sont largués à 4 km de la plage, et la moitié parvient au but. Un passage est ouvert sur la plage et dans les fortifications des dunes. Les chars progressent. Hermanville tombe à 9h30. Dans le parc du château, une compagnie revendique « le premier thé préparé le 6 juin par une unité britannique de ce côté-ci du *Channel* ».

Un après-midi normand

À 15 petits kilomètres de là, Caen a été réveillé « vers 2h par le bruit sourd et lointain d'une canonnade assourdissante ». Mais bien que quelques bombes soient tombées vers 6h du côté de la gare, la matinée se déroule au calme. Une voiture à haut-parleur ordonne aux 35 000 Caennais d'évacuer la ville. Un équipier d'urgence hausse les épaules : « Pourquoi partir sur les routes et risquer les mitraillages ? On se souvient trop de l'exode de juin 1940. Caen sera sans doute libéré très vite... »

En ville, dans la prison de la Maladrerie, les 110 résistants gardés par la Gestapo sont « envahis d'une immense espérance en entendant le grondement que prolonge la canon-

EFFET PERVERS

En 1944, pour le débarquement en Normandie, l'armée américaine était raciste. Les noirs n'étaient pas mélangés aux soldats blancs. Les poches de sang pour noirs étaient isolées de celles des blancs. D'ailleurs, les noirs ne combattaient pas en première ligne mais étaient relégués aux tâches subalternes : mécanos, chauffeurs, pompistes... Étant à l'arrière, peu de noirs furent tués. Il en sera tout autrement pendant la guerre du Vietnam. Là, l'égalité des races était inscrite dans la Loi (Civil Rights en 1964).

nade » (témoignage de la résistante Amélie Lechevalier). Ils comptent les minutes en souriant, tâchant d'évaluer la distance qui sépare Caen des plages. « Hélas, la prison retentit brusquement d'ordres gutturaux. Nous croyons qu'on va nous évacuer. » Les Allemands ne se donnent pas cette peine et abattent froidement 87 détenus dans les courettes de la prison.

De fait, les Alliés piétinent devant Caen. Ils vont changer l'axe de l'offensive. Sur les pentes qui, de la plage, mènent aux crêtes commandant la ville, les Anglais ont perdu 200 hommes. Une brigade de soutien débarque peu après 10h sous un feu violent qui balaie les plages et leurs débouchés. Pendant ce temps, la marée montante noie les véhicules et les équipements. Les Allemands jugent le moment venu pour rétablir la situation. La 21e Panzerdivision contre-attaque dans l'après-midi et parvient à la mer dans l'axe de la route de Cresserons. En vain. Rien ne suit. Les Britanniques s'emparent même de Biéville et de Bénouville. Autour de Caen, la ligne de front est fixée. Elle ne bougera plus pendant 33 jours.

Pour les Normands, l'heure est venue de serrer les dents. Déjà bombardées à plus de 300 reprises pendant tout un mois, leurs villes vont se retrouver, cette fois, quasiment pulvérisées. Les bombes « amies » ont élu Caen, Argentan, Agneaux, Valognes, Coutances, Falaise, Flers, Vire (rasée en 5 mn), Lisieux et Condé-sur-Noireau comme points de congestion (un beau terme militaire) destinés à empêcher l'arrivée des renforts ennemis. Aujourd'hui, il est assez rare d'y trouver une maison datant d'avant juin 1944.

Enfin, la nuit tombe sur le front. Il est discontinu. Aucun des objectifs fixés n'a été atteint. Les Alliés ont perdu 10 000 hommes, dont un tiers est mort. Deux navires de guerre, 127 avions et près de 300 barges ont été anéantis. Mais ce n'est qu'un début. Une bataille de 100 jours commence, qui mettra deux millions d'hommes aux prises et ne s'achèvera qu'avec la chute du Havre... le 12 septembre 1944.

La bataille de Normandie

Après, c'est la grande offensive. Pour cela, il faut douze fois plus d'hommes, vingt fois plus de véhicules, trois millions de tonnes de matériel. Bref, il faut des ports. Autre chose que les ports artificiels mis en place sur les plages. Du solide. On guigne Cherbourg début juin. On espère Saint-Nazaire pour le 10 juillet. Brest dans la foulée. Et Lorient. Et Quiberon, où l'on envisage même un Arromanches-bis. La bataille de Normandie doit impérativement déboucher sur la Bretagne. Il faut aussi des hangars et des pistes pour l'armada aérienne d'appui. Les plaines qui s'y prêtent sont à portée de main : entre Caen et Falaise.

Brest et Falaise seront les deux hantises de la bataille de Normandie. On répartit les rôles. La Bretagne sera pour le général Bradley, chef de la Ire armée US. Montgomery, lui, prendra Falaise avec les deux armées du Commonwealth.

Le plan sera très prudent, très pondéré : de petits pas, du grignotage. Il faut le temps de réunir son monde. Les 40 divisions qu'on débarque progressivement sur les jetées d'Arromanches, puis, bientôt, sur les plages en arrière des brise-lames et dans les petits ports de pêche normands. Et surtout, les 16 divisions qui remonteront bientôt la vallée du Rhône, après avoir mis pied à terre en Provence le 15 août (faute de bateaux, on a dû reporter le débarquement du 6 juin). Ce plan prudentissime poussa Churchill à s'exclamer devant Eisenhower : « Délivrez-moi Paris avant Noël, et personne ne pourra vous en demander plus ! »

La date prévue pour la fin de la bataille de Normandie est le 6 septembre. Y sera-t-on encore cet automne ? Que fera-t-on cet hiver ? Entre Seine et Loire, face au Loing et au canal de Briare, un immense camp militaire se sera substitué à l'étroit front de mer normand. On pourra réfléchir alors au plan suivant : *Post-Overlord.* Ce plan qui dort encore dans les cartons. Son but : la ruée vers l'Allemagne.

« Qu'est-ce que ce foutu plan où il n'est question que d'installation, et jamais de percée ni d'exploitation ? » fulmine le bouillant Patton, que l'on tient alors en réserve pour une IIIe armée qui n'arrivera sur le terrain que le 1er août.

Elle viendra, la percée. Mais ce ne sera que pour s'assurer la Bretagne. Elle viendra, l'exploitation. Mais le commandement allié n'y sera pour rien. Il faudra « remercier » l'aveuglement de Hitler qui, par obstination, enverra ses divisions au plus fatal des casse-pipes. Le complot qui, le 20 juillet, manqua le Führer de peu, fut la réponse des généraux allemands.
C'est que la Wehrmacht ne sait plus où donner de la tête. Le jeu de balance entre Falaise et la Bretagne oblige le commandement allemand à jongler avec ses unités, bringuebalées d'un front à l'autre selon l'urgence de l'incendie. Car ses forces ne sont pas illimitées. Les meilleures unités sont sur le front de l'Est. Au jour J, les Allemands disposent de quelque 300 avions (autant dire que les Alliés sont maîtres du ciel), de 18 divisions entre Seine et Loire, à peu près autant au sud de la Loire, et entre la Seine et l'Escaut – un réservoir d'hommes où l'on ne puisera que progressivement, l'État-Major restant persuadé que les Alliés débarqueront dans le Pas-de-Calais. Le moral n'est pas bien haut. 10 jours après l'invasion, qui ne suscita au QG du Führer aucune stratégie bien définie, le général Warlimont, adjoint au chef d'état-major, déplore « un manque croissant d'esprit de décision pour l'essentiel et des heures de discussion pour des détails ». Très exactement ce que visait l'opération *Fortitude,* mise en place pour brouiller les pistes...

L'axe Normandie-Bretagne

DES MORTS OUBLIÉS

Le Débarquement a tué de nombreux soldats alliés pour notre liberté. Encore plus d'Allemands. Les terribles bombardements « amis » (Caen, Falaise, Saint-Lô, Le Havre) ont tué au moins 20 000 civils normands. Les livres d'histoire oublient souvent que la population locale a payé le prix fort.

Pour passer en Bretagne, il faut s'assurer d'abord du Cotentin. Le 18 juin, la péninsule est coupée. Le 26, Cherbourg tombe. Dans leur progression, les Américains ont perdu quelque 5 000 hommes depuis le jour J. Mais trois semaines plus tard, les premiers *liberty ships* jetteront l'ancre sous le fort du Roule...
Pour gagner Falaise, il faut d'abord prendre Caen. On l'espérait pour le 6 juin. La ville ne tombe que le 9 juillet, après 26 000 morts et disparus dans les rangs alliés. Et ce n'est qu'un début. Le plateau de la rive droite, qui ouvre Falaise, est tenu par la *Hitlerjugend,* une division Panzer SS d'élite. Il faudra 37 jours et des torrents de sang pour lui passer dessus.
Dans le Cotentin, la bataille des Haies s'annonce tout aussi meurtrière. Pour l'armée de Bradley, la péninsule est une prison. Les deux côtes sont verrouillées par une chaîne d'unités allemandes, habilement retranchées dans les haies, les vergers, les bois, postées devant les marais, les gorges, les rus et les rivières, Panzerfaust au poing. Chaque lopin gagné provoque un communiqué de victoire. Mais peut-on parler de victoire quand la 83e division d'infanterie, pour ne citer qu'elle, perd 5 000 hommes en 12 jours ? Enfin, Saint-Lô tombe le 19 juillet. Ou plutôt, Saint-Lô s'écroule. Le taux de destruction est de cent pour cent : pas une maison n'a échappé aux bombes. La ville en gardera un surnom : le Cassino du Nord. Quant au calendrier, il est proprement chamboulé : 30 jours de retard.

Le western breton

Maintenant, il faut gagner Avranches, porte de la Bretagne. C'est l'opération *Cobra.* Quelque 2 000 bombardiers ont copieusement arrosé les 12 petits kilomètres carrés compris entre Saint-Gilles, Marigny et Hébécrevon, à raison de 5 000 bombes incendiaires par kilomètre carré. Le 25 juillet, cinq divisions américaines s'ébranlent, crèvent la cuirasse blindée allemande, traversent Avranches le 30, passent la Sélune, franchissent le Couesnon, déferlent en Bretagne, libèrent Rennes et Rostrenen le 4 août, filent vers Brest le 7... Un diable furieux vient de bondir de sa cachette. C'est Patton. Sa IIIe armée, toute fraîche, y gagnera un surnom : *Third Galloping.* Patton la conduira jusqu'à Pilsen, en Europe centrale. Là, le commandement allié dira : « Stop ! » Il ne s'agit pas de fâcher Staline, tout de même ! Ainsi les 12 divisions passent-elles le goulot d'Avranches « pare-chocs contre pare-chocs ». Maintenant, cap sur l'Atlantique, sur Angers, sur Le Mans. Patton plastronne. « Pour la première fois dans l'histoire militaire, une armée attaque sur les quatre points cardinaux ! »

Le début de la fin

En attendant, cette disposition la rend vulnérable. Hitler en est sûr. Il croit habile de réitérer le coup de Dunkerque. Déclenchée le 7 août, l'opération *Lüttich* lance quatre divisions de panzers vers l'ouest, sur une ligne d'Avranches à Mortain. Mais l'armée allemande n'est pas inépuisable. Pour se concentrer sur *Lüttich,* Hitler a dégarni les autres fronts, trompé par de fausses révélations laissant penser à une débandade américaine. On imagine la joie de Montgomery, qui restait à l'affût : il attaque vers le sud. Patton, quant à lui, est au Mans : il attaque plein nord et prend les Allemands à revers. Bradley exulte : « C'est une occasion comme il s'en présente une par siècle ! Nous sommes sur le point de détruire une armée entière ! »
Cela, le maréchal von Kluge le savait aussi. Mais allez donc faire entendre raison au Führer ! De toute façon, il est trop tard. Les deux mâchoires du piège allié se referment à Chambois, le 19 août. Une féroce bataille de trois jours s'engage. Le reste des deux armées allemandes se faufile vers la Seine et le pays de Caux, en attendant de rejoindre la ligne Siegfried. Les Alliés bombardent les colonnes à loisir. L'hécatombe est inimaginable.

UN ORIGINAL DÉCULOTTÉ

Il est cocasse de noter que les films sur le Débarquement ont pratiquement tous fait la même erreur : les prisonniers allemands ne mettaient jamais les mains en l'air. En effet, dès leur capture, les soldats alliés leur coupaient leur ceinture de pantalon afin qu'ils ne s'échappent pas.

La bataille de Normandie aligne des chiffres éloquents : plus de 200 000 morts allemands et autant de prisonniers. Du côté allié, on compte 53 000 morts, plus de 150 000 blessés et près de 20 000 disparus. Les civils ont payé eux aussi : de 15 000 à 35 000 morts dans les cinq départements de Normandie. Mais le résultat, c'est que la route est libre. L'Escaut est atteint le 2 septembre. Paris est libéré inopinément. Et 20 jours plus tard, les frontières du Reich sont franchies. Mais ça, c'est une autre histoire...

ÉCONOMIE

Des champs, des forêts, une mer poissonneuse avec de bons ports, tout cela bien au chaud dans un molleton d'herbages... Pas besoin de se casser la tête. Paris et ses 12 millions d'estomacs réclament de la Normandie qu'elle cultive sa fibre rurale et maritime. Pas étonnant que les chromos de prés fleuris et de pommiers aient gardé leur sève. Pour autant, toute la Normandie n'a pas la prospérité grasse du Calvados littoral... Exploitée dans ses moindres recoins par 40 000 fermes dispersées, cette région réputée cossue n'est guère plus peuplée qu'une autre. Loin des fortes densités du val de Seine (*because* villes et usines), il est d'autres Normandies aussi authentiques que le Massif central. Tandis que la Manche et l'Orne restent fortement rurales, Rouen, Caen et Le Havre regroupent à elles seules la grande

majorité des Normands ! Encore qu'aujourd'hui les salariés sont de plus en plus nombreux à « pavillonner » aux champs...
Le trio de choc normand est conduit par la vache. La normande est la Rolls des bovins : elle donne une viande persillée et un lait très crémeux. Sur un peu plus de 19 300 000 bovins en France, la Normandie compte près de 630 000 vaches laitières... À raison de 5 500 litres annuels en moyenne par pis, calculez...
Autre herbivore super racé, le pur-sang a lui aussi enrichi le pays : plus de la moitié des individus élevés en France provient des haras normands, une bonne part du chiffre étant liée à la vente des poulains d'un an et demi (les yearlings) à Deauville. Le trotteur français est normand, tout comme le percheron.
En matière de production végétale, on ne saurait oublier la culture du lin, pour laquelle la Normandie se place au premier rang avec plus de 50 % de la production nationale (principalement en pays de Caux). Autres cultures qui se portent assez bien, le blé (près de 10 % de la production nationale), le maraîchage et les betteraves.
Bien sûr, il y a des hauts et des bas. À deux pas du Bray herbeux, le Cauchois règne sur un patchwork de blé, lin, betteraves et fourrage. En revanche, l'Eure est « en heurts » : plaines céréalières du Vexin contre fermettes du Lieuvin, maigres prairies d'Ouche contre herbages gras du Marais-Vernier et, entre deux, Le Neubourg nappé d'orge, de maïs et de luzerne. Le Calvados s'adosse à la mer : les prospères alentours de Caen (céréales, maraîchage), les « latifundia » du Bessin et la Côte Fleurie des touristes contrastent avec l'argileux pays d'Auge, campé sur ses tas de pommes et ses bidons de lait. Dans l'Orne, les bovins – pour le lait et la viande – côtoient les chevaux des haras et les zones de culture. La Manche panache : labours dans l'Avranchin, maraîchage sur les polders, élevage au bocage. Au sujet de l'agriculture normande, on ne peut que vous conseiller le très beau film documentaire de Rémi Mauger, *Paul dans sa vie,* qui rend hommage à un paysan de la Hague, personnage terriblement attachant, vivant en harmonie avec son métier et son environnement.
Côté mer, les terre-neuvas ne sont plus de saison, mais la pêche a de beaux restes. La Normandie se classe au cinquième rang en France : coquille Saint-Jacques, pêchée à Dieppe (premier port national) et à Port-en-Bessin (dans le Calvados), huîtres d'Isigny et de Saint-Vaast, petits coquillages puisés sur les vastes grèves du Mont-Saint-Michel, bulots de Granville et moules de partout... Bref, les Normands ont encore le pied marin et pêchent en abondance poissons plats (la sole normande), saint-pierre, colins, morues, etc.
L'industrie a eu sa bonne fée : la Seine. Bien avant l'autoroute Paris-Normandie, elle reliait Paris au monde. Rouen fut le premier port de mer du royaume. Rétrogradé au cinquième rang, il truste l'exportation des grains briards, même si ce trafic est désormais supplanté par celui des produits pétroliers raffinés. Le Havre, quant à lui, est le 2e port pétrolier de France avec 40 % de nos importations de pétrole brut et le premier port du pays en ce qui concerne le commerce extérieur avec 63 % du transit de nos marchandises en conteneurs.
Il résulte de cette importance de l'industrie une ceinture ouvrière marquée par le syndicalisme. Plusieurs personnages-clés de la gauche, comme de l'extrême gauche, comptent la Haute-Normandie dans leur parcours politique. À l'inverse, la Basse-Normandie reste traditionnellement le fief du gaullisme, quelque peu ébranlé de nos jours (aux élections de 2004, la région est passée à gauche, à la surprise générale ! Et la gauche l'a emporté à Caen, ville bien ancrée à droite depuis 1970, lors des présidentielle et législatives de 2007). Si les chantiers navals sont déconfits, le complexe de la Basse-Seine leur a trouvé des remplaçants : Renault, Lafarge, Esso, Shell, EDF. Un tiers de la pétrochimie française, un tiers du pétrole raffiné, deux cinquièmes du papier journal consommé en France. À côté, les industries des petites et moyennes villes de la région semblent bien modestes, excepté toutefois pour les activités industrielles autour de l'énergie nucléaire (centrales de Paluel et de Penly en Seine-Maritime, de Flamanville et de la Hague dans la Manche...).

ENVIRONNEMENT

De bonnes vaches normandes sous des pommiers, des prairies protégées par des haies, un bocage verdoyant. Pendant longtemps, la Normandie fut réduite à cette image bucolique de calendrier des PTT, le camembert et le cidre en plus. Ce n'est pas vraiment faux, mais cela reste un cliché. Aujourd'hui, la Normandie est principalement agricole, industrielle, résidentielle et urbaine, et la qualité de l'environnement s'en ressent. Les herbages deviennent labours, les usines et les zones portuaires marquent les paysages, les tissus pavillonnaires s'étendent autour des villes. Mais il reste heureusement une Normandie dotée de richesses naturelles et d'un patrimoine environnemental, plus secret que les colombages et les vieilles pierres.

LE RUMINAGE : UNE SACRÉE TECHNIQUE !

Tout d'abord la vache avale l'herbe sans la mâcher, puis celle-ci est stockée (jusqu'à 180 litres !) dans la panse. L'herbe y fermente et part ensuite dans une autre cavité, le bonnet. Transformée alors en boulettes, l'herbe revient dans la bouche où elle est mastiquée : on dit que la bête rumine. Puis les aliments repartent vers les troisième et quatrième poches pour être totalement digérés.

La proximité de la région parisienne a depuis longtemps bouleversé l'équilibre rural normand traditionnel. La vallée de la Seine, centre économique qui relie Le Havre à Paris, se présente comme un des pôles les plus importants dans les secteurs de l'énergie, de la pétrochimie et de la chimie. La Normandie industrielle accueille des usines à risques, des raffineries, le nucléaire et les convois chargés de produits chimiques. La logistique (activités de transport, gestion des stocks) et les ports modernes (Le Havre, Rouen, Dieppe, Cherbourg) représentent une activité phare pour les acteurs du développement. Du coup, on fait des routes en Normandie ! Ça sert pour les camions en semaine, et c'est bien pratique pour rejoindre facilement, le temps d'un week-end, les poumons « verts » du Perche et du pays d'Auge ou les plages de Deauville et de Saint-Vaast-la-Hougue.

La qualité de l'air, très mauvaise dans les années 1970-1980, s'est tout de même améliorée. Elle reste médiocre autour de Rouen et de Gravenchon, passable au Havre (avec parfois de drôles d'odeurs, dans les pôles de raffinage...), bonne et très bonne ailleurs. En matière de qualité des eaux, c'est très inégal. La Seine est polluée depuis longtemps à cause des rejets de l'agglomération parisienne et des industries riveraines (phosphates, sulfates, métaux lourds) ; les autres rivières offrent rarement une eau de mauvaise qualité sur tout leur cours, mais seuls les secteurs les plus en amont ont une eau pure. Les zones les plus polluées (l'eau du robinet provenant des nappes souterraines n'y étant même plus potable pour le consommateur !) sont celles où l'on pratique le plus l'agriculture industrielle : le sud du département de l'Eure et le pays de Caux (Seine-Maritime). En ce qui concerne la qualité des eaux de baignade, la situation s'est améliorée depuis une quinzaine d'années. L'eau est globalement de bonne qualité dans la Manche. Dans le pays de Caux et le Calvados, où la majorité des eaux de baignade sont conformes mais encore « moyennes », il faut rester vigilant.

En matière de nature et de paysages, la Normandie compte quatre parcs naturels régionaux (les Marais du Cotentin et du Bessin, les Boucles de la Seine normande, les forêts et le bocage de Normandie-Maine, et le bocage du Perche). Le littoral normand est de mieux en mieux protégé par le Conservatoire du littoral et les départements. Malgré la pression historique des hommes et des activités, la flore et la faune sauvages normandes restent riches et variées. La flore est originale dans les nombreux types de forêts aux sols différents, sur les dunes et les coteaux calcaires, pelouses sauvages exposées au sud, quasi méridionales et riches en orchidées en juin. La faune devient même source d'activité pour les publics spécialisés : on peut observer de nombreux oiseaux, notamment lors des périodes de migrations, et des phoques en baie de Veys, écouter le brame du cerf autour de Rouen... Enfin, la Normandie ne manque pas non plus d'attraits écologiques : grandes forêts (futaies cathédrales de hêtres, chênaies-charmaies fleuries au printemps), marais intimes et giboyeux, sans oublier, bien entendu, de multiples rivières et petits fleuves côtiers, que n'égalent en majesté que les coteaux du fleuve majeur : la Seine. Partout des recoins secrets de campagne préservée, villages de charme, parcs et jardins remarquables, chemins creux, champs de coquelicots, plaines agricoles riantes où reviennent les busards. En prime, on n'est jamais très loin du littoral, qui offre de superbes balades aux abords des falaises, sur de petites plages de galets au bout des valleuses ou sur de vastes étendues de sables dénudées à marée basse, cachées derrière les dunes, dans des estuaires et des havres sableux (une spécificité de la Manche), ou encore sur quelques îlots de caractère.

Sites internet

• ***haute-normandie.developpement-durable.gouv.fr*** • L'environnement exposé par la Dreal (direction régionale de l'Environnement, de l'Aménagement et du Logement) de la Haute-Normandie (Seine-Maritime et Eure).
• ***basse-normandie.developpement-durable.gouv.fr*** • L'environnement présenté par la Dreal de la Basse-Normandie (Manche, Orne et Calvados).
• ***arehn.asso.fr*** • Tableau de bord de l'environnement en Haute-Normandie, établi et mis à jour par l'Agence de l'environnement. Bien fait et complet.
• ***airnormand.asso.fr*** • Observatoire de la qualité de l'air en Haute-Normandie. Site associatif et sérieux.

LES « FEIGNANTS » DE LA BARBOUILLE

En 1858, dans une boutique du Havre, un Honfleurais inconnu rencontre un adolescent qui, sans trop se casser la tête, dessine des caricatures de notables locaux. Il l'invite à venir peindre avec lui dans la nature. C'est ainsi qu'Eugène Boudin, le barbu au panama, participera à éveiller la vocation du futur maître de Giverny, Claude Monet – un Normand lui aussi. Si une province a jamais eu le génie du pinceau, c'est bien la Normandie. Nicolas Poussin l'allégorique était des Andelys, mais peignit l'Italie. Théodore Géricault, le témoin tourmenté de l'Empire, naquit à Rouen mais partit pour Paris. Les commandes et la renommée l'attendaient là-bas – comme elles attendront plus tard Jean-François Millet, Raoul Dufy, Georges Braque, Fernand Léger et Marcel Duchamp, tous compatriotes de Boudin.
De 1830 à 1880, pourtant, ce fut au tour de la Normandie d'intéresser les artistes. À la fin du XVIIIe s, les terres d'inspiration classique (Italie, Flandre...) cèdent le pas au paysage romantique. Déjà en vogue chez les écrivains (Stendhal, George Sand, Baudelaire, Zola...), la Normandie devient un jardin de peintres, à la grande joie des paysans qui négocieront tout au prix fort pour ces « feignants ».
Aujourd'hui, le moindre musée normand a recueilli leurs traces, notamment grâce à des legs prestigieux de grands collectionneurs locaux. Les peintres Turner et Théodore Rousseau ouvrent le bal. Corot plante son chevalet devant la Seine. Courbet immortalise « le jardin de la mère Toutain », la logeuse de Honfleur chez qui Boudin reçoit ses confrères. C'est le premier à peindre une série de toiles illustrant les vagues à Étretat. L'anglais Whistler pose ses valises dans le coin et se fait piquer son modèle par son ami Courbet, qui peint « Jo, la belle Irlandaise ». Manet exerce son art à Cherbourg. Bazille et Sisley écument la côte. Le Hollandais Johan Barthold Jongkind (le deuxième maître de Monet) rejoint tout ce beau monde. Renoir s'adonne au portrait près de Dieppe. Camille Pissarro s'installe près de Gisors.

Seurat et Signac accourent. Quant à Monet, il connaîtra l'extase devant la cathédrale de Rouen avant de s'installer à Giverny. De son bassin aux nymphéas découlera un demi-siècle de peinture.

GÉOGRAPHIE

Muse de grande renommée, la géographie normande a inspiré, de Monet à Proust en passant par les cieux enflammés de Boudin, bien des artistes. Si aujourd'hui la Normandie séduit, c'est qu'elle ne s'est pas faite en une nuit ! Elle s'est bâtie autour de contacts morphologiques entre la terre et la mer, entre le Bassin parisien et le Massif armoricain. Elle repose sur un socle de roches, vestige d'une ancienne chaîne de montagnes hercynienne (ère primaire) que l'érosion a démantelée, un peu comme le Massif central.

L'encaissement des rivières dans les roches anciennes du Massif armoricain crée un relief certain d'où naissent gorges et belvédères qui ne sont pas sans charmer pêcheurs et promeneurs de passage. Aussi pompeuses que puissent paraître les appellations de « Suisse normande » ou d'« Alpes mancelles », la Normandie peut se vanter d'avoir à son actif quelques beaux reliefs. Elle n'en reste pas moins un bocage, qui, des collines du Perche au mont des Avaloirs et au signal de la forêt d'Écouves (417 m), sont les plus hauts massifs de la France de l'Ouest, surgis d'une végétation dense.

Pour ceux qui préféreraient la mer, la Normandie et ses quelque 500 km de côte offrent également à voir criques et falaises, comme celles du pays de Caux, ou plages de sable fin, à l'image de la Côte Fleurie et du Cotentin. Tout au bout, tout en haut, l'évocation est encore plus forte, les anses rocheuses de la presqu'île de la Hague fleurent bon la lointaine Irlande.

La Haute-Normandie a définitivement un petit quelque chose d'Île-de-France avec ses basses collines et ses courtes vallées. Les zones bocagères y sont moins nombreuses qu'en Basse-Normandie, mais les plaines sont plus étendues et les plateaux de la façade maritime plus découpés. Côté climat – ce n'est un secret pour personne ! – on a vu mieux. L'insolation est l'une des plus basses de l'Hexagone (presque deux fois inférieure à celle d'Aix-en-Provence) et les précipitations parmi les plus importantes (plus de 150 jours de pluie sur l'année).

La Basse-Normandie a, quant à elle, un avant-goût de Bretagne. Le relief s'agence suivant une direction sud-ouest – nord-est alternant entre basses collines et calmes vallées (de la Sée, de la Sienne...) et les couches sédimentaires du pays d'Auge. Dans le nord de la Manche, par-delà le bocage, on croise parfois des zones de marais et de petites étendues de landes, familières des paysages bretons. En ce qui concerne le climat, les habitants de la partie orientale sont moins arrosés qu'à l'ouest mais subissent tout autant les caprices d'un climat océanique.

Enfin, il y a ces atouts que la Normandie a du mal à cacher : cette fameuse baie du Mont-Saint-Michel d'où la mer se retire parfois à perte de vue, cette vallée de Seine avec ses méandres, ses coteaux crayeux et ses abbayes, et ces non moins célèbres falaises d'Étretat, l'un des plus beaux sites naturels de France, né des caprices de la nature et de l'apogée de l'érosion. On vous avait bien dit que ça faisait rêver !

HABITAT

Chaumières du pays d'Auge, demeures de maîtres en brique rouge du pays de Bray, maisons en granit du Cotentin et de l'Orne, villas exubérantes du bord de mer, manoirs du Perche : difficile de trouver une unité architecturale à l'habitat normand. Comment expliquer cette diversité et cette richesse ?

L'atlas de France ouvert à la page Normandie, traçons une ligne droite d'Isigny jusqu'à l'est d'Alençon. À l'ouest de cette ligne, des sols granitiques ou schisteux. À l'est, des sols sédimentaires. On observe par exemple que les forêts sont plus nombreuses et plus importantes à l'est, en Haute-Normandie, alors qu'elles sont presque absentes de toute la région du Cotentin. Mais que ce même Cotentin dispose des seules ardoisières de toute la Normandie.

Le style d'habitat normand s'est construit en fonction des matières premières que l'on avait sous la main (ou plutôt sous les pieds) : le schiste et l'ardoise pour les maisons du Cotentin, le calcaire dans le Bessin, à Falaise ou dans le Perche, le granit à Domfront ou Alençon, le bois et le silex dans le pays d'Auge, le bois et le chaume pour le pays de Caux.

Ce n'est pourtant pas aussi simple : si les maisons à pans de bois (ou chaumières, si vous préférez) sont tellement nombreuses dans le pays d'Auge et en Haute-Normandie, c'est non seulement parce que les paysans du coin avaient à leur disposition du bois, de l'argile et du chaume, mais aussi parce qu'ils ont utilisé les compétences des nombreux charpentiers de marine de tous les chantiers navals que comptaient la côte et la vallée de la Seine à l'époque. Qui sait édifier la membrure d'un bateau peut bien construire les colombages d'une maison ! D'où ces voûtes époustouflantes, au carénage quasi parfait. Quant à la présence de nombreuses maisons de maîtres en brique rouge, dissimulées derrière les pommiers dans les campagnes de Seine-Maritime, elle est essentiellement due à l'argile, abondante dans cette région. Mais il faut attendre le XIXe s et la révolution industrielle pour y voir se développer les briqueteries et les tuileries. D'abord réservées aux industriels, les maisons en brique vont bientôt devenir les demeures des riches agriculteurs cauchois (qui voient leurs revenus augmenter à la fin du XIXe s), pour ensuite trouver un usage plus démocratique dans les vallées ou les faubourgs industrieux de la banlieue de Rouen, dont certains quartiers rappellent encore les corons du Nord.

La masure cauchoise est enterrée dans un talus épais, planté de grands arbres, qui l'entoure et la protège du vent et des intempéries. Observez aussi la campagne de la Hague ou du val de Saire dans le Cotentin : les fermes mises à part, pas de bâtiments agricoles esseulés dans le paysage. Tout simplement parce que les matériaux utilisables, le granit ou le schiste, sont des matériaux lourds à transporter, durs à travailler. Et des maisons, solides pour résister à un climat rude, mais simples parce que les paysans qui les ont construites n'étaient pas des magnats de la terre.

À cela, il faut bien sûr ajouter quelques extravagances de tous les temps. À Saint-Germain-de-Livet, dans le Calvados, les maçons de Rouen et Lisieux ont utilisé leur science de l'argile et de la céramique pour réaliser des briques aux reflets multicolores pour le château. À Varengeville, au manoir de Jehan Ango, les briques sont disposées en damier pour former un délicat point de Hongrie. Autre époque, autres styles : à Deauville, Trouville, Houlgate ou Dieppe, les villas délirantes et les grands hôtels sont là pour nous rappeler que la côte normande est une région chère (déjà) au cœur de la jet-set depuis bientôt deux siècles. Palaces, chalets, villas mauresques, mariage entre l'Alsace et la Normandie : jusqu'à l'authentique cabine de plage, il y en a pour tous les goûts, mais pas pour toutes les bourses.

D'autre part, remarquez les épis de faîtage, ces ornementations qui surmontent les toits de ces masures. Depuis le XVe s, ces jolies décorations de terre cuite vernissée cherchaient à protéger les poinçons de charpente, au sommet d'une tour, d'une lucarne ou d'une tourelle. Les toits hébergent alors des chevaux, des séraphins, des dauphins, décorés avec soin, au nombre de quatre, voire cinq. Avec le temps, on émaille ces épis, surtout dans le pays d'Auge. Dans le Cotentin, une variante : les gaudions, plus rudimentaires que leurs nobles aînés, souvent placés sur les toits des débits de boissons. La tradition s'est perdue un temps, vers le XVIIIe s. Mais elle réapparaît peu à peu aujourd'hui, comme au manoir de Lormarin, dans le Perche ornais.

Enfin, que l'on soit à Vire, Saint-Lô, Caen, au Havre ou sur les quais de Seine à Rouen, on ne peut pas ignorer ces longues façades grises, ces grandes artères tracées au cordeau, qui caractérisent toutes les cités normandes, petites ou grandes, qui ont été touchées par les bombardements de la Seconde Guerre mondiale. À la fin de l'été 1944, 200 000 maisons et immeubles ont été rasés. Il a donc fallu parer au plus pressé et au plus simple, pour reloger le plus rapidement possible des dizaines de milliers de Normands jetés à la rue.
65 ans après, les immeubles en béton armé sont toujours là. Il faut peut-être laisser encore passer un peu de temps pour les accepter définitivement...

HISTOIRE

Les conquistadores du bocage

On dit que Charlemagne pleura en apercevant les premiers drakkars... Les ***Vikings,*** eux, rigolaient : « Jamais, disaient-ils, on n'avait vu de terres si fertiles, ni de peuples aussi couards. » Et ils terrorisèrent les Francs, lesquels avaient fortifié la Seine, mais puisque les Vikings étaient invincibles, autant la leur donner et à leur tour de la défendre... À Hrolf Marche à Pied, dit ***Rollon,*** chef des pirates danois, ***Charles le Simple offre sa fille et la Normandie,*** au Xe s. Ce n'était pas malin : leurs descendants, rois d'Angleterre, vont harceler les Français pendant huit siècles ! Rollon, premier duc de Normandie, rebâtit les églises, tout en sacrifiant quelques prisonniers à Odin. À peine née, la Normandie est en bonnes mains !
En 1066, le duché est le mieux organisé des États d'Occident. Le temps de bétonner ses frontières, ***Guillaume le Bâtard*** lorgne l'Angleterre. Le roi de là-bas l'avait plus ou moins choisi comme successeur, mais Harold le Saxon a fauché la couronne. Fâché, Guillaume débarque avec ses drakkars. *Exit* Harold ! La petite Normandie avale l'Angleterre.
Les Norvégiens ont l'Irlande et l'Écosse. Les Suédois sont en Russie. À ses moments perdus, tout ce beau monde se retrouve pour assiéger la ville de Constantinople. Deux barons du Cotentin, les Hauteville, n'y tiennent plus : ils partent se tailler un royaume en Italie du Sud. Ayant dépouillé les Pouilles, ils enlèvent la Sicile aux Arabes. Simple hors-d'œuvre avant la première croisade où ils vont vaincre les Turcs, avant de se faire princes d'Antioche et comtes d'Édesse.

LES ORIGINES DE GUILLAUME LE CONQUÉRANT

Guillaume le Conquérant était le fils de Robert, duc de Normandie, et d'Arlette, fille de tanneur. Voilà pourquoi Guillaume eut d'abord comme surnom « le Bâtard ». Ensuite, il préféra s'appeler « de Normandie ».

L'héritage de Rollon

Depuis un siècle, les ***Normands auscultent leurs racines.*** Elles rendent un son très viking. Le fondateur de la noble famille Harcourt s'appelait Ansketil (en français moderne : Anquetil). Houlgate signifie « chemin creux », Dieppe « profonde » et Beuf « abri » ou « baraque ». Quant à Honfleur, il aurait un homonyme en Islande : Hornafjördhur, « le fjord en corne »... De larges pans du pays de Caux, de la vallée de la Seine, de la Côte Fleurie et du Cotentin du Nord se déchiffrent comme un plan de la Norvège. On reconnaît sous Bolbec « le ruisseau de la ferme », en Caudebec « le ruisseau froid ». Trouville est la ville de Thorolf (« le loup de Thor »), Omonville, celle d'Asmund, Bierville et Besneville, celles de Björn, et Rauville, celle de Hrolf.

Autrement dit, de Rollon... et le Norvégien dans la langue de son pays s'appelle encore aujourd'hui un « nordmann » (l'homme du Nord) !

Normandies lointaines

Depuis les premières expéditions de l'Islandais Leiv l'Heureux en Amérique, les Vikings ont eu la bougeotte. Kiev, mer Caspienne, Angleterre, Sicile, Syrie et Palestine... Certains n'ont pas voulu revoir leur Normandie. ***À Saint-Barthélemy,*** petite île des Antilles, voilà trois siècles que ***la coiffe normande protège du soleil des tropiques.*** D'autres, comme les Mortagnais, sont partis se fondre dans le creuset québécois. Lors du Débarquement de 1944, les indigènes furent surpris de les entendre parler un français très pur.

Quelques dates

– ***56 av. J.-C. :*** la Seine forme une frontière. Au nord, les Belges : *Véliocasses* du Vexin (autour de *Rotomagus*-Rouen) et *Calètes* du pays de Caux. Au sud, les Gaulois bon teint : *Éburovices* (Évreux), *Lexoves* (Lisieux), *Bajocasses* (Bayeux).
– ***Ier s apr. J.-C. :*** « villes nouvelles » en version latine, *Augusta* (Eu), *Constantia* (Coutances).
– ***649 :*** converti au monachisme, un ami du bon roi Dagobert cherche un endroit *ad hoc* où poser son froc. Un méandre de la Seine accueille l'abbaye qui va porter son nom : Saint-Wandrille.
– ***654 :*** fondation de l'abbaye de Jumièges par Philibert. Il accueille les fils du roi Clovis II qui se laissaient dériver en bateau sur la Seine. Tout ça parce que leur père les avait énervés... Énervés, bien sûr, au sens – très – primitif de l'époque : disloquer les nerfs.
– ***836 :*** on gèle en Scandinavie ! Ceux qui en ont les moyens achètent un bateau pour commercer dans le Sud. Ils découvrent qu'un contrat se conclut mieux avec un petit coup de hache... À fortiori le vol à la tire. Toute l'Europe est bientôt dans leur ligne de mire. Rouen, Jumièges et Saint-Wandrille dégustent.
– ***911 :*** déjà chez lui à Rouen, Rollon se fait offrir par le roi des Francs toute la Basse-Normandie... Plus de frontière-Seine : le pays se découvre uni.
– ***Xe s :*** finie l'équipée sauvage ! Les Thorvald deviennent des Robert, et la Normandie un duché. Les abbayes sont restaurées – grâce au butin des expéditions. Sur le carreau de Rouen, on vend des esclaves irlandais (les émirs d'Espagne sont preneurs)... Plus gracieux : le servage est ignoré.
– ***Xe-XIe s :*** la Normandie est la province française qui compte le plus de noms de cités se terminant en « ville » (la Seine-Maritime en compte 30 %, la Manche 23 %). Les toponymes de ce type ont souvent une origine scandinave : ces agglomérations ont été rebaptisées au moment des invasions vikings.
– ***Noël 1066 :*** Guillaume de Normandie conquiert l'Angleterre.
– ***XIIe s :*** son père ayant fortifié les frontières, le duc Henri Plantagenêt épouse Aliénor d'Aquitaine, une femme bien dotée qui n'avait rien d'une ingénue. La Normandie s'étend de l'Écosse aux Pyrénées... On est bons pour la guerre de Cent Ans !
– ***1183-1204 :*** qui part en croisade perd sa place ! Jean sans Terre évince Richard Cœur de Lion. Philippe Auguste veut la Haute-Normandie ? Jean sans Terre la lui donne volontiers. Mais Richard revient, chasse Jean et bat Philippe. Sur ce, Dieu enlève Richard à l'affection des siens, et donne la Normandie à Philippe Auguste.
– ***1340 :*** Philippe VI veut conquérir l'Angleterre. Ce n'est pas une bonne idée : les marins dieppois ont à peine pillé Southampton qu'à L'Écluse toute la flotte française se voit envoyée par le fond. Et maintenant, les Anglais débarquent ! À Crécy, ils taillent un gros costard aux Français.
– ***XIVe s :*** Charles le Mauvais, comte d'Évreux, intrigue. Pour l'aider, les Anglais prennent le Cotentin et avancent jusqu'à Verneuil. Le roi de France Jean le Bon réagit, mais il n'est pas si bon que ça : désastre de Poitiers.

– ***1360 :*** incursion fructueuse des marins normands dans le Sussex.
– ***1364 :*** Du Guesclin ne laisse que Cherbourg à Charles le Mauvais.
– ***1410 :*** l'Anglais Henri V pulvérise les Français à Azincourt et prend la Normandie. Les Rouennais découvrent beaucoup de qualités au duc de Bedford. Mais au bout de l'Armorique, d'irréductibles Français résistent : au Mont-Saint-Michel...
– ***1431 :*** Jeanne d'Arc est brûlée vive à Rouen après un procès monté par l'évêque Cauchon.
– ***1450 :*** la Normandie à jamais française.
– ***1506 :*** la « tour de Beurre » à Rouen. On bâtit beau et beaucoup.
– ***1517 :*** François Ier édifie une base navale, Le Havre-de-Grâce.
– ***XVIe s :*** les Normands dans le sillage des Grandes Découvertes. Grâce à eux, Jean Nicot introduit le tabac en France.
– ***1603 :*** Henri IV démantèle Château-Gaillard.
– ***1664 :*** la Compagnie des Indes occidentales au Havre.
– ***1692 :*** la flotte de Tourville est anéantie à La Hougue.
– ***1793 :*** Charlotte Corday assassine Marat. La Normandie girondine et chouanne.
– ***1821 :*** Turner peint le port de Dieppe.
– ***1822 :*** construction d'un casino à Dieppe. Premiers bains de mer.
– ***1854-1855 :*** Boudin, Courbet et Isabey chez la mère Toutain, à Honfleur.
– ***1862 :*** le duc de Morny lance Deauville.
– ***1883 :*** Monet s'installe à Giverny.
– ***1937 :*** débuts de l'aventure Moulinex (l'inventeur du premier moulin à café électrique) en Normandie, avec l'ouverture d'une première entreprise à Alençon.
– ***1942 :*** débarquement allié malchanceux à Dieppe.
– ***6 juin 1944 :*** débarquement des Alliés en Normandie. Voir plus haut la rubrique « Le Débarquement ».
– ***Juillet 1944 :*** percée alliée.
– ***Août 1944 :*** les Allemands sont pris dans la poche de Falaise.
– ***1956 :*** séparation administrative de la Haute et de la Basse-Normandie.
– ***1959 :*** le pont de Tancarville relie les deux rives de l'estuaire de la Seine.
– ***1973 :*** fermeture des chantiers navals de Rouen.
– ***1988 :*** inauguration du Mémorial de Caen.
– ***1995 :*** inauguration du pont de Normandie.
– ***1997 :*** polémique et bras de fer entre Greenpeace et la Cogema à propos des rejets de tartre radioactif non loin de la Hague.
– ***1998 :*** création du parc naturel du Perche.
– ***2000 :*** un tanker italien chargé de produits chimiques sombre au large de la Hague.
– ***2001 :*** Moulinex dépose le bilan. Quelque 3 000 salariés se retrouvent sur le carreau.
– ***2002 :*** inauguration de la Cité de la mer de Cherbourg.
– ***6 juin 2004 :*** célébrations du 60e anniversaire du Débarquement en Normandie. Le chancelier allemand, Gerhard Schröder, et son pays sont invités pour la première fois à célébrer cette commémoration de la victoire des Alliés sur l'Allemagne nazie.
– ***2005 :*** inscription du Havre moderne, conçu par l'architecte Auguste Perret, au Patrimoine mondial de l'Unesco.
– ***Mars 2006 :*** inauguration de « Port 2000 », importante extension du port du Havre.
– ***Juillet 2008 :*** 71 ans après la première escale du paquebot *Queen Mary,* Cherbourg accueille le *Queen Mary 2* pour une escale d'une journée avant sa traversée de l'Atlantique.
– ***Juillet 2008 :*** 5e édition de l'Armada de Rouen, qui rassemble les plus grands voiliers du monde.
– ***2008 :*** célébration du 18e centenaire de la fondation du Mont-Saint-Michel.
– ***2009 :*** 65e anniversaire du Débarquement.

– ***2010 :*** célébration du mouvement impressionniste dans toute la Normandie.
– ***2011 :*** l'anniversaire de la création de la Normandie (signature du traité de Saint-Clair-sur-Epte en 911) a été l'occasion d'expos et manifestations dans la région.

LANGUES RÉGIONALES

Le normand : langue ou pas langue ? Certains ont un avis bien tranché sur le sujet. À ceux qui se permettent de douter de l'appellation de « langue » associée au normand, préférant n'y voir qu'un vulgaire patois, les spécialistes rétorquent quantité d'arguments. Comme l'avance Jacques Mauvoisin, universitaire et spécialiste du sujet, ancien président de l'Association de défense et promotion des langues d'oïl : oui, « le normand est une langue à part entière, et c'est prouvé » ! Pour se justifier, il mentionne, entre autres, l'existence de 60 glossaires et dictionnaires, justifiant de la richesse du vocabulaire. On parlera même plutôt de langues normandes, puisque celle-ci connaît des variations (dans la région elle-même, mais aussi dans les îles Anglo-Normandes de Jersey et Guernesey).

P'TÊT BEN QU'OUI, P'TÊT BIEN QU'NON !

Cette expression a donné aux Normands la réputation d'indécis et versatiles. En fait, une coutume de l'Ancien Régime donnait un délai de renonciation de 24h pour tout contrat ou marché conclu. Il est intéressant de constater que ce délai de rétractation est aujourd'hui garanti par la loi Scrivener.

Mais le normand, c'est aussi toute une histoire qui nous amène à sortir de nos frontières pour aller braver le froid. En effet, l'apport scandinave à la langue normande ne fait pas de doute et se retrouve particulièrement dans le vocabulaire maritime. La langue norroise (langue germanique parlée par les anciens peuples de la Scandinavie, ancêtre des langues nordiques) aurait été pratiquée dans le duché de Normandie pendant un peu plus d'un siècle (à Bayeux, au XIe s, une université y était dédiée) pour se fondre rapidement aux langages « romans ». Attardez-vous sur les noms de villes en Normandie et dénichez des traces de norrois à travers des terminaisons comme *-tôt* (ferme), *-thuit* (essart), *-bec* (ruisseau)... Un brin de norrois, beaucoup de roman ; on l'a notre normand !
Mais l'histoire ne s'arrête pas là. Jusqu'au milieu du XIVe s, elle est la langue officielle de la cour d'Angleterre. Si vous vous demandiez d'où pouvaient bien venir les mots *fork, candel, cat,* etc. La langue normande va jusqu'à « s'exporter ».
À Jersey, elle n'est autre qu'une véritable institution soutenue par des structures et des médias spécifiques.

PERSONNAGES

– ***Jehan Ango** (1480-1551) :* cet armateur de Dieppe avait 70 navires. Pas mal, pour la Renaissance ! Il finançait les découvertes maritimes, mais n'oubliait pas de se renflouer avec la piraterie. Il paya la rançon pour libérer François Ier. Ils devinrent très copains.
– ***Saint Anselme** (1033-1103) :* à l'abbaye du Bec-Hellouin, cet Aostin met au point la scolastique, arme redoutable des docteurs ès religions.
– ***Barbey d'Aurevilly** (1808-1889) :* né à Saint-Sauveur-le-Vicomte, ce Cotentinois flamboyant était très émoustillé par les histoires de chouans et de sorciers. Dandy d'avant le dandysme, romancier outrancier, l'auteur du *Chevalier des Touches* et de *L'Ensorcelée* ne détestait pas qu'on l'appelle « Connétable des lettres ».

– **Bourvil** *(1917-1970)* **:** André Raimbourg, l'« andouille » la plus talentueuse de Normandie (avec celle de Vire) emprunta son pseudonyme au village de son enfance : Bourville, en Seine-Maritime. Le rigolo franchouillard de la célèbre chanson *Les Crayons* a aussi fait mouche dans le registre dramatique.

– **Charlotte Corday** *(1768-1793)* **:** à 24 ans, cette beauté de l'Orne concocte son raid viking personnel au plus fort de la Terreur. Elle poignarde Jean-Paul Marat, guillotineur de choc, surpris dans sa baignoire révolutionnaire. Événement devenu célèbre grâce à David, qui fit une belle peinture à l'antique de Marat mort.

– **Pierre Corneille** *(1606-1684)* **:** né à Rouen, cet illustre poète dramatique est aussi un créateur du dilemme « cornélien », transposition du « p'têt ben qu'oui, p'têt ben qu'non ». Avocat au barreau de Rouen, son éloquence lui permit de ciseler des répliques définitives dans le bronze de l'alexandrin.

– **Philippe et Vincent Delerm :** le premier, né en 1950, est romancier et le papa du second, chanteur « à texte » né en 1976. Tous deux mettent en valeur une Normandie intime et heureuse : Deauville et le souvenir de Trintignant, l'Eure et Beaumont-le-Roger, son club de foot, de théâtre...

– **Christian Dior** *(1905-1957)* **:** le dieu du « New Look » qui, en 1947, rendit le goût des colifichets aux femmes que la guerre avait habillées en hommes, et réinstalla son pays sur le trône de la Mode. Fils d'un industriel de Granville, ami de Bérard et de Cocteau, tard venu à la mode, il peupla sa maison de Cotentinois. Un élève : Yves Saint Laurent.

– **Jules Dumont d'Urville** *(1790-1842)* **:** la vie de ce navigateur est un roman. Châtelain d'Urville, il épouse, au désespoir des siens, une vendeuse d'instruments d'optique. Il lui empruntera son prénom pour baptiser un bout de glace antarctique encore inconnu : la terre Adélie. Il meurt à ses côtés dans le premier accident de chemin de fer.

– **Annie Ernaux :** née en 1940, cette romancière française, prix Renaudot 1984 pour *La Place,* explore dans la plupart de ses ouvrages son passé, le café de son enfance du côté d'Yvetot (en Seine-Maritime).

– **Gustave Flaubert** *(1821-1880)* **:** le Normand le plus célèbre de la littérature française est né à Rouen où son père était chef-médecin de l'hôtel-Dieu. De fait, la Normandie restera très présente dans sa vie et dans son œuvre : la plage de Trouville où, à 15 ans, il rencontre le grand amour de sa vie (transposé en Madame Arnoux dans *L'Éducation sentimentale*) ; Rouen, bien sûr, dont il fera une superbe description dans *Madame Bovary* ; les paysages et les personnages normands, tels qu'on les trouve dans *Bouvard et Pécuchet* ou encore *Un cœur simple.* Hobereaux prétentieux, paysans et gens du peuple, et surtout ces bourgeois détestés de Flaubert, qui en incarne la quintessence dans le personnage du pharmacien Homais *(Madame Bovary)* et va jusqu'à leur consacrer un *Dictionnaire des idées reçues,* florilège de la pensée (un chef-d'œuvre de finesse et de drôlerie).

– **Bernard Fontenelle** *(1657-1757)* **:** né à Rouen comme son oncle Corneille. Poète et philosophe, fin causeur, ce précurseur de l'*Encyclopédie* se piquait de vulgarisation *(Entretiens sur la pluralité des mondes)* et rêvait que la science puisse, un jour, fondre toutes ses matières en un seul corps. « Ne prenez pas la vie trop au sérieux, de toute façon, vous n'en sortirez pas vivant. » À méditer !

– **Jacques Gamblin :** acteur français né en 1957 à Granville. Après des études au Centre d'art dramatique de Caen, il tourne avec Lelouch, Blier, Jean Becker ou encore Tavernier. Une grande pointure. Il a également publié plusieurs romans (Le Dilettante).

– **Valérie Lemercier :** née en 1964 à Dieppe, elle suivra les cours du conservatoire de Rouen, puis exercera son talent à la télévision dans *Palace,* seule en scène dans plusieurs one-woman shows, au cinéma dans *Les Visiteurs,* etc., avant de passer aussi derrière la caméra *(Le Derrière, Palais Royal).*

– **Lionel Lemonchois :** né à Bayeux en 1960, ce marin atypique est le grand vainqueur de la Route du Rhum 2006. Il a pulvérisé le record en effectuant la traversée de l'Atlantique à bord d'un trimaran de 60 pieds en seulement 7 jours, 17 heures, 19 minutes... et 6 secondes ! Cette victoire éclatante lui a notamment valu le titre de « Marin de l'année 2006 » décerné par le jury de la Fédération française de voile.

– ***Gaston Lenôtre :*** le « Guillaume le Conquérant » de l'entremets. Né en 1920, pâtissier à 13 ans, il ouvre boutique à 23 ans dans le bourg de Pont-Audemer. Les Parisiens qui vont à Deauville s'offrent le détour. Confiant, il part pour Auteuil. C'était en 1957. Son empire pèse aujourd'hui plusieurs dizaines de millions d'euros.

– ***François de Malherbe*** *(1555-1628)* **:** qui se souvient du mot de Boileau (« Enfin, Malherbe vint... ») ? Ce Caennais libertin fut le premier poète à « écrire simple ». Il aida Richelieu à fonder l'Académie française.

– ***Guy de Maupassant*** *(1850-1893)* **:** né au château de Mirosmesnil, près de Dieppe, il dépeint à merveille l'atmosphère et la société normande du XIXe s dans son premier roman *Une vie* (1883).

– ***Octave Mirbeau*** *(1848-1917)* **:** l'auteur du *Journal d'une femme de chambre,* d'abord royaliste, catholique et antisémite, puis passé du côté des opprimés, est devenu une grande figure de l'anarchisme littéraire. Passionné d'horticulture, il s'y adonnait dans sa propriété de Rémalard dans l'Orne.

– ***Michel Onfray :*** né à Argentan (dans l'Orne) en 1959, le philosophe esthétique a créé en 2002 l'*Université populaire de Caen* (qu'il anime toujours) et écrit (entre autres) un ouvrage très drôle : l'*Antimanuel de philosophie* (Bréal).

– ***Eugène René Poubelle*** *(1831-1907)* **:** le préfet de Seine qui, en 1884, mit en place les « boîtes à ordures », dont la collecte quotidienne est née à Caen (où il fut aussi professeur de droit).

– ***Jacques Prévert*** *(1900-1977)* **:** habita à Omonville-la-Petite, dans le Cotentin, la propriété verdoyante à laquelle son nom le prédestinait.

– ***Bruno Putzulu :*** né en 1967 à Toutainville (Seine-Maritime), le César du meilleur espoir 1999 et ancien de la Comédie-Française s'illustre sur scène et à l'écran chez Kassovitz ou Tavernier.

– ***Bernardin de Saint-Pierre*** *(1737-1814)* **:** on lui doit *Paul et Virginie,* best-seller du romantisme exotique précoce, traduit dans toutes les langues de l'Europe.

– ***Erik Satie*** *(1866-1925)* **:** le compositeur et musicien hors du commun, qui n'hésite pas à glisser malice et humour dans ses partitions dépouillées, est né à Honfleur. Le musée que lui consacre cette ville offre une belle approche de son œuvre et de son univers.

– ***Madeleine de Scudéry*** *(1607-1701)* **:** un roman à clés, *Le Grand Cyrus,* a fait la célébrité de cette romancière havraise. C'est une sorte de chronique idéalisée de la cour de Louis XIV travestie en recueil d'amourettes à l'antique. Les intéressés adorèrent. Déesse des précieuses, la reine du Tendre n'était pas si ridicule. En tout cas, on la réhabilite.

– ***Nicolas Vauquelin*** *(1763-1829)* **:** le Christophe Colomb du chrome. L'un des grands savants du XIXe s.

SITES INSCRITS AU PATRIMOINE MONDIAL DE L'UNESCO

Organisation des Nations Unies pour l'éducation, la science et la culture

En coopération avec le centre du patrimoine mondial de l'UNESCO

Pour figurer sur la liste du Patrimoine mondial, les sites doivent avoir une valeur universelle exceptionnelle et satisfaire à au moins un des dix critères de sélection. La protection, la gestion, l'authenticité et l'intégrité des biens sont également des considérations importantes.

Le patrimoine est l'héritage du passé dont nous profitons aujourd'hui et que nous transmettons aux générations à venir. Nos patrimoines culturel et naturel sont deux sources irremplaçables de vie et d'inspiration. Ces sites appartiennent à tous les peuples du monde, sans tenir compte du territoire sur lequel ils sont situés. Pour plus d'informations : • *whc.unesco.org* •

Pour le guide Normandie sont concernés : le Mont-Saint-Michel et sa baie (1979) ; Le Havre, la ville reconstruite par Auguste Perret (2005) ; la tour du fort de la Hougue et la tour Vauban de l'île Tatihou dans le cadre du classement des fortifications de Vauban (2008).

VINS ET ALCOOLS

Si au cours d'un repas, vous criez grâce, le ***trou normand*** se charge de vous vider l'estomac : un petit verre de calva jeune bu cul sec ou, en version stylée (pour mesdames), avec un sorbet de ce même alcool. Le calvados ? Du cidre distillé. Le cidre ? Du jus de pomme fermenté. Comme quoi le raisin n'est pas indispensable. Mais les Normands ne bricolent pas : leurs petites pommes sont du tonnerre, donc leur ***cidre*** aussi. Il est plus épais, plus « fileux » que son copain breton. Tout l'art est de choisir entre les 30 espèces de pommes, baie d'Auge ou pied court, rougette ou coqueret, etc. « Hochées » (gaulées) après la Toussaint, abandonnées 15 jours sous la paille, elles sont à point. Âpres ou douces, toutes se donnent la main pour composer – le cas échéant, avec quelques poires – la compote idéale d'où sera extrait le moût. Le marc, on le donne aux vaches et le moût fermente un mois en cuve. Puis on le soutire (en lune descendante, s'il vous plaît) et on le filtre. Évidemment, le cidre de supérette ne vaut que pour les plats (mais de la tarte au coq en passant par le vinaigre, la cuisine au cidre se porte bien). Parmi les cidres fermiers, on peut choisir le sec (il a au moins un an), « pur jus » (pas d'eau rajoutée), « mousseux » (le gaz est naturel), voire « bouché » (la fermentation se poursuit dans la bouteille, comme pour le champagne). Les meilleurs viennent du pays d'Auge. Ils sont formidables avec les charcuteries, les tripes et les fromages.

BÉNÉD'HIC ! TINE, À BOIRE RELIGIEUSEMENT

La composition de la Bénédictine, une des spécialités normandes à boire, reste floue. Créée en 1510 par un bénédictin vénitien qui séjourna à l'abbaye de Fécamp, cette liqueur médicinale disparut pendant un siècle. En 1863, un négociant local retrouve la recette et se lance dans la fabrication de ce digestif baptisé dès lors « Bénédictine » et composé de 27 plantes et épices, macérées et/ou distillées.

N'oubliez pas leur frère, le ***poiré.*** Né dans le Domfrontais, ce « cidre sec de poire » (une petite poire bien rugueuse, adoucie par le gel) en remontre à bien des vins pour la délicatesse. Dommage qu'il soit rare. On trouve aussi du ***champoiré,*** un champagne de poire, remis au goût du jour par notre ami Hervé de Mézerac au château de Mézidon-Canon. Ou encore l'***halbi,*** cidre mi-pomme, mi-poire. Vous trouverez plus facilement du ***pommeau,*** jus de pomme additionné de cidre et de calva. Les Romains appelaient le cidre *sicera* : boisson enivrante. On a gardé le nom, mais ramené le taux d'alcool à 3° pour le doux, 5° pour le brut, au maximum 7°.

Comme pour excuser cette timidité, le ***calvados*** est, lui, un alcool foudroyant. En tout cas, il est bien inséré dans la vie de tous les jours : un canard par-ci, un petit coup par-là ; en quelques heures, on a les joues comme des pommes reinettes. Inventée en 1553 par un gentilhomme gastronome, l'eau-de-vie de cidre (ou de poiré) attendit la fin du XIXe s pour s'appeler calvados. Héros des tranchées de 1914, puis du café-calva prolétaire, le calva a recyclé l'expérience du cognac et de l'armagnac pour accéder au statut d'alcool noble. Seul celui du pays d'Auge jouit de l'appellation contrôlée : distillation en alambic charentais à 70 °C maxi (et plutôt 65 °C pour garder les arômes), mûrissement en fût de chêne et assemblage d'âges et de provenances. Hors de l'AOC, neuf autres terroirs font du calva. Les puristes ne boivent rien de moins de 15 ans, mais tout le monde n'est pas richissime. Trois étoiles ou trois pommes indiquent un calva d'au moins deux ans d'âge. Vieux ou réserve : trois ans. Après six ans, c'est Napoléon, hors d'âge, etc. L'âge indiqué étant celui du plus jeune des composants.

LA SEINE-MARITIME

ABC
DE LA SEINE-MARITIME

- *Superficie :* 6 728 km^2.
- *Préfecture :* Rouen.
- *Sous-préfectures :* Le Havre, Dieppe.
- *Population :* 1 270 000 hab.
- *1er producteur de lin en France avec 25 000 ha (soit 30 % de la production totale).*
- *La Seine-Maritime compte 1 620 km de fleuves et rivières et 7 228 pêcheurs, soit 225 m de cours d'eau alloués par pêcheur !*
- *Le plus petit fleuve de France est en Seine-Maritime :* la Veules, moins de 1 km.

Voici le département qui rassemble sans doute le plus de clichés propres à composer « l'image » parfaite de la Normandie : un fleuve aux courbes paresseuses, des falaises à la hautaine blancheur, des châteaux aux fiers donjons crénelés en guise de couronne, des colombiers où la brique et le silex s'harmonisent en frise, des abbayes presque millénaires que les guerres n'ont pu anéantir, une hêtraie touffue où les rois, jadis, aimaient chasser ou encore des bocages au vert intense moucheté de bonnes grosses vaches. Ajoutez à cela des poètes et écrivains qui dirent leur amour pour cette région, des peintres qui en traquèrent la lumière, une cuisine généreuse où le lait, la crème, le beurre sont synonymes de bien vivre... Et tout au bout, la mer : bronze, argent, presque blanche, la Manche est là, interrompant brutalement toutes les routes vers le nord-ouest.

Et puis il y a les odeurs : celle des fromages, puissants et moelleux, celle de la bouse fraîche (!), forte et fumante, celle du cidre, acide et sucré, et, enfin et toujours, celle de la mer, saturée d'iode et de sel.

Au-delà des villes qui connurent le chaos de la guerre, loin des « parcours imposés » et des « sites à ne pas manquer », on tisse son circuit en suivant les routes secondaires. Elles vous mèneront à des hameaux sans histoire, à des vallons oubliés, qui vous offriront de belles images, celles d'une douce beauté, d'une paix infinie.

Seine-Maritime Tourisme
Seine-Maritime,
l'incomparable Normandie !
Seine-Maritime
Tourisme
www.seine-maritime-tourisme.com
Toutes les couleurs
de la NORMANDIE
Conception | mad'line | 02 35 60 34 04 | Crédit photo : Seine-Maritime Tourisme, Agence Heka.

Adresses utiles

- **Comité départemental du tourisme de Seine-Maritime :** *6, rue Couronné, BP 60, 76420* **Bihorel.** ☎ *02-35-12-10-10.* • *seine-maritime-tourisme.com* • *Lun-ven 9h-18h.* Riche doc sur tout le département : activités culturelles, sportives, idées week-ends, gîtes, chambres d'hôtes, etc.
- **Gîtes de France :** ☎ *02-35-60-73-34.* • *gites-normandie-76.com* • Relais de Seine-Maritime.

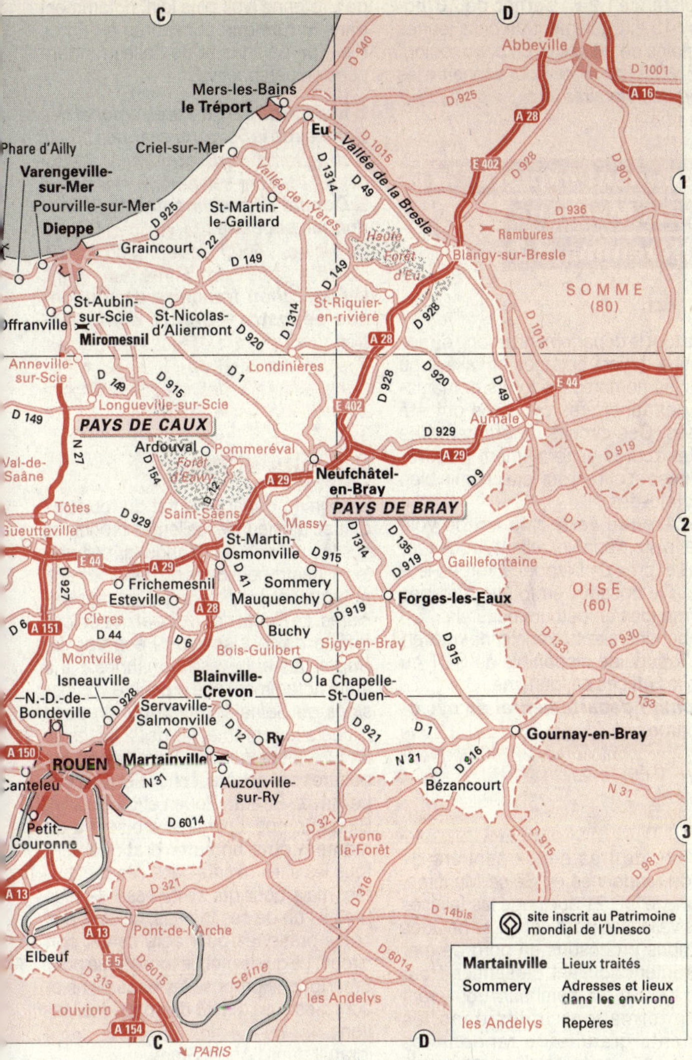

LA SEINE-MARITIME

■ ***Clévacances :*** *mêmes coordonnées que le CDT.* • *clevacances.com* • Locations de vacances (studios, appartements, maisons...), mais aussi de chambres d'hôtes en Vallée de Seine, Pays de Caux, Pays de Bray, Côte d'Albâtre...

Circuler en bus en Seine-Maritime

Plusieurs compagnies desservent quelque 30 lignes à travers le département. Tarif d'un voyage quelle que soit sa distance : 2 €. Carnet de 10 tickets : 12 €. Également un *pass* jeunes de moins de 26 ans et un *pass* senior : 30 €, valables un an. Pour connaître les itinéraires, horaires, etc. : ● *seinemaritime.net* ●

Comment explorer la Seine-Maritime différemment ?

À vélo

Dans tout le département, le long de ses côtes, à travers bocages et vallées ou dans les nombreuses forêts domaniales, des itinéraires cyclistes ont été balisés. Ces circuits empruntent des petites routes généralement peu fréquentées et offrent sur leur chemin bien des curiosités.

L'Avenue verte : 45 km de voie verte (piste cyclable) relient Arques-la-Bataille (près de Dieppe) à Forges-les-Eaux. De bocages en forêts, d'étapes gourmandes en détours culturels... Un bien bel itinéraire sur l'ancienne voie ferrée. Topoguide disponible au CDT ou dans les offices de tourisme.

■ ***Comité départemental de cyclotourisme :*** *M. Charles Brassart, 12, rue des Quarantes-Acres, 27110* ***Le Neubourg.*** *06-14-90-28-96.*

À pied

Il existe de très beaux sentiers de grande randonnée en Seine-Maritime, comme le GR 21 qui longe les falaises et les valleuses de la côte. Les balades que nous proposons en bord de mer empruntent souvent ce sentier. Pour aller plus loin, les marcheurs trouveront des informations utiles dans les dépliants gratuits de randonnées pédestres (circuits détaillés, adresses, etc.), disponibles auprès du CDT et des offices de tourisme.

– ***Découvrir le parc naturel régional des Boucles de la Seine normande :*** entre terres et marais, s'étendant dans le pays de Caux, le val de Seine, le Roumois, le Marais-Vernier et la basse vallée de la Risle. On suit les méandres de la Seine sur plus de 80 000 ha, couvrant approximativement la surface de la forêt de Brotonne (voir plus loin, notamment dans la rubrique consacrée à l'Eure). Plein de balades et de belles randonnées en perspective !

■ ***Maison du parc naturel régional des Boucles de la Seine normande :*** *76940* ***Notre-Dame-de-Bliquetuit.*** ☎ *02-35-37-23-16.* ● *pnr-seine-normande.com* ●

■ ***Comité départemental de la randonnée pédestre :*** *M. Wrobel, 43, quai du Havre, 76000* ***Rouen.*** *06-33-49-52-45.* ● *http://cdrp76.free.fr* ●

■ ***Fédération française de randonnée pédestre – Centre d'information :*** *64, rue du Dessous-des-Berges, 75013 Paris.* ☎ *01-44-89-93-93.* ● *ffrandonnee.fr* ● Ⓜ *Bibliothèque-François-Mitterrand. Tlj sf w-e 10h-18h.*

Circuits à thème

Le comité départemental du tourisme diffuse plusieurs excellentes brochures sur les richesses historiques, culturelles et gastronomiques du département, notamment les *Itinéraires impressionnistes, La Route de l'ivoire et des épices* (office de tourisme de Fécamp), *La Route des abbayes normandes...* Il a édité notamment une brochure *Impressions de Seine-Maritime* qui propose 5 itinéraires agrémentés de 22 tables de lecture installées sur les sites où les peintres ont posé leur chevalet (Dieppe, Le Havre, Étretat, Rouen et La Bouille). Bien sûr, nos itinéraires croisent à un moment ou à un autre pratiquement tous les sites décrits dans ces brochures, mais pour qui s'intéresse de plus près à l'un de ces thèmes, ce sont des outils pratiques pour agrémenter son circuit. Le guide mobile touristique pour Smartphone propose les bons plans et adresses à proximité de votre localisation : ● *seine-maritime-tourisme.mob* ● (gratuit dans l'Apple Store).

Le *city pass* Rouen vallée de Seine en liberté

Ce *pass* (10 €), valable un an, permet de bénéficier de plus de 200 avantages sous forme de réduction, cadeaux auprès des hôtels, restaurants, musées, visites, loisirs culturels ou sportifs sur l'ensemble du département.

ROUEN

(76000) 111 000 hab. *Carte Seine-Maritime, C3*

Pour le plan de Rouen, se reporter au cahier couleur.

Pierre Corneille et Gustave Flaubert auraient du mal à reconnaître la ville de leur enfance, c'est certain ! Malgré les bombardements et les incendies qui la défigurèrent, malgré le développement industriel, la vieille cité reste l'une des plus belles villes de France.
Capitale de la Haute-Normandie, préfecture de la Seine-Maritime, cinquième port français (et premier port céréalier), Rouen a pourtant souffert de la proximité de Paris. Dur de s'imposer dans l'ombre de la Ville Lumière. Mais ici, ce n'est plus la banlieue. La ville « aux cent clochers » (ce n'est qu'une formule !) cultive avec soin son image bourgeoise.
Ville martyre durant l'Occupation, elle a fidèlement restauré les témoins de son glorieux passé, laissant à la rive gauche l'essentiel des installations liées à son développement industriel. Car Rouen cache bien son jeu : une fois franchi le front de Seine et ses barres de béton construites dans l'urgence de l'après-guerre, on découvre la flèche de son incomparable cathédrale, le charme discret de ses vieux quartiers et l'âme vénérable de ses 2 000 maisons à pans de bois ; tout ça en déambulant au fil des nombreuses rues piétonnes. Une chose est sûre, si une ville mérite le label « Ville d'art et d'histoire », c'est bien elle...

UN PEU D'HISTOIRE

Créée selon toute vraisemblance par les Gaulois, *Rotumagos* (ou *Ratumacos*) est, dès ses débuts, un site stratégique prisé, puisque la future Rouen est située sur une boucle de la Seine, légèrement en hauteur. Prise par les Romains, la ville se développe avant d'être christianisée, au IIIe s. Les Normands la pillent plusieurs fois à partir du IXe s. L'un de ces envahisseurs venus du Nord, Rollon, se voit donner par mariage une partie de la région par Charles le Simple ; il devient le premier duc de Normandie et choisit Rouen comme capitale. Il fait combler les marais, édifier les quais, organise le développement de la ville. Rouen va dès lors jouer un rôle important, économiquement (commerce avec Londres), administrativement mais aussi spirituellement, puisque de nombreuses communautés religieuses s'y sont installées.
Au début du XIIIe s, la ville et la région sont rattachées au royaume de France. On reconstruit la cathédrale, symbole de la puissance rouennaise. L'essor de la ville (port, draperie) attire de plus en plus de monde : Rouen devient la deuxième ville de France ! Comme tout âge d'or a une fin, les ennuis pleuvent : la population est décimée au cours du XIVe s par des inondations et des épidémies de peste noire. S'ensuivent alors des révoltes, les habitants n'étant plus assez nombreux pour payer les lourdes charges fiscales réclamées par le royaume. Pour punir la ville, après les émeutes de 1382, Charles VI supprime son statut de commune. Rouen n'aura donc plus de maire pendant... 310 ans ! Un comble pour une ville de cette importance. Arrive alors la guerre de Cent Ans. Les Anglais assiègent Rouen en 1419. Affamés, les habitants se rendent au bout de six mois.

Le procès du siècle

Les Anglais occuperont la ville pendant 30 ans. En 1431, on leur livre Jeanne d'Arc, capturée par les Bourguignons à Compiègne, puis revendue pour 10 000 écus ! Coup politique fumant, on lui intente un procès religieux : en la condamnant pour hérésie, les Anglais font perdre toute légitimité divine à Charles VII, son souverain. Le jeune roi d'Angleterre Henri VI devient alors le seul prétendant crédible au trône de France, et le tour est joué ! D'abord enfermée dans une tour du château de Rouen, la Pucelle est présentée au tribunal de l'Inquisition, présidé par un homme à la solde des Anglo-Bourguignons, le tristement célèbre Pierre Cauchon, évêque de Beauvais.

JEANNE D'ARC, UNE SAINTE ?

Le Vatican n'a jamais vraiment aimé notre Jeanne nationale. D'abord, ce serait contredire l'évêque (Cauchon) qui l'a condamnée au bûcher. Ensuite, elle pensa au suicide (péché mortel). Il fallut attendre le célèbre historien Michelet pour lui donner toute sa notoriété. Il la déclara « sainte... laïque ». C'en était trop pour le clergé qui décida alors de la canoniser en 1920... donc 500 ans après sa mort !

Cauchon réunit des jurés vendus à sa cause et n'autorise même pas la petite Jeanne à prendre un avocat. En mars 1431, elle est inculpée de sorcellerie et... de dévergondage. Pas mal pour une pucelle ! Mais elle tient tête à ses accusateurs et résiste même à une séance de torture. Elle ne fit que renoncer au port de l'habit masculin, après avoir été publiquement exposée sur un échafaud, dans le cimetière de l'abbaye de Saint-Ouen. L'héroïne est tout d'abord condamnée à la prison à perpétuité, mais le verdict ne plaît pas aux autorités anglaises, qui imposent à Cauchon une nouvelle sentence. Le 29 mai, Jeanne est officiellement déclarée hérétique, donc passible du bûcher. Elle est brûlée vive le lendemain même, sur la place du Vieux-Marché de Rouen et, pour éviter tout objet d'adoration, les Anglais font disperser ses cendres dans le fleuve...
En 1449, une fois les occupants chassés de la ville, Charles VII (qui, ne l'oublions pas, fut sacré à Reims grâce à Jeanne) ordonne un nouveau procès. Changeant son fusil d'épaule, l'Église réhabilita solennellement Jeanne d'Arc en 1456, la béatifia bien plus tard (en 1909) et la canonisa en 1920.

Renaissance et décadence d'une ville bourgeoise

On peut presque dire que Rouen renaît des cendres de Jeanne d'Arc, puisque, dès le départ des Anglais, la ville connaît une prospérité qui ne se démentira pas pendant plus d'un siècle, à tel point qu'elle sera même la deuxième ville du royaume ; une position qu'elle conservera jusque sous le règne de Louis XIV. C'est l'époque des belles maisons en encorbellement qui font encore la fierté de la ville, des églises reconstruites dans le style flamboyant et des édifices publics, comme le superbe palais de justice, inauguré par Louis XII en 1506. L'archevêque de Rouen, Georges d'Amboise, qui est également vice-roi du Milanais, introduit l'architecture italienne, faisant ainsi de Rouen l'un des tout premiers fers de lance de la Renaissance en France.
La ville n'a pas de soucis financiers : son port, passage obligé vers Paris, prospère grâce au sel, au poisson et à la laine. Ses marins sillonnent les mers du globe, rapportant des produits de l'Ancien comme du Nouveau Monde. Mais les guerres de Religion vont troubler cette situation enviable, car Rouen compte un nombre important de protestants.
À partir du XVIIe s, la ville connaît une longue période de déclin : commerce ruiné par les guerres, population décimée par les épidémies, artisanat exsangue après l'exil forcé de l'élite protestante, etc. Du coup, les travaux d'aménagement de la vieille cité stagnent, ce qui explique qu'elle ait gardé si longtemps son cachet

« médiéval » – qui plaisait tant à Stendhal. Mais au début du XIXe s, Rouen rétrograde à la cinquième place des villes françaises. Pourtant, l'agrandissement de son port, à partir de 1848, lui a permis de continuer à s'enrichir malgré une diminution de la population.

La tragédie de 1939-1945

En juin 1940, l'arrivée des Allemands à Rouen est marquée par une série impressionnante d'explosions : le port, puis les ponts sont détruits. Mais cela n'empêche pas les panzers de se répandre dans la cité tandis qu'un premier incendie ravage la vieille ville et va jusqu'à lécher son plus beau symbole : la cathédrale. Architecturalement, la catastrophe est irréparable : des dizaines de maisons à pans de bois s'effondrent ce jour-là. Pourtant, Hitler en personne ordonna que la cathédrale soit sauvée ! Ce qui fut fait. Mais autour de la vieille dame, pendant 10 jours, 15 ha de la ville avaient brûlé, parmi lesquels 900 maisons...
En 1941 et 1942, ce sont les bombes anglaises qui feront craindre le pire aux Rouennais : des centaines d'entre eux sont tués. Mais l'année fatale reste celle du Débarquement. Dans la nuit du 18 au 19 avril 1944, 345 bombes tombent sur la vieille ville, provoquant un nouvel incendie. On compte 900 victimes et plus de 500 immeubles détruits, parmi lesquels des hôtels des XIVe et XVe s. Le somptueux palais de justice ne conserve plus qu'une façade noircie par les flammes.
Un mois seulement après cette nuit d'effroi, une semaine de terreur achève de désemparer les Rouennais. Le 30 mai, 160 bombes éventrent les quartiers de la Seine. Le 31 mai, 140 torpilles explosent. Le 1er juin, le feu se propage dans les vieux quartiers et la cathédrale brûle. En effet, le toit de la tour Saint-Romain s'effondre, avec ses cloches, puis les flammes menacent la flèche, orgueil de la ville. Une dizaine de jeunes Rouennais, menés par un certain Georges Lanfry, futur héros local, combattront le feu toute la nuit, à l'aide de sable et d'eau : la cathédrale est sauvée. Mais ce ne sera pas le cas de l'église Saint-Maclou, qui s'écroule sous les bombes deux jours plus tard. Malgré le Débarquement, l'occupant est toujours là et les Alliés ont du mal à le chasser. Coincés, les blindés allemands ne peuvent franchir la Seine (les ponts de Rouen étant détruits) : ils sont pilonnés le 25 août par l'aviation anglaise. Les 26 et 27, les bombes achèvent de chasser l'ennemi, à raison de quatre explosions par minute ! Les Allemands quittent définitivement Rouen le 30 août, non sans avoir mis le feu au port. Le même jour, les troupes canadiennes entrent dans la ville. Le 1er septembre 1944, Georges Lanfry hisse un immense drapeau tricolore au sommet de la flèche de la cathédrale. À ses pieds, une ville en ruine, qui a perdu 3 000 de ses enfants et près de 10 000 maisons pendant cette guerre.

Adresses et infos utiles

Office de tourisme et des congrès de Rouen vallée de Seine-Normandie *(plan couleur B2)* **:** *25, pl. de la Cathédrale, BP 666.* ☎ *02-32-08-32-40.* • *rouenvalleedeseine.com* • *Mai-sept, lun-sam 9h-19h, dim et j. fériés 9h30-12h30, 14h-18h ; le reste de l'année, lun-sam 9h30-12h30, 13h30-18h, fermé dim et j. fériés sf pdt les manifestations importantes (14h-18h).* Dans une ravissante maison (ancien bureau des finances de la ville) du XVIe s. Doc importante et personnel efficace. Billetterie spectacles. Visites guidées thématiques de la ville (6,50 €) et locations d'audioguides (5 €). Enfin, on peut s'y procurer le *city pass* « Rouen vallée de Seine en liberté » (voir plus haut la rubrique « Comment explorer la Seine-Maritime différemment » ?).

Gare routière *(plan couleur A2)* **:** *rens auprès* ***d'Allo Métrobus*** *(plan couleur B3, 2), 9, rue Jeanne-d'Arc.* ☎ *02-35-52-52-52.* • *tcar.fr* • Centre d'information et de vente pour les réseaux métro et bus de l'agglomération rouennaise. Départs des bus des quais rive droite. Nombreuses lignes dans toutes les directions.

Cy'clic : ☎ *0800-087-800 (n° Vert).* • *cyclic.rouen.fr* • Plus de 200 vélos en libre-service répartis sur 17 stations. La première demi-heure est gratuite quel que soit l'abonnement. Compter 1 € la demi-heure suivante, 2 € la demi-heure d'après, puis 4 € toutes les 30 mn supplémentaires. Abonnement allant de 1 jour à 1 an. Paiement directement par CB sur les bornes pour un abonnement court (formulaire à remplir sur Internet pour abonnement de 6 mois ou 1 an).

■ ***Location de vélos, motos, scooters :***

– ***Vélo'R :*** *Espace Conseil Mobilité Énergie, 7 bis, rue Jeanne-d'Arc. ☎ 02-35-52-93-52. • la-crea.fr/velo-r-de-la-crea.htm •* Vélos classiques, électriques ou pliants mis en place par la communauté d'agglomération Rouen-Elbeuf-Austreberthe (CREA). À la journée, au week-end ou à la semaine 4-12 € pour un vélo classique, 7-20 € pour un vélo à assistance électrique.

– ***Rouen Bike :*** *45, rue Saint-Éloi. ☎ 02-35-71-34-30. • rouenbike.fr •*

@ **Cyber@Net** (plan couleur A2, **3**) **:** *47, pl. du Vieux-Marché. ☎ 02-35-07-73-02. Lun-sam 10h-20h, dim 14h-19h.* On ne peut pas rêver plus central. Postes récents et rapides avec imprimante.

@ ***Place Net*** *(plan couleur C2, **4**) : 37, rue de la République. Tlj 14h30-23h30.*

– ***Marchés :*** *dim mat, sur la pl. Saint-Marc (plan couleur C3).* Tous les producteurs du coin. Très populaire. *Sinon, sous les halles de la pl. du Vieux-Marché (plan couleur A-B2). Tlj sf dim ap-m et lun.* Crémerie, volailles, fruits et légumes.

ROUEN

Où dormir ?

Camping

Camping de l'Aubette : *23, rue du Vert-Buisson, 76160* ***Saint-Léger-du-Bourg-Denis.*** *☎ et fax : 02-35-08-47-69. À 5,5 km à l'est de Rouen (fléché à l'entrée de Saint-Léger-du-Bourg-Denis). En bus, ligne n° 20 (Sq. Verdrel ou Théâtre des Arts), arrêt : « Mairie de Saint-Léger ». Ouv tte l'année. Env 9,50 € pour 2.* Emplacements dans un environnement urbain peu ombragé ressemblant à un parking pour caravanes ! Aucun confort et l'accueil n'est pas toujours des plus chaleureux. Préférez vous éloigner...

Chambres d'hôtes

Chambres d'hôtes La Maison qui Penche *(plan couleur C2, **11**) : 4, pl. Barthélemy. ☎ 02-35-15-92-58. • arlette-cotel@bbox.fr • Résa uniquement par tél. Double 90 €.* On vous le dit tout de go, cette adresse est un véritable coup de cœur ! Face à la divine église Saint-Maclou, dans le quartier des antiquaires, une maison à colombages qui penche (à l'extérieur seulement !). D'abord, un superbe escalier, puis, à chaque étage, une grande chambre élégante et étonnamment claire, à l'atmosphère baroque et à la déco raffinée jusque dans le moindre détail ; et pour cause, puisque la propriétaire chine depuis bien longtemps. Certaines chambres ont le nez collé aux anges de l'église ; les salles de bains sont modernes ou délicieusement rétro, comme celle avec une belle baignoire sur pieds au centre de la chambre ; et partout, du lin, passion de la propriétaire. En prime, un salon à la disposition des hôtes, et un accueil doux et souriant. Seule petite ombre à ce tableau idéal, la place est bruyante le soir en fin de semaine.

Chambres d'hôtes La Boulangerie *(hors plan couleur par C2, **16**) : 59, rue Saint Nicaise. 📱 06-12-94-53-15. Doubles 75-90 € avec TV et wifi.* La vieille maison abrite 3 chambres (dont une grande familiale) avec poutres apparentes, chaleureusement arrangées, principalement avec des objets chinés par Aminata et les photos de Franck. La « Croissant » est la plus lumineuse, et 2 chambres ont la salle de bains ouverte sur la chambre. L'ancienne boulangerie d'angle du quartier existe encore un peu grâce à l'énergie du couple, qui, en la rachetant, a conservé certains meubles, et fait dépôt de pain et viennoiseries (et de bonbons !) pour le voisinage tous les matins. Quant à vous, vous y prendrez votre petit déjeuner. En arrivant, ne manquez pas l'original livre d'or mural, que vous pourrez étoffer... en partant cette fois. Très bien tenu. Un chouia cher quand même. Atmosphère conviviale et familiale. Également 2 appartements pour les plus longs séjours, et d'autres projets en cours... À suivre donc !

Un Jardin en ville *(hors plan couleur par B1, **24**) : chez Agnès et Didier Cerbelle, 4, rue Malatiré. ☎ 02-35-89-99-52. • chambres@unjardinenville.fr • unjardinenville.fr • Doubles 65-100 € selon chambre, saison et nombre de nuits.* Au bout du beau jardin arboré, une grande maison familiale du XIXe s. Les volumes sont vastes et les pièces lumineuses (la chambre « Thé à la menthe » est plus sombre). 4 chambres réparties entre la maison principale et une petite maison nichée dans le jardin. La déco est aussi soignée qu'harmonieuse, et les couleurs dans l'air du temps. L'alliance réussie de la tradition et du contemporain. Et un copieux petit déj pour ne pas déparer. Accueil charmant. Une belle escale.

Chambres d'hôtes Philippe et Annick Aunay *(plan couleur B2, **13**) : 45, rue aux Ours. ☎ 02-35-70-99-68. Double 65 €.* Venir chez Annick et Philippe, c'est entrer dans un monde inénarrable, très personnel et chargé d'histoire... ; chargé tout court d'aileurs ! On entre dans une vieille demeure à colombages du XVIIe s, dans la famille depuis 1893. On y trouve une chambre bien arrangée au 1er étage, puis, au 3e étage, un petit appartement avec cuisine et cheminée (réservé en priorité aux familles mais pouvant aussi être loué comme chambre d'hôtes). Petit déj servi dans la bibliothèque (plein de livres sur la Normandie à dispo), véritable petit musée (d'autographes notamment), rempli de souvenirs, de statues religieuses et de tableaux accumulés par vos hôtes. Quant à l'histoire de Rouen, Philippe est incollable ! Une adresse qui mêle gentillesse et insolite.

Chambres d'hôtes Villa La Gloriette *(hors plan couleur par C1, **22**) : 7, rue des Pleins-Champs. ☎ 02-35-07-37-09. • villalagloriette@gmail.com • villalagloriette.com • Doubles 110-140 €. Internet, wifi.* Une propriété de charme du XIXe s, en retrait des grands boulevards, sur les hauteurs de la ville. Jardin fleuri avec cèdre centenaire, gloriette romantique à souhait. Chambres thématiques au charme fou aux noms de *Monet* et *Bovary*. La première, vaste suite en toile de Jouy, aux teintes bleues chères au Maître. La seconde, plus féminine, rend hommage à l'héroïne de Flaubert par de petites touches élégantes jusque dans la salle de bains avec sa baignoire à pieds. Elle possède en outre une terrasse privée. Le petit déjeuner se prend au son du piano dans une salle ouverte sur le jardin par un bow-window. Belle suite familiale en duplex dans un bâtiment annexe. Plein de petites attentions destinées à faciliter le séjour. Une adresse qui a de la grâce !

Chambres d'hôtes Le Clos Jouvenet *(hors plan couleur par C1, **21**) : chez Catherine et Baudouin de Witte, 42, rue Hyacinthe-Langlois. ☎ 02-35-89-80-66. • leclosjouvenet@gmail.com • leclosjouvenet.com • Fermé 15 déc-15 janv. Doubles 106-120 €. Internet, wifi.* Une belle maison de maître datant de 1846. Les chambres douillettes, élégantes et raffinées offrent un confort feutré, idéal pour un week-end en amoureux. Salon de lecture, jardin d'hiver et parc arboré avec vue sur Rouen et ses clochers... Une adresse de charme au calme, à quelques minutes du centre-ville.

Prix moyens

Hôtel Les Initiés *(plan couleur B2, **14**) : 45, rue aux Juifs. ☎ 02-35-71-54-21. • lesInities@hotmail.fr • lesinitiesrouen.fr • Double 54 €. Wifi.* Juste en face du superbe palais de justice, fraîchement rénové, tout comme les chambres de l'hôtel d'ailleurs : une dizaine de chambres impeccables à la déco simple mais contemporaine, toutes assez différentes. Certaines, à l'angle et avec 2 fenêtres, donnent sur le palais de justice. Les moins chères sont sous les toits. Un bon rapport qualité prix. Bar-brasserie *(ouv jeu-sam)* baigné de lumière au rez-de-chaussée, avec quelques tables en terrasse.

Hôtel Arts et Seine *(plan couleur B3, **12**) : 4-6, rue Saint-Étienne-des-Tonneliers. ☎ 02-35-88-11-44. • artsetseine@orange.fr • artsetseine.com • Congés : en principe Noël. Double 62,50 €. Wifi.* Derrière une façade somme toute banale se cachent des chambres propres aux couleurs pimpantes. Demander à en voir plusieurs parce que certaines sont vraiment petites (au 4e étage) ou pas rénovées récemment... pour le même prix. Au rez-de-chaussée, chouette réception, salle des petit déj (buffet bon rapport qualité-prix) récemment refaite. Pas d'ascenseur.

De prix moyens à chic

■ ***Hôtel des Carmes*** *(plan couleur C2,* ***15****) : 33, pl. des Carmes. ☎ 02-35-71-92-31. • hcarmes@numericable.fr • hoteldescarmes.com • Doubles 55-72 € selon confort et étage. Internet, wifi.* Sur une petite place animée, un très joli hôtel où le charmant patron vous accueille avec le sourire. Le hall très gai, d'inspiration baroque, expose les tableaux de la patronne, artiste peintre, qui a d'ailleurs aussi personnalisé certaines chambres. Ces dernières (certaines donnant sur la cathédrale) sont simples et un peu désuètes mais bien tenues ; les petites salles de bains, en revanche, sont récentes. La nouveauté : 2 belles chambres (dont une avec un salon) aux larges ouvertures dans une autre maison de la place, contemporaines, plus chères, très chouettes.

■ ***Le Cardinal*** *(plan couleur B2,* ***20****) : 1, pl. de la Cathédrale. ☎ 02-35-70-24-42. • hotelcardinal.rouen@wanadoo.fr • cardinal-hotel.fr • Congés : 25 déc-3 janv. Doubles 66-89 € selon confort. Wifi.* Sans conteste le mieux situé de la ville. Presque toutes les chambres donnent sur la cathédrale ! Les plus confortables ont même une terrasse (nos 19 à 22), d'autres, un balcon. Aux beaux jours, possibilité de prendre le petit déj au pied du monument.

■ ***Hôtel Andersen*** *(plan couleur B1,* ***18****) : 4, rue Pouchet. ☎ 02-35-71-88-51. • hotelandersen@free.fr • hotelandersen.com • Près de la gare. Attention, fermeture de la réception à 21h : résa conseillée. Doubles 56-63 €. Wifi, TV et câble.* Un joli hôtel dans une vieille maison. Les chambres claires et agréables disposent d'une bonne literie et d'une salle de bains nickel. Dommage toutefois que l'ensemble ne soit pas impeccablement entretenu. Accueil chaleureux.

■ ***Hôtel de la Cathédrale*** *(plan couleur C2,* ***19****) : 12, rue Saint-Romain. ☎ 02-35-71-57-95. • contact@hotel-de-la-cathedrale.fr • Doubles 75-102 € selon confort. Internet, wifi.* Dans une rue piétonne qui longe la cathédrale, au calme et très bien situé. Petit hôtel de charme, disposé autour d'un agréable patio fleuri et dans lequel il règne une douce atmosphère romantique. Chambres à la déco cosy, certaines un peu kitsch. TV câblée. Ensemble très bien tenu et très bon accueil. Fait également salon de thé.

De plus chic à beaucoup plus chic

■ ***Hôtel de l'Europe*** *(plan couleur B2,* ***17****) : 87-89, rue aux Ours. ☎ 02-32-76-17-76. • contact@h-europe.fr • h-europe.fr • ♿ Congés : 1 mois sur juil-août et vac de Noël. Double 130 €. Internet, wifi. Réduc de 10 % sur le prix de la chambre sur présentation de ce guide.* En plein centre-ville, à deux pas de la festive place de la Pucelle, un hôtel récent aux chambres impeccables, bien équipées et bénéficiant de tout le confort moderne. Sans mauvaise surprise, une valeur sûre ! Accueil sympa et très pro.

■ ***Hôtel Ermitage Bouquet*** *(hors plan couleur par B1,* ***23****) : 58, rue Bouquet. ☎ 02-32-12-30-40. • contact@hotel-ermitagebouquet.com • hotel-ermitagebouquet.com • ♿ À proximité de la gare en montant vers Saint-Aignan. Doubles 115-140 € ; suites 132-170 €. Petit déj 13 €. Wifi. Parking payant. Apéritif maison et 10 % sur le prix de la chambre oct-mars offerts sur présentation de ce guide.* Dans un quartier résidentiel calme, un hôtel de charme, en briquettes rouges et or, à l'intérieur tout en boiserie. Très belles chambres, luxueuses et confortables, aux couleurs chaudes, équipées de douche à hydrojets pour certaines et une avec baignoire jacuzzi. On prendra plaisir à contempler dans sa chambre et dans les parties communes des œuvres originales de qualité en expo. Le patron est féru de peinture ! Superbe petit déj-buffet, servi dans une salle sans fenêtre malheureusement.

Où dormir dans les environs ?

🏠 ***Manoir de Captot :*** *42, route de Sahurs, 76380* ***Canteleu.*** *☎ 02-35-36-00-04. • captot76@yahoo.fr • captot.com • Dans la forêt, à gauche dans le vieux village direction Sahurs (D 351). Ouv tte l'année. Double 95 €. Internet, wifi.* Tout proche de Rouen et du pavillon Flaubert, majestueux manoir XVIIIe s situé à la lisière de la forêt de Roumare. 3 chambres d'hôtes confortables, meublées à l'ancienne, pour mener la vie de château. Possibilité de loger les enfants dans une petite chambre supplémentaire, attenante à celle du 2e étage.

🏠 ***Chambres d'hôtes Le Domaine de la Muette :*** *chez Danielle et Jacques Auffret, 1057, rue des Bosquets, 76230* ***Isneauville.*** *☎ 02-35-60-57-69. • domainedelamuette@gmail.com • domainedelamuette.com • Du bourg, prendre la route de la Muette (D 47), le chemin est à gauche 1 km plus loin (fléché). Ouv de fin mars à mi-nov. Doubles 70-80 € selon taille. Internet, wifi.* Un véritable coup de cœur pour cet éden de 1,5 ha ! En s'y promenant, on découvre la roseraie, le jardin d'eau, le verger et le potager familial, ainsi que des petits coins de repos spécialement agencés. Passionnés de jardinage, les proprios ont aménagé un vaste bâtiment à colombages pour leurs hôtes, indépendant de leur maison. Une poignée de chambres personnalisées, spacieuses et raffinées, réparties sur plusieurs niveaux autour d'une vaste pièce à vivre avec cuisine, salon, cheminée et même un billard. Chacune dispose d'une salle de bains moderne et donne sur le jardin. Un lieu unique !

Où manger ?

De bon marché à prix moyens

🍴 ***Brasserie Paul*** *(plan couleur B2,* ***30****) : 1, pl. de la Cathédrale. ☎ 02-35-71-86-07. • brasseriepaul@wanadoo.fr • Tlj jusqu'à 23h. Formule déj 14,90 € et menu 22 €.* Comme le précise la carte, « Brasserie gourmande rouennaise depuis 1898 ». Claude Monet, Apollinaire, Marcel Duchamp et Simone de Beauvoir l'ont fréquentée ; et même si, depuis, le décor a évolué, gardant son style rococo, on y accourt toujours pour déguster salades copieuses, tartines, petits plats mitonnés, etc. En entrée, il faut goûter la spécialité maison de chausson au camembert et aux pommes, sauce au cidre : un régal ! Dîner les soirs d'été sur la terrasse, face à la cathédrale illuminée.

🍴 ***P'tit Paul*** *(plan couleur B2,* ***20****) : 5, pl. de la Cathédrale. ☎ 02-35-07-11-69. • media-restauration@orange.fr • ♿ Ouv tlj de mai à mi-sept ; slt midi, plus soir des ven-sam le reste de l'année. Carte 15-20 €. Coupe de cidre de pays de Bray offerte sur présentation de ce guide.* C'est l'annexe de la *Brasserie Paul,* la plus vieille brasserie rouennaise en activité. Propose des soupes ou potages de saison, quelques belles et copieuses quiches aromatisées suivant l'humeur du chef, de grandes salades bien composées ou simplement une volaille ou du saumon *a la plancha.* Charcuteries ou fromages. Installez-vous en terrasse, face à la cathédrale.

🍴 ***Le Café Gourmand*** *(plan couleur C2,* ***33****) : 71, rue Saint-Nicolas. ☎ 02-35-71-97-61. Ouv jusqu'à 20h. Fermé dim, lun et j. fériés. Formules 9,90-14,90 €.* Pour un déjeuner économique, rapide et copieux. Déco moderne, salles en duplex et petite terrasse pour se rassasier de grosses salades périgourdines ou océanes, de croque-monsieur taille XXL et surtout d'œufs cocotte au bacon, champignons, épinards, camembert... Rien que des produits frais. On y revient aussi en après-midi pour une pause thé ou café dont le choix est large. Accueil aimable. Par beau temps, grande terrasse sur la rue, l'une des plus agréables de Rouen.

🍴 ***Le Petit Gourmand*** *(plan couleur B2,* ***17****) : 87-89, rue aux Ours. ☎ 02-32-76-17-76. • contact@h.-europe.fr • Fermé lun. Congés : 1 mois sur juil-août et vac de Noël. Résa conseillée. Menus 15 € (midi en sem) et 18-20,40 €. Apéritif maison offert sur présentation de ce*

ROUEN

guide. Restaurant de l'*hôtel de l'Europe* (voir « Où dormir ? »). Une table bien connue des habitués de l'hôtel, hommes d'affaires et artistes s'y retrouvent le soir. Mais le resto est ouvert aussi le midi en semaine et propose un *menu des petits gourmands* qui étonne ! Il change régulièrement au gré du marché mais on peut y trouver de l'émincé de volaille au camembert et un fin dessert pour un rapport qualité-prix défiant toute concurrence ! Didier Lehecq, le talentueux chef de cette bonne table, fait maintenant équipe avec un pâtissier japonais qui réserve d'autres surprises.

|●| ***Pommes d'Épices*** *(plan couleur C1,* ***31****) : 66, rue du Bouvreuil. ☎ 02-35-71-73-57. Ouv à midi lun-ven, ainsi que soir mer-ven. Formule déj 12,50 € (entrée-plat ou plat-dessert) ; pas de menu le soir, compter 22 € (plat-dessert).* Une cuisine simple et sans prétention, servie avec le sourire. La carte est courte et change toutes les semaines, avec, par exemple, magret de canard au pain d'épice, porc citron confit et olives, crème aux œufs à la lavande. Cadre soigné et chaleureux.

De prix moyens à chic

|●| ***La Petite Auberge*** *(plan couleur C2-3,* ***37****) : 164, rue Martainville. ☎ 02-35-70-80-18. Tlj sf lun. Congés : vac scol d'hiver et en juil. Menus 16 € (sf w-e et j. fériés) et 20-39,50 €.* Dans l'une des plus belles rues de Rouen avec ses façades à colombages fleuries, une auberge coup de cœur à l'intérieur bas de plafond décoré de tableaux impressionnistes. Une cuisine traditionnelle dans le meilleur sens du terme : on retrouve la saveur et l'excellence de plats tels que la tête de veau ravigote, l'entrecôte sauce camembert et un vaste choix d'escargots. Un savoir-faire à transmettre aux nouvelles générations... Service impeccable et sans chichis.

|●| ***16/9*** *(plan couleur B2,* ***39****) : 30, rue Socrate. ☎ 02-35-70-63-33. • contact169@gmail.com • Tlj sf dim jusqu'à 22h (23h w-e). Menus 13,90 € le midi (sf j. fériés) et 27-35 € ;* happy fooding *(2 suggestions au choix) 19h-20h.* Face à la fontaine de la jolie place du 14-Avril-1944, un resto design avec baie vitrée et terrasse. D'un côté bar à huîtres et champagne dans un décor proche des salons impressionnistes du XIXe s, de l'autre une salle moderne avec chaises drapées de blanc et luminaires façon nuages carmin, dans une ambiance sonore *jazzy lounge.* Dans l'assiette, cuisine inventive très à la mode, du « tradi revisité » comme on dit ici ! Au menu impressionniste, on ne laissera pas le *sot-l'y-laisse* de dinde rôtie au camembert et cidre de monsieur Monet.

|●| ***La Place*** *(plan couleur B2,* ***32****) : 26, pl. du Vieux-Marché. ☎ 02-35-71-97-06. Ouv mar-sam midi et soir. • laplacerestauration@orange.fr • Compter env 20 €.* Cadre contemporain noir et blanc sobre, acidulé par des touches de couleur sur les chaises et les tableaux, le tout largement ouvert sur la place. Une carte bistrotière sur laquelle souffle parfois un petit vent d'ailleurs : daurade et pâtes au citron confit, crème brûlée passion, ou le bento (on vous laisse découvrir)... Petite carte de cocktails de jus de fruits/légumes, thés et chocolats pour accompagner le dessert (délicieux cheesecake !). Service aimable. Terrasse.

|●| ***Gill Côté Bistro*** *(plan couleur B2,* ***34****) : 14, pl. du Vieux-Marché. ☎ 02-35-89-88-72. • gillcotebistrot@orange.fr • Tlj. Menu midi et soir 21 €.* Le chef étoilé rouennais Gilles Tournadre (*Gill*, quai de la Bourse) supervise ici une cuisine de bistrot revue dans un cadre moderne dominé par le bois et le noir des banquettes. Rien de bouleversant, mais dans l'ensemble c'est bon et le service est souriant et efficace.

|●| ***Le 37*** *(plan couleur B3,* ***38****) : 37, rue Saint-Étienne-des-Tonneliers. ☎ 02-35-70-56-65. • contact@le37.fr • Fermé dim-lun et j. fériés. Congés : 3 sem en août. Résa conseillée. Formules 19-24,50 € (midi et soir sf sam) ; carte env 30-35 €.* Ce bistrot à la déco zen et design est tenu par Gilles Tournadre, l'un des chefs les plus inventifs de Rouen, avec son second et associé Sylvain Nouin, qui a fait ses classes chez les plus grands. Ne vous attendez pas à trouver ici les grands standards de la cuisine normande ! On vous propose, bien au contraire, une cuisine moderne,

pleine de saveurs, tantôt sage, tantôt audacieuse, qui varie suivant les saisons et l'humeur du chef. Une adresse au succès largement justifié.

Où déjeuner sur le pouce ?

Thé Majuscule *(plan couleur C3, **50**) : 8, pl. de la Calende. ☎ 02-35-71-15-66. • themajuscule@orange.fr • Tlj sf dim et j. fériés, restauration légère et rapide (tartes salées, plat du jour) 12h-14h30, salon de thé 14h-16h. Fermé en août.* À l'étage d'une boutique de livres d'occasion, salon de thé à la déco moderne, décoré de tableaux contemporains. On prend quelques livres et on s'installe. Aux beaux jours, agréable terrasse, au pied de la cathédrale. Un lieu original et reposant.

Dame Cakes *(plan couleur C2, **51**) : 70, rue Saint-Romain. ☎ 02-35-07-49-31. • damecake@orange.fr • Tlj 10h30-19h30. Formules 13,50 et 17,50 €. Café offert pour une formule déj commandée sur présentation de ce guide.* Superbe maison ayant appartenu à un ferronnier qui s'est donc fait sa pub sur la façade. Un cadre très anglais, avec points de croix et broderies dans tous les coins ! Un vrai salon de thé où tout est beau et bon. Grand choix de thés extrêmement goûteux, de cakes sucrés ou salés, de pâtisseries très fines... Et les chocolats ! Le *grand-mère*, le *grand-père*, le *mamie*... Un vrai bonheur pour les gourmets et les gourmands ! Plus surprenant, le feuilleté de pomme au fromage de neufchâtel... Attente certains jours pour avoir une table, mais les subtils parfums des pâtisseries encore chaudes aident à patienter.

Ici et Ailleurs *(plan couleur C2, **52**) : 31, rue Damiette. ☎ 02-35-62-18-46. • contact@ici-ailleurs.com • Mar-sam 9h30-19h30, dim 10h-18h. Formule goûter 8 €.* Voilà le billet le moins cher pour un voyage au Guatemala, au Brésil, en Chine... Un voyage sensitif, sans émission de gaz à effet de serre. Clothilde a trouvé le moyen de faire partager sa passion pour le café, le thé, le chocolat et le sucre dans son café-librairie niché dans la jolie rue piétonne des antiquaires (une poignée de tables dehors en saison). Vissé dans un fauteuil club devant le vieux piano, on s'enquiert de ses trouvailles. Autour d'un thé, café ou chocolat, de quoi grignoter sucré ou salé selon l'envie du moment : crevettes en croûte d'épices, sablé cardamome, salade d'ananas pimenté ou orange-kiwi à l'anis. Quelques livres sur le sujet pour prolonger le voyage, des ateliers de dégustation (aussi pour les enfants)... Un tonique petit vent d'ailleurs... ici.

Où boire un verre ?

Le Son du Cor *(plan couleur C2, **55**) : 221, rue Eau-de-Robec. ☎ 02-35-71-46-62. Terrasse ouv tlj sf lun nov-mars 12h-23h (2h du mat en salle le w-e).* C'est dans cette rue que Charles Bovary avait sa chambre d'étudiant. Et des étudiants, il y en a toujours beaucoup ici ; c'est en quelque sorte l'annexe de l'école des beaux-arts à deux pas. Sur la terrasse ou dans la salle à la déco moderne, on refait le monde en buvant du *Campari* bien rouge et on s'amuse aux jeux des contrepèteries, *le son du cor* en est d'ailleurs une ! D'autres jouent aux boules à l'ombre du cerisier. Un petit côté méditerranéen en pleine Normandie !

Le Bistrot Saint-Maclou *(plan couleur C2, **56**) : 246, rue Martainville. ☎ 02-35-71-76-70. En principe, ouv tlj.* Une déco très rétro et hétéroclite pour ce bar à l'ambiance festive, installé dans une vieille maison à colombages. Moto de collection et 45-tours des années 1960 accrochés aux murs. Clientèle variée venue pour l'apéro... et qui ne repart qu'à la fermeture ! Un bar de bons copains.

La Boîte à Bières *(plan couleur A1, **57**) : 35, rue Cauchoise. ☎ 02-35-07-76-47. • laboiteabieres.fr • Mar-sam 17h-2h. Congés : fin juil-début août. Concert chaque mois.* Belle maison à colombages sur 4 niveaux, ouverte à tous les jeunes ayant la passion du houblon (pas moins de 130 marques différentes et 14 à la pression !). Musique rock, billard, fléchettes, salon TV, dans un style très pub irlandais. Un classique qui a vu défiler moult générations d'étudiants...

Où sortir ? Où écouter de la musique ?

Pour tout savoir sur les concerts, soirées et lieux qui bougent à Rouen, consulter le site internet très complet • *le-hiboo.com* • ou • *mybookmagazine.fr* • ou encore • *le-viking.org* • Ne pas oublier non plus de jeter un coup d'œil à la programmation de l'**Exo 7** *(13, pl. des Chartreux, 76140* ***Petit-Quevilly*** *; ☎ 02-35-03-32-30. • exo7.net •)*, qui propose de bons concerts à dominante pop-rock depuis plus de 20 ans.

🍷 ♩ ***Le Vicomté*** *(plan couleur B2,* ***60****) : 70, rue de la Vicomté. ☎ 02-35-71-24-11. • levicomte@orange.fr • ♿ Lun-mer 19h-23h (minuit jeu-sam).* Le rendez-vous à la mode de la jeunesse rouennaise festive. Dans un bâtiment historique, sur 4 niveaux : terrasse pour un verre chic, bar tagué avec banquettes et salons, salle au sous-sol pour DJ sets, billard et resto aux étages... Surveiller la programmation très hétéroclite allant de l'*after work* aux concerts en passant par les apéros jeux, il y en a pour tous les goûts et tous les âges.

🍷 ♩ ***Nash Café*** *(plan couleur B2,* ***61****) : 97, rue Écuyère. ☎ 02-35-98-25-24. Fermé dim-lun. Tapas autour de 4,50 €.* Déco branchée et amusante avec banquettes en peau de zèbre et grosse tête de bouddha pour ce bar à cocktails et tapas. On y vient pour l'apéro, on va dîner et on y revient après pour le *dance floor.* Clientèle plutôt huppée. Excellent accueil.

🍷 ♩ ***Le Bateau Ivre*** *(hors plan couleur par C1,* ***62****) : 17, rue des Sapins. ☎ 02-35-70-09-05. • bateauivre.rouen.free.fr • Ouv 22h-2h (mais souvent 4h !). Fermé dim-mar, ainsi qu'en août. Concert mer-sam (scène ouverte le jeu). Entrée : 3-5 € selon soirée.* Un sympathique pub-cabaret-café-théâtre et un vieux de la vieille de la culture vespérale rouennaise. Nombreux concerts tendance rock ou rythm'n'blues, mais aussi chanson française dans la veine de Brel et de Brassens. Programmation sur leur site.

🍷 ♩ ***L'Emporium Galorium*** *(plan couleur C1,* ***63****) : 151, rue Beauvoisine. ☎ 02-35-71-76-95. • emporium-galorium.com • Mar et mer 20h-2h, jeu-sam jusqu'à 3h. Ouv exceptionnelle certains dim et lun. Fermé en août.* L'un des bars en vogue de la vie nocturne, dans une vieille demeure du XVIIe s aux vénérables colombages. Il s'y passe presque toujours quelque chose : soirée *blind test musical* le mardi, soirée *shooter* le mercredi, soirée étudiants le jeudi, concerts toutes tendances confondues (parfois payants), etc. Surveiller le programme sur leur site internet. Un bar sympa à l'ambiance survoltée !

🍷 ♩ ***Le 106-scène de musiques actuelles*** *(hors plan couleur par A3,* ***64****) : quai Jean-de-Béthencourt. ☎ 02-32-10-88-60. • le106.com • Ⓜ Joffre-Mutualité. Desservi par les bus de nuit T1, N2 et N3.* Dans un ancien hangar de stockage de marchandises, un nouveau temple consacré aux musiques actuelles ; une grande salle modulable pour accueillir les pointures (Pete Doherty, Jessie Evans, Lilly Wood & the Prick...), et une autre plus confidentielle pour les jeunes talents. Pas mal de concerts donc, mais aussi quelques expos, des projections de documentaires, des conférences... Également un café.

À voir

À noter : **la plupart des musées sont fermés le mardi et les jours fériés.**
Une cathédrale extraordinaire, trois musées essentiels et un vieux quartier pour flâner.

🏛🏛🏛 ***La cathédrale*** *(plan couleur B-C2-3) : • cathedrale-rouen.net • ♿ Avr-oct, ouv lun 14h-19h, mar-sam 9h-19h, dim et j. fériés 8h-18h ; fermé 12h-14h et à 18h nov-mars. Déambulatoire fermé 30 mn avt l'heure de fermeture. Visite guidée à 15h certains j. en été (se renseigner) ; pour les groupe sur résa.*

Une élégante dentelle de pierre, tout en majesté et en finesse, édifiée sur plus de trois siècles. C'est l'une des plus belles constructions de style gothique français. On peut encore distinguer par endroits des traces de polychromie

– *La façade,* qui inspira tant Monet, présente une série de clochetons et de fenestrages ajourés, encadrée par deux grandes tours de styles différents. À gauche, la *tour Saint-Romain,* du XIIe s, de style gothique primitif et de facture simple, sauf dans sa partie supérieure qui date du XVe s, s'élève à 82 m. À droite, la *tour de Beurre,* datant du XVe s, s'élève à 75 m dans le plus pur style gothique flamboyant. Elle doit son nom à la taxe perçue sur les gens qui souhaitaient consommer du beurre pendant le carême et grâce à laquelle elle fut édifiée.

SACRÉ MONET !

Il exécuta 28 tableaux différents de la cathédrale de Rouen. La plupart furent peints à l'étage d'un magasin de lingerie féminine sur le parvis (aujourd'hui, l'office de tourisme). On y avait installé un paravent pour soustraire les corps dénudés à la vue de l'artiste. En retrouvant ce paravent, bien plus tard, on se rendit compte qu'il y avait percé un orifice...

– Au centre, les trois *portails,* chefs-d'œuvre de ciselage, véritable féerie de pierre, présentent toutes les variétés de l'art gothique. Les portails Saint-Jean (à gauche) et Saint-Étienne (à droite) datent du XIIe s mais leurs tympans sont du XIIIe s. Celui du portail Saint-Étienne représentait la lapidation du saint, celui du portail Saint-Jean raconte le festin d'Hérode (noter l'acrobate) et la décollation de saint Jean-Baptiste. Belles arabesques et décoration de feuilles d'acanthe. Le portail central, modifié au début du XVIe s, est brodé de sculptures et on trouve au tympan un bel Arbre de Jessé.

– *La tour centrale et la flèche,* d'un raffinement extrême, très visibles de la rue du Change, s'élèvent avec élégance à 151 m. C'est la plus haute de France. Il faut prendre du recul pour mieux l'admirer, encadrée par ses trois clochetons d'angle. Il manque le quatrième clocheton, qui s'est effondré lors de la tempête du 26 décembre 1999, endommageant une partie du transept (pensez donc, une masse de 26 t, ça laisse des traces...). Photos à l'intérieur de la cathédrale. La tour lanterne en pierre date du XIIIe au XVIe s, mais la flèche actuelle est du XIXe s. Sur ce même flanc droit, le *portail de la Calende,* merveilleuse réalisation du XIVe s.

En empruntant de l'autre côté la rue Saint-Romain, au niveau du transept, un portail de pierre de style gothique flamboyant ouvre sur la cour des Librairies. En entrant on découvre, au fond, le *portail des Librairies,* très raffiné. Beaux gâbles ajourés (sorte de toit pentu surmontant le portail et la rosace). Deux frises intéressantes au tympan.

– *L'intérieur :* après le raffinement de l'extérieur, on est frappé par la sobriété de la décoration intérieure. La nef très haute, dépouillée, de style gothique primitif, est soutenue par d'épaisses colonnes mais d'une grande légèreté, grâce aux nervures qui les affinent. À la croisée du transept, 51 m vous séparent de la voûte. Dans le transept de gauche, élégant escalier qui donne accès à la librairie. Chœur très sobre du XIIIe s. Derrière le chœur, emprunter le déambulatoire. On y trouve la *chapelle de la Vierge,* un des clous de la cathédrale. Elle accueille des pièces remarquables : sur la droite de l'autel de la chapelle, les tombeaux des cardinaux d'Amboise (sculptés au XVIe s). S'y trouvent Georges Ier d'Amboise (archevêque de Rouen et ministre de Louis XII) ainsi que Georges II, son neveu. Ensemble d'une grande richesse. Le soubassement représente les Vertus. Dans le déambulatoire, à gauche de la chapelle, quatre vitraux admirables du XIIIe s, aux coloris très soutenus (démontés pendant la guerre) ; ce sont les plus anciens vitraux en place qu'on puisse trouver en Normandie.

– Attenants à la cathédrale, les *jardins de la cour d'Albane* sont en cours d'aménagement.

L'église Saint-Maclou (plan couleur C2-3) : *lun et ven-dim 10h-12h, 14h-18h (17h30 nov-mars). Fermé Noël et Jour de l'an. Entrée libre.* Splendide édifice de la fin du XVe s de style gothique flamboyant et donnant une impression de grâce et de légèreté, entièrement rénové après la guerre et les bombardements. Grand porche à cinq arcades avec des vantaux Renaissance de toute beauté. La façade légèrement arrondie contribue à l'homogénéité du lieu. Le médaillon du vantail de gauche représente le Bon Pasteur éloignant les voleurs de la Bergerie. Dans celui du centre, deux médaillons évoquent la circoncision et le baptême du Christ. À l'intérieur, une magnifique tribune d'orgue de 1521 aux délicates boiseries Renaissance (concerts en été), et un élégant escalier à vis sculpté du XVIe s.

– Entre l'église Saint-Maclou et l'aître, jetez un œil sur la gauche, à l'étroite ***rue des Chanoines***. Si les constructions médiévales en encorbellement permettaient de grappiller un peu de surface dans des villes densément bâties et ceinturées par des murailles, et de jeter ses eaux usées sans qu'elles ruissellent sur le voisin du dessous, on pouvait aussi quasiment embrasser le voisin d'en face !

L'aître Saint-Maclou (plan couleur C2) : *186, rue Martainville. ♿ Dans la rue qui court juste sur le flanc gauche de l'église Saint-Maclou. L'aître se trouve au fond de la cour. Tlj 8h-20h (19h nov-mars). Entrée libre.* Admirable ensemble architectural du XVIe s, composé de maisons à pans de bois, bordant une grande cour plantée d'arbres. Ce fut autrefois un cimetière de pestiférés. Il y avait alors quatre galeries autour de la cour, qui furent bouchées plus tard. Sur certaines colonnes soutenant les galeries, on distingue encore des sculptures représentant des figures macabres... L'ossuaire était à l'étage. Toutes les poutres sont ornées de frises où apparaissent têtes de morts, tibias entrecroisés, pelles pour creuser les tombes, haches, croix... Étonnant. Ne pas rater le chat momifié dans la petite vitrine à l'entrée de l'aître, sur la droite : il aurait été emmuré vivant et a été retrouvé au cours de travaux ; il symboliserait le diable, mis hors d'état de nuire. Aujourd'hui, l'aître abrite l'*école des beaux-arts*. Si elle est ouverte, jetez un œil à la galerie de l'école, à droite de l'entrée. Il y a souvent d'intéressantes expos d'art contemporain.

Le musée national de l'Éducation (hors plan couleur par C2) : *185, rue Eau-de-Robec. ☎ 02-35-07-66-61. • mne@inrp.fr/musee • ♿ Tlj sf mar et j. fériés 10h-12h30, 13h30-17h45 ; le w-e 14h-18h. Entrée : 3 € ; réduc.* Dans cette belle demeure du XVe s sont rassemblés de nombreux objets relatifs à l'enfant et à son éducation depuis le XVIe s (peintures, estampes, travaux d'élèves et mobilier scolaire d'époque). La salle de classe 1900 nous transporte avec émotion dans l'atmosphère de l'école de grand-papa.

L'abbatiale Saint-Ouen (plan couleur C2) : *avr-oct, tlj sf lun et ven 10h-12h, 14h-18h ; nov-mars, jusqu'à 17h30. Fermé Noël et Jour de l'an.* Ancienne abbatiale du XIVe s. Encore un des joyaux du gothique français. Délicate à l'extrême, avec de beaux arcs-boutants dessinés comme des arcs-en-ciel. Deux belles tours octogonales surmontées d'une flèche de pierre. À la base des tours, des dizaines de tourelles de toutes tailles sont autant de demoiselles d'honneur à leur majesté. La tour centrale est surmontée d'une couronne. Sur le flanc droit de l'église, une grille donne accès à un petit jardin. Le portail du transept, appelé le *porche des Marmousets*, possède une jolie frise ainsi que de curieuses clés pendantes. À l'intérieur, nef élancée soutenue par une forêt de fines colonnes. Vitraux du XVIe s, légers et aériens, aux couleurs douces. Dans le chœur, fermé par une grille élégante et dépouillée du XVIIIe s, est conservé l'un des plus beaux ensembles de vitraux du XIVe s en France.

Le musée Le Secq-des-Tournelles (plan couleur C1-2) : *à l'intérieur de l'église Saint-Laurent, rue Jacques-Villon. ☎ 02-35-88-42-92. • rouen-musees.com • ♿ (partiel, accès rue Deshays). Tlj sf mar et certains j. fériés 10h-13h, 14h-18h. Entrée : 3 € ; réduc ; gratuit moins de 26 ans, demandeurs d'emploi, et pour ts le 1er dim du mois. Ticket combiné avec le musée des Beaux-Arts et le musée de la Céramique : 8 €.*

Atypique et intéressant. Installé dans une ancienne église du XVIe s et consacré à la ferronnerie d'art, toutes techniques confondues. Tous ces objets avaient un usage dans le domaine domestique, militaire ou religieux. Plus de 12 000 pièces léguées en 1920 à la Ville de Rouen par un collectionneur... féru (le musée porte son nom) : des clés romaines aux serrures, présentées de façon chronologique (ça commence au gallo-romain !), en passant par les ustensiles de la vie domestique, les enseignes (très importantes jusqu'à la fin du XVIIIe s, quand la numérotation des maison se généralisa), grilles (voir celle de l'église d'Ourscamp, chef-d'œuvre de ferronnerie romane), jouets, outillages de différents corps de métier, articles de fumeur, bijoux en fonte de Berlin... Ces derniers sont nés de l'invasion de la Prusse par les armées napoléoniennes : les Prussiennes furent invitées à déposer leurs bijoux au Trésor contre une réplique en fonte ; un geste de patriotisme qui mit ces bijoux à la mode.

Des objets exceptionnels comme cette clé du cabinet de Marie-Antoinette, avec chiffre et dauphins, et d'autres tout à fait insolites (demandez qu'on vous les indique) : serrure pince-voleur du XVIIe s, porte de coffre-fort avec un système d'alarme-pistolet, coffre à correspondance privée avec une serrure pour l'émetteur et une autre pour le récepteur... Une collection unique au monde, dans un lieu original.

ROUEN

Le musée des Beaux-Arts *(plan couleur B-C1) : esplanade Marcel-Duchamp. ☎ 02-35-71-28-40. • rouen-musees.com • ♿ (accès 26 bis, rue Lecanuet). Tlj sf mar et j. fériés 10h-18h (fermeture de l'aile sud 13h-14h). Entrée : 5 € ; réduc ; gratuit moins de 26 ans, demandeurs d'emploi, et pour ts le 1er dim du mois. Ticket combiné avec le musée de la Céramique et le musée Le Secq-des-Tournelles : 8 €. Pas d'audioguide mais des fiches explicatives dans chaque salle.*

DÉBOIRES D'UN MARI INFIDÈLE

En 1909, François Depeaux, industriel dans le charbon, voulut faire une donation somptueuse de 250 tableaux impressionnistes au musée des Beaux-Arts de Rouen. Se sentant dépossédée, sa femme obtint par voie de justice que toutes ces œuvres soient vendues aux enchères. Plus fidèle à ses tableaux qu'à son épouse, Depeaux en racheta quelques dizaines qu'il offrit enfin au musée. On perdit quelques fleurons, dont de magnifiques Renoir.

Très bel ensemble de peintures européennes, sculptures, dessins et arts décoratifs du XVe s à nos jours. Les toiles sont présentées sur des murs aux chatoyantes couleurs au goût du jour, dans des salles vastes et lumineuses. Un musée bien agréable à parcourir. Quelques chefs-d'œuvre à ne pas manquer dans les peintures du XVIIe s : *La Flagellation du Christ* du Caravage. La lumière provenant d'en haut dévoile une scène d'un grand réalisme : très forte présence physique des personnages cadrés de près, beaucoup de mouvement dans la scène, épuisement du Christ, dont la tête inclinée semble prête à sortir du tableau. Le *Démocrite* de Vélasquez – initialement le portrait d'un bouffon de cour brandissant un verre de vin comme l'a révélé la radiographie – illustre l'attitude cynique du philosophe sur la façon dont va le monde ; une des deux seules œuvres du peintre que l'on peut découvrir en France. Du côté des salles impressionnistes – incontournables ! – des œuvres parfois majeures de Monet *(Portail de la cathédrale de Rouen par temps gris)*, Sisley *(Inondation à Port-Marly, La Seine à La Bouille)*, Degas, Renoir, Pissarro, Caillebotte, Guillaumin... À propos de Monet, il souhaitait vendre la série des 28 cathédrales dans son intégralité. Il la proposa à Félix Faure, alors président de la République, mais ce dernier préféra acheter la table de nuit de Napoléon ! Aujourd'hui, le musée abrite la deuxième collection impressionniste la plus importante, derrière le musée d'Orsay.

Toutes les écoles du XIXe s sont également superbement représentées : le romantisme avec Géricault et Delacroix, l'école de la nature avec Corot et Huet, les préimpressionnistes avec Jongkind, Boudin *(Pêcheurs à Villerville)* et Lépine, l'école de Rouen avec Lebourg, Delattre, Angrand. Le traitement des couleurs dans les œuvres de Guillaumin *(Pêcherie à Crozant)*, Pinchon ou Fréchon, les rapproche des fauves. Très beaux pastels de Le Goût-Gérard. Au rez-de-chaussée, l'école de Rouen nous fait voyager avec quelques belles vues d'Istanbul et d'Algérie. Remarquez aussi les portraits de Gide, Cocteau, Mauriac, Radiguet, et la belle gueule de Montherlant, réalisés par Jacques-Émile Blanche. Ne pas manquer non plus *Paul Alexandre devant un vitrage*, de Modigliani. Première œuvre du peintre où il utilise avec force la stylisation des lignes. Sinon, une salle est exclusivement consacrée à la présentation de ses dessins, par roulement. Et du côté des œuvres contemporaines, on a bien aimé *Lightly n° 4* de François Morellet ; ça ne vous évoque rien ? Occasionnellement une expo d'art contemporain s'invite dans les collections permanentes anciennes ; intéressante démarche.

Le musée de la Céramique (plan couleur B1) **:** *dans l'hôtel d'Hocqueville, 1, rue Faucon ou 94, rue Jeanne-d'Arc. ☎ 02-35-07-31-74. • rouen-musees.com • Tlj sf mar et j. fériés 10h-13h, 14h-18h. Entrée : 3 € ; réduc ; gratuit moins de 26 ans, demandeurs d'emploi et pour ts le 1er dim du mois. Ticket combiné avec le musée des Beaux-Arts et le musée Le Secq-des-Tournelles : 8 €. Salon de thé dans la cour pavée en été.*
Encore un excellent musée, qui intéressera autant les passionnés que les néophytes. Toute la céramique racontée à travers 900 objets divers et éléments de vaisselle, depuis les fragments archéologiques à l'aide desquels sont expliquées les étapes de fabrication, jusqu'aux plus belles réalisations de la faïence de Rouen, évidemment à l'honneur. Dès le milieu du XVIe s, on trouvait déjà à Rouen un « émailleur en terre », précurseur de la faïence française, Masséot Abaquesne. Louis XIV et Colbert favorisèrent le développement de cet artisanat. À Rouen, les fabriques se multiplièrent à la fin du XVIIIe s, mais la concurrence de la faïence britannique, puis de la porcelaine, détrônèrent ensuite la ville française. La couleur qui domine est le bleu, privilégié car l'oxyde de cobalt utilisé est ce qui résiste le mieux à la cuisson.
Au rez-de-chaussée, très belle pièce entièrement recouverte de boiseries peintes, où trône une majestueuse cheminée. Vitrines présentant des dizaines de pièces rares, superbes par leur finesse, leur souci du détail, leur finition... Faïence de Delft, de Sèvres, porcelaines de Chine ou italienne, le musée montre également les influences des techniques et des formes entre l'Orient et l'Europe. Pièces extraordinaires : deux globes terrestres, un violon et trois bustes en faïence du XVIIIe s, réalisés à Rouen. Ne pas rater la belle table dressée pour le service des desserts dans un salon Louis XVI ; amusant d'y découvrir de nombreux éléments de vaisselle dont on n'a plus l'usage aujourd'hui. Mis en scène dans un bel hôtel particulier, aux parquets de différents motifs qui craquent, très lumineux, donnant sur un beau jardin ornemental réaménagé sur le modèle de ceux du XVIIe s, ce musée est un des musts de Rouen.

Le donjon ou tour Jeanne-d'Arc (plan couleur B-C1) **:** *rue Bouvreuil. ☎ 02-35-98-16-21. Lun-sam (sf mar) 10h-12h30, 14h-18h (17h oct-mars) ; dim 14h-18h30 (17h30 oct-mars). Fermé certains j. fériés. Entrée : 1,50 € ; réduc ; gratuit moins de 18 ans.* C'est le dernier vestige en élévation du château édifié au XIIIe s par Philippe Auguste, au lendemain de sa conquête de la Normandie. À l'intérieur, expo sur l'histoire de la forteresse. Contrairement à ce que dit la légende, Jeanne ne fut pas enfermée ici mais dans une autre tour de l'enceinte (dans la cour du 102, rue Jeanne-d'Arc). En revanche, c'est dans la salle basse du donjon qu'on lui présenta les instruments de torture, en mai 1431.

Le palais de justice (plan couleur B2) **:** *pl. Foch.* Encore un chef-d'œuvre de l'architecture gothique datant du début du XVIe s, dont le tout récent ravalement révèle la blondeur de la pierre. La façade de la cour d'honneur avec sa tourelle centrale à pans découpés est d'une grande richesse décorative. En bas, fenêtres

sobres en anse de panier. À l'étage, c'est déjà plus travaillé et, au niveau supérieur, on finit par une orgie de tourelles, de pinacles, d'arcs-boutants. Superbe. Il fut presque entièrement reconstruit après la guerre.
Dans la cour du Parlement, sous l'escalier oriental, a été découvert en 1976 ***le monument juif - la Maison sublime,*** qui pourrait être une université hébraïque de l'époque romane. Cette découverte atteste que Rouen fut, à l'époque de Guillaume le Conquérant, l'un des plus importants centres culturels d'Europe. L'édifice comporte de nombreux graffitis en hébreu, dont un qui rappelle une citation de l'un des livres des Rois : « Que cette maison soit sublime. » D'où son nom. Resté fermé au public depuis sa découverte, cet inestimable monument est désormais accessible *(sur résa slt – très à l'avance – mar à 15h de mi-avr à fin-déc ; ☎ 02-32-08-32-40)* ; visite pour lecteurs férus d'histoire.

Le Gros-Horloge *(plan couleur B2)* ***:*** *rue du Gros-Horloge. ☎ 02-32-08-01-90. Mars-oct, mar-dim 10h-13h, 14h-19h ; nov-fév, mar-dim 14h-18h. Dernière entrée 1h avt fermeture ; midi et soir. Entrée : env 6 € ; réduc ; gratuit moins de 6 ans.*
C'est la carte postale la plus expédiée de Rouen. Merveilleuse construction Renaissance formée d'un beffroi et d'une arche sculptée enjambant la rue, ornée de chaque côté d'un riche cadran d'horloge. L'horloge en plomb doré était autrefois à l'intérieur du beffroi (XIVe s). On décida de la montrer. L'aiguille des heures faisait son petit bonhomme de chemin sur le cadran, tandis que le jour de la semaine était représenté par « sa » divinité (Mars pour mercredi, Mercure pour jeudi...). Arche du début du XVIe s. Jetez un coup d'œil sous celle-ci. Scène sculptée qui représente le Bon Pasteur et ses brebis. Sur le côté de l'horloge, jolie fontaine romantique du XVIIIe s, pleine d'élégance, où apparaît une nymphe. À côté, adorable loggia de style Renaissance.
Passons maintenant à l'intérieur... Outre la rénovation récente de la voûte, la mise en lumière de l'édifice et la restauration des cadrans, on peut y visiter un espace muséographique. Il vous dévoile les secrets d'une des plus vieilles horloges d'Europe : son histoire, son architecture, son fonctionnement... et vous plonge dans l'univers du XVIe s : visite du logis du gouverneur, de l'échoppe, de l'atelier de l'horloger, de la salle des cadrans ou encore de la chambre des cloches. Panorama insolite sur les toits de Rouen depuis le sommet du beffroi.

La rue du Gros-Horloge (« rue du Gros » pour les intimes ; *plan couleur B2*) est évidemment la plus connue de la ville. La première rue piétonne de tout le sud de l'Europe (1970) ! Au niveau du Gros-Horloge, belle maison à pans de bois. Les demeures accolées au beffroi sont toutes parées du charme des siècles passés. Avec ses nombreux commerces, elle est souvent bondée, surtout le week-end.

QUAND NEW YORK A UN PETIT AIR NORMAND...

Une curiosité : le Gros-Horloge et la cathédrale de Rouen sont dignement représentés à New York, sur les panneaux en bronze des portes de la cathédrale maronite du quartier de Brooklyn. Celles-ci proviennent du fameux paquebot **Normandie** *qui a brûlé à New York en 1942, alors qu'il était amarré à un quai de l'Hudson.*

Les rues anciennes et les maisons à colombages : vous noterez que si les maisons médiévales sont nombreuses, l'architecture classique est bien peu représentée dans la ville. C'est que la révocation de l'édit de Nantes, en 1685, a entraîné l'émigration de nombreux négociants protestants et un marasme économique, d'où peu de constructions. Cela dit, retournons à nos maisons médiévales... C'est à l'ouest de la ville et du côté du fleuve qu'on en trouve le plus (rues de Fontenelle, du Vieux-Palais, de Crosne et avenue Flaubert), ayant principalement appartenu à des riches négociants ; les notables, quant à eux, résidaient au nord de la place du Vieux-Marché. Beaucoup de ces riches demeures ont été rénovées après la guerre et, une fois éliminés plâtres et enduits, ont dévoilé leur belle architecture médiévale. En voici quelques-unes parmi nos préférées : à côté de la cathédrale, la *rue Saint-Romain* présente au n° 70 une élégante façade de ferronnerie abondamment ciselée. Au n° 74, maison gothique avec chapiteaux sculptés du XVe s. Remarquez comme la demeure gagne du terrain sur la rue au fur et à mesure qu'on s'élève dans les étages. Au n° 26, la *faïencerie Augy* perpétue la fabrique de faïences selon les techniques artisanales. Juste avant, l'étroite *rue des Chanoines,* ravissant ensemble à colombages. Au fond, la ruelle se rétrécit étrangement avant de déboucher sur la *rue Saint-Nicolas,* où l'on trouve, au n° 24, une clinique de poupées *(Les Beaux-Jours)* ! Traverser la rue de la République. Contre l'église Saint-Maclou, bel alignement de maisons à colombages dans la *rue Martainville.* En remontant vers Saint-Ouen, la *rue Damiette* présente de jolies boutiques d'antiquaires. Plus haut, la *rue Eau-de-Robec* tire son nom du ruisseau qui y coulait jadis. Il alimentait les teinturiers, puis servit d'égout. Un cours d'eau artificiel rappelle cette époque... Au-dessus du palais de justice, explorez les *rues Beauvoisine, Ganterie, des Bons-Enfants* et *Sainte-Croix-de-Pelletier* avant de tomber sur la place du Vieux-Marché. Dans la *rue Jeanne-d'Arc* (l'artère principale), au n° 31, arrêtez-vous aux *Caves Jeanne d'Arc.* Une boutique de vins aménagée sur 400 m^2 de voûtes en sous-sol. Surprenant et insolite !

À l'autre bout de la ville, ne manquez pas d'aller vous promener dans le *quartier de la Croix-de-Pierre* et de la *rue Saint-Hilaire.* C'est l'un des plus vieux quartiers de Rouen, où de nombreux films furent tournés. Il est aujourd'hui en pleine mutation.

La place du Vieux-Marché *(plan couleur A-B2)* **:** la place où tous les condamnés étaient exécutés au Moyen Âge et où Jeanne d'Arc fut brûlée vive en 1431. Aujourd'hui largement bétonnée, elle garde néanmoins un certain caractère. On y trouve un petit *musée du Souvenir,* consacré à l'héroïne nationale et à l'histoire de la place. Sur la place proprement dite, un important bâtiment moderne intègre sous le même toit église et marché couvert ; un des endroits les plus vivants de la ville. Juste à côté de la place, le *musée Pierre-Corneille* (voir plus loin).

– L'église Jeanne-d'Arc : *tlj ; pas de visite ven et dim mat, ni pdt les offices.* Elle a recueilli les beaux vitraux Renaissance d'une église rasée en 1944. L'intérieur est fort réussi, avec une organisation originale de l'espace et une belle charpente de bois en forme de coque de bateau rappelant la mer ; avec les ardoises du toit en écailles de poisson, c'est la mer et la symbolique chrétienne du poisson qui sont évoquées. La forme du toit figure quant à elle les flammes du bûcher. C'est en fait l'architecture extérieure qui trouve le plus de détracteurs. Et pourtant la « place du Vieux » a maintenant sa raison d'être dans la vie et le cœur des Rouennais.

L'hôtel de Bourgtheroulde *(plan couleur A-B2)* **:** *sur la pl. de la Pucelle.* Un petit bijou de la Renaissance construit au XVIe s par Guillaume II le Roux, conseiller au Parlement. C'est aujourd'hui un hôtel de luxe aménagé de façon très contemporaine.
De très beaux bas-reliefs sculptés relatent une célèbre rencontre de trois semaines entre les rois de France et d'Angleterre en 1520, près de Calais. La rencontre, dite « Entrevue du Drap d'or » – du faste de la tente tendue de drap d'or de François Ier –, avait pour but de convaincre le souverain anglais (Henri VIII) de s'allier à lui contre Charles Quint ; l'entrevue fut un échec pour François Ier.

Le musée de Cire Jeanne-d'Arc *(plan couleur A2)* **:** *33, pl. du Vieux-Marché. ☎ 02-35-88-02-70. • jeanne-darc.com • De mi-avr à mi-sept, tlj 9h30-19h ; le reste de l'année, 10h-12h, 14h-18h30. Entrée : 5 € ; réduc.* En une quinzaine de mises en scène avec personnages de cire, on raconte les grandes lignes de la vie de la Pucelle d'Orléans. Collection de sceaux. Maquettes et documents. Les enfants aimeront. Un questionnaire pédagogique leur est d'ailleurs destiné.

Le Musée maritime, fluvial et portuaire (hors plan couleur par A2) : *quai Émile-Duchemin, hangar portuaire n° 13. ☎ 02-32-10-15-51. • info@musee-maritime-rouen.asso.fr • ♿ (partiel). Direction Le Havre par la nationale (av. du Mont-Riboudet), puis fléché. Mar-ven 10h-12h30, 14h-18h. Ouv slt l'ap-m le w-e et certains j. fériés. Entrée : 4,50 € ; réduc ; gratuit moins de 6 ans.* Situé en bord de Seine, ce musée retrace l'histoire du port de Rouen et celle de la Seine. Grâce aux riches collections du musée, différents thèmes sont abordés : l'activité portuaire, la construction navale, la navigation fluviale... Nombreuses maquettes de bateaux. Dans le *Pompon Rouge*, une ancienne péniche restaurée, expo consacrée à la batellerie sur la Seine.

Le musée Flaubert et de l'Histoire de la médecine *(plan couleur A1) : 51, rue de Lecat. ☎ 02-35-15-59-95. Dans l'enceinte de l'hôtel-Dieu qui est aujourd'hui la préfecture. Mar 10h-18h, mer-sam 10h-12h, 14h-18h (dernière visite 17h30). Fermé dim, lun et j. fériés. Entrée : 3 € ; réduc ; gratuit moins de 18 ans.* Petit musée établi dans la maison natale de l'écrivain, dont le père était chirurgien à l'hôtel-Dieu. Souvenirs personnels ainsi qu'une joyeuse palette d'instruments chirurgicaux et d'anciens pots de pharmacie en faïence de Rouen. Pièces de collection étonnantes, comme ce lit d'hôpital à six places ou le mannequin d'accouchement de Mme du Coudray, qui servit, au XVIIIe s, à former 5 000 sages-femmes à travers la France. Jardin de plantes médicinales. Les fans de Flaubert ne manqueront pas non plus le « pavillon » de Croisset (voir « Dans les environs de Rouen »).

ROUEN

La maison de Ferdinand Marrou *(plan couleur B1) : 29, rue Verte. Face à la gare. Abrite le Centre régional de documentation de l'architecture et du patrimoine. ☎ 02-32-08-19-80. Ouv au public. Expos de temps en temps.* Découvrez la façade extraordinaire de la maison de ce maître ferronnier, qui réalisa la base de la flèche de la cathédrale et les grilles de l'église Saint-Ouen. Bois sculpté, fer forgé et plomb de style Renaissance. Balcons, grilles, impostes et soupiraux très étonnants.

Le muséum d'Histoire naturelle de Rouen *(plan couleur C1) : 198, rue Beauvoisine. ☎ 02-35-71-41-50. • rouen.fr/culture • ♿ Tlj sf lun et j. fériés 14h-17h30. Entrée : 3 € ; gratuit moins de 18 ans, étudiants, demandeurs d'emploi ; billet jumelé avec le musée des Antiquités : 5 €.* Dans l'ancien couvent des sœurs de la Visitation (1640), le muséum de Rouen a conservé sa muséographie du XIXe s : vitrines en chêne, dioramas, alignements de mammifères et d'oiseaux naturalisés, cires anatomiques, squelettes, statuettes d'art primitif, fossiles, boîtes d'insectes (coléoptères, papillons...).

Le musée départemental des Antiquités *(plan couleur C1) : cloître Sainte-Marie, 198, rue Beauvoisine. ☎ 02-35-98-55-10. ♿ (partiel). Mar-sam et j. fériés13h30-17h30 ; dim 14h-18h ; ouv aussi 10h-12h15 pdt vac scol de l'académie de Rouen et lors des expos temporaires. Entrée : 3 € ; gratuit étudiants et moins de 18 ans ; billet jumelé avec le muséum de Rouen : 5 €.* Installé dans un ancien couvent du XVIIe s, ce passionnant musée présente des objets de l'âge du bronze à la Renaissance ainsi que des témoignages de l'histoire de la ville. Les XVe et XVIe s sont bien représentés par une série d'admirables vitraux et de chapiteaux provenant de plusieurs églises de la région, de sculptures en bois polychrome et en ivoire, de pavements armoriés, de retables peints et sculptés... Une galerie entière est consacrée aux charpentes de bois sculptées qui ornaient maisons et édifices rouennais (poutres du XVIe s, panneaux sculptés et historiés, portes ouvragées...). Belle salle abritant la tapisserie des Cerfs ailés, superbes pièces du XVIe s. Jeter encore un coup d'œil à la salle des mosaïques antiques, trouvées dans la vallée de la Seine.

Le Jardin des plantes *(hors plan couleur par B3) : 114 ter, av. des Martyrs-de-la-Résistance. ☎ 02-32-18-21-30. ♿ Tlj 8h30-19h45 (17h45 en hiver). Entrée gratuite.* Créé en 1691, ce jardin à l'histoire tumultueuse, longtemps privé, passa de mains en mains de riches propriétaires qui y organisaient de somptueuses fêtes agrémentées de feux d'artifices et d'envols de montgolfières. Renommé *jardin du Trianon* puis racheté par Napoléon Ier en 1811, il va servir à la culture et la préservation d'espèces végétales issues des cinq continents. À la fois jardin à l'anglaise et à la française, il demeure sans conteste l'un des plus beaux parcs publics de France. Sur plus de 8 ha, il recèle 5 600 espèces de végétaux et diverses curiosités architecturales et décoratives. Outre les serres construites en 1839 pour accueillir des plantes d'orangeries et des espèces exotiques, une grange à pressoir du XVIIIe s à colombages, ainsi qu'un kiosque à musique où viennent jouer aux beaux jours orphéons et harmonies. On se promène le long des volières qui hébergent des perruches, des perroquets et des faisans dorés, ou autour du plan d'eau orné de statues, à la recherche d'une énigmatique pierre runique venue de Norvège. Inconnu des touristes (peu s'aventurent de ce côté-ci de la Seine !), ce superbe jardin est un lieu d'oxygénation pour les familles et les joggers qui s'y retrouvent tout au long de l'année.

H2O – Espace de Sciences de la CREA *(hors plan couleur par A2) : quai de Boisguilbert, espace des Marégraphes. ☎ 02-35-52-95-29. • h2o@la-crea.fr • Tte l'année, mar-dim 13h30-17h30. Entrée expo : 3 € ; réduc. Entrée animations, ateliers, etc. : 3 € ; réduc. Expo + atelier : 5 € ; gratuit moins de 7 ans et pour ts les 1er dim et 3e mer du mois.* Sur les quais, un centre de découvertes qui propose d'apprendre en s'amusant, seul ou en groupe. Expos interactives, animations « Arts et sciences », manipulations autour des sciences de la vie, de la santé, de l'environnement.

Le port de Rouen : *juin-oct, mer et sam. Visite : 7 € ; réduc. Rens à l'office de tourisme.* Visite en bateau de l'île Lacroix et des chantiers de Normandie à Grand-Quevilly. Aujourd'hui l'activité portuaire assure quelque 30 000 emplois.

À faire

Sur réservation auprès de l'office de tourisme (voir plus haut « Adresses utiles ») :
– ***Atelier de peinture :*** *peindre et manger comme Monet,* initiation à la peinture impressionniste face à la cathédrale de Rouen, là où Monet avait son atelier en 1892. Il n'est pas nécessaire de savoir peindre ou dessiner. Une artiste-plasticienne accompagne chaque participant pour l'aider à appréhender la technique du maître. Dans le même esprit, on pourra prendre des cours de cuisine d'après les carnets de recettes laissés par Claude Monet *(sur résa, compter 60 €/pers, durée 3h).*
– ***Itinéraire impressionniste :*** un itinéraire est proposé, agrémenté de tables de lecture aux emplacements où les peintres posèrent leur chevalet. La *Vue générale de Rouen* faite par Monet en 1892, de la côte Sainte-Catherine à Bonsecours vaut le détour pour une comparaison avec le panorama actuel.

Fêtes et manifestations

– ***Les 24 Heures motonautiques de Rouen :*** *2 j. début mai.* Impressionnant ballet de Formule 1 d'eau douce sous les ponts de la Seine.
– ***Fêtes Jeanne d'Arc :*** *dernier w-e de mai.*
– ***Armada :*** *prochaine édition 6-16 juin 2013.*
– ***Festival Normandie impressionniste :*** *mai-sept 2013.*
– ***Rouen sur mer :*** *juil.* Concerts, spectacles, cinéma en plein air... et plage installée sur les quais bas rive gauche.
– ***Automne en Normandie :*** *un mois fin oct-fin nov. • automne-en-normandie.com •* Nombreux concerts, spectacles de théâtre, etc.
– ***Fête du Ventre et de la Gastronomie normande :*** *un w-e mi-oct.*

DANS LES ENVIRONS DE ROUEN

Le pavillon Flaubert : *18, quai Gustave-Flaubert, Dieppedalle-Croisset, 76380* ***Canteleu.*** *À 4 km à l'ouest du centre de Rouen. ☎ 02-76-08-80-88. Prendre la D 982 et sortir avt la côte à Canteleu-Croisset, puis longer le fleuve. Ou bus nº 9 de la gare routière jusqu'à l'arrêt « Croisset ». Ouv mar-ven 9h-12h et w-e 14h-18h (sous réserve). Entrée gratuite.* De la belle propriété de famille, rasée par un promoteur après la mort de l'écrivain, reste seulement ce minuscule pavillon classé Monument historique. Ruinés, les héritiers de Flaubert eurent la malencontreuse idée de revendre le terrain à un homme d'affaires qui y fit construire... une distillerie ! Les admirateurs de l'écrivain trouveront quelques reliques réunies dans ce petit musée (copies de manuscrits, quelques meubles d'origine, photos, objets et souvenirs relatifs à la Tunisie qui l'inspirèrent pour *Salammbô,* etc.).

Le musée industriel de la Corderie Vallois : *185, route de Dieppe,* ***Notre-Dame-de-Bondeville.*** *☎ 02-35-74-35-35. ♿ À 6 km au nord de Rouen par la D 927. Teor nº 2 (Théâtre-des-Arts), arrêt : « Mairie-de-Notre-Dame-de-Bondeville », puis 800 m à pied. Tlj 13h30-18h. Entrée : 3 € ; réduc. Mise en marche des machines à 14h, 15h, 16h et 17h.* Construite en 1820 en pans de bois, l'usine fut d'abord une filature puis, de 1881 à 1978, une corderie industrielle. L'ensemble des machines (datant pour la plupart de 1880) a été conservé et fonctionne grâce à la roue à aubes actionnée par l'eau du Cailly. On est littéralement plongé dans l'ambiance de travail au XIXᵉ s. Expos temporaires sur le textile. Rare.

ROUEN

Centre Abbé-Pierre-Emmaüs, La Halte d'Emmaüs : *280, route de Cailly, 76690* ***Esteville.*** *☎ 02-35-23-87-76. 📱 06-28-27-65-04. • centre-abbe-pierre-emmaus.org • À 30 km au nord-est de Rouen par l'A 28 et la D 12. Ouv mer-dim 10h-18h. Fermé de mi-oct à mi-nov et 24 déc-3 janv. Entrée : 5 € ; réduc.* C'est dans ce village qu'aimait vivre le célèbre abbé et où il a souhaité être enterré aux côtés de ses premiers compagnons. Dans cet espace de mémoire et de vie, une scénographie présente le parcours de l'abbé Pierre, son œuvre et l'actualité de l'association. On découvre sa chambre en l'état, son atelier, la chapelle. Sur place, librairie, cafétéria, resto (sur résa) et un centre d'hébergement pour les plus démunis.

Le musée Pierre-Corneille : *502, rue Pierre-Corneille,* ***Petit-Couronne.*** *☎ 02-35-68-13-89. ♿ (partiel). À env 8 km au sud de Rouen. Suivre la direction de l'A 13 « Paris-Caen », puis sortie Petit-Couronne. Ou bus nº 6, 27 ou 31 (arrêt « Porte-des-Tourelles »). Tlj sf lun-mar et dim mat 10h-12h30, 14h-18h (17h30 oct-mars). Fermé certains j. fériés. Entrée : 3 € ; réduc ; gratuit étudiants, moins de 18 ans et demandeurs d'emploi.* Adorable demeure à colombages de la fin du XVIᵉ s. La maison de campagne de la famille Corneille a été entièrement restaurée et aménagée avec un mobilier d'époque. Quelques souvenirs et des documents de l'écrivain côtoient d'intéressantes œuvres d'artistes contemporains. Agréable jardin fleuri et potager reconstitués dans l'esprit du XVIIᵉ s. On y cultive des légumes de l'époque, aujourd'hui plutôt méconnus, comme des panais, des topinambours... Une autre curiosité historique : un four à pain au toit de chaume.

AFFAIRE DE FAMILLE

Amusant, la généalogie de Corneille montre que Charlotte Corday, qui a assassiné Marat dans sa baignoire, n'est autre que l'arrière-arrière-arrière-petite-fille de notre écrivain (et non l'arrière-arrière-petite-fille comme le mentionne la légende de son arbre généalogique, à la maison natale de Pierre Corneille !).

La Fabrique des Savoirs : *7, cours Gambetta, 76500* ***Elbeuf.*** *☎ 02-32-96-30-40 (rens et résas). • lafabrique@la-crea.fr • Musée ouv mar-dim 14h-18h ;*

centre d'Archives patrimoniales mar-sam 14h-18h. Accès libre sur présentation d'une pièce d'identité. Visites de groupes et ateliers pédagogiques payants. Pour les visites découverte, résa recommandée. Les anciens ateliers de l'usine textile Blin ont été convertis en un passionnant espace d'exposition sur la connaissance aussi bien sur la Seine à ses origines et les transformations de son environnement que sur l'évolution des patrimoines architecturaux et des matériaux, sur ce que nous révèlent les produits des fouilles archéologiques de la vie de leurs époques. Également une section sur l'industrie textile et en particulier le drap d'Elbeuf. Les « Rencontres du jeudi » abordent selon les thématiques des sujets d'actualité ou en lien avec les collections de la Fabrique des Savoirs.

LA VALLÉE DE LA SEINE

De son entrée dans la région normande (à Vernon) jusqu'à son embouchure (au Havre), la Seine décrit dix grands méandres paresseux, se frayant ainsi un chemin dans une vallée pourtant large (environ 12 km), devenue parc naturel régional. La Seine déroule son long et lent ruban gris, bronze, argent ou bleu selon les endroits, à toute petite vitesse puisque, à Vernon, il ne lui reste que 16 m de dénivelée pour charrier ses masses d'eau à bon port. Rongeant la falaise crayeuse blanchâtre à la base ou inondant des terrasses planes comme le Marais-Vernier, le fleuve continue à jouer avec ses contours.

Les bacs

On ne peut rêver plus pittoresque pour traverser la Seine. En prime, ils sont gratuits ! Il existe 8 points de franchissement. Les plus touristiques sont La Bouille/Sahurs, Duclair/Berville et Jumièges/Heurteauville. Ils fonctionnent toute l'année (sauf le 1er mai), avec une fréquence allant de 10 mn à 1h, selon la saison et le lieu de passage. Celui reliant La Bouille à Sahurs fonctionne de 6h30 (7h le week-end) à 22h. Voir le panneau horaire sur le quai d'embarquement.

– Pour plus d'infos, contacter le service des bacs départementaux au ☎ 02-35-05-62-29.

LA BOUILLE (76530) 810 hab. *Carte Seine-Maritime, B3*

Ancien port de mer situé à une quinzaine de kilomètres en aval de Rouen, sur la rive gauche de la Seine, et sommeillant au pied des falaises qui bordent le plateau du Roumois. Son essor date du XVe s. Trait d'union entre Rouen et la basse Seine, La Bouille est alors un carrefour très animé. Avec les premiers bateaux à vapeur débarquent les peintres et les promeneurs du dimanche. Hector Malot (l'auteur de *Sans famille*) est né ici et décrit dans son œuvre les foules pittoresques qui se pressent alors aux terrasses des auberges. De nos jours, le site reste éminemment touristique, et on le comprend : le village offre une plongée directe dans l'époque médiévale et semble respirer un autre air. Allez à la recherche de la plus belle maison à colombages, de l'encorbellement le plus majestueux, du pignon le plus pittoresque, des galeries d'art les plus riches et du... menu gastronomique le plus alléchant. Eh oui ! à La Bouille, on a gardé du passé une bonne tradition culinaire...

Où dormir ? Où manger ?

Bon marché

Le P'tit Bouillais : *3, quai Hector-Malot. ☎ 02-35-68-15-93. Tlj sf dim soir, mar soir et mer. Plat du jour 7 € ; formule déj 10 € en sem ; menu 15 €. Café offert sur présentation de ce guide.* Dans une tranquille ruelle piétonne donnant sur la Seine, agréable terrasse sous auvent et salle toute simple pour un déjeuner rapide et très convenable à petit prix.

De prix moyens à plus chic

Hôtel Bellevue : *13, quai Hector-Malot. ☎ 02-35-18-05-05. • bellevuehotel@wanadoo.fr • hotel-le-bellevue.com • En bord de Seine. Resto fermé sam midi. Congés : 15-31 déc et 1 sem en août. Doubles 75-85 € selon orientation.* Grande maison blanche à fière allure, proposant des chambres impeccables avec bains et vue sur la Seine ou donnant sur le village, avec douche. Pour quelques euros de différence, préférez les premières ! Fait aussi resto.

La Maison Blanche : *1, quai Hector-Malot. ☎ 02-35-18-01-90. • la_maisonblanche@yahoo.fr • Fermé lun, plus dim soir hors saison. Menus 20 € (en sem et sam midi) et 29-49 €.* En bord de Seine, une jolie salle fraîche à l'étage, pour admirer les bateaux qui passent. Les meilleures tables sont donc près de la fenêtre ! Un jeune chef à la barre, plein de talent, qui ne travaille que des produits frais de producteurs locaux et maîtrise l'utilisation des épices. Un mélange de cuisine gastronomique française et d'influences d'Afrique du Nord, d'où la femme du chef est originaire. Le premier menu est déjà élaboré. Service impeccable. Une excellente étape.

Les Gastronomes : *1, pl. du Bateau. ☎ 02-35-18-02-07. • lesgastronomes-labouille@orange.fr • Juste à droite de l'église. Fermé mer et jeu (sf j. fériés). Congés : 2 sem vac scol de fév et 3 sem autour de la Toussaint. Menus 19,50 € (sf dim et j. fériés) et 28,50-46 €. Wifi.* Petit bistrot chic proposant une savoureuse cuisine de saison. On sent une réelle volonté de bien faire et de proposer les meilleurs produits.

Le Saint-Pierre : *4, pl. du Bateau. ☎ 02-35-68-02-01. • blanchardlau@wanadoo.fr • Dans le centre du village, en bord de Seine. Fermé lun, mar soir et dim soir ainsi que les 1er mai et 25 déc. Formule 18 € en sem ; menus 25-65 €. Café offert sur présentation de ce guide.* Idéalement situé en bordure de Seine, élégante salle aux tables espacées, et aux fourneaux, Laurent Blanchard, jeune chef qui a pris de bonnes leçons chez les plus grands. Plein de courage et bourré de talent, il propose une carte qui évolue au fil des saisons. Les produits sont mis en avant dans le souci d'une grande créativité, n'hésitant pas à proposer certains mélanges surprenants qui s'avèrent d'excellentes surprises gustatives. En salle, Patricia Blanchard maîtrise absolument la musique et excelle dans l'art de recevoir ses convives.

À voir

À vous de flâner dans les ruelles pour découvrir les mille détails et raffinements de l'***architecture médiévale.*** Trouvez, ***place Saint-Michel,*** cette belle maison à l'angle orné d'un archange sculpté dans la masse. Admirez l'*ancienne mairie*, rue du Grenier-à-Sol, avec son toit à clochetons. Toutes les vieilles demeures sont abondamment fleuries, et beaucoup possèdent encore une poulie servant à monter le grain ainsi que de pittoresques toits à lucarnes.

Dans l'***église,*** de beaux vitraux et deux ex-voto représentant des bateaux en pleine tempête.

De nombreux peintres impressionnistes exposent dans leurs ***galeries*** sur le quai et dans les ruelles du bourg. Elles sont ouvertes généralement en après-midi le week-end.

Sans oublier le ***Grenier-à-Sel,*** lieu mythique impressionniste pour ses expos temporaires.

L'ABBAYE SAINT-GEORGES

Carte Seine-Maritime, B3

Belle abbaye bénédictine bâtie au XIIe s par Guillaume de Tancarville, grand chambellan du duc de Normandie, sur une ancienne collégiale. Elle accueillit au XIIe s une trentaine de moines bénédictins. La bâtiment conventuel fut reconstruit au XVIIIe par les moines mauristes. L'église abbatiale dut sa survie au mauvais état de l'église du village : on vint alors célébrer la messe ici, au couvent. Agréable balade dans le jardin monastique, reconstitué d'après les plans du XVIIe s (potager, plantes médicinales et aromatiques, vergers, jardin des senteurs...). Du haut du coteau, promontoire offrant une vue dégagée sur l'abbaye et la vallée de la Seine. De ce site unique, on retiendra surtout la belle *abbatiale* à l'architecture et aux proportions particulièrement harmonieuses. Elle possède une façade équilibrée, sobre, remarquable pour son portail roman. À l'intérieur, nef d'une grande harmonie, dont les beaux piliers dépouillés et élégants sont reliés par des arcades romanes. Chaque bras de transept est soutenu par un pilier massif dont le chapiteau présente des motifs végétaux, animaliers ou humains. En regardant juste au-dessus des colonnes, on voit de chaque côté un petit bas-relief. Côté gauche, il s'agit d'un évêque donnant la bénédiction ; à droite, un combat singulier.

À gauche de l'abbatiale, un chemin mène au bâtiment conventuel des bénédictins, aujourd'hui transformé en boutique. Au 1er étage, expos temporaires. Ensuite, on visite entre autres la salle capitulaire du XIIe s et la chapelle des chambellans qui contient une maquette de l'abbaye au XVIIe s.

L'abbaye est située dans le village de ***Saint-Martin-de-Boscherville*** (76840). *☎ 02-35-32-10-82 (Association touristique de l'abbaye romane). • abbaye-saint-georges.com • Avr-oct, tlj 9h-18h30 ; le reste de l'année, 14h-17h. Fermé 25 déc, 1er janv. Entrée libre pour l'abbatiale. Tarif pour le reste de l'abbaye : 5,50 € avr-oct (5 € le reste de l'année) ; gratuit moins de 12 ans et demandeurs d'emploi ; 4,50 € sur présentation de ce guide. Visite guidée dim et j. fériés à 16h (15h30 nov-mars). Audioguide compris dans le prix d'entrée.*

Où dormir ?

Prix moyens

Chambres d'hôtes Le Jardin Brodé : *chez Jacqueline et Guy Pelvillain, 29, route du Brécy. ☎ 02-35-34-51-79. • jacqueline.pelvillain@orange.fr • lejardinbrode.fr.cx • À 200 m de l'abbaye (fléché). Tte l'année. Compter 60 € pour 2 + taxe de séjour.* Ce jardin brodé d'innombrables fleurs, à découvrir en toutes saisons, est un véritable havre de paix ! Belle chambre d'hôtes avec accès indépendant dans une demeure du XVIIIe s. Spacieuse, lumineuse, agréablement meublée, elle possède un petit salon et un coin de jardin privatif pour prendre son petit déjeuner avec les nombreux oiseaux ravis de trouver une mangeoire bien pleine chaque matin. Un lieu de repos où les passionnés de jardinage seront comblés par les conseils du charmant couple de retraités, maîtres de ce lieu bucolique.

À voir dans les environs

Le manoir de Villers : *30, route de Sahurs, sur la rive droite de la Seine, à* ***Saint-Pierre-de-Manneville*** *(76113), à 7 km au sud de Saint-Martin-de-Boscher-*

ville. ☎ 02-35-32-07-02. ♿ (sf 1er étage). Ouv avr-oct, slt sam 14h30-17h30, dim et j. fériés 15h-18h30. Entrée (manoir et parc) : 7 € ; réduc. Visite du parc mai-sept, tlj sf jeu et ven, 14h30-17h30. Entrée : 5 €. Typique manoir normand du XVIe s, avec des parties néonormandes construites au XIXe s inscrites au titre des Monuments historiques. Visite guidée très intéressante et pleine de courtoisie qui s'appuie sur le patrimoine familial pour passer en revue l'évolution des Arts décoratifs du XVIe au XIXe s, mais toujours en lien avec l'histoire. Dans le parc, jardins de roses et de plantes vivaces, pièce d'eau romantique, enclos de camélias, jardin secret, théâtre de verdure avec une glacière et un ravissant « chalet » du XIXe s qui accueille de temps en temps des expositions de peinture. Si vous désirez dormir dans un lit à baldaquin du XVIIIe s, le manoir propose des chambres d'hôtes *(doubles 140-170 €)* revêtues de toile de Jouy, avec plein de meubles et de souvenirs de famille.

L'ABBAYE DE JUMIÈGES

(76480) 1 740 hab. *Carte Seine-Maritime, B3*

À 4,5 km du Mesnil par la route des Fruits (D 65), un site hautement touristique, et à juste titre. C'est sans conteste l'une des abbayes les plus admirables de France qui, bien que largement ruinée, n'en conserve pas moins une majestueuse prestance dans un superbe environnement.

IL ÉTAIT UNE FOIS...

Fondée au VIIe s par saint Philibert, sur l'ordre du roi Dagobert (sic !), l'abbaye bénédictine de Jumièges accueillit une centaine de moines chargés d'évangéliser la population. Très vite, on en compta 800. En 841, l'abbaye de Jumièges fut incendiée par les Vikings ; elle fut reconstruite plus tard sous l'influence du moine lombard Volpiano (qui fonda l'abbaye de Fécamp) et consacrée en 1067 en présence de Guillaume le Conquérant. L'abbaye ne cessa de prospérer et de s'agrandir jusqu'à la Révolution, époque à laquelle la communauté monastique se dispersa. Elle fut ensuite utilisée comme carrière de 1802 à 1824. Un nouveau propriétaire, touché par l'état de grâce, cessa les destructions en 1852. Des travaux de consolidation des ruines furent alors entrepris... ils durent toujours.

L'ABBÉ ÉTAIT ASTRONOME

Sachez que la position des sept abbayes de la région Haute-Normandie formerait la constellation de la Grande Ourse. Maurice Leblanc en parle dans son aventure d'Arsène Lupin La comtesse de Cagliostro.

Adresse utile

Office de tourisme : *rue Guillaume-le-Conquérant (face à l'abbaye). ☎ 02-35-37-28-97. • jumiegesinfotourisme.com • Avr-sept, 10h-12h30 (12h avr-mai), 14h30-18h (18h30 juil-août, 17h30 le reste de l'année).* Installé dans une jolie maison où Maurice Leblanc a passé son enfance. Bonnes documentations touristiques et infos. Expos temporaires.

Où dormir ?

Campings

Camping de la base de loisirs du parc régional de Brotonne : *base de plein air et de loisirs de Jumièges. ☎ 02-*

35-37-31-72. • jumieges.camping@ucpa.asso.fr • jumieges.ucpa.com • ♿ Ouv de mi-avr à mi-oct. Compter 15 € pour 2. Située au cœur du parc régional des Boucles de la Seine normande, entre falaises et vergers, la base régionale de loisirs bénéficie d'un environnement privilégié et offre 90 ha de plan d'eau pour la baignade et 30 ha aménagés en espaces sportifs, de détente et de loisirs. Emplacements ombragés, sanitaires corrects et accueil sympa, mais en été beaucoup de jeunes fêtards risquent de troubler votre sommeil si vous êtes en famille. Plus paisible en mi-saison. Resto, aire de pique-nique, club-house, location de canoës et golf 18 trous juste en face.

Camping de la Forêt : *rue Mainberte. ☎ 02-35-37-93-43. • info@campinglaforet.com • campinglaforet.com • ♿ À 300 m du centre du village (fléché). Ouv avr-oct. Compter 19 € pour 2. Cottages et chalets avec 2 chambres (305-680 €/sem).* Sur les hauteurs de Jumièges, en pleine forêt, un camping 4 étoiles confortable avec piscine et pataugeoire chauffées, tennis, salle TV, épicerie, machines à laver, sèche-linge et aires de jeux. Sanitaires impeccables. Calme, bien entretenu, géré avec beaucoup de sérieux par une équipe sympathique. Un vrai lieu de repos dans un cadre très nature.

Chambres d'hôtes

Chambres d'hôtes Le Relais de l'Abbaye : *chez Brigitte et Patrick Chatel, 798, rue du Quesney. ☎ et fax : 02-35-37-24-98. • relaisdelabbaye.com • Longer l'enceinte de l'abbaye vers le sud. Bien fléché. Compter 50 € pour 2.* Très calme. Une petite fermette de style normand, disposant de chambres agréables avec accès indépendant. Petite préférence pour celles mansardées à l'étage. Belle salle à manger à la déco rustique et un coin bistrot dans le pigeonnier. Grand jardin fleuri pour le petit déj. Proprio très accueillant, gérant son activité depuis 25 ans. Il sait renseigner sur sa région, documentation à l'appui, son hall d'entrée est un véritable office de tourisme !

Chambres d'hôtes Eau Fil de l'Eau : *chez M. et Mme Héricher, 1351, route du Conihout. ☎ 02-35-37-02-13. 📱 06-76-08-77-59. • patrice.hericher@orange.fr • À 3 km du village, en bordure de Seine. Longer l'abbaye vers le sud puis prendre à droite la route des Fruits vers le Conihout (fléché). Compter 67 € pour 2. Table d'hôtes 27 €/pers. Wifi.* Dans une vieille maison normande en bord de Seine, chambres simples mais agréables, à la déco un peu kitsch, avec accès indépendant. D'autres, aménagées dans un bâtiment annexe dans le jardin offrent plus de confort. Petit déjeuner à base de produits régionaux (les proprios tiennent une boutique en ville) et prêt de vélos pour de belles balades sur le chemin de randonnée qui longe la Seine. Accueil paysan chaleureux.

De chic à plus chic

Domaine Le Clos des Fontaines : *191, rue des Fontaines. ☎ 02-35-33-96-96. • hotel@leclosdesfontaines.com • leclosdesfontaines.com • ♿ À droite derrière la mairie. Congés : 20 déc-3 janv. Doubles 90-130 €, familiales 155-230 €, selon saison ; appartements également. Petit déj 15 €. Wifi. Parking. 2 entrées à l'abbaye offertes sur présentation de ce guide.* À l'écart du village et au calme parfait, quelques bâtiments traditionnels dispersés dans la verdure proposant d'élégantes chambres et des suites de charme dont une belle *Claude Monet*. Déco colorée, confort total. Hammam et piscine chauffée.

Où manger ? Où boire un verre ?

Auberge du Bac : *2, rue Alphonse-Callais, en bord de Seine, devant le départ des bacs. ☎ 02-35-37-24-16. • aubergedubac@orange.fr • ♿ Fermé lun et mar, plus dim soir hors saison. Résa vivement conseillée. Menus 13 € (en sem sf j. fériés) et 18,60-35 €. Café offert sur présentation de ce guide.* Cuisine régionale honorable dans une salle rustique. Mais on y vient surtout pour sa terrasse et sa vue sur le quai du bac ; hélas, elle est souvent prise d'assaut par les groupes.

À voir

L'abbaye : *☎ 02-35-37-24-02. ♿ Ouv 15 avr-15 sept, 9h30-18h30 ; le reste de l'année, tlj 9h30-13h, 14h30-17h30 (en continu w-e de Pâques et Journées du patrimoine. Fermé certains j. fériés. Entrée : 5 € ; réduc ; gratuit moins de 18 ans, demandeurs d'emploi et pour ts le 1er dim du mois (nov-mars). Visite guidée ttes les heures en juil-août, ou sur demande (1h) comprise dans le prix. En juil-août, en principe, sont organisées les « Nocturnales » qui permettent de visiter l'abbaye la nuit sous des éclairages dynamiques (8 € ; réduc), mais en raison des travaux, elles peuvent être annulées. Expositions dans les salons XIXe s liées à l'histoire de l'abbaye, ou à l'art contemporain. Un grand chantier de restauration de la nef et des bas-côtés est en cours et devrait se terminer courant 2012. L'accès à l'intérieur de l'abbaye est régulièrement fermé.* L'imposante *église Notre-Dame* garde entière sa façade flanquée de deux tours (hautes de 46 m) et la majeure partie de la nef. L'impression est grandiose dans cette église à ciel ouvert. De la tour centrale, il ne subsiste qu'un pan de mur et surtout un arc d'entrée. Lorsqu'on élève le regard, la perspective est saisissante. Le style roman de l'ensemble est très dépouillé. La nef s'élevait à 25 m, ce qui est comparable en proportions à la cathédrale de Rouen. De-ci, de-là, on devine quelques voûtes et chapelles gothiques qui furent ajoutées au XIVe s. Du chœur, il ne reste presque plus rien, hormis des vestiges du déambulatoire et de deux chapelles. Sur le côté droit du chœur, on trouve le passage de Charles VII, menant aux ruines de l'*église Saint Pierre* dont une partie date du IXe s. C'est à Jumièges que décéda en 1450, empoisonnée, sa maîtresse, Agnès Sorel. Le porche d'entrée est encadré de deux portes permettant l'accès aux tours et galeries par de petits escaliers. Une galerie s'ouvrait sur la nef par des baies jumelées en plein cintre. Retour devant la façade de l'abbatiale : sur le côté droit des tours, quelques visages sculptés au XIIe s. La végétation s'est évidemment emparée de l'ensemble. Arbres, taillis et pelouse fusionnent avec la pierre. Belles promenades à faire dans le parc paysager à l'anglaise, sur 15 ha et 2,5 km de clôture.

LA MORT ÉTONNANTE D'AGNÈS SOREL

La favorite de Charles VII est décédée à 28 ans, en accouchant. Une autopsie récente révèle qu'elle a succombé suite à l'absorption massive de mercure. Ce métal liquide était à la fois un poison et un médicament administré lors des accouchements difficiles et contre les maux de ventre. Le doute demeure.

DANS LES ENVIRONS DE JUMIÈGES

Le musée Août 44 : *château du Taillis, sur la D 982, à env 2 km de* ***Duclair****, en direction du Trait. ☎ 02-35-37-95-46. Ouv mai-11 nov, mer-dim (tlj juil-août) 10h-12h, 14h-17h. Entrée : 5 € ; réduc.* Un petit musée récemment agrandi, aménagé dans les anciennes écuries du château, qui retrace les événements d'août 1944 en vallée de Seine. Différents dioramas à partir d'objets d'époque retrouvés dans la région et collectés par un jeune passionné. Un musée modeste mais qui intéressera ceux qui veulent en savoir plus sur cette période de l'histoire.

L'ABBAYE SAINT-WANDRILLE

(76490) 1 180 hab. *Carte Seine-Maritime, B2*

À 3,5 km à l'est de Caudebec, ce superbe village vous invite à la visite d'une abbaye bien différente de celle de Jumièges, puisqu'elle accueille toujours une cinquantaine de moines. Encore une halte à ne pas manquer, tant pour la messe du matin, chantée en grégorien, que pour la visite guidée.

Où dormir dans les environs ?

Château du Verbosc : *chez M. Allard, 425, chemin du Verbosc, 76190* ***Touffreville-la-Corbeline.*** *☎ 02-35-95-18-85. • verbosc@neuf.fr • verbosc.fr • De Saint-Wandrille, prendre la D 33 qui rejoint la D 37, puis s'engager sur la D 104 depuis Touffreville en direction de Mont-de-l'If (Duclair) ; parcourir 2,5 km env, le chemin d'accès est à gauche, embusqué dans les vergers (juste avt la lisière de la forêt). Doubles 48-55 €.* Au fond d'un beau parc planté de pommiers, un petit château du XVIIe s, de brique et de pierre, dégageant beaucoup de charme, entièrement meublé à l'ancienne avec des trophées de chasse... Une authentique halte pour jouer au châtelain et une adresse rare, surtout pour le prix.

À voir

L'abbaye : *☎ 02-35-96-23-11. • st-wandrille.com • Accès libre aux ruines (sf 13h-14h) mais on ne voit pas grand-chose. Pour visiter le monastère avec son cloître magnifique, s'adresser à l'accueil, à gauche du portail principal. Visite guidée tlj à 15h30, Pâques-Toussaint ; sam-dim et j. fériés, visite supplémentaire à 11h30. Fermé Pâques et Noël. Entrée : 4 € ; gratuit pour l'église abbatiale. • swf.visites@gmail.com • Messe chantée en grégorien tlj 9h45 (10h dim et j. de fête) dans la nouvelle église abbatiale, qui est en fait une ancienne grange seigneuriale des XIIe et XVe s. L'abbaye accueille ceux qui souhaitent faire une retraite ; écrire au père hôtelier (abbaye Saint-Wandrille ; 76490 Saint-Wandrille ; • hotellerie@st-wandrille.com • pour les hommes ou • st.joseph@st-wandrille.com • pour les femmes et les couples).*

Tout comme Jumièges, elle fut fondée au VIIe s par saint Wandrille (ministre du roi Dagobert) sous le nom d'abbaye de Fontenelle – du nom de la petite rivière qui la traverse – et connut les mêmes vicissitudes, notamment la destruction par les Vikings au IXe s. Au XVIe s, l'abbaye périclite doucement, et il faudra attendre les deux siècles suivants pour que l'ensemble soit restauré et agrandi. L'église sera transformée en carrière après la Révolution. Les moines en reprennent possession en 1894, mais ne s'y réinstallent définitivement qu'en 1931. Dans l'intervalle, plus précisément dans les années 1910, la comédienne Georgette Leblanc, sœur cadette de Maurice, le père d'Arsène Lupin, louait l'abbaye avec son amant Maurice Maeterlinck. Ils y recevaient Sarah Bernhardt, Réjane, Lucien Guitry...

ALLÉLUIA !

En 1954, l'abbaye fit la fortune de louveteaux qui, lors d'un jeu de piste, trouvèrent, en descellant certaines pierres gravées d'un signe, des jarres remplies de louis d'or très rares.

En 1969, après bien des difficultés administratives, la communauté a acquis une ancienne grange seigneuriale située dans l'Eure, qui deviendra la nouvelle église, superbe par sa simplicité et ses proportions. On remarquera particulièrement la splendide charpente du XVe s, entièrement montée au moyen de chevilles de bois, sans un clou. Les moines résidant à Saint-Wandrille appliquent la règle de saint Benoît : « Prie et travaille. » On réalise à présent des microfiches, des numérisations dans un atelier de reprographie à la pointe de la technologie ainsi que la restauration de tableaux...
Visite fort intéressante, conduite par un moine. On passe en revue les principaux points d'intérêt, dont le cloître, très élégant. Sur trois côtés, splendide dentelle de pierre mi-gothique, mi-Renaissance, dont les remplages offrent un décor toujours différent. Au fond, admirable statue de Notre-Dame de Fontenelle (XIVe s). À côté, superbe tympan de la même époque.

CAUDEBEC-EN-CAUX

(76490) 2 350 hab. *Carte Seine-Maritime, B2*

Ville qui fut entièrement rasée lors de la Seconde Guerre mondiale, et dont la reconstruction ne fut pas un modèle d'imagination. Le site est cependant agréable, avec la Seine omniprésente ainsi que de jolies choses à voir. À proximité, la forêt de Brotonne qu'on gagne par le pont de Brotonne, un pont à haubans de près de 700 m de long et aux lignes audacieuses (gratuit pour tous les véhicules). Caudebec est le point de départ de nombreuses promenades et randonnées entre Seine et forêt.

QUÉZACO ?

Savez-vous ce qu'est un caudebec ? Il s'agit d'un chapeau de pluie fait en laine d'agneau ou poil de chameau. Celui en feutre était populaire à la cour du roi. C'est d'ailleurs grâce à la confection des gants et des chapeaux que Caudebec-en-Caux connut son heure de prospérité au XVIIe s.

Adresses utiles

i *Office de tourisme :* *sur les bords de Seine, pl. du Général-de-Gaulle. ☎ 02-32-70-46-32. • caudebec@tourismecauxseine.com • tourismecauxseine.com • Avr-sept et j. fériés, lun-sam 10h-18h30, dim 11h-18h30 ; le reste de l'année, lun-sam 10h-12h30, 13h30-17h.* De bons conseils pour visiter la région.

■ ***Location de vélos :*** ***Velhano,*** *10, rue de la Vicomté. ☎ 02-35-96-24-77. Sinon, loc à la* ***maison du Parc*** *à Notre-Dame-de-Bliquetuit : ☎ 02-35-37-23-16.*

Où dormir ?

De prix moyens à chic

⌂ *Le Cheval Blanc :* *4, pl. René-Coty. ☎ 02-35-96-21-66. • le-cheval-blanc-info@wanadoo.fr • le-cheval-blanc.fr • Resto fermé ven tte la journée, sam midi et dim soir. Congés : 22 déc-5 janv. Double 60 €. Wifi. Parking à vélos clos. Réduc de 10 % sur le prix de la chambre sur présentation de ce guide.* Chambres coquettes et joliment restaurées (pas de vue sur la Seine). Celles mansardées au 2e étage sont plus petites. Fait aussi resto. Une maison sérieuse à l'accueil irréprochable.

Normotel-restaurant La Marine : *18, quai Guilbaud. ☎ 02-35-96-20-11. • contact@normotel-lamarine.fr • normotel-lamarine.fr • Fermé pdt les fêtes de fin d'année. Doubles 72-112 €. Parking. Wifi.* Grand hôtel imposant face au quai. Si le restaurant ne nous a pas convaincus, en revanche les chambres fraîchement refaites sont confortables, bien équipées et offrent une belle vue.

Où manger dans les environs ?

Au Rendez-vous des Chasseurs : *1040, route de Sainte-Gertrude, 76490 Maulevrier-Sainte-Gertrude. ☎ 02-35-96-20-30. • alexandre.verstraelen@orange.fr • À 3 km de Caudebec-en-Caux. Fermé lun, mer, dim soir. Menu 15 € en sem ; carte env 25 € le repas. Café offert sur présentation de ce guide.* Point de chasseurs ici ! Mais un agréable rendez-vous. Idéalement située dans la verdure face à l'église du village et non loin d'une bucolique rivière, cette jolie ferme restaurée aux allures chic surprend tant par ses tableaux africains autour du mobilier normand que par la qualité de sa cuisine (terrine de foie gras au pommeau et pain d'épice...). Une bonne table traditionnelle que l'on se recommande discrètement, tant on voudrait préserver sa quiétude. Et aux beaux jours, on mange dans le jardin !

À voir

L'église Notre-Dame : admirable église de style gothique flamboyant mâtiné de Renaissance, élevée aux XVe et XVIe s à l'emplacement d'une église romane et ayant par miracle échappé aux multiples destructions et incendies, dont celui qui, en 1940, détruisit 80 % de la ville. Henri IV l'appelait « la plus belle chapelle du royaume ». Si l'église de Caudebec était si importante, c'est qu'au XVIIIe s la ville fut le siège du Grand Bailliage de Caux, juridiction couvrant les trois quarts du département de Seine-Maritime. Notables, institutions administratives et judiciaires s'y étaient installés.

Étonnante façade flamboyante surmontée d'une belle rosace. Trois portails aux voussures sculptées occupent toute la partie basse et sont couverts de centaines de personnages. Sur les côtés, deux tourelles gothiques. Sur le flanc droit, un haut clocher de plus de 50 m s'élève majestueusement.

À l'intérieur, imposante nef gothique, élégante par ses proportions, aux fenêtres flamboyantes. Dans la chapelle Saint-Jean-Baptiste, immédiatement sur la gauche, fonts baptismaux d'une exceptionnelle qualité. Un vrai poème de bois, sculpté sur deux niveaux. Toutes les scènes importantes de l'Ancien et du Nouveau Testaments ciselées au XVIIe s. Dans la chapelle axiale, de forme hexagonale (derrière le chœur), voir l'extraordinaire clef de voûte pendante de 4,50 m et pesant 7 t, sculptée dans un seul bloc de pierre. À droite de cette chapelle, voir celle du Sépulcre qui abrite un baldaquin gothique en pierre, sous lequel repose un gisant du Christ. Entre les vitraux, une *pietà* du XVe s. Encore à droite de la chapelle du Sépulcre, la sacristie avec son beau portail en bois. Bel orgue du XVIe s, de style Renaissance, posé sur une tribune de pierre sculptée. De nombreuses chapelles sont éclairées d'admirables vitraux réalisés par des verriers de l'école flamande, la plupart datant des XVe et XVIe s.

À côté de l'église, sur le flanc gauche, un groupe de maisons anciennes à colombages, seule survivance de l'époque médiévale, avec la *maison des Templiers*.

Le musée de la Marine-de-Seine : *av. Winston-Churchill. ☎ 02-35-95-90-13. Fermé pour restructuration et agrandissement jusqu'en 2014.*

La maison des Templiers – musée d'Art et d'Histoire locale : *rue Thomas-Bazin. ☎ 02-35-96-95-91. Dans le centre. Actuellement en travaux. Ouv slt en été à l'occasion d'expos temporaires. Se renseigner.* Seul bâtiment civil du XIIIe s encore debout en Haute-Normandie, et seul vestige (avec les maisons bordant l'église) du

Caudebec médiéval, ce bel édifice de pierre, composé de deux maisons à pignons pointus, aurait appartenu à des Templiers. Les *Amis du Vieux-Caudebec,* des passionnés, y ont rassemblé tout ce qui peut rappeler le passé. On y verra, entre autres, une riche collection de plaques de cheminées, de pièces de monnaie de l'Antiquité au XVe s, quelques objets archéologiques provenant des fouilles locales et des photographies des vestiges du vieux Caudebec. À signaler aussi, une rare épée viking au manche damasquiné. Belle sélection d'expositions temporaires.

VILLEQUIER (76490) 780 hab. *Carte Seine-Maritime, B2-3*

À 4,5 km de Caudebec, en longeant la Seine vers son embouchure, voici un des panoramas les plus romantiques de Normandie. Un village s'étirant paresseusement sur une colline et en bord de Seine, dans une immuable douceur de vivre, avec la magnifique forêt de Brotonne occupant l'horizon.

Mais Villequier n'oublie pas la tragédie du 4 septembre 1843 qui vit la noyade de Léopoldine, la fille aînée de Victor Hugo, et de son mari, Charles Vacquerie. Le poète, alors en voyage à Rochefort, n'apprit l'accident que 5 jours plus tard en feuilletant *Le Siècle.* Brisé par ce deuil, il vint souvent se recueillir sur la tombe au petit cimetière du village. La statue de Victor Hugo s'élève près du lieu du drame, dans un parc paysager spécialement aménagé à l'entrée de Villequier, en venant de Caudebec.

UN COUPABLE TOUT TROUVÉ

Contrairement à ce que tout le monde dit, la noyade de la fille de Victor Hugo n'est pas liée au mascaret, cette barre brutale formée par la rencontre des eaux douces et de la mer, et observée pour la dernière fois en 1963. Léopoldine et son mari essayaient une nouvelle embarcation, mal lestée, qui fut en fait renversée par un coup de vent !

Où dormir ?

Camping

Camping Barre-y-va : *route de Villequier. ☎ 02-35-96-26-38. • campingbarreyva@orange.fr • camping-barre-y-va.com • À 500 m du centre du village (fléché). Ouv d'avr à mi-oct. Compter 18,50 € pour 2. Mobile homes et chalets (4-6 pers) 266-594 €/sem. Wifi.* Petit camping familial entre Seine et forêt. Ambiance calme et détendue, emplacements ombragés, boulangerie, épicerie, snack et aire de jeux. Machine à laver et sèche-linge. Un bon départ de randonnée et un bel emplacement pour observer le passage de l'Armada. Piscine et tennis à 50 m. Bon accueil.

À voir. À faire

L'église : date des XVe et XVIe s, mais elle a subi diverses modifications. Grosse tour d'angle à l'extérieur. Belle nef en coque de navire renversée, vitraux colorés du XVIe s, dont une intéressante bataille navale sur le côté gauche. Sur la droite de l'église, minuscule cimetière où reposent Adèle, femme de Victor Hugo, ainsi que sa seconde fille, Adèle elle aussi, et, derrière, Charles Vacquerie et Léopoldine.

Le musée Victor-Hugo : *☎ 02-35-56-78-31. Sur les bords de Seine, dans l'ancienne maison de famille des Vacquerie, au fond d'un beau jardin. Avr-sept, 10h-12h30, 14h-18h (17h30 oct-mars). Fermé mar, dim mat et certains j. fériés.*

Entrée : 3 € ; gratuit moins de 18 ans ; réduc. Souvenirs, écrits, meubles d'époque (mais très peu ont appartenu à la famille Vacquerie), objets liés aux périodes normandes du poète, et surtout une belle collection de ses dessins. Une salle évoque la mort de Léopoldine.

La petite ***rue qui longe la Seine*** est fort agréable pour une balade digestive. On regarde passer les énormes cargos sur le fleuve qui semble bien étroit. Balade très sympa le long de la voie verte en bord de Seine (12 km environ) ; on rejoint ensuite Petiville par la D 28.

LE CHÂTEAU DE FILIÈRES

Carte Seine-Maritime, A2

*À **Gommerville,** 76430. Pour y aller de Saint-Romain-de-Colbosc, prendre la D 10 sur 1 km, puis la D 80 sur la droite, sur env 2 km ; le château se trouve sur la gauche. ☎ 02-35-20-53-30. Mai-juin et sept, dim et j. fériés 14h-18h ; juil-août, tlj 14h-18h. Entrée : 6 € avec visite guidée de 30 mn env (chaque heure 14h30-17h30) ; réduc enfants.* Il ne s'agit pas d'un château grandiose certes, mais d'une construction Henri IV, datant de 1599, de bon aloi, qu'on visite avec plaisir. En entrant dans l'enceinte du château, on remarque les petites douves et les vestiges de tours du XIIe s (peu visibles, il est vrai). Façade asymétrique : à gauche, vestiges du château de style Henri IV ; à droite, structure classique du XVIIIe s. À l'intérieur, mobilier de famille des XVIIe et XVIIIe s essentiellement, ainsi que des objets rapportés de voyages. Expo temporaire en été.

LE PONT DE TANCARVILLE

Carte Seine-Maritime, B3

Il fallut attendre 1959 pour que ce long ruban de béton suspendu au-dessus des eaux vienne enjamber l'estuaire de la Seine et relier Rouen au Havre. Les communications rive droite-rive gauche se faisaient uniquement par les bacs. Le pont relie à 50 m de hauteur (en moyenne) la rive droite du fleuve au Marais-Vernier. Long de 1 410 m, son tablier central s'étire sur 608 m, soutenu par deux pylônes de béton hauts de 125 m !
Le pont de Brotonne, un peu plus petit, qui relie Caudebec-en-Caux à la forêt de Brotonne, fut pour sa part achevé en 1977. Mais ces deux constructions font désormais figure d'enfants de chœur à côté du pont de Normandie !
– Le passage est toujours payant pour les véhicules : env 2,40 € pour une voiture de tourisme et 4,10 € le jeton « Évasions » A/R, slt les dim et j. fériés.

LA BAIE DE SEINE

Par le pont de Normandie, le visiteur découvre en hauteur la baie de Seine, bordée à l'extrémité nord par les falaises de la Côte d'Albâtre et au sud par la Côte Fleurie, pour reprendre ces vocables d'un autre temps. Lien entre la Haute et la Basse-Normandie, cette baie, moins célèbre que celle de la Somme (en Picardie), recèle quelques endroits insolites et discrets, à découvrir en toutes saisons, autour d'une ville en pleine mutation : Le Havre.

LE PONT DE NORMANDIE

Carte Seine-Maritime, A3

Voici la plus belle passerelle au-dessus de l'estuaire de la Seine : le pont de Normandie, qui relie Le Havre aux environs de Honfleur. D'une longueur totale de 2 141 m, presque équivalente aux Champs-Élysées, son tablier central s'étire sur 856 m, tandis que les viaducs nord et sud viennent compléter l'ensemble. Décidé en 1985 et commencé en 1988, il est haubané et non suspendu comme celui de Tancarville. Chaque pylône rappelle la forme d'un compas dont les éléments se rejoignent dans la partie haute. L'avantage réside dans le fait qu'une faiblesse dans l'un des haubans n'implique pas l'arrêt total de l'utilisation du pont. Par ailleurs, l'ancrage des câbles porteurs d'un pont suspendu doit se faire très profondément dans les berges du fleuve à traverser.
Ainsi, les deux pylônes descendent à 50 m de profondeur pour venir s'appuyer sur une couche de sous-sol suffisamment dure, après avoir traversé des nappes argileuses, sablonneuses, calcaires, etc. La forme du pont a été étudiée en soufflerie pour résister à des vents d'une violence comparable à celle des tornades. À cet effet, le flanc du tablier a été profilé comme une aile d'avion. Bref, un bel ouvrage, de haute technicité, mis en service en 1995.
– Gratuit pour les piétons, vélos et motos, il faut se rendre alors au péage côté Le Havre par le chemin de l'estuaire ou prendre la petite route face au supermarché Leclerc côté Honfleur. Sensations immanquablement au rendez-vous ! Le péage reste en revanche assez onéreux pour les voitures : 5,10 € pour un passage. Les dim et j. fériés (slt), préférer le jeton aller-retour à 7,60 €.

LE HAVRE

(76600) 179 100 hab. *Carte Seine-Maritime, A2-3*

Pour le plan du Havre, se reporter au cahier couleur.

Naguère, on aurait hésité à décrire longuement une telle ville dans un guide touristique ! Le deuxième port français (et le cinquième port européen), dont le centre-ville fut rasé à 85 % pendant la Seconde Guerre mondiale, puis reconstruit sur une vingtaine d'années par un certain Auguste Perret, affiche une architecture plutôt austère au premier abord. Cela dit, il faut bien reconnaître que le regard a changé depuis qu'en 2005, l'Unesco a inscrit tout le centre-ville au Patrimoine mondial de l'humanité. Avec le recul, cette prouesse d'urbaniste, devenue le témoignage d'une époque et d'une école architecturale, a acquis de la valeur aux yeux de tous. D'ores et déjà, des architectes en herbe et des touristes curieux viennent la décortiquer sous tous les angles. On se doit d'ailleurs de féliciter M. Joseph Abram, universitaire ayant valorisé ce centre-ville, et M. Rufenacht, le maire du Havre, pour leur pugnacité, quel que soit le bord politique que l'on affectionne.
Pour comprendre cette architecture, il faut savoir qu'à l'époque, il fallut reconstruire rapidement toute une cité d'habitations cohérente, un centre industriel ainsi qu'un port moderne, aujourd'hui l'un des plus actifs d'Europe et, donc, de France. Car, on ne saurait l'oublier, Le Havre est avant tout un port. Et quel port : deuxième port pétrolier de France avec 40 % de nos impor-

tations de pétrole brut, c'est le premier port du pays en matière de commerce extérieur avec 63 % de nos marchandises en conteneurs. Enfin, ne répète-t-on pas, et au sommet de l'État, que « Le Havre est le port naturel de Paris » à grand renfort de projets tous plus pharaoniques les uns que les autres ? Certes, le touriste amateur de vieilles pierres sera un peu déconcerté. Ici, Perret, qui fit école (et eût donc ses « dissidents » !) a plutôt travaillé, voire « bouchardé », le béton. Pour cette raison, nous ne saurions trop vous recommander de faire appel aux guides très compétents du service Ville d'art et d'histoire qui vous donneront toutes les clés pour apprécier la ville comme il se doit. Le Havre-les-Palmiers (eh oui, la ville est arborée, et ne manque pas d'espaces verts) inspire aussi les architectes et les artistes d'aujourd'hui, qui lui redonnent peu à peu des couleurs. Évidemment, ça se passe dans les docks, déjà réaménagés en sites d'événements culturels et commerciaux *(Docks Océane, Docks Café)* ou prêts à accueillir de nouveaux restaurants branchés (dans les nouveaux *Docks Vauban*). Jean Nouvel y a aussi conçu les formidables *Bains des Docks,* réplique moderne des thermes romains, avec en ligne de mire un projet de tour pour les années à venir... Et plein d'autres idées sont actuellement à l'étude. Bref, de quoi poser le trépied à photo ou même le chevalet, comme le firent en leur temps les impressionnistes... Le musée Malraux possède, excusez du peu, une des plus belles collections impressionnistes de France après Paris. C'est tout de même ici, à l'entrée du port, qu'un certain Claude Monet exécuta en 1872 une œuvre qu'il devait envoyer à Nadar pour être exposée au fameux Salon des refusés. Comme ce dernier lui demandait un titre, Monet, ne sachant comment l'intituler, opta pour *Impression, soleil levant.* L'impressionnisme était né. N'en déplaise à ce critique acerbe de l'époque qui, créant lui-même ce terme de façon ironique, crut ainsi enterrer cette nouvelle tendance artistique ! La ville du Havre, judicieusement conseillée, fut d'ailleurs la première à acquérir deux toiles de Monet.

UN P'TIT HAVRE SUR LE ZINC

Dorénavant, vous aurez peut-être une pensée pour Le Havre, chaque matin, en avalant votre p'tit noir au comptoir. Certes, le café est toujours venu de loin (Inde ou Ceylan au XVIIIe s, Martinique, puis Brésil au XIXe s). Mais avant que vous ne buviez la tasse, sachez qu'il transite quasi systématiquement par Le Havre, devenu premier port d'importation du café en France avec aujourd'hui 165 000 t par an. Cet or noir est ensuite torréfié sur place de manière semi-artisanale avant d'être vendu dans toute la France...

LE HAVRE-DE-GRÂCE

Le Havre n'est certes pas une ville très ancienne. Point de vestiges romains ici. La cité ne vit le jour qu'au début du XVIe s, en 1517 précisément, quand François Ier décida la construction d'un nouveau port en lieu et place de vastes marécages. La ville prit alors le nom de Havre-de-Grâce. En tant que gouverneur de la cité, Richelieu fit construire une citadelle, agrandir le port, creuser de nouveaux bassins. Au XVIIIe s, le commerce triangulaire fit la fortune du Havre qui était le troisième port négrier le plus important de France, après Nantes et Bordeaux (et le premier port de pêche à la baleine !). Au XIXe s, révolution industrielle oblige, la ville, et surtout son port, connaissent un développement fulgurant. Les chantiers navals se multiplient et le commerce fait un bond énorme. Au bout du compte, Le Havre doit tout à son port ; c'est lui qui lui a donné sa richesse et sa gloire, au point d'en faire une ville connue dans le monde entier. Ainsi, il ne faut pas oublier que Le Havre a assuré les liaisons transatlantiques pendant plus de 120 ans et que les plus beaux paquebots ont accosté ici.

Aujourd'hui, le port du Havre c'est :
– un port de 27 km de long ;
– 17 000 employés ;
– 40 % de nos importations pétrolières et 63 % de nos marchandises en conteneurs ;
– des navires de 11 000 « boîtes » chacun (bientôt 13 000), soit 80 km de conteneurs ;
– de 2 à 3 millions de conteneurs débarqués chaque année (6 millions prévus en 2015) ;
– un conteneur déchargé toutes les 75 secondes par un portique ;
– une écluse de 67 m de long, deux fois plus grande que celle de Panama...
– le plus grand chantier de travaux publics en France, dont l'agrandissement a nécessité le déplacement d'une réserve entière d'oiseaux migrateurs !

LE HAVRE ET LA SECONDE GUERRE MONDIALE

En juin 1940, la ville est frappée de plein fouet par la guerre. Les Allemands y pénètrent en bombardant copieusement les stocks de pétrole et les navires dans la rade. En 1942, les Allemands fortifient les côtes en vue d'un nouveau débarquement. Le Havre devient un véritable camp retranché (évacuation de certains quartiers, disposition de champs de mines, inondation de la vallée de la Lézarde...). Le 6 juin 1944, les Alliés débarquent sur les côtes du Calvados...
Les armées alliées ont franchi la frontière allemande devant Aix-la-Chapelle, alors que Le Havre, Boulogne et Calais demeurent sous la botte allemande. Il reste en ville quelque 40 000 habitants sur les 170 000 de 1940. La garnison allemande compte 11 000 hommes. Deux divisions alliées cernent le site : du 2 au 12 septembre, date de sa libération, la ville connaît sept vagues de bombardements d'une intensité incroyable. Le centre-ville du Havre est ainsi rasé à 85 % lors de ces raids. Le 12 septembre, les Britanniques descendent en ville pour y être accueillis, sans embrassades, sous les seuls drapeaux de France à devoir célébrer la Libération par une... mise en berne. Le Havre avait perdu tout son centre et plus de 35 000 habitants se retrouvaient littéralement à la rue, sans compter les dommages collatéraux pour 45 000 autres personnes. Le port lui aussi était moribond. Pas du fait des bombardements alliés, mais par suite des destructions systématiques engagées par les Allemands.

LE HAVRE MODERNE

Après la Libération, 3,5 millions de soldats américains s'installent dans les fameux « camps cigarettes », des camps provisoires situés dans un triangle Le Havre-Rouen-Saint Valéry. Ils permettent le déblaiement des ruines du Havre en 2 ans, au lieu des 10 ans prévus, rétablissent et reconstruisent les structures du transport terrestre. Des milliers de tonnes de gravats de la guerre naît une ville nouvelle, une ville dessinée par Auguste Perret, nommé architecte en chef de la reconstruction par le ministère de la Reconstruction et de l'Urbanisme. Autour de l'atelier Perret, une centaine d'autres architectes viennent en renfort. Farouche adepte du béton, l'auguste architecte prône un triple concept : dépouillement, simplicité et luminosité. En vue d'une reconstruction rapide, il favorise aussi la standardisation et la préfabrication.
Bien sûr, la ville est austère, mais Perret parvint à allier plutôt harmonieusement les petits ensembles de quelques étages avec les vastes espaces verts, les tours (pas trop hautes) avec des places aérées plantées d'arbres. Et puis il a essayé de créer un vrai centre-ville, généralement absent des cités nées de nulle part, et qui s'agence avec les nombreux bassins historiques du Havre. L'hôtel de ville a trouvé un juste équilibre, imposant mais pas écrasant.

Les constructions de Perret sont devenues l'attraction de la ville depuis leur inscription par l'Unesco sur la liste du Patrimoine mondial de l'humanité. Signe des temps : la plage a été complètement réaménagée – avec succès – par une autre référence en matière d'urbanisme, l'architecte Chemetoff. Les Havrais se pressent déjà le long de la nouvelle promenade qui mène à Sainte-Adresse. La ville a retrouvé des couleurs : outre le bleu de la mer et le vert des parcs et jardins, il y a même un peu de rose et d'ocre sur les façades rénovées de Perret. Un nouveau quartier sort de terre, autour du bassin Vauban, lien entre une ville et un port qui se sont longtemps tourné le dos, comme à Lisbonne. La tour Jean Nouvel, qui a pour projet d'abriter prochainement *Odissey 21*, « un centre d'interprétation dédié à la mer, aux activités portuaires et aux échanges maritimes », sera le symbole d'un vaste quartier qu'une nouvelle population devrait vite prendre d'assaut... Enfin, dans les cartons de la municipalité, un deuxième port de plaisance dans le bassin Vauban, un tramway pour relier le centre et la plage aux quartiers hauts et, à l'horizon 2020, la suppression de la pointe de Floride et l'aménagement du quai de Southampton pour la mise à quai des bateaux de croisière. Rien que ça !

Le quartier reconstruit par Auguste Perret et inscrit au Patrimoine mondial de l'Unesco englobe entre autres : le ***musée Malraux,*** la ***maison de l'Armateur,*** la ***cathédrale Notre-Dame,*** l'***église Saint-Joseph,*** l'***hôtel de ville,*** le ***quartier Saint-François*** (voir plus loin la rubrique « À voir »). L'office de tourisme propose un itinéraire pour découvrir cette zone à pied (voir ci-dessous).

Adresses et infos utiles

Office de tourisme *(plan couleur A1) : 186, bd Clemenceau (sur le front de mer). ☎ 02-32-74-04-04. • le havretourisme.com • Pâques-sept, lun-sam 9h-19h, dim et j. fériés 10h-12h30, 14h30-17h45 ; le reste de l'année, lun-sam 9h-12h30, 14h-18h15, dim et j. fériés 10h-12h30, 14h30-17h.* Propose une pochette avec 9 itinéraires de promenade (3 €) pour découvrir la ville de long en large. Également, une fiche pour découvrir à pied Le Havre moderne inscrit au Patrimoine mondial de l'Unesco. Organise sur réservation la visite du « jardin japonais » (6 € ; réduc) et, pendant les vacances scolaires toutes zones, met en circulation un train touristique.

Ville d'art et d'histoire *(plan couleur B1) : maison du Patrimoine, 181, rue de Paris. ☎ 02-35-22-31-22. • lehavretou risme.com • Pour ttes les animations et les visites guidées organisées dans le cadre du label, compter 3-5 €/pers.* Toute l'année, différents thèmes sont abordés : le port, l'architecture, l'appartement témoin Perret... Programme sur le site.

Gare routière *(plan couleur D1) : à côté de la gare SNCF, bd de Strasbourg. ☎ 02-35-26-67-23.* 3 compagnies privées se partagent le réseau dans la région.

– **Cars Périer :** *☎ 0800-808-703 (n° Vert) ou 02-32-84-12-60 (Le Havre). • cars-perier.fr •* Vers Étretat et Fécamp.

– **Keolis :** *☎ 02-35-28-19-88.* Vers Rouen et le val de Seine.

– **Bus verts :** *☎ 0810-214-214. • bus verts.fr •* Vers Honfleur, Trouville, Deauville, Caen et tout le Calvados.

Bon, force est de constater la réelle difficulté de circuler en car dans cette région. Fréquences faibles, correspondances difficiles... Bien se renseigner par téléphone.

■ ***Stationnement :*** payant un peu partout mais gratuit sur le grand parking entre le Skate Park et les restos de plage *(plan couleur A1).*

■ ***Vélocéane*** *(loc de vélos) : à l'office de tourisme, à la gare routière (☎ 02-35-22-34-00), près de l'hôtel de ville (☎ 02-35-22-35-00). Également sur la plage en été (Bains maritimes) et au funiculaire (station haute).*

■ **Librairie La Galerne** *(plan couleur B1,* **1***) : 148, rue Victor-Hugo. ☎ 02-35-43-22-52. Tlj sf dim 10h-19h.* Une institution havraise. Superbe librairie sur 2 niveaux. Tout sur l'histoire de la ville et de la région, Perret, les impressionnistes, et plus encore... Également un salon de thé proposant une petite restauration.

Liaisons avec l'Angleterre

Pour Portsmouth : *avec la compagnie* **LD Lines.** *☎ 0825-304-304 (0,15 €/mn). • ldlines.fr •* Départ au terminal de la Citadelle. Un ferry par jour pour l'Angleterre : départ à 17h. Compter 4h à 4h30 de trajet. La même compagnie relie également Dieppe à Newhaven.

Où dormir ?

Bon marché

Gîte de la Porte Océane *(plan couleur C1,* ***10****)* **:** *association Sans Détour, 24, rue Georges-Heuillard. ☎ 02-76-84-10-00. • association@sansdetour.lh.fr • sansdetour.lh.fr • ♿ Env 15,90 €/pers la nuit, draps en plus (1,50 €/j.). Wifi.* Cette association gérant un centre de loisirs et de vacances héberge des étudiants à l'année, ce qui fait que les chambres sont libres pendant les vacances scolaires de la zone B, avec parfois quelques possibilités en septembre. Pensez à réserver en avance. Dans une ancienne maison de maître rénovée, 34 lits superposés répartis dans 13 chambres pour 1 à 4 personnes. Plus grandes et plus lumineuses en façade. Une salle de bains commune pour 2 chambres. Cuisine à dispo, salon TV, courette et terrasses. Petit « jardin d'hiver » rigolo. Machine à laver et sèche-linge (payants). Quelques conseils de balades. Accueil sympa.

Le Séjour Fleuri *(plan couleur D2,* ***11****)* **:** *71, rue Émile-Zola. ☎ 02-35-41-33-81. • sejourfleuri@wanadoo.fr • hotelsejourfleuri.fr • Congés : dernière sem de l'année. Doubles 35-46 € selon confort. Wifi. Réduc de 10 % sur le prix de la chambre sur présentation de ce guide.* Une bonne affaire pour les petits budgets. On ne peut que saluer ce modeste hôtel (situé quand même dans un immeuble Perret, comme on aime le préciser par ici), tenu de main de maîtresse par une propriétaire au caractère affirmé. Chambres vraiment très simples, évidemment, avec douche et w-c sur le palier, douche seulement ou tout confort selon le prix. La proprio a plein d'idées de balades et tient en général à ce qu'on reparte avec un bon souvenir du Havre...

De prix moyens à chic

Le Richelieu *(plan couleur B2,* ***12****)* **:** *132, rue de Paris. ☎ 02-35-42-38-71. • hotel.lerichelieu@wanadoo.fr • hotellerichelieu.fr • Doubles 54-72 € selon confort et saison, quelques familiales 68-70 €. Wifi. Réduc de 10 % sur le prix de la chambre, oct-mars, sur présentation de ce guide, non cumulable avec une autre promotion.* Sans aucun doute l'un des meilleurs rapports qualité-prix du Havre. Très bien situé en centre-ville, à proximité de la mairie et des ferries, ce petit hôtel indépendant propose une vingtaine de chambres tout confort, rénovées avec beaucoup de coquetterie, ce qui n'est pas le cas partout. Pour couronner le tout, ce riche lieu est tenu avec beaucoup de cœur par une dame très souriante !

Le Petit Vatel *(plan couleur B1,* ***14****)* **:** *86, rue Louis-Brindeau. ☎ 02-35-41-72-07. • hotel.vatel@orange.fr • lepetitvatel.com • Fermé pdt les fêtes de fin d'année. Doubles 62-75 €. Internet, wifi.* Hôtel central, proposant des chambres bien rénovées, propres et lumineuses, et bénéficiant de tout le confort moderne. Quelques chambres dites « confort », intéressantes si l'on souhaite bénéficier d'un peu plus d'espace. Quelques familiales. Bon accueil.

Hôtel Les Gens de Mer *(plan couleur B2,* ***13****)* **:** *44, rue Voltaire. ☎ 02-35-41-35-32. • agismlehavre@wanadoo.fr • lesgensdemer.fr • ♿ (resto). Double 72 €. Menus 13,50 € (midi lun-sam) et 18,50-27 €. Parking payant. Internet, wifi. Apéritif au resto offert sur présentation de ce guide.* Malgré le bâtiment tristounet, cette chaîne d'hôtels, conçue pour les loups de mer en escale, propose une centaine de chambres assez bien décorées. Façon marine, on s'en serait douté. Au choix : *cabine matelot* (très petite, et il n'y en a que 2), *cabine régate* (lit double), *trimaran* (2 lits jumeaux, ce qui peut être... très marrant), *cabine balnéo* (la douche, évidemment) ou encore une *transat* avec baignoire. TV satellite (sauf Canal +) et téléphone. Quelques familiales. Un rapport qualité-prix honnête sans être exceptionnel.

De plus chic à beaucoup plus chic

Hôtel Vent d'Ouest *(plan couleur B1,* ***15****) : 4, rue de Caligny. ☎ 02-35-42-50-69. • contact@ventdouest.fr • ventdouest.fr • À côté de l'église Saint-Joseph. Doubles 107-122 € selon confort, passant à 80-110 € le w-e. Également des chambres familiales, suites et appartements à partir de 158 €. Petit déj 12 €. Internet, wifi.* Un petit hôtel de luxe situé sur le flanc de l'église Saint-Joseph. Une quarantaine de chambres très cosy, chacune avec sa déco très soignée... Il faut dire que la propriétaire possède le magasin de déco *Interior's* ! Résultat : du sisal partout, des meubles patinés dès la livraison et les petits détails et bibelots qui font la chaleur des lieux. Selon le prix, douche ou bains et plus ou moins d'espace. Écran plat et TV satellite. Bon petit déj-buffet, dans un salon de thé au diapason de la décoration générale. Plateau-repas sur demande.

Art Hotel *(plan couleur B1,* ***17****) : 147, rue Louis-Brindeau. ☎ 02-35-22-69-44. • arthotel@free.fr • art-hotel.fr • Doubles 89-119 € selon période et prestations ; parfois des promos sur Internet avec petit déj gratuit le w-e. Sinon, petit déj-buffet 13 €. Wifi.* Ça vous dirait de séjourner dans l'un des derniers immeubles construits par Perret dans un centre-ville classé au Patrimoine mondial de l'Unesco ? Pour une fois, et même si vous êtes au 1er étage, on vous encourage à prendre l'ascenseur... Du 6e et dernier étage, les chambres avec terrasse embrassent notamment le bassin du Commerce et le Volcan de Niemeyer. Chambres lumineuses, très sobres, à l'ameublement contemporain. Parfois un poil cher pour l'espace et le confort proposés, cela dit. L'hôtel accueille régulièrement des expositions de jeunes artistes havrais et organise tous les trimestres des animations. Accueil chaleureux et beaucoup d'infos sur la ville.

Novotel Le Havre *(plan D1,* ***16****) : 20, cours Lafayette, angle quai Colbert. ☎ 02-35-19-23-23. • H5650@accor.com • novotel.com • ♿ Double à partir de 110 €. Apéritif maison offert sur présentation de ce guide.* Ce n'est pas tous les jours qu'on vous indique un *Novotel* dans le *Routard,* mais si toute la nouvelle génération d'hôtels du même nom pouvait ressembler à celui-là, on en parlerait plus souvent : c'est un élégant paquebot aux agréables parois de verre signé de l'architecte Jean-Paul Viguier. Les chambres, confortables et lumineuses, sont toutes distribuées autour d'un puits de lumière. Belle terrasse. Restaurant au rez-de-chaussée, dans un cadre sympathique. Autre avantage, l'hôtel se situe tout près de la gare SNCF. Pour ceux qui se déplacent en voiture, obligation de se garer au parking souterrain payant (pas de stationnement dans la rue). Fait aussi resto.

Où dormir dans les environs ?

Voir aussi nos adresses dans « Où dormir ? Où manger ? » à Sainte-Adresse.

Chambres d'hôtes La Moineaudière : *chez Nicole et Marcel Ropers, 15, rue de la Plaine, Saint-Jouin, 76930* **Cauville-sur-Mer.** *☎ 02-35-20-38-64. • nropers@wanadoo.fr • lamoineaudiere.com • À 12 km env du Havre, par la D 940 (direction Étretat). Après Cauville, continuer en direction d'Étretat sur 2 km, puis prendre à droite, direction Épaville ; au stop, à droite (fléché ensuite). Fermé de mi-nov à mi-fév. Double 44 € ; 66 € pour 3. Repas 24 €, tt compris.* 2 suites pour 4 personnes composées chacune d'une salle de bains à partager entre 2 chambres, dans une agréable maison de famille entourée d'un grand jardin. Très bon accueil des propriétaires, qui ne manqueront pas de vous conseiller pour vos balades. Un excellent rapport qualité-prix.

Où manger ?

Dans le centre, la plupart des crêperies se situent, fort logiquement, dans le quartier breton Saint-François, soit derrière la maison de l'Armateur. Sinon, pas mal de restos autour des halles et dans le quartier du Volcan (si vous sortez d'un spectacle, la brasserie *Grignot*, juste en face, sert jusqu'à minuit tous les jours sauf dimanche et jours fériés). Sur le front de mer, d'avril à septembre (ou octobre, selon la météo...), une vingtaine de constructions provisoires, pas toujours très réussies d'ailleurs, abritent autant de restaurants saisonniers *(plan couleur A1, **20**)*.

De prix moyens à chic

La Petite Brocante *(plan couleur B1, **23**) : 75, rue Louis-Brindeau. ☎ 02-35-21-42-20. Tlj sf dim-lun et j. fériés. Congés : 1re sem de mai, 3 premières sem d'août et Noël-Nouvel An. Formule déj 13 € ; menu 22,50 € ; carte env 45 €.* Situé face aux halles centrales, ce bistrot au zinc élégamment bosselé, aux nappes immaculées et aux tableaux colorés, vous séduira d'abord par la gentillesse de l'accueil. Bonne cuisine qui rend hommage aux meilleurs produits des terroirs français, entre la douzaine d'escargots et les andouillettes de poisson. Quelques huîtres ruisselantes de fraîcheur pour les inconditionnels. Une excellente adresse en plein centre-ville.

La Taverne Paillette *(plan couleur B1, **21**) : 22, rue Georges-Braque. ☎ 02-35-41-31-50. • contact@taverne-paillette.com • Tlj midi-minuit. Fermé le soir de Noël. Résa conseillée. Menus 13,40 € (midi lun-ven sf j. fériés) et 29,20 €.* C'est la brasserie historique de la ville, fondée en 1596 et réaménagée en 1956 (les mêmes chiffres mais dans le désordre !) par l'architecte Wilfried Baker. Une belle brasserie bavaroise avec beaucoup de bois, quelques dorures et des boxes. Son nom vient de la *Brasserie Paillette,* démolie dans les années 1980 et qui se trouvait juste en face. La jolie salle du fond, avec ses photos et ses souvenirs, était d'ailleurs réservée, à l'époque, au staff de l'usine. Aujourd'hui, on s'y retrouve au coude-à-coude avec les Havrais pour se sustenter d'une bonne choucroute ou de fruits de mer (vente à emporter également). Du débit, de l'animation, bref une affaire qui roule. Bonne nouvelle : on peut de nouveau déguster la bière *Paillette* depuis qu'un petit brasseur de Saint-Arnoult se charge de la faire revivre...

Le Café-restaurant des Grands Bassins *(hors plan couleur par D1, **24**) : 23, bd Amiral-Mouchez. ☎ 02-35-55-55-10. • grands-bassins@yahoo.fr • ♿ Tlj sf dim, plus sam hors saison. Formule déj 12,80 € en sem ; menu 25 € le soir ; menu régional 29 €. Wifi. Apéritif maison offert sur présentation de ce guide.* Dans ce quartier des docks en pleine mutation, un bar-resto logé dans un beau bâtiment XIXe s tout en arrondi, face à la jolie cloche des Dockers. De l'ancien bar où les habitués venaient boire leur café-calva, il reste les murs, des photos, de belles banquettes de velours rouge et une atmosphère toute nostalgique. Côté fourneaux, une cuisine classique mais d'un honnête rapport qualité-prix. Et pour ceux qui souhaiteraient prolonger la soirée, la propriétaire, Claude Guyon-Busnel, dirige aussi l'*Hercule Poirot Club,* situé juste à côté (voir « Où boire un verre ? Où sortir ? »).

La Petite Auberge *(hors plan couleur par A1, **25**) : 32, rue de Sainte-Adresse. ☎ 02-35-46-27-32. • shenno tier@gmail.com • Tlj sf dim soir, lun et mer midi. Congés : à Noël et 2 sem en été. Résa conseillée. Formule déj 19 € et menu 25 € le soir, en sem ; menus 31 et 39 €.* Une des valeurs sûres de la gastronomie havraise, qui ravit des générations de gourmets. On vient ici le plus souvent en famille, pour se régaler d'une bonne cuisine normande dans l'un des petits salons situés à l'étage.

À Deux Pas d'Ici *(plan couleur C2, **26**) : 69, rue Dauphine. ☎ 02-35-43-44-81. • raynaldpiquenot@cegetel.net • Tlj sf sam midi, dim soir et lun. Congés : 1re quinzaine d'août. Résa conseillée le soir et le w-e. Menus 17 € (midi en sem) et 24 € ; carte env 35 €. Apéritif maison offert sur présentation de ce guide.* Dans le quartier Saint-François, une petite adresse discrète et qui n'est pas une crêperie (c'est assez rare), mais un resto qui affiche sans honte quelques spécialités régionales cuisinées à base de cidre et de pommeau (ça l'est encore

LE HAVRE

plus). Intérieur embourgeoisé mais pas trop. Bonne cuisine à accompagner d'une bouteille de cidre. Pas très cher, qui plus est.

Le Lyonnais *(plan couleur C2,* ***22****) : 7, rue de Bretagne. ☎ 02-35-22-07-31. Tlj sf lun soir, sam midi et dim. Formule déj 11,50 € avec un verre de vin ; menus 16,50-25,50 € ; carte env 30 €. Apéritif offert sur présentation de ce guide.* Un bouchon lyonnais dans le quartier breton de Saint-François, c'est un peu comme un oranger sur le sol irlandais, si vous voyez ce qu'on veut dire. Bonnes spécialités (escargots de Bourgogne, rognons de veau, etc.) à savourer dans un décor de brique verte assez british. Beaucoup apprécient aussi les prix raisonnables et l'accueil très sympa.

Le Wab Lobby Lounge *(hors plan couleur par D1,* ***27****) : 33, rue d'Iéna. ☎ 02-35-53-03-91. • communication@wablobbylounge.com • Fermé sam midi, dim et j. fériés, et le soir lun-mer. Formules déj 10-17 € lun-ven ; w-e menus 29-39 € ; le soir, carte env 30 €. Café offert sur présentation de ce guide.* Une des adresses créées pour animer les anciens docks. Cotons et épices ont laissé la place à une clientèle assez branchée, qui apprécie ce lieu aussi cool que la musique ambiante, avec son resto de cuisine libanaise, et ses recoins intimes pour prolonger la nuit...

LE HAVRE

Où boire un verre ? Où sortir ?

Vous pourrez glaner quelques infos sur les lieux qui bougent au Havre dans le petit magazine gratuit *Bazart*, que l'on trouve dans de nombreux bars. Procurez-vous également le programme des docks réhabilités, les *Docks Café* et *Océane*, où se produisent les artistes et spectacles en tournée nationale.

Pour les intellos et les esthètes, signalons le ***salon de thé de la librairie La Galerne*** *(voir « Adresses et infos utiles » ; plan couleur B1,* ***1****),* bien agréable entre deux feuilletages de bouquins sur la région et ses artistes. Idem pour la ***cafétéria du musée Malraux*** *(slt au déj ; plan couleur B2,* ***33*** *; voir rubrique « À voir »),* sympa pour sa vue sur la mer et pour digérer la contemplation de ses nombreux Boudin...

Quelques bars en front de mer, qui font le plein dès les beaux jours. Un coup de cœur : ***L'Abri Côtier*** *(plan couleur A1,* ***30****), 35, rue Guillemard. ☎ 02-35-42-51-20. ♿ Tlj jusqu'à 1h45 (21h dim hors saison). Apéritif maison offert sur présentation de ce guide.* Ambiance chaleureuse et festive pour ce troquet souvent investi par les étudiants et les jeunes trentenaires. Bonne musique balayée, l'été, par les vents du large. Concert une fois par mois.

On peut aussi boire un verre à ***L'Eau Tarie*** *(plan couleur B1,* ***32****), 86, rue Victor-Hugo, à l'angle de la rue Bernardin-de-Saint-Pierre. ☎ 02-35-41-39-83. ♿ Tlj sf dim.* Un bar étudiant animé avec un décor en bois sympa. Pour un verre plus chic, aller à **La Villa,** l'ancienne maison de l'écrivain Salacrou, une grosse villa en front de mer avec une terrasse et une grotte en rocaille sous le perron de la maison. Appartient au groupe *Partouche*, propriétaire du casino local (appelé *Pasino*... sic !) ; cocktails environ 10 €. Pour les amateurs d'ambiance feutrée à l'anglaise, aller au piano-bar de l'***Hercule Poirot Club*** (ce n'est pas une blague !), situé juste à côté du *café-restaurant des Grands Bassins (hors plan couleur par D1,* ***24****). Fermé dim-lun.* C'est la même maison...

Le Wab Lobby Lounge *(hors plan couleur par D1,* ***27****) : voir la rubrique « Où manger ? ».* L'une des adresses tendance du quartier des docks. Et d'autres devraient progressivement voir le jour dans le quartier. DJs le soir du jeudi au samedi.

Où piquer une tête ? Où admirer une réussite architecturale en même temps ?

Les Bains des Docks *(plan couleur D2,* ***40****) : quai de la Réunion. ☎ 02-32-79-29-55. • lesbainsdesdocks.com • ♿ En été, tlj 10h-20h ; en juin et sept, lun et mer 9h-21h, mar et jeu-ven 12h-21h, w-e et j. fériés 9h-19h ; hors *saison, téléphoner pour les horaires. Entrée : 5 € ; 12 € pour l'espace balnéothérapie (sauna, hammam), vivement recommandé, accès piscine inclus.* Sur le site des anciens hangars à café, un complexe balnéo-aquatique conçu par l'incontournable Jean Nouvel (lauréat du Pritzker 2008). Celui-ci a revisité les thermes romains, en version moderne, pour édifier cette remarquable architecture tout en lignes épurées. Formes cubiques, jeux des volumes, monochromie, lumières douces puisées à l'extérieur et cadre zen propice à la détente... Bassin extérieur de 50 m pour les sportifs réchauffés (à fréquenter avant le hammam !) ; espace balnéo avec toboggans, bassins chauds et froids, sauna et pataugeoire pour les enfants. Même l'acoustique a été améliorée par rapport aux piscines traditionnelles.

■ ***Club nautique havrais*** *(C.N.H. ; plan couleur A1,* ***41****) : bd Clemenceau, sur la promenade de la Plage, face à l'office de tourisme et à côté du Skate Park. ☎ 02-35-43-47-65. Ouv fin avr-fin sept. Pass entrée 10 € la journée (25 €/famille), sur présentation d'une pièce d'identité.* Club d'entraînement du double médaillé olympique de Pékin, Hugues Duboscq. S'il n'y a pas trop de monde, les visiteurs extérieurs peuvent barboter dans le grand évier, pardon, le grand bassin de plein air en inox (cette matière garde mieux la chaleur). Jacuzzi et salle de muscu. Petit bassin et pataugeoire pour les enfants.

À voir

Le musée Malraux *(musée des Beaux-Arts ; plan couleur B2) : 2, bd Clemenceau. ☎ 02-35-19-62-62. • museemalraux@ville-lehavre.fr • De la gare SNCF, bus n° 9. Tlj sf mar et certains j. fériés, 11h-18h en sem, 19h le w-e. Entrée : 5 € ; 3 € sur présentation de ce guide ; gratuit pour les moins de 18 ans et pour ts le 1er sam du mois. Audioguide gratuit. Un jeu par mois, à midi, formule « musée à la carte » avec une conférencière s'arrêtant sur une œuvre avec force anecdotes et détails...*

Ce fut d'abord une maison de la culture, inaugurée en 1961 par André Malraux, avant de devenir un musée en 1967 et, aujourd'hui, grâce à divers legs et surtout à la donation Senn-Foulds, la deuxième collection impressionniste de France après le musée d'Orsay, à Paris. Également des expos temporaires.

Face à la mer, son architecture moderne, lumineuse et transparente, constituée d'acier et de grandes verrières, le tout fouetté par les embruns, est déjà en soi une véritable bonne idée. Jeu de l'espace, volumes modifiables, lumières zénithales filtrées et distribuées par des panneaux translucides, va-et-vient entre les œuvres et le paysage de l'autre côté de la vitre... Bref, un écrin presque idéal pour une peinture qui « aspire » la lumière ou, comme dirait le slogan du musée, pour présenter de grands peintres « dans leur lumière ». Sachez que le bâtiment fut conçu par des élèves dissidents d'Auguste Perret (il y en eut !), l'architecte Guy Lagneau s'étant largement inspiré du « plan libre » de Le Corbusier et du Bauhaus. Le *paralume,* cet ensemble d'alvéoles en aluminium qui atténue la luminosité entrant par le toit du musée, est de Jean Prouvé (mais il ne fonctionne plus !). Devant le musée, coup d'œil sur la capitainerie d'où l'on observe en rythme le ballet des navires, tous tonnages confondus.

1er étage

La visite commence, chronologiquement, par le 1er étage avec un petit fonds d'œuvres du XVIIe s, une espèce de hors-d'œuvre préparatoire, si l'on ose dire, avant d'attaquer les impressionnistes et les fauves. Classicisme et Contre-Réforme y sont au rendez-vous avec une *Vocation de saint Mathieu,* de Ter Brugghen, inspirée du Caravage, *La Consécration de la Vierge* signée De La Fosse ou encore *La Chute de Simon le Magicien,* de Solimena, où saint Pierre ordonne aux diables de lâcher le prétentieux magicien, un rival de second ordre, sans doute... S'ensuivent quelques paysages classiques de Huysmans, Dughet (le gendre de

LE HAVRE

Poussin), des œuvres de Volaire et Robert (fin XVIIIe s), d'un style particulièrement brûlant (c'est le cas de le dire) et, déjà, quelques natures mortes de Boudin, l'un des précurseurs de l'impressionnisme. Voir aussi sa copie du tableau de Ruysdael, *Tempête près des digues de Hollande,* totalement classique. Surtout, ne pas manquer *La Vague,* de Courbet, datant de 1869, dont il réalisa plusieurs versions. On est loin de l'impressionnisme mais le peintre, réaliste et provocateur, auteur de *L'Origine du monde* et grand nageur devant l'Éternel, s'intéressait de plus en plus aux paysages, et notamment ceux de la région normande (il peindra également les falaises d'Étretat). *La Vague* fut peinte au couteau, au bord de la plage, dans une cabane-atelier secouée par les vents impétueux. Courbet ouvrit ainsi la voie aux impressionnistes qui iront « sur le motif », c'est-à-dire sur les lieux mêmes de leur sujet. Après quelques toiles de l'école de Barbizon, proche de Courbet et attirée elle-aussi par les extérieurs (Troyon, Daubigny), entrons de plain-pied dans les débuts de l'impressionnisme, avec une amusante série de vaches, signée Eugène Boudin. Ce dernier naquit à Honfleur en 1824 et vécut longtemps au Havre (il est mort en 1898 à Deauville), où il fut d'abord papetier, demandant des conseils de débutant aux peintres qu'il exposait (Millet, Courbet...). Grande cimaise où l'on peut constater que, de la Normandie, il peignit beaucoup les vaches, d'accord, mais aussi les plages, les jeux d'enfants dans l'eau, les promenades familiales sur la jetée, les barques échouées à marée basse et les cieux. Toutes ces œuvres de petit format, dont certaines inachevées, préfigurent surtout les débuts de l'impressionnisme... Quand elles étaient achevées, elles se vendaient plutôt bien, ce qui permettait à Boudin de se renflouer. Notez, par exemple, *L'Aiguille creuse* et *Les Falaises et barques jaunes à Étretat* (où il utilise la couleur noire, contrairement aux futurs impressionnistes), ou encore *L'Entrée des jetées du Havre par gros temps,* peinte à proximité du musée. Enfin, voir les esquisses de soleils couchants et les derniers tableaux peints à Venise, ni terminés ni vraiment « flous », réalisés une fois que Boudin, un peu plus argenté, put s'offrir un voyage hors de France.

La deuxième partie de l'étage regroupe la superbe ***donation Senn-Foulds,*** regroupant 205 œuvres, peintures, dessins, pastels, aquarelles et sculptures, dont beaucoup de toiles signées par les plus grands peintres préimpressionnistes, impressionnistes et fauves. Une donation souhaitée en 2004 par la petite-fille d'Olivier Senn, négociant en coton et collectionneur éclairé, membre du très avant-gardiste *Cercle de l'art moderne,* qui commença à acheter des œuvres d'art à la fin du XIXe s, tout en conseillant la Ville du Havre dans ses achats. Parmi les œuvres marquantes, signalons *Le Loing à Saint-Mammès,* de Sisley, le plus constant des impressionnistes puisqu'il le restera jusqu'au bout, contrairement à nombre de ses confrères ! Vous noterez les petites touches de mauve, de-ci de-là, qui caractérisent son œuvre. Et puis, on ne peut pas ne pas parler de Claude Monet au Havre. Sa famille s'y installe quand il a cinq ans. Sa tante (elle s'appelle Lecadre, incroyable, non ?) l'autorise à quitter l'armée en Algérie s'il prend des cours de beaux-arts à l'école du même nom. Il commence par vendre (très bien) des caricatures de ses professeurs et des notables de la ville... Ensuite, c'est la rencontre avec Eugène Boudin, décisive. Certes, le fameux *Impression, soleil levant,* œuvre fondatrice de l'impressionnisme réalisée au Havre, au retour d'un voyage à Londres et d'une rencontre avec Turner, se trouve au musée Marmottan, à Paris. Mais vous pourrez tout de même admirer le maître, pour ne pas dire le père de l'impressionnisme avec, par exemple, *La Seine à Vétheuil* (à comparer à *Soleil d'hiver à Lavacourt,* exposé au rez-de-chaussée), dans lequel on retrouve la fameuse vibration de la lumière et des couleurs qui est la marque des impressionnistes. On est en 1878, dans une période radieuse, un an avant la mort de sa femme Camille... Contrairement à ce que l'on croit, Monet finissait souvent ses œuvres en atelier, même s'il les avait entamées sur le motif. À vrai dire, il essayait aussi de répondre aux délais du marché et de son marchand d'art, le sieur Durand-Ruel. Eh oui, il fallait bien vivre et continuer à produire (qui a dit Monet-Money ?). La ville du Havre sera la première commune à lui acheter quelques toiles. Passons ensuite aux trois Pissarro de la donation, dont *Carrefour à l'Hermitage Pontoise,* très proche de Cézanne, *Le Quai du Pothuis,* où l'on sent la tentation du pointillisme qui pointe, et *Soleil levant à Éragny,* dans lequel Pissarro revient vers l'impressionnisme sans perdre toute tentation pour son fameux pointillisme. Pour l'anecdote, il a peint cette dernière toile dans une cabane au fond de son jardin : à trop avoir regardé la lumière, ses yeux ne la supportaient plus ! Ne pas manquer ensuite une des pièces maîtresses du musée : le portrait de *Nini Lopez,* signé Renoir, en 1876, sans doute peint pour se renflouer après le krach boursier de 1875. Il représente un jeune modèle parisien, favorite de Renoir, surnommée à l'époque Nini Gueule-de-Raie ! La suite de la collection aborde les nabis (mot signifiant « prophète » en hébreu), un groupe de peintres postimpressionnistes d'avant-garde qui jongle avec les symboles. Voir notamment *La Valse,* de Félix Vallotton (très Art nouveau, on est en 1893) ou *Le Berger Corydon,* de Sérusier, cofondateur du mouvement nabi. On termine l'étage avec les fauves, héritiers des impressionnistes, en particulier Marquet, dont les toiles prouvent qu'il fut aussi un grand amoureux des ports, Bonnard avec son *Intérieur au balcon,* où la mer semble se répandre sur la table, et Vuillard avec le très délicat *Enfants lisant,* réalisé d'après une photo.

Rez-de-chaussée

Retour vers quelques maîtres déjà évoqués précédemment mais exposés à part de la collection Senn-Foulds, condition *sine qua non* de la donation. On retrouve donc Monet avec un *Nymphéa* de forme carrée, acheté par la Ville en 1911, *Les Falaises de Varengeville,* du pur Monet peint dans la région bien après l'apogée impressionniste (Monet s'engouffre au cœur du motif avec ces champs de peinture et l'absence de ciel), le fameux *Fécamp, bord de mer* et enfin *Soleil d'hiver à Lavacourt,* du pur impressionnisme. Parmi les autres œuvres importantes, signalons *Bateaux au soleil couchant* de Manet, deux vues du *Port du Havre* par Pissarro, *L'Excursionniste* de Renoir, où l'on sent déjà le retrait de l'artiste par rapport à l'impressionnisme, *La Côte de Grâce à Honfleur,* le seul tableau de Braque, originaire du Havre, où l'impressionnisme semble digéré et le cubisme pas encore en vue. Encore quelques Sisley finement ciselés, un *Paysage de Te Vaa* (dont on n'est pas bien certain qu'il soit de Gauguin !), *Quai de la Seine à Paris,* de Marquet, au mouvement assez étonnant, suivi de *Barques de pêche à Saint-Tropez* et *Paysage du midi,* dont l'appartenance au fauvisme ne fait aucun doute, étant donné l'abondance de couleurs saturées.

À propos de fauvisme, vous ne pouvez quitter le musée sans admirer l'un de ses maîtres, Raoul Dufy, né en 1877 au Havre. Ce jovial et génial touche-à-tout est très bien représenté au musée où l'on peut suivre son évolution de toile en toile. Voir notamment *Sorties de régates au Havre* (influence impressionniste), le très beau *Jeanne dans les fleurs* (couleurs saturées très fauves), *Les Gymnastes* (cézannesque et cubiste à la fois), *Casino Marie-Christine* (tentation cubiste dans les toitures et les barques hors de l'eau) et enfin *Pêcheurs aux haveneaux* (franchement cubiste). Après une belle série du fauve Othon Friesz (voir aussi sa céramique provenant d'une villa de Sainte-Adresse) et les étonnants *Rochers rouges à Agay* du dieppois Louis Valtat, précurseur de l'emploi de la couleur pure, finir par la série bleue de Dufy : *Baigneuse au Havre* (cubiste), *Les Sirènes* (avec un texte d'Apollinaire) ou encore *La Plage et l'estacade au Havre* pour son bleu saturé, ses noirs illustrant la cécité que procure la lumière contemplée de face et l'opposition entre le dessin et la couleur.

Il ne faut pas oublier de faire un tour à la ***cafétéria du musée*** *(plan couleur B2,* ***33****).* *☎ 02-35-19-62-75. Tlj sf mar, slt le midi ; salon de thé l'ap-m. Résa conseillée (beaucoup de groupes). Compter env 20-25 € pour un repas. Également des salades, sandwichs et croque-monsieur moins chers.* Installée en mezzanine, elle offre une très belle vue, à la fois sur le port, la mer et le musée. En prime, cuisine très correcte.

La maison de l'Armateur *(plan couleur C2) :* *3, quai de l'Île (quartier Saint-François). ☎ 02-35-19-09-85. Tlj sf mar 11h-18h (mer 14h-18h). Entrée : 3 € ; visite guidée 5 € ; gratuit moins de 26 ans, et pour tous le 1er sam du mois. Visite commentée sam 11h et 15h30, dim 11h.* C'est l'une des plus vieilles maisons du Havre, l'une des seules traces du XVIIIe s havrais, alors, forcément, ici, on y tient. Très bien restaurée (voir la projection des photos de la restauration) et célèbre pour son architecture exceptionnelle, avec sa façade Louis XVI et son incroyable puits de lumière autour duquel ont été conçues les pièces à vivre sur cinq niveaux, tout en arrondis. La maison, transformée en musée, évoque la vie havraise de 1750 à 1870 à travers le mobilier, les cabinets de curiosités et les nombreux objets présentés au fil des pièces. Noter le bel escalier de service en colimaçon qui double l'escalier principal, les portes arrondies (qui cachaient parfois des toilettes), le piano Miquet de 1794 et les objets de marine du dernier étage. Une très belle visite architecturale. Si le coin vous inspire, vous pouvez toujours faire vos courses au marché aux poissons, juste en face, ou boire un canon au petit bar voisin, *Au Retour de la Mer...*

La cathédrale Notre-Dame *(plan couleur B2) :* *rue de Paris.* Curieux édifice qui n'échappa pas aux bombardements des avions alliés, comme tout le centre-ville, mais qui fut habilement restauré pendant 30 ans... par un seul ouvrier, à ses heures perdues ! Beau contraste avec la ville moderne reconstruite par Auguste Perret. C'est justement lui qui pensa à agrandir le parvis de la cathédrale pour la mettre en valeur. Il restait si peu de la ville ancienne ! Originellement édifiée à la fin du XVIe s, Notre-Dame possède une structure gothique mais de nombreux éléments trahissent une forte influence Renaissance. Noter la façade à colonnes ioniques, inspirée par le style jésuite du XVIIe s et flanquée d'une grosse tour carrée. À l'intérieur, superbe reconstitution du buffet d'orgue originel (milieu du XVIIe s), offert par Richelieu – alors gouverneur du Havre – et dont on voit les armes au sommet. Retables financés par Henri IV (inscription de 1605), vitraux ornés de frises marines et deux autres du XIXe s où sont représentés l'église et le quartier au début du XVIIe s. Également un chemin de croix en bois sculpté qui provient de la chapelle du paquebot *Normandie* (1935-1942, paix à son âme). Au fond, Vierge ornementée d'attributs marins (cordages) et apôtres en bois fabriqués par... un fabricant de figures de proue.

L'église Saint-Joseph *(plan couleur B1) :* *à l'angle des rues de Caligny et Louis-Brindeau. Tlj 10h-18h (sf offices religieux) et visites guidées organisées par « Ville d'art et d'histoire ». Rens à l'office de tourisme.* Curieuse et fascinante église réalisée par Auguste Perret, le père du Havre moderne. Appliquant à l'art religieux ses préceptes architecturaux, il a utilisé le béton brut de décoffrage pour élever une tour-clocher haute de 107 m (et non 109 ou 110 m, comme on le lit ici ou là ; notre source : le plan d'architecte de l'église !). On la voit de partout, quitte à la prendre parfois pour un gratte-ciel, vue des jardins suspendus, par exemple... L'extérieur ne soulève pas l'enthousiasme (au sens strict), il faut entrer pour saisir la modernité de l'édifice. Par exemple, pour se rendre compte que la forme de croix grecque se transforme en tour octogonale et que l'escalier qui démarre à droite de l'orgue se termine tout en haut de la tour ! À l'intérieur, pas d'ornementation ni de chemin de croix. Le prêtre est situé au centre de l'église et les ouailles sont assises tout autour de lui sur des sièges dignes d'une salle de spectacles. Mais surtout, essayez de venir quand il fait beau pour voir l'église baignée d'une lumière variant au rythme du soleil grâce aux 12 768 verres colorés de Marguerite Huré, complice d'Auguste Perret. Les amoureux de l'église disent que l'on dénombre une cinquantaine de teintes, les couleurs chaudes se situant au sud et à l'ouest...

Le muséum d'Histoire naturelle *(plan couleur B2) :* *pl. du Vieux-Marché, à l'arrière de Notre-Dame. ☎ 02-35-41-37-28. ♿ (rdc). Mar-dim (sf jeu mat) 9h30-12h, 14h-18h. Entrée gratuite. Visites guidées lun-ven sur rdv (payantes) au ☎ 02-35-54-75-85 ou 75-90. Atelier autour des expos mer et dim 14h-17h.*

Un musée logé dans l'ancien tribunal de la ville du XVIIIe s. Notez le gros bloc de calcaire à l'entrée. Charles-Alexandre Lesueur, après avoir été aide-canonnier, puis promu dessinateur, finit par remplacer un zoologiste décédé au cours d'une expédition. Il devint peintre naturaliste et fut le premier conservateur du musée en 1841. Les observations et les aquarelles qu'il réalisa lors de ses expéditions australes et américaines suscitent toujours l'intérêt de la communauté scientifique.
Quant aux énormes collections exotiques rapportées par les capitaines au long cours, elles furent détruites en 1944 ! De tout cela, il reste de nombreuses expos temporaires tournantes, aménagées de façon moderne et ludique pour les scolaires. Renseignez-vous aussi sur les dessins d'indigènes réalisés par Lesueur, qui valent vraiment le déplacement lorsqu'ils sont exposés. Également des conférences, animations et excursions.

L'hôtel de ville et la rue de Paris *(plan couleur B1-2)* **:** classique et imposant sans être trop pompeux, l'hôtel de ville est adouci par la grande place rythmée d'espaces verts, de jeux d'enfants et de fontaines. Dans l'axe de l'hôtel de ville, la conception de la rue de Paris s'inspire clairement de la rue de Rivoli, à Paris justement, même si, évidemment, l'impression ici est beaucoup plus austère. Mais c'est la conception du XVIIIe s avec les commerces entresolés. Sachez que dans la ville de Perret, le nombre d'or est 6,24. Tout est calculé à l'aune de cette « trame urbaine » car c'est la portée optimale d'une poutre en béton armé de l'époque.

L'appartement témoin Perret *(plan couleur B1)* **:** *visitable avec le service pédagogique de « Ville d'art et d'histoire » (☎ 02-35-21-27-33) ou rdv à la Maison du Patrimoine, 181, rue de Paris, les mer, sam et dim, ttes les heures 14h-17h. Tarif : 3 € ; gratuit le 1er sam du mois.* Après la guerre, la classe moyenne havraise demande à être relogée rapidement dans le centre-ville, là où elle vivait auparavant. Le rationalisme et le fonctionnalisme, maîtres mots de Perret, révolutionnent la conception de ces nouveaux appartements. En 1950, dans cet appartement destiné à un officier de marine, l'ensoleillement est optimisé par une double orientation, le chauffage est collectif et à air pulsé, le salon devient un « living », on crée une vraie salle de bains et la cuisine, remodelée pour une maîtresse de maison qui régente toute la maisonnée, devient une sorte de « laboratoire » simplifié. Le tout est équipé de blocs éviers en inox et de rangements prêts à être posés d'un seul tenant, de fenêtres survitrées et de volets galvanisés. Le mobilier de 1947, signé René Gabriel et Marcel Gascoin, est droit, avec seulement quelques arrondis très simples. Le bureau, totalement nouveau mais fraîchement accueilli à l'époque, est signé Pierre Paulin. Bref, revoyez *Mon oncle* de Jacques Tati !

L'espace culturel Oscar-Niemeyer (Le Volcan *; plan couleur B1-2)* **:** *à deux pas de l'hôtel de ville, juste devant le bassin du Commerce.* C'est l'espace culturel de la ville conçu par l'architecte Oscar Niemeyer, un jeune centenaire qui vit toujours à Rio et à qui l'on doit aussi la création de Brasilia, la capitale du Brésil construite en plein désert. Ses sympathies communistes n'ayant jamais été un mystère, il s'exila en France sous la junte militaire, au pouvoir au Brésil dans les années 1960, et entreprit la construction de cet édifice au Havre, alors mairie communiste, ainsi que celle du siège du Parti communiste français, place du Colonel-Fabien, à Paris. Baptisé *Le Volcan* par l'un de ses ex-directeurs, ce lieu se résume en deux mots : courbes et asymétrie. À l'austérité du béton bouchardé de Perret répond ici la blancheur lisse de l'édifice. Il est vrai qu'avec un beau ciel chargé de nuages, l'effet de volcan est convaincant. Le vaste bassin, juste devant, donne un peu l'impression qu'un jour les deux cheminées largueront les amarres... Cela dit, tout le monde n'apprécie pas mais on vient s'y faire une opinion, d'autant qu'on peut difficilement l'éviter au cours d'une balade en ville ou d'une soirée culturelle ! Le Volcan héberge une scène nationale : théâtre, danse, concert, cinéma et salles d'expos. Attention, depuis septembre 2011 et pendant deux saisons, les activités de l'espace culturel sont transférées sur le site de l'ancienne gare maritime de la Compagnie transatlantique (du paquebot *France*).

Le Salon des Navigateurs (plan couleur C2) : *1, rue du Petit-Croissant, à l'angle de la rue Jean-de-la-Fontaine. ☎ 02-35-42-12-71. Derrière l'église Saint-François. Mar-sam 9h30-12h, 14h-18h30. Fermé 3 sem en août. Entrée gratuite car on est chez un vrai coiffeur !* Dans le quartier Saint-François, un petit salon de coiffure toujours en activité, tenu par Daniel Lecompte, ex-coiffeur sur le paquebot *France* et qui officie en tenue de marin ! Un vrai passionné qui a réuni ici une collection impressionnante de matériel ancien, de l'après-guerre jusqu'aux années 1960, et a reconstitué deux salons de coiffure quasiment à l'identique. Bigoudis chauffants pour mises en plis et indéfrisables, moule à gaufres et Babyliss... Belles maquettes de bateaux et souvenirs, notamment du paquebot *France* dont le nom, ici, fait toujours rêver... Nostalgie et excellent accueil garantis. La « coupe mode » à 20 €, laissez-vous tenter !

– Pour les amateurs, jetez un œil rue de Bretagne, juste derrière le salon de coiffure rue Jérôme-Bellarmato, à ***la maison Dubocage de Bléville,*** du nom de cet armateur négociant de la fin du XVIIe, début XVIIIe s. Belle maison à pans de bois recouverte d'ardoises. *☎ 02-35-42-27-90. Ouv tlj sf mar tte la journée et mer mat 10h (10h30 w-e)-12h30, 13h30-18h ; entrée libre ; visite guidée des salles d'expo dim à 15h30 : 2 €, réduc.*

Les Jardins suspendus et les serres (hors plan couleur par A1) : *rue du Fort. Accès : bus ligne n° 4, arrêts « Cochet » et « Copieux ». ♿ De mai à mi-juin, lun-ven 13h-20h, w-e et j. fériés 10h30-20h ; de mi-juin à sept, lun-ven 10h30-12h30, 13h45-18h, w-e et j. fériés 10h30-20h ; d'oct à mi-juin, w-e et j. fériés (sf 25 déc et 1er janv) 10h30-12h30, 13h45-17h. Entrée gratuite. Pour les serres, accès payant : 1 € ; gratuit moins de 12 ans accompagnés.* Aménagés dans un fort militaire du XIXe s, ces jardins profitent d'un superbe panorama sur la ville et l'estuaire. Par beau temps, on aperçoit même Deauville, Trouville et le C.H.U. de Caen ! Sur 17 ha, on part à la découverte des plantes les plus rares, et on voyage à travers les quatre coins du globe, symbolisés par les quatre bastions : États-Unis, Asie (surtout la Chine), terres australes (Australie, Tasmanie, Chili, Pérou...) et un bastion consacré aux grands découvreurs. Un bel hommage aux botanistes qui ont rapporté de leurs voyages des spécimens autrefois méconnus, devenus aujourd'hui familiers. Ici, pas de plantes hybrides, uniquement des originales. Dans les serres municipales, toutes sortes de cactées, plantes succulentes ou carnivores et puis les massifs de la ville en attente d'être transplantés pour le plaisir des citadins.

Le port : port d'escales de croisière (plus de 50 escales de paquebots internationaux de mai à octobre), mais aussi port de pêche, de plaisance, de commerce...
– Visite audioguidée individuelle du port, avec votre propre voiture, et des cassettes ou CD à emprunter (contre caution) à l'office de tourisme.
– On vous conseille sinon la visite du port en autocar, organisée par le service « Ville d'art et d'histoire » (voir plus haut « Adresses utiles »).
Remarque : il est désormais possible de visiter les grandes installations industrielles environnant le port du Havre. Renseignements à l'office de tourisme.

Balades et points de vue

Balade le long de quelques maisons et édifices typiques du Havre : si vous redescendez à pied des Jardins suspendus, ce que l'on vous conseille, jetez donc un œil à la *maison des Gadelles* et, sur le front de mer, à la *maison de l'écrivain Armand Salacrou,* dorénavant reconvertie en salon de thé *(La Villa),* plutôt originale avec ses sortes de grottes encastrées dans la construction. Sur le front de mer toujours, vous devriez repérer les ferronneries Art nouveau de *la maison du père de Georges Braque,* qui date de 1904. Enfin, plus loin, quelques *bâtiments au style paquebot,* plus récents mais très représentatifs de l'architecture havraise moderne.

Sur les pas du Havre moderne : on vous conseille de faire cette balade, qui devrait vous emmener du quartier de la gare au port du Havre en passant par le quartier des docks, avec le service culturel « Ville d'art et d'histoire » (voir « Adresses et infos utiles »). Si vous voulez visiter le *jardin japonais* offert par la Ville d'Osaka, adressez-vous à l'office de tourisme. Jeter ensuite un œil à l'élégant modernisme du *Novotel,* conçu par l'architecte Jean-Paul Viguier, tout en pensant qu'après la guerre on voyait la mer depuis cet endroit... Ne pas manquer l'original *bâtiment de la chambre de commerce et d'industrie (CCI),* conçu par René Dottelonde et les frères Duflo, très bien éclairé la nuit. Aller voir le beau quartier des docks, avec les *Docks Café* et les *Docks Océane,* joliment réhabilités, tout en saluant les passagers du bateau de la *Viking River Cruises* qui remonte la Seine jusqu'à Paris en une semaine... Sachez que, dans quelques années, s'élèvera derrière l'ISEL, l'école d'ingénieurs havraise, la future *tour Jean Nouvel* qui devrait abriter *Odissey 21,* un centre d'interprétation dédié à la mer, aux activités portuaires et aux échanges maritimes. En attendant, allez donc piquer une tête aux superbes *Bains des Docks,* réalisés par le même Jean Nouvel (voir « Où piquer une tête ? Où admirer une réussite architecturale en même temps ? »). Pour regarder dans le rétroviseur et saisir un peu du passé havrais des ouvriers dockers, lisez donc, quai de Saône, *la plaque consacrée à Jules Durand,* syndicaliste accusé à tort de meurtre. Défendu par l'avocat René Coty, futur président de la République, son cas fut considéré comme une affaire Dreyfus du monde du travail et racontée par l'écrivain havrais Armand Salacrou dans *Boulevard Durand.* Si vous en avez le courage, parcourez enfin quelques-uns des 27 km du port du Havre et observez *l'écluse François-Ier* (400 m de long), le ballet incessant des cargos et des « cavaliers » qui déchargent les conteneurs à un rythme effréné...

Les panoramas du Havre et de Sainte-Adresse : superbes vues sur la ville, l'entrée de l'estuaire et « de l'autre côté de l'eau », comme disent les gens d'ici. Premier panorama, avec table d'orientation, dans le quartier du Nice havrais, boulevard Félix-Faure sur la commune de Sainte-Adresse et l'autre à l'angle des rues Georges-Lafaurie et du 329e-R.I. (au Havre). On peut ensuite se rendre à Sainte-Adresse par une agréable balade le long de la plage. Poursuivre avec le texte consacré à Sainte-Adresse plus loin...

À faire

– **Sorties en mer :** *rens auprès de la société* Tourisme et Loisirs maritimes *(☎ 02-35-28-99-53). Tte l'année sf en août (quand le bateau se balade entre Fécamp et Étretat) ; env 14 €/pers. Au départ de la digue Olsen.* Avec la vedette *Ville de Fécamp* (63 passagers), on peut visiter le port avec commentaires ; compter 1h30 de balade.

– **Balade en voilier :** *rens au* Point Plage, *à côté des* Bains maritimes. *☎ 02-35-41-49-76. En juil-août sur résa. Compter env 12 €. Capacité d'accueil : 9 pers.* Avec le voilier *Le Fillao.*

La forêt de Montgeon : ce poumon de la ville, qui s'étend sur 250 ha, abrite une véritable forêt sauvage, avec sentiers de jogging, grandes pelouses, lacs, arboretum, aires de jeux... Le rendez-vous dominical de tous les citadins.
– Le Havre fait partie des villes les plus « nature » de France, avec quelque 700 ha d'espaces verts. Informations sur les principaux parcs et jardins à l'office de tourisme du Havre.

La plage *(plan couleur A2) : à 500 m du centre-ville, surveillée tlj de mi-juin à mi-sept.* 2 km de plage de galets et de sable. Joliment réaménagée par l'architecte Chemetoff. En saison, les heureux propriétaires d'une cabane de plage viennent la remonter pour l'été. Animations estivales. Douches et nombreux restos saisonniers. Grand skate-park. Les *Bains maritimes* proposent un accès (payant) à des douches, toilettes et vestiaires.

Fêtes et festivals

– ***Dixies Days :*** *le w-e de la Pentecôte, à **Sainte-Adresse.*** Festival de jazz. Belle atmosphère.
– ***Les Z'estivales :*** festival d'été sur la plage, théâtre de rue, arts du cirque, concerts...
– ***Biennale d'art contemporain :*** *juin-sept 2012.*
– ***Corsiflor :*** *le 1er dim suivant le 15 août.* Le plus ancien corso fleuri de France.
– ***La Mer en fête :*** *le 1er w-e de sept.*
– ***Transat Jacques Vabre :*** *ts les 2 ans, fin oct-début nov, sur une dizaine de j. Prochaine édition en 2013.* Le port et la ville tout entière sont en fête pour célébrer le départ des marins au long cours en route vers l'Amérique du Sud.

UN CAMP CIGARETTE DANS LE POUMON DE LA VILLE

*Après la libération du Havre, l'état-major américain décida de créer des camps de transit pour retaper ses soldats. Appelés « camps cigarettes », ils se nommaient **Lucky Strike** à Saint-Valéry-en-Caux, **Philip Morris** à Gonfreville-l'Orcher, **Pall Mall** à Étretat. Ces camps de 7 000 à 60 000 hommes, dotés de tentes, hôpitaux, bars, cinémas et théâtres, n'étaient pas sponsorisés par des marques de cigarettes. Non. L'idée était de tromper l'ennemi tout en rassurant les soldats. Un camp au nom d'une cigarette consumée rapidement, ça rendait moins mélancolique qu'un **camp** appelé Hospital ou First Aid !*

DANS LES ENVIRONS DU HAVRE

L'abbaye de Montivilliers et son parcours-spectacle Cœur d'abbaye : *76290 **Montivilliers.** ☎ 02-35-30-96-66. • abbaye-montivilliers.fr • Accessible depuis la gare du Havre par la LER (Lézarde express régionale). Tte l'année, lun-ven 10h-18h (17h oct-mars), w-e et j. fériés (sf 25 déc et 1er janv) 14h-18h. Fermé lun oct-mars. Entrée « parcours-spectacle » : 5 € (4,50 € sur présentation de ce guide) ; réduc ; forfait famille (2 adultes, 2 enfants) 14 €. Audioguide inclus ; un autre audioguide, « la promenade de l'abbaye » (45 mn), pour découvrir la vie des moniales et des habitants au XVIe s, est à 2 € ; réduc.* Fondée en 684 pour accueillir des femmes, l'abbaye de Montivilliers était l'une des plus belles et des plus prestigieuses abbayes de Normandie, avant de subir, comme les autres, les affres de la Révolution et de servir un temps de prison, puis de garnison. Les bâtiments romans et gothiques furent peu à peu récupérés par les habitants du village, qui s'en servirent à la fois d'entrepôt, de filature, de raffinerie, de brasserie, de garage, etc. Aujourd'hui restaurée, l'abbaye a ouvert ses portes au public pour une expo interactive, originale, ludique et passionnante sur l'histoire de la Normandie. Outre le parcours-spectacle, on visite également une partie des bâtiments conventuels : voir notamment la belle façade du logis des abbesses datant du XVIIIe s (l'intérieur ne se visite pas, c'est une bibliothèque modernisée), le dortoir du XVIe s à l'imposant plafond, sans oublier le joli cloître, la cour et les jardins. Le réfectoire gothique accueille des expos temporaires et des concerts sont organisés régulièrement de mai à novembre.

L'église Saint-Sauveur : *à **Montivilliers.** En plein centre.* C'est l'ancienne église de l'abbaye. Façade reconnaissable grâce à sa belle tour romane agrémentée de tourelles d'angle et à son porche gothique surmonté d'un curieux gable sectionné à mi-hauteur. L'entrée principale présente un beau portail roman à voussures et frise gothiques. Curieux intérieur composé d'une nef gothique à gauche et d'une nef romane au centre, caractérisée par sa voûte en bois. Cette double nef s'explique par le fait qu'il y avait autrefois deux églises, réunies plus tard.

SAINTE-ADRESSE (76310) 8 220 hab. *Carte Seine-Maritime, A2*

Le « rocher de Monaco » local, comme le surnomment certains, se trouve juste au bout de la plage du Havre. On peut d'ailleurs s'y rendre à pied en 20 mn mais ça grimpe pas mal ensuite si l'on veut admirer le paysage du sommet. Port de pêche au Moyen Âge, devenu lieu de villégiature des Havrais dès le XVIIIe s. C'est Alphonse Karr, alors directeur du *Figaro,* qui lance la station en 1841, transformant Sainte-Adresse en « Nice havrais ». Très vite, les artistes fréquentent l'endroit : Sarah Bernhardt (on peut encore y voir sa villa gravée des lettres « S » et « B »), Eugène Sue, Raoul Dufy et bien sûr l'incontournable Claude Monet qui y peindra la célèbre *Terrasse de Sainte-Adresse,* détenue par le Metropolitan Museum of Art de New York. Pendant la Première Guerre mondiale, le gouvernement belge, chassé par les Allemands mais accueilli par le gouvernement français, s'exile à Sainte-Adresse. Il emménage dans l'immeuble Dufayel, du nom d'un homme d'affaires parisien qui y a ouvert un complexe balnéaire luxueux, *Le Nice Havrais,* toujours visible. Aujourd'hui, la station se refait une jeunesse : c'est l'un des meilleurs spots de funboard en France...

SAINTE-ADRESSE, ADRESSE ÉPHÉMÈRE DE LA BELGIQUE

Entre 1914 et 1918, avec l'exil de leur gouvernement, ce sont 15 000 citoyens belges qui s'installent à Sainte-Adresse. Le gouvernement dispose même d'un bureau de poste qui utilise des timbres belges ! Une sainte adresse... postale, donc. Aujourd'hui encore, le drapeau belge flotte à côté du drapeau français, derrière la statue d'Albert Ier, et sur le blason de la ville.

Où dormir ?

Hôtel des Phares *(hors plan du Havre par A1)* **:** *29, rue du Général-de-Gaulle. ☎ 02-35-46-31-86. • reservation@hoteldesphares.com • hoteldesphares.com • Doubles 60-99 € selon confort et saison ; prix très flexibles, donc mieux vaut consulter leur site. TV (Canal Sat). Internet. Parking (6 places). Un petit déj par chambre offert sur présentation de ce guide, selon disponibilités.* Située à deux pas de la plage sous les beaux Jardins suspendus, cette villa du XIXe s a été convertie en hôtel de charme par les proprios de l'hôtel *Les Voiles* ci-dessous. Chambres très bien refaites, les plus sympas se trouvant dans la villa proprement dite tandis que les autres sont logées dans la partie récente, dans la cour. Agréable déco, beaux tissus muraux, mobilier ancien. Pittoresques pièces communes, à l'ancienne également, très chouettes pour prendre le petit déj-buffet.

Hôtel Les Voiles *(hors plan du Havre par A1)* **:** *3, pl. Clemenceau. ☎ 02-35-54-68-90. • reservation@hotel-lesvoiles.com • hotel-lesvoiles.com • ♿ Doubles 90-199 € selon confort et saison ; réduc hors saison et promos régulières sur Internet. Wifi. Un petit déj offert par chambre par nuit sur présentation de ce guide, selon disponibilités.* C'est le seul hôtel de Sainte-Adresse (et donc du Havre, par extension !) donnant directement sur la mer. Bien sûr, mettre les voiles, ça se paie... Chambres pas bien grandes aux noms de marine : *cabine 1re classe* (côté rue, dommage), *cabine sous-officier* avec vue sur mer (avec ou sans balcon) et *cabine officier* sans ou avec terrasse selon le prix. Bref, du chic à thème, bien classique, mais tout confort.

À voir. À faire

➢ ***Petite balade impressionniste :*** si vous arrivez par la promenade de la plage, côté Havre, n'oubliez pas de marcher sur les traces des impressionnistes. Plusieurs panneaux reproduisent quelques-uns de leurs chefs-d'œuvre sur le lieu même (« le motif ») où ils ont été peints, tout en donnant des indications. Vous verrez ainsi les reproductions de *La Plage de Sainte-Adresse* et *La Terrasse de Sainte-Adresse,* réalisées par Claude Monet en 1867, à l'âge de 26 ans. Pour l'anecdote, la *Plage* fut refusée par l'encadreur à qui Monet devait de l'argent ! Elle est désormais exposée au *Art Institute* de Chicago. Cela dit, Monet avait l'habitude puisqu'il s'était déjà entendu dire, par des médecins qui avaient accepté de poser pour lui, que *Le Jardin de Sainte-Adresse* n'était « qu'un champs d'épinards »... À voir également, la repro de *L'Estacade à Sainte-Adresse* (1901), de Raoul Dufy, peinte avant son évolution vers le fauvisme. Un thème d'ailleurs repris un peu plus loin sur la promenade par son ami Marquet, qui recrée le même motif en 1906.

➢ ***Grimpette jusqu'au Pain de Sucre et Notre-Dame-des-Flots :*** poursuivez donc la balade en grimpant jusqu'au sommet de Sainte-Adresse. De la promenade du front de mer, prenez la sente Alphonse-Karr qui passe derrière l'ex-resto *Les Trois Pics,* puis la sente du Pain de Sucre qui, comme son nom l'indique, grimpe (sec) jusqu'à ce curieux monument tout blanc en forme de cône. Il fut érigé par la veuve du général Lefebvre-Desnouettes, cousine de Napoléon, afin d'éviter les naufrages aux navigateurs du secteur (son mari périt en mer sur les côtes d'Irlande en 1822, ceci explique cela). Beau panorama mais un peu gâché par des haies et des grillages privés. De là, une petite visite s'impose à la charmante chapelle de Notre-Dame-des-Flots *(tlj 8h-18h),* un peu plus haut, remplie d'ex-voto marins.

LA CÔTE D'ALBÂTRE

Partie intégrante du pays de Caux (du Havre jusqu'à Dieppe), puis du Petit Caux (de Dieppe au Tréport), la Côte d'Albâtre doit son nom à la blancheur de ses falaises. Paysage unique au monde que ces 120 km de falaises qui courent pratiquement tout le long de la côte, arrêtant à peine leur chevauchée pour reprendre leur souffle au débouché des vallées, avant de repartir plus belles, plus hautes, offrant à chaque fois un superbe panorama.
Seuls trois fleuves ont eu la force de creuser des brèches suffisantes pour permettre l'établissement de vraies villes : Fécamp s'est installé dans la faille de la Valmont, Dieppe dans celle de l'Arques, tandis que Le Tréport s'est moulé dans les étroites formes de la vallée de la Bresle. La grande magie de cette côte réside dans son accessibilité. Sur une bonne partie de son parcours, de petites routes longent la mer au plus près, offrant sans cesse des points de vue grandioses ou intimistes.
Mieux : les amateurs de randonnées comme les marcheurs du dimanche pourront suivre le fabuleux GR 21, qui longe la côte d'Étretat jusqu'à Berneval-le-Grand, à quelques kilomètres au nord de Dieppe. Vous pourrez ainsi profiter des sites qui envoûtèrent tant d'artistes.

FALAISES, GALETS, VALLÉES ET VALLEUSES

Haut mur de calcaire s'élevant de 60 à 120 m au-dessus de la mer en barres parfaitement verticales, les falaises sont souvent lardées de veines de silex noir. La mer les attaque et gagne du terrain depuis toujours. Par endroits, elle conquiert 1 m par an, en rongeant le pied des falaises à coups de vagues incessantes. Alors, la partie haute cède, ne s'appuyant plus sur rien. La craie de la falaise se dissout dans les eaux, leur donnant cette couleur gris bronze laiteux, tandis que les parties dures, les morceaux de silex libérés, vont être roulés et érodés par les flots à l'infini, jusqu'à devenir ces merveilleux galets aux formes ovales parfois proches de la perfection. Longtemps considéré comme un métier parmi d'autres, comme le prouve la statue kitsch de Saint-Jouin-Bruneval, le ramassage des galets est désormais interdit depuis 1985.

ET VOGUE LE GALET

Les galets de la région entrent dans la composition de nombreux produits : dans la porcelaine, l'industrie chimique pour fabriquer du béton, le papier de verre, la peinture des bandes blanches qu'il vaut mieux ne pas franchir sur la route, et même dans l'agent blanchissant du dentifrice ! Rien ne se perd, tout se transforme...

La mer n'est pas la seule à ronger la falaise. Les fleuves côtiers l'ont entaillée aussi, ouvrant à Fécamp, à Dieppe et au Tréport de larges estuaires où les villes se sont développées. Images singulières de la Normandie, les valleuses sont ces petites vallées étroites et sèches où courait autrefois un ruisseau. La falaise, en cédant du terrain sur la mer, les a laissées en quelque sorte suspendues. Au fond, on trouve de petites plages charmantes et isolées.

ÉTRETAT (76790) 1 540 hab. *Carte Seine-Maritime, A2*

Presque une légende tant l'arche de craie plongeant dans la mer fait partie des images les plus ancrées dans nos mémoires, de nos livres scolaires aux chromos des PTT. Sans oublier cette aiguille, juste derrière, dont Arsène Lupin tente de percer le secret dans l'une de ses aventures... C'est aussi une station balnéaire à l'air vivifiant, et sa plage de galets a été chantée ou couchée sur toile par maints artistes. Mais avec les artistes... viennent les touristes ! Car si l'on connaît la carte postale de la falaise, c'est vraiment tout autre chose de se balader au sommet de cet extraordinaire site, un des plus poignants qui soient, rencontre brutale de la terre et de la mer. Le lecteur avisé, dans la mesure du possible, évitera Étretat en été et durant les week-ends ensoleillés tout au long de l'année. Ainsi, il sera plus tranquille, les prix seront plus doux et les falaises sont tellement plus romantiques sous la pluie... Enfin, été comme hiver, pensez à réserver votre hôtel à l'avance.

UN PEU D'HISTOIRE

Au début du XIXe s, on parlait déjà de la petite ville normande dans les milieux mondains, surtout depuis que la reine Hortense et la duchesse de Berry y avaient lancé la mode des bains de mer. Alphonse Karr, comme à Sainte-Adresse, met aussi le village à la fête. Les Parisiens débarquent, potentiels clients pour les paysagistes qui commencent à s'intéresser aux falaises. Le peintre Isabey y vient en précurseur, sans doute dès 1822. Eugène Le Poittevin, à sa suite, y peint autant les lavandières sur les galets que les élégantes en crinoline, des thèmes bientôt repris par Boudin. Courbet y réalise une vingtaine de toiles de sa fameuse *Vague,* peinte au couteau en tant que motif unique. De 1883 à 1886, Claude Monet s'installe à Étretat. Ici, il préfère l'hiver à l'été et les paysages aux cercles mondains importés de Paris. D'ailleurs, à la mort de sa femme Camille, en 1879, les personnages disparaissent de ses tableaux... Seuls le paysage, grandiose, et les éléments, souvent

tumultueux, l'inspirent. Grâce à l'invention du tube de peinture, il quitte son atelier et plante son chevalet en plein air, au plus près du motif, quitte à mettre les pieds dans l'eau, à frôler le vide ou à affronter les rafales de vent ! Fasciné par la porte d'Aval et la Manneporte, il y réalisera au moins une soixantaine de toiles.
Et puis, il y a Maupassant, installé à Étretat depuis que sa mère s'est séparée de son père quand il avait 10 ans. Le futur écrivain, qui vit « comme un poulain échappé », selon sa sœur, et fréquente largement tous ces artistes (il est cousin avec Le Poittevin), dépeindra plus tard leur travail dans son roman *Fort comme la mort*. Il décrira aussi l'aspect sociologique de la « cohabitation » parfois épineuse entre bourgeois et *péqueux* (pêcheurs en cauchois), qui ne se mélangent pas. Les lavandières restent sur leurs galets tandis que les bourgeois se baignent tout habillés à l'autre bout de la plage ! Car, parallèlement à cette vogue artistique, la plage devient l'une des plus réputées de France durant la seconde moitié du XIXe s. Les villas poussent comme des champignons, la bourgeoisie s'installe, attirant tout le gratin parisien : Offenbach (qui y donne de délirantes fiestas), ou encore André Gide (qui y épouse sa cousine en 1895)... Inspirant tout ce beau monde, Étretat fera le tour du globe sous forme de cartes postales, de toiles de maîtres, et même, grâce à Maurice Leblanc (papa d'Arsène Lupin), de romans policiers !

Arriver – Quitter

En bus

➢ ***De/vers Fécamp, Le Havre :*** liaisons assurées par les *Cars Périer*, ligne 24 *(☎ 0800-808-703/n° Vert ; • cars-perier.fr •).*

En train

➢ ***De/vers Paris, Rouen, Le Havre :*** *rens au ☎ 36-35 (0,34 €/mn).* Ligne Rouen-Le Havre. Arrêt à Bréauté. Tlj en saison, liaison Bréauté-Étretat avec les *Cars Kéolis (☎ 02-35-28-19-88 ; • keolis-seine-maritime.com •).*

Adresses utiles

i @ *Office de tourisme :* *pl. de la Mairie. ☎ 02-35-27-05-21. • etretat.net • De mi-juin à mi-sept, tlj 9h-19h ; de mi-sept à mi-juin, tlj 10h-12h, 14h-18h (fermé dim de mi-nov à mi-mars sf pdt les vac scol).* Personnel disponible et efficace, proposant de nombreux circuits pédestres dans les environs. Visites guidées en été avec un guide conférencier. Vente d'audioguides à thème (circuits nature, maritime et balnéaire, histoire, architecture, etc). Accès gratuit à Internet.

■ ***Étretat Aventure*** *(location de VTT) : château du Bois-des-Loges. ☎ 02-78-08-58-48. • etretat-aventure.fr • À 5 km d'Étretat, en direction de Fécamp par la D 940. Ouv de fév à mi-nov slt : tlj 10h-20h vac scol, dim et j. fériés, 13h-18h et fermé mar hors saison.* Propose également un parcours acrobatique forestier et du swing-golf (entre le vrai golf et le minigolf).

Où dormir ?

Campings

⛺ ***Camping municipal d'Étretat :*** *69, rue Guy-de-Maupassant. ☎ et fax : 02-35-27-07-67. À l'entrée de la ville, sur la D 39, côté droit. Ouv d'avr à mi-oct. Compter 11,80 € pour 2.* Très simple, sur un espace vert plat, sans beaucoup d'ombre et à côté de la route. Sanitaires chauffés corrects. Machines à laver. Aire et salle de jeux.

⛺ ***Camping L'Aiguille Creuse :*** *à 6 km sur la route de Fécamp (D 940), 76790* ***Les Loges.*** *☎ 02-35-29-52-10. • camping@aiguillecreuse.com • campingaiguillecreuse.com • ♿ Ouv avr-sept. Compter 19 € pour 2. Mobile homes 4 pers 240-665 €/sem selon saison.* Un camping 3 étoiles avec un grand terrain plat et 80 emplacements nus ou séparés par des haies. Manque un peu d'arbres mais bonne infrastructure, au calme (groupes refusés et pas d'animations) et bon entretien. Machine à laver, pains de glace, dépôt de pain et de viennoiseries, petit déj possible. Côté loisirs, on y trouve la seule piscine de plein air de la région (chauffée en saison). Et puis, tennis, aire de jeux, volley, pétanque et ping-pong. Snack-bar. Une balade sympa à faire : le *vélorail* qui relie Les Loges à Étretat.

Camping Les Tilleuls : *2, impasse Dom-Fillastre, 76790* **Le Tilleul.** *☎ et fax : 02-35-27-11-61. À 3 km d'Étretat sur la route du Havre ; prendre la rue à gauche au niveau de l'hôtel* Saint-Christophe. *Ouv avr-sept. Compter 10,90 € pour 2. Loc mobile homes, bungalows et chalets 120 €/w-e, 425-485 €/sem.* Un petit camping en pleine campagne, entouré de champs, au calme. Bon ombrage. Sanitaires propres mais vieillots. Machine à laver et sèche-linge.

Chambres d'hôtes

Chambre d'hôtes M. et Mme Brochec : *21, rue Notre-Dame. 06-71-19-89-59. • amfbrochec@yahoo.fr • Dans une rue derrière l'office de tourisme. Doubles 59-65 €. Wifi. Audioguide d'Étretat offert à partir de 3 nuits sur présentation de ce guide.* Au 2e étage de cette agréable maison privée, une jolie chambre dotée d'une terrasse, avec un accès à une douche logée dans un bow-window. Beaucoup de bois dans la chaleureuse décoration. Bon accueil.

Chambres d'hôtes Le Jardin Gorbeau : *chez Jon Cooper, 27, rue Adolphe-Boissaye. ☎ 02-35-27-16-72. • info@gorbeau.com • gorbeau.com • Fermé en janv. Doubles 129-151 € selon saison ; suite jusqu'à 4 pers 159-186 €. Parfois quelques promos sur leur site. Internet.* Une belle maison de maître de 1824, avec une façade en silex noir et un jardin clos, au cœur d'Étretat. Jon, un Italo-Américain, peintre et musicien de jazz parlant le français avec un bel accent, a entièrement décoré ses chambres de charme dans un style contemporain se mariant merveilleusement avec la bâtisse. Coup de cœur pour *L'Aigle,* sous les toits. Les chambres *Fantine* et *Cosette* ont un salon commun. Belles salles de bains. Salon avec home-cinéma. Spa, jacuzzi et sauna. Une superbe adresse. Atmosphère légèrement *gay-friendly* mais tout le monde est le bienvenu.

Maison d'hôtes « Villa Sans Souci » : *chez Jocelyne et Jean-Pierre Milan, 27 ter, rue Guy-de-Maupassant. ☎ 02-35-28-60-14. • villa-sans-souci@orange.fr • villa-sans-souci.fr • Ouv tte l'année. Doubles 110-160 € avec bains ou douche. Également un studio (2-3 pers) 500 €/sem. Wifi. Pour 2 nuits consécutives, la 3e est offerte sur présentation de ce guide hors vac scol.* Plantée au milieu d'un grand parc arboré à 400 m des falaises, cette villa du XIXe s, pleine de charme avec sa façade rose à pans de bois (quand même un peu délavée aujourd'hui...), rappelle l'époque de Maupassant et des impressionnistes. La dynamique propriétaire propose 5 chambres spacieuses, au confort impeccable (et une chambre d'appoint logée sous les toits). Chacune porte le nom d'un film, qui donne le ton de la déco, terriblement soignée. La *Marilyn* possède évidemment une salle de bains de star ! La large terrasse, ouverte sur le parc, est idéale pour s'initier au farniente. Une maison d'hôtes qui porte bien son nom.

De bon marché à chic

Détective Hotel : *6, av. George-V. ☎ 02-35-27-01-34. • detective.hotel@yahoo.fr • detectivehotel.com • Congés : 3-27 janv. Doubles 39-79 € selon confort. Petit déj-buffet 8 €. Internet, wifi. Apéritif offert sur présentation de ce guide.* Le patron, un ancien de la police scientifique, a eu la bonne idée de monter ce petit hôtel à thème qui change un peu de l'hôtellerie classique. Une quinzaine de chambres aux noms, à la décoration et aux accessoires évocateurs... Serez-vous tenté par les nostalgiques *Miss Marple* et *Nestor Burma,* par la *Danny Wilde,* plus sexy, ou par *Les Experts,* plus froide et plus rationnelle ? Et puis, essayez donc de trouver la salle de bains dans les chambres *Arsène Lupin* et *Sherlock Holmes,* les plus drôles peut-être ! Toutes avec douche et w-c, rassurez-vous, elles ne devraient pas disparaître à votre réveil d'autant que la maison a obtenu le label écologique « clé verte ». Courette-jardin et petit salon-bar avec TV, jeux d'échecs et bouquins. Et pour les groupes, on y organise des *murder-parties* à la demande... Bon, au fait, qui a tué le colonel Moutarde ?

Hôtel des Falaises : *1, bd René-Coty. ☎ 02-35-27-02-77. • falaises@voila.fr • hoteldesfalaises.com • Doubles 39-88 € selon confort et saison. Petit déj bio 7 € à prendre à l'hôtel* La Résidence*, juste en face (même maison). Quelques garages payants à 800 m de l'hôtel. Wifi. Une bouteille de cidre bio offerte sur présentation de ce guide.* Au centre d'Étretat, un hôtel conventionnel qui propose une bonne vingtaine de chambres assez désuètes mais pas trop chères. À souligner : il y en a pour toutes les bourses (de la chambre avec cabinet de toilette à celle avec douche ou bains). Bon accueil.

Hôtel La Résidence : *manoir de La Salamandre, 4, bd René-Coty. ☎ 02-35-27-02-87. • manoirdelasalamandre@voila.fr • hotelresidenceetretat.com • Doubles 39-95 € selon confort et saison. Une chambre balnéo-jacuzzi et une suite, 114-126 €. Petit déj bio 7 €. Internet, wifi. Un petit déj/pers offert sur présentation de ce guide (sf si résa faite par le site booking.com).* De l'extérieur, c'est l'un des plus beaux hôtels de Normandie. Il s'agit d'une maison du XIVe s bâtie à Lisieux et remontée en 1912 à Étretat. À l'intérieur, mariage de styles réussi : des chambres toutes différentes et décorées avec goût. Lits à baldaquin et balnéo pour certaines. Bon accueil.

Domaine de Saint-Clair – Le Donjon : *chemin de Saint-Clair. ☎ 02-35-27-08-23. • info@hoteletretat.com • hoteletretat.com • Ouv tte l'année. Doubles et suites 120-550 € selon confort et saison ; familiales 280-380 €. Petit déj 14 €. Internet, wifi. Réduc de 10 % sur le prix de la chambre, dim soir-ven soir, sur présentation de ce guide.* Petit château posé sur l'un des points culminants d'Étretat et qui ferait presque penser à un pion de jeu d'échecs. Cet hôtel chic jouit d'une vue plongeante sur la mer, l'Aiguille et le bourg d'Étretat, notamment depuis le jardin, les salons et quelques chambres. Quant à la déco de celles-ci, elle est plutôt originale, voire assez kitsch. On reprochera juste l'entretien de certaines d'entre elles, étant donné leur tarif, comparé à la chambre *Claude Monet,* par exemple, entièrement rénovée dans un style contemporain branché et dotée d'un hammam ! Atmosphère cosy, meubles chinés, musique d'ambiance... Beaux salons, notamment le salon Claude Monet avec sa vue sur le village et la mer. Piscine extérieure chauffée. Restaurant chic sur place.

Où dormir dans les environs ?

Village équestre d'Étretat – Le Tilleul : *248, rue de la Sauvagère, 76790 Le Tilleul. ☎ 02-35-27-04-22. • etretat-equitation@orange.fr • etretat-equitation.fr • À 3 km d'Étretat, direction Le Havre. Bien indiqué sur la droite de la route. Au sommet des falaises. Double 42 € ; familiale (6 pers) env 100 €. Petit déj-buffet 5,50 €.* Si tout est complet, ça peut dépanner. Les chambres doubles sont fonctionnelles, et les chambres familiales récentes. Fait aussi resto. C'est surtout le plus beau centre équestre de la côte. Stages, balades...

Où manger ?

Étant donné la réputation d'Étretat et de ses falaises, le tourisme induit parfois des prestations inégales en matière de restauration. Des surprises sont donc toujours possibles...

Crêperie Lann-Bihoué : *45, rue Notre-Dame. ☎ 02-35-27-04-65. • nicolas.valerie76@orange.fr • À deux pas du centre. Tlj sf mar-jeu hors saison. Congés : 2-20 janv. Formule 9 € ; menus 13,50-16,50 €. Café offert sur présentation de ce guide.* Pour un prix très correct, de bonnes crêpes pour tous les goûts, certaines baptisées de noms impressionnistes. Le tout à déguster dans un cadre pimpant, avec une petite terrasse logée dans une cour de poche. Accueil sympa.

Restaurant du Golf : *au bord du golf, route du Havre. ☎ 02-35-27-04-56. • golfetretat.com • À la sortie d'Étretat (direction Le Havre), suivre l'indication du golf ; c'est tt en haut. Tlj sf mar nov-mars. Résa conseillée. Formule ou* *menu à partir de 15 €.* Même si vous n'êtes pas un adepte du golf, ce resto vaut le détour. D'abord pour le cadre et la vue imprenable. D'un seul coup d'œil, on embrasse toutes les falaises et son voisin, tellement on est content ! La salle chaleureuse est inondée de lumière. Menus à l'ardoise de très bonne qualité et qui changent quotidiennement selon le marché. Ambiance qui n'a rien de guindé mais accueil parfois en demi-teinte.

Où manger ? Où boire un verre dans les environs ?

Après tout, il n'y a pas qu'Étretat pour se restaurer, on a le droit de sortir du centre touristique !

Auberge du Puits Fleuri : *76111* ***Vattetot-sur-Mer.*** *À 7 km au nord par la route côtière vers Fécamp (D 211). ☎ 02-35-28-31-02. Tlj sf dim soir et lun en saison, plus mar hors saison. Congés : 3 sem en fév-mars et 1re sem d'oct. Menus 14,50 € en sem, avec fromage et dessert, puis 21-28 € ; carte 30-35 €.* Face à la jolie mairie de Vattetot, une petite auberge de campagne bâtie en brique et silex, bien sympathique avec son jardin, son puits fleuri (ben oui) et sa véranda pour les beaux jours. Bonne cuisine régionale. Superbe plateau de fromages. Une vraie bonne adresse.

Le Tilleulais : *759, route du Havre, 76790* ***Le Tilleul.*** *☎ 02-35-27-10-48. À 3 km d'Étretat sur la route du Havre. Tlj sf lun (et mar en hiver) jusqu'à 21h en hiver, 21h30 le w-e et tlj en été. Fermé 3 sem en avr et 2 sem fin déc. Menus 11,50 € (boisson incluse) à midi en sem, puis 15,80-26,40 €. Digestif (calvados) offert sur présentation de ce guide.* Certes, le resto est en bord de route et le cadre assez désuet. Mais on y mange une bonne cuisine familiale, gentiment concoctée par un cuistot breton et servie par une patronne normande. De plus, ce n'est vraiment pas cher, comme quoi c'est possible près d'Étretat... Service très nature et cuisine de bonne facture, dans tous les sens du terme.

Salon de thé La Dame au Chapeau : *3, rue du Clos-Masure, 76790* ***Bénouville.*** *À 4,5 km d'Étretat par la route côtière vers Fécamp (D 211). 06-76-82-49-99. • la.dameauchapeau@laposte.net • Ouv jeu-dim 12h-18h tte l'année. Résa conseillée pour le déj. Plat chaud 12,50 € ; pâtisseries 2,50-4 €. CB refusées. Café à la fin d'un déj offert sur présentation de ce guide.* En pleine campagne, à l'entrée du village de Bénouville, un petit concept rigolo mis au point par une vraie dame avec un vrai chapeau (non, non, ce n'est pas Mme de Fontenay !). Salon de thé-étape pour les randonneurs de tout poil, à pied, à vélo ou en voiture, où l'on peut boire un verre et grignoter un morceau, parfois improvisé, dans un petit décor hétéroclite. Soupe du jour, sandwichs, planchettes, plat chaud, goûters et déjeuners.

Le Belvédère : *route du Belvédère, 76280* ***Saint-Jouin-Bruneval.*** *☎ 02-35-20-13-76. À 8 km au sud d'Étretat par la D 940, puis la D 111. Fermé dim soir, mer soir et jeu, plus lun soir et mar soir hors saison. Menus 23 € (sf w-e et j. fériés) et 31-42 €.* Situation assez insolite pour ce restaurant chic installé au-dessus des falaises et... du terminal pétrolier d'Antifer ! Le cadre du resto est assez désuet, mais la réputation du chef n'est plus à faire en ce qui concerne sa cuisine à base de poisson et de fruits de mer. En salle, c'est sa charmante épouse d'origine mexicaine qui officie.

L'Auberge des Vieux Plats : *76280* ***Gonneville-la-Mallet.*** *À 12 km au sud d'Étretat par la D 940 puis la D 139. Ouv slt mer mat pdt le marché et parfois le dim pour déj.* Une institution, un poème d'un autre âge. D'abord, il y a le bâtiment en silex avec son christ sculpté en façade et ses médaillons entourés de coquilles Saint-Jacques. Et puis, c'est un lieu chargé d'histoire puisque, ici, sont passés Boudin, Flaubert, Maupassant, Victor Hugo, Maurice Leblanc et bien d'autres, venus manger, boire un gorgeon ou s'encanailler ! Le lieu, tenu par une vieille dame au caractère bien trempé, est fréquenté par les *touilleux* (joueurs de dominos) du village. Rien d'autre à attendre qu'un lieu incrusté de nostalgie mais il faut vraiment y boire un verre le jour du marché car c'est fermé ensuite... ou si peu ouvert !

Où boire un verre ?

En saison, sur le *perrey* (le front de mer), le bar **Les Caloges** (♿ *ouv slt Pâques-sept ; CB refusées)*, du nom de ces barques traditionnelles recouvertes d'un toit de chaume, est un endroit très simple pour boire un p'tit vin blanc accompagné d'huîtres, de moules ou de crevettes autour de 10 €.

🍷 ***La Salamandre :*** *4, bd René-Coty.* ☎ *02-36-27-17-07.* Magnifique café tout en bois, au rez-de-chaussée du manoir *La Salamandre*. Ambiance romantique, surtout au coin du feu, idéale pour boire un verre le soir.

À voir. À faire

Petit avertissement : ne vous approchez pas trop près du précipice ! Cela vous paraîtra peut-être naïf, mais aucun garde-fou n'est là pour donner la limite de l'inconscience. De plus, la falaise recule d'année en année et les bordures sont friables. Des accidents arrivent régulièrement. Alors, ne vous prenez pas pour Monet, vous risqueriez de planer au-dessus des falaises avec votre chevalet ! Pour se repérer, savoir qu'à gauche de la plage d'Étretat se trouve la falaise d'Aval (avec sa fameuse arche) et à droite la falaise d'Amont... Quant à la balade par le bas, elle est tout simplement interdite.

En aval

➢ ***La falaise d'Aval :*** *on parvient au sommet (85 m) en empruntant un sentier puis un escalier situés à gauche de la digue.* À la fin du XIXe s, une curieuse tour dominait la falaise (on la voit sur d'anciennes cartes postales). C'était un fort qui fut dynamité en 1911. À l'extrémité, un ancien blockhaus. Cette superbe falaise est bordée d'un chemin de randonnée, le GR 21, qui court du Havre au Tréport. Cette portion est l'une des plus belles. Le vaste espace tout autour est occupé par un golf, face à la mer. Quel charme !

➢ ***La porte d'Aval :*** splendeur d'Étretat, considérée comme l'une des merveilles naturelles du monde. C'est une arche à l'incroyable harmonie, à la délicate découpe. Contrairement à ce que l'on pourrait imaginer, c'est principalement une rivière souterraine qui a provoqué cette belle érosion. Certes, aidée par la mer... Et contrairement à ce que l'on colporte généralement, ce n'est pas cette porte de calcaire que Maupassant comparait à un éléphant plongeant sa trompe dans la mer mais la porte d'Amont (voir plus loin) !

➢ ***L'Aiguille :*** *un peu en retrait, derrière la porte, on la voit de la plage.* Pour mieux l'admirer, ne pas manquer de monter au sommet de la falaise d'Amont. L'Aiguille mesure 70 m de haut mais n'est pas creuse, contrairement à ce qu'affirmait Arsène Lupin. Taillée comme un obélisque par la mer et le temps, c'est la dureté de son calcaire qui lui a permis de ne pas disparaître totalement. Symboliquement, c'est le complément parfait de la porte d'Aval : le plein, le creux ; le mâle, la femelle...

➢ ***Le trou à l'Homme :*** *grotte nichée au pied de la falaise d'Aval.* On y accède à marée basse. Immense, elle est pavée de pierre blanche et tapissée de mousse. On la surnomme ainsi depuis qu'un matelot, seul survivant du naufrage d'une goélette nordique, y fut retrouvé (vivant) à la fin du XVIIIe s. On dit aussi que Marie-Antoinette y implanta des parcs à huîtres...

➢ ***La Manneporte :*** *à gauche de la falaise d'Aval, au bout de la valleuse de Jambourg. Accès en 15 mn depuis le perrey.* Arche imposante, moins élancée que celle d'Aval et surtout moins connue puisqu'elle est située derrière. Maupassant, toujours lui, affirmait déjà en son temps qu'un navire pouvait passer sans problème sous cette « grande porte » (d'où son nom, dérivé de *Magna Porta*). C'était aussi l'un des « motifs » de prédilection de Claude Monet.

En amont

➢ ***La falaise d'Amont :*** *pour accéder au sommet en voiture, prendre l'av. Nungesser-et-Coli (chemin de Bénouville), puis l'av. Damillaville. On grimpe au sommet de la falaise en empruntant un escalier situé à l'extrémité droite de la plage.* Là-haut, on trouve un calvaire, une charmante petite chapelle (ouverte le 15 août seulement) et une flèche blanche pointée vers le ciel, monument dédié aux aviateurs Nungesser et Coli. *L'Oiseau blanc,* leur biplan Levasseur de 5 t (dont 4 t de carburant), s'élança sur la piste du Bourget le 8 mai 1927 à 5h22 pour tenter de traverser l'Atlantique Nord. La dernière fois qu'on les vit, c'est au large d'Étretat. Certains pensent que leur avion s'est écrasé près de Saint-Pierre-et-Miquelon, d'autres que la mafia américaine (on est à l'époque de la prohibition) aurait pu dézinguer leur zingue... Charles Lindbergh réussira finalement l'exploit de relier New York à Paris sans escale, 12 jours à peine après la tentative des deux Français. C'était le 20 mai 1927, à bord du *Spirit of Saint Louis.* Du bord de la falaise, panorama d'un romantisme absolu sur la ville, bordée par la falaise d'Aval, l'arche et l'Aiguille. Belle brochette d'aiguilles avec le clocher de la chapelle, la flèche du monument et l'Aiguille en enfilade... Également un espace d'art contemporain bénéficiant d'un très bel éclairage naturel (de mi-avril à mi-septembre).

LA GROSSIÈRETÉ DE GOERING

Lors de la Première Guerre mondiale, le pilote de guerre Nungesser sort vainqueur d'un combat singulier contre un certain Hermann Goering. Plus tard, il croise de nouveau l'aviateur allemand et, le trouvant particulièrement grossier, le gifle en public. Nungesser disparaît peu après avec Coli. Devenu maréchal au sein du IIIe Reich, Goering vient à Étretat en 1942. Découvrant le monument élevé à la mémoire des deux aviateurs, il ordonne qu'on le fasse sauter à la dynamite... sous prétexte qu'il pourrait servir de point de repère à l'ennemi !

➢ ***La porte d'Amont :*** *visible depuis la falaise d'Amont.* C'est cette porte de calcaire que Maupassant comparait à une trompe d'éléphant plongée dans la mer.

➢ ***L'aiguille de Belval :*** *à droite de la falaise d'Amont, au bout de la plage. Pour s'y rendre, monter sur la falaise d'Amont. Du parking, prendre le GR 21. Bien indiqué. Compter 1h-1h30 de balade A/R.* Moins connue que l'aiguille d'Aval, l'aiguille de Belval est pourtant surprenante. On dirait un gigantesque menhir dévoré, à sa base, par les vagues, ou bien une incisive plantée dans la mer ! On s'attend à la voir s'effondrer d'un instant à l'autre...

■ ***Natterra :*** *29, route de la Plaine, 76280* ***La Poterie-Cap-d'Antifer.*** *☎ 02-76-39-02-69. 📱 06-82-77-87-55. • natterra.fr •* Sorties nature, promenades, balades, randonnées avec un guide nature qui vous accompagne sur les falaises en vous expliquant leur écosystème (oiseaux, effritement de la roche, etc.).

À voir encore

🎭 ***Le Clos Arsène-Lupin :*** *15, rue Guy-de-Maupassant. ☎ 02-35-10-59-53. • arsene-lupin.com • ♿ Avr-sept, tlj 10h-17h45 ; hors saison, sam-dim 11h-16h45 ainsi que tlj pdt les vac scol. Entrée : 6,75 € ; réduc ; tarif préférentiel accordé sur* *présentation de ce guide.* C'est le plus grand des voleurs, oui, mais c'est aussi un gentleman, épaulé par son fidèle Grognard, qui vous accueille dans sa « demeure » à Étretat, où son papa Maurice Leblanc a rédigé quelques-unes de ses célèbres aventures. Il vint ici écrire chaque été pendant 20 ans avant de s'exiler dans le Midi pendant la Seconde Guerre mondiale. Après plusieurs changements de main, Florence, la petite-fille unique de Maurice Leblanc, a racheté la propriété et imaginé cette visite de 45 mn avec audioguide, suivant un itinéraire qui nous conduit de pièce en pièce pour vivre les tribulations d'Arsène Lupin (les anciens reconnaîtront la voix de Georges Descrières). On pénètre dans l'imaginaire et l'intimité du héros, dans son repaire. Dans le mystère des lumières tamisées et de délicieuses ambiances, il nous conte ses secrets et ses aventures, nous parle de ses amours passionnées, tout en cherchant à élucider la fameuse énigme de l'Aiguille creuse. Rien de tel pour donner envie de relire l'énigme policière, toujours aussi enlevée et en vente à la boutique !

Sur le *perrey,* soit le front de mer en cauchois, et l'ancien port d'échouage des bateaux, sur la gauche de la plage, on trouvait autrefois des ***caloges,*** vieux bateaux hors d'usage recouverts d'un toit de chaume et utilisés comme remises par les pêcheurs. Aujourd'hui, les deux restants sont ceux du snack *Les Caloges* et du club nautique au bout du quai. Également des panneaux consacrés au travail de Claude Monet à Étretat.

Les vieilles halles : *au bout du bd René-Coty.* Superbe bâtiment en bois de Brionne (dans l'Eure), datant de 1926, avec boutiques intérieures.

L'église Notre-Dame : *route de Bénouville. Ouv tlj.* Ancienne dépendance de l'abbaye de Fécamp, datant des XIe et XIIIe s et donc d'architecture romane et gothique. Remarquez la petite tour accrochée au flanc du clocher. Portail roman, assez mal restauré au siècle dernier. Orgue *Cavaillé-Coll* du XIXe s classé.

Nombreuses ***villas,*** de la fin du XIXe s et de la Belle Époque, dans et autour d'Étretat, toutes plus belles les unes que les autres. Les plus connues : la *villa Orphée,* route de Fécamp, que fit construire Offenbach ; le *Clos Arsène-Lupin,* c'est-à-dire la maison de Maurice Leblanc, au carrefour de la rue Guy-de-Maupassant et de la rue du Bec-Castel (voir plus haut) ; la villa *La Guillette,* rue Guy-de-Maupassant, que l'écrivain fit construire ; la *villa La Chaufferette,* rue Notre-Dame, où habitait le peintre Eugène Le Poittevin ; la *maison de René Coty* ; et puis, le *château des Aygues* où séjourna une certaine Sissi impératrice...

Fête et manifestation

– ***La bénédiction de la mer :*** *jeudi de l'Ascension.* Cérémonie religieuse datant du Moyen Âge. C'est la commémoration d'une très vieille légende et, l'occasion d'une grande messe à Notre-Dame et d'une fête foraine.
– ***Les Galetjades :*** *en juil-août.* Spectacles de rue, expositions, concerts, animations...

YPORT

(76111) 1 035 hab. *Carte Seine-Maritime, A2*

On atteint Yport par une charmante route sinueuse et vallonnée. À une dizaine de kilomètres au nord-est d'Étretat, c'est une petite station balnéaire familiale, pittoresque, intime et moins chère qu'Étretat. Belles falaises là aussi. Plage de galets avec quelques barques colorées, les fameuses *doris* qui, accrochées aux trois-mâts, servaient à partir à la pêche à Terre-Neuve. Beau-

coup de charme dans les ruelles de ce petit bourg grâce à plusieurs villas et jolies maisons de pêcheurs, ainsi qu'une petite église restaurée, avec une voûte en bois, remplie d'ex-voto. Le front de mer a été bien réaménagé, mais dommage qu'un vilain casino dépare la jetée. Espérons que les projets de relookage de la façade soient enfin réalisés…

ARTISTES ET IMPRESSIONNISTES À YPORT

Boudin, Corot, Gide et bien d'autres aimaient y séjourner, ainsi que Maupassant qui décrit la fameuse descente à Yport et ses odeurs de poisson dans son roman *Une vie* (sans oublier deux de ses nouvelles, *L'Ivrogne* et *Le Retour*). Si vous êtes curieux, allez donc jeter un œil à la surprenante villa blanche du XIXe s, le *Bordj El-Maboul,* d'influence mauresque, où Maupassant venait souvent écrire (face au camping municipal d'Yport). En 1883, un certain Alfred Abraham Nunès, cousin de Pissarro, originaire des Antilles et grand amoureux des arts (il sera aussi élu maire d'Yport en 1886), se passionne pour les paysagistes et, en particulier, les impressionnistes. C'est ainsi qu'il commande à Renoir, non pas un paysage, mais deux portraits : celui de sa fille Aline, âgée de 8 ans *(Jeune fille à l'ombrelle)* et celui de son fils Robert, 10 ans *(Jeune garçon sur la plage d'Yport).* La même année, Renoir peint *Marée basse à Yport…* aujourd'hui au musée de l'Ermitage à Saint-Pétersbourg.

CE « BON SCHUFF », L'AMI DE GAUGUIN

Les Rochers à Yport, *visible au musée des Terre-Neuvas, à Fécamp, est un tableau de Claude-Émile Schuffenecker (1851-1934). C'est à lui que Gauguin doit sa vocation de peintre, du temps où ils étaient tous deux agents de change. Et c'est « ce bon ami Schuff » qui pousse Gauguin dans les cours de dessin et les musées, allant jusqu'à le soutenir financièrement. Néanmoins, la réputation de Schuff fut aussi sulfureuse puisqu'on le soupçonna d'avoir réalisé de faux Van Gogh, d'ailleurs revendus aux enchères !*

Adresse et info utiles

Office de tourisme : *rue Alfred-Nunès. ☎ 02-35-29-77-31. • fecamp tourisme.com • Ouv tte l'année sf dim hors saison ; en été, tlj 9h30-12h30, 14h30-18h30.* Plan d'Yport au fil des rues (gratuit). Doc sur les balades dans le coin, ainsi que sur le GR 21. Expos temporaires.

– ***Marché :*** *le mer mat.*

Où dormir ?
Où manger ?
Où boire un verre ?

Campings

Camping, chambres d'hôtes et gîtes Le Rivage : *rue Hottière. ☎ 02-35-27-33-78. Ouv tte l'année. Compter 14 € pour 2. Chambre d'hôtes 45 € la nuit et gîtes pour 10 pers 800 €/sem. Groupes refusés en juil-août. CB refusées.* Grand camping en terrasses avec une vue exceptionnelle sur la falaise, la mer, Yport et même Fécamp au loin. Superbe site pour un camping ! 90 emplacements en tout, dont certains bien ombragés, d'autres pas du tout… Également des chambres d'hôtes et des gîtes adaptés aux randonneurs. Bloc sanitaire bien tenu. Laverie. Possibilité de petit déj, commande de pain, glaces, boissons, soirées crêpes en saison. Chemin d'accès à la plage en 5 mn (plus dur à la remontée). Par le GR 21, on fait Étretat en 2h30 ou Fécamp en 1h30 (possibilité de retour en bus).

Camping Flower La Chênaie : *rue Henri-Simon. ☎ 02-35-27-33-56. • camping.yport@flowercampings.com • ♿ Un peu avt Yport, sur la D 104. Bus Fécamp-Le Havre, arrêt au centre* *d'Yport, puis 800 m à pied. Ouv d'avr à mi-oct. Compter 20,50 € pour 2. Mobile homes et Free Flowers 336-637 €/sem.* Plein d'espaces verts bien plats s'étageant sous les arbres. Sanitaires bien tenus. Aire de jeux. Bel endroit tranquille, sauf quand des petits malins font du quad ou du cross dans les parages... Face au camping, jolie maison blanche du XIXe s d'influence mauresque, où Maupassant venait écrire... Piscine.

Camping La Pâture : *à 2 km d'Yport. Prendre la direction de Vattetot-sur-Mer, puis à droite de l'église et continuer tt droit. ☎ 02-35-27-30-04. 06-12-43-69-81. • marcel.annie.regnault@orange.fr • lapature.fr • Ouv de mai à mi-sept. Compter 12 € pour 2.* En pleine nature, au sommet de la falaise, mais sans vue spectaculaire. À 500 m de la plage. Terrain plutôt plat avec quelques parties plus pentues. Calme et vert. Sanitaires anciens corrects.

Prix moyens

Chambres d'hôtes Le Petit Navire : *chez M. et Mme Isaac, 26, rue Emmanuel-Foy. ☎ 02-35-28-00-94. • contact@le-petit-navire.com • lepetitnavire.com • Double 57 € et suite 90 € pour 2 ou 120 € pour 5 pers. Wifi.* On la repère grâce à la petite galerie de peinture ouverte aux copains en saison... Dans un ancien atelier de *ramendage* (réparation de filets de pêche), devenu ensuite la maison d'un marchand de vin, 5 chambres parquetées, vue sur mer, spacieuses et superbement décorées par la sensible Brigitte, avec quelques touches contemporaines dans la déco. *La Marine,* en particulier, est très chouette avec sa cabane-douche. Également une suite, *La Gourmandine,* dans des tons beiges, avec une vue sur les toits d'Yport et les bois, un canapé-lit et une petite chambre d'appoint. Excellente literie. Bon accueil de Jean-François.

Meublés Belles Vues : *chez Mme Martine Grancher, 3, rue Jean-Eugène-Ebran. ☎ 02-35-27-31-51. 06-06-72-29-00. • belles.vues@gmail.com • normandie-yport-location.com • Juste à côté des Embruns. Studios 60 €/nuit pour 2, panier petit déj inclus, ou 310-400 €/sem selon confort et saison.* 2 studios très bien placés, face à la mer, sur le perrey d'Yport. Le *Petit Baigneur* est le plus petit et le moins cher, situé sous les toits avec une chambre double, une cuisine, des poutres et un velux avec une double, voire triple vue sur le village, la falaise et même Fécamp. *L'Écume de Mer* est plus spacieux et possède, en plus de l'autre, un salon avec clic-clac. Déco gaie et moderne avec quelques meubles anciens. Linge et serviettes fournis. Lave-linge commun. TV et lecteur DVD dans les 2. Bon accueil.

La Sirène : *7, bd Alexandre-Dumont. ☎ 02-35-27-31-87. • lasirene.yport@wanadoo.fr • hotel-sirene.com • Resto ouv slt ven-dim et j. fériés hors saison ; slt le soir lun-jeu, midi et soir ven-dim et j. fériés en saison. Hors saison hôtel ouv slt ven-dim. Congés : déc. Double 70 €. Assiettes de pays 15-20 € ; plateau de fruits de mer 2 pers 60 € ; menus 19-28 €. Au resto, café offert sur présentation de ce guide.* Cet hôtel a repris vie grâce aux efforts de la propriétaire, originaire du village, qui regrettait de voir ainsi péricliter ce charmant petit hôtel de bord de mer. *La Sirène,* rénovée de fond en comble, peut de nouveau se dresser fièrement sur la plage d'Yport, offrant une vue sublime sur les falaises. Déco marine de bon goût. En profitant de la vue panoramique du resto à l'étage, on déguste fruits de mer, assiettes de pays et produits du terroir. Une adresse pour les jeunes amoureux.

Le Nautique : *73, rue Alfred-Nunès. ☎ 02-35-29-76-10. • chritine.riviere76@orange.fr • Face à l'église et à l'office de tourisme. Tlj sf mer hors saison. Congés : 1re quinzaine d'oct, 24-25 déc et 31 déc-1er janv. Formule 13 € en sem ; menus 18-21 €. Café ou apéritif offert sur présentation de ce guide.* Un joli décor de bistrot de village avec un zinc en bois, une déco marine et une courette arrière avec vue sur l'église. Tout simple et souvent plein. À la carte, spécialités de moules à toutes les sauces (par exemple au cidre et aux pommes), fruits de mer, coquillages, etc. Sandwichs pour les fauchés.

Service sympa, même si on arrive un peu en dehors des horaires. Fait aussi café de pays avec des concours de tarot et diverses animations !

Fête

– ***Feu d'artifice et fête de la Mer et de la Peinture :*** 14-15 août. Avec messe et bénédiction, procession avec les ex-voto et vente aux enchères des peintures réalisées dans la journée.

FÉCAMP

(76400) 19 100 hab. *Carte Seine-Maritime, A2*

Nichée au creux de la Valmont qui a fendu les falaises, Fécamp est une petite ville industrieuse doublée d'un port de pêche, de commerce et de plaisance. Ville au passé prestigieux, Fécamp fut l'ancienne résidence des ducs de Normandie avant qu'il ne leur prît l'envie de traverser la mer et de bâtir une véritable industrie de la pêche, celle des terre-neuvas. Riche de son passé industriel et maritime, la ville séduit le voyageur par sa forte personnalité même si son front de mer est un peu trop bétonné à notre goût. Mais elle possède des sites et des musées exceptionnels, qui méritent assurément le détour. Sans compter le grand projet de Fécamp, à savoir le déménagement et l'agrandissement du musée des Terre-Neuvas, en 2012-2013, dans le futur musée des Pêcheries... Ce passé et ce patrimoine uniques lui ont permis d'obtenir le label de « Ville d'art et d'histoire ». Depuis 2005, cinq éoliennes aux jolis noms de Brise, Mistral, Alizé, Zéphyr et Tourbillon sont venues remplacer, dans le paysage, les hélices des bateaux de pêche réduits à la portion congrue...

FÉCAMP, BORD DE MER

En 1849, Delacroix s'emballait déjà pour « cette grande ligne bleue, verte, rose, de cette couleur indéfinissable qui est celle de la vaste mer ». Le préimpressionniste Jules Noël, qui peint *Crinolines sur la plage* en 1870, visible au musée des Terre-Neuvas, y soigne particulièrement les effets lumineux. L'hyperactif Claude Monet s'attaque aux falaises en 1881, d'où sortira *Fécamp, bord de mer,* visible au musée Malraux du Havre, et une vingtaine d'autres toiles peintes sur les hauteurs de Grainval et du cap Fagnet.

UNE FEMME CHEZ LES IMPRESSIONNISTES

Enfin une femme chez les impressionnistes ! Berthe Morisot, arrière-petite-nièce de Fragonard, étudie avec Corot, apprend le métier en copiant des chefs-d'œuvre au Louvre, où elle rencontre Fantin-Latour qui lui présente à son tour le très scandaleux Édouard Manet, dont elle deviendra le modèle favori. Elle expose en 1874 chez Nadar, au fameux Salon des refusés, entrant dans le cercle des impressionnistes. La même année, elle séjourne à Fécamp chez sa tante Boursier, qui possède alors une grande maison sur la falaise. Elle épouse le frère de Manet, Eugène, dont elle aura une fille, Julie. Victime d'une pneumonie en 1895, elle confie le destin de sa fille à Mallarmé et à Renoir, léguant ses œuvres à tous ses amis artistes, dont Monet et Degas. Sur son certificat de décès, pourtant, il sera mentionné « sans profession »... Dans ses toiles, Berthe Morisot s'intéresse particulièrement aux scènes familiales, aux femmes et aux enfants, comme dans *Le Berceau* ou *Jeune femme en toilette de bal,* toutes deux visibles au musée d'Orsay, à Paris. Elle ira souvent peindre aux Petites-Dalles et à Saint-Pierre-en-Port. Son style, libre et fluide, sera qualifié de « légèreté picturale ». C'est tout de même elle qui réussit à convaincre Manet de peindre en plein air et sur le motif...

FÉCAMP, PORT DE PÊCHE

« Fécamp, port de pêche qui entend le rester. » Cette phrase du général de Gaulle est toujours d'actualité. Ici, on ne plaisante pas avec la mer. Du stade artisanal, on passe au fil des siècles à une quasi-industrie puisque, au XVIe s, le port distribue son poisson pratiquement dans tout le pays. C'est à cette époque que les Fécampois traversent l'Atlantique pour aller chercher la morue là où elle est en quantité : à Terre-Neuve. Au XVIIe s, les chantiers navals et les voileries se multiplient, le port s'organise.
De la seconde moitié du XIXe s jusque dans les années 1970, la ville fut le 1er port français de pêche à la morue et le 4e port national. Puis la situation s'est doucement mais sûrement dégradée. Le choc pétrolier de 1974 et l'augmentation du coût du gasoil, la raréfaction de la morue due à l'industrialisation de la pêche et l'extension des zones de pêche canadiennes après celle des zones islandaises, ont achevé de mettre à terre cette industrie fécampoise de la morue. Du coup, les pêcheurs d'ici se sont reconvertis tant bien que mal dans la pêche hauturière et côtière, qu'en tant que terre-neuvas ils dédaignaient jadis, ainsi que dans la salaison et la fumaison du hareng, désormais remplacé par le saumon. Cela permet de continuer à faire tourner quelques saurisseries locales. Aujourd'hui, malgré le petit nombre de bateaux, le port de commerce essaie de rester actif. Mais ce sont surtout l'importation et l'exportation des bois du Nord, la navigation de plaisance et les activités sportives nautiques qui assurent maintenant la survie maritime de Fécamp. Pour en savoir plus sur l'histoire maritime fécampoise, n'hésitez pas à surfer sur le site ● *fecamp-terre-neuve.fr* ●

Arriver – Quitter

En bus

➢ ***De/vers Étretat, Yport, Le Havre :*** liaisons tlj avec les *Cars Périer (☎ 0800-808-703/n° Vert. ● cars-perier.fr ●).*

➢ ***De/vers Saint-Valery-en-Caux, Dieppe :*** liaisons avec *Degardins (☎ 02-35-57-29-82).* Pour la liaison Fécamp-Dieppe, changement à Saint-Valery-en-Caux.

➢ ***De/vers Goderville, Le Havre :*** liaisons tlj avec les *Cars Périer* (voir coordonnées plus haut) ou les *Cars Fauvillais (☎ 02-35-95-98-50. ● cars-fauvillais.com ●).*

➢ ***De/vers Bolbec :*** liaisons avec les *Cars Périer* ou *Fauvillais* (voir coordonnées plus haut).

➢ ***De/vers Yvetot :*** liaisons avec *Kéolis (☎ 02-35-28-19-88).*

Adresses et infos utiles

ℹ ***Office intercommunal de tourisme*** *(plan B2,* ***1****) : quai Sadi-Carnot, au port. ☎ 02-35-28-51-01. ● fecamptourisme.com ● Janv-mars et sept-déc, lun-ven 9h-18h, sam 9h30-12h30, 14h-18h, dim pdt les vac scol 9h30-12h30 ; avr-juin, lun-ven 9h-18h, sam, dim et j. fériés 10h-18h ; juil-août, tlj 9h-18h30.* Dynamique, agréable et efficace.

ℹ ***Points information :*** *sur le front de mer, slt en saison (plan A1,* ***2****) et dans l'ancien* hôtel du Grand-Cerf, ***Maison du patrimoine,*** *10, rue des Forts (plan B2,* ***3****), à deux pas de l'abbatiale de la Trinité (lun-ven 8h-12h, 13h30-17h).*

@ ***EAJ, Le Pagnol*** *(plan B1)* ***:*** *254, av. Jean-Lorrain. ☎ 02-35-29-20-01. Lun-ven (sf lun mat hors vac scol). Compter 2 €/h.* Le Pagnol *(plan B2), 10,*

FÉCAMP

Adresses utiles

- 1 Office intercommunal de tourisme
- 2 Point information
- 3 Point information et Maison du patrimoine
- @ EAJ, Le Pagnol
- 4 Librairie Le Chat Pitre

Où dormir ?

- 10 Camping de Reneville
- 11 Hôtel de la Plage
- 12 Hôtel Normandy
- 13 Hôtel de la Mer
- 14 Hôtel d'Angleterre – Le Pub anglais
- 15 Hôtel de la Ferme de la Chapelle

Où manger ?

- 15 Resto de l'hôtel de la Ferme de la Chapelle
- 20 Chez Nounoute
- 21 Le Vicomté
- 23 Les Terre-Neuvas
- 24 Le Forban

Où boire un verre ? Où grignoter un morceau ? Où écouter de la musique ?

- 30 Café de la Boucane

pl. Charles-de-Gaulle. ☎ 02-35-29-40-81. Libre accès à Internet, moyennant une consommation. Même principe dans plusieurs bars de la ville : *Les Arcades*, pl. du Général-de-Gaulle, *La Flibuste*, bd Albert-Ier, ou encore *La Frégate*, le bistrot de l'*hôtel de la Mer.*

■ ***Boutique Rosalie*** *(loc de vélos) : 42, rue du Casino, juste derrière le café Le Drakkar, sur la plage. ☎ 02-35-10-73-39. Tlj en été.*

■ ***Librairie Le Chat Pitre*** *(plan B2,* ***4****) : 1, quai Bérigny. ☎ 02-35-10-12-54. Mar-ven 10h30-19h, sam 10h-19h et dim 10h30-13h.* Une sympathique librairie fécampoise tenue par 2 jeunes femmes charmantes. La librairie est même l'un des personnages du bou-

quin de Katherine Pancol, *Un homme à distance.* Tout pour faire son réassort intellectuel et acheter les dernières trouvailles régionales.
– **Marché :** *sam tte la journée, autour de la pl. du Général-de-Gaulle.*

Où dormir ?

Camping

Camping de Reneville *(plan A2,* ***10****) : chemin de Nesmond. ☎ 02-35-28-20-97. • reneville@aliceadsl.fr • campingde reneville.com • À 2 km de la gare ferroviaire. Prendre la direction d'Étretat, puis fléché sur la droite. Ouv d'avr à mi-nov. Compter 15,50 € pour 2. Loc de mobile homes et chalets 4-6 pers 240-645 €/sem.* Un beau camping superbement situé au-dessus de la jetée, tel un amphithéâtre de nature offrant une vue formidable sur la mer. Certains emplacements sont bien ombragés, d'autres beaucoup moins. Propose aussi des chalets en bois, des mobile homes, certains de style roulotte gitane. Machine à laver, sèche-linge, épicerie de dépannage, pain et boulangerie le matin. Pétanque et ping-pong. Un court sentier mène directement à la mer.

Prix moyens

Hôtel de la Plage *(plan A2,* ***11****) : 87, rue de la Plage. ☎ 02-35-29-76-51. • hoteldelaplagefecamp@wanadoo.fr • hoteldelaplage-fecamp.com • Doubles 46-70 € selon confort et saison.* Derrière une façade sans charme, un petit hôtel modeste mais correct, à deux pas de la plage. Chambres au diapason de l'impression générale, dont 3 moins chères avec douche privée et w-c sur le palier. Certaines ont une toute petite vue sur un bout de mer.

Hôtel Normandy *(plan B2,* ***12****) : 4, av. Gambetta. ☎ 02-35-29-55-11. • info@normandy-fecamp.com • normandy-fecamp.com • Au centre-ville. Resto fermé j. fériés. Doubles 63-68 € selon saison. Wifi. Parking fermé payant. Un petit déj par chambre et par nuit offert sur présentation de ce guide.* L'ensemble est un peu vieillot mais pas désagréable. Façade avenante, couloirs un peu tristounets, chambres très simples et propres. Certaines sont particulièrement spacieuses. Le resto, *Le Maupassant*, est rétro lui aussi. Bon accueil. Une petite adresse à l'écart de l'agitation du bord de mer.

Hôtel de la Mer *(plan A2,* ***13****) : 89, bd Albert-Ier. ☎ 02-35-28-24-64. • pannier.georges@wanadoo.fr • hotel-dela-mer.com • Fermé Noël, Jour de l'an et 3 sem en janv. Doubles 49-68 € selon confort et saison. Internet, wifi.* À côté du casino, cet immeuble moderne se révèle un établissement correct et, surtout, l'un des rares à être situé sur le front de mer. Seulement 8 chambres bien équipées, certaines avec un balcon et vue sur la mer. Les moins chères ont les sanitaires à l'extérieur.

De chic à beaucoup plus chic

Hôtel d'Angleterre – Le Pub anglais *(plan A2,* ***14****) : 91-93, rue de la Plage. ☎ 02-35-28-01-60. • hotel-d-angleterre@wanadoo.fr • hotelangleterre.com • Doubles 68-83 € selon confort et saison ; familiales et suites 128-138 €. Wifi. Parking payant.* Un hôtel à deux pas du front de mer, et de petites chambres décorées au goût du jour, avec sisal et couleurs gaies, petite douche-w-c, TV satellite et vue sur mer. Insonorisation moyenne, en revanche, comme souvent dans les vieux immeubles. Fait aussi crêperie et pub anglais. Bon accueil.

Hôtel de la Ferme de la Chapelle *(plan B1,* ***15****) : route du Phare. ☎ 02-35-10-12-12. • info@fermedelachapelle.fr • fermedelachapelle.fr • ♿ Sur la falaise d'Amont. Du centre, suivre la route de la chapelle Notre-Dame-de-Salut. Resto fermé dim soir et lun. Congés : en janv. Doubles 85-95 € selon saison. Studios et apparts (2-5 pers) 96-108 € selon taille et saison. Formule 17 € et menu 26 €. Internet, wifi. Réduc de 10 € sur le prix de la chambre sur présentation de ce guide.* Accolés à la chapelle et aux vestiges d'un prieuré du XVIe s, les anciens bâtiments de ferme ont été soigneusement rénovés autour d'une cour fermée, typique du pays de Caux. Dominant Fécamp, le lieu est impressionnant. Préférez les chambres de plain-pied sur la cour, à la décoration presque design. Elles ont plus de style que celles de l'étage, assez désuètes, bien qu'elles aient une vue sur le croquignolet jardin de curé... Il faut choisir ! Pas de vue sur la mer depuis les chambres, dommage. En revanche, grande piscine dans la cour. Au resto, cuisine traditionnelle de marché, du style escalope de bar rôti, crème d'oseille. Accueil courtois mais réservé.

Hôtel Le Grand Pavois : *15, quai de la Vicomté. ☎ 02-35-10-01-01. • le.grandpavois@wanadoo.fr • hotel-grand-pavois.com • ♿ Doubles 95-260 € selon confort et saison. Wifi. Parking.* Sur le port de plaisance de Fécamp, un hôtel à l'architecture contemporaine, ouvert sur la mer. À l'intérieur, déco colorée, inspirée des paquebots (beaucoup de bois, transats...). Chambres spacieuses et lumineuses.

Où manger ?

Grande concentration de restos et de brasseries autour du port, dans l'ancien quartier du Bout-Menteux. On peut aussi sortir de la ville et manger à l'*auberge du Puits Fleuri* de Vattetot-sur-Mer, à 13 km au sud par la route côtière vers Étretat (D 211). Voir « Où manger ? Où boire un verre dans les environs ? » à Étretat.

De bon marché à prix moyens

Chez Nounoute *(Françoise Jouen ; plan A2, **20**) : 3, pl. Nicolas-Selle. ☎ 02-35-29-38-08. ♿ Sur le port, au Bout-Menteux. Tlj sf mer. Congés : 1re quinzaine de janv. Menu 14 €.* Avant d'être un resto, Nounoute est un personnage... Elle vous accueille avec sa gouaille gentiment maternelle et vous met tout de suite à l'aise. Ex-poissonnière reconvertie, elle propose le meilleur de la pêche fécampoise. Vous ne pouvez rêver mieux pour vous régaler de maquereaux marinés, de harengs fumés, de morue fraîche et on en passe... Terrasse en été. Bonne humeur et convivialité assurées.

Le Vicomté *(plan A2, **21**) : 4, rue du Président-Coty. ☎ 02-35-28-47-63. Fermé mer, dim et j. fériés. Congés : 30 avr-6 mai, 2 sem fin août et 2 sem fin déc. Menu unique 18,50 €.* Un petit bistrot très accueillant et assez original. Nappes à carreaux, affiches du *Petit Journal*. Dans cette ambiance rétro très plaisante, Jean-Paul, avec ses belles moustaches, vous sert un menu unique et différent tous les jours. Cuisine régionale à base de produits frais, préparée par Dominique. Choix entre 2 entrées, 2 plats, fromage et dessert. Un excellent rapport qualité-prix et un service impeccable, qui font régulièrement le bonheur de nos lecteurs.

Le Forban *(plan A2, **24**) : 8, pl. Nicolas-Selle. ☎ 02-35-10-03-02. • pierre-joel.regnier@orange.fr • Tlj sf mar-mer (slt mer pdt vac scol). Repas 15-30 €.* Le chef, qui tenait avec succès une crêperie à Étretat, et que nous recommandions, a repris cette brasserie. Outre son menu dégustation, et pour ne pas perdre la main, il propose toujours de délicieuses crêpes et pizzas. Ici tout est fait artisanalement et uniquement avec des produits frais.

De prix moyens à plus chic

Voir aussi le resto de l'***Hôtel de la Ferme de la Chapelle*** *(plan B1, **15** ;* voir plus haut « Où dormir ? »).

Les Terre-Neuvas *(hors plan par A2, **23**) : 63, bd Albert-Ier. ☎ 02-35-29-22-92. • info@lesterreneuvas.com • Tlj sf dim soir et lun (plus mer soir hors saison). Congés : 3 sem à partir du 13 nov et les 3 premières sem de janv. Formule déj 17 € en sem ; menus 26-56 €. Une coupe de champagne offerte avec le dessert sur présentation de ce guide.* À l'étage, une immense salle aux tons clairs, avec des baies vitrées dominant le front de mer. La table se veut la référence gastronomique du secteur et y réussit assez bien. La surprise n'est pas toujours au rendez-vous, mais on y trouve néanmoins quelques accents originaux. Suivant le marché, foie de lotte, ris de veau caramélisés.

Où boire un verre ? Où grignoter un morceau ? Où écouter de la musique ?

Café de la Boucane (plan A1, **30**) : *12, Grand-Quai. ☎ 02-35-10-50-50. • cafedelaboucane@yahoo.fr • Tlj (sf mar hors vac scol) 9h-2h (3h ven-sam ; 10h-2h dim et j. fériés) en hte saison ; 10h-minuit (3h ven-sam) hors saison.* Situé juste à côté du futur musée des Pêcheries, voici un lieu emblématique puisqu'il s'agit d'une ancienne fumerie de harengs réhabilitée, où Claude Monet aurait peut-être séjourné dans ce qui était à l'époque une auberge de marins... 2 concerts par mois et soirée DJ tous les vendredis. Agréable terrasse pour admirer le coucher du soleil sur le port. Possibilité de s'y restaurer.

À voir

Si vous logez sur la commune de Fécamp de mi-mars à mi-novembre, procurez-vous le ***livret gratuit Carte d'hôte*** qui vous donnera des réductions sur les entrées des musées et diverses activités dans la région.

➢ ***Circuits du patrimoine historique :*** les monuments et édifices patrimoniaux de la ville font l'objet d'un balisage avec panneaux explicatifs à la clé.

L'abbatiale de la Sainte-Trinité *(plan B2)* **:** *en juil-août, visite guidée de l'abbatiale et du palais ducal, jeu et dim à 15h ; le reste de l'année, sur rdv.*
Sur un édifice construit au VIIe s et abandonné face à la menace des Vikings, se sont accumulés des siècles d'architecture et de décoration. Pas d'unité donc, mais un merveilleux ensemble de pierre dont l'histoire s'étale dans le temps. Au XIIe s, les ducs de Normandie (qui devinrent rois d'Angleterre) décidèrent sa reconstruction après un grand incendie. L'abbatiale devint alors l'un des centres les plus importants de réforme de l'institution monastique.
L'édifice, sur le plan extérieur, impose son humble dépouillement et son austérité, caractéristiques du premier style gothique prévalant à l'époque. Sur le flanc sud, le tympan du portail, de style gothique également. La façade, en revanche, fut reconstruite au XVIIIe s dans un style jésuite.

UN ABBÉ TRÈS ATTACHÉ AUX FILLETTES DU ROI

Doué d'un charisme extraordinaire, l'abbé de Fécamp, Jean Balue, gravit rapidement les échelons de l'Église, puis devint même le Premier ministre de Louis XI. Cependant, il usait aussi de son charme auprès des femmes et fut compromis dans un complot contre le roi, organisé par Charles le Téméraire... Finalement, Louis XI le fit enfermer près de Blois, pendant 11 ans, dans une petite cage en fer, attaché à de lourdes chaînes appelées « fillettes du roi ». Sans doute pour qu'il médite sur les notions d'attachement et de fidélité !

Descendre quelques marches pour entrer dans l'abbatiale. On est frappé par l'ampleur de la nef de plus de 127 m de longueur et 23 m de hauteur. L'intérieur recèle quelques pièces rares : dans le transept de droite, remarquable *Dormition de la Vierge* du XVIe s, sur sa droite, une amusante sculpture de pierre en forme de tourelle abrite une scène dite du « Pas de l'Ange ». Transept rehaussé d'une belle *tour-lanterne,* caractéristique des clochers normands. Dans le sanctuaire, voir le beau *baldaquin* en bois doré finement ciselé, que supportent quatre colonnes de marbre, offert par Louis XV.
Les chapelles du déambulatoire sont ceintes de clôtures de pierres sculptées à motifs floraux et fantastiques, du XVIe s. La *chapelle* absidiale *de la Vierge* (située

dans le déambulatoire, juste dans l'alignement du chœur) reste le clou de la visite. D'un style gothique flamboyant cohérent, car elle fut entièrement élevée au XVe s et recouverte de panneaux de bois. Face à la chapelle, noter le *tabernacle* Renaissance qui contient le *Précieux Sang* du Christ qu'on aurait trouvé dans le tronc d'un figuier échoué à Fécamp. En poursuivant, deux chapelles romanes dont l'une possède une porte à décor flamboyant admirable. Dans le transept de gauche, levez la tête : intéressante *horloge* du XVIIe s indiquant les marées (disques noirs et disques verts) et les phases de la lune.
Face à l'abbatiale, vestiges du palais des ducs de Normandie (XIIe s). L'accès est réservé aux personnes accompagnées d'un guide.

🏛🏛🏛 ***Le palais, le musée et la distillerie Bénédictine*** *(plan A2)* ***:*** *110, rue Alexandre-Le-Grand. ☎ 02-35-10-26-10. • benedictine.fr • ♿ (partiellement). Début fév-fin mars et de mi-oct à fin déc, tlj 10h30-12h45, 14h-18h ; d'avr à début juil et de sept à mi-oct, 10h-13h, 14h-18h30 ; juil-août, 10h-19h (fermeture de la billetterie 1h avt). Fermé début janv-début fév, 1er mai et 25 déc. Durée de la visite : 1h30. Entrée : 7 € ; 5,50 € pour 1 pers sur présentation de ce guide ; réduc. À noter : tarif famille 16 € pour un couple avec enfants, quel qu'en soit le nombre ! Dans l'espace contemporain du rdc, expositions temporaires (peinture ou sculpture), alternant artistes reconnus et jeunes peintres. Entrée : 2 €. Attention, la Bénédictine, c'est env 150 000 visiteurs par an, l'un des trois sites les plus visités de Normandie !*
En 1863, Alexandre Le Grand (rien à voir avec l'autre, bien plus grand) retrouve la formule magique d'un élixir, mise au point par un moine bénédictin de l'abbatiale de Fécamp au XVIe s, et perdue pendant la Révolution. Ce moine Dom Bernardo Vincelli avait eu la riche idée de concocter un élixir de santé à base de trois plantes cauchoises : la mélisse, l'angélique et l'hysope, mélangées à des épices orientales. Cette liqueur, composée au total de 27 plantes et épices, devint la Bénédictine, bien connue des amateurs de digestifs... Enrichi, Le Grand fit construire ce palais « romantique » mâtiné de néogothique et de néo-Renaissance, et y rassembla des trésors artistiques que l'on peut admirer dans le *musée.*
– ***Le musée des Beaux-Arts :*** par les centaines d'objets d'art sacré et païens qu'il abrite, il cherche à retisser le lien entre le monde monastique et la liqueur. La plupart des objets datent des XVe et XVIe s. On pénètre d'abord dans la *salle gothique* à l'étonnante charpente, véritable coque de navire renversée, réalisée par les charpentiers du port. Parmi les merveilles, dans le désordre : des lampes romaines, une très belle tête de saint Jacques en pierre du XIVe s, une collection de livres d'heures enluminés, un émouvant christ d'ivoire, un monumental antiphonaire (recueil de chants religieux) du XVIe s avec un marque-page du XIXe s taillé dans un seul morceau de chêne, des émaux de Limoges et des statues polychromes des XVe-XVIIIe s. La *salle du Dôme* est à signaler pour son amusant vitrail représentant le fondateur confiant sa bouteille de Bénédictine à La Renommée, la main posée sur le globe dans le but de développer ses exportations ! Plus loin, la *salle Renaissance,* avec la cinquième collection de ferronneries de France provenant de divers châteaux de la Loire. Remarquez les coffres de mariage du XVIe s avec leur incroyable système de verrous. Ensuite, l'oratoire avec la reconstitution du plafond du jubé de l'église abbatiale de Fécamp, d'un gothique absolument flamboyant. Dans ce dernier, voir la cave baptismale en plomb du XIIIe s et la Nativité en marbre blanc du XVIe s. Enfin, la *pinacothèque*, avec beaucoup de peintures du XVIe s, dont un polyptyque de l'école de Cologne, un tableau à double face de l'école flamande (*Les bons riches distribuant du pain aux pauvres,* d'un côté, et *Le mauvais riche rejetant Lazare,* de l'autre), un *tondo* (tableau rond, en italien) illustrant une *Vierge allaitant l'Enfant* de l'école florentine. Également plusieurs *Adoration des Mages* de chaque école, dont une de Blanchet, de l'école française, mais ce n'est pas la plus belle. Dans la *salle des Abbés,* les 16 principaux sont représentés, dont le fameux cardinal puis archevêque, Jean Balue, que Louis XI fit enfermer. On notera aussi le vitrail illustrant l'accueil réservé à François Ier en 1534.

– La deuxième partie de la visite est consacrée à ***l'histoire et à l'élaboration de la Bénédictine.*** Aujourd'hui, 95 % de la production sont exportés, notamment vers les États-Unis. Les Américains en raffolent... avec du cognac ! Maquette de l'édifice présentée à l'Exposition universelle de Paris en 1900, caricatures de personnalités vantant la Bénédictine, vitraux et affiches publicitaires, avec la première insertion dans un magazine *(La Lune)* en 1866, évocation du dépôt de la marque (illustrée par une étonnante pyramide de 538 contrefaçons venant de tous pays)... L'exposition « Parcours des Sens » présente les 27 plantes et épices nécessaires pour élaborer la liqueur, avec entre autres cannelle, noix de muscade, safran, vanille, divers piments et baies, etc. Salle vidéo. Plus loin, la distillerie aux alambics de cuivre martelé et les caves à foudres de chêne centenaire où vieillissent les alcools. Panneaux explicatifs intéressants sur la double distillation, à la base de l'élaboration de la Bénédictine. La visite s'achève, logiquement, par une dégustation ! Boutique.

Le musée des Terre-Neuvas et de la Pêche *(plan A1) : 27, bd Albert-Ier. ☎ 02-35-28-31-99. • ville-fecamp.fr • ♿ Sur le front de mer. Juil-août, tlj 10h-19h ; le reste de l'année, 10h-12h, 14h-17h30, fermé mar et certains j. fériés. Visites guidées (☎ 02-35-10-60-96) et programme de visites thématiques (se renseigner). Entrée : 3 € ; réduc ; gratuit moins de 18 ans. Une entrée ½ tarif sur présentation de ce guide par famille ou par couple. En prime, un bon de réduc pour la visite du palais Bénédictine. Librairie. Coin lecture pour les enfants. Expositions temporaires.*

Attention, le **musée sera fermé d'avril ou mai 2012 à début 2013** pour cause de déménagement et de son agrandissement dans une nouvelle structure baptisée ***Les Pêcheries*** (du nom de l'ancienne sécherie de morues en cours de réhabilitation, située sur le Grand-Quai). Il passera de 400 à 5 000 m² d'expo, c'est vous dire les collections qu'il a en réserve ! Ne manquez pas ce musée qui parcourt toute l'histoire, pour ne pas dire l'âme, fécampoise. On ne saurait trop, d'ailleurs, vous recommander de suivre une visite guidée tant les explications mettent en valeur le formidable patrimoine local à grand renfort d'anecdotes savoureuses ou tragiques. Dès le XVIe s, et jusqu'en 1987, les bateaux fécampois partirent pour la pêche à la morue et prirent le nom de « terre-neuvas ». Un musée pédagogique passionnant qui évoque la pêche à Terre-Neuve au temps des voiliers, puis des chalutiers, la vie à bord, la construction navale, la pêche harenguière, les boucanes...

La chapelle Notre-Dame-de-Salut et le panorama sur le cap Fagnet *(plan A-B1) : sur la falaise nord.* Même s'il n'y avait pas la chapelle, il faudrait quand même y grimper pour découvrir le panorama incroyable sur Fécamp, le cap Fagnet et les falaises s'étirant vers le sud. Bien sûr, on peut y accéder en voiture et se garer au parking face au nouveau parc d'éoliennes, mais il est bien plus agréable d'emprunter, à partir du quai Guy-de-Maupassant (entre les nos 64 et 66), la sente aux Matelots. Randonneurs, renseignez-vous, le GR 21 devrait bientôt y passer aussi...

Cette chapelle fut bâtie au XIe s par Robert le Magnifique, duc de Normandie. Rescapé d'un naufrage, il s'était juré de faire bâtir trois chapelles dans la région, dont celle-ci, plus la Délivrande à Caen et

TOUT TRAVAIL MÉRITE SALAIRE

En remerciement à Notre-Dame de Salut pour sa miséricorde, des marins rescapés de naufrages passaient commande de tableaux auprès de peintres de marines. Le plus célèbre d'entre eux était le « portraitiste de navires » Eugène Grandin. Mais, selon la somme que pouvait payer le marin, le peintre peaufinait son tableau ou le bâclait ! Cela explique pourquoi les peintures votives de la chapelle Notre-Dame-de-Salut affichent tant de différences de qualité !

Notre-Dame-de-Grâce à Honfleur. Reconstruite plusieurs fois et même étayée par des mâts de navire en 1790, elle vaut plus pour le symbole qu'elle représente que pour son architecture lourde et massive. Elle servit de point de repère pour les navigateurs et fut de tout temps fréquentée par les marins qui venaient y prier avant de prendre la mer.
Sur les parois, une série de peintures votives parmi lesquelles de nombreuses toiles signées Eugène Grandin (voir le *musée des Terre-Neuvas et de la Pêche*) représentant des bateaux affrontant d'incroyables tempêtes. D'autres furent réalisées par des marins eux-mêmes, avec ferveur et naïveté. La plupart représentent des tragédies de terre-neuvas à la fin du XIXe et au début du XXe s.

Les Nouveaux Jardins de Louanne : *Le Moulin-Bleu. ☎ 02-35-10-78-41. • lesjardinsdelouanne.com • Au sud de la ville par la D 28 en direction de Ganzeville, et sur la droite avant la D 486. Mai-sept, ven-dim 11h-18h (19h en juil-août). Entrée : 5 € ; réduc ; gratuit pour les moins de 10 ans.* Une promenade enchanteresse dans un parc luxuriant de 5 000 m². Jardins à thème composés de plus de 500 espèces de plantes inattendues pour la région : oliviers bicentenaires, palmiers de collection, bambous, plantes carnivores, etc. Et quelques animaux pour la plus grande joie des bambins.

Le musée-découverte du Chocolat *(hors plan par B2)* ***:*** *851, route de Valmont. ☎ 02-35-27-62-02. À 3 km env du centre-ville. Lun-sam 9h-12h, 14h-18h30. Entrée : 4 € ; enfant 3 €.* Petit musée consacré à l'histoire et à la production du chocolat, aménagé dans les ateliers de la maison Hautot, chocolatier très réputé à Fécamp. Vidéo, panneaux explicatifs, coin pour les enfants. Dégustation en fin de visite. On s'en lèche encore les babines !

À faire

➢ ***Promenade à pied sur les estacades :*** *tt au bout de la digue.* Superbes estacades de bois, d'où vous pouvez apercevoir Étretat. Jolie vue sur le port et la plage.

➢ ***Randonnée à pied et à vélo sur Fécamp et sa région :*** il existe une dizaine de boucles de chemins balisés à faire à pied et huit boucles à VTT ou à vélo classique. *Rens et brochure à l'office intercommunal de tourisme.*

– ***Centre aquatique La Piscine :*** *67, rue Gustave-Couturier. ☎ 02-35-27-54-00. Entrée : 4,50 € ; réduc.* Espaces cardio et bien-être, sauna, hammam, bassin sportif et bassin ludique comprenant un toboggan géant.

Les ouvrages du mur de l'Atlantique : un circuit randonnée « 39-45 » balisé par des bornes permet de découvrir de nombreux blockhaus et un curieux « hôpital allemand » creusé dans la craie, vestiges du mur de l'Atlantique. *Ouv des ouvrages chaque sam à 15h en juil-août en visite guidée, et pour les groupes (10 ou plus) sur résa le reste de l'année.*

Fêtes et manifestations

– ***Estivoiles :*** *le w-e précédant la fête de la Musique, en juin.* Fête de la Mer et de la Musique avec expos, concerts, conteurs, théâtre de rue, animations nautiques, sorties en mer...
– ***Salon nautique de Normandie :*** *début sept.*
– ***Trophée du port de Fécamp :*** *sur un w-e mi-sept.* Trois jours de régate dans la baie pour des catamarans de 50 pieds.
– ***Foire aux harengs :*** *le dernier w-e de nov.* Autour de la criée, sur la presqu'île du Grand-Quai, où les anciennes boucanes devraient rouvrir après restauration... Animations avec chants de marins.

DANS LES ENVIRONS DE FÉCAMP

Les Petites-Dalles : *à env 20 km de Fécamp par la D 925 (direction Saint-Valery), puis la D 17 (direction Sassetot-le-Mauconduit).* On adore ce petit bout de village coincé au creux d'une étroite valleuse, avec son charme paisible et ses belles résidences secondaires du début du XXe s. D'ailleurs, les Boudin, Monet, Berthe Morisot et autres Pissarro ne nous ont pas attendu pour s'en inspirer ! Ici se trouve résumé tout l'enchantement de la Côte d'Albâtre. Hors saison, calme parfait. Et une petite adresse totalement croquignolette :

L'Espérance – Chez Irène : *76, rue Joseph-Heuzé. ☎ 02-35-27-42-77. Ouv tte l'année, sur résa 24h à l'avance. Menu unique 10 €. Café offert sur présentation de ce guide.* Irène, dynamique septuagénaire, n'a ni sa langue dans sa poche ni sa fourchette dans son tiroir à couverts. Dans son petit gastos, elle concocte une cuisine de terroir maison en se souciant comme d'une guigne de faire des bénéfices. Ce qu'elle aime, c'est cuisiner pour les autres et raconter sa vie à qui veut l'entendre. Résultat, tout le monde se régale, se détend, sourit à ses blagues ou lui répond du tac au tac...

L'ABBAYE DE VALMONT

(76540) 1 025 hab. *Carte Seine-Maritime, B2*

À 11 km environ à l'est de Fécamp, Valmont est l'archétype du gros village de Seine-Maritime dont les racines s'ancrent profondément dans l'histoire de la région. Valmont connut un certain essor au XIIe s grâce à la famille d'Estouteville, des descendants de Vikings. De ce passé, il reste un château en parfait état et le chœur restauré d'une abbaye bénédictine où séjourna Delacroix. Les fidèles s'y pressent encore le dimanche pour la messe chantée en grégorien. Quelques belles adresses pour séjourner et se restaurer dans les parages...

Où dormir ? Où manger dans les environs ?

Camping

Camping Les 3 Plages : *Le Hêtre, 76540* ***Sassetot-le-Mauconduit.*** *☎ 02-35-27-40-11. Fax : 02-35-28-23-20 À 6 km de Valmont et 13 km de Veulettes-sur-Mer ; de Valmont, prendre la D 17 en traversant la D 925 puis une petite route à gauche (panneaux). Ouv avr-oct. Compter env 15 € pour 2.* Un petit camping, au vert, sans vue mais à quelques kilomètres de 3 plages : Petites-Dalles, Grandes-Dalles et Saint-Pierre-en-Port. Familial et calme. Terrain de 4 ha avec 65 emplacements vastes, plats et herbeux, délimités par des haies et ombragés par de grands arbres. Bien équipé. Proximité d'une variante du GR 21.

De prix moyens à plus chic

Chambres d'hôtes chez Nathalie Tiennot : *11, rue de la Forge, 76540* ***Thiétreville.*** *☎ 02-35-29-63-31. • naditiennot@wanadoo.fr • leclosdesifs.com • Dans un minuscule village, à 2 km de Valmont ; au monument aux morts, prendre à gauche la rue Émile-Bens et suivre les panneaux Gîtes de France. Double 60 €. Wifi.* Une grande maison de maître du XIXe s, pleine d'enfants et très joliment décorée. 3 chambres (possibilité d'un lit supplémentaire), avec salle de bains et w-c. Déco à l'ancienne, sobre et élégante. Suite sous les toits au même prix que les autres chambres. Bibliothèque, TV, thé et jardin à disposition. Belle salle de petit déj avec une cheminée monumentale et un piano. Accueil courtois.

Chambres d'hôtes et gîte du domaine de l'Orval : *20, route du Bec de Mortagne, hameau d'Orval, 76540* **Thiergeville.** *06-13-63-19-64. • domainedelorval@wanadoo.fr • domainedelorval.com • Double 58 € ; gîtes 660-950 €/sem (530 € le w-e). Table d'hôtes sur demande 22 €. Wifi.* Dans une grande maison de 1850, avec une cour de ferme en brique et silex et un grand jardin clos. 4 chambres dont 3 en rez-de-cour et une à l'étage. Spacieuses, très confortables et bien décorées dans des couleurs gaies. Cuisine et barbecue à disposition l'été. Les proprios ont tout fait eux-mêmes. Idem pour le gîte de 12 personnes : terrasse, grande tablée, cuisine (très) équipée, piano désaccordé, salon avec poêle Godin, mezzanine, une belle chambre sous les toits, une autre avec poutres et une dernière pour 2 couples. 2 salles de bains, dont une très vaste avec baignoire, et 2 toilettes à dispo. Table d'hôtes régionale et traditionnelle. Monsieur est aux fourneaux et n'est pas peu fier de sa cuisine de pro avec ses superbes frigos rouges et sa magnifique cuisinière Godin ! Accueil décontracté.

Le Bec au Cauchois – Restaurant Pierre Caillet : *22, rue André-Fiquet (ancienne route de Fécamp), 76540* **Valmont.** *02-35-29-77-56. • lebecaucauchois@orange.fr • lebecaucauchois.com • À 1,5 km de Valmont par la D 150, direction Fécamp. Resto fermé mar et mer midi, plus mer soir hors saison. Formule déj 21 € en sem (sf j. fériés) ; menus 29-65 € ; carte env 50 €. Doubles 76-85 € ; 77,50 €/pers en ½ pens en chambre double à partir de 2 nuits. Wifi.* Pierre Caillet a fait ses classes chez plusieurs étoilés Michelin, dont *Le Bec Fin,* à Dole (un *bec,* qui, en Normandie, veut dire « ruisseau ») et a obtenu en 2011 le titre de Meilleur Ouvrier de France. Il s'est finalement installé dans cette tranquille bâtisse du XIXe s, restaurée et cossue, avec étang et jardin bucolique, où il cultive un jardin d'herbes aromatiques. Évidemment, on les retrouve dans l'assiette ! C'est d'ailleurs le péché mignon du chef qui ose des mélanges détonants dès le premier menu. Une vraie fête des sens ! Pour ceux qui voudraient rester dormir, 5 chambres impeccables aux noms de fleurs, un peu proches de la route mais avec double vitrage et donnant sur le calme de l'étang et du jardin de l'autre côté.

À voir

L'abbaye de Valmont : *12, rue Raoul-Auvray. 02-35-27-34-92. Tlj sf mar 14h30-17h. Visites guidées de Pâques à fin sept (en principe) ; sur rdv slt pour les groupes. Petite donation bienvenue. Magasin ouv sur demande 15h-17h. Offices à 9h45 en sem et 10h dim.*

Fondée au XIIe s par un membre de la famille d'Estouteville, anéantie au XIIIe et reconstruite à la fin du XVe s dans le style gothique. Conséquences de la guerre de Cent Ans, des retards dans la construction et un style Renaissance qui se mêle petit à petit au gothique. Une grande partie de l'édifice fut détruite par le feu au XVIIe s et le toit de chaume fut balayé par une tornade au siècle suivant. En 1793, la Révolution met tout le monde dehors. Fin provisoire de toute activité monastique... En 1830, les lieux sont rachetés par un certain M. Bataille puis M. Bornot. Or, ceux-ci sont cousins avec Delacroix, d'où les vitraux de la rosace, que l'artiste dessine en 1832. Il y réalisera aussi plusieurs toiles et aquarelles jusqu'en 1850. Malheureusement, les fresques de ce précurseur de l'impressionnisme ne sont plus à l'abbaye. Et puis, pendant l'Occupation, les Allemands récupérèrent le plomb des toitures des chapelles nord... ce qui fit s'effondrer les voûtes. Ce n'est que l'implantation, en 1994, d'une communauté de 25 sœurs bénédictines venue de Lisieux qui a heureusement permis la restauration de l'église et la renaissance de Valmont, de nouveau rendue au culte et à la vie cénobitique (vie communautaire).

De tout l'édifice, seule la *chapelle de la Vierge* est restée intacte. Les vitraux du XVIe s, d'une grande finesse et en bon état, retracent la vie de la Vierge. Remarquable retable de pierre ciselée comme un décor de théâtre, illustrant l'Annonciation dans un style Renaissance. Voir les vitraux de la rosace, au-dessus de l'entrée, dessinés par Delacroix. Voûte en forme de fleurs, très élégante.

VEULETTES-SUR-MER

(76450) 300 hab. *Carte Seine-Maritime, B1*

À 12 km à l'ouest de Saint-Valery-en-Caux. Une station familiale en bord de mer, située au pied de la falaise. Pas grand-chose à y faire. De vastes prés où ruminent de bonnes grosses vaches, une longue jetée, un casino pour vider ses poches et quelques demeures du début du XXe s, qui se dissimulent sur les pentes verdoyantes. Les maisons sur la digue sont en fait d'anciennes cabines de bains, aujourd'hui habitées, donnant à la plage un style « congés payés ».

Où dormir ? Où manger ?

Camping

Maison du Campeur, Camping municipal : *8, rue de Greenock. ☎ 02-35-97-53-44. • campingmunicipal-veulettes-sur-mer@orange.fr • À deux pas du centre, à 5 mn de la plage. Ouv avr-oct. Compter 9,50 € pour 2.* Situé dans le creux de la vallée et à 200 m de la mer, 115 emplacements plats et herbeux avec des haies. Ombrage modéré. Jeux pour les enfants. Animaux acceptés. Un camping assez banal mais pas cher.

Prix moyens

Hôtel Les Frégates : *3, digue Jean-Corruble. ☎ 02-35-97-51-22. • les.fregates@wanadoo.fr • les-fregates.com • Fermé en déc-janv. Double 59 €, triple 69 €. Wifi. Apéritif offert sur présentation de ce guide.* Grande bâtisse toute blanche face à la mer. Une adresse surtout intéressante pour les chambres qui bénéficient d'une vue sur le large (mais pas les chambres à 2 lits, ni la familiale...). Accueil gentil et malicieux. Fait aussi resto.

Restaurant de la Mer : *13, digue Jean-Corruble. ☎ 02-35-97-96-28. • restaurantdelamer76@orange.fr • Fermé lun, mar nov-fév. Menus traditionnels 24-40 €.* Jolie salle de restaurant au 1er étage, à la déco bleu et marine (et non bleu marine), avec vue sur la mer. Le poisson et les fruits de mer de saison tiennent régulièrement le haut de l'affiche, en particulier le bar et la sole, pêchés localement.

Où dormir dans les environs ?

Camping

Camping municipal Les Mouettes : *76450* ***Saint-Martin-aux-Buneaux.*** *☎ 02-35-97-96-16. À 7 km au sud de Veulettes par la D 79 et la D 68. Ouv avr-sept. Compter env 11 € pour 2.* Un tout petit camping dans le bourg. Seulement 63 emplacements plats et herbeux, délimités par des haies. 2 sanitaires, 2 barbecues et une machine à laver. Salle de jeux, tennis (gratuit) et ping-pong. Épicerie dans le village. Bon accueil familial tout simple.

De prix moyens à plus chic

Domaine de Bertheauville : *561, route du Bout-Fleury, au château de Bertheauville, 76450* ***Paluel.*** *06-08-36-15-21. • domainedebertheauville@li* *ve.fr • chambre.e-monsite.com • À 3 km au sud-est de Veulettes-sur-Mer par la D 10. Double 90 €, suite 110 €. CB refusées. Wifi. Double à 80 € pour nos lecteurs sur présentation de ce guide.* Ça vous dirait de dormir dans un beau château Renaissance entouré d'un parc de 13 ha ? Ou bien dans le corps de ferme juste en face si vos moyens sont plus modestes ? À l'origine, ce château était une maison de maître du XVIIIe s puis il fut transformé par Alphonse Thouroud à la fin du XIXe s, dont le gendre, premier prix de Rome, avait conçu la façade Renaissance. À l'intérieur, de magnifiques boiseries et du beau mobilier dans les vastes chambres, notamment dans la suite Guy de Maupassant que les mariés de la région s'arrachent. Pour les budgets serrés, les chambres du corps de ferme sont belles et modernes, avec une cuisine et une salle à manger à disposition. Grande piscine couverte et chauffée à 28 °C avec bain à remous. Restaurant dans le parc. Accueil très gentil de Laurent. Pour ceux qui voudraient y passer une lune de miel, possibilité d'atterrir à l'aérodrome voisin, où il est écrit que « les avions peuvent traverser la route », alors soyez quand même prudent mais emmenez-y vos enfants !

LA VALLÉE DE LA DURDENT

Faisons comme les saumons, remontons le cours d'un petit fleuve, la Durdent, qui rejoint la Manche à Veulettes-sur-Mer. Cette jolie vallée tout en douceur vit au rythme du fleuve, large d'à peine un mètre à certains endroits. Des prairies humides, beaucoup d'arbres le long des berges ombragées, beaucoup de fraîcheur... Un paysage enchanteur jusqu'à Héricourt.

CANY-BARVILLE (76450) 3 420 hab. *Carte Seine-Maritime, B2*

Bourgade plutôt sympathique mais pas débordante de charme, malgré les jolies halles et leur intéressante architecture. Capitale historique du lin normand. Jusqu'au XIXe s, les riches négociants venaient de Belgique pour acheter la production locale réputée pour sa qualité. De ce passé, la ville ne porte plus trace. Cany possède cependant un beau château qui mérite le détour.

Adresse utile

i ***Office de tourisme :*** *32, pl. Robert-Gabel. ☎ 02-35-57-17-70. • tourisme.valleedurdent@plateaudecauxmaritime.com • Avr-sept et vac scol de printemps, tlj sf lun ap-m et mar 9h30-12h30, 14h-18h ; hors saison, horaires restreints.* Propose des visites commentées de la ville (« Au fil de l'eau ») le lundi après-midi d'avril à septembre à 15h (2 €).

À voir. À faire

Le château de Cany-Barville : *☎ 02-35-97-87-36. Juil-août, tlj sf ven 10h-12h, 15h-18h. Très intéressante visite guidée de l'intérieur du château, 35 mn env. Entrée : 7 € ; réduc.*
Très beau château Louis XIII, édifié en 1640 sur des plans que l'on attribue à Mansart. Il fut construit en six ans, encadré par deux longs corps de bâtiments (écuries et remises à voitures). Autour, on creusa des douves alimentées par la Durdent et, à deux extrémités, on construisit deux gros pavillons carrés et symé-

triques, une chapelle et un chartrier. C'est le prototype parfait du bon gros château Louis XIII, sis au milieu d'un grand parc de 50 ha.
La visite est passionnante, car tout le mobilier et les boiseries sont d'époque : tout fut mis à l'abri durant la Révolution et les guerres.
Nombreux salons, chambres à coucher et salle à manger, tous richement décorés et aménagés de superbe mobilier. Noter les magnifiques parquets Louis XIII et Louis XIV, les lits à baldaquin et les couvertures brodées. Dans le deuxième salon, outre les commodes, voir la table de trictrac. Dans la superbe salle à manger, intéressante table à gibier Louis XIV, surmontée d'une tapisserie aux armes des Montmorency-Luxembourg, ancêtres de la famille. Visite des deux étages avec ici un lit d'alcôve, là un plancher de toute beauté, plus loin une pendule rare du XVIIIe s, une commode Régence, etc. Le parcours se termine par les cuisines avec la longue table de chêne, les marmites gravées aux armes de la famille et un incroyable menu du XIXe s.

– ***Base de loisirs de Caniel :*** *au bord du lac de Caniel, 76450* ***Vittefleur.*** *Rens : ☎ 02-35-97-40-55. • lacdecaniel.com • Ouv tte l'année ; en juil-août, tlj à partir de 11h pour les activités (sf pour le téléski). Celles-ci sont suspendues d'env mi-oct à début avr (en fonction de la météo).* Idéal pour un après-midi en famille. On trouve ici la nature et l'air pur, mais surtout plein d'activités sportives (payantes) : téléski nautique, luge d'été, barque, canoë, bowling, miniboat, location de vélos... D'autres activités sont gratuites, comme la baignade (surveillée en été), le parcours-nature, l'espace roller, l'aire de jeux pour les petits... Resto sympa au bord du lac.

LE PAYS DE CAUX

Décrit avec amour et passion par Maupassant dans les années 1880, le pays de Caux est la plus grande sous-région de Seine-Maritime. Il suit la vallée de la Seine de Rouen jusqu'au Havre et bute contre les falaises de la Côte d'Albâtre jusqu'à Dieppe. Il sinue ensuite de Dieppe à Rouen sur un axe nord-sud. Ce vaste plateau fertile, un des fleurons de l'agriculture française, cultive l'image d'une nature généreuse et d'un bien-vivre champêtre : des vaches grasses aux mamelles gorgées de lait, de vieux manoirs de brique et de pierre, des colombiers superbes, des abbayes aux ruines mangées par la verdure, des fermes en torchis et au toit de chaume, des collines ondulant sous un épais tapis vert, des champs de blé et des cultures de lin...
Canevas de hameaux, de villages et de bourgades tissant partout une toile régulière, le pays de Caux doit sa fertilité à son sol calcaire recouvert d'argile et de limons. Doucement baignée par une humidité importante et de fortes précipitations annuelles, la région garde sa fraîcheur et sa verdeur en toute saison, et si le soleil est plus rare qu'ailleurs, les vagues de chaleur estivale sont fréquentes. Les hivers humides ont contraint les fermes à se protéger des vents marins par de longues et fières rangées de hêtres dressés sur des levées de terre (les « clos-masures »).

ET POURQUOI DES PLAGES DE GALETS ?

Dans le pays de Caux, on est surpris par les plages de galets, alors qu'elles sont bien plus rares dans le sud de la Normandie. Comment l'eau répand des galets sur certaines plages et du sable ailleurs ? La mer n'est en rien responsable. Les galets sont dus à l'érosion des roches qui tombent des falaises. Et en se frottant les uns contre les autres, ces cailloux se polissent.

L'élevage, la culture du lin, les industries de tissage et les grandes foires rythment, aujourd'hui comme hier, la vie économique du pays cauchois : certaines communes, comme autrefois, célèbrent encore la fin des moissons. Ceux qui s'intéressent à la culture du lin iront faire un tour à Doudeville, sa capitale, lors de la *fête du Lin,* un week-end en juin.

ALLOUVILLE-BELLEFOSSE

(76190) 1 130 hab. *Carte Seine-Maritime, B2*

À 15 km au nord de Caudebec, village célèbre pour son énorme chêne millénaire. Devant l'église, se faisant face, deux troquets vieillots et sympathiques.

Adresse utile

- ***Syndicat d'initiative :*** *pl. de la Mairie. ☎ 02-35-95-08-26. Ouv mars-oct : mai-sept, mar-sam 10h-12h, 14h-18h ; mars-avr et oct, horaires restreints.*

À voir

- ***Le vieux chêne :*** ce serait le plus vieux d'Europe, avec ses 12 siècles d'existence, ses 18 m de hauteur et ses 15 m de circonférence. Il abrite dans son tronc deux chapelles superposées, creusées par un curé au XVIIe s. Un escalier de bois qui tourne autour en permet l'accès. Autrefois, le chêne était complètement moribond et de puissants étais lui servaient de béquilles. La municipalité a fait d'importants travaux afin de le sauver, en collant notamment de petites lattes de bois sur le pourtour du tronc, pour le protéger des intempéries.

- ***Le musée de la Nature :*** *au Centre d'hébergement et d'étude sur la nature et l'environnement (CHENE), à 1,8 km du centre ; bien fléché. ☎ 02-35-96-06-54. • chene.asso.fr • Avr-sept, tlj 14h-18h ; juil-août, tlj 10h-12h, 14h-19h ; oct-mars, mer, w-e, vac scol et j. fériés 14h-18h. Entrée : 3,50 € ; réduc.* Le musée présente la faune à plume et à poil de Normandie, du minuscule roitelet à la baleine, par le biais d'animaux naturalisés, de petites vidéos, mais aussi le travail accompli par la clinique vétérinaire. De juillet à septembre, les caméras de surveillance sont dirigées sur les volières et la piscine où l'on peut voir évoluer par écran interposé des bébés phoques recueillis par l'association.

YVETOT

(76190) 10 400 hab. *Carte Seine-Maritime, B2*

Une « grande petite ville » sans trop de charme, mais que sa situation au cœur du pays de Caux rend incontournable. Yvetot fut autrefois un royaume qui battait monnaie et était exempté d'impôt envers le roi de France. La ville se développa au cours des siècles grâce à ses foires auxquelles assistaient tous les villageois de la région et à ses industries de tissage.

Adresse utile

Office de tourisme : *8, pl. du Maréchal-Joffre. ☎ 02-35-95-08-40. • tourisme.yvetot@plateaudecauxmaritime.com • Dans l'ancien tribunal de commerce, au cœur de la ville. Avr-juin et sept, tlj sf dim et lun mat 9h-12h30, 14h-18h ; juil-août 9h-12h45, 13h30-18h30 ; oct-mars, mar-sam 9h-12h30, 14h-17h30.* Abrite également le petit *musée municipal des Ivoires* (voir plus loin la rubrique « À voir ») et des salles d'expo. Quelques vélos en location.

Où dormir ? Où manger dans les environs ?

Chambres d'hôtes de la Ferme de la rue Verte : *chez M. et Mme Quévilly, 76970* ***Flamanville.*** *☎ 02-35-96-81-27. À 6 km à l'est d'Yvetot, dans le centre du village. Prendre la N 15, direction Rouen ; après Sainte-Marie-des-Champs, au 2e rond-point à gauche ; puis, suivre Flamanville. Double 52 €.* Une maison calme datant du XVIe s, en briquette et pierre, très caractéristique de la région. Bon accueil d'un couple de retraités. Les chambres sous les combles sont coquettes. Certaines peuvent accueillir 3 personnes. Atmosphère « comme à la maison ».

Auberge du Val au Cesne : *140, route départementale 5, 76190* ***Croix-Mare.*** *☎ 02-35-56-63-06. • valaucesne@hotmail.com • valaucesne.fr • ♿ À 4,5 km env au sud-est d'Yvetot. Prendre la rue à droite de la mairie, puis c'est toujours tt droit (direction Duclair). Resto fermé lun, mar et certains j. fériés. Congés : 3 dernières sem de janv et 20 août-2 sept. Chambre 90 € avec sdb et TV. Petit déj 10 €. Menus 28-60 € ; carte env 50 €. Wifi.* Vieille maison normande en pleine nature. À l'extérieur, dans un univers bucolique, s'ébattent des animaux de ferme – de race : canards mandarins, moutons noirs, poules naines, colombes, etc. 5 chambres ravissantes, teintées de romantisme mais dont les salles de bains auraient bien besoin d'un coup de jeune. Cuisine régionale excellente et cadre unique font digérer l'addition. L'été, on s'installe dehors. Atmosphère détendue.

À voir

L'église Saint-Pierre : moderne prototype architectural symbolique des années 1950, elle se présente comme une vaste arène de béton rose, avec un clocher indépendant. Si l'extérieur ne force pas l'enthousiasme, de l'intérieur se dégage une vraie émotion : plus de 1 000 m² de vitraux signés Max Ingrand, colorés, géométriques et résolument modernes. Toute l'histoire religieuse de Normandie est évoquée sur cette fantastique toile de verre. L'aspect circulaire de l'ensemble, jusqu'à la forme des bancs, contribue à l'originalité de cette œuvre peu commune. Audioguide disponible à l'office de tourisme.

Le musée municipal des Ivoires : *8, pl. du Maréchal-Joffre. ☎ 02-35-95-08-40. Dans les locaux de l'office de tourisme. Mêmes horaires d'ouverture. Entrée : 2,30 € ; réduc ; gratuit pour les moins de 10 ans. Audioguide inclus dans le billet d'entrée.* Plus de 200 pièces en ivoire à l'effigie de grands personnages historiques (Henri II, Marie de Médicis, Napoléon Ier...), des statuettes reliquaires, des objets de la vie quotidienne (bijoux, boîtes et râpes à tabac...). Parmi les plus remarquables, ces anciennes boules de billard ou encore ces statuettes représentant les Polletais (les anciens pêcheurs de Dieppe). Terres cuites, dont certaines sont signées du célèbre sculpteur Graillon, faïences et un authentique livre (1572) de Martin du Bellay, le dernier roi d'Yvetot.

DE SAINT-VALERY-EN-CAUX À DIEPPE

De Saint-Valery-en-Caux à Dieppe, la route côtière est très pittoresque et assez accidentée. Elle croise de charmantes valleuses qui se jettent dans la mer. Des cours d'eau minuscules creusent le plateau crayeux, et les dénivellations qu'il vous faudra franchir atteignent souvent 100 m. Les valleuses encaissées offrent des panoramas exceptionnels et toujours variés. Sur ce magnifique itinéraire, encore quelques maisons à colombages et toits de chaume, mais la brique du Nord fait timidement son apparition.

SAINT-VALERY-EN-CAUX

(76460) 4 800 hab. *Carte Seine-Maritime, B1*

Au VIIe s, saint Valery fonde un monastère. En 990, les moines bénédictins s'y installent. Mais c'est au XVIIe s que la ville connaît un important développement. Saint-Valery est séparée en deux parties par le port qui s'enfonce 800 m dans les terres. En aval, ce qui reste de l'ancien Saint-Valery. En amont, la partie récente, construite après la guerre et composée de petits immeubles gris, dans le style de ceux du Havre. Le front de mer est très bétonné et assez insignifiant. Mais de la plage et du casino (encore un !), vue splendide sur les falaises, qui s'étirent à perte de vue. La plage, sectionnée par des digues de béton, ne donne pas vraiment envie. Il paraît que c'est pour protéger la ville des assauts de la mer déchaînée. Malgré tout, Saint-Valery est une station balnéaire plutôt plaisante, très fréquentée, avec quelques belles maisons, et en saison, le joli port de pêche et de plaisance crée une certaine animation sur les quais (d'Amont, surtout).

LA BATAILLE DE SAINT-VALERY

Elle débute le 7 juin 1940. Ce jour-là, un général allemand encore inconnu, Erwin Rommel, perce le front et parcourt tout le département pour atteindre la côte aux Petites-Dalles. Une flottille de navires reçoit l'ordre de rallier Saint-Valery et Veules-les-Roses pour embarquer les troupes de la 51st Highlanders Division. Mais le 11 juin, Rommel a déjà pris position sur le plateau dominant la ville. Un bombardement intense enflamme une partie de celle-ci et l'évacuation devient de plus en plus difficile. Environ 3 200 soldats sont malgré tout évacués. Cependant, les Highlanders venus d'Écosse étant dépourvus de tout ravitaillement et de tout équipement, la bataille elle-même devenait impossible. Le 12 juin au matin, un drapeau blanc est hissé au clocher de l'église. La bataille était terminée, la ville détruite à près de 70 %. Devait alors commencer la longue période d'occupation. Mais les Highlanders n'avaient pas dit leur dernier mot.
La revanche sonnera quatre ans plus tard, presque jour pour jour, quand la 51st Highlanders Division commencera à poser pied en Normandie. Elle participera aux batailles de Caen et de Falaise, avant de se tourner vers la Seine et d'arriver, sans avoir à tirer un coup de feu, à Saint-Valery-en-Caux le 2 septembre. Elle y recevra un *wonderful welcome* de la part de ces Français qui se souvenaient des jours noirs de juin 1940.

JONGKIND, PRÉCURSEUR DE L'IMPRESSIONNISME

Lors d'une visite au château du Mesnil-Geoffroy, à Ermenouville, ne manquez pas le dessin aquarellé sur papier bleu de Johan-Barthold Jongkind, intitulé *Les Bateaux au large de Saint-Valery-en-Caux,* réalisé en 1862 à l'occasion d'une rencontre décisive avec Boudin et Monet sur la côte normande. Jongkind (1819-1891), paysagiste et postromantique hollandais, venu en France à la demande du peintre Eugène Isabey, tombe d'abord amoureux de Paris. Puis, à partir de 1850, il s'éprend de la côte normande et accentue son travail de décomposition de la lumière, travaillant de plus en plus par petites touches et renonçant aux ciels bas et sombres de ses débuts. Monet, son élève, dira qu'il lui doit « l'éducation définitive de son œil ». Manet, son ami, tout comme Baudelaire et Zola, encensent ce précurseur de l'impressionnisme qui élève l'aquarelle (au début préparatoire à l'œuvre terminée en atelier) au rang d'œuvre à part entière. Exilé dans le Dauphiné après la guerre de 1870, avec sa femme Joséphine Fesser, peintre hollandais qui l'aide à surmonter ses troubles psychiques, il meurt néanmoins en 1891, sombrant dans l'alcool et la paranoïa. Pourtant, au Salon des refusés de 1879, il était déjà si coté que de faux Jongkind s'y arrachaient comme des petits pains !

Adresses et infos utiles

Office de tourisme : *quai d'Amont. ☎ 02-35-97-00-63. • plateaudecauxmaritime.com • Ouv tte l'année, 9h30-12h30, 14h-18h (18h30 avr-juin et sept, juil-août 9h-19h).* Personnel très sympathique et disponible.

Cycles Prieur : *21, quai du Havre. ☎ 02-35-97-10-08.* Près de l'office de tourisme.

Bus : liaisons pour Fécamp avec les cars *Degardins (☎ 02-35-57-29-82).* Bus pour Dieppe avec la compagnie *Veolia : VTNI, ☎ 0825-076-027 (0,15 €/mn). • mobiregion.net •* Pour Yvetot, cars *Hangard (☎ 02-35-95-99-99).* De là, trains pour Le Havre, Rouen et Paris.

– **Marché :** *ven mat tte l'année, ainsi que dim mat juin-sept.* Autour de la chapelle, sur la place du Marché, comme il se doit.

Où dormir ?

Camping

Camping municipal d'Etennemare : *hameau d'Etennemare, vers la forêt (panneaux en ville). Rens : office de tourisme, ☎ 02-35-97-00-63. Ouv tte l'année. Compter 15,60 € pour 2. Loc de chalets et mobile homes.* Ce camping municipal s'est essentiellement orienté sur l'accueil de caravanes ; aux campeurs de s'adapter. Sans grand charme à cause de la zone résidentielle. Emplacements délimités par des haies et assez ombragés. Sanitaires corrects. Épicerie en saison.

Chambres d'hôtes

Chambres d'hôtes Les Courlis : *chez Christophe Guichard, 27, rue du Havre. ☎ 02-35-97-12-79. 06-09-96-54-36. • lescourlisguichard@aliceadsl.fr • Face à l'hôtel* Henri IV. *Double 75 €. Wifi.* Dans un hôtel particulier de 1830, agrémenté d'un beau jardin et d'un potager circulaire au milieu de la cour. 3 chambres et une suite bien agencées, avec mobilier à l'ancienne et une vue sur la mer ou les bateaux pour certaines. Accueil très sympa.

De bon marché à chic

Hôtel Henri IV : *16, rue du Havre. ☎ 02-35-97-19-62. • hotelhenri.4@orange.fr • hotelhenri4.fr • Du centre, prendre la direction de Fécamp et Cany-Barville ; l'hôtel est rapidement sur la gauche. Doubles 45-63 € avec douche ou bains.* Un vent de bonne humeur souffle sur cette grande maison de brique recouverte de vigne vierge. Les chambres qui donnent sur l'arrière sont plus calmes et moins chères. Mais elles ont un peu moins de caractère que celles de la maison principale, avec leur déco à l'ancienne, sisal et papier peint. Certaines ont une jolie vue sur le port de plaisance ou le parc du château. Insonorisation moyenne, comme dans toutes les vieilles (et bonnes) maisons ! Surtout, le couple de propriétaires qui tient l'hôtel est absolument adorable et toujours aux petits soins, établissant une atmosphère quasiment familiale. Une petite adresse chaudement recommandée.

La Maison des Galets : *front de mer. ☎ 02-35-97-11-22. • lamaisondesgalets.com • Resto ouv ven-mar. Congés : en janv. Doubles 65-80 € selon orientation et saison. Internet, wifi.* Entre port et hautes falaises, l'accueillante *Maison des Galets* est un petit hôtel de 14 chambres douillettes dont la moitié avec balcon et vue imprenable sur le grand large. Certaines sont assez petites, demander à voir avant. Salle à manger panoramique en prise directe sur le ballet des mouettes et les reflets safran des couchers de soleil. Plateaux de fruits de mer servis sur commande. Immense cheminée pour se réchauffer l'hiver. Bon accueil.

Hôtel du Casino : *14, av. Clemenceau. ☎ 02-35-57-88-00. • contact@hotel-casino-saintvalery.com • hotel-casino-saintvalery.com • ♿ Doubles 92-99 € selon vue. Internet, wifi. Un petit déj pour 1 pers offert pdt le séjour sur présentation de ce guide.* Malgré son nom, l'hôtel ne se trouve pas à proximité du casino mais au bout du port, à 800 m du front de mer. Un établissement mastoc et moderne avec près de 80 chambres qui séduiront les amateurs d'espace, de déco minimaliste et de lignes contemporaines. Les chambres les plus chères offrent une superbe vue panoramique sur les bateaux de plaisance. Fait aussi restaurant. Bon buffet au petit déj. Grand confort et accueil pro.

Où manger ?

Crêperie La Gouanière : *5, rue Jacques-Angot. ☎ 02-35-57-01-38. Tlj sf mar en juil-août, plus mer hors saison. Congés : vac scol. Résa très conseillée (c'est tt petit) ! Repas complet env 13 €. Café offert sur présentation de ce guide.* Dans une impasse située sur le flanc de la chapelle, une minuscule crêperie au décor pimpant et à l'accueil d'une grande gentillesse. Excellentes galettes de sarrasin et crêpes dessert. Si vous voulez rester dans le régional, prenez donc la galette du pays d'Auge puis la crêpe normande flambée, délicieuses !

Le restaurant du Port : *18, quai d'Amont. ☎ 02-35-97-08-93. Fermé dim soir et lun, plus jeu soir hors saison. Congés : 3 sem en déc. Menus 24,50-46 €.* Comme son nom l'indique, ce restaurant est situé sur le port et ses spécialités sont, vous l'avez deviné, le poisson et les fruits de mer (huîtres tièdes à l'estragon...). Mais pas seulement : les carnivores y trouveront aussi l'incontournable tête de veau sauce gribiche ! Aménagement raffiné et bourgeois, mais pas tape-à-l'œil. Évidemment, la classe, ça se paie. Le premier menu est classique, mais le second propose des plats plus recherchés. Service impeccable. Vue sur le port depuis les larges fenêtres. Seul regret : pas de terrasse pour l'apéro...

La Passerelle : *au bord de la plage. ☎ 02-35-57-84-11. • restaurant@casino-saintvalery.com • ♿ Tlj tte l'année. Résa conseillée. Formule déj 17 € sf w-e et j. fériés ; menus 22-37 € ; carte env 35-40 €.* C'est le resto du casino avec sa grande baie vitrée qui s'avance vers le large. Cadre contemporain et chic. Plats classiques ou plus originaux, joliment présentés et agrémentés, ici et là, de saveurs qui nous font traverser les océans (vanille, gingembre, épices). Évidemment, cuisine très axée sur la mer et le poisson, mais les amateurs de tête de veau y trouveront aussi leur compte selon le marché.

Où dormir chic dans les environs ?

Chambres d'hôtes Nature et Lin : *chez Gladys et Philippe Lendormy, 9, rue de la Bergerie, 76460* ***Néville.*** *☎ 02-35-57-07-66. 📱 06-45-91-16-93. • accueil@nature-lin.com • nature-lin.com • À 6 km au sud de Saint-Valery par la D 53 ou par la D 925, direction Saint-Riquier-Es-Plains, puis D 69 à gauche, passer la voie de chemin de fer et suivre* *les panneaux. Doubles 110-130 € selon période de la sem et saison, suite balnéo 130-150 €. Wifi. Gîte 170 €/j. pour 2 adultes et un enfant.* Cette belle propriété appartient à des producteurs de lin, mais si vous voulez voir le bleu des champs de lin en fleur, venez plutôt début juin... Gladys et Philippe Lendormy proposent 4 vastes chambres d'hôtes, tout confort, avec du mobilier ancien et une déco d'aujourd'hui. Bien sûr, il y a du lin, de-ci de-là... Salon TV à disposition. Au petit déj, viennoiseries maison, beurre de Normandie et fruits du verger. Également une chambre et une suite balnéo ainsi qu'un gîte indépendant assez original, surnommé la *Maison des Écureuils,* avec une chambre à l'étage, une cuisine et un salon très joliment aménagés. Belle balade à faire sur la propriété et superbe piscine couverte en guise de récompense au retour. Et puis, bien sûr, on trouve une boutique qui vend des produits à base de lin mais aussi des tableaux du peintre Nourry.

Chambres d'hôtes du château du Mesnil-Geoffroy : *chez M. et Mme Kayali, 76740* ***Ermenouville.*** *☎ 02-35-57-12-77. • contact@chateau-mesnil-geoffroy.com • chateau-mesnil-geoffroy.com • À 8 km au sud de Saint-Valery par la D 20 puis la D 70. Bien fléché. Doubles avec sdb 115-145 €. Wifi. Réduc de 10 % sur présentation de ce guide.* Certes, ce château du XVIIIe s se visite en saison (lire plus loin dans « À voir dans les environs »), mais si vous logez ici, vous ne devriez pas avoir trop de difficultés pour admirer l'aquarelle de Jongkind, l'un des précurseurs de l'impressionnisme. Côté hébergement, 3 chambres et 2 suites décorées avec goût dans des styles différents. Les chambres de *la Baronne,* de *la Marquise* et *du Conseiller* possèdent même un lit à baldaquin. Soleil le matin car les chambres sont orientées à l'est. Poudre de rose dans les salles de bains... L'accueil est chaleureux et attentionné. Passionnée d'arts de la table, la princesse Kayali prépare de savoureuses confitures maison selon des recettes familiales du XVIIIe s ! Et puis, la vie de château ne serait rien sans cette magnifique roseraie, en fleur de juin à septembre...

Où boire un verre ?

Pour boire un verre à l'heure sacrée de l'apéro, dommage que le seul bar se trouvant sur le quai d'Amont, face aux bateaux, aux vendeurs de poisson, aux mouettes et au soleil, soit justement... un bar, ce délicieux poisson vendu par les pêcheurs. Malheureusement le *restaurant du Port* n'a, lui aussi, de bar que dans l'assiette et il n'y a rien d'autre autour ni même sur le front de mer, à part le très cosy ***salon de thé de La Maison des Galets*** et le ***resto du casino.*** Résultat, pour prendre le soleil en fin de journée, ne reste que ***la terrasse de l'hôtel de la Poste,*** sur la grande place du marché.

À voir. À faire

La maison Henri-IV et le musée Guillaume-Ladiré : *quai d'Aval. ☎ 02-35-57-14-13. ♿ (rdc slt) et fiches malvoyants. Juin-sept, mer-dim (tlj juil-août) 10h30-13h, 15h-19h ; hors saison, 11h-13h, 14h30-18h slt w-e, j. fériés et vac scol. Visite guidée juil-août ts les mer à 11h. Entrée : env 2 € ; gratuit moins de 10 ans et pour les expos temporaires ; 3 € pour la visite guidée.* C'est la plus belle demeure de Saint-Valery-en-Caux. Elle a été édifiée en 1540 par l'armateur Ladiré, sous François Ier : le nom de l'armateur et la date sont écrits en vieux français sur le linteau au-dessus du porche. On est sûr qu'Henri II a séjourné ici en 1550, levant d'ailleurs la taxe sur la gabelle à cette occasion. Mais Henri IV... peut-être en 1593, en tout cas rien de certain ! Quoi qu'il en soit, sa sublime façade en chêne évoque le négoce avec le Brésil, appelé alors « France antarctique », dont les forêts de bois rouge faisaient l'objet d'un riche commerce (*pao brasil* signifie « charbon ardent »...). Quasiment toutes les sculptures sont d'origine. Au rez-de-chaussée, vous trouverez les saints catholiques puis, en montant, des *pigeards,* statuettes verticales avec des masques, des têtes simiesques ou des personnages sud-américains. À l'étage, un bateau aux voiles relevées, un bûcheron coupant du bois du Brésil, des danseurs sud-américains ou encore un personnage en extase devant le soleil (le plus beau peut-être !). Également des *rinceaux,* frises à décoration florale, ainsi que des sirènes et des guerriers scarifiés. Quant aux formes géométriques de la maison, elles correspondent à deux types d'ouvrage : les écharpes (bois posés en biais) et les croix de Saint-André (car le saint fut crucifié sur une croix de cette forme), qui assurent la bonne stabilité de l'édifice. Enfin, le musée évoque le passé de la ville et de sa région, ses artistes, son activité maritime, etc.

Le quartier autour du quai d'Aval : le seul quartier de Saint-Valery épargné par les bombardements. Jeter un œil à la cour du *couvent des Pénitents,* fondé au XVIIe s par l'ordre des Pénitents de Saint-François d'Assise. Pas toujours ouvert au public en raison de dégradations idiotes régulières. Pour l'anecdote, le couvent fut le club des Jacobins à la Révolution, puis une caserne et une prison militaire. Mais un frère obstiné s'accrocha à son poste de jardinier jusqu'à sa mort, en 1816, pour ne jamais quitter les lieux...

La falaise d'Aval : *on y accède du quai d'Aval, par la sente des Douaniers.* Balade superbe et vue extraordinaire de là-haut sur une bonne partie de la côte. Par beau temps, on peut apercevoir Veules et Sotteville et, la nuit, le phare de Varengeville. Plus difficilement, les falaises du Tréport.

La falaise d'Amont : *on y accède par la sente des Douaniers et le GR 21.* Vue sur Saint-Valery. Cela dit, elle est plus jolie à voir d'en bas, depuis le casino sur la plage...

À voir dans les environs

Le château du Mesnil-Geoffroy : *chez M. et Mme Kayali, 76740* ***Ermenouville.*** *☎ 02-35-57-12-77. • contact@chateau-mesnil-geoffroy.com • chateau-mesnil-geoffroy.com • À 8 km au sud de Saint-Valery par la D 20 puis la D 70. Mai-sept, visite ven-dim 14h30-18h. Entrée : 6 € ; ou 5 € parc et roseraie slt ; gratuit moins de 15 ans ; jeu de piste pour enfants 5-13 ans, 1 €.* Ce château du XVIIIe s, ayant appartenu au prince de Montmorency, a accueilli Victor Hugo et Saint-Exupéry, qui y aurait peut-être écrit *Vol de nuit*... Très belles boiseries sculptées dans les pièces de réception et beau mobilier familial. Il abrite également l'aquarelle *Les Bateaux au large de Saint-Valery-en-Caux,* de Jongkind, l'un des précurseurs de l'impressionnisme (voir le texte en introduction à la ville). Et puis, il y a le parc dessiné par Colinet, le premier jardinier de Le Nôtre, et la plus grande roseraie privée de Normandie, soit 2 500 rosiers et près de 2 000 espèces différentes qui embaument de juin à septembre.

Fêtes

- ***Fête du Maquereau :*** *1 j. en juil.*
- ***Fête de la Mer :*** *3 j. en août.*
- ***Festival de l'image :*** *en oct.*
- ***Fête du Hareng et du Cidre :*** *1 j. en nov.*

VEULES-LES-ROSES

(76980) 600 hab. *Carte Seine-Maritime, B1*

Petite station balnéaire vraiment adorable, située dans une vallée verdoyante, qui mérite largement une halte. Une colonie de peintres russes y séjourna au

début du XXe s. Leurs toiles représentant le pays de Caux et des entrées de fermes typiquement normandes sont exposées aujourd'hui... au musée de l'Ermitage, à Saint-Pétersbourg (pas la porte à côté !). Bien que Veules ait beaucoup souffert de la guerre, l'atmosphère qui s'en dégage n'a rien perdu de sa séduction. Bien sûr, il y a une plage, mais il n'y a pas que ça. Suivez donc les « Champs-Élysées » locaux, un chemin qui permet d'admirer la Veules, le plus petit fleuve de France puisqu'il ne mesure qu'un peu plus de 1 km (1,1 km pour être précis), fruit de la résurgence d'une nappe phréatique. Encore plus surprenantes sont les cressonnières, cultivées aux sources de la Veules depuis le XIVe s. Le précieux cresson est vendu le mercredi matin sur le marché local d'octobre à mars. Tant que vous êtes aux cressonnières, jetez donc un œil aux belles chaumières à colombages, bâties en grès, en silex, et recouvertes d'un toit de chaume. Vous en trouverez d'autres autour de l'abreuvoir du village.

Adresse utile

Office de tourisme : *27, rue Victor-Hugo. ☎ 02-35-97-63-05. • veules-les-roses.fr • Juil-août, tlj 9h30-13h, 14h-18h30 ; avr-juin, tlj si assez de personnel ; le reste de l'année, mer-sam (plus dim ap-m pdt les vac scol).* Propose un plan-guide du village (gratuit) et différents circuits pédestres à Veules et dans les environs (plan-randonnée payant).

Où camper ?

Camping Les Mouettes : *av. Jean-Moulin. ☎ 02-35-97-61-98. • contact@camping-les-mouettes-normandie.com • camping-lesmouettes-normandie.com • ♿ (sanitaires). Ouv avr-oct. Compter 21,80 € pour 2. Loc de yourtes et mobile homes 4-6 pers 300-800 €/sem selon confort et saison ; possibilité de loc 2 nuits min.* Un camping 3 étoiles sur un terrain de 9 ha, avec 152 emplacements plats, semi-ombragés et délimités par des haies. Originalité du camping : on y loue, outre les mobile home, des yourtes mongoles pour 4 personnes, équipées de 2 canapés-lits, coin cuisine, espace repas, terrasse et salon de jardin (draps non fournis). Ça change un peu ! Blocs sanitaires communs chauffés. Épicerie en saison. Aire de jeux, terrain de sports municipal accessible (foot et volley), pétanque, ping-pong, borne wifi... À 300 m du camping, plage de galets, aire de jeux et pataugeoire (gratuites) et activités nautiques (payantes). Bon accueil.

Où dormir dans les environs ?

Le Clos de Silleron : *183, rue de la Plaine, hameau de Silleron, 76740* ***Angiens.*** *📱 06-08-02-64-38. • christophe.resse@numericable.com • À 5 km au sud de Veules-les-Roses, par la D 142 direction Fontaine-le-Dun et Angiens. Une fois à Iclon (carrefour D 4 et D 75), prendre le C 5 vers Silleron et tt de suite à gauche à l'arrêt de bus ; au bout du goudron, chemin de terre à gauche et première maison. Ouv tte l'année. Capacité 10-12 pers (env 250 m²). Compter 400 € le w-e (2 nuits min) et env 700 €/sem. Pour nos lecteurs, 25 % de réduc sur la 3e nuit sur présentation de ce guide.* *Le Clos de Silleron* est un lieu décontracté, qui conviendra aux familles ou aux bandes de copains pour les premiers week-ends de printemps ou les vacances d'été. Le genre de grande maison qui se prête bien à une petite saga familiale estivale, avec les enfants s'ébrouant dans le vaste jardin et les parents n'en finissant plus de prendre l'apéro. Et puis, la mer est proche, la campagne est belle et la demeure assez authentique. Clos normand traditionnel de 1750, gentiment foutraque, avec quand même lits faits, équipés de couette, draps et serviettes fournis, cuisine équipée, lave-linge, cheminée à faire fonctionner les après-midi d'hiver et salon de jardin en fer forgé pour les beaux jours. 4 chambres en tout mais 2 lits situés sur un palier. Déco sans fioritures.

Où manger ? Où prendre le thé ?

Un Jour d'Été : *25, rue Victor-Hugo. ☎ 02-35-97-23-17. À gauche de l'office de tourisme. Ts les w-e et tlj vac scol, 11h-19h. Congés : janv-fév. Formule et menus 15-20 €. CB refusées.* Dans une courette fleurie, au pied de l'ancien « chalet suisse », une jolie maison à lambrequins, quelques tables pour prendre le thé et le temps de vivre. Possibilité de grignoter des plats légers composés de produits locaux, tartes et gâteaux, tout est fait maison. Sinon, thé et gâteaux l'après-midi.

Les Galets : *3, rue Victor-Hugo. ☎ 02-35-97-61-33. • restaurantlesgalets-veuleslesroses@orange.fr • Tlj sf mar-mer. Formule déj 30 € ; menus 37-90 €.* C'est le resto gastronomique de Veules-les-Roses. Cadre aux tons bordeaux, marron et gris, dans un style feutré contemporain un rien guindé. Si vous avez le budget, la réputation du chef Frédéric Cauchye est excellente. Il aime surtout travailler le foie gras, la truffe, le poisson cru et évidemment la pêche du jour. La formule déjeuner, pas donnée, propose une mise en bouche, un plat, un verre de vin et un café. Ajouter 9 € pour le fromage et le dessert.

SOTTEVILLE-SUR-MER

(76740) 390 hab. *Carte Seine-Maritime, B1*

Minuscule village à l'est de Veules-les-Roses, aux maisons éparpillées sur la falaise. Le calme parfait. À 1 km de l'église, petit parking, puis une sympathique volée de 232 marches permettant d'accéder à une petite plage de galets à l'aplomb de la falaise.

Où dormir ? Où manger ?

Camping

Camping Les Pommiers : *rue Jean-Antheaume. ☎ 02-35-97-62-12. 06-89-36-88-05. • jeanluc.fricot@orange.fr • camping-normandie-mer.com • Ouv avr-oct. Compter 15 € pour 2. Loc de mobile homes 2-4 pers 35-60 €/nuit et 200-570 €/sem selon saison et nombre d'occupants. Une boisson offerte à l'arrivée sur présentation de ce guide.* Petit camping familial, accueillant, simple et correct. 61 emplacements plats et herbeux, partiellement ombragés. Salle commune, salle et aire de jeux. Bon accueil, tout aussi simple.

De bon marché à plus chic

Hôtel des Rochers : *à côté de l'église. ☎ 02-35-97-07-06. Fax : 02-35-97-71-73. Fermé de janv à mi-mars. Doubles 46-49 € avec douche ou bains et w-c. Café offert sur présentation de ce guide.* Dans une grande maison bourgeoise, en fait l'ancien presbytère, 8 chambres calmes et bien décorées. Charmant jardin ceint d'un haut mur. La pelouse n'est pas tondue souvent « pour conserver les pâquerettes »... Accueil et lieu absolument charmants, tout en restant empreints d'une grande simplicité. On se croirait presque en chambre d'hôtes.

Restaurant Les Embruns : *4, pl. de la Libération. ☎ 02-35-97-77-99. • lesembruns@bbox.fr • À côté de l'église. Fermé dim soir et lun, ainsi que mar hors saison. Congés : fin janv-début fév. Compter 21 € le midi en sem, sinon menus 24-44 €.* Dans cet ancien bar-tabac reconverti dans la gastronomie et au cadre rustique et coquet, vous choisissez un plat et le reste (entrée, fromage et dessert) est compris dans le prix. Excellente cuisine (marmite sottevillaise, magret de canard), dépassant largement le cadre régional.

Où dormir dans les environs ?

Chambres d'hôtes et gîte Le Chat Chez Qui J'habite : *chez Marie-Odile Hocquigny, 67, hameau de La Saline, 76740* ***Saint-Aubin-sur-Mer.*** *06-62-48-67-36. • lechatchezquijhabite@orange.fr • lechatchezquijhabite.com • À 5 km à l'est de Veules, entre Sotteville et Varengeville ; à la sortie de Saint-Aubin, direction Ramouville, c'est à l'intersection de la D 75 et de la D 237. Congés : en janv. Double 95 € ; 85 € à partir de la 2e nuit. Gîte 5 pers 350-600 €/sem. Wifi. Un petit cadre reproduisant un des tableaux de l'artiste offert à la galerie de Veules pour tte nuit passée en chambres d'hôtes, sur présentation de ce guide.* Une étonnante maison d'artiste où Marie-Odile, peintre exposant dans une galerie de Veules-les-Roses, a entièrement réalisé la déco de ses 5 chambres d'hôtes. Elles sont dignes d'un véritable conte de fées pour jeunes filles en fleurs, avec une féerie de couleurs agrémentée de personnages de petites filles ou du fameux chat qui a donné le nom au lieu, un vrai leitmotiv chez Marie-Odile. Voir notamment la *Lily Kitch* ou la *Princesse au petit pois* ! Même si la maison est à deux pas de la route, le bruit des voitures ne parvient pas jusqu'ici. On bénéficie aussi de l'accès à une cuisine, à une véranda, à un espace bien-être (spa, hammam), à 2 tennis ainsi qu'au petit parc. Également un petit gîte avec cuisine au diapason de la tonalité générale. Stages de peinture à la demande pour ceux qui voudraient faire tout pareil chez eux...

VARENGEVILLE-SUR-MER

(76119) 1 100 hab. *Carte Seine-Maritime, C1*

À 8 km de Dieppe. Charmant village qui s'étire le long de la route et de la valleuse de Vastérival. Certainement l'endroit de la côte qui recèle le plus de petites merveilles. Atmosphère champêtre et bourgeoise à la fois, grâce à de superbes demeures du début du XXe s bien camouflées derrière des écrans d'arbres. Chance supplémentaire, la terre y étant plutôt acide, il paraît que cela favorise le développement des plantes rares. Dans le genre, ne manquez surtout pas le parc du Bois-des-Moutiers et ses rhododendrons géants, ni la collection Shamrock, la plus grande collection d'hortensias au monde. Enfin, l'un des plus beaux cimetières marins qui soient, celui où Braque est inhumé, au pied de l'église dont il dessina les vitraux. C'est là tout le charme de Varengeville, qui a toujours été largement célébrée par les artistes. À ne pas rater !

UN AIMANT POUR LES ARTISTES

La liste des artistes ayant séjourné ou travaillé à Varengeville est réellement impressionnante. Côté littérature : Dorgelès, Saint-John Perse, Prévert, Proust, Breton, Cocteau, Gide, Virginia Woolf.... Du côté des musiciens : Debussy, Ravel, Satie ou encore Albert Roussel, qui a sa tombe au cimetière marin... Et puis, une belle palette du côté des peintres : Isabey, Corot, Monet, qui y a peint plus d'une centaine de toiles, dont *La Maison du douanier à Varengeville,* Renoir, Pissarro, le portraitiste Jacques-Émile Blanche, Degas, Picasso, Léger et chez les Anglais, Turner, Whistler, Sickert... Miró, captivé par les cieux étoilés, y séjourna de 1937 à 1940 et s'inspira de ce coin pour réaliser son cycle *Constellations* et ses œuvres *Varengeville 1* et *Varengeville 2.* Enfin, Braque, le seul peintre exposé au Louvre de son vivant, y avait même son atelier, sans oublier qu'il a dessiné le vitrail de l'Arbre de Jessé dans l'église locale, jouxtant le cimetière marin où il repose face à la mer. Aujourd'hui, signalons Michel Ciry, qui a peint le *Christ rédempteur* exposé dans l'église, et qui vit et travaille aujourd'hui à Varengeville.

Où dormir ? Où manger ? Où boire un verre ?

Bon marché

La Maison de Jules : *pl. des Canadiens. ☎ 02-35-84-28-97. • contact@lamaisondejules.com • ♿. En face de la boutique* Lin et L'Autre. *Tlj sf dim soir en hte saison, 10h-21h env (selon affluence : le soir, mieux vaut téléphoner) ; hors saison ouv slt au déj sf mar-mer. Congés : 15 j. fin sept-début oct. Formule 11,80 € ; carte 15 €. Café ou apéritif offert sur présentation de ce guide.* Logé dans une longue maison en brique, doté d'une chapelle de silex et d'une galerie d'art, ce salon de thé et bar à vins propose une petite restauration bienvenue dans ce village un peu démuni. Bonnes assiettes, comme celle de Jules proposant charcuterie et fromages, assiette espagnole, terrines de poisson ou de légumes, foie gras, etc. Gâteaux maison, comme presque tout ici. Côté vins, ça va des coteaux du Layon au vin corse en passant par le dernier viticulteur de Varengeville... Bon accueil de Béatrice.

De prix moyens à plus chic

Hôtel-restaurant La Terrasse : *route de Vastérival. ☎ 02-35-85-12-54. • francois.delafontaine@wanadoo.fr • hotel-restaurant-la-terrasse.com • Fermé de début oct à mi-mars. Résa conseillée. ½ pens demandée : 54-63 €/pers en chambre double. Formule 17 € en sem ; menus 22-35 €. Wifi.* Cette maison familiale de carte postale, blottie dans les pins, balance entre la Normandie et le Devonshire. Il faut dire que le site est assez exceptionnel, à l'aplomb des falaises. Les chambres sont plutôt agréables mais moins cosy que les parties communes. Quant à la demi-pension, curieusement obligatoire, elle débouche sur une cuisine traditionnelle correcte.

Où dormir ? Où manger dans les environs ?

Voir aussi nos adresses à Dieppe « Où dormir ? Où manger dans les environs ? ».

Le Manoir de Tessy : *chez Marie-Agnès Fritsch, Le Tessy, 76860* ***Ouville-la-Rivière.*** *☎ 02-32-06-34-44. • reservations@lemanoirdetessy.com • lemanoirdetessy.com • ♿ (1 chambre). Par la D 123, direction Ambrumesnil. Fermé 24-25 déc. Doubles 60-80 €. Table d'hôtes le soir sur résa 19 € ; enfant 9 €. Wifi.* Dans une belle propriété verdoyante, manoir du XVIe s restauré avec un colombier en excellent état, une cave à cidre, des dépendances en pierre et en brique et un grand jardin. 5 chambres spacieuses, dont une chambre attenante au manoir et accessible aux personnes à mobilité réduite. Toutes assez modernisées par rapport au cachet de la bâtisse, tout confort et pas trop onéreuses. Possibilité d'emprunter des vélos pour une balade dans le coin. Bon accueil de Marie-Agnès qui propose également une table d'hôtes de bonne qualité, accompagnée de vins sélectionnés.

Achats

Lin et L'Autre : *pl. des Canadiens. ☎ 02-35-04-93-37. En face de* La Maison de Jules. *Avr-oct, lun-ven 10h-13h, 14h-19h et w-e 10h-19h ; hors saison, lun-jeu 14h-18h, w-e 10h-13h, 14h-18h.* Une boutique de produits en lin, quoi de plus naturel dans la première région productrice de France ? Cette boutique, qui fabrique elle-même ses vêtements, n'utilise, bien sûr, que du lin régional. Vêtements, écharpes, tissu au mètre et même des rideaux sur commande ! Sachez que la période de floraison du lin est la première quinzaine de juin : ni avant, ni après. Chaque jour, la belle fleur bleue vit et meurt, renaissant le lendemain... Si vous voulez en savoir plus, mettez donc ensuite le cap sur Doudeville, la capitale du lin !

À voir. À faire

Le parc du Bois-des-Moutiers : *sur la D 27 vers la mer. Rens sur répondeur pour les floraisons en cours. ☎ 02-35-85-10-02. • boisdesmoutiers.com • Ouv de mi-mars à mi-nov, 10h-12h, 14h-18h. Visite libre du parc : 10 € ; réduc enfants ; sur rdv, possibilité de visite guidée de la maison et des jardins, pour min 10 pers (30 €/pers), sinon 5 visites guidées/j. juil-août.*

Attention, ce poème architectural, culturel, floral et même ésotérique est en vente, alors renseignez-vous avant de venir ! Pourtant, le Bois-des-Moutiers, c'était il y a encore peu de temps environ 50 000 visiteurs chaque année et l'un des trois jardins les plus visités de France. À la fin du XIXe s, Guillaume Mallet, le propriétaire, fit développer un jardin aux essences multiples et lointaines. Planté de fleurs et d'arbres provenant de Chine, d'Amérique du Nord, du Chili et du Japon, ce magnifique parc de 12 ha occupe une charmante valleuse débouchant sur la mer, au bout de laquelle Monet a peint *La Maison du douanier à Varengeville.* Pour mener à bien son projet, il fit appel à de jeunes artistes britanniques : Edwin Lutyens, architecte, et Gertrude Jekyll, paysagiste dont le nom a inspiré Robert Louis Stevenson quand il créa sa célèbre personnalité schizophrénique, double de Mr Hyde... C'est ainsi qu'en 1898 fut construit en pleine Normandie un chef-d'œuvre de l'école *Arts & Crafts,* l'équivalent anglais de l'Art nouveau. C'est même le seul exemple en Europe occidentale, hors d'Angleterre. Le mouvement anglais est fortement marqué par le Moyen Âge, et on retrouve dans l'architecture l'aspect massif et quelque peu austère des châteaux forts. Il s'agissait pourtant d'une maison résolument d'avant-garde. Par exemple, ici, pas d'escalier de service. Ne manquez pas le salon monumental, avec le piano sur lequel jouait 5h par jour le grand-père de l'actuel propriétaire. Notez les plaques de plâtre coloré et les innombrables détails de ferronnerie et d'ébénisterie qui sont autant de chefs-d'œuvre d'ingéniosité... De nombreux artistes fréquentèrent les lieux à l'époque : Rodin, Picasso, Miró, Cocteau... On vous conseille vivement la visite guidée de cette merveilleuse demeure, héritage d'une passion familiale.

Vous apprendrez que Guillaume Mallet pratiquait la théosophie, enracinée chez Platon et reprise aujourd'hui jusque dans le *New Age.* C'est un syncrétisme de plusieurs idées, telles la conscience une et universelle, la réincarnation, l'immortalité de l'âme, le karma, etc. Son nombre d'or est le 7, d'où les 7 niveaux d'évolution possibles en soi et les 7 niveaux du jardin du Bois-des-Moutiers. Pas étonnant que Krishnamurti (1895-1986), maître de sagesse de la théosophie, soit venu ici, s'installant généralement devant les trois fenêtres (chiffre symbole) de la cage d'escalier en forme d'amphithéâtre, où l'on venait s'asseoir et l'écouter...

Et maintenant, passons au jardin, si vous le voulez bien... à travers les chemins qui zigzaguent dans de superbes massifs aux couleurs éclatantes. Des parcours fléchés permettent de suivre la floraison en fonction de la date de votre passage, mais ne venez pas uniquement pour voir des fleurs. C'est aussi un jardin d'arbres et l'œuvre d'une véritable paysagiste. La pleine floraison s'étale de mi-mars à mi-novembre. De mi-mai à mi-juin, le parc est certes paradisiaque à cause de l'éclosion des rhododendrons géants, mais l'automne lui sied tout autant, quand le calme revient, et que les arbres se parent de belles couleurs orangées. Prévoir au minimum 1h de visite (3 km de promenade fléchée). Très bien conçu. Des chemins mènent de clairière en clairière, de thème en thème : les odeurs, le bruit d'un ruisseau, les couleurs du feuillage...

L'église et le cimetière marin : *suivre la route qui passe devant le parc du Bois-des-Moutiers.* Elle aboutit à une petite église du XIIe s, d'où la vue est époustouflante. À l'intérieur, curieuse double nef, traditionnelle à gauche et en coque de

navire renversée à droite. Deux jolies colonnes torses symbolisant le cordage marin, agrémentées de coquilles Saint-Jacques. Sur l'une d'elles apparaissent une sirène et des têtes de marins. Au fond de la nef, sur la droite, un vitrail représentant l'*Arbre de Jessé*, qu'on doit à Braque. Sur l'autel, tabernacle en émaux, de Braque également. Voir aussi le *Christ rédempteur* de Michel Ciry, peintre mystique vivant à Varengeville.
L'attachant *cimetière marin* qui entoure l'église a été célébré dans un poème de Paul Valéry en 1920 et a servi de décor pour de nombreux films. Les perspicaces chercheront la tombe de Braque et celle d'Albert Roussel. Ne manquez pas non plus celle du soldat du Premier Empire... devenu percepteur (curieuse inscription).

La collection Shamrock : *route du manoir d'Ango (bien fléché). ☎ 02-35-85-14-64. • hortensias-hydrangea.com • ♿ 15 juin-15 sept, tlj sf mar mat 10h-12h, 14h30-18h (slt l'ap-m sf mar la 2de quinzaine de sept). Entrée : 6 € (7 € de mi-juil à mi-août) ; réduc, notamment sur présentation de ce guide ; gratuit moins de 15 ans.*
Avec plus de 1 000 plantes présentées ici, il s'agit de la plus grande collection d'hortensias du monde, rassemblée par Robert et Corinne Mallet, spécialistes passionnés qui ont parcouru le monde à la recherche d'espèces rares qu'ils ont réussi à acclimater en Normandie. Le berceau de l'hortensia, c'est l'Asie, mais une partie de la collection est consacrée aux espèces américaines. On vous conseille la période de pleine floraison (de mi-juillet à fin août) pour visiter la collection, mais la fin de la saison offre des couleurs assez exceptionnelles.

Le Manoir d'Ango : *chemin de Cayenne. ☎ 02-35-83-61-56. 📱 06-72-09-08-67. • manoirdango.fr • Tlj de mi-avr à fin sept et slt le w-e oct-Toussaint, 10h-12h30, 14h-18h. Entrée : 5 € ; réduc ; gratuit moins de 12 ans. Visite guidée sur résa à partir de 10 pers.*
Incendié à la Révolution, transformé un temps en ferme (et même en buvette !), le manoir, pillé et dégradé, est sauvé par Prosper Mérimée en 1862 lorsqu'il l'inscrit sur la même liste que le Louvre et Notre-Dame de Paris parmi les premiers sites classés Monument historique en France... En 1927, André Breton y écrit des pages de *Nadja,* en compagnie d'Aragon qui travaille sur son *Traité de style.* Le manoir est finalement racheté par une riche famille d'industriels textiles du Nord, en 1928, les Hugot (de Hugot à Ango...) qui entreprend sa restauration, aujourd'hui reprise en main par les petits-enfants. Voici donc le manoir du célèbre Jehan Ango ouvert de nouveau à la visite. Ce grand armateur, proche de François Ier, lança ses navires et une ribambelle de découvreurs sur toutes les mers du globe, quitte à armer aussi des corsaires contre Charles Quint et les Anglais !
Surnommé le « Médicis dieppois », il se fit bâtir ce palais d'été de 1530 à 1544, en utilisant les matériaux locaux : grès, silex et brique. Ce vaste rectangle qui, à l'origine, trônait sur un domaine de 5 000 ha (contre 28 aujourd'hui), est conçu sur le modèle de la Renaissance italienne, une rareté en Normandie. Au sud, la partie noble autour de la cour d'honneur et au nord, les communs. Notez les médaillons représentant François Ier, Ango lui-même et leurs épouses respectives au-dessus des voûtes d'entrée de l'aile est et le long de la façade sud. La salamandre, emblème de François Ier, figure sur le mur de l'aile ouest. Du châtelet est, paraît-il, Ango pouvait surveiller le va-et-vient de ses navires dans le port de Dieppe ! À l'intérieur, on visite les salles (non meublées) du rez-de-chaussée, où devraient figurer pro-

LE VOLEUR VOLÉ

En 1522, Cortés dérobe le fabuleux trésor de Montezuma, le dernier empereur aztèque. Il remplit trois caravelles destinées à Charles Quint. Mais tout cet or est ensuite intercepté en mer par le grand armateur dieppois Jehan Ango, ami de François Ier. Outre cette fabuleuse capture, la plus importante de l'histoire maritime, on découvre alors les cartes espagnoles qui avaient repéré les Antilles. C'est l'origine de la conquête de la Martinique et de la Guadeloupe... Bonne pêche !

chainement des panneaux explicatifs sur les grandes découvertes de l'armateur. Voir les cheminées Renaissance, notamment celle, monumentale, de la salle des gardes, la petite salle de bains 1900 (un peu anachronique) et la loggia avec vue sur la cour. Mais le clou de la visite reste sans aucun doute le colombier, à l'époque le plus grand de France avec ses 1 600 boulins capables d'accueillir autant de couples de pigeons. Sachant que seule la noblesse avait ce droit à l'époque, cela donne une petite idée de la puissance d'Ango ! Superbe architecture, que ce soit la toiture byzantine, la charpente ou les motifs géométriques polychromes.
Enfin, on peut se promener tranquillement dans les 6 ha de jardins et autour des deux pièces d'eau.

DIEPPE

(76200) 32 650 hab. *Carte Seine-Maritime, C1*

L'un des ports les plus actifs de Normandie, et la plage la plus proche de Paris (à 180 km) ! La ville, dont le front de mer fut en partie détruit par les bombardements, n'offre pas au premier abord un charme débordant. Cependant, il suffit de s'intéresser un tant soit peu à l'histoire pour y trouver quelques pépites. Et puis, ici comme ailleurs sur la côte normande, le climat n'est jamais monotone... Si le plaisir de la balade en ville est donc parfois limité, Dieppe mérite quand même une visite pour sa belle église, son passionnant château-musée et sa longue plage. La ville a obtenu le label « Ville d'art et d'histoire » et consacre beaucoup d'énergie à la mise en valeur de son patrimoine et aux animations culturelles.
Enfin, Dieppe possède un bord de mer unique, déjà apprécié des Vikings qui nommèrent le profond estuaire *djepp,* plus tard transformé en *deep,* et donc en Dieppe. Entre la plage et les immeubles qui la bordent, on trouve aussi 8 ha de pelouses qui s'étirent en longueur. Une aire de calme étonnante avec quelques snacks et restos provisoires, en saison, pour admirer la grande bleue, souvent verte d'ailleurs...

UN PEU D'HISTOIRE

De tout temps les rois comprirent l'importance stratégique de ce port. En 1066, Guillaume le Conquérant annexe le duché de Normandie au royaume d'Angleterre et choisit Dieppe comme base pour ses relations outre-Manche. À la fin du XIIe s, Philippe Auguste, roi de France, incendie la ville, alors sous contrôle du duc de Normandie, donc des Anglais. La Normandie est reprise à l'Angleterre en 1204. Lors de la guerre de Cent Ans, elle passe d'une main à l'autre plusieurs fois. Les Anglais s'en emparent véritablement en 1420 pour la perdre définitivement en 1443, ce qui n'empêchera pas les corsaires dieppois, soutenus par Louis XI, d'effectuer des raids sur les positions anglaises... Les Dieppois édifient alors ce fier château qui surplombe la ville. C'est sous François Ier que se développent le port et les échanges commerciaux. La pêche au hareng va assurer la fortune de la ville pour plusieurs siècles.

CORSAIRES ET DÉCOUVREURS EN TOUS GENRES

Cité de marins, où naît la plus grande école cartographique d'Europe, Dieppe voit alors surgir un bon nombre de navigateurs et d'armateurs dont le plus célèbre s'appelle Jehan Ango. En 1488, déjà, le Dieppois Jean Cousin fut sans doute le premier à découvrir la pointe sud de l'Afrique et le premier à naviguer dans l'océan Indien. En 1508, le père Ango arme un certain Thomas Aubert, qui part à la découverte de Terre-Neuve et revient avec les premiers Indiens posant le pied en Normandie. Au XVIe s, les corsaires dieppois se battent contre la concurrence espagnole et portugaise. Autorisé à armer ses navires pour la guerre, Jehan Ango aide François Ier à lutter contre Charles Quint et l'Angleterre. Il paie une partie de la rançon du roi, fait prisonnier à Pavie, en 1525. Le plus féroce des corsaires, Jean Fleury, prendra de nombreux galions espagnols avant d'être exécuté en 1527 sur ordre de Charles Quint lui-même. D'autres Dieppois partent à l'assaut des îles, comme le marin d'Esnambuc ou le fameux pirate Pierre Legrand. Et puis, toujours armés par Ango, citons encore les frères Verrazzano qui découvrent la baie de New York (il y a peut-être des galets dieppois dans le pont Verrazzano de New York !) et les côtes du Canada, qu'ils baptisent Nouvelle-France. Ou encore les frères Parmentier qui débarquent à Sumatra et Madagascar, et on en passe !

SPLENDEUR ET DÉCADENCE DE JEHAN ANGO

Pour remercier Jehan Ango des services rendus, François Ier le nomme gouverneur de Dieppe. Ango développe les ports de la région et lance ses « formules 1 de la mer » (pour l'époque) à l'assaut du Brésil, de Terre-Neuve, de l'Afrique et des Antilles... Tombé en disgrâce, il est emprisonné en 1549 mais sort l'année suivante pour aider au siège maritime de Boulogne... Néanmoins, endetté et privé de son soutien royal, il meurt ruiné à Dieppe en 1551.

DE LA CÔTE D'IVOIRE À LA NOUVELLE-FRANCE

Au XVIe s, les navigateurs dieppois rapportent des côtes de Guinée de l'ivoire et des épices. Le travail des ivoiriers dieppois est tellement remarquable que la ville acquiert une notoriété dépassant largement les frontières françaises. Les artistes affluent de toutes parts. La cité s'enrichit, se développe, et le commerce explose. Dieppe connaît alors son heure de gloire, qui durera jusqu'au XVIIe s. À cette époque, la ville est aussi l'un des principaux ports de commerce à destination de la Nouvelle-France, l'actuel Canada, ouvrant la voie à une longue relation avec nos lointains cousins, notamment autour de la pêche et du commerce de la peau de castor. C'est ainsi que l'on retrouve encore au Québec de nombreux noms dieppois, tels Hébert, Bonhomme, Carpentier et autres Lemoyne... Mais, en 1668, une terrible peste décime une bonne partie de la population, et les activités redoublées des trop actifs corsaires provoquent le bombardement de la ville en 1694 par la flotte anglo-hollandaise, qui détruit Dieppe à 90 %. La ville mettra 20 ans à s'en remettre. Louis XIV fera appel à Vauban pour la reconstruction, mais ce sera sans comparaison avec le niveau atteint au siècle précédent. Quelques corsaires s'illustrent encore, comme dans un chant du cygne, tandis que le jeune Dieppois Gabriel de Clieu implante le café aux Antilles, dont il deviendra le gouverneur...

LES PREMIERS ANGLAIS ET LES PREMIERS BAINS DE MER

Une fois la paix revenue avec l'Angleterre, en 1815, la traversée transmanche Dieppe-Newhaven (près de Brighton) devient un atout pour la ville. Avant 1848, pour aller de Londres à Paris, il fallait 32 h de voyage ! Désormais, on prend un bateau à vapeur jusqu'à Dieppe, puis le train. Celui-ci sera d'ailleurs créé à l'initiative des Anglais (et certains ouvriers britanniques s'installeront dans la région après les travaux). Une colonie anglaise investit donc la ville dans tous les sens du terme. Elle apporte avec elle le goût du golf et des courses hippiques mais aussi des infrastructures : elle fait par exemple bâtir l'hippodrome, les hôtels (comme le *Castel Royal*), certaines églises... Et elle organise des régates qui attirent parfois jusqu'à 10 000 spectateurs avides de joutes nautiques. Si aujourd'hui Dieppe ne figure plus au palmarès des stations balnéaires (Étretat, Cabourg, Deauville... lui ravissent la palme), c'est tout de même la première ville à avoir bénéficié de la mode des bains de mer, avec les fameux bains Caroline. Quand les Anglais lancent la mode des bains de mer dans un but curatif, la duchesse de Berry, fille de Charles X, lance véritablement la station en venant tremper ses fesses dans la Manche tous les étés à partir de 1824. La ville connaît alors le premier grand boom touristique de l'histoire. Appréciant sa proximité avec Paris, les bourgeois, politiciens, artistes et aristocrates de la capitale prennent rapidement l'habitude de venir ici passer leur fin de semaine. Plus tard, les modes étant ce qu'elles sont, on bouda un peu Dieppe pour découvrir Le Tréport, Trouville, Deauville... Les étonnantes et sympathiques pelouses du bord de plage qui donnent tant de place à la lumière sont dues à l'impératrice Eugénie, qui les dessina en 1853. Les grands peintres (Delacroix, Turner), puis les impressionnistes, viennent capturer la lumière éphémère des paysages dieppois. Dans son manoir du Bas Fort Blanc, au bout du front de mer, le portraitiste Jacques-Émile Blanche reçoit Monet, Degas ou Renoir, venu peindre les portraits de la famille Bérard au château de Derchigny-Graincourt. Pissarro, dont le fils est graveur à Londres, loue un appartement et peint *L'Avant-Port de Dieppe,* qu'il offre à la ville. Enfin, Boudin, se sachant déjà atteint d'un cancer, peint ici même *Les Falaises du Pollet.* Ces deux dernières toiles sont visibles au château-musée.

19 AOÛT 1942, OPÉRATION *JUBILEE*

Les Anglo-Canadiens l'appelèrent opération *Jubilee.* En France, on le qualifia du « plus grand des petits débarquements ». Ce fut en effet la plus importante opération réalisée avant le *D-Day.* Sur les 6 000 officiers et hommes engagés sur le sable et les galets dieppois, on compta 4 963 Canadiens, 250 commandos britanniques, un groupe de Français libres et une section de rangers américains. Les troupes débarquèrent sur les plages le 19 août, au petit matin, et y restèrent 9h.
La bataille de Dieppe compte parmi les plus sanglantes et les plus brèves de la dernière guerre. L'objectif était de préparer le « vrai » débarquement en analysant les forces et faiblesses de celui-ci. Selon certains, le sacrifice fut démesuré compte tenu de son utilité. Pour d'autres, il contribua en grande partie à la réussite du débarquement de juin 1944.
Ce sont les survivants de cette opération qui se joindront à la 3e division d'infanterie canadienne débarquée aux plages de Juno Beach, le 7 juillet 1944, pour participer aux opérations au nord-est de Caen, puis dans le pays de Caux. La hiérarchie leur confiera la juste revanche de libérer Dieppe, après en avoir été boutés deux ans auparavant.

DIEPPE, VILLE MARITIME

L'activité portuaire revêt donc, dans l'histoire dieppoise d'hier et d'aujourd'hui, une importance primordiale. Dans la période actuelle, économiquement difficile pour la ville, les Dieppois restent cependant convaincus que la voie de la réussite passe d'abord par la bonne santé du port. Le poisson dieppois a toujours été prisé à Paris. Ne dit-on pas d'ailleurs ici : « Poissons dieppois, poissons de choix » ? La capitale était ravitaillée par les chasse-marée (attelages de quatre chevaux), plusieurs fois relayés et assurant ainsi un approvisionnement parfaitement frais en turbots, soles et coquilles Saint-Jacques, même si les *Lettres* de Mme de Sévigné nous rappellent la fin tragique du fameux cuisinier Vatel, qui se suicida à cause du retard d'un arrivage dieppois... Certes, la pêche à la morue terre-neuvienne et le commerce de la banane sont aujourd'hui tombés dans l'oubli mais Dieppe reste le premier port français pour la coquille Saint-Jacques (pas toujours bien payée...) et la liaison transmanche est un atout économique essentiel.

Arriver – Quitter

En bus

Gare routière (plan C4) : *à côté de la gare SNCF.*
➢ **De/vers Saint-Valery-en-Caux, Fécamp :** liaison de/vers Saint-Valery-en-Caux avec *Veolia (VTNI).* ☎ *0825-076-027 (0,15 €/mn).* • *mobiregion.net* •
➢ **De/vers Fécamp :** depuis Saint-Valery-en-Caux, liaison avec *Degardins* (☎ *02-35-57-29-82).*
➢ **De/vers Eu et Le Tréport :** avec les *Cars Denis* (☎ *02-35-06-86-86.* • *voyagesdenis.com* •).

En train

➢ **De/vers Paris, Rouen :** ☎ *36-35 (0,34 €/mn).* Trains directs Paris-Dieppe, ou avec changement à Rouen.

En bateau

Embarcadère (plan D1) : *sur le quai Gaston-Lalitte.*
➢ **De/vers Newhaven :** *avec la compagnie* **L. D. Transmanche Ferries.** ☎ *0800-650-100 (appel gratuit depuis un poste fixe).* • *transmancheferries.com* • 2 à 3 ferries/j., tte l'année. Durée du trajet : 4h.

Adresses et info utiles

Office de tourisme (plan C3) : *pont Jehan-Ango, quai du Carénage.* ☎ *02-32-14-40-60.* • *dieppetourisme.com* • *Tte l'année ; mai-sept, lun-sam 9h-13h, 14h-19h (juil-août 9h-19h), dim 10h-13h, 14h-17h ; le reste de l'année, fermé dim.* Excellentes informations données par un personnel compétent et sympa. Plein de documentation culturelle éditée par le service Ville d'art et d'histoire de la ville (voir ci-dessous). Circuit audioguidé et circuit adapté aux enfants. Juste à gauche de l'office, possibilité de comparer le paysage peint par Pissarro dans *L'Avant-Port de Dieppe* et celui d'aujourd'hui, quel changement !
Ville d'art et d'histoire (plan C3) : *pl. Louis-Vitet.* ☎ *02-35-06-62-79.* Pour toutes les animations et les visites guidées organisées dans le cadre du label.
■ **Le Buscyclette** (loc de vélos) (plan C3) : *au pont Ango.* *06-24-56-06-27.* Association installée dans un bus bleu. Tarifs très abordables.
– **Le grand marché** (plan B3) : *sam.* L'un des plus importants du département (voir aussi la rubrique « À voir. À faire »).

Où dormir ?

Camping

Camping Vitamin' (hors plan par B4, **10**) : *865, chemin des Vertus, 76550* **Saint-Aubin-sur-Scie,** *au sud de Dieppe.* ☎ *02-35-82-11-11.* • *camping.vitamin@wanadoo.fr* • *camping-vitamin.com* • *Du centre de Dieppe, prendre la rue Gambetta qui devient l'av. des Canadiens (direction Rouen) ; ensuite, c'est bien indiqué. Sinon, bus n° 2 (direction Val-Druel), arrêt : « Vasarely ». Ouv d'avr à mi-oct. Compter 17,40 € pour 2. Loc de caravanes, mobile homes et chalets 195-580 €/sem. Wifi.* Camping offrant de bonnes prestations, mais assez excentré par rapport à Dieppe, en bordure d'une zone artisanale. Emplacements plats, herbeux et délimités par des haies. Bar-brasserie en saison. Aire et salle de jeux, terrains de sports, pétanque. Piscine. Animations estivales. À proximité, grande piscine et salle multisport.

Bon marché

Hôtel Les Galets (plan B3, **11**) : *14-16, rue de la Halle-au-Blé.* ☎ *02-35-06-10-10.* • *hotel-lesgalets@orange.fr* • *Congés : 23-30 déc. Doubles 41-50 € selon saison ; 54-70 € pour 4. Un petit déj/pers la 1re nuit offert sur présentation de ce guide.* Un petit hôtel simple, mais très bien situé en centre-ville et qui conviendra aux familles et aux bandes de copains au budget serré. Le plus intéressant ici, ce sont les chambres pour 3, 4, 5 ou 6 personnes, toutes avec douche et w-c. Aucune chambre ne se ressemble. Pensez à réserver car elles sont vite louées.

■ Adresse utile

- Office de tourisme

Où dormir ?

- 10 Camping Vitamin'
- 11 Hôtel Les Galets
- 12 Chambres d'hôtes Les Roses trémières
- 13 Au Grand Duquesne
- 14 Les Arcades
- 15 Hôtel Mercure – La Présidence

Où manger ?

- 21 Le Calvados
- 22 Divernet
- 23 Le Bistrot du Pollet
- 24 Restos touristiques du quai Henri-IV
- 25 À la Marmite Dieppoise
- 26 L'Ankara

Où boire un verre ? Où sortir ?

- 30 Le Bar O Mètre
- 31 Le Café des Tribunaux
- 32 Café Solo
- 33 L'Epsom

■ Où piquer une tête ? Où faire un peu de balnéo ?

- 40 Les Bains

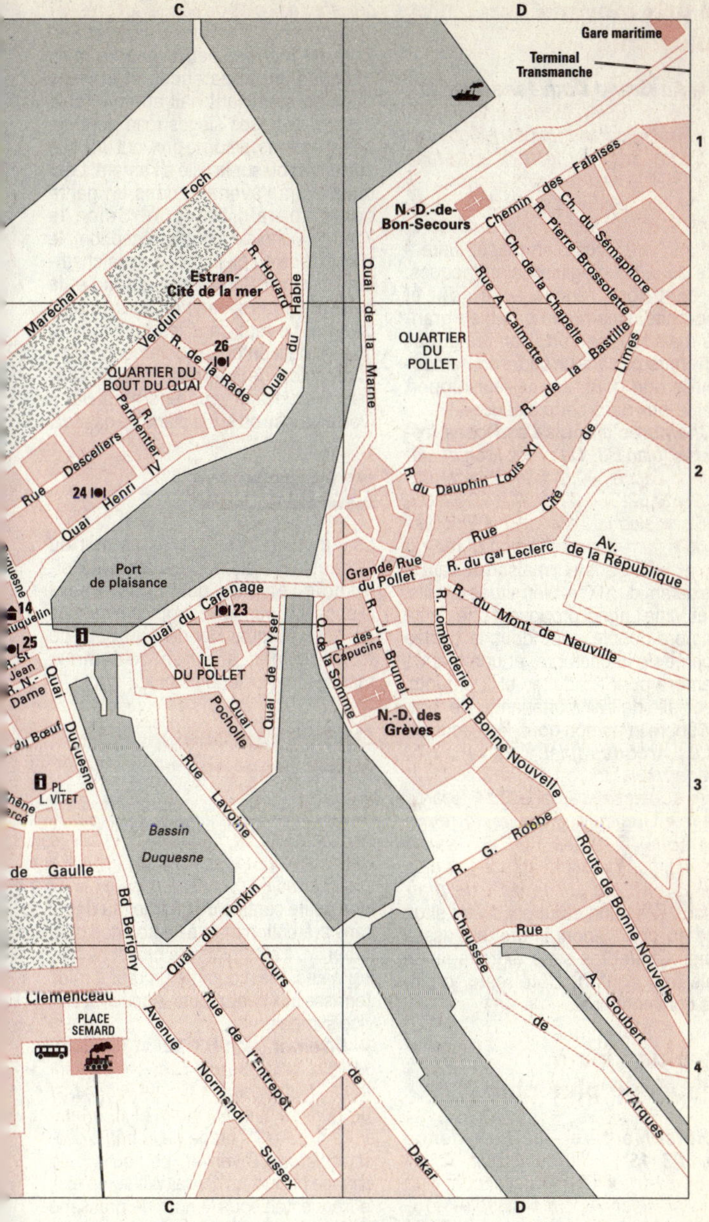
C
D
Gare maritime
Terminal Transmanche
1
2
3
4
N.-D.-de-Bon-Secours
Chemin des Falaises
Ch. du Sémaphore
R. Pierre Brossolette
Ch. de la Chapelle
Rue A. Calmette
R. de la Bastille
Quai de la Marne
QUARTIER DU POLLET
Limes
Cité de
R. du Dauphin Louis XI
Rue
Av. de la République
R. du Gal Leclerc
Grande Rue du Pollet
R. du Mont de Neuville
R. Lombarderie
R. J. Brunel
R. des Capucins
Q. de la Somme
N.-D. des Grèves
R. Bonne Nouvelle
R. G. Robbe
Route de Bonne Nouvelle
Chaussée de l'Arques
Rue A. Goubert
Foch
Maréchal
Estran-Cité de la mer
R. Houard
Quai du Hable
Verdun
R. de la Rade
26
QUARTIER DU BOUT DU QUAI
R. Parmentier
Rue Desceliers
Quai Henri IV
24
Port de plaisance
Quai du Carénage
23
Quai de l'Yser
ÎLE DU POLLET
Quai Pocholle
Rue Lavoine
Bassin Duquesne
Quai du Tonkin
Cours de Dakar
Rue de l'Entrepôt
Avenue Normandie Sussex
Bd Berigny
Quai Duquesne
14
25
R. St Jean
R. N.-Dame
du Bœuf
PL. L. VITET
de Gaulle
Clemenceau
PLACE SEMARD

DIEPPE

De prix moyens à plus chic

🏠 🍴 ***Au Grand Duquesne*** *(plan B3, **13**) : 15, pl. Saint-Jacques. ☎ 02-32-14-61-10. • augrandduquesne@orange.fr • Dans le centre-ville, dans la rue face à l'entrée de l'église Saint-Jacques. Tlj tte l'année. Doubles avec douche ou bains 51-57 €. Menus 13,80-41,60 €. Internet, wifi.* Très bien placé, juste à côté de la belle église Saint-Jacques. Un petit hôtel rénové avec goût et modernité. Chambres pas bien grandes mais tout confort. Bon resto, pas trop onéreux, dans un cadre contemporain de bon goût. Le meilleur rapport qualité-prix dans cette catégorie.

🏠 ***Chambres d'hôtes Les Roses trémières*** *(plan B3, **12**) : chez Monique et Étienne Lagnel, 40, bd du Général-de-Gaulle. ☎ 02-32-90-99-62. 📱 06-42-05-43-62. • elagnel@orange.fr • Doubles 50-60 € (tarif dégressif selon durée du séjour). Wifi.* Dans leur maison de caractère datant du XIXe s, bien située en ville, M. et Mme Lagnel proposent une petite chambre double, avec douche balnéo séparée de la chambre, et une grande chambre pour 2 adultes et 2 enfants, avec salle de bains attenante. Décoration sobre et de bon goût. Bon accueil.

🏠 ***Les Arcades*** *(plan C2, **14**) : 1-3, arcades de la Bourse. ☎ 02-35-84-14-12. • contact@lesarcades.fr • lesarcades.fr • Ouv tte l'année (resto fermé dim soir). Doubles 66-76 € selon période, confort et orientation (les plus chères ont vue sur le port de plaisance). Wifi.* Son atout est d'être situé face au port. Sinon, l'hôtel est assez banal. Chambres sans extravagance mais tout confort. Côté resto, cadre très conventionnel.

De plus chic à beaucoup plus chic

🏠 ***Hôtel Mercure – La Présidence*** *(plan A3, **15**) : 1, bd de Verdun. ☎ 02-35-84-31-31. • h7014@accor.com • hotel-la-presidence.com • Doubles 115-145 € selon saison et vue, suite 235 € (voir sur le site les forfaits ou promos proposés à certaines périodes). Petit déj 16 €. Parking payant. Internet, wifi. Petit déj offert aux plus de 60 ans sur présentation de ce guide.* Certes, sa façade en front de mer est peu avenante mais oublions les apparences et entrons dans ce séduisant hall au style chic design, avec ses sièges rose bonbon. Les chambres, selon le prix, ont une vue sur la mer ou sur la ville à l'arrière. Leur déco est à l'avenant, dans un genre contemporain branché. Selon la « trame » choisie (dixit la réception), le lit est placé en plein milieu de la chambre pour que l'on tourne autour, et la salle de bains est volontairement ouverte. Le tout dans les tons rose et gris, et tout confort, évidemment. Resto et bar chic. Il ne vous reste plus qu'à traverser la rue pour vous rendre aux *Bains* (voir plus loin) ou sur la plage de galets...

Où manger ?

La « moules-frites », c'est la mer du Nord et la Belgique. C'est aussi la Normandie, et plus particulièrement Dieppe, où tous les bistrots touristiques du port, du quai Henri-IV au bout du front de mer, affichent le fameux mariage mytilo-tuberculeux.

De bon marché à prix moyens

🍴 ***Le Calvados*** *(plan B3, **21**) : 17-19, rue Lemoyne. ☎ 02-35-84-20-11. • lecalvados@orange.fr • Tlj sf dim, slt à midi. Formule 10,10 € ; repas env 17 €.* Une petite cantine de quartier au décor sans prétention mais à l'ambiance chaleureuse. Petits plats de brasserie très honnêtes. Plein comme un œuf à midi. Terrasse aux beaux jours. Accueil et service sympas.

🍴 ***Divernet*** *(plan B3, **22**) : 138, Grande-Rue. ☎ 02-35-84-13-87. • info@divernet-traiteur.com • Ouv le midi slt, sf lun hors saison. Formule 11 € ; menu env 17 €.* Au 1er étage de la *pâtisserie-chocolaterie Divernet*. Le lieu a bien changé depuis qu'Oscar Wilde, en exil, le fréquentait sous le nom de brasserie *Grish*... Aujourd'hui, c'est un salon de thé-brasserie chic style Art déco, qui sied à une clientèle de bureau et d'hommes d'affaires, attirés par l'avantageuse formule express. Le rapport qualité-prix est indiscutable. En été, terrasse en bordure de cette rue piétonne très commerçante.

L'Ankara *(plan C2, **26**) : 18-20, rue de la Rade. ☎ 02-35-84-58-33. Tlj sf mer. Menus 15-22 € ; carte env 25 €. Café ou thé offert sur présentation de ce guide.* Une fois n'est pas coutume, il suffit d'aller au bout du quai Henri-IV, de monter les marches et de remonter la rue de la Rade pour se retrouver dans ce quartier « du bout du quai », où tant de marins et d'émigrés sont passés... Dans ce chaleureux décor oriental, on vogue déjà vers la Turquie, grâce à la cuisine familiale d'Ali et l'accueil souriant de Daniela. *Mezze* d'entrées froides, brochettes variées, pâtisseries orientales... Également des plats végétariens. Bonne atmosphère musicale et petite bibliothèque pour ceux qui rêveraient déjà d'un voyage à Istanbul...

De prix moyens à plus chic

Le Bistrot du Pollet *(plan C2, **23**) : 23, rue Tête-de-Bœuf, sur l'île du Pollet. ☎ 02-35-84-68-57. En face de la poste du Pollet. Fermé dim et lun. Congés : fin avr, dernière sem d'août et 1re sem de sept. Résa recommandée. Formule déj 19 € mar-ven ; carte env 30 €.* Petit resto à la déco chaleureuse un peu à l'écart du centre, avec ses tables de bistrot, ses murs jaunes et ses expos temporaires. Rempli d'habitués, surtout à l'heure du déjeuner. Cuisine axée sur les produits de la mer (ce qui n'est pas révolutionnaire en soi) selon l'arrivage du jour : foie de lotte mariné, encornets à l'ail doux... En dessert, baba au rhum ou soufflé au calvados. Pas donné le soir, à la carte, mais c'est vraiment excellent.

À La Marmite Dieppoise *(plan C3, **25**) : 8, rue Saint-Jean. ☎ 02-35-84-24-26. Fermé lun, dim soir et j. fériés, plus jeu soir hors saison. Formule 16 € en sem ; menus 29-47 €.* Au sein de robustes murs de pierre, un classique du circuit culinaire dieppois. Cette auberge entretient depuis bien longtemps le goût des bonnes choses. Le poisson, sorti tout droit de la Manche et travaillé à la crème, est à l'honneur, mais le plat phare reste la « marmite dieppoise », préparation très parfumée, composée de 4 poissons, de moules et de langoustines cuisinés ensemble dans un poêlon. Superbe. Les prix n'ont pas la douceur caressante des embruns, mais la fraîcheur des produits est garantie.

– Parmi les ***restos touristiques du quai Henri-IV*** *(plan C2, **24**)*, nos lecteurs ont bien aimé ***le restaurant du Port*** *(tlj sf mer soir et jeu)*, ***Chez Le Gros*** *(tlj sf dim soir et lun)*. En général, on y mange une bonne grosse cuisine de la mer, avec des menus allant de 17 à 42 € le soir, en moyenne. Avantage : pas mal d'entre eux sont ouverts le dimanche soir.

Où dormir ? Où manger dans les environs ?

Campings

Camping municipal du Colombier : *parc du Colombier, 453, rue Loucheur, 76550 **Offranville**. ☎ 02-35-85-21-14. Fax : 02-35-04-52-67. ♿ À 8 km au sud de Dieppe par la N 27. Ouv d'avr à mi-oct. Compter 12,50 € pour 2. CB refusées.* Dans le beau cadre du parc du Colombier, sur une partie des 8 ha de l'ancien château du domaine Fournier. Une centaine d'emplacements spacieux, plats, herbeux et abrités par de hautes haies. Très vert, très calme. Bonnes infrastructures autour : aire de jeux, minigolf, 3 tennis, un centre équestre, sans compter le parc floral et le musée Jacques-Émile Blanche pour la partie culturelle. Notre camping préféré dans la région.

Camping Le Marqueval : *1210, rue de la Mer, à Pourville-sur-Mer, 76550 **Hautot-sur-Mer**. ☎ 02-35-82-66-46. • campinglemarqueval.com • ♿ De Pourville, prendre la D 153 direction Petit-Appeville. Ouv 3e lun de mars-15 oct. Compter env 23,90 € pour 2.* À 1,2 km de la plage de Pourville, un grand camping avec des emplacements plats et herbeux mais peu ombragés. Environnement verdoyant avec rivière et étangs où l'on peut pêcher. Sanitaires corrects. Piscine chauffée en saison.

Camping Relais Motard : *1015, rue*

de la Mer, à Pourville-sur-Mer, 76550 **Hautot-sur-Mer.** ☎ *02-35-83-92-49.* • *jean-luc.jue@wanadoo.fr* • *relais-motard.com* • *Juste en face du précédent, donc même accès. Ouv de mi-avr à fin sept. Compter 13,20 € pour 2. Loc de caravanes et chalets 28-42 €/nuit pour 2-4 pers ou 180-230 €/sem selon type d'hébergement.* Un camping plutôt fréquenté par les motards. Attention, c'est tout petit : seulement une vingtaine d'emplacements, plus ou moins ombragés. Parking couvert pour garer vos terribles engins, comme disait Bardot qui ne reconnaît plus personne en Massey-Ferguson. À dispo, tables, chaises et parasols. Petit bar-friterie et plats à emporter. Tables de ping-pong. Également des chalets et des caravanes à louer (apporter draps et couvertures). Animaux refusés dans les locations.

De prix moyens à beaucoup plus chic

Chambres d'hôtes chez Colette Marchand : *allée Jean-Marchand, 76550* **Pourville-sur-Mer.** ☎ *02-35-84-14-29.* • *colette.marchand@wanadoo.fr* • *gite-pourville.com* • *À 5 km à l'ouest de Dieppe, tt près du belvédère. Doubles 55-59 € selon taille.* Extraordinaire maison d'architecte, encastrée dans la falaise et ouverte sur la mer. Très contemporaine, mais aussi très chaleureuse car construite en bois et ardoise. À l'intérieur, 3 chambres et une déco tout aussi moderne, avec sols en cordage et ardoise, et des tableaux partout (notre hôte est peintre). En prime, magnifique piscine couverte et chauffée, et petit déj servi face à la mer. Également un gîte pour 4 personnes avec vue sur mer.

Chambres d'hôtes chez Emmanuel Cannesant : *21, impasse Claude-Monet, 76550* **Pourville-sur-Mer.** ☎ *02-35-04-95-82.* *06-85-02-24-85.* • *e.cannesant@orange.fr* • *chambres-pourville.com* • *À Pourville, la maison se trouve dans l'impasse juste en face de la petite route pour Petit-Appeville, au-dessus du gîte* La Dunette. *Double 65 €. Wifi. Réduc de 10 % sur présentation de ce guide.* 2 chambres, une pour 2 personnes et une autre pour 4. Bien décorées, au goût du jour, avec sisal et beaux tissus. Toutes 2 avec sanitaires privés, celle pour 2 personnes a un balcon en plus. Vue sympa sur la mer et la falaise. Thé et café à disposition, à l'anglaise. Bon accueil d'Emmanuel.

Le Manoir de Graincourt : *chez Anne-Lise et Philippe Baron, 10, pl. Ludovic-Panel, 76370* **Derchigny-Graincourt.** ☎ *02-35-84-12-88.* • *contact@manoir-de-graincourt.fr* • *manoir-de-graincourt.fr* • *À 8 km à l'est de Dieppe par la D 925 ; à côté de l'église de Graincourt. Double 105 € ; 150 € pour 3. Gîte 4-6 pers 420-625 €/sem selon saison. Table d'hôtes 20-37 €. Wifi. Parking fermé.* C'est à deux pas d'ici, dans le château de Wargemont, que Renoir séjourna à la demande de Paul Bérard, diplomate, banquier et mécène. L'artiste réalisera de nombreux portraits de la famille et profitera de ses séjours pour peindre également les rosiers de Wargemont et la plage de Berneval, entre autres. Allez voir les panneaux consacrés à Renoir à la mairie de Derchigny pour en savoir plus... C'est Marguerite, l'une des filles Bérard représentées par Renoir, qui fera construire la partie XIXe s du manoir de Graincourt. Dans ce bel édifice à colombages normands, 5 chambres bien rénovées mais conservant leur cachet ancien et donnant sur un agréable parc divisé en petits jardins abrités du vent. Également un gîte entièrement rénové dans les anciennes écuries. Bon accueil de vos hôtes qui sauront vous conseiller sur les balades à faire dans la région. À disposition, une salle de jeux (avec ping-pong et baby-foot), un billard et un salon de lecture. Location de vélos. Animaux refusés.

L'Huîtrière (SARL Goubert) : *447, rue du 19-Août-1942, Pourville-sur-Mer, 76550* **Hautot-sur-Mer.** ☎ *02-35-84-36-20. À 5 km à l'ouest de Dieppe en suivant la route de la falaise. Pâques-sept, tlj 10h-20h, voire plus tard en été selon affluence. Le reste de l'année, lun-ven 10h-15h ; 20h w-e et j. fériés. Magasin ouv tte l'année. Formule 12 huîtres moyennes, verre de vin blanc et crêpe autour de 20 €. CB refusées.* Au-dessus du local de vente en direct, dans une grande salle assez kitsch qui offre une vue généreuse sur la mer, vous pouvez vous asseoir pour déguster ces mêmes coquillages tout juste sortis de l'eau. Huîtres, clams, bigorneaux, palourdes, bulots... C'est d'ailleurs ici que de nombreux restaurateurs de Dieppe s'approvisionnent. Grande terrasse pour les beaux jours. Un seul regret, les prix restent exagérés pour certains crustacés.

Le Colombier : *parc du Colombier, 76550* ***Offranville.*** *☎ 02-35-85-48-50. • lecourski@wanadoo.fr • À 8 km au sud de Dieppe. Fermé mer et le soir des dim et j. fériés, plus mar hors saison. Congés : 27 fév-15 mars. Résa conseillée, surtout le w-e. Formule déj 18 € en sem ; menus 24-63 €. Pas de carte. Café offert à l'ensemble de la table sur présentation de ce guide.* Un resto qui ravira les inconditionnels des maisons normandes à colombages. Celle-ci, soit l'ancienne maison du fermier datant du XVIe s, a été restaurée avec élégance et raffinement. Cuisine pleine de fraîcheur, qui jongle entre traditions et modernité. Une table qui s'est vite forgé une belle réputation dans le coin. Sur place, possibilité de visiter un parc floral dédié à la rose ancienne et un musée consacré à Jacques-Émile Blanche (se reporter à « À voir dans les environs »).

Où boire un verre ? Où sortir ?

Le bar O Mètre *(plan A3,* ***30****) : au Bas Fort Blanc, au bout du bd du Maréchal-Foch. ☎ 02-35-82-10-89. Avr-sept slt, tlj 9h-21h.* Un petit bar en dur tout au bout du front de mer, au pied du tout aussi bétonné Bas Fort Blanc (et dire que les impressionnistes sont venus peindre ici !). Mais c'est l'endroit idéal pour prendre la température de la grande bleue, souvent verte, au pied des falaises (interdites d'accès pour cause d'éboulements). Venir au coucher du soleil pour l'avoir en pleine poire... Musique et ambiance un poil rock. Bière pas donnée donnée, mais c'est un bar saisonnier.

Le café des Tribunaux *(plan B3,* ***31****) : pl. du Puits-Salé. ☎ 02-32-14-44-65. Tlj 8h-20h.* C'est le café historique du centre-ville, celui où les échevins se réunissaient, celui d'où Oscar Wilde se fit éjecter suite à l'une de ses nombreuses provocations ! Belle terrasse au pied de l'agréable façade ancienne, surmontée de l'horloge de l'ancien hôtel de ville du XVIIIe s. À l'intérieur, décor plus discutable, refait dans les années 1930. Fait aussi brasserie (bonne cuisine).

Café Solo *(plan A3,* ***32****) : 19, rue de Sygogne. ☎ 02-35-86-43-46. Tlj sf lun 18h-0h30.* Un petit bar-resto de nuit, gentiment gai, sympa pour passer une soirée animée. Restauration et tapas de bonne qualité.

L'Epsom *(plan B2,* ***33****) : 11, bd de Verdun. ☎ 02-35-84-12-27. Tlj sf mer, à partir de 12h.* Sur l'immense front de mer dieppois, une brasserie au décor banal, connue pour ses cocktails, ses *bruschette,* son brunch du dimanche, ses petits concerts du vendredi et ses soirées littéraires. Presse en libre-service. Service en dents de scie.

Où piquer une tête ? Où faire un peu de balnéo ?

Les Bains *(plan B2,* ***40****) : 101, bd de Verdun. ☎ 02-35-82-80-90. • lesbains dieppe.com • Horaires très variables selon saison, se renseigner. Tarif (centre aquatique slt) : env 6 € ; réduc.* Tout près de la mer, un grand centre aquatique avec une piscine extérieure à l'eau de mer (chauffée), des bassins intérieurs avec balnéo et relaxation, une pataugeoire avec jeux, un jacuzzi et un toboggan. Espace forme et espace thalasso.

À voir. À faire

L'église Saint-Jacques *(plan B3) : à deux pas du quai Duquesne.*
Elle fut édifiée du XIIe au XVIe s selon les proportions d'une cathédrale, et illustre bien le passage du gothique à la Renaissance. Sur la façade du XIVe s, de style

gothique flamboyant, admirez la rosace majestueuse et les tourelles finement travaillées. La tour sur la droite fut ajoutée au XVe s, mais elle ne rompt pas l'harmonie. Jeter un œil aux élégants contreforts ajourés, ainsi qu'à la tour-lanterne massive et carrée, typique des clochers normands.
Dans le chœur, nombreux éléments de style Renaissance, belle nef du XIVe s avec ses colonnes en forme de pétales et ses voûtes remarquables.
– *Le mur du Trésor :* dans la nef de gauche, au niveau de l'autel. Ce mur et sa porte donnent accès à la sacristie. Entièrement sculpté dans un style mêlant gothique et Renaissance. Cette petite merveille possède dans sa partie haute (apportez une échelle !) une longue frise évoquant la vie des indigènes d'Amérique, d'Afrique et de l'océan Indien. Rappelons que Dieppe comptait de célèbres armateurs et navigateurs qui ramenèrent de précieuses informations sur les Indiens. Cela en est un témoignage.

L'église Saint-Rémy (plan B3) **:** *à l'ouest du centre-ville, à deux pas de la plage. De mi-juin au 3e w-e de sept, mer-dim 15h-18h30 (visite libre). Pour les visites guidées, s'adresser au service Ville d'art et d'histoire.* Sa construction a débuté au XVIe s. Sa façade principale et sa nef, inspirées du baroque romain, reflètent l'influence de la Contre-Réforme. À l'intérieur, si la restauration est achevée, vous aurez peut-être la chance d'admirer son joli chœur (si l'on ose dire), caractéristique du gothique flamboyant. Et puis, superbe collection des maîtres verriers du XIXe s. Orgue monumental de Parizot (concerts gratuits en été). En allant vers la mer, par la rue des Bains, voir la *porte des Tourelles* sur le front de mer : deux tourelles massives en grès et silex avec leurs toits en poivrière, seule porte subsistant des anciens remparts du XVIe s.

Le château-musée (plan A3) **:** *rue de Chastes. ☎ 02-35-06-61-99. • dieppe.fr • Sur la falaise ouest. On y accède à pied par un itinéraire bien fléché qui emprunte de longs escaliers, ou en voiture en prenant la route de Veules-les-Roses. Juin-sept, tlj 10h-12h, 14h-18h (caisse fermée 30 mn avt) ; oct-mai, ferme à 17h (18h dim) tlj sf mar et certains j. fériés. Entrée : 4 € ; réduc ; gratuit moins de 12 ans.*
Du parking, point de vue exceptionnel sur le front de mer et les pelouses.
Une première forteresse, sans doute édifiée au XIIe s sur ce site, fut détruite par Philippe-Auguste. Afin de défendre la ville contre les Anglais pendant la guerre de Cent Ans, on reconstruisit alors un château au XVe s à partir d'une tour du XIVe, toujours dans un style très défensif. Notez que celui-ci englobe les vestiges de la première église Saint-Rémy, à l'entrée du château. Les tourelles d'angle joufflues et les toits en poivrière donnent du sel à ce gros édifice de grès et de silex. Il changea sans cesse d'affectation : caserne, logis des gouverneurs, prison pendant la Révolution et, enfin, musée à partir de 1923 pour abriter les collections municipales. Il était autrefois relié aux murs d'enceinte qui couraient autour de la ville.
Le musée présente une ***exceptionnelle collection d'objets en ivoire,*** reposant sur un fonds de 1 500 objets. Dès que les Dieppois investirent les côtes africaines, ils en rapportèrent de l'ivoire. Ainsi naquit à Dieppe, au XVIe s, une tradition d'ivoiriers qui durera jusqu'au début du XXe s. La qualité du travail des artisans dieppois fut rapidement connue. Mais de plusieurs centaines, le nombre d'ivoiriers passa à 12 au début du XXe s et aujourd'hui, il n'en reste plus que 2 (rue Ango) !
– ***Au rez-de-chaussée :*** merveilleux modèles de bateaux entièrement en ivoire, y compris les voiles, les haubans, les filins et les personnages. Médaillons délicatement ciselés représentant les ports de Dieppe et de Nantes au XVIIIe s. Cadrans à boussoles en ivoire des XVI-XVIIe s, figurines en ivoire et terre cuite (et en costume) représentant les Polletais, soit les habitants du Pollet, le quartier des pêcheurs de Dieppe. Rappelons que Dieppe fut aussi une école cartographique majeure en Europe jusqu'à la moitié du XVIIe s. Parmi les nombreuses cartes marines, voir notamment la carte situant « le Petit Dieppe »... en Côte-d'Ivoire ! Également une salle sur Duquesne, une célébrité locale s'étant illustrée dans les grandes batailles de Sicile avant d'être mise à l'index à cause de sa foi protestante. Côté peinture, les amateurs d'impressionnisme ne seront pas déçus. Ne manquez pas le *Portrait de*

Mme Paul Bérard et les *Chaumières aux environs de Berneval,* signés Renoir, ainsi que les œuvres de Pissarro, Boudin, Sisley et Eva Gonzalès. Un panneau sur le parking du musée rappelle que cette femme peintre, élève et modèle de Manet, peignit ici *La Plage de Dieppe, vue de la falaise ouest,* une toile visible au musée. Pour l'artiste, c'était le paysage qui primait puisqu'elle a fait disparaître le casino de l'époque !

– ***À l'étage :*** exposition hétéroclite de marines, maillots du début du XXe s... et puis encore de superbes vitrines d'ivoires, notamment la « tour des ivoires » avec 400 pièces du XVIe s, dont quelques étonnantes râpes à tabac dotées d'une iconographie paillarde ou religieuse, mais aussi des objets saisis par les douanes, des ivoires bruts d'éléphants et de mammouths, ou encore de petits christs « de série »... Également des objets populaires du XIXe s en coquillages (boîtes, encriers), témoins de la mode pour les bains de mer. Suivent des salles de peintures de diverses écoles, dont l'impressionnisme. Les prémices de ce mouvement se décèlent déjà dans les toiles de Vollon *(Vapeur au large de Dieppe, L'Avant-Port de Dieppe)* et dans les *Falaises au soleil couchant* de Daubigny (falaise phosphorescente, épaisses couches de peinture brute). Voir ensuite les œuvres typiquement impressionnistes de Guérard, mari d'Eva Gonzalès, et celles de Sickert, exportateur de l'impressionnisme en Angleterre (notamment l'église Saint-Jacques de Dieppe qu'il décline en série comme Monet le fit avec la cathédrale de Rouen). Dans la période qui suit, notez le *Portrait de Paul Ansout,* de Courbet, *L'Enfant couchée* de Jacques-Émile Blanche, dans un style très proche de Renoir. Enfin, ne pas manquer *L'Écuyère* de Van Dongen, une pièce maîtresse du musée, réalisée en 1920, ainsi que les œuvres de Dufy et les nombreuses estampes de Braque dans la dernière salle. Une pièce évoque le souvenir de Camille Saint-Saëns avec une foultitude d'objets, dont son premier piano, que le musicien offrit au musée. Juste après, une petite salle expose des œuvres de Pierre-Adrien Graillon, un peintre-sculpteur du XIXe s, né au Pollet. Portraits sculptés dans l'os de baleine, la terre crue ou cuite, selon les moyens dont il disposait alors ! Contrairement à la norme académique de l'époque, cet artiste né dans la misère s'est attaché à représenter l'autre réalité de Dieppe, bien loin de la bourgeoisie, à savoir celle des travailleurs, des pêcheurs, des mendiants... Remarquez toute la tristesse et la dureté des traits dans l'expression des visages. Dommage que ses descendants aient ensuite banalisé son style pour des raisons commerciales. Admirez aussi la remarquable tête de matelot sculptée dans une dent de cachalot. Une rare enseigne d'apothicaire en bois, sculptée de bas-reliefs à la symbolique alchimique, datant du début du XVIIIe s a été léguée en 2005 ; elle ornait une des plus vieilles boutiques d'apothicaire de la ville, dont le cabinet de curiosités a jadis reçu la visite de Voltaire. Quelques expos temporaires également.

Le quartier du Bout du Quai *(plan C1-2)* **:** *situé à l'ouest du chenal. À la fin du quai Henri-IV, monter l'escalier jusqu'à la ruelle Beauregard.* Suite à une tempête au XVIIe s, le chenal se déplaça et ne laissa ici qu'un banc de galets... Après la rue de la Rade, le quartier fut appelé le « Petit Veules » car les habitants de Veules s'y installèrent après l'incendie de leur village. C'était aussi un quartier hollandais. Voir l'adorable place Louise-Michel, celle du Moulin-à-Vent ou encore la rue du Petit-Enfer...

L'Estran – La Cité de la mer *(plan C1-2)* **:** *37, rue de l'Asile-Thomas. ☎ 02-35-06-93-20. • estrancitedelamer.fr • Dans le quartier du Bout du Quai, entre le chenal et la plage, fréquenté autrefois par les marins. Tlj 10h-12h, 14h-18h. Fermé à Noël et le Jour de l'an. Entrée : 6 € en visite libre ; réduc ; carte famille (2 adultes et 3 enfants 4-16 ans) : 20 €. Sur résa, possibilité de visite guidée (payant).*

L'*estran* est la bande de sable recouverte à marée haute et découverte à marée basse. Cette ambitieuse *Estran – Cité de la mer,* fondée par un ancien pêcheur, aborde aussi bien les techniques de pêche que la construction navale, la géologie des falaises ou la biologie halieutique. Parfait complément du *musée des Terre-Neuvas et de la Pêche* à Fécamp (futur *musée des Pêcheries*).

Tout un espace est consacré à la construction navale et à l'évolution des techniques. Les systèmes de propulsion sont passés en revue, de la rame au moteur Diesel. Cordages, maquettes, moteurs et objets de marine. La reconstitution d'une passerelle (nom technique de la cabine de pilotage) présente deux types d'instruments de navigation, anciens et modernes...
Les techniques de pêche sont elles aussi évoquées : lignes, palangres, filets droits, chaluts de fond, etc. Sans oublier la pêche industrielle, la surgélation, la distribution... Projection d'un film sur Dieppe (la pêche, l'ivoire, les coquilles Saint-Jacques...). Maquette de la ville de Dieppe. Reconstitution d'un four à sécher le hareng et la morue.
Une salle est consacrée aux falaises, leur érosion, la faune et la flore et leur récupération sur le plan industriel. Expo sur la pollution et l'environnement avec une cabane de la dépollution. Enfin, les enfants aimeront sans doute les petits et grands aquariums où barbote la faune aquatique locale.
– À signaler, une émouvante exposition sur la première femme océanographe, Anita Conti, marraine du musée.

Le quartier du Pollet et la chapelle Notre-Dame-de-Bon-Secours *(plan D1-2)* **:** *situé à l'est du chenal.* Cet ancien quartier de pêcheurs concentrait, au XIVe s, le négoce des épices et de l'ivoire. Il devint ensuite celui des pêcheurs jusqu'à la Première Guerre mondiale, puis il perdit sa spécificité. Il est actuellement en cours de réhabilitation. Voir aussi le pont Colbert de la fin du XIXe s, l'un des deux derniers ponts tournants à système hydraulique en Europe. C'est de ce quartier que l'on accède par la falaise à la chapelle de Notre-Dame-de-Bon-Secours. Se garer au Pollet et prendre l'escalier. De là-haut, point de vue panoramique époustouflant sur la ville, et au loin jusqu'au phare d'Ailly. À l'intérieur de la chapelle, mur d'ex-voto. Une balade romantique en diable que l'on peut prolonger en longeant la falaise (attention avec des enfants) par le chemin des douaniers jusqu'à la plage de Puys, rendue célèbre par George Sand et Alexandre Dumas (il y avait une maison).

Marchés : le grand marché du samedi *(plan B3)* est l'une des manifestations les plus pittoresques de Dieppe, en centre-ville. Un marché convivial et animé, où les Dieppois – et une forte communauté d'origine anglaise – se retrouvent chaque semaine avec enthousiasme. Ce marché a gardé toute sa tradition rurale. Également un petit marché au poisson, encore appelé « vente à la barrière », devant l'office de tourisme, tous les jours sauf dimanche et lundi. Une tradition qui en rappelle d'autres, comme celle de « la part de la veuve », un peu de poisson que l'on donnait à celles qui avaient eu le malheur de perdre leur mari(n) en mer...

➢ En été, une fois par semaine, possibilité de ***balade commentée le long du littoral.*** *Gratuit. Rens auprès de* L'Estran – La Cité de la mer *(voir plus haut).*

➢ ***L'Avenue verte :*** ancienne voie ferrée réaménagée en piste cyclable sur 40 km, entre Saint-Aubin-le-Cauf (à 9 km au sud-est de Dieppe) et Forges-les-Eaux.

Manifestations

– ***Festival international de cerfs-volants :*** *ttes les années paires, sur 10 j. du 2e au 3e w-e de sept.* Le plus grand festival au monde dans son genre. Sur les grandes pelouses du front de mer, spectacle merveilleux durant lequel virevoltent des dizaines de cerfs-volants (près de 35 délégations du monde entier). C'est la fête du rêve. Démonstrations époustouflantes de beauté et de technicité. Certains ne s'arrêtent qu'après avoir coupé le fil du concurrent avec leur cerf-volant !
– ***Foire aux harengs et à la coquille Saint-Jacques :*** *face au port de plaisance, quai Henri-IV. Le w-e qui suit le 11 nov.* Foire traditionnelle et populaire qui rassemble beaucoup de monde.

DANS LES ENVIRONS DE DIEPPE

Le musée Jacques-Émile Blanche : *parc du Colombier, 76550* ***Offranville.*** *☎ 02-35-85-40-42. À 8 km au sud de Dieppe. Pâques-fin sept, dim et j. fériés 14h30-18h, ou sur rdv pris en mairie. Entrée : env 2 € ; gratuit moins de 12 ans.* Dans un complexe municipal comprenant un camping, un restaurant, un centre équestre, un golf miniature, un parc floral dédié à la rose ancienne et ce musée, le tout disséminé dans les dépendances et les 8 ha de l'ancien château du domaine Fournier (XVIe-XIXe s). Voir notamment les neuf colombiers, surtout celui de 1702, bien restauré et lieu d'expos temporaires, ainsi que le vieux mécanisme en bois du moulin fin XVIIIe. Le musée, quant à lui, est installé dans l'ancienne *charretterie* de 1773.

Né en 1861 à Paris, Jacques-Émile Blanche vécut 40 ans à Offranville, où il mourut en 1942. Son père, qui fut un grand aliéniste, soigna notamment Maupassant dans sa clinique durant les 18 derniers mois de sa vie. Jacques-Émile, né prématurément, fut couvé par sa mère, qui avait perdu plusieurs enfants. Souffrant d'impuissance, il affichait une grande mélancolie et s'avérait être, paraît-il, un cruel persifleur à l'égard de ses semblables. Sachant dès l'âge de 18 ans qu'il serait peintre, il deviendra l'ami et le portraitiste de nombreuses célébrités. Le musée des Beaux-Arts de Rouen expose une vingtaine de ses portraits. Ici, les sujets sont plus variés : natures mortes, marines, scènes d'intérieur... Impressionniste après l'heure, il peint *La Plage de Dieppe*, et *Dieppe, la plage matin orageux* ou encore *Dieppe, la place du Puits-Salé*, de 1920 à 1934. Fauve en passant, il réalise *Les Roses à Offranville* en 1931. La vraie surprise, c'est peut-être de (re)découvrir sur une affiche, placardée au fond du musée, que c'est Blanche qui a peint le fameux portrait de Proust, dont l'original est à Orsay ! Pour autant, le tableau qui résume sans doute le mieux sa vie et le contexte familial dans lequel il vivait, c'est ce grand portrait de Mme Lemoinne et de ses trois filles : au centre, la belle-mère de Blanche, avec son regard dur ; à côté d'elle, Rose, l'épouse de Blanche, dont le regard semble toujours bienveillant, presque maternel ; à droite, Catherine, belle-sœur célibataire un peu garce ; et enfin, à gauche, cachée dans l'ombre du tableau, Marie, dite Yoyo, l'autre belle-sœur, vieille fille insupportable pour Jacques-Émile... Médiocre romancier, il publiera néanmoins de bons essais sur la peinture (notamment sur Manet, ami de son père), et ses correspondances avec Gide, Mauriac et Cocteau seront éditées.

Le musée de l'Horlogerie : *48, rue Édouard-Cannevel, 76510* ***Saint-Nicolas-d'Aliermont.*** *☎ 02-35-04-53-98. • musee-horlogerie-aliermont.fr • ♿ À 13 km au sud-est de Dieppe par la D 1 puis la D 56. Juin-sept, tlj sf lun 10h-12h, 14h-18h ; le reste de l'année, mer-dim 14h30-18h. Fermé de janv à mi-fév et certains j. fériés. Entrée : env 3,50 € ; réduc ; gratuit moins de 14 ans.* Ce musée moderne abrite une superbe collection d'horloges anciennes, hommage au savoir-faire particulier des artisans de Saint-Nicolas-d'Aliermont. Quel beau tic-tac collectif des horloges en chœur, quand elles ne carillonnent pas ensemble, distillant une si joyeuse atmosphère dans le musée ! Mais revenons à nos carillons. C'est ici, à Saint-Nicolas, que fut inventé au début du XVIIIe s le mouvement à balancier court, dérivé du mouvement de cartel apparu en 1657, année de l'invention du pendule. Plus petit que celui d'une comtoise, son mécanisme plat est constitué de deux platines de laiton et d'un système de sonnerie simple et robuste. Sa force motrice constante et son moindre poids (2,5 kg contre 4 kg pour la comtoise) demandent moins d'énergie à son balancier pour effectuer son fameux mouvement. Connaissant un grand succès régional à partir du XVIIIe s, l'activité est relancée en 1807 pour lutter contre le chômage local (déjà !) grâce à Honoré Pons, un jeune maître horloger parisien missionné par un certain de Champagny, alors « ministre des Horloges et des Pendules » ! À l'époque, on n'avait déjà pas de pétrole mais on avait des idées... Outre la collection d'horloges, vous pourrez admirer des pendulettes de voyage de la fin du XVIIIe s, une superbe série de réveille-matin dont les réveils Bayard des XIXe et XXe s et enfin l'atelier d'entretien des pièces du musée.

LE CHÂTEAU DE MIROMESNIL *Carte Seine-Maritime, C1*

*À **Tourville-sur-Arques** (76550), à 8 km au sud de Dieppe, par la N 27 puis à gauche par la D 70. ☎ 02-35-85-02-80. • chateaumiromesnil.com • Château, chapelle, parcs et jardins ouv tlj Pâques-Toussaint, 14h-18h. Entrée : 7,50 € ; réduc ; 6,50 € sur présentation de ce guide. Visite guidée slt. Possibilité de visite libre du parc et des jardins, tlj 14h-18h, plus 10h-12h en juil-août : 5 €. Pour les enfants, pensez à demander le Carnet de l'explorateur.*

C'est dans cette belle demeure du XVIIe s que naquit Guy de Maupassant. Bâtie à l'emplacement d'un ancien château fort, elle appartint longtemps à la famille de Miromesnil, dont un membre fut président du parlement de Normandie et garde des Sceaux sous Louis XVI.

La visite guidée vaut le détour, puisque cette belle et élégante bâtisse possède l'une des plus pures façades Louis XIII de la région, en brique rose de Varengeville, décorée de guirlandes de fleurs, de masques, de pilastres et de vases sur la corniche. On visite le hall où sont regroupés quelques souvenirs de l'écrivain, qui y vécut jusqu'à l'âge de trois ans. Visite de plusieurs salons et d'un cabinet de travail du marquis de Miromesnil. Dans le coquet cabinet de travail, un bréviaire offert par Louis XVI et des livres de poésie. Sur l'arrière, on découvre la façade sud, très dépouillée, ainsi que le beau parc et son gigantesque cèdre du Liban.

Dans le beau jardin potager, aménagé à l'anglaise, alternent légumes, arbres fruitiers et fleurs. Impressionnante collection de clématites. En traversant une majestueuse forêt de hêtres, on parvient à la chapelle du XVIe s. Extérieur austère, mais à l'intérieur, quel ravissement : boiseries, vitraux, voûte en bois, élégante grille de fer forgé. Quelques éléments romans.

– Nathalie, jeune châtelaine dynamique, propose également, de temps en temps, des manifestations ludiques, notamment des cours de cuisine. Après la cueillette des légumes dans le jardin potager, un chef vous guide derrière les fourneaux pour concocter des plats qui changent au gré des saisons *(compter 65 €/pers)*.

LE PETIT CAUX

La plus petite des sous-régions de Seine-Maritime, bien souvent intégrée au pays de Caux, possède des limites bien définies, en tout cas sur trois côtés : de Dieppe au Tréport, le Petit Caux s'étend entre la Béthune au sud et la Bresle au nord, qui marque d'ailleurs la limite entre la Normandie et la Somme. C'est un harmonieux plateau sillonné par la vallée de la Bresle, et qui abrite la splendide forêt d'Eu, divisée en trois massifs.

LA BASSE VALLÉE DE LA BRESLE

La vallée de la Bresle se plaint souvent d'être oubliée. Sa situation géographique, coincée entre Normandie et Picardie, est la seule explication qui tienne la route. Le Tréport, ville d'ouvriers et de marins, est loin d'avoir le charme de Honfleur, mais en échange, elle reste plus authentique et conserve le charme désuet des premières vacances du Front populaire. Grâce à ses forêts qui ont fourni le bois nécessaire, la vallée de la Bresle est aussi – et ce depuis le XVe s – un grand centre artisanal et industriel (verrerie). Ses usines ont pourvu de

nombreuses cathédrales et églises en vitraux. Aujourd'hui, c'est ici qu'on fabrique près de 80 % de la production mondiale des flaconnages de parfum de luxe.

LE TRÉPORT (76470) 5 750 hab. *Carte Seine-Maritime, C1*

Avec Dieppe, Le Tréport possède la plage la plus proche de Paris. Toutefois, ce n'est pas la plus belle. C'est une ville de pêcheurs, un peu âpre et d'aspect pas toujours engageant, mais pourtant on s'y attache vite. Ce fut d'ailleurs le cas pour certains artistes, comme le préimpressionniste Antoine Vollon qui y réalisa de nombreuses toiles, ainsi que pour Turner, reçu par Louis-Philippe. Aujourd'hui, la cité accueille l'été des milliers de visiteurs qui apprécient l'authenticité de son petit port et de ses ruelles où vivaient il y a peu encore des cordiers (des pêcheurs à la corde, garnie d'hameçons). De la haute falaise qui ceint la ville, vue superbe. Le funiculaire (gratuit) permet de s'y rendre.

UN PEU D'HISTOIRE

Le Tréport se développa grâce à son port, détruit plusieurs fois par les Anglais, et également par les protestants de Dieppe au XVIe s. Ce ne fut jamais une grande ville comme Dieppe, mais elle connut son heure de gloire au XIXe s, quand Louis-Philippe qui résidait régulièrement à Eu, venait y profiter de la plage. La cité devint alors une station balnéaire assez à la mode, tomba plus tard dans l'oubli, puis fut relancée par les premiers congés payés.

Adresse utile

@ *Office de tourisme :* *quai Sadi-Carnot, face au port de plaisance. ☎ 02-35 86-05-69. • ville-le-treport.fr • Ouv tte l'année ; juil-août, 9h30-19h ; le reste de l'année, horaires réduits.* Renseignements sur les nombreuses activités que propose Le Tréport, comme les promenades et la pêche en mer, les visites commentées du port et de la ville. Borne Internet permettant 15 mn d'utilisation gratuite.

Où dormir ?

Quand arrivent les beaux jours, des nuées de touristes viennent nicher le long des falaises de la côte. On vous encourage donc à réserver votre nid douillet bien à l'avance.

Camping

Camping municipal Les Boucaniers : *rue Pierre-Mendès-France. ☎ 02-35-86-35-47. • camping@ville-le-treport.fr • ville-le-treport.fr/camping • À 1 km du centre-ville ; sur la route de Mers-les-Bains, près du stade (bien fléché). Ouv avr-sept (tte l'année pour les loc). Compter env 14,30 € pour 2. Wifi.* Grand camping bien situé, mais sans vue, dans un coin vert. Emplacements plats et herbeux. Bien entretenu. Quelques arbres, mais au total pas beaucoup d'ombre. Aire de jeux, ping-pong, terrain de pétanque. Animations en été. Boulangerie le matin, friterie et petits plats. Animaux acceptés (payant).

De prix moyens à chic

Hôtel de Calais : *1, rue de la Commune de Paris. ☎ 02-27-28-09-09. • info@hoteldecalais.com • hoteldecalais.com • Doubles 47-80 € selon confort. Wifi. Un petit déj par chambre offert hors juil-août, j. fériés et ponts ou réduc de 10 % sur le prix de la chambre 15 nov-10 fév, sf Noël et Jour de l'an, sur présentation de ce guide.* Perché au-dessus du port depuis près de 2 siècles, cet ancien relais de poste a accueilli bien du monde : de Victor Hugo aux *GI's* du Débarquement, en passant par les heureux vacanciers des premiers congés payés. Sans doute l'hôtel a-t-il un peu perdu de son âme lors de la dernière rénovation, mais celle-ci s'imposait. Chambres très différentes, aux couleurs vives, certaines avec TV satellite. La plupart ont vue sur le port. Ambiance chaleureuse, accueil très sympa. À signaler aussi, des appartements meublés.

Hôtel-restaurant La Villa Marine : *1, pl. Pierre-Sémard. ☎ 02-35-86-02-22. • hotel-lavillamarine.com • Doubles 62-99 €. Attention, le w-e, 2 nuits en ½ pens souhaitées. Resto fermé sam midi et dim midi, plus dim soir hors saison. Congés : 23-29 déc. Formule déj en sem 12,50 € ; menus 18,50-35 €. Internet, wifi.* À l'arrivée du train, un petit hôtel rénové dans un style bord de mer contemporain. Bon confort. Agréable restaurant avec vue sur Le Tréport pour une cuisine alliant saveurs du terroir et d'ailleurs fort honnête.

Hôtel Le Saint-Yves : *pl. Pierre-Sémard. ☎ 02-35-86-34-66. • hotellesaintyves.com • ♿ (1 chambre). Fermé 25 et 31 déc. Doubles 70-90 € ; suites 3-4 pers 115-120 €. Wifi. Petit déj-buffet offert aux enfants de moins de 10 ans.* En sortant de la gare, cet hôtel à l'atmosphère bourgeoise XIXe s propose des chambres coquettes et douillettes avec TV (Canal +), dont certaines ont vue sur le port. Beaucoup de sérieux, et un rapport qualité-prix très honnête.

Où manger ? Où acheter de bons produits ?

Question fruits de mer, les amateurs trouveront leur compte au Tréport. Plateaux avec huîtres, langoustes, tourteaux, bulots, etc., dans la plupart des restaurants face au port. Le choix ne manque pas, avec des produits de qualité.

De bon marché à prix moyens

Poissonnerie municipale du Tréport : *sur le port.* Un petit édifice de brique qui propose tous les jours en saison des produits frais de la mer.

Mon P'tit Bar : *3-5, rue de la Rade. ☎ 02-35-86-28-78. En hte saison, service continu tlj 11h30-23h ; le reste de l'année, fermé 15h-18h30. Formule 10,50 € en sem ; menus 11,90-17,90 €.* Voici le genre de petite adresse populaire et pas bégueule. Plus qu'un restaurant, il s'agit plutôt d'un bar, un rade pourrait-on dire, qui propose une petite restauration à toute heure en été. Petits plats sans génie mais honnêtes, modestie des prix, sympathie de l'accueil.

La Pile d'Assiettes : *1-3, rue Gambetta. ☎ 02-35-84-65-61. • lapiledassiettes@free.fr • Tlj sf dim soir et mar soir hors saison, mer tte l'année. Congés : vac de la Toussaint et de Noël. Formule déj 10,50 € en sem ; carte env 30 €.* Dans ce cadre gai et coloré, le chef martiniquais apporte une petite touche d'originalité à la restauration locale, avec des notes de salé-sucré ainsi qu'un p'tit clin d'œil aux saveurs antillaises. Il aime particulièrement travailler les légumes du marché et les légumes oubliés. Selon les saisons, vous trouverez du bar de ligne, des sardines, du saumon aux agrumes mais aussi des viandes, comme la pièce de bœuf au piment d'Espelette et le canard aux abricots.

Où dormir et manger pas cher dans les environs ?

Centre d'hébergement municipal du château de Chantereine : *rue de Chantereine, 76910* ***Criel-sur-Mer.*** *☎ 02-35-50-18-46. • chantereine.criel@wanadoo.fr • ♿ À 8 km au sud-ouest du Tréport. En bus, liaison Dieppe-Le Tréport. Résa conseillée. Fermé 24 déc-2 janv. Nuit en dortoir 15,50 €/pers avec draps ; double (w-c sur le palier) 19,50 €/pers. Petit déj (3,90 €), repas (10,70 €) et pique-nique sur demande. Wifi.* Une sorte d'AJ municipale installée dans un château du XVIIIe s ! Certes, le tout a été rénové de façon « moderne » et sans charme particulier, mais c'est propre et fonctionnel. Quelque 55 chambres et des dortoirs de 2 à 10 personnes avec douches privées ou communes. Toilettes sur le palier. Draps et couvertures fournis. Très bien tenu. Sympa, pas cher, pas de carte d'adhérent, installations sportives à proximité (parc, terrain de foot, salle de sports, ping-pong) ; parfait pour rayonner dans les environs. Bref, un bon plan pour les budgets serrés.

À voir. À faire

L'ancien quartier des Cordiers : *c'est le quartier situé derrière les restos.* On trouve encore de belles maisons à bow-windows ou à balcons en fer forgé. En remontant vers l'église Saint-Jacques, on arrive à l'ancien hôtel de ville avec sa voûte du XVIe s et sa tourelle du XIIIe. C'est de la petite place au pied du bâtiment que commencent les escaliers pour l'accès aux falaises. Remarquer au passage la grande fresque illustrant l'histoire du Tréport.

Le musée du Vieux-Tréport : *installé dans les anciennes prisons de la ville, au pied de l'ancien hôtel de ville. ☎ 02-35-86-13-36. Pâques-sept, ts les w-e et j. fériés 10h-12h, 15h-18h. Entrée : 2 € ; réduc.* Matériel de pêche ancien, maquettes, cordages, nœuds... et tout le patrimoine historique et maritime du Tréport : la vie des gens de mer, les bains de mer, les activités traditionnelles, etc. Rappelons qu'au XVIIIe s on vivait ici majoritairement de la pêche. Exposition différente tous les deux ans.

Le Funiculaire : *rue de l'Amiral-Courbet. • ville-le-treport.fr • Juil-août, tlj 7h30-0h45 ; hors saison, dim-jeu et j. fériés 7h45-20h45 (0h45 ven-sam et veilles de j. fériés) ; ne peut fonctionner lorsque le vent dépasse les 80 km/h. Accès gratuit.* Inauguré en 1908 et détruit après la Seconde Guerre mondiale, il a repris du service et relie la ville basse à la ville haute. Panorama somptueux de la terrasse et sensations fortes lors de la traversée des falaises.

L'église Saint-Jacques : *on y accède du quai par une « rampe », puis par un escalier au coin de l'hôtel de Calais.* Belle réalisation du XVIe s, à la façade en damier de grès et de silex. Un porche construit sous Louis-Philippe protège un portail Renaissance assez endommagé et dépouillé de toutes ses statues. À l'intérieur, splendides clefs de voûtes. À l'entrée de l'église, une Vierge polychrome du XVIe s. Ce sont les pèlerins de Saint-Jacques-de-Compostelle qui adoptèrent la coquille pour emblème (d'où le nom du coquillage, et non l'inverse !). Du coup, elle se répandit dans l'ornementation religieuse.

➢ **Balades commentées en mer :** *tlj en juil-août ; le reste de l'année, le w-e et sur résa. ☎ 02-35-50-38-87 ou 02-35-86-82-62. Tarifs : 7,50-13 € selon durée (30 mn-1h) ; réduc moins de 12 ans. Départs : pl. de la Poissonnerie.*

➢ **Le petit train du Tréport :** *départs et rens à l'office de tourisme. Tlj en juil-août et ts les w-e et j. fériés Pâques-fin sept. Durée du circuit : 35 mn. Tarif : 6 € ; gratuit moins de 10 ans ; réduc.* Visite commentée de la ville.

Fêtes et manifestations

– **Fête du Nautisme :** *un w-e à la mi-mai.* Animations sur l'eau au bassin de commerce, balades en yole, tir à la corde en doris, concours de pêche, etc.
– **Foire aux moules :** *le w-e de la Pentecôte.* Dégustation de moules (pardi !) dans une ambiance populaire et bon enfant.
– **La Petite Armada :** *l'avt-dernier w-e de juin.* Nombreuses maquettes de marine exposées ou sur l'eau, baptêmes de voile, ateliers pour les enfants...
– **Fête de la Mer :** *un dim en juil ou août (les années paires).* Procession en costumes traditionnels et bénédiction des bateaux, qui vont sur l'eau par dizaines.
– **Marché de Noël :** *en déc, au funiculaire.*

DANS LES ENVIRONS DU TRÉPORT

Les falaises : très beau point de vue sur la ville et les environs depuis le calvaire des Marins, au lieu-dit *les Terrasses* (table d'orientation). Accès par la route en prenant la direction de Dieppe par Flocques et Mesnil-Sorel, ou par les escaliers (plus de 350 marches) pour les plus courageux (départ de la place de l'ancien hôtel de ville). Mais on conseille surtout le vieux funiculaire (gratuit) qui traverse la falaise crayeuse. À l'arrivée, vous pourrez prendre un verre au bar de l'*hôtel Trianon*. Magnifique terrasse, et vue géniale sur l'embouchure de la Bresle et les trois villes sœurs. Aménagements au pied et en haut du funiculaire, avec boutiques (la *Galerie Verre Mer,* pour ses perles de verre cuites au chalumeau, ou encore l'*Embarcadère,* évoquant un trois-mâts) et restos.

***Mers-les-Bains** (80350) :* c'est la construction du chemin de fer qui, en 1872, bouleversa la vie et le destin de Mers-les-Bains en faisant de ce village, jouxtant Le Tréport, la station balnéaire la plus proche de Paris. La voie ferrée amena ici une foule de vacanciers à la recherche d'une villégiature agréable. De nos jours, Mers est plutôt une plage familiale, abritée des vents par une falaise crayeuse moins impressionnante qu'à Étretat mais dominant la mer d'une centaine de mètres. Belle plage de galets de 4,5 km de long. Mers est surtout l'un des rares fronts de mer intacts, avec un alignement admirable de plusieurs dizaines de villas Art nouveau, toutes plus croquignolettes les unes que les autres. Voir notamment *La Fée des Mers,* à l'angle de la promenade, bâtie par Gustave Eiffel lui-même. Nul promoteur ne viendra plus sévir ici car les façades sont aujourd'hui classées ou protégées. Elles contribuent ainsi à redonner à la plage son luxe et son éclat d'antan.

➢ ***Les Prés :*** *chez Suzanne Tailleux, 35, rue de Chantereine, 76910* ***Criel-sur-Mer.*** *☎ 02-35-86-78-54. Avr-11 nov, ven-lun et j. fériés 14h-19h. Visite libre et dégustation gratuite de cidre et d'eau-de-vie de cidre.* Au cœur des prés salés, un parc paysager de 10 ha traversé par la rivière l'Yères, avec potagers, vergers et jardins à thème autour d'un manoir début XXe s.

EU

(76260) 8 330 hab. *Carte Seine-Maritime, C1*

Eu, à 4 km du Tréport, est sans conteste l'une des plus jolies petites villes de Normandie. À l'ouest, la mer et à l'est, la forêt. Elle offre de plus, sur le plan culturel, pas mal de centres d'intérêt. La forêt d'Eu, une ancienne forêt royale plantée de hêtres sur 10 000 ha, mais aussi les vallées de la Bresle et de l'Yerres sont vraiment magnifiques et méritent bien, avec le château, un séjour d'un week-end. C'est sans doute la réflexion que se fit le peintre Turner en 1845, qui, invité au château pour un banquet donné par Louis-Philippe, y réalisa une série de ses fameuses aquarelles. Plus prosaïquement, si vous êtes dans le coin aux environs de la Toussaint, goûtez donc au pâté aux poires de Fisée, une sorte de tourte en pâte feuilletée, farcie avec des poires confites, une spécialité locale !

UN PEU D'HISTOIRE

C'est à Eu que se maria Guillaume le Conquérant. Mathilde de Flandres, tout d'abord non consentante, finit par accepter d'épouser le célèbre bâtard. C'est également ici que fut signée l'Entente cordiale qui liait la France à l'Angleterre d'une nouvelle amitié sous la monarchie de Juillet. Témoignage de ces fraternelles relations, Louis-Philippe invita à deux reprises la reine Victoria, en 1843 et 1845.

Adresses utiles

Office de tourisme : *pl. Guillaume-le-Conquérant (au pied de la collégiale). ☎ 02-35-86-04-68. • otsi.eu@wanadoo.fr • Ouv tte l'année ; de mai à mi-sept, lun-sam 9h30-12h30, 14h-18h (9h30-18h30 juil-août), dim et j. fériés 10h-13h.* Brochures complètes pour des randonnées dans les vallées voisines, notamment *Le circuit du Patrimoine,* et dans la vieille ville. Équipe dynamique et passionnée. Pendant les vacances scolaires, propose de nombreuses visites thématiques ou activités (promenades en calèche ou cours de cuisine, par exemple). Se procurer la brochure *J'EUdois* pour que nos chères têtes blondes découvrent le patrimoine d'Eu de manière ludique. Sinon, demander le petit journal *Tourisme & Découvertes,* complété par les *Carnets pratiques*.

Joostens-Cycles : *1, rue Charles-Morin. ☎ 02-35-86-22-24. Fermé dim et lun.* Loc de VTT et VTC.

Où dormir ? Où manger ?

Camping

Camping municipal du Parc du Château : *☎ et fax : 02-35-86-20-04. Emprunter la rue des Fontaines qui longe le flanc droit du château ; c'est tt droit à 1 km. Ouv avr-oct. Compter 9,90 € pour 2.* Dans le parc du château, ce camping est certainement l'un des plus calmes et des mieux situés de la région. Très bel environnement avec une rivière et les serres. Ombragés par de superbes et grands arbres, on campe sur de beaux emplacements en terrasses, bien entretenus. Sanitaires impeccables. Terrain de basket et aire de jeux.

Auberge de jeunesse

Auberge de jeunesse, centre des Fontaines : *1, rue des Fontaines. ☎ 02-35-86-05-03. • contact@centredesfontaines.fr • À 10 mn à pied de la gare ferroviaire d'Eu. Fermé vac de Noël. Compter 14,90 €/pers, petit déj compris. Carte de membre obligatoire (en vente sur place). Repas pour les groupes slt 23 €/pers en ½ pens. Internet, wifi.* Situé dans les cuisines royales du château voisin, dans un cadre superbe, sous des voûtes de brique. On peut rentrer quand on veut après la fermeture (21h) car on dispose d'une clé. Au rez-de-chaussée, 3 grands dortoirs de 11 à 13 lits avec douche et lavabo (w-c à l'étage), et 5 chambres de 5 places à l'étage sans ou avec douche privée (et w-c toujours sur le palier). Salon TV et salles pour les groupes. 2 pianos pour ceux qui préfèrent Chopin... à la chopine.

Chambres d'hôtes

Le Clos Sainte-Anne : *chez Évelyne Duminil, 6, rue Sainte-Anne. ☎ 02-35-50-75-56. 06-82-94-95-36. • evelyneduminil@aol.com • Double 62 €. Table d'hôtes 25 €. Wifi. Réduc à partir de la 3e nuit sur présentation de ce guide.* Des chambres d'hôtes de charme, et pourtant pas si chères, au cœur du Eu historique. Derrière l'austère façade de brique se cache une maison eudoise typique du XVIIe s, avec une courette pavée de silex et un jardin adorable, souvent fréquenté par un merle blanc. Évelyne vous recevra avec chaleur dans ses 3 chambres décorées avec un goût exquis. L'une d'elles, notre préférée, possède une jolie poutre au beau milieu de l'espace ainsi qu'une terrasse privée. Mais les autres sont également délicieuses. Un petit coup de cœur.

Chambres d'hôtes chez Mme Demarquet : *manoir de Beaumont, route de Beaumont. ☎ 02-35-50-91-91. • catherine@demarquet.com • demarquet.eu • À la sortie d'Eu, avt la D 49 vers Ponts et Marais, prendre la route de Beaumont sur la droite et suivre les panneaux. Doubles 49-60 € selon taille, taxe de séjour en sus. Gîte (4 pers) 120 € pour 2 nuits, 200-320 €/sem. Wifi. Sur présentation de ce guide, et à partir de 2 nuits, réduc de 10 % nov-mars, hors vac scol, w-e et j. fériés.* Une adresse de charme, à savoir un ancien relais de chasse au milieu d'un immense parc avec une superbe vue dégagée au fond du jardin, d'où partent un certain nombre de randonnées en forêt. Dans l'agréable maison familiale, 3 chambres restaurées, spacieuses et confortables. Déco bourgeoise avec toile de Jouy ou plus contemporaine. Salon avec cheminée pour se poser en toute quiétude. Également 2 gîtes dans le jardin, dont un très grand qui a notre préférence tant il a été bien rénové (le petit gîte est plus simple). Enfin, les maîtres des lieux, attentifs et charmants, sont très documentés sur la région et surtout intarissables sur ses sites et son histoire.

De bon marché à prix moyens

Hôtel-restaurant L'Étoile : *37, bd Thiers. ☎ 02-35-86-14-89 ou 09-38. • hotel.letoile@wanadoo.fr • Resto fermé dim tte l'année, plus sam soir hors saison. Doubles 36-45 € selon confort. Menus 14-16 €.* Une « maison fondée il y a bien longtemps », en fait un petit bistrot chaleureux où Gisèle et Philippe proposent une sympathique cuisine du marché renouvelée chaque jour. Selon les saisons, vous devriez quand même y retrouver les escargots, les moules farcies, le filet de rouget-barbet ou encore la ficelle à Charles et le ramequin de pieds de porc au *graval* (une sorte de fromage de Neufchâtel enrichi à la crème fraîche !). Côté hôtel, c'est nettement plus simple, d'autant qu'il donne sur une artère passante. Les chambres les moins chères ont les toilettes sur le palier. Préférez les chambres rénovées.

Restaurant de la Poste : *5, rue de la Poste. ☎ 02-35-86-10-78. • alex.chrishele@orange.fr • ♿ Comme son nom l'indique, face à la poste. Tlj à midi sf lun, plus soir sam et j. fériés. Congés : en juil. Menus 11,50 € (midi en sem) et 17-26,90 €.* Cuisine simple, bons produits (terrine de canard, foies de volaille en persillade) et cadre agréable. Accueil réservé.

Le Bragance : *allées des Guise. ☎ 02-35-83-47-70. Au bout de l'allée de hêtres qui longe le château. Fermé sam midi, dim soir (sf fêtes, j. fériés), plus dim midi hors saison. Formule déj 16 € en sem ; menus 21-27,50 € ; carte env 40 €.* On y vient surtout pour le décor, original, puisqu'il est aménagé dans l'ancienne glacière du château. Figurez-vous qu'on y stockait de la glace... venue de Norvège par bateau ! Côté restauration, quelques petits plats sympathiques, à l'image de la patate farcie à l'andouille et au maroilles. Grillades au feu de bois dans la grande cheminée. Délicieuse terrasse pour profiter des beaux jours et du jardin du château.

À voir

Le château d'Eu – musée Louis-Philippe : *au centre de la ville. ☎ 02-35-86-44-00 (mairie). Ouv de mi-mars à mi-nov, tlj sf mar et ven mat 10h-12h, 14h-18h (fermeture de la billetterie 30 mn avt). Entrée : 4 € ; réduc. Visites thématiques.* Ce château fut bâti sous Henri de Guise et Catherine de Clèves et terminé en 1665 par la cousine de Louis XIV, qu'on appelait alors la Grande Mademoiselle (ça devait faire chic dans les bals de l'époque). Au XIXe s, Louis-Philippe, qui en fit sa résidence d'été, y reçut deux fois la reine Victoria d'Angleterre, dont une en compagnie du peintre anglais Turner qui réalisa ici quelques-unes de ses fameuses aquarelles. Le château (meublé) abrite aujourd'hui un musée consacré en partie à Louis-Philippe et à la monarchie de Juillet. Quelques pièces sont en cours de restauration, mais une grande partie reste accessible et permet de découvrir le quotidien des propriétaires successifs, des Guise aux Orléans : *galerie des Guise* avec bon nombre des portraits de la famille, escalier d'honneur, salle à manger, salle de bains, chambre dorée de la Grande Mademoiselle, etc. Au rez-de-chaussée, dans le portique, vitraux dessinés par Viollet-le-Duc. Beaux parquets XIXe s. Dans le parc, vous pourrez voir la statue de Ferdinand, duc d'Orléans et fils de Louis-Philippe, mort dans un accident de... calèche ! Et puis ne manquez pas d'admirer le Guisard, paraît-il le plus vieux hêtre de France, planté vers 1588.

La collégiale Notre-Dame-et-Saint-Laurent : *pl. Guillaume-le-Conquérant. Rens sur les horaires à l'office de tourisme.* Un bâtiment compact et imposant, dans le style caractéristique du gothique primitif. Édifiée aux XIIe et XIIIe s, elle fut profondément remaniée au XIXe s par... Viollet-le-Duc (encore lui). À l'intérieur, la nef, lumineuse et aérienne, l'abside et les chapelles latérales remarquablement meublées méritent que l'on s'y attarde. Beau déambulatoire flamboyant, chaire du XVIIIe s, etc. Évidemment, ne pas manquer de visiter la crypte.

LE PÉPÉ DE LAWRENCE D'ARABIE

Dans la collégiale Notre-Dame-et-Saint-Laurent, la plus émouvante découverte est sans doute la crypte du XIIe s, dernier vestige de l'abbaye qui se dressait ici à l'époque où Guillaume le Conquérant s'embarqua pour l'Angleterre. Elle contient les gisants d'une série de personnages, dont celui du saint patron de la ville d'Eu, saint Laurent O'Toole, archevêque de Dublin, mort ici le 14 novembre 1180 et dont le descendant le plus contemporain est... Peter O'Toole, l'incarnation mythique, au cinéma, de Lawrence d'Arabie !

🔦 ***Le petit théâtre à l'italienne :*** *mar-ven 14h-18h. Rens à l'office de tourisme ou directement au théâtre : ☎ 02-35-50-20-97. Entrée libre.* Typique du XIXe s, toute une atmosphère : spectacles et musique selon programmation.

🔦 ***La chapelle du collège des Jésuites :*** *rue du Collège, dans un charmant quartier historique. Mars-nov, mar-sam 10h-12h, 14h30-18h30 et dim ap-m.* Très marquée par l'église du Gesù à Rome, mère du style baroque romain, la chapelle conserve néanmoins un mélange de styles Renaissance et Louis XIII, avec une façade moins dynamique que son illustre modèle. L'utilisation de la brique n'y est pas étrangère. Elle abrite les monuments funéraires d'Henri de Guise et de Catherine de Clèves, sa femme. C'est d'ailleurs elle qui fit élever cette chapelle après l'assassinat de son mari par Henri III. Les deux mausolées de marbre noir et blanc se font face. *Quelques expos temporaires (la chapelle est alors ouv dim 15h-18h).*

🔦🔦 ***Le musée des Traditions verrières :*** *rue Sémichon, à côté de la salle M.-Audiard. ☎ 02-35-86-21-91. • traditions-verrieres.com • ♿ Dans d'anciennes écuries de cavalerie du XIXe s. Pâques-Toussaint, mar, sam, dim et j. fériés 14h30-18h ; également mer juil-sept ; le reste de l'année, s'adresser à l'office de tourisme. Entrée : 3,50 € ; gratuit moins de 12 ans.* Un musée qui retrace plus de 6 000 ans d'histoire de la verrerie. Vous apprendrez que l'homme a percé très tôt le secret du verre (sable et soude chauffés à 1 400-1 600 °C) et que si les techniques ont sans cesse évolué, le principe est, lui, resté le même, des premiers fours égyptiens à l'automatisme du XXIe s. Un musée animé avec passion par les professionnels du verre qui, outre son aspect ludique, suscitera peut-être de nouvelles vocations. Accueil adorable et visite jubilatoire. Quelques démonstrations de machines et de souffleurs de verre (renseignements à l'office de tourisme). Et une riche collection de vidéos sur le sujet.

À voir. À faire dans les environs

Renseignez-vous à l'office de tourisme d'Eu sur les nombreuses possibilités de randonnées dans la forêt d'Eu, une forêt royale de 10 000 ha, ainsi que dans les belles vallées de la Bresle et de l'Yères.

➢ ***Le jardin des Sources :*** *chez Pascal Dumont, hameau de Dragueville, 14, route des Sept-Meules, 76260* ***Saint-Martin-le-Gaillard.*** *☎ 02-35-50-93-44. ♿ Tlj sf lun 9h30-12h, 14h30-18h30. Entrée libre.* Sur 2 ha, une jolie déambulation au milieu de plusieurs jardins à thème. Également une pépinière, l'activité principale du lieu, produisant entre autres la fameuse poire de Fisée, sévère au premier abord mais délicieuse une fois confite et intégrée dans le pâté aux poires local...

Manifestations

– ***Le feu de la Saint-Jean :*** *au moment du solstice d'été.*
– ***Musiques au jardin :*** *un jeudi sur deux en été, à partir de 19h.* Petits concerts donnés dans les jardins à la française. Très éclectique, du classique à la techno ! Entrée très bon marché et déductible d'un repas dans un resto partenaire de l'opération.
– ***L'Automne sur tous les tons :*** *pdt les vac de la Toussaint.* Les petits peuvent prendre les grands par la main pour sillonner le patrimoine local ensemble.
– Toute l'année, plein d'***animations*** pour découvrir le patrimoine architectural, forestier et culinaire d'Eu.

LE PAYS DE BRAY

Situé dans le nord-est du département, le pays de Bray couvre les vallées de la Béthune, de l'Andelle et de l'Epte, et les principales bourgades sont Neufchâtel-en-Bray, Forges-les-Eaux et Gournay-en-Bray.
À cheval sur deux départements (Seine-Maritime et Oise), le pays de Bray offre une singulière diversité de paysages : vallons souriants, dépressions abruptes, bocages paisibles, bouquets d'arbres touffus sortis de nulle part, tout cela favorisé par cet étrange mélange du sous-sol. La vache normande s'y plaît particulièrement et donne un lait crémeux qui a rendu célèbre le beurre local. Ainsi naquirent dans cette région le neufchâtel et le petit-suisse.
Le long des petites routes, le voyageur découvre un patrimoine vivant, entretenu avec fierté. Partout, des lieux animés. Ici une foire, une fête de village, là un café de campagne, avec son épicerie, son dépôt de journaux et sa salle de restaurant. Il y a aussi les marchés, animés et colorés comme autrefois.

NEUFCHÂTEL-EN-BRAY

(76270) 5 360 hab. *Carte Seine-Maritime, C2*

Une gentille bourgade, avec son lot de maisons à pans de bois et de petits immeubles d'après-guerre, bâtis à la va-vite après les bombardements de 1940. Rien de véritablement palpitant, à part l'église, le sympathique Musée municipal... et, bien sûr, le neufchâtel, célèbre fromage dont la ville est le berceau.

LE FROMAGE DE NEUFCHÂTEL

Le plus ancien des fromages normands est né au début du XIe s. Comme les bons vins et tout comme ses collègues livarot, camembert et pont-l'évêque, le neufchâtel a obtenu l'appellation d'origine contrôlée et ne peut être fabriqué que dans un rayon d'environ 30 km autour de Neufchâtel. C'est un fromage de lait de vache emprésuré, qu'on laisse coaguler. On obtient un « caillé » qu'on égoutte dans des berceaux, puis qu'on presse durant 12h. Intervient alors la « vaccination » qui permettra la « floraison » du fromage, grâce au mélange avec un fromage déjà fleuri. On le place dans des moules de formes différentes, puis on sale. Au bout de

12 jours, le fromage est jeune, après 3 semaines il est semi-affiné et de 1 à 3 mois il est complètement affiné. Allez, bon appétit ! Pour plus d'infos • *neufchatel-aoc.org* •

Adresse et infos utiles

Office de tourisme : *6, pl. Notre-Dame. ☎ 02-35-93-22-96. • ot-pays-neufchatelois.fr • Face à l'entrée de l'église. Ouv tte l'année. Juil-août 9h (15h lun)-18h30, dim et j. fériés 10h-13h, 14h-17h. De mi-avr à fin juin et de sept à mi-oct, mar-ven 10h-12h30, 14h-18h, sam 9h30-12h30, 14h-18h. Le reste de l'année, horaires restreints.* Propose divers circuits cyclotouristiques pour partir à la découverte des petits producteurs, ainsi que des itinéraires pédestres.

– **Marché :** *sam mat. Dans la halle au beurre pour les produits fermiers. En principe, marché aux bestiaux mer mat (venir tôt, à partir de 7h).*

Où dormir ? Où manger ?

Chambres d'hôtes

Chambres d'hôtes Le Cellier du Val Boury : *☎ 02-35-93-26-95. • xv.lefrancois@wanadoo.fr • cellier-val-boury.com • En haut de la rue principale (fléché). Tte l'année. Doubles 55-68 € selon chambre, triples 75-83 €. Wifi. Réduc de 10 % sur présentation de ce guide.* À deux pas du centre, une ancienne ferme de caractère datant du XVIIe s devant laquelle s'étend une cour verdoyante et fleurie. 5 chambres de grand confort avec poutres et déco de bon goût. Salon avec cuisine à disposition. Calme garanti. Une adresse de choix pour passer un séjour au vert.

Chambres d'hôtes Le Chardon Bleu : *20, Grande-Rue-Fausse-Porte. ☎ 02-35-93-26-64. • gaudry.famille@wanadoo.fr • lechardonbleu.blogspot.com • Fermé lun soir et dim soir. Congés : vac scol de fév et de Toussaint. Doubles 70-85 € selon chambre, 2 chambres familiales 130 €. Parking privé.* Dans une imposante bâtisse en centre-ville, des chambres aux couleurs sobres et à la déco moderne de bon goût, certaines avec chambre d'enfants attenante et balcon. La chambre *Teddy* avec son lit à baldaquin métallique est particulièrement plaisante. Parquet, salle de bains très moderne avec douche à hydrojets ou baignoire, elles donnent toutes sur le calme jardin. Salon commun avec billard. Une adresse de charme.

De prix moyens à plus chic

Les Airelles : *2, passage Michu. ☎ 02-35-93-14-60. • les-airelles-sarl@wanadoo.fr • les-airelles-neufchatel.com • Face à la pl. Notre-Dame. Resto fermé dim soir-mar midi. Congés : vac scol de fév et de Toussaint. Doubles 55-68 € selon confort. Menus 17 € (en sem) et 23-42 €. Carte 50 €. Wifi. Apéritif maison offert sur présentation de ce guide.* Un établissement à la façade élégante. Chambres sans mauvaise surprise refaites récemment. Côté restauration, une cuisine traditionnelle qui se défend fort bien dans un cadre soigné recouvert de fresques colorées. Les produits du terroir sont à l'honneur : croustillant de neufchâtel, croustade de rognons et ris de veau... Aux beaux jours, agréable terrasse. Accueil malgré tout un peu froid.

Hôtel du Grand Cerf : *9, Grande-Rue-Fausse-Porte. ☎ 02-35-93-00-02. • grand-cerf.hotel@wanadoo.fr • grandcerf-hotel.com • Dans la rue centrale. Resto fermé ven tte la journée et sam midi. Congés : de mi-déc à mi-janv. Double 57 €. Menus 13,90 € (en sem) et 21-29 €. Garage vélos/motos fermé, parking gratuit. Internet, wifi. Apéritif ou café offert ainsi qu'un petit déj/pers sur présentation de ce guide.* Un hôtel classique mais bien tenu où l'on sent tout de suite le souci de bien faire. Partout, des piles de magazines à la disposition des hôtes ; une vraie maison de la presse ! Chambres bicolores, toutes refaites, avec salle de bains correcte. Préférer celles donnant sur l'arrière, plus calmes. Cuisine normande très traditionnelle. Accueil chaleureux.

À voir

L'église Notre-Dame : en grande partie détruite pendant la guerre, elle fut ensuite complètement restaurée. On pénètre par un clocher-porche de style gothique flamboyant. Nef du XVIe s, surtout intéressante pour les chapiteaux Renaissance des piliers du bas-côté gauche. Chœur plus ancien (XIIIe s). Dans le bras droit du transept, *Mise au tombeau* en pierre sculptée polychrome du XVe s, surmontée d'un dais Renaissance.

Le musée municipal Mathon-Durand : *rue Saint-Pierre. ☎ 02-35-93-06-55. À deux pas de l'église en descendant la Grande-Rue-Fausse-Porte. Avr-oct, dim 15h-18h ; 15 juin-15 sept, tlj sf lun 15h-18h ; sur rdv le reste de l'année. Entrée : 3 € ; réduc enfants.* Dans une ancienne maison bourgeoise à colombages du XVIe s, sont présentés tous les objets liés au monde rural normand depuis la fin du Moyen Âge jusqu'au début du XXe s. Organisées par thème, les salles passent en revue le mobilier normand, le fer forgé, l'atelier du tonnelier, celui du sabotier, les outils liés au travail de la terre, des poteries de Martincamp, de la faïence de Forges-les-Eaux. En effet, au XVIIIe s, grâce à sa belle argile blanche, la région était réputée pour ses terres cuites. Bien entendu, une salle est consacrée à la fabrication du neufchâtel, LE fameux fromage ! À l'extérieur, pressoir à pommes.

Manifestations

– **Fêtes médiévales :** *en avr.*
– **Guinguette au plan d'eau :** *en juil.*
– **Fête du Fromage :** *en sept, pdt les Journées du patrimoine.*
– **Foire Saint-Martin :** *mi-nov.*

FORGES-LES-EAUX

(76440) 3 730 hab. *Carte Seine-Maritime, D2*

Forges-les-Eaux possède une notoriété allant bien au-delà de celle qu'elle mérite. Elle la doit à son casino qui, après celui d'Enghien, reste le plus proche de la capitale. Connue, la ville l'est également pour ses eaux puisque sourdent ici plusieurs rivières dont l'Epte et l'Andelle.
Sur le plan historique, évoquons l'extraction et le travail du métal aux XVe et XVIe s (d'où le nom de Forges), ainsi que la tradition de poterie, célèbre jusqu'au XIXe s. Plus tard, lorsque les gisements de fer furent épuisés, on s'intéressa aux sources ferrugineuses et la mode des cures attira notamment Mme de Sévigné, Anne d'Autriche, Mme de Staël et Louis-Philippe.

Adresses et infos utiles

Office de tourisme : *rue Albert-Bochet, à côté de la mairie. ☎ 02-35-90-52-10. • forgesleseaux-tourisme.fr • Avr-sept, lun-sam 9h30-12h30, 14h-18h, dim et j. fériés (à partir de mai) 10h-13h ; oct-mars, lun-sam 9h30-12h30, 14h-17h.* Nombreuses brochures : randonnées pédestres, vélo, loisirs, hébergement, culture, produits du terroir, spectacles... Expos temporaires de mars à septembre. Postes Internet (payants).

Location de vélos : *chez* ***Vauquet Cycles,*** *23, rue de la Libération. ☎ 02-32-89-02-64.* ***Le Relais du Chasse-Marée,*** *pl. de l'Ancienne-Gare-Thermale. ☎ 02-35-09-68-37.*

– **Marchés :** *jeu et dim. Marché aux bestiaux le jeu (à partir de 7h).*

– ***Vente de produits fermiers :*** *le lun, à* ***Buchy*** *(à 15 km de Forges par la D 919), dans les superbes halles du Moyen Âge.*

Où dormir ? Où manger ?

De prix moyens à plus chic

Hôtel-restaurant La Paix : *15, rue de Neufchâtel. ☎ 02-35-90-51-22. • contact@hotellapaix.fr • hotellapaix.fr • ♿ Resto fermé lun midi tte l'année, plus dim soir hors saison. Congés : de mi-déc à mi-janv. Doubles avec douche ou bains 58-75 € selon taille. Formule déj 14 € mar-ven sf j. fériés ; menus 17-36 €.* Hôtel sans grand charme. En revanche, la cuisine est tout à fait réussie. Une vraie déco de bonbonnière, avec ses petits abat-jour, ses murs de brique... Un établissement qui travaille, dans la qualité et la régularité, le poisson et les produits du terroir.

Hôtel Continental : *110, av. des Sources (face au casino). ☎ 02-32-89-50-50. • hotel-lecontinental@domainedeforges.com • domainedeforges.com • ♿ Tte l'année. Doubles 72-77 € selon j. de la sem. Wifi. Apéritif maison offert sur présentation de ce guide.* Imposante demeure à colombages, aux chambres rénovées, standard mais très correctes. Celles sur l'avant bénéficient d'un balcon. Ambiance un brin désuète qui rappelle les anciens hôtels de casino. Hall spacieux et d'amusants tableaux kitsch dans les parties communes. Bon accueil. Fait aussi resto.

Où dormir ? Où manger dans les environs ?

Chambres d'hôtes La Ferme de Bray : *chez Liliane et Patrice Perrier, chemin de Bray 76440* ***Sommery.*** *☎ 02-35-90-57-27. • fermedebray@orange.fr • ferme.de.bray.free.fr • À 6 km de Forges sur la route de Dieppe (D 915) ; la ferme est à 2 km à gauche avt Sommery. Fermé nov-mars, sf fêtes de fin d'année. Double 50 € ; 73 € pour 3-4 pers. Réduc de 10 % sur la 3e nuit sur présentation de ce guide.* Depuis plus de 16 ans, Patrice retape avec amour la ferme de ses aïeux, demeure familiale depuis le XVe s ! Magnifique ensemble de bâtiments plusieurs fois centenaires. 5 chambres plus charmantes les unes que les autres : vieilles tomettes, moulures, belles cheminées, mobilier de famille. La ferme est ouverte au public en journée, mais l'endroit redevient très calme à partir de 18h. Au réveil, on peut même aller tranquillement taquiner la truite au bord de l'étang.

Chambres d'hôtes Le Clos du Quesnay : *chez Sabine et Jean-François Morisse, 651, route de Rouen, Le Grand-Quesnay 76440* ***Mauquenchy.*** *☎ 02-35-90-00-97. • info@leclosduquesnay.fr • leclosduquesnay.fr • À 6 km de Forges sur la route de Rouen (D 919). ♿ (1 chambre). Double 65 €. Table d'hôtes 25 €. Wifi. Une bouteille de cidre de la propriété offerte sur présentation de ce guide.* Dans un ancien corps de ferme du XIXe s en brique, magnifiquement restauré, sur 4 ha aménagés en jardin paysagé, avec de nombreux pommiers. Chambres de charme et de caractère à l'ameublement et à la déco de standing. Toutes portent le nom d'une pomme ! Salon et salle à manger privés pour les hôtes. Table d'hôtes ou assiette gourmande à base de spécialités normandes. La maison est en bord de route mais les chambres sont bien isolées. Propose également 4 roulottes de charme pour 4 personnes *(490 €/sem).*

Au Souper Fin : *1, route de Clères, 76690* ***Frichemesnil.*** *☎ 02-35-33-33-88. • info@souperfin.com • souperfin.com • À une trentaine de km de Forges. Fermé dim soir, mer-jeu. Double 65 €. Formule 28 € lun-ven ; menus 38 € en sem (sf ven soir) et 46-55 €.* Située à l'écart des circuits touristiques, cette belle auberge en briquettes rouges, recouverte de lierre, est une excellente adresse qui mérite un petit détour pour une pause gastronomique. Dans une élégante salle au ton moderne ou sur la belle terrasse donnant sur un jardin fleuri, le chef régale ses hôtes d'une cuisine raffinée et élaborée qui lui vaut une renommée sans faille depuis plusieurs années. La carte change régulièrement et à chaque saison on vient de loin pour découvrir ses nouvelles idées ou son menu-surprise. Possibilité de dormir dans l'une des chambres d'hôtes de la maison, très calmes.

Auberge de la Varenne : *2, route de la Libération, 76680* ***Saint-Martin-Osmonville.*** *☎ 02-35-34-13-80. • santus.restauration@orange.fr • À une vingtaine de km à l'ouest de Forges. Fermé dim soir, lun et mer soir. Menus 13,50 € (en sem) et 23-37 €.* Plats inspirés des traditions locales, comme la joue de bœuf au cidre. Selon la saison, vous aurez le choix entre la terrasse ou la salle à la déco rustique avec cheminée ou celle, plus moderne, à l'ambiance marine.

À voir. À faire

Le musée des Maquettes hippomobiles Jean-Guillot : *dans le parc de l'hôtel de ville. ☎ 02-35-90-52-10 (office de tourisme). Tlj sf lun et mar 14h-17h, dim 14h30-18h. Fermé de mi-oct à mi-avr. Entrée : 2,50 € ; réduc.* Petit musée composé d'une centaine de maquettes d'engins hippomobiles, machines agricoles ou moyens de transport de la fin du XIXe s, dans un décor qui restitue les paysages du pays de Bray. Le tout a été réalisé par un couple de retraités. Chapeau ! Également une collection de poupées historiques représentant la venue de Louis XIII à Forges-les-Eaux en 1633.

Dans le parc de l'hôtel de ville, après être passé sous la voûte, voir ce qui reste de l'***oratoire d'Anne d'Autriche*** et, juste en face, la maison de ses gardes. Anne d'Autriche était venue ici avec son Louis XIII de mari pour prendre les eaux.

À l'angle de la rue de la République et de la rue Rebours-Mutel, ***façade à pans de bois et brique*** à la disposition originale.

Le musée de la Résistance et de la Déportation : *rue du Maréchal-Leclerc. ☎ 02-35-90-64-07. (rdc). Tlj sf lun et mar 14h-17h, dim 14h30-18h. Fermé de mi-oct à mi-avr. Entrée : 5 € ; réduc.* Attention, certaines images peuvent choquer les enfants. Beaucoup d'objets et de documents consacrés à la Seconde Guerre mondiale, à la Résistance et à la déportation : armes, tenues d'époque, postes à galène, matériel de sabotage et une galerie d'images éprouvantes... Une salle permet la projection de films et documentaires.

La collection de faïences de Forges : *hôtel de ville. ☎ 02-35-90-52-10. Dans la salle des mariages de la mairie. Tlj sf w-e et lun, sur résa à l'office de tourisme. Entrée : 2,50 € ; réduc.* C'est Georges Wood, d'origine anglaise, qui installa la première faïencerie à Forges en 1797. Belle collection de 250 pièces du XVIIIe au XIXe s. Certaines sont réalisées avec de l'argile blanche dite *faïence fine,* d'autres avec de l'argile rouge dite *faïence épaisse* ou « culs noirs ». Le sujet des motifs varie selon l'argile utilisée. Là aussi, il y avait une distinction entre les riches et les pauvres ! Pour les connaisseurs.

➢ **L'Avenue verte :** ancienne voie ferrée aménagée en piste cyclable sur 40 km, entre Forges-les-Eaux et Arques-la-Bataille (à 7 km au sud-est de Dieppe).

Manifestations à Forges et dans les environs

- ***Festival des magiciens :*** *organisé par le casino en mars.*
- ***Juillet en fête :*** spectacles de rue, animations historiques.
- ***Festival de marionnettes :*** *la 1re sem de juil.*
- ***Fête du Cheval :*** *le dernier w-e de juil.*
- ***Foire aux melons :*** *en août, à* ***Beaubec-la-Rosière.***
- ***Fête Brévière :*** *le 1er w-e d'oct.* La grande foire annuelle de Forges.
- ***Marché de Noël :*** *le 2e w-e de déc, à la halle Baltard.*

DANS LES ENVIRONS DE FORGES-LES-EAUX

La Ferme de Bray : *à* ***Sommery.*** *☎ 02-35-90-57-27. • ferme.de.bray.free.fr • À 6 km de Forges sur la route de Dieppe (D 915) ; la ferme est à 2 km à gauche avt Sommery. Ouv Pâques-Toussaint, w-e et j. fériés 14h-18h ; juil-août, tlj 14h-18h. Entrée : 5 € ; gratuit moins de 12 ans. Fait aussi chambres d'hôtes (voir « Où dormir ? Où manger dans les environs ? »).* Ancien domaine agricole superbement restauré. Autour du manoir du XVIe s s'ordonne un magnifique ensemble de bâtiments. Depuis le moulin à eau, part une petite rue pavée d'époque où le proprio a réaménagé la laiterie, la buanderie et la cuisine du meunier. À l'intérieur, des objets domestiques surprenants comme cette machine à laver de 1930 alimentée au charbon de bois et quelques vieux outils agricoles. Ne pas manquer le pressoir à cidre du XVIIe s avec sa tour à piler encore en état de marche, son cellier, sa cave et sa salle d'infos où l'on apprend tout sur la fabrication du breuvage, du broyage à la fermentation. Voir aussi les anciens poulaillers et le colombier. Les enfants pourront, en outre, pêcher la truite d'élevage dans l'un des étangs *(6,50 € pour 3 poissons, canne à pêche incluse).*

La brasserie La Chapelle : *76780* ***La Chapelle-Saint-Ouen,*** *à 15 km de Forges-les-Eaux. ☎ 02-35-09-21-54. • northmaen.com • Derrière la mairie du village. ♿ Visite et dégustation gratuites, sam à 15h30 (sur résa pour les groupes). Durée : 45 mn. Bien sûr, la brasserie est ouv en sem pour la vente. Organise aussi la fête des Vikings, regroupant plus de 2 000 pers sur un w-e de mi-juin (combats à l'épée, concerts et ripaille de sanglier et de cervoise !) ainsi que celle des Druides fin sept.* Voici un brasseur qui fait une bière normande selon le procédé de la recette viking : brassage par infusion, fermentation en cuves ouvertes, filtration sur branches... Il cultive lui-même son orge et produit près de 4 200 l par jour. Pour tout comprendre sur les brunes, les blondes, les rousses, les ambrées... et même sur la cervoise à l'ortie ! Fait aussi un bon whisky appelé « *Thor Boyo* » (on l'a goûté !).

Le jardin du Bois-Guilbert : *à* ***Bois-Guilbert,*** *à 15 km de Forges-les-Eaux. ☎ 02-35-34-86-56. • jardinsdeboisguilbert.over-blog.com • Ouv avr-juin et oct, w-e et j. fériés 14h-18h, sur rdv en sem. Juil-sept, mer-dim et j. fériés 14h 18h. Entrée : 5 € ; réduc. Cours de modelage et visite guidée sur résa.* Dans un parc de 7 ha qui entoure un beau château du XVIIIe s, Jean-Marc de Pas, sculpteur et paysagiste, a laissé libre cours à son imagination et à sa créativité pour aménager ce jardin jadis fréquenté par des personnages illustres tels que Pierre Corneille. Un espace de respiration, de contemplation et de méditation, qui résonne comme un hymne à la nature et à l'art. Plus de 70 œuvres contemporaines de belle facture, mises en scène de manière poétique, jalonnent le parc. Différents espaces symboliques : la mare et son île, le cloître des quatre saisons, le labyrinthe de buis, le pavillon et la chapelle... Un lieu en constante évolution, et un véritable projet de vie.

GOURNAY-EN-BRAY

(76220) | 6 380 hab. | *Carte Seine-Maritime, D3*

Première ville du pays de Bray par son nombre d'habitants, arrosée par l'Epte, Gournay a subi comme ses voisines les bombardements de 1940. Pas de charme transcendant, donc. On retiendra surtout que la région de Gournay est la patrie du petit-suisse !

LE PAYS DE BRAY

Adresse et info utiles

Office de tourisme : 9, pl. d'Armes. ☎ 02-35-90-28-34. • ot-gournay-en-bray.fr • Ouv tte l'année ; avr-sept, mar-sam 10h-12h, 14h-17h30 ; horaires réduits le reste du temps.
– **Marché :** *mar (le plus important), ven mat.*

Où manger ?

Le bistrot d'Gourmay : *6, rue Barbacane. ☎ 02-35-09-16-35. Dans une petite rue piétonne en face de la poste. Fermé dim soir et lun. Congés : 15 j. en août. Menu du jour 12,10 € ; autres menus 17,30-28,80 €.* Un resto efficace au cadre sympa évoquant un bistrot. Bonne cuisine traditionnelle et produits de saison (foie gras, croquant de neufchâtel...). Terrasse en été.

Où dormir dans les environs ?

Château du Landel : *76220 Bézancourt. ☎ 02-35-90-16-01. • contact@chateau-du-landel.fr • chateau-du-landel.fr • À 6 km de Gournay-en-Bray par la N 31 direction Rouen, prendre à gauche la D 40 sur 3 km, puis à gauche de l'église de Bezancourt sur 2 autres km. Ouv de mi-mars à mi-nov. Doubles 120-205 € selon confort ; voir leurs offres spéciales sur le site. Également resto le soir, menu-enfant 11 € ; menus 31,50-50 €. Internet, wifi.* Une demeure du XVIIIe s, ancien relais de Saint-Jacques de Compostelle, propriété de maîtres verriers jusqu'en 1870. Dans un écrin de verdure, cet hôtel de charme propose 17 chambres élégantes, à la déco raffinée et au confort moderne. Un lieu reposant avec piscine chauffée, billard et tennis. Une adresse très chic.

À voir

L'église Saint-Hildevert : à l'origine, il s'agit d'une église romane du XIIe s. Elle fut profondément remaniée au fil du temps, après les ravages des guerres successives. À l'intérieur, beaux chapiteaux sculptés au sommet de gros piliers rustiques, qui présentent des motifs floraux et des têtes humaines, certainement parmi les premiers du genre à l'époque romane. D'autres sont ornés d'entrelacs ou d'oiseaux. Chaire du XVIIIe s et orgue Renaissance.

LA GRANDE HISTOIRE DU PETIT-SUISSE

C'est tout près de Gournay-en-Bray, à Villers-sur-Auchy, qu'au milieu du XIXe s une gentille fermière eut l'idée d'ajouter de la crème fraîche au caillé. Comme ce nom ne l'indique pas, ce procédé est normand et non pas suisse ! En revanche, un employé de la ferme était effectivement suisse. On ne va pas en faire un fromage ! Charles Gervais décida de produire industriellement ces petits délices, entourés de papier pour bien maîtriser l'humidité.

ENTRE PAYS DE BRAY ET PAYS DE CAUX

RY

(76116) 620 hab. *Carte Seine-Maritime, C3*

Cet adorable village serait le lieu où se déroula l'aventure immortalisée par Gustave Flaubert dans *Madame Bovary,* sous le nom de Yonville-l'Abbaye.

L'écrivain s'inspira de l'histoire vraie de Delphine Couturier, née en 1822, qui avait épousé à 17 ans Eugène Delamare, un médecin triste à mourir, et qui ne rêvait que de Paris et d'amour. Elle eut un amant et se mit à dépenser énormément. Quand elle comprit qu'elle avait ruiné son mari, elle préféra se suicider, à 27 ans, et ce dans la maison occupée de nos jours par le pharmacien du village. La *pharmacie Jouanne* (aux n°s 39-41), qui est dans le roman la *pharmacie Homais*, est désormais un magasin de jouets-mercerie, et la rue principale de Ry évoque tout à fait celle de Yonville, bordée de jolies maisons normandes. Belle perspective sur la vallée du Crevon et sur le bourg de la route d'Elbeuf-sur-Andelle.

LE SCANDALE BOVARY

En 1856, Madame Bovary *est publié en six épisodes dans la* Revue de Paris, *qui agace le régime impérial. Afin de faire couler le journal, un procès lui est intenté pour atteinte aux bonnes mœurs et à la religion. Ce procès, gagné par Flaubert, contribua au succès rapide du roman sorti en librairie l'année suivante.*

Adresse utile

Office de tourisme : *maison de l'Abreuvoir, pl. Flaubert. ☎ 02-35-23-19-90. • ot-ry-troisvallees.com • Face à la galerie Bovary. Ouv Pâques-oct, tlj, sf mat des dim et j. fériés, 10h-12h, 14h-17h30 (18h sam et en juil-août) ; le reste de l'année, en sem slt, jusqu'à 17h.* Brochures sur les belles promenades à faire dans le village et les vallées romantiques des alentours, dont le circuit thématique « Sur les traces d'Emma Bovary ». Également des expos temporaires.

Où manger ?

Le Bovary – La Table d'Oscar : *14, rue de l'Église. ☎ 02-35-23-61-46. • lebovary.la-table-doscar@wanadoo.fr • Tlj. Formule et menu 9,50 et 13,50 € le midi en sem sf j. fériés ; menus 18 € (sf sam soir et dim midi)-35 €. Café offert sur présentation de ce guide.* Une vénérable maison à colombages qui accueille avec gentillesse le voyageur égaré, dans un joli cadre rustique, coloré et moderne à la fois. Jean-Pierre Élie, maître canardier, est surtout connu pour son canard au sang préparé à la *presse* et son foie gras aux raisins et groseilles, mais maîtrise aussi très bien les produits du terroir comme le ris d'agneau, la tête de veau. Petite terrasse au bord de la rue en été.

Où dormir dans les environs ?

Chambres d'hôtes Le Jardin de l'Ancienne Abbaye : *chez M. et Mme Mille, 707, rue de l'Ancienne-Abbaye, hameau de Salmonville, 76116* **Servaville-Salmonville.** *☎ 02-35-34-07-62. 📱 06-82-73-29-66. • patrick.mille5@wanadoo.fr • jardin.abbaye.free.fr • À 6 km à l'ouest de Ry (fléché). Double 53 € ; 65-78 € pour 3-4 pers.* Dans un superbe parc fleuri, entretenu par un couple de paysagistes. 2 chambres d'hôtes aménagées récemment dans un bâtiment à colombages indépendant de la résidence des proprios. Mobilier de bon goût, salles de bains modernes, cuisine équipée commune et une suite familiale en duplex avec une chambre-salon TV pour les enfants. Belle terrasse pour le petit déjeuner et une partie du jardin, à l'écart, réservée aux hôtes. On s'y sent comme chez soi. Un lieu de charme, très calme ; un véritable coup de cœur ! Accueil chaleureux.

Chambres d'hôtes La Gentilhommière : *396, rue Vaussier, 76116* **Auzouville-sur-Ry.** *☎ 02-35-23-40-74. • ginette.cousin@wanadoo.fr • perso.wanadoo.fr/gentilhommiere • À 5 km au sud de Ry. Chambres 2 pers 40 €, 3 pers 50 €. Réduc de 10 % à partir de la 3e nuit sur présentation de ce guide.* Mme Cousin, adorable mamie, et son mari, vous reçoivent dans cette maison du XVIIe s, remplie de souvenirs et d'amour, aux poutres, parquets et escaliers de bois patinés. 2 très belles chambres à l'étage avec meubles de famille de style Restauration, dont une pour 3 personnes (avec une petite alcôve séparée). Cadre bucolique entouré de vaches, idéal pour les balades et les week-ends au vert.

À voir

L'église Saint-Sulpice : édifiée du XIIe au XVIe s. Elle possède une pièce unique : un porche en bois sculpté Renaissance, le plus beau de Normandie et qui, de plus, vient d'être restauré. Poutres et panneaux sont décorés de motifs sculptés en arabesque. Sous le porche, magnifique charpente en forme de carène de navire renversée, ornée d'anges et d'emblèmes des évangélistes. À l'intérieur, nombreuses statues anciennes. Chaire et autel du XVIIIe s aux panneaux sculptés.

La galerie Bovary-musée d'Automates : *pl. G.-Flaubert. ☎ 02-35-23-61-44. (partiellement). Mai-oct, w-e et j. fériés 14h30-18h ; juil-août, tlj sf lun (mêmes horaires). Entrée : 5 € ; réduc ; 4 € sur présentation de ce guide.* Installé dans un ancien pressoir du XVIIIe s, à côté du pont enjambant le Crevon, ce musée a été réalisé par un passionné – et créateur – de personnages animés. Près de 500 automates, dont 300 retraçant la vie de Madame Bovary. Tout est reconstitué dans les moindres détails : costumes, décors, etc. On revoit le bal du château de la Vaubyessard, les célèbres comices agricoles, les rencontres sous la tonnelle, la promenade sur la Seine... Étonnante transposition de la *pharmacie Homais.* À l'étage, automates de tous les pays.

À voir dans les environs

Le jardin Plume : *Le Thil, 76116* ***Auzouville-sur-Ry.*** *☎ 02-35-23-00-01. À 5 km au sud de Ry. À la sortie du bourg, sur la D 43 direction Perruel. De mi-mai à oct, mer et sam 10h-12h, 14h-18h et les ap-m des jeu-ven, dim et j. fériés. Entrée : 7 €.* Superbe jardin de pépiniériste où l'on gambade parmi une grande variété de plantes vivaces et aromatiques, d'hydrangeas, de graminées, de clématites et de légumes oubliés. Un lieu romantique à souhait. Les spécialistes de l'horticulture s'y retrouvent le dernier week-end de juin pour les Plumes d'été.

BLAINVILLE-CREVON

(76116) 1 130 hab. *Carte Seine-Maritime, C2-3*

À 6 km de Ry, un autre village digne d'intérêt, possédant une jolie église de style gothique flamboyant, ancienne collégiale fondée en 1488. Portail avec porche surmonté d'une rosace. Sur le côté, belles fenêtres à meneaux et un autre petit porche de style flamboyant. À l'intérieur, une grande statue en bois de l'archange saint Michel terrassant le dragon et une quarantaine de stalles sculptées du XVe s. Dans le chevet, quelques vitraux très anciens. C'est ici que la véritable Emma (Bovary) se maria en 1839.
Dominant le village, un château féodal du XIe s, d'abord forteresse puis demeure de grands seigneurs jusqu'à la Révolution où il fut abandonné. Oublié

pendant deux siècles, il revit grâce aux recherches de bénévoles qui y effectuent des fouilles. Plusieurs tables de lecture entourent le site, contant son histoire. Des fêtes médiévales y sont occasionnellement organisées. Du site, panorama charmant sur la vallée du Crevon. *Rens et visite gratuite (dons appréciés) : ☎ 02-35-34-00-53.*

Fête

– ***Archéo-jazz :*** *fin juin, dans le site médiéval. Infos sur le site : • archeojazz.com •* Depuis plus de 30 ans, ce festival de jazz à la programmation prestigieuse a vu passer Claude Bolling, Dee Dee Bridgwater, Johnny Clegg, Manu Dibango, Cesaria Evora, Stéphane Grapelli, Dizzy Gillespie, Claude Nougaro, Michel Petrucciani et Archie Shepp, entre autres.

LE CHÂTEAU DE MARTAINVILLE

Carte Seine-Maritime, C3

À 3,5 km de Ry, sur la route de Rouen. Bâti en 1485 comme résidence secondaire par Jacques Le Pelletier, un armateur rouennais en quête de reconnaissance sociale. Le château possède un charme indéniable, avec ses dimensions modestes et son emplacement au milieu d'une cour fermée de bâtiments, à côté d'un remarquable colombier du XVIe s. Son architecture, marquée par le modèle médiéval du château fort à tours d'angle, se situe au croisement de l'art gothique (fenêtres de la chapelle), du monde flamand (utilisation de la brique, décors du porche, souches de cheminées extérieures) et de la Renaissance (plan intérieur, souci du confort). Malgré les guerres et les modes, il fut assez peu modifié dans son ensemble. Sa façade a retrouvé sa jeunesse d'il y a 500 ans.

– ***Le musée des Traditions et Arts normands :*** *à l'intérieur du château. ☎ 02-35-23-44-70. • chateaudemartainville.fr • Tlj sf mar, dim mat et certains j. fériés 10h-12h30, 14h-18h (17h oct-mars). Entrée : 3 € ; réduc ; gratuit étudiants, moins de 18 ans, demandeurs d'emploi. Audioguide inclus dans le billet d'entrée. Animations enfants.* On y présente, au rez-de-chaussée et au 1er étage, dans de somptueuses salles reconstituées (cuisine, salle à manger, laiterie, cellule de couvent...) l'évolution du mobilier normand et des objets de la vie quotidienne du XVe au XIXe s : beaucoup de superbes armoires, de coffres, de buffets, de dressoirs et de pendules (ne pas rater l'horloge cercueil). Au 2e étage : mobilier de ferme présenté par pays normands, de la poterie de Martincamp, des costumes, de la verrerie de la vallée de la Bresle, de la faïence de Forges-les-Eaux... Au 3e étage, salles présentant le costume normand, l'histoire du textile et une dernière salle dédiée aux instruments de musique régionaux (voir la collection de lutherie miniature de 160 pièces !). Également des expos temporaires et une salle audiovisuelle. Dans les communs, collections agricoles et artisanales. Un lieu à l'atmosphère particulière, avec de bonnes odeurs de cire... À ne pas manquer !

Où dormir ? Où manger ?

Chambres d'hôtes Sweet Home : *chez M. et Mme Aucreterre, 534, rue des Marronniers, hameau d'Épreville, 76116* ***Martainville-Épreville.*** *☎ 02-35-23-76-05. • aucreterre@aliceadsl.fr • jy.aucreterre.free.fr • À 2 km de Martainville. Du rond-*

point après le château, prendre à gauche la D 13 puis à droite (fléché). Doubles 56-95 € selon chambre. Table d'hôtes sur résa 26-46 €/pers. Wifi. Dans un tranquille hameau, une belle maison récente, entourée d'un vaste jardin fleuri, avec 4 chambres spacieuses, lumineuses et confortables. Élégamment meublées, literie impeccable avec ciel de lit fleuri pour certaines ou lit à baldaquin pour d'autres, elles ont toutes une salle de bains moderne, avec douche hydrojets ou baignoire balnéo. Hôtes totalement dévoués à leur activité pour le plus grand confort de leurs convives. Une adresse assurément agréable.

L'EURE

ABC DE L'EURE

- *Superficie :* 6 040 km^2.
- *Préfecture :* Évreux.
- *Sous-préfectures :* Les Andelys, Bernay.
- *Population :* 615 300 hab.
- *L'Eure est le 2e producteur de lin d'Europe.*

Si l'on vous dit que l'on a bien aimé l'Eure, vous aurez peut-être du mal à situer ce département. Ce sera un peu flou. Mais si, au contraire, on vous invite à admirer le jardin de Monet à Giverny, à grimper jusqu'aux ruines de Château-Gaillard, à voguer sur la Seine, à rêver sous les voûtes végétales de la forêt de Lyons, à flâner dans les rues d'Évreux, de Verneuil-sur-Avre ou de Pont-Audemer, alors là, l'Eure s'éclaircit, prend forme, à l'image d'une Normandie opulente et généreuse.

Créé artificiellement après la Révolution et composé d'une dizaine de pays différents, voilà bel et bien le département dont les paysages sont les plus variés de la région. À l'est, la vallée d'Eure, le Vexin normand et l'adorable village classé de Lyons-la-Forêt. Au centre, autour d'Évreux, un vaste plateau céréalier, battu par les vents, sorte de petite Beauce normande. Au sud, c'est le pays d'Ouche, cher à l'écrivain La Varende, une campagne plus intime de bois secrets et de prés humides. À l'ouest, au-delà de Bernay et de la prestigieuse abbaye du Bec-Hellouin, on entre dans le Lieuvin, un autre bocage verdoyant qui annonce déjà le pays d'Auge. Vous découvrirez Pont-Audemer, « petite Venise normande », et l'insolente vallée de la Risle, qui se jette dans les bras de la Seine. Dans un ultime méandre de celle-ci s'est lové le Marais-Vernier, la plus importante tourbière de France, qui forme un monde à part, quadrillé de délicieux chemins d'eau et où se cachent des chaumières de contes de fées.

Mais l'Eure, pays d'eau et de vallées, est aussi traversée par la plus surprenante des routes de Normandie, le fleuve légendaire chargé d'histoire : Sa Majesté la Seine, si chère aux impressionnistes... Une Seine normande qui déroule ses plus beaux méandres créant des îlots de verdure, dissimulant dans le silence de ses rives de romantiques demeures et de poétiques moulins à eau...

Département le plus boisé de Normandie, les forêts de l'Eure couvrent un cinquième de son territoire (Lyons, Montfort, Bord-Louviers, Évreux, Breteuil).

Ses délicieuses vallées (l'Eure, la Risle, la Charentonne, l'Avre et l'Iton), sa luxuriante nature et sa kyrielle de châteaux lui donnent un petit côté vieille France et cette ineffable nature « jardinée à l'anglaise », quadrillée de chemins buissonniers. Mais l'Eure ne se réduit pas à ce rôle de refuge champêtre pour citadins ; elle reste une terre agricole avant tout. À propos, savez-vous que près d'un cinquième des agriculteurs de la région a des origines belges ! À la fin du XVIIIe s, les premiers négociants en textile d'Europe, des Belges, introduisirent la culture industrielle du lin sur le plateau d'Évreux et finirent à leur tour par s'y implanter. C'est pourquoi on trouve autant de noms de familles à consonance flamande dans l'annuaire départemental.

Il existe environ 120 confréries dans l'Eure, regroupant 10 à 15 membres chacune. Elles expriment le sentiment communautaire dans les villages. Certaines se révèlent même particulièrement dynamiques et contribuent à maintenir une partie de l'identité culturelle et humaine des zones rurales. Dans les petits villages, on fait encore appel à la confrérie des charitons plutôt qu'aux pompes funèbres pour acheminer le cercueil au cimetière. À part l'Eure, on trouve aussi quelques confréries dans le Calvados et à Béthune, dans le nord de la France. Tous les cinq ans, les confréries de l'Eure se réunissent en congrès, et c'est l'occasion d'un grand moment de fraternité. Elles participent également aux pèlerinages, comme celui de la Pentecôte à Bernay, en l'église Notre-Dame-de-la-Couture.

INSOLITES FUNÉRAILLES

Lors des funérailles organisées par les charitons, on voit défiler en tête le cliqueteux qui agite ses « tintelles », comme du temps de la peste (pour éloigner les gens) ; derrière, deux frères portent la croix de procession, suivis du curé, puis du cercueil porté à bras et recouvert d'un tissu brodé, enfin les torchères, les bannières à l'effigie du saint patron de la paroisse, etc. Une authentique plongée dans le Moyen Âge.

L'EURE

Adresses et infos utiles

Comité départemental du tourisme de l'Eure : *hôtel du Département, bd Georges-Chauvin, BP 367, 27003* ***Évreux*** *Cedex. ☎ 02-32-62-04-27. • eure-tourisme.fr • Lun-ven 9h-12h30 (13h ven), 13h30-18h.* N'hésitez pas à consulter leur site ou à commander leurs publications : le magazine d'actualités *D'Eure en Eure...* qui rassemble tout ce dont un visiteur peut avoir besoin pour préparer son séjour dans le département : visites, loisirs, fêtes et manifestations, découvertes spécifiques (producteurs, artisans...), adresses utiles (offices de tourisme, hébergements, clubs de loisirs, associations, etc.), circuits à thème, séjours week-ends. Également la carte touristique et le catalogue *Clévacances* pour trouver un hébergement.

Gîtes de France de l'Eure : *9, rue de la Petite-Cité, BP 882, 27008* ***Évreux*** *Cedex. ☎ 02-32-39-53-38. • gites-de-france-eure.com • Rens et résas par tél ou mail slt.*

➢ **Voies vertes :** le département en compte 4, pour des balades à pied, à vélo ou en rollers. Évreux-Pont-Authou, Bernay-Broglie, Incarville-Poses, Gisors-Gasny. • *eure-tourisme.fr* •

Circuler en bus dans l'Eure

Plusieurs compagnies de bus complètent le réseau ferroviaire pour visiter le département.

Pour connaître les lignes régulières intra et extra départementales qui passent par les principales villes de l'Eure, les horaires et les tarifs, consulter le site • *mobiregion.net* • Attention, peu de liaisons le dimanche. Chacune de ces villes dispose ensuite d'un réseau urbain propre plus ou moins étendu.

LA VALLÉE DE LA SEINE

Cette vallée sinueuse et encaissée, dominée par les hautes falaises de calcaire, offre des points de vue uniques parmi les plus beaux qui soient en Normandie. On y trouve les premières villes vraiment agréables à l'ouest de Paris, non loin finalement des dernières banlieues de la capitale : Vernon, Giverny, à l'ombre duquel prospéra le travail de Claude Monet, Les Andelys dominés par le célèbre Château-Gaillard.

VERNON

(27200) 26 000 hab. *Carte Eure, C-D2*

À moins de 80 km de Paris. Vernon fut construite au IXe s sur des fondations gallo-romaines par Rollon, Viking fasciné par la Normandie et premier chef normand. Plus tard, la ville plut beaucoup à Louis IX, alias Saint Louis, qui venait s'y repaître de cresson, la culture locale (on en voit trois bottes sur les armoiries de la ville). Vernon fut occupée par les Anglais au XVe s. La ville souffrit fortement des bombardements de la Seconde Guerre mondiale et perdit beaucoup de son cachet avec la reconstruction moderne du centre. Cependant, quelques vestiges intéressants du vieux Vernon demeurent.

Adresses et infos utiles

Office de tourisme (plan B1) **:** *36, rue Carnot. ☎ 02-32-51-39-60. • cape-tourisme.fr • À côté de la collégiale. Mai-sept, lun-sam 9h-12h30, 14h-18h ; dim 10h-12h, 14h-16h et mat des j. fériés. Oct-avr, fermé dim et lun.* Bonne documentation et boutique de souvenirs.

@ **Camelia Telecom** (plan B2, **1**) **:** *passage Pasteur (entrée par la rue des Tanneurs). ☎ 02-32-71-18-62. Mar-dim 9h-21h (dim à partir 11h).*

■ **Location de vélos** (plan A2, **3**) **:** *à la brasserie* ***Les Amis de Monet,*** *39, rue Émile-Steiner (en face de la gare). ☎ 02-32-54-04-03. Tlj 6h30-1h.*

De/Vers Giverny : *à la gare de Vernon, une navette par car relie Vernon à Giverny. ☎ 0825-07-60-27. Avr-oct, 6-8 allers-retours/j. (4 € l'A/R).*

– ***Marché :*** *mer et sam mat.*

Où dormir ?

De prix moyens à chic

Chambres d'hôtes Villa Géraldine (plan B1, **12**) **:** *5-7, rue du Pont. ☎ 02-32-71-14-77. • noelle.pariel@free.fr • villageraldine.com • Face au musée de Vernon. Fermé pdt les fêtes de fin d'année. Double 70 € ; 100 € pour 4 pers. Internet.* Jolie et paisible propriété d'époque Napoléon III dans un jardin clos aux arbres centenaires. Chambres agréables avec lit de style Restauration et belles salles de bains moderne. Vaste jardin d'hiver pour un copieux petit déjeuner. Une bonne petite adresse au calme, pourtant en plein cœur historique du centre-ville. Accueil attentionné.

Hôtel d'Évreux – Le Relais Normand (plan B2, **10**) **:** *11, pl. d'Évreux. ☎ 02-32-21-16-12. • contact@hoteldevreux.fr • hoteldevreux.fr • En plein centre-ville. Resto fermé dim-lun. Doubles 38-64 € selon confort. Menus 21-30 € ; carte env 50 €. Wifi. Parking.* Hôtel du XVIIe s, aux chambres plutôt vieillottes, mais qui offrent un cadre bourgeois et rustique à la fois. On y mange aussi une cuisine soignée. Du traditionnel pur jus, mais pas de mauvaise surprise. Terrasse intérieure, ouverte aux beaux jours.

Hôtel Le Normandy – Le Cottage (plan B2, **11**) **:** *1, av. Pierre-Mendès-France. ☎ 02-32-51-97-97. • contact@*

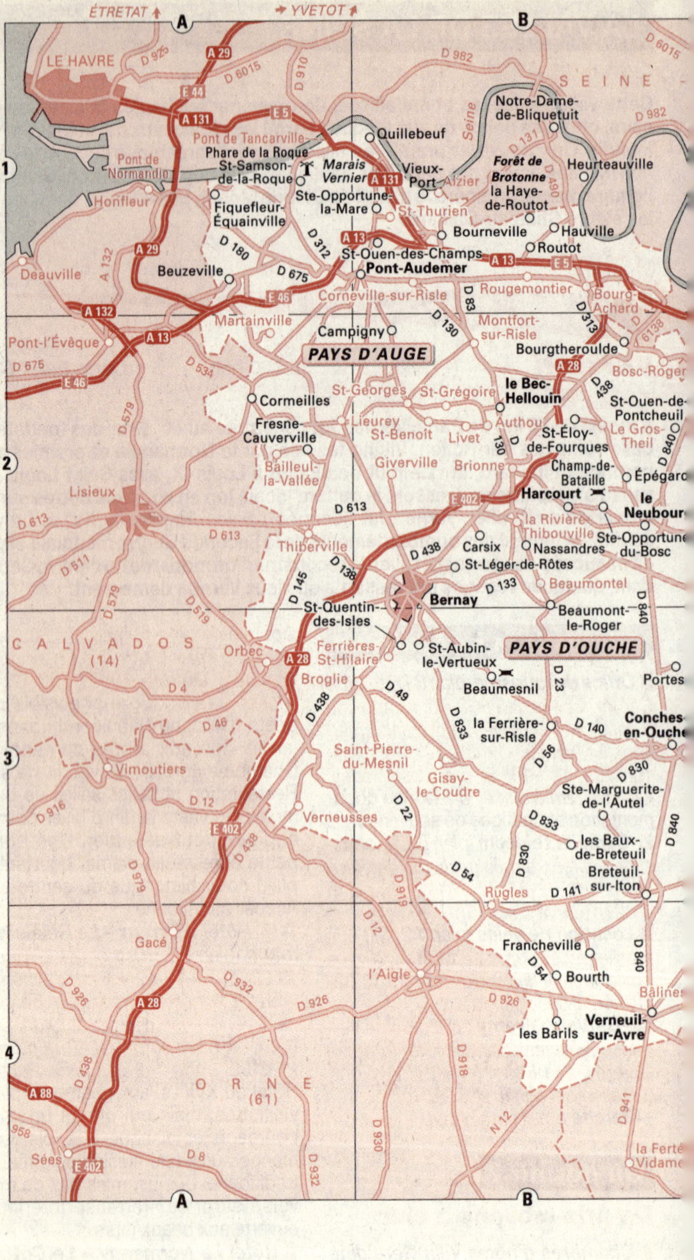

ÉTRETAT
YVETOT
A
B
1
2
3
4
LE HAVRE
Pont de Normandie
Pont de Tancarville
Phare de la Roque
St-Samson-de-la-Roque
Marais Vernier
Quillebeuf
Vieux-Port
Aizier
Notre-Dame-de-Bliquetuit
Forêt de Brotonne
Heurteauville
la Haye-de-Routot
Hauville
Routot
Bourneville
St-Thurien
Ste-Opportune-la-Mare
Honfleur
Fiquefleur-Équainville
Deauville
Beuzeville
St-Ouen-des-Champs
Pont-Audemer
Corneville-sur-Risle
Rougemontier
Bourg-Achard
Martainville
Campigny
Montfort-sur-Risle
Bourgtheroulde
PAYS D'AUGE
Pont-l'Évêque
Cormeilles
St-Georges
St-Grégoire
le Bec-Hellouin
Bosc-Roger
St-Ouen-de-Pontcheuil
Fresne-Cauverville
Lieurey
St-Benoît
Livet
Authou
St-Éloy-de-Fourques
Le Gros-Theil
Bailleul-la-Vallée
Giverville
Brionne
Champ-de-Bataille
Épégard
Lisieux
Harcourt
le Neubourg
la Rivière-Thibouville
Carsix
Nassandres
Ste-Opportune-du-Bosc
Thiberville
St-Léger-de-Rôtes
Beaumontel
Bernay
Beaumont-le-Roger
St-Quentin-des-Isles
PAYS D'OUCHE
C A L V A D O S
(14)
Orbec
Ferrières-St-Hilaire
St-Aubin-le-Vertueux
Beaumesnil
Portes
Broglie
la Ferrière-sur-Risle
Conches-en-Ouche
Saint-Pierre-du-Mesnil
Vimoutiers
Gisay-le-Coudre
Ste-Marguerite-de-l'Autel
Verneusses
les Baux-de-Breteuil
Breteuil-sur-Iton
Rugles
Gacé
Francheville
l'Aigle
Bourth
Bâlines
les Barils
Verneuil-sur-Avre
O R N E
(61)
la Ferté-Vidame
Sées
S E I N E
Seine
A 29
A 131
A 13
A 132
A 28
A 88
E 44
E 5
E 46
E 402
D 925
D 6015
D 910
D 982
D 131
D 490
D 180
D 312
D 675
D 83
D 130
D 313
D 6138
D 534
D 579
D 438
D 840
D 613
D 511
D 145
D 138
D 133
D 519
D 4
D 46
D 23
D 49
D 833
D 140
D 56
D 830
D 916
D 12
D 22
D 979
D 919
D 54
D 141
D 926
D 932
D 918
D 941
N 12
D 958
D 8
D 930

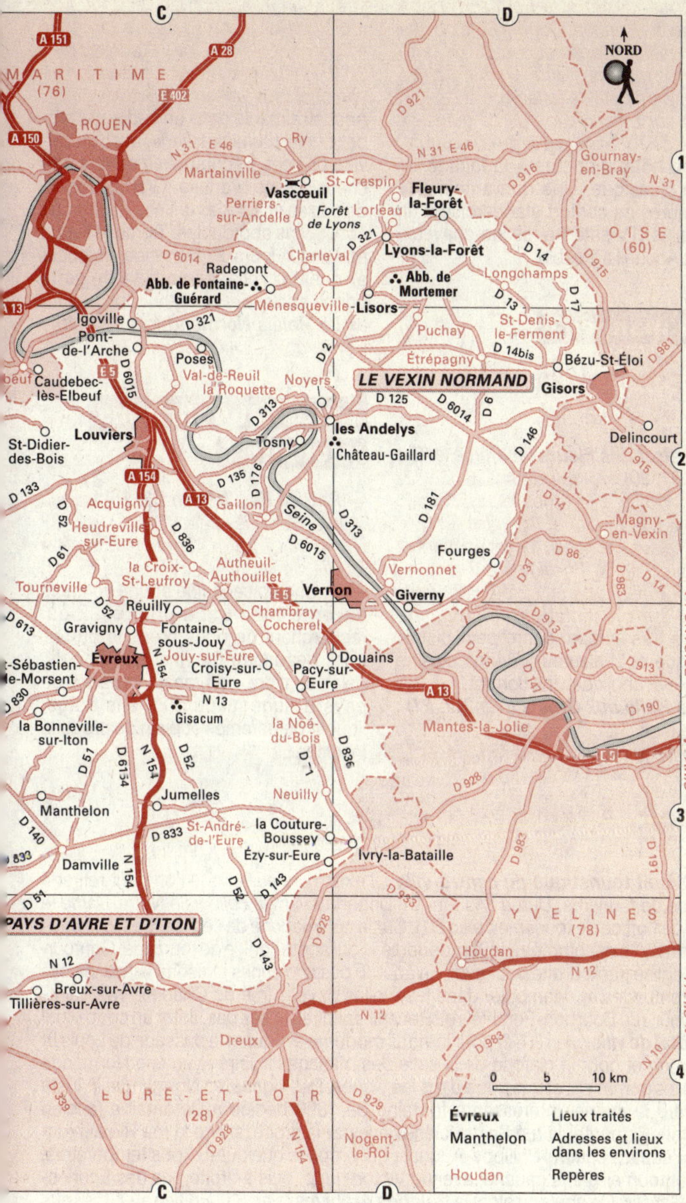
NORD
MARITIME
(76)
ROUEN
A 151
A 28
E 402
A 150
N 31 E 46
Ry
Martainville
Vascœuil
St-Crespin
Fleury-la-Forêt
Perriers-sur-Andelle
Forêt de Lyons
Lorleau
Gournay-en-Bray
N 31
D 916
D 921
OISE
(60)
D 321
Lyons-la-Forêt
Charleval
D 6014
Radepont
Abb. de Fontaine-Guérard
Abb. de Mortemer
Longchamps
D 14
D 915
D 17
D 13
Ménesqueville
Lisors
Puchay
St-Denis-le-Ferment
D 14bis
Étrépagny
Bézu-St-Éloi
D 981
Igoville
D 321
Pont-de-l'Arche
Poses
Val-de-Reuil
la Roquette
D 2
Noyers
LE VEXIN NORMAND
Gisors
E 5
D 6015
Caudebec-lès-Elbeuf
D 313
D 125
D 6014
D 6
Delincourt
Louviers
Tosny
les Andelys
Château-Gaillard
D 146
St-Didier-des-Bois
A 154
D 135
D 176
D 915
D 133
D 52
Acquigny
A 13
Gaillon
Seine
D 313
D 181
D 14
Magny-en-Vexin
Heudreville-sur-Eure
D 836
D 6015
Fourges
D 61
la Croix-St-Leufroy
Autheuil-Authouillet
Vernonnet
D 37
D 86
D 983
Tourneville
E 5
Vernon
Giverny
D 14
D 52
Reuilly
Chambray
Cocherel
D 913
D 613
Gravigny
Fontaine-sous-Jouy
Jouy-sur-Eure
Douains
D 113
St-Sébastien-de-Morsent
Évreux
N 154
Croisy-sur-Eure
Pacy-sur-Eure
D 141
D 913
A 13
D 830
N 13
Gisacum
la Noé-du-Bois
D 190
la Bonneville-sur-Iton
Mantes-la-Jolie
D 51
D 6134
N 154
D 52
D 71
D 836
E 5
PONTOISE
PARIS
D 928
Jumelles
Neuilly
Manthelon
D 140
D 833
St-André-de-l'Eure
la Couture-Boussey
D 983
D 191
D 833
Damville
N 154
Ézy-sur-Eure
Ivry-la-Bataille
D 52
D 143
D 933
D 51
PAYS D'AVRE ET D'ITON
D 928
YVELINES
(78)
D 143
Houdan
N 12
N 12
Breux-sur-Avre
Tillières-sur-Avre
N 12
PARIS
Dreux
D 983
N 10
0
5
10 km
D 339
EURE-ET-LOIR
(28)
D 929
D 928
N 154
Nogent-le-Roi
Évreux
Lieux traités
Manthelon
Adresses et lieux dans les environs
Houdan
Repères
C
D
1
2
3
4

L'EURE

le-normandy.net • le-normandy.net • ♿ Ouv tte l'année. Double 82 € ; 3 suites familiales spacieuses 130 € pour 4 pers. Internet, wifi. Parking privé payant. Un petit déj/chambre et par nuit offert sur présentation de ce guide ou réduc de 10 % sur le prix de la chambre. Grand hôtel moderne à la façade de style classique. Une quarantaine de chambres au confort standardisé d'un 3-étoiles (TV satellite, sèche-cheveux, etc.). Accueil agréable.

Où manger ?

De prix moyens à plus chic

Bistrot des Fleurs *(ex-Parcelle 73 ; plan B1, **20**) : 73, rue Carnot. ☎ 02-32-21-29-19. • bistrotdesfleurs@dbmail.com • Fermé dim et lun, plus j. fériés hors saison. Congés : 1 sem en mars et 25 juil-17 août. Formule 19 € sf w-e ; menu 36 € ; carte env 25 €. Wifi. Café offert sur présentation de ce guide.* Cadre très sympa, genre petit bistrot rustique et chaleureux. Bonne cuisine simple et choix de vins correct.

La Halle aux Grains *(plan B2, **21**) : 31, rue de Gamilly. ☎ 02-32-21-31-99. • lahalleauxgrains@wanadoo.fr • ♿ Tlj sf dim-lun. Congés : vac de Noël. Formule déj en sem 13,90 € ; formules « Détente » 26,50 € et « Gourmande » 32 €. Repas env 25-32 €. Apéritif maison offert sur présentation de ce guide.* Accueil aimable dans un cadre qui rappelle celui d'une brasserie, avec un service diligent. Récompensé pour la fraîcheur de ses produits. Grande variété de pizzas et viandes grillées de premier choix. Vins abordables. Terrasse fleurie aux beaux jours. Prévenance, fraîcheur et qualité, voilà les secrets de cette bonne adresse.

Le Relais Normand *(plan B2, **10**) : voir la rubrique « Où dormir ? ».*

Où acheter de bons produits ?

Patrick Floc'h *(plan B2, **25**) : 2, rue Sainte-Geneviève. ☎ 02-32-21-58-83 ou 50-16. • patrick.floch@orange.fr • Fermé dim ap-m et lun ainsi que 15 j. en août.* Une épicerie fine et une véritable caverne d'Ali Baba pour ceux qui recherchent de bons produits du terroir : beaucoup de vins et d'alcools, gelée de cidre, pommeau, calvados du pays d'Auge jusqu'à 20 ans d'âge, liqueur de pommes et plein de produits insolites...

À voir. À faire

➢ ***Circuit touristique du centre-ville :*** il existe un feuillet que l'on peut retirer à l'office de tourisme. Durée : 45 mn-1h. Départ devant la *collégiale Notre-Dame* (à côté de l'office de tourisme ; *plan B1*). Sur le côté gauche de l'église, très jolie ***maison*** du XVe s dénommée « le Temps Jadis », qui abrite l'office de tourisme. Contourner l'église par la droite pour avoir un aperçu des anciennes maisons vernonnaises à colombages et déambuler dans les ruelles pavées (rue du Chapitre, rue Saint-Sauveur, rue Bourbon-Penthièvre). Revenir ensuite sur ses pas. Jeter un coup d'œil à l'***hôtel de ville*** *(plan B1-2)* pour le vitrail moderne évoquant le passage de Louis IX à Vernon et pour le plafond de la salle des mariages illustré avec une Normande sous les pommiers et une autre dans les vignes. Des vignes, en Normandie ? Juste derrière la mairie, intéressante fontaine de 1899 dédiée à Défontaine (ancien adjoint). Remonter la rue Sainte-Geneviève par la droite, suivre la rue Riquier jusqu'à l'espace culturel Philippe-Auguste qui propose quelques expos temporaires. Le contourner par la gauche, avenue Victor-Hugo, puis à droite, rue des Écuries-des-Gardes. On aperçoit alors la ***tour des Archives*** *(plan B1)*. Édifiée au XIIe s sous Philippe Auguste, du haut de ses 22 m, c'est le seul vestige de l'ancien château. Elle est entourée de jolies maisons à colombages. Rejoindre la rue d'Albufera (rue principale), bifurquer à gauche, puis emprunter de nouveau la première à gauche pour remonter la rue Potard (famille de Vernon). Le long de la rue, belles façades à

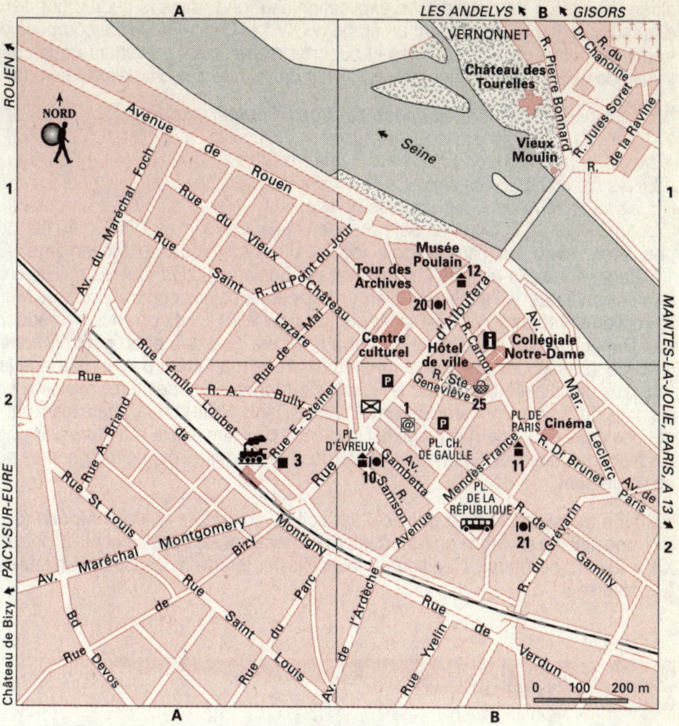

VERNON

■ **Adresses utiles**

- Office de tourisme
- 1 Camelia Telecom
- 3 Les Amis de Monet (location de vélos)

Où dormir ?

- 10 Hôtel d'Évreux – Le Relais Normand
- 11 Hôtel Le Normandy – Le Cottage
- 12 Chambres d'hôtes Villa Géraldine

Où manger ?

- 10 Le Relais Normand
- 20 Bistrot des Fleurs (ex-Parcelle 73)
- 21 La Halle aux Grains

Où acheter de bons produits ?

- 25 Patrick Floc'h

pans de bois. Tout au bout, à l'angle de la place Chantereine, l'ancien *hôtel du Grand Cerf,* à colombages, qui donne une image traditionnelle et intacte des hostelleries du XVIIIe s. Remonter par la droite la rue Sadi-Carnot pour admirer, au n° 110, la plus belle façade aux personnages sculptés de Vernon. Tout près, le *musée municipal Poulain* (voir plus loin).

L'église collégiale Notre-Dame *(plan B1-2)* **:** *rue Carnot, à côté de l'office de tourisme.* Date du XIIe s, mais fut sans cesse remaniée. Sur la façade, du XVe s, rosace flamboyante entre deux galeries, admirable. Tour centrale du XIIIe s. À l'intérieur, nef élancée encerclée d'un triforium. À gauche, en entrant, intéressante exposition de photos de détails avec explication. Au fond, dans le chœur, une série d'arcades romanes supportant un étage du XVIe s. Orgue magistral composé de treize panneaux de bois sculptés et superbe maître-autel provenant de la chartreuse de Gaillon. Vitraux figuratifs du XVIe s dans l'une des chapelles de droite.

Le musée municipal Alphonse-Georges-Poulain *(plan B1)* **:** *12, rue du Pont. ☎ 02-32-21-28-09. • vernon27.fr/musee • Avr-oct, mar-dim 10h30-18h. Le reste de l'année, mar-ven 14h-17h30 (sam-dim 14h30-17h30). Entrée : 4 € ; gratuit pour les moins de 26 ans et pour ts le 1er dim du mois ; billet jumelé pour les individuels avec le musée des Impressionnismes à Giverny 8,50 €, et la fondation Claude-Monet 10 €.* Dans un bel hôtel particulier des XVe et XVIIIe s. Au rez-de-chaussée, expo sur l'archéologie locale, du Néolithique au Moyen Âge. Au 1er étage, une salle évoque l'histoire locale. Également des œuvres paysagères impressionnistes de l'école de Giverny et des américaines comme celles de Mary Fairchild et Frederick William Mac Monnies, Low Will Hickok ou encore Théodore Earl Butler. Le clou de la visite revient à *Falaise à Pourville* et au petit *Nymphéa* rond de 1908 légués par Monet lui-même. On ne manquera pas au passage les tableaux de sa belle-fille, Blanche Hoschédé-Monet, ni les peintures réalisées par les amis du maître (Bonnard, Vuillard, Maurice Denis, Vallotton...). Intéressant cabinet des dessins. Le dernier étage est dédié à la peinture et à la sculpture animalières (section unique en Normandie). Environ trois ou quatre expos temporaires par an également.

En traversant le pont principal, on voit en contrebas le ***Vieux Moulin*** *(plan B1)*, une maison ancienne en encorbellement posée sur les deux arches du pont du XIIe s aujourd'hui détruit. L'édifice semble défier les lois de la pesanteur ! Un tableau à lui tout seul !

GIVERNY (27620) 540 hab. *Carte Eure, D2-3*

Charmant village s'étageant sur une douce colline en bordure de Seine. Monet contribua fortement à sa gloire lorsqu'il choisit d'y vivre de 1883 jusqu'à sa mort, en 1926. Il repose d'ailleurs dans le cimetière paroissial. Sous l'impulsion de Monet, nombre d'artistes (dont beaucoup d'Américains) vinrent à Giverny. Aujourd'hui, outre sa maison et ses jardins, on peut également aller voir de belles expos temporaires organisées par le musée des Impressionnismes - Giverny.

MONET À GIVERNY

Si Giverny doit une fière chandelle au peintre, l'inverse n'est pas vrai. Difficilement accepté par les autochtones, Monet vivait sans véritable contact avec eux. Ils lui faisaient même payer très cher les meules de foin qu'il souhaitait coucher sur la toile. Il avait besoin de la nature pour peindre, de la lumière qui s'en dégage aux différentes heures de la journée, et plus particulièrement tôt le matin. Il fut l'un des premiers, conseillé par Eugène Boudin, à peindre sur le site même, symbolisant les images à l'extrême pour les « réduire » à une impression lumineuse, à un effet de lumière. La manière de peindre dépasse le sujet peint. *Impression, soleil levant* est la toile qui donna naissance à l'impressionnisme. Si Boudin se rapprochait déjà fortement de cette lecture si délicate de la lumière naturelle, Monet en devint le grand maître. Dans le jardin qu'il créa entièrement, il peignit certaines de ses toiles les plus célèbres, notamment la série des *Nymphéas.*

À Giverny, Monet s'installa dans cette longue maison rose aux volets verts. Il se levait avant le jour, prenait un copieux petit déjeuner et se hâtait d'étudier la lumière avant qu'elle ne se défilât. Souvent, il travaillait sur plusieurs tableaux à la fois, captant pour un même sujet les nuances de chaque heure. Par la suite s'installeront à Giverny de nombreux artistes français, mais aussi américains, qui logeront pour certains à l'*hôtel Baudy,* devenu aujourd'hui un resto-musée (voir plus loin).

L'OMBRE ET LA LUMIÈRE

À la fin de sa vie, Monet commence à souffrir de la cataracte. Alors qu'il perd progressivement la vue, l'intensité des couleurs échappe à celui qui a mis tout son art à jouer avec la lumière. Par la suite, il rangeait avec ordre ses tubes de peinture et se fiait aux étiquettes pour choisir ses teintes. Grâce à son ami Clemenceau, il accepta de se faire opérer (mais d'un seul œil !).

Adresse et info utiles

Office de tourisme communautaire des Portes de l'Eure : *70, rue Claude-Monet. ☎ 02-32-51-39-60. • ca pe-tourisme.fr • Sur la rue principale, face au musée. Avr-oct, tlj 9h30-17h30 (10h-17h sept-oct).*

➢ Si vous êtes sans voiture, il existe une navette depuis la gare de Vernon (voir plus haut « Adresses et infos utiles » à Vernon).

Où dormir ?

Chambres d'hôtes

Chambres d'hôtes Au Bon Maréchal : *chez Mme Boscher, 1, rue du Colombier. ☎ 02-32-51-39-70. • bos cher.marie-claire@orange.fr • À l'angle de la rue Claude-Monet, non loin de l'ancien* hôtel Baudy. *Résa conseillée. Doubles 70-80 €. Wifi. Parking fermé.* Dans une grande maison de village qui était un café à l'époque de Monet. Au 1er étage, chambres spacieuses et confortables à la déco de bon goût. L'une dispose d'un balcon qui s'ouvre sur le jardin fleuri et l'autre sur la maison de Monet un peu plus loin. Dans l'ancien four à pain, face à la piscine (hors sol), luxueuse suite indépendante.

Chambres d'hôtes La Pluie de Roses : *chez M. et Mme Chauveau, 14, rue Claude-Monet. ☎ 02-32-51-10-67. • lapluiederoses@giverny.fr • givernyla pluiederoses.fr • Au début de la rue Claude-Monet. Résa conseillée. Doubles 100-125 € selon taille et confort. Wifi.* Dans un magnifique parc de 6 000 m² arboré d'essences variées et de roses anciennes, impressionnante demeure à la déco chinée, avec atelier d'artiste si l'envie de peindre vous prenait. Salon avec grande verrière attenante offrant une vue panoramique, et chambres raffinées et romantiques aux noms évocateurs : *Bonheur du jour, Heure exquise* ou *Arlequinade* pour le luxueux studio au rez-de-jardin. Une adresse de charme tenue avec beaucoup de chaleur par Élisabeth, cantatrice.

Chambres d'hôtes Les Jardins d'Hélène : *chez M. Lombard-Dufeu, 12, rue Claude-Monet. ☎ 02-32-21-30-68. • lesjardinsdhelene@free.fr • giverny-lesjardinsdhelene.com • Au début de la rue Claude-Monet en venant de Vernon. Résa conseillée. Ouv avr-oct. Doubles 84-99 € ; suite familiale 140-160 € (4 pers). Wifi.* Dans un beau jardin à l'anglaise avec coin salon sous la tonnelle, une maison du début du XXe s tenue par un musicien, ancien directeur artistique de chanteurs renommés. Une poignée de chambres sur plusieurs niveaux, toutes différentes, allant de la classique avec toile de Jouy à la rococo avec lit à baldaquin ou une familiale, plus moderne, aux teintes printanières. Toutes partagent un vaste salon et une salle à manger conviviale décorée de tableaux de peintres locaux. Accueil chaleureux de Gilles et Claire qui proposent même des billets coupe-file pour la maison de Monet.

Chic

Hôtel La Musardière : *123, rue Claude-Monet. ☎ 02-32-21-03-18. • hotelmusardieregiverny@wanadoo.fr • la musardiere.fr • Resto fermé lun midi et nov-mars. Résa conseillée. Doubles 82-95 € ; suite pour 3-4 pers 116-125 €. Menus 26-36 €. Wifi. Parking gratuit.* Une grande maison bourgeoise avec terrasse, véranda, dans un jardin ombragé par de vénérables tilleuls. On n'est pas loin de la maison du peintre. Calme assuré : les autocars et les touristes restent à distance. Chambres à l'ancienne, simples, spacieuses, et progressivement rénovées. Le resto propose des petits plats et des crêpes, galettes ou salades à grignoter. Accueil chaleureux.

Où manger ?

Le resto de l'ancien hôtel Baudy : *81, rue Claude-Monet. ☎ 02-32-21-10-03. • restaurantbaudy@yahoo.fr • Ouv avr-1er nov. Dernière commande 21h30. Formule 23,50 € ; carte env 28 €. Visite de la roseraie ancienne offerte sur présentation de ce guide.* Comme son nom l'indique, installé dans l'ancien *hôtel Baudy* (rubrique « À voir. À faire »), ce resto-bistrot à la jolie déco rétro et aux tables recouvertes de nappes à carreaux propose une cuisine simple à prix raisonnables. Belle terrasse ombragée. Accueil sympa malgré l'affluence.

Resto de l'hôtel La Musardière : *voir la rubrique « Où dormir ? ».*

Terra Café : *resto-salon de thé du musée des Impressionnismes – Giverny. ☎ 02-32-51-94-61. • contact@terracafe.fr • Avr-oct, tlj 10h-18h. Formule 18 € ; carte env 20-25 €. Apéritif offert sur présentation de ce guide.* Cuisine sans prétention mais correcte (salades, tartes, grillades, etc.). Une adresse pratique. De plus, sa terrasse est très agréable.

Où dormir ? Où manger dans les environs ?

La Roseraie : *2, rue des Jacobins, 27620* ***Sainte-Geneviève-lès-Gasny.*** *☎ 02-32-77-40-45. 06-07-67-56-43. • sylvie.pekar@free.fr • À 5 km à l'est de Giverny par la D 5. La propriété est juste à côté de l'église. Double 85 €, suite familiale 95 €.* Dans ce joli parc fleuri, la demeure des propriétaires est une reproduction miniature de l'ancien château du village. Les tuteurs des rosiers sont du même style que ceux de la maison de Monet. Juste à côté, dans la rigolote maison de poupée à colombages, 2 chambres lumineuses et confortables, avec coin kitchenette équipée ; également une suite au-dessus de l'ancien garage. Piscine couverte chauffée à disposition des hôtes. Très calme.

Chambres d'hôtes Le Moulin de Villez : *à* ***Limetz-Villez*** *(78270). ☎ 01-30-42-23-50. 06-20-79-83-59. • givernyhome.net • À 2 km env de Giverny, de l'autre côté de l'Epte dans le département voisin des Yvelines. Prendre 4 fois à gauche à travers champs après avoir passé le pont à la sortie de Giverny. Congés : 2-3 sem de mi-oct-début nov. Sur résa slt. Doubles 90-120 €, familiale 150-160 €. Wifi.* Un vaste parc traversé par l'Epte où l'on peut se baigner face à la roue à aubes (en fonctionnement) du moulin du XVIIIe s. Les chambres aux noms de fleurs sont élégantes, romantiques, confortables, toutes avec une salle de bains moderne et une vue magnifique sur ce petit coin de paradis. La plus étonnante est à l'étage du moulin lui-même, pour dormir au son de la roue qui alimente l'ensemble en électricité. Un lieu unique, exceptionnel, dont on ressort avec des rêves impressionnistes plein la tête ! Un véritable coup de cœur.

Chambres d'hôtes La Réserve : *chez M. et Mme Jouyet, Bois de la Réserve, 27620* ***Giverny.*** *☎ 02-32-21-99-09. • mlreserve@gmail.com • giverny-lareserve.com • À 2 km au nord de Giverny sur les hauteurs. Dans le centre, monter la rue du Colombier qui passe devant la mairie, continuer tt droit en direction de La Chapelle-Saint-Ouen. À 1 km env, juste avt le sommet de la côte, prendre la petite route sur la gauche, puis, à la fourche, à droite. Sur résa slt. Ouv avr-fin oct. Doubles avec sdb 130-160 € (100-130 € à partir de la 2e nuit) selon taille. CB acceptées. Par-*

king gratuit. Internet, wifi. Pot d'accueil offert à l'arrivée sur présentation de ce guide. Dans une vaste et charmante demeure, édifiée il y a moins de 20 ans dans le style bordelais, entourée d'un beau parc, de vergers et d'une forêt, 5 chambres personnalisées, à l'atmosphère raffinée (parquet, meubles anciens, etc.), et 2 chaises surprenantes, tapissées d'après une photo en noir et blanc de Françoise Hardy, dont est fan la propriétaire. Ne posez pas votre auguste derrière dessus ! Grand confort et prestations de qualité. Petit déj gourmand généreux. Accueil charmant.

Le Moulin de Fourges : *38, rue du Moulin, 27630* ***Fourges.*** *☎ 02-32-52-12-12. • contact@moulindefourges.com • ♿ Au bord de l'Epte. Bien fléché au départ de Fourges, village situé à env 10 km de Giverny. Fermé dim soir-lun, plus le soir mar-mer hors saison. Congés : 2 janv-9 fév. Formules 19 € au déj et 25 € (mar-ven sf j. fériés) ; menu 35 €. Wifi. Une coupe de champagne offerte avec le dessert sur présentation de ce guide.* Un superbe moulin, rendez-vous des artistes en général et des impressionnistes en particulier, d'où l'on a plaisir à voir, des fenêtres, couler la vigoureuse Epte dans un paysage romantique. On déguste une cuisine pleine de saveurs, des plats traditionnels, mais aussi de belles trouvailles qui témoignent de la créativité en cuisine. Service parfois débordé, surtout le week-end. Concerts certains week-ends d'avril à octobre.

À voir. À faire

La Fondation Claude-Monet (maison et jardin de Monet) : *84, rue Claude-Monet. ☎ 02-32-51-28-21. • fondation-monet.com • ♿ (jardins slt). Avr-oct, tlj (sous réserve le lun). Visite de la maison et des jardins 9h30-18h (fermeture du guichet à 17h30). Interdit aux animaux. Entrée : 8 € ; réduc ; gratuit pour les moins de 7 ans ; pour les individuels, billet jumelé avec le musée des Impressionnismes 14 €, avec le musée A.G.-Poulain à Vernon, 10 €. Si possible, évitez la cohue du w-e. Un conseil : 3 moments propices pour faire la visite : dès l'ouverture ou même 15 mn avt (si c'est un dim), pour avoir le nez collé au guichet ; de 12h à 14h pdt que les restos sont pris d'assaut (c'est légèrement plus calme) ou dans l'ap-m vers 16h30 (pas plus tard, vous n'auriez plus le temps de tt voir).* Une plongée au cœur même de l'imaginaire de Monet : la maison et les jardins ont leur aspect d'origine et à tout moment on s'attend à ce qu'apparaisse le maître. Aucune œuvre originale, on vient admirer les superbes jardins fleuris. Deux secteurs bien distincts : le jardin d'eau orientaliste, où l'artiste peignit les *Nymphéas* (à la saison des nénuphars, émotion garantie) et, plus proche de la maison, le « clos normand ». Mais sans l'explosion de couleurs du jardin, la visite perd grandement de son intérêt. L'étang aux nénuphars, situé de l'autre côté de la route, est accessible par un passage souterrain au fond du jardin. Au temps de Monet, l'endroit était bien plus romantique puisque seuls un chemin de terre et une voie ferrée (rares étaient les trains) séparaient le jardin du célèbre plan d'eau. Dans la maison, noter la belle salle à manger éclatante de jaune et les cuisines habillées d'azulejos. Monet était fin gourmet et aimait à préparer lui-même les dîners lorsqu'il recevait. Sa spécialité était la glace à la banane... Ses carnets de cuisine, écrits avec sa compagne Alice Hoschédé, témoignent de son amour des bonnes choses. Quand ils appréciaient un plat au restaurant, ils demandaient tout simplement la recette au chef. Outre le mobilier dans les chambres, on verra de superbes estampes japonaises, collection personnelle de Monet. Une merveille ! Pour la petite histoire, sachez que Monet n'est jamais allé au Japon. Il découvrit la beauté des estampes lors d'un voyage aux Pays-Bas. Boutique de la fondation dans l'atelier.

Le jardin et musée des Impressionnismes – Giverny : *99, rue Claude-Monet. ☎ 02-32-51-94-65. • mdig.fr • ♿ Avr-oct, tlj 10h-18h. Entrée : 6,50 € ; gratuit moins de 7 ans et pour ts le 1er dim du mois ; réduc, y compris sur présentation* *de ce guide ; billet jumelé avec la fondation Monet 14 € (ci-dessus). Resto-salon de thé, avec une délicieuse terrasse pour prendre un verre ou manger (voir plus haut « Où manger ? »).*

Indispensable complément à la visite de la Fondation Monet, ce musée ne présente que des expositions temporaires et sa principale vocation est de mettre en lumière ce mouvement artistique, ainsi que sa diversité. En 2012, deux expositions sont à l'affiche : Maurice Denis, « L'Éternel printemps » (avril-début juillet), suivie par « De Delacroix à Signac, dessins de la collection Dyke ». Librairie-boutique avec de beaux livres d'art.

À l'extérieur, très beaux jardins en visite libre et un champ protégé de coquelicots avec un espace pour poser le chevalet.

L'INVENTION DE LA PEINTURE EN TUBE

Autrefois, les peintres fabriquaient eux-mêmes leurs couleurs. Ceci impliquait du temps et un matériel énorme. En 1841, un Américain, John Goffe Rand, inventa la peinture en tube, donc transportable. Enfin, les peintres pouvaient installer leur chevalet en pleine nature ou face à la mer. Cette invention permit l'impressionnisme.

LA VALLÉE DE LA SEINE

L'ancien hôtel Baudy : *81, rue Claude-Monet. ☎ 02-32-21-10-03. • giverny.fr • ♿ Lun-sam 10h-21h30 en saison (dim-lun 10h-18h le reste du temps).* L'ancien hôtel où résidèrent plusieurs peintres américains a été restauré. Derrière, le grand jardin en pente (7 000 m²) a été recomposé comme à l'époque. C'est en 1886 que le premier peintre américain vint ici chercher une chambre. Il s'appelait Metcalf. D'autres suivirent, nombreux, qui revinrent depuis Paris chaque week-end par le train. L'*hôtel Baudy* devint un lieu de rencontres artistiques : Robinson, Butler, Mary Cassatt, Mc Monnies, Sargent et bien d'autres y séjournèrent. Puis, l'établissement accueillit Renoir, Rodin, Sisley et Pissaro. Monet et Clemenceau y devisaient souvent de longues heures dans le parc. Jolie roseraie un peu sauvage et jardins superbes. On peut aussi visiter un petit atelier adorable, dans le jardin même, habilement reconstitué.

La tombe de Monet : *au centre de la rue Claude-Monet.* Pour rendre un ultime hommage à Claude Monet, on ne manquera pas d'aller sur sa tombe, en retrait du cimetière communal, derrière l'église. Bordée de marbre blanc, elle recueille, à l'image de son jardin, une grande variété de fleurs.

Manifestations

– **Festival de musique de chambre :** *dernière sem d'août. Rens : • musiqueagiverny.fr •* Autour d'un compositeur invité, belle programmation de concerts réunissant des musiciens venus du monde entier. Concerts à Giverny et dans la région, possibilité d'assister aux répétitions...

– **Festival de Giverny :** *quelques jours mi-sept. Rens : • festivaldegiverny.org •* Dans le cadre enchanteur (et intime) d'une ancienne grange. Festival qui rassemble des auteurs-compositeurs-interprètes de la nouvelle chanson française (rock, pop, jazz, blues). Théâtre également.

LES ANDELYS (27700) 8 210 hab. *Carte Eure, C-D2*

L'un des plus beaux sites de la vallée de la Seine, à 92 km de Paris. Célèbre pour son château fort surplombant la boucle du fleuve. Du château, superbe

panorama sur les falaises de craie encadrées de bois, les rives verdoyantes, la forêt de vieux toits du village, la Seine s'étalant langoureusement dans son méandre. Balzac, Hugo, Ingres, Monet, Signac, Léger vinrent souvent y chercher l'inspiration.
Pourquoi « Les » Andelys ? Tout simplement parce que la ville est scindée en deux : Le Petit-Andely au bord de la Seine, de loin le plus charmant, protégé par les ruines de Château-Gaillard, et Le Grand-Andely, qui lui fait suite jusqu'à 3 km à l'intérieur des terres, dont la visite se justifie par la présence de l'église Notre-Dame et du petit musée.

Adresses utiles

■ ***Office de tourisme :*** *24, rue Philippe-Auguste, BP 242, 27702 Les Andelys Cedex, Le Petit-Andely. ☎ 02-32-54-41-93. • office-tourisme.ville-andelys.fr • Juin-sept, tlj 10h-12h, 14h-18h (17h le dim). Le reste de l'année, lun-ven 14h-18h, sam 10h-13h.*
■ ***Piscine découverte :*** *en bordure de Seine, à 200 m de l'office de tourisme, en allant vers le pont. Ouv en été slt.* Bien agréable. Tennis également.

Où dormir ? Où manger dans le coin ?

Camping

▲ ***Camping de L'Île des Trois Rois :*** *1, rue Gilles-Nicolle ; au pied du pont enjambant le fleuve rive droite. ☎ 02-32-54-23-79. • campingtroisrois@aol.com • camping-troisrois.com • ♿ Ouv de mi-mars à mi-nov. Compter 21 € pour 2. Mobile homes 330-630 €/sem selon période. Wifi.* Dans une vaste prairie ombragée, admirablement située entre un grand étang d'un côté et la Seine de l'autre. Très bien équipé. Le camping possède 2 piscines chauffées, des jeux pour enfants et propose des locations de vélos.

Chambres d'hôtes

■ ***Chambres d'hôtes Ferme de la Haye Gaillard :*** *chez Christophe Hamot, route de Cléry. ☎ 02-32-51-66-23. • hamot.christophe@wanadoo.fr • lahayegaillard.com • Du centre-ville du Grand-Andely, prendre la rue en face l'église et suivre le fléchage pour Château-Gaillard ; arrivé sur le plateau, au carrefour avec la D 1, laisser « Château-Gaillard » à droite et continuer tt droit en direction de Cléry ; la ferme est la 1re sur la droite. Doubles 60-80 €. Wifi. Réduc de 10 % sept-mars sur présentation de ce guide.* Magnifique corps de ferme en brique, façon longère bordant un jardin croulant sous les fleurs très bien entretenu. Et au milieu un croquignolet pigeonnier carré abritant une petite suite en duplex. Une extrémité de la maison est réservée aux hôtes, avec 2 chambres pouvant faire suite familiale, un petit salon TV et une pièce de vie lumineuse avec cuisine tout équipée. Accueil très gentil des propriétaires, cultivateurs de lin, entre autres. Un coup de cœur !

De prix moyens à plus chic

■ |●| ***Hôtel de Paris – Restaurant Le Castelet :*** *10, av. de la République. ☎ 02-32-54-00-33. • h.paristhierry@wanadoo.fr • hotel-andelys.fr • Resto fermé lun midi, mer, dim soir. Doubles 60-70 € lun-jeu, 65-75 € le w-e. Formule 18 € lun soir-ven midi (sf j. fériés) ; menus 25-38 €. Café offert sur présentation de ce guide.* À deux pas du centre-ville du Grand-Andely, en retrait de la rue principale, cette belle maison normande en brique abrite quelques chambres cossues, certaines plus grandes que d'autres. Dans l'annexe, au fond du jardin, 3 autres modernes et plus tranquilles. La salle à manger, prolongée d'un bow-window, est lumineuse, gaie et fleurie. Coïncidence ? En effet, le chef, Jacques Thierry, jamais à court d'imagination, se plaît à rechercher dans la nature les petites fleurs et plantes sauvages qui agrémenteront judicieusement ces mets. Un délice ! L'accueil de madame et le service sont avenants, les prix raisonnables. Que demander de plus ?

Hôtel de la Chaîne d'Or : *25-27, rue Grande, au Petit-Andely. ☎ 02-32-54-00-31. • chaineor@orange.fr • hotel-lachainedor.com • Face à l'église Saint-Sauveur. Resto fermé mer soir, plus mar soir et j. fériés de mi-oct à mi-avr. Congés : mois de janv, 1 sem à Noël. Résa conseillée le w-e. Doubles 89-135 €. Menus 19,50-28 € (midi en sem) et 48,50-89 €. Wifi. Parking gratuit. Café offert sur présentation de ce guide.* Dans une belle maison de maître normande fondée en 1751, et qui abritait jadis les bureaux de péage pour traverser la Seine. La gigantesque chaîne, qui marquait l'octroi situé à cet endroit, rapportait tant d'argent qu'on l'appela la « Chaîne d'Or », d'où le nom de l'hôtel. Même si l'établissement est plutôt luxueux, on s'y sent à l'aise grâce à un accueil décontracté. Les chambres toutes différentes et meublées avec goût, donnent soit sur la Seine, soit sur la place ombragée de l'église ou le jardin. Également des suites spacieuses pour 4 à 5 personnes. La savoureuse et inventive cuisine du chef, Philippe Lallier, est servie dans la belle salle à manger avec baies vitrées offrant une vue plongeante sur les péniches. Salon de thé l'après-midi.

Le Bistrot d'Oscar : *74, rue Marcel-Lefèvre, au Grand-Andely. ☎ 02-32-54-20-34. • bistrot.doscar27@orange.fr • Fermé lun soir et dim soir. Menus 13 € (midi lun-ven) et 17-28 €.* Déco moderne et colorée, très chaleureuse. Un resto aux allures de bistrot qui colle bien à l'air du temps. Une cuisine de marché qui change régulièrement, et quelques spécialités réussies : poulet sauce camembert, sympathique douillon aux pommes, etc. Service souriant. En été, la terrasse à l'arrière est reposante. Une adresse prometteuse.

Le Mistral : *26, rue Grande, au Petit-Andely. ☎ 02-32-54-09-00. • restaurant.mistral@free.fr • À deux pas de l'église sur le même côté. Tlj sf dim soir et lun. Menus 12 (midi en sem)-26 €.* Petit resto aux couleurs ensoleillées pour une cuisine d'inspiration provençale. Le petit menu du jour est déjà d'un bon rapport qualité-prix. C'est frais, c'est bon et l'accueil est dans le ton.

Où acheter de bons produits ?

Le Pressoir d'Or : *57 bis, route des Andelys, à Saint-Jean-de-Frenelles, 27150* ***Boisemont.*** *☎ 02-32-69-41-25. • pressoirdor.com • ♿ À 8 km au nord-est des Andelys sur la D 316 (direction Gournay), après le carrefour avec la D 6014. Ouv 9h-12h, 14h-18h, tlj sf dim, j. fériés et le mat des mer et sam. Réduc de 5 % sur les achats sur présentation de ce guide.* Splendide domaine des XVIIe-XVIIIe s de 28 ha, comprenant un potager, une roseraie, un verger de plus de 19 000 arbres (15 variétés), une cave-musée mais il s'agit d'un pressoir à pommes. Car ici, on fabrique du cidre selon des méthodes raisonnées pour respecter la nature. À la boutique, plein de bons cadeaux à rapporter à vos proches ou pour vous-même (vinaigre, gelées, jus, confit de cidre, etc.).

À voir

Château-Gaillard : *☎ 02-32-54-04-16 (mairie). On s'y rend à pied de la rue Richard-Cœur-de-Lion par un chemin qui démarre au centre du Petit-Andely, près de l'office de tourisme, ou en effectuant un détour en voiture par Le Grand-Andely et les collines environnantes (suivre « Parking Château-Gaillard »). Ouv 15 mars-15 nov, tlj sf mar et le 1er mai 10h-13h, 14h-18h. Entrée : env 3,20 € ; réduc (billet couplé avec le musée Nicolas-Poussin : 4,20 €) ; gratuit moins de 10 ans. Visite guidée avr-6 nov (5,30 €) tlj à 16h30, plus dim à 11h30 (voir aussi sur place avec les guides). En fait, toute l'année, on peut très bien visiter les haute et basse cours sans avoir à payer l'entrée. Le billet donne accès au donjon, un peu mieux conservé que le reste, et vous permet de bénéficier d'une visite guidée.*

Forteresse édifiée par Richard Ier dit Cœur de Lion, duc de Normandie et roi d'Angleterre, pour prévenir les attaques de Philippe Auguste, roi de France. Aujourd'hui, le château est en ruine et il offre l'une des visions les plus magiques de la vallée de la Seine. Sa construction prit un peu plus d'un an. Le site fut choisi en raison de l'escarpement et de la configuration stratégique du paysage. Richard se serait écrié, une fois l'œuvre achevée : « Que voilà un château gaillard ! », d'où le nom... Philippe Auguste attendit la mort de Richard pour attaquer le château en 1203. Après un siège de plusieurs mois, l'assaut fut donné en mars 1204. Eu égard à l'épaisseur des murs et à la qualité des défenses, il aurait irrémédiablement échoué si quelques soldats n'avaient trouvé une faille en passant courageusement par les fenêtres basses situées sous la chapelle. La chute de Château-Gaillard allait précipiter celle de Rouen, et Philippe Auguste reconquit la Normandie.

LES PRISONNIÈRES DU CHÂTEAU

En 1314, Château-Gaillard servit de prison aux belles-filles de Philippe le Bel, Marguerite et Blanche de Bourgogne, coupables d'adultère. Blanche y passa sept ans enfermée et finit ses jours dans un couvent. Marguerite fut étranglée ici même, à l'aide de ses longs cheveux sur ordre de son époux Louis X, dit le Hutin. Depuis, les Lumières et le féminisme sont passés par là. Ouf !

L'ouvrage militaire, malgré l'ordre de démantèlement d'Henri IV, présente des restes magnifiques qui donnent une idée de sa puissance. On distingue encore quelques éléments des remparts extérieurs. L'enceinte intérieure, bien conservée, présente une suite de saillies rondes contiguës et enveloppe le gros donjon de 8 m de diamètre intérieur. Ses murailles ont 4,5 m d'épaisseur à la base. Initialement, le donjon comptait trois étages et présentait une géniale conception : sa base était en plan incliné, et les contreforts en feston, ce qui signifie qu'ils n'étaient pas plats mais renforcés de semi-cylindres verticaux (un peu comme la charlotte en pâtisserie !). Cet appareillage permettait aux projectiles lancés des mâchicoulis de ricocher et de rebondir vers l'ennemi sans qu'il puisse prévoir leur trajectoire. Le ravalement en cours fait très bien ressortir la spécificité de ces murailles festonnées, inspirées des kraks (dérivé du syriaque signifiant « forteresse ») de Palestine, qui avaient fortement impressionné Richard Cœur de Lion lors de la troisième Croisade.

LES W-C ÉTAIENT FERMÉS DE L'INTÉRIEUR

La forteresse de Château-Gaillard était imprenable. Philippe Auguste, voulant reconquérir le duché de Normandie, en fit le siège sans succès. Un jour, un soldat français réussit à pénétrer dans la cour en remontant par l'aération des latrines. La forteresse tomba.

L'église Saint-Sauveur : *au Petit-Andely.* Petite église en forme de croix grecque, réalisée selon le style gothique au début du XIIIe s. Le clocher s'est effondré lors d'un orage, en 1973, mais a été entièrement refait. Remarquez la simplicité des lignes du chœur. Son orgue du XVIIe s est l'un des plus anciens de France encore en fonctionnement.

L'église Notre-Dame : *au Grand-Andely.* Façade à trois portails, flanquée de deux tours, nef et chœur dans le style gothique du XIIIe s, révélant une parfaite harmonie dans les proportions. Les croisillons du transept et les chapelles sont de style gothique flamboyant dans la nef de droite et Renaissance dans celle de gauche. Cette opposition se retrouve plus nettement dans les transepts : à droite, rosace et balustrade élégantes, à gauche règnent la géométrie et le classicisme. Tour centrale du XVe s. À l'intérieur, magnifique buffet d'orgue Renaissance en chêne sculpté, dont les panneaux représentent les vertus chrétiennes, les arts libéraux, les sciences et les divinités mythologiques. La chapelle immédiatement à droite de l'entrée abrite une belle *Mise au tombeau* du XVIe s et un *Christ aux liens* du XVe ou du XVIe s (nul ne sait exactement).

Le musée Nicolas-Poussin : *rue Sainte-Clotilde, au Grand-Andely. ☎ 02-32-54-31-78. Derrière la mairie. Tlj (sf mar, 1er mai, le w-e de la Foire-à-tout mi-sept ainsi que pdt les fêtes de fin d'année) 14h-18h. Entrée : 2,60 € ; réduc ; également un ticket couplé avec la visite de Château-Gaillard : 4,20 €.* Ce petit musée abrite des souvenirs liés au « Raphaël français » (né à Villers, hameau des Andelys, à quelques kilomètres du centre-ville), ainsi qu'une de ses toiles célèbres : *Coriolan.* Collection de tableaux de peintres normands contemporains (dont des œuvres remarquables d'Eugène Clary et quelques fauves), mobilier Régence et Louis XVI.

Fêtes et manifestations

– ***Fête Sainte-Clothilde :*** *pdt quelques jours début juin.* Concerts de musique classique.
– ***Les Journées médiévales :*** *l'avant-dernier w-e de juin.* Artistes et artisans, défilés, joutes, fauconniers et spectacles. Tournois d'archerie. Grand spectacle samedi soir.
– ***Foire-à-tout :*** *en général le 2e w-e de sept.* Antiquaires et brocanteurs de la région s'y donnent tous rendez-vous.
– ***Fête de l'Automne :*** *pl. Saint-Sauveur. Un dim fin oct.* Marché normand avec animations.

DANS LES ENVIRONS DES ANDELYS

La brasserie Duplessi : *13, rue aux Moines, 27700* ***Tosny.*** *☎ 02-32-51-55-75. ♿ À env 4 km des Andelys. Bien indiqué. Ouv tlj à la vente, mais visites (gratuites) sur rdv slt.* Visite d'une brasserie qui produit la *Richard Cœur de Lion,* une bière artisanale brune, blonde ou ambrée (et non un camembert !). Dégustation gratuite en fin de visite.

LE PAYS DU VEXIN NORMAND

À cheval sur l'Eure et sur le Val-d'Oise, ce plateau crayeux est fortement délimité au sud-ouest par la Seine, pourtant paresseuse, mais qui découpe de hautes falaises blanches pittoresques. On trouve, au nord, la belle forêt de Lyons, ses châteaux et ses abbayes environnantes, et enfin Gisors, « capitale » du Vexin. Sur tout ce plateau verdoyant recouvert de limon se sont développées des cultures intensives qui font la richesse économique de ce bout de Normandie, à découvrir doucement, au rythme du fleuve ou de ses petites rivières qui donnent tant de saveur au paysage.

LA VALLÉE DE L'EPTE

La route, doucement vallonnée, mène à *Aveny* (pont du XVe s), *Berthenonville* (église du XVIe s, classée, et vieux moulin du XVIIIe s), *Château-sur-Epte,* qui

possède des ruines du château construit par le deuxième fils de Guillaume le Conquérant, *Dangu* (église décorée de boiseries du XVIIIe s et de panneaux peints ; beau plan d'eau aménagé), *Neaufles-Saint-Martin* et son imposant donjon et, pour finir, *Gisors* (voir ci-dessous). Au retour, une variante permet de traverser de jolis villages typiques du Vexin : Fours-en-Vexin, allée couverte de Dampmesnil, Bus-Saint-Rémy, Fourges.

AMOUR TOUJOURS

Edmond, un jeune chevalier, sauva une charmante demoiselle du nom de Caliste des attaques d'un sanglier vindicatif. Bien sûr, ils tombèrent amoureux. Le papa de la fille, et seigneur du coin, exigea du damoiseau qu'il portât sa bien-aimée tout en haut de la colline pour lui accorder sa main. Edmond mourut d'épuisement et son amoureuse... de chagrin. Rongé par le remord, le seigneur construisit une chapelle. C'est malin !

GISORS (27140) 11 000 hab. *Carte Eure, D2*

Bien qu'ayant perdu de son charme suite aux destructions de la Seconde Guerre mondiale, la vieille capitale du Vexin normand reste une cité agréable dont on visitera l'église et les ruines du château.

Adresses et infos utiles

Office de tourisme : *4, rue du Général-de-Gaulle. ☎ 02-32-27-60-63. • tourisme-gisors.fr • Ouv tte l'année, lun-sam 9h-12h, 14h-18h ; plus dim avr-sept, 10h-12h, 14h-16h. Fermé j. fériés.* Nombreuses brochures et fiches touristiques. Boutique de produits régionaux. Pour les visites guidées, s'adresser au service du Patrimoine (ci-dessous).

Service du Patrimoine : *château de Gisors, pl. Blanmont. ☎ 02-32-55-59-36. • chateau-gisors@wanadoo.fr • Visites guidées du château, de l'église et du centre historique de Gisors à partir de 3 pers (sur résa pour les groupes). Voir plus loin.*

– **Marché :** *lun tte la journée et ven mat.*

Où dormir dans les environs ?

Chambres d'hôtes : *à 4 km de Gisors (direction Cergy), dans le délicieux village de* ***Delincourt*** *(60240), face à l'église et au 1er étage de la mairie. Pour les résas, appeler la mairie, en sem 11h-12h (☎ 03-44-49-03-58 ; fax : 03-44-49-29-34). Double env 35 € (25 € pour 1 pers dans la chambre à 2 lits).* 2 chambres d'hôtes à tout petit prix, simples et propres, l'une avec un grand lit, l'autre avec 2 lits d'une personne. Douche et w-c communs. Pas de petit déj, mais réfrigérateur, cafetière et four à micro-ondes à disposition pour les 2 chambres.

Chambres d'hôtes Domaine des Prés du Hom : *chez Caroline Boury, 73, route de Gisors, 27660* ***Bézu-Saint-Éloi.*** *☎ 02-32-55-61-19. 📱 06-70-65-09-87. • lespresduhom@orange.fr • presduhom.com • À 7 km de Gisors. Doubles 80-90 €, suite 120 €. Prix dégressifs à partir de 3 nuits. Table d'hôtes (sur résa) 35 €, boissons comprises. CB acceptées. Internet, wifi.* 3 chambres aménagées avec goût dans l'ancienne orangerie d'une belle demeure bourgeoise du XIXe s et en bordure d'un jardin verdoyant. De la clarté, de l'espace, de l'élégance, du charme... L'accueil est excellent, le petit déj généreux. Vous pourrez vous initier à la peinture et pour les sportifs, ping-pong et location de VTT. Pour les amoureux, propose des nuits nuptiales avec huiles essentielles pour massages, champagne, etc. Une adresse où l'on pose ses valises les yeux fermés !

Où manger ?

Restaurant Le Cappeville : *17, rue Cappeville. ☎ 02-32-55-11-08. • sppotel@orange.fr • Fermé mer et jeu. Ouv tte l'année. Menus 29-47 €.* Une très bonne étape pour un repas de haute tenue, dans la droite ligne de la tradition régionale. Il faut dire que le chef, Pierre Potel, a travaillé avec les plus grands ! Intérieur à la déco classique et soignée, comme la cuisine, et accueil souriant.

À voir

Le château fort : *dans l'enceinte d'un parc paisible. ☎ 02-32-55-59-36. Accès libre au parc 8h-19h30 (17h oct-mars). Visite guidée du château assurée par* le service du Patrimoine *(même adresse) avr-sept, tlj sf mar, à 10h, 11h, 14h, 15h30 et 17h ; en oct-nov et fév-mars, le w-e à 10h30, 14h30 et 16h. Pas de visite guidée les derniers ou avant-derniers ven-sam de mai, le dernier w-e d'août et en déc-janv. Visites nocturnes autour des légendes du XIX*e *s et du trésor des Templiers, du dernier w-e de juin au 1*er *w-e de sept avec pot médiéval en fin de visite. Compter 1h à 1h30 de visite. Tarif (pour la visite du château) : 5 € ; réduc. Son et lumière* Gisors la légendaire *organisé dans l'enceinte du château un sam soir (le dernier ou avant-dernier w-e de mai) sur un thème différent chaque année. Pour le son et lumière, billets en vente à l'office de tourisme. Selon un précepte en vogue : plus tôt vous l'achetez, moins cher vous payez. Donc, si vous l'achetez dans la 2*e *quinzaine d'avr : 8 € ; en mai jusqu'à la veille du spectacle : 9 € ; le jour même 11 € ; réduc dans les 3 cas.*
Ensemble castral de 3 ha, témoin de l'architecture militaire de la fin du XIe au XVIe s. La première fortification de terre est construite par le fils de Guillaume le Conquérant en 1097 dans le cadre de la fortification de la frontière anglo-normande face au roi de France. Sous Henri II Plantagenêt, un rempart de 800 m muni de tours lui est ajouté, doublé au XVIe s d'un boulevard d'artillerie. Lorsque Philippe Auguste reconquiert la ville en 1193, puis la Normandie, le site devient logis royal et une place administrative importante.
En visite guidée : accès aux caves, à la haute cour et au donjon bâti sur une des rares mottes féodales conservées en Europe. Du sommet du donjon, superbe panorama. Accès libre et gratuit à la basse cour, aménagée en parc public, et aux fortifications arrière.

L'église Saint-Gervais-et-Saint-Protais : *entrée libre. Visite guidée sur résa slt auprès du* service du Patrimoine *(voir « Adresses utiles ») ; durée : min 45 mn.*
Alors que tout le quartier alentour fut bombardé en 1940, l'église a pu faire l'objet, malgré des destructions importantes, d'une restauration miraculeuse.
Commencée au XIIIe s, la construction se poursuivit aux XVe et XVIe s. Très belle façade Renaissance encadrée, à gauche, d'une tour au style gothique flamboyant et, à droite, d'une tour Renaissance. Côté nord de l'église, un remarquable portail ciselé (1520) de style gothique. À l'intérieur, le chœur de 1240 au style très pur contraste avec la nef de style flamboyant. Les chapelles du côté sud sont dotées de très beaux piliers sculptés dont le plus travaillé est dû aux tanneurs de la ville. Les sculptures décrivent les différentes activités de cette corporation.
Jeter ensuite un œil aux chapelles. Tout au fond, la première abrite un bel Arbre de Jessé de la fin du XVIe s : Jessé, à terre, sert de racine à l'arbre dont l'extrémité des branches accueille des apôtres, et le sommet l'Enfant Jésus. Une autre chapelle abrite un curieux gisant représentant un corps décharné, saisissant de réalisme. Dans une autre chapelle, fresque du XVIe s et dans la chapelle Saint-Claude, vitrail de l'école de Beauvais. Enfin, noter le remarquable vitrail grisaille-or, à droite de la sacristie.

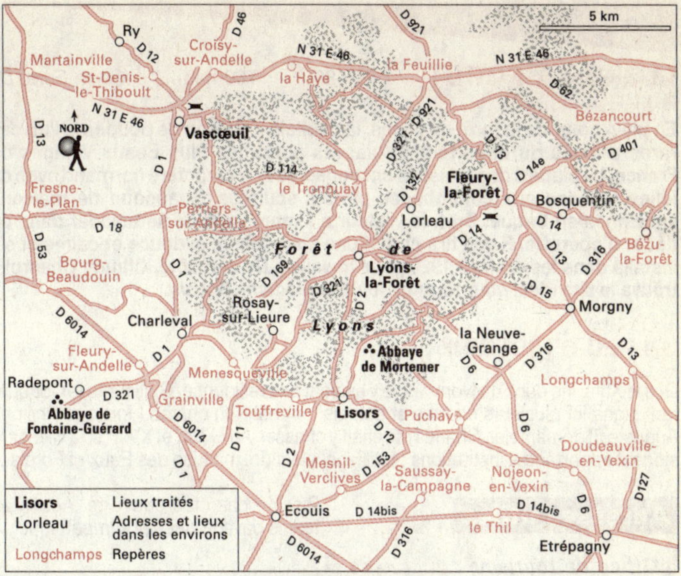

LA FORÊT DE LYONS

Visite guidée du centre historique : *s'adresser au service du Patrimoine (voir « Adresses utiles »).* Il subsiste quelques belles ***maisons médiévales à colombages*** dans la rue de Vienne, la rue principale. Au bas de cette dernière, presque à l'angle avec la rue des Argilières, remarquer le vieux lavoir à charpente en bois du XVe s, dont la courbe suit celle de la rivière. À voir également la *chapelle Saint-Luc de la léproserie*, et quelques autres vestiges intéressants.

LYONS-ANDELLE

LA FORÊT DE LYONS

Carte Eure, C-D1

Une forêt splendide, un des plus beaux coins proches de la région parisienne. C'est une forêt « claire », c'est-à-dire à majorité de hêtres plusieurs fois centenaires, aux troncs élancés qui laissent passer les rayons du soleil, d'où une luminosité des sous-bois sans égale. Les possibilités de promenades sur de petites routes désertes sont illimitées. De nombreux virages offrent des points de vue merveilleux sur d'adorables villages où églises normandes et colombiers se disputent un quart de ciel. Pour se repérer, on peut s'aider de la carte IGN n° 2111 OT.

LYONS-LA-FORÊT (27480) 760 hab. *Carte Eure, D1*

En plein cœur de la forêt de Lyons, la capitale « maison de poupée », l'un des rares villages du département classés parmi les Plus Beaux Villages de France. La plupart des maisons ont conservé leur caractère normand avec de jolies façades aux colombages parfois sculptés. Beaucoup de maisons anciennes en brique. Bref, le visiteur a l'impression de se balader dans un décor d'opérette. Ravel tira parti d'une atmosphère si douce et calme et s'y installa dans les années 1920 pour travailler. De son côté, Claude Chabrol y trouva le site idéal pour tourner son film *Madame Bovary.*

UN PEU D'HISTOIRE

Dès le XIe s, les ducs de Normandie y avaient une résidence. Guillaume le Conquérant signa ici plusieurs chartes et son fils y fit bâtir un château fort que Philippe Auguste fit démanteler. Charles IX venait y chasser. Aux XVIIe et XVIIIe s, la ville fut le siège d'importantes institutions : bailliage, élection, maîtrise des Eaux et Forêts...

Adresses utiles

- ***Office de tourisme :*** *20, rue de l'Hôtel-de-Ville. ☎ 02-32-49-31-65. • paysdelyons.com • De Pâques à mi-oct, mar-sam 9h30-12h, 14h-17h30 ; dim 10h-12h30, 14h-16h30 (juil-août tlj). Le reste de l'année, mar-sam 10h-12h, 14h-17h.* Organise les visites de Lyons sur résa pour les groupes.
- ***Location de vélos :*** *au **camping municipal Saint-Paul** (voir ci-dessous).*

Où dormir ? Où manger ? Où boire un verre ?

Camping

Camping municipal Saint-Paul : *2, route Saint-Paul. ☎ 02-32-49-42-02. • camping-saint-paul@orange.fr • camping-saint-paul.fr • À 1 km du centre de Lyons sur la D 321 en direction du Tronquay. Ouv avr-oct. Forfait 16,95 € pour 2. Loc de chalets 5-6 pers 199-415 €/sem, chalet access 185-315 €/sem. Réduc de 5 % en hte saison et 8 % en basse saison sur présentation de ce guide.* Réparti sur un domaine verdoyant et fleuri de 3 ha, bordé par les bras de la Lieure, un camping idéal pour le repos ou les visites alentour. Très bien équipé et entretenu. Location de VTT. Piscine chauffée couverte. Accès au tennis payant. Accueil sympathique.

De bon marché à prix moyens

Café du Commerce – Restaurant La Halle : *19 et 6, pl. Benserade. ☎ 02-32-49-49-92. Café fermé lun, resto dim soir et mer. Congés : 3 sem en janv. Menus 12 € (midi sf dim), et 16-36 €.* Un café et un resto en vis-à-vis sur la place Benserade, dont parle si bien l'écrivain Philippe Delerm. Pour prendre un pot à l'une des terrasses les mieux placées de Lyons ou pour se restaurer en face d'une bonne petite cuisine traditionnelle du marché. Quelques concerts de temps en temps en saison.

De prix moyens à chic

Hostellerie du Domaine Saint-Paul : *7, route des Taisnières. ☎ 02-32-49-60-57. • domaine-saint-paul@aliceadsl.fr • domaine-saint-paul.fr • En direction de Forges-les-Eaux, à 1 km du centre du village sur la D 321. Ouv début avr-oct. Résa conseillée. Doubles 64-100 € selon confort ; ½ pens demandée le w-e, 62-75 €/pers. Menus 22 € (midi en sem) et 26,50-36 €. Wifi. Digestif offert sur présentation de ce guide.*

Une grande maison et ses annexes, au sein d'un parc de 5 ha calme et fleuri, tenues par la même famille depuis 1946. Piscine découverte agréable, chauffée en saison. Logement en bungalow ou dans le bâtiment principal. Chambres, pour certaines à la déco dépassée, mais spacieuses et confortables. Au resto, la cuisine du terroir est classique, avec quelques touches originales : flan de neufchâtel, fricassée de canard au cidre et au pommeau... Bon accueil. Location de vélos. À proximité, possibilité de faire du tennis ou de l'équitation.

Le Bistrot du Grand Cerf : *31-32, pl. Benserade. ☎ 02-32-49-50-50. • contact@grandcerf.fr • Menu 20 € ; à la carte repas autour de 45 €.* Petit frère du *restaurant et hôtel La Licorne* voisin, propose une bonne cuisine de terroir mais au rapport qualité-quantité-prix un peu surestimé. Cadre mêlant l'ancien et le moderne de façon sympathique.

Où dormir ? Où manger dans les environs ?

Chambres d'hôtes à la ferme, chez M. et Mme Paris : *3, hameau de Saint-Crespin (suivre la pancarte), 27480* **Lorleau.** *☎ 02-32-49-62-22. • jeanmichelparis@wanadoo.fr • Au nord de Lyons-la-Forêt (4 km) par la D 132. Ouv tte l'année. Double tt confort 50 € ; 70 € pour 4. Internet, wifi. Sur présentation de ce guide, 10 % de réduc sur le prix de la chambre, à partir de la 2ᵉ nuit.* Dans une région verdoyante et vallonnée qui se prête, mieux qu'une autre, à la douceur de vivre. 2 chambres mansardées et aménagées dans l'ancienne grange indépendante, au milieu de l'exploitation laitière. On a un petit faible pour celle dotée d'une grande baie vitrée. Petit déj copieux avec le lait, les yaourts faits maison et les fromages de la ferme. Kitchenette à disposition (ajouter environ 5 € pour tout le séjour). Accueil sympa.

Chambres d'hôtes Ferme La Cacheterie : *2, chemin des Pâtures, La Boulaye, 27480* **Fleury-la-Forêt.** *☎ 02-32-48-01-26. 📱 06-75-35-37-17. • ferme-cacheterie.com • À env 9 km au nord-est de Lyons. Fermé en déc-janv. Double 55 € ; familiale (4 pers) 75 € ; panier repas 10 €. Réduc de 5 % sur le prix de la chambre sur présentation de ce guide.* Dans une ferme en activité (élevage de volaille et moutons), 4 chambres confortables, aménagées à l'étage d'une dépendance en bois. Moustiquaire aux portes et fenêtres. Déco et ameublement en harmonie avec l'environnement rustique des lieux (tissus en lin). Très bon matelas de laine comme autrefois. On s'y sent bien. Au rez-de-chaussée, spacieuse pièce commune avec cuisine équipée, jeux, bouquins, et même petite épicerie de base. Si vous voulez vous préparer un repas, la propriétaire peut vous vendre des plats en conserve de sa fabrication. Elle vend d'ailleurs ses produits dans la boutique des *Quatre Fermières* à Lyons (voir « Où acheter de bons produits ? »). Petit déj copieux, avec des pains, gâteaux et confitures maison.

Ne pas oublier de jeter un coup d'œil au **château de Fleury-la-Forêt** (voir plus loin) qui propose de chouettes chambres d'hôtes.

Auberge de la Forêt : *55, rue Saint-Adrien, 27150* **Morgny.** *☎ 02-32-27-27-37. • bruno.his@wanadoo.fr • À env 12 km à l'est de Lyons. ♿ Tlj sf lun-mar et les soir des dim et j. fériés, plus mer hors saison. Congés : vac de Noël et 2-25 juil. Formule 18,50 € midi en sem ; menus 27-35 €. Café offert sur présentation de ce guide.* En parcourant le Vexin normand, nous sommes tombés sur cette adresse un peu à l'écart des sites les plus connus et nous ne l'avons pas regretté. La salle rustique mêlant poutres et couleurs des murs audacieuses (vert pomme, bordeaux et blanc), titille la curiosité et vous invite à prendre table. Puis défilent allègrement les plats copieux et goûteux, entrecoupés, dans le menu, d'un trou normand (normal !). Un bon rapport qualité-prix-convivialité.

Où acheter de bons produits ?

Les Quatre Fermières : *22 bis, rue de l'Hôtel-de-Ville (en fait sur la pl. des Halles). ☎ 02-32-49-19-73. Lun 10h-*

12h, 14h30-18h30 ; jeu-sam 9h30-12h30, 14h30-18h30 (19h sam) ; dim 10h-12h, 15h-18h30. Fermé les 3 dernières sem de janv. 4 copines, fermières de leur état, se sont associées et tiennent la boutique à tour de rôle. Elles y vendent leurs productions et quantité d'autres produits fermiers et artisanaux : volailles, fruits, légumes, confitures, fromages, crème, beurre... La boutique est ravissante, ce qui ne gâche rien. Une belle initiative !

À voir

Les vieilles halles : construites il y a deux siècles.

Voir les belles ***maisons,*** comme celle du poète et académicien Isaac de Benserade, beau spécimen de demeure bourgeoise normande du XVIIe s. Dans la rue de l'Hôtel-de-Ville... l'***hôtel de ville*** ! Tout en brique, il fut restauré à la demande du duc de Penthièvre vers 1780. Possibilité de visiter, moyennant environ 1 € (à payer à l'office de tourisme), la salle du Tribunal (salle de bailliage) qui date du XVIIIe s et le cachot. Dans l'escalier, remarquer la pierre provenant de la Bastille et représentant... la Bastille. Rue d'Enfer s'élève la belle propriété où Ravel travailla à l'orchestration des *Tableaux d'une exposition* de Moussorgski (elle ne se visite pas).

L'église : *un peu à l'écart du village. Ouv slt pdt les offices.* Construite au XIIe s avec le silex, matériau du pays. Des rajouts ont été effectués aux XVe et XVIe s. Triple toit et flancs du clocher en ardoise. Une Vierge à l'Enfant en pierre au-dessus du portail. À l'intérieur, belle statue en bois de saint Christophe, du XVIe s.

Vue dominante sur Lyons de ***Notre-Dame-de-la-Paix,*** à 1,5 km du centre de Lyons si vous empruntez la route de Vascœuil par Les Taisnières et Les Hogues.

LISORS ET L'ABBAYE DE MORTEMER

(27440) 360 hab. *Carte Eure, D1*

Petit village aux maisons de brique ou toutes blanches, Lisors s'étire le long du Fouillebroc. On en découvre l'aspect charmant en venant de Mesnil-Verclives. Noter la croquignolette *église* du XVe s qui se tient un peu à l'écart. L'alternance des matériaux de construction (silex et calcaire) dessine de jolis graphismes réguliers. Clocher en bois et ardoise. À l'intérieur, belle Vierge en pierre du XIVe s.

L'abbaye de Mortemer : *à 2 km env du village. ☎ 02-32-49-54-34. • mortemer@orange.fr • mortemer.fr • Parc ouv tte l'année 13h30-18h. Visite guidée du musée des Légendes et Fantômes mai-août, tlj 14h-18h ; le reste de l'année, slt sam-dim et j. fériés sur rdv. Entrée (parc, musée, train) : 9 € ; réduc ; réduc de 1 €/pers sur présentation de ce guide. Compter 6 € pour le parc seul ; réduc. Dernier départ : 1h avt la fermeture de l'abbaye (en général). Durée : 45 mn env et 15 mn de promenade en petit train. Grand festival médiéval le 15 août avec différentes animations : spectacles le dim ap-m avec une centaine de figurants costumés. « Les Nuits des fantômes » du 3e sam d'août au 3e de sept. Tarif : 12 € ; réduc. Fête des célibataires organisée à la Saint-Valentin et à la Sainte-Catherine. Chacune réunit env 75 filles et 75 garçons très, très motivés paraît-il ! Avis aux intéressé(e)s... Résa indispensable.*

Tapies dans un vallon séduisant, au détour d'une route étroite, les ***ruines*** de l'ancienne abbaye cistercienne s'élèvent dans un environnement romantique et exceptionnel qui invite à une promenade presque mystique. L'abbaye tire son nom de la « mer morte » (marécages) qui inondait jadis la région. Elle fut transformée en carrière après la Révolution, et ses pierres servirent à construire le village de Lisors. Il ne reste que quelques pans de l'église du XIIe s édifiée par Henri Ier, quatrième fils de Guillaume le Conquérant. Plus tard, un riche imprimeur acheta ce qu'il restait de l'abbaye et la transforma en petit château. C'est dans cet édifice qu'est installé le musée.

– ***Le musée :*** dans une bâtisse de la fin du XVIIe s. Dans les sous-sols, grâce à un système audiovisuel, on passe en revue des scènes de la vie des moines. Différents outils, four à pain, cellule monacale. Ne pas rater la petite fontaine des célibataires, dans laquelle il suffit de jeter une pièce pour trouver l'âme sœur. Noter d'ailleurs, sur le mur, les petits mots envoyés par les jeunes gens ayant trouvé chaussure à leur pied après leur passage ici. Touchant ! Plus loin, une superbe Vierge sculptée du XVIe s, qui allaite. Elle est assise et couronnée, chose rare. Plusieurs pièces ont été ingénieusement aménagées pour présenter les contes et légendes liés à l'abbaye ou à la région, grâce à un système son et lumière. Fort bien fait, et les mômes sont vraiment ravis.

L'ancien réfectoire, à l'étage, comporte quatre pièces agencées par les différents propriétaires. Le mobilier n'a évidemment rien à voir avec l'abbaye. À noter, un superbe antiphonaire (recueil de chants liturgiques) du XVe s, une belle cheminée et une maquette de l'abbaye.

– Dans le ***parc,*** s'attarder sur le ***colombier*** du XVe s remanié au XVIIe s, à la remarquable charpente en bois de châtaignier (qui repousse les araignées). Son lanterneau date du XVIIe s. Ses 937 trous de boulins en torchis abritaient les pigeons qui servaient parfois à nourrir les voyageurs d'antan. Noter l'échelle tournante qui permettait d'aller chercher les plus dodus.

Au fond du parc, un étang avec de nombreux oiseaux et des daims. Un petit train (tiré par un tracteur !) longe la pièce d'eau.

LES FANTÔMES DE L'ABBAYE

Savez-vous que les murs de l'abbaye de Mortemer regorgent de fantômes ! Pendant la Révolution, les sans-culottes égorgèrent les quatre derniers moines, au milieu des barriques de vin. On prétend que, pour l'éternité, les fantômes des religieux vont du cellier au pigeonnier. Mais le fantôme le plus célèbre est celui de Mathilde, connue sous le nom de « Dame blanche » et grand-mère de Richard Cœur de Lion. Elle apparaît, de temps en temps, les nuits de pleine lune. En règle générale, mieux vaut ne pas la croiser, à moins qu'elle ne porte des gants blancs, signe de mariage...

L'ABBAYE DE FONTAINE-GUÉRARD

Carte Eure, C1

★★★ *À **Radepont,** à 2 km à l'ouest du bourg. ☎ 02-32-49-03-82. Ouv avr-oct, tlj sf lun 14h-18h ; juil-août, tlj 10h30-18h30. Entrée : 4,50 € ; réduc. Attention : aux dernières nouvelles, l'abbaye était à vendre. Ne soyez pas surpris, lors de votre passage, si vous trouvez porte close.*

Cette abbaye cistercienne de moniales fut fondée au XIIe s, édifiée au XIIIe s et classée Monument historique en 1937. Bâtie sur une source abondante (d'où son nom), elle est située dans un cadre champêtre et verdoyant. À proximité, on découvre à flanc de colline la chapelle Saint-Michel (XVe s), surmontant le cellier

et les caves troglodytiques où les religieuses conservaient leur vin. De l'abbaye subsiste l'église du XIIIe s, dont la voûte est ruinée mais dont les murs latéraux sont encore debout.
À droite de l'église s'ouvre une salle capitulaire à trois nefs, élégante et étroite, de style gothique anglo-normand. À gauche de celle-ci, un escalier mène au dortoir des moniales, dont le sol a été restauré, et à sa superbe charpente. À l'est de l'aile des moniales, le jardin des plantes médicinales de l'infirmerie présente de nombreuses variétés de simples. De l'ensemble se dégage une merveilleuse impression de quiétude et de paix.
À 400 m de l'abbaye, extraordinaire ruine de la *filature Levavasseur.* Bâtie en 1861 dans le style néogothique anglais (!), elle ne servit guère, détruite par un incendie en 1874. Il ne reste qu'une sorte de cathédrale industrielle, flanquée de tours aux quatre angles. Étonnant et beau.
La C 92 qui part de l'abbaye et longe la filature est réservée aux vélos et aux piétons les 1er et 3e dimanches du mois.

LE CHÂTEAU DE FLEURY-LA-FORÊT

(27480) *Carte Eure, D1*

À 7 km au nord-est de Lyons-la-Forêt. ☎ 02-32-49-63-91. • chateau-fleury-la-foret.com • Ouv avr-sept 14h-18h : tlj en juil-août ; slt w-e et j. fériés le reste du temps. Visites guidées tlj en juil-août. Entrée : 7 € ; enfants 4-16 ans 6 €. Le billet comprend la visite du château, du parc (avec les ânes, moutons, oies...), du lavoir, de la chapelle, du musée des Poupées anciennes et aussi des caves.
De ce château classique à la façade en brique rouge et silex, on visite une dizaine de pièces meublées de différents styles mais datant globalement du XVIIe s. Bureau Louis XV, chambre Empire, remarquable cuisine du XIXe s avec une superbe collection de faïences, porcelaines et près de 145 pièces en cuivre.
Le château abrite également un véritable *musée des Poupées anciennes* entourées de leur mobilier. C'est la passion de la châtelaine. Il y en a des centaines, certaines d'une valeur inestimable. Toutes les époques, tous les pays et toutes les scènes de la vie sont évoqués. Dans les caves, petit circuit ludique aménagé pour les enfants et qui change tous les ans. Dans la cour du château, voir encore le *lavoir,* bien reconstitué, et la chapelle. Expos ludiques en juillet-août.

Le château propose également 4 superbes ***chambres d'hôtes :*** *même tél que le château. • info@chateau-fleury-la-foret.com • Résa conseillée. Double 80 € (petit déj servi dans les magnifiques cuisines) ; également une suite pour 4 pers.* Idéal pour jouer au châtelain. En prime, un accueil charmant.

LE CHÂTEAU DE VASCŒUIL

(27910) *Carte Eure, C1*

Pour commencer et afin de ne pas avoir l'air trop parachuté, prononcer « Vacœuil » (avaler le « s »). Ce village, situé au nord-ouest de la forêt de Lyons, abrite l'un des plus vivants Centres d'art et d'histoire de Normandie.
Plusieurs pôles d'intérêt répartis dans et autour du petit château admirablement restauré, planté au milieu d'un parc égayé de cours d'eau, de bosquets fleuris et d'une cinquantaine de sculptures du XXe s.

Où manger ?

Auberge du Château : *rue principale. ☎ 02-35-02-16-88. • aubergeduchateau@hotmail.fr • À l'extérieur, et en face de l'entrée du château. Ouv au déj jeu-mar, plus le soir jeu-sam sur résa (slt sam soir hors saison). Menu déj 15 € (entrée, plat du jour, dessert, vin et café compris) ; formules à la carte env 22-36 €. Wifi. Café offert sur présentation de ce guide.* Dans une vieille maison du village. Bonne cuisine de bistrot inventive, à base de produits frais, certains peu connus, et aux influences multiculturelles. Terrasse pour les beaux jours.

Salon de thé La Cascade : *dans le parc du château en bordure de rivière. ☎ 02-35-23-62-35. Salon de thé réservé aux visiteurs, et ouv slt l'ap-m tlj en juil-août (slt w-e et j. fériés hors saison).* Idéalement situé devant une petite cascade, on grignote, après s'être gavé de culture, des quiches, tartes, crêpes... dans la jolie salle colorée ou en terrasse.

À voir

Le château : *☎ 02-35-23-62-35. • chateauvascoeuil.com • (sf château). Ouv avr-nov, tlj sf lun et mar 14h30-18h ; en juil-août, tlj 10h30-13h, 14h30-18h30. Entrée : 8 € ; réduc ; gratuit moins de 10 ans. Pass photo de 1,50 € offert sur présentation de ce guide. Parking gratuit.*
Modeste dans ses proportions, mais charmant et élégant. Il fut bâti entre les XVe et XVIIe s. Aujourd'hui Centre d'art et d'histoire, il accueille des expositions temporaires d'artistes du XXe s de renommée mondiale (Dalí, Vasarely, Léger, Delvaux, Braque...), dont les œuvres sont présentées dans de superbes salles lumineuses. Au sommet de la tour octogone du XIIe s, reconstitution fidèle du cabinet de travail de l'historien Jules Michelet (1798-1874). Également une librairie-boutique.
– ***Le parc et le jardin à la française (site classé aux Monuments historiques) :*** traversés par les méandres d'une rivière, ils ont été transformés en galerie ouverte de sculptures où dialoguent une cinquantaine de bronzes, marbres, céramiques et mosaïques d'artistes du XXe s (Braque, Dalí, Volti, Vasarely, Chemiakin, Folon, Szekely...).
– ***Le colombier :*** du XVIIe s. Massif et pas très haut, il n'en dégage pas moins une certaine élégance. À l'intérieur, expos temporaires. Noter la superbe échelle tournante qui donnait accès aux boulins martelés à la Révolution.
– ***Le musée Michelet :*** unique musée de France dédié au célèbre historien. C'est dans ce domaine que Michelet réalisa une bonne partie de son travail 20 ans durant. Le musée abrite souvenirs, diplômes, caricatures, objets, livres, etc.

LA VALLÉE DE L'EURE

ÉVREUX (27000) 48 160 hab. *Carte Eure, C3*

Pour le plan d'Évreux, se reporter au cahier couleur.

Savez-vous que l'interminable zone commerciale et industrielle d'Évreux cache en fait une ville provinciale qui est le siège de l'un des évêchés les plus

vieux et les plus importants de France ? Que les habitants s'appellent les Ébroïciens ? Que c'est une ville pétrie d'histoire, comme en témoignent l'intéressant musée de l'ancien évêché et ses vestiges gallo-romains ?
À moitié détruite de 1940 à 1944, Évreux est à la fois trop proche de Paris pour être typiquement normande, et trop enracinée pour se sentir « francilienne ». À découvrir à pied, un jour de marché ou, mieux, le jour de la foire Saint-Nicolas (début décembre).

Adresses et infos utiles

Office de tourisme *(plan couleur C2, **1**) : 1 ter, pl. du Général-de-Gaulle (pl. de la Mairie). ☎ 02-32-24-04-43. • grandevreuxtourisme.fr • ♿ Lun-sam 9h30-18h30 (18h hors saison) ; plus dim et j. fériés de mi-juin à mi-sept 10h-12h30.* Organise des visites insolites sur les thèmes patrimoine, gourmand et nature (tarif : 4,50 € ; réduc) un samedi par mois, visites guidées enfants le mercredi l'été ; également le vendredi « Mystérieux Évreux » à 21h (8 € ; durée environ 1h30). Expos temporaires. Propose des audioguides (2 circuits : cœur historique 5 € ; patrimoine religieux 3 €).
Gare routière *(plan couleur C4) : bd Gambetta. ☎ 02-32-39-40-60. • mobiregion.net •* Bus pour Rouen, Alençon, Honfleur, Vernon, Louviers, etc. Voir aussi en début de chapitre la rubrique « Circuler en bus dans l'Eure ».
Location de vélos *(plan couleur C1, **4**) : **Cycles Chasserez,** 63, rue Isambard. ☎ 02-32-33-32-17. Fermé lun. Et **Degrif & Bike :** ☎ 02-32-39-66-22. Rens à l'accueil du golf, au départ de la Voie verte.*
– **Marché :** *mer mat et sam mat sur la pl. du Marché.* Ambiance sympa et vivante.

Où dormir ?

De prix moyens à plus chic

Grand Hôtel de la Gare *(plan couleur C4, **11**) : 61, bd Gambetta. ☎ 02-32-38-67-45. • hotelgare-evreux.fr • En face de la gare, comme son nom l'indique. Doubles 57-62 € selon confort et taille. Parking gratuit.* Un hôtel qui a entièrement fait peau neuve et qui propose une trentaine de chambres confortables, pimpantes et agréables avec leurs teintes jaune et rouge. Double vitrage efficace, mais préférer les chambres donnant à l'arrière car le boulevard est saturé aux heures de pointe... Une adresse surtout pratique, à l'accueil agréable.
Normandy Hôtel *(plan couleur C2, **12**) : 37, rue Édouard-Feray. ☎ 02-32-33-14-40. • normandyhotel.eu • En face de la gendarmerie. Doubles 76-115 € selon confort et taille. Internet, wifi. Parking payant.* Dans une grande bâtisse à colombages au style rustique normand avec vieille pendule et rideaux à fleurs, 20 chambres cosy à la déco classique dont la moitié sont refaites dans un style moderne et coloré (demander les n°s 16, 17 et 27 à 29, nos préférées). Fait aussi resto.

Où manger ?

De prix moyens à chic

Restaurant La Croix d'Or *(plan couleur B3, **20**) : 3, rue Joséphine. ☎ 02-32-33-06-07. • la.croixdor@orange.fr • ♿ Tlj sf dim soir-lun. Menus 13,90 € (midi mar-ven) et 16,90 (en sem)-33 €.* Un resto au cadre assez chic, mais pas guindé. On vient surtout pour les fruits de mer et le poisson. Mais la carte n'oublie pas les carnivores.
La Vieille Gabelle *(plan couleur C2, **22**) : 3, rue de la Vieille-Gabelle. ☎ 02-32-39-77-13. ♿ Fermé lun, sam midi et dim soir. Formules 16 € (en sem) et 22-36 €.* Une longue façade fleurie à colombages, un sol en terre cuite, des poutres et des meubles normands qui sentent bon l'encaustique. Le cadre est posé ! Bonne cuisine semi-gastronomique et de saison.
La Gazette *(plan couleur B2, **21**) : 7, rue Saint-Sauveur. ☎ 02-32-33-43-40. • xavier.buzieux@wanadoo.fr • ♿ Fermé sam midi, dim, j. fériés. Congés : 3 premières sem d'août. Résa*

conseillée le w-e. Formule 18 € ; menus 21 € (en sem) et 39 €. Au rez-de-chaussée d'une jolie maison à colombages, dans un cadre moderne et agréable, on déguste une cuisine délicate à base de produits frais du terroir qui s'éloigne avec brio des grands standards régionaux. Une pointe d'originalité, un zeste de touche personnelle, une bonne dose de gentillesse dans l'accueil, et le tour est joué. On tient là l'une des meilleures tables d'Évreux !

Où dormir ? Où manger dans les environs ?

Chambres d'hôtes Clair Matin : *chez Amaïa et Jean-Pierre Trevisani, 19, rue de l'Église, 27930* ***Reuilly.*** *☎ 02-32-34-71-47. • bienvenue@clair-matin.com • clair-matin.com • À 10 km au nord-est d'Évreux, dans un village à gauche de la route de Gaillon, à l'extrémité nord, sortie vers La Croix-Saint-Leufroy. Double 60 € avec douche ou bains ; suites 2-4 pers 75-100 €. Gîte 3 pers 190-300 €/sem. Wifi. Réduc de 10 % sur le prix de la chambre à partir de 2 nuits consécutives hors juil-août sur présentation de ce guide.* Un mur d'enceinte, un jardin fleuri, une belle ferme normande du XVIIIe s et un couple charmant, qui loue 3 chambres agréables avec sanitaires privés (dont une suite pour 2 et une chambre pour 4). Bref, une adresse fort sympathique.

Le Vieux Morsent : *13, rue de l'Église, 27180* ***Saint-Sébastien-de-Morsent.*** *☎ 02-27-34-19-48. • auvieuxmorsent@yahoo.fr • Dans le centre, sur la droite de la N 830 en venant d'Évreux, vers l'église. Fermé le soir dim-mar. Menu 13 € le midi lun-ven ; formule 17,50 € ou menu suggestion sur ardoise 23,50 € (soir et w-e).* Une longue maison de style normand précédée d'une terrasse donnant sur un jardin. À l'intérieur, ambiance brasserie dans de vastes salles gaies et lumineuses ou mezzanine, parcourues par un ballet de serveurs aimables. Très bonne cuisine, joliment présentée.

Restaurant Le Saint-Nicolas : *38 ter, rue Aristide-Briand, 27930* ***Gravigny.*** *☎ 02-32-38-35-15. • lesaintnicolas27@orange.fr • À env 2 km au nord d'Évreux, sur le côté droit de la D 155 en direction de Louviers. Tlj sf dim soir et lun. Formules 17-34 € en sem ; menus 25-43 €. Wifi.* Derrière la façade discrète qui borde la D 155 se cachent de petites salles au décor sobre, intimes ou plus spacieuses pour les joyeux groupes. L'été, agréable salle-terrasse en bordure de jardin. Le chef met un point d'honneur à utiliser des produits de première qualité au gré du marché, proposant une savoureuse cuisine personnelle qui change au fil des saisons. Très belle carte des vins.

Où boire un verre ?

Le Hastings (*plan couleur C3,* **25**) **:** *17, rue de la Harpe. ☎ 02-32-39-06-22. Tlj sf dim 11h-1h.* Petit troquet façon pub. D'ailleurs, ce ne sont pas les bières qui manquent ! Atmosphère conviviale et déco rétro avec une collection d'objets publicitaires pour la bière qui tapisse les murs, sans oublier les nombreux billets de banque jaunis. Propose aussi des plats sans surprise (grillades, salades composées).

Où acheter une bonne pâtisserie ?

Chocolatier Auzou (*plan couleur C3,* **23**) **:** *34, rue Chartraine. ☎ 02-32-33-28-05. Fermé dim ap-m et lun.* Quelques spécialités d'antan incontournables (et délicieuses, surtout) : la pomme au calvados, les macarons de grand-mère Auzou ou encore les zouzous (pralinés croquants enrobés de chocolat)...

ÉVREUX

À voir

La cathédrale Notre-Dame (*plan couleur C3*) **:** *ouv tlj 8h30-19h (dim 9h-17h30). (sur demande, ouverture d'un battant du portail nord).* On ne voit

qu'elle. Épicentre historique de la ville, elle culmine au-dessus des quartiers reconstruits après la Seconde Guerre mondiale. Un beau monument qui a subi quelques épreuves de l'Histoire (plusieurs incendies, bombardements de juin 1940, tempêtes), et qui a su renaître à chaque fois de ses cendres. Avant d'entrer dans cette bible de pierre et de verre, admirer le « clocher d'argent », qui culmine à 73 m, et le très beau portail nord, œuvre de Jehan Cossart, considéré comme un chef-d'œuvre du gothique flamboyant.
À l'intérieur, ce qui frappe d'abord, c'est le chœur de style gothique rayonnant et la tour-lanterne. Réputée pour la qualité et la rareté de ses vitraux (le jaune d'Évreux) et de ses verrières, la cathédrale abrite l'un des plus précieux ensembles du XIVe s. Dans les bas-côtés et le déambulatoire, les chapelles méritent aussi un peu d'attention pour leurs beaux vitraux variés. Le grand orgue moderne a été inauguré en septembre 2007. Vraiment magnifique. *Plus d'infos sur le site de l'Amorce (Association des amis des orgues de la cathédrale d'Évreux) : • orgues.evreux.free.fr •*
– Sur le côté sud de la cathédrale, un petit cloître du XVIe s.

L'ancien palais épiscopal : il abrite le musée d'Évreux. Situé à côté de la cathédrale et construit au début du XVIe s sur les vestiges d'un rempart gallo-romain qui entourait la ville au IIIe s apr. J.-C. Il a servi aux évêques d'Évreux jusqu'à la Révolution.

Le musée de l'ancien évêché *(plan couleur C3, **31**) : 6, rue Charles-Corbeau. ☎ 02-32-31-81-90. Tlj sf lun et certains j. fériés 10h-12h, 14h-18h. Entrée gratuite.* Installé dans l'ancien évêché, bel édifice de la fin du XVe s, adossé à un rempart gallo-romain du IIIe s. La salle souterraine présente 30 m de ce rempart vieux de 1 700 ans, témoin poignant du brillant passé gallo-romain d'Évreux, jadis connu sous le nom de *Mediolanum Aulercorum.* Dans cette superbe salle, très bien éclairée, consacrée à la préhistoire et aux époques gallo-romaine et mérovingienne, les pièces les plus significatives restent un *Jupiter* en bronze du Ier s et un *Apollon* du IIe s, trouvés sur le site du Vieil-Évreux en 1840 ! Au rez-de-chaussée, deux salles consacrées à l'histoire locale précèdent la salle capitulaire, présentant des collections d'art religieux du Moyen Âge et de la Renaissance (tapisseries d'Aubusson). Le 1er étage expose mobilier, céramiques, objets d'art et peintures des XVIIe et XVIIIe s. Au 2e étage, collections des XIXe (Rodin, Boudin) et XXe s (Soulages, Degottex) avec, en alternance des expositions temporaires.

La maison des Arts *(plan couleur C2) : pl. du Général-de-Gaulle. ☎ 02-32-78-85-40. Tlj sf dim-lun 10h-12h, 14h-18h, sans interruption mer et sam. Entrée gratuite.* Expos temporaires d'art contemporain.

L'église Saint-Taurin *(plan couleur B3) : au début de la rue Joséphine, après le palais de justice. Tlj 9h-18h (18h30 l'été).* Cette église faisait partie d'une grande abbaye fondée au Xe s. Avant d'entrer, remarquer le portail sud, malheureusement très endommagé. À l'intérieur : grandes arcades romanes et surtout, la célèbre *châsse de saint Taurin,* l'évangélisateur et le premier évêque d'Évreux vers le Ve s. C'est une merveille d'orfèvrerie du XIIIe s, qui représente une Sainte-Chapelle, large de 1 m et haute de 1,20 m ! En argent et feuilles d'or, enrichie d'émaux. Ses bas-reliefs racontent la vie du saint.

Le jardin botanique *(plan couleur C4) :* agréable halte au calme dans cet espace vert en pente qui possède des serres exotiques et des jeux pour enfants.
– *Le cloître des Capucins :* jouxtant le jardin botanique, les bâtiments de l'ancien couvent ont été reconstruits à la fin du XVIIe s. L'édifice, qui abrite aujourd'hui l'École nationale de musique et d'art dramatique, comporte un très agréable cloître que l'on peut visiter.

À faire

➢ ***Circuits à vélo ou à pied :*** l'office de tourisme et le CDT (voir coordonnées dans la rubrique « Adresses et infos utiles ») proposent de nombreux circuits avec fiches techniques détaillées. La *Ligne verte* est un circuit pédestre et cycliste de 2,7 km qui relie la forêt de la Madeleine au golf, et qui permet de découvrir la ville de façon agréable. Une *voie verte* a été aménagée le long du tracé de l'ancienne voie ferrée entre Évreux et Honfleur. Elle relie Évreux à Pont-Authou (43 km).

➢ ***Promenade au bord de la rivière Iton*** *(plan couleur C2-3)* **:** 30 mn. Passer au pied du beffroi (belle tour de l'horloge du XVe s), en face de l'hôtel de ville, près de l'office de tourisme. Allée piétonne ombragée et fleurie le long de la rivière, avec des bancs publics. Traverser la rue de Grenoble. Une belle succession de pontelets et de passerelles sur la promenade Robert-de-Flocques et son cours d'eau herbeux bordé d'arbres. Traverser la rue Charles-Corbeau (au pied de la cathédrale). Admirer le point de vue appelé Miroir d'eau par les architectes de la reconstruction où cathédrale et palais épiscopal se reflètent dans l'Iton. Descendre les marches à gauche devant la *droguerie Binette.* À cet endroit, on peut voir les anciens murs gallo-romains. Monter les quelques marches qui conduisent à l'arrière du musée. Rejoindre la rue de la Harpe sur la droite, puis la rue Chartraine (au n° 34, le *chocolatier Auzou*) et la rue du Docteur-Oursel. La boucle est bouclée !

À voir dans les environs

Le site de Gisacum : *rue des Thermes, 27930* ***Le Vieil-Évreux.*** *☎ 02-32-31-94-78. • eure-en-ligne.fr/cg27 • ♿ À l'est d'Évreux, par la N 13 (bien fléché). Ouv mars-nov : tlj sf mar 13h-17h en mars et oct-nov ; tlj 13h-18h avr-juin et sept ; juil-août, tlj 10h30-18h30. Entrée libre. On peut assister aux fouilles en août-sept. Possibilité de visites guidées (se renseigner).* Au cœur d'un vaste jardin archéologique, intéressante mise en valeur des vestiges et reconstitution de ce qu'était cette ville sanctuaire à l'époque gallo-romaine. Dans le bâtiment d'entrée, une ferme normande bicentenaire, le centre d'interprétation expose plans, objets issus des fouilles, plan et simulation en 3D de Gisacum.

Fêtes et manifestations

– ***Le Rock dans tous ses états :*** *le dernier w-e de juin. • lerock.org •* Un festival qui rassemble près de 20 000 personnes. Concerts avec de belles têtes d'affiches et des groupes locaux.
– ***Rassemblement de Harley-Davidson :*** *en sept, lors des Journées du patrimoine.* Des centaines de Harley pétaradent dans les rues de la ville.
– ***Fête de la Science :*** *3 j. mi-oct. Rens : • fetedelascience.fr •* Au musée et dans la cour de l'Évêché. Expos et animations scientifiques destinées aux grands mais aussi aux petits sur de nombreux thèmes.

CIRCUIT SUD : DE PACY-SUR-EURE À ÉZY-SUR-EURE

Il ne manque certes pas de charme, mais ce n'est pas notre coin de vallée préféré : pas mal de pavillons et autres résidences sans caractère s'agglutinent le long de l'Eure (particulièrement vers Ivry-la-Bataille) et de nombreuses prairies humides ont été retournées. Entre Pacy et Ézy-sur-Eure, compter une vingtaine de kilomètres. En voiture, de Pacy-sur-Eure, direction Ivry-la-Bataille, par la route D 71.

IVRY-LA-BATAILLE (27540)

Jolie petite ville traversée en plusieurs endroits par l'Eure, Ivry a vu son nom composé après la bataille remportée en 1590 par Henri IV sur le duc de Mayenne, son principal adversaire pendant les guerres de Religion. À l'entrée de l'église Saint-Martin, une cloche de 1,5 t fondue en 1538 : c'est elle qui sonna la victoire d'Henri IV, qui sonna elle-même le glas de la Ligue catholique.

Où dormir dans les environs ?

Chambres d'hôtes La Huguenoterie : *50, route de Saint-André, 27220* ***Jumelles.*** *☎ 02-32-37-50-06. • jpoitrineau@hotmail.com • lahuguenoterie.fr • D'Ivry-la-Bataille, vers l'ouest, prendre la D 833. À Saint-André, prendre la D 52 vers le nord-ouest puis à gauche la D 32. À la sortie de Jumelles, dans le hameau de la Huguenoterie, sur la route de Saint-André. Doubles 60-62 €.* Dans une ancienne bergerie de 1843, 5 chambres au calme, classiques mais confortables. Salon avec cheminée accessible aux hôtes. Belle terrasse où vous pourrez prendre le petit déj. Vente de confitures, miel, calvados, pommeau, etc. Accueil agréable.

À voir

L'église : date de la fin des XVe et XVIe s. C'est d'abord Diane de Poitiers qui a fait ériger un chœur avec abside à trois pans et deux bas-côtés et une partie de la nef de style gothique flamboyant dédiés à saint Martin. La flèche et les voûtes ont été frappées par la foudre en 1664, et une partie de la toiture s'est effondrée à la suite de l'ouragan de 1688. On consolida les fondations du clocher au XIXe s. Pourtant, il penche. À l'intérieur, une succession élégante de grandes arcades en plein cintre donnent beaucoup d'espace et de volume. Belle charpente en bois en coque de bateau renversée.

Les ruines du château : *derrière l'église.* Promenade jusqu'aux vestiges du château du Xe s construit par Lanfred sur ordre d'Alberede, comtesse de Bayeux. Joli point de vue sur la vallée.

À voir dans les environs

Le musée des Instruments à vent : *à* ***La Couture-Boussey*** *(27750). ☎ 02-32-36-28-80. • lacoutureboussey.com • ♿ D'Ivry, prendre la D 833, direction Saint-André-de-l'Eure (6 km). Face à l'église. Tlj sf lun 14h-18h. Fermé 1er mai et 20 déc-10 janv. Entrée : 4 € (audioguide musical inclus) ; réduc.* Collection unique d'instruments à vent du XVIIIe s à nos jours. Ce tout petit musée artisanal et industriel retrace l'histoire de La Couture-Boussey et de la fabrication de ses flûtes, hautbois et clarinettes renommés (il existe encore trois manufactures dans le village). Visite guidée sur demande. Programmation annuelle de concerts et animations (renseignements au musée) : de la musique classique au jazz.

La brasserie Hotteterre : *12, rue Hotteterre, 27750* ***La Couture-Boussey.*** *☎ 02-32-36-76-06. • brasserie-hotteterre.com • Non loin de l'église. Sur rdv slt. Entrée : env 3 € (visite de la brasserie-exposition et dégustation).* Cette microbrasserie familiale, créée par un agriculteur qui produit lui-même son orge, vous fait partager les secrets et les plaisirs de la bière. Environ 35 000 l de blonde, rousse et brune sont produits chaque année. On peut en acheter dans la boutique, ainsi que des produits locaux.

ÉZY-SUR-EURE *(27530)*

La curiosité de la ville, ce sont les collections de peignes présentées à la ***manufacture – musée du Peigne,*** consacrée à ces attachants objets du quotidien. ☎ *02-37-64-64-69. ♿ Mer 14h-18h, w-e et j. fériés 10h-12h, 14h-18h. Fermeture de la billetterie à 17h. Fermé de mi-déc à mi-fév et le 1er mai. Entrée : 5,50 € ; réduc ; gratuit moins de 10 ans.* On y voit des collections allant du XVIIe au XXe s, avec d'insolites peignes à cils, à moustaches (!) et même à poux, des parures du XIXe s. On visite également les ateliers de cette ancienne manufacture où étaient fabriqués des peignes en bois, corne, ivoire et écaille. Expo retraçant l'évolution de l'outillage au fil des siècles.

CIRCUIT NORD : DE PACY-SUR-EURE À LOUVIERS

L'Eure qui paresse dans le fond de la vallée, se glissant sous des tunnels de verdure, le plateau normand qui se métamorphose en douces collines boisées, les maisons qui s'isolent dans des recoins de verdure, les villages, repliés autour de leur clocher, qui somnolent, et toujours quelques petits châteaux discrets : voici l'un des secteurs les plus charmants de la vallée de l'Eure. Voir les beaux villages de Cocherel, Autheuil-Authouillet, La Croix-Saint-Leufroy et Acquigny (superbe château Renaissance).

➢ Pour découvrir ces beaux paysages, rien de mieux qu'une escapade au rythme paisible d'un ***petit train touristique.*** ☎ *02-32-36-04-63. • cfve.org • Départ de la gare de Pacy-sur-Eure, route de Paris (D 141), vers la zone commerciale. Fonctionne mer, dim et j. fériés en juil-août ; slt dim et j. fériés en mai-juin et sept. Également quelques sorties exceptionnelles au cours de l'année. Mieux vaut téléphoner. Tarif : 8,50 € ; réduc ; gratuit moins de 4 ans ; pass famille 26 €.* Trois circuits commentés possibles (l'un vers Breuilpont, l'autre vers Cocherel, le dernier vers Chambray). Compter de 1h15 à 2h30.

Adresse utile

Office de tourisme : *pl. Dufay, 27120* ***Pacy-sur-Eure.*** ☎ *02-32-26-18-21. Tte l'année : mar-sam 9h-12h30, 14-18h (17h sept-juin).*

Où dormir ? Où manger ?

Chambres d'hôtes L'Aulnaie : *29, rue de l'Aulnaie, 27120* ***Fontaine-sous-Jouy.*** ☎ *02-32-36-89-05. • emi.philippe@worldonline.fr • chambre-fontaine.chez-alice.fr • À 1,5 km du centre du village, direction Saint-Vigor (prendre le petit pont à côté du lavoir). Double 75 €. Wifi. Réduc de 10 % sur le prix de la chambre sur présentation de ce guide.* Dans un charmant village avec maisonnettes à colombages et toits de chaume, une ancienne ferme rénovée, blottie dans un vaste et beau jardin, abrite 2 jolies chambres tout confort.

Auberge À l'Orée du Bois : *2, route de Saint-Aquilin, 27120* ***Croisy-sur-Eure.*** ☎ *02-32-36-03-40. • oreeduboiscroisy@aol.com • odubois.fr • À l'entrée de Croisy, sur la gauche du petit rond-point en venant de Pacy. Resto fermé lun et le soir des dim et j. fériés, plus mar hors saison ; repas du soir sur résa. Congés : 24 déc-2 janv. Double 65 €. Formule déj 18 € en sem ; menu-carte env 31 €. Parking fermé gratuit. Wifi. Apéritif offert sur présentation de ce guide.* Une auberge familiale chaleureuse et tranquille tenue par Hervé et Loli, sa femme canarienne. Une poignée de chambres spacieuses (coin salon avec canapé-lit d'appoint) aux couleurs douces. Dans la salle à manger rustique, Hervé a aménagé des vitrines pour exposer de vieux outils et objets de l'époque de ses grands-parents qui vivaient ici. Avec Loli, ils vous concocteront une cuisine maison fraîche et généreuse au gré de leur inspiration et des produits frais recueillis. Choisir entrée et plat, ou plat et dessert, se révèle amplement suffisant. Agréable aussi d'y prendre un verre en terrasse donnant sur la vaste cour-jardin parmi les habitués. Et si Hervé a un peu de temps et que cela lui chante (c'est le cas de le dire !), accompagné de sa guitare, il vous interprètera un morceau de ses compositions, paroles et musique.

Café de la Paix : *75 bis, rue Isambard, 27120* ***Pacy-sur-Eure.*** *☎ 02-32-36-11-64. Sur la rue principale du village, dans le centre. Lun-sam 11h30-14h et aussi le soir ven et sam. Congés : 3 sem en août. Menus 11,80-23 €.* Ce grand café-resto (ouvert depuis 1895 !) propose une bonne cuisine de brasserie améliorée, avec pas mal de choix. Service efficace, que ce soit en terrasse (dans la cour intérieure ou sur le trottoir) ou dans les salles à la déco classique mais agréable. Très fréquenté par les gens du coin, notamment à la pause-déjeuner.

LOUVIERS

(27400) 17 240 hab. *Carte Eure, C2*

S'étirant dans le fond de la vallée de l'Eure, la ville n'a pas été épargnée par les bombardements de juin 1940 et fut reconstruite dans le style de l'après-guerre. Mais le centre ancien n'a pas perdu son cachet provincial. Environ une vingtaine de bras de rivière (naturels ou artificiels) quadrillent la ville, et lui confèrent un certain charme, surtout le quartier autour de la cathédrale, vraiment mignon. On peut admirer plusieurs vieilles maisons à pans de bois, autrefois habitées par des manufacturiers. Louviers était alors un centre industriel textile de première importance, réputé pour la fabrication du drap de laine.

Adresse utile

Office de tourisme *: La Maison du Fou du Roy, 10, rue du Maréchal-Foch/pl. Dufay. ☎ 02-32-40-04-41. • tourisme-seine-eure.com • Lun-sam (sf j. fériés) 9h-12h30, 14h-18h (17h oct-avr).*

Où manger ?

De prix moyens à chic

Le Jardin de Bigard : *39-41, rue du Quai. ☎ 02-32-40-02-45. Non loin de la cathédrale, à l'angle avec la rue du Coq. Fermé dim et le soir des j. fériés tte l'année, ainsi que mer soir sept-avr (sam mai-fin août). Congés : vac fév (zone B) et 2ᵉ quinzaine d'août. Formule en sem 11,80 € ; menus 17-25 €. Apéritif maison offert sur présentation de ce guide.* Une adresse centrale, qui n'a rien d'extraordinaire, mais qui respecte votre porte-monnaie. Salle claire et gentiment relookée, où l'on sert une cuisine simple (truite au camembert, foie gras au pommeau, mais aussi des galettes et des crêpes).

Où dormir ? Où manger dans les environs ?

Prix moyens

Chambres d'hôtes Le Vieux Logis : *1, pl. de l'Église, 27370* ***Saint-Didier-des-Bois.*** *☎ 02-32-50-60-93. 06-70-10-35-76. • levieuxlogis.fr • En face de l'église. Double 48 €. Table d'hôtes 17 €.* Dans un charmant presbytère à colombages du XVIᵉ s, 4 chambres joliment meublées. Il faut dire que la propriétaire (dont la famille possède la maison depuis 7 générations) était antiquaire auparavant. Très agréable jardin et bon accueil.

Hôtel de la Tour : *41, quai Maréchal-*

Foch, 27340 ***Pont-de-l'Arche.*** *☎ 02-35-23-00-99. • hotel-de-la-tour@orange.fr • hoteldelatour.org • Double 72 € ; familiales 82-96 €. Wifi. Un petit déj/chambre et par nuit offert sur présentation de ce guide.* Les façades de ces 2 maisons réunies par un sas ont été conservées et s'accordent avec leurs voisines joliment alignées sur le quai. Les couleurs, la décoration, les petits détails rendent le séjour confortable. Que la chambre donne sur les remparts et l'église ou sur la rive verdoyante de l'Eure, le calme est absolu. Petit jardin en terrasses à l'arrière.

|●| ***Auberge du Pressoir :*** *D 6015, « Le Fort », 27460* ***Igoville.*** *☎ 02-35-23-27-77. • aubergepressoir@aol.com • auberge-du-pressoir.com • ♿ En venant de Pont-de-l'Arche, après avoir traversé le pont, prendre à droite juste après le feu. Fermé dim soir et lun, plus mer en saison. Formule 17,50 € sf w-e ; menus 24,95-35 €.* Plats traditionnels à base de produits du terroir. Une cuisine de pro pour clientèle chic. En revanche, la déco rustique de la salle nous a moins emballés ! Mais bon, les goûts et les couleurs... Et puis rien ne vous empêche de vous installer en terrasse si le temps le permet.

À voir

👣👣 ***L'église Notre-Dame :*** plus intéressante extérieurement qu'intérieurement. Les parties les plus anciennes remontent au XIIIe s, les plus récentes au XVIe s. On remarque d'emblée le superbe porche sud de style gothique flamboyant et la tour-beffroi, bel exemple d'architecture militaro-religieuse. Ferme parfois pour la restauration de la voûte.

À LA SOUPE !

L'église Notre-Dame abrite une sculpture du XVIe s emblématique, le Bonhomme-Louviers *ou, comme on l'appelle ici, le* Maqueux d'soupe. *Elle aurait été réalisée pour se moquer des Lovériens qui avaient perdu la ville pendant qu'ils mangeaient leur soupe ! Mais elle illustre peut-être également le surnom de « mangeurs de soupe » attribué aux habitants de Louviers, car ils étaient prospères et pouvaient donc manger plusieurs fois par jour. Les veinards !*

👣 ***Le Musée municipal :*** *pl. Ernest-Thorel. ☎ 02-32-09-58-55. ♿ Dans le centre-ville, au bord de la rue Pierre-Mendès-France. Entrée libre 14h-18h. Fermé mar tte l'année, les 1er janv, 1er mai, 25 déc et entre chaque expo temporaire. Le 1er dim du mois, visite guidée gratuite.* La ville de Louviers a forgé sa renommée, en partie, grâce au drap de laine qu'elle fabriquait. D'ailleurs Balzac qui aimait les belles choses, portait une redingote bleue en drap fin de Louviers. Ce musée met en évidence tout un pan économique et artistique de cette région, avec des expositions d'appareils mécaniques : métiers à tisser, cardeuses, tondeuses... Les expos temporaires présentent alternativement les collections beaux-arts du musée (faïences, peintures), du mobilier du XVIe au XIXe s ainsi que l'histoire locale, les œuvres de certains maîtres néo-impressionnistes de l'école de Rouen et des artistes contemporains (photo, peinture).

👣👣 ***Le cloître des Pénitents :*** *rue Ternaux, entre la poste et le palais de justice.* Superbes ruines du XVIIe s. Le seul cloître en Europe, paraît-il, qui soit établi sur l'eau.

👣👣 ***La rue Ternaux :*** *en plein vieux quartier des Manufactures, face au cloître des Pénitents, sur une île.* Plusieurs maisons de manufacturiers et de tanneurs de différentes époques. Noter les pans de bois et les greniers qui servaient à entreposer les draps. Au bout de la rue, charmant jardin (autre entrée rue du Quai), avec de jolis petits ponts.

DANS LES ENVIRONS DE LOUVIERS

Le musée de la Batellerie : *15, chemin de Halage, 27740* ***Poses.*** *☎ 02-32-59-08-44. Visite guidée de mi-avr à mi-oct, dim et j. fériés 14h30-18h. Durée : 1h30. Entrée : env 4 € ; réduc.* On découvre le monde de la batellerie sur la Seine à l'époque du remorquage, avec la visite du *Fauvette* et de la péniche *Midway II.* Après le musée, ne pas manquer d'aller faire un tour sur l'agréable chemin de halage en bord de Seine. Au n° 12, faites donc une halte dans l'***atelier-galerie des bords de Seine,*** où Michèle Ratel, une artiste-peintre inspirée par les paysages environnants, expose ses toiles. *☎ 02-32-59-38-54. • mratel.fr • Ouv w-e et j. fériés 9h-19h.*

Croisières-repas sur la Seine : Rives de Seine Croisières, *72, rue Scheurer-Kestner, 76320* ***Caudebec-lès-Elbeuf.*** *☎ 02-35-78-31-70. • rives-seine-croisieres.fr • Au départ de Poses. Pour les individuels, slt en juil-août. Le dim à partir de 11h : 64 €/pers (promenade de 4h, repas et boissons comprises). Sinon, on peut opter pour la balade de 2h, toujours le dim, à partir de 15h30 : 20 € ; réduc enfants.*

➢ ***Base de loisirs de Léry-Poses :*** *route de Savoie, 27740* ***Poses.*** *☎ 02-32-59-13-13. • basedeloisirs-lery-poses.fr • Par l'A 13, sortie n° 19, Incarville. Direction Val-de-Reuil ou Pont-de-l'Arche (14 km de Louviers). Tlj 8h-17h30. Entrée : 4 €/voiture.* Dans un cadre verdoyant et calme, sur le lac des Deux-Amants. Activités diverses : kayak, VTT (pas de location sur place), téléski nautique, minigolf, etc. Les sports nautiques sont praticables d'avril à octobre. Également une réserve ornithologique à proximité avec huttes d'observation.

Camping Les Étangs des Deux Amants : *route de Saint-Pierre, 27740* ***Poses.*** *☎ 02-32-59-11-86. Ouv avr-oct. Env 13,50 € pour 2.* Situé en bord de Seine, en face de la Côte des Deux Amants, dans un cadre reposant et ombragé. Nombreuses activités à la base de loisirs.

Les chalets du lac : *à Poses. Rens et résas : ☎ 02-32-61-35-05. • chalet.resa@hotmail.fr • Compter 236-470 €/sem (109-138 €/w-e sf hte saison).* Sur une colline, une vingtaine de petits chalets en bois, avec terrasse et vue sur le lac. Peuvent accueillir 4-6 personnes, et sont équipés de tout le confort. Bon, les chambres sont petites, mais vous n'êtes pas là pour rester enfermé.

Self L'Ondine : *à Poses, sur le lac du Mesnil. ☎ 02-32-59-00-82. Ouv tte l'année.* Sert petit déj et repas. Un self-service qui propose des repas complets et copieux pour sportifs.

➢ Si vous êtes à vélo, vous pouvez rejoindre Incarville depuis Poses (13 km) par la ***voie verte*** qui longe les rives de la Seine et de l'Eure.

À 5 km de la base de loisirs du lac des Deux-Amants, les passionnés de bêtes à plumes ne manqueront pas d'aller faire un tour à la ***réserve ornithologique.*** Plusieurs postes d'observation. *Chaussée de l'Andelle,* ***Val-de-Reuil.*** *Rens : ☎ 02-35-71-86-94.*

L'abbaye de Bonport : *27340* ***Pont-de-l'Arche.*** *☎ 02-35-02-19-42. • abbayedebonport.com • À la sortie de Pont-de-l'Arche, direction Elbeuf. Par l'autoroute, sortie n° 20, Pont-de-l'Arche. Visite guidée ou libre tlj sf sam en juil-août, 14h-18h30 ; avr-juin et sept, slt dim et j. fériés (mêmes horaires). Entrée : env 4 € ; réduc.* Dans un grand parc, une visite d'environ 1h de l'abbaye cistercienne où subsistent les bâtiments monastiques de l'époque du Moyen Âge : salle capitulaire, salle de travail, cellier, cuisines et le magnifique réfectoire voûté du XIIIe s. D'une grande beauté. Rare en France.

LE PAYS D'AVRE ET ITON

C'est en fait la partie extrême sud du département de l'Eure avec deux belles rivières, l'Avre et l'Iton, qui traversent la campagne et des villages charmants et reposants.

BRETEUIL-SUR-ITON *(27160 ; carte Eure, B3)*

Charmante petite bourgade commerçante. À voir, l'église Saint-Sulpice où fut célébré au XIe s le mariage d'Adèle, la fille de Guillaume le Conquérant, avec le comte de Blois et qui reçut également la visite de Louis VIII, Philippe le Bel, Philippe de Valois et, en quatre occasions, Saint Louis.

Où dormir ? Où manger dans le coin ?

Voir aussi plus bas, la rubrique « Où dormir ? Où manger dans les environs ? » à Verneuil-sur-Avre.

Camping

Camping Les Berges de l'Iton : *53, rue du Fourneau. ☎ 02-32-62-70-35. 06-84-75-70-32. • campinglesberges-de-liton@orange.fr • camping-breteuil-iton.com • Entre l'Iton et la D 55 (direction La Guéroulde), au sud-ouest du bourg. Ouv avr-oct. Compter env 16,30 € pour 2. Loc de mobile homes 180-533 €/sem pour 2-6 pers. CB refusées. Réduc de 5 % sur présentation de ce guide.* À deux pas du centre-ville et des commerces. Petit camping familial, ombragé et bien tenu. Bien équipé et calme. Piscine. Idéalement situé, entre Verneuil-sur-Avre et Conches-en-Ouche, pour visiter les environs, se balader en forêt ou pique-niquer au bord du lac dans le parc de Breteuil.

Chambres d'hôtes

Chambres d'hôtes Le Garance : *66, rue Clemenceau, Breteuil-sur-Iton. ☎ 02-32-29-81-09. • legarance@orange.fr • À env 150 m de la pl. Laffite, en direction de Conches, sur la droite. Doubles 63-70 € avec douche ou bains selon saison. Table d'hôtes sur résa 14 € lun-jeu ; 25 € sam. Parking fermé. Internet, wifi.* Dans cet ancien relais de poste, construit en 1833, la propriétaire, ancienne galeriste et peintre à ses heures, a transformé l'ancien hôtel, en une agréable maison d'hôtes. Les 5 chambres sont chaleureuses, spacieuses et donnent à l'arrière sur le jardin, donc très calmes. Toutes sont équipées d'une TV. Certes les cabines de douche sont étroites, mais devraient être peu à peu changées. Petit coin bibliothèque, salon TV. Accueil chaleureux.

Chambres d'hôtes chez Marie Noël : *la Bourganière, 27160 **Les Baux-de-Breteuil.** ☎ 02-32-30-68-18. • la-bourganiere@orange.fr • la-bourganiere.com • À 1 km avt le village, sur la gauche en venant de Breteuil. Double 52 € avec douche ou bains. Table d'hôtes 20 €. Réduc de 10 % à partir de la 2e nuit sur présentation de ce guide.* Dans une grande ferme très propre, entourée de champs de céréales, non loin de l'orée de la forêt. Chambres à la déco coquette et un peu kitsch. Accueil familial.

De prix moyens à chic

Le Grain de Sel : *76, pl. Laffitte, Breteuil-sur-Iton. ☎ 02-32-29-70-61. Face à la mairie. Fermé lun, et le soir des mar-jeu, dim et j. fériés. Formule déj 13 € en sem ; menus 19-37,50 €. Café offert sur présentation de ce guide.* Dans un intérieur intimiste, cuisine traditionnelle de qualité à des prix raisonnables. Pour ceux qui aiment, délicieuses préparations aux escargots, provenant d'un élevage proche ; également gambas, foie gras de canard... Accueil et service attentifs.

La Maison de la Ferrière : *pl. de l'Église, 27160* ***Francheville.*** *☎ 02-32-58-39-80. • maison.de.la.ferriere@wanadoo.fr • À env 8 km au sud-ouest de Breteuil par la D 55 en direction de Bourth. Tlj sf lun-mar hors fériés. Formule 16 € ; menus 27-36 €.* Dans l'ancienne école de cet adorable village fleuri, face à la mairie. Salle au décor moderne dans des tonalités gris et mauve, ou en terrasse sur la placette. Une cuisine simple et fraîche servie dans une atmosphère conviviale.

À voir

En plein centre du village, sur la place Laffitte, on ne peut pas manquer ***l'hôtel de ville,*** un édifice surprenant et original qui s'apparente à une belle chapelle gothique.

L'église Saint-Sulpice : une longue nef avec bas-côtés, en forme de croix, construite en belle pierre appelée le « grison du pays d'Ouche », qui lui donne un caractère original. La charpente est en bois polychrome et historié du plus bel effet. Le chemin de croix est lui aussi rare. Grand orgue original du XVIe s.

Le jardin public : *dans le centre.* Beau parc à l'anglaise planté d'arbres centenaires et entourant un grand étang. L'Iton traverse l'ensemble. Çà et là quelques pans de muraille de l'ancienne forteresse. Coins pique-nique. Agréable promenade pour les familles.

LA SÉPARATION DE L'ÉGLISE ET DE L'ÉTAT ?

Au-dessus de l'entrée de ce qui ressemble à une chapelle gothique, dans le centre de Breteuil-sur-Iton, sont fièrement inscrits « Hôtel de Ville » et notre chère devise républicaine, « Liberté, Égalité, Fraternité ». Une mairie dans une église ? Est-ce bien catholique tout ça ? Pourtant, aucune entorse n'est faite à la loi de 1905 : c'est juste un architecte fantaisiste qui s'est inspiré, en 1860, du style gothique pour construire l'hôtel de ville, qui n'a jamais connu d'activités religieuses !

À voir dans les environs

Le Chocolatrium – Initiation au Chocolat : *av. de Conches (D 140), 27240* ***Damville.*** *☎ 02-32-35-20-75. • cluizel.com • En dehors de Damville. Mar-sam 10h-18h sf j. fériés (dernière entrée à 16h45) ; boutique ouv tte l'année, sf j. fériés, lun-sam 10h-18h (lun fermé 12h-13h30). Entrée : 5 € (petit cadeau inclus) ; réduc, y compris sur présentation de ce guide.* Cet espace entièrement dédié au chocolat est installé dans un bâtiment moderne, en bord de route, à côté de la fabrique du fameux artisan chocolatier Michel Cluizel. Une expo vous conte, sous forme de B.D. pédagogique, toutes les étapes de la fabrication du chocolat, depuis la cabosse du cacaoyer jusqu'à la tablette de chocolat. Puis une vidéo vous dévoile les secrets d'une culture difficile et du choix crucial des assemblages de fèves. Enfin, on contemple un petit bout du laboratoire et les ultimes raffinements que les chocolatiers font subir à ces petites bouchées (dégustation en fin de visite).

VERNEUIL-SUR-AVRE (27130) 6 660 hab. *Carte Eure, B4*

Ancienne cité fortifiée, fondée en 1120, au sud-ouest de l'Eure et aux confins de la Normandie. Cette petite ville, encore entourée de ses anciens fossés, et de sa ligne (discrète) de remparts, est la porte d'entrée du pays d'Ouche. Une superbe tour d'église, d'anciennes maisons en bois, des hôtels particuliers de la Renaissance et la sérénité d'une ancienne abbaye semblent protéger la ville du tapage extérieur.

Adresses et info utiles

Office de tourisme : *pl. de la Madeleine, à gauche du parvis, face à l'église du même nom. ☎ 02-32-32-17-17. • tourisme-avre-eure-iton.fr • Lun-sam 9h30-13h, 14h-18h de Pâques à mi-sept (17h le reste de l'année) ; dim en juil-août et Journées du patrimoine 10h-12h30, 14h30-17h30 (dim mat mai-juin et sept).*

Gare SNCF : *au bout de l'av. Victor-Hugo. Rens : ☎ 36-35 (0,34 €/mn). À 5 mn à pied du centre.* Sur la ligne Paris-Granville.

– **Marché :** *sam mat, pl. de la Madeleine et rue Clemenceau.*

Où dormir ? Où manger ?

De bon marché à chic

Hôtel du Saumon : *89, pl. de la Madeleine. ☎ 02-32-32-02-36. • hotel.saumon@wanadoo.fr • hoteldusaumon.fr • En plein centre, sur la pl. de l'église, à quelques pas de l'office de tourisme. Fermé dim soir nov-mars. Congés : de mi-déc à mi-janv. Doubles 48-74 € avec douche ou bains ; familiales 70-90 €. Formule et menus 11 € en sem, puis 17-52 €. Wifi. Café offert sur présentation de ce guide.* Une bonne maison provinciale, bien tenue, et à la qualité constante. Chambres confortables nickel. Celles côté place sont plus jolies, plus grandes (plus chères aussi). Côté cour, elles sont plus calmes... L'établissement propose aussi une bonne table avec, à la carte, du saumon, bien sûr, des ris de veau, etc. Une adresse idéale pour visiter Verneuil et les environs.

Le Madeleine : *206, rue de la Madeleine. ☎ 02-32-37-91-81. • lemadeleine.verneuil@orange.fr • Tlj sf mer. Formule déj 15 € sf dim et j. fériés ; menus 27-65 €. Café offert sur présentation de ce guide.* Ici, pas d'esbroufe, juste l'amour du métier et, au final, une belle petite affaire. Un accueil simple et authentique dans une déco chaleureuse. Une cuisine à base de produits du terroir et de saison mais revisitée de manière personnelle, tel que ce feuilleté aux petits-gris de Tillières (l'élevage d'escargots de Tillières n'est qu'à quelques kilomètres).

Le Collectionneur Gourmand : *ruelle de l'Abreuvoir/63, rue Gustave-Roger. ☎ 02-32-60-11-11. • lecollectionneurgourmand.com • Fermé lun, plus dim soir hors saison. Suggestion et formule du jour à partir de 11 € ; repas complet autour de 30 € ; formule brunch 24 € dim 10h30-14h30 ; salon de thé mer-sam 15h-18h.* Il fallait la trouver cette adresse originale, cachée dans un charmant recoin du vieux Verneuil ! Le patron est un collectionneur invétéré de figurines en plomb (pas seulement les petits soldats), il y en a partout, méticuleusement rangées dans des vitrines qui tapissent les murs, jusqu'aux toilettes. Mais il y a aussi des maquettes d'avions, suspendues aux poutres de la chaleureuse salle de resto aux tons orangés, et de bateaux. Pour les fans, la boutique est juste à côté. En cuisine, un chef qui a déjà fait ses preuves ailleurs et qui concocte des plats simples mais inventifs et pleins de fraîcheur. Très bon rapport qualité-prix-convivialité.

Où dormir ? Où manger dans les environs ?

Chambres d'hôtes au Château de la Puisaye : *La Puisaye, 27130* ***Ver-***

neuil-sur-Avre. ☎ *02-32-58-65-35.* • *info@chateaudelapuisaye.com* • *chateaudelapuisaye.com* • *À env 3 km au sud de Verneuil. Prendre la D 839 direction Chartres, puis à droite la D 56 direction Beauche, continuer sur 1,5 km et tourner à droite sur la C 19 : le château est sur la gauche, à 500 m. Doubles 98-128 € selon taille. Également un gîte rural (8 pers) dans le pavillon de chasse 375-450 €/w-e ou 420-750 €/sem selon saison. Dîner (sur résa slt) pour les hôtes : 16-33 € ou 55 € (repas gourmand). CB acceptées. Internet. Sur présentation de ce guide, 10 % de réduc sur le prix de la chambre, sf sam et j. fériés.* Un charmant couple franco-britannique a restauré ce joli château du XIXe s et aménagé, dans les étages, 5 chambres, vastes, claires et décorées avec goût (meubles anciens, cheminées, salles de bains modernes). Parc de 27 ha. Sauna, ping-pong et VTT à disposition des hôtes. Délicieux petit déj avec confitures maison.

Chambres d'hôtes chez M. et Mme Leroy : *La Troudière, 27570* ***Breux-sur-Avre.*** ☎ *02-32-32-50-79.* • *brunolry@aol.com* • *latroudiere.free.fr* • *La Troudière n'est pas très facile à trouver : prendre la N 12 en direction de Dreux ; à Breux, suivre le panneau La Troudière : c'est une ferme dans le village. Double 48 €. Également un gîte rural (6 pers) 250-350 €/sem. Réduc de 10 % sur le prix de la chambre sur présentation de ce guide à partir de 2 nuits consécutives, hors juil-août.* Une bonne ambiance et un accueil chaleureux dans cette ferme en activité qui abrite 2 chambres confortables, au calme. Excellent rapport qualité-prix.

Chambres d'hôtes Manoir Les Perdrix : *Les Marnières, N 12, 27570* ***Tillières.*** *06-21-21-08-52.* • *manoirlesperdrix.fr* • *De Verneuil, prendre la N 12 en direction de Dreux ; après Bâlines, prendre à gauche en direction de « Le Plessis » (fléchage « Gîtes de France » et pour l'élevage d'escargots). La propriété est à env 500 m juste après le passage à niveau. Doubles 85-95 € ; familiales 3-4 pers 115-135 €. Table d'hôtes : assiette gourmande 16 € ; repas complet 27 €. Wifi. 2 visites guidées de Verneuil offertes, avec audioguide, à pied ou en calèche selon les saison, sur présentation de ce guide.* Un ancien relais de chasse XVIIIe-XIXe s, à l'architecture composite et bien caché derrière des arbres vénérables. Chambres toutes différentes et de grand confort donnant sur tous les côtés du jardin. On a particulièrement aimé *la Deauville* (40 m², cheminée, baignoire balnéo) avec son plafond voûté et *la Giverny* aux couleurs vives et tissus fleuris qui auraient sûrement plu à Monet... Accueil chaleureux des jeunes propriétaires. Organisent des séjours à thème (consulter leur site).

Auberge Chantecler : *6, pl. de l'Église, 27580* ***Bourth.*** ☎ *02-32-32-61-45.* • *auberge.chanteclerc27@orange.fr* • *Fermé dim soir et lun (sf j. fériés). Menus 17 € (midi en sem) et 27-46 €. Café offert sur présentation de ce guide.* La jolie façade recouverte de géraniums et de pétunias met tout de suite en confiance... Et on n'est pas déçu ! Du traditionnel au créatif, il y en a pour toutes les papilles. Déclinaison autour du foie gras, mais aussi ris de veau aux morilles... Terrasse en été.

À voir. À faire

L'église de la Madeleine : *pour monter dans la tour, inscription préalable à l'office de tourisme (2 € ; réduc ; gratuit moins de 12 ans).* C'est sa tour qui est impressionnante : chef-d'œuvre du gothique flamboyant (fin du XVe s), elle est finement sculptée et ornée d'une trentaine de statues sur ses contreforts. L'intérieur de l'église mérite aussi un peu d'attention car il renferme des vitraux des XVe et XVIe s. Noter l'admirable buffet d'orgue du XVIIIe s, l'un des plus importants de Normandie. Il est l'œuvre de Jean-Baptiste-Nicolas Lefebvre, issu d'une famille de facteurs d'orgues rouennais réputés.

De (très) belles ***maisons*** dans la rue de la Madeleine. À l'angle de la rue du Canon, à deux pas du chevet de la Madeleine, une magnifique bâtisse à tourelle abrite la *bibliothèque municipale.* Remarquer le beau damier (silex, brique, calcaire) de la façade. Attenants à celle-ci, l'*hôtel de Bournonville* (XVIIIe s), l'*hôtel de Gensac* (à pans de bois, du XVIe s), l'*hôtel de la Rousserie* (du XVIIIe s, où Charles X, partant pour l'exil, passa la nuit du 5 août 1830).

En empruntant la rue du Canon, remarquer, au n° 14, la belle ***maison du Boulanger*** à pans de bois dont la façade a été restaurée. À deux enjambées, sur la place Saint-Laurent, l'***ancienne église Saint-Laurent*** du XVIe s accueille des expos temporaires *(tte l'année, mer-dim 14h-18h ; rens à l'office de tourisme).*

La tour Grise : *à 150 m de l'église Saint-Laurent.* En fait, elle est plutôt de couleur brune. C'est l'un des plus beaux donjons cylindriques du XIIIe s, construit à la demande de Philippe Auguste. Noter l'épaisseur des murs (3,85 m) et la pierre de grison, caractéristique du pays d'Ouche.

L'église Notre-Dame : *excentrée, non loin de l'abbaye Saint-Nicolas.* Elle a été construite et modifiée du XIIe au XIXe s. L'intérieur, très riche, comprend une remarquable collection de statues de bois et de pierre (du XIIIe au XVIe s).

L'ancienne abbaye Saint-Nicolas : *à une centaine de mètres de l'église Notre-Dame.* Cette ancienne abbaye, fondée en 1627, abritait une communauté de religieuses bénédictines. Depuis le départ des moniales, en 2001, on ne visite plus que l'église, qui possède de beaux vitraux *(visite sur résa auprès de l'office de tourisme).*

DANS LES ENVIRONS DE VERNEUIL-SUR-AVRE

Le palais de la Miniature : *3 bis, rue de Gournay, 27130* ***Les Barils*** *(env 7 km à l'ouest de Verneuil). ☎ 02-32-37-64-70. 06-19-05-83-76. • alexandrefigurines.com • Ouv de mi-fév à début nov ; juil-août, tlj sf lun, 11h-12h30, 14h30-18h (vérifier quand même par tél) ; le reste du temps, sur rdv. Musée et atelier 7 € ; réduc.* Le palais de la Miniature et du Diorama est un lieu unique en France qui rassemble trois espaces. D'abord l'atelier, l'antre de l'artiste où Claude Alexandre, maître orfèvre en miniature, présente son métier ainsi que les différentes étapes nécessaires pour passer d'un lingot de plomb à une figurine d'exception. Puis, le musée, où 18 dioramas mettent en scène l'histoire de France à travers des décors civils et militaires. Ainsi, vous pénétrerez dans l'intimité d'un dîner avec Louis XVI, ou ferez quelques pas de danse au milieu des invités du bal chez Mme Tallien. Une véritable redécouverte de l'histoire de façon ludique et interactive. Enfin, la visite s'achève dans la salle d'exposition-boutique. L'occasion de découvrir les animaux magiques et autres curiosités !

LE PAYS D'OUCHE

Prenez un plateau à céréales, frais en hiver, doux au printemps, lourd en été, piquez-le de bosquets, de haies vives, mettez-y beaucoup d'herbe grasse, coupez le tout de quelques vallées aux noms évocateurs, Risle, Charentonne, Iton, ajoutez de l'eau pour que les verts soient plus tendres, saupoudrez d'une ribambelle de jolis manoirs et gentilhommières, d'églises aux clochers pointus et de façades à damier de silex, de brique et de pans de bois, n'oubliez pas le grison, pierre typique de couleur brune, et placez le tout autour d'un grand massif forestier presque continu (forêts de Conches, de Breteuil et de Beaumont-le-Roger, toutes domaines privés), habité par les sangliers et les chevreuils : vous avez la recette du pays d'Ouche.

CONCHES-EN-OUCHE

(27190) 5 000 hab. *Carte Eure, B3*

Fille de la forêt, la petite capitale du pays d'Ouche domine la région du haut de sa colline. Qu'il est agréable de se promener dans ses rues bordées de maisons à pans de bois ou de flâner dans les allées ombragées du parc. Noter que le sous-sol de Conches est un vrai gruyère creusé d'innombrables caves, souterrains, passages obscurs... Il faut savoir que Conches était une étape prestigieuse sur la route de Saint-Jacques-de-Compostelle.

Adresse et info utiles

Maison du tourisme : *pl. Aristide-Briand, dans l'enceinte de la Maison des arts. ☎ 02-32-30-76-42. • conches-en-ouche.fr • À deux pas du donjon. Ouv tte l'année, mar-sam 10h-12h30, 14h-17h30 (plus dim 10h-12h en juil-août).* Topoguides gratuits pour les balades pédestres et à vélo dans le coin (100 km de sentiers balisés). Accueil charmant. Expos temporaires gratuites à l'étage.

– ***Marché :*** *jeu mat et dim mat.*

Où dormir ? Où manger dans le coin ?

Hôtel-restaurant de Normandie : *10, rue Saint-Étienne. ☎ 02-32-30-04-58. • normandie.conches@wanadoo.fr • conches-hotel.com • Resto ouv tlj sf lun midi, ven et le soir des dim et j. fériés. Congés : non définis, en mars, août, oct et déc. Doubles 54-61 € (56-63 € le sam mai-sept). Formule déj 13,50 € lun-jeu ; menus 19-33,50 €. Internet, wifi. Café offert sur présentation de ce guide.* À quelques pas du donjon et de la maison du tourisme, un des rares hôtels-restaurants qui bénéficient du label Tourisme et Handicap « 4 logos ». Les chambres, en majorité spacieuses, sont toutes décorées de façon différente et équipées de tout le confort. Réparties dans 2 bâtiments avec galerie en bois, en vis-à-vis, elles donnent sur un petit jardin intérieur très bien entretenu. Le patron cuisinier confectionne une bonne cuisine normande traditionnelle servie dans une salle vaste et claire. Accueil amical.

Chambres d'hôtes La Marguerite Rouge : *181, rue du Bout-aux-Rabets, 27160* ***Sainte-Marguerite-de-l'Autel.*** *☎ 02-32-37-44-53. • la-marguerite-rouge.com • À 9 km au sud-ouest de Conches, par la D 61, puis, à l'entrée de Sainte-Marguerite, la D 23 en direction de La Ferrière-sur-Risle, et la 1re à gauche. Double 56 € ; familiales 3-4 pers 69-83 €. Table d'hôtes 22 €, boissons comprises. Wifi. Une bouteille de cidre offerte sur présentation de ce guide.* Dans un hameau tranquille en pleine nature. 2 suites en duplex situées dans une mignonne dépendance à colombages, indépendante de la maison des propriétaires. Atmosphère douillette et reposante. Beau jardin où peuvent s'ébattre les enfants. Table d'hôtes confectionnée avec les légumes et fruits du potager.

Chambres d'hôtes chez Mélina et Gaël Garnier : *ferme du Nuisement, route d'Évreux, 27240* ***Manthelon.*** *☎ 02-32-30-96-90. • gael.garnier@neuf.fr • À 8,5 km au sud-est de Conches, sur la route de Damville. Au rond-point de la D 140 et de la D 55, la ferme se trouve à 100 m sur la gauche (direction Manthelon). Fermé début août-début sept. Double 47 € ; 53 € pour 3.* Une grande ferme à pans de bois, coquette, très bien tenue par un jeune couple d'agriculteurs. 4 chambres colorées et meublées avec goût. 2 d'entre elles disposent d'une baignoire balnéo, les autres d'une douche hydromassante. Grand salon confortable, billard.

Chambres d'hôtes La Grenouillère : *22, rue de la Garenne, 27190* ***Portes.*** *☎ 02-32-30-66-39. 06-01-33-36-81. • lagrenouillere27@yahoo.fr • À 9 km au nord de Conches par la*

D 840 et la D 142 ; sur la gauche en entrant dans le village. Double 57 € ; familiales 87-97 € (325 €/sem). Assiette gourmande 12 € ; repas complet 22 €. Internet. Un pot de confiture maison offert sur présentation de ce guide. La belle longère entourée d'un jardin abrite 2 chambres de plain-pied : la romantique « Rose d'Antan » et la « Souffle d'Or » avec ses tommettes et sa déco originale. À l'étage une suite familiale aux couleurs ludiques, et pouvant être louée en gîte (cuisine équipée, coin-salon). Au fond du jardin, se cache à l'étage d'une petite grange-atelier la « Nid d'amour » qui porte bien son nom. Véronique et Franck ont quitté la vie stressante parisienne pour cette jolie maison et ce village paisible. Les repas et petit déj sont confectionnés avec les légumes et fruits du potager. Atmosphère sereine.

À voir. À faire

Le donjon : *près de la Maison du tourisme.* Il date du XIe s et impressionne toujours avec ses murs de 2,60 m d'épaisseur. Ne se visite pas, hélas !

L'église Sainte-Foy : *tlj 9h-19h.* Coiffée d'une haute flèche de 52 m, elle fut entièrement reconstruite à la fin du XVe s. Elle abrite de remarquables vitraux du XVIe s (un petit guide les détaillant est disponible sur place ou, à défaut, à la Maison du tourisme). « Le luxe chrétien atteint à Conches son extrême limite. L'œil est tout à la magie des verrières », s'exclame Édouard Herriot dans *La Forêt normande*. Bien vu, Édouard !

Le musée du Verre et de la Pierre : *route de Sainte-Marguerite. ☎ 02-32-30-90-41. Mars-nov, mer-dim 14h-18h. Entrée : 3 € (billet combiné avec le musée du Terroir normand) ; gratuit moins de 16 ans.* Soufflé, moulé, taillé, sablé... ici, le verre devient œuvre d'art. Ce musée présente de superbes pièces contemporaines créées par des maîtres verriers de renommée internationale (François Décorchemont, Antoine et Étienne Leperlier, Jean-Claude Novaro, Erich Schamschula, Marisa et Alain Bégou) et dont certains sont originaires de la région. Nouvelles expos d'artistes chaque année. Également une collection de pierres et de fossiles datant du Paléolithique et du Néolithique.

Le musée du Terroir normand : *rue Paul-Guilbaud. ☎ 02-32-37-92-16. Juin-sept, mer-dim 14h-18h. Entrée : 3 € (pour les 2 musées) ; gratuit moins de 16 ans.* Maison à l'architecture typique de la région, cadre idéal pour reconstituer un intérieur avec objets ménagers, mobilier et costumes. On découvre le savoir-faire des artisans et des paysans normands, avec une dizaine de corps de métiers représentés (apiculteurs, cordonniers, bourreliers...). À l'extérieur, un pressoir et un four à pain (régulièrement allumé le week-end), sans oublier le magnifique arboretum.

– **Base de loisirs de la Noë : *La Bonneville*** *(9 km de Conches). ☎ 02-32-37-61-97. 06-08-88-48-52. À Conches, prendre la D 830, direction Évreux. Ouv juil-août, tlj 10h-19h ; en juin, slt le w-e. Accès : 2 € ; réduc.* Dans un environnement verdoyant, un beau lac pour la baignade, l'embarcation à pédales, le canoë-kayak ou la pêche (activités payantes). Également tennis.

CIRCUIT DU PAYS D'OUCHE

Carte Eure, B3

De grandes forêts (Conches, Breteuil), de verts herbages plantés de pommiers et de haies vives, un plateau dénudé avec des champs battus par les vents, parfois piqués de boqueteaux, et une riante vallée préservée, celle

de la Risle où se cachent d'anciennes gentilhommières, comme savait les dépeindre Jean de La Varende, le chantre du pays.
De Conches-en-Ouche, prendre la route de Bernay. Compter un après-midi pour faire le circuit.

LA FERRIÈRE-SUR-RISLE (27760)

À 14 km à l'ouest de Conches, au fond de la belle vallée de la Risle, aux versants boisés, Ferrière recèle une jolie halle du XIVe s et une église romane du XIIIe s coiffée d'une tour-clocher. Le 3e dimanche du mois, adorable petit marché du terroir (le matin) et aux antiquités (l'après-midi).

LE CHÂTEAU DE BEAUMESNIL

![★★★] *« Le Versailles normand ». À 21 km au nord-ouest de Conches-en-Ouche, sur la route de Bernay. ☎ 02-32-44-40-09. • chateaubeaumesnil.com • Château ouv Pâques-juin, ven-lun et j. fériés 14h-18h ; juil-août, tlj 11h-18h ; sept, tlj sf mar 14h-18h. Parc ouv Pâques-sept, tlj 10h-12h, 14h-18h (juil-août, tlj 10h-18h). Entrée : 7 € (château et parc), 3 € pour le parc seul ; gratuit moins de 12 ans ; réduc.* Voici le plus beau château construit en Normandie sous le règne de Louis XIII (de 1633 à 1640). Il est situé dans un parc de plus de 60 ha dessiné par La Quintinie, assistant de Le Nôtre à Versailles. Sa façade en brique et en pierre, la richesse de la décoration, la profusion baroque des têtes sculptées au-dessus des fenêtres, le curieux labyrinthe de buis sur la droite et les reflets sur les eaux des bassins donnent une impression esthétique très forte, presque troublante. À l'intérieur de cette demeure inspirée, que La Varende appelait « le Mesnil Royal » (dans *Nez-de-cuir)*, on peut voir un étonnant escalier suspendu entre deux étages, une fort belle bibliothèque et un *musée de la Reliure,* présentant au fil des salles des pièces de toutes époques – anciennes et contemporaines – et de différents pays. Le château est meublé et appartint à feu Jean Furstenberg, qui a créé la Fondation Furstenberg-Beaumesnil après avoir consacré sa vie à la restauration de cette splendide demeure.

LA VALLÉE DE LA RISLE ET DE LA CHARENTONNE

LE BEC-HELLOUIN (27800) 420 hab. *Carte Eure, B2*

Adorable village avec ses maisons à colombages entourées de verdure. Blotti dans une vallée paisible où coule le Becquet, petit ruisseau de moins de 10 km de long aux eaux canalisées par les moines, c'est l'un des villages les plus touristiques de la région durant l'été, classé parmi les Plus Beaux Villages de France.

Où manger ?

Restaurant Le Canterbury : *3, rue de Canterbury, à deux pas de l'abbaye. ☎ 02-32-44-14-59. • lecanterbury@orange.fr • Fermé dim soir et mar soir (plus mer hors saison). Formule 19 € sf j. fériés ; menus 24-39 €. Café offert sur* *présentation de ce guide.* Bonne petite adresse où l'on vous sert une cuisine normande un peu modernisée. En été, agréable terrasse à l'arrière. Et l'accueil est sympa.

Le Clos du Bec : *2, pl. de l'Abbé-Herluin. ☎ 02-32-46-58-16. • leclosdubec@hotmail.fr • Fermé dim soir-mar midi. Menus 17,50-27 € ; repas à la carte env 22 €.* En contrebas du village sur la droite en face de l'allée menant à l'entrée de l'abbaye. Tout petit resto tenu en famille. Maman s'occupe de l'accueil et du service tandis que le fiston mitonne une bonne cuisine traditionnelle. Fait aussi salon de thé.

Où dormir dans les environs ?

Chambres d'hôtes Le Manoir d'Hermos : *chez Béatrice et Patrice Noël-Windsor, 27800* ***Saint-Éloy-de-Fourques.*** *☎ 02-32-35-51-32. • contact@hermos.fr • hermos.fr • ♿ (gîte). Sur la D 92, à env 2 km de la D 438 au nord de Saint-Éloy et à 7 km du Bec-Hellouin. Doubles 59-80 € ; familiale 118 €. Internet, wifi. Verre de cidre maison offert à l'arrivée sur présentation de ce guide.* Une longue et majestueuse allée forestière conduit à ce manoir du XVIe s, sobre et élégant. Henri IV l'utilisait comme pavillon de chasse. 2 chambres : la chambre aux Pivoines (4 personnes), spacieuse, donne sur le plan d'eau et la forêt, et la chambre aux Hortensias (3 personnes), sur le verger et la campagne. Petit déj avec confitures maison servi près de la cheminée ou sous les tilleuls centenaires. Le parc de 10 ha offre de belles balades à pied ou à vélo (location de VTT). Une recommandation : réservez ! Si une réception ou un mariage a lieu ce jour-là, on vous préviendra courtoisement afin que vous ne soyez pas surpris par le bruit tardif. Accueil pour cavaliers. Également un gîte (capacité de 40 personnes).

La Corne d'Abondance : *6, route de Rouen/pl. de la Mairie, 27520* ***Bourgtheroulde.*** *☎ 02-35-78-68-01. • contact@lacornedabondance.fr • lacornedabondance.fr • ♿ Du Bec-Hellouin, emprunter la D 438 (16 km) : c'est à côté de l'église. Resto fermé dim soir et lun midi. Résa conseillée. Doubles 50-60 € selon saison. Internet, wifi. Parking gratuit. Apéritif maison ou un petit déj par chambre offert sur présentation de ce guide.* Chambres modernes et confortables toutes différentes et aux tissus flashy. Fait aussi resto.

À voir

L'abbaye : *dans le village. ☎ 02-32-43-72-60. • abbayedubec.com • Ouv tlj. Visite libre 7h-19h. Visites guidées tte l'année sf mar : lun-sam à 10h30, 15h et 16h (une autre à 17h juin-sept) ; dim et fêtes à 12h, 15h et 16h. Entrée : 5 € ; réduc ; gratuit moins de 25 ans.*

En attendant la visite guidée, on peut se promener dans le parc. Offices chantés en grégorien et en français, avec, les dimanche et jours de fêtes, la présence des moniales de Sainte-Françoise-Romaine.

Fondée en 1034 par le père Herluin (appelé aussi Hellouin), l'abbaye devint vite l'un des hauts lieux de la pensée occidentale. Particulièrement riche, elle exerça une grande influence dans toute la région. La guerre de Cent Ans occasionna de graves dommages. Transformée en caserne pendant la Révolution, elle fut ensuite vendue par Napoléon qui fit détruire l'église abbatiale : on n'aperçoit plus que la base de ses piliers et quelques arcades gothiques sur la pelouse principale. La nouvelle église est aménagée dans l'ancien réfectoire. Magnifique salle voûtée. Au milieu du chœur, un sarcophage de pierre renferme le corps du fondateur. Aux fenêtres, encore quelques carreaux à l'ancienne.

Le *cloître* a gardé une belle porte gothique ainsi qu'un escalier monumental. Une boutique vend de jolies poteries peintes à la main et des lithographies, toutes œuvres de belle facture exécutées par les moines qui vivent encore dans l'abbaye.

HARCOURT

(27800) 920 hab. *Carte Eure, B2*

Petit village normand possédant un certain charme et surtout connu pour son château. Belle place principale avec sa vieille halle entourée de demeures à pans de bois et briques décoratives. Dans l'église, fonts baptismaux du XIIIe s et beau lutrin du XVIe s.

À voir

Le domaine d'Harcourt : *☎ 02-32-46-29-70. De mi-juin à mi-sept, tlj 10h30-18h30 ; de mars à mi-juin et de mi-sept à mi-nov, tlj sf mar 14h-18h. Entrée : env 4 € ; réduc.* Un programme de restauration des extérieurs est en cours et s'étendra sur 20 ans ! Construite aux XIIe et XIVe s, c'est une forteresse caractéristique de l'architecture militaire normande. Les murs d'enceinte, protégés par des douves profondes, ont conservé deux tours de défense. Dans la cour, puits à roue du XIVe s. À l'intérieur, expo sur l'histoire du château, au fil de superbes salles. On y apprend tout de l'architecture du château, particulièrement intéressante. Dans la vaste forêt qui l'entoure, on trouve un arboretum de toute beauté, considéré comme le plus ancien de France, rassemblant 400 essences, notamment des séquoias et de magnifiques cèdres du Liban du début du XIXe s. Et aussi des hêtres tortillards, des cyprès chauves... Bien agréable balade au milieu de ces arbres acclimatés à nos tropiques. Itinéraire balisé sur le site. Animations de mars à novembre.

LE NEUBOURG

(27110) 3 900 hab. *Carte Eure, B2*

Capitale d'une des régions agricoles les plus riches de Normandie. À voir, les vestiges de l'ancien château (qui ne se visitent pas), place Aristide-Briand. Non loin de là, l'église et dans le centre-ville aussi, le musée de l'Écorché d'Anatomie. Mais surtout, ne pas manquer le château du Champ-de-Bataille, dans les environs.

DES BERGERS SORCIERS

Dans la région du Neubourg, au XVIIe s, on organisa plusieurs procès en sorcellerie contre des bergers. On les accusait de pratiquer de terribles messes noires avec des hosties consacrées. Les bergers avaient l'avantage de vivre souvent seuls, donc aucune famille pour les défendre. Et aussi, on pouvait récupérer leurs troupeaux.

Adresse et infos utiles

Office de tourisme : *pl. Ferrand, dans l'ancienne gare du Neubourg. ☎ 02-32-35-40-57. • le-neubourg.fr • ♿ Un peu excentré mais bien indiqué. Juin-sept, lun-sam 10h-12h30, 14h-18h, dim et j. fériés 10h-13h. Le reste de l'année, horaires restreints.* Propose pas mal de doc, détaillée et intéressante, dont des boucles à faire à vélo. Organise aussi des animations toute l'année.

– ***Marché au foie gras :*** *1 sam mat/mois, en avr, oct, nov et déc.*

Où dormir dans les environs ?

Chambres d'hôtes La Paysanne : *chez M. et Mme Lucas, 8, rue de l'Église, 27110* ***Épégard.*** *☎ 02-32-35-08-95. • lmauricelucas@club-internet.fr • ♿ À moins de 5 km au nord du Neubourg : suivre la direction du château du Champ-de-Bataille par la D 39, puis c'est à droite près de l'église. Double 40 € avec douche et w-c.* Dans une ancienne et grande ferme du XVIIe s et sa belle pelouse, 3 chambres avec tout le confort. Propreté nickel. Séjour commun avec coin cuisine à disposition des hôtes. Petit déj savoureux et copieux. Bon accueil.

À voir

L'église Saint-Paul : du XVe s. Abside triangulaire inhabituelle. Intéressant portail sud en anse de panier avec accolade flamboyante. Vantaux datant du XVIe s. À l'intérieur, riche mobilier : 18 stalles, autels latéraux et lutrin, tous du XVIIe s. Beau *saint Jean-Baptiste* en pierre polychrome du XVe s. Près du baptistère, émouvant *saint Paul* en bois, du XVe s, complètement rongé par les éléments (il resta quelques siècles dehors !).

Le musée de l'Écorché d'Anatomie : *Espace culturel, 54, av. de la Libération. ☎ 02-32-35-93-95. ♿ Mer-dim et j. fériés 14h-18h. Fermé de mi-déc à mi-janv. Entrée : 4,50 € (audioguide inclus) ; gratuit moins de 10 ans ; réduc.* Voici un musée bien insolite ! Le corps humain sous toutes ses coutures ! Muscles, vaisseaux, organes... Mais, rassurez-vous, un corps humain « artificiel » : telle fut l'invention du docteur Auzoux au début du XIXe s. Les pièces exposées proviennent de la fabrique qu'il a créée. Une vidéo retrace l'histoire du génial médecin et des processus de production utilisés jusqu'à nos jours. Il est assez incroyable, quand on y pense, qu'un homme ait pu, en pleine campagne et à cette époque, atteindre une telle perfection. Toutes ces pièces de carton-pâte avaient pour seul but de vulgariser l'anatomie sans avoir forcément à passer par la dissection. Également quelques spécimens, version faune et flore : mouche tsé-tsé, abeille, fougère, etc.

DANS LES ENVIRONS DU NEUBOURG

Le château du Champ-de-Bataille : *à 5 km au nord-ouest du Neubourg par la D 39, à* ***Sainte-Opportune-du-Bosc,*** *Le Neubourg (27110). ☎ 02-32-34-84-34. • chateauduchampdebataille.com • ♿ (accès à 80 % dans les jardins). Ouv Pâques-Toussaint. Jardins : 14h-18h tlj mai-sept (10h-18h juil-août) ; w-e et j. fériés le reste du temps. Château : w-e et j. fériés 15h30-17h30 ; tlj aux mêmes horaires en juil-août. Mieux vaut téléphoner avt, car les horaires peuvent changer. Entrée : 12 € (jardin) ; 24 € avec la visite du château (audioguide) ; gratuit moins de 6 ans : réduc ; CB refusées.* Au milieu d'un parc de 40 ha, superbe château ducal du XVIIe s, l'une des plus fastueuses demeures de Normandie, habité et ouvert au public. Il a été racheté en 1992 par le célèbre architecte d'intérieur Jacques Garcia. À l'intérieur, riches décor et mobilier qui donnent une idée précise de l'art de vivre au XVIIIe s. Mais pour tout dire, on est encore pétri d'admiration devant les nouveaux jardins à la française. Voilà un endroit où le rêve un peu fou, la passion tenace, la poésie, l'imaginaire et la réalité ont fusionné pour créer une « œuvre contemporaine » unique en Normandie. Ne cherchez pas les traces des anciens jardins, il n'en reste presque pas. Seules les dentelles de buis ont été restaurées selon les plans de Le Nôtre. Tout n'est donc que pure création et symboliques dans lesquelles on chemine. On pénètre l'univers minéral pour rejoindre progressivement l'univers immatériel (le degré de l'esprit) en passant par le degré végétal, animal, celui de l'humanité, de la conscience et de la lumière. Ici, les végétaux sont mis en scène à travers de remarquables perspectives. Là, ils épousent la forme de reptiles. Plus loin, le visiteur se perd dans le labyrinthe, revenant incessamment sur ses pas, telle une fourmi dans une fourmilière. Jardin italien et opéra en plein air en juin. Un site majeur de l'Eure.

Le moulin Amour (écomusée de la Meunerie) : *route du Moulin, 27370* ***Saint-Ouen-de-Pontcheuil.*** *☎ 02-35-77-54-44. • moulinamour.com • Du Neubourg, prendre la D 840 direction Elbeuf. À 7 km, tourner à gauche, D 86 (parking). Début avr-début oct, dim et j. fériés 14h30-18h30 (18h pour la billetterie) ; tlj sf lun de mi-juil au 3e w-e d'août (mêmes horaires). Entrée : env 4 € ; réduc, y compris sur présentation de ce guide ; gratuit moins de 16 ans en famille. Pour les visites guidées se renseigner.* Dans un cadre bucolique, voici le dernier des 17 moulins à eau de la vallée de l'Oison. On assiste en direct à la fabrication de la farine de meule. Expositions dans les salles de ce moulin au joli nom (celui de l'ancien meunier) et aussi animations régulières. Agréable promenade près du plan d'eau et dans le jardin botanique. Un sentier nature de 1 km, accessible à tous, permet de découvrir la biodiversité des lieux (livret gratuit à l'accueil). Également un jardin d'herbes, un potager pédagogique et une petite crêperie sur place.

BERNAY (27300) 10 160 hab. *Carte Eure, B2-3*

Charmante petite cité à l'ouest d'Évreux, miraculeusement épargnée lors de la Seconde Guerre mondiale. Bourgade commerçante et animée, véritable « petite capitale ». Beau musée et festival de demeures anciennes.

Adresse et infos utiles

Office de tourisme *(plan A1) : 29, rue Thiers, BP 313. ☎ 02-32-43-32-08. • ville-bernay27.fr • De mi-juin à mi-sept, lun-sam 9h30-18h, dim et j. fériés 10h-13h. Hors saison, lun-sam.* Bonne doc sur Bernay et la région. Propose un circuit libre et balisé dans la ville, intitulé « L'eau, la pierre, le bois ». Infos sur les voies vertes (13 km Bernay-Broglie, etc.).

– ***Marché :*** *sam mat.* Le plus intéressant de la région. Aux quatre coins de la ville, fleurs, légumes, volailles et artisanat, avec de nombreux camelots.

Où dormir ? Où manger ? Où boire un verre ?

Camping

Camping municipal *(hors plan par A2, **10**) : rue des Canadiens. ☎ 02-32-43-30-47. • camping@bernay27.fr • ville-bernay27.fr • À 3 km de la gare, direction Broglie, puis suivre les panneaux. Ouv mai-sept. Compter 9,70 € pour 2. CB refusées.* Camping aux limites de la ville. 50 emplacements ombragés. Bien tenu. Aire de jeux. Piscines couverte et découverte payantes à 800 m et tennis à 500 m.

De prix moyens à chic

Le Lion d'Or *(plan A2, **11**) : 48, rue du Général-de-Gaulle. ☎ 02-32-43-12-06. • hotelliondor@wanadoo.fr • hotel-liondor-bernay.com • Tte l'année, tlj. Double 58 €, quadruple 78 €. Wifi. Parking payant dans la cour intérieure.* Cet ancien relais de poste du XVIIIe s, avec son grand porche pour les diligences, abrite une vingtaine de chambres rénovées chaleureuses. Bien situé. Un bon rapport qualité-prix.

Le Bistrot *(plan A1, **12**) : 21, rue Gaston-Folloppe. ☎ 02-32-46-23-60. • robertbe@free.fr • Fermé dim-lun. Congés : 3 sem fin juil-début août. Résa conseillée. Formules et menus 11-14 € (midi mar-ven) et 18-35 €. Kir normand offert sur présentation de ce guide.* Une jeune équipe tient les commandes de ce joli petit resto au cadre médiéval, dans

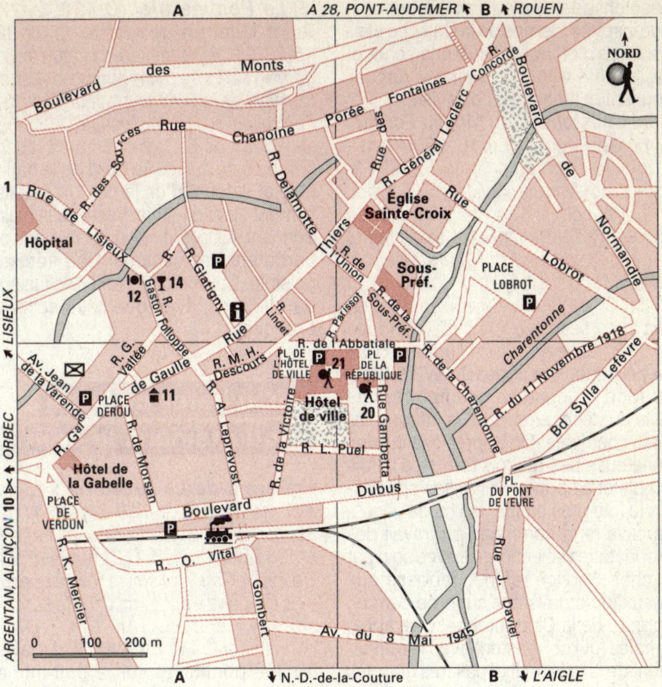

BERNAY

■ **Adresse utile**

Office de tourisme

Où dormir ? Où manger ? Où boire un verre ?

10 Camping municipal
11 Le Lion d'Or
12 Le Bistrot
14 Le Brin d'Zinc

À voir

20 Musée municipal
21 Église abbatiale

une maison du XVe s, avec une cheminée imposante. On trouve des plats à base de fromage, de foie gras maison et de recettes traditionnelles... Rien de bien compliqué, mais l'endroit est très sympa, surtout quand la jolie courette se remplit de tables aux beaux jours.

Le Brin d'Zinc (*plan A1*, **14**) *: 32, rue Gaston-Folloppe. ☎ 02-32-43-68-00. Mar-ven 16h-1h (sam dès 10h30). Fermé de fin juil à mi-août.* Un troquet sympa et chaleureux où se retrouvent les jeunes du coin. Concerts 1 fois/mois d'avril à novembre. Bonne ambiance.

Où dormir ? Où manger dans les environs ?

La Calèche *: 54, rue Saint-Nicolas, 27170* ***Beaumont-le-Roger.*** *☎ 02-32-45-25-99. • lacaleche27@wanadoo.fr • À 17 km à l'est de Bernay par la D 133. Fermé mar-mer, plus dim soir oct-Pâques. Congés : 2 sem en janv et 3 sem en juil. Menus 17 € (midi en sem) et 22-32 €. Apéritif ou café offert sur présentation de ce guide.* Une salle à la déco chaude, une cuisine gastronomique inspirée : terrine de la Calèche et sa confiture d'oignons, fondant au chocolat, soufflé à la mandarine... Accueil souriant et ambiance conviviale.

L'hostellerie du Moulin Fouret : *2, route du Moulin-Fouret, 27300* ***Saint-Aubin-le-Vertueux.*** *☎ 02-32-43-19-95. • lemoulinfouret@wanadoo.fr • moulin-fouret.com • À env 3 km au sud de Bernay. Ouv tlj juin-août, sinon fermé lun (plus mar midi oct-mars). Double 65 €. Menus 27 € (midi lun-ven) et 42-58 € ; carte env 65 €. Parking gratuit. Sur présentation de ce guide, réduc de 10 % sur le prix de la chambre.* Dans ce vieux moulin à aubes du XVIe s, blotti au fond d'un vallon champêtre, une salle au décor exquis, plus intime près de la cheminée. On apprécie la cuisine généreuse de François Déduit, à la fois simple et élaborée. Parmi ses spécialités le foie gras chaud, les ris de veau... La cave rend hommage au travail des propriétaires sélectionnés avec soin par le chef. Service raffiné. Terrasse aux beaux jours devant le superbe parc en bordure de la Charentonne. Chambres simples (qui contrastent avec le raffinement de la cuisine !) et pas très grandes mais tout confort. Accueil chaleureux.

Manoir du Soleil d'Or : *23, côte de Paris, La Rivière-Thibouville, 27550* ***Nassandres.*** *☎ 02-32-44-90-31. • manoirdusoleildor.com • Au nord de Nassandres, par la D 23, puis dans le virage de la route qui rejoint la D 613. Fermé dim soir et mer. Formule déj 22 € lun-ven (1 verre de vin et café inclus) ; menus 27-54 €. Apéritif offert sur présentation de ce guide.* L'entrée de la propriété, située dans une épingle à cheveux de la route, est périlleuse, mais la maison vaut bien ce détour. Imaginez un élégant manoir anglo-normand trônant au cœur d'un parc boisé, et offrant sur un côté une vue imprenable sur la vallée de la Risle. Lambris, parquet, mobilier ancien, ici l'harmonie et l'élégance prévalent, mais l'ambiance reste décontractée et l'accueil vraiment cordial. En cuisine, Dimitri Lebel, le chef, vous prépare une cuisine à dominante normande raffinée et créative, comme, par exemple, sa terrine de foie gras de canard à la gelée de cidre ou le soufflé chaud. Une belle adresse !

La Pommeraie : *D 438, 27270* ***Saint-Quentin-des-Isles.*** *☎ 02-32-45-28-88. • sebastien-rodrigue@orange.fr • À env 3 km au sud-ouest de Bernay par la D 438 (direction Broglie). Fermé dim soir et lun. Menus 13-23 € en sem et 31-65 €. Café offert sur présentation de ce guide.* Au bord de la nationale et entouré d'un jardin. Un établissement au cadre chic. Vaste salle claire donnant sur le jardin et un plan d'eau où barbotent des canards. Une adresse paisible. Cuisine de terroir (déclinaison de foie gras) avec quelques accents exotiques.

Où acheter de bons produits dans le coin ?

Ferme de La Bretterie : *2, rue Alaume, Le Bret, 27300* ***Carsix.*** *☎ 02-32-46-16-25. De Bernay, prendre la D 438 (9 km), puis la D 31 sur la droite. Traverser Carsix et suivre les panneaux « La Bretterie » sur 1 km. Ouv tte l'année sur rdv, 9h-12h, 14h-19h. Visite-dégustation : 4 €.* Au XVIIIe s, il y avait 80 000 pommiers sur la commune. Aujourd'hui, seulement 1 500. La pomme, ça ne paie plus... Pourtant, le cru de La Bretterie, du demi-sec, est réputé et s'approche... d'un champagne. Pas moins ! Visite guidée de la cave et du pressoir de taille exceptionnelle, datant du XVIIe s, dégustation sur place et point de vente (cidre, pommeau, calvados, jus de pomme et gelée de cidre). Accueil sympa.

Ferme de Julien : *à* ***Saint-Léger-de-Rôtes*** *(27300). ☎ 02-32-46-81-86 ou 02-32-43-25-87 (ven-sam). Quitter Bernay par le nord-est (D 438), direction Brionne. Suivre les panneaux (3 km à droite). Ven et sam 9h30-12h30, 13h30-18h30.* Un groupe d'agriculteurs tient un petit magasin fort intéressant avec viande fermière, volailles, charcuterie locale, légumes, etc. Ils ont aussi ouvert non loin, sur la D 13 au niveau de Boissy-Lamberville (rond-point de la Bretagne) une ***Maison des producteurs*** : on peut y acheter des produits du terroir (cidres, bière locale, viandes, gâteaux). *Boutique ouv mer-dim 9h30-12h30, 13h30-19h (10h-13h dim). Et vous pou-*

vez même les déguster sur place : ils sont servis au petit resto de la Maison (tlj à midi et aussi soir mer-sam ; menu 11 €).

À voir. À faire

Le Musée municipal *(plan B2,* ***20****) : pl. Guillaume-de-Volpiano. ☎ 02-32-46-63-23. De mi-juin à mi-sept, mar-dim 11h-18h ; le reste de l'année, l'ap-m slt jusqu'à 17h30. Fermé 1er janv, 1er mai et 25 déc. Entrée : 3,70 € ; réduc ; gratuit moins de 16 ans et pour ts mer et le 1er dim du mois. Le prix du billet inclut la visite de l'église abbatiale.*
Magnifiquement installé dans l'ancien logis abbatial, le musée présente de riches collections de peintures et de mobilier, mais les œuvres changent souvent de place en raison de nombreuses expos temporaires.

LE MITRAILLAGE DE LA VOITURE DE ROMMEL

Le 17 juillet 1944 (six semaines après le Débarquement), la voiture du chef des armées allemandes, Rommel, fut mitraillée par un avion allié. Celui-ci recevra quelques soins à l'hôpital de Bernay et s'en sortira très diminué. Ce n'est qu'en 1990 qu'on apprit que le pilote était français.

– ***Sous-sol :*** vitrines consacrées à l'archéologie et à différents objets (costumes, poteries émaillées). Sont exposées également des copies des plus belles pièces du fameux trésor de Berthouville, datant de l'époque gallo-romaine et découvert en 1830 par un agriculteur qui labourait son champ. Les originaux se trouvent à la Bibliothèque nationale.
– ***Rez-de-chaussée :*** principalement dédié à la peinture de la fin du XIXe s et du début du XXe s et aux peintres du groupe de Puteaux. *La Lecture* de Louis Valtat, des tableaux de Diaz de la Peña (école de Barbizon) et de l'impressionniste anglais Constable. Douce atmosphère d'un intérieur normand dans le tableau de Jean-Paul Aube (1837-1916) : *Portrait de Mathilde,* gouvernante de la famille du peintre. Toutes ces œuvres ne sont pas exposées en permanence mais constituent les chefs-d'œuvre de la collection du musée.
– ***1er étage :*** dans une remarquable salle en enfilade et à l'ambiance très XIXe s, beaux coffres sculptés Renaissance. *Portrait du procurateur de Saint-Marc* attribué au Tintoret, toiles de l'école flamande du XVIIe s (scènes de rue et de cabaret), *Main blessée* de Gérard Dou, et joyeux *Moines et Religieuses en goguette* de Richard Brakenburg (école hollandaise du XVIIe s) ; les orientalistes, l'école française, etc. Galerie avec encore de superbes faïences de Rouen et une vitrine de pavés du XVIe s (à quand ceux de 1968 ?). Remarquable damier (le seul actuellement connu).

L'église abbatiale (plan A-B2, **21**) : *☎ 02-32-46-63-23. Entrée comprise avec celle du Musée municipal ; mêmes horaires d'ouverture. Entrée gratuite mer et le 1er dim du mois. Possibilité de visite guidée pour les groupes (rens à l'office de tourisme ou au musée). Pdt l'été, expo de peinture.* C'est la plus ancienne des grandes églises romanes de Normandie. Mieux, c'est en quelque sorte le berceau de l'art roman de la région ; c'est ici en effet que de nombreuses techniques architecturales furent expérimentées. L'abbaye fut fondée vers l'an 1013. L'église fut construite en 1060. Aujourd'hui, la mairie et le tribunal occupent les bâtiments (du XVIIe s) de l'abbaye ayant survécu à la Révolution (le tribunal, entre autres, dans l'ancien réfectoire – la salle capitulaire – de style gothique). L'église abbatiale, quant à elle, faillit bien disparaître. Très mutilée, elle devint entrepôt, grenier, etc. Aujourd'hui ressuscitée, on peut en admirer le grand vaisseau, ses larges arcades sur chapiteaux corinthiens, les baies géminées, les fenêtres hautes laissant entrer une superbe lumière. Intéressant bas-côté sud, voûté de coupoles sur trompe. Certains chapiteaux présentent de belles sculptures figuratives ou à motifs végétaux.

L'église Sainte-Croix *(plan B1)* **:** du XIVe s. Façade et belle tour du XVIIe s de style flamboyant avec lanternon. À l'intérieur, splendides dalles funéraires des abbés du Bec-Hellouin. Dalle de Guillaume d'Auvilliers (datant de 1418) dans le transept droit ; elle reçut une polychromie en 1833. Maître-autel de 1683 avec baldaquin. En hauteur, statues d'apôtres et d'évangélistes du XIVe s.

SAINT NAPOLÉON ET LA SAINTE-CROIX

En 1808 fut créée une statue de Saint Louis avec les traits de l'empereur Napoléon Bonaparte (elle est placée à gauche du chœur de l'église Sainte-Croix). Quant à Cambacérès, il fut représenté en saint Jean-Baptiste. Après la chute de l'Empire, on préféra cacher ces illustres modèles pas vraiment en odeur de sainteté...

➢ ***La vieille ville :*** belle balade à la découverte des plus remarquables demeures. Un circuit touristique de 1h30 à 2h. Voir le dépliant fort bien fait proposé par l'office de tourisme, « L'eau, la pierre, le bois ». Suivre au sol le dessin qui représente un roi en majesté. Ne pas hésiter à pousser les portes (droit de passage pour les Monuments historiques).
La *rue Thiers* d'abord : cours ravissantes, encorbellements sculptés et remplissages artistiques entre les pans de bois. Au n° 31, devant le parking à côté de l'office de tourisme, ancienne demeure de l'engagiste du roi (c'est-à-dire le gestionnaire de ses biens). Épis de faîtage en faïence du XVIIIe s. Au n° 9, ancien hôtel de ville (pousser la porte en verre). Aux n°s 4 et 6, visages et bustes sculptés sur les consoles : dans les anciennes demeures, les effigies des propriétaires étaient souvent représentées sur les poutres de façade.
Tourner dans la *rue Gaston-Folloppe* : alignement pittoresque de maisons médiévales à pans de bois. Toutes de guingois, en général sur un étage. Beaucoup d'antiquaires et de brocanteurs.
Rue du Général-de-Gaulle, peu avant la place de Verdun, s'élève le bel *hôtel de la Gabelle* en brique et pierre du XVIIIe s. Il abrite l'école de musique.
Lorsqu'on sort de l'office de tourisme, sur la place, prendre la direction de la rivière du Cosnier. On découvre, *rue de la Geôle,* l'ancien mur de l'hôtel-Dieu : celui-ci possédait une passerelle qui permettait aux sœurs d'aller au jardin sans être vues.

La basilique Notre-Dame-de-la-Couture *(hors plan par A2)* **:** *à 1 km du centre, dans le quartier de la Couture.* Fondée au XIVe s et agrandie au XVIe s sur un terrain en pente (ce qui explique l'escalier qu'il faut descendre pour y accéder). Fort belle tour de clocher effilée. Effet de verticalité renforcé par les clochetons. Malheureusement, on ne peut plus visiter l'intérieur qui renferme de splendides vitraux (à moins d'aller à la messe ou d'être là pour les Journées du patrimoine).
Le lundi de Pentecôte, pittoresque procession des confréries de charité de l'Eure.

Manifestation

– ***Salon des vieux papiers de collection :*** *le 3e w-e de fév, à la salle des fêtes.*

LE PAYS D'AUGE ET LE LIEUVIN

Au sud de Pont-Audemer, entre le Calvados et la Risle, s'étend une très jolie région. Cette « Eure augeronne » est traversée par de nombreux petits cours d'eau (les *doults* ou *douets*) qui se jettent dans la Calonne. Cette dernière possède la particularité d'être la seule rivière du département à refuser

d'entrer en Seine. Région présentant de pittoresques petites vallées encaissées où musardent d'adorables routes étroites. Chemins creux et futaies attendent les randonneurs. C'est un peu le Far West de l'Eure, sauvage et calme... Arrêtez-vous à *Cormeilles*, petite ville aux rues pentues, surnommée « le village aux antiquaires », car une quinzaine s'y disputent les échoppes avec les brocanteurs.

LA HYÈNE DE LA GESTAPO

Violette Morris fut une grande championne toutes catégories : natation, javelot, vélo... Elle se fit couper les seins pour mieux piloter lors des rallyes. Elle tomba vite dans la collaboration et fut une adepte de la torture au chalumeau. Sa Traction 15 fut sulfatée par la Résistance, près de Beuzeville dans le Lieuvin, au printemps 1944.

Où dormir ? Où manger dans le coin ?

Auberge du Président : *70, rue de l'Abbaye, 27260* ***Cormeilles.*** *☎ 02-32-57-80-37. • aubergedupresident@wanadoo.fr • hotel-cormeilles.com • ♿ Resto fermé lun, plus dim soir hors saison. Double à partir de 75 €. Menus 19 € (25 € dim et j. fériés)-32 €. Internet, wifi.* Une vieille auberge normande accueillante, tout comme ses jeunes propriétaires. Chambres cosy et confortables, donnant sur la cour-terrasse du resto. Tandis que madame veille en salle au bon déroulement du service et des commandes, monsieur s'affaire aux fourneaux pour vous préparer une savoureuse cuisine traditionnelle. Salle à manger d'un rustique un tantinet chic. Une adresse sympa pour visiter les alentours.

Chambres d'hôtes L'Ambroisie : *45, lieu-dit La Forge Subtile, 27260* ***Fresne-Cauverville.*** *☎ 02-32-42-76-40. 📱 06-72-47-52-30. • contact@closdelambroisie.fr • En venant de Lieurey par la D 28, tourner à droite à la Croix-de-Fer, puis tt de suite à gauche et continuer sur la petite route sur env 2 km. Double 70 €. Table d'hôtes 25 €.* Enfouie dans une campagne arborée luxuriante, la magnifique chaumière à colombages de Patricia et Serge vous réserve 4 belles chambres d'hôtes toutes aussi tentantes les unes que les autres. Vaste séjour pour les dîners ou les petits déj, et un coin salon TV. Anciens grands voyageurs, les propriétaires ont le sens de l'accueil et de la convivialité. Beau jardin propice au repos.

LE PARC NATUREL RÉGIONAL DES BOUCLES DE LA SEINE NORMANDE

Situé entre Rouen et la mer, le parc naturel régional des Boucles de la Seine normande regroupe 72 communes de l'Eure et de la Seine-Maritime. Sur son territoire, trois forêts domaniales gérées par l'*Office national des forêts* : la forêt de Brotonne qui se niche dans l'une des boucles de la Seine (voir avant, en Seine-Maritime), face à Caudebec, celle du Trait-Maulévrier et celle de Roumare (toutes deux au nord du fleuve, côté Seine-Maritime). Plusieurs itinéraires pédestres et cyclistes permettent de découvrir les paysages de la vallée de la Seine. Et n'oublions pas la très belle route des Chaumières, qui sillonne le parc depuis la Maison du parc (voir ci-dessous) jusqu'au Marais-Vernier, ainsi que la route des Fruits, jusqu'à Duclair (en Seine-Maritime). Nombreux sites, villages et écomusées à visiter.

Adresse utile

■ ***La Maison du parc*** *(carte Eure, B1) : 76940* ***Notre-Dame-de-Bliquetuit.*** *☎ 02-35-37-23-16.* • *pnr-seine-normande.com* • *À la sortie nord du village. Ouv tte l'année, lun-ven 9h-18h (18h30 en juil-août) ; ouv aussi sam-dim et j. fériés avr-sept, 12h-18h (10h-18h30 juil-août).* Centre d'accueil et de renseignements sur les activités du parc (musées, sorties à thème, randonnées, fêtes traditionnelles de village, etc.). Expos temporaires. Location de vélos toute l'année. Point de départ de la *route des Fruits* et de la *route des Chaumières.*

PONT-AUDEMER (27500) 8 700 hab. *Carte Eure, B1*

Petite ville assez animée grâce à ses commerces le long de la rue principale. Plusieurs petits cours d'eau lui ont valu le surnom de « Venise normande ». Mais là, c'est certainement un peu exagéré ! Circuit-promenade proposé par l'office de tourisme pour découvrir la ville et son histoire (fascicule gratuit). Goûtez aussi au mirliton, sorte de cigarette fourrée de mousse pralinée et enrobée de chocolat aux extrémités...

Adresses et infos utiles

ℹ ***Office de tourisme*** *(plan B1) : pl. Maubert. ☎ 02-32-41-08-21.* • *ville-pont-audemer.fr* • *Tte l'année, lun-sam 9h-12h30, 14h-17h30, plus dim 10h-12h juin-sept. Juil-août, visite guidée de la ville (sur résa et min 15 pers ; env 2,60 €/pers) ainsi que des rallyes pédestres noctures (sur résa) 1 fois/sem, également des balades pour les enfants.*

🚌 ***Gare routière*** *(plan B2) : pl. Gallieni. ☎ 0825-076-027 (0,15 €/mn).* • *mobiregion.net* • Sur la ligne ferroviaire Paris-Caen-Cherbourg, arrêt à Bernay. De là, liaison en bus jusqu'à Pont-Audemer (env 3/j. mais 1 seul dim ; trajet de 35 mn). Autres lignes de bus : avec Rouen (env 4/j. mais 1 seul dim ; trajet de 1h), Lisieux (env 3/j. mais aucun dim ; trajet de 1h), Honfleur (3/j. mais aucun dim ; trajet de 45 mn) et Évreux (3/j. mais 1 seul dim ; trajet de 1h30). Lire aussi en début de chapitre la rubrique « Circuler en bus dans l'Eure ».

@ ***Netcité*** *(plan B1,* ***1****) : rue de la Brasserie. ☎ 02-32-41-08-15. Derrière le parking de la mairie. Lun-jeu 14h-18h. Accès gratuit.*

– ***Marché :*** *lun et ven mat.*

Où dormir ? Où manger à Pont-Audemer et dans le coin ?

Camping

⛺ ***Risle-Seine – Les Étangs :*** *19, route des Étangs, Toutainville, 27500 Pont-Audemer. ☎ 02-32-42-46-65.* • *ville-pont-audemer.fr/tourisme/hebergement* • *Ouv 15 mars-15 nov (tte l'année pour les loc). Forfait 12,85 € pour 2. Bungalows (jusqu'à 6 pers) 287-530 €/sem. Sur présentation de ce guide, 10 % de réduc.* Joli camping pas trop grand et bien équipé, situé à 1,5 km de Pont-Audemer et, surtout, en pleine nature, juste à côté de la Risle et du chemin de halage. Emplacements séparés par une petite haie. Cottages en bois et sur pilotis. Location de vélos. Pataugeoire pour les enfants, ping-pong et billard. Club nautique à côté (voile, kayak, etc.). Dommage que l'on entende un peu la rumeur de l'autoroute voisine.

De bon marché à prix moyens

🏠 🍴 ***Hôtel-brasserie de l'Agriculture*** *(plan B1,* ***10****) : 84, rue de la*

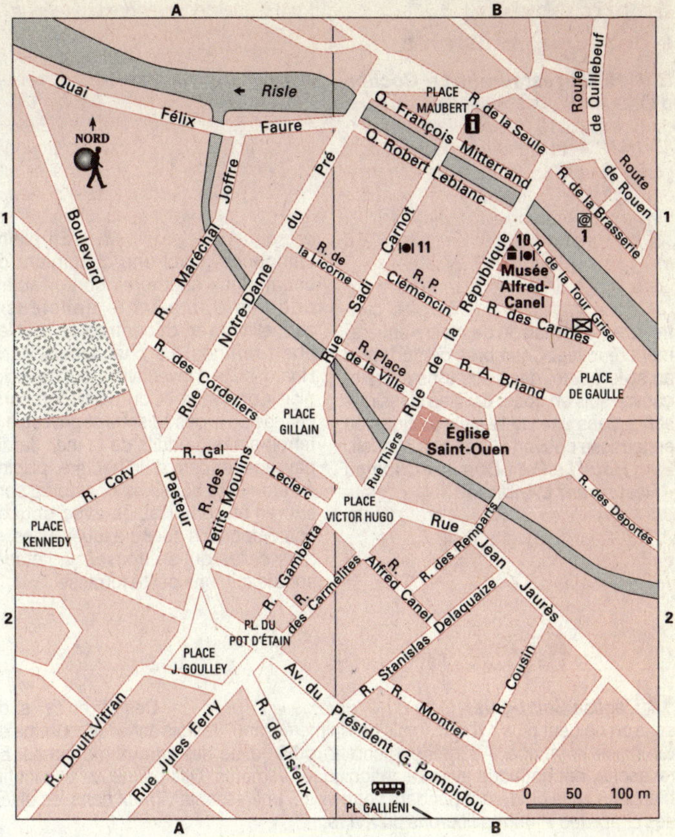

PONT-AUDEMER

■ **Adresses utiles**	**Où dormir ? Où manger ?**
Office de tourisme	**10** Hôtel-brasserie de l'Agriculture
@ **1** Netcité	**11** L'Épicurien

République. ☎ *02-32-41-01-23. Pas de resto le soir ni le dim. Doubles 37-45 € selon taille. Repas 12,30 €. Wifi.* Au bord de la Risle, en plein centre-ville, un petit hôtel 1 étoile modeste. Toutefois, les 10 chambres sont propres, même si elles montrent des signes de fatigue... À ce prix-là, ça peut toujours dépanner ! Pas de double vitrage. Accueil sympathique et souriant du jeune proprio. À signaler, le plat du jour, copieux.

L'Épicurien (plan B1, **11**) : *22, rue Sadi-Carnot.* ☎ *02-32-42-13-67. Fermé mer, dim et j. fériés. Congés : 2de quinzaine d'août et vac de Noël. Repas env 20 €.* En plein centre, un petit bistrot gourmand fréquenté par les habitués. De bons plats, dont une assiette de pays à base de produits du terroir, annoncés sur une ardoise. Bon rapport qualité-prix.

De prix moyens à beaucoup plus chic

Hôtel-restaurant Le Cochon d'Or : *64, rue des Anciens-d'Afrique-du-Nord, 27210* ***Beuzeville.*** *☎ 02-32-57-70-46. • aubergeducochondor@orange.fr • le-cochon-dor.fr • Resto fermé dim soir-lun. Doubles 49-59 € selon confort ou saison ; familiales 159-169 €. Formule déj 13,90 € et menu 19 € mar-ven ; menus terroir 27 € et excellence 42 €. Un kir normand offert sur présentation de ce guide.* En plein centre, une belle maison de maître entièrement rénovée. Chambres confortables au style épuré, dans des tons clairs et couvre-sols en coco. Cuisine classique servie dans une vaste salle rustique ou en terrasse couverte. Très bon accueil.

Hôtel Le Petit Coq aux Champs – Restaurant L'Andrien : *400, chemin du Petit-Coq, la Pommeraie-Sud, 27500* ***Campigny.*** *☎ 02-32-41-04-19. • info@lepetitcoqauxchamps.fr • lepetitcoqauxchamps.fr • À env 6 km de Pont-Audemer : prendre la direction de Bernay (D 810) sur 2 km puis tourner à gauche (D 29) vers Campigny. Fléché ensuite. Oct-mars, fermé dim soir et lun. Congés : 20 déc-20 janv. Double 139 €. Possibilité de ½ pens. Menus 42 (boisson comprise)-70 €. Parking gratuit. Wifi et Internet. Un trou normand et une crème brûlée offerts au resto ou réduc de 10 % sur le prix de la chambre, sur présentation de ce guide.* En pleine campagne, voici une chaumière de charme aux chambres confortables, doublée d'une table délicieuse, accueillante et décontractée tout en étant raffinée. Le chef, Jean-Marie Huard, brille d'inventivité pour associer plaisir des yeux et du palais. La carte change au fil des saisons et privilégie le terroir et les produits de la mer. Jardin paysager et parc d'un hectare, piscine en été. Côté hôtel, les chambres sont sobres et confortables avec douche contemporaine pour quelques-unes, et pour celles qui se trouvent à l'étage, sous le toit, une petite terrasse.

À voir. À faire

L'église Saint-Ouen (plan B1-2) : *rue de la République.* Des XIe et XVe s, de style on ne peut plus hybride (mais pas inintéressant). Jamais achevée, comme en témoigne la façade. À l'intérieur, chœur roman avec des vitraux modernes. En revanche, nef gothique avec de magnifiques verrières. Des panneaux explicatifs bien faits vous guideront pendant votre visite. Intéressants vitraux dans les diverses chapelles et autres fleurons du XVIe s.

Le musée Alfred-Canel (plan B1) : *64, rue de la République. ☎ 02-32-56-84-81. Ouv lun et mer-ven 14h-18h ; w-e 10h-12h30, 14h-18h ; fermé 1er janv, 1er mai, 25 déc. Entrée gratuite ; visite guidée 2,50 € ; réduc. Propose différentes activités culturelles.* Un joli petit musée, aménagé dans l'ancienne maison d'Alfred Canel. Ici, le temps semble être suspendu. À chaque instant de la journée, l'éclairage naturel enveloppe les pièces d'un voile de clarté, tamise les recoins d'une douce pénombre. Cet espace muséographique rend hommage à l'homme de lettres humaniste et républicain, à l'archéologue, au député de l'Assemblée constituante et au fervent défenseur de l'école laïque que fut Alfred Canel. Né en 1803, il commença sa carrière en tant qu'avocat. Seulement voilà, son discours trop libéral au goût de certains et son opposition politique à Napoléon III lui valurent quelques ennuis. Assigné à résidence, il se consacra alors à sa passion : la collecte de livres. À sa mort, il légua l'intégralité de sa bibliothèque à la municipalité. Résultat, près de 25 000 ouvrages (pas tous visibles) sur la Normandie, la sociologie, l'art, l'histoire, la décolonisation, etc., sont aujourd'hui exposés au rez-de-chaussée. Certains d'entre eux sont très rares. Au 1er étage, un cabinet de curiosités, avec une petite salle d'exposition de peintures et des pièces archéologiques, des herbiers, des outils industriels, etc. Remarquer le magnifique buffet du XVIe s. Également le bureau d'Alfred Canel, avec d'authentiques bulletins de vote ! Aux 2e et 3e étages, changement de décor et contraste saisissant avec des expos temporaires, d'histoire ou d'art contemporain.

➢ ***Balade dans le centre-ville :*** malgré les bombardements de la Seconde Guerre mondiale, le centre fut assez préservé. Il faut partir fureter à la recherche des belles maisons à colombages. Intéressante visite (1h30) de la ville via le circuit balisé, jalonné de panneaux explicatifs. Dépliant disponible à l'office de tourisme et départ juste devant.

CIRCUIT EN FORÊT DE BROTONNE

VIEUX-PORT *(27680)*

À 1,5 km d'Aizier. Un adorable village de chaumières, sans doute le plus beau de la route des Chaumières. Si vous passez par là, ne manquez pas de le visiter.

BOURNEVILLE *(27500)*

Où dormir ? Où manger ?

Prix moyens

Chambres d'hôtes La Grange : *chez M. et Mme Brown, 10, chemin du Manoir/route d'Aizier, La Grange. ☎ 02-32-57-11-43. À la sortie du village, sur la gauche. Fermé nov-Pâques. Double 55 €. Réduc de 10 % sur le prix de la chambre, sf juil-août, sur présentation de ce guide.* Dans une jolie maison en brique du début du XIXe s, un sympathique couple de retraités a aménagé 2 chambres coquettes et douillettes. Une adresse où il fait bon séjourner.

Restaurant Risle-Seine : *5, pl. de la Mairie. ☎ 02-32-42-30-22. • risle.seine@free.fr • À côté de l'office de tourisme. Fermé mar soir et mer. Congés : vac de la Toussaint et 1 sem vac de fév. Résa conseillée le w-e. Formule déj 11,50 € en sem ; menus 18-32 €.* La façade est avenante. On s'est laissé tenter. Bonne pioche ! La cuisine est bien comme annoncée « de tradition aux accents du terroir normand » (croustillant de camembert, pressé de rognons de veau et andouille...). Service discret et attentionné. Un bon rapport qualité-prix.

LA HAYE-DE-ROUTOT *(27350)*

C'est dans ce village qu'est née la ***Confrérie des amis de l'ortie.*** *• lesamisdelortie.fr •* Des recettes de cuisine à base de cet urticant aux vertus bienfaisantes ont été remises au goût du jour et se retrouvent sur les tables des grands chefs. À lire, de Bernard Bertrand, *Les Secrets de l'ortie* (livre que l'on trouve au musée du Sabot). Belle balade dans le village.

À voir

Le four à pain : *☎ 02-32-57-07-99 (en saison) ou 02-32-57-35-74. Début mars-fin nov, dim et j. fériés 14h-18h ; tlj 14h-18h30 début juil-fin août. Entrée : 2 € ; 3,70 € avec la visite du musée du Sabot ; réduc ; gratuit dim moins de 16 ans ; « ticket mémoire » 6 €, commun au Moulin et maison du meunier, et musée du Lin (voir plus bas).* Ce four de 1845 a été remis en route pour fabriquer de nouveau du pain selon les méthodes traditionnelles. Le bon plan est de s'inscrire à l'un des stages d'une journée (en petits groupes) qui comprend le pétrissage, la cuisson et la dégustation de votre propre fournée, avec l'aide du maître du four, fort sympa, qui excelle dans sa partie. Chaleur ambiante, au double sens du terme... Et, tous les dimanches après-midi de la période d'ouverture, démonstration de fabrication et cuisson du pain.

Le musée du Sabot : ☎ 02-32-57-59-67 (association) ou 35-74. *Presque en face du four à pain. Mêmes horaires et tarifs.* Installé dans une demeure traditionnelle du Roumois du XVIIe s, au toit de chaume. Pittoresque collection de sabots et reconstitution d'un atelier. Ici, hélas, on ne peut pas confectionner ses sabots... ni même assister à leur fabrication, car le métier est malheureusement perdu.
À voir également, ***la Chaumière aux Orties*** (mêmes horaires et tarifs que pour le four à pain et le musée du Sabot).

Dans le cimetière, deux ***ifs*** comptant près de 1 500 printemps et 15 m de circonférence ! L'un abrite une vraie chapelle et l'autre un oratoire. Pour vous imprégner de leur force, il vous faut mettre les mains à plat sur le tronc, nous enseigne la tradition. On peut toujours essayer !

Manifestations

– ***Orties Folies et Z'orties :*** *pdt 1 w-e fin mars-début avr. Chacune des deux manifestations : env 4 € (entrée aux 2 musées comprise ce w-e-là) ; gratuit pour les enfants.* Les années impaires, ***Orties Folies,*** festival de l'ortie : recettes et dégustations, vente de produits, sorties avec un botaniste, etc. Les années paires, place aux ***Z'Orties,*** le festival des orties et plantes sauvages.
– ***Grand feu de Saint-Clair :*** *le 16 juil.* Une cérémonie ancestrale à ne pas manquer si l'on est dans le coin. Il est dédié au martyr normand saint Clair qui eut la tête tranchée.

UN FEU DE JOIE... OU PAS

Lors du feu de Saint-Clair, on allume une pyramide de bois vers 23h. Selon la tradition : si la croix au sommet du bûcher (de plus de 15 m) brûle, l'année sera difficile ; si elle ne brûle pas, c'est bon signe, une année de paix s'annonce. Dans les deux cas, vous serez autorisé à emporter un brandon (morceau de bois calciné) et à le déposer près de votre cheminée pour vous protéger de la foudre... On en aurait bien besoin par ces temps de foudre économique...

HAUVILLE (27350)

Moulin à vent et maison du meunier : *à 1,5 km du village.* ☎ *02-32-56-57-32. Juil-août, tlj 14h30-18h30 ; mai-juin et la 1re quinzaine de sept, dim slt (mêmes horaires). Entrée : 2,50 € ; enfant de plus de 12 ans 1,50 € ; 6 € avec visites du musée du Sabot et du four à pain (voir plus haut) et celle de la maison du Lin (voir plus bas).* Ce bâtiment restauré, datant du XIIIe s, a appartenu à l'abbaye de Jumièges, que l'on peut atteindre par le bac de Port-Jumièges. Sans doute le plus vieux moulin de France qui fonctionne encore. Il moud de la farine pour les visiteurs quand le vent souffle. À côté, quelques plantations de céréales anciennes. Maison du meunier avec présentation des moulins à vent et à eau de Normandie.

HEURTEAUVILLE (76940)

Un petit détour par la Seine-Maritime, à l'ouest de Jumièges. Les marais qui entouraient cette dernière au XIXe s furent à l'origine d'un commerce de... sangsues ! À Heurteauville, joli village tout en longueur qui suit la Seine, voir la belle ***grange dîmière,*** en pierre avec son toit de chaume, entièrement restaurée, datant du XIIIe s (elle se trouve après la mairie, en allant vers le nord). Elle appartenait autrefois à l'abbaye. Un fermier y vend, en saison, des cerises, des prunes, des fruits rouges, des pommes, de la Bénédictine (qui aurait été découverte par un moine de l'abbaye de Jumièges), et de l'eau-de-vie de cidre (à ne pas confondre avec le calva). À Heurteauville toujours, bac pour traverser la Seine.

ROUTOT (27350)

La maison du Lin : *au rdc de la mairie. ☎ 02-32-56-21-76. ♿ Ouv 14h-18h : juil-août, tlj ; avr-juin et sept, tlj sf mar ; la 1re quinzaine d'oct, slt dim. Tarif : 2,50 € ; 1 entrée ½ tarif offerte sur présentation de ce guide ; réduc ; 6 € avec visites du musée du Sabot, du four à pain et du moulin à vent (voir plus haut).* La Haute-Normandie est la première région d'Europe productrice de lin, une fibre qui nous vient des Égyptiens. Les salles d'expo et un document audiovisuel vous font vivre son histoire, sa culture et toutes ses applications artisanales et industrielles. Remarquer l'ourdissoir à ruban inventé par Léonard de Vinci. Belle boutique qui ravira les amateurs de linge de maison. Expos temporaires également.

– **Festival du lin :** *le 2e dim de juin.* Défilé de mode, vente de tissu au mètre et de fabrications artisanales, ateliers, balades avec un botaniste, etc.

– **Marché :** *mer mat.*

LE MARAIS-VERNIER

Carte Eure, A-B1

L'un des sites les plus pittoresques de Haute-Normandie, un paysage très particulier situé au sud du pont de Tancarville et au nord de Pont-Audemer. Il y a plusieurs siècles, sous Henri IV, des Hollandais se virent confier l'assèchement de ce marais situé dans la dernière boucle de la Seine. Ils construisirent une digue (dite des Hollandais) correspondant au parcours de la D 103, qui délimite un amphithéâtre de verdure parfait avec les collines environnantes. Cette cuvette de 4 500 ha tiendrait son nom du « verne », autre appellation pour l'aulne, arbre adapté aux sols humides. On découvre ici une autre Normandie, peu connue, vivant « presque en marge ». Tout le charme de la vie campagnarde pratiquement intacte : probablement les plus belles fermes et maisons rurales de la région. Certaines possèdent la même physionomie depuis plusieurs siècles. Leur aspect, les matériaux utilisés révèlent une technique de construction sans sophistication, à la fois très « terre à terre » et très pratique. Aucune ne ressemble vraiment à une autre. À pied, à vélo, en prenant le temps d'observer, on peut distinguer tout ce qui fait l'originalité des fermes du Marais-Vernier à mille détails : à la façon d'entreposer le bois le long des corps de logis ou sous les toits, aux cours de ferme où animaux, vieilles automobiles, clapiers défoncés se mêlent dans un désordre poétique. Des bouquets d'iris poussent sur le toit des maisons pour les protéger de l'humidité, accrochant le faîte grâce à leurs racines noueuses.

Pour finir, des haies de saules délimitent des prairies humides, de beaux vergers servent de traits d'union entre les fermes fleuries. Le meilleur moment pour visiter le Marais-Vernier est le printemps (avril, mai et juin), quand les iris s'épanouissent. En avril, les pommiers et autres arbres fruitiers sont en fleur. Magnifique promenade à vélo le long de la *route des Chaumières*.

Où dormir ? Où manger ?

Campings

Aire naturelle Les Marronniers : *chemin de la Buquetterie, 27680 Sainte-Opportune-la-Mare. ☎ 02-32-56-69-51. • campingmarronniers@free.fr • campinglesmarronniers.com • ♿ Accès fléché à partir de Sainte-Opportune-la-Mare (2 km du village), mais plus près de Saint-Thurien. Ouv tte l'année. Compter*

22,50 € pour 2 ; chalets (4-6 pers) 320-625 €. Tout petit camping en pleine nature, entre le Marais-Vernier et la forêt de Brotonne. Isolé et tranquille. Piscine chauffée. Activités à proximité. Location de vélos.

Camping Domaine Catinière : *route de Honfleur, 27210* ***Fiquefleur-Équainville.*** *☎ 02-32-57-63-51. • info@camping-catiniere.com • camping-catiniere.com • Suivre la D 580 puis la D 22 en direction de Beuzeville-Pont-Audemer. Ouv d'avr à mi-sept. Résa conseillée pour les séjours de plus de 1 sem. Compter 23 € pour 2. Loc de mobile homes et d'une jolie chaumière (2-6 pers) 260-760 € selon taille, confort et période. Réduc de 10 % sur le camping en basse saison sur présentation de ce guide.* Tranquille et intime, situé dans une vallée verdoyante en bord de rivière. Piscine chauffée (en juillet-août), ainsi que divers jeux proposés aux enfants.

De bon marché à prix moyens

Chambres d'hôtes La Vallée : *chez M. et Mme Étienne Blondel, 1731, rte de la Grand'Mare, 27680* ***Sainte-Opportune-la-Mare.*** *☎ 02-32-42-12-52. 06-70-98-59-03. • ejblondel@free.fr • À 2,5 km du village de Sainte-Opportune-la-Mare : prendre le chemin qui descend presque en face de l'église, puis à gauche (fléché ensuite). Double 49 € ; 45 € à partir de 2 nuits. Table d'hôtes (avec les produits de la ferme) 25 € sur résa. Internet. Une bouteille de cidre offerte sur présentation de ce guide.* 3 chambres mansardées (dont une pour 3 personnes) dans une chaumière reconstruite poutre par poutre par les proprios. Déco très classique mais bon confort et accueil fort sympathique. Frigo et micro-ondes à disposition des hôtes. « Gîte Panda » (on vous prête une mallette avec des jumelles). Belle pelouse avec des transats qui vous tendent les bras et vue sur la *Grande Mare* (réserve ornithologique).

Chambres d'hôtes Le Vivier : *la Vallée, 27680* ***Saint-Ouen-des-Champs.*** *☎ 02-32-42-17-25. À 8 km au nord de Pont-Audemer. Prendre la D 810, puis au carrefour « les trois cornets » (à 5,5 km de Pont-Audemer), bifurquer à gauche (D 90), direction Bouquelon. Prendre la 1re à droite. Arrivé dans le Marais-Vernier, suivre à gauche (direction Marais-Vernier – Pont de Tancarville). La maison se trouve à 150 m sur la gauche (au niveau d'un vivier). Double 36 €.* 3 chambres à l'étage, meublées à l'ancienne, dans une maison à colombages. Simple mais très bon marché !

Chambres d'hôtes Les Cigognes : *211 bis, chemin du Roy, 27680* ***Le Marais-Vernier.*** *06-68-03-39-39. • 211bis.fr • Double 58 € ; familiale 75 €. À la table d'hôtes (sur résa), assiette gourmande 15 € ou menu 25 €. Wifi.* L'accueillante propriétaire et chorégraphe, Isabelle, vous racontera l'épopée de la maison située en plein cœur du Marais. Dans la belle chaumière remontée de toute pièce et sa grange restaurée, toutes deux avec toit de chaume, 4 chambres d'hôtes toutes différentes et avec TV/DVD, dont une en duplex pouvant accueillir une famille de 4 personnes. Salle commune dans la véranda avec coin cuisine équipé. Petit déj copieux. Sauna et jacuzzi extérieur. Location de vélos et tandems, avec remorques, porte-bébés, suggestions de circuit avec panier pique-nique, etc. Tout est fait ici pour vous rendre le séjour agréable dans ce havre de paix pour lequel Isabelle, son mari et leur petite famille ont quitté Paris.

Restaurant du Phare : *4, route de Tancarville, 27680* ***Saint-Samson-de-la-Roque.*** *☎ 02-32-57-67-30. Au pied de la falaise, sous le phare de la Roque. Fermé dim soir et lun (sf j. fériés). Congés : 2 sem en oct et 2 sem en janv. Menus 18 € au déj mar-sam (sf j. fériés), puis 25-40 €.* Complètement isolée, au pied du phare qui domine l'extrémité ouest du Marais-Vernier, et à quelques encablures de la Côte Fleurie, la maison paraît banale. Mais sa clientèle ne s'y trompe pas : Gregory Fantou est un jeune chef prometteur. C'est avec subtilité qu'il travaille les saveurs et produits normands, comme son filet de sole gratiné à la normande, auxquels il mêle quelques touches venues d'ailleurs (le pavé de colin aux épices douces et son quinoa gourmand ou le croustillant de brie au caramel poivré). Le premier menu est déjà d'un bon rapport qualité-prix. Et le service mené par la souriante Élise, son épouse, est dynamique.

Auberge de l'Étampage : *27680 Le Marais-Vernier. Dans le bourg, quartier de l'église.* ☎ *02-32-57-61-51.* • *etampage.blaize@wanadoo.fr* • *Fermé mer, le soir des dim et j. fériés, plus mar soir hors saison. Congés : 23 déc-1er fév. Formule déj 18,70 € en sem de mi-avr à mi-sept ; menu 29,30 €.* Salle de resto rustique avec une terrasse surplombant le marais. Accueil variable.

À voir. À faire

Ne pas rater le panorama du point de vue de **Bouquelon** qui se trouve en fait juste avant le village du Marais-Vernier, sur la D 103, à 2 km du centre de Bouquelon, sur la droite en venant de Pont-Audemer. Table d'orientation et panneaux d'interprétation sur le patrimoine naturel et humain du marais.

Tout à l'ouest, le ***phare de la Roque :*** *à 1,5 km du village de Saint-Samson-de-la-Roque (bien fléché).* Sa falaise de plus de 50 m domine la vallée de la Seine et ses ponts. Table d'orientation et, au loin, le pont de Normandie.

➢ ***Balade dans la réserve naturelle des Mannevilles :*** *visite slt avec un animateur nature, dim en juil-août. Résa indispensable auprès de la* Maison du parc, *76940 Notre-Dame-de-Bliquetuit :* ☎ *02-35-37-23-16. Tarif : env 3 € ; gratuit moins de 16 ans.* Balade de 4 km en pleine nature, dans la réserve naturelle des Mannevilles. Compter 3h30. Bien pour les enfants à partir de 10 ans. Prévoir des bottes par temps humide. Tout au long de la randonnée, explications très intéressantes sur la formation du marais, son histoire, la faune, la flore et, d'une manière générale, sur l'intérêt écologique des milieux naturels. Vous apercevrez, lors de votre balade dans la réserve des Mannevilles ou dans le Marais-Vernier en général, des vaches et des chevaux un peu particuliers : ils viennent respectivement d'Écosse et de Camargue. Légers et rustiques, ils peuvent vivre dehors par tous les temps et ne s'enfoncent pas dans le sol humide, contrairement aux gros percherons, par exemple. Ce cheptel d'environ 80 bêtes, introduit il y a plus de 30 ans, broute l'herbe, débroussaille les marais et permet un bon entretien du milieu naturel.

Quillebeuf : on ne peut rêver contraste plus saisissant qu'entre ce petit port de pêche (ancien village viking) et les installations pétrolières et industries chimiques de Port-Jérôme, de l'autre côté du fleuve.
La rue principale possède toujours un certain cachet avec ses demeures anciennes (dont la célèbre *maison Henri-IV*). Un sentier du patrimoine permet de parcourir la cité. Des plaques sur certaines maisons racontent leur histoire. Belle *église Notre-Dame-de-Bon-Port,* avec un intéressant portail roman. Splendide clocher également, avec tourelle d'angle. Et à l'intérieur, des dessins de bateaux gravés sur les murs et des maquettes évoquant l'histoire de la navigation sur la Seine aux XVIIIe et XIXe s. De l'autre côté de l'église, à l'entrée du village, un bac traditionnel assure toujours le transport des véhicules sur la Seine, malgré la construction du pont de Tancarville.

UN PRIVILÈGE ROYAL

Pour les remercier d'avoir aidé la France pendant la guerre de Cent Ans, le roi avait accordé aux habitants de Quillebeuf le privilège du pilotage de la Seine. Quiconque voulait devenir pilote devait donc être né ici et baptisé avec l'eau de la Seine. On disait à l'époque : « Sur 100 pilotes, 99 naissent dans le village. Le centième, c'est Dieu ! »

LE CALVADOS

ABC DU CALVADOS

- *Superficie :* 5 548 km^2.
- *Préfecture :* Caen.
- *Sous-préfectures :* Bayeux, Lisieux, Vire.
- *Population :* 678 300 hab.
- *Près d'un million de pommiers dans le Calvados, soit 1,5 pommier par habitant.*
- *Un haras tous les 4 km^2 et huit hippodromes.*
- *Un camembert sur cinq est fabriqué dans le Calvados.*

Combien d'images se bousculent à la simple évocation de ce nom. D'abord les pommes, symboles du département : sans elles, ni calvados ni cidre ni... pommeau, bien sûr. Et sous les pommiers, on trouve les vaches, dont les taches brunes et blanches paraissent indissociables du vert profond des pâturages normands. Qui dit vaches dit crème, incontournable ici, et fromages : pont-l'évêque, livarot, camembert...
Mais le Calvados, ce sont aussi plus de 900 Monuments historiques qui le placent aux tous premiers rangs des départements français. Partout, le long des douets (ruisseaux) ou au creux des vallons, au détour d'une forêt ou dans les plaines fertiles, ce ne sont que manoirs à colombages, fermes fortifiées, chapelles souriantes et villages d'un autre âge... Sans oublier la côte, qu'elle soit « Fleurie » ou « de Nacre », toujours appréciée pour ses plages presque à perte de vue, ses stations balnéaires, ses ports de pêche romantiques et ses falaises de craie. Un autre intérêt, en quelque sorte unique au monde, en fait un des départements les plus visités de France : le circuit du Débarquement.

Adresses et infos utiles

i ***Comité départemental du tourisme (CDT) – Calvados Tourisme*** *(hors plan couleur Caen par A1,* ***2****)* **:** *8, rue Renoir, 14054* ***Caen*** *Cedex 4.* ☎ *02-31-27-90-30.* • *calvados-tourisme.com* • *Remonter tte l'av. de Creully jusqu'au bd Richemont, qu'il faut traverser, et prendre la tte 1re rue sur la droite. Ouv au public tte l'année, lun-ven 8h30-12h30, 13h30-17h.* Tout sur l'hébergement, les loisirs et lieux de visite, manifestations, randonnées et routes touristiques. Vous y trouverez un petit catalogue recensant toutes les *Escapades nature* proposées de mi-mai à mi-octobre, la brochure répertoriant les itinéraires des routes touristiques du Calvados, les catalo-

www.calvados-tourisme.com

Souffleur officiel de bonnes idées

24 heures sur 24 et 7 jours sur 7, mille et une bonnes idées pour oxygéner vos sorties et vos week-ends vous attendent à portée de souris. Souriez...

Calvados
Un amour de Normandie

gues des activités nautiques et des randonnées. Vous pourrez également effectuer directement des réservations en ligne à partir du site ● *calvados-tourisme.fr* ●

■ **Gîtes de France :** *6, promenade Madame-de-Sévigné, 14050* **Caen** *Cedex 4.* ☎ *02-31-82-71-65.* ● *gites-de-france-calvados.fr* ● Central d'informations et de réservation.

➢ ***Normandie Pass :*** ● *normandiepass.com* ● Voir « Adresses et infos utiles » dans le chapitre « Normandie utile ».

Circuler en bus dans le Calvados

Les *Bus verts* assurent les liaisons entre toutes les villes du département, avec correspondances dans les gares ou les centres-villes. *Rens horaires, itinéraires, tarifs :* ☎ *0810-214-214 (prix appel local), 7h-20h,* ● *busverts.fr* ●, *ainsi que dans la plupart des gares routières des principales villes.*

CAEN

(14000) 102 700 hab. *Carte Calvados, B2*

Pour le plan de Caen, se reporter au cahier couleur.

« Rejoignez notre Caen ! » proclamait naguère un slogan municipal... On n'aura pas trop de mal à lui obéir : capitale de la Basse-Normandie, préfecture du Calvados, historiquement intéressante, Caen est une étape incontournable pour qui visite la région. Ville martyre au cœur de la sanglante bataille de Normandie, la vieille cité conserve néanmoins des témoignages de son glorieux passé, du temps de Guillaume le Conquérant. Et puis on finit par s'habituer à cette architecture d'après-guerre, née dans l'urgence de la reconstruction. En fait, c'est une cité plaisante non dénuée de charme si l'on prend le temps de découvrir ses rues médiévales rescapées du désastre ou de parcourir les quais de son joli port, installé en plein centre-ville.

La proximité des plages et du bocage semble avoir influé sur l'humeur de la cité. La vie y est douce, la population aimable et la cuisine... crémeuse. Bref, une ville qui prend aux tripes... (on n'a pas pu s'en empêcher) et où la jeunesse est reine, grâce à son importante université drainant quelque 25 000 étudiants... Mais malgré la bonhomie qui y règne, la ville n'oublie pas le passé : l'incroyable Mémorial de Caen nous rappelle fort à propos que le meilleur moyen de ne pas revivre la guerre reste encore de consolider la paix...

UN PEU D'HISTOIRE

Appelée *Cadomus* dans l'Antiquité (nom dérivé d'un mot signifiant « champ du combat »), Caen semble avoir été prédestinée à essuyer de meurtrières batailles. Il est vrai qu'on s'y est pas mal étripé... La ville prend son essor au XIe s sous l'impulsion de Guillaume le Bâtard, qui prendra par la suite le pseudo plus flatteur de « Conquérant ». Duc de Normandie, il fait de Caen sa rési-

GRANDEUR ET DÉCADENCE

Guillaume le Conquérant, pourtant l'un des plus grands rois du Moyen Âge, eut un enterrement misérable. La cérémonie eut lieu à l'église Saint-Étienne de Caen. Obèse, son ventre creva lors de la mise en bière, lâchant des odeurs intenables pour les fidèles.

dence d'élection et, lassé du camping, ordonne qu'on lui construise un château. Marié à Mathilde, une lointaine cousine, Guillaume encourt les foudres papales. Pour racheter leur faute, les époux incestueux fondent respectivement l'abbaye aux Hommes et l'abbaye aux Dames. Le pape ne les embêta plus. Comme quoi, aucun tabou ne résiste à une pieuse offrande...
Cité florissante au XIVe s, Caen suscite la convoitise des Anglais. Envahie et pillée en 1346 par les armées du roi Édouard III, puis par celles d'Henri V en 1417, elle ne retourne dans le giron français qu'en 1450. Française et... républicaine ! La Révolution trouve une ville acquise à sa cause. Refuge des Girondins luttant contre la Convention en 1793, Caen est aussi le point de départ de l'équipée de Charlotte Corday, qui s'achève dans un bain de sang (celui de Marat).

La bataille de Caen

Après le Débarquement allié en Normandie, et le bombardement de Caen, la ville est en flammes. De violents affrontements opposent les occupants aux Alliés, bien décidés à s'emparer de cet important carrefour stratégique. Les Allemands défendent la ville avec détermination, avant de s'enfoncer dans la retraite. Malgré la libération de la cité par les Canadiens, les combats (et le pilonnage) se poursuivront encore au-delà du 20 juillet. Pendant ce temps, une grande partie des habitants s'était réfugiée dans l'abbaye aux Hommes, transformée en hôpital, mais surtout dans les carrières de Fleury, à quelques kilomètres de là. Ils y séjournèrent durant plus d'un mois. Il faudra attendre la libération totale de la cité par les Canadiens le 9 juillet 1944 pour qu'ils retrouvent leur ville... détruite à 80 %. 10 000 habitants, parmi les 55 000 que la ville comptait avant la guerre, ont été ensevelis sous les ruines lors de terribles combats.

Adresses et infos utiles

Office de tourisme *(plan couleur B2,* **1***)* **:** *pl. Saint-Pierre (face à l'église).* ☎ *02-31-27-14-14.* • *tourisme.caen.fr* • *Mars-sept, lun-sam 9h30-13h, 14h-18h30 (juil-août 9h-19h) ; ouv aussi dim avr-sept, 10h-13h, 14h-17h (slt mat avr et sept) ; le reste de l'année, lun-sam ; fermé certains j. fériés.* Riche doc et très bon accueil. Guide d'accueil très pratique et gratuit. C'est ici qu'on réserve les excellentes visites théâtralisées. Voir plus loin les infos au début de la rubrique « À voir ». On peut aussi s'y procurer le *Pass Tourisme* : un carnet de réductions valables chez toutes sortes de prestataires (boutiques, restos, etc.).

■ **Centre Information Jeunesse** *(plan couleur C2,* **3***)* **:** *16, rue Neuve-Saint-Jean.* ☎ *02-31-27-80-80.* • *crij-bn.org* • *Ouv lun-ven.* Vend la carte FUAJ, distribue le guide des auberges de jeunesse, etc.

Gare routière *(hors plan couleur par C3)* **:** *à côté de la gare SNCF.* ☎ *0810-214-214 (prix d'un appel local depuis un poste fixe).* • *busverts.fr* • Voir en début de chapitre, la rubrique « Circuler en bus dans le Calvados ».

– **Tramway :** ☎ *02-31-15-55-55.* • *twisto.fr* • Une ligne unique (avec 2 ramifications, A et B) traverse Caen du nord au sud. Le tram part d'Hérouville et va jusqu'à Ifs (soit environ 15 km). En tout, 29 arrêts.

✈ **Aéroport de Caen-Carpiquet** *(hors plan par A2)* **:** *route de Caumont, 14650 Carpiquet.* ☎ *02-31-71-20-10.* • *caen.aeroport.fr* • *À l'ouest de la ville.* Liaisons avec de nombreuses villes de France et d'Europe.

■ **Taxis :** ☎ *02-31-94-15-15 ou 02-31-52-17-89.*

■ **Vélos :** la ville s'est récemment dotée de 350 vélos en libre-service répartis sur une quarantaine de stations. Avec la « formule Liberté », inscription sur Internet nécessaire et utilisation des vélos possible dans la foulée. • *veol.caen.fr* • En se garant dans un parking Vinci, on peut également emprunter gratuitement un vélo. D'autre part, l'office de tourisme propose 3 « circuits vélo » (1 €).

Brittany Ferries : ☎ *0825-828-828 (0,15 €/mn).* • *brittany-ferries.fr* • Propose 3-4 liaisons/j. entre Ouistreham et Portsmouth. Se reporter à Ouis-

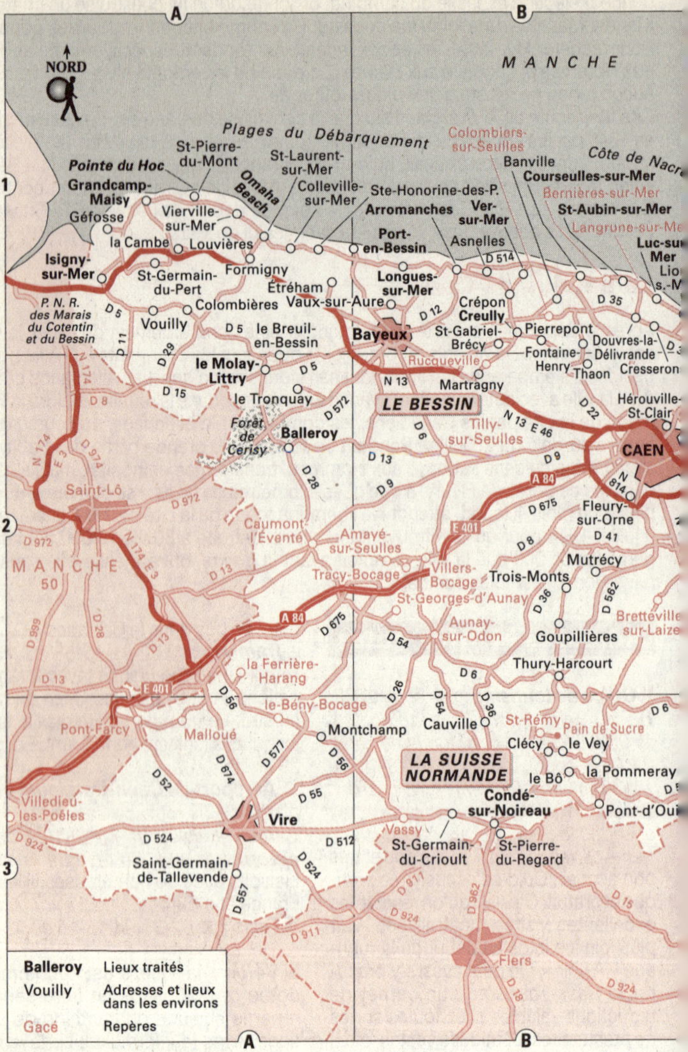

treham pour plus d'informations.

*@ **Systenium** (plan couleur C2) : 130, rue Saint-Jean. ☎ 02-31-86-78-06. Lun-ven 10h-19h. Compter env 3 €/h.* Une quinzaine d'ordinateurs pour pianoter confortablement et au calme.

– ***Marchés :*** la ville accueille presque chaque jour de la semaine un marché. Les plus importants et centraux sont ceux du vendredi matin sur la place Saint-Sauveur et le long des fossés Saint-Julien *(plan couleur A2)*, et du dimanche matin, place Courtonne et bassin Saint-Pierre *(plan couleur C2)*. Le premier, le plus ancien de la ville et dans un beau quartier, accueille beaucoup de

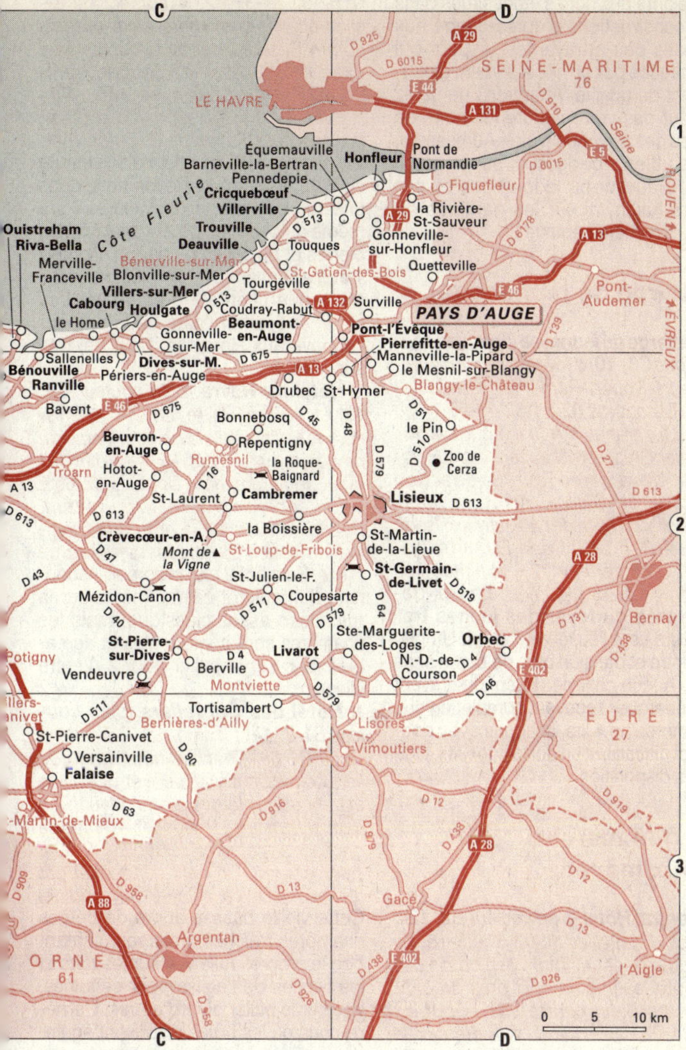

LE CALVADOS

petits producteurs de la région. Locaux, retraités et étudiants viennent s'y approvisionner en produits frais. Celui du dimanche, vraiment grand, est davantage fréquenté par les flâneurs, qui finissent le marché sur les terrasses de café qui l'entourent. Les amateurs de fruits de mer y trouveront plusieurs étals proposant de délicieuses huîtres et moules à prix vraiment raisonnables.

Où dormir ?

Les adresses de charme proprement dites sont assez rares dans cette ville, la majorité des hôtels étant situés dans des constructions d'après-guerre aux façades peu attrayantes. Aspect qui n'empêche pas un hébergement globalement de qualité. Attention : ne garez surtout pas votre voiture les nuits de veilles des marchés (voir « Adresses et infos utiles » ci-dessus) sur la place Saint-Sauveur ou le long des fossés Saint-Julien, ni sur les parkings du port... fourrière garantie !

Auberge de jeunesse

Auberge de jeunesse *(hors plan couleur par C3, **10**) : foyer des jeunes travailleurs Robert-Rème, 68, rue Eustache-Restout. ☎ 02-31-52-19-96. • auberge.fr@orange.fr • fuaj.org • Dans le quartier Grâce-de-Dieu, à 2 km au sud-ouest de la gare. Tram B, direction « Grâce-de-Dieu ». Arrêt « Lycée-Fresnel », à 100 m de l'AJ. Ouv juin-sept. Accueil 17h-20h. Carte FUAJ obligatoire. Compter env 12 € la nuitée (loc de draps : 2,50 €). Wifi.* Le rez-de-chaussée du foyer des jeunes travailleurs tient lieu, en été, d'AJ. Un peu excentré et dans un bloc de béton sans âme. Aucun charme. Téléphoner avant de débarquer : souvent complet en été. Chambres de 4 lits, chacune avec douche et placard, et un dortoir de 6 lits. Cuisine à disposition.

De bon marché à prix moyens

Central Hôtel *(plan couleur B2, **12**) : 23, pl. J.-Letellier. ☎ 02-31-86-18-52. • accueil@centralhotel-caen.com • centralhotel-caen.com • Tt près du château, en plein centre-ville. Doubles 38-54 € selon confort. Wifi. Réduc de 10 % à partir de la 2e nuit sur présentation de ce guide.* L'immeuble n'a vraiment aucun charme, mais la petite place est tranquille. Chambres toutes différentes, simples mais plutôt sympas. Les moins chères ont les w-c sur le palier tandis que bon nombre d'entre elles bénéficient d'un petit balcon. Un des meilleurs hôtels petit budget de Caen.

Hôtel Saint-Étienne *(plan couleur A2, **11**) : 2, rue de l'Académie. ☎ 02-31-86-35-82. • contact@hotel-saint-etienne.com • hotel-saint-etienne.com • Résa conseillée. Doubles 34 € avec lavabo et w-c (douche commune), et 42-57 € avec sdb. Wifi. Réduc de 10 % sur le prix de la chambre sur présentation de ce guide sept-mars sf w-e fériés.* Cette maison étroite construite avant la Révolution, dans une rue paisible, a de l'allure, voire même du charme : bel escalier, vieilles pierres et boiseries d'époque. Confort 1 étoile et chambres simples, mais qui attire une clientèle d'habitués. Les nos 7 et 8 offrent une belle vue sur l'abbaye aux Hommes. Petit déj très succinct.

Hôtel du Havre *(plan couleur C2, **13**) : 11, rue du Havre. ☎ 02-31-86-19-80. • resa@hotelduhavre.com • hotelduhavre.com • Fermé 15 j. autour des fêtes de fin d'année. Doubles 52-65 € selon confort. Wifi. Parking gratuit. Réduc de 10 % sur le prix de la chambre nov-mars sur présentation de ce guide.* Petit hôtel tout propre et insonorisé, donc plutôt calme, même sur la rue. Déco assez classique, mais les chambres sont confortables et agréables (w-c sur le palier pour 2 d'entre elles).

Hôtel des Cordeliers *(plan couleur B1-2, **14**) : 4, rue des Cordeliers. ☎ 02-31-86-37-15. • hotel-lescordeliers.com • Dans une ruelle étroite, belle et tranquille, interdite à la circulation (on peut néanmoins y stationner le temps de déposer ses affaires). Doubles 50-80 € selon confort. Un petit déj/pers et par nuit offert sur présentation de ce guide.* Cette vieille bâtisse abrite de petites chambres fraîches, colorées, sentant bon le propre. Jolie vue sur les toits et les flèches de l'église pour certaines, w-c sur le palier pour d'autres. L'arrière-cour, où les hôtes disposent également d'une agréable petite terrasse, abrite 7 chambres de plain-pied bien au calme mais aux salles de bains un peu exiguës.

Hôtel Bernières *(plan couleur C2, **15**) : 50, rue de Bernières. ☎ 02-31-86-01-26. • hotelbernieres@wanadoo.fr • hotelbernieres.fr • Doubles 48-55 € selon confort et saison. Wifi. Réduc de 10 % oct-mars sur présentation de ce guide.* Immeuble austère, situé dans une rue très passante (mais équipé de double vitrage). Il offre de petites chambres plutôt douillettes et un bon petit déj, à déguster dans une véritable bonbonnière. 2 chambres familiales sous les toits. Âmes pudiques, attention : dans l'une d'entre elles, seul un rideau sépare la douche de la chambre.

Chic

Hôtel des Quatrans *(plan couleur B2,* ***16****) : 17, rue Gémare. ☎ 02-31-86-25-57. • contact@hotel-des-quatrans.com • hotel-des-quatrans.com • Fermé quelques j. en fin d'année. Doubles 60-90 € selon confort et saison. Internet, wifi. Un petit déj/chambre et par nuit offert sur présentation de ce guide.* Derrière une façade sans charme, on découvre avec surprise de belles chambres confortables aux couleurs chaudes, bien équipées et au calme. Un service attentif, un bon petit déj... Bref, une très bonne adresse.

Hôtel Bristol *(plan couleur C3,* ***17****) : 31, rue du 11-Novembre. ☎ 02-31-84-59-76. • hotelbristolcaen@gmail.com • hotel-bristol-caen.com • Ouv tte l'année. Doubles 80-95 € selon confort. Internet, wifi. Un petit déj par chambre offert sur présentation de ce guide.* Adresse un poil à l'écart du centre. Le tout est impeccable. Un bon établissement à l'accueil agréable et souriant.

De plus chic à beaucoup plus chic

Le Clos Saint-Martin *(plan couleur A2,* ***20****) : 18 bis, pl. Saint-Martin. ☎ 02-31-50-08-71. 📱 06-80-87-39-05. • closaintmartin@free.fr • leclosaintmartin.com • Au n° 18, il faut passer le porche, c'est la maison du fond. Congés : vac de Noël. Compter 115-135 € pour 2, 155 € pour 4. Internet, wifi. Réduc de 5 % sur le prix de la nuit sur présentation de ce guide.* Dans une grande et vieille demeure magnifiquement restaurée, au cœur de Caen, mais au calme et dans l'un des plus beaux quartiers de la ville, cette adresse de charme vous transporte le temps d'une ou plusieurs nuits dans l'univers à la fois délicat et chaleureux de ses chambres aux très beaux volumes, décorées avec soin et élégance. Avouons un véritable coup de cœur pour cette chambre d'hôtes pleine de caractère !

Hôtel Moderne *(plan couleur B2,* ***18****) : 116, bd du Maréchal-Leclerc. ☎ 02-31-86-04-23. • info@hotel-caen.com • hotel-caen.com • ♿ Dans le centre. Ouv tte l'année. Doubles 100-170 € selon chambre et saison, petit déj offert. Internet, wifi. Parking payant.* Chambres de grand standing et d'excellent confort ; spacieuses pour la plupart, plutôt chic et élégamment décorées.

Le Dauphin *(plan couleur B2,* ***19****) : 29, rue Gémare. ☎ 02-31-86-22-26. • dauphin.caen@wanadoo.fr • le-dauphin-normandie.com • ♿ (une chambre). Congés : fin oct-début nov. Doubles 95-190 € selon confort. Petit déj-buffet 13 €, de très grande qualité. Parking clos gratuit dans la cour de l'hôtel.* Installé dans un ancien prieuré, un 3-étoiles de charme ; certaines chambres se révèlent vraiment charmantes, tandis que d'autres sont avant tout confortables, mais sans vraie personnalité. La suite n° 11 conviendra particulièrement aux amoureux fortunés, avec son petit salon et ses vieilles poutres. Accueil variable. Au rez-de-chaussée, élégante salle (mais à l'atmosphère un brin compassée) pour le resto, considéré comme l'une des meilleures tables de la ville.

Où manger ?

On mange bien à Caen et les bonnes adresses ne manquent pas. La concentration la plus importante se trouve dans le quartier très touristique du Vaugueux qui offre tous les choix, du pire (souvent) au meilleur (parfois).

Bon marché

Au Double Blanc *(plan couleur A2,* ***43****) : 7, rue Caponière. ☎ 02-31-86-29-74. Ouv slt le midi, lun-sam. Congés : 3 premières sem d'août et Noël-Jour de l'an. Formule 10 € ; menus 12-15 €.* Difficile de ne pas craquer pour ce resto de quartier dont le décor, improbable, pourrait servir de cadre à un vieil épisode de Maigret. Les prix sont, eux aussi, d'un temps révolu et cela donne une adresse authentique et touchante. Cuisine de ménage bien dans le ton ; tout est maison : rillettes, pâtés, tripes, rognons au muscadet, tarte Tatin, volaille rôtie, etc. Une excellente halte après la visite de l'abbaye aux Hommes.

La Véranda *(plan couleur B2,* ***41****) : 10, rue du Général-Giraud. ☎ 02-31-23-83-89. Tlj sf dim et lun. Formule déj 13,50 € en sem ; menus 16,50-19,50 € le soir.* En plein centre-ville, mais niché là où personne ne penserait à venir le chercher, ce bistrot aux longues banquettes de moleskine rouge vous propose une carte qui change toutes les semaines (seul indéboulonnable du menu, la mousse au chocolat à volonté). La cuisine maison et de saison, bien d'aujourd'hui, est à l'image de la jeune équipe qui vous reçoit : sans chichis mais ouverte aux influences extérieures, elle est là pour satisfaire votre envie de vivre un bon moment. Le chef aime explorer de nouveaux territoires et tenter des associations de saveurs inattendues : le saumon, c'est bon, pané au sésame, c'est encore mieux ! Quant au riz au lait, parfumé au citron et au gingembre, c'est encore plus délicieux !

Dolly's *(plan couleur B-C2,* ***39****) : 16-18, av. de la Libération. ☎ 02-31-94-03-29. Tlj 10h-14h30 (15h30 w-e), 19h-22h30. Formules déj 11-14,50 € ; menu 25 € le soir. Apéritif maison offert sur présentation de ce guide.* L'adresse à tout faire : le petit déj, le brunch (rare à Caen et idéalement placé, juste à côté du marché du dimanche), le déjeuner, le thé et le dîner... Vous y trouverez une cuisine « franglaise » faite maison, plutôt bio pour les légumes, avec pas mal de propositions végétariennes, fruits et boissons, à savourer dans une atmosphère très cosy ou sur la terrasse (en surplomb de la rue très passante). Enfin, on peut aussi y boire un verre dans le bar à l'ambiance plutôt *lounge*.

La Part du Colibri *(plan couleur C3,* ***44****) : 51, quai de Juillet. ☎ 02-31-34-35-59. • lapartducolibri@yahoo.fr • Ts les midis lun-ven. Congés : 22 juil-15 août. Formule 11 € ; repas autour de 20 €. Un café offert sur présentation de ce guide.* Dans un espace restreint transformé en une petite salle avenante et conviviale dans les tons vert et parme, ce resto bio très engagé dans l'économie solidaire et sociale propose des menus à prix doux. La cuisine est saine, souvent inventive et pleine de saveurs (même si les bons mangeurs lui reprocheront peut-être de nourrir des appétits d'oiseaux !). Organise également 2 soirs par mois des débats de qualité (sur l'agriculture bio, l'écoconstruction, l'immigration, la solidarité internationale, etc.).

Café Bois Charbon *(plan couleur C2,* ***33****) : 30, quai Vendeuvre. ☎ 02-31-86-36-82. • cbc.caen@wanadoo.fr • Ouv tlj, sf 24-25 déc. Formule déj 9 € en sem ; menus 12,90-22,90 € (sf j. fériés) ; carte 20 € env. Apéritif maison offert sur présentation de ce guide.* « Cuisine à mémère » (ce n'est pas nous qui le disons, c'est eux !) ni très légère ni exceptionnellement fine, mais plutôt bonne et consistante, avec en spécialité le jarret de porc. On vient ici avant tout pour l'ambiance, assez unique en son genre dans cette ville. Tout le monde n'aime pas et les adeptes du repas aux chandelles en tête-à-tête s'abstiendront, mais pour une franche déconnade dans une atmosphère bon enfant et très bruyante, c'est l'endroit, même si la cuisine est inégale !

L'Assiette sans Frontière *(hors plan couleur par C3,* ***34****) : 17, pl. de la Justice. ☎ 02-31-72-88-05. Accès par le tram B, arrêt « Liberté » ; le resto est visible de l'arrêt. En voiture, remonter la rue de Falaise, prendre le bd Poincaré sur la gauche, tourner à droite juste après Darty, puis dans la 3e rue à droite ; le resto est derrière la crèche. Congés : 1 sem vac de Pâques, 3 sem en août et Noël-Nouvel An. Lun-ven 12h-14h hors saison, tlj en saison. Menu-carte 12 €.* Dans une petite annexe de bois accolée à un immeuble, ce resto est situé au cœur d'un quartier « difficile ». Créé par une association de lutte contre les exclusions, il mêle joliment l'entreprise de réinsertion et les plaisirs de la table avec une carte fraîche et originale à des prix très doux (même si de nombreux plats sont avec supplément). Si la déco du lieu hésite entre le fonctionnel et le resto plus chic et avenant, la gentillesse de l'accueil réchauffe l'ensemble.

De prix moyens à plus chic

|●| ***L'Embroche*** *(plan couleur B1,* ***37****) : 17, rue Porte-au-Berger. ☎ 02-31-93-71-31. Fermé sam midi, dim et lun ; en saison dim et lun midi slt. Congés : 2*[de] *quinzaine de sept et fêtes de fin d'année. Formule déj 17,50 € ; menu-carte 23 €.* Chouette petite salle d'où l'on garde un œil sur la cuisine vitrée. Service efficace et charmant. À l'ardoise, belle cuisine de marché, avec de l'imagination à revendre, mais sans frime et tout en saveurs : blinis d'andouille et crème légère au cidre, brick de camembert au calvados. Courte mais intéressante sélection de vins.

|●| ***L'Archidona*** *(plan couleur B2,* ***16****) : 9, rue Gémare. ☎ 02-31-85-30-30. • contact@archidona.fr • ♿ Fermé dim-lun et j. fériés. Congés : 2 sem en déc et quelques j. début janv. Formules 15-21 € midi et soir (avt 20h) ; menus 26-49 €. Apéritif offert sur présentation de ce guide.* Cuisine d'inspiration méditerranéenne travaillée avec amour, subtilité et créativité. Les produits de qualité et d'une fraîcheur absolue se marient harmonieusement aux épices et herbes que les papilles distinguent avec bonheur.

|●| ♪ ***Café Mancel*** *(plan couleur B1,* ***42****) : au musée des Beaux-Arts, au château. ☎ 02-31-86-63-64. • cafe.mancel@orange.fr • ♿ Tlj sf lun et vac scol de fév. Formule 17 € ; menu 23 € ; carte env 35 €. Café offert sur présentation de ce guide.* La « cafétéria » du musée est en réalité une adresse assez chic, où se côtoient clientèle d'affaire, férus d'art et simples Caennais, venus profiter de l'environnement agréable. Tout comme au musée, le cadre design réussi, illuminé par les baies vitrées, distille le soir à la lumière des bougies une atmosphère beaucoup plus intime, même si l'endroit, très sonore, peut être bruyant. En été, on préférera sans doute la belle terrasse. Très belle cuisine de saison, actuelle, créative et parfumée, mettant en scène les meilleurs produits de Normandie et d'ailleurs. Seul petit reproche : les assiettes, pas très copieuses. Pour un en-cas léger et rapide, chaque jour, 3 belles tartines au choix : à l'italienne, à la normande... Dîner-concert jazz 2 à 3 fois par mois (septembre-décembre).

|●| ***Pain et Beurre*** *(plan couleur A2,* ***38****) : 46, rue Guillaume-le-Conquérant. ☎ 02-31-86-04-57. Fermé dim soir et lun hors saison. Formule et menu le midi 14 et 20 € ; menus 25,50-32 €. Café offert sur présentation de ce guide.* Le lieu cède aisément aux tendances du moment pour la déco : couleurs crème et chocolat, tables sombres, assiettes stylisées, personnel en noir, jeune et décontracté... La cuisine est inventive sans être aventureuse, bonne tout simplement, et les tarifs encore accessibles. Et puis on aime bien les petits salons cosy qui s'empilent dans les étages de cette étroite et haute maison.

|●| ***La Courtine*** *(plan couleur A2,* ***35****) : 16, rue Caponière. ☎ 02-31-79-19-16. Fermé dim, lun, jeu soir et j. fériés. Congés : 3 sem en juil-août et vac scol de Noël. Résa recommandée. Formule 19 € ; carte env 30 €. Apéritif offert sur présentation de ce guide.* Une formule du jour, des tartes salées légères et goûteuses accompagnées de leur petite salade... une cuisine simple, fraîche et inspirée dont on vous conte la préparation avant de prendre la commande. Le choix n'est pas énorme, mais il varie régulièrement au gré du marché et des saisons. Atmosphère reposante et détendue dans cette jolie petite salle tout en longueur, aux murs de pierre apparente et ne comptant qu'une dizaine de tables.

CAEN

Où manger dans les environs ?

|●| ***L'Espérance :*** *512, rue Abbé-Alix, 14200* ***Hérouville-Saint-Clair.*** *☎ 02-31-44-97-10. • delesperance@orange.fr • Quitter Caen par la rue Basse et suivre le canal sur 500 m après le « Petit Lourdes ». Ou, depuis le périphérique, sortir « porte d'Angleterre » en direction de Ouistreham, puis prendre la 3*[e] *sortie « Colombelles », puis en bas à droite avt le pont tournant, direction « Petit Lourdes ». Tlj sf lun et le soir des dim et j. fériés. Congés : 2*[e] *quinzaine*

d'août. Résa conseillée. Le midi, formule 15 € et menu 21 €, sinon menus 27-35 € ; carte 50 €. Le long du canal et du chemin de halage, à quelques encablures du centre-ville, il fait bon s'échapper le temps d'un déjeuner. Une gourmande clientèle d'affaires y rejoint les fidèles gourmets qui avaient connu le chef à Deauville. Mais le bouche-à-oreille ayant fait son affaire, on y retrouve désormais tous les amoureux de bonne chère, même ceux au budget serré. Il faut dire que tout étoilé qu'il était, le chef met un point d'honneur à proposer le meilleur au meilleur prix. Dans sa cuisine ouverte sur la salle, il mitonne une cuisine de terroir au sens noble du terme. Les plats, qui changent chaque jour, chaque semaine ou chaque mois, en fonction du marché et de l'humeur du chef, sont amoureusement énoncés par madame. Et il est bien dur de faire son choix ! De la belle gastronomie, généreuse et sans esbroufe ; une belle adresse...

L'Île Enchantée : *1, rue Saint-André, 14123* ***Fleury-sur-Orne.*** *☎ 02-31-52-15-52. • auberge-ile-enchantee@wanadoo.fr • aubergelileenchantee.com • À 5 km de Caen ; Fleury est fléché depuis « La Prairie » et le resto est bien fléché dans Fleury. Tlj sf dim soir, lun, mer soir, plus mar soir hors saison. Congés : 1re quinzaine d'août. Formule 15 € en sem ; nombreux menus 23-42 €. Café offert sur présentation de ce guide.* Une belle auberge de campagne à la façade ruisselante de fleurs et de végétation. Avec ses présentations soignées, ses associations audacieuses et ses petites touches exotiques, la cuisine du chef revisite le terroir d'une bien belle façon. Et les fidèles sont nombreux à se retrouver ici en famille, afin de sacrifier au rite du déjeuner dominical. Il faut dire que l'étang que l'on peut voir par les grandes baies vitrées est une invitation à la balade ou à la sieste. Un cadre champêtre digne d'un tableau impressionniste !

Où prendre le thé ? Où faire une pause ?

Memoranda *(plan couleur B2,* ***60****) : 19, rue des Croisiers (angle de la rue Froide). ☎ 02-31-86-51-28. • memoranda@memoranda.fr • Repas slt au déj mar-ven ; salon de thé l'ap-m. Plat ou salade du jour 8 €.* Pour une petite pause gourmande et littéraire dans un café-librairie. Des murs de livres d'occase, et à l'étage quelques tables pour grignoter tartes et gâteaux accompagnés de leur thé ou café. L'endroit est vraiment charmant (même s'il est exigu et littéralement envahi de piles de bouquins !).

Voir aussi ***La Part du Colibri*** et ***Dolly's*** dans « Où manger ? ».

Où boire un verre ? Où écouter de la musique ?

La vie nocturne à Caen se répartit principalement entre 2 zones (2 territoires dirions-nous presque, car les adeptes d'un endroit fréquentent rarement l'autre !) : pour une ambiance plutôt bohème et décalée, vous irez vers les rues Saint-Pierre et Écuyère *(plan couleur A-B2)*, toutes les 2 piétonnes, et leurs brochettes de cafés avec terrasse. Un peu à l'écart de ces rues mais dans le même esprit, citons ***La Garsouille*** *(11, rue Arcisse-de-Caumont ; plan couleur B2,* ***53*** *; ♿ ; fermé dim et 1er mai)*, un peu plus loin, le bar de nuit ***L'Écume des Nuits*** *(11, rue des Croisiers ; plan couleur B2,* ***54*** *; fermé dim-lun)* ou encore le très bien caché ***El Che Guevara*** *(53, rue Geôle/6-8, rue du Tour-de-Terre ; plan couleur B1,* ***50*** *; ouv le soir mar-sam)*, beau bar à tapas et cocktails (chers), repaire des trentenaires et des danseurs de salsa. Sinon ***Le quai Vendeuvre,*** appelé aussi ***le port ou le bassin Saint-Pierre*** *(plan couleur C2)*, abrite une brochette de bars « mode », « frime », mais aussi quelques pubs proposant des concerts comme le ***O'Donnell's Irish Pub*** *(20, quai Vendeuvre ; plan couleur C2,* ***51****).*

Enfin, pendant l'année, les ***bars de la rue du Gaillon*** *(plan B1)*, juste à côté du campus, accueillent les étudiants entre deux cours ou à l'heure de l'apéro.

À voir

Malgré les bombardements ravageurs de 1944, Caen conserve de nombreux attraits touristiques. Le centre-ville, peu étendu, regroupe l'essentiel, même si les deux principales curiosités historiques, l'abbaye aux Hommes et l'abbaye aux Dames, se trouvent de chaque côté du centre proprement dit. Le fameux Mémorial de Caen mérite à lui seul une bonne demi-journée, voire une journée entière.

➢ ***Les visites théâtralisées :*** *avt de commencer notre tour, un mot sur ces excellentes visites guidées. Elles ont lieu de mi-juil à fin août. Résa indispensable à l'office de tourisme. Prix : env 13 €. Départ à 21h. Durée : largement 2h.* Une visite guidée, nocturne et sérieuse du centre historique... légèrement troublée par des comédiens. On aime.

➢ ***Visites guidées du centre historique :*** *infos à l'office de tourisme. En juil-août, mar-sam à 15h30. Rdv directement à l'office. Tarif : env 6 €.*

➢ ***Visites guidées du château :*** *infos à l'office de tourisme. En juil-août, mar-sam à 14h. Rdv au château, porte Saint-Pierre. Tarif : env 6 €.*

➢ ***Découvrir ma ville :*** *au moins une visite/sem oct-juin (programme disponible à l'office de tourisme). Résa indispensable à l'office de tourisme. Tarif : 5,50 €.* Visites à thème pour apprendre à connaître Caen sous ses divers aspects : Caen au fil de l'eau, Caen insolite, la pierre de Caen.

➢ ***À la conquête de Caen :*** *petits livrets vendus 1,50 € à l'office de tourisme.* Découverte du centre-ville ou du château par le biais d'un questionnaire destiné aux 4-7 ans et 7-13 ans puis corrigé à l'office de tourisme.

➢ ***Caen de la tête aux pieds :*** *3 € à l'office de tourisme.* Quatre parcours au choix, pour découvrir l'histoire et le patrimoine architectural de la ville de façon originale, à l'aide de nombreuses énigmes et jeux de mots.

Le château *(plan couleur B1) : accès piéton principal face à l'église Saint-Pierre. En voiture, entrée face à l'université. Le parc du château est ouv mar-sam 8h-21h ; dim et lun 6h-21h30 (19h30 en hiver). Entrée gratuite pour le parc. Visites guidées en juil-août (infos auprès de l'office de tourisme). Prix : 6 € ; réduc. Accès libre sur le rempart nord-ouest restauré. Jeux d'observation pour les familles (gratuits) remis à l'entrée, sur demande.* Bâti au XIe s pour Guillaume le Conquérant, duc de Normandie, le château fut peu à peu fortifié par ses successeurs. Il devint alors une véritable forteresse et subit plusieurs sièges durant la guerre de Cent Ans. L'ensemble devait être démoli par les Anglais au XVe s ; pris de remords, ils l'épargnèrent, tout comme la Révolution. L'occasion fut trop belle d'en faire une prison pour réfractaires à la cause révolutionnaire. La Convention donnera l'ordre d'en détruire le donjon quelques années plus tard.
Quelque peu abandonné par la suite, il est doucement redevenu le point de mire du centre-ville. Mais il faut savoir que ce qu'on appelle aujourd'hui le château est en

AUX ORIGINES ÉTAIT LA PIERRE

Pour la restauration des monuments de Caen (château, chemin de ronde...), on utilisa des pierres « comparables » à celles de la construction historique, mais pas issues de la même carrière. Malheureusement, ces pierres de substitution ne vieillissaient ni de la même façon ni au même rythme que la pierre d'origine. Elles engendrèrent de malheureux dégâts avec le temps. Il fallut donc rouvrir, en 1995, la vieille carrière de Cintheaux, au sud de la ville, dont étaient issues les pierres d'origine, afin d'être en harmonie avec l'ADN des pierres historiques.

fait une coquille vide. Il n'existe quasiment plus rien de médiéval à l'intérieur de l'enceinte. L'espace libre a été transformé en grand jardin public et en parking. On y a en revanche édifié le superbe *musée des Beaux-Arts* et le *musée de Normandie* avec la grande salle de l'Échiquier et la petite église Saint-Georges. Le chemin de ronde (escalier à gauche après avoir passé le beau pont-levis de la porte Saint-Pierre) offre un panorama avantageux sur la ville et sur les remparts, qui sont progressivement restaurés.

Le musée de Normandie *(plan couleur B1)* **:** *dans l'enceinte du château, dans le logis des Gouverneurs, à gauche après l'entrée par le pont-levis de la porte Saint-Pierre. ☎ 02-31-30-47-60. • musee-de-normandie.eu • Tlj 9h30-18h, sf mar nov-mai et certains j. fériés. Entrée du musée gratuite, mais expos temporaires à l'église Saint-Georges et dans le nouveau bâtiment, le plus souvent payantes.* Ce bâtiment austère, en partie du XVIIe s, a été dévolu à la conservation du patrimoine historique, archéologique et ethnologique de la région. On l'aborde au travers de collections qui retracent l'évolution culturelle des hommes depuis la préhistoire jusqu'à nos jours. Plusieurs salles permettent également une approche intéressante des paysages et des différents types de fermes ou exploitations que vous rencontrerez en sillonnant la région. Petite salle consacrée à la dentelle normande, *blonde de Caen, chantilly de Bayeux,* ainsi qu'aux vêtements traditionnels. Étonnante salle sur l'art du cirier. Un musée présentant une collection assez diversifiée, bien conçu et intéressant, pour en apprendre un peu plus sur cette région, son histoire et ses traditions. Également les *salles du Rempart* qui accueillent des expos temporaires et abritent un centre de documentation, une salle de conférence... On peut y observer des vestiges du vieux château comme une forge, une maison médiévale...

L'église Saint-Georges *(plan couleur B1)* **:** *face au musée de Normandie. Ouv dans le cadre d'expos temporaires (le plus souvent payantes).* Très mignonne, elle fut édifiée à l'époque romane pour les habitants de la paroisse du château, mais son aspect actuel date des XVe et XVIe s. Portail et chœur flamboyants.

La salle de l'Échiquier *(plan couleur B1)* **:** *au fond, après le musée de Normandie. Ouv dans le cadre d'expos temporaires (souvent payantes).* Beau bâtiment en pierre du XIIe s, spécimen peu répandu d'architecture romane non religieuse. C'est le seul vestige du palais ducal. On ne s'y réunissait pas pour jouer aux échecs. C'est ici que se tenait la cour de justice du duché, appelée Échiquier.

Le musée des Beaux-Arts *(plan couleur B1)* **:** *dans l'enceinte du château, à droite après l'entrée piétonne. ☎ 02-31-30-47-70. • ville-caen/mba • ♿ Tlj sf mar et certains j. fériés 9h30-18h. Entrée : 3 € pour la collection permanente ; suppléments pour les expos temporaires (2 ou 4 €), les visites guidées (2 €), la visite des ateliers (4 €) ; réduc. Un dim et un mer par mois à 15h45, initiation ludique pour les enfants à la découverte du musée.*
Dans un bâtiment résolument contemporain (qui s'intègre bien au site), au milieu du parc. Consacré aux peintures et aux gravures du XVe au XXe s, le musée abrite l'une des plus belles collections d'œuvres européennes des XVIe et XVIIe s. On apprécie le petit cartel explicatif qui accompagne beaucoup d'œuvres. Quelques noms piochés de manière tout à fait subjective... Attention, en cas d'importantes expositions, il se peut que certains tableaux cités ci-dessous ne soient pas exposés.
– Du côté des primitifs, voir le *Saint Jacques* de Cosme Tura, la *Vierge à l'Enfant* de Van der Weyden, et surtout le *Mariage de la Vierge* du Pérugin.
– Dans les salles consacrées au XVIe s, on relève les incontournables Tintoret (poignante *Descente de Croix*) et Véronèse (somptueuse *Tentation de saint Antoine*).
– Puis arrive le XVIIe s en fanfare : Rubens, Ruysdael, Van Goyen et Van Dyck pour les Flamands ; Poussin (émouvante *Vénus pleurant Adonis*), Charles Le Brun, Mignard et Philippe de Champaigne pour les Français.
– Les salles du XVIIIe s proposent scènes bibliques ou mythologiques, paysages et natures mortes, et un superbe Tiepolo *(Ecce Homo).*

– Les XIXe et XXe s ne sont pas en reste avec, entre autres, Géricault, Courbet, Delacroix, Isabey, Corot, Daubigny et l'école de Barbizon. Les paysages de Normandie furent une source d'inspiration inépuisable pour quelques grands peintres (Boudin, Moret, Monet et Dufy).
– Côté contemporains (étage inférieur), citons Metzinger, Soulages, Dubuffet, le *David et Goliath* emprunté au Caravage par Ernest Pignon-Ernest, Pincemin, Vieira da Silva, Joan Mitchell ou encore Rebeyrolle...
– Le *cabinet des estampes* regorge d'œuvres magnifiques présentées par roulement lors d'expositions thématiques ou monographiques. Pièces de Dürer, Rembrandt, Van Dyck et, bien sûr, Jacques Callot. C'est l'un des fonds les plus importants au monde.
– Un parc de sculptures occupe un espace à l'intérieur des remparts, avec des pièces modernes de Rodin, Bourdelle, Giacometti et deux sculptures contemporaines, de Huang Yong Ping et Damien Cabanes.
À la sortie du musée, on peut se restaurer ou se désaltérer au ***café Mancel,*** du nom d'un libraire caennais qui, en 1872, légua à la ville un bel ensemble d'œuvres exposées au musée (voir plus haut « Où manger ? »).

CAEN

La maison des Quatrans *(plan couleur B2)* **:** *31, rue de Geôle. Au pied du château.* On la remarque tout de suite : c'est l'une des plus belles maisons à pans de bois de la ville. Façade superbe et généreuse, mais elle seule est à pans de bois. Construite à la fin du XIVe s, elle fut restaurée après les bombardements de la Seconde Guerre mondiale.

La rue Froide *(plan couleur B2)* **:** l'une des plus vieilles de Caen. C'était la rue des Imprimeurs. Moins « foire aux touristes » que la rue du Vaugueux, mais tout de même animée et piétonne, elle a eu la chance d'échapper aux bombardements et offre de bons exemples de ce qu'il est convenu d'appeler l'« architecture caennaise » : façades en pierre (de Caen), cours intérieures et escaliers typiques. N'hésitez pas à pousser les portes pour jeter un petit coup d'œil à l'intérieur. Au *n° 49,* franchir la porte mitoyenne à celle du salon de coiffure (à droite) pour surprendre un étroit escalier de pierre dans une maison du XVIIe s (au fond du couloir). Au *n° 41,* adorable cour intérieure avec puits, escalier à vis du XVIIIe s, tourelle d'angle. Enfin, au *n° 10,* dans une cour intérieure, maisons du XVIIe s, dont une jolie à pans de bois.

L'église Notre-Dame-de-Froide-Rue *(plan couleur B2)* **:** *à l'angle de la rue Froide et de la rue Saint-Pierre.* Elle existerait depuis le VIIe s, même si rien ne subsiste des premiers édifices, et aurait été reconstruite aux XIVe-XVe s. On l'appelle aussi église Saint-Sauveur. Rue Froide, remarquez le porche (aujourd'hui fermé), avec un beau portail flamboyant du XVe s et ce curieux escalier en spirale (sur la droite de la porte) qui ne conduit plus nulle part. Splendide tour élevée au XIVe s et terminée par une pyramide de trèfles et de rosaces. À l'intérieur, deux nefs parallèles mais pas symétriques, couvertes de voûtes de bois semblables à des coques de navires. C'est cet ensemble disparate qui finit par la rendre attachante.

La rue Écuyère *(plan couleur A-B2)* **:** moins bien préservée que la rue Froide, cette voie typiquement caennaise conserve encore quelques curieux souvenirs du passé. L'écrivain Barbey d'Aurevilly y séjourna. En tout cas, on aime bien l'atmosphère qui s'en dégage entre boutiques d'antiquités, bars branchés et anciens hôtels particuliers. Remarquer, au *n° 9,* cette curieuse maison décorée de colonnes, balcons et lucarnes. Sinon, au *n° 32,* cette enfilade de cours reliées par un étroit passage. Beau morceau de tourelle dans la première cour. Au *n° 42,* l'*hôtel des Écuyers* date de la fin du XVe s. Dans la jolie cour intérieure (la porte s'ouvre dans la journée), puits et fenêtres gothiques.

L'église du Vieux Saint-Sauveur *(plan couleur A-B2)* **:** de la rue Écuyère, prendre la pittoresque rue aux Fromages (bel alignement de maisons anciennes, notamment au n° 11) jusqu'à la rue Saint-Sauveur. Complètement détruite par les bombardements, l'église du Vieux Saint-Sauveur a retrouvé la blondeur de sa pierre. Transept et tour d'époque romane, chœur du XVe s.

La place Saint-Sauveur *(plan couleur A2)* **:** ancienne place du pilori, elle fut réaménagée au XVIIIe s et présente une belle homogénéité. Luxueux hôtels particuliers comme, au n° 20, l'*hôtel Fouet* construit vers 1740, à la déco classique et à l'élégant balcon en fer forgé. Voir aussi, au n° 19, l'*hôtel Canteil-de-Condé.* Marché extra et populaire le vendredi matin, dont la tradition remonte au XIe s.

Les quartiers Belle Époque *(plan couleur A1)* **:** quelques rues autour de la place du Canada, sur laquelle fut construite l'ancienne gare où les premiers amateurs de bains de mer prenaient le train pour la Côte de Nacre. Villas et immeubles offrent d'ailleurs un petit avant-goût architectural des stations balnéaires. Bel immeuble à la façade typiquement Art nouveau à l'angle des rues Isidore-Pierre et Saint-Gabriel.

CAEN

Le Jardin des plantes *(plan couleur A1)* **:** *5, pl. Blot. Tlj à partir de 8h (10h dim et j. fériés). Serre ouv 14h-17h. Fermeture variable en fonction des saisons. Entrée gratuite.* Créé au XVIIIe s, il abrite sur 5 ha plus de 5 000 espèces. Serre exotique, flore normande, orangeraie et quelques arbres spectaculaires.

L'abbaye aux Hommes *(plan couleur A2)* **:** *entrée des bâtiments conventuels sur l'esplanade Jean-Marie-Louvel, par l'entrée de l'hôtel de ville.*
Comme on l'explique plus haut, Guillaume le Conquérant décida la construction de l'abbaye vers 1060, pour se réconcilier avec le Saint-Siège. L'ensemble (église et bâtiments) constitue, avec l'abbaye aux Dames, le principal site intéressant de la ville. Belle harmonie architecturale du tout, même si les bâtiments conventuels, plus classiques, ont été reconstruits au XVIIIe s.

CROIX ROUGE ET BOMBARDEMENTS

Plusieurs centaines de familles se réfugièrent dans l'abbaye aux Hommes du 6 juin au 9 juillet 1944, date de la libération de la ville par les Canadiens. Lors des bombardements alliés, pour éviter le carnage, une grande croix rouge fut peinte sur le toit, afin de signaler aux aviateurs que les lieux abritaient un hôpital. Ainsi fut épargnée, outre les réfugiés, l'abbaye elle-même.

– **L'abbatiale Saint-Étienne** *(plan couleur A2)* **:** *tlj 9h30-12h30, 14h-18h30 (sf dim mat et pdt les offices). Elle est incluse dans le circuit des visites de 9h30, 14h30 et 16h (sf offices).* L'église fut construite assez rapidement pour l'époque (de 1063 à 1077), ce qui explique son homogénéité de style. Symbole de l'art anglo-normand parvenu à maturité (on retrouve la même architecture dans la cathédrale de Canterbury), c'est aussi, par sa grandeur, une manifestation évidente de la puissance de son géniteur, le duc Guillaume, dont la dépouille est d'ailleurs pieusement conservée ici, dans le chœur même de l'église.
Notez le dépouillement de la façade d'entrée : toute la majesté de la pierre taillée est mise en valeur, de même que la finesse des tours et des belles flèches de style gothique, qui inspirèrent nombre d'églises normandes. La même recherche d'harmonie se retrouve dans l'architecture générale extérieure. Toute la réussite de l'entreprise repose sur cet aspect extérieur de l'abbaye, gracieuse sans paraître imposante.
L'intérieur de l'église joue toujours sur le dénuement : grandeur et sobriété. Quelques éléments de richesse toutefois : la belle chaire de bois sculpté (XVIIe s) de la nef, sur la droite ; ou encore le marbre du maître-autel et le bronze de son bas-relief. À voir encore, le lutrin en fer forgé et l'énorme support de cierge pascal. Au sol, une inscription latine rappelle que le maître des lieux est enterré ici. Traduction pour les mauvais élèves : « Invaincu Guillaume le Conquérant, duc de Normandie, roi d'Angleterre et fondateur de cette maison, mort en 1087 »... Le chœur gothique est l'un des plus anciens de Normandie.

On remarquera encore, sur la gauche, une curieuse horloge dorée du XVIIIe s, coincée entre deux fenêtres intérieures à petits carreaux, aux belles boiseries sculptées. Les grandes orgues Cavaillé, du XIXe s, comptent près de 3 400 tuyaux. Elles sont soutenues par un monumental buffet dont les atlantes sont des copies d'œuvres de Puget.

– ***Les bâtiments conventuels de l'abbaye*** *(actuel hôtel de ville)* **:** ☎ *02-31-30-42-81. ♿ (pour la quasi-totalité des 2 circuits de visite). Visites guidées slt, tlj (sf 1er janv, 1er mai et 25 déc) à 9h30, 11h, 14h30 et 16h ; en juil-août, visites supplémentaires à 10h15, 15h15 et 17h15. Attention : seule la visite de 11h permet de découvrir (en principe) le pressoir et la salle des gardes du XIVe s ; en revanche, elle n'inclut pas la visite de l'abbatiale. Durée : 1h15-1h30. Prix : 3 € ; réduc ; gratuit moins de 18 ans et, pour ts, dim.* Il ne reste plus rien des bâtiments d'époque romane. Néanmoins subsistent quelques témoignages de la période gothique, dont la salle des gardes du XIVe s (actuelle salle du conseil municipal). L'ensemble fut reconstruit au début du XVIIIe s par un moine architecte. Les moines furent mis à la porte pendant la Révolution, puis Napoléon Ier transforma l'abbaye en lycée. En 1965, la mairie prit possession des lieux. Un des plus beaux hôtels de ville de France (encore plus beau à la tombée de la nuit).

Majestueuse façade principale en pierre de Caen, de 105 m de long. Salles intérieures somptueuses, chacune dans un genre différent. Élégant escalier d'honneur dont la rampe est un chef-d'œuvre de ferronnerie. La grande salle des moines occupe une partie de l'aile gauche (expos temporaires). On observe d'abord une maquette de l'abbaye avant de pénétrer dans la *salle des mariages* (ancienne salle capitulaire) pour ses magnifiques boiseries. Belles boiseries et grandes peintures également dans la sacristie. Un peu plus loin, un curieux mannequin de cire représentant... Guillaume (devinez d'après qui le portrait a été réalisé ?).

Au cours de la visite guidée, vous verrez encore l'escalier des matines, le cloître, avec dans un angle, le superbe « tableau des offices », le parloir où les sons résonnent, la grande salle du réfectoire où, au fond, une toile fait apparaître Guillaume en empereur romain (la folie des grandeurs, toujours...).

– L'hôtel de ville abrite également un petit ***musée d'Initiation à la nature*** : ☎ *02-31-30-43-27. ♿ Vac de Pâques-vac Toussaint, lun-ven 14h-18h ; le reste de l'année, mer ap-m slt. Entrée gratuite.* Consacré à la faune et à la flore de Normandie.

De l'autre côté de l'esplanade Jean-Marie-Louvel, l'***église Saint-Étienne-le-Vieux*** *(plan couleur A2)*, qui présente un aspect émouvant. Romane puis gothique, elle a subi les assauts des obus de la Seconde Guerre mondiale, témoin du sacrifice et du martyre de la ville. Un bout de nef, quelques contreforts et arcades sauvent fièrement l'honneur. Ne se visite pas.

La ***rue Saint-Pierre*** *(plan couleur B2)* offre elle aussi un bel alignement de maisons en pierre de Caen. Au n° 52, deux splendides maisons à pans de bois. Un peu plus loin, la belle façade classée de la *Librairie Générale du Calvados*.

L'hôtel d'Escoville *(plan couleur B2)* **:** *pl. Saint-Pierre, il abrite aujourd'hui l'office de tourisme et l'Artothèque.* Construite dans la première moitié du XVIe s par « le seigneur le plus opulent de la ville », cette noble demeure passe pour être l'un des exemples les plus accomplis de l'art de la Renaissance en Normandie. Le flanc droit offre de nombreuses statues représentant des personnages mythologiques et bibliques. Lucarnes sculptées. Difficile d'imaginer le massacre qu'a subi le bâtiment pendant les bombardements. La qualité du travail de restauration est remarquable.

L'hôtel de Than *(plan couleur B2)* **:** *bd du Maréchal-Leclerc. Ne se visite pas.* Construit peu avant l'hôtel d'Escoville, il marque une période de transition entre les styles gothique flamboyant et Renaissance. Bien observer les lucarnes, décorées de volutes et de bas-reliefs. Pour l'anecdote, les propriétaires de ces deux hôtels voisins (celui d'Escoville et celui-ci) ne pouvaient pas se supporter. Au point que celui de l'hôtel de Than, pour bien montrer son mépris, fit sculpter sur sa façade un personnage se déculottant en direction de l'hôtel d'Escoville ! Y'a pas de petites bassesses.

L'église Saint-Pierre *(plan couleur B2)* **:** *entrée par la pl. Saint-Pierre. Fermé le dim ap-m.* Construite du XIIIe au XVIe s, elle joue elle aussi sur la transition des styles : gothique rayonnant et flamboyant, puis Renaissance. Superbe clocher du XIVe s, de près de 80 m de haut, qui rendit cette église célèbre. Détruit pendant la guerre (photos dans une des chapelles de droite), il fut restauré grâce aux bénéfices de la vente des épaves du Débarquement ! En contournant l'église, on remarque la finesse de la façade principale, mais aussi la richesse de l'ornementation du chevet édifié sur pilotis au XVIe s (de style Renaissance particulièrement chargé). Bel intérieur où la profusion des sculptures éclate. Très jolie frise ciselée comme de la dentelle, qui court le long du chœur. Les chapelles autour du chœur tranchent avec le reste de l'église : voûtes Renaissance avec clés particulièrement pendantes et fort travaillées. Certains chapiteaux sont intéressants, comme le 3e pilier (bas-côté gauche) qui offre des scènes surprenantes : un personnage chevauché par une femme tenant un fouet, un autre jeté dans un panier par une jeune fille, etc.

Le quartier du Vaugueux *(plan couleur B-C1)* **:** *de la pl. Saint-Pierre, remonter la rue Montoir-Poissonnerie et prendre à gauche la rue du Vaugueux.* Ce vieux quartier populaire (les grands-parents d'Édith Piaf y tenaient un bistrot) caché au pied du château, complètement rénové, est devenu un îlot piéton voué au tourisme flâneur. Beaucoup de jolies maisons à admirer, dont une du XVIe s à pans de bois et plusieurs petites demeures en pierre de taille du XVIIIe s. Un monde fou certains soirs (la place accueille de nombreux restos aux terrasses bien agréables en été). On y trouve notamment une taverne célèbre *(La Poterne)* installée dans une maison en partie à pans de bois et le reste en pierre de Caen.

LE 1er PEOPLE

George Brummel naquit à Londres en 1778. Héritier, mais non aristocrate, il gaspilla sa fortune dans les habits et le jeu. Il lança la mode de la cravate et des costumes sombres pour les hommes. Son dandysme l'obligeait à mettre 5h pour s'habiller. Il lustrait ses bottes au champagne. Sa notoriété n'était fondée sur aucun talent. Il mourut à Caen, ruiné, obèse et syphilitique.

L'abbaye aux Dames *(plan couleur C1)* **:** *pl. de la Reine-Mathilde.* *Alter ego* de l'abbaye aux Hommes puisque sa construction fut entreprise par la femme de Guillaume, Mathilde, quelques années avant celle aux Hommes, et pour le même motif. Pourtant, l'aspect d'ensemble diffère totalement de celui de l'abbaye aux Hommes, même si les bâtiments conventuels édifiés bien plus tard, au XIXe s, sont dus au même architecte.

– ***L'église de la Trinité* :** érigée pour l'essentiel au XIe s, comme sa consœur, mais remaniée au XIXe s. Aspect plus massif que l'église Saint-Étienne. C'est tout de même un bien bel exemple d'architecture normande. Elle était autrefois entièrement recouverte de fresques. Grande nef romane presque blanche, lumineuse, dont la voûte est la principale caractéristique. Vous avez remarqué, la nef descend doucement en pente vers le chœur. Cela est dû au fait que la crypte s'est peu à peu affaissée. Chapiteaux aux décorations florales qu'on oserait presque qualifier de « cubistes ». La reine Mathilde (morte en 1083) a, elle aussi, droit aux honneurs du chœur : ses restes reposent sous un beau marbre noir. Mais le clou de la visite reste la *crypte* : élégantes rangées de colonnes aux chapiteaux finement sculptés, un vrai petit chef-d'œuvre. Observez le premier chapiteau en entrant. Personnages d'une grande simplicité, évocateurs, à la symbolique très parlante.

– ***Les bâtiments conventuels de l'abbaye* :** *entrée par la cour du conseil régional de Basse-Normandie, puis c'est fléché. ☎ 02-31-06-98-98. Visites guidées slt* *(excellentes), tlj (sf 1er janv, 1er mai et 25 déc) à 14h30 et 16h. Durée : 45 mn env. Gratuit.* Reconstruits au XVIIIe s par Guillaume de la Tremblay, ils abritent désormais le conseil régional de Basse-Normandie. Nombreux édifices d'une grande sobriété, tous bâtis dans la même pierre de taille (de Caen, bien sûr). Superbe ! Élégant jardin à la française dans la cour d'honneur, d'où l'on a un bon aperçu sur les façades. C'est la Révolution qui ruina les bâtiments. Ils devinrent tour à tour caserne, dépôt de mendicité, hôtel-Dieu. On s'y réfugia pendant la guerre. Cette ancienne abbaye compta, parmi ses pensionnaires, une certaine Charlotte Corday. La visite permet de voir le cloître, le lavatorium (curieux lavabos de marbre noir, dans de grosses coquilles qui servaient à se laver les mains avant de passer au réfectoire), le grand escalier encadré de deux tableaux bibliques intéressants, l'église abbatiale de la Trinité et sa crypte, etc.

Le bassin Saint-Pierre *(plan couleur C2)* **:** c'est l'un des cinq bassins du port de Caen, distincts les uns des autres le long d'un canal qui relie la ville à la mer. Le long de ce bassin, consacré exclusivement à la plaisance, on se croirait vraiment au bord de la mer, surtout quand une centaine de voiliers y sont amarrés. Agréable promenade le long des quais. Le dimanche s'y tient un grand marché.

L'église Saint-Jean *(plan couleur C2)* **:** *rue des Martyrs. En général toujours ouv dans la journée.* Édifice du XVe s, de style gothique flamboyant (observer les « flammes » des vitraux). À l'intérieur, nef superbe et curieuse tour-lanterne aux parois sculptées, d'époque Renaissance, qui tranchent nettement avec la sobriété de la nef. Une église toute tordue (voir encadré) dont le particularisme se voit très nettement en deux endroits : à l'extérieur, devant la façade, et à l'intérieur, en se plaçant derrière le chœur, dans le déambulatoire, d'où la nef semble littéralement s'ouvrir. Clocher-porche légèrement incliné, et arcs du transept complètement déformés.

UNE ÉGLISE TOUTE DE GUINGOIS !

Ce ne sont pas les bombardements qui sont responsables du surprenant aspect de l'église Saint-Jean, mais le sol marécageux sur lequel elle est bâtie. Avant la Seconde Guerre mondiale, des pilotis formés de chênes entiers s'enfonçaient dans la vase jusqu'au sol ferme. L'église tanguait déjà. Ils furent remplacés par du béton après la guerre. Mais rien n'y fit, l'église continue à bouger et à s'ouvrir, doucement mais sûrement.

La Prairie *(plan couleur A-B3)* **:** *à côté de l'hippodrome.* Une autre originalité de ce centre-ville plein de surprises. Ce vaste espace d'herbes sauvages est préservé depuis le Moyen Âge. Deux raisons à cela : l'herbe servait à nourrir les chevaux, et l'emplacement, depuis le XIe s, permettait d'installer les chapiteaux d'une importante foire. Les chevaux sont restés (hippodrome), la foire (-expo) a toujours lieu, mais à côté, et le site est désormais classé ! Belle promenade le long du canal de l'Orne (au fond de la Prairie, côté est), sous la grande allée de platanes, le long du cours du Maréchal-Kœnig.

Plus au nord

Le Mémorial de Caen (Cité de l'Histoire pour la Paix) : *esplanade Général-Eisenhower. ☎ 02-31-06-06-44. • memorial-caen.fr • Accès en voiture : par le bd périphérique nord (sortie n° 7) ; très bien fléché du centre-ville. Tramway depuis la gare jusqu'à la station « Tour-Leroy », puis bus n° 2. De fév au 6 nov, ouv tlj 9h-19h ; le reste de l'année, normalement tlj sf lun 9h30-18h. Fermé en janv et 25 déc. Entrée : 18-18,50 € selon période ; réduc. Tarif familial (2 adultes et nombre d'enfants illimité) : 48 €. Audioguide : 4 €. Vente des derniers billets 1h15 avt la fer-*

meture du site. Il existe par ailleurs plusieurs formules pour découvrir le Mémorial et les plages du Débarquement (les mer, ven et sam) : ½ journée au Mémorial combinée à une ½ journée d'excursion guidée sur les plages : 35 € (tarif réduit : 30 €), visite du musée comprise...

– ***Spécial enfants :*** *une garderie gratuite au sein du musée accueille les bambins de moins de 10 ans. Pdt les vac scol, possibilité de visites guidées avec audioguides 5 €.*

Inauguré le 6 juin 1988 (date symbolique) par François Mitterrand, le Mémorial de Caen est devenu l'un des passages obligés de Normandie. Il s'agit davantage d'un centre pédagogique que d'un musée, d'un outil de réflexion sur la folie humaine et sur les tentatives de l'empêcher de se traduire par des guerres. C'est à la fois un centre culturel (musée, cinéma, expos...), un forum d'échanges, une banque de données (documentation, librairie spécialisée, bureau de recherches), un « monument » pour la paix (galerie des prix Nobel), un lieu de rassemblement (conférences, concours international de plaidoiries d'avocats et de lycéens, concerts, etc.) et de promenades (dans les jardins canadien et américain).

Sobriété, clarté du propos, intelligence de la mise en scène, rigoureuse sélection des documents font du Mémorial un site unique et passionnant, dont la visite s'avère extrêmement enrichissante. Pas étonnant qu'un grand nombre des écoles de France mettent cette visite à leur programme. Le Mémorial se divise en deux grandes parties : d'une part, tout ce qui se rapporte à la *Seconde Guerre mondiale* et, d'autre part tout ce qui touche à *l'après-guerre* (la guerre froide et les relations Est-Ouest, etc.). En tout, plus de 4 500 m^2 d'espaces consacrés aux XXe et XXIe s à partir de 1918.

Le plus cohérent est de visiter ces deux parties dans l'ordre chronologique ; cependant commencer par la seconde partie permet souvent d'éviter la foule, surtout si vous venez le matin. Mais quand on arrive à l'ouverture, aucun problème.

– ***Le bâtiment*** proprement dit, construit sur les restes d'un bunker de commandement allemand, est une massive bâtisse en pierre de Caen. Premier symbole : la grande fracture centrale, évoquant la percée opérée par les Alliés dans le mur de l'Atlantique.

– ***La Seconde Guerre mondiale :*** la première partie présente la situation économique et sociale en Europe, la dégradation des relations internationales de 1918 à 1939 *(Faillite de la paix)* et le conflit lui-même *(La France des années noires ; Guerre mondiale/Guerre totale).* Puis viennent le retournement et la naissance de l'espoir avec *Le Débarquement et la Bataille de Normandie.* L'ensemble s'appuie sur une muséographie vraiment réussie, des documents d'archives le plus souvent poignants (articles de presse, photos, correspondances, films), des maquettes, des véhicules et uniformes militaires. Ne ratez pas les films projetés dans cette partie : *Le Jour J* vu en parallèle sur un grand écran (côté allemand et côté Alliés), puis dans la foulée *La Bataille de Normandie.* Tout un espace est désormais consacré à cette dernière.

– ***Le monde après 1945 :*** on y aborde la période entre la fin de la guerre et la chute du mur de Berlin, avec des thèmes comme *Le face à face des deux systèmes* ; *Les temps, les lieux, les hommes de la guerre froide, les armes de la guerre froide*, puis *Berlin au cœur de la guerre froide*. Bien que sans doute un rien scolaire, cette section mérite vraiment qu'on s'y attarde car elle fait le lien de manière limpide entre la situation à la fin de la guerre et les tensions d'aujourd'hui. Vous y traverserez la *galerie des villes détruites* (espace de transition entre la fin de la guerre et l'après-guerre).

– Il est alors temps de prendre un peu d'air ou de conclure cette visite par le film-documentaire de l'acteur Jacques Perrin, *Espérance,* retraçant les moments forts et désespérants de l'actualité guerrière des hommes, depuis la Libération de Paris jusqu'à nos jours. Ne pas manquer non plus l'espace « Taches d'opinions » qui relate l'actualité du monde à travers le dessin de presse. Il permet d'avoir un autre angle de vue sur les événements qui bouleversent et interpellent le monde moderne. Également plusieurs expos temporaires par an.

- ***La galerie des prix Nobel :*** dans un bâtiment à part, n'oubliez pas de visiter ce site. Pour s'y rendre, sortir du bâtiment principal et prendre l'escalier ou l'ascenseur jusqu'à la plate-forme inférieure. Toute une galerie est consacrée à ces bienfaiteurs de l'humanité.
- Après la visite, on peut s'accorder un instant de détente dans les jardins situés sur l'arrière. Reposant et plein de sérénité.

À faire

- Caen, on ne le sait pas forcément, connaît une vie culturelle riche toute l'année. C'est même l'une des capitales du baroque en France, grâce à la présence des *Arts Florissants* et de William Christie. Pour tout savoir, procurez-vous les guides mensuels gratuits, *Le Mois à Caen* ou *Aux Arts*.

➢ ***Le chemin de halage (ou GR 36) :*** belle promenade le long du canal de l'Orne, depuis le port de Caen, jusqu'à Ouistreham, à 15 km. Se fait à pied ou à vélo. En chemin, on trouve les célèbres *Pegasus Bridge* et *café Gondrée* (voir plus loin, à Bénouville).

Fêtes et manifestations

- ***Concours international de plaidoiries :*** *un w-e fin janv.* Au Mémorial de Caen, avocats internationaux et équipes de lycéens viennent plaider en public pour les Droits de l'homme en choisissant un cas concret et d'actualité. Entrée libre.
- ***Aspects des musiques d'aujourd'hui :*** *en mars, au Conservatoire national de région. Rens : ☎ 02-31-30-46-86.* Festival de musique contemporaine autour de l'œuvre d'un compositeur.
- ***Festival Passages de Témoins :*** *en mai.* • *passagesdetemoins.caen.fr* • Festival littéraire et culturel.
- ***Festival de Beauregard :*** *en juil, au château de Beauregard à* ***Hérouville-Saint-Clair.*** • *festivalbeauregard.com* • Programmation internationale variée et de qualité.
- ***Caen soirs d'été :*** *manifestations gratuites en juil-août, les jeu et ven au château ducal en fin d'ap-m et dans la soirée.* Théâtre, musique, cinéma, cirque, boums ambulantes, parades... Très sympa.
- ***Caen, presqu'île en fête :*** *le 2e w-e de sept.* • *ville-caen.fr/presquilenfete* • Sur la presqu'île et le bassin Saint-Pierre. Rencontres, spectacles de rue, cultures urbaines, expos, concerts de plein air et au Cargö, etc.
- ***Nordik Impakt :*** *en oct. Rens : ☎ 02-31-86-79-31 ou* • *nordik.org* • Festival de culture électronique.
- ***Les Boréales :*** *en nov.* • *crl.basse-normandie.com* • Festival essentiellement consacré à la littérature et à la culture nordiques (Scandinavie, Finlande, Islande).

RANVILLE

(14860) 1 740 hab. *Carte Calvados, C2*

À une dizaine de kilomètres au nord-est de Caen, un peu à l'écart de la route de Cabourg. À proximité d'un point stratégique (le canal de l'Orne), Ranville reste indissociable de l'histoire du Débarquement : c'est le premier village de France à avoir été libéré ! Le 6 juin, peu de temps après le largage des paras britanniques, à 1h exactement... En effet, les éclaireurs de la 6th Airborne furent parachutés par une trentaine d'appareils le long de la route Ranville-Bréville. Équipés de balises radio et de feux de signalisation, ils délimitèrent les aires

de largage des 2 000 paras que devaient expédier 30 mn plus tard 110 avions de la Royal Air Force. Le 13e bataillon parachutiste se disposa rapidement autour du bourg, qu'il défendit jusqu'à la libération de Caen.
En souvenir de ses libérateurs, le cimetière du village abrite, au pied de son église du XVIe s, les corps de plus de 2 000 soldats britanniques.

Où dormir dans les environs ?

Chambres d'hôtes La Rivaudière : *1, rue du Lavoir, 14860* ***Bavent.*** *☎ 02-31-78-16-06. • larivaudiere@lagarde.ws • larivaudiere.fr • À 6 km de Ranville, dans le centre de Bavent, en face de la poste. Compter 56 € pour 2. Table d'hôtes sur résa : 26 € le repas. Internet, wifi. Café ou jus de pomme offert sur présentation de ce guide.* Près d'un lavoir où batifolent les canards en toute tranquillité. Entourée d'arbres, une demeure normande en pierre et à colombages. Chambres à la déco simple et chaleureuse (on aime beaucoup la jaune). Très bien tenu. Petit salon privé avec TV. Accueil souriant et très aimable.

À voir à Ranville et dans les environs

Mémorial-Pegasus : *av. du Major-Howard. ☎ 02-31-78-19-44. • memorial-pegasus.org • Le musée, officiellement à Ranville, se situe en fait à la limite de Bénouville, juste à côté du Pegasus Bridge. Avr-sept, tlj 9h30-18h30 ; hors saison, 10h-17h. Fermé de mi-déc à fin janv. Entrée : 6 € ; réduc, y compris sur présentation du* Normandie Pass. *Visite guidée incluse dans le prix.* Musée consacré tout particulièrement à la 6e division aéroportée britannique, les premiers soldats débarqués dans la nuit du 5 au 6 juin 1944. Collection d'objets et de documents authentiques. Petite muséographie plutôt réussie. Une maquette géante permet de visualiser toutes les zones d'intervention de la 6e division. Le parc du musée abrite le « vrai » Pegasus Bridge, un pont Bailey (un pont provisoire) et la réplique grandeur nature d'un planeur Horsa (unique au monde) ; 352 d'entre eux atterrirent dans la région de Ranville-Bénouville. Expo temporaire à partir de juin dans l'un des baraquements.

La batterie de Merville : *14810* ***Merville-Franceville.*** *☎ 02-31-91-47-53. • batterie-merville.com • À Merville-Franceville, petite station balnéaire construite entre l'estuaire de l'Orne (port de plaisance et réserve ornithologique) et Cabourg. Au sud du village. 15 mars-15 nov, tlj 9h30-18h30 (19h juin-août ; 17h30 d'oct à mi-nov). Entrée : 6 € ; réduc, y compris sur présentation du* Normandie Pass. Sur un site de 16 ha protégé de barbelés, mines et fosses anti-tanks, ce dispositif fut l'un des plus impressionnants du mur de l'Atlantique. Dotée de quatre canons de 100 mm, la batterie protégeait tous les environs. Pas étonnant que les Britanniques en aient fait l'un de leurs principaux objectifs avant le débarquement sur les plages de Sword...
Petit rappel : dans la nuit du 5 au 6 juin 1944 la côte normande connaît donc le bombardement le plus intense qui soit avec 109 avions Lancaster qui larguent plus de 1 000 bombes sur la batterie de Merville. À 4h30, les parachutistes sont largués. De sa prise dépendait en grande partie la réussite du débarquement de Sword Beach. En effet, la position de cette batterie permettait à la défense allemande de protéger Ouistreham ainsi que les plages d'Hermanville et de Lion-sur-Mer grâce à des canons d'une portée de 10 km. Elle fut prise de manière héroïque par les 150 paras de la 9th Airborne du colonel Otway. Le parcours qu'on explore aujourd'hui chemine sur le site de la batterie. Des panneaux d'informations expliquent dans les détails cette aventure. On peut également y voir le Dakota, avion de l'armée américaine et l'un des derniers vestiges du Débarquement. Après 64 ans d'errance, il doit son récent retour en Normandie à un petit groupe de passionnés, l'ayant sauvé d'une fin funeste à Sarajevo.

L'une des quatre casemates (protégées par 2 m de béton armé) est transformée en mémorial du 9e bataillon des parachutistes britanniques. Un court son et lumière reconstitue l'attaque de la batterie de manière réaliste avec fumée et son fracassant (interdit aux petits enfants). Les minuscules salles de la casemate exposent photos et documents. Reconstitution d'un dortoir. Vitrines d'armes (dont un canon), photos et souvenirs militaires contribuent à redonner vie à cette batterie.

La Maison de la nature et de l'estuaire : *à* ***Sallenelles*** *(14121), à l'embouchure de l'Orne. Fléché sur la D 514 (et sur le passage du GR 223). ☎ 02-31-78-71-06. • cpievdo.fr • Tlj en juil-août, 10h-18h30. Mai-juin et sept, tlj sf lun 10h-12h30 et 14h-18h. Oct-avr, tlj sf lun 14h-18h. Fermé de mi-déc à fin janv. Entrée : 2 € ; ½ tarif pour les étudiants ; gratuit moins de 6 ans. L'été, plusieurs fois/sem, balades guidées sur le site naturel de l'estuaire. Thèmes variés : découverte des oiseaux, plantes comestibles, l'estuaire... Tarif : 5 € ; réduc.*
À l'embouchure de l'Orne, la maison propose une expo sur la faune et la flore de l'estuaire et les activités humaines au fil du temps. Maquette de l'estuaire, explication des marées, de la migration des oiseaux... Projection de courtes vidéos où des professionnels (ornithologue, chasseur, garde...) racontent leurs expériences. La visite se poursuit à l'extérieur par quelques panneaux sur les plantes et les animaux de la dune ou du marais.
Même si vous ne faites pas une balade guidée, rien ne vous empêche d'explorer les environs de la maison. Le GR 223 passe juste devant et d'autres chemins permettent de sillonner le marais. Plan des circuits possibles devant la maison. Une partie peut se faire à vélo (possibilité de venir de Caen à bicyclette par l'ancien chemin de halage).

BÉNOUVILLE (14970) 1 970 hab. *Carte Calvados, C2*

À mi-chemin entre Caen et Ouistreham, une charmante petite cité des bords de l'Orne, célèbre pour son pont, le *Pegasus Bridge*. Ce nom lui fut donné en hommage à la division aéroportée britannique qui le libéra, la 6th Airborne, dont l'écusson était un cheval ailé. Ce pont historique, à la charpente métallique originale, a hélas été démonté pour être remplacé par une copie presque conforme. Au grand dam des habitants de Bénouville, mais aussi des bérets rouges survivants qui risquèrent leur vie pour le défendre. « C'était bien la peine ! » disent certains. Toujours est-il que, selon les autorités, le pont ne pouvait pas laisser passer les bateaux de plus en plus gros qui longent le canal. Rassurez-vous, vous pourrez voir le « vrai » Pegasus Bridge juste à côté, au *Mémorial-Pegasus* de Ranville.

UN PEU D'HISTOIRE

La conquête du site qui entra dans l'Histoire sous le nom de *Pegasus Bridge* fut confiée à la compagnie britannique du major John Howard, immortalisée par le film *Le Jour le plus long* (1962). Aux premières minutes du 6 juin, six planeurs atterrissent, à raison de trois par pont, entre l'Orne et le canal de l'Orne. Ils atterrirent à moins de 50 m de la cible. En 10 mn, les ponts sont saisis, intacts. Le 7e bataillon parachutiste largué au-dessus de Ranville accourt, traverse le pont de Bénouville et tient la rive gauche du canal jusqu'à la jonction, attendue pour midi, avec les commandos débarqués à Colleville. Une fois sur place, les démineurs se rendirent compte que la dynamite n'avait pas encore été fixée sous le pont.
Pour les Alliés, le site était capital puisqu'il assurait la protection du flanc est du Débarquement...

Où dormir ? Où manger ?

Hôtel-restaurant La Glycine : 11, pl. du Commando-N° 4. ☎ 02-31-44-61-94. • la-glycine@wanadoo.fr • la-glycine.com • Au centre-bourg, face à l'église. Tlj. Double 70 €. Menus 19,50 € (en sem) et 28-55 €. Internet, wifi. Parking privé. Sorbet normand offert sur présentation de ce guide. Auberge sise dans une jolie bâtisse en pierre couverte d'une glycine. Belles chambres à la déco contemporaine. Quelques-unes se situent dans l'annexe en face mais sont tout aussi agréables (et certaines de plain-pied). Côté table, tarifs élevés mais justifiés. Le jeune chef n'a pas son pareil pour cuisiner le homard sauce corail et les fruits de mer gratinés.

À voir

***Le café Gondrée :** dans le village, juste au niveau du pont. ☎ 02-31-44-62-25. Ouv tlj 12 mars-11 nov. Entrée « libre », en réalité, il n'est pas interdit d'y prendre un petit verre. Photos interdites.* La première maison libérée le jour du Débarquement ! Les lieux furent d'ailleurs transformés en hôpital de campagne dès l'arrivée des Anglais. Bref, un endroit mythique, que l'on pourrait prendre pour un musée tant les souvenirs de l'époque débordent sur les murs : photos de soldats, écussons, mots de souvenirs, drapeau à l'effigie du cheval ailé, etc. C'est le rendez-vous des vétérans. Une sacrée ambiance à chaque anniversaire du *D-Day* !

UNE VICTOIRE QUI S'ARROSE

Le patron du Café Gondrée, *pour fêter dignement la libération du village, apporta 3 000 bouteilles de champagne qu'il avait enterrées pour qu'elles échappent aux Allemands. Les troupes anglaises ne s'attendaient sans doute pas à un accueil* « so Frenchy » *!*

***Le château de Bénouville :** un peu à l'écart du village, au bord du canal. ☎ 02-31-95-53-23. Propriété du conseil général, il se visite lors d'expositions, de fin juin à mi-sept. Entrée : 2 €.* Imposante construction du XVIIIe s, due au célèbre Claude-Nicolas Ledoux, l'architecte maudit (la plupart de ses œuvres, hormis la célèbre saline d'Arc-et-Senans en Franche-Comté et la maison de l'octroi à Denfert-Rochereau, ont été détruites). Portique monumental à colonnes, typique du néoclassicisme. On peut voir les salons, l'immense escalier d'honneur, la chapelle et, bien sûr, le parc.

LA CÔTE FLEURIE

Derrière la poésie du nom, c'est tout le faste des stations normandes les plus renommées (Deauville, Cabourg), mais aussi le charme désuet de la plupart d'entre elles (Houlgate, Trouville), voire le sympathique côté populaire de leurs voisines (Blonville, Villers-sur-Mer) et la modestie touchante des moins connues (Villerville, Cricqueboeuf)... sans oublier la grâce du plus mignon des ports : Honfleur. On est ici au paradis des peintres impressionnistes. On marche dans les pas de Proust et de Baudelaire. Le subtil parfum déposé lors de la Belle Époque flotte encore par moments. La Côte Fleurie semble protégée par deux remparts naturels : la mer et la campagne (le beau pays d'Auge). Derrière les pommiers... la plage !
Cette côte est principalement dévolue au tourisme (contrairement à la Côte de Nacre, à l'ouest de Caen, plus populaire mais aussi plus habitée à l'année par les Normands eux-mêmes). Ce qui explique le contraste pour la plupart de

LA CÔTE FLEURIE

ces stations entre la saison et les week-ends, pleins de vie et d'animation, et le reste du temps, où la plupart des villes vous sembleront désertes, donnant l'impression de vivre au ralenti. Une activité qui explique la politique des prix sur toute cette côte : les prix haute saison sont le plus souvent appliqués aux week-ends, quel que soit le moment de l'année. Par ailleurs, si vous venez justement un week-end, on vous conseille de réserver. Car, lorsque le soleil pointe son nez, l'hébergement dans ce secteur affiche vite complet.

CABOURG (14390) 4 030 hab. *Carte Calvados, C1*

Au milieu du XIXe s, un avocat parisien, séduit par la plage de Cabourg, eut l'idée d'y développer une station balnéaire. Construire sur du sable n'est pas chose facile, mais le projet aboutit. Cabourg devint une station balnéaire mondaine dès le début du XXe s. Marcel Proust la décrivit sous le nom de Balbec dans *À l'ombre des jeunes filles en fleurs.* Le centre-ville avec ses magnifiques villas est pratiquement resté intact. Les parterres de fleurs, la promenade piétonne Marcel-Proust (qui longe la mer) et une belle plage accentuent le charme gentiment décadent de cette petite station si romantique.

Adresses et infos utiles

Office de tourisme : *jardins de l'hôtel de ville. ☎ 02-31-06-20-00. • cabourg.net • Tlj en juil-août 9h30-19h ; le reste de l'année, fermé 12h30-14h et à 17h30 ou 18h selon période.* L'été, l'office de tourisme organise un circuit « Patrimoine » qui retrace l'histoire de Cabourg (sur inscription).

Gare SNCF de Dives-Cabourg : *à l'entrée de Dives, en venant de Cabourg. ☎ 36-35 (0,34 €/mn).*

Bus verts : *☎ 0810-214-214 (prix appel local). • busverts.fr •* En semaine, desserte régulière (liaisons moins fréquentes le dimanche) par la ligne n° 20 qui relie Caen, Cabourg, Houlgate, Deauville et Honfleur.

Loc'vélos : *06-42-85-58-82.* Vélos et tandems.

– ***Marché :*** *mer et dim mat tte l'année ; sous les halles ven mat et sam mat ; ts les matins en saison.*

Où dormir ?

De prix moyens à chic

Hôtel Castel Fleuri : *4, av. Alfred-Piat. ☎ 02-31-91-27-57. • info@castel-fleuri.com • castel-fleuri.com • Fermé en janv. Double 80 €, petit déj compris. Chambres familiales 101-159 €. Wifi.* À 200 m de la plage, dans une jolie demeure entourée d'un plaisant jardin où il fait bon prendre le petit déj le matin quand le soleil donne ou se prélasser dans un transat à l'ombre des arbres en fleurs. Chambres petites (les salles de bains, notamment) mais impeccables, confortables et avenantes. Une adresse fraîche, paisible et soigneusement décorée.

Hôtel Le Cottage : *24, av. du Général-Leclerc. ☎ 02-31-91-65-61. • info@hotel-cottage-cabourg.com • hotel-cottage-cabourg.com • Face à l'église. Congés : janv. Doubles 59-99 € selon confort. Wifi. Un petit déj offert sur présentation de ce guide pour séjour 2 nuits min.* Une quinzaine de chambres tout confort, joliment arrangées. Les plus onéreuses ont même droit à une baignoire à bulles. Maison normande typique en bord de route, mais les chambres sont au calme. Merci le double vitrage ! En saison, un joli jardinet tout fleuri vous accueille.

Hôtel de Paris : *39, av. de la Mer. ☎ 02-31-91-31-34. • hotel-de-paris-cabourg.fr • ♿ En plein centre, dans la rue principale, dans une imposante maison à colombages qui fait l'angle. Fermé janv. Doubles 59-77 € selon saison. Internet, wifi. Parking payant.* Hôtel accueillant aux chambres pas toujours bien grandes mais fonctionnelles, plutôt pimpantes et lumineuses. Bonnes prestations générales. Café agréable au rez-de-chaussée. Accueil souriant.

Résidence Montaigu : *av. de la Marne. ☎ 02-31-28-10-70. • montaigu@odalys-vacances.com • Fermé de mi-janv à fin fév. Compter à partir de 60 € la nuit pour un studio de 2 pers et 260 €/sem pour 4 pers selon saison.* Situation idéale en plein centre, face à la place du marché, à proximité de la plage et à 50 m de la rue principale. La résidence abrite des appartements entièrement équipés avec balcon ou terrasse. Adeptes de la grasse matinée, demandez un appartement côté jardin, plus calme.

L'Argentine : *3, jardins du Casino. ☎ 02-31-91-14-25. • dcgavinet@aol.com • argentine-cabourg.com • Compter 65-115 € selon confort et saison, petit déj compris. Wifi.* Dans une superbe villa face au *Grand Hôtel* (toutes les chambres ont vue dessus). Cette demeure cossue a bien vécu et n'est certes pas aussi étincelante et rutilante que son illustre voisin, mais elle n'en est pas moins proustienne ! Les chambres, excepté une plus petite, sont vastes, lumineuses et impeccables malgré un côté gentiment vieillot. La plus romantique dispose même de son propre balcon. À défaut de vous offrir le luxe de cette demeure aux parties communes un peu bringuebalantes et au gentil laisser-aller, mais où règne une joyeuse convivialité, vous pourrez toujours profiter du petit salon de thé pour vous réchauffer au coin du feu en hiver ou prendre le soleil sur la terrasse.

LA CÔTE FLEURIE

Où manger ?

Que dire ? Si ce n'est que le choix dans ce domaine n'est pas vraiment réjouissant (et trop cher selon nous !)... Quelques exceptions...

Prix moyens

Chez Monique : *7, av. Jean-Mermoz, à deux pas du Grand Hôtel. ☎ 02-31-91-25-68. Menu ouvrier midi en sem 13 € ; autres menus 18,50-28,50 € ; moules 10-12 €.* Ça fait plus de 20 ans que Monique régale les gens du coin, les touristes de passage mais aussi quelques *pipoles* (comme en attestent les photos sur les murs) de ses copieux plats de moules. Une cuisine simple, autour de la mer évidemment.

Plus chic

Le Baligan : *8, av. Alfred-Piat. ☎ 02-31-24-10-92. • info@lebaligan.fr • Depuis l'office de tourisme, descendre l'av. de la Mer et prendre la 2e rue à droite. Tlj sf mer hors saison. Congés : de mi-déc à mi-janv. Menus 16 € (midi lun-sam sf j. fériés) et 27,50 € ; carte env 35-40 €. Digestif maison offert sur présentation de ce guide.* Les produits de la mer sont traités avec amour et doigté et l'établissement est réputé comme le meilleur rapport qualité-prix pour les poissons et ce, dès le 1er menu. Et de fait les amoureux de la chose maritime pourront choisir dans le grand panier d'osier qu'on apportera à votre table, la belle pêche du jour : saint-pierre, sole, raie... On vous les prépare à votre convenance et on paie au poids. Salle bistrot chic avec fresque sépia terre-mer. Fraîcheur des produits, professionnalisme dans le travail réalisé, bonne humeur dans le service.

Où s'imprégner le mieux de Cabourg ?

Le Grand Hôtel de Cabourg : *les Jardins du Casino. ☎ 02-31-91-01-79. • H1282@accor.com • accorhotels.com • Double à partir de 179 € selon confort, vue, saison ; voir aussi les promos en cours. Petit déj 23 €. Brunch 56 €.* Palace rendu mythique par Marcel Proust qui y avait ses habitudes et sa chambre réservée. Dans ce 4-étoiles, faisant face à la mer, les prix sont évidemment très élevés, mais nombreuses promotions sur Internet. Certains week-ends d'hiver, l'hôtel devient tout à fait abordable. Le reste du temps, vous pourrez profiter de cette ambiance délicieusement surannée, le temps du brunch dominical (cher mais mémorable avec, entre autres, un buffet de fruits de mer à volonté !) ou le temps d'une madeleine, le temps d'un « goûter proustien » !

Où manger dans les environs ?

|●| ***Au Pied des Marais :*** *26, av. du Président-René-Coty,* ***Le Home-Varaville*** *(14390 Cabourg). ☎ 02-31-91-27-55. • au-pied-des-marais@orange.fr • À la sortie ouest de Cabourg, sur la D 514. Fermé mar et mer (ouv le soir en juil-août). Congés : dernière sem de juin et 13-27 déc. Menus 19 € (midi en sem) et 33-53 € ; carte env 45 €. Apéritif maison offert sur présentation de ce guide.* De l'extérieur, on a presque le sentiment qu'il s'agit d'un petit relais routier. Poussez la porte et vous verrez. Le chef est bonhomme, tout comme sa cuisine (spécialité de pieds de cochon), qui exprime la douceur et l'amour du travail bien fait. Il choisit ses produits, élabore des recettes pour en dégager le meilleur et les présente avec beaucoup de soin. C'est de la belle ouvrage, tout en conservant des prix sages. Et l'homme est aussi à l'aise pour travailler la plume, l'écaille et le poil ! La salle est bourgeoise, sans tape-à-l'œil. L'essentiel est dans l'assiette.

À faire

Comme dans toute station balnéaire de ce standing, Cabourg offre toutes sortes d'activités, tout au long de l'année : casino, discothèque, piscine, activités nautiques (char à voile, *kite surf*, etc.), golf, tennis, équitation, etc.

Manifestations

– ***Festival du théâtre universitaire et des grandes écoles :*** *3e w-e d'avr.*
– ***Garden en fleurs :*** *en avr.* Pendant un week-end la ville valorise son savoir-faire en matière de fleurissement.
– ***Festival du film de Cabourg « Journées romantiques, Journées européennes » :*** *un w-e en juin (mer-dim). Rens à l'office de tourisme.* Vendredi soir et samedi soir, projection sur écran géant, au pied du *Grand Hôtel*, des grands succès romantiques de l'année. Projections payantes.
– ***Balbec normand :*** *début juil.* Deux jours entièrement consacrés à Marcel Proust, avec lectures, débats, visites guidées, etc.
– ***Épona :*** *un w-e en oct.* Concours international du film d'actualité (réalisé pour la télévision) consacré au cheval.

DIVES-SUR-MER

(14160) 5 900 hab. *Carte Calvados, C1*

Coincée entre Houlgate et Cabourg, au fond de l'estuaire de la Dives, cette bourgade étrangement éparpillée est de celle que l'on peut rater si l'on ne fait pas l'effort de s'y arrêter. Alors garez-vous, et partez découvrir son centre croquignolet, concentré en quelques rues. Étonnamment, cette ville est sans doute la plus chargée d'histoire de la Côte Fleurie, puisqu'elle fut jadis un port de mer important.

DIVES -« PRESQUE »- SUR MER

C'est de Dives que Guillaume le Conquérant partit à la conquête de l'Angleterre avec 55 000 soldats embarqués sur plus de 700 bateaux. Belle flotte ! Mais où est donc passée la mer ? Comme pour nombre de villes voisines, au fil des siècles celle-ci s'est retirée à plus de... deux kilomètres. On conserva malgré tout le suffixe quelque peu abusif de la ville.

Adresses et infos utiles

@ Syndicat d'initiative : *au village Guillaume-le-Conquérant. ☎ 02-31-91-24-66. ♿ Mai-sept, tlj sf mar 10h-13h, 15h-18h ; le reste de l'année, lun-ven (et sam pdt vac scol).* Visites commentées en juillet-août sur résa. Jeu découverte du bourg pour les enfants. Accès wifi.

Gare SNCF de Dives-Cabourg : *à l'entrée de Dives, en venant de Cabourg. ☎ 36-35 (0,34 €/mn).*

Dives Performance : *84, rue du Général-de-Gaulle. ☎ 02-31-91-78-08. • dives.performances@wanadoo.fr • À l'entrée de Dives, en arrivant de Cabourg.* Boutique et atelier de réparation qui loue VTT, VTC ou vélos de route (à partir de 12 €/j.). En pleine saison, mieux vaut réserver à l'avance.

– **Marchés :** *sam mat tte l'année et mar mat en saison. Autre marché, lun mat en été, à Port-Guillaume.*

Où dormir ? Où manger ?

Camping

Camping du Golf : *route de Lisieux. ☎ 02-31-24-73-09. • info@campingdugolf.com • campingdugolf.com • ♿ À 2 km de Dives-sur-Mer, en suivant la route de Lisieux (mieux vaut être motorisé), puis par une petite route boisée. Ouv avr-sept. Compter 17,60 € pour 2. Loc de mobile homes, cabanes et même tipis (249-579 €/sem) ! Douche payante. Wifi. Réduc de 5 % sur présentation de ce guide.* Perdu dans un joli coin de nature, camping où l'on est un peu les uns sur les autres, mais soigneusement entretenu, fleuri et verdoyant. Bonnes informations sur la région également.

De prix moyens à beaucoup plus chic

Chez Le Bougnat : *27, rue Gaston-Manneville. ☎ 02-31-91-06-13. • chezlebougnat@orange.fr • Dans le centre. Fermé le soir (sf jeu-sam et j. fériés) hors vac scol parisiennes. Congés : de mi-déc à mi-janv. Menus 16 € (midi en sem)-26,50 € ; carte env 35 €. Petit calva offert sur présentation de ce guide.* Pas un bibelot n'a bougé depuis des années dans cet invraisemblable bric-à-brac qui occupe les 2 étages de cette ancienne quincaillerie. Cuisine solidement ancrée dans la tradition. Ceux que la viande ne tente pas pourront opter pour le « poisson du jour ».

Restaurant Guillaume le Conquérant : *2, rue d'Hastings. ☎ 02-31-91-07-26. • restaurantguillaumeleconquerant@orange.fr • ♿ Dans le centre. Fermé lun, dim soir et mer soir. Congés : 10 j. en nov et 2 sem autour de Noël. Formule 15 € en sem, menus 17-54 €. Café offert sur présentation de ce guide.* Ancien relais de poste chargé d'histoire(s), cette auberge typique construite au XVIe s reçut Mme de Sévigné à la fin du XVIIe s, puis (transformée en hôtel de luxe) un nombre considérable de personnalités, parmi lesquelles Boudin, Alexandre Dumas, Poincaré, Churchill. Luxueux resto à la décoration ancienne raffinée et aux séduisantes spécialités. Agréable terrasse au sein du village Guillaume-le-Conquérant aux beaux jours.

Où dormir dans les environs ?

Maison d'hôtes Les Collines de la Mer : *D 27, 14160* **Périers-en-Auge.** *☎ 02-31-28-99-51. 📱 06-07-13-82-06. • denis-lachevre@orange.fr • À env 3 km de Dives-sur-Mer et 5 km de Cabourg. De Dives, prendre la direction de Dozulé et de l'A 13 jusqu'au rond-point. De là, suivre les indications pour Périers-en-Auge. Compter 69 € pour 2. Repas 29 €, boissons incluses. Apéritif offert et réduc de 10 % à partir de la 2e nuit, hors vac, sur présentation de ce guide.* Cette solide maison normande de 1850 abrite seulement 2 chambres, mais ces dernières sont spacieuses, belles et aux teintes douces, accueillantes. Joli jardin un peu tout fou à l'arrière, avec vue sur les collines environnantes. Quant aux repas, le patron cuisine fort bien, comme le disent des lecteurs conquis.

Chambres d'hôtes Le Lieu Manichet : *chemin de la Croix-Marie, 14430*

Douville-en-Auge. ☎ *02-31-39-06-33.* 📱 *06-80-87-70-97* • *contact@le-lieu-manichet.fr* • *lelieumanichet.fr* • *À une dizaine de km au sud-est de Dives-sur-Mer. Double 80 €.* Belle demeure à colombages gris et au toit d'ardoises, isolée sur son tapis de verdure et entourée de beaux arbres. Une jolie atmosphère pleine de douceur, que l'on retrouve dans les 3 chambres à l'étage. « Lilas », « Prune » et « Brocante », tels sont leurs noms et elles les portent bien. Du bois, des tommettes, des couleurs sourdes, quelques meubles anciens... et un charme dépouillé. On se sent bien ici.

Où acheter de bons produits ?

La Cave de l'Abbaye : *pl. de la République.* ☎ *02-31-28-04-37. Juste à côté des vieilles halles. En saison, tlj sf dim ap-m 10h-12h30, 15h-19h30. Hors saison, fermé dim et lun (et mar janv-fév).* Dans les sous-sols de l'ancienne lieutenance, vente et dégustation de calvados du pays d'Auge et toutes les explications sur la fabrication du calvados et du pommeau.

À voir

Le village Guillaume-le-Conquérant : *entre la rue d'Hastings et celle de la Baronnie, à deux pas des halles.* Une enfilade de petits commerces, restos, boutiques d'antiquités et d'artisanat, à l'atmosphère médiévale tout à fait plaisante. Les bâtiments, restaurés dans le plus pur style normand, donnent sur quatre cours intérieures, dont une (ravissante) de style Louis XIV. Nombreuses sculptures et quelques façades anciennes admirablement décorées : poutres sculptées, galerie en brique, petit clocher, fenêtres ouvragées, pots de fleurs, grilles en fer forgé, etc. Dans une cour, monumentale *table d'Apollon* en granit.

L'église Notre-Dame : *rue Hélène-Boucher. Remonter la rue Gaston-Manneville depuis la rue principale (Général-de-Gaulle). Fermé 12h-14h.* Admirable édifice datant du XIe s. Dans un croisillon, on découvre le Christ Saint-Sauveur (du XVIIe s), reproduction (l'original a été brûlé par les protestants) d'une statue trouvée dans la mer au XIe s. Placé dans une chapelle, ce christ attira très vite un nombre considérable de pèlerins et il fallut, pour les accueillir, construire cette église (grâce aux dons de Guillaume le Conquérant). Détruite, elle fut reconstruite au XVe s. Elle abrite toujours, gravée à l'intérieur au-dessus de l'entrée sur 24 m, la liste des principaux participants à son expédition. Le style gothique flamboyant domine. À l'intérieur, on est frappé par la lumière émanant des vitraux, d'une grande finesse. Un escalier de pierre mène à une galerie d'où l'on a un bel aperçu de la nef. Dans le mur de la première travée du chœur, le « trou aux lépreux », creusé au XIVe s pour leur permettre de suivre les offices de l'extérieur sans contaminer les autres fidèles ! Riche mobilier : tableaux, Vierge polychrome, lutrin en bois doré du XVIIIe s.

Les halles : *en sortant de l'église, reprendre la rue Gaston-Manneville puis la rue Paul-Canta.* Impressionnantes par les dimensions de leur toiture et leur superbe charpente. Construites aux XIVe et XVe s, elles sont encore utilisées aujourd'hui. Elles ont conservé des stands de bois usé et quelques vieilles enseignes en fer forgé : cochon, cheval, coq... Ne pas manquer le marché du samedi toute l'année et également celui du mardi matin en saison.

Manifestations

– ***Les Mascarades :*** *en juin.* • *dives-sur-mer.com* • Dives se met à l'heure de Venise pendant 3 jours. Voyage au gré des espaces, des rencontres, des artistes.
– ***Festival de la marionnette :*** *mi-juil.* Plus d'une vingtaine de spectacles pendant une semaine.

HOULGATE

(14510) 1 910 hab. *Carte Calvados, C1*

Séduisante station construite à la fin du XIXe s le long d'une plage de sable fin. Coincée entre l'estuaire de la Dives et les falaises des Vaches noires, la petite ville échappa à la « défiguration » immobilière. Elle conserve l'un des plus beaux échantillons de villas de toute la côte normande, ainsi qu'une très belle plage. Sur le front de mer autant qu'aux flancs des collines voisines, ce ne sont que chalets fantaisistes, manoirs de la fin du XIXe s et hôtels somptueux, témoins du passé prestigieux d'Houlgate, du temps où banquiers et têtes couronnées venaient y prendre l'air. Napoléon III, Debussy, Saint-Saëns, Sacha Guitry et toute l'aristocratie européenne s'y rendirent. Zola s'y promenait en fiacre et Proust allait y acheter ses fleurs ! Depuis cette grande époque, Houlgate s'est transformée en station plus modeste, qui s'assoupit lourdement hors saison. Elle garde néanmoins un charme indéniable.

Adresses et infos utiles

Office de tourisme : *10, bd des Belges. ☎ 02-31-24-34-79. • ville-houlgate.fr • À côté de la mairie. Ouv vac scol de Pâques-sept, lun-sam 10h-13h, 14h-18h (18h30 en juil-août, tlj), dim et j. fériés 10h30-13h, 14h-16h ; le reste de l'année, ouverture restreinte.* Pendant les vacances scolaires, il propose des visites guidées pour les enfants « Houlgate, la grande ouverture » et des rallyes découverte de la ville. Pour les adultes, promenades commentées : « Houlgate au temps de la Belle Époque » (1h30), « Villas et jardins » (1h30) et « Illustres villégiateurs » (env 2h). *Résa indispensable ; env 5 €/pers.*

Bus verts : *☎ 0810-214-214 (prix appel local). • busverts.fr •* La ville est régulièrement desservie jusqu'à 20h environ (excepté le dimanche où les bus sont beaucoup plus rares) par la ligne n° 20.

Gare SNCF : *av. de la Gare. ☎ 36-35 (0,34 €/mn).* La gare étant fermée, les billets se prennent dans le train ou à la gare de Dives-sur-Mer (voir « Adresses utiles » à Dives).

Où dormir ?

Houlgate abrite avant tout des villas familiales transmises de génération en génération, ce qui peut expliquer le choix relativement maigre d'hébergements. N'hésitez pas à vous éloigner un peu dans la campagne ou dans les villes voisines, somme toute très proches.

Campings

Camping de la Plage : *59, rue Henri-Dobert. ☎ 02-31-28-73-07. • campingplagehoulgate@orange.fr • camping-houlgate.com • Ouv 1er avr-6 nov. Compter 16 € pour 2. Loc de chalets et de mobile homes tt équipés, avec terrasse et vue sur la mer. Plus original, loc de tipis et de roulottes. Loc de vélos (8 €/j.). Wifi. Réduc de 20 % sur l'emplacement de camping à partir de la 4e nuit sur présentation de ce guide.* Camping avec vue et accès direct sur la plage. Autre avantage, pour les routards non motorisés, il est carrément en ville (mais quand même dans la nature) avec tous les services à portée de pieds. Des emplacements sur des terrasses sont réservés aux tentes, tandis que le front de mer est occupé par les camping-cars. Équipement et espace limités, mais sanitaires en bon état et petite buvette. Au fond du camping, belle vue sur les falaises des Vaches noires.

Camping de la Vallée : *88, rue de la Vallée. ☎ 02-31-24-40-69. • camping.lavallee@wanadoo.fr • campinglavallee.com • Derrière le CREPS. Ouv d'avr à mi-oct (jusqu'au 1er nov pour le locatif). Compter 33,30 € pour 2. Loc de mobile homes et de bungalows (320-850 €/sem selon saison).* Dans un très beau site verdoyant, entouré par les collines boisées de la ville, ce grand 4-étoiles avec piscine chauffée, épicerie, tennis, etc., ressemble trop à un minivillage pour totalement nous séduire, mais tout y est nickel et bien organisé.

De prix moyens à plus chic

Hôtel Santa Cecilia : *25, av. des Alliés. ☎ 02-31-28-71-71. • hotel.santa.cecilia@wanadoo.fr • hotel-santa-cecilia.com • Entre la rue des Bains et le bd des Belges. Dans une rue perpendiculaire à la rue principale. À 100 m de la plage. Doubles 55-80 €. Wifi. Café offert sur présentation de ce guide.* Dans l'escalier en bois de cette pittoresque villa balnéaire de 1880, on s'attend à croiser des messieurs à moustaches en maillots de bain rayés. Le salon est resté dans son jus avec ses boiseries, ses fausses tapisseries et sa table d'hôtes où l'on se retrouve pour le petit déj. Une des chambres, aménagée dans l'ancien fumoir, a gardé son beau plafond peint.

Auberge de la ferme des Aulnettes : *route de la Corniche. ☎ 02-31-28-00-28. • lafermedesaulnettes.fr • ♿ (resto). À 2,5 km d'Houlgate, sur la droite de la route de la Corniche menant à Villers. Tlj de mi-fév à mi-nov. Le reste de l'année, ouv w-e et vac scol. Congés : 5-20 janv et 10-26 déc. Doubles 54-64 € selon confort ; familiales 74-84 € ; ½ pens obligatoire avr-sept 63 €/pers. Formule déj 15 € ; menus 18-44 €. Internet.* Auberge normande traditionnelle, charmante avec son jardin et ses volets verts. La table est bonne, mais les chambres sont un peu vieillottes. Belle salle à manger dans le genre néorustique, et cuisine du terroir. Aux beaux jours, on peut manger dans le jardin.

Plus chic

Hôtel Villa Les Bains : *31, rue des Bains, dans la rue principale. ☎ 02-31-24-80-40. • info@hotelhoulgate.fr • hotelhoulgate.fr • Doubles 95-150 € selon taille et saison. Internet, wifi.* Bien bel établissement dans une maison de ville classique, réhabilitée avec intelligence. Atmosphère zen, presque moderne, bien dans les tons du moment (taupe et blanc avec des touches orange pour les luminaires, des petits aquariums à la réception). On retrouve ce charme tranquille dans les chambres, très bien équipées (minibar...). Au choix, dans la bâtisse principale (avec vue sur rue) ou à l'arrière, dans la petite courette. Toutes possèdent le même confort. Bout de terrasse sur rue.

Où manger ?

De prix moyens à plus chic

Le Royalty : *2, rue des Bains. ☎ 02-31-28-09-15. Tlj avr-fin sept, tte la journée. Hors saison, fermé mer-jeu. Crêpes et moules 8-10 € ; menus complets servis en permanence 15-22 €.* Une brasserie qui fait du bon boulot depuis plusieurs années. Qualité régulière, cadre agréable, bonne atmosphère et tarifs abordables. Carte variée et bien équilibrée. Même les Parisiens apprécient, c'est dire !

L'Éden : *7, rue Henri-Fouchard. ☎ 02-31-24-84-37. • info@eden-houlgate.com • Fermé lun et mar sf 10 juil-30 août. Congés : 3 janv-4 fév et 1re sem d'oct. Formule en sem 18 € ; menus 27-44 €. Café offert sur présentation de ce guide.* Réputé pour son poisson et ses fruits de mer... Petite salle (et jardin chauffé !) à la déco mi-classique, mi-campagnarde. Une petite adresse sympathique.

Où dormir dans les environs ?

Chambres d'hôtes La Ferme des Glycines : *carrefour Malherbe, 14510 Gonneville-sur-Mer. ☎ 02-31-28-01-15. • hexmelin@orange.fr • D'Houlgate, prendre la D 24 en direction du golf et du CREPS. Passer le golf et le pont SNCF et, au 1er carrefour, prendre à gauche (la D 142). L'adresse est 50 m après, sur la gauche (signalée par les panonceaux « Gîtes de France »). Attention, on ne voit pas le petit groupe de* *maisons de la route. Ouv Pâques-Toussaint. Résa indispensable. Compter 60 € pour 2.* Magnifique maison d'hôtes au milieu des champs et des arbres fruitiers. Dans une petite maison à part, 3 grandes chambres, dont 2 en mezzanine pouvant accueillir une famille. Que dire ? C'est frais, coquet... de quoi vous donner l'envie de poser les sacs quelques jours...

À voir

La plage : belle étendue de sable, longée par la promenade Roland-Garros. Au bout, le croquignolet casino. Derrière, l'ancien *Grand Hôtel,* construit en 1859 et considéré comme le premier palace de la côte. Transformé en résidence de luxe, il conserve son architecture particulière, de brique et de pierre, qui évoquerait presque un château (grande tourelle en rotonde).

Les villas : l'un des attraits essentiels de la station. Même si les villas furent construites au cours d'une période réduite (de 1860 à 1914), les styles diffèrent suffisamment pour satisfaire tous les goûts. Houlgate compte près de 300 villas dignes d'intérêt. On peut notamment s'offrir une courte balade le long de la rue Henri-Dobert (parallèle à la plage) pour découvrir, au n° 26, le bel ensemble des villas dites « Américaines » *(Tacoma, Juniata Minnehama, Merrimac, Columbia)* et, juste en face, aux n°s 15 et 13, les curieuses villas jumelles *Sirènes* et *Courlis*... Le long de l'avenue du Sporting qui grimpe vers le club de tennis fondé en 1906, on trouve, au n° 32, la superbe *villa Le Castel,* à colombages et tourelles. Un peu plus loin, route de la Vallée, ne pas manquer le *manoir Beuzeval* ou la haute *villa Madeleine,* noyée dans le lierre et le fabuleux *moulin Landry* (un peu planqué le long de l'adorable et déjà campagnard chemin de la Cascade), ancien moulin agrandi en 1850 pour devenir une résidence, puis complété par une série de dépendances néonormandes en 1894...

ÉCLECTIQUE

Durant la seconde partie du XIXe s, à l'heure où l'architecture était quelque peu en panne, les bourgeois qui désiraient se faire édifier des demeures en bord de mer, affichage ronflant de leur nouvelle richesse, puisèrent dans la grande malle des styles passés : cottages anglais, manoirs gothiques, châteaux rococo, chalets suisses, palais médiévaux, maisons mauresques... À cette variété architecturale on finit par trouver un nom : le style éclectique ! Manière pudique de qualifier un style... qui n'en était pas un.

Beau ***panorama*** de la route de la Corniche en direction de Villers-sur-Mer (se reporter à la rubrique « Dans les environs de Villers-sur-Mer »), mais aussi, plus à l'ouest, du château de Caumont : en partant de la rue des Bains, vers Dives, prendre à gauche la rue de Neufville puis à droite celle de Caumont jusqu'à l'avenue Foucher-de-Careil et continuer. Le château est privé, mais la butte offre une vue splendide.

Manifestations

– ***Plein Vent :*** *au printemps. Gratuit.* Festival d'activités liées au vent : cerf-volant, *kite surf,* char à cerf-volant, parapente, etc. Démonstration et initiation.
– ***Les Kiosqueries estivales :*** *début juil-fin août.* Un concert hebdomadaire gratuit le vendredi, proposé au kiosque à musique, dans le parc de loisirs, près de la gare. Style de musique très variable.
– ***L'Été musical :*** *juil-août.* Concerts classiques payants.

– ***FestiJazz :*** *3e w-e d'août (jeu-sam), 3 représentations/j.* Concerts gratuits de jazz *New Orleans* un peu partout dans la ville.
– ***Festival du film européen :*** *en oct, sur 5 j.* Projections (payantes) au cinéma et au casino d'une sélection de films européens en avant-première. Également une programmation enfants.

VILLERS-SUR-MER (14640) 2 570 hab. *Carte Calvados, C1*

Agréable station balnéaire regorgeant de monde en été, qui se distingue par son immense plage, longée sur près de 2 km par une digue-promenade. Son joli petit centre, tout fleuri aux beaux jours, abrite de nombreuses villas balnéaires, belles et d'une autre époque. Il a eu la chance d'être en grande partie épargné par les promoteurs qui se sont déchaînés, mais concentrés, dans la partie est de la ville (celle que l'on nomme « Villers 2000 »). Le méridien de Greenwich traverse la ville au niveau de la borne se trouvant sur la digue. Les marcheurs se promèneront avec plaisir sur la plage à marée basse le long des étonnantes falaises des Vaches noires, autour de l'île aux oiseaux au marais de Villers ou encore sur le chemin du moulin, au bord d'un ruisseau enchanteur...

Adresses et infos utiles

@ Office de tourisme : *pl. Jean-Mermoz, face à la plage. ☎ 02-31-87-01-18. • villers-sur-mer.fr • Tlj 9h30-12h30, 14h-18h (19h en juil-août et en continu ; 17h le reste de l'année) ; fermé dim ap-m en janv et de mi-nov à mi-déc.* Brochure complète sur la station et calendrier annuel des manifestations. Organise également des visites guidées sur les traces des impressionnistes ou à la découverte des villas balnéaires mais aussi des balades nature « Villers, terre de géologie ». Vend également le *Villers Pass Privilège (10 €)* qui donne droit à des gratuités et des réductions chez des prestataires partenaires. Borne Internet.

Location de vélos : ***M. Laffers,*** *sur la digue promenade. 06-76-85-52-49. Également au* ***Paléospace*** *(voir plus loin « À voir »).*
– ***Marché :*** *pl. du marché, tlj en saison, mar et ven mat hors saison.*

Où dormir ? Où manger ?

Camping

Camping Le Bellevue : *route de Dives. ☎ 02-31-87-05-21. • camping-bellevue@wanadoo.fr • camping-bellevue.com • À 1,5 km du centre-ville, sur les hauteurs de Villers, vers Houlgate. Ouv avr-oct. Compter 23 € pour 2. Loc de mobile homes (260-705 €/sem).* Camping propre et bien équipé (piscine, jeux, etc.). Le terrain un peu vallonné, légèrement envahi par les mobile homes, baigne dans la verdure et laisse à chaque emplacement son espace vital et privé.

Chambres d'hôtes

Chambres d'hôtes Les Champs Rabats : *chez Stéphanie et Nicolas Simar, route de Beaumont. ☎ 02-31-87-10-47. • contact@fermeleschampsrabats.com • fermeleschampsrabats.com • À la sortie de Villers, par la D 118, en allant vers Pont-l'Évêque par Beaumont-en-Auge, dans une charmante ferme en activité. Compter 60 € pour 2. Chambres familiales 75-85 €. TV et wifi dans les chambres.* 4 belles chambres (certaines sont familiales). Elles portent toutes des noms d'oiseaux : Mésange, Rossignol... Litterie bien confortable et jolis meubles. Dans la salle à manger, la baie vitrée permet de contempler la mer et Villers de haut. Accueil très gentil. Une sympathique adresse bien au calme.

Chambres d'hôtes Villa Le Montivert : *M. et Mme Bidard, chemin du Château, sur les hauteurs de Villers. Pour s'y rendre, appeler les proprios, c'est le mieux. ☎ 02-31-87-14-84. 📱 06-87-22-58-73. • edith-bidard@gmail.com • lemontivert.com • Compter 90-130 € pour 2. Wifi. Café offert sur présentation de ce guide.* Perchée sur les collines de Villers, voici une haute gentilhommière de caractère, dotée d'une généreuse pelouse sur le devant, qui se prolonge visuellement par la mer au loin. 5 chambres, chacune portant le nom d'une des grands-mères de la famille : Mam'Édith et Victorine dans la nouvelle aile, Madeleine au rez-de-chaussée et pour finir, Pascaline et Augustine à l'étage ! Certaines possèdent une jolie vue sur la mer. Toutes sont peintes de couleurs douces et chaudes (vert-bleu, terre de Sienne, tilleul...) et meublées à l'ancienne. Petit déj bio-nature avec les produits du jardin et de la basse-cour, crêpes et pain maison. Calme total évidemment, et accueil tout en douceur.

Chambres d'hôtes La Petite Chaumière : *91-93 bis, av. de la Brigade-Piron. ☎ 02-31-87-22-89. 📱 06-78-52-56-71. Compter 60 € pour 2 et 80-120 € pour 3-4 pers.* Ghislaine est fort souriante. Sa maison à colombages et son petit jardin aussi. Les quelques chambres possèdent le charme et le côté coquetterie champêtre des maisons de poupée. On s'y sent bien.

De prix moyens à plus chic

Hôtel des Falaises : *15, rue Maréchal-Foch. ☎ 02-31-88-15-15. • hoteldesfalaises@orange.fr • hoteldesfalaises.com • Doubles 55-72 € selon saison ; familiales 70-92 €. Wifi.* Un adorable petit hôtel dans le centre (mais sans vue sur la mer) qui a conservé son charme rétro. Une dizaine de chambres mignonnes, fraîches et pimpantes, tout comme l'accueil. Bon rapport qualité-prix en toute saison.

Auberge Les Frais Ombrages : *38, av. de la Brigade-Piron. ☎ 02-31-14-01-10. • lesfraisombrages@orange.fr • les-frais-ombrages.fr • Tlj en hte saison et fermé lun et dim soir hors saison. Congés : 2 sem mi-déc et 2de quinzaine de janv. Menus 17 € (en sem) et 27-38 € ; carte 30 € env. Apéritif régional offert sur présentation de ce guide.* Quand on entre, on comprend que la clientèle n'est pas venue fêter son succès au bac... Normal, c'est de la cuisine normande bien traditionnelle, avec de la crème, des champignons, des sauces à la moutarde et des fromages au lait cru. Produits de première qualité, ris de veau fondants et bulots qui fleurent l'air du large. La salle est vaste, claire, avec des tables où on prend ses aises et des serviettes en vrai tissu. Petit jardin agréable.

Le Marais : *av. Jean-Moulin, dans l'enceinte du* Paléospace L'Odyssée. *☎ 02-31-89-90-02. Tlj midi et soir avr-fin août. Hors saison, ouv lun midi et mer-dim. Formule déj en sem 16 € (entrée-plat ou plat-dessert) ; menus 22-26 €.* Dans le tout récent *Paléospace,* un resto de très bonne tenue. Non pas une énième cafétéria de musée, mais une vraie table où l'on se rend pour elle-même. On découvre un bel espace lumineux, fermé par de grandes baies vitrées offrant une remarquable vue sur les marais. Cuisine à spectre large, enlevée, moderne et goûteuse, qui dépasse largement les frontières de la Normandie. Service décontracté.

La Digue de Villers : *av. de la République, sur la digue est, à env 1,5 km du centre. ☎ 02-31-88-61-47. • info@la-digue-de-villers.com • ♿ Formule 15,10 € (moules) sf sam soir, dim midi et j. fériés ; menu dégustation autour de la Saint-Jacques 41 € ; carte 30-75 €.* Devant la plage donc, une terrasse protégée des embruns et du vent. On est attiré ici par la belle assiette de fruits de mer, copieuse, fraîche et variée.

Encore plus chic

Hôtel et salon de thé Outre-Mer : *1, rue du Maréchal-Leclerc. ☎ 02-31-87-04-64. • infos@hoteloutremer.com • hoteloutremer.com • Face à la mer et à deux pas du centre-ville. Salon de thé ouv slt sam (tlj pdt vac scol parisiennes). Doubles 98-185 € selon confort, vue et saison. Petit déj 15 €,* *avec des suppléments (préparé maison par le patron ; si vous ne désirez pas le prendre, prévenir dès votre arrivée). Wifi. Parking privé gratuit. Café offert sur présentation de ce guide.* Voici un hôtel qui paraît bien classique de l'extérieur. Mais dès l'entrée, on tombe sous le charme des couleurs acidulées (rose, vert...) et des éléments de décoration savamment choisis et agencés (fauteuils en osier, guirlandes...). Le rêve en couleurs se poursuit dans les chambres, toutes différentes et toutes réussies ! Certaines d'entre elles ont même une terrasse avec vue sur la mer. Fait aussi salon de thé (gâteaux maison, palettes de thés et de cafés) et sert les petits déj pour qui veut en été.

Domaine de Villers : *chemin du Belvédère. ☎ 02-31-81-80-80. • info@domainedevillers.com • domainedevillers.com • Resto ouv slt le soir lun-jeu. Doubles et suites 130-225 € selon confort, saison et promos en cours. Petit déj 19 € (un peu chérot, mais il y a même du champagne !). Menus 33-49 €. Wifi.* Cette grande bâtisse moderne à la sortie de Villers ne manque pas de grâce car elle fut conçue sur le modèle architectural normand classique. Plutôt inabordable en saison, la maison propose de belles promos hors saison, époque où l'on goûtera le mieux la quiétude de cette belle adresse : chambres spacieuses et superbement équipées, piscine couverte chauffée avec large vue sur la verdure, sauna, et confort cossu dans le salon de style Art déco avec feu dans la cheminée. Silence absolu dans les chambres. Idéal pour un séjour « détente ». Excellente table dans le registre terroir créatif.

Où dormir dans les environs ?

Chambre d'hôtes L'Atelier : *chemin de Longueline, dit de Saint-Georges, 14430* ***Bourgeauville.*** *☎ 02-31-64-82-78. 06-15-10-53-31. • bernard.lamour@wanadoo.fr • En fait,* L'Atelier *se situe à proximité de l'église de Glanville. 2 chambres d'hôtes 50-70 € (transformables en gîte sur demande). Petit déj en supplément.* Bien gentille maisonnette en pleine campagne et pourtant pas si loin de la côte. Chambres sans chichis ni caractère marqué, mais possédant tout le confort et le calme souhaité dans ce genre de lieu. C'est aussi un atelier d'artistes où officie le proprio : peinture, sculpture, poterie...

Où boire un verre ?

Hurricane Bar : *22, rue du Maréchal-Foch. ☎ 02-31-88-66-07. Tlj fin de mat (ou début d'ap-m) jusqu'à minuit-2h en fonction de l'affluence.* Un lieu coloré et bohème, habillé façon bric-à-brac et tenu par une équipe sympa comme tout. Service à l'arrache, mais on s'en fiche, on s'y sent bien. S'il fait beau, on se met en terrasse, sinon, on peut profiter des dizaines de jeux mis à la disposition des clients. Bières de toutes provenances et plein de cocktails de fruits. Conférences et apéro-concerts réguliers.

LA CÔTE FLEURIE

À voir

L'église Saint-Martin : *dans le centre de Villers.* Imposante construction au clocher néogothique. À l'intérieur, ne pas manquer les très beaux vitraux du XIXe s (en cours de classement).

Voir aussi ***les belles villas d'architecture balnéaire*** sur les hauteurs de Villers. La villa Durenne (1854), la plus ancienne villa de Villers, abrite l'office de tourisme. Sans oublier le presbytère à pans de bois du XVIIIe s et le cœur de bourg qui a conservé son charme d'antan avec ses voies piétonnes et son marché.

Les Vaches noires : *accès par la plage de Villers à marée basse.* Étonnantes falaises de craie et de marnes grises d'une centaine de mètres de haut, qui s'achèvent en chaos dans la mer. Le nom provient de l'aspect des blocs de calcaire tombés dans l'eau puis recouverts par les algues, et qui ressemblent, avec beaucoup d'imagination, à un troupeau de bovidés. Ces falaises datent de 90 à 155 millions d'années et recèlent un gisement de fossiles de renommée mondiale. Voir la collection conservée dans les locaux de l'office de tourisme et dans le *Paléospace L'Odyssée.*

Le marais de Villers : vaste zone humide de 30 ha où l'eau douce, qui s'écoule des plateaux du pays d'Auge, était retenue par un cordon dunaire aujourd'hui remplacé par une digue. Ce milieu a été fortement modelé par l'homme pour la chasse, l'agriculture et la collecte du sel. Plan d'eau avec île aux oiseaux (cygnes blancs, poules d'eau, foulques noires, canards...).

Paléospace L'Odyssée : *av. Jean-Moulin. ☎ 02-31-81-77-60. • paleospace-villers.fr • Au cœur du marais, à la sortie de la ville en direction de Deauville. Juil-août, tlj 10h-19h30 ; mai-juin, tlj 10h-18h ; fév-avr et sept-oct, mer-dim 10h-18h. Entrée : 7,50 € ; réduc. Visites libres ou guidées (appeler pour les horaires ; 3 € en plus). Audioguides pour adultes et enfants (3 €). Ateliers pour enfants organisés régulièrement.*
Dans un bâtiment tout en légèreté et transparence, hyper moderne et particulièrement lumineux, voici non pas un musée, mais plutôt un espace de compréhension, interactif et original, en lien étroit avec la nature ! Trois espaces sont proposés. ***La partie paléontologique*** présente des fossiles issus des falaises des Vaches Noires. En effet, c'est ici, sur les flancs de ces falaises, que furent trouvés, il y a plus de deux siècles, des fossiles du jurassique et du crétacé. Coupes de terrain, explications sur les marqueurs stratigraphiques, nombreuses reconstitutions de squelettes suspendus de crocodiles et de prédateurs du jurassique. Celui de l'ichthyosaure est d'une grande rareté (noter ces yeux gigantesques). Nombreuses expériences interactives, et puis ce curieux fauteuil du XIXe s, constitué à base d'ammonites de belle taille. ***Le temps mesuré et le méridien de Greenwich*** constitue le deuxième temps fort du Paléospace : une méridienne, qui passe par le plafond du Paléospace, indique midi au sol lorsque le soleil est au plus haut, grâce à un ingénieux mécanisme. Dans les vitrines, collection d'instruments de mesure marine (fin XVIIIe et XIXe s) : beaux sextants, globe céleste, bâton de Jacob, longue-vue, horloge atomique qui donna l'heure mondiale dans les années 1980. La troisième partie est consacrée aux ***Temps des hommes et des marais.*** Présentation et jeux interactifs pour observer le temps de la nature et le façonnement de la nature par l'homme. Une salle d'exposition temporaire complète intelligemment les collections présentées.
Par ailleurs, et toujours en complément de la visite, possibilité de faire une balade dans les marais, sur les sentiers aménagés juste derrière le Paléospace. Balades guidées possibles, ludiques et pédagogiques (se renseigner à l'accueil), avec jumelles et épuisette.

Fêtes et manifestations

Détails des manifestations sur le site de l'office de tourisme.
- ***Fête du Dinosaure :*** *mi-juin.* La ville fête le retour de son emblème, le dinosaure de verdure installé en ville. Nombreuses animations.
- ***Sable Show – Musiques sur le Méridien :*** *mar et ven à 21h en juil-août.* Concerts gratuits de musiques du monde en plein air.
- ***Festival des nouveaux talents :*** *1 petite sem mi-août.* Concerts quotidiens de musique de chambre par de jeunes musiciens, lauréats de prix du Conservatoire national de Paris ou de concours internationaux.
- ***Danse sur le sable :*** *en août.* Festival de danse avec des compagnies locales, initiation à la danse contemporaine ou classique.

– ***Fête de la Coquille Saint-Jacques :*** *le 1er w-e des vac de Toussaint.* Défilé folklorique dans les rues du bourg et dégustation de coquilles Saint-Jacques (10 t en moyenne !) et autres produits du terroir et de la mer. Attire un monde fou.

DANS LES ENVIRONS DE VILLERS-SUR-MER

La corniche : belle route offrant des panoramas sur la mer. Prendre la D 513 vers Houlgate puis la D 163 à hauteur d'Auberville. Un peu avant d'arriver à Houlgate, après un virage, prendre le chemin menant à une table d'orientation. On aperçoit (outre la plage splendide d'Houlgate) Le Havre et Arromanches. En face, l'Angleterre...

DEAUVILLE (14800) 4 000 hab. *Carte Calvados, C1*

Pour le plan de Deauville, se reporter au cahier couleur.

La station balnéaire chic et clinquante par excellence, fréquentée depuis ses débuts par un nombre impressionnant d'artistes et de vedettes. Deauville fut immortalisée au cinéma par Lelouch dans *Un homme et une femme* (chabada-bada...). Les causes de son succès ? Sa magnifique plage de sable fin, longue de 2 km, bordée par les célèbres Planches, mais aussi son casino royal, ses palaces, ses villas et son champ de courses. Certains se damneraient pour passer un week-end au *Normandy,* assister aux galas et flamber le reste au casino. Mais il y a aussi ceux que son seul nom agace. Car Deauville est devenu un faubourg de Paris où la poudre aux yeux, dans une Normandie d'opérette, a été élevée au rang d'intérêt touristique. Une station où les riches aiment à parader, affichant souvent un luxe tapageur.

UN PEU D'HISTOIRE

La station naît en 1860 seulement, à l'emplacement de marais en contrebas d'un petit village fermier. À la tête de l'opération, un triumvirat de promoteurs visionnaires, parmi lesquels un certain duc de Morny, demi-frère de Napoléon III et petit-fils de Talleyrand. On assèche les marais et on construit l'hippodrome de la Touques. Vite lancée, Deauville commence à décliner en même temps que le Second Empire... et que la mer, qui recule de plusieurs centaines de mètres, laissant une plage nauséabonde !
La station renaît au début du XXe s, avec l'apparition d'un casino et de deux immenses hôtels de luxe, le *Normandy* et le *Royal.* Pendant la Première Guerre mondiale, ces hôtels, réquisitionnés par l'armée, servent d'hôpitaux. Après une seconde période de déclin, Deauville explose pendant les Années folles.
On imagine mal le succès de cette station dans les années 1920. Tous les continents se donnent rendez-vous sur la côte normande. Princes slaves, rajahs indiens, rois de l'industrie américaine, escrocs à la « grande semaine », sportifs de tout poil, stars de cinéma, des don Juans d'opérette, gigolos, parasites et joueurs invétérés s'y retrouvent. Le jeu fait renaître la ville car tout ce petit monde se retrouve autour des tables du casino.
Les Planches, véritables Champs-Élysées normands, sont construites en 1923. En 1931, l'aéroport donne à la ville le statut de station internationale, complété

par l'arrivée du chemin de fer et l'extension du port de plaisance. Depuis, malgré des périodes de crise financière, Deauville n'a cessé d'attirer les grands de ce monde. On y vit défiler, entre autres : la Bégum, le roi Farouk, le shah d'Iran, l'Aga Khan, Elizabeth II et Churchill, les peintres impressionnistes, Rostropovitch et Rubinstein, Flaubert, Colette et Aristide Briand, Boussac et les Rothschild.

Depuis 1975, le Festival du cinéma américain permet à la station de se prendre pour Cannes. Les stars du 7e art, à leur tour, font revivre Deauville : Robert de Niro, Elizabeth Taylor, Kirk Douglas, Clint Eastwood, Steven Spielberg, Roger Moore, Harrison Ford, George Clooney... Dernier coup de théâtre, la création d'un centre international (le CID), sorte de palais des festivals qui accueille toutes sortes de salons professionnels, mais dote aussi la ville d'une salle de spectacles.

MÊME LA CHANCE NE PRÊTE QU'AUX RICHES

Un soir d'août 1930, André Citroën est poursuivi par une chance insolente à la table de baccara du casino de Deauville. En une heure, il se retrouve avec une centaine de plaques de 100 000 F devant lui. Du coup, il offre une 10-CV aux chefs de parties, une 5-CV aux croupiers, et distribue généreusement ses gains aux clochards, aux religieuses et, pour finir, aux prostituées du quartier de la gare. Mais il se met à jouer de manière inconsidérée, par passion plus que par amour de l'argent. Un jour de folie, il engage même ses usines de Javel comme mise, toujours avec le sourire... Il perdra tout.

Adresses et infos utiles

Office de tourisme *(plan couleur A2) : 112, rue Victor-Hugo/pl. de la Mairie. ☎ 02-31-14-40-00. • deauville.org • Ouv tlj sf 25 déc et 1er janv : juil-août, lun-sam 9h-19h, dim et j. fériés 10h-18h ; le reste du temps, lun-sam 10h-18h, dim et j. fériés 10h-13h, 14h-17h.* Y demander la liste des manifestations, nombreuses toute l'année. En saison, propose des visites de la ville ; départ de l'office de tourisme. Également des visites guidées payantes (5 €), déclinées par thème (« Le circuit des villas », « Le circuit découverte du monde du cheval » ou « Deauville l'Inspiratrice »).

Gare de Deauville-Trouville *(plan couleur B2) : un peu avt le pont des Belges (qui relie les 2 stations). ☎ 36-35 (0,34 €/mn).* Jolie petite gare d'un autre temps, avec ses colombages. Consigne pour quelques sacs à dos.

Gare routière *(plan couleur B2) : juste à côté de la gare SNCF.* Liaisons avec toutes les stations de la Côte Fleurie, Caen, Pont-l'Évêque et Lisieux.

■ **Taxis :** *station pl. de la Gare. ☎ 02-31-88-35-33. Également* **Central Taxis.** *☎ 02-31-87-11-11.*

■ **Location de vélos : Cycles Lucas** *(plan couleur B2,* **4***), 92, av. de la République. ☎ 02-31-88-53-55.* **Cycles Jamme** *(plan couleur B2,* **5***), 11 bis, av. de la République. ☎ 02-31-88-40-22. Dans ces 2 boutiques, compter 13-16 €/j. et env 50 €/sem.*

Où dormir ?

N'oubliez pas de réserver le plus tôt possible pour le week-end et les vacances scolaires.

De prix moyens à chic

Hôtel Les Sports *(plan couleur B2,* **10***) : 27, rue Gambetta. ☎ 02-31-88-22-67. • blin.remy@wanadoo.fr • Derrière la halle aux poissons. Fermé dim hors saison, ainsi qu'en mars, nov et 1 sem en juin. Doubles 57-68 € avec sdb. Formule déj 12,50 € ; carte env 15 €.* Au-dessus de ce café populaire, 9 chambres propres et plutôt confortables. 2 d'entre elles disposent même d'un balcon.

Hôtel du Polo *(plan couleur B2, **13**) : 33, bd Mauger. ☎ 02-31-98-16-02. • hotelpolo@free.fr • hotelpolo.free.fr • Doubles 48-79 € selon saison et confort. Wifi. Un petit déj/chambre et par nuit offert sur présentation de ce guide (hors résa par Internet).* Assez loin de la mer, mais dans un quartier tranquille. Petit hôtel pas de prime jeunesse mais doucement repris en main par un jeune couple sympathique et accueillant. Quelques chambres (celles autour du petit patio, par exemple) plutôt agréables ; une autre, plus petite, avec w-c sur le palier.

De chic à plus chic

Le Patio *(plan couleur A2, **12**) : 180, av. de la République. ☎ 02-31-88-25-07. • contact@hotel-lepatio.fr • hotel-lepatio.fr • Congés : en fév. Doubles 65-89 € selon confort et saison. Wifi.* Hôtel confortable installé dans une grande bâtisse blanche dont le patio fleuri et ombragé dispense une fraîcheur agréable.

Hôtel de la Côte Fleurie *(plan couleur B2, **14**) : 55, av. de la République. ☎ 02-31-98-47-47. • info@hoteldelacotefleurie.com • hoteldelacotefleurie.com • Fermé en janv. Résa le plus tôt possible. Doubles 67-82 € selon saison. Chambres triples et quadruples également. Internet, wifi. Un petit déj/chambre et par nuit offert sur présentation de ce guide.* Dans une jolie maison, de belles chambres très claires, accueillantes et à la déco personnalisée. Délicieuse courette, fleurie aux beaux jours, où vous pourrez vous prélasser au calme et sur laquelle donne une grande chambre double, un peu plus chère que les autres mais exquise. Une excellente adresse où l'on se sent plus à la maison qu'à l'hôtel.

Hôtel L'Espérance *(plan couleur B2, **11**) : 32, rue Victor-Hugo. ☎ 02-31-88-26-88. • contact@lesperancehoteldeauville.fr • lesperancehoteldeauville.fr • ♿ Dans le centre, derrière le marché. Congés : 2 sem sur juin-juil. Doubles 70-110 € selon confort et saison. Petit déj-buffet 10 €. Wifi.* Maison calme tenue par un couple soucieux de rendre le séjour agréable à leurs hôtes (plus que des clients). Une dizaine de belles chambres à la déco contemporaine étudiée, équipée de salle de bains en harmonie. 2 sont communicantes et peuvent former une suite familiale. Patio fleuri pour prendre le petit déj-buffet, à base de produits frais, aux beaux jours.

Hôtel Le Chantilly *(plan couleur A-B2, **15**) : 120, av. de la République. ☎ 02-31-88-79-75. • hchantilly@orange.fr • 123france.com/chantilly • Fermé en janv. Double à partir de 67 € en basse saison ; triple 115 €. Wifi.* Si la réception est assez sombre, les chambres sont en revanche pimpantes et très confortables.

Hélios Hôtel *(plan couleur A2, **16**) : 10, rue Robert-Fossorier. ☎ 02-31-14-46-46. • hotelhelios@wanadoo.fr • hotelheliosdeauville.com • ♿ Doubles avec sdb 65-80 € selon standing et saison. Également des familiales avec mezzanine. Wifi. Un petit déj/chambre et par nuit offert sur présentation de ce guide.* Un 2-étoiles moderne à la façade d'un style disons « néonormand », idéalement situé à deux pas du port et du centre. Chambres à la déco standard mais tout confort et à la propreté irréprochable. Petite piscine (chauffée de mi-juin à mi-septembre) dans le patio.

Où manger ? Où boire un verre ?

Ici, la bonne cuisine ne manque pas, mais la cuisine bon marché se fait discrète. Heureusement, Trouville est toute proche et permet de se rassasier à des prix plus raisonnables.

Prix moyens

Le Drakkar *(plan couleur A2, **20**) : 77, rue Eugène-Colas. ☎ 02-31-88-71-24. • central-hotel@wanadoo.fr • ♿ Ouv tlj sf 24 (au soir) et 25 déc. Menu env 30 € ; carte env 55 €. Digestif maison offert sur présentation de ce guide.* Une des brasseries institutionnelles de Deauville. Cadre luxueux et clientèle distinguée. Terrasse chauffée. On vient ici avant tout pour le poisson et les fruits de mer, d'une qualité régulière. Mais cela se paie ! On peut, pour faire au plus juste, se contenter d'une copieuse salade ou d'un petit plat.

Bar du Soleil *(plan couleur A1-2, **22**) : bd de la Mer. ☎ 02-31-88-04-74. • casinodeauville@lucienbarriere.com • ♿ Sur les Planches. En été, ouv slt au déj 12h-17h, tlj en juil-août (plus ven soir) ; le reste de l'année, slt le sam et dim midi. Menu déj 22 € ; carte env 40-45 €. Apéritif maison offert sur présentation de ce guide.* Cuisine chic et décontractée qui respecte la fraîcheur des produits axés sur la mer. Immense terrasse aux élégants parasols. Un endroit également agréable pour boire un p'tit verre.

La Péniche *(plan A1, **23**) : bd de la Mer. ☎ 02-31-98-52-75. Tlj sf mer. Formule entrée-plat 17,50 € (repas complet 22 €) ; menus 23-34 €.* En voilà une bonne idée, une péniche ancrée dans le port ! Et quand il s'agit d'une bonne adresse, on y prend rapidement son rond de serviette. Les baies vitrées offrent une vue agréable, tandis que les assiettes proposent des réalisations classiques, enjouées et bien tournées, que ce soit au rayon salades ou dans la partie poissons. Service pro et rapide. Mention spéciale pour le tartare de poisson du jour.

DEAUVILLE

Plus chic

Le Comptoir et la Table *(plan couleur B1, **21**) : 1, quai de la Marine. ☎ 02-31-88-92-51. Tlj sf mer. Congés : 2 sem en nov. Formule 15 € et menu 20 € en sem ; le soir, menu 30 € et carte env 45 €. Digestif maison offert sur présentation de ce guide.* On aime bien ce troquet de marins, à l'ambiance populo-chic avec sa terrasse sur le port et ses habitués agglutinés autour du zinc. Cela donne le midi une jolie brasserie, simple et conviviale, ce qui semble une gageure à Deauville. Le soir, le week-end et à la carte, les prix montent singulièrement mais il faut reconnaître que les portions sont belles et les produits tout ce qu'il y a de plus noble.

Chez Miocque *(plan couleur A2, **20**) : 81, rue Eugène-Colas. ☎ 02-31-88-09-52. • contact@chez-miocque.fr • Tlj sf mar-mer hors saison (ouv tlj pdt les vac scol). Congés : début janv-début fév. Résa obligatoire le w-e et le soir pdt la saison. Repas à la carte env 40-50 €.* Brasserie réputée, véritable institution locale, très prisée des *pipoles*. Jolie salle à la déco très parisienne, avec, aux murs, une galerie de portraits des célébrités venues s'attabler ici. Quelques tables dehors. Grand choix à la carte, avec notamment de bonnes moules à la crème ou un cabillaud poêlé à l'huile d'olive. Pas donné !

Les 3 Mages *(hors plan couleur par A2, **24**) : 1, av. des Terrasses, Deauville-Tourgéville. ☎ 02-31-88-55-00. • info@les3mages.com • Suivre les Planches en direction de Blonville. Tlj avr-oct. Fermé lun-mar hors saison. Menu 28,50 € en sem ; carte env 50 €.* Malgré une architecture balnéaire évoquant une vieille ferme normande, on trouve là une déco orientalisante et un resto tendance : tentures rouges, coussins, paravents en bois sculpté, lumières tamisées et musique douce. Une position stratégique, face à la mer et tout au bout de la plage de Deauville, et une belle terrasse (chauffée). Cuisine métissée. Service impeccable et accueil cordial. De temps en temps, quelques paparazzi pour photographier les stars de passage.

Où s'offrir un repas inédit dans les environs ?

La Galerie de Tourgéville : *14800 **Tourgéville.** ☎ 02-31-87-31-11. • galerie.de.tourgeville@wanadoo.fr • ♿ Depuis Deauville, direction Pont-l'Évêque, par la D 27. Fermé mar-mer hors saison, mar midi et mer midi en août. Repas à la carte env 25-30 €. Apéritif maison offert sur présentation de ce guide.* À l'entrée de cette ancienne fromagerie, une galerie d'art où sont exposées les œuvres de sculpteurs et de peintres contemporains. Au fond, un bel espace de restauration, à la déco bien pensée : poisson orange et bleu au-dessus du bar, affiches jusqu'au plafond, etc. Côté cuisine, on fait plutôt dans la simplicité, avec une touche d'originalité tout de même. Aux beaux jours, on déjeune dans le jardin. Accueil sympathique. Idéal pour déjeuner (ou dîner) léger et au calme.

Où manger une bonne glace ?

Martine Lambert *(plan couleur A2,* **30***) : 76 bis, rue Eugène-Colas. ☎ 02-31-88-94-04.* Une cinquantaine de parfums de glaces et de sorbets ! Du plus classique au plus créatif et original. Artisanales, on s'en doute, ces glaces sont élaborées à base de bons produits fermiers, de fruits frais et d'arômes naturels. Les prix se chargeront de calmer votre ardeur gourmande !

Où acheter de bons produits ?

Marché de Deauville *(plan couleur B2,* **40***) : pl. Morny. Tlj pdt les vac d'été ; mar, ven et sam hors saison.* Les beaux produits de la région, entre autres le *coup de pied au cul* (fromage au calva), le *miteux* (« un an de cave ! »), le *cul terreux,* le *vierge folle* au poivre et au whisky du maître fromager Henry Pennec. En retrait, le marché aux poissons (derrière le passage).

Où boire un verre ? Où écouter de la musique ?

Brok Café *(plan couleur A2,* **31***) : 14, av. du Général-de-Gaulle. ☎ 02-31-81-30-81.* La Havane en Normandie, avec *margaritas* et *mojitos* (dont un au champagne, *so* chic !) en guise de pommeau et de calva. Musique latino, bien entendu. Un bar sympathique qui s'anime pas mal le week-end.

Où dormir ? Où sortir dans les environs ?

Résidence La Ferme de Deauville : *D 27, 14800* ***Saint-Arnoult.*** *☎ 0825-562-562 (0,15 €/mn). • odalys-vacances.com • Studio pour 2 pers, à partir de 60 €/nuit ; 310 € la sem pour 4 selon saison.* À environ 3 km au sud de Deauville et à deux pas d'un golf et d'un hippodrome. Sur place, piscine couverte chauffée.

Les Planches : *14910* ***Blonville-sur-Mer.*** *📱 06-67-59-72-75. • lesplanches.com • À env 6 km de Deauville, dans l'arrière-pays. Prendre la route de Blonville, tourner à gauche au feu (en bas de la côte) et continuer sur 3 km jusqu'à un carrefour, puis à droite ; de tte façon, c'est bien fléché. Ts les soirs en été et pdt les vac scol et slt le w-e hors saison. Entrée : à partir de 18 € avec une consommation, selon la notoriété des DJs invités.* Discothèque archiconnue de la jeunesse dorée parisienne branchée. Bâtiment immense avec piscine chauffée, jacuzzi, bar cubain, etc. La clientèle débarque rarement avant minuit. Un monde fou le week-end. Ambiance *house* et techno.

À voir. À faire

La plage *(plan couleur A1) :* l'une des plus belles de Normandie. Pastichant Los Angeles, pour remercier les stars hollywoodiennes d'avoir honoré la station de leur présence lors du Festival du cinéma américain, Deauville choisit d'inscrire leurs noms sur les cabines de bains situées le long des Planches. C'est moins classe que Sunset Boulevard mais bon... Bette Davis, Liz Taylor, Rock Hudson, Clint Eastwood et Kirk Douglas ont déjà été mis à l'honneur. Chez les plus jeunes, Michael Douglas (fils de l'autre), John Travolta, Pierce Brosnan et même Matt Damon. Mais se sont-ils vraiment changés dans les cabines qui portent leur nom ? Les parasols multicolores ajoutent une touche photogénique, au point d'être devenus le symbole de la station. ***Les Planches,*** autre symbole marquant, longent la plage sur un peu plus de 1 km. On remarque également le patio fleuri des bains publics, les superbes ***Bains pompéiens,*** etc.

★ ***Le casino*** *(plan couleur A2)* **:** *bd Eugène-Cornuché.* Immense et luxueuse bâtisse de style Louis XV, bâtie à partir de 1912. Il fut inauguré par les Ballets russes, Nijinsky et Chaliapine, et a vu défiler depuis bien du beau monde. À découvrir de préférence le soir, quand les guirlandes électriques illuminent la façade. Franchement, ça a plus de classe que les casinos américains... Malgré la démocratisation des lieux avec l'arrivée des 360 machines à sous, il arrive encore d'y croiser du monde en smoking et robe de soirée.

★★★ ***Les palaces*** *(plan couleur A2)* **:** de chaque côté du casino, les deux plus beaux fleurons de la chaîne Lucien-Barrière, à savoir le *Royal Barrière* et le *Normandy Barrière.* Le premier, somptueux, porte bien son nom. Mais on peut préférer l'architecture du second, plus typique avec ses colombages auxquels une rénovation a redonné leurs couleurs d'origine, soit blanc et vert. Les suites portent des noms mythiques : Jane Russell, Robert de Niro, etc.

CAPRICE DE STAR

Beaucoup de bruits circulent dans les couloirs des palaces sur les caprices d'une clientèle pas comme les autres : par exemple Kim Basinger, pendant une nuit d'insomnie, aurait demandé d'urgence un cheval pour galoper sur la plage. Mais l'histoire ne dit pas si, telle Lady Godiva, elle partit chevaucher son destrier dans une tenue plus que légère...

DEAUVILLE

★★ ***L'hôtel de ville*** *(plan couleur A2)* **:** *20, rue Robert-Fossorier, au croisement des rues Eugène-Colas et Victor-Hugo.* Sur une ravissante placette fleurie, décorée de pommiers. Charmant bâtiment normand à tourelle, aux colombages sertis de briquettes.

★★ ***Les villas balnéaires :*** originales ou somptueuses, on en croise à chaque coin de rue ou presque (300 ont été recensées, valorisées et protégées). Grosse concentration le long du boulevard Eugène-Cornuché *(plan couleur A1-2).* Les plus remarquables : la villa *Griselidis* au n° 7, la villa *Suzanne* au n° 2, rue Olliffe (bas-reliefs sur la façade), la villa *Camélia* au n° 2, rue Robert-Fossorier (joliment rénovée et adorable avec ses briques blanches et rouges). Sans oublier, la plus belle de toute, la villa *Strassburger* (voir ci-dessous)

★ ***La maison Eugène-Boudin*** *(plan couleur A-B2)* **:** *8, rue Olliffe.* Belle maison à pans de bois, dotée d'un porche, que se fit construire Eugène Boudin. Le grand peintre s'y est éteint en 1898. Ne se visite pas.

★★ ***La villa Strassburger*** *(hors plan couleur par A2)* **:** *en retrait de l'av. Strassburger, au-dessus de l'hippodrome. Visite possible sur résa slt (☎ 02-31-88-20-44), en juil-août mer-jeu à 15h, sf les j. de réception. Entrée : 3 € ; gratuit moins de 18 ans.* L'une des plus belles villas de Deauville, de style normand et à clochetons. Construite en 1907 pour les Rothschild à l'emplacement d'une ferme qui appartenait à Flaubert, la propriété fut ensuite rachetée en 1924 par un riche homme d'affaires américain, Ralph Strassburger, également époux de l'héritière des machines à coudre Singer. Elle fut léguée à la Municipalité qui en fit un lieu de réception. On peut découvrir, dans un salon, des œuvres (peintures et sculptures) d'Enrico Campagnola.

★ ***Les jetées :*** bombardées mais reconstruites à l'identique après la guerre, c'était un des lieux de prédilection d'Eugène Boudin qui aimait y peindre, y observer la lumière changeante et le va-et-vient des bateaux. La plus grande, mesurant 550 m, se trouve du côté de Deauville ; la plus petite est à Trouville.

– Enfin, Deauville ne serait pas tout à fait Deauville sans sa piscine d'eau de mer, son tennis-club, son centre nautique (planche à voile, char à voile, catamaran, kayak, *kite surf,* etc.), son école d'équitation, son poney-club et... son casino !

Fêtes et manifestations

Nombreuses et toute l'année. Programme mensuel complet à l'office de tourisme. Parmi les événements les plus marquants :
– ***Festival de cinéma asiatique :*** *début mars. Rens : • deauvilleasia.com •* Ce nouveau festival suivra-t-il les traces de son célèbre aîné consacré au cinéma américain ? Ouvert au public, avec des forfaits à la journée ou pour toute la durée du festival.
– ***Salon du livre Livres & Musiques :*** *un w-e en mai.* Dédicaces, rencontres, remise du *prix de la Ville de Deauville.*
– ***Jump'In :*** *un w-e (ven-dim) en juin.* Grand national de saut d'obstacles.
– ***Festival de bridge :*** *en juil.* Le plus coté d'Europe, paraît-il. On peut suivre les parties sur écran géant.
– ***Août musical :*** *concerts payants à la salle Élie-de-Brignac ou au théâtre du casino Barrière.* Festival de musique classique accueillant de jeunes solistes parrainés par les musiciens du Festival de Pâques.
– ***Les courses :*** elles ont fait la célébrité de la station, qui possède deux hippodromes (celui de la Touques et celui de Clairefontaine). La saison commence début juillet pour s'achever en octobre et s'étire même en hiver avec la nouvelle piste en sable fibré huilé. Attire un monde fou, surtout fin août, à l'occasion des grandes ventes de yearlings où pur-sang et trotteurs se négocient à prix d'or.
– ***Le Championnat international de polo :*** *sur l'hippodrome de la Touques, en août.* Toujours intéressant à voir, d'autant que Deauville est la capitale française du polo, depuis 1950.
– ***Festival du cinéma américain de Deauville :*** *ts les ans, début sept. Ouv au public avec des forfaits à la journée ou pour la durée du festival. • festival-deauville.com •* Presque inutile de faire les présentations ! Une trentaine de films à l'affiche, dont certains en exclusivité mondiale. À la différence de Cannes, tout le monde peut assister aux projections. Beaucoup de monde (et de stars) : dur de trouver une chambre à cette époque-là !
– ***Rallye Paris-Deauville de voitures de collection :*** *en oct et depuis 1967.* Des De Soto, Talbot, Dodge et autres Bugatti. Elles viennent de toute l'Europe exposer leurs rutilantes carrosseries en ville.
– ***Equi'days :*** *mi-oct, pdt 15 j. ☎ 02-31-86-53-30, • equidays.com •* Toutes sortes de manifestations pour les amoureux du cheval, à Deauville et dans d'autres villes du Calvados : courses, expos, ventes, challenges, randonnées, portes ouvertes de haras, concours international d'attelage de tradition, etc.
– ***Planche(s) Contact :*** *oct-nov.* Rendez-vous à Deauville autour de la photographie. Des artistes renommés exposent.

TROUVILLE

(14360) 5 500 hab. *Carte Calvados, C1*

Pour le plan de Trouville, se reporter au cahier couleur.

Indissociable de Deauville, dont elle n'est séparée que par une rivière (la Touques), Trouville a pourtant réussi à se créer une identité bien à elle. Ancien village de pêcheurs, devenu lieu de villégiature grâce à sa grande plage de sable fin, la station connaît un essor remarquable à la fin du XIXe s, bien avant Deauville. On y découvre les premiers bains de mer, les joies (et les méfaits) du casino, les chalets puis les villas... Parallèlement, les artistes viennent y

faire trempette ou y trouver l'inspiration. On y voit d'abord Alexandre Dumas, puis Flaubert, suivi des impressionnistes, de Maupassant et de Marguerite Duras. Depuis, de nombreuses personnalités ont fait de Trouville leur résidence privilégiée : Gérard Depardieu, Antoine de Caunes, Karl Zéro et bien d'autres.
Curieusement, après une longue période de décadence, due essentiellement à la concurrence effrénée de Deauville, Trouville est redevenue à la mode. Le charme de son port de pêche et son petit côté familial font de plus en plus d'adeptes chez une certaine bourgeoisie en quête de simplicité. Parce que Trouville a, semble-t-il, su trouver le fragile équilibre entre tourisme et activités traditionnelles.

Adresses et infos utiles

i *Office de tourisme* *(plan couleur B3) : 32, bd F.-Moureaux. ☎ 02-31-14-60-70. • o.t.trouville@wanadoo.fr • trouvillesurmer.org • Tlj, tte l'année sf 25 déc et 1er janv : avr-oct 9h30-12h, 14h-18h30 (9h30-19h en juil-août) ; dim et j. fériés 10h-13h (16h en juil-août) ; horaires un peu réduits en hiver.* Documentation disponible sur les promenades en centre-ville ou sur les hauteurs (plan de randonnées 0,50 €, promenades architecturales 3,50 €). Visites guidées en juillet-août et promenades à thème (juin-septembre).

Gare SNCF et gare routière *(plan couleur A-B3) : à 5 mn à pied, entre Trouville et Deauville, après le pont des Belges. ☎ 36-35 (0,34 €/mn).*

Bus verts : *à la gare. ☎ 0810-214-214 (prix d'un appel local). • busverts.fr •* Ligne 20, Le Havre-Caen.

– ***Marché*** *(plan couleur A2) : quai F.-Moureaux, marché aux poissons tlj dans la halle aux poissons (classée). Grand marché les mer et dim mat sur les quais.* Voir la rubrique « Où acheter de bons produits ? ».

Où dormir ?

De prix moyens à plus chic

La Maison Normande *(plan couleur A-B2, **7**) : 4, pl. de Lattre-de-Tassigny. ☎ 02-31-88-12-25. • halle.philippe@wanadoo.fr • maisonnormande.com • Dans le centre, mais dans un coin tranquille. Ouv tte l'année. Doubles 38-68 € selon confort (les moins chères avec toilettes sur le palier) et saison. Wifi.* Maison... normande, donc à colombages (à l'extérieur, jetez un coup d'œil aux colonnes sculptées). Charme indéniable dès le hall d'entrée, né de la réunion de 2 anciennes boutiques. L'escalier et les couloirs s'obstinent à manquer de fraîcheur, mais la maison et les chambres sont tout doucement rénovées, en respectant l'ambiance de la maison. De style presque british, leur déco est légèrement surannée.

Le Trouville *(plan couleur B2, **5**) : 1, rue Thiers. ☎ 02-31-98-45-48. • info@hotelletrouville.com • hotelletrouville.com • Dans le centre, à 50 m de la plage. Doubles 55-90 €. Wifi. Garage fermé offert sur présentation de ce guide, dans la limite des places disponibles.* Un petit 2-étoiles sans charme aux chambres toutes simples mais claires, propres et plutôt confortables. Certaines sont plus spacieuses et peuvent accueillir des familles.

Hôtel de la Paix *(plan couleur B3, **6**) : 4, pl. F.-Moureaux. ☎ 02-31-88-35-15. • hoteldelapaix@hotmail.com • hoteldelapaix14.com • Face au pont qui mène à Deauville. Fermé 2de quinzaine de janv. Doubles 54-77 € selon confort et saison. Chambres familiales. Wifi. Garage pour motos. Un petit déj/chambre et par nuit offert sur présentation de ce guide.* Établissement accueillant et bien tenu. Chambres simples, agréables et insonorisées. Les plus grandes, avec vue sur le port, sont logiquement les plus chères.

Le Florian *(plan couleur A2, **1**) : 30, rue de la Plage. ☎ 02-31-88-17-40. Fax : 02-31-81-05-22. À deux pas du casino et de la plage. Congés : en janv. Doubles 54-63 € selon confort et saison.* Un petit hôtel d'une douzaine de chambres, un peu étroites et de propreté variable, mais confortables, toutes avec TV (douche sur le palier pour les moins chères). La plupart ont vue sur la mer.

Hôtel Le Reynita *(plan couleur A2, **8**) : 29, rue Carnot. ☎ 02-31-88-15-13. • info@hotelreynita.com • hotelreynita.com • Ouv tte l'année. Doubles 57-98 € selon saison et taille. « Formule Mouette » : réduc de 50 % dès la 2e nuit, oct-mars hors vac scol et j. fériés.* À 50 m de la plage, dans un quartier plutôt calme. Belle maison à l'architecture début XXe s assez typique. Chambres et sanitaires propres, agréables et de taille variable. Atmosphère familiale et accueil très professionnel.

Le Fer à Cheval *(plan couleur A2, **4**) : 11, rue Victor-Hugo. ☎ 02-31-98-30-20. • info@hotel-trouville.com • hotel-trouville.com • ♿ Doubles 79-104 € selon j. de la sem (j. fériés, w-e ou ordinaire). Petit déj 10,50 €. Wifi.* Dans une belle maison du début du XXe s à la façade en partie en brique et embellie par de beaux balcons fleuris, des chambres accueillantes et claires, d'une coquetterie plutôt classique. Certaines ont même un petit balcon donnant sur la rue. Délicieux petit déj (le patron est un ancien boulanger).

De chic à beaucoup plus chic

Hôtel Le Flaubert *(plan couleur A2, **2**) : rue Gustave-Flaubert. ☎ 02-31-88-37-23. • hotel@flaubert.fr • flaubert.fr • Ouv de mi-fév à mi-nov. Doubles 95-160 € selon étage, confort et vue (promos hors saison). Internet. Petit parking, offert sur présentation de ce guide.* Sur les Planches, quasiment les pieds dans l'eau, un hôtel qui domine le front de mer. Pour un week-end romantique, demandez celle en angle, pour profiter inlassablement de la jetée et du ballet incessant des voiliers qui entrent et qui sortent du port. Les autres chambres sont ravissantes elles aussi, décorées avec grand soin. Un coup de cœur !

Hôtel Le Central *(plan couleur A-B2, **10**) : 5-7, rue des Bains. ☎ 02-31-88-80-84. • central-hotel@wanadoo.fr • le-central-trouville.com • ♿ Au-dessus de la brasserie du même nom ; entrée dans la petite rue sur le côté, et réception au 1er étage. Fermé 2 j. à Noël. Doubles 90-121 € selon confort et saison. ½ pens parfois demandée. Wifi. Parking payant. Apéritif maison offert sur présentation de ce guide.* Belles chambres tout confort, lumineuses et soigneusement décorées. Également quelques suites. Les plus belles chambres ont vue sur le port, mais celles donnant sur l'arrière (plus calmes) ne manquent pas non plus de charme. Celles situées au dernier étage sont joliment mansardées. Bon accueil.

Où manger ?

Trouville est mieux lotie que Deauville en restos abordables. Les habitués du coin ne jurent que par les deux institutions du port : *Les Vapeurs* et *Le Central*. Ambiance assurée le week-end.

Prix moyens

Brasserie Le Central *(plan couleur A-B2, **10**) : 158, bd F.-Moureaux. ☎ 02-31-88-13-68. • central-hotel@wanadoo.fr • ♿ Ouv tte l'année sf 24 déc (le soir) et 25 déc, 7h30-minuit. Menus 19,60 € (jusqu'à 22h)-29,40 € ; carte 25-30 €. Kir offert sur présentation de ce guide.* Grande salle typiquement parisienne et terrasse face au port. Déco plus simple et moins clinquante qu'aux *Vapeurs* (lire ci-dessous). Les serveurs sont speedés mais efficaces, la clientèle très mélangée et la carte longue comme le bras. On peut s'en tirer à des prix tout à fait convenables car la cuisine est copieuse et un seul plat peut suffire. Notre péché mignon : la friture de pays encore toute croustillante, qui se mange avec les doigts, accompagnée d'un verre de sancerre, le bonheur ! Beau turbot grillé.

Les Vapeurs et Les Voiles *(plan couleur A-B2, **11**) : 160-162, bd F.-Moureaux. ☎ 02-31-88-15-24. • jmeslin@lesvapeurs.fr • ♿ Juste à côté de la brasserie Le Central. Tlj (sf 25 déc) 12h-1h du mat. Carte env 30-40 €.* *Les Vapeurs*, c'est sans conteste la brasserie la plus connue de Trouville, fondée en 1927. *Les Voiles*, c'est l'annexe. Aujourd'hui, il n'est pas un acteur américain venant au festival de la ville d'en face qui ne s'arrête ici. Et la salle ne désemplit pas. Il faut absolument goûter aux spécialités maison : les moules crème normande, la sole meunière et les fruits de mer. Tout est frais : normal, les chalutiers sont à 10 m. Les tripes valent également le coup. Résa indispensable le week-end, à moins de venir vers 11h du matin pour s'avaler quelques huîtres au muscadet, histoire de bien commencer la journée.

Les Mouettes *(plan couleur B2, **17**) : 11, rue des Bains. ☎ 02-31-98-06-97. • central-hotel@wanadoo.fr • ♿ Juste derrière Les Vapeurs. Service jusqu'à 23h. Menu 14 € avec boisson, servi tt le temps ; carte env 30 €. « Le pointu » (surprise à boire !) offert sur présentation de ce guide.* C'est une annexe, en plus intime, de la brasserie *Le Central*. Accueil cordial, déco genre bistrot parisien et, aux beaux jours, agréable terrasse sur une rue piétonne. Encore une fois, les produits de la mer sont de rigueur, tel le pot-au-feu de la mer. Marguerite Duras aimait fréquenter l'endroit.

L'Inattendu *(plan couleur A-B2, **12**) : 87, rue des Bains. ☎ 02-31-88-74-04. • inattendu.trouville@gmail.com • Tlj sf mar et mer hors saison. Congés : fin nov et en janv. Menu-carte 22 ou 27 €.* On adore la petite terrasse dans la jolie rue piétonne... Aux beaux jours et avec un peu d'imagination, on se croirait en Provence. Les plats pourtant sont pure crème, pure Normandie ! Il y a bien quelques plats de brasserie qui permettent de garder la ligne, mais il serait bien dommage de ne pas goûter aux succulentes pommes de terre sautées. La salle de resto, entièrement relookée, est franchement accueillante avec ses petites touches rétro et son esprit brocante.

Il Parasole *(plan couleur B3, **20**) : 2, pl. F.-Moureaux. ☎ 02-31-87-33-87. • il.parasole@wanadoo.fr • ♿ Face au pont des Belges qui mène à Deauville. Tlj sf 24-25 déc. Formule midi en sem 10,60 € ; menus 12,90-19,90 €. Apéritif maison offert sur présentation de ce guide.* Un resto italien au joli décor marin. Couleurs fraîches et agréables, tant dans la salle que dans les assiettes. *Bruschetta* tricolore, *piccata* piémontaise, *fritto misto* et quelques pizzas et pâtes : une vingtaine au choix à la carte.

Tivoli Bistro *(plan couleur A2, **13**) : 27, rue Charles-Mozin. ☎ 02-31-98-43-44. Tlj sf mer-jeu. Congés : 3 sem en juin, de mi-nov à mi-déc. Suggestions du jour 15 € ; menu 27 € ; carte env 30-35 €. Apéritif maison offert sur présentation de ce guide.* Petit bistrot à la décoration hétéroclite, dominée par le bois. Poisson fumé maison et bons petits plats : gratin de poisson, escalope de veau aux morilles, sole meunière, clafoutis aux fruits de saison, etc.

Plus chic

Bistrot des Quatre Chats *(plan couleur B2, **18**) : 8, rue d'Orléans. ☎ 02-31-88-94-94. ♿ Fermé le midi lun-jeu, et le soir mar-mer. Congés : 20 nov-25 déc. Carte 40-50 €.* L'endroit a toujours autant la cote ! Salle au décor vieux rose usé, remplie de bouquins, de cartes postales, de photos et de journaux... On y sert des plats classiques auxquels le chef a ajouté une ou 2 saveurs étonnantes, qui bouleversent les repères. Belle mezzanine et piano-bar.

La Petite Auberge *(plan couleur A2, **19**) : 7, rue Carnot. ☎ 02-31-88-11-07. • lapetiteauberge.trouville@wanadoo.fr • Tlj sf lun soir, mar et mer (ouv mer en juil ; tlj en août). Congés : 2de quinzaine de janv. Formule déj 24 € en sem ; menus 36-55 € ; carte env 70 €.* Cadre coquet et reposant. Menus changeant chaque mois et déclinant, par thème, la pêche, le bœuf, la sole et l'agneau. Les prix restent relativement raisonnables étant donné la qualité. Service précis et accueil en accord avec la maison.

Le Galatée *(plan couleur A2, **14**) : promenade Savignac (les Planches). ☎ 02-31-88-15-04. ♿ Tlj. Congés : janv. Résa conseillée le w-e. Formule et menus 19-67 €. Apéritif maison offert sur présentation de ce guide.* Un resto « les pieds dans l'eau » (au propre comme au figuré : l'eau vient chatouiller les orteils des clients en salle 3 ou 4 fois par an !) et spécialités de... poisson et de crustacés, naturellement ! Terrasse aux beaux jours pour humer les embruns. Service un peu débordé en cas d'affluence, mais tout se passe dans la bonne humeur !

Où manger dans les environs ?

Les Landiers : *90, rue Louvel-et-Brière, 14800* ***Touques.*** *☎ 02-31-87-41-08. • info@restaurant-deauville.com • À 2,6 km de Trouville. Tlj sf dim soir et mar-mer, sf vac scol. Congés : 1 sem en janv, 1 sem en juin et 1 sem en déc. Formule 25 € sf j. fériés ; menus 29-45 €. Café offert sur présentation de ce guide.* Aux portes de Trouville, cette auberge traditionnelle, située dans un village pittoresque, n'a pas usurpé son excellente réputation. On s'y régale d'une belle cuisine française et bourgeoise, élaborée dans les règles de l'art : escargots, rognons, sole, etc. Et si vous sentez des influences slaves dans la déco, voire parfois dans la cuisine, c'est tout simplement que l'épouse du chef est ukrainienne.

Où manger d'excellentes glaces et pâtisseries ?

Pâtisserie Charlotte-Corday *(plan couleur A2,* ***30****) :* *172, bd F. Moureaux. ☎ 02-31-88-11-76. Fermé jeu hors saison. Congés : 2des quinzaines de juin et de nov.* C'est ici que vous trouverez de fameux caramels au beurre salé. Également de succulentes tartes *Antoine* à l'abricot et à la pistache. Accueil cordial.

Tutti Fruti *(plan A2,* ***30****) :* *pl. Foch. ☎ 02-31-81-29-00.* Très bonnes glaces de fabrication artisanale.

Juste à côté, en juillet-août, une petite boutique ***Martine Lambert,*** incontestablement les meilleures glaces du coin (voir plus haut, à Deauville).

Où acheter de bons produits ?

Poissonnerie Saiter *(plan couleur A2,* ***31****) :* *dans la halle provisoire, bd F.-Moureaux. ☎ 02-31-88-02-10. • ets.pillet-saiter@orange.fr •* Les connaisseurs y achètent régulièrement la délicieuse *fraîche du jour,* soupe de poisson servie dans une bouteille en plastique, que l'on va ensuite déguster sur le port...

– ***Marché*** *(plan couleur A2) : bd F.-Moureaux (halle provisoire).* L'un des plus sympas de la côte pour ses coquillages et son poisson frais, mais aussi de bons produits locaux. Unique en son genre.

À voir

Voir les brochures proposées par l'office de tourisme. Les fans de randonnées pédestres se pencheront sur les deux circuits (7 et 11 km) à faire sur les hauteurs de la ville (0,50 € le dépliant).

Le musée Villa Montebello *(plan couleur B1) : 64, rue du Général-Leclerc. ☎ 02-31-88-16-26. À deux pas de la plage. Mars-sept, tlj sf mar (se rens sur les horaires). Entrée : 2 € ; réduc ; gratuit mer.* Dans un manoir en brique du Second Empire, typique de la côte normande, ce musée expose ses collections (tableaux, affiches, dessins, etc.) par roulement par le biais d'expos temporaires contant l'histoire de la station (environ quatre par saison). On peut y découvrir les œuvres du peintre Charles Mozin, qui découvrit Trouville en 1825. Toute l'année, animations culturelles.

La Galerie du musée : *à l'intérieur de l'office de tourisme (voir « Adresses utiles »). Tlj sf mar, mars-sept et nov-fév. Entrée libre.* Expos temporaires et expos de Raymond Savignac.

Natur'Aquarium de Trouville *(plan couleur A2) : ☎ 02-31-88-46-04. • natur-aquarium.com • Sur la plage, pas très loin du casino. Tlj sf dim mat ; Pâques-juin et sept-Toussaint, 10h-12h, 14h-18h30 ; en juil-août, 10h-19h30 ; nov-Pâques,*

14h-18h. Fermeture des caisses 30 mn avt. Entrée : adulte 8 €, enfant 5,50 € ; réduc. Cet aquarium milite en faveur de la préservation des espèces. Répartis dans 80 aquariums et vivariums reconstituant fidèlement leur milieu naturel, quelque 1 500 animaux de 150 espèces différentes d'une faune locale et tropicale. Poissons des côtes françaises et multicolores des mers de corail, requins, pythons géants d'Asie, etc. Également une exposition sur « Les batraciens, baromètres biologiques de la biodiversité ». Jeux pédagogiques.

Les villas *(plan couleur A2-B1)* **:** Trouville a eu la bonne idée de protéger depuis 1989 son patrimoine architectural balnéaire. On trouve donc ici nombre de ces villas et grands hôtels révélateurs de l'aisance dans laquelle on vivait au XIXe s sur la côte. On peut en découvrir quelques beaux exemples en se baladant le long de la promenade des Planches (rebaptisée promenade Savignac), en partant de l'extravagant mais charmant casino : la très éclectique *villa Sidonia* de 1868 aux médaillons à figure humaine en façade, à peine plus loin, le *manoir Normand* dont on aime bien le damier qui habille tout le rez-de-chaussée. La promenade Savignac s'achève avec la *villa Esmeralda* (à colombages), la *villa Persane* (de style oriental) et la *tour Malakoff* accolée à une maison gothique construite pour le peintre Mozin. En grimpant quelques marches, on découvre *Les Roches Noires,* prestigieux palace transformé depuis en résidence. Parmi les anciens pensionnaires, Marguerite Duras, qui y a vécu 30 ans et écrit nombre de ses romans.

Le centre historique : peu fréquenté, hormis les quelques rues autour du port, et pourtant prétexte à de sympathiques petites balades urbaines (mais attention, Trouville est construite sur une colline, donc, de temps en temps, ça grimpe !). Mignonnettes ruelles comme la *rue des Rosiers* bordée de maisons de pêcheurs aux couleurs pastel ; volées de marches (chouette *escalier du Serpent,* dit des 100 marches, qui offre de belles échappées sur la ville et la mer) ; anciens quartiers ouvriers comme la *rue Berthier* ou la *rue Mogador*...

➤ ***La Corniche :*** jolie route le long des collines menant vers Honfleur. Beaux panoramas sur Trouville et la mer.

À faire

La plage : longue de 2 km et profonde. Au XIXe s, on en parlait dans les journaux comme de la plus belle de France avec son sable doux et fin, la comparant à un parquet que la mer prend soin de balayer tous les jours. Des planches, ici aussi, longent la plage depuis 1867 pour faciliter les promenades.

– **Le casino Barrière** (plan couleur A2) **:** *pl. du Maréchal-Foch.* ☎ *02-31-87-75-00.* • *casino-trouville.com* • *À l'entrée de la plage. Tlj 10h-2h (4h ven-sam). Tenue correcte exigée après 21h. Carte d'identité obligatoire.* Architecture genre Louis XVI, rénové dans un style assez crème Chantilly, inspiré des casinos de Louisiane. Déco assez marrante avec deux roues à aubes géantes dans l'entrée.

Promenades en mer : *avec la vedette* Gulf Stream *de M. Perchey.* 📱 *06-07-47-14-12.* • *gulfstream2-trouville.com* • *Balade : 7 € ; réduc.* En route pour une promenade le long de la côte entre Trouville et Deauville (30 mn). Départ quai Albert Ier, juste derrière le casino à l'heure de la marée, sauf en cas de mauvais temps.

Fêtes et manifestations

– ***Salon du livre :*** *un w-e en juin et nov.* Le dimanche est réservé à la littérature de jeunesse.

– ***Fête de la Mer et du Maquereau :*** *en juil selon les marées.* Bénédiction des bateaux de pêche, pavoisés. Le soir, chants de marins, bal populaire et dégustation de maquereaux.
– ***Festival Off-Courts :*** *en sept, en même temps que le Festival du cinéma américain de Deauville. Rens : ☎ 02-31-14-39-05. • off-courts.com •* Une sorte de « off » qui ne touche pas le même public et qui se veut non « cinématographiquement correct » ! Films courts de tous les pays. Projections gratuites dans la salle des congrès de Trouville.

VILLERVILLE-SUR-MER (14113) 755 hab. *Carte Calvados, C1*

Une station modeste qui a certainement souffert du succès de ses prestigieuses voisines (Honfleur et Trouville), mais aussi de l'étroitesse de sa plage. En effet, celle-ci disparaît presque totalement à marée haute. Ceci dit, la tendance est en train de s'inverser, puisque les *pipoles* sont de plus en plus nombreux à trouver refuge ici, faisant de nouveau de Villerville une station cotée, voire huppée. Comment ne pas craquer pour l'atmosphère désuète de ce bourg, avec ses vieilles rues, ses maisons colorées, certaines à pans de bois ? Belle église en pierre datant pour partie du XIIe s, dotée d'un clocher en batière. *Un singe en hiver* y fut tourné en 1962, d'après l'œuvre d'Antoine Blondin, avec Jean Gabin, Jean-Paul Belmondo et Suzanne Flon. Les fans sont nombreux à venir réciter en chœur les dialogues croustillants d'Audiard au zinc du *Cabaret Normand,* récemment rouvert. L'hôtel *Stella,* juste en face, reste quant à lui désespérément fermé. Pour sûr, l'ambiance n'est plus la même !

Adresse utile

Office de tourisme : *40, rue du Général-Leclerc. ☎ 02-31-87-21-49. • villerville.fr • En juil-août, tlj 10h-12h, 15h-18h ; le reste de l'année, fermé dim lun et jeu.* Vend un petit guide qui rassemble promenades dans le village et ses environs.

Où dormir ? Où manger ?

Le Bellevue : *7, allée du Jardin-Madame. ☎ 02-31-87-20-22. • resa@bellevue-hotel.fr • bellevue-hotel.fr • ♿ Fermé le midi mar-jeu. Doubles 95-115 € selon taille, vue et saison. Menus 26-46 € ; carte env 45 €. Wifi.* À deux pas de la plage, cette grande villa fut jadis la propriété de l'ancien directeur de l'Opéra comique. De cette belle époque révolue, il reste une atmosphère délicieusement surannée qui n'est pas sans rappeler les pensions de familles d'antan. C'est particulièrement palpable dans les parties communes. Les chambres, en revanche, bénéficient d'un confort tout ce qu'il y a de plus moderne, en particulier celles situées dans la nouvelle extension. La plupart ont vue sur mer. Petit jardin panoramique. Au resto, une bonne cuisine du terroir, concoctée par un disciple d'Escoffier.

Le Cabaret Normand : *2, rue Daubigny (ou carrefour d'*Un singe en hiver*). ☎ 02-31-87-20-57. Ouv tlj sf mar soir et mer en été, slt ven-dim, lun midi et j. fériés le reste de l'année. Congés : de mi-juin à début juil. Formule déj 16 € ; carte env 35 €. Une pâtisserie maison offerte sur présentation de ce guide. Également 2 chambres d'hôtes (65-85 € pour 2).* Pèlerinage obligatoire pour tous les fans d'Audiard ! Rien ne semble avoir changé depuis le tournage. Sauf que les bobos ont remplacé les marins, que l'on y boit désormais plus de vin que de Picon-bière et que les singes trouveront le plus souvent porte close hors saison. Pour le reste, une adresse dans le vent et une cuisine actuelle.

À voir

*** La maison de l'Eau :*** *route de la Côte. ☎ 02-31-81-13-81. Sur la D 513 à la sortie de la ville, direction Honfleur. Pâques-oct, en principe tlj 14h-18h (hors juil-août, appeler tt de même avt de venir). Entrée : 4,50 € ; réduc.* Grosse collection (plus de 2 000 pièces) de coquillages, rarissimes pour certains, très communs pour d'autres. Quelques aquariums pour l'explication de l'écologie des eaux douces. Tenu par une association spécialisée dans l'analyse des eaux douces (étangs, rivières). Une structure qui a vraiment à cœur de nous informer de ce que devient dame Nature, du mal qu'on lui fait, pourquoi et comment.

CRICQUEBŒUF (14113) 190 hab. *Carte Calvados, C1*

Adorable et minuscule village balnéaire, au milieu des arbres. On y trouve une toute petite église en pierre, du XIIe s, couverte de lierre. Derrière, un étang mimi comme tout, où barbotent des canards. Autour, des vergers remplis de pommes et des prés où ruminent une poignée de vaches. Un joli petit coin de nature. Depuis le village, sentiers de randonnée balisés.

HONFLEUR (14600) 8 150 hab. *Carte Calvados, D1*

Le plus mignon, le plus fou, le plus choucard des petits ports normands... pour ne pas dire français. Depuis le XIXe s, Honfleur fut le lieu d'élection des écrivains (Baudelaire, Flaubert...), des musiciens (Satie naquit ici) et des peintres (Boudin, enfant du pays, mais aussi Monet, Dufy, etc.), séduits par la lumière changeante de l'embouchure de la Seine et par la verdure de la campagne augeronne. Honfleur est en fait une cité à deux visages : pendant la semaine, avec ses pêcheurs, et le week-end ou pendant les vacances, avec ses touristes. Mais il n'y a pas que la mer, le fleuve, l'arrière-pays et les basses collines de son site, encore vierges (par quel miracle ?) de toute colonisation immobilière... Il y a surtout l'atmosphère si dense d'une petite ville pourtant si fréquentée, et ce cachet unique parmi les ports normands, avec ses bassins intérieurs, ses vieux gréements et ses grosses barques de pêche, ses vieilles maisons aux écailles d'ardoise, son clocher d'opérette et ses ruelles de traviole...

Adresses et infos utiles

Office de tourisme *(plan B3)* ***:*** *quai Lepaulmier. ☎ 02-31-89-23-30. • ot-honfleur.fr • Ouv tte l'année : Pâques-sept, lun-sam 9h30-12h30, 14h-18h (9h30-19h juil-août) ; dim et j. fériés 10h-12h30, 14h-17h (10h-17h juil-août) ; ouv dim mat pdt vac scol hors saison.* Installé dans le même bâtiment que la médiathèque. Vous y trouverez une équipe rodée et sympa. Petite brochure très complète sur la ville. L'office de tourisme organise de nombreuses animations dont d'intéressantes visites de nuit avec lampes tempête (« Histoire et Légendes »).

Bus verts *(plan C3)* ***:*** *rue des Vases. ☎ 0810-214-214 (prix d'un appel local). • busverts.fr •* La Côte Fleurie est desservie toute l'année par les *Bus verts* du Calvados.

– ***Marchés :*** *ts les sam, sur la pl. Sainte-*

Catherine et le cours des Fossés (plan B2). Marché nocturne mer soir. Également un marché bio mer, pl. Sainte-Catherine (plan B2) et un marché aux poissons, jeu-dim, selon les arrivages de la pêche, sur la jetée de transit (plan C2). Voir plus bas « Où acheter de bons produits locaux ? ».

Où dormir ?

Trouver des chambres bon marché à Honfleur semble peine perdue. Autre problème : les hôtels sont vite pleins en été et en général chaque week-end, et ce parfois dans un rayon très étendu...

Camping

Voir aussi les campings situés dans l'Eure, proches du Calvados.

Camping La Briquerie *(hors plan par A3,* ***2****) : 14600* ***Équemauville.*** *☎ 02-31-89-28-32. • info@campinglabriquerie.com • campinglabriquerie.com • ♿ À env 3,5 km au sud de Honfleur (accessible depuis la gare routière : lignes nos 20 et 50). Ouv avr-sept. Compter 25 € pour 2. Loc de chalets et mobile homes (325-635 €/sem).* Ce 4-étoiles agréable, un peu éloigné de la mer, est très bien équipé : piscines (chauffées) et, en supplément, sauna, jacuzzi, salles de jeux et de muscu, bar, resto, épicerie, etc. Centre équestre et tennis à proximité.

De prix moyens à plus chic

Hôtel Monet *(plan A2,* ***5****) : charrière du Puits. ☎ 02-31-89-00-90. • contact@hotel-monet-honfleur.com • hotel-monet-honfleur.com • Dans un cadre verdoyant, situé sur les hauteurs de Honfleur, entre Côte-de-Grâce et Mont-Joli. Doubles 85-105 € selon saison ; familiales 80-150 €. Wifi. Parking privé ou garage.* Ce petit hôtel familial offre 10 jolies chambres indépendantes et confortables avec terrasse privative. Régulièrement rénové. Bonne petite halte romantique.

Résidence du Vieux Bassin *(plan B3,* ***3****) : 1, rue de la République. 📱 06-80-42-28-25. • domin.et.fils@locationdecharme.com • locationdecharme.com • Ouv tte l'année. Dans le cœur historique de la ville et, pour notre plus grand plaisir, à une nageoire du vieux bassin. 3 apparts, pour 2 : 65-100 € la nuit, 155-255 € pour 3 nuits, 270-398 €/sem. Pour les loc au w-e, 3e nuit offerte sur présentation de ce guide. Wifi.* Tous les ingrédients sont là pour vous permettre de vivre une escale de rêve. Embarquement immédiat... Pour chacun un style et un nom : « Le carré », notre chouchou, est aménagé et décoré en cabine de vieux gréement. Très belle adresse.

Hôtel Les Cascades *(plan B3,* ***8****) : 19, cours des Fossés. ☎ 02-31-89-05-83. • lescascades.com • Doubles 60-69 € selon saison. Menus 13-16,20 €, puis 26-34,50 €.* En plein centre, un petit hôtel discret aux chambres proprettes, plutôt agréables et surtout à prix doux. Salles de bains impeccables. Fait aussi resto avec des petits menus sans génie particulier mais de bon aloi, constituant autant de bons rapports qualité-prix.

De plus chic à beaucoup plus chic

Hôtel du Dauphin *(plan B2,* ***6****) : 10, pl. Pierre-Berthelot. ☎ 02-31-89-15-53. • info@hoteldudauphin.com • hoteldudauphin.com • Ouv tte l'année. Doubles 69-165 € avec douche ou bains et TV (satellite). Wifi. Un petit déj offert (pour un petit déj payé) sur présentation de ce guide.* Un petit hôtel installé dans une maison du XVIIe s, avec sa façade à colombages, typique de Honfleur. La plupart des chambres ont été rénovées dans un style moderne (avec baignoire à bulles pour certaines), à l'image de la salle de petit déjeuner et de réception. Certaines sont encore un rien vieillottes, mais sont gentiment tarifées pour la ville. Toutes portent le nom d'une personnalité liée à l'histoire de Honfleur : Alphonse Allais, Michel Serrault, Erik Satie et, bien entendu, Eugène Boudin.

Hôtel du Cheval Blanc *(plan B2,* ***7****) : 2, quai des Passagers. ☎ 02-31-81-65-00. • info@hotel-honfleur.com • hotel-*

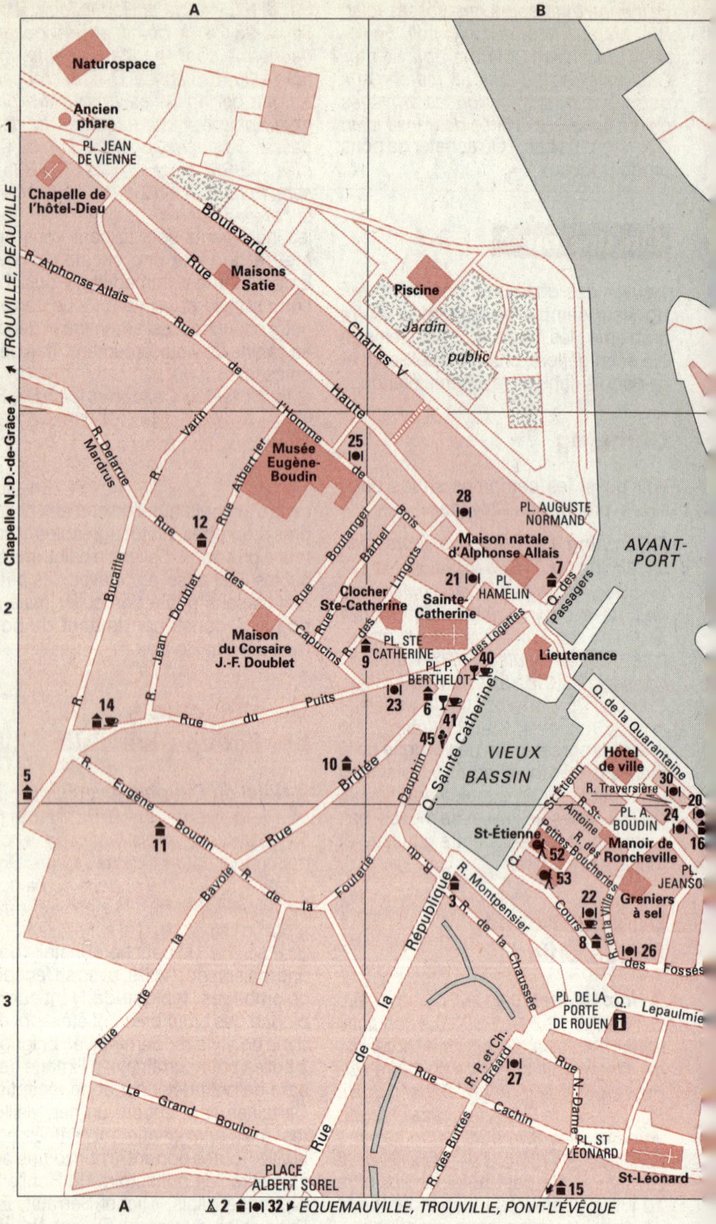
A
B
1
2
3
Naturospace
Ancien phare
PL. JEAN DE VIENNE
Chapelle de l'hôtel-Dieu
TROUVILLE, DEAUVILLE
Chapelle N.-D.-de-Grâce
Boulevard Charles V
Rue Haute
Maisons Satie
R. Alphonse Allais
Rue de l'Homme de Bois
Piscine
Jardin public
R. Delarue Mardrus
R. Varin
Musée Eugène-Boudin
Albert Ier
25
28
PL. AUGUSTE NORMAND
Maison natale d'Alphonse Allais
AVANT-PORT
7
Q. des Passagers
12
Rue des Capucins
Rue Boulanger
Rue Barbel
R. des Lingots
21
PL. HAMELIN
Bucaille
Rue Jean Doublet
Clocher Ste-Catherine
Sainte-Catherine
R. des Logettes
Lieutenance
Maison du Corsaire J.-F. Doublet
9
PL. STE CATHERINE
40
PL. P. BERTHELOT
23
6
41
45
Rue du Puits
R.
14
Q. de la Quarantaine
Q. Sainte Catherine
VIEUX BASSIN
Hôtel de ville
10
Dauphin
Rue Brûlée
5
R. Eugène Boudin
11
R. Traversière
30
20
R. St Étienne
PL. A. BOUDIN
24
R. St. Antoine
St-Étienne
52
53
Petites Boucheries
R. des
Manoir de Roncheville
16
R. du
R. Montpensier
PL. JEANSO
Q.
22
Greniers à sel
3
R. de la Chaussée
Cours
R. de la Ville
8
26
des Fossés
R. de la Fouterie
Rue Bavole
Rue de la République
PL. DE LA PORTE DE ROUEN
Q. Lepaulmier
R. P. et Ch. Bréard
27
Rue Cachin
Rue N.-Dame
Le Grand Bouloir
R. des Buttes
PL. ST LÉONARD
PLACE ALBERT SOREL
St-Léonard
15
2
32
ÉQUEMAUVILLE, TROUVILLE, PONT-L'ÉVÊQUE

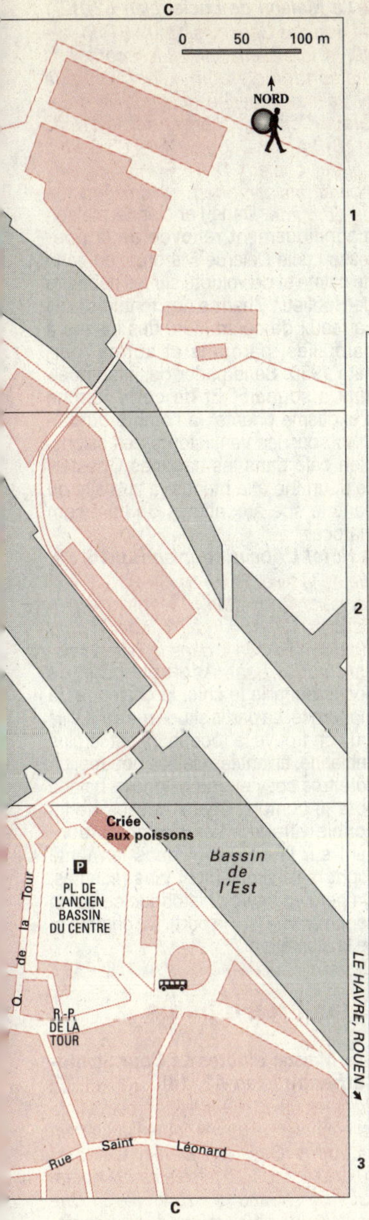

■ Adresse utile

i Office de tourisme

Où dormir ?

2 Camping La Briquerie
3 Résidence du Vieux Bassin
5 Hôtel Monet
6 Hôtel du Dauphin
7 Hôtel du Cheval Blanc
8 Hôtel Les Cascades
9 Les Maisons de Léa
10 Hôtel des Loges
11 L'Écrin
12 La Maison de Lucie
14 Maison d'hôtes La Cour Sainte-Catherine
15 Maison d'hôtes Le Clos Bourdet
16 Hôtel L'Absinthe

Où manger ?

20 La Grenouille
21 La Cidrerie
22 L'Atelier
23 Le Bréard
24 Au Bouillon Normand
25 La Tortue
26 Les Fontaines
27 L'Endroit
28 Au P'tit Mareyeur
30 L'Absinthe
32 Ex-Voto

Où manger sur le pouce ? Où manger une glace ? Où boire un verre ?

40 Bar L'Albatros
41 Le Perroquet Vert
45 Pom' Cannelle

À voir

52 Musée de la Marine
53 Musée d'Ethnographie

HONFLEUR

honfleur.com • Congés : 2e et 3e sem de janv, 24-25 déc. Doubles 89-160 € selon confort, vue et saison ; familiales 115-225 €. Internet, wifi. Parking payant à proximité. Un petit déj/chambre et par nuit offert sur présentation de ce guide. Un 3-étoiles merveilleusement situé, au bord du vieux bassin, face à la lieutenance. La maison date du XVe s. La plupart des chambres, entièrement rénovées, donnent sur le port. Excellent confort (avec douche balnéo ou jacuzzi !).

Les Maisons de Léa (plan A-B2, **9**) : *pl. Sainte-Catherine. ☎ 02-31-14-49-49. • contact@lesmaisonsdelea.com • lesmaisonsdelea.com • Doubles 120-210 € selon confort et saison. Petit déj 15 €. Internet, wifi.* Somptueuse demeure en pierre composée de 4 anciennes maisons regroupées en une belle et grande bâtisse recouverte de vigne vierge. Chacune de ces 4 maisons a un style différent, toujours cosy et raffiné. Et pour la détente, spa Nuxe, hammam, cabines de massage... Accueil très attentionné.

Hôtel des Loges (plan A2, **10**) : *18, rue Brûlée. ☎ 02-31-89-38-26. • info@hoteldesloges.com • hoteldesloges.com • ♿ Dans une ruelle pittoresque. Ouv tte l'année. Doubles 110-135 € selon confort. Internet, wifi. Un petit déj offert/chambre pour un payé, sur présentation de ce guide.* Un véritable petit nid d'amour. 14 chambre aménagées dans 4 maisons de pêcheurs du XVIe s. Chaleureuse déco contemporaine. Le style décline tous les standards du confort moderne. Peu d'espace commun en revanche.

L'Écrin (plan A3, **11**) : *19, rue Eugène-Boudin. ☎ 02-31-14-43-45. • hotel.ecrin@honfleur.com • honfleur.com/default-ecrin.htm • Doubles 120-250 € selon confort. Petit déj 11-15 €. Parking privé clos. Wifi.* Un vrai petit bijou, genre villa-manoir, blotti dans la végétation. La patronne a fait de sa maison une sorte de musée du luxe : mobilier ancien, vieux tapis, lustres massifs, tapisseries, vases, lampes et tableaux... Chambres superbes. Celles de l'annexe sont loin du style de la maison. Les cinéphiles seront ravis d'apprendre que Truffaut tourna ici *La Chambre verte*. Sauna et piscine.

La Maison de Lucie (plan A2, **12**) : *44, rue des Capucins. ☎ 02-31-14-40-40. • info@lamaisondelucie.com • lamaisondelucie.com • ♿ Depuis la pl. Sainte-Catherine, direction Côte-de-Grâce. Congés : 2 sem en déc (avt Noël) et 10 j. en janv. Doubles 150-200 €. Petit déj très copieux 12-18 €. Internet, wifi. Apéritif maison offert sur présentation de ce guide.* Dans l'ancienne maison magnifiquement rénovée de la poétesse Lucie Delarue-Mardrus, un écrin de calme et de volupté sur les hauteurs de Honfleur. Charme des tentures, des carreaux de céramique, des lustres à pampilles, parquets et autres robinets 1930. Sans parler des lits, moelleux à souhait ! Et de cette touche d'exotisme oriental, à l'ombre du palmier, sous les ventilateurs des salons, bien calé dans les canapés Chesterfield, un thé à la menthe à la main, ou dans le spa aux allures de hammam marocain.

Hôtel L'Absinthe (plan B3, **16**) : *1, rue de la Ville. ☎ 02-31-89-23-23. • reservation@absinthe.fr • absinthe.fr • Doubles 120-150 € dans l'édifice principal et 165-185 € dans la partie donnant sur le quai.* Adorable hôtel de poche qui allie le chic, la chaleur et la modernité. La partie située rue de la Ville (où l'on trouve la réception) est la plus ancienne, alliant les vieilles poutres, un côté très cosy et une baignoire balnéo pour le confort. Beaux dessus-de-lit, double vitrage... Les chambres donnant sur le quai sont dans le même esprit mais simplement plus récentes. On perd en charge historique ce qu'on gagne en vue (sur le port). Du charme et de la discrétion.

Chambres d'hôtes

Maison d'hôtes La Cour Sainte-Catherine (plan A2, **14**) : *74, rue du Puits. ☎ 02-31-89-42-40. • coursaintecatherine@orange.fr • coursaintecatherine.com • Ouv tte l'année. Compter 80-100 € pour 2 ; familiales (3-4 pers) 130-160 €. Menu 10 € servi 8h-18h. Une bouteille de cidre offerte sur présentation de ce guide.* Au calme et pourtant dans la vieille ville, voici une excellente adresse de charme, tapie dans une cou-

HONFLEUR

rette autour de laquelle s'organisent les chambres. C'est cosy et chaleureux, avec une touche marine dans les chambres et une atmosphère de brocante chic dans le salon du petit déjeuner : vieux pressoir équipé d'un sympathique comptoir de troquet dans un angle et des fauteuils club dans un autre. Courette très verte, aménagée agréablement, avec tables et quelques transats. Fait également salon de thé avec plat du jour, tartes salées ou sucrées... Simplicité et charme. 2 autres petites maisons entièrement équipées peuvent accueillir 2-6 personnes. Bon accueil.

Maison d'hôtes Le Clos Bourdet *(hors plan par B3,* ***15****) : 50, rue Bourdet. ☎ 02-31-89-49-11. 06-07-48-99-67. • leclosbourdet@orange.fr • leclosbourdet.com • Congés : en janv. Compter 145 € pour 2 ; suite pouvant accueillir jusqu'à 4 pers (plus chère évidemment). Internet, wifi.* Un peu sur les hauteurs de la ville mais à proximité du centre, cette haute et hautaine maison de maître allie le charme et la tranquillité. Une pelouse sur le devant, une autre sur l'arrière qui descend en pente douce, avec une terrasse de bois et quelques pommiers taillés comme il faut. Un aménagement bien pensé, qu'on retrouve dans les espaces communs et les chambres. Il y a un côté magazine de déco ici certes, mais sans tomber dans la caricature. Bien au contraire, tout y est très personnalisé, du linge de maison aux boutons de porte, des tableaux du salon aux photos du couloir. Côté confort : jolie salle de bains, lecteur DVD... Bref, une bien jolie maison.

Où manger ?

Ce ne sont pas les adresses qui manquent dans un endroit aussi touristique. Revers habituel de la médaille, les prix ne sont pas forcément proportionnels à la qualité de la cuisine, notamment autour du vieux bassin, hélas ! Mais on trouve heureusement de bonnes adresses...

De bon marché à prix moyens

La Cidrerie *(plan B2,* ***21****) : 26, pl. Hamelin. ☎ 02-31-89-59-85. Service continu à partir de midi. Fermé mar-mer en basse saison, sf vac scol. Congés : en janv. Menu 10,90 € le midi en sem ; à la carte repas env 13 €. Café offert sur présentation de ce guide pour un repas pris.* Une salle genre bonne vieille taverne où l'on boira tout ce qu'il est possible de fabriquer avec des pommes (et des poires !). Spécialité de « galichot », sorte de galette à base de froment et de seigle. Galettes et crêpes faites sous vos yeux.

Ex-Voto *(hors plan par A3,* ***32****) : 8, pl. Albert-Sorel. ☎ 02-31-89-19-69. Tlj sf mer jusqu'à 20h. Fermé Noël et Jour de l'an. 2 chambres assez simples 50-80 €, petit déj inclus. Plat du jour 7,50 €. Wifi.* Authentique petit bistrot de quartier aux banquettes de moleskine. La maîtresse de maison, une véritable Augeronne, popote, avec amour, au gré du marché : pot-au-feu, goulasch, andouille... Également quelques omelettes et salades de saison... Pour notre plus grand bonheur, elle a su constituer une véritable clientèle d'habitués et créer une ambiance conviviale. Pour en profiter, il faut arriver assez tôt, car la salle n'est pas très grande. Petite terrasse l'été.

L'Atelier *(plan B3,* ***22****) : 15, cours des Fossés. ☎ 02-31-89-33-66. • cbakk@laposte.net • Avr-sept, tlj sf lun, mar soir et mer soir, 12h-19h ; oct-mars, ouv w-e slt et vac scol (sf lun, mar soir et mer soir). Formule tarte salée + salade + dessert 12 €. Café offert, le midi avec la formule, sur présentation de ce guide.* Une adresse multifacettes installée tout près du vieux bassin. Mélange entre intérieur chaleureux et atelier d'art, équipé de meubles chinés. Ambiance douillette et conviviale. Cuisine élaborée à partir de produits frais. Salon de thé l'après-midi. Terrasse et salle avec petit salon à l'étage. Une adresse à partager entre copains !

Les Fontaines *(plan B3,* ***26****) : 25, cours des Fossés. ☎ 02-31-88-30-82. • christine.les.fontaines@sfr.fr • Proche du cinéma. Tlj sf dim soir et lun (ainsi que mar en basse saison). Congés : 2 sem en janv, 1 sem fin juin, 2 sem en oct et fêtes de fin d'année. Menus 13-23 €. Café offert sur présentation de ce guide.* Spécialiste de poissons et de fruits de mer d'un bon rapport qualité-prix (il y a même une pastilla normande !). Après avoir usé les pavés de la vieille ville et du vieux bassin, cette adresse saura vous satisfaire d'un bon feuilleté de poisson ou d'une poêlée d'andouillette aux pommes confites.

De prix moyens à plus chic

|●| ***L'Endroit*** *(plan B3,* ***27****) : 3, rue C.-et-P.-Bréard. ☎ 02-31-88-08-43. ♿ Fermé lun-mer midi. Menu 26 € ; carte 35-40 € env.* Un esprit loft, du mobilier vintage *seventies,* une cuisine actuelle et voilà une excellente adresse à l'écart des foules ! Le chef concocte dans sa grande cuisine ouverte de bons petits plats de toujours qu'il réinterprète à sa façon. Tout le charme de la Normandie à l'huile d'olive !

|●| ***Au Bouillon Normand*** *(plan B3,* ***24****) : 7, rue de la Ville. ☎ 02-31-89-02-41. Sur la pl. Arthur-Boudin, derrière le quai Saint-Étienne. Fermé mer-jeu. Congés : en déc. Menus 18-26 €.* Terrasse et coquette salle, joliment décorée. Dans ce vieux bistrot jaune et bois, le chef met en scène tout son talent. Tradition, disait-il ? Goûtez donc la marmite du pêcheur au cidre. Le croquant au camembert et la Tatin et son fruit rôti au beurre de caramel... un pur régal. Service souriant. Une bonne petite adresse.

|●| ***La Grenouille*** *(plan B2-3,* ***20****) : 16, quai de la Quarantaine. ☎ 02-31-89-04-24. • reservation@absinthe.fr • Tlj midi et soir. Congés : 15 nov-15 déc. Menus 16,90-32 € ; carte 24-50 €.* À deux sauts de *L'Absinthe...* même proprio (voir plus loin). Si le bistrot est moderne, la terrasse sur le port a des airs de guinguette. Entre classiques de brasserie et une belle carte de fruits de mer, de bons plats de toujours, savoureux et rassurants : terrine de campagne, cuisses de grenouilles, riz au lait « grand-mère ».

|●| ***La Tortue*** *(plan A2,* ***25****) : 36, rue de l'Homme-de-Bois. ☎ 02-31-81-24-60. • romainrouille@hotmail.fr • Tlj sf mar-mer hors saison et j. fériés. Menus 18-37 €.* Dans l'une des rues les plus fréquentées du centre historique, ce resto au cadre raffiné et soigné propose, dans une atmosphère à la fois paisible et musicale, une cuisine traditionnelle : foie gras poché au vin de Maury. Attention, forte affluence le week-end.

|●| ***Le Bréard*** *(plan B2,* ***23****) : 7, rue du Puits. ☎ 02-31-89-53-40. • lebreard@wanadoo.fr • Tlj sf lun et mar midi (plus mar soir et mer midi hors saison). Congés : les 3 premières sem de janv, la 2e sem de mars et quelques j. autour de Noël. Menus 29-45 € ; carte 60 € env.* Après ses passages au *Grand Véfour,* à la *Tour d'Argent* ou encore chez *Lucas-Carton,* Fabrice Sébire s'est enrichi d'influences orientales d'où il a rapporté de nombreuses épices et dissidences de goût qui font le plaisir de nos palais : goûtez donc son carré d'agneau pané au sésame et wasabi, maki d'aubergines et tofu mariné. C'est imaginatif, inventif, toujours renouvelé et inspiré. Plats toujours bien présentés, service souriant, et surtout un rapport qualité-prix imbattable : chouette, Fabrice Sébire est revenu en Normandie !

|●| ***Au P'tit Mareyeur*** *(plan B2,* ***28****) : 4, rue Haute. ☎ 02-31-98-84-23. • auptitmareyeur@free.fr • Fermé mar-mer. Congés : en janv. Résa en saison. Menu-carte 25 € au déj et 30 € le soir. Compter 40 € à la carte.* La cuisine est goûteuse, fine et recherchée. En effet, le chef met un point d'honneur à la préparation et à la présentation de ses plats, quelquefois décrits dès leur arrivée sur la table, dont la bouillabaisse honfleuraise. Carte renouvelée régulièrement, mais gare aux suppléments ! Sinon, l'endroit est chaleureux avec sa déco chic et stylée, mais pas trop pompeux. Service rapide et souriant.

De plus chic à beaucoup plus chic

|●| ***L'Absinthe*** *(plan B2,* ***30****) : 10, quai de la Quarantaine. ☎ 02-31-89-39-00. • reservation@absinthe.fr • ♿ Congés : de mi-nov à mi-déc. Menus 30-59 € ; carte env 70 €.* Une adresse très élégante donnant sur le port, légèrement en retrait. La cuisine, créative, rend hommage au terroir normand et aux artistes ayant marqué l'histoire de Honfleur. Le

1er menu offre un excellent rapport qualité-prix et permet de goûter aux audaces, parfois déconcertantes, du chef. Que ceux qui ne sont pas tentés par les aventures gustatives se rassurent, la carte permet de se régaler de plats beaucoup plus sages. Assiettes artistiquement présentées avec fleurs et notes de musique. Remarquable plateau de fromages.

Où manger sur le pouce ? Où manger une glace ? Où boire un verre ?

Bar L'Albatros (plan B2, **40**) **:** *32, quai Sainte-Catherine. ☎ 02-31-89-25-30. • martignyr@wanadoo.fr • Tlj. Petits déj 5,50-13 €. Wifi.* Ce bar de marins, jeune et sympa, est l'endroit favori des amateurs de bonne musique et autres philosophes, qui, confortablement installés, refont le monde tout en sirotant une « eau chaude »... (spécialité du coin : façon soft et originale de découvrir le calva). Quelques tables face aux bateaux.

Le Perroquet Vert (plan B2, **41**) **:** *52, quai Sainte-Catherine. ☎ 02-31-89-14-19. • perroquet vert@wanadoo.fr • ♿ Tlj 8h-2h. Wifi.* Situé à tribord de *L'Albatros*, ce bar, ambiance taverne, tenu par un vieux loup de mer, propose d'excellentes mousses (une centaine au catalogue) à déguster sur fond de musique rock. Chaleur humaine assurée le week-end et les soirs de régates. En fin d'après-midi, installez-vous en terrasse et contemplez le ballet permanent des plaisanciers.

Pom' Cannelle (plan B2, **45**) **:** *60, quai Sainte-Catherine. ☎ 02-31-89-55-25. Tlj, sf mer et jeu sept-mars, 10h-23h. Fermé déc-janv.* Ne manquez pas de déguster une gaufre ou une glace chez l'un des meilleurs glaciers de la région. Un vrai festival de parfums.

Où dormir ? Où manger dans les environs ?

La Fraîchette : *chemin de Crémanville, 14600* **La Rivière-Saint-Sauveur.** *☎ 02-31-89-37-36. • info@lafraichette.com • lafraichette.com • ♿ À 4 km au sud-est de Honfleur par la D 580. Bien fléché depuis le village. Resto fermé, sous réserve, jeu midi en juil-août ; mer et jeu hors saison. Congés : de mi-déc à début fév. Doubles 50-82 €. Formule déj 14 € ; menu-carte 20-24 €. Wifi. Café offert sur présentation de ce guide.* Une petite maison noyée dans la végétation. Accueil charmant. Salle à manger joliment arrangée. Les repas sont servis près de la cheminée en hiver et sur la terrasse en été. Bonne petite cuisine maison à base de produits très frais mettant en valeur goût et qualité : essayez le poulet ou le veau au cidre. Au dessert, ne ratez pas le *crumble* aux fruits de saison ! Salon de thé l'après-midi. Également 10 chambres dans le ton de la maison, spacieuses et agréables. Certaines avec terrasse privative.

Auberge de la Source : *chemin du Moulin, 14600* **Barneville-la-Bertran.** *☎ 02-31-89-25-02. • contact@auberge-de-la-source.fr • auberge-de-la-source.fr • À 6,5 km de Honfleur, par la D 279. Doubles 115-245 € selon confort et saison ; familiales 180-245 €. Internet, wifi.* Difficile d'imaginer plus bucolique, plus charmant, plus impressionniste ! À quelques encablures de la côte, au cœur du bocage normand, cette auberge de charme est un véritable havre de paix. Une ferme à colombages et une demeure de brique rouge enserrent un jardin fleuri et un bassin poissonneux ; l'ensemble, pour sûr, n'aurait pas déplu à Monet. Les chambres, plus ou moins spacieuses, allient confort moderne et charme rustique, dans un esprit et des tons actuels. Resto sur place, proposant un menu unique (38 €), à base de produits frais. Vélos à disposition.

Chambres d'hôtes et gîte La Cour de Bas : *chez Serge Bunel, chemin de la Moulière, 14600* **Barneville-la-Bertran.** *☎ 02-31-89-03-64. • resacour2bas@yahoo.fr • resacour2bas.com • À 4,5 km au sud-ouest de Honfleur par la D 579. Fermé de mi-déc à mi-mars. Compter 75-105 € pour 2. Également un gîte (550-600 €/sem pour 2-4 pers, ou au w-e). Apéritif maison offert sur présentation de ce guide.* Dans un vieux pressoir rénové avec goût mêlant harmonieusement pierre apparente, brique et colombages. 3 chambres à la décoration exotique très réussie. On a une petite préférence pour la « Touareg », vraiment dépaysante, ou la chambre « Zen » avec sa baignoire balnéo. Beau jardin verdoyant et fleuri où prendre le petit déj (bio) aux beaux jours. Source d'eau fraîche pour les grandes chaleurs, sentiers GR et forêt à deux pas. Calme assuré et accueil affable. Beaucoup de charme.

Hôtel-restaurant Ferme de la Grande Cour : *Côte de Grâce, à **Équemauville,** 14600 Honfleur. Bien fléché en arrivant dans le village. ☎ 02-31-89-04-69. • fermedelagrandecour.com • Tlj midi et soir. Doubles 65-80 €. ½ pens demandée en hte saison.* Jolie maison de pierre, brique et ardoise, qui de tout temps fut un hôtel, comme en témoigne l'antique kiosque à musique dans le jardin. Calme total dans cet environnement boisé et arboré, au fond d'une grande allée où gambadent quelques chevaux. Les chambres sont agréables, simples, mais au confort suffisant. Celles dans l'édifice au fond du jardin sont un peu moins agréables. Aux beaux jours, délicieuse et verdoyante terrasse.

L'Assiette des Mondes : *chemin de la Croix-Rouge, dans le village d'**Équemauville,** 14600 Honfleur. ☎ 02-31-81-52-11. Tlj midi et soir en saison. Hors saison, fermé mar soir et mer. Le soir, en sem, résa conseillée. Menus 12,50 € (midi en sem) et 18-33 €.* Une jolie adresse, à l'écart des usines à bouffe de la côte. Il suffit de faire 2 km pour trouver ce lieu aéré et zen, entouré de verdure, aux tables espacées, à la cuisine libre, mélangeant allégrement les saveurs d'ici et d'ailleurs, aussi bien normandes que marocaines, avec parfois quelques détours vers l'Asie. Des assiettes bien tournées, pleines de saveurs, copieuses, appuyées par un service cool. Vous verrez, vous ne regretterez pas d'avoir fait quelques pas hors d'Honfleur.

À Gonneville-sur-Honfleur (14600)

À 4 km par la D 144, dans l'arrière-pays de Honfleur. Charmante bourgade typique du pays d'Auge, au calme. Pour vous aider dans le repérage de ce village, sachez qu'il est divisé en plusieurs quartiers. Certains se trouvent de l'autre côté de l'autoroute.

Prix moyens

Chambres d'hôtes et gîte rural de la ferme de Prêtreville : *chez Colette Groult, au lieu-dit Mont-Bouy. ☎ 02-31-89-00-05. De l'autre côté de la D 144 en venant du bourg, direction Prêtreville puis Mont-Bouy. Compter 50 € la nuit pour 2 dans la « Petite maison » ; petit déj 5 € ; gîte loué à la sem, pour 6 pers : 335-450 € selon saison.* Une adresse exceptionnelle, tant pour la chaleureuse et adorable Colette, maîtresse des lieux, que pour la beauté de la ferme, décorée avec goût. 2 gîtes au choix : une petite maison avec kitchenette et poêle norvégien louée à la nuit, ou une belle et grande chaumière meublée, louée à la semaine. Beaucoup de jeux pour les enfants, vélos à disposition pour tous les âges et bien sûr tout plein d'animaux !

Chambres d'hôtes Chez Chantal et Jean-Pierre Guigouresse : *lieu-dit La Côte Maillard. ☎ 02-31-89-06-31. 📱 06.89.04.22.21. Fax 02-31-89-25-46. À 100 m après la sortie Gonneville (dans le prolongement de la rue de l'école), côté route C6. Ouvert toute l'année. Chambre double à 55 €, petit déj compris.* Amateur de verdure, vous ne serez pas en reste... Nichée dans un charmant petit village, la maison en colombage et pierre apparente de Chantal et Jean-Pierre offre 3 chambres mansardées avec sanitaires pouvant accueillir 2 à 3 personnes. L'une est située à l'étage de la maison principale (accès par un escalier extérieur) et les 2 autres dans un bâtiment indépendant, plus récent. Sourire et gentillesse au rendez-vous.

De prix moyens à plus chic

Le Val Marin, chez Corinne et Philippe Flambard : *quartier de Prêtreville. ☎ 02-31-89-23-63. 📱 06-79-98-44-50. • flambard.philippe@wana* *doo.fr • levalmarin-honfleur.com • ♿ Depuis Gonneville, emprunter la D 144a en direction de Prêtreville, puis tourner tt de suite à droite après le pont et suivre le fléchage. Compter 59-72 € pour 2 ; familiale 99 €. Wifi.* Si une bonne petite sieste à l'ombre des pommiers vous tente et si le cœur vous en dit, offrez-vous une halte dans cette élégante chaumière pleine de charme, installée au milieu de vertes prairies (... *et les cerisiers blancs made in Normandy...* cela vous rappelle une chanson ?). La pierre et le bois dominent pour notre plus grand plaisir. 5 chambres dont une suite familiale, confortables et calmes. Un très joli havre de paix. L'ensemble peut être loué en gîte (12-18 personnes).

Résidence Le Château de Prêtreville : *quartier de Prêtreville. ☎ 02-31-88-07-24. • gonneville@odalys-vacances.com • À partir de 60 € la nuit pour un studio 2 pers et de 230 €/sem pour 4 selon saison.* Dans un parc boisé de 3 ha, une jolie résidence composée de confortables appartements (2 et 3 pièces) avec terrasse répartis dans des bâtiments de part et d'autre d'une grande allée menant au château de Prêtreville. Sur place : aire de jeux pour les enfants, salle de fitness et piscine extérieure chauffée juin-septembre.

Crêperie La Récré : *pl. du Commerce, dans le bourg. ☎ 02-31-98-15-52. • manRP14@gmail.com • ♿ Juste derrière la mairie. Tlj sf lun, mar soir et mer soir, plus dim sept-juin. Repas complet env 18 €. Café offert sur présentation de ce guide.* Venez user vos fonds de culotte sur les bancs de cette ancienne école maternelle devenue crêperie. Décoré d'objets authentiques (on y trouve même, sur un coin de table, quelques vieilles éditions de livres scolaires), ce lieu vous rappellera votre enfance. Les crêpes n'échappant pas à cette règle (de grammaire) vous y dégusterez, entre autres, la « Marelle », la « Bonnet d'âne », voir la « Bagarre » pour les plus polissons ! Le chef propose aussi quelques salades et quelques viandes. Service attentionné et rapide.L'ancienne cour de récré s'est transformée en une agréable et verdoyante terrasse.

Où acheter de bons produits locaux ?

Le marché de Honfleur *(plan B2)* **:** *sur la pl. Sainte-Catherine. On y trouve ts les sam les produits imaginés par le maître artisan fromager, M. Pennec, qui a aujourd'hui passé la main à M. Frohn.* Sympa comme tout, l'étal est superbe et l'esprit truculent. Au programme, coup de pied au cul (fromage au calva), cul terreux, vierge folle, puant normand (un panonceau précise : le nez dans le cru !), extase deauvillaise, vache en feu, fine goule (cidrée), etc. Sans oublier l'indispensable claquos au calvados. Sinon, on peut acheter ces produits à la ***ferme de Saint-Benoît-d'Hébertot*** *(sur la N 175, entre Beuzeville et Pont-l'Évêque ; ☎ 02-31-64-39-49 ; boutique ouv tlj 9h30-19h30).* Également du cidre, des confitures, des produits de saison, etc.

Le marché bio *(plan B2)* **:** *en plus du marché traditionnel du sam, un marché bio mer mat, pl. Sainte-Catherine.*

Gribouille : *14, rue de l'Homme-de-Bois. ☎ 02-31-89-29-54. Tlj 9h30-13h, 14h-19h.* Une jolie boutique où le patron entasse tout ce que le terroir normand produit de meilleur : cidre fermier, pommeau, calvados (impressionnante sélection !), poiré, tripes en bocal comme confitures et autres gourmandises.

Les Marianik's : *8, quai Monrival, 14800* ***Touques.*** *☎ 02-31-88-29-18. • marianiks.com • Ouv tlj.* Artisan chocolatier qui propose notamment le fameux « camembert d'Alphonse Allais ».

Pique-nique sous les pommiers au manoir d'Apreval : *14600* ***Pennedepie.*** *☎ 02-31-14-88-24. À 5,5 km à l'ouest de Honfleur par la D 513.* Ce producteur de jus de pomme, de cidre et de calvados propose des paniers au bon goût du pays d'Auge (15 €/adulte et 9 €/enfant)... Tout est prévu, même la nappe à carreaux ! Quelques pas à faire et vous pourrez vous étaler dans les vergers, à l'ombre des pommiers... Un déjeuner sur l'herbe digne de Manet !

À voir

*Il existe un **pass** qui donne accès aux 4 musées de la ville : 9,50 € adulte ; 6,50 € enfant de plus de 10 ans (à retirer auprès des musées). Intéressant, même si vous ne visitez que 2 musées (sf s'il s'agit des musées d'Ethnographie et de la Marine pour lesquels il existe un billet jumelé à 4,70 €).*

***Les greniers à sel** (plan B3) : rue de la Ville.* Superbes entrepôts (anciens magasins pouvant contenir 10 000 t de sel) du XVIIe s, aux murs épais édifiés avec les pierres de démolition des remparts, et à la remarquable charpente. On peut les voir pendant les expositions (intéressantes) qui s'y tiennent ou des visites guidées de la ville.

***Le musée de la Marine** (plan B3, **52**) : quai Saint-Étienne. ☎ 02-31-89-54-00. ♿ De mi-fév à fin mars et d'oct à mi-nov, ouv en sem sf lun 14h30-17h30 ; le w-e 10h-12h, 14h-17h30. Avr-sept, mar-dim 10h-12h, 14h-18h30. Entrée : 3,60 € ; réduc.* Dans la jolie petite église Saint-Étienne, le long du vieux bassin. Des documents et des objets soulignent le rôle des marins d'Honfleur dans la découverte et la colonisation du Nouveau Monde : pêche à la morue, à la baleine, traite négrière... Maquettes de bateaux, canons, une figure de proue, coffres de marine, un superbe scaphandre...

***Le musée d'Ethnographie** (plan B3, **53**) : rue de la Prison. ☎ 02-31-89-14-12. En sortant du musée de la Marine, prendre immédiatement à gauche. Mêmes horaires et tarifs.* Dans neuf pièces, reconstitution d'intérieurs normands avec meubles anciens, costumes et faïences. La visite se termine par l'échoppe du mercier, véritable boutique du XIXe dans une maison du XVIe s. Dans la cour, un curieux puits à roue sous sa charpente en bois, ainsi que la prison et ses cachots.

***Le vieux bassin** (plan B2-3) :* l'endroit le plus connu de la ville, premier au hit-parade des couvertures de calendriers des postes. Créé sous Louis XIV sur ordre de Colbert, il a gardé un cachet tout particulier. Il est bordé par le quai Sainte-Catherine qui aligne ses hautes maisons étroites revêtues d'ardoise, aux étages en saillie, tassées les unes contre les autres. Chacune possède deux entrées, l'une donnant bien sûr sur le quai, l'autre, au 3e étage, s'ouvrant sur la rue du Dauphin ou la rue des Logettes. Certaines atteignent sept niveaux avec seulement deux fenêtres en façade. Le quai Saint-Étienne lui fait face. En 1832, Frédéric Sauvage fit ses premiers essais de bateaux à hélice ici.

***La lieutenance** (plan B2) :* cet étonnant bâtiment construit sur le quai, avec des tourelles d'angle, veille sur le vieux bassin. Vestige d'un castel du XVIIe s, c'était la résidence du lieutenant du roi. Enclavée dans la construction, la porte de Caen permettait l'entrée dans la ville. Sur le mur face à la mer, une plaque à la mémoire de Champlain qui partit pour le Canada en 1608 et qui fut à l'origine de la fondation du Québec.

***L'église Sainte-Catherine** (plan B2) : ouv 8h30-18h (19h en été). Billet jumelé avec le musée Eugène-Boudin pour le clocher.* Sans doute le monument le plus original de Honfleur. La façade extérieure est recouverte de bardeaux (tuiles de bois). L'ancien clocher, très pittoresque, est séparé de l'église par une petite place. La raison du divorce, au dire de certains Honfleurais, serait que l'église lui reprochait de sonner trop fort... et que ça lui

DU PROVISOIRE QUI DURE !

Après le départ des troupes anglaises, il ne restait que des ruines de l'église Sainte-Catherine. Pour la reconstruire à moindre coût, on employa le bois de la région et on fit appel aux charpentiers de marine. Voilà pourquoi l'intérieur fait penser à une immense coque de bateau renversée. Reconstruite à la hâte et de manière provisoire, elle tient le coup depuis plus de... six siècles.

flanquait le bourdon... En réalité, c'est simplement que le clocher était trop lourd pour cette charpente en bois. Construit en bois et consolidé par des poutres de châtaignier, on craignait aussi qu'un incendie ne se propage en cas de foudre. Sa forme rappelle certaines églises norvégiennes. L'église fut donc reconstruite vers 1468 ; à la fin de ce même siècle, il fallu lui ajouter une deuxième nef car elle était devenue trop petite. L'ensemble fut restauré par un élève de Viollet-le-Duc puis quelque peu modifié au début du XXe s. À l'intérieur, objets et costumes liturgiques. Le clocher (en fait, une dépendance du musée Eugène-Boudin) est ouvert aux mêmes horaires que le musée.

La rue des Lingots *(plan A-B2)* **:** derrière le clocher, l'une des rues les plus caractéristiques de la vieille ville. Elle a conservé son pavage et la plupart de ses maisons de bois sont anciennes. La maison du n° 30 accueillit promptement, en 1802, le général Bonaparte, alors Premier Consul.

Le musée Eugène-Boudin *(plan A2)* **:** *pl. Erik-Satie. ☎ 02-31-89-54-00. ♿ (en partie). Ouv 15 mars-30 sept, tlj sf mar 10h-12h, 14h-18h ; d'oct à mi-mars, en sem sf mar 14h30-17h30, w-e 10h-12h, 14h30-17h30. Fermé de début janv à mi-fév. Entrée : 5,80 € (pdt la grande expo d'été) et 5,10 € (le reste du temps) ; réduc ; gratuit moins de 10 ans. Audioguide : 2 €. Le billet donne accès au clocher Sainte-Catherine.*
Musée consacré bien sûr à l'enfant du pays, Boudin, mais aussi à tous ceux qui formèrent ce que l'on appela « Les rencontres de Saint-Siméon », avant-garde de l'impressionnisme. C'est dans une charmante auberge des environs (aujourd'hui luxueux *Relais & Châteaux*) que Boudin retrouvait ses amis, comme Courbet. Baudelaire se joindra à eux en 1859 et y écrira sa fameuse *Invitation au voyage*.
– ***Au 1er étage* :** la salle Désiré-Louveau réunit une collection d'ethnographie normande. Vêtements traditionnels, coiffes, bonnets d'enfants (certains du XVIIIe s), vaisselle ancienne, dentelle, poupées en peau et porcelaine du XIXe s.
– ***Au 2e étage* :** les peintures. Les Boudin sont dans le fond. En tout, 98 œuvres (peintures et dessins) évoquent Honfleur et le pays d'Auge, ainsi qu'un Courbet, *Rivage de Normandie près de Honfleur*, puis deux tableaux de Monet, représentant Étretat et Honfleur. Les pastels de Boudin montrent de façon évidente le rôle précurseur de ce peintre dans le mouvement impressionniste (avec ciel, ciel couvert ou couchant, lever de lune...). C'est tout aussi flagrant avec une petite huile intitulée *Personnages à la lisière d'un bois ; côte de Grâce* (1880) ou encore dans la ravissante *Madame Pecrus dans son jardin* (1870).
Également la chapelle, lieu d'expos temporaires.
– ***Au 3e étage* :** artistes normands du XXe s. Cabinet de dessins et de gravures. Une centaine d'œuvres à feuilleter.

Le jardin des Personnalités : *entrée gratuite. Situé derrière le jardin public.*
Espace pédagogique de 10 ha avec vue imprenable sur l'estuaire. Ce parc propose une vingtaine de bateaux-jardins rendant hommage aux illustres personnalités qui sont nées et ont vécu à Honfleur, tels Monet, Baudelaire... À chaque personnage sont associées plantes et essences symbolisant leur caractère, leur vie et leurs œuvres.

Les maisons Satie *(plan A1)* **:** *67, bd Charles-V. ☎ 02-31-89-11-11. Tlj sf mar 10h-19h en saison, 11h-18h hors saison. Fermé du 31 déc à mi-fév. Entrée : 5,80 € ; réduc ; gratuit moins de 10 ans. Compter 1h de visite.*
Erik Satie, musicien dont les artistes d'avant-garde (jusqu'à la techno !) revendiquent aujourd'hui encore l'influence, est né à Honfleur en 1866.
Découvrez l'univers personnel et artistique du musicien, précurseur du dadaïsme et du surréalisme, à travers un stupéfiant parcours : d'abord il y a la musique (chaque visiteur est muni d'un casque à infrarouge) : des célèbres *Gymnopédies* et autres *Gnossiennes* pour piano aux *Musiques d'ameublement*, toute l'œuvre

de Satie est donnée à entendre. En même temps, on se balade de pièce en pièce, croisant une poire géante qui s'envole à tire-d'aile, découvrant 100 000 traces de pas au sol d'une chambrette, pédalant sur un bizarre carrousel, assistant sur une banquette à une houleuse représentation du ballet *Parade*... Un lieu qui se vit autant qu'il se visite, et dont on sort en méditant encore longtemps sur les aphorismes et pensées de Satie délivrés pendant la visite par la voix de Michael Lonsdale : « Chérie, si tu trouves mon style décousu, fais-y un point », « Le piano comme l'argent n'est agréable qu'à celui qui en touche »... Génial ! Depuis quelque temps, une nouvelle maison est venue enrichir la collection, présentant des œuvres originales de Satie et d'artistes ayant travaillé avec lui : Cocteau, Derain...

À faire

Les plages : celle de Honfleur, accessible par la route de la côte et la jetée. À 2 km du centre, la *plage du Butin,* au pied du phare du même nom. Plus loin, à quelques kilomètres, par la corniche en direction de Deauville, la *plage de Vasouy,* un peu moins fréquentée.

Promenades en mer : *avec les vedettes* L'Évasion III *et* La Lieutenance, *quai des Passagers. 06-14-96-37-95. Tarif : 9,50 € adulte ; réduc. Fév-nov, 4 départs min/j. Balade 1h30.*

Croisière entre Paris et la Côte Fleurie : ***CroisiEurope,*** *147, bd du Montparnasse, 75006 Paris. ☎ 01-44-32-06-60. • croisieurope.com • Compter 5 j. (4 nuits). Les contacter pour les tarifs et promos.* Une autre façon de découvrir la côte normande, au fil de l'eau. Au départ de Honfleur, on peut remonter la Seine jusqu'à Paris, en s'arrêtant à Rouen, Vernon, Giverny et Conflans-Sainte-Honorine. D'autres parcours sont possibles.

Fêtes et manifestations

– ***Fête des Marins :*** *chaque année, pdt le w-e de la Pentecôte.* Le dimanche, à l'heure de la marée, bénédiction de la mer, face au port. Pêcheurs et plaisanciers décorent leurs bateaux de roses en papier puis forment un cercle dans l'estuaire. Une gerbe pour les personnes ayant péri en mer est jetée d'un avion. Le lendemain à 9h, procession jusqu'à la chapelle de la côte de Grâce. Pour l'occasion, les enfants de marins portent sur leurs épaules des maquettes de navires (exposées durant tout le week-end dans les greniers à sel).
– ***Chroniques nomades :*** *fin mai-début juin. Rens : ☎ 02-31-89-23-30. Entrée gratuite.* Dans les greniers à sel, une dizaine d'expos de photographies de voyage et d'aventure.
– ***Jazz aux greniers :*** *mi-août. Rens : ☎ 02-31-89-23-30.* Amateur de jazz, ne manquez pas ce rendez-vous annuel.
– ***Estuaire d'en rire :*** *fin sept.* Festival... comique.
– ***Fête de la Crevette :*** *un w-e de fin sept à mi-oct. Rens : ☎ 02-31-81-88-00 ou 02-31-89-23-30.* Autour du vieux bassin. Célébration d'une pêche traditionnelle du port de Honfleur : celle de la « petite grise ». Le port retrouve l'ambiance qu'il avait à l'époque de la marine à voile. Rassemblement de vieux gréements et démonstration de techniques anciennes. Concerts de chants de marins.
– ***Festival du cinéma russe :*** *4 j. fin nov.* Projection d'une dizaine de films récents et une rétro de films classiques. Un badge à 17 € (gratuit pour les moins de 16 ans) permet l'accès à toutes les projections pendant la durée du festival.

LE PAYS D'AUGE

Région enchanteresse de Normandie, voici l'arrière-pays conforme à toute image idéalisée de la campagne française : toits de chaume, vaches grasses, pommiers en fleur, vert profond des doux pâturages, adorables fermettes à pans de bois, villages proprets, cuisine à la crème et bonnes bouteilles d'eau-de-vie de derrière les fagots...
Le pays d'Auge, les habitués de la Côte Fleurie le connaissent bien. On trouve dans le pays augeron tous les ingrédients du week-end réussi : manoirs de rêve, ruisseaux vagabonds, chemins de traverse (qui semblent avoir été inventés pour le cheval et le VTT), chapelles rafraîchissantes, gîtes d'un charme fou et paisibles hameaux échappés des gravures des siècles passés. Quant aux fromages qui ont fait, avec le cidre et le calva, la renommée du coin, leurs fiefs (Livarot, Pont-l'Évêque, etc.) parlent d'eux-mêmes !
Bref, fromages, bocages et colombages sont les mamelles du pays d'Auge...

Manifestation

– ***Promenades musicales du pays d'Auge :*** *de mi-juil à mi-août.* ☎ *02-31-31-06-00.* • *pays-auge-culture.org* • Des hauts lieux du patrimoine augeron (châteaux, haras, jardins, chapelles...) accueillent des concerts-promenades.

PONT-L'ÉVÊQUE (14130) 4 200 hab. *Carte Calvados, D1*

La capitale historique du pays d'Auge a réussi à conserver un certain dynamisme et la proximité de l'autoroute a permis son désenclavement. Le centre offrira quelques surprises à qui prendra la peine de s'y dégourdir un peu les jambes : le quartier de Vaucelles et ses maisons à pans de bois, le joli jardin médiéval du couvent des dominicaines ou celui de la Touques, près de l'église Saint-Michel et de la rivière. Les environs de Pont-l'Évêque recèlent également moult coins intéressants et des adresses de charme que l'on quitte à regret. Mais le pont-l'évêque, c'est aussi une pâte onctueuse, à base de lait provenant principalement de vaches normandes, et qui fait encore fantasmer les adorateurs de fromages. Il est réputé depuis plus de 700 ans – on en parlait déjà dans le *Roman de la rose* ! –, et il est protégé par une AOP. Il est regrettable toutefois que l'AOC accepte depuis peu l'usage de lait pasteurisé au détriment du lait cru. C'est l'identité même du fromage qui est ainsi remise en cause.

Adresses et infos utiles

ℹ ***Office de tourisme de Blangy-Pont-l'Évêque :*** *16 bis, pl. Jean-Bureau.* ☎ *02-31-64-12-77.* • *blangy-pontleveque.com* • *Juil-août, lun-sam 9h30-18h30, plus dim mat ; le reste de l'année, lun-sam 10h-12h30, 14h-18h, plus dim mat mai-juin et sept. En plein centre.* D'avril à octobre, propose « Les Balades du jeudi », qui se terminent normalement par une petite dégustation ou goûter (payant). En juillet-août, « Découvrir et déguster » tous les mercredis à 15h (gratuit). Borne Internet (accès payant). Bon accueil. Fait aussi point de vente de tickets *Bus verts.*

🚂 ***Gare SNCF :*** *un peu excentrée, au sud-est du centre-ville.* ☎ *36-35 (0,34 €/mn).*

🚌 ***Bus verts :*** ☎ *0810-214-214 (prix*

LE PAYS D'AUGE

d'un appel local). La ligne n° 36 relie Pont-l'Évêque à Caen et la n° 50 dessert Lisieux et Honfleur.

■ ***Cycles Jocelyn :*** *pl. Robert-de-Flers. ☎ 02-31-65-14-27.*

– ***Marché :*** *lun mat, sur la pl. Foch.* De nombreux producteurs de fromages.

– ***Marché campagnard à l'ancienne :*** *pl. des Dominicaines, dim 10h-13h à Pâques, à la Pentecôte, ainsi qu'en juil-août.* Produits du terroir (fromages, cidre, pommeau, calvados), marchands en costumes traditionnels, danses folkloriques, démonstrations de vieux métiers, etc.

Où dormir dans le coin ?

Campings

Camping du Stade : *route de Beaumont-en-Auge (D 118). ☎ 02-31-64-15-03. • campingdustade.fr • Suivre la rue de Vaucelles (la rue principale qui traverse la ville), puis prendre 500 m plus loin à droite la D 118. Ouv avr-sept. Compter 11,60 € pour 2.* 60 emplacements dans un grand espace vert tout simple. Un gros avantage : pas de mobile homes ni chalets ! Enfin vraiment de la place pour les campeurs qui ne sont pas relégués près du bloc sanitaire. Pas loin du centre (10 mn à pied). Bien équipé. Assez calme. Stade à proximité.

Camping du Lac : *au sud de Pont-l'Évêque, direction Lisieux, par la D 48. ☎ 02-31-64-31-31. • lacdepontleveque@dupratconcept.com • lacdepontleveque.com • À 20 mn à pied du centre. Ouv mars-oct. Forfait 18 € pour 2. Réduc de 10 % sur présentation de ce guide.* Près du lac (gare aux moustiques). Terrain vert et arboré, mais beaucoup de bungalows envahissent les lieux. Bien que le cadre soit assez beau, on s'y sent un peu à l'étroit. Plage de sable. Un peu bruyant les soirs de fête au resto voisin. Accès direct au lac et aux activités du parc de loisirs et du centre nautique.

De bon marché à prix moyens

Hôtel de France : *1, rue de Geôle. ☎ 02-31-64-30-44. • info@hotel-pontleveque.fr • hotel-pontleveque.fr • Dans une petite rue tranquille, perpendiculaire à la rue principale. Doubles 47-51 € selon confort et période ; familiales 55-70 €. Petit déj 6 €. Wifi. N'accepte pas les animaux.* Petit établissement tout propre, accueillant, aux couleurs vives et chaudes. Chambres pimpantes avec ou sans salle de bains. Certaines offrent même une gentille vue sur les douillettes prairies normandes et leurs inévitables vaches. Excellent accueil.

Où manger ?

De bon marché à prix moyens

Le Vaucelles : *39, rue de Vaucelles. ☎ 02-31-65-29-22. • restaurant.le.vaucelles@orange.fr • Fermé lun soir, mar, dim soir sf en été. Menus 13 € (sf j. fériés) et 21-27 €.* Des petits plats de bonne femme (marmite de fruits de mer et Saint-Jacques, escalope de poulet gratinée au camembert) dans un cadre cosy de bistrot normand aux teintes chaleureuses, le tout arrosé de vins de soif comme le saint-pourçain. Gens de passage ou habitués, cette adresse pontépiscopienne (de Pont-l'Évêque, pardi !) est une jolie surprise. On y vient surtout pour la belle ambiance et le sourire du jeune patron.

Où dormir ? Où manger dans les environs ?

Chambres d'hôtes Le Prieuré Boutefol : *route de Rouen, 14130* ***Surville.*** *☎ 02-31-64-39-70. • info@prieureboutefol.com • prieureboutefol.com • À la sortie de Pont-l'Évêque, prendre direction Rouen. Env 800 m après* Intermarché, *sur la gauche. Sur résa slt. Compter 75-85 € pour 2. Également une chambre familiale.* Dans un écrin de verdure sur 3 ha, un prieuré et ses écuries transformés en maison de caractère. Un vrai havre de paix qui propose 4 chambres, toutes décorées avec soin. Les tentures s'unissent joliment aux murs peints dans des tons marins, champêtres ou fleuris. Sofas, baignoires d'antan, lits douillets et vue sur le parc avec piscine, où gazouillent en chœur les oiseaux de passage. Sans parler de l'accueil, adorable. Les amateurs de vieilles autos en prendront plein les mirettes. Un coup de cœur !

Chambres d'hôtes et auberge l'École Buissonnière : *pl. de l'Église, 14130* ***Quetteville.*** *☎ 02-31-64-30-20. À une dizaine de km à l'est de Pont-l'Evêque par la D 675, au cœur du minuscule village. Fermé mer. 2 chambres d'hôtes 50 € pour 2 et 60 € pour 3. Le midi en sem, menu « La relâche du midi » 12 € ; puis 17-28 €.* On aime cette gentille petite maison, petite adresse discrète et champêtre, agréable et pratiquant des tarifs vraiment abordables. C'est sans prétention mais ça fait le boulot, avec des chambres coquettes et confortables. À table, le jeune chef propose des produits frais : terrine de gibier maison, dos de colin à la crème et une petite carte de pizzas. Une cuisine sincère et généreuse.

Auberge Saint-Martin : *route de Rouen, 14130* ***Surville.*** *☎ 02-31-64-03-77. • info@aubergesaintmartin.com • À la sortie de Pont-l'Évêque, prendre la direction Rouen. À 900 m après Intermarché, sur la droite. Fermé dim soir, mar soir et mer hors saison. Menus 10 € le midi (lun-ven sf j. fériés) et 18-38 €. Apéritif maison offert sur présentation de ce guide.* Une petite auberge de bord de route, sans prétention, où l'on vient d'abord pour le petit menu du midi. Cuisine maison, de saison et de terroir, à déguster dans une salle coquette et agréable.

Les Fleurs : *route de Lisieux, 14130* ***Manneville-la-Pipard.*** *☎ 02-31-64-09-00. À 4 km au sud-est, par la D 579a. En face de l'église. Ouv le midi slt, tlj sf sam. Congés : Noël-Nouvel An. Menus 12 € lun-ven, 15-21 € dim et j. fériés ; carte env 25-30 €. Un sorbet aux pommes et au calva offert sur présentation de ce guide.* Encore une auberge de campagne (mais pas touristique du tout, celle-là). Petite salle typique (avec colombages et nappes à carreaux) à l'étage d'un bistrot. Solide cuisine à base de produits frais, entre tradition et terroir. Le week-end, on retrouve une côte de veau à la normande ou bien des escargots du Pré d'Auge. Une adresse d'un bon rapport qualité-quantité-prix où l'on est accueilli avec le sourire.

À voir

L'église Saint-Michel : construite à la fin du XVe s. Curieuse tour carrée, couronnée d'ardoises. Façade gothique et haute nef unique. À l'intérieur, vitraux modernes qui contrastent avec l'ensemble.

La place du Tribunal : conserve quelques souvenirs anciens, maisons à pans de bois et beaux bâtiments du XVIe s notamment. Admirez la fontaine totalement restaurée et remise à flot.

L'ancien couvent des Dominicaines : *à côté du tribunal. ☎ 02-31-64-89-33. Juil-août, tlj 10h30-12h30, 14h-18h30 ; le reste de l'année, mer-dim 14h30-18h, plus mat avr-juin et sept. Entrée : 3 € ; réduc (notamment sur présentation de votre ticket des chais du Père Magloire).* De ce couvent, détruit en grande partie par les révolutionnaires, subsiste une belle bâtisse de style Renaissance à colombages, avec balustrade et escalier de pierre, totalement restaurée et désormais transformée en espace culturel. Petite expo retraçant l'histoire de la ville. Ludique. Ainsi apprend-on les différentes hypothèses concernant l'origine du nom de la ville, que l'on vous laisse découvrir par vous-même ! D'autres expos temporaires au rez-de-chaussée. Abrite aussi l'artothèque.

Le jardin du couvent : *à l'arrière du couvent. Visites commentées en été, mar-sam 11h-12h (4 €/pers).* Création bien menée d'un jardin médicinal tel qu'il aurait pu exister aux XVIIe et XVIIIe s. Chaque plante a une valeur thérapeutique indiquée et toutes sont disposées autour d'un corps humain imaginaire. On découvre, par exemple, que les « maladies des femmes » étaient soignées à l'époque grâce à l'ortie blanche, la camomille, les pois, l'armoise et les haricots !

L'hôtel Montpensier : *à hauteur du n° 38 de la rue Saint-Michel.* Anne-Marie Louise d'Orléans, duchesse de Montpensier et nièce de Louis XIII, plus connue sous le surnom de la Grande Mademoiselle, n'y a jamais mis les pieds ! Mais cet hôtel présente une belle façade du XVIIe s, de brique rose et de pierre blanche, derrière laquelle s'abrite aujourd'hui la bibliothèque municipale. L'hôtel de ville est lui aussi installé dans un élégant ancien hôtel particulier : l'*hôtel de Brilly*.

Les chais du Père Magloire : *route de Trouville. ☎ 02-31-64-30-31. • calvados-pere-magloire.com • ♿ (pour le circuit de la visite slt). Ouv avr-Toussaint. Visites guidées tlj en avr et oct à 11h, 14h30, 15h30 et 16h30. Mai-sept, visites à 10h30, 11h30, 14h30, 15h30, 16h30 et 17h30. Entrée : 3 € ; gratuit moins de 18 ans. Réduc sur présentation de votre ticket de l'ancien couvent des Dominicaines.* Musée du Calvados et des Métiers anciens. Parmi les trésors artisanaux rassemblés : un pressoir à étreinte, de vieux outils et surtout une impressionnante collection de tonneaux (2 000 barriques en chêne, dont 300 foudres – tonneaux géants pouvant contenir 30 000 litres !). Petit film sur la pomme et les boissons qu'on en tire et, enfin, dégustation gratuite.

À voir dans les environs

Calvados Christian Drouin Le Domaine Cœur de Lion : *à* **Coudray-Rabut** *(14130), sur la D 677, entre Pont-l'Évêque et Deauville, sur la gauche. ☎ 02-31-64-30-05. • coeur-de-lion.com • ♿ Visites guidées gratuites pour les particuliers lun-sam 9h-12h, 14h-18h.* Une distillerie artisanale encore en activité. Voir cet alambic à roulettes datant de 1946, qui servait à la distillation dans les fermes, ou bien ces fûts de chêne, aux formes peu conventionnelles dans les chais : la forme ovoïde permettait aux producteurs de tricher quelque peu sur la contenance exacte de leurs tonneaux ! Dégustation gratuite de cidre, pommeau et calvados.

Fêtes et manifestations

– ***Festival du film d'animation :*** *en avr.* Au cinéma de Pont-l'Évêque.
– ***Fête du Fromage :*** *en mai.* Concours du meilleur pont-l'évêque, dégustation-vente de produits régionaux.
– ***Foire aux arbres :*** *en nov.* Vente et exposition de nombreux arbres et plantes.

BEAUMONT-EN-AUGE (14950) 510 hab. *Carte Calvados, C1-2*

À 6 km à l'ouest de Pont-l'Évêque. Village mignon comme tout, aux belles maisons anciennes, bâti sur une colline offrant une jolie vue sur la vallée de la Touques. Beaucoup de visiteurs par beau temps, ce qui se comprend, vu la proximité de Deauville et de ses consœurs.

Où manger ?

Auberge de l'Abbaye : *2, rue de la Libération. ☎ 02-31-64-82-31. • auberge-de-labbaye@wanadoo.fr • Fermé lun soir (mars-nov), mar (sf juil-août) et mer. Congés : en janv et 1 sem début oct. Menus 36-59 € ; carte env 60 €. Trou normand offert sur présentation de ce guide.* Belle auberge à l'ancienne. Cadre éminemment rustique, assez chic mais charmant. Agréable terrasse aux beaux jours. Bonne cuisine classique à base de produits frais bien travaillés. Organise aussi régulièrement des repas à thème autour du foie gras, des fruits et légumes... Pas donné, mais une adresse sûre.

Où manger dans les environs ?

|●| ***La Haie Tondue :*** *au lieu-dit du même nom, 14130* ***Drubec.*** *☎ 02-31-64-85-00. • la-haie-tondue@wanadoo.fr • À 2 km au sud de Beaumont-en-Auge, à l'intersection de la D 675 et de la D 58 ; au bord du rond-point. Fermé mar tte l'année, plus lun le reste de l'année. Formule 17 € en sem ; menus 26-42 €.* Bonne table à prix relativement démocratiques. Cadre traditionnel, raffiné et agréable avec ses murs à colombages et ses poutres. Service impeccable, bonne cave et plats bien exécutés. Les desserts nous ont particulièrement conquis (le délicieux vacherin maison... on en redemande !).

À voir

L'église : la principale curiosité du village, avec les maisons voisines. La moitié du bâtiment a disparu, d'où l'étrange impression laissée par la disposition intérieure (pas de chœur, par exemple). Les fondations de cet ancien prieuré dateraient du XIe s. Beau plafond voûté, en pierre. Stèles en bois, chapiteaux sculptés et vitraux modernes et lumineux. Remarquer également le clocher à tourelle.

PIERREFITTE-EN-AUGE

(14130) 120 hab. *Carte Calvados, D2*

Absolument exquis. Bâties à flanc de coteau dans un site vallonné et feuillu, quelques habitations surplombent la vallée de la Touques. Au milieu du village, église du XIIIe s. Les poutres soutenant la voûte ont été peintes au XVIIe s.

Où dormir ? Où manger dans le coin ?

Chambres d'hôtes Ferme de la Pomme – chez Isabelle Richet : *14590* ***Le Pin.*** *☎ 02-31-61-96-09. • contact@fermedelapomme.com • fermedelapomme.com • Depuis Pierrefitte (à 12 km), suivre la D 51 jusqu'à Blangy-le-Château, puis Le Pin jusqu'à la sortie du village. Ouv mars-oct. Double 65 €. Également une roulotte tt confort 75 € pour 2. Table d'hôtes sur résa mar-mer et ven-sam, 25 € tt compris (15 € pour les enfants).* 3 chambres douillettes, dont une suite pour 4 personnes. Dans une ancienne ferme du XVIIe s, face au haras de la Pomme. Déco fraîche et colorée. Jardin fleuri et coquet avec chaises longues, cuisine d'été, etc.

DANS LES ENVIRONS DE PIERREFITTE-EN-AUGE

Saint-Hymer et son église : encore un village tout mignon, niché au creux d'un vallon. En face de l'église, bassin-lavoir et maisons à pans de bois, avec la forêt tout autour. Quant à l'église, elle est d'une richesse surprenante pour un aussi petit village. Chœur du XIVe s, de style gothique rayonnant. Nef tout en longueur (mais pas franchement droite et au plafond très ondulant !). Autel du XVIIIe s et vitraux du XVe s. Statues polychromes du XVIIIe s. Belles stalles sculptées dans le chœur et jolie chaire dans une tourelle intérieure.

Le Mesnil-sur-Blangy : *à 5 km à l'est de Pierrefitte.* Minuscule village isolé, auquel on accède par une petite route verdoyante. Ne manquez surtout pas l'intérieur de sa très belle ***église*** romane en pierre et au clocher de brique et d'ardoise. Sa décoration est étonnante. Plafond en arceau, entièrement en bois. La voûte, célèbre dans la région, fut peinte au XIXe s. Les poutres sont décorées de têtes de dragons.

« VEDETTE » DU PETIT ÉCRAN

Dans le cimetière que l'on traverse pour entrer dans l'église Saint-Hymer est enterrée une star : la Mère Denis ! Eh oui, la vedette du « C'est ben vrai, ça ! » de la pub TV des années 1970 qui vantait une machine à laver du même nom, a terminé sa vie ici, dans l'ancien prieuré transformé en maison de retraite. L'histoire ne dit pas si elle y faisait la lessive.

LISIEUX

(14100) 22 100 hab. *Carte Calvados, D2*

Actuelle « capitale » du pays d'Auge, cette vieille cité a longtemps vécu du commerce agricole. Il ne reste, hélas, pas grand-chose de son passé, la ville ayant été rasée par les bombardements de la Seconde Guerre mondiale. Les nouveaux bâtiments fleurissent toujours, comme cette médiathèque au toit soufflé d'une vague verte assez étrange. Au sous-sol de celle-ci, les curieux pourront admirer les vestiges de l'ancienne voie romaine qui passait à Lisieux (accès gratuit).
Lisieux s'est reconvertie dans le tourisme religieux, grâce à sa star locale, Thérèse. Et même si la ville fait de vrais efforts pour ne pas être réduite à cette image, ceux qui par hasard auraient une sainte horreur des démonstrations de foi pourront se contenter d'une balade dans les rues. Les autres auront du pain (bénit) sur la planche.

UN PEU D'HISTOIRE

Depuis les temps les plus reculés, Lisieux semble placée sous le double signe de la guerre et de la religion. Bombardée 13 fois à la Libération, la ville flambe. Indemne (certains ont crié au miracle !), la basilique trône sur des arpents de décombres. La cathédrale Saint-Pierre, elle aussi, est épargnée. Dieu doit beaucoup aimer son église ici !
De tout temps, en tout cas, Lisieux fut terre d'élection de l'Église catholique. Les fameux évêques de Lisieux étaient riches et puissants. On les redoutait dans toute la Normandie. À tel point qu'ils firent fortifier le quartier qui leur était dévolu, au Moyen Âge, avant que la ville elle-même n'ait une enceinte pour la protéger des guerres et des épidémies !

SAINTE THÉRÈSE... DE LISIEUX

Autre camp retranché, le Carmel voit le jour en 1838. Un demi-siècle plus tard, en 1888, ce couvent d'un genre particulier reçoit la plus célèbre de ses pensionnaires : celle qu'on n'appelle encore que Thérèse Martin. Très tôt orpheline de sa mère (elle avait quatre ans et demi), la petite Thérèse quitte Alençon, sa ville natale, avec

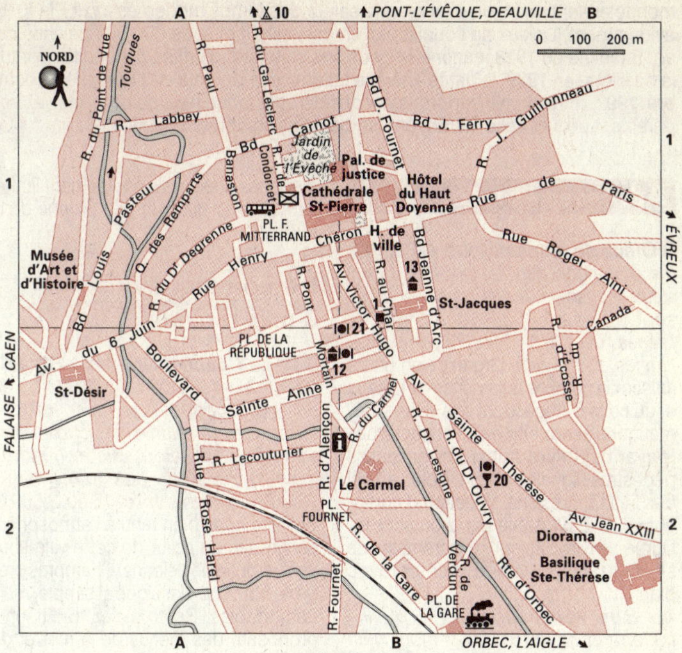

LISIEUX

Adresses utiles

- Office de tourisme
- 1 Cycles Billette

Où dormir ?

- 10 Camping municipal de La Vallée
- 12 La Coupe d'Or
- 13 Hôtel Saint Louis

Où manger ? Où boire un verre ?

- 20 L'Atelier
- 21 Aux Acacias

le reste de sa famille pour s'installer à Lisieux. Gravement malade à l'âge de 10 ans, elle voit aux Buissonnets la statue de la Vierge lui sourire : elle est guérie et dès lors n'a plus qu'une obsession – prendre le voile. Malgré son jeune âge (15 ans), elle y sera autorisée par l'évêque de Bayoux en personne. Grande mystique, elle passe neuf ans enfermée au Carmel, priant, jeûnant et se mortifiant, selon la règle de l'ordre.

VOYAGES EN KIT

Près de 2 000 églises, chapelles ou instituts religieux sont dédiés à sainte Thérèse dans le monde. Pour que chacun puisse rendre hommage à la sainte, depuis 1994, une partie des reliques voyage à travers le monde : les foules de 35 pays sur les 5 continents ont déjà accueilli quelques pièces de cet étrange puzzle.

Le film d'Alain Cavalier, *Thérèse* (Prix du jury à Cannes en 1986), raconte merveilleusement cette histoire édifiante. Emportée par la tuberculose à l'âge de 24 ans, sainte Thérèse de l'Enfant-Jésus est aujourd'hui considérée dans le monde entier comme la plus grande sainte des temps modernes (*dixit* Pie X). Et évidemment, Lisieux ne l'oublie pas en accueillant plus de 800 000 pèlerins par an. Béatifiée en 1923, canonisée deux ans plus tard, glorifiée par l'édification de la basilique en 1929, la petite Thérèse fut déclarée docteur de l'Église le 19 octobre 1997, titre d'une importance considérable pour peu qu'on croie, et ses parents, Louis et Zélie Martin, ont été béatifiés en octobre 2008.

Adresses et infos utiles

Office de tourisme (plan A-B2) **:** *11, rue d'Alençon. ☎ 02-31-48-18-10. • lisieux-tourisme.com • Ouv de mi-juin à sept, lun-sam 8h30-18h30, dim et j. fériés 10h-12h30, 14h-17h ; le reste de l'année, fermé dim.* Organise en haute saison de nombreuses visites de Lisieux et du pays d'Auge, dont des visites thématiques assez originales et nocturnes (payant). Suivre aussi les parcours pédestres signalés par un fil bleu au sol des lieux thérésiens. Location d'audioguide : 5 €, utilisable par 2 personnes. Durée : environ 2h pour une trentaine de sites du centre-ville. Brochure avec plan.

Bus verts (plan A1) **:** *pl. F.-Mitterrand. ☎ 0810-214-214 (prix d'un appel local). Bureau juste à côté de la cathédrale.* 3 lignes régulières desservent Lisieux à l'année : celle de Pont-l'Évêque-Honfleur-Le Havre (ligne 50), celle vers Orbec (ligne 56) et celle de Livarot et Vimoutiers (ligne 53).

Cycles Billette (plan B1, **1**) **:** *20, rue au Char. ☎ 02-31-31-45-00.*

Où dormir ?

Camping

Camping municipal de La Vallée (hors plan par A1, **10**) **:** *au lieu-dit La Vallée, à 2 km à l'est de la ville. ☎ 02-31-62-00-40 ou 02-31-48-18-10 (hors saison). • tourisme@cclisieuxpaysdauge.fr • lisieux-tourisme.com • À 20 mn à pied du centre. Pour s'y rendre, de la pl. F.-Mitterrand, suivre la rue du Général-Leclerc, puis la rue Paul-Cornu ; au niveau du garage* Renault. *Bus depuis la pl. F.-Mitterrand, arrêt « Lycée-Paul-Cornu ». Ouv avr-début oct. Compter 10,20 € pour 2. Loc de mobile homes (235-380 €/sem selon période).* Vraiment pas cher, mais équipement limité. Ombragé et plat. Un peu proche de la route.

De bon marché à prix moyens

La Coupe d'Or (plan A-B2, **12**) **:** *49, rue Pont-Mortain. ☎ 02-31-31-16-84. • lacoupedor@orange.fr • Resto fermé dim soir et lun midi. Doubles avec sdb 69-97 € selon saison (jusqu'à 4 pers) ; ½ pens possible. Menus 12,50 € (midi en sem) et 16,50-27,50 €. Wifi.* Un hôtel bien tenu à l'atmosphère conviviale, au cœur de cette ville souvent remplie de pèlerins. Chambres propres, à la déco classique et simple, mais confortables. Resto assez traditionnel proposant des menus de la mer et du terroir.

Hôtel Saint Louis (plan B1, **13**) **:** *4, rue Saint-Jacques. ☎ 02-31-62-06-50. • hotelsaintlouis-lisieux.com • Doubles 45-65 € selon confort ; triple 75 €. Wifi.* La jeune patronne a rénové ce petit hôtel d'après-guerre et lui a donné un vrai charme et un réel cachet tout en maintenant des prix doux. Résultat, 17 chambres réparties sur 3 étages (sans ascenseur) à la déco personnalisée et pleine de goût. Les moins chères avec salle de bains sur le palier. Une adresse adorable, prisée des artistes de passage, car elle tranche résolument avec l'hôtellerie locale.

Où dormir dans les environs ?

Cerza Safari Lodge : *14100* ***Hermival-les-Vaux.*** *☎ 02-31-31-82-30. • info@cerzasafarilodge.com • cerzasafarilodge.com • À 9 km au nord-est de Lisieux par la D 510. Ouv fév-nov (avr-sept pour les yourtes). Lodges : de*

315 €/w-e à 860 €/sem selon saison (rajouter 15 €/nuit pour la vue sur la réserve ; bien le préciser à la résa). « Zoobservatoires » : 150 € la nuit, dégressif sur la durée. Yourtes : 90-130 €/nuit pour 2-5 pers. Attention : l'accès au parc n'est pas inclus dans le prix de l'hébergement. Le magnifique zoo de Cerza propose un hébergement pour le moins original. Des lodges équipés pour 4 à 6 personnes et tout autour des animaux « féroces » qui gambadent (singes, pélicans, kangourous, etc.). Mais seuls les lodges les plus chers bénéficient de la pleine vue sur la réserve des singes et des rhinos. On regrette tout de même le confort conventionnel et le manque de cachet de l'ensemble ; une petite touche africaine eut été la bienvenue. Dans le parc, 6 yourtes mongoles au confort rudimentaire. Pas de resto sur place le soir.

Chambres d'hôtes Le Manoir : *chez M. Paul Delort, 14340* ***La Boissière.*** *☎ 02-31-32-20-81. À 7 km à l'ouest de Lisieux par la D 613 puis par la D 103, direction Les Monceaux, sur 1 km. Ouv mars-oct. Compter 57 € pour 2 (67 € pour 3).* Installée dans un petit chef-d'œuvre d'architecture normande, une maison à colombages des XIVe et XVe s, au toit coiffé d'un petit clocheton. Chambres sobres, non dénuées de caractère et au calme (la maison est éloignée de la route). Grand jardin.

Où manger ? Où boire un verre ?

De prix moyens à plus chic

L'Atelier *(plan B2,* ***20****) : 20 bis, av. Sainte-Thérèse. ☎ 02-31-32-93-82. Service non-stop 12h-23h lun (sf en hte saison)-sam et j. fériés. Formule 12,50 € avec boisson le midi en sem ; carte env 25 €. Café offert sur présentation de ce guide.* C'est un bar, et même un bar de nuit, mais la salle du fond, avec sa large baie vitrée donnant sur la campagne, fait resto. Et la cuisine, familiale agrémentée d'épices et saveurs d'ailleurs, attire pas mal de monde, notamment le midi pour l'imbattable formule. Service jeune et souriant.

Aux Acacias *(plan A-B1-2,* ***21****) : 13, rue de la Résistance. ☎ 02-31-62-10-95. Fermé dim soir et lun (sf j. fériés) et la sem de Noël. Menus 17 € (en sem) et 25-46 €. Café offert sur présentation de ce guide.* Bonne petite adresse du centre de Lisieux, au décor très champêtre, presque british. Ce cadre frais tranche agréablement avec le gris qui domine en ville. Les premiers menus offrent un bon rapport qualité-prix et permettent de goûter à une honnête cuisine de terroir, quelque peu allégée (salade de queues de langoustines, bar rôti...).

À voir. À faire

➢ ***Balades à travers la ville :*** fascicules gratuits *Les Petits Secrets* à l'office de tourisme, pour suivre les panneaux marqués d'une *flèche jaune.* Présentation des faits saillants de l'histoire lexovienne médiévale. Un circuit « ligne bleue » suit les pas de sainte Thérèse.

La cathédrale Saint-Pierre *(plan A-B1) : pl. François-Mitterrand. (accès côté sud). Tlj 9h30 (10h dim)-18h30.* Construite du XIIe au XVIe s, la cathédrale conserve néanmoins un style gothique, comme en témoignent la façade et le chœur, tous deux du XIIIe s. Grande et haute nef, et plan en croix aux élégantes proportions. Les lieux eurent une certaine importance dans l'histoire religieuse. On prétend qu'Henri II et Éléonore s'y sont mariés. En tout cas, c'est bien ici que le fameux évêque Pierre Cauchon (qui mena le procès de Jeanne d'Arc) est enterré. La petite Thérèse, avant de devenir sainte, aimait beaucoup s'y recueillir. D'ailleurs, le maître-autel fut offert par son père. L'église possède une décoration intérieure assez riche : nombreux tableaux du XVIIIe s, bas-reliefs du XVe s, quelques vitraux du XIIIe s et, dans les chapelles, statues du XVIIe s. Derrière la cathédrale, joli jardin de l'Évêché (voir, plus loin, le texte consacré au palais de justice).

L'hôtel du Haut Doyenné *(plan B1) : rue Henry-Chéron, derrière la cathédrale.* Construite au XVIIIe s pour loger le n° 2 de l'épiscopat, cette noble bâtisse en brique et en pierre de taille fait montre d'un luxe peu compatible avec le vœu de pauvreté... Ne se visite pas.

Le palais de justice *(plan A-B1) : cour Matignon, entre la poste et la cathédrale. Ouv aux heures de bureau.* Le porche donne sur une belle cour carrée. Il s'agit en fait de l'ancien palais épiscopal du XVIIe s. Juste derrière s'étend le vaste ***jardin de l'Évêché,*** à la française (dessiné, paraît-il, par Le Nôtre). Un chouette endroit où pelouses et jets d'eau attirent dès les beaux jours tous les lycéens du coin.

Le musée d'Art et d'Histoire *(plan A1) : 38, bd Pasteur. ☎ 02-31-62-07-70. Tlj sf mar et j. fériés 14h-18h. Entrée : 3,50 € ; réduc ; gratuit moins de 18 ans et pour tous le 1er dim du mois.* Dans une magnifique maison à colombages (les escaliers sont splendides), de nombreux souvenirs de la vieille ville. À voir, entre autres : collections archéologiques, art religieux, porcelaines normandes, artisanat de la région comme ces beaux pavés de Lisieux en céramique fleurie et colorée, etc. Belle collection publique des œuvres de Léon Riesener, petit-fils de l'ébéniste préféré de Marie-Antoinette, paysagiste précurseur de l'impressionnisme mais aussi des œuvres d'artistes auxquels il était lié (Berthe Morisot, Mary Cassatt, Fantin-Latour...).

Le parcours du pèlerinage

Régulièrement, les fervents admirateurs de sainte Thérèse se rendent à Lisieux pour revivre les moments phares de sa vocation. *Pour ts rens sur les lieux de visite : ☎ 02-31-48-55-08. • therese-de-lisieux.com •*

Les Buissonnets *(hors plan par B1) : chemin des Buissonnets, bd Herbet-Fournet. Pâques-début oct, tlj 9h-12h, 14h-18h ; hors saison, 10h-12h, 14h-16h (ou 17h). Fermé de mi-nov à mi-déc et les 25 déc et 1er janv. Entrée libre.* Pavillon du XIXe s où la sainte passa une grande partie de son enfance. Chaque objet y est pieusement conservé : son lit, ses jouets, sa robe de communiante, etc.

Le Carmel *(plan B2) : 37, rue du Carmel. Ouv tte l'année jusqu'à 18h30 (19h de mi-mars à fin oct). Visite gratuite.* Le Carmel tel que l'a connu Thérèse a fait l'objet d'importants travaux de restauration. Désormais, outre la chapelle dans laquelle peut être admiré le tombeau de sainte Thérèse, les visiteurs découvrent un tout nouvel espace de visite. Grâce aux outils audiovisuels qui côtoient des objets liés directement à la sainte, le parcours d'intériorisation permet d'appréhender la vie des carmélites, de l'époque de Thérèse à aujourd'hui.

La basilique Sainte-Thérèse *(plan B2) : à l'écart du centre, derrière la gare SNCF. • therese-de-lisieux.com • ♿ Mai-sept, 9h-19h (19h30 en juil-août) ; 18h en mars et nov ; 17h30 déc-fév. Entrée gratuite. Prévoir 2 € (1 € enfant) pour l'accès au dôme (slt en juil-août, tlj 14h-18h30) et 2 € (1 € enfant) pour voir un film sur la vie de sainte Thérèse (3 projections l'ap-m Pâques-oct ; le reste de l'année au centre d'accueil). Voir aussi le diorama, musée de cires qui, en 11 scènes, présente l'histoire de la vie de Thérèse. Visites audioguidées en 6 langues. Avr-nov, tlj 11h-13h, 14h-18h. Tarif : 3 € ; 1 € enfant.* Difficile de la rater, vu ses proportions. Elle ressemble curieusement au Sacré-Cœur de Paris ! Construite à partir de 1929 dans un style romano-byzantin mais avec des matériaux modernes (pierre et béton, d'où son manque évident de charme), elle reste l'une des églises (catholiques) les plus monumentales du XXe s. Énorme (et prétentieuse), elle inspire la grandeur et la magnificence d'un culte largement amplifié par la visite de Jean-Paul II en 1980. À l'intérieur, mosaïques impressionnantes. Le dôme atteint presque 100 m de hauteur (les courageux pourront y grimper – 300 marches jusqu'au sommet). À la droite de la nef, un *reliquaire* (cadeau de Pie XI) cerné de fleurs et de milliers de bougies renferme les os du bras droit de Thérèse ! Ne pas manquer la *crypte* (ressortir et prendre à droite des escaliers), aux superbes mosaïques multicolores. La nuit, la basilique est illuminée d'un bleu étrange.

À voir dans les environs

Le domaine Saint-Hippolyte : *à* ***Saint-Martin-de-la-Lieue,*** *route de Livarot (D 579), à 4 km au sud de Lisieux. ☎ 02-31-31-30-68. Tlj mai-sept 10h-18h ; fermé le w-e hors saison. Visites guidées à 11h, 14h et 16h. Entrée un peu chère : 5,50 € ; réduc.* Dans la vallée augeronne où serpente la Touques, une ferme pédagogique en activité. Explication de la chaîne de fabrication, de l'herbe au fromage en passant par les inévitables vaches normandes ou encore l'exploitation des vergers locaux. Joli cadre : pommiers et bâtiments du XVIe s. Le parcours est semé d'interrogations existentielles du type « Pourquoi les vaches portent-elles des boucles d'oreilles ? » Après l'effort intellectuel, dégustation gratuite de produits du terroir.

Fêtes et manifestations

– ***Foire aux arbres :*** *début mars.* Une foire qui affiche 1 000 ans d'existence ! Pépiniéristes et paysagistes y exposent pendant 3 jours.
– ***Festival de musique ancienne :*** *début juil, dans l'hôtel du Haut Doyenné.*
– ***Critérium du Tour de France :*** *le mar après l'arrivée du fameux Tour.* Tous les grands de la Boucle viennent s'y dégourdir les jambes.
– ***Les Mercredis de l'été :*** *l'ap-m en juil-août.* Artistes, artisans et professionnels des métiers de bouche présentent leurs œuvres au centre-ville. Marché avec produits du terroir. Repas-concerts le soir.
– ***Foire aux picots :*** *1er dim d'août.* Encore une foire populaire et traditionnelle autour des picots (comprendre dindons !) et autres volailles.
– ***Jazzitude :*** *fin août.* Stages, concerts dans toute la ville.
– ***Grandes Fêtes thérésiennes :*** *en sept.* Colloques, retraites, processions, messes à la basilique, etc.

LES MANOIRS DU PAYS D'AUGE

Entre Lisieux et Livarot, le pays d'Auge se pare de nombreux châteaux ou fermes-manoirs, le plus souvent à colombages, typiques de l'architecture normande. Les amateurs du genre vont se régaler (même si l'on ne peut pas toujours les visiter). Il est de coutume d'inclure dans ce circuit les très beaux châteaux de Vendeuvre et de Mézidon-Canon : nous les avons traités dans les environs des villages qui en sont proches.

SAINT-GERMAIN-DE-LIVET

(14100) 590 hab. *Carte Calvados, D2*

À 6 km au sud de Lisieux. Minuscule village connu pour son château, l'un des plus gracieux de Normandie et, en tout cas, le plus étonnant. Pour avoir un aperçu d'ensemble du site, absolument superbe, n'oubliez pas, après la visite,

de prendre à gauche la petite route qui conduit sur les hauteurs du vallon (direction Le Mesnil-Germain, puis Saint-Germain-Mairie). Cadre enchanteur avec ses collines, ses fermes et ses champs. Au milieu, le château, ses douves et ses jardins, la grosse ferme et l'église du village, mignonne comme tout.

Où dormir ?

Chambres d'hôtes Le Pressoir : *chez Marie-José Decommer. ☎ 02-31-62-05-03. À 100 m du château, à l'entrée du village. Fermé période de Noël. Résa fortement conseillée. Compter 70 € pour 2. Tarifs dégressifs à partir de la 3e nuit.* Un *B & B* dans un cadre magnifique. Calme garanti. 3 chambres dans une ravissante demeure à colombages, très bien tenues. 2 d'entre elles partagent salle de bains et w-c et la 3e dispose de sanitaires privés. Intérieur ancien, un peu désuet à l'étage, mais plein d'âme. Belle vue sur le jardin depuis certaines chambres.

À voir

Le château : *☎ 02-31-31-00-03. Fermé déc-janv et 1re quinzaine d'oct. Visites guidées slt, tlj sf mar 11h-18h (durée : 1h ; pas de départ à 13h ; dernier départ à 17h). Fermé 1er mai. Entrée : env 7 € ; réduc, y compris sur présentation de ce guide ; gratuit moins de 26 ans et pour ts le 1er dim de chaque mois. Accès gratuit au jardin.* Actuelle propriété de la Ville de Lisieux, cette demeure historique fut construite en deux temps : le manoir à pans de bois au XVe s, auquel fut accolé le château proprement dit, un siècle plus tard. C'est l'architecture pour le moins originale de ce dernier qui surprend : par ses dimensions (on l'a souvent surnommé « le château miniature »), mais surtout par sa façade entièrement en damier, constituée de pierre et de brique vernissée du pays d'Auge, rouge et verte ! On peut presque parler d'orfèvrerie quand on voit ce chef-d'œuvre.

À l'intérieur, on peut admirer les cheminées de la salle des gardes et de la salle à manger, des fresques du XVIe s, le beau mobilier Louis XV et Louis XVI, etc. (il faut dire que la maison appartenait à un descendant de Riesener, le fameux ébéniste de Marie-Antoinette). Dans une chambre les souvenirs du peintre Delacroix. Et ne manquez pas le joli jardin, traversé par un petit cours d'eau : jardin à la française, douves, et, régulièrement, des œuvres qui y sont exposées.

ORBEC

(14290) 2 400 hab. *Carte Calvados, D2*

Charmante petite cité un peu assoupie, mais empreinte de souvenirs historiques. Ses vieilles rues offrent à la contemplation de ceux qui sauront descendre de leur voiture de ravissantes maisons à pans de bois et des hôtels particuliers. Un charme qui inspire, puisque Debussy y composa *Jardins sous la pluie...* Aujourd'hui, Orbec est également réputé pour sa marque de fromages Lanquetot.

Adresse utile

Office de tourisme : *6, rue Grande. ☎ 02-31-32-56-68. • ot@tourisme-normandie.fr • Juil-août, lun-sam 9h30-12h30, 14h-19h, dim 10h-12h30 ; le reste de l'année, ouv lun-sam en horaires restreints, plus le mat des j. fériés.* Vente de topoguides de randonnées autour d'Orbec. De bon conseil pour les visites de la ville et les alentours. Nombreuses randonnées guidées de mai à septembre.

Où dormir ?

Camping

Camping Les Capucins : *av. du Bois, stade des Capucins. ☎ 02-31-32-76-22. • camping.sivom@orange.fr • ♿ Au nord de la ville. Ouv fin mai-début sept. Prévoir 8,50 € pour 2.* Près d'une forêt, petit camping tout simple et propre avec des haies pour séparer les emplacements, situé juste à côté du stade municipal. Tennis et centre équestre dans le coin.

Chambres d'hôtes

Chambres d'hôtes Côté Jardin : *62, rue Grande. ☎ 02-31-32-77-99. • georges.lorette@gmail.com • cotejardin-france.be • Ouv tte l'année. Compter 80 € pour 2. Wifi. Garage fermé 5 €.* Belle surprise en plein centre. Derrière le lourd portail de cette maison bourgeoise du XIXe s se cache un grand et beau jardin à l'anglaise où coule un discret ruisseau. En tout, 5 chambres (pouvant loger 3-4 personnes) dispersées dans plusieurs petits bâtiments annexes. Toutes disposent de sanitaires privés et d'un minifrigo. Chambres à thème joliment décorées d'une touche bien personnelle et originale. Un peu cher peut-être.

Chambres d'hôtes Le Manoir de l'Engagiste : *14, rue de Geôle ou rue Saint-Rémy. ☎ 02-31-32-57-22. • engagiste@wanadoo.fr • engagiste.com • ♿ Dans une rue perpendiculaire à la rue principale (fléché). Compter 95-105 € pour 2. Nov-mars, 10 % de réduc sur le prix de la chambre sur présentation de ce guide.* Christian et Annick Dubois ont acheté la maison que beaucoup rêvent d'avoir un jour : un manoir des XVIe et XVIIe s. Colombages, murs blancs, porte cochère, rien ne manque. À l'intérieur, salon avec mezzanine qui court autour de l'immense cheminée, meubles en rotin et, à l'étage, billard et fauteuils « vaches » (décidément, elles sont vraiment partout !). La décoration mélangeant l'ancien et le moderne est plutôt réussie. Chambres (dont une pour 4) décorées dans le même esprit.

Où manger ?

L'Orbecquoise : *60, rue Grande. ☎ 02-31-62-44-99. • herve.doual@wanadoo.fr • ♿ Fermé mer et jeu (ouv mer midi en hte saison). Formule déj 9,50 € en sem ; menus 17-32 € ; carte env 45 €.* Dans une maison normande à colombages du XVIIe s, une adresse bien cachée derrière ses légers rideaux blancs et ses 2 pots à lait. Tout ici est délicatesse : des nappes saumon aux fleurs disposées çà et là, en passant par le tic-tac ronronnant de l'horloge de grand-mère. Sans oublier le service souriant et aux petits soins. Cuisine généreuse du terroir, sincère et pleine de saveurs (salade de livarot rôti à l'andouille et aux pommes, ris de veau au porto). Les fromages sont affinés à point et les desserts sans défaut. La tarte Tatin est un délice !

À voir

Le Vieux Manoir : *107, rue Grande. ☎ 02-31-32-58-89. Ouv le w-e en avr et mer-dim mai-fin sept 10h-12h30, 15h-18h. Entrée : 1,50 € ; gratuit moins de 18 ans.* À l'angle de la rue Guillonière. On ne peut pas le rater : c'est une superbe maison à colombages, toute de travers ! Cet étonnant manoir fut construit au XVIe s avec des poutres sculptées, de petites briques et des pierres triangulaires. On y a installé le *Musée municipal* (artisanat et histoire locale). Expositions temporaires deux fois par an.

Un peu plus loin, l'***hôtel-Dieu Saint-Rémy*** fondé en 1290 et sa chapelle du XVe s, immanquable avec son clocher de brique.

L'hôtel de l'Équerre : *au n° 19, toujours rue Grande, après le croisement avec la rue du Docteur-Pellerin, sur la droite.* Ancienne auberge du XVIe s, aux beaux colombages à encorbellement.

L'hôtel de Croissy : un peu plus loin. On n'en verra pas grand-chose d'autre que le mur d'enceinte... Dommage pour l'élégante façade du XVIIe s et le jardin décoré à la française. Invité par sa copine, c'est ici que Debussy composa *Jardins sous la pluie* !

L'église Notre-Dame : au bout de la rue Grande. Dominée par sa haute tour Renaissance, elle fut construite du XVe au XVIe s. Ne pas manquer le très bel intérieur, aux fières colonnes de pierre supportant une voûte de bois peinte « à pénétration directe » *(sic !)*. Remarquer les « rageurs », ces têtes de dragon peintes placées de chaque côté des poutres. Beaux vitraux Renaissance et riche mobilier. On raconte que le bourdon de l'église aurait inspiré à Debussy la célèbre berceuse *Dodo, l'enfant do...* Il faut dire que sa liaison avec la belle Gaby faisait scandale. Celle-ci visitait souvent sa sœur à Orbec mais son amant, n'étant pas reçu par la famille, errait comme une âme en peine dans les rues de la ville.

Il faut aussi se glisser dans quelques (charmantes) ***ruelles*** perpendiculaires (cours, passages pavés, etc.), comme la *rue des Osiers* ou la *rue des Religieuses,* qui cache l'ancien couvent des Augustines (désormais centre culturel) et la maison du Bailliage, du XVe s. Faufilez-vous aussi dans la *rue de Geôle* en longeant la venelle du vieux château, sans manquer la *rue de la Rigole,* originale avec son bassin.

LIVAROT (14140) 2 570 hab. *Carte Calvados, C2*

Bourgade mondialement connue pour son fromage. L'usine *Graindorge* (pub gratuite) en produit à elle seule près de 80 000 par jour. Figurez-vous qu'il faut cinq litres de lait pour en fabriquer un. Sa mise au point est des plus complexe, et il faut attendre plus de trois mois pour qu'il soit à point...

À VOS ORDRES MON COLONEL !

Le livarot, une des trois gloires normandes avec le camembert et le pont-l'évêque, est communément surnommé « colonel » parce que son pourtour est serti de cinq fines lanières de roseau, rappelant les cinq galons d'un colonel.

Adresse utile

Office de tourisme : *1, pl. Georges-Bisson. ☎ 02-31-63-47-39. • paysdelivarot.fr/tourisme.com • Tte l'année, tlj, sf lun mat et dim, 9h30-12h30, 14h-18h.* En vente, brochures et topoguides sur les randos autour de Livarot. Très bon accueil.

Où dormir ? Où manger dans les environs ?

Chambres d'hôtes La Boursaie : *chez Anja et Peter Davies, 14140* ***Tortisambert.*** *☎ 02-31-63-14-20. • labour saie@wanadoo.fr • laboursaie.com • À 6 km de Livarot. Par la D 4 vers Saint-Pierre-sur-Dives sur 1 km, puis la D 38 vers Heurtevent. Après Heurtevent, parcourir env 1,5 km puis prendre à gauche (l'indication « La Boursaie » est peinte sur la petite maison en brique et colombages qui fait l'angle). À 600 m env, prendre à droite, faire 500 m en forêt (chemin un peu délicat par endroits, évitez les arrivées de nuit) et vous serez aux portes de la propriété. Ouv tte l'année. Compter 58 € pour 2. Également 5 gîtes dans des bâtiments d'époque, 2-7 pers à partir de 490 €.* Cette ancienne cidrerie du XVIe s genre cottage à l'anglaise, au milieu des prairies, dans une vallée magnifique est un petit îlot de paix perdu dans la belle campagne normande. La plupart des gîtes disposent d'une belle cheminée en état de marche. On a un faible pour « Le Pressoir », le plus grand, ou pour le tout petit, pour 2 personnes, dans sa jungle normande.

Chambres d'hôtes Domaine du Moulin : *14140* ***Sainte-Marguerite-des-Loges.*** *☎ 02-31-63-13-14. • moulin.de.charme@orange.fr • moulindecharme.com • Sur la D 149 entre Livarot et Orbec, sur votre gauche. Bien indiqué. Compter 59-72 € pour 2.* Un *B & B* comme on les aime. Les chambres sont douillettes, bien décorées et donnent sur un jardin très fleuri. On apprécie beaucoup la terrasse à colombages qui surplombe la rivière. Hôtesse charmante. Assez près de la route (heureusement peu fréquentée).

Le Tourne-Broche : *14140* ***Notre-Dame-de-Courson.*** *☎ 02-31-32-31-65. À 11 km au sud-est de Livarot par la D 4. Au centre du village. Fermé mar soir en hte saison et mer tte l'année. Menus 16-27,50 €. Café offert sur présentation de ce guide.* La bonne auberge de campagne dans un village hors des circuits touristiques. Au programme, un accueil chaleureux, un service dans la tradition et des plats de toujours, généreux et bien tournés : tripes à la mode de Caen et la fameuse *teurgoule.*

À voir

Le Village Fromager – Fromagerie E. Graindorge : *route de Vimoutiers. ☎ 02-31-48-20-10. • graindorge.fr • Avr-juin et sept-oct, lun-sam 9h30-13h, 14h-17h30 (visites guidées slt sam à 14h, 15h et 16h) ; en juil-août, ouv aussi dim 10h30-13h, 15h-17h30 (visites guidées à 10h30, 11h30, 15h et 16h) ; en hiver, lun-ven 10h-12h, 14h-17h, sam 9h30-12h. Gratuit.* Visite des ateliers pour tout apprendre de la fabrication du livarot AOC Audiovisuel. Vente et dégustation pour clore la visite. Dommage quand même que Graindorge ait, comme bien d'autres fromageries, renoncé au lait cru ! Pour le livarot comme pour le pont-l'évêque.

Manifestations

– ***Foire aux fromages :*** *le 1er w-e d'août.* Livarot fête son fromage (avec concours du plus gros mangeur de livarot), mais aussi tous les autres fromages normands ou d'autres régions françaises (et les vins qui vont avec !). Plus d'une centaine d'exposants !

– ***Salon du livre et de la gourmandise en pays d'Auge :*** *le 3e w-e d'oct.* Avec ateliers, causeries, dégustations diverses (cuisine à l'ortie, au mouron et autres plantes cueillies dans les chemins, etc.).

SAINT-PIERRE-SUR-DIVES

(14170) 3 700 hab. *Carte Calvados, C2*

Avec ses maisons presque toutes construites en pierre, Saint-Pierre-sur-Dives (d)étonne dans un pays d'Auge abonné aux colombages. C'est pourtant une plaisante bourgade commerçante, dynamique et empreinte d'un charme certain. Saint-Pierre fut un centre religieux important, comme l'atteste sa belle abbaye. Les environs, là aussi, sont riches en somptueux châteaux.

Adresse et info utiles

Office de tourisme : *12, rue Saint-Benoist. ☎ 02-31-20-97-90. • mairie-saint-pierre-sur-dives.fr • Installé dans les superbes bâtiments conventuels de l'abbaye. Lun-ven 9h30-12h30, 13h30-18h (17h30 hors saison) ; sam, de mi-avr à mi-oct, 10h-12h30, 14h30-17h.* Organise des visites de l'abbaye et des halles.

– **Marché :** *lun mat sous la halle et pl. du marché.*

Où dormir ? Où manger ?

Hôtel Les Agriculteurs : *118, rue de Falaise. ☎ 02-31-20-72-78. • info@lesagriculteurs.com • lesagriculteurs.com • À la sortie du bourg, direction Falaise. Resto fermé dim soir et ven. Congés : vac de fév. Doubles 40-47 €. Formule 13,50 € en sem ; menus 15,90-24,90 €. Parking. Apéritif maison offert sur présentation de ce guide.* Petit hôtel de campagne proposant des chambres toutes simples mais pas désagréables. Honnête cuisine de terroir.

Où dormir ? Où manger dans les environs ?

De bon marché à prix moyens

La Puce à l'Oreille – Auberge de la Levrette : *48, rue de Lisieux, 14140* **Saint-Julien-le-Faucon.** *☎ 02-31-63-81-20. • aubergedelalevrette@orange.fr • Entre Saint-Pierre-sur-Dives et Lisieux. Près de la pl. centrale. Fermé lun et le soir des dim et j. fériés plus le soir mar-ven, nov-mars. Congés : 13-19 mars, 2-9 juil, 12-19 nov et 24-31 déc. Menus-cartes modulables 21 € puis 23-37 €. Café offert sur présentation de ce guide.* L'une des très bonnes tables normandes où la fraîcheur, l'accueil et le cadre sont de concert pour une mélodie parfaite. La cuisine du terroir, dans une version un peu plus légère, et les menus, variant au gré des saisons, sauront vous conquérir. Jolie déco rustique et bourgeoise d'auberge de campagne. Après, ou avant, faites un tour au petit musée attenant, « La Puce à l'oreille », centré sur la musique mécanique 1900-1960.

De plus chic à beaucoup plus chic

La Ferme de l'Oudon : *Patrick et Dany Vesque, 12, route d'Écots, 14170* **Berville-l'Oudon.** *☎ 02-31-20-77-96. • contact@fermedeloudon.com • fermedeloudon.com • Fermé en janv. Compter 166-195 € pour 2 selon confort (ou luxe plutôt !) et moment de la sem. Loue également 3 gîtes 4-8 pers tt confort, 690-1 480 €/sem. Dîner 39 €. Wifi. Réduc de 10 % sur le prix de la chambre en sem sur présentation de ce guide.* 4 belles chambres, dont 3 suites, dans cette vieille ferme magnifiquement restaurée, où les proprios n'ont pas hésité à mêler ancien et contemporain. Sous sa verrière, la cuisine est toute lumineuse avec vue directe sur le potager. À l'accueil, le chat de la maison, qui saute sur l'épaule des nouveaux venus. Les gîtes sont élégants, chaleureux et spacieux. Hammam, spa et piscine intérieure chauffée viennent compléter cette adresse de charme.

À voir. À faire

La halle : *pl. du Marché. Tlj 9h-19h (sf manifestation spéciale).* Magnifique bâtiment en pierre du XIe s, d'une originalité architecturale certaine. Imposante charpente. Pittoresque marché le lundi.

L'église abbatiale : *tlj 9h30-18h (sf pdt les offices).* Bâtie au début du XIe s puis reconstruite aux XIIe et XIIIe s, elle conserve de nombreux éléments de cette période, malgré des modifications au XVIe s. Beaucoup d'allure, notamment grâce à ses hautes tours typiquement normandes. À l'intérieur, stalles sculptées (Renaissance), maître-autel doré (du XVIIe s) et fresques murales de l'une des chapelles. Admirer dans le chœur le pavement médiéval en terre cuite émaillée, joyau de l'ornementation au XIIIe s.

Les bâtiments conventuels de l'abbaye : *entrée rue Saint-Benoist (derrière l'église). Mêmes horaires que l'office de tourisme.* À voir : la salle capitulaire du XIIIe s. Une partie des bâtiments historiques abrite d'ailleurs l'office de tourisme. Joli cloître roman dans la cour.

Le jardin conservatoire : *rue Saint-Benoist. À l'emplacement des anciens jardins de l'abbaye. Mai-sept, lun-ven 10h-12h30, 14h-18h, sam 10h-12h, 14h-17h. Visites guidées chaque mar et le 1er dim du mois à 15h. Entrée : 1,50 € visite libre et 2,50 € visite guidée.* Le chou-fleur, vous connaissez. Mais le chou canne, le chou à moelle, le chou grappu de Normandie ? Autant de légumes oubliés qu'on découvre dans ce potager où ils ont été plantés selon leurs utilisations en cuisine. Plus de 450 variétés de fleurs et de légumes, traditionnellement cultivées en pays d'Auge.

MANOIRS ET CHÂTEAUX DANS LES ENVIRONS DE SAINT-PIERRE-SUR-DIVES

Le musée et le jardin du château de Vendeuvre : *☎ 02-31-40-93-83. • vendeuvre.com • ♿ (musée et jardin). À 6 km au sud de Saint-Pierre-sur-Dives, par la D 511 vers Falaise. Sur la droite. Bien fléché. Ouv tlj en avr pour le Festival de la tulipe, et pdt les vac de la Toussaint, 14h-18h ; mai-sept, tlj 11h-18h ; oct slt dim et j. fériés 14h-18h. Entrée : 9,50 € la visite complète ; 4 visites, 8,50 € ; 3 visites, 7,50 €. Réduc.*
Élégante demeure du XVIIIe s dans un joli parc de 14 ha avec jardins à la française et jeux d'eau « surprises », qui jaillissent du bec des colombes ou de la gueule des tortues ! Gare à Cléanthe... Une grotte aux coquillages, de splendides topiaires, un pont chinois, un jardin psychologique comme au XVIIIe s où l'on se perdait dans un labyrinthe pour oublier ses soucis. Mieux qu'une séance de thérapie ! Les enfants peuvent même partir à la recherche d'un lapin caché. Sans oublier un ***jardin exotique*** avec plus de 150 plantes tropicales venues d'Afrique du Sud, d'Australie et de Chine (à voir surtout en juillet-août).
Dans le château, salons au mobilier d'époque, qui reconstituent, à l'aide d'automates, la vie d'une famille aristocratique du XVIIIe s. Ne pas manquer le lustre de la salle des pastels avec son poisson rouge. Au sous-sol, une cuisine d'époque.
– Originale collection de niches à chien et ***musée des Meubles miniatures*** (situé dans l'orangerie du château), unique en son genre : plus de 700 chefs-d'œuvre de meubles miniatures du monde entier. La plupart ont été fabriqués du XVIe au XIXe s, car les apprentis artisans avaient alors coutume de réaliser ces « chefs-d'œuvre de maîtrise ».

Le château de Canon : *à* ***Mézidon-Canon.*** *☎ 02-50-93-65-17. 📱 06-64-65-13-83. • otourisme.com • ♿ À 10 km au nord-ouest de Saint-Pierre-sur-Dives, par la D 40 (vers Caen) jusqu'à Vieux-Fumé et Cauvigny. Ouv avr mai, w-e et j. fériés 14h-18h ; juin-sept, tlj sf mar 14h-18h. Entrée : 6 € ; gratuit moins de 10 ans et tarif préférentiel sur présentation de ce guide (5 €). Le billet donne droit à une réduc au château de Crèvecœur.*
Classée Monument historique, cette belle propriété typique du XVIIIe s fut conçue pour un ami de Voltaire, l'avocat Jean-Baptiste-Élie de Beaumont, qui désirait appliquer à la lettre les théories économiques des physiocrates (la terre comme source essentielle de richesse). Splendide parc avec miroir d'eau, temples, kiosque chinois, chartreuses (enfilades de jardins clos), « fabriques », avenues, vergers, ribambelle de statues.

– **Cave** *(dégustation et visite sur appel, 📱 06-15-41-85-90)* ouverte aux visiteurs dans l'une des dépendances du château. Une ***ferme découverte*** complète l'ensemble. *Mêmes horaires que le château ou sur rdv (📱 06-15-41-85-90). Tarif : 2 € ; 1 € sur présentation de ce guide.*

Le manoir de Coupesarte : *à 8 km au nord-est de Saint-Pierre-sur-Dives, par la D 511 (vers Lisieux) jusqu'à Saint-Julien-le-Faucon (d'où c'est fléché). L'intérieur ne se visite pas, mais les propriétaires autorisent les visites extérieures, jusqu'à 21h. Gratuit.* Coupesarte est le plus typique, le plus romantique et sans doute le plus attachant des manoirs du pays d'Auge. Tout le charme de cette admirable demeure, aux colombages sertis de fines briquettes entrecroisées, réside dans ses imperfections : murs de guingois, dessin irrégulier, poutres difformes, etc. Contournez-la par le côté gauche : un sentier longe les douves jusqu'à une petite écluse d'où l'on peut voir le manoir se refléter dans l'eau. Adorables petites tourelles en encorbellement.

CRÈVECŒUR-EN-AUGE

(14340) 510 hab. *Carte Calvados, C2*

Village charmant, célèbre pour son château. On est ici au cœur du pays d'Auge, à mi-chemin entre Caen et Lisieux. Un carrefour idéal, dans une région vallonnée aux petites départementales de rêve, à deux pas de la route du Cidre.

Où dormir ? Où manger ?

Auberge du Cheval Blanc : *44, route de Saint-Pierre-sur-Dives. ☎ 02-31-63-03-28. • aubergechevalblanc14@orange.fr • achevalblanc.com • Dans le village de Crèvecœur, suivre la direction de Saint-Pierre-sur-Dives. Fermé lun-mar sf j. fériés. Congés : de mi-janv à mi-fév. Double 63 €. Formule déj 12 € en sem ; menus 23,50-46 €.* Tout petit hôtel dans une maison traditionnelle. 5 chambres seulement, un peu chères. Le resto est bien connu des représentants qui sillonnent le coin (beau pot-au-feu de la mer au cidre). Cadre chaleureux. Cuisine classique et de bonne facture, à base de produits frais de qualité. Certains plats sont grillés directement dans la cheminée.

À voir

Le château de Crèvecœur : *fléché du village. ☎ 02-31-63-02-45. • chateau-de-crevecoeur.com • ♿ (partiel). Pâques-sept, tlj 11h-18h (19h en juil-août) ; en oct, dim slt 14h-18h. Entrée : 6 € ; enfants à partir de 10 ans : 4 € ; réduc sur présentation de ce guide. Le billet donne droit à une réduc au château de Canon et inversement. Commentaire audio sur MP3 (que vous pouvez télécharger sur votre propre lecteur).*

Ce site classé, dont les origines remontent au XIe s, fut patiemment restauré et remis en valeur par la famille Schlumberger pour devenir un lieu culturel actif. Ce château a conservé son plan d'origine en deux parties : le château proprement dit (une petite forteresse en pierre, entourée de douves) et les dépendances à pans de bois disposées en cercle, dont chaque bâtiment est consacré à un thème précis.

– Une grande *ferme* du XVe s, avec ses grosses poutres et sa monumentale cheminée. Expo sur l'architecture à pans de bois.
– À côté, *colombier* carré du XVe s également, à la curieuse toiture, qui contient 1 500 niches : une par couple ! Cette double toiture (ou essentage) avait deux buts : protéger le bois et le torchis de l'eau, mais aussi les œufs de pigeons des rongeurs !
– Dans une *grange* du XVIe s, exposition consacrée à l'aventure des frères Schlumberger.
– Au pied de la motte du château, une charmante *chapelle* en pierre, du XIIe s. Portail roman et voûte en arc, rappelant la carène d'un bateau. Exposition temporaire.
– Enfin, le *logis seigneurial,* posé sur une motte. Remparts en partie ruinés. Dans le corps principal, du XVe s, exposition sur l'histoire de Crèvecœur et la vie quotidienne au Moyen Âge.
– Dans le verger, 36 variétés de pommiers représentatifs du pays d'Auge et, dans la cour, reconstitution d'une bergerie, d'un four de potier, d'un four à pain.
La fondation du musée organise des manifestations toute l'année : *fête des Œufs* à Pâques, *Traditions en fête* le 3e week-end de septembre, etc. Mais aussi *Les Médiévales,* début août, avec, chaque année, des troupes et des animations pour revivre l'époque médiévale pendant une semaine.

LA ROUTE DU CIDRE

Voici un circuit fléché très prisé, parmi les plus séduisants de Normandie. On peut se procurer la petite brochure des routes touristiques du Calvados dans les offices de tourisme. Cet itinéraire d'une quarantaine de kilomètres est ponctué de ravissants villages (Beuvron, Cambremer), de petites églises, de châteaux (Victot, La Roque-Baignard) et d'étapes gourmandes. Certaines fermes sont signalées par un panneau « cru de Cambremer » : on peut y acheter cidre (bien sûr), calvados, pommeau et autres produits du terroir.

LE CIDRE, VOUS CONNAISSEZ ?

On fait le cidre en combinant les qualités de plusieurs variétés de pommes que l'on mélange le plus harmonieusement possible. Les fruits, recueillis à parfaite maturité, sont triés, lavés, brassés puis pressés : 100 kg de pommes donnent environ 70 l de jus. La fermentation se déroule en caves fraîches et transforme le sucre en alcool. Si cette fermentation est arrêtée lorsque le jus atteint 3° d'alcool, on obtient du cidre doux. Au contraire, en prolongeant la fermentation, le cidre sera demi-sec ou brut. Il existe deux types de cidre : le cidre (industriel ou de marque), gazéifié et stabilisé par pasteurisation, qui représente environ 85 % de la production, et le cidre fermier à prise de mousse en bouteille qui peut revendiquer une AOC et la mention « cidre de Cambremer », à acheter directement au producteur.

BEUVRON-EN-AUGE (14430) 240 hab. *Carte Calvados, C2*

Certainement l'un des plus jolis villages de la région (et c'est pour cette raison qu'il est aussi devenu l'un des plus touristiques !). La place principale avec

ses halles et leur curieuse allure est si typique qu'on l'imagine sortie d'un décor de cinéma. Elle est entourée de maisons fort bien restaurées et fleuries avec soin. La plus connue, appelée *Vieux Manoir*, est ornée de poutres sculptées (XVe s). Allez boire une bolée de cidre au *café du Coiffeur.* Juste derrière, un petit chemin longe le douet (rivière) et s'échappe dans la campagne. De Beuvron, les amateurs de randonnées pourront grimper jusqu'à la *chapelle de Clermont-en-Auge* et profiter du superbe panorama sur les vallées alentour.

UN MONUMENT NON HISTORIQUE !

Les halles d'origine de Beuvron, qui dataient du XVIIIe s, furent détruites en 1958 afin de construire un parking sur la place... Quelques mandats plus tard, le nouveau maire s'émut de cette affaire. Aussi, profitant que le tracé de la toute nouvelle autoroute passait non loin, il démarcha les constructeurs et récupéra toutes sortes de matériaux anciens, provenant des nombreux bâtiments, maisons, granges, etc, démolis par les bulldozers. C'est ainsi que de nouvelles halles, plus vraies que nature, virent le jour en 1975.

Adresse utile

Point d'information : *sous les halles. ☎ 02-31-39-59-14. Tlj mai et juil-août, 10h-17h (dim avec interruption 13h-14h) ; avr, juin et sept, tlj sf dim 10h-13h, 14h-18h ; le reste de l'année, ouv restreinte ; sinon s'adresser à l'office de tourisme de Cambremer.*

Où dormir ? Où manger ?

Chambres d'hôtes Le Clos Fleuri : *chez M. & Mme Hamelin, 23, pl. M.-Vermugnen. ☎ 02-31-39-00-62. • hamelinmonique@wanadoo.fr • leclosfleuri-14.fr • Compter 60-70 € pour 2, dégressif à partir de 4 nuits.* Sur la place du village. Ancienne ferme à pans de bois, superbement restaurée, séparée de la rue par un haut mur de pierre. Jardin intérieur adorable. Accueil d'une grande gentillesse. Notre gaillard papy (un amour) est la mémoire vivante de son village. Les chambres, douillettes comme tout, sont installées dans l'ancien cellier et la bouillerie. L'une des 2 dispose même d'une kitchenette. Un petit coup de cœur !

Le Pavé d'Auge : *le Bourg. ☎ 02-31-79-26-71. • info@pavedauge.com • Tlj sf lun, plus mar hors saison. Congés : fin nov-fin déc et 1 sem en fév. Doubles 75-127 € selon saison. Menus 38-55 €. Wifi.* Une des meilleures tables du département, d'un remarquable rapport qualité-prix ! Le chef a les pieds ancrés dans le terroir normand et, du produit le plus rustique, il fait une merveille de délicatesse. Son « petit » menu, avec sa farandole de mises en bouche et de mignardises, est un véritable enchantement. Atmosphère un peu bourgeoise et compassée mais cadre agréable. À l'entrée du village, 4 belles chambres d'hôtes : *Le Pavé d'Hôtes* ainsi qu'un salon de thé ouvert en saison sauf lundi-mardi.

Où dormir dans les environs ?

Chambres d'hôtes et gîte Les Vignes : *chez Mme Gallot, Les Vignes, 14430* ***Hotot-en-Auge.*** *☎ 02-31-79-22-89. 06-16-33-26-42. De Beuvron, suivre la direction du Ham. La ferme se trouve 1 km avt Le Ham, sur la D 78. Compter 45-58 € pour 2 selon confort. Gîte 3 pers 180-365 €/sem selon saison ; 155 €/w-e.* 2 des chambres disposent de sanitaires privés, et la 3e a la douche dans la chambre (pas très intime) mais les toilettes sur le palier. Quel plaisir de passer quelques jours dans cette ferme en activité. Côté chambres, cadre et ambiance très « Martine à la ferme ».

Chambre d'hôtes Domaine de la

LE PAYS D'AUGE

Cour au Grip : *chez Patrick et Paulette Esnard, 14340* ***Repentigny.*** *☎ 02-31-63-85-85. • lacouraugrip.blog.capital.fr • Doubles 65-90 € et une familiale (4 pers) 120 €.* Dans un environnement superbe et dégagé, entouré de bocages et offrant une vue dégagée sur la vallée. Une ancienne ferme à pans de bois du XVIIIe s, modernisée avec réussite. Quelques chambres très différentes : la plus grande (pour 4) est située à l'étage de la demeure principale. Une autre est nichée dans une jolie maisonnette juste à côté, avec lit en rondins et système de volets pour cloisonner la salle de bains. Chaleur et élégance. Et puis, originale, bien qu'assez chère (90 € tout de même !), une chambre aménagée dans un foudre (10 000 litres) posé au milieu d'une grande pelouse. Original... mais pas bien grand. Ne pas compter mettre en œuvre l'intégralité du Kama Sutra ! Sanitaires privés, situés à l'extérieur.

Où acheter de bons produits du terroir ?

Sur la place du village, belles boutiques : produits du terroir, brocante, déco... très touristique !

Boulangerie Au Bon Pain de Beuvron : *☎ 02-31-79-23-16. Fermé lun.* Spécialité de pain au cidre et aux pommes, mais on préfère leur très bonne *teurgoule* maison, la *falue* (brioche à base de crème fraîche) ou le *beuvron* (gâteau au calvados).

Manifestations

– ***Foire aux géraniums :*** *une journée début mai.*
– ***Fête du Cidre et Grand Marché :*** *une journée en oct.* Marché à l'ancienne et démonstration de la fabrication du cidre.
– ***Festival de boogie-woogie :*** *certains soirs de mai et d'oct. Au haras.*

CAMBREMER (14340) 1 130 hab. *Carte Calvados, C2*

À 15 km à l'est de Beuvron-en-Auge. La capitale du cidre et du calvados se présente comme un paisible bourg non dénué de charme et de bonhomie. Église massive à la jolie tour romane. Comme Beuvron, Cambremer constitue une bonne étape pour visiter la région.

Adresse et infos utiles

i *Office de tourisme de la communauté de communes de Cambremer :* *16, rue Pasteur. ☎ 02-31-63-08-87. • office-tourisme-cambremer.fr • Face à l'église. En juil-août, lun-sam 9h30-13h, 14h-18h, dim 10h-13h ; avr-juin et sept, ouv mer-sam ; oct-mars, ouv slt ven et sam mat.* En saison, circuits de découverte qui révèlent des lieux habituellement inaccessibles.
– ***Marché :*** *ven mat.*
– ***Marché à l'ancienne :*** *à Pâques, le 1er dim de mai, à la Pentecôte, en juil-août, dim mat à partir de 10h.*

Où dormir ? Où manger dans le coin ?

Camping et chambres d'hôtes

Camping et chambres d'hôtes Le Mesnil : *chez Georgette Camus, Le Mesnil, 14340 Cambremer. ☎ 02-31-63-00-28. • geocamus@wanadoo.fr • À la sortie de Cambremer, en direction de Rumesnil, à 1 km sur la gauche. Ouv tte l'année (slt de mi-juin à mi-oct pour le camping). Compter 7 € l'emplacement pour 2 (douche payante). Éga-*

lement 2 chambres (inégales) avec sdb commune 45 € pour 2. Sympathique petit terrain avec blocs sanitaires et minikitchenette, uniquement pour les tentes. Chambres situées dans une grosse maison mangée par le lierre et entourée d'un joli jardin.

Chambres d'hôtes et gîtes Les Marronniers : *chez Christine et Vincent Delannoy, 4235, route d'Englesqueville, 14340 Cambremer. ☎ 02-31-63-08-28. • marronnierscambremer@yahoo.fr • les-marronniers.com • Depuis Cambremer, suivre la D 85 en direction de Dozulé et Rumesnil et, après env 3,5 km, au panneau « stop à 150 m », prendre à gauche et suivre les panneaux Les Marronniers. Congés : Noël. Compter 66 € pour 2. Également un beau gîte 430-600 €/sem selon saison pouvant accueillir jusqu'à 6 pers. Wifi.* Dans un manoir du XVIIe s, 5 chambres de charme (dont 2 familiales), aménagées dans une ancienne écurie. La « Deauville » dispose d'une terrasse privative, d'une baignoire balnéo et d'un sauna. Depuis la chambre « Honfleur », belle vue sur la vallée de la Dives avec au loin, par temps très découvert, un petit morceau de mer (si, si !). Un très bel endroit, bien au calme au cœur de la campagne normande. Accueil avenant.

Chambres d'hôtes La Vignerie : *chez Marie-France Huet, chemin d'Englesqueville, 14340* ***Saint-Laurent-du-Mont.*** *☎ 02-31-63-08-65. • mfhuet@club-internet.fr • lavignerie.free.fr • À 1,5 km au sud de Cambremer ; de Saint-Laurent, prendre la D 50 vers Caen, puis tourner à droite après 700 m ; c'est 500 m plus loin, en pleine campagne. Toussaint-Pâques ouv slt le w-e. Compter 48 € pour 2. Réduc de 10 % à partir de 3 nuits sur présentation de ce guide.* 3 chambres sans charme ni fioritures mais aménagées dans un beau pressoir du XVIIe s. Ambiance plus « gîte » que chambres d'hôtes. Très bon accueil.

Chambres d'hôtes du Champ-Versant : *chez M. et Mme Letrésor, manoir du Champ-Versant, 14340* ***Bonnebosq.*** *☎ 02-31-65-11-07. À 8 km au nord-est de Cambremer. Résa conseillée. Doubles 62-65 €. Également un gîte (4 pers) 600-750 €/sem.* Une adresse de rêve dans un joli manoir normand du XVIe s. 2 chambres seulement, et vous ne serez pas seul à vouloir y dormir !

Prix moyens

Au P'tit Normand : *pl. de l'Église. ☎ 02-31-32-03-20. • huguette.besnard@orange.fr • Fermé lun, plus dim soir hors saison. Congés : début janv-15 fév. Formule déj 14 € en sem ; menu 27 € ; carte 35 € env. Apéritif offert sur présentation de ce guide.* En plein centre de Cambremer, une jolie petite salle moutarde et bleu proposant une cuisine normande goûteuse et copieuse. Entre autres spécialités, l'entrecôte sauce camembert, préparée par maman qui œuvre aux fourneaux tandis que sa fille s'occupe de la salle.

Beaucoup plus chic

Château Les Bruyères : *route du Cadran. ☎ 02-31-32-22-45. • contact@chateaulesbruyeres.com • chateaulesbruyeres.com • ♿ Hôtel fermé 3 janv-3 fév ; resto ouv tlj, slt le soir ; fermé lun-mar hors saison. Doubles 160-225 € selon confort et saison. Petit déj 20 €. Formule 35 € (sf w-e) ; menus 42-85 €. Internet, wifi.* Bienvenue chez la vicomtesse de Cambremer ! Proust appréciait l'endroit et on le comprend. Un de nos coups de cœur. Loin du « luxe » de la côte, voilà une belle demeure qui respire le bon goût et l'élégance. On se sent vraiment bien dans cette maison de maître où les meubles traditionnels côtoient souvenirs de voyages lointains. La table est éblouissante : légumes du potager, produits locaux et plein de surprises que l'on ne dévoilera pas. Évidemment, les prix sont ce qu'ils sont mais on a là une adresse d'exception. Magnifique petit déj de terroir. Parc et belle piscine chauffée pour parfaire le séjour. Et même des vélos à disposition.

Où acheter de bons produits de la ferme ?

Fromages de chèvre : *à la ferme de la Mimarnel, sur la D 50. ☎ 02-31-63-*

00-50. Appeler avt de passer. On est sûr de les trouver à la traite du soir, à partir de 18h. Pas de fromage en janv-fév (les biquettes sont au repos), et fermé jeu le reste de l'année. De très bons produits.

À voir. À faire

Les jardins et l'écomusée du Pays d'Auge : *route des Trois-Rois. ☎ 02-31-63-01-81. • lesjardinsdupaysdauge.com • Début mai-fin sept, tlj 10h-18h30 (dernière entrée) ; le reste de l'année, slt en sem 10h-17h. Entrée : 7,50 €.* Les propriétaires, pépiniéristes, ont créé ce beau jardin en 1994 sur une prairie de 3 ha et labellisé « Jardin remarquable » en 2006. Parallèlement, ils « récupèrent » dans la région les bâtisses traditionnelles abandonnées qu'ils rapatrient dans leur jardin et restaurent. De fil en aiguille, ils reconstituent seuls un village d'antan. On peut actuellement voir la boulangerie, le musée des outils anciens, la forge, la bouillerie, la vieille grange et la ferme des animaux. Chapeau ! Également un restaurant sur place (crêperie et grillades), au cas où la visite aurait creusé l'appétit.

Manifestation

– ***Le festival des AOC de Normandie :*** *début mai.* Concours de cidres du pays. Visites de caves, randonnées gourmandes, etc. Six produits augerons AOC à l'honneur : calvados, cidre, pommeau, camembert, pont-l'évêque et livarot. « Trois pour la pomme, trois pour le lait, pas mal pour un seul terroir ! »

LA CÔTE DE NACRE ET LES PLAGES DU DÉBARQUEMENT

Entre Ouistreham et Courseulles-sur-Mer s'étend la Côte de Nacre. Cette dernière abrite neuf petites stations balnéaires, plus populaires et moins glamour que celles de la Côte Fleurie, mais aussi moins lisses et plus familiales. Certaines de ces stations vous charmeront par leur front de mer coquet, habillé de vieilles et belles villas (d'un style très différent de celles de la Côte Fleurie), mais sachez que la plupart d'entre elles ont beaucoup souffert lors du Débarquement, dont elles gardent encore les marques...

LES PLAGES DU DÉBARQUEMENT

Sur des dizaines de kilomètres, des étendues de sable clair dont tout le monde connaît les images, ponctuées de-ci de-là par d'impressionnantes falaises de craie. Des plages de rêve dans un décor sauvage, que l'occupant – peu préoccupé d'écologie – tenta de noyer dans le béton : ces sites superbes sont désormais associés aux centaines de blockhaus, casemates et autres batteries...
Ici se déroulèrent des combats sans merci pour la libération de l'Europe. Des moments d'héroïsme dignes des récits médiévaux, comme la fameuse prise de la pointe du Hoc. Des exploits techniques incroyables, comme la construction du port artificiel d'Arromanches. Des catastrophes militaires, comme l'hécatombe des soldats américains à Omaha Beach.
Plus de 65 ans après le Débarquement, ces plages ont conservé leurs cicatrices : cratères de bombes, blocs de béton armé, abris souterrains inexpugnables... Des

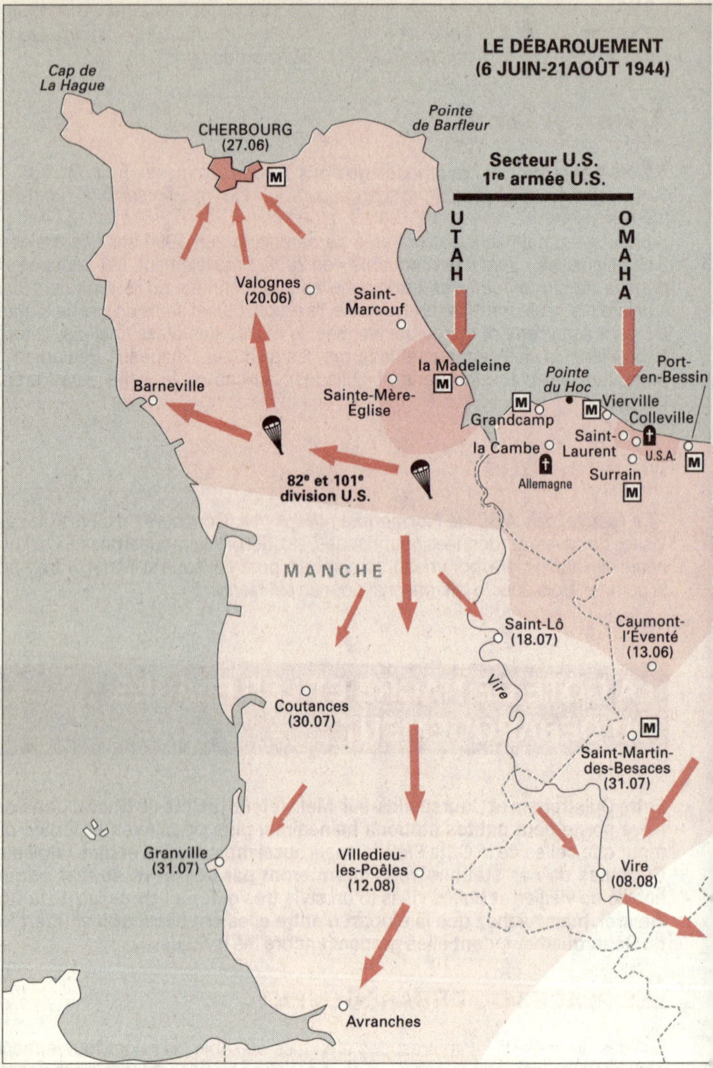

chars alliés, sortis des eaux, ont été transformés en glorieux monuments. Plus parlantes encore, les tombes de dizaines de milliers de victimes, des deux camps. Le sable nettoyé des champs de combat, les bunkers transformés en musées et les villes reconstruites n'ont plus grand-chose à voir avec ces journées terribles de notre histoire. Mais les cimetières nous rappellent l'essentiel : des êtres humains, ni plus ni moins innocents que d'autres, ont perdu leur vie ici même parce qu'une poignée d'illuminés avait décidé de conquérir le monde.

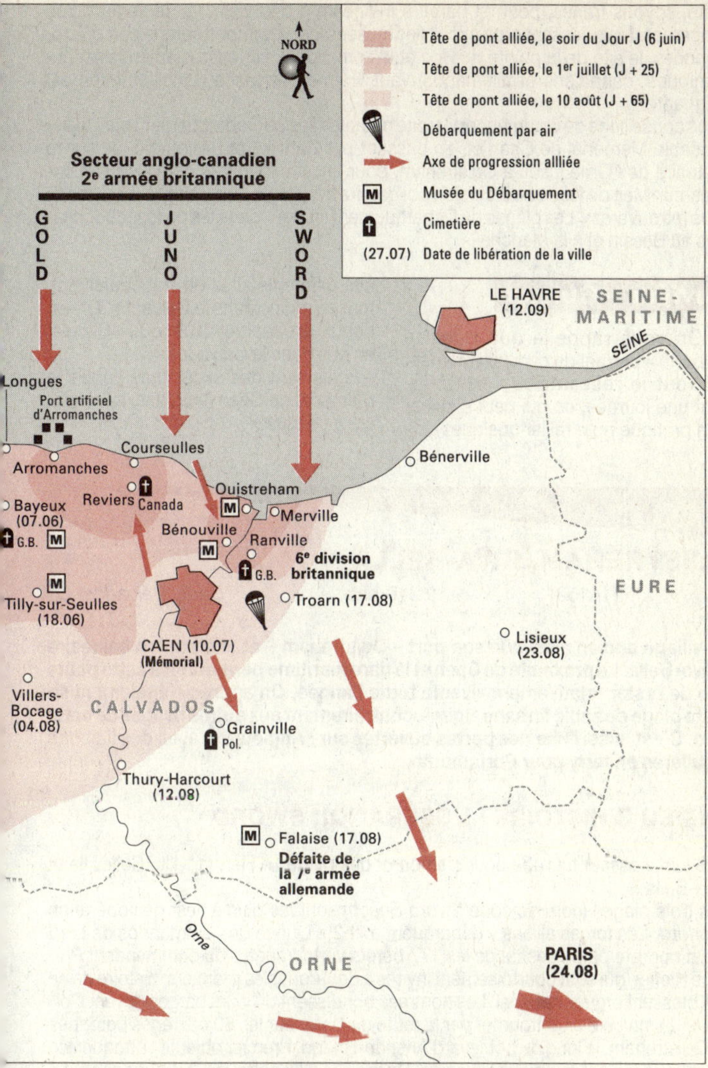

LES PLAGES DU DÉBARQUEMENT

COMMENT REVIVRE LE JOUR J ?

La précision historique voudrait que l'on suive l'ordre chronologique du Débarquement qui, rappelons-le, se fit d'ouest en est. Mais le circuit traditionnel s'opère en sens inverse, de Ouistreham à Sainte-Mère-Église, via Arromanches, Bayeux, Colleville et la pointe du Hoc. Plusieurs communes se partagent le territoire des cinq plages aux noms de code (Sword, Juno, Gold, Omaha et Utah). L'ensemble de la

visite, soyons francs, pourrait paraître indigeste à des visiteurs se sentant peu concernés. Mais l'essentiel du circuit (les musées les plus importants, le port d'Arromanches, le site de la pointe du Hoc et les principaux cimetières américains, britanniques, canadiens et allemands) vaut vraiment la visite, tant l'émotion est poignante.
Nous conseillons de commencer la visite des sites liés au Débarquement par l'indispensable Mémorial de Caen et, en passant par Ranville et Bénouville, de suivre l'estuaire de l'Orne jusqu'à Ouistreham, pour ensuite longer la côte jusqu'à Longues-sur-Mer, de faire une incursion obligatoire à Bayeux, puis de retrouver la côte. Vous retrouverez « Les plages du Débarquement (suite) » dans les passages consacrés au Bessin et à la Manche.

Arriver – Quitter

➢ On vous rappelle que la carte « Liberté » permet de circuler librement sur tout le réseau *Bus verts* pendant une journée, ce qui peut s'avérer bien pratique pour rallier quelques-uns des différents sites du Débarquement, tout au moins dans le Calvados. Lire en début de chapitre la rubrique « Circuler en bus dans le Calvados ».
– Également des excursions depuis le Mémorial de Caen (voir le texte consacré à ce musée).

OUISTREHAM, RIVA-BELLA

(14150) 9 210 hab. *Carte Calvados, C1*

Un village ancien ainsi que son port – Ouistreham – et une station balnéaire – Riva-Bella. La proximité de Caen et la gare maritime permettent à cette petite ville de rester relativement vivante toute l'année. On apprécie également sa vaste plage de sable fin sans algues, contrairement aux autres rivages de cette côte. C'est aussi l'une des portes ouvertes sur l'Angleterre, avec des liaisons régulières en ferry pour Portsmouth.

UN PEU D'HISTOIRE : L'OPÉRATION SWORD

Le 6 juin, l'assaut fut rude pour s'emparer des plages d'Hermanville, Colleville et Riva-Bella !
Ces trois plages (nom de code *Sword Beach*) sont les plus à l'est de l'opération *Overlord*. Les forces alliées y débarquent à 7h25. L'unité de commandos de Lord Lovat compte parmi ses rangs les 177 bérets verts français du commandant Philippe Kieffer, qui sont courtoisement invités à débarquer les premiers, histoire de ne pas blesser l'orgueil national. Les hommes bondissent de leurs barges devant Colleville de manière à contourner par la route de l'intérieur les 60 ouvrages bétonnés de Ouistreham, le long du boulevard Aristide-Briand. Premier objectif : attaquer les blockhaus qui ont remplacé le casino. Une fois la ville nettoyée, la troupe réussit à assurer la jonction, à 13h30, avec les paras qui attendent à Pegasus Bridge...
À Colleville même, dans les premières minutes du débarquement, le 2nd East Yorkshire perd près de 200 hommes. Des chars amphibies sont en flammes dès l'abord de la plage. Les obstacles en bois, surmontés de mines (selon la méthode des « asperges » mise au point par Rommel), entravent la marche vers Riva-Bella. La marée monte et recouvre bientôt les véhicules, désorganise les plans et compromet, pour 33 jours, la libération de Caen. À Hermanville, la 1st South Lancashire (dernière unité à avoir évacué Dunkerque en juin 1940) débarque au même moment, en proie au mal de mer et trempée jusqu'à l'os par les embruns déferlant dans les chalands. Ses hommes se ruent jusqu'à l'actuelle rue du Havre,

appuyés par les chars lance-flammes et les chars-mortiers. Par le premier chenal neutralisé, ils atteindront Hermanville à 9h30.

Adresses et infos utiles

Office de tourisme : *jardins du Casino, esplanade Lofi. ☎ 02-31-97-18-63. • ouistreham.fr • À Riva-Bella, juste à côté du casino et du parking principal de la plage. Ouv avr-sept, tlj sf 1er mai, 10h-12h30 (13h en juil-août), 14h-18h30 (19h en juil-août) ; le reste de l'année, tlj sf j. fériés 10h-12h30, 14h30-18h, dim slt 14h30-17h.* Plein d'infos. Nombreuses activités et loisirs (équitation, minigolf et voile, bien sûr, car la station bénéficie du label « Station nautique »). Organise, d'avril à septembre 1 à 2 fois par semaine, des visites guidées payantes de la ville (4 thèmes : « Le bourg », « Le port », « La plage » ou « Sword Beach »). Vous y trouverez également le calendrier des « balades découverte nature » (payantes), organisées de mai à mi-septembre.

Bus verts : *☎ 0810-214-214 (prix d'un appel local). • busverts.fr • Voir aussi en début de chapitre, la rubrique « Circuler en bus dans le Calvados ».* Arrêts soit dans le bourg (près de l'église), soit à la gare maritime ou près de la plage. De Caen (ligne 1), 1 départ ttes les heures 7h30-19h mar-ven (sam 8h30-19h ; lun 6h30-19h). Billets en vente à l'office de tourisme.

Gare maritime : *rue des Dunes, au bout du port.* On y trouve un bureau d'information touristique, un bureau de change et bien sûr un stand *Brittany Ferries.*

Brittany Ferries : *à la gare maritime. ☎ 0825-828-828 (0,15 €/mn). • brittany-ferries.fr •* 3-4 départs/j. dans les 2 sens entre Ouistreham et Portsmouth, pour une traversée de 5-6h. Mars-nov, le w-e, un bateau express également pour une traversée d'env 3h30.

Location de vélos : ***Riva Loisirs**, 77, av. Foch. ☎ 02-31-97-19-04. Loc de vélos de ville. **Cyclorama,** bd Maritime. 06-07-91-71-49. Avr-oct, loc de VTT, vélos de ville ou de rosalies. Également **Station Nautique,** esplanade Lofi. ☎ 02-31-96-52-31.*

– **Marché aux poissons :** *halle aux poissons ts les mat sur le port.*

– **Marché :** *mar et sam dans le bourg, pl. de la Grange-aux-Dîmes ; ven hors saison, ven et dim mai-sept et mer-dim en juil-août à Riva-Bella, pl. du marché.*

– **Marché nocturne :** *en juil-août, mer soir à l'entrée de la plage.*

Où dormir ? Où manger ?

Bon marché

Les Cabines : *19, route de Lion. ☎ 02-31-97-17-93. Fermé dim et lun midi en saison, ainsi que le mar soir hors saison. Congés : vac scol de fév. Repas 15-20 €. Café offert sur présentation de ce guide.* Au menu de la maison, un grand choix de crêpes (sucrées ou salées), mais aussi des tartines ou des salades servies dans une salle aux allures de salon de famille plutôt élégant avec grand miroir, piano, étagère de livres, le tout baigné d'un éclairage doux et apaisant. Grandes assiettes également, ainsi que de belles viandes (souris d'agneau confit...). Terrasse confortable sur rue.

Au Crépiou : *13, av. de la Mer. ☎ 02-31-80-43-67. Ouv midi et soir en saison, sf lun. Moules 8,50-12,50 €, servies à volonté le ven soir ; menu 10 € midi en sem ; menu Saint-Jacques 18,50 €.* Un petit bout de resto à l'extrémité de l'avenue de la Mer, discret et tenu par une jeune équipe sympathique. Menu Saint-Jacques intéressant, incluant un petit risotto, une jolie galette (aux Saint-Jacques évidemment) et une belle crêpe normande pour terminer. Plus simplement, les plats de moules sont forts réussis.

De prix moyens à plus chic

Hôtel de la Plage : *39-41, av. Pasteur. ☎ 02-31-96-85-16. • info@hotel-ouistreham.com • hotel-ouistreham.com • À Riva-Bella ; à 100 m de la plage. Fermé en fév. Doubles 72-82 € selon* *saison et confort. Triple également. Internet, wifi. Parking clos.* Joli hôtel installé dans une ancienne villa balnéaire du XIXe s à la façade fleurie de géraniums. Un certain charme, donc. Chambres claires, à la déco discrète mais coquette. 4 chambres familiales. Aux beaux jours, petit déj servi sur la terrasse.

Le Normandie : *71, av. Michel-Cabieu. ☎ 02-31-97-19-57. • hotel@lenormandie.com • lenormandie.com • Dans la rue face au grand parking entre le canal et la gare maritime. Fermé 1er janv-10 fév. Double 68 €. Wifi. Parking.* Hôtel traditionnel de 22 chambres. Déco classique et bon équipement.

Hôtel-restaurant La Mare ô Poissons : *68, rue Émile-Herbline. ☎ 02-31-37-53-05. • info@lamareopoissons.fr • lamareopoisson.fr • À l'entrée de Ouistreham, sur le grand rond-point, posé sur la D 84, non loin de la grange aux Dîmes. Ouv tte l'année. Resto fermé dim soir et lun midi de mi-oct à mi-avr. Doubles 90-135 € selon période. Formules déj 18-22 € en sem ; menus 29-37 €. Plateaux de fruits de mer sur mesure.* Resto dans la mouvance actuelle de la bistronomie qui régale son monde à prix anticrise. La cuisine mêle produits d'ici et saveurs d'ailleurs. Le chef a bien du talent mais ne se prend pas la tête pour autant. L'ambiance est décontractée au possible et le cadre design et lumineux. Service souriant et agréable.

À voir

Le Grand Bunker – Musée du Mur de l'Atlantique : *av. du 6-Juin. ☎ 02-31-97-28-69. Dans le grand bunker de l'avenue. Début fév-fin mars et début oct-début janv, tlj 10h-18h ; début avr-fin sept, 9h-19h. Fermé début janv (après les vac de Noël)-début fév. Entrée : 7 € ; réduc.* Sur cinq niveaux, dans une impressionnante tour-blockhaus ayant servi de poste de direction de tir aux Allemands. On visite la salle des filtres antigaz, le poste de direction des batteries, puis l'infirmerie (nombreux souvenirs sur la vie quotidienne des soldats). Une salle est consacrée à l'expo sur le mur de l'Atlantique, qui comprenait environ 2 000 ouvrages fortifiés. Cela nécessita 13 milliards de mètres cubes de béton et employa 300 000 personnes. Après une visite d'inspection du mur, Rommel ordonna la mise en place de pièges plus « raffinés » parmi lesquels les fameux hérissons tchèques, les « dents de dinosaures » (pour stopper les tanks) et les amusantes « asperges de Rommel », qui dissuadaient les planeurs de se poser sur les plages... Heureusement, personne n'eut le temps de mettre son plan en action ! Dans la salle radio, expo sur l'assaut des Alliés et la libération de Ouistreham. Au dernier étage, le poste d'observation avec son télémètre géant. On imagine un peu mieux, d'ici, le choc qu'ont dû ressentir les Allemands en voyant foncer sur eux les milliers de navires alliés. Devant le musée, une péniche restaurée pour le film *Il faut sauver le soldat Ryan.*

Le musée N° 4 Commando : *pl. Alfred-Thomas. ☎ 02-31-96-63-10. Face au casino, au rdc d'une résidence. De mi-mars à fin oct, tlj 10h30-13h, 13h30-18h. Entrée : 4,50 € ; réduc, y compris avec le* Normandie Pass. Le n° 4 Commando était formé de plusieurs troupes internationales, dont les 177 soldats du commandant Kieffer, seuls combattants français à avoir participé à la « première vague » du Débarquement. Ils opérèrent la jonction avec les soldats aéroportés ou parachutés par les planeurs près de Pegasus Bridge. Riche collection d'armes, d'uniformes et de documents en tout genre, retraçant cette journée historique.

L'église Saint-Samson : *pl. Lemarignier, dans le bourg.* Belle et vaste, elle fut édifiée par les seigneurs normands aux XIIe et XIIIe s, témoignant de la richesse du bourg à cette époque. Clocher massif, typique des débuts du gothique dans la région. Sa hauteur ainsi que ses contreforts (rares dans les petites villes), qui lui ont valu l'appellation d'église-forteresse, s'expliquent par le fait qu'elle devait à la fois guider (comme un phare) et protéger les marins. Elle témoigne également de la prospérité du bourg dans le trafic maritime au Moyen Âge : l'exportation de la « pierre de Caen ». Façade remarquable pour ses rangées de piliers imposants, surmontés de chapiteaux, aux voûtes en partie boisées. Originale aussi, la galerie intérieure creusée dans le mur. Arcatures dans le chœur roman. Un très beau triforium avec une galerie de circulation court autour de l'édifice.

La grange aux dîmes : dans le bourg. Elle forme un superbe ensemble de bâtiments monastiques avec l'église. Vaste édifice des XVe et XVIe s, épaulé par des contreforts. Beau porche. Ouvert à la visite seulement en cas d'animations publiques.

À faire

➢ ***Le chemin de halage (ou GR 36) :*** belle promenade le long du canal de l'Orne, du port jusqu'à Caen, à 15 km. Se fait à pied ou à vélo.

– ***Minicroisière sur le canal Caen-Ouistreham :*** *avec la compagnie* ***Vedettes de Normandie,*** *☎ 02-31-43-86-12. • lesvedettesdenormandie.fr • Croisières sur le canal 2e w-e avr-2e w-e oct. Départ du bassin Saint-Pierre à Caen ou de Ouistreham (mais sur résa dans le 2nd cas). Se renseigner sur les jours, horaires et tarifs.* Propose également des sorties en mer.

La pointe du Siège : à l'est du port de plaisance, une avancée de bancs de sable bordée par l'estuaire de l'Orne, rendez-vous des eaux marines et fluviales. Le site, riche en oiseaux, a été transformé en réserve naturelle. Cette très belle promenade (compter 2h) permet d'apercevoir échassiers (curieuses avocettes au bec effilé), canards (notamment des tadornes colorés), oiseaux migrateurs et mouettes rieuses (oui, comme dans *Gaston Lagaffe* !). Flore également originale, grâce à la haute teneur en sel : arbousiers et salicornes, surnommées ici « cornichons de la mer ». On voit encore quelques maisons de pêcheurs. Une tour d'observation offre une vue exceptionnelle sur l'estuaire.
On peut compléter cette visite par les autres sites naturels de l'estuaire de l'Orne, à *Merville-Franceville* et à *Sallenelles* *(Maison de la nature et de l'estuaire, ☎ 02-31-78-71-06 ; voir plus haut « À voir à Ranville et dans les environs »).*

– Et sinon, voile, équitation, casino, etc.

LUC-SUR-MER

(14530) 3 200 hab. *Carte Calvados, B1*

Agréable station thermale réputée pour la pureté de son air iodé. Luc a réussi à se développer autour de son centre de thalasso et de son casino. Jolie petite ville et belle plage, sur laquelle vint s'échouer, en 1885, la plus grande baleine trouvée en Europe. Son squelette trône désormais dans le parc municipal.

QUESTION POUR UN CHAMPION

Au fait, savez-vous comment s'appellent les habitants de Luc-sur-Mer ? Les Lutins !

UN PEU D'HISTOIRE

Le 6 juin 1944, le bourg est resté entre deux secteurs d'assaut alliés : *Sword* (à l'est) et *Juno* (à l'ouest). C'est dans cette brèche que réussirent à s'infiltrer des chars

allemands de la 21e division de panzers, le soir du 6 juin. Mais ils seront obligés de faire demi-tour, faute de renforts ! Dans la soirée du 7, un commando britannique débarqué à Saint-Aubin le matin même libère Luc-sur-Mer après avoir triomphé des résistances de la Wehrmacht, au lieu-dit Petit-Enfer (qui portait bien son nom), recueillant une soixantaine de prisonniers, sans subir la moindre perte.
Par la suite, la station s'organisa en base de détente et de convalescence pour permissionnaires et blessés. Pas mal, comme endroit, pour se reposer du front...

Adresse utile

Office de tourisme : *☎ 02-31-97-33-25. • luc-sur-mer.fr • Sur le front de mer. En saison, tlj 9h30-12h30, 14h-19h ; le reste de l'année, horaires sur répondeur.* En plus des informations classiques, wifi.

Où dormir ? Où manger ?

Camping

Camping La Capricieuse : *2, rue Brummel. ☎ 02-31-97-34-43. • info@campinglacapricieuse.com • campinglacapricieuse.com • Dans le village (indiqué). Ouv avr-sept. 16 € pour 2. Loc de bungalows et de mobile homes (299-685 €/sem).* Camping délimité d'une part par des pavillons et d'autre part par les champs. On lui préfère la partie du fond, plus retirée, mieux ombragée et à l'ambiance un peu plus « campagne ». Blocs sanitaires pratiques et propres. 2 courts de tennis et une piscine.

De prix moyens à plus chic

L'Accordéon : *26, rue de la Mer. ☎ 02-31-36-00-88. Ouv ts les midis, plus le soir jeu-dim Pâques-fin oct. Congés : 3 sem fin oct-début nov. Formule déj 12,80 € ; menu-carte 21 €.* Bonne petite popote maison, concoctée par la patronne. Cadre rétro avec toiles cirées à carreaux, vieux vinyles et accordéons. Tout simple et pas trop cher.

Hôtel Beau Rivage : *1, rue du Docteur-Charcot. ☎ 02-31-96-49-51. • beau.rivage@sfr.fr • Au bord de la mer. Doubles 75-85 € selon vue et saison. Menus 17-39 €. Wifi. Parking au pied de l'hôtel. Apéritif offert sur présentation de ce guide.* Grande bâtisse toute rose, directement face à la mer. Certaines chambres ont vue sur la mer. L'ensemble est très correct, malgré quelques salles de bains un peu vieillissantes (bien qu'impeccables). Fait aussi resto, avec une cuisine conseillée. Bon accueil et atmosphère toute familiale.

Où dormir ? Où manger dans les environs ? Où écouter de la musique ?

Camping Oasis : *bd National, 14780* ***Lion-sur-Mer.*** *☎ 02-31-97-21-36. • campings-plage.fr • Accès : à la sortie du bourg en venant d'Ouistreham. Ouv avr-sept. Compter 17,50 € pour 2.* Grand camping réparti de part et d'autre de la grande rue qui traverse Lion. Le principal intérêt est l'accès direct à la promenade de la plage, dont dispose l'une de ses 2 parties (la plus agréable, selon nous, même si elle est plus exposée au bruit). Piscine.

Chambres d'hôtes Le Vivier : *27, rue Bertin, 14780* ***Lion-sur-Mer.*** *☎ 02-31-23-98-66. 📱 06-50-14-39-06. • demeurelevivier.com • Double 80 €, petit déj compris ; 140 € pour 4 pers (un peu cher pour le coup).* 2 chambres au 2e étage de cette maison de maître à l'aspect sévère et protégée par 2 colonnes, mais dont l'intérieur révèle une grande élégance et beaucoup de douceur. Chambres charmantes comme tout, dans les tons sourds et doux. Le caractère très minéral de la maison est compensé à l'arrière par une généreuse pelouse et une terrasse. Accueil charmant.

Chambres d'hôtes La Galante, chez Claire : *26, rue de Luc, 14780* ***Lion-sur-Mer.*** *☎ 02-31-96-29-59. 📱 06-81-79-18-39. • clairemerel@wanadoo.fr • lagalante.monsite.orange.fr •*

Double 45 € (petit déj en plus, 5 €). Au fond d'une cour de gravier 2 chambres (avec salle de bains) très spacieuses, à l'étage de la maison, aux couleurs vives. Tout confort, calme et agréable. Bonne petite adresse à prix doux.

La Fabrique : *2, bd du Calvados, 14780* ***Lion-sur-Mer.*** *☎ 02-31-36-03-87. • lafabrique-lion.com • Fermé dim, lun soir et mar soir. Sert en général jusqu'à 22h (23h le w-e). Menus 13 € (midi en sem) et 14,80 € (midi et soir, jusqu'au sam midi) ; autres menus 19,80-23,50 €.* Un lieu coloré et plein de vie (clin d'œil aux années 1970 mêlé à des objets plus modernes), à l'image de la cuisine proposée, goûteuse et pleine de générosité. Décontracté et mutant, ce resto est devenu en quelque temps une référence dans le secteur. Il faut dire que ce genre d'adresse est assez rare sur une côte plutôt bourgeoise et bien pépère. Tartare de bœuf (préparé au couteau), wok de volaille à la coriandre, filet de cabillaud laqué au miel... Le vendredi soir et le dimanche en fin d'après-midi, le bar *la Factory* (référence new-yorkaise sans doute !) accueille des groupes pop, folk ou acoustique. De quoi s'en mettre plein les oreilles.

La Valise Gourmande : *7, route de Lion-sur-Mer, 14440* ***Cresserons.*** *☎ 02-31-37-39-10. • contact@lavalisegourmande-caen.com • À 3 km au sud de Luc-sur-Mer. Fermé dim soir-mar midi. Menu-carte 29 € en sem ; carte env 50 €.* Dans une belle maison du XVIIIe s avec jardin et terrasse. Cuisine sophistiquée et clientèle chic. Le chef travaille, avec un brio certain, poisson et fruits de mer et revisite le terroir normand. Une très bonne adresse.

À voir

Le parc de l'Hôtel-de-ville : *45, rue de la Mer. Ouv 8h-19h avr-sept et jusqu'à 18h le reste de l'année. Entrée libre.* Joli petit parc fleuri et ombragé, avec jeux pour enfants et bancs pour amoureux. On y a également installé quelques oiseaux et animaux (volailles, chèvres et paons en liberté). C'est ici que l'on peut admirer le squelette de la baleine venue s'échouer à Luc en 1885.

La maison de la Baleine : *dans le parc. ☎ 02-31-97-55-93. • maisondelabaleine.com • En juil-août, tlj 10h-12h, 14h-19h ; juin, tlj 14h30-18h ; avr-mai et sept, les w-e, j. fériés et pdt les vac scol tlj 14h30-18h. Entrée : env 3 € ; enfant 1,50 €.* La maison abrite un amusant petit *musée* évoquant l'univers des cétacés. Le tunnel d'entrée donne l'impression de pénétrer dans le ventre d'une baleine... À l'intérieur, légendes et anecdotes sur les baleines, mémorandum sur la chasse et la protection des cétacés, etc.

À voir dans les environs

Lion-sur-Mer : *à 3,5 km à l'est de Luc.* L'une des plus anciennes stations balnéaires de Normandie, que fréquentèrent en leur temps Anatole France et Émile Littré pour sa longue plage et son air chargé d'iode. Agréable promenade le long de la digue piétonne de 5 km, bordée de très jolies villas.

Douvres-la-Délivrande et sa basilique Notre-Dame : *à 3 km de Luc-sur-Mer, dans les terres.* Petite cité réputée dans tout le Calvados pour son pèlerinage et sa basilique Notre-Dame. Construite pendant la seconde moitié du XIXe s, cette église aux vastes proportions abrite une Vierge noire sculptée en 1580. Nef aux volumes harmonieux et vitraux aux couleurs originales. Bonne pâtisserie en face (aucun rapport, mais on la signale tout de même) et à 30 m de la basilique, dans la rue du Général-de-Gaulle, remarquez l'extraordinaire façade Art nouveau de la pharmacie, décorée par Guimard (eh oui ! celui du métro parisien). Belle découpe en courbe des fenêtres, grille ouvragée et ardoises peintes, le tout dans un vert éclatant. Étonnant dans un lieu pareil... Encore plus surprenant, la chapelle Notre-Dame-de-Fidélité, aux splendides verrières en pâte de verre immaculée signées René Lalique, tout simplement ! Les sœurs sont très fières de ce cadeau fait par l'artiste à leur communauté et elles vous ouvriront gentiment les portes de la chapelle.

SAINT-AUBIN-SUR-MER

(14750) 1 880 hab. *Carte Calvados, B1*

Ancien village de pêcheurs qui s'est transformé en station balnéaire familiale au charme indéniable. Un lacis de venelles qui servaient autrefois à étendre les filets et une belle promenade bordée de jolies villas, le long de la grande plage. Ici aussi, tout est prévu pour des séjours de détente : hôtels, camping, commerces, casino, tennis...

LE *D-DAY* À SAINT-AUBIN

Englobée sous l'appellation *Juno*, c'est la plus orientale des plages affectées aux unités de la 3e DI canadienne (à ne pas confondre avec la 3e DI britannique). L'objectif du major-général Keller est d'occuper le soir même du 6 juin une position dominante à Putot-en-Bessin (entre Caen et Bayeux). Le North Shore Regiment débarque à 7h40 pour s'en prendre essentiellement à l'abri bétonné que l'on peut encore voir aujourd'hui à l'extrémité ouest de la plage. Le site sera nettoyé à 11h30, mais les escarmouches se prolongeront jusqu'en fin de journée.

Adresse utile

ℹ ***Office de tourisme :*** *digue Favreau. ☎ 02-31-97-30-41. ♿ • tourisme-saintaubinsurmer.fr • Tte l'année, tlj pdt les vac scol ; tlj sf lun hors saison (sf lun et mar oct-mars).* Dans un rigolo petit pavillon sur le front de mer. Accueillant.

Où dormir ? Où manger ?

Très bon marché

Côté Sable : *20, rue Pasteur. ☎ 02-31-97-55-59. Devant la promenade, face à l'office de tourisme. Fermé mar-mer hors saison. Congés : 15 nov-début janv. Formule et menu 12,40 et 22 €. Wifi.* Dans les tons sable, une coquette petite adresse moderne qui sert crêpes et salades de bon aloi. Fait salon de thé dans l'après-midi. Terrasse couverte face à la mer.

De prix moyens à beaucoup plus chic

Le Clos Normand : *89, rue Pasteur. ☎ 02-31-97-30-47. • clos-normand@wanadoo.fr • closnormandhotel.com • ♿ Resto fermé mar midi et jeu midi fin sept-fin déc. Congés : de janv à mi-fév. Doubles 73-108 € selon confort, vue et saison (suites 106-170 €). Menus 23,90-69 € (dégustation). Wifi.* Jolie bâtisse en L, à peine séparée de la plage par sa terrasse et une promenade piétonne. Chambres à la déco d'inspiration marine, fraîches et agréables. Demandez de préférence celles avec vue sur la mer. Cuisine gastronomique de qualité et régulière dans le temps, ce qui n'est pas évident partout sur la côte. On apprécie bien l'atmosphère générale, classique et tranquille. Toutefois, si vous voulez y programmer un week-end en amoureux, renseignez-vous : hors saison, l'hôtel accueille pas mal de groupes...

Le Saint-Aubin : *26, rue de*

Verdun. ☎ 02-31-97-30-39. • hotelsaintaubin@wanadoo.fr • hotelsaintaubin.com • À l'extrémité de la digue, face à la plage. Congés : janv. Doubles 49-90 € en basse saison et 55-120 € en hte saison, selon confort et vue. Menus 16 € (midi lun-sam) et 28-40 €. Wifi. Parking dans l'enceinte de l'hôtel. Café offert sur présentation de ce guide. Bâtiment banal en forme de cube, mais face à la mer. Chambres classiques plutôt agréables, fonctionnelles et confortables. La moitié d'entre elles ont vue sur la mer. Salle de resto élégante et plaisante, aux tons crème et bleuté. On peut y déguster une bonne cuisine traditionnelle de la côte, notamment un filet de bar au bouillon d'herbes, ou de bons ris de veau aux morilles. Service attentif.

COURSEULLES-SUR-MER

(14470) 3 900 hab. *Carte Calvados, B1*

Importante station balnéaire connue pour son port, sa plage... et ses huîtres (ne pas manquer le marché aux poissons sur le port !). La ville est particulièrement bien équipée pour le tourisme, mais son bord de mer a largement été saccagé par le béton. On y trouve cependant quelques belles adresses.
C'est à Courseulles-sur-Mer que vous quittez la Côte de Nacre et entrez dans le Bessin et ses plages sauvages.

JUIN 1944 : UNE PETITE VILLE AU CŒUR DES ÉVÉNEMENTS

Les Courseullais auront du mal à oublier ce mois de juin. Tout y a défilé, du modeste homme de troupe aux grands de ce monde ! Ça commence, bien entendu, le 6 au matin. Le port, protégé par 26 constructions bétonnées surarmées, nécessite deux attaques. Après d'épuisants combats de rues, les Allemands cèdent vers 10h. Mais les pertes humaines sont lourdes. Une des compagnies ne compte plus qu'un capitaine et une poignée d'hommes.
Le port de Courseulles, en attendant que celui d'Arromanches soit prêt, voit défiler quantité d'hommes et de matériel.

WHO'S WHO

En quelques jours, les habitants de Courseulles passèrent de l'abattement à l'espoir. Imaginez un peu : le 12 juin 1944, sidérés, ils voient débarquer Winston Churchill, venu vérifier les premiers résultats du Débarquement qu'il a organisé. Deux jours plus tard, c'est au tour du général de Gaulle, qui doit prononcer un discours à Bayeux. Puis, le 16 juin, apothéose, Sa Majesté le roi d'Angleterre, George VI en personne débarque sur la plage pour féliciter ses hommes. Une folle semaine dont les plus anciens se souviennent encore.

Adresse et infos utiles

Office de tourisme : *5, rue du 11-Novembre. ☎ 02-31-37-46-80. • tourisme.courseulles@wanadoo.fr • ♿ Tlj sf dim ap-m vac scol oct et fév, et tlj mars-sept, 10h-12h30, 14h-18h (10h-19h juil-août) ; horaires réduits en basse saison.*

Bus verts : *☎ 0810-214-214 (prix d'un appel local). • busverts.fr •* Sur la ligne 3 du réseau (Caen-Courseulles), ainsi que la ligne 74 (vers Arromanches et Bayeux). Voir aussi en début de chapitre la rubrique « Circuler en bus dans le Calvados ».

– ***Marché aux poissons :*** *le long du port. Tlj en hte saison ; w-e et j. fériés le reste de l'année.* Poisson, moules, huîtres et homards...

– ***Marché classique :*** *mar et ven sur la pl. du... Marché.* Important, et très bien approvisionné en saison.

– ***Marché artisanal :*** *dim mat sur le port.*

Où dormir ? Où manger ?

Camping

Camping du Champ de Courses : *av. de la Libération. ☎ 02-31-37-99-26. • camping.courseulles@wanadoo.fr • courseulles-sur-mer.com • Ouv avr-sept. Prévoir 15,90 € pour 2. Loc de bungalows (169-649 €/sem).* Vaste terrain plat sans grand charme mais confortable, avec des emplacements délimités par des haies, des sanitaires propres et un accès direct à la mer.

De bon marché à chic

Les Alizés : *4, quai Ouest. ☎ 02-31-36-14-14. • les-alizes.net • Sur le port. Congés : 4 janv-10 fév. Réserver. Doubles 39-54 € selon confort, vue et saison. Formule 12 € en sem ; menus 14-26 €. Ts les ven et sam soir, buffet de la mer à volonté avec fromage et dessert 27 €. Wifi. Apéritif offert sur présentation de ce guide.* Chambres fonctionnelles et propres, toutes un peu différentes. Cuisine d'inspiration régionale principalement axée sur le poisson et les fruits de mer. Terrasse sur la rue et face au port.

La Pêcherie : *7, pl. du 6-Juin. ☎ 02-31-37-45-84. • pecherie@wanadoo.fr • la-pecherie.com • Double 90 € et ½ pens 84 €/pers, souhaitée en hte saison. Promos sur Internet. Formules déj 14,50 € (en sem) et 19,50 € (tlj) ; menus 29,50-36 € ; carte 40-60 €. Internet, wifi.* Petit hôtel (à peine 6 chambres) assez chic, avec une déco évoluant autour du thème de la cabine de bateau, et quelques objets en série comme ces pendules arrêtées dans la salle de resto ou ces anciens postes de radio à l'accueil. Ensemble propre et plutôt original, mais les chambres ne sont pas bien grandes, autant le savoir. Au resto, plusieurs formules et menus.

Aux Embruns : *6, pl. du 6-Juin. ☎ 02-31-37-46-81. Tlj midi et soir avr-sept. Formule 12 € ; menus 17-22 €.* Une gentille petite adresse qu'on remarquerait à peine tant le style du lieu est passe-partout. Mais l'habit ne fait pas le moine : copieuse choucroute de la mer, joli panaché de poissons fumés et des moules à toutes les sauces.

Au Comptoir Gourmand : *18, rue de la Mer. ☎ 02-31-73-42-59. Tlj sf lun (et mar hors saison). Crêpes 8,50-13 €.* Des crêpes de grande qualité dans cet adorable resto de poche, tant pour le salé que le sucré. Galettes de blé noir ou crêpes de froment, c'est une réussite. Bon accueil et déco chaleureuse.

Où dormir dans les environs ?

Chambres d'hôtes de la ferme Le Petit Val : *24, rue du Camp-Romain, 14480* ***Banville.*** *☎ 02-31-37-92-18. • fermelepetitval@wanadoo.fr • ferme-le-petitval.com • À 4 km de Courseulles par la D 12 ; dans le village. Compter 58-64 € pour 2. Apéritif maison, digestif ou café offert sur présentation de ce guide.* Sur une exploitation agricole, dans une jolie maison du XVIIIe s en pierre de Caen, 5 chambres coquettes : 3 dans un bâtiment annexe et 2 dans la maison des proprios (une préférence pour la chambre *Camomille*). Jardin soigné agréable, aire de pique-nique avec barbecue et vélos à disposition des hôtes.

À voir. À faire

Le centre Juno Beach : *voie des Français-Libres. ☎ 02-31-37-32-17. • junobeach.org • Fév-mars et oct-déc 10h-17h (18h mars et oct) ; avr-sept*

9h30-19h ; visite guidée du parc Juno sur la plage à 11h et 15h tlj avr-oct, plus à 10h, 12h,14h et 16h juin-août (sf l'ap-m du 6 juin). Fermé janv et le 25 déc. Entrée : 6,50 € (10 € avec la visite guidée du parc Juno) ; réduc. Musée canadien fort bien conçu, en grande partie financé par des fonds privés canadiens. L'accueil est lui aussi assuré par des jeunes à l'accent chantant. Il s'agit ici du mémorial élevé en souvenir des 45 000 soldats canadiens morts durant la Seconde Guerre mondiale (il ne faut pas moins de 13h30 pour voir tous les noms défiler). Bonne présentation du Canada au XXe s, son entrée dans la guerre aux côtés des Alliés, sa position, son action et les influences de cette guerre sur la société canadienne. Imaginez : l'armée canadienne ne comptait que 8 000 hommes en 1939 ! Suite à la déclaration de guerre, des milliers de jeunes s'engagèrent et, en 1945, 1 million d'hommes et de femmes avaient revêtu l'uniforme de l'armée. Un parcours en compagnie de Peter et Madeleine rendra la visite du musée particulièrement intéressante et instructive pour les enfants. Expos temporaires. Par ailleurs, une agréable promenade agrémentée de panneaux d'information passe devant le musée.

Le mémorial du 1st Hussar : *pl. Charles-de-Gaulle.* Un char Sherman amphibie, retrouvé au fond de l'eau. Il est dédié aux soldats canadiens.

Le mémorial de Juno Beach : *stèle sur la plage de* ***Graye-sur-Mer,*** *à l'ouest de Courseulles, après un joli moulin.* Plus loin, casemate allemande en béton.

Le cimetière militaire canadien : *à* ***Reviers*** *(4 km au sud de Courseulles).*

La croix de Lorraine marquant le retour du général de Gaulle le 14 juin 1944.

Les parcs de l'île de Plaisance : *route d'Arromanches, juste après le petit pont à la sortie de la ville vers Graye-sur-Mer (et non le pont tournant sur le port). Vente à emporter (huîtres, coquillages, crustacés, plateaux de fruits de mer sur commande) tlj 9h-12h30, 14h30-19h.* Ces parcs à huîtres, qui couvraient autrefois 10 ha, étaient au XIXe s un vrai parc d'attractions avec balançoires et chevaux de bois. Détruits par les bombardements, ils sont à nouveau exploités depuis les années 1950.

Le musée de Courseulles : *centre culturel, 17, rue Amiral-Robert. ☎ 02-31-37-70-00. Dans le haut de la ville. Juin-sept, tlj sf mar (se rens sur les horaires).* Expositions temporaires organisées autour de l'histoire locale.

LE BESSIN

Le Bessin s'étend à l'ouest de la plaine caennaise et au nord du bocage normand. Moins homogène que le pays d'Auge, le Bessin est à la fois un pays côtier et rural. D'où la diversité des produits qui ont fait sa réputation, dont le beurre et la crème (Isigny), les fruits de mer (Port-en-Bessin), sans oublier le cochon (Bayeux). Avec ses tâches noires et sa queue en tire-bouchon, c'est une des vedettes du salon de l'Agriculture. Et pourtant, le cochon de Bayeux, comme beaucoup de races rustiques, a bien failli disparaître. Il restait à peine une vingtaine de spécimens il y a 20 ans. Et encore aujourd'hui, ils ne sont pas bien nombreux, élevés par une poignée de passionnés. Le Bessin a, comme le pays d'Auge, sa propre production de cidre. On y trouve peu de villes, si ce n'est Bayeux, mais une ribambelle de stations balnéaires (charmantes), des forêts et, bien sûr, des prés (93 % dans la région d'Isigny !).
Ses atouts : les plages du Débarquement, des falaises sauvages (pointe du Hoc), un étonnant château (Balleroy), une multitude de fermes fortifiées et de coquets villages.

BAYEUX (14400) 14 000 hab. *Carte Calvados, B1*

Voilà une ville gâtée. D'abord, c'est l'une des très rares dans ce coin de Normandie à ne pas avoir souffert des destructions de la guerre. La vieille ville est donc restée intacte, on se croirait presque au XIXe s ! Par ailleurs, la capitale du Bessin attire beaucoup de touristes, ne serait-ce que pour sa fameuse tapisserie et sa fastueuse cathédrale. Mais ne vous contentez pas de ces deux trésors : le centre-ville recèle un nombre considérable de vieilles maisons et de superbes hôtels particuliers, ainsi qu'un passionnant musée consacré à la bataille de Normandie. Les différents sites dédiés au Débarquement et à la Libération sont réunis sous le nom de *Liberty Alley.*

UN PEU D'HISTOIRE

« Ici Londres... » Non, l'appel du 18-Juin n'a pas été lancé de Bayeux ! Mais la capitale du Bessin reste associée dans l'histoire à l'un des plus fameux discours du général de Gaulle et... à l'Angleterre. La ville a d'abord été gauloise : ici se réunissaient les *Bajocasses,* dont les natifs de Bayeux ont gardé le nom. Au Xe s, c'est au tour des Vikings de s'y intéresser.
Mais l'Angleterre dans tout ça ? Bayeux est la ville de l'évêque Odon, demi-frère de William (pardon, Guillaume) qui, comme on sait, conquit la perfide Albion en 1066. Aux mains des Anglais pendant la guerre de Cent Ans, la ville ne redevient française qu'en 1450. Elle se remet à prospérer jusqu'au XVIIIe s, époque où le classicisme y triomphe : la noblesse se fait construire de somptueux hôtels particuliers en pierre. L'Angleterre renoue avec l'histoire de la ville le 7 juin 1944, lorsque les troupes britanniques y entrent pour la libérer.
Mais de Gaulle dans tout ça ? Débarqué... d'Angleterre, le 14 juin, le chef de la France combattante fait à Bayeux l'honneur de son premier discours sur le sol reconquis, au milieu d'une foule en liesse dont on imagine l'émotion. Cette ville symbole lui sert de nouveau de théâtre en juin 1946 : il y prononce un discours devenu célèbre, dans lequel il énonce pour la première fois les fondements de la Ve République, qui ne verra le jour que 12 ans plus tard ! Mais pour les Bajocasses, cet événement manifeste aussi ce jour-là l'attachement du général de Gaulle à leur ville...

LA PLUS GRANDE B.D. DU MONDE

La ville de Bayeux est, depuis longtemps, associée à la fameuse *tapisserie de la reine Mathilde.* Contrairement à ce que l'on pense souvent, on ne la doit pas, selon les historiens, à la reine Mathilde (épouse de Guillaume le Conquérant), mais à l'évêque Odon, qui la commanda en 1066 à des ateliers anglais pour décorer sa cathédrale ! Longue de 70 m (sur 50 cm de hauteur) et brodée avec du fil de laine sur un bandeau de lin, cette incroyable fresque relate la conquête de l'Angleterre par le fameux Guillaume. Elle fut exécutée après son accession au trône et inaugurée en 1077 (un 14 juillet !) en même temps que la cathédrale de Bayeux...
Pour vous aider à la compréhension de la B.D., sachez que les Normands ont la nuque rasée, tandis que les Anglais sont identifiables à leurs cheveux longs et leur moustache.
Reprenons les faits, tels qu'ils sont racontés par la *Telle du Conquest* (autre nom donné à la tapisserie) : le vieux roi d'Angleterre, Édouard le Confesseur, doit choisir un successeur. Ayant du sang normand, il songe à Guillaume, bâtard de Normandie. Il envoie donc un émissaire le chercher. Un certain Harold, chouchou de la Cour, est choisi pour cette périlleuse mission. Mais son bateau est dévié de sa

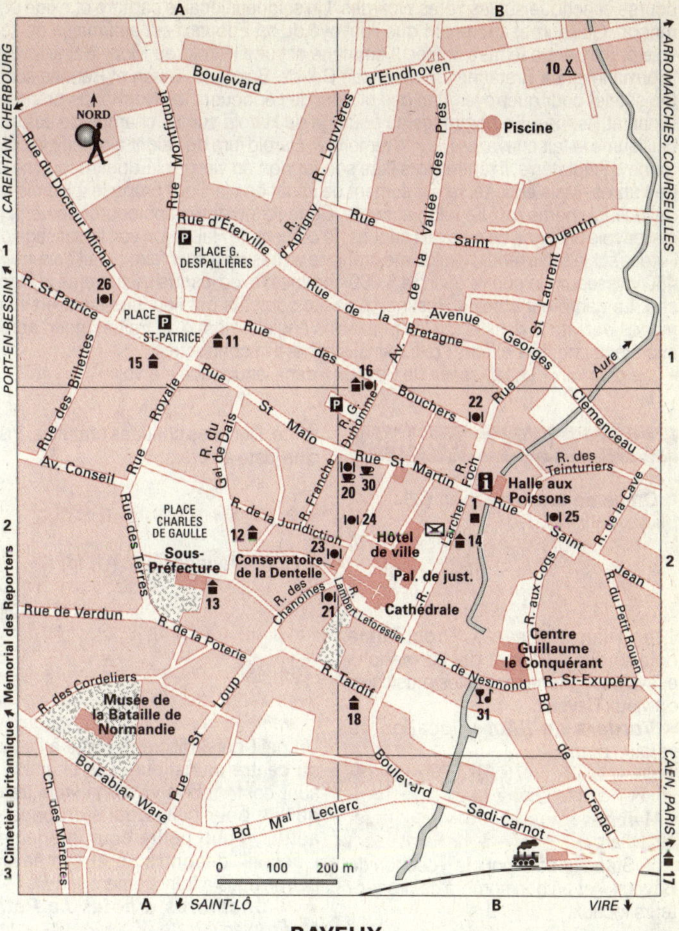

BAYEUX

Adresses utiles

- Office de tourisme
- 1 Vergers de l'Aure (location de vélos)

Où dormir ?

- 10 Camping municipal des Bords de l'Aure
- 11 Hôtel Mogador
- 12 Chambres d'hôtes Le Petit Matin
- 13 Logis Les Remparts
- 14 Hôtel de la Reine Mathilde
- 15 Hôtel d'Argouges
- 16 Grand Hôtel du Luxembourg
- 17 Château de Bellefontaine
- 18 Hôtel Le Bayeux

Où manger ?

- 20 Café Inn'
- 21 L'Assiette Normande
- 22 La Colline d'Enzo
- 23 Le P'tit Resto
- 24 Le Pommier
- 25 La Rapière
- 26 Le Bistrot de Paris

Salons de thé

- 20 Café Inn'
- 30 Salon de thé La Reine Mathilde

Où boire un verre ? Où écouter de la musique ?

- 31 Lewis Pub

course et échoue sur les côtes picardes. Un seigneur local le capture et exige une rançon. Guillaume, apprenant que l'envoyé du roi Édouard est aux mains de son voisin, parvient à le faire libérer. Il emmène ensuite Harold au Mont-Saint-Michel (Normandie), en Bretagne (on reconnaît Dol-de-Bretagne, Dinan et Rennes sur la tapisserie) pour guerroyer (l'un des plaisirs de l'époque) : les Normands prennent Dinan et Rennes. En hommage au courage de Harold sur les champs de bataille, Guillaume le fait chevalier. Pour le remercier, Harold jure de l'aider à obtenir la couronne d'Angleterre. Il rentre alors faire son rapport au vieux roi Édouard, qui meurt peu après. Mais ensuite, renversement de situation : la Cour propose à Harold de devenir lui-même roi ! Le félon accepte. Cependant, après son couronnement, le ciel envoie un signe de mauvais augure : la comète de Halley (on voit le passage de l'étoile sur la tapisserie) ! Guillaume, trahi, ne va pas se laisser faire : il fait construire 450 vaisseaux de guerre et arme 8 000 hommes, avec lesquels il traverse la Manche. Le camp est établi à Hastings puis les combats ont lieu. Les cavaliers normands ont vite le dessus sur les fantassins anglais. Harold, le traître, meurt après avoir reçu une flèche dans l'œil... Ainsi s'achève la conquête.

– Lire plus loin « La tapisserie de Bayeux » dans la rubrique « À voir ».

Adresses et info utiles

Office de tourisme *(plan B2)* **:** *pont Saint-Jean. ☎ 02-31-51-28-28. • bessin-normandie.com • Juil-août, tlj 9h-19h (9h-13h, 14h-18h dim et j. fériés) ; avr-juin et sept-oct, tlj 9h30-12h30, 14h-18h (17h30 nov-mars, tlj sf dim).* Plan de Bayeux. Programme détaillé des visites et des animations estivales, comme les visites musicales du vieux Bayeux.

Vergers de l'Aure *(location de vélos ; plan B2,* ***1****)* **:** *5, rue Larcher. ☎ 02-31-92-89-16. 06-86-03-29-98. Loc à la journée : 15 €.*

– **Marchés :** *rue Saint-Jean mer mat, et petit marché super pl. Saint-Patrice sam mat.* Stand spécial pour le « cochon de Bayeux » et un bon nombre de producteurs locaux.

Où dormir ?

Camping

Camping municipal des Bords de l'Aure *(plan B1,* ***10****)* **:** *bd d'Eindhoven. ☎ 02-31-92-08-43. • campingmunicipal@mairie-bayeux.fr • ♿ Ouv de mi-avr à la Toussaint. Compter 12,60 € pour 2. Réduc de 5 % en camping à partir de 5 nuits passées sur présentation de ce guide.* Un camping tout simple, bon marché et propre. Terrain ombragé mais un peu trop près d'une route passante. Douches chaudes gratuites. Piscine juste à côté.

De prix moyens à chic

Hôtel Mogador *(plan A1,* ***11****)* **:** *20, rue Alain-Chartier, pl. Saint-Patrice. ☎ 02-31-92-24-58. • lemogador@gmail.com • hotelmo.fr • Fermé vac scol de fév et Noël. Doubles 51-61 € selon confort ; chambre familiale 69 €. De mi-nov à mi-mars, réduc de 10 % sur le prix de la chambre sur présentation de ce guide.* Un petit hôtel discret à peine à l'écart du centre touristique. Les chambres sont confortables et d'une vraie tranquillité pour celles qui s'ordonnent autour d'une petite cour intérieure. L'accueil décontracté et sympa du patron nous a franchement séduits.

Chambres d'hôtes Le Petit Matin *(plan A2,* ***12****)* **:** *2 bis, rue Quincangrogne. ☎ 02-31-10-09-27. 06-08-28-65-59. • lepetitmatin@hotmail.fr • lepetitmatin.com • Compter 70 € pour 2. Table d'hôtes 25 €. Wifi.* Dans une des vieilles ruelles au sein de la ville, belle demeure abritant 3 chambres élégantes, romantiques et délicatement décorées. Une jolie courette se dissimule derrière la grande porte bleue. Accueil souriant et soigné.

Logis Les Remparts *(plan A2,* ***13****)* **:** *4, rue Bourbesneur. ☎ 02-31-90-50-40. • info@lecornu.fr • lecornu.fr • Compter 60-86 € pour 2 selon la chambre, petit déj inclus. Wifi.* Christèle et François Lecornu vous accueillent dans leur maison du XVIIIe s, au cœur du quartier historique de Bayeux. 3 chambres (dont une familiale) à la déco soignée. Notre préférence va à la jolie chambre mansardée, très intime... bien qu'on aime aussi celle, très royale, avec lit à baldaquin. À côté, la cave-magasin du couple, qui produit du cidre et du calvados.

Hôtel de la Reine Mathilde (plan B2, **14**) **:** *23, rue Larcher. ☎ 02-31-92-08-13. • hotel.reinemathilde@wanadoo.fr • hotel-reinemathilde.com • Fermé en janv. Doubles 50-75 € selon saison ; familiales (3-4 pers) 75-100 €. Wifi.* À deux pas de la cathédrale et de la tapisserie, un hôtel dont les chambres, standard mais confortables, portent des noms de reines et de rois anglo-saxons. Fait aussi resto. Terrasse.

Hôtel Le Bayeux (plan B2, **18**) **:** *9, rue Tardif. ☎ 02-31-92-70-08. • lebayeux@gmail.com • lebayeux.net • Doubles 65-120 € selon confort, taille et saison. Plusieurs chambres familiales pour 3-5 pers. Wifi. Parking payant. Un petit déj/chambre et par nuit offert sur présentation de ce guide.* C'est simple, propre, fonctionnel et les prix sont compétitifs, surtout pour un petit groupe d'amis (lits superposés dans les grandes chambres) ou une grande famille. Au cœur du quartier historique. Accueil particulièrement serviable.

De chic à beaucoup plus chic

Hôtel d'Argouges (plan A1, **15**) **:** *21, rue Saint-Patrice. ☎ 02-31-92-88-86. • hotel.dargouges@gmail.com • hotel-dargouges.com • Doubles 80-125 € selon taille, confort et saison ; familiales (3-5 pers) 160-285 €. Petit déj 12 €. Internet. Parking payant.* Un ancien hôtel particulier du XVIIIe s, en plein centre mais au calme, au fond d'une grande cour pavée. Une dizaine de chambres dites « standard » se trouvent dans l'annexe. Et pour une fois, il ne s'agit pas d'un bâtiment anodin mais d'une vieille et belle bâtisse dévorée par le lierre. Salle à manger somptueuse mais, quand il fait beau, prendre le petit déj dans le jardin fait partie de ces petits bonheurs qu'on ne se refuse pas.

Grand Hôtel du Luxembourg *(plan B1-2,* ***16****) :* *25, rue des Bouchers. ☎ 02-31-92-00-04. • hotel.luxembourg@wanadoo.fr • hotel-luxembourg-bayeux.com • ♿ (resto). Doubles 70-200 € avec sdb. Menus 18-50 €. Wifi.* Jolie adresse pour ceux qui aiment le confort. Chambres standard très fraîches avec leurs motifs toile de Jouy. Restaurant *(Les Quatre Saisons)* de très bonne tenue. Cuisine très colorée et pleine de saveurs du coin et du monde entier.

Château de Bellefontaine (hors plan par B3, **17**) **:** *49, rue de Bellefontaine. ☎ 02-31-22-00-10. • info@hotel-bellefontaine.com • hotel-bellefontaine.com • ♿. À 800 m au sud-est du centre-ville, en retrait de la route pour Caen (N 13). Doubles 90-150 € selon confort et saison ; familiales 180-250 €. Internet, wifi. Apéritif offert sur présentation de ce guide.* Chambres raffinées et de style classique dans une demeure du XVIIIe s entourée d'un beau parc traversé par un canal. Certaines plus spacieuses, disposent d'une cheminée et ont vue sur le parc. Également, dans les anciennes écuries, des duplex pour 4 personnes, élégants, spacieux, à la déco moderne et épurée. Accueil souriant. Tennis, location de vélos et promenades en barque. Calme assuré.

Où dormir dans les environs ?

Chambres d'hôtes L'Ancien Presbytère* :** *chez Josiane et Jacques Danjou, hameau Le Hutrel, 14400* ***Vaux-sur-Aure. *☎ 02-31-92-13-51. • jacquesdanjou@orange.fr • lehutrel.com • Dans le bourg de Vaux-sur-Aure, prendre à droite après le pont (et non vers Longues-sur-Mer). Compter 54 € pour 2. Internet, wifi. En basse saison, réduc de 10 % sur le prix de la chambre à partir de 4 nuits sur présentation de ce guide (hors vac scol).* 3 chambres en tout : une dans l'ancien presbytère, qui est aussi la maison des propriétaires, et 2 autres (pouvant accueillir jusqu'à 4 personnes) dans une bâtisse annexe à l'arrière. Toutes sont lumineuses, gaies, pimpantes et décorées avec soin. L'endroit, fort bien restauré, est vraiment agréable à vivre, d'autant plus que l'accueil en douceur est charmant. Salon de jardin pour les beaux jours. Cuisine sommaire mais bien pratique à disposition des hôtes.

Chambres d'hôtes Côté Campagne : *chez Marie-Christine Teillant, Le Lieu-Aubin 14400* ***Vaux-sur-Aure.*** *06-17-39-13-56. • cote.campagne@wanadoo.fr • campagneennormandie.com • À 5 km de Bayeux par la D 6 direction Port-en-Bessin ; à Maisons, tourner à droite, la ferme se trouve sur la gauche, 2 km plus loin. Compter 47-52 € pour 2 ; familiales 69-86 €. Sur présentation de ce guide, 5e nuit offerte pour un séjour de 4 nuitées consécutives.* En pleine campagne, autour de la cour fleurie d'une ferme, 5 chambres d'hôtes toutes simples mais confortables. Petit déj servi dans une agréable véranda, le nez dans la verdure.

Chambres d'hôtes Cosyourte : *hameau de Montirly, 14490* ***Le Tronquay.*** *☎ 02-31-22-66-66. 06-78-39-32-05. • cosyourte.fr • À 13 km au sud-ouest de Bayeux par la D 572 puis la D 178. 4 yourtes : 2 petites 60 € et 2 grandes 75 €. Pers supplémentaire 10-20 € selon âge.* Sur une charmante parcelle verdoyante en plein bocage, ces quelques yourtes venues de Mongolie, équipées de mobilier coloré provenant lui aussi de là-bas, constituent une sympathique alternative aux chambres à pans de bois de la région. Bon confort à l'intérieur et atmosphère chaleureuse. Sanitaires privés pour chaque tente, mais situés dans la maison des proprios, à deux pas. Bon accueil.

Camping et chambres d'hôtes Manoir de l'Abbaye : *15, route de Creully, chez Yvette et Maurice Godfroy, 14740* ***Martragny.*** *☎ 02-31-80-25-95. • yvette.godfroy@libertysurf.fr • godfroy.pagesperso-orange.fr/ • À 11 km de Bayeux par la N 13, direction Caen. Ouv tte l'année. Camping env 16 € pour 2 (résa préférable en été). Double 50 € ; familiale 100 €. Wifi. Réduc de 10 % sur le camping ou sur le prix de la chambre à partir de 7 nuits consécutives sur présentation de ce guide.* Joli terrain de camping au milieu d'arbres fruitiers avec bloc sanitaires, coin cuisine et machine à laver. 3 chambres dont une familiale. Une adresse toute simple dans une belle ferme et qui vaut le détour pour la gentillesse des propriétaires, qui sauront vous indiquer de nombreuses balades dans les environs.

Où manger ?

Bon marché

Café Inn' *(plan B2,* ***20****) : 67, rue Saint-Martin. ☎ 02-31-21-11-37. Tlj sf dim et j. fériés, 9h-18h. Menu 12 €.* Le menu comprend une salade bien fraîche, une tarte salée et un dessert, le tout fait maison. Également omelettes, sandwichs ou délicieux gâteaux (clafoutis, cake, tartes aux pommes ou Tatin). Terrasse lilliputienne sur la rue. Cette petite boutique vendant thés et cafés sert aussi les petits déj le matin et devient salon de thé l'après-midi. L'endroit est reposant, parfait pour une petite pause.

De prix moyens à chic

L'Assiette Normande *(plan A2,* ***21****) : 3, rue des Chanoines. ☎ 02-31-22-04-61. Tlj sf dim et lun hors saison (ouv lun soir et dim soir en saison). Congés : janv. Formules 9,50 (midi en sem)-12 € ; menus 15-33 €. Apéritif maison offert sur présentation de ce guide.* Au pied de la cathédrale, une auberge traditionnelle qui offre une cuisine de terroir sans prétention ni complications. À signaler tout de même, 2 menus mettant à l'honneur l'andouille de Vire et le porc de Bayeux. Très fréquentée par les locaux, elle accueille aussi des groupes à l'étage ; le service s'en ressent parfois.

La Coline d'Enzo *(plan B2,* ***22****) : 2-4, rue des Bouchers. ☎ 02-31-92-03-01. • colinedenzo@orange.fr • Tlj sf dim, lun et sam midi. Formule déj 14 € ; menus 24-34 €.* Cuisine fine, inspirée... et inspirante ! La déco soignée, la luminosité des salles éclairées par les nombreuses fenêtres donnant sur la rue offrent un cadre agréable pour un repas dans une ambiance paisible.

Le P'tit Resto *(plan A-B2,* ***23****) : 2, rue du Bienvenu. ☎ 02-31-51-85-40. • lepetitrestobayeux@orange.fr • À côté de la* *cathédrale. Tlj sf dim et lun. Formules 17 € le midi, 22 € le soir ; menus 27-52 €.* Un charmant petit bistrot tenu par un jeune couple. Un cadre design où le chef propose une cuisine de saison mâtinée d'une touche de créativité. Certains plats sont un chouia chers, ce qui ne gâche pas le plaisir pour autant. La patronne assure un service efficace et un accueil charmant. Quelques tables en terrasse, pile devant la cathédrale.

Le Bistrot de Paris (plan A1, **26**) : *pl. Saint-Patrice, 3, rue du Dr-Guillet. ☎ 02-31-92-00-82. ♿ Tlj sf dim, lun soir. Fermé 2de quinzaine de fév et 2de quinzaine d'août. Formule déj en sem 12 € ; menus 16-28 €.* Ambiance conviviale dans cette salle tout en longueur aux murs habillés de miroirs ou dans celle d'à côté revêtue de rouge. Cuisine généreuse dans les 2 cas, proposant un bon choix aussi bien de poisson que de viande, ainsi qu'une belle carte de crêpes.

Le Pommier (plan B2, **24**) : *40, rue des Cuisiniers. ☎ 02-31-21-52-10. • contact@restaurantle • pommier.com ♿ Tlj sf dim en hiver. Congés : de mi-déc à mi-janv. Résa conseillée. Formule déj en sem 17 € ; menus 22,50-30 € ; carte env 30-35 €.* Une belle terrasse au pied de la cathédrale, 2 salles à la déco harmonieuse et intemporelle, et des produits normands soigneusement sélectionnés, sont les principaux atouts de ce restaurant. Menus d'un excellent rapport qualité-prix.

La Rapière (plan B2, **25**) : *au niveau du 53, rue Saint-Jean, passer sous l'arche de pierre. ☎ 02-31-21-05-45. Fermé mer-jeu. Menus 16 € (midi lun-sam) et 27,50-33,50 €.* Une table classique et traditionnelle à la fois. On ne vient pas ici pour tâter des dernières tendances de la cuisine moléculaire, certes, mais pour goûter une cuisine régulière en qualité, élaborée à base de produits frais, et basée sur la tradition française en général, sans perdre pour autant ses accents normands. Accueil pro.

Salons de thé

Salon de thé La Reine Mathilde (plan B2, **30**) : *47, rue Saint-Martin. ☎ 02-31-92-00-59. Tlj sf lun 8h30-19h30. Congés : 12 j. en fév, juin et nov.* La voilà, la fameuse pâtisserie de Bayeux ! Pour une pause sucrée dans un cadre chic et coquet où plafond peint, lustres et petites tables blanches caressent votre œil tandis que les tartes, gâteaux et confiseries font soupirer de contentement le palais et l'estomac des becs sucrés.

Café Inn' (plan B2, **20**) : lire plus haut dans « Où manger ? ».

Où boire un verre ? Où écouter de la musique ?

Lewis Pub (plan B2, **31**) : *40, rue de Nesmond. ☎ 02-31-92-05-35. Tlj 17h-2h.* Le bar le plus sympa de Bayeux organise aussi des concerts certains soirs.

À voir

La cathédrale (plan B2) : *entrée rue du Bienvenu. Tlj 8h30-18h (19h juil-sept ; 17h janv-mars), sf pdt les offices. Visites guidées tlj en juil-août (rens auprès de l'office de tourisme). En été, « Rendez-vous à la cathédrale » : spectacles d'images monumentales 3 soirs/sem.*

Si un rempart du IIIe s a dernièrement été découvert à proximité, cette cathédrale, comptant parmi les plus belles de France, a été élevée au XIe s. On en doit l'essentiel à Odon, évêque de Bayeux et accessoirement demi-frère de Guillaume le Conquérant (qui assistera à l'inauguration des lieux avant de faire enfermer Odon, devenu trop gênant !). Les tours, la crypte et une partie de la nef datent de l'époque. Le chœur fut reconstruit un siècle plus tard et les chapelles furent ajoutées au XIVe s.

Très belle façade principale avec ses cinq portails décorés de sculptures. On est saisi dès l'entrée par les vastes proportions de la nef (102 m de long, tout de même).

Remarquables sculptures aux murs, typiques de l'art roman, mais remplies de réminiscences anglo-saxonnes, scandinaves et même orientales. Dans la nef, bel exemple de juxtaposition architecturale avec des arcades romanes en plein cintre et, au-dessus, des arcs-boutants gothiques. Outre les frises, on remarque des motifs décorant les chapiteaux : personnages grimaçants, animaux fantastiques, trèfles à quatre feuilles, etc. C'est sous les grandes arcades que l'évêque Odon avait décidé d'installer la tapisserie. Elle y était accrochée une fois par an (et cela pendant quatre siècles). Chœur d'une grande luminosité, sur trois niveaux, d'époque gothique. Au plafond, peintures du XIIIe s. Sur la droite, dans une chapelle, fresques restaurées du XVe s. Riche mobilier un peu partout. Dans la nef, jolie chaire sculptée (XVIIIe s) ; dans le chœur, une cinquantaine de stalles Renaissance et un maître-autel très travaillé du XVIIIe s. Dans l'une des chapelles (côté gauche) subsistent des vitraux du XIIIe s.
– *La crypte :* sous le chœur. Les trois petites nefs sont séparées par des colonnes aux chapiteaux sculptés (art roman là aussi). Fresque du XVe s au plafond.
À l'occasion des visites guidées proposées par l'office de tourisme, vous pourrez accéder à la salle du Trésor et à la salle du Chapitre.

La tapisserie de Bayeux *(plan B2) : centre Guillaume-le-Conquérant, rue de Nesmond. ☎ 02-31-51-25-50. 15 mars-15 nov, tlj 9h-18h30 (19h mai-août) ; le reste de l'année, 9h30-12h30, 14h-18h. La billetterie ferme 45 mn avt celle du musée. Fermé 24-26 déc, 31 déc-2 janv. Entrée : env 8 € ; réduc ; gratuit moins de 10 ans. Excellent audioguide inclus dans le billet. Selon l'affluence, on vous donnera un audioguide avec ou sans touche « pause », ce qui peut considérablement changer le rythme de votre visite... Il existe un audioguide spécialement conçu pour les enfants.*

> **LEÇON DE COUTURE**
>
> *Un rectificatif s'impose. Communément appelé « tapisserie », le chef-d'œuvre de Bayeux n'en est pourtant pas une, car il n'est pas tissé. C'est plus exactement une broderie, réalisée sur une toile de lin. Cependant on fera comme tout le monde, et on l'appellera « tapisserie » !*

Depuis 1983, le centre Guillaume-le-Conquérant est entièrement voué à la tapisserie, incroyable bande dessinée brodée, longue de 70 m, qui est depuis 2007 inscrite au registre de la Mémoire du monde, établi par l'Unesco. Une grande galerie a été spécialement aménagée au rez-de-chaussée pour mettre en valeur LE trésor de Bayeux.
La salle, plongée dans la pénombre, met parfaitement en valeur la grande broderie, protégée par une vitre blindée (comme *La Joconde* au musée du Louvre) et éclairée de l'intérieur. En suivant cette bande lumineuse, on croirait presque assister à un dessin animé. Les coloris (intacts), le relief donné aux dessins par les « points », le mouvement de certaines scènes (de combat notamment) entretiennent l'illusion. La naïveté des traits et la déformation des proportions expliquent la comparaison souvent employée avec la bande dessinée. On trouve même des textes tout au long de la broderie, que les forts en latin pourront décrypter sans trop de mal ! Mais il s'agit avant tout d'un chef-d'œuvre pictural. La force et l'originalité de l'ensemble sont évidents, ainsi que la qualité des matériaux (qui ont résisté plus de 900 ans) et l'impressionnant travail fourni, digne de Pénélope... Les détails dans les costumes, la robe des chevaux, sans oublier le fabuleux bestiaire imaginaire sont absolument époustouflants ; surtout si l'on songe qu'il n'y a que trois couleurs de fil ! La tapisserie fut pourtant plusieurs fois rapiécée au fil des siècles. Et, à bien y regarder, on y décèle encore des centaines de trous ! Il paraît qu'il fut même prévu de s'en servir comme d'une vulgaire bâche pendant la Révolution... En tout cas, l'œuvre semble inachevée : il manque un bout à la fin, qui devait représenter le couronnement du duc Guillaume, devenu roi d'Angleterre.

Les salles situées aux étages donnent les clés de ce fabuleux récit, en le resituant dans son contexte historique (lire la rubrique « La plus grande B.D. du monde » dans l'intro sur Bayeux). Des maquettes, des outils, de la vaisselle, des costumes et des infos sur la vie quotidienne de l'époque plongent le visiteur dans l'Angleterre du temps de Guillaume. Au 2e étage, une salle est consacrée à la Normandie et à la vie de Guillaume. On peut compléter la visite par la projection toutes les 40 mn d'un excellent film pédagogique de 15 mn consacré à l'histoire relatée par la tapisserie. Dommage quand même que, si l'on se fie au commentaire, on saute allègrement des passages entiers de la tapisserie. N'hésitez donc pas, pour apprécier au mieux l'infinité de détails, à effectuer un second passage à votre rythme (vous pouvez aussi redescendre après avoir visité l'exposition permanente). Dommage aussi que les amoureux de la tapisserie n'aient pas le droit à une visite guidée digne de ce nom. Ceux qui voudraient poursuivre leur immersion dans l'univers de la tapisserie, peuvent se plonger avec délices dans le roman *Intrigue à l'anglaise*, d'Adrien Gœtz (voir aussi la rubrique « Livres de route » dans la partie « Normandie utile »).

Le musée-mémorial de la Bataille de Normandie *(plan A2)* **:** *bd Fabian-Ware. ☎ 02-31-51-46-90. ♿ Oct-avr, 10h-12h30, 14h-18h ; mai-sept, tlj 9h30-18h30. Dernière visite 1h avt fermeture. Fermé janv-fév. Entrée : 6,50 € ; réduc ; gratuit moins de 10 ans. Prévoir env 2h de visite.* Ce vaste bâtiment moderne présente un panorama complet et passionnant des opérations militaires de 1944. La scénographie met l'accent sur la tactique, la logistique, la stratégie et le déroulement de cette grande bataille de Normandie, le tout à grand renfort de couleurs et de cartes mais cela n'en fait pas pour autant un musée « guerrier ». On y trouve également des archives, des photos, des témoignages. Un vibrant hommage est aussi rendu à de Gaulle, chef de la France combattante, « visionnaire rebelle » qui lui-même rendit de nombreux hommages à la ville. On apprend qu'il revint en France libérée à bord du destroyer *La Combattante.* Puis qu'il prononça à Bayeux (sur la place qui porte aujourd'hui son nom) un discours qui enflamma les esprits : « Nous allons tous ensemble, bouleversés et fraternels, [...] remonter du fond des abîmes... » Il revint dans la ville en 1945 pour accueillir les déportés, mais c'est son passage du 14 juin 1944 qui aura le plus de portée historique.
Le choix de Bayeux pour ce musée était évident : première ville (continentale) libérée, elle fut choisie par le général de Gaulle comme « capitale territoriale du gouvernement provisoire de la République ». C'est également ici (juste en face du musée) que reposent le plus grand nombre de combattants anglais morts en Normandie.

Le cimetière britannique *(hors plan par A2)* **:** *de l'autre côté de la route, quasiment face au musée de la Bataille-de-Normandie.* Sous de sobres stèles blanches reposent près de 4 700 soldats du Commonwealth morts pour libérer la France. Un monument rappelle également les quelque 2 000 disparus. On trouve d'autres cimetières anglais le long des plages du Débarquement, mais celui-ci est le plus important du genre.

Le mémorial des Reporters *(hors plan par A2)* **:** *à côté du cimetière britannique.* Ce lieu, entièrement dédié aux reporters et à la liberté de la presse, en collaboration avec « Reporters sans frontières », est le seul du genre en Europe. Le site est constitué d'une promenade paysagère ponctuée de pierres blanches sur lesquelles seront gravés les noms de 2 000 journalistes tués sur la planète dans l'exercice de leur fonction depuis 1944.

Le conservatoire de la Dentelle de Bayeux *(plan A2)* **:** *maison Adam et Ève, rue du Bienvenu. ☎ 02-31-92-73-80. • dentelledebayeux.free.fr • Face à la cathédrale. Tlj sf dim et j. fériés 10h-12h30, 14h-18h. Démonstration du travail. Entrée libre.* Tout sur la célébrissime dentelle de Bayeux, presque aussi connue que la tapisserie. Un art qui remonte à la seconde moitié du XVIIe s, apparu chez les sœurs de la Providence. Dans les années 1950, Bayeux assiste à la disparition des dernières dentellières... Seule subsista, jusque dans les années 1970, l'école de dentelle. Aujourd'hui, les passionnés peuvent à nouveau s'initier à la fabrication de la dentelle traditionnelle pour apprendre à faire des napperons ou des motifs décoratifs ! C'est somptueux !

La vieille ville

➢ Petit circuit de notre invention, au départ de la cathédrale. Recommandé aux amateurs d'architecture ou aux simples badauds friands de curiosités esthétiques... On vous rappelle que l'office de tourisme propose un plan-circuit, jalonné de bornes explicatives et balisé par des clous reprenant des motifs de la tapisserie, ainsi qu'un circuit botanique pour découvrir le jardin des plantes et son très rare hêtre pleureur du XIXe s. Flâner aussi sur les bords de la rivière Aure qui traverse la ville, grâce à une agréable balade pédestre, aménagée et pavée.

Face à l'entrée de la cathédrale, un peu décalée, superbe ***maison*** à colombages, aux poutres sculptées. Il s'agit de la maison dite d'Adam et Ève ; elle abrite le conservatoire de la Dentelle.

À l'angle de la rue des Cuisiniers et de la rue Saint-Martin, la très belle ***maison à pans de bois*** (XIVe s) fut autrefois une auberge. C'est la plus ancienne maison de Bayeux.

Le grand hôtel d'Argouges *(plan A2)* **:** *4, rue Saint-Malo.* Belle maison à pans de bois du XVe s. Remarquez les personnages sculptés sur les chapiteaux. Revenez sur vos pas pour la suite du circuit.

La maison du Cadran : *6, rue Saint-Martin.* De la fin du XVIIIe s, avec porche, balcon ouvragé et (comme son nom l'indique) un curieux cadran solaire.

En continuant dans la rue Saint-Martin, on arrive à la ***halle aux poissons,*** sur l'Aure (où est installé l'office de tourisme). Petit pont très chou, d'où la vue est charmante. Derrière la halle, une rue pavée conduit à des maisons en pierre et à un moulin en état de fonctionnement. On remarque, d'ici, que la halle est construite sur le pont !

Fêtes et manifestations

– ***D-Day Festival :*** *le 7 juin.* Célèbre la libération de la ville.
– ***Fêtes médiévales :*** *le 1er w-e de juil.* Animations et Salon du livre médiéval. Ambiance vraiment festive et conviviale.
– ***Festival Calvadose de Rock :*** *le 1er w-e d'août.*
– ***Prix Bayeux-Calvados des correspondants de guerre :*** *la 1re sem d'oct.*

CREULLY

(14480) 1 400 hab. *Carte Calvados, B1*

Ce vieux bourg situé dans un beau coin de verdure, à environ 12 km à l'est de Bayeux, est surtout connu pour son château. À l'abri de l'agitation du bord de mer ou des villes, il constitue une bonne base pour explorer les plages du Débarquement, Bayeux et sa campagne ou même Caen.

Où dormir ? Où manger ?

Camping

*⛺ **Camping des Trois Rivières :** route de Tierceville. ☎ 02-31-80-90-17. • camping-creully@orange.fr • camping des3rivieres.fr • ♿ Dans le village de Creully. Ouv avr-sept. Arriver avt 22h. Résa par courrier slt. Compter 11 € pour 2. Loc de vélos.* Un sympathique endroit joliment arboré, modeste mais bien tenu. Tennis, ping-pong et pétanque. Le château est à 800 m. Clientèle d'habitués.

De prix moyens à plus chic

*🏠 🍽 **Hostellerie Saint-Martin :** 6, pl. Paillaud. ☎ 02-31-80-10-11. • hostellerie.st.martin@wanadoo.fr • hostelleriesaintmartin.com • Fermé 19 déc-9 janv. Double 54 € avec sdb ; chambres familiales 61-79 €. Formule 14 € (en sem) ; menus 23-35,50 €. Wifi.* Une accueillante auberge traditionnelle, avec beaucoup de caractère. Salle à manger superbe : voûte de pierre du pays, cheminée, vieux dallage... Construite au XVIe s, la maison servit d'abord de halle. Chambres plutôt conventionnelles mais confortables et bien tenues. Au resto, ceux qui en ont les moyens goûteront surtout les délicieuses spécialités proposées à la carte : feuilleté d'andouille, escalope de foie gras au pommeau...

Où dormir ? Où manger dans les environs ?

*⛺ **La ferme de Pierrepont :** 14480 **Amblie.** ☎ 02-31-80-10-04. 📱 06-81-50-14-38. • elianefiquet@hotmail.com • fermedepierrepont.free.fr • De Creully, prendre la D 22 en direction de Caen ; après 2 km, vous trouverez la ferme de Pierrepont sur votre gauche (attention, il ne faut jamais suivre la direction d'Amblie !). Ouv tlj Pâques-Toussaint. Compter 12,50 € pour 2. Wifi. Un pot de confiture offert à partir de la 2e nuit sur présentation de ce guide.* Petit camping à la ferme sur un terrain étendu et dans un cadre plutôt inhabituel : une maison et son domaine où coule discrètement la Mue avec, tout autour, des emplacements où planter votre tente – dans un coin au milieu de champs cultivés, ou sous les arbres fruitiers... Sanitaires assez sommaires mais propres.

*🏠 🍽 **Auberge de la Mue :** 1, Grande-Rue, 14610 **Thaon.** ☎ 02-31-80-01-47. • marc.naussans@wanadoo.fr • aubergedelamue.com • ♿ (hôtel). En plein cœur du village, au croisement principal. Resto fermé midi lun et mer, plus dim soir hors saison. Congés : de mi-sept à mi-oct. Doubles 70-82 €. Menus 25-49 €. Wifi. Café offert sur présentation de ce guide.* Dans un vieux corps de ferme joliment restauré. Les chambres, belles et pimpantes avec leurs murs de pierres apparentes et leurs couleurs chaudes, sont dans une bâtisse à part. Le bar-restaurant a lui aussi conservé pavés, pierres apparentes, poutres et cheminée. Aux beaux jours, on s'installe en terrasse dans un superbe préau couvert. Quant à l'assiette, fort joliment présentée, elle abrite une cuisine du terroir à la fois fine et généreuse.

*🏠 🍽 **Ferme de la Rançonnière :** 14480 **Crépon.** ☎ 02-31-22-21-73. • ranconniere@wanadoo.fr • ranconniere.fr • ♿ (une chambre). À 3 km au nord de Creully, vers Arromanches. Resto fermé janv. Doubles 60-195 € selon saison et confort. ½ pens souhaitée en hte saison : 66-129 €/pers (voir aussi les offres spéciales sur le site). Menus 24 € le midi en sem, puis 29-40 €. Internet, wifi. Apéritif maison offert sur présentation de ce guide.* Dans un petit village tranquille, sur la route qui mène aux plages du Débarquement. Belle et imposante ferme fortifiée dont les parties les plus anciennes remontent au XIIIe s. Une adresse de charme, mais pas du tout guindée. Chambres dans le genre rustique douillet, mignonnes comme tout avec leurs vénérables poutres et leurs meubles qu'on jurerait de famille. Sous les voûtes de pierre de la salle à manger, cuisine de terroir qui a bonne réputation dans le coin.

À voir

Le château : *en plein centre. ☎ 02-31-80-18-65. • creully.fr • Juil-août, mar-ven 10h-12h30, 14h30-17h30. Visites guidées de 45 mn. Entrée : 4 € ; réduc. Tte l'année, accès libre au parc.* Le château n'est pas spécialement beau, mais la construction, à mi-chemin entre le manoir et la forteresse, est des plus originale. À l'arrière, terrasse donnant sur la campagne environnante. Différents styles marquent l'architecture générale, des remparts du XIIIe s (longés par des fossés) à la tour du XVIe s, en passant par une tour du XVe s et un donjon du XIVe s. À l'intérieur, belle salle romane. Le château compta, parmi ses propriétaires, un certain Colbert... Après le Débarquement, les journalistes de la *BBC* s'y installèrent pour transmettre les nouvelles du front.

DANS LES ENVIRONS DE CREULLY

H2O Parapluies : *7, route d'Arromanches, 14480* ***Crépon.*** *☎ 02-31-92-89-61. • h2oparapluies.fr • Visite libre et gratuite lun-sam 9h-12h, 14h-19h. Fermé en janv.* Fabrication artisanale de parapluies. Apprécier la dernière création maison : la canapluie !

Le château de Fontaine-Henry : *prendre la D 141 de Pierrepont. ☎ 02-31-80-00-42. • chateau-de-fontaine-henry.com • De mi-juin à mi-sept, ts les ap-m sf mar 14h30-18h30 ; de Pâques à mi-juin et de mi-sept à la Toussaint, w-e et j. fériés 14h30-18h30. Visite guidée : 8 € (avec châtelain selon disponibilité, en été dim à 15h15) ; 7 € (intérieur et extérieur avec guide ; env 45 mn) ; visite libre partielle : 5,50 € ; réduc ; gratuit moins de 7 ans. De mi-juil à août, également des visites à thème.* Ce château Renaissance a fière allure. Ses toits pentus sont considérés comme les plus hauts et les plus pentus de France. Remarquez cette curieuse tourelle au chapeau pointu incroyablement effilé. Agencement vraiment original. Les sculptures de la façade principale sont également remarquables. À l'intérieur, tableaux et mobilier ancien. Dans le parc, intéressante chapelle, en partie du XIIIe s. En été, visites guidées le vendredi soir (parfois le samedi) à la fraîche et à la lueur des chandelles, et parfois les « Salons croustillants », une célébration du XVIIIe s avec clavecin, escapade à cheval, etc. En octobre, « Château-Flore », grande manifestation florale dans le parc.

Les jardins du château de Brécy : *☎ 02-31-80-11-48. Peu après Rucqueville, tourner à gauche sur la D 158C direction Saint-Gabriel. De Saint-Gabriel, suivre la D 35 en direction de Bayeux puis tourner à gauche sur la D 158C (rue de Brécy). Visite Pâques-Toussaint mar, jeu et dim 14h30-18h30 (plus sam en juin). Entrée : 7 € ; gratuit moins de 12 ans.* Sans doute la plus belle propriété de la région, grâce à ses jardins en terrasses (créés vers 1660), décorés de sculptures. Le site enchanta, entre autres, La Varende et Jacques de Lacretelle. Le château, de la fin du XVIIe s (ne se visite pas), rappelle le style de Mansart. Portail sculpté exceptionnel.

LES PLAGES DU DÉBARQUEMENT (SUITE)

VER-SUR-MER (14114) 1 340 hab. *Carte Calvados, B1*

Ver-sur-Mer, avec les hameaux de La Rivière et du Hamel, constitue, à l'aube du 6 juin 1944, l'entité stratégique du secteur Gold Beach. L'opération est

confiée aux unités de la 50e division d'infanterie britannique. Objectif : prendre la crête de Saint-Léger, entre Caen et Bayeux. La Rivière, sévèrement bombardée, est complètement détruite lorsque débarquent les fusiliers. Il faut faire appel à l'artillerie navale pour pilonner les ouvrages camouflés. Après plusieurs heures, le site sera nettoyé au prix de nombreuses victimes.
Les soldats débarqués à Ver ont moins de problèmes : ils s'emparent tout de suite des canons de la Mare-Fontaine, les artilleurs allemands ayant quitté leur poste pour se rendre, traumatisés par des heures de bombardements ! Au Hamel, le 1st Hampshire ne s'empare du site qu'à 16h, après s'être heurté à des retranchements protégés et diverses fortifications. L'église d'Asnelles servira d'hôpital ce jour-là.
Si, aujourd'hui, la plage de Ver ne présente rien d'exceptionnel, le petit village, en retrait dans les terres, a en revanche beaucoup de charme.

Adresse utile

Office de tourisme : *2, pl. Amiral-Byrd. ☎ 02-31-22-58-58. Au même endroit que le musée, au cœur du bourg dans les terres. Mai-oct, tlj (sf mar hors juil-août). En hiver, mer-ven 10h30-12h.*

Où dormir ?

De prix moyens à chic

Chambres d'hôtes Castel Provence : *chez Mme Josette Bourry, 7, rue de la Libération. ☎ 02-31-22-22-19. • josette@castelprovence.fr • castelprovence.fr • Dans le village, dans les terres, près de l'église. Résa indispensable (et s'y prendre très tôt à l'avance). Compter 70-75 € pour 2. Internet.* 2 chambres, dont l'une est un vrai petit studio : lit clic-clac et kitchenette très bien équipée donnant sur le beau parc. La maîtresse de maison aime recevoir, et réserve plein de petites attentions à ses hôtes : sablés, thé, tisane, etc. Le petit déj est servi dans une belle cuisine avec cheminée, et il va de soi que les confitures sont maison.

Le Mas Normand : *8, impasse de la Rivière. ☎ 02-31-21-97-75. • lemasnormand@wanadoo.fr • lemasnormand.com • roulotte-normandie.fr • Compter 65-85 € pour 2, 110-130 € pour 3-4 pers. Wifi. Réduc de 10 % sur la chambre sur présentation de ce guide.* Au fond d'une impasse, dans un secteur assez résidentiel et bordé par un ru, 2 coquettes maisons autour d'une minuscule courette prolongée par une pelouse. Déco toute provençale pour cette jolie maison croquignolette et sympathique. 3 chambres et une merveille de roulotte. Transats colorés dans la courette aux beaux jours.

Chambres d'hôtes Le Clos du Bout de Haut : *chez Éliane et Marcel Dahyot, 44, rue de la Libération. ☎ 02-31-22-22-81. • eliane.dahyot@wanadoo.fr • ver-sur-mer.com • De Ver-sur-Mer, prendre la route de Crépon (D 112), c'est sur la droite de la route. Ouv Pâques-Toussaint. Compter 62 € pour 2.* Jolie maison de pierre blonde qui abrite 2 chambres simples, impeccables et fonctionnelles, pouvant accueillir 3 personnes. Propre et bien bon accueil du gentil couple de proprios.

À voir

Le musée America Gold Beach : *2, pl. Amiral-Byrd (dans le bourg). ☎ 02-31-22-58-58. • goldbeachmusee.org.uk • Avr-sept, tlj sf mar (tlj en juil-août) 10h30-17h30 (dernière entrée à 17h). Fermé le reste de l'année sf groupes sur résa. Entrée : env 4 € ; réduc, y compris sur présentation de ce guide.*
On a surtout trouvé ce petit musée intéressant pour son espace consacré aux traversées aériennes transatlantiques. L'épisode du Fokker *America*, peu connu, est largement évoqué ici : maquette et pièces de l'*America*, premier sac postal transporté entre les deux continents... Ce musée rappelle aussi toute la fabuleuse histoire de l'aéropostale à travers quelques figures célèbres (Daurat et Saint-Exu-

péry). Il est toujours utile, à l'heure d'Internet, de se remettre en mémoire les risques énormes qu'ont pris ces hommes, simplement pour qu'une lettre arrive un peu plus vite...
L'espace « Gold Beach » évoque bien sûr les moyens mis en œuvre par l'*Intelligence Service* britannique pour préparer le Débarquement et rend hommage aux soldats anglais qui débarquèrent à Ver-sur-Mer pour libérer la première ville française (Bayeux). Diorama sur un soldat anglais débarquant et un autre sur la prise des batteries allemandes des Roquettes. Modèles de chars amphibies et de chars lance-flammes.

TIMBRÉS, CES AVIATEURS !

Le 29 juin 1927 (peu après le premier record de Lindbergh), quatre aviateurs décollent de New York pour tenter d'assurer la première liaison aéropostale entre les États-Unis et la France. À bord d'un Fokker trimoteur baptisé America, *ils réussissent à traverser le redoutable Atlantique nord, mais, en panne d'essence, perdus dans le brouillard, ils achèvent leur aventure par un amerrissage forcé au large de Ver-sur-Mer. On récupéra tout de même, outre les hommes, le tout premier sac postal qui traversa l'Atlantique... un peu mouillé.*

ARROMANCHES (14117) 610 hab. *Carte Calvados, B1*

Cette toute petite station de la côte normande n'est pas une plage du Débarquement à proprement parler, comme on l'imagine souvent à tort. Elle fut libérée... par voie terrestre le soir du 6 juin, mais la garnison allemande d'Arromanches continua de résister quelque temps.
Arromanches est devenue l'un des hauts lieux de l'espace historique de la bataille de Normandie, grâce à l'inimaginable port flottant qui y fut installé, considéré comme la plus grande prouesse technique de la guerre et au débarquement qui s'ensuivit. Son caractère très « guerrier » ne doit néanmoins pas faire oublier l'aspect charmant de cette cité.

L'INCROYABLE HISTOIRE DU PORT ARTIFICIEL

« Qui tient les ports tient l'Europe », disaient les Allemands. Le Havre, Brest, Cherbourg étant entre leurs mains, un quelconque débarquement en France ne pouvait être longtemps tenable faute d'approvisionnement... Malins comme tout, Churchill et Lord Mountbatten avaient trouvé la parade : on ne peut pas prendre les ports, trop bien gardés, alors autant en apporter un ! Le *Mulberry,* vaste port flottant préfabriqué, est construit en Angleterre en 1943, dans le plus grand secret. Le projet est à la mesure de l'enjeu : 146 caissons géants en béton armé (appelés Phenix), pesant chacun environ 7 000 tonnes, serviront

LA JEEP, VÉHICULE À TOUT FAIRE

Sortie en 1941, la GP (General Purpose, « à tout faire », prononcez jeep) fut fabriquée par Bantam, petit constructeur inconnu qui remporta le marché. Comme il ne pouvait suivre la cadence de production, elle fut fabriquée en parallèle par Ford. Son écart de roues réduit lui permettait de circuler sur les rails, une fois les pneus démontés. Chaque véhicule était vendu 739 $ à l'armée américaine.

de brise-lames, sur 8 km de long ; 22 plates-formes métalliques supportées par des béquilles accrochées au fond de la mer feront office de quais de déchargement ; d'immenses routes sur flotteurs (dont l'une de 1 200 m), reliées aux plages par éléments télescopiques, permettront de faire circuler le matériel et les troupes. En même temps, 60 navires seront volontairement sabordés au large d'Arromanches, pour former un abri contre la houle. Le 9 juin, les éléments arrivent, tirés par 200 remorqueurs.
Une fois assemblés, on s'y croirait : les Alliés ont un vrai port, qui leur permettra, protégés de l'ennemi par 600 pièces de DCA et d'immenses ballons dirigeables « captifs », de débarquer de quoi alimenter la bataille de Normandie. En 100 jours, le port d'Arromanches aura été plus productif que n'importe quel autre à l'époque. Il aura vu passer 2,5 millions d'hommes, un demi-million de véhicules et 4 millions de tonnes de matériel !

Adresse utile

@ Office de tourisme : *2, rue du Maréchal-Joffre. ☎ 02-31-22-36-45. • ot-arromanches.fr • Tlj tte l'année (sf janv).*

Où dormir ? Où manger ? Où boire un verre ?

De prix moyens à chic

Hôtel Le Mulberry : *6, rue Maurice-Lithare. ☎ 02-31-22-36-05. • courrier@lemulberry.fr • lemulberry.fr • Congés : 1er janv-15 fév. Doubles 66-109 € selon confort et saison, petit déj inclus. Internet, wifi. Apéritif maison offert sur présentation de ce guide.* Petit établissement sans étoile, mais en méritant largement 2, proposant un bouquet de chambres fonctionnelles, proprettes et tranquilles. La moitié donne sur la rue, mais le soir c'est calme. Bon accueil. Fait aussi resto.

Hôtel d'Arromanches – Restaurant Le Pappagall : *2, rue du Colonel-René-Michel. ☎ 02-31-22-36-26. • reservation@hoteldarromanches.fr • hoteldarromanches.fr • Fermé mar et mer (sf vac scol). Congés : de mi-nov aux vac de fév. Doubles 57-65 € selon confort et saison. Menus 14,90-29,90 €.* Un 2-étoiles d'un bon rapport qualité-prix. Chambres confortables, bien tenues et aux couleurs gaies. Cuisine traditionnelle.

Hôtel-restaurant La Marine : *1, quai du Canada. ☎ 02-31-22-34-19. • hotel.de.la.marine@wanadoo.fr • hotel-de-la-marine.fr • Sur la digue. Ouv tlj. Congés : 13 nov-6 fév. Doubles 61-96 € selon vue et confort (en réalité, on vous proposera d'office un forfait comprenant les petits déj) ; également une suite et des chambres familiales 95-175 €. Menus 22-38 € ; 55 € homard en saison. Wifi.* Grosse maison blanche à l'ambiance un brin huppée, posée sur la digue, face à la mer. Un tiers des chambres donne de ce côté-là, comme les tables installées près des grandes baies vitrées d'où l'on voit la plage jalonnée par les pontons du Débarquement. La qualité de la cuisine et des produits est là, la terrasse jouit d'une des plus belles vues sur la mer de la région. C'est aussi l'une des meilleures adresses du littoral, offrant, contrairement à ce que l'on pourrait craindre, un excellent rapport qualité-prix. Évidemment, homards et soles feront grimper l'addition. Mais les menus restent très attractifs.

Où manger dans les environs ?

Restaurant La Cale : *28, rue de Southampton, 14960* ***Asnelles.*** *☎ 02-31-21-48-78. Tlj midi et soir en saison. Fermé lun en ½ saison et lun-mar hors saison. Plat du jour 9,50 € (avec dessert compris en sem) ; menus 20,50-37 €.* « Cuisine d'hier et d'aujourd'hui » dit la carte. C'est bien vu. Moderne et décontractée, voici une vraie réussite culinaire que le bouche à oreille suffit à remplir. Inutile de jouer sur la présentation, les goûts sont dans les plats et les saveurs dans la bouche. Soupe de poisson, boudin de lieu jaune, Tatin d'escargots à la pulpe d'ail... Que du bon, servi avec le sourire. Bon, ben nous on y r'tourne, et à fond de cale !

À voir

Le port artificiel : ou ce qu'il en reste, une partie ayant été démontée et les caissons Phenix s'étant enfoncés dans le sable. Les vestiges, léchés par les flots, témoignent tout de même de la solidité du système. Les jetées les plus éloignées (à 2 km du rivage !) montrent à quel point le port pouvait être étendu... On se rend mieux compte du dispositif de l'époque après avoir vu les maquettes exposées au musée de la ville.

Le musée du Débarquement : *pl. du 6-Juin, face aux vestiges du port. ☎ 02-31-22-34-31. ♿ Juin-sept, ouv 9h-19h (18h en sept) ; le reste du temps, 10h (9h30 mars et oct)-12h30, 13h30-17h. Entrée : 7 € ; réduc.* Le musée présente des dizaines de vitrines et des souvenirs d'époque, certains rares : lance-grappin et échelle de corde utilisés à la pointe du Hoc, grosse mine marine, morceau du pipe-line Pluto, modèle d'une des 10 000 bombes jetées à l'aube du 6 juin, scaphandre (en cuivre !) utilisé par la Royal Navy, mot de condoléances adressé par le roi d'Angleterre aux familles des victimes, etc. Encore plus intéressant, les maquettes, très bien faites, du port artificiel. Le personnel commente la visite et fait fonctionner les digues flottantes miniatures. Ensuite, un diorama de 7 mn, exposé très clair des premières manœuvres du Débarquement. Puis un film de 15 mn, produit à l'époque par l'armée britannique, sur la construction du port. Passionnant. Venir tôt, les visiteurs sont nombreux. Depuis le musée, navette gratuite pour le cinéma circulaire *Arromanches 360,* une alternative aux musées traditionnels qui plonge le visiteur au cœur de l'action, parmi les combattants du jour J.

DES CHARS QUI NE MANQUENT PAS D'AIR

Pour ne pas compromettre la réussite du Débarquement, les Alliés lancent une vaste opération d'intoxication dont le but est de laisser croire aux Allemands que le Débarquement aura lieu dans le Pas-de-Calais. Les Britanniques s'emploient donc, dans les mois qui précèdent le jour J, à fabriquer chars et camions gonflables qu'ils font évoluer à proximité des côtes du Kent pour tromper la reconnaissance de l'aviation ennemie. Dans le même temps, la construction des éléments du port artificiel d'Arromanches suit son cours... Les Allemands mordront à l'hameçon, en concentrant leurs divisions dans le Pas-de-Calais.

LONGUES-SUR-MER (14400) 600 hab. *Carte Calvados, B1*

Charmant village construit autour de sa vieille abbaye, en retrait de la mer (malgré son nom). Ici, pas de plage, mais de jolies criques au milieu de hautes falaises dans un site sauvage battu par les vents, où les Allemands construisirent une redoutable batterie. Ce fut l'une des rares de la côte normande à tirer sur la marine alliée.

HISTOIRE DE CANONS

Édifiée en septembre 1943, la batterie de Longues aurait pu nuire au bon déroulement du Débarquement si elle avait été achevée. Mais l'aviation alliée troubla fortement la fin des travaux, et les bombardements sur le site redoublèrent peu avant le *D-Day.* Les artilleurs de Longues furent pourtant les seuls à répondre à l'artillerie de marine à l'aube du 6 juin : ils manquèrent d'ailleurs de peu le navire transportant le commandant du corps d'armée allié ! La batterie fut réduite au silence par les canons de l'*Ajax* après 20 mn de duel. Mais ses quatre pièces de 152 reprirent ensuite le feu, jusqu'à ce qu'un croiseur français mette deux coups au but. Le 7 juin, toute la garnison allemande de Longues se rendit aux Britanniques venus d'Arromanches. Et les habitants retrouvèrent le sommeil...

Adresse utile

Office de tourisme : *site de la Batterie. ☎ 02-31-21-46-87. • bayeux-bessin-tourism.com • Avr-oct, tlj ; nov-mars, slt ven-dim.*

À voir

La Batterie : *à la sortie du village, vers la mer. Visite libre (possibilité toutefois de visite guidée 4 €/pers le w-e avr-oct ; ☎ 02-31-21-46-87 ou 02-31-51-28-28).* Il s'agit de quatre casemates en béton et de leur poste de commandement. La première est en ruine, mais les autres conservent leurs longs canons. Impressionnant. Plus loin, en continuant vers la mer, un chemin mène à une petite crique de galets, au pied d'une falaise surnommée « le Chaos ». Joli cadre de verdure.

L'ancienne abbaye de Sainte-Marie : *en contrebas du village. ☎ 02-31-21-78-41. Propriété privée. Pâques-Toussaint, visite jeu 14h-18h ; tlj 1er-20 juil et 10-30 sept, 14h-19h. Entrée : 4 € ; gratuit moins de 15 ans.* Bâtiments conventuels bien restaurés. Au fond du jardin, chapelle en ruine, dont subsistent un beau portail normand et quelques frises. Fondée au XIIe s, l'abbaye fut plusieurs fois remaniée. Dans la salle du chapitre, superbes carreaux de pavement du XIIIe s et fresques du XVIe s.

Manifestation

– ***D-Day Festival :*** *le 5 juin au soir.* Au-delà des cérémonies commémoratives et pour que le 6 juin ne tombe jamais dans l'oubli, festivités populaires pour tous les publics : concerts, spectacles, sons et lumières, bals, animations, cinéma...

PORT-EN-BESSIN (14520) 2 010 hab. *Carte Calvados, A-B1*

Premier port de pêche artisanale du Calvados, troisième de Normandie. Presque toute la population active vit du poisson. Le nombre de pêcheurs qu'on voit parfois réparer les filets sur le port permet de s'en rendre compte. Son site vaut le coup d'œil, port naturel niché entre deux hautes falaises érodées, couvertes d'un velours vert (ça doit être de l'herbe), il a inspiré plusieurs néo-impressionnistes dont Seurat et Signac. Spécialisée, entre autres, dans la coquille Saint-Jacques label rouge de baie de Seine, la ville connaît une activité économique importante au regard de sa modeste taille. La criée a été informatisée : un vrai *Wall Street* de la pêche désormais !

L'HISTOIRE DE PORT PENDANT LE DÉBARQUEMENT

Port-en-Bessin est libéré le 7 juin au soir par le 47th Royal Marine Commando. Avant d'entrer dans la ville, les soldats anglais ont dû livrer de durs combats entre Le Hamel et les collines est de Port. Ils peuvent enfin établir un contact avec le 5e corps US, ce qui offre aux Alliés une bande littorale continue sur 56 km. En attendant une autre liaison avec les Américains débarqués à Utah Beach, qui n'aura lieu que le 12 juin, à Carentan.
Une fois libéré, le port est transformé en terminal pétrolier, pour alimenter en carburant les forces alliées. En attendant l'ancrage du Pluto (voir encadré plus loin), Port-en-Bessin est donc un centre important de l'intendance alliée où sont déchargés des bidons et des bidons de gasoil. Il servira jusqu'en octobre 1944.

Adresse et info utiles

Office de tourisme : *quai Baron-Gérard. ☎ 02-31-22-45-80. • bessin-normandie.com • Avr-oct, tlj ; nov-mars, slt ven-dim.*
– ***Marché :*** *dim mat.* Beaucoup de poisson, naturellement.

Où dormir ?

Camping

Camping Sunelia Port'Land : *chemin du Castel, à la sortie de Port-en-Bessin en allant vers Grandcamp-Maisy. ☎ 02-31-51-07-06. • campingportland@wanadoo.fr • camping-portland.com • ♿ Ouv 1er avr-3 nov. Compter 28,50 € pour 2. Loc de cottages et de mobile homes (371-1 085 €/sem).* Ce camping assez classe est situé autour de 3 étangs et entouré de verdure. L'avantage : on peut rejoindre le port de Port-en-Bessin à pied, c'est à 600 m. Piscine couverte chauffée, et une piscine en plein air, restaurant, épicerie, bar, etc.

De bon marché à prix moyens

King Hôtel : *20, rue du Nord. ☎ 02-31-21-44-44. • kinghotel@orange.fr • monsite.orange.fr/kinghotel • ♿ Dans une rue qui part des quais (juste à côté de l'hôtel de la Marine) et accessible en voiture. Congés : janv. Double 42 € avec sdb.* Construction type motel sans charme particulier (c'est le moins que l'on puisse dire !), mais les chambres sont propres. Une adresse de dépannage.

Hôtel de la Marine : *quai Letourneur. ☎ 02-31-21-70-08. • hoteldelamarine14@wanadoo.fr • hoteldelamarine.fr • Ouv tte l'année. Doubles 57-72 € selon vue.* Un 2-étoiles à la façade tristoune mais aux chambres plutôt confortables, à la déco sans vrai caractère. Calme et, pour la plupart, avec une jolie vue sur le port. Déco chargée au resto, mais cuisine honorable.

Où camper dans les environs ?

Nombreux ***campings*** sur la route de Colleville dont celui d'***Étréham*** (14400) dans les terres :

La Reine Mathilde : *☎ 02-31-21-76-55. • campingreinemathilde@gmail.com • camping-normandie-rm.fr • ♿ Fléché sur la gauche de la route. Ouv avr-sept. Compter 20,30 € pour 2. Loc de mobile homes, chalets et bungalows toilés (256-602 €/sem). Wifi. Réduc de 5 % sur présentation de ce guide.* Camping en campagne vraiment agréable et s'organisant autour d'une belle maison couverte de lierre derrière laquelle se trouve la piscine ouverte à tous. Confortable, bien équipée, une adresse qu'on aime vraiment bien.

Où manger ?

Bon marché

Croqu'en Bessin : *4, rue du Nord. ☎ 02-31-22-36-27. Tlj sf lun, 10h-21h. Sandwich 4,50 € ; panier pique-nique*

9,50 €. C'est un tout petit lieu de rien du tout (à peine quelques tabourets) où l'on vient chercher un sandwich maison de qualité, une soupe ou une petite salade que l'on emporte pour les déguster sur une des plages du secteur, un rayon de soleil dans l'œil. Panier pique-nique bien complet.

De prix moyens à chic

Fleur de Sel : *6, quai Félix-Faure. ☎ 02-31-21-02-73. Tlj en juil-août, fermé le mer en ½ saison (et mar hors saison). Congés : 20 déc-20 fév. Menus 16,50 € avec poisson du marché (en sem), puis 25,50-34,50 €.* Puisque le resto donne sur le port, on s'installera de préférence en terrasse. Comme on peut s'en douter, en cuisine, la priorité est donnée aux poissons et aux fruits de mer. Une valeur sûre.

Le Bistrot d'à Côté : *12, rue Lefournier. ☎ 02-31-51-79-12. • le.bistrot@barque-bleue.fr • Au centre-bourg, à 100 m du port. Fermé lun, plus dim hors saison. Congés : 10 janv-10 fév. Formule 19,90 € ; menus 28-36 €.* Cuisine pleine de saveurs iodées. Maîtrise dans les préparations ainsi que dans le choix des produits. L'ardoise évolue presque quotidiennement en fonction des arrivées à la criée. Salle réservée aux enfants.

LE BESSIN

À voir. À faire

Les falaises : visibles de la jetée, elles semblent protéger le port de chaque côté. À certains endroits, ces monstres de calcaire atteignent 70 m. Attention : il arrive que des couches d'argile s'effondrent dans la mer ! Au pied de ces falaises, du côté de Sainte-Honorine-des-Pertes, Bouvard et Pécuchet, les deux « enfants » de Flaubert, furent emmenés au poste pour détention d'ammonites provenant du coin.

La tour Vauban : elle veille sur le port, du haut de son monticule. Construite à la fin du XVIIe s par Descombe, assistant de Vauban, elle permettait de protéger le port contre les corsaires et les incursions anglaises. C'est au pied de cette tour que Zanuck a tourné la scène de l'attaque du casino de... Ouistreham dans *Le Jour le plus long.* Cherchez-en d'ailleurs les vestiges...

LE PLUTO SERA LE MIEUX

Afin de pourvoir les forces alliées en carburant au plus vite et de manière continue, les Britanniques mirent au point un système de canalisations sous la Manche, entre l'île de Wight et Cherbourg, qui répondit au nom de Pluto. Rien à voir avec le chien de Mickey. C'était en fait les initiales de « pipe line under the ocean ».

La débarque sous criée : *quai de-Gaulle, au fond du port. Résa (obligatoire) et rens au centre culturel Senghor (à l'entrée de la ville). ☎ 02-31-21-92-33. • visites.portenbessin@wanadoo.fr • Slt mar ts les 15 j. (ts les mar en juil-août), vers 20h30. Visite : 3,25 € ; réduc.* C'est tard le soir que l'on peut venir assister à ce spectacle, toujours pittoresque, du tri des poissons et crustacés. Ambiance garantie. 8 000 tonnes sont débarquées ici chaque année ! Fait partie des visites guidées proposées toute l'année par le centre culturel Senghor : *Au cœur de Port en Bessin,* tous les jours ; mais aussi *Itinérance sur l'estran,* en fonction des marées (initiation à la pêche à pied) ; visite *Sur le chantier naval ; Veiller et Secourir,* seulement le jeudi à 14h : pour les citoyens français, visite du sémaphore dépendant de la Défense nationale !

➢ **Balade en mer avec les Vedettes de Normandie :** *infos et vente de billet à l'office de tourisme ou sur le quai, env 15 mn avt le départ. ☎ 02-31-43-86-12. • lesvedettesdenormandie.fr • Départ du quai Félix-Faure. Mai-sept. En général 1 départ/j. Horaires selon marées. Durée : 1h45. Prix : 18 € ; réduc. Une fois/sem, balade vers la pointe du Hoc. Durée : 3h15. Tarif : env 25 € ; réduc.*

➢ **Pêche en mer :** *06-03-02-00-42 (Régis). Compter 25 € pour 2h et 50 € pour 4h (matériel compris).* Sorties suivant les heures de marées (disponibles à l'office de tourisme).

Manifestations

– ***La bénédiction de la mer :*** *ts les 5 ans, vers le 15 août ; la prochaine aura lieu en 2013.* Une des plus importantes manifestations de ce genre en France, avec 25 000 participants en moyenne. Pour cette fête qui existe depuis 1908, rues et maisons se parent de filets multicolores. Une procession grimpe jusqu'à la statue de la Vierge Notre-Dame des Flots, puis les bateaux décorés de milliers de roses de papier confectionnées par les habitants sortent en mer pour se recueillir autour d'un catafalque flottant, symbolisant les disparus en mer.
– ***Festival Le Goût du large :*** *le 2e w-e de nov.* Fête de la coquille Saint-Jacques et des produits de la pêche et festival des chants marins d'Europe. Seul moment de l'année où la criée s'ouvre à la vente aux particuliers.

OMAHA BEACH

Carte Calvados, A1

Sous le nom de code d'Omaha, entré dans la légende, les plages de trois villages paisibles : Vierville-sur-Mer, Colleville-sur-Mer et Saint-Laurent-sur-Mer. Les Américains qui débarquèrent ici connurent les pires conditions : mer démontée, obstacles meurtriers dressés partout (mines, barbelés...), site quasi imprenable (falaises truffées de bunkers, dunes fortifiées), ennemis plus nombreux que prévu, etc. On vous raconte en détail ces moments tragiques dans la rubrique « Le Débarquement » dans « Hommes, culture, environnement ». Omaha, seule plage où le réembarquement fut envisagé (au risque de compromettre les opérations futures), reste le symbole de l'acharnement des militaires américains. Mais aussi, avec le bilan le plus catastrophique du *D-Day* (on estime le nombre de blessés, tués et disparus à environ 3 000), le symbole du prix payé pour libérer l'Europe. Ce n'est pas pour rien que le site qui domine la plage (concession américaine à perpétuité) fut choisi pour être transformé en cimetière : ici reposent les corps de plus de 9 000 Américains tués sur les champs de bataille normands...
Le plus étrange : ces plages au passé tragique sont certainement aussi parmi les plus belles (si ce n'est les plus belles... mais on ne voudrait pas faire de jaloux !) du Calvados. Au pied de collines verdoyantes, du sable fin à perte de vue. Les locaux viennent d'ailleurs s'y baigner en nombre quand l'été s'installe (ne pas espérer une eau plus chaude que 18 ou 19° C).

Où dormir ? Où manger ?

Campings

▲ ***Ferme de La Folivraie :*** *D 194, 14710 Louvières. ☎ 01-41-31-08-00 (central de résa). • info@unlitaupre.fr • unlitaupre.com • À 2 km au sud de Vierville-sur-Mer par la D 30 direction Formigny, puis la rue de Louvières à droite et enfin la D 194 à droite. Ouv Pâques-Toussaint. Compter selon saison 255-595 €/w-e la tente, 415-835 €/sem. Table d'hôtes paysanne possible sur demande.* 5 vastes tentes bien isolées, chacune aménagée pour 6 personnes avec un lit-clos douillet où les petits se faufileront, un poêle à bois pour se chauffer et cuisiner, des lanternes et des lampes à pétrole, 2 douches individuelles à la ferme (pompe à eau dans le champ en été et batailles d'eau assurées) et un cellier bien garni où l'on note tout ce que l'on prend... La vie à l'ancienne en somme, sans électricité, TV, ni Internet, mais le bonheur d'une vie au plus près de la nature. Une formule finalement aussi originale qu'elle est simple dans une petite ferme bio (vaches laitières et maraîchage). Les fermiers apprécieront votre aide si vous le souhaitez.

Camping de La Hague : *à la sortie de* ***Sainte-Honorine-des-Pertes*** *(14520). ☎ 02-31-21-77-24. 06-75-87-20-12. • campingdelahague@wanadoo.fr • campingdelahague.fr • Ouv 15 mai-15 sept. Compter 14,30 € pour 2. Loc de mobile homes (320-490 €/sem).* Petit camping à l'équipement sommaire mais propre ; espace sympathique et pépère. Location de vélos à 50 m.

Chic

Hôtel-restaurant La Sapinière : *100, rue de la 2e-Infanterie-US, 14710* ***Saint-Laurent-sur-Mer.*** *☎ 02-31-92-71-72. • sci-thierry@wanadoo.fr • la-sapiniere.fr • Ouv de mi-mars à la Toussaint. Doubles 80-90 € selon taille ; familiales 120-130 € pour 4. Menu déj 14,50 € ; carte env 25 €. Résa recommandée le soir en saison. Wifi.* Idéalement situé à deux pas de la plage, voici un établissement fort séduisant. Les chambres, installées dans de petits chalets modernes en bois, sont grandes, lumineuses, sobrement décorées, et disposent toutes d'une terrasse. Le resto, une belle salle avec des baies vitrées, sobre et tout de bois, affiche sur ses murs les œuvres très gaies de John Pepper (certainement un fan de *Toy Story*). Petite carte de plats simples, de type brasserie (moules-frites, belles salades, etc.) et aussi d'intéressantes suggestions du jour. Sandwichs et gaufres (extra !) à emporter. Le sympathique patron se balade pieds nus partout ! Accueil vraiment adorable. Terrasse et jardin très prisés l'été pour l'apéro après la plage, confortablement installé dans un transat, pendant que les enfants cavalent dans le jardin.

Hôtel du Casino : *rue de la Percée, 14710* ***Vierville-sur-Mer.*** *☎ 02-31-22-41-02. • hotel-du-casino@orange.fr • hotel-omaha-beach.fr • Ouv 1er avr-11 nov. Doubles 78-88 €. Menus 27-33 €.* Une bâtisse d'allure extérieure un peu vieillotte (elle a ouvert en 1955), mais ô combien superbement située, face à un coin de mer où s'est écrite l'une des pages les plus sanglantes du Débarquement. Et puis, depuis 3 générations, la même famille a accueilli des clients tels que D. D. Eisenhower, Bradley, ainsi que de nombreux vétérans.

Où dormir dans les environs ?

Chambres d'hôtes La Ferme du Mouchel : *chez Odile et Jean-Claude Lenourichel, 14710* ***Formigny.*** *☎ 02-31-22-53-79. 06-15-37-50-20 • odile.lenourichel@orange.fr • ferme.du.mouchel.com • Par la D 517 depuis Omaha, puis suivre les indications sur la gauche, avt d'arriver à Formigny. Depuis Bayeux, direction Cherbourg, sortie Formigny. Compter 52 € pour 2. Wifi. Carte de paiement refusées. Une bouteille de cidre offerte à partir de 2 nuits sur présentation de ce guide.* 4 belles chambres (certaines familiales). Environnement paisible et, dans une belle maison en pierre, des chambres confortables à la déco rustique. Petit déj super. Plein de conseils fournis par Odile, toujours souriante, pour partir à la découverte des environs. Un accueil sincère et bien sympathique.

Chambres d'hôtes La Ferme de Vacqueville : *chez Élisabeth d'Hérouville, 14170* ***Vierville-sur-Mer.*** *☎ 02-31-22-13-88. • elisabeth.dherouville@wanadoo.fr • vacqueville.free.fr • Depuis Bayeux, direction Formigny, puis D 30 vers Vierville. Depuis Omaha, D 30 vers Trévières, jusqu'au hameau de Vacqueville. Compter 50 € pour 2, 64 € pour 3, 77 € pour 4 pers. On trouve aussi, en face, dans l'ancienne boulangerie, un gîte pour 4 pers (265-405 €/sem selon saison). Une bouteille de cidre offerte à partir de 2 nuits sur présentation de ce guide.* Dans une ferme du XVIIIe s, typique de la région, 2 chambres jumelées pouvant accueillir jusqu'à 5 personnes chacune. Déco sobre et de bon goût, avec quelques meubles anciens et joli jardin. Demandez à Élisabeth de vous raconter l'intéressante histoire des lieux et notamment ce qui arriva à la maison en juin 1944. Très gentil accueil. Coin cuisine à disposition.

Chambres d'hôtes Le Château de Saint-Pierre-du-Mont : *chez M. et Mme Beck, 14450* ***Saint-Pierre-du-Mont.*** *☎ 02-31-22-63-79. • chateaust pierre@orange.fr • chambresdhotes-bayeux • Ouv tte l'année. Compter 70-75 € pour 2. CB acceptées. Wifi.* C'est un superbe petit château, fermé par une muraille, avec sa haute tour et sa façade un rien austère. Vos hôtes ne le sont pas du tout. Souriants et accueillants, ils proposent de vastes et confortables chambres, aux larges fenêtres qui ouvrent sur la campagne. Celle tout en haut, mansardée, offre même un panorama des 2 côtés : sur les champs et sur la mer. Une autre a la salle de bains dans la tour d'angle. L'ensemble a du caractère. Les proprios sont fiers de ce qu'ils ont fait de leur lieu et ils ont bien raison.

À voir. À faire dans le coin

Le cimetière américain : *à* ***Colleville-sur-Mer,*** *au bord de la falaise. ☎ 02-31-51-62-00. • abmc.gov • Tlj 9h-17h (18h en hte saison), sf Noël et Jour de l'an. Entrée gratuite, mais tenue correcte exigée (et chiens interdits, bien sûr).* Le site se compose en fait de quatre parties : le *Visitor Center,* qu'on vous conseille de visiter en premier ; le *mémorial,* hommage solennel aux soldats, puis le *cimetière* proprement dit et enfin les *falaises* depuis lesquelles la vue se prolonge sur la plage et la mer. Ne pas hésiter à consacrer du temps à cet ensemble, sorte de point d'orgue à la compréhension humaine de ce qui se joua ici.

TERRE D'AMÉRIQUE

L'aménagement du site et l'agencement du cimetière américain donnent presque l'impression d'être aux États-Unis. En fait, on y est ! En vertu d'un accord passé avec la France, le site a acquis le statut très particulier et rare de territoire américain en sol français. Juste retour des choses.

– ***Le Visitor Center :*** situé en sous-sol. L'exposition a l'intelligence de mettre de la vie dans ce lieu de mémoire et de mort. S'y rendre avant la visite proprement dite du cimetière donne un éclairage plus humain et poignant à ces milliers de croix blanches qui semblent si présentes. On a alors le sentiment que tout s'est joué hier. Juste hier. Un excellent film (diffusé en permanence dans le grand auditorium) met l'accent sur quelques jeunes militaires embringués dans l'aventure du Débarquement et qui ne revinrent jamais. De simples troufions d'à peine 20 ans, tout sourire, dont l'histoire est racontée par le biais de courriers écrits à leur famille, de vidéos, de photos d'eux dans leur cadre quotidien et d'interviews de leurs proches, parfois toujours vivants. Bouleversant. Par ailleurs, une vaste salle à l'éclairage doux présente, par le biais d'une muséographie de qualité, l'enchaînement des événements (organisation, préparation, stratégie, logistique...). Un film d'époque rappelle le difficile choix de la date du Débarquement par Eisenhower (le 5 ou le 6 ?). Pour finir on traverse un couloir de béton où les noms de tous les jeunes Américains morts sur le sol français sont égrenés. Quand on retourne à la lumière, les croix blanches du cimetière prennent vie.

– ***Le mémorial :*** composé d'un monumental péristyle néogrec, d'une statue de bronze de 7 m de haut (symbolisant l'*Âme de la jeunesse américaine*), d'un « jardin des Disparus » et d'un plan d'eau. Sur les murs encadrant le portique, d'immenses cartes sculptées retracent les opérations du Débarquement.

– ***Le cimetière :*** le plus grand, le plus connu et le plus émouvant des cimetières du Débarquement. Cette vaste nécropole, étendue sur environ 70 ha, fut achevée en 1956 pour qu'y soient réunis les corps des soldats initialement enterrés dans les différents cimetières temporaires. Le cimetière, avec sa majestueuse esplanade de gazon verdoyant, donne accès aux alignements de croix blanches (9 387, dont celles de 307 soldats inconnus) et d'étoiles de David (pour les soldats juifs). Le nom le plus fréquent : Ryan, qui a inspiré Steven Spielberg. Il faut vraiment prendre le temps de se promener sur ce vaste espace où règne aujourd'hui une étrange quiétude. Pour finir, allez vous balader du côté des *falaises,* où une table d'orientation indique l'emplacement des différentes plages attaquées le 6 juin. Des escaliers permettent de descendre jusqu'à celle d'Omaha.

Le musée Big-Red-One-Assault : *hameau Le Bray (sur la D 514), 14710* ***Colleville-sur-Mer.*** *☎ 02-31-21-53-81. Juin-août, tlj 9h-19h ; le reste de l'année, tlj sf mar 10h-12h, 14h-18h. Entrée : 5 € ; réduc.* Étonnante collection privée commencée depuis l'âge de neuf ans par Pierre-Louis Gosselin, un tout jeune homme passionné et passionnant quand il parle de son « bébé ». Il présente ici tout ce qu'il a pu réunir concernant la 1re division d'infanterie américaine qui a débarqué et libéré Colleville. Le musée est tout petit, mais l'important n'est pas sa taille mais la qualité des pièces historiques exposées, d'autant plus que leur propriétaire s'applique à remonter aux sources de chacune d'entre elles. Étonnant : les tenues et l'équipement complet de l'aumônier Andrews, il y a même son harmonium ! Sont également présentées les archives minutieusement constituées par le maître des lieux et projection d'un film.

Le musée-mémorial d'Omaha Beach. Musée Omaha-6-Juin-1944 : *à* ***Saint-Laurent-sur-Mer,*** *Les Moulins, av. de la Libération. ☎ 02-31-21-97-44. • musee-memorial-omaha.com • 15 fév-15 mars, ouv 10h-12h30, 14h30-18h ; 16 mars-15 nov, 9h30-18h30 (19h30 en juil-août). Entrée : 6 € ; réduc, y compris sur présentation de ce guide.*

Sur plus de 1 200 m², des véhicules militaires, des mannequins en uniforme, mais aussi une foule de souvenirs et de documents rares, certains passionnants (comme ce drapeau allemand pris par les Américains le jour du Débarquement), des véhicules, des armes, amassés pendant des années.

On y verra des tickets de rationnement, un certificat de « non-appartenance à la race juive » (!), et diverses coupures de journaux sous l'Occupation. Édifiant, par exemple, les déclarations de Pétain pour qui les « lâches attentats » (entendez ceux des résistants) « font horreur à toute la France ». Drôle d'époque... Côté militaire, une importante collection de mines, obus, bombes et autres engins de mort allemands. Reconstitution d'une « scène de plage » le 6 juin : mannequins en uniforme au milieu des obstacles. Trousseau du soldat américain : paquet de quatre Chesterfield, savon soluble à l'eau de mer, livret d'instruction en cas de capture et trousse de correspondance *(Remember the folks at home !).* Film de 25 mn à la fin accompagné de témoignages de vétérans américains. Sur le parking, un canon, une péniche de débarquement, un char et une barrière belge, pour compléter l'ensemble.

À ***Vierville-sur-Mer*** et à ***Saint-Laurent-sur-Mer,*** on peut remarquer (à marée basse seulement) les ***vestiges*** du premier port artificiel. Il devait avoir la même fonction que celui d'Arromanches, mais suite à la grosse tempête du 19 au 21 juin 1944, celui-ci ne fonctionna pas à plein temps ; cependant, 600 000 hommes réussirent à débarquer jusqu'en février 1945. À Vierville, voir également le ***musée D-Day Omaha*** qui montre les répercussions des progrès technologiques en temps de guerre, dans la vie de tous les jours.

– Faire du char à voile ou du dériveur : *base nautique* Éolia *à* ***Colleville-sur-Mer.*** *☎ 02-31-22-26-21. • eolia-normandie.com • Ouv tte l'année.*

LA POINTE DU HOC

Carte Calvados, A1

L'un des plus beaux sites naturels de la côte normande. Imaginez une falaise abrupte, atteignant 35 m de haut à certains endroits, constamment battue par les vents. Ce lieu sublime fut choisi par les Allemands pour l'implantation d'une puissante batterie de canons, particulièrement bien gardée. L'héroïque prise du site par les *rangers* américains allait faire de l'assaut de la pointe du Hoc l'une des pages les plus lues de l'histoire du Débarquement.

UNE ATTAQUE AU GRAPPIN

La délicate mission de prendre ce site réputé imprenable fut confiée à un Texan, le colonel James Rudder, ancien entraîneur de foot d'un lycée ! L'entraînement, en effet, sera capital : il s'agit d'escalader la pointe du Hoc, transformée en un véritable château fort... Il existe en Angleterre une falaise comparable à celle du Hoc. Les 225 *rangers* américains, durant des semaines, vont y simuler des attaques, tout en mettant au point un équipement spécial : lance-grappin, échelles emboîtables et cordes à nœuds. Le 6 juin, peu de choses se passent comme prévu. Le débarquement est retardé à cause du brouillard, puis une erreur de navigation oblige la troupe à passer sous le nez de l'ennemi ! Les vagues d'un mètre de haut coulent même l'une des péniches. À 7h10, les hommes de Rudder mettent enfin pied à terre ; 5 mn plus tard, un premier *ranger* parvient au sommet de la falaise. Les autres sont terrassés sur les galets par le feu de la garnison allemande. Mais le plus dur reste à faire : déloger l'ennemi, replié dans ses casemates de béton armé. Il faudra plus de deux jours pour y parvenir. Le 7 juin, le poste de direction de tir est dégagé au lance-flammes. Le commandant, caché dans une position antiaérienne, résistera jusqu'au lendemain. Une fois le site en main, les *rangers* ne comptent plus parmi eux que 90 hommes valides.

LA MISSION LA PLUS PÉRILLEUSE

Escalader une falaise de 35 m pour mettre hors d'état six dangereux canons de 150 mm relevait de l'héroïsme. Cette batterie mettait en péril les débarquements d'Omaha et d'Utah. L'échec était inenvisageable. Après de lourdes pertes, on se rendit compte que les canons étaient inopérants puisque cachés dans les champs, par crainte des bombardements !

Adresse utile

■ ***Accueil :*** *à la pointe du Hoc, 14450 Cricqueville-en-Bessin. ☎ 02-31-51-90-70. • cc-isigny-grandcamp-intercom.fr • Avr-sept, tlj 9h30-13h, 14h-18h ; oct-mars, slt ven-dim 10h-13h, 14h-17h.*

À voir

★★★ ***Le site de la pointe du Hoc :*** *à 5 km à l'est de Grandcamp. Accès par la D 514. Entrée libre tte l'année.* Entièrement protégé et balisé, le site est une concession à perpétuité, propriété des États-Unis. Cas suffisamment rare dans l'histoire du Débarquement pour être souligné, il est resté en grande partie intact, c'est-à-dire dans l'état même où il avait été laissé par les *rangers* le 8 juin 1944. Exception faite, bien sûr, du monument élevé à la gloire des héroïques *rangers,* des sentiers de promenade et de l'accueil. On visite donc un champ de bataille où se mêlent bunkers en ruine et cratères de bombes, barbelés et amas de rocaille, et béton criblé de balles. Certains des bunkers, restés intacts, peuvent être visités, notamment le grand poste de direction de tir. On vous conseille de venir en toute fin d'après-midi ou en soirée, quand le site retrouve sa tranquillité (et que l'on y croise plus de lapins que de touristes !) ; le coucher de soleil y est époustouflant. Beau panorama depuis la pointe.

GRANDCAMP-MAISY (14450) 1 850 hab. *Carte Calvados, A1*

Petite station animée, sans charme évident, mais à l'atmosphère plaisante grâce à son port et sa grande plage. Ici, les pêcheurs traquent surtout la coquille Saint-Jacques. En outre, le sentier du littoral offre de belles promenades. Une étape agréable pour visiter les environs.

Adresse et info utiles

Office de tourisme : *118, rue Aristide-Briand. ☎ 02-31-22-62-44. • cc-isigny-grandcamp-intercom.fr • 15 juin-15 sept, tlj 9h30-13h, 14h30-18h30 ; avr-14 juin, mer-sam 9h30-13h, 14h30-18h et mat mar et dim ; hors saison, mer-sam et mar mat.* Location de vélos. Renseignements pour la visite de parcs à huîtres.

– ***Marché aux poissons :*** *ts les mat à la halle.*

Où dormir ? Où manger ?

Campings

Aire naturelle de camping Le Pont du Hable : *sur la D 514 à l'entrée de Grandcamp, en direction de la pointe du Hoc. ☎ 02-31-22-62-31. 06-87-85-39-62. • bernard.pinchon@wanadoo.fr • Ouv de mi-avr à mi-oct. Compter 13 € pour 2.* Confort rudimentaire pour ce petit camping situé en bord de mer. Ce qui ne devrait pas déplaire aux amateurs de camping sauvage. Si les équipements sont succincts, vous trouverez quand même sur place micro-ondes, barbecue, sèche-cheveux et douches chaudes. Ambiance conviviale le soir, autour des feux de camp.

Camping du Joncal : *quai du Petit-Nice. ☎ 02-31-22-61-44. • campingdujoncal@hotmail.fr • campingdujoncal.com • ♿ Derrière le port. Ouv avr-sept. Prévoir 16,50 € pour 2. Loc de mobile homes.* Un 2-étoiles assez bien équipé. Ombragé, petits emplacements et le bruit des mouettes pour vous bercer...

De bon marché à prix moyens

Hôtel Le Du Guesclin : *4, quai Crampon. ☎ 02-31-22-64-22. • duguesclin3@wanadoo.fr • leduguesclin.eu • Doubles avec sdb 45-66 € selon vue. Wifi.* Petit hôtel aux chambres confortables, mais dont l'intérêt principal reste la situation face à la mer. Les chambres donnant sur la mer sont spacieuses et agréables, mais équipées de velux et non de grandes fenêtres (rassurez-vous, vous verrez quand même la mer !). Les autres chambres sont réparties entre le bâtiment principal, une annexe dans la cour intérieure et une autre annexe au centre de la station à l'enseigne de la *Grandcopaise.* Bon accueil. Fait aussi resto, face à la mer.

Brasserie La Plage : *52, quai Crampon. ☎ 02-31-22-12-19. Tlj sf dim soir et lun hors juin-août. Congés : 1er oct-début janv. Formule 12 € ; carte env 15 €. Café offert sur présentation de ce guide.* Une petite salle à la déco marine et une terrasse face à la mer. Frédéric et Agnès, les sympathiques propriétaires, organisent des concerts de temps en temps. Souvent bondé en été. Une adresse bien agréable.

La Trinquette : *7, route du Joncal. ☎ 02-31-22-64-90. • huguette.ger*

LE BESSIN

main@restaurant-la-trinquette.com • ♿ En allant vers le camping, juste à côté du port. Fermé lun et mar oct-Pâques. Congés : de début déc à mi-janv. Menus 19,50-30,50 €. Un p'tit resto qui ne paie pas de mine mais qui jouit d'une excellente réputation : fraîcheur des produits et bonne cuisine au rendez-vous. La mer, évidemment, est à l'honneur. Accueil sans chichis mais néanmoins aimable.

Restaurant La Belle Marinière : *9, rue du Petit-Maisy. ☎ 02-31-22-61-23. ♿ Dans une petite rue, à 50 m du port. Fermé en janv. Résa conseillée hors saison. Moules-frites 9,50 € ; menus 17-29,80 €. Café offert sur présentation de ce guide.* Salle toute simple, mais en été on peut se faire servir dans la petite cour au calme... Intéressant pour son bon rapport qualité-prix. Parmi les spécialités : huîtres gratinées au pommeau, duo de poisson à la crème de poireaux.

À voir. À faire

Le musée des Rangers : *quai Crampon. ☎ 02-31-92-33-51. ♿ (rdc). Face à la plage. Ouv de mi-mai à fin oct mar ap-m et mer-dim, 10h-13h, 14h30-18h30. Entrée : 4,40 € ; réduc.* Exclusivement consacré à l'assaut de la pointe du Hoc, moment épique du 6 juin 1944 (on en parle plus haut). Des panneaux explicatifs retracent l'événement au travers de témoignages, photos et plans. Dans des vitrines : armes, souvenirs de *rangers,* matériel de soin et divers objets ayant appartenu aux soldats allemands qui défendaient le site. À l'étage, maquette de la pointe du Hoc reconstituant la prise d'assaut. Toutes les 20 mn, projection d'un film documentaire : extraits du *Jour le plus long,* visite de Reagan à la pointe du Hoc en 1984, etc.

OÙ L'ON NE PEUT PAS TOUT PRÉVOIR...

On le sait, lors de la prise de la pointe du Hoc, rien ne se passa comme prévu. Les soldats s'étaient entraînés avec leur lance-grappin à escalader une falaise comparable. Mais durant le « vrai » combat, ils eurent la cruelle surprise de s'apercevoir que les cordes des grappins, alourdies par l'eau de mer (ce qu'ils n'avaient pas prévu), ne pouvaient atteindre le haut de la falaise, compliquant encore, s'il le fallait, la terrible ascension.

Les roches de Grandcamp : curiosité géologique située... dans la mer ! Ces roches calcaires, qui s'étendent sur quelques kilomètres, se dévoilent pendant les marées importantes. Curieux spectacle, évoquant un peu les paysages lunaires. C'est aussi le paradis des pêcheurs de crustacés...

DANS LES ENVIRONS DE GRANDCAMP-MAISY

Le cimetière militaire allemand : *à **La Cambe,** à 7 km au sud de Grandcamp. ☎ 02-31-22-70-76. Une fois au village de La Cambe, prendre la N 13 direction Isigny sur 1 km ; l'entrée du cimetière est à gauche de la route. Tlj 8h (9h le w-e)-17h (jusqu'à 19h en été).*

L'un des plus grands cimetières allemands de France. Près de 21 300 soldats, issus de 1 400 communes d'outre-Rhin, sont enterrés ici. Site poignant, dans un genre radicalement différent de celui de Colleville (voir plus haut « À voir. À faire dans les environs » à Omaha Beach). Ici, la teinte dominante est le noir, alors que les Alliés ont préféré le blanc. Doit-on y voir un symbole de défaite ? Sur la pelouse parfaitement entretenue, des rangées de dalles sobres, séparées par des croisillons de basalte. Au centre, un tertre couvert de gazon, ceinturé d'une haie de roses vives. Au sommet, une croix monumentale, en pierre brute et sombre, semble écraser deux personnages ténébreux, qui symbolisent les parents des victimes. L'effet voulu est saisissant. L'atmosphère des lieux est vite poignante. La devise du cimetière, dénuée de tout esprit revanchard, est pleine de sagesse : « Réconciliation par-dessus les tombes »...

On enterre toujours ici des soldats allemands retrouvés chaque année dans la Manche et le Calvados. Et l'association chargée du site continue de mener l'enquête pour retrouver les disparus de la guerre. Histoire de se souvenir que, même si les Allemands étaient les ennemis pendant la guerre, tous n'étaient pas des nazis abjects, mais des citoyens combattant pour leur pays. Ils avaient beau ne pas être d'accord avec les choix politiques démentiels d'un chef arrivé au pouvoir par voie électorale, ils furent contraints d'accepter. Ce que certains (au vu du livre d'or) n'ont pas encore vraiment compris.

DES SOLDATS CAMÉS

Pendant la Seconde Guerre mondiale, l'armée allemande distribua des millions de doses de méthamphétamine à ses soldats. Cette drogue de synthèse, particulièrement dangereuse, donne un sentiment de puissance, d'euphorie... et d'inconscience. La phase descendante provoque paranoïa et, parfois, tentative de suicide. Hitler en était un fervent utilisateur.

ISIGNY-SUR-MER

(14230) 2 770 hab. *Carte Calvados, A1*

Voilà un nom qui évoque immédiatement le beurre, et pas n'importe lequel puisque l'appellation Isigny regroupe l'essentiel des productions laitières du Bessin. On est d'ailleurs accueilli, en arrivant, par l'immense laiterie d'Isigny-Sainte-Mère. Située au confluent de la Vire et de l'Aure, la petite bourgade a su tirer profit de ses marais et polders en y faisant paître ses vaches, profitant ainsi de l'herbe bien grasse donnant toute son identité au terroir d'Isigny. Mais, bombardée à 60 % en juin 1944, elle ne conserve que peu de témoins du passé, à l'exception d'un ancien palais transformé en mairie et des petites maisons de pêcheurs du quartier des Hogues. Signalons qu'Isigny peut se prévaloir d'être le berceau de la famille Disney, le célèbre créateur de Donald et Mickey. En effet, à l'époque de Guillaume le Conquérant, deux frères Deisigni figurent parmi les compagnons du roi. Et c'est de cette lointaine branche américaine que naîtra le célèbre Walt.

LA LIBÉRATION D'ISIGNY

La ville devait être libérée, en théorie, le 6 juin 1944. Mais, dès Longueville, de durs combats attendent les *GIs*. Les Américains seront contraints de bombarder durement Isigny. La compagnie de tête du 175e RI entre dans la ville en flammes le 9 juin ; elle y découvre les ponts intacts et non minés. Isigny entre dans l'histoire de France grâce au discours prononcé par le général de Gaulle le 14 juin, dans la foulée de son débarquement éphémère à Courseulles et de son passage à Bayeux.

Adresse utile

Office de tourisme : *16, rue Émile-Demagny. ☎ 02-31-21-46-00. • cc-isigny-grandcamp-intercom.fr • Mêmes horaires qu'à l'office de tourisme de Grandcamp-Maisy (voir plus haut).* Richement documenté.

Où dormir ? Où manger ?

Camping

Le Fanal : *rue du Fanal. ☎ 02-31-21-33-20. • info@camping-lefanal.com • camping-normandie-fanal.fr • Au nord-ouest du centre-ville. Ouv avr-sept. À partir de 13 € pour 2. Nombreux bungalows. Wifi. 10 % de réduc hors juil-août sur présentation de ce guide.* Un camping qui, mine de rien, bénéficie d'un environnement agréable (plan d'eau, embarcations à pédales, parcours santé, etc.) et d'un bon équipement (dont une petite piscine – pas toujours très remplie certes !).

Prix moyens

Hôtel de France : *13, rue Émile-Demagny. ☎ 02-31-22-00-33. • hotels.france.isigny@wanadoo.fr • hotel-de-France-isigny.com • Dans le centre. Fermé de nov à mi-mars. Double 60 € ; familiales 60-80 €. Menus 12 € (midi) et 19,50-36 €. Internet, wifi. Réduc de 10 % sur le prix de la chambre sur présentation de ce guide.* Chambres de plain-pied dans un petit bâtiment annexe, style un peu motel ; quelques chambres aussi dans le bâtiment principal, à l'étage. Au resto, huîtres gratinées au cidre ou choucroute de la mer.

Restaurant La Flambée : *rue Émile-Demagny. ☎ 02-31-51-70-96. • la.flambee.isigny@wanadoo.fr • Près du canal. Fermé mar et mer hors saison. Congés : 5 j. début janv, 2 sem en fév-mars et 2 sem sept-oct. Formule déj en sem 13,50 € ; menus 18,50 et 23 €.* Salle intime, dans le genre rustique, où trône une cheminée dans laquelle grillent les viandes. Cuisine d'un fort bon rapport qualité-prix comme ces huîtres chaudes au camembert ou ce magret de canard au caramel d'Isigny. Accueil variable.

Où dormir ? Où manger dans les environs ?

Chambres d'hôtes La Ferme de Jaro : *chez Jeanine et Roger Blestel, 14230 **Géfosse-Fontenay.** ☎ 02-31-22-65-05. D'Isigny, prendre la N 13 vers Bayeux ; à 2 km, tourner à gauche (D 200) vers Géfosse. Fermé déc-janv. Compter 50 € pour 2 ; familiales 60-72 €. Table d'hôtes 25 €, apéro et vin compris (sf dim, j. fériés et août). Également un grand gîte (avec vue sur la mer), 8 pers, 370-600 €/sem selon saison. Apéritif offert sur présentation de ce guide.* Une bonne occasion de savourer une cuisine authentique avec, souvent, du poisson et des crustacés. Dans une agréable ferme recouverte d'ampélopsis, à proximité de la mer et des parcs à huîtres. Intérieur rustique et accueillant. Accueil convivial.

Chambres d'hôtes Le Clos Monfort : *chez Thérèse Fauvel, 14710 **Colombières.** ☎ 02-31-22-20-53. • leclosmonfort@wanadoo.fr • leclosmonfort.fr • À 10 km d'Isigny, par la D 5, direction Le Molay-Littry. Tourner à gauche env 1,5 km avt Colombières et suivre les indications. Compter 52-58 € pour 2 (2 nuits min demandées ; 10 % de réduc à partir de la 3e nuit, sf juil-août). Également un gîte (2-4 pers).* Dans une ancienne ferme bien restaurée. Une suite familiale de 2 chambres avec salle d'eau intérieure et 2 autres se partageant la salle de bains dans le couloir. Déco réduite au minimum. Ce qui compte ici, et ce qui importe à Thérèse, c'est l'atmosphère. Sa maison et le jardin un peu fou et très fleuri sont avant tout un endroit de sérénité.

Chambres d'hôtes Le Manoir de l'Hermerel : *14230 **Géfosse-Fontenay.** ☎ 02-31-22-64-12. • hermerel@orange.fr • manoir-hermerel.com • À 5 km de Grandcamp par la D 514 direction Isigny, puis la D 199A direction Géfosse. Ouv de mi-mars à mi-nov. Compter 70 € pour 2. Wifi.* Dans un manoir du XVIIe s, ravissantes chambres d'hôtes, chacune dans un style différent : l'une fort belle, en mezzanine et mansardée, l'autre petite, dans les tons rose pâle et aux jolis pavés de pierre blanche... Dans la cour, un vieux pigeonnier et une sublime petite chapelle du XVe s (dans laquelle est installé un salon d'été) ! L'endroit ne manque ni de charme ni de caractère.

Chambres d'hôtes Le Château : *14230 **Vouilly.** ☎ 02-31-22-08-59.*

• chateau.vouilly@wanadoo.fr • chateau-vouilly.com • À 6 km d'Isigny, sur la route du Molay-Littry. Ouv de fin mars à mi-nov. Compter 105 € pour 2 (possibilité de chambres pour 3 et 4 pers). Internet. 10 % de réduc sur le prix de la chambre en mars-avr et sept-oct, sur présentation de ce guide. Dans un joli château entouré de douves, construit en 1600 et arrangé au XVIIIe s. Belle façade couverte de vigne vierge qui abrite 5 chambres spacieuses. On dirait presque un hôtel, en fait.

À voir. À faire

La laiterie Isigny-Sainte-Mère : *2, rue du Docteur-Bourtrois. ☎ 02-31-51-33-88. • isigny-ste-mere.com • Visite guidée et dégustation en juil-août, lun-ven. Pas de visite de groupes, slt sur rdv. Prix : 3 € ; réduc.* Avec quatre produits AOC (ou AOP) et deux label rouge, *Isigny-Sainte-Mère* vend ses 70 ans de savoir-faire, ses vaches normandes qui broutent de la vraie herbe (ils ont même une production bio) et des camemberts moulés à la louche. Cela dit, si certains sont moulés à la main, la plus grande partie de la production est automatisée (eh oui ! un brevet a été déposé en 1985 pour robotiser le louchage). Lorsque vous saurez tout sur le parcours des 500 000 l de lait, des pis de la vache à l'affinage, vous pourrez enfin passer à la dégustation. En été, ne vous étonnez pas de voir la queue à la boutique ; les locaux sont légion à venir en famille se délecter de glaces à l'italienne, élaborées avec la fameuse crème fraîche d'Isigny AOC.

Normandie Caramels : *zone artisanale Isypole. ☎ 02-31-51-66-50. • caramels-isigny.com • Visite gratuite de la fabrique ts les mat en sem, à 10h précises, de mi-avr à mi-sept. Boutique ouv de mi-fév à sept, lun-ven 8h30-18h30, sam 9h30-12h30, 14h30-18h30 ; d'oct à mi-fév, lun-ven 8h30-17h30, sam 9h30-12h30, 14h30-17h30 (fermé quelques sam de l'année, se renseigner).* Ici, on fabrique le vrai caramel d'Isigny au lait entier et au beurre ou au beurre salé. Boutique d'usine de vente au détail sur place.

DANS LES ENVIRONS D'ISIGNY-SUR-MER

Les Vergers de Romilly : *14230* ***Saint-Germain-du-Pert.*** *☎ 02-31-22-71-77. • lesvergersderomilly@wanadoo.fr • Suivre la direction « Cimetière militaire allemand ». C'est juste derrière. Dégustation et vente tlj sf dim 9h-19h. Visite guidée gratuite mer à 14h30.* Tout d'abord, les vergers. Une trentaine de pommes différentes poussent ici sur des pommiers basse tige ou haute tige (c'est sous ceux-là que paissent les vaches). Parmi les pommes les plus fameuses, citons la Gros Bois de Bayeux, la Cartigny, la Tête de Brebis ou encore la Doux Verret de Carrouges. On poursuit la visite dans la cave. Les divers modes de culture du pommier sont présentés (greffage, récolte, production...), la fabrication du cidre, du pommeau et du calvados est également abordée, à l'aide d'un petit film.

Le château de Colombières : *14710* ***Colombières.*** *☎ 02-31-22-51-65. • chateaudecolombieres.com • À 10 km à l'est d'Isigny. Juil-août, lun-jeu 14h-18h30 ; sept, le w-e aux mêmes horaires. Visites guidées slt : 5 € ; réduc.* Une belle forteresse moyenâgeuse édifiée à la fin du XIVe s, flanquée de tours et de douves toujours en eau. La visite est limitée puisque le château est toujours habité. On découvre la salle à manger, la cuisine, sa cheminée monumentale et son four à pain et le très bel escalier à vis du XVIe s.

LE MOLAY-LITTRY (14330) 3 000 hab. *Carte Calvados, A2*

À 14 km à l'ouest de Bayeux. Ancien village minier empreint d'une touchante nostalgie. Le village en lui-même ne présente pas un intérêt énorme (hormis son atmosphère, particulière pour la Normandie), mais il a eu la bonne idée d'ouvrir un passionnant musée.

Où dormir très chic dans les environs ?

Hostellerie du Château de Goville : *44, route de Bayeux, La Coliberderie, 14330* ***Le Breuil-en-Bessin.*** *☎ 02-31-22-19-28. • chateaugoville@wanadoo.fr • chateaugoville.com • Sur la D 5, à env 2 km après Le Molay-Littry en direction de Bayeux. Doubles 85-175 € selon confort. Petit déj 15 €. Wifi.* Un coup de folie pure pour cette adresse pas vraiment routarde ! Au cœur d'un joli parc, ce château offre le charme d'une demeure de famille. Les meubles anciens et les objets qui agrémentent les lieux ont appartenu aux générations précédentes. Un vrai petit musée familial. Très belles chambres portant le nom des ancêtres (!). N'oubliez pas d'admirer les trouvailles des chineurs et les maisons de poupées disséminées çà et là.

À voir

Le musée de la Mine : *rue de la Fosse-Frandemiche. ☎ 02-31-22-89-10. Avr-sept, tlj sf lun non fériés 10h-12h, 14h-18h. Entrée : 5 € ; réduc ; gratuit moins de 6 ans. Possibilité de billet jumelé avec le moulin de Marcy : 7 €. Visite audioguidée.* En début de visite, film de présentation de l'histoire de la mine. Situé sur l'unique bassin houiller de Normandie, qui fonctionna jusqu'au milieu du XXe s, ce musée est particulièrement intéressant. D'abord parce que, à l'aide d'outils, d'objets (lampes, barrettes, casques de protection en cuir bouilli) et de documents anciens, on y découvre la vie quotidienne des « gueules noires du bocage », quand la mine était une vraie ville avec son monument au directeur (!) et sa société philharmonique. Ensuite, on s'y balade dans une reconstitution très réussie de galerie qui permet d'appréhender l'évolution (considérable !) des techniques d'extraction depuis 1740. Enfin, sont exposées ici quelques pièces exceptionnelles : une machine à vapeur de 1800 servant à l'extraction de la houille, unique en France, et une maquette au 1/10 du carreau de mine de la fosse n° 5 de Bruay-en-Artois (dans le Pas-de-Calais), construite pour l'Exposition universelle de 1900. Entièrement animée, elle permet de découvrir dans les moindres détails (jusqu'aux douches réservées aux contremaîtres...) le travail d'une mine à la surface.

Le moulin de Marcy : *☎ 02-31-21-42-13. À 3 km de Molay. La route est fléchée depuis le musée de la Mine. Mêmes horaires et période d'ouverture. Entrée (visite guidée) : 5 € ; réduc (ou billet combiné mentionné ci-dessus).* Dans le cadre idyllique d'un petit vallon, ferme-moulin à eau du XIXe s au dispositif mécanique encore en état de marche. Fabrication du pain le dimanche.

BALLEROY (14490) 840 hab. *Carte Calvados, A2*

Voilà une commune qui n'est pas sans rappeler... Versailles ! Toutes proportions gardées, bien sûr. Les plans du bourg de Balleroy furent tracés unique-

ment en fonction de son important château. D'où cette étrange impression quand on pénètre dans cette petite bourgade : les maisons semblent n'avoir été construites que pour mettre en valeur l'imposante avenue qui mène au parc du château... Une belle perspective architecturale, unique en son genre en Normandie. Le château, où régnèrent pendant 300 ans les marquis de Balleroy, fut construit par Mansart dans la première moitié du XVIIe s pour le conseiller du roi, Jean de Choisy, qui demanda évidemment à Le Nôtre de dessiner les jardins (remaniés depuis par Henri Duchêne).
Dans les années 1970, la somptueuse propriété fut acquise par un personnage haut en couleur, le milliardaire américain Malcom Forbes (1919-1990), éditeur de *Fortune* et fana de montgolfières. Il y créa un musée consacré à sa passion et organisa, dans l'immense parc, des festivals de dirigeables qui firent de Balleroy la rivale d'Albuquerque (aux États-Unis) !

À voir

Le château et le musée : *☎ 02-31-21-60-61. • chateau-balleroy.com • ♿ (musée des Ballons). Château : 15 mars-15 oct ; visite guidée slt (45 mn) tlj sf mar 10h-12h, 14h-18h (sans interruption en juil-août) ; dernière visite à 17h10. Musée, parc et boutique : hors saison, tlj sf mar et w-e 10h-12h, 13h30-17h. Billet combiné musée + château (parc gratuit) : 8 € ; enfant 6 €. Billet château seul : 6,50 € ; enfant 5,50 €. Musée seul : 4,50 € ; enfant 3,50 € ; parc 3 €.*
– ***Le musée des Ballons :*** dans le pavillon d'entrée du château. C'est, paraît-il, le seul au monde dans son genre. À l'étage, l'histoire des ballons à air chaud et à gaz, depuis le premier vol (1783) jusqu'aux différents records, aux expéditions phares et à l'utilisation des dirigeables pendant les guerres. On y apprend que, pendant la Seconde Guerre mondiale, Londres fut protégée des bombardements par un bouclier de 444 ballons ! Forbes n'est pas absent de son propre musée : il fut le premier à traverser les États-Unis en ballon.
– ***Le château :*** cette construction de pierre, aux proportions harmonieuses, passe pour être un exemple typique du style Louis XIII. Elle est la troisième œuvre de l'architecte François Mansart. Beau parterre à la française encadré par les communs et des douves. On peut admirer une importante collection d'œuvres des plus grands maîtres (Baudry, Juste d'Egmont, Vignon...). Magnifique salle à manger décorée de boiseries représentant les *Fables* de La Fontaine. Dans le fumoir, Forbes a fait poser au plafond une toile tendue décorée de ballons. Ça contraste un peu avec le mobilier d'époque ! Au 1er étage, très beau salon d'honneur connu pour ses tableaux de rois et son plafond peint, celui-ci, au XVIIe s. On peut aussi découvrir les jardins à la française et le parc à l'anglaise, ainsi que le colombier.

VIRE (14500) 12 820 hab. *Carte Calvados, A3*

Capitale du Bocage virois, Vire est une sous-préfecture paisible et construite dans un joli site. La ville fut, hélas, détruite en grande partie en 1944. Il reste toutefois quelques monuments, parmi lesquels sa curieuse porte-horloge. Vire est surtout connue pour son andouille, grande rivale de celle de Guéméné (Morbihan). Sa fabrication remonte au moins au XVIe s et la recette a peu varié depuis.

VIRE ET SON ANDOUILLE

L'origine de l'andouille se perd dans la nuit de l'histoire. Qu'importe, elle est toujours bonne, fumée à souhait. Car tout le secret réside dans le fumage de cette charcuterie composée de l'estomac, de l'intestin grêle et du gros intestin du porc. Pas moins d'un mois passé dans une cheminée alimentée de bois de hêtre est indispensable. L'andouille perd alors plus de 50 % de son poids et de son volume. Heureusement, on trouve encore de nombreux artisans qui ont conservé ce savoir-faire séculaire de l'andouille. Ainsi, on peut jeter l'opprobre sur ces aberrations industrielles que l'on trouve de plus en plus. Et tous les ans, au mois de novembre, lors d'une énorme foire, Vire rend hommage à cette spécialité qui a fait sa réputation dans les ventres du monde entier (renseignements à l'office de tourisme).

VIRE OU GUÉMÉNÉ ?

Faudrait tout de même pas confondre ! Pour vous aider, sachez que l'andouille de Vire semble toute chiffonnée quand on la tranche. C'est parce qu'on enfile les bouts d'intestins (le gros, le grêle et la panse) à l'intérieur les uns des autres et qu'on tire l'ensemble par une ficelle pour le placer dans un boyau plus large ! Tandis qu'à Guémené (Bretagne), on utilise uniquement les chaudins, à savoir les gros intestins, qu'on enroule les uns sur les autres, d'où cet aspect circulaire. Facile, non ?

Adresses et info utiles

Office de tourisme du Bocage virois : *sq. de la Résistance. ☎ 02-31-66-28-50. • bocage-normand.com • Pâques-Toussaint, lun-sam 9h30-12h30, 13h30-18h (17h sam) ; le reste de l'année, lun-ven (sf mar ap-m).* Petit livret de « promenades dans la ville ».

Gare SNCF : *rue de la Gare. ☎ 36-35 (0,34 €/mn).* Vire se trouve sur la ligne Paris-Granville, à quelque 2h30 de la capitale.

Bus verts : *pl. du Champ-de-Foire (tt près de l'office de tourisme). ☎ 0810-214-214 (prix d'un appel local).* La ligne 32 relie Vire, Aunay-sur-Odon, Villers-Bocage et Caen.

– **Marché :** *ven mat dans le centre-ville.* Très sympa.

Où dormir ? Où manger ?

Hôtel de France : *4, rue d'Aignaux. ☎ 02-31-68-00-35. • hoteldefrancevire.com • ♿ Dans le centre. Resto ouv tlj sf lun midi. Congés : de mi-déc à mi-janv. Doubles avec sdb 60-70 € selon orientation. Menus 17-36 €. Wifi.* Une vingtaine de chambres confortables, sobres et élégantes. Côté cuisine, on retrouve l'andouille à tous les menus, ainsi qu'une cuisine du terroir joliment revisitée.

Au Vrai Normand : *14, rue Armand-Gasté. ☎ 02-31-67-90-99. • restaurant@auvrainormand.com • Fermé mar soir, mer et dim soir, sf j. fériés. Congés : vac scol de fév. Formule déj 16 € en sem ; menus 22,50-34 €.* Une belle maison sympathique, à la salle élégante, où l'on sert une bonne cuisine régionale avec quelques petites surprises comme cette andouille chaude sur fondue de poireaux et la tarte fine aux pommes au sorbet de figue.

L'Annexe : *1, rue Saulnerie. ☎ 02-31-67-73-61. • information@hoteldefrancevire.com • ♿ Juste à côté de la Grande Horloge. Tlj 8h-20h (18h dim). Formules à consommer sur place ou à emporter env 10-12 €.* Les baies vitrées et l'intérieur vert pomme de cette petite adresse tranchent dans le décor de pierre grise. Le concept de l'endroit est celui du snack-traiteur chic (l'endroit est en fait l'annexe du resto de l'*hôtel de France*) : verdure fraîche et bon assaisonnement pour les salades, de bons plats du jour (mais des portions un peu chiches), un large choix de desserts et plein de petites choses sucrées à grignoter.

Où dormir ? Où manger dans les environs ?

Chambres d'hôtes du Champ Fleury : *chez Simone Laiman, Le*

Champ-Fleury, 14350 ***Montchamp.*** *☎ 02-31-68-24-95. • chambres.vire@gmail.com • chambres-hotes-vire.fr • À env 15 km au nord-est de Vire ; accès par la D 577, puis par la D 56 ; juste avt d'entrer dans Montchamp, prendre à droite dans le virage et continuer env 1 km. Double avec sdb 47 €.* Dans une maison au milieu des champs et entourée d'un joli jardin, 3 chambres coquettes et parfaitement tenues, 2 à l'étage de la maison et la 3e (avec lits séparés) dans la petite dépendance face à la piscine transformée en mare à poissons.

Ferme-auberge La Petite Fosse : *La Petite-Fosse, 14500* ***Saint-Germain-de-Tallevende.*** *☎ 02-31-67-22-44. À 2 km du centre-ville de Vire en direction de Rennes (D 577), prendre la C 4 sur 1 km puis c'est indiqué. Double 37 €. Repas sur résa slt (et de préférence assez tôt pour les w-e) ; table d'hôtes 16 € boisson incluse ; menus 14,90-26 €. Café offert ainsi qu'un petit déj/chambre et par nuit sur présentation de ce guide.* Sur une exploitation agricole et avec un jardin offrant une jolie vue sur le bocage vallonné, 2 chambres d'hôtes dans une petite annexe revêtue de bois et 2 autres (un peu plus bruyantes) dans la maison qui sert aussi de restaurant. Leur style n'est pas des plus récent, mais toutes sont parfaitement tenues. Côté cuisine, Anne-Marie prépare des repas copieux et peu onéreux. Avis aux amateurs de calme : on y trouve souvent des groupes... Excellent accueil.

Où acheter une véritable andouille de Vire... et de la vaisselle pour la manger ?

Au ***marché*** *(ven mat dans le centre-ville)* et chez les nombreux artisans charcutiers du centre-ville.

Maison Danjou : *5, rue André-Halbout. ☎ 02-31-68-04-00. Tlj sf dim et lun (ouv dim mat en été).*

Magasin d'usine Guy Degrenne : *zone commerciale, av. de Bischwiller. ☎ 02-31-66-45-55. Tlj sf dim 10h-12h30, 14h-19h.* C'est à Vire que s'est installée une des premières usines Guy Degrenne. Vous trouverez dans ce magasin d'usine les dernières collections de vaisselle à prix normal, les fins de série et les produits très légèrement défectueux vendus à des prix intéressants.

LE BESSIN

À voir

La porte-horloge : *entre la rue du Général-Leclerc et l'église Notre-Dame. Ouv slt en été pour présenter les expos à thème qu'elle abrite chaque année.* Porte fortifiée construite au XIIIe s. Entre les deux grosses tours crénelées, un clocher d'une trentaine de mètres de haut, ajouté au XVe s. Beau point de vue.

L'église Notre-Dame : bel édifice construit du XIIIe au XVIe s. Portail du XIVe s. À l'intérieur, nef aux voûtes élégantes, décorée de colonnes et de chapiteaux.

Le donjon : *pl. du Château (derrière l'église).* Construit au XIIe s par les Normands, le château fort qui dominait la vallée de la Vire fut rasé par la suite. Le donjon résista plus longtemps et il en reste de belles ruines.

Le musée de Vire : *2, pl. Sainte-Anne. ☎ 02-31-68-10-49. Ouv mai-oct, mer-dim 10h-12h30, 14h-18h. Entrée : 3 € ; réduc.* Installées dans l'hôtel-Dieu du XVIIIe s, de belles collections évoquent la vie dans le Bocage virois. Un complément culturel idéal après la visite de la région. À voir, entre autres : des ateliers reconstitués d'artisans, des meubles normands, des costumes, bijoux et coiffes traditionnels, etc. Au dernier étage, le fonds d'atelier du peintre-caricaturiste Charles Léandre, réputé au XIXe s.

Manifestation

– ***Les Virevoltés :*** *1re quinzaine de juil.* • *lesvirevoltes.org* • Festival de spectacles de rue qui anime toute la ville. Cet événement très sympa et populaire dans toute la région attire beaucoup de monde.

DANS LES ENVIRONS DE VIRE

👣 ***La route des gorges de la Vire :*** cette route touristique fléchée de 35 km permet de découvrir un pays sauvage, infiniment secret et plein de charme (qui se prête très bien aux randos ou aux balades à vélo). La Vire, petite rivière dont le cours musarde, lent et sinueux, se gonfle dans le Bocage d'un tas d'affluents et de ruisseaux vagabonds, et dévale furieusement dans un corridor de granit – les gorges proprement dites –, avant d'aller se jeter dans la Manche.

LA SUISSE NORMANDE ET LE PAYS DE FALAISE

LA SUISSE NORMANDE

Carte Calvados, B3

Cette région touristique s'étend le long de l'Orne (le fleuve), à cheval sur les départements du Calvados et de l'Orne. On est ici en basse montagne, d'où le nom donné à la région. Paysage évidemment verdoyant, parsemé de cours d'eau et ponctué de falaises, certaines impressionnantes, comme le fameux Pain de Sucre. Rendez-vous des varappeurs, des randonneurs et des pêcheurs, la Suisse normande propose aussi les charmes de ses petits villages, des routes pittoresques et toutes les activités nécessaires aux vacanciers. Très fréquenté en plein été ou le week-end par les gens de la région.

Adresses utiles

L'office de tourisme assure l'accueil des visiteurs. Vous y trouverez toutes les informations sur les nombreuses activités sportives, ainsi que des topoguides pour la randonnée pédestre, le VTT et l'escalade.

ℹ ***Office de tourisme de la Suisse normande :*** *2, pl. Saint-Sauveur, 14220* ***Thury-Harcourt.*** *☎ 02-31-79-70-45.* • *otourisme.com* • *Mai-sept, mar-sam (tlj juil-août) 10h-12h30, 14h30-18h30 et dim mat ; oct-vac de Pâques, horaires restreints.*

ℹ ***Office de tourisme de la Suisse normande :*** *pl. du Tripot, 14570* ***Clécy.*** *☎ 02-31-69-79-95. Mai-sept, mêmes horaires qu'à l'office de tourisme de Thury-Harcourt. Pour les vac de Pâques : ouv le mat mar-ven et sam tte la journée. Fermé hors saison.*

À faire

La Suisse normande est un petit paradis pour les promeneurs et les sportifs. Vous pourrez y pratiquer diverses activités :

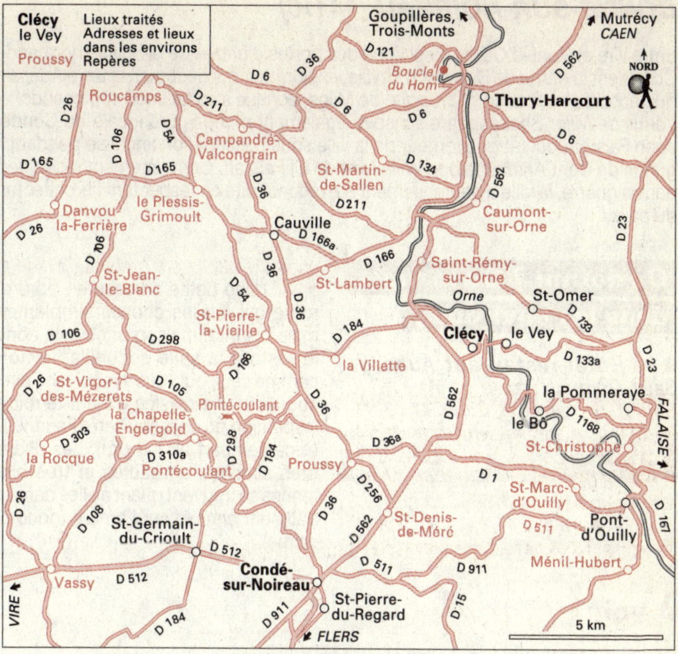

LA SUISSE NORMANDE

– ***Canoë-kayak :*** les villes de Thury-Harcourt et Pont-d'Ouilly sont réputées pour leurs très bonnes équipes de kayak-polo et leur club « fournisseurs officiels de l'équipe de France, championne du monde », comme disent certains en plaisantant. Des balades sur l'Orne très sympas sont à faire entre ces deux villes. À Clécy, guinguettes et beaux sites (Rochers des Parcs, le Pain de Sucre, l'Éminence...) pour clore la balade. Quelques adresses où vous trouverez encadrement et location de matériel : ***Base de plein air** à **Pont-d'Ouilly,** ☎ 02-31-69-86-02, • pont douilly-loisirs.com • ; **Kayak Club** à **Thury-Harcourt,** ☎ 02-31-79-40-59 ; **Capa-venture,** au centre de pleine nature Lionel-Terray à **Clécy,** ☎ 02-31-69-11-68. Il existe également plusieurs boutiques louant ces petites embarcations à Clécy.*

– ***VTT :*** tout un réseau de circuits s'étend de Saint-Laurent-de-Condel à la Roche d'Oëtre. Topoguide de 38 circuits labellisés FFC en vente dans les offices de tourisme de la Suisse normande.

– ***Randonnée pédestre :*** de nombreux sentiers pour muscler vos petits mollets en marchant. Topoguide en vente dans les offices de tourisme (randos de 5 à 16 km ; 18 circuits proposés).

– ***Vélorail :*** *gare de Pont-Érambourg, 61790 **Saint-Pierre-du-Regard.** ☎ 02-31-69-39-30 (ou de Val-de-Maizet, 06-32-88-51-62). • rails-suissenormande.fr • De Condé-sur-Noireau, suivre la direction Pont-d'Ouilly-Pont-Érambourg (la D 511). Parcours de 13 km aller-retour. Ouv mars-Toussaint ; tlj en été 10h30-18h ; hors saison, w-e slt, départs ttes les heure et demie 10h30-18h. Prix : 15 € le vélorail.* Activité familiale. Il s'agit de vélos familiaux adaptés à la voie ferrée de la ligne Caen-Flers.

CONDÉ-SUR-NOIREAU *(14110)*

Entre Vire et Pont-d'Ouilly, c'est l'une des portes d'entrée de la Suisse normande. Condé est la patrie de Dumont d'Urville, explorateur qui découvrit la terre Adélie et qui rapporta en France l'*Aphrodite* de Milos, connue surtout sous son pseudo : la *Vénus de Milo.* Shakespeare s'inspira également d'une figure locale de Condé : John Falstolf, qui fut gouverneur de la ville sous l'occupation anglaise pendant la guerre de Cent Ans. Et le bon William fit de lui Falstaff. Complètement rasée pendant la guerre, la ville a heureusement été reconstruite en respectant l'architecture du pays.

Où dormir ? Où manger dans les environs ?

Hôtel-restaurant Auberge Saint-Germain : *route de Vire, 14110 Saint-Germain-du-Crioult. ☎ 02-31-69-08-10. • sarl.wadelo@orange.fr • ♿ À 3 km de Condé-sur-Noireau, sur la D 512 en direction de Vire. Congés : en janv. Double avec sdb 55 €. Menus 16 € (midi en sem) et 23-42 €. Wifi. Apéritif maison et 10 % de réduc sur le prix de la chambre offerts sur présentation de ce guide.* Une petite adresse en bord de route qui fait les choses simplement mais bien. La maison principale abrite le resto à la salle accueillante, tout comme ceux qui vous y reçoivent, avec au menu, une cuisine mêlant terroir et inspiration du chef (feuilleté d'andouille et camembert au lait cru). Les chambres simples, agréables et très bien tenues se trouvent quant à elles dans un bâtiment annexe sur l'arrière (donc au calme).

À voir

Espace-musée Charles-Léandre – Médiathèque municipale : *9, rue Saint-Martin. ☎ 02-31-69-41-16. Mar-ven 10h-12h15, 14h-19h ; sam 10h-18h. Le dim, seul le musée est ouvert, 14h30-18h. Entrée libre ; audioguide (que l'on conseille) 2 €.*

Sur trois niveaux, un excellent musée consacré intelligemment à la mémoire locale et à l'une de ses gloires, le peintre caricaturiste Charles Léandre.

– *Rez-de-chaussée :* entièrement consacré à Léandre (1862-1934). Belle atmosphère intimiste pour présenter les beaux portraits et les scènes de genre de ce peintre touche-à-tout. Beaucoup de délicatesse dans les pastels, où les regards sont particulièrement tendres. La superbe huile *Je dors mais mon cœur veille* est une composition empreinte d'un amour puissant. Sympathique étude du monde paysan dans *Repas de noces.* Toute une partie est consacrée à la carrière de caricaturiste de Léandre. On y découvre un artiste moqueur mais jamais cynique.

– *1er et 2e étages :* espace réservé aux expositions temporaires.

– *3e étage :* excellente exposition, bien que modeste en taille, consacrée à l'histoire locale. Intéressante maquette de la ville avant son bombardement, réalisée sur les plans du début du XXe s. L'histoire et l'évolution de la ville sont racontées sous forme de petits films d'archives bien choisis. L'importance de l'industrie locale est évoquée avec intelligence : papeterie, tissage, imprimerie, les grandes grèves.

CLÉCY *(14570)*

Petite « capitale de la Suisse normande », Clécy est un charmant village, construit dans un site superbe. Une partie de la ville (la plus touristique) borde les rives de l'Orne et jouxte le hameau du Vey. Le « centre-ville » proprement dit est à l'écart, un peu plus haut.

Adresse utile

Office de tourisme de la Suisse normande : *pl. du Tripot. Voir plus haut la rubrique « Adresses utiles » dans le texte d'introduction sur la Suisse normande.* Organise un circuit patrimoine-découverte de la ville et de ses trésors cachés.

Où dormir à Clécy et dans les environs ?

Camping

Camping Les Rochers des Parcs : *La Cour, 14570* ***Le Vey.*** *☎ 02-31-69-70-36. • camping.normandie@gmail.com • camping-normandie-clecy.fr • Ouv avr-sept. Env 17,20 € pour 2. Loc de chalets, mobile homes et caravanes (200-630 €/sem). Wifi. Loc de vélos et kayaks. Une bouteille de cidre offerte sur présentation de ce guide.* Joli petit camping juste au bord de l'eau et vivant à l'ombre de ses nombreux pommiers. Également de jolis chalets en bois à louer (avec ou sans sanitaires).

De bon marché à prix moyens

Au Site Normand : *2, rue des Chatelets, à Clécy. ☎ 02-31-69-71-05. • sitenormand@orange.fr • hotel-clecy.com • Fermé 15 déc-10 fév. Doubles avec sdb 52-58 € selon taille. Chambres familiales également. Wifi. Apéritif maison offert sur présentation de ce guide.* Au cœur du village, dans une maison à colombages et aux couloirs étroits, comme la plupart des chambres d'ailleurs, mais celles-ci restent avenantes et bien tenues. Accueil charmant. Fait aussi resto (menus 13,50-35 €).

Chambres d'hôtes La Ferme du Manoir : *14570* ***Le Vey.*** *☎ 02-31-69-73-81. Juste à la sortie du Vey, en venant de Clécy sur la D 133A. Double 49 € ; 59 € pour 3 pers.* Belle propriété du XVIe s (manoir à tourelle entouré de communs), dans un site magnifique, au calme. Quelques chambres un peu marquées par les années, mais spacieuses.

Chambres d'hôtes et gîtes ruraux La Ferme du Vey : *14570* ***Clécy-Le Vey.*** *☎ 02-31-69-71-02. • pbrisset@9online.fr • ogites.com/ferme-du-vey • Dans la ferme, double avec sdb 43 €.* La déco ne vous laissera peut-être pas un souvenir inoubliable mais les 3 chambres sont parfaitement tenues. La même famille loue également des gîtes ruraux et 2 gîtes de groupes, dans différentes fermes et même un manoir !

Plus chic

Domaine de la Pommeraye : *« La Couture », 14690* ***La Pommeraye.*** *☎ 02-31-69-02-67. • audomainedelapommeraye@gmail.com • audomainedelapommeraye.com • Sortir de Clécy par la D 168 vers Pont-d'Ouilly et Le Bô, suivre cette dernière direction jusqu'à l'indication vers La Pommeraye. Ferme à env 200 m du panneau de sortie de la Pommeraye, sur la 168B vers Pont-d'Ouilly. Tlj sf dim et mer ; spa 9h-18h30. Résa indispensable. Doubles avec sdb 90-95 €.* Niché dans la verdure, ce corps de ferme superbement restauré abrite 5 chambres d'hôtes (de véritables cocons pleins d'élégance dans l'univers chaleureux des vieilles pierres) et un spa (accès payant et ouvert à tous)... Une adresse idéale pour se ressourcer.

Où manger ? Où boire un verre et écouter de la musique à Clécy et dans les environs ?

La Gavotine : *Le Bourg, 14220* ***Saint-Omer.*** *☎ 02-31-69-77-83. • olivierfavier@orange.fr • Tlj sf lun en été, fermé les ven-dim et j. fériés le reste de l'année. Menus-cartes 6,80-16,50 €. Apéritif maison sur présentation de ce guide.* Juste à côté de la piste de décollage des parapentes, une petite adresse conviviale où locaux et gens de passage se retrouvent devant les bonnes assiettes généreuses (du terroir, de la mer, scandinave, etc.) servies dans la salle chaleureuse ou sur la terrasse. Foie gras et frites maison.

Le Soubock : *rte de Saint-Lambert, 14770* ***Cauville.*** *06-11-69-53-46. • contact@soubock.com • Ven, sam et j. fériés, plus 1er et dernier jeu du mois, 20h-2h. Menu unique 12,80 € (sur résa) ou apéros et tapas. Concerts ts styles payants ven et sam.* Un endroit étonnant que cette haute bâtisse de bois plantée au milieu des champs (et surtout de nulle part !) proposant des concerts dans une ambiance et un lieu chaleureux (tout de bois lui aussi).

La Dame Blanche : *Le Bourg, 14690* ***Le Bô.*** *☎ 02-31-69-67-99. • herve.frydman@orange.fr •* Dans un hameau, cette petite maison de pierre enfouie au milieu des arbres fait à la fois office de café et de brocante. Ambiance rétro et champêtre assurée !

À voir. À faire

Les bords de l'Orne : *en contrebas de Clécy-centre, à 800 m env.* Ça rappelle curieusement les bords de la Marne. Ambiance de week-end champêtre avec guinguettes, saucisses grillées et embarcations à pédales. Terrasse agréable. Bondé par beau temps.

Le Chemin de fer miniature : *entre les bords de l'Orne et Clécy-centre. ☎ 02-31-69-07-13. • chemin-fer-miniature-clecy.com • Tlj sf lun Pâques-oct, 10h-12h, 14h-18h (tlj 10h-18h en juil-août) ; ouv slt ap-m de mi-sept à oct 14h-17h30 ; pdt les vac de la Toussaint, tlj 14h-17h. Fermé nov-fév. Entrée : 7 €, structure gonflable 3 € ; réduc. L'entrée comprend la visite commentée de la maquette, le tour de train, la visite libre des fours à chaux de Clécy.* Sur plus de 300 m², des centaines de wagons, locos, maisonnettes et décors divers, pour faire rêver les petits et les grands enfants. Et même un train gonflable (jusqu'à 12 ans) de 20 m de long et 3,50 m de haut !

THURY-HARCOURT (14220)

Petite cité des bords de l'Orne et porte d'entrée de la Suisse normande. Son bourg a conservé une ***église*** du XIIIe s et les souvenirs de son ancien ***château.*** Belles balades à faire dans les environs.

Où dormir ? Où manger à Thury-Harcourt et dans les environs ?

Camping du Traspy : *rue du Pont-Benoît. ☎ 02-31-79-61-80. • folliotmarie@orange.fr • campingtraspy.com • Ouv Pâques-sept. Forfait 15 € pour 2.* Au cœur de la vallée, au bord de la rivière. Sanitaires impeccables. Dispose également de quelques chalets et mobile homes. Tarifs préférentiels pour le centre aquatique voisin (toboggan géant, cascades, etc.). Piscine. Soirées cabaret.

Le Relais de la Poste : *7, rue de Caen. ☎ 02-31-79-72-12. • relaisdelaposte@gmail.com • hotel-relaisdelaposte.com • Dans le centre. Doubles avec sdb 67-82 € selon confort. Formules et menus 20-22 € (midi en sem) et 28-64 €. Internet. Apéritif offert sur présentation de ce guide.* Une dizaine de chambres assez exiguës mais coquettes. Les moins onéreuses ont une salle de bains en 2 parties (pas très pratique, avouons-le). Côté restaurant, la salle élégante aux tons chocolatés distille une ambiance cosy dans laquelle les hôtes savourent une cuisine délicate, jouant avec les produits du terroir mêlés à des saveurs exotiques. Menu d'un très bon rapport qualité-prix le midi. Accueil prévenant.

Aux Logis de Trois Monts : *chez M. et Mme Môre, route de l'Église, 14210* ***Trois-Monts.*** *☎ 02-31-79-78-98. 06-09-92-18-51. • bernard.more@free.fr • auxlogisdetroismonts.com •*

À env 9 km au nord de Thury-Harcourt (accès par la D 212) ; légèrement à l'extérieur du village (de la route principale, prendre à gauche au calvaire). Double avec sdb 50 €. Également un gîte (250-335 €/sem selon saison). CB refusées. Une bouteille de cidre bouché offerte sur présentation de ce guide (il faudra donc la déboucher !). Dans un joli paysage vallonné, avec l'église en contrebas, la maison et ses dépendances sont disposées autour d'une cour toute fleurie en saison. Une bâtisse accolée à la maison principale abrite 2 chambres d'hôtes pimpantes pouvant accueillir 2 à 4 personnes. Également un gîte pour 2-4 personnes.

Manoir de la Pivardière : *chez Mme Chapirot, 14220* ***Mutrécy.*** *☎ 02-31-79-09-48. • chapirotbeatrice@yahoo.fr • lapivardiere.com • À env 14 km au nord de Thury-Harcourt (accès par la D 562 et la D 257). Ouv mai-sept. Doubles 52-70 € selon confort, peti déj compris. Repas le soir, sur résa, 18 € tt compris. Apéritif maison offert sur présentation de ce guide.* Au cœur du joli village de Mutrécy, au bout d'une longue allée, une belle demeure ceinte de murs et entourée d'un agréable jardin. Les 2 grandes chambres sous les toits avec salle de bains commune sur le palier sont idéales pour une famille ou un petit groupe d'amis. L'étage du dessous abrite quant à lui une superbe chambre, beaucoup plus dans l'esprit manoir. On aime l'ambiance familiale qui imprègne les murs de cette belle maison pas hautaine pour deux sous. Bon accueil.

Auberge du Pont de Brie : *14210* ***Goupillières.*** *☎ 02-31-79-37-84. • contact@pontdebrie.com • À env 10 km au nord de Thury-Harcourt (accès par la D 562, puis la D 171 jusqu'au lieu-dit La Halte-de-Grimboscq). Fermé lun (tte l'année), mar (sf juil-août) et dim oct-Pâques. Congés : 4-12 juil et 24 déc-19 janv 2012. Menus 20,50-48 €, mais plus intéressant à partir du 2e menu (29 €).* Établissement à la déco classique, posé là, tout seul, au milieu d'une belle nature. Une très bonne table proposant une cuisine authentiquement normande, telle l'entrecôte sauce camembert et ses petits farcis ou le filet de bar au beurre de cidre. Service impeccable et accueil très gentil.

FALAISE

(14700) 8 500 hab. *Carte Calvados, C3*

Située en plein cœur de la Normandie, Falaise bénéficie d'une position géographique favorable. La ville naît au Moyen Âge et se développe autour de son château fort. Cité natale de Guillaume le Conquérant, duc de Normandie, roi d'Angleterre, et héros de la *tapisserie de la reine Mathilde,* elle joua un rôle économique important grâce à ses activités artisanales telles que la pelleterie, la draperie, la bonneterie ou encore la tannerie. La ville, durant tout le Moyen Âge, profite de sa grande renommée, notamment due aux célèbres foires qui se tenaient dans le quartier de Guibray. De cette époque prospère, Falaise conserve, en dépit de l'importante destruction subie lors de la Seconde Guerre mondiale, un patrimoine exceptionnel : hôtels particuliers, auberges, édifices religieux remarquables ouverts au public et son incontournable château fort.

UN PEU D'HISTOIRE PAILLARDE

À l'âge de 17 ans, le jeune duc Robert traînait souvent au pied du donjon familial dans le seul but de reluquer en douce la jolie Arlette, la fille du tanneur du village, qui venait régulièrement y laver son linge. Fou d'amour, le futur Robert le Magnifique parvint à faire entrer la jeune fille au château. Selon la légende, Arlette eut par la suite un rêve étrange : elle accouchait d'une forêt, qui envahissait la Normandie et l'Angleterre ! En réalité, à Noël, elle enfanta un petit bâtard, dans la cellule du donjon... On l'appela Guillaume. D'abord élevé au château, il fut contraint, une fois son père mort, de se réfugier dans les environs. Mais en lui bouillonnait un sang ducal : il finit par s'emparer de force du château paternel et restaura sa qualité de duc de Normandie. Cet instinct de conquête le poursuivra jusqu'à celle de l'Angleterre.

UNE JUSTICE BIEN BÊTE

À l'époque médiévale, les animaux coupables d'homicides ou d'agressions devaient subir la justice des hommes. En 1386, à Falaise, on condamna une truie qui avait mutilé un bébé de 3 mois. On la supplicia devant le peuple en la suspendant par les pattes arrière, puis on l'étrangla.

LA « POCHE » DE FALAISE

En 1944, après le Débarquement et la percée du Bocage, les Alliés, soutenus par l'entrée en ligne de l'armée de Patton, arrivent dans la région de Falaise début août. Les panzers allemands contre-attaquent mais, en quelques jours, les voilà coincés par les Anglais et les Canadiens au nord, les Américains à l'ouest et bientôt les Français (la 2e DB de Leclerc) et les Polonais au sud ! Cet étau allié forme alors une poche, dans laquelle les Allemands ne tardent pas à étouffer... Mais ça, c'est une autre histoire, qu'on vous raconte dans les paragraphes consacrés à Chambois et au Mont-Ormel (voir la partie « L'Orne »). La ville de Falaise, elle, n'est libérée que le 17 août par les Canadiens. Elle fut détruite à 80 %.

Adresse utile

Office de tourisme du pays de Falaise : *bd de la Libération. ☎ 02-31-90-17-26. • falaise-tourisme.com • À côté du Forum. Mai-sept, lun-sam 9h30-12h30, 13h30-18h30 (de fin juin à mi-sept ouv aussi dim et j. fériés 10h30-12h30, 14h-16h) ; oct-avr, lun-sam (sf Pâques) 9h30-12h30, 13h30-17h30.* Pour les randonneurs et les VTTistes, cartes et topoguides en vente. Visites guidées et « balades gourmandes ». Internet.

Où dormir ? Où manger ?

Camping

Camping municipal : *au Val-d'Ante. ☎ 02-31-90-16-55. • camping@falaise.fr • falaise-tourisme.com • Ouv mai-sept. Forfait 12,60 € pour 2. Wifi.* Au calme, ce site verdoyant, ombragé et très bien tenu, se situe dans un des quartiers les plus charmants de la ville, au milieu des jolies demeures et avec vue directe sur le château de Guillaume.

Bon marché

Serais Gourmand : *25, Porte-du-Château. ☎ 02-31-20-29-88. Fermé lun en juil-août ; lun et mar le reste de l'année. Formules 9-11,50 €.* Nombreuses tartines gourmandes et salon de thé l'après-midi. Bons sablés maison et sandwichs. Une agréable petite adresse pour grignoter sur le pouce.

Le Gars de Falaise : *1, pl. Belle-Croix. ☎ 02-31-90-16-79. En hte saison, ouv midi et soir sf lun et dim soir. Hors saison, ouv midi lun-sam plus le soir ven-sam. Congés : fin fév et 3 sem de fin oct à mi-nov. Formule midi 13 € ; carte 18 €. Kir normand offert sur présentation de ce guide.* Un bar-brasserie-pizzeria situé en plein centre-ville, sur une grande place. C'est là que se retrouvent les jeunes de Falaise, à l'heure de l'apéro. Accueil agréable.

De prix moyens à plus chic

La Fine Fourchette : *52, rue Georges-Clemenceau. ☎ 02-31-90-08-59. • finefourchette-falaise@orange.fr • Fermé mar soir hors saison. Menus*

17,80 € (sf j. fériés) et 27-53 €. Café ou digestif maison offert sur présentation de ce guide. Cette institution falaisienne, tenue par les 2 chefs (père et fils) au piano, propose une cuisine créative de qualité aux recettes toujours renouvelées. Et, une fois n'est pas coutume, le 1er menu avec entrée, plat, fromages ou dessert (d'un excellent rapport qualité-prix) permet déjà d'avoir un bon aperçu de ce qu'on sait faire en cuisine. Mais le fleuron de la carte reste le homard. Le service est attentionné et, quels que soient le jour et l'occasion, la salle aux couleurs chatoyantes est soigneusement apprêtée, comme pour un mariage.

Où dormir dans les environs ?

Chambres d'hôtes chez M. et Mme Margot : *Les Bissons, 14700* ***Versainville.*** *☎ 02-31-90-40-76. • gitesetchambresdhotesmargot@orange.fr • gite-margot.fr • À env 5 km au nord-est de Falaise. Dans Versainville, suivre la direction d'Éraines (par la 248A) ; ferme sur la gauche juste avt d'arriver à Éraines. Double 50 € ; 10 €/pers supplémentaire.* Entre 2 coquets villages, cette chambre d'hôtes a élu domicile dans une ferme du XVIIIe s rénovée (un peu trop peut-être). Ici, pas de parquet ni de vieux carrelage, mais plutôt des lino et des moquettes nickel, tout comme les chambres simples, avenantes, colorées et aux belles dimensions.

Domaine de la Tour : *14700* ***Saint-Pierre-Canivet.*** *☎ 02-31-20-53-07. • info@domainedelatour.fr • domainedelatour.fr • À env 4 km au nord-ouest de Falaise, accès par la D 6 (ne pas entrer dans Saint-Pierre-Canivet). Doubles avec sdb 70-110 € (voir aussi les offres spéciales sur le site). Wifi.* Seule au milieu des champs, dans une très belle campagne, cette magnifique propriété du XVIIIe s joliment restaurée abrite 4 chambres d'hôtes claires et accueillantes dont une suite, qui ont gardé leur parquet et de jolis meubles de style plutôt rustique ou ancien. Un endroit vraiment reposant et à l'accueil souriant. Également 2 beaux gîtes, pour 8 personnes chacun, à louer dans les autres dépendances ainsi qu'une salle de réception.

À voir

Le château : *à l'entrée de la ville en arrivant de l'ouest. ☎ 02-31-41-61-44. • chateau-guillaume-leconquerant.fr • (slt le bâtiment d'accueil). Tlj 10h-18h (19h en juil-août) ; fermeture de la billetterie 1h avt. Entrée : env 7,50 € ; réduc et forfait famille. Visite guidée à 15h30 (2 en été et une les w-e, ponts, pdt les vac scol et j. fériés) et parcours audioguidé (1h) inclus dans le prix.*
Sur son éperon rocheux se dresse une imposante forteresse construite au XIIe s par les descendants de Guillaume le Conquérant à l'emplacement de l'ancien château. Celle-ci fut transformée et agrandie au siècle suivant pour être achevée sous Philippe Auguste. Abandonné au XVIIe s, le château était dans un état de délabrement avancé à la fin du XIXe s quand il fut classé aux Monuments historiques. Quand le site a rouvert ses portes au public dans les années 1990, les travaux entrepris par l'architecte Bruno Decaris étaient loin de faire l'unanimité, notamment les énormes blocs de béton disposés sur la façade (qui rappellent plus le mur de l'Atlantique que l'esthétique médiévale !). Les trois donjons sont protégés par les 15 tours de l'enceinte castrale. Hautes murailles, épaisses de 4 m à certains endroits. Un immense donjon se distingue du reste des remparts.
La visite vous balade dans la tour Talbot, qui a retrouvé son aspect du XIIIe s, sous les gracieuses voûtes de la salle haute, dans les salles basses baignées d'une belle lumière avant de grimper sur la plate-forme du grand donjon d'où l'on a une belle vue sur la campagne environnante.

Les églises : la ville en compte quatre. La plus importante, celle de la *Sainte-Trinité* (dans le centre-ville), construite du XIIIe au XVIe s. Beau porche flamboyant,

LA SUISSE NORMANDE ET LE PAYS DE FALAISE

représentatif des débuts de la Renaissance. L'église *Notre-Dame-de-Guibray* est connue pour son orgue de Parizot du XVIIIe s, superbe. L'église *Saint-Gervais*, au nord-est du centre, illustre l'évolution de l'architecture religieuse normande des XIe et XVIe s. Enfin, l'église *Saint-Laurent* offre un bel exemple de l'art roman normand au XIe s.

Automates Avenue : *bd de la Libération. ☎ 02-31-90-02-43. • automates-avenue.fr • Juste à côté de l'office de tourisme. Avr-juin et sept, tlj 10h-12h30, 13h30-18h ; juil-août, tlj 10h-18h ; oct-mars, w-e, j. fériés 10h-12h30, 13h30-18h (tlj en déc et pdt vac scol). Entrée : 6 € ; 4-12 ans : 4,50 €.* Depuis qu'un fabricant d'automates a proposé au *Bon Marché* de créer une vitrine animée pour rendre hommage à Peary, premier homme à atteindre le pôle Nord en 1909, des générations de gamins ont collé leurs nez aux vitrines des grands magasins parisiens. Cet épatant musée en a récupéré une dizaine (créées du début du XXe s aux années 1950). Ces vitrines animées mettaient à contribution, outre les fabricants d'automates, les grands illustrateurs de l'époque. La *Sérénade à la fée* signée Peynet (oui, celui des Amoureux) avec un crabe qui se fait les ongles (pardon, les pinces !), la poétique *Naissance des poupées* de Jean Effel ou encore la très rafraîchissante scénette du printemps à l'étage s'adressent à ceux qui ont gardé une âme d'enfant. Un petit musée magique !

Le musée Lemaître : *bd de la Libération. Dans le même bâtiment que* Automates Avenue *(mêmes horaires). Entrée : 3 €.* Expose environ 90 œuvres de ce peintre normand né à Falaise. Nombreux paysages normands et également des nus.

Manifestations

– ***Festival d'orgue baroque :*** *juil-sept, dim ap-m.* Concerts gratuits à l'église Notre-Dame-de-Guibray.
– ***Festival Musique et Danse en pays de Falaise :*** *1 sem en juil.* Stages de musique qui se concluent tous les soirs par des spectacles et concerts gratuits.
– ***Fête des Jeux :*** *le 2e dim d'août.* Spectacles équestres, jeux d'adresse et de stratégie.

LA MANCHE

ABC DE LA MANCHE

- *Superficie :* 5 938 km^2.
- *Préfecture :* Saint-Lô.
- *Sous-préfectures :* Avranches, Cherbourg, Coutances.
- *Population :* 504 053 hab.

La Manche est un département trop mal connu. Qui sait que Cherbourg est la ville principale du département ? Quant à Saint-Lô, la préfecture... mieux vaut ne pas poser la question ! Sans parler du Mont-Saint-Michel, pourtant le monument le plus visité de France, que tout le monde (sauf les Normands !) situe en Bretagne, alors que l'adage dit bien « le Couesnon en sa folie mit le Mont en Normandie » !
Quelques souvenirs reviennent pourtant lorsqu'on évoque le débarquement du 6 juin 1944. Il a eu lieu en Normandie, c'est sûr, mais où ? Sûrement sur les côtes du Calvados. On oublie celles de la Manche. Personne ne sait situer Utah Beach, Sainte-Mère-Église, hauts lieux de ce *D-Day*. En fait, pour beaucoup, la Normandie c'est Deauville, les falaises d'Étretat ; les églises de Rouen, Honfleur, la tapisserie de Bayeux... ce n'est pas la Manche.
Il faut dire que les Manchois n'ont pas fait grand-chose pour attirer les hordes de touristes. Même si la situation a évolué, la Manche revendiquant désormais ses paysages superbes, ses ciels admirables et ses produits inestimables.
Avec 350 km de côtes, la Manche est le département le plus maritime de France. C'est l'un des départements où le Conservatoire du littoral a acheté le plus grand nombre de côtes. Les plages s'étendent à perte de vue (pourquoi croyez-vous qu'ils ont débarqué ici le 6 juin 1944 ?), et on trouve plus de châteaux, manoirs et fermes-manoirs que nulle part ailleurs.

L'HABITANT DE LA MANCHE, MANCHOIS OU MANCHOT ?

Vous entendrez les deux. Le terme « manchot », régulièrement utilisé par les locaux eux-mêmes, serait plus ancien que « manchois », mais le Larousse et nombre de textes officiels préfèrent ce dernier, peut-être plus politiquement correct ? Nous, on aime bien « manchot » pour qualifier cette population, qui partage avec le palmipède ce côté sympathique et attachant et qui n'a, rassurez-vous, pas les deux pieds dans le même sabot !

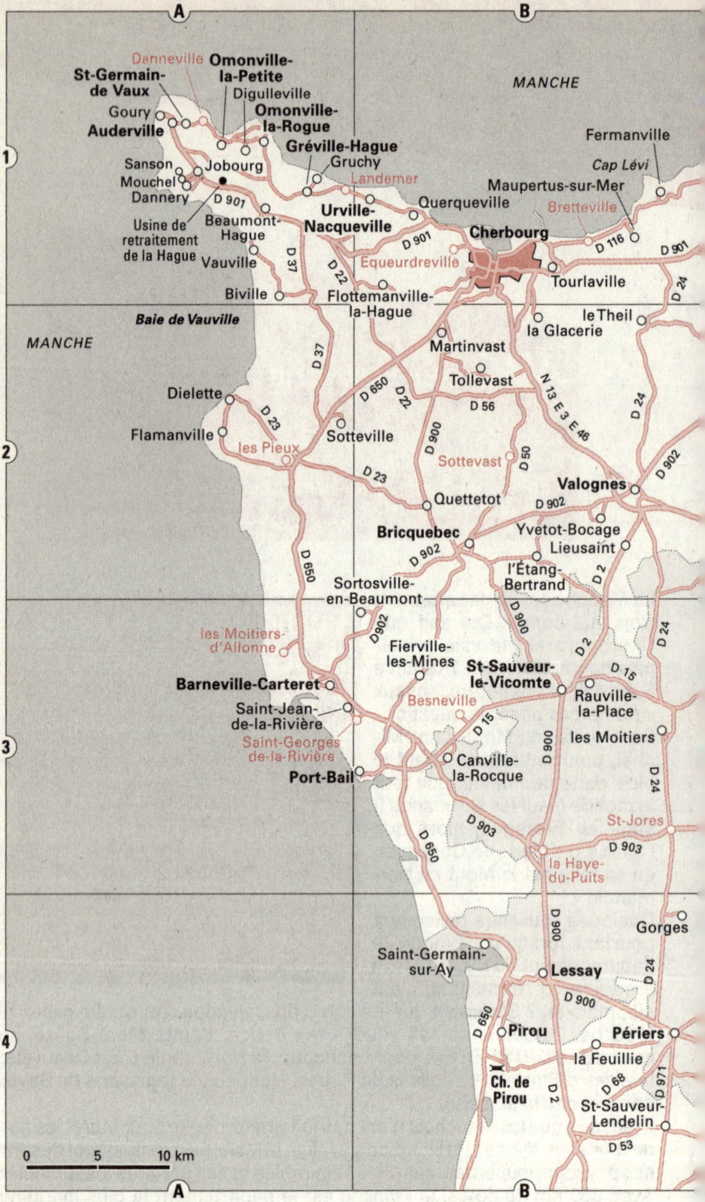
A
B
MANCHE
Danneville
Omonville-la-Petite
St-Germain-de Vaux
Digulleville
Goury
Omonville-la-Rogue
Auderville
Gréville-Hague
Gruchy
Fermanville
Sanson
Jobourg
Landemer
Cap Lévi
Mouchel
Maupertus-sur-Mer
Dannery
D 901
Querqueville
Bretteville
Usine de retraitement de la Hague
Beaumont-Hague
Urville-Nacqueville
Cherbourg
D 116
D 901
Vauville
D 37
D 22
D 901
Equeurdreville
Tourlaville
D 24
Biville
Flottemanville-la-Hague
le Theil
Baie de Vauville
la Glacerie
MANCHE
Martinvast
D 37
Tollevast
Dielette
D 650
D 22
D 56
N 13 E 3 E 46
D 24
D 23
Flamanville
Sotteville
D 900
les Pieux
Sottevast
D 50
D 902
D 23
Valognes
Quettetot
D 902
Bricquebec
Yvetot-Bocage
D 902
Lieusaint
D 650
l'Étang-Bertrand
D 2
Sortosville-en-Beaumont
D 900
D 24
D 902
les Moitiers-d'Allonne
D 2
Fierville-les-Mines
St-Sauveur-le-Vicomte
D 15
Barneville-Carteret
Rauville-la-Place
Besneville
Saint-Jean-de-la-Rivière
D 15
les Moitiers
Saint-Georges-de-la-Rivière
D 900
Canville-la-Rocque
D 24
Port-Bail
D 903
St-Jores
D 650
D 903
la Haye-du-Puits
D 900
Gorges
Saint-Germain-sur-Ay
Lessay
D 24
D 900
D 650
Pirou
Périers
la Feuillie
Ch. de Pirou
D 2
D 68
D 971
St-Sauveur-Lendelin
D 53
0
5
10 km
1
2
3
4

LE NORD DE LA MANCHE

LA MANCHE

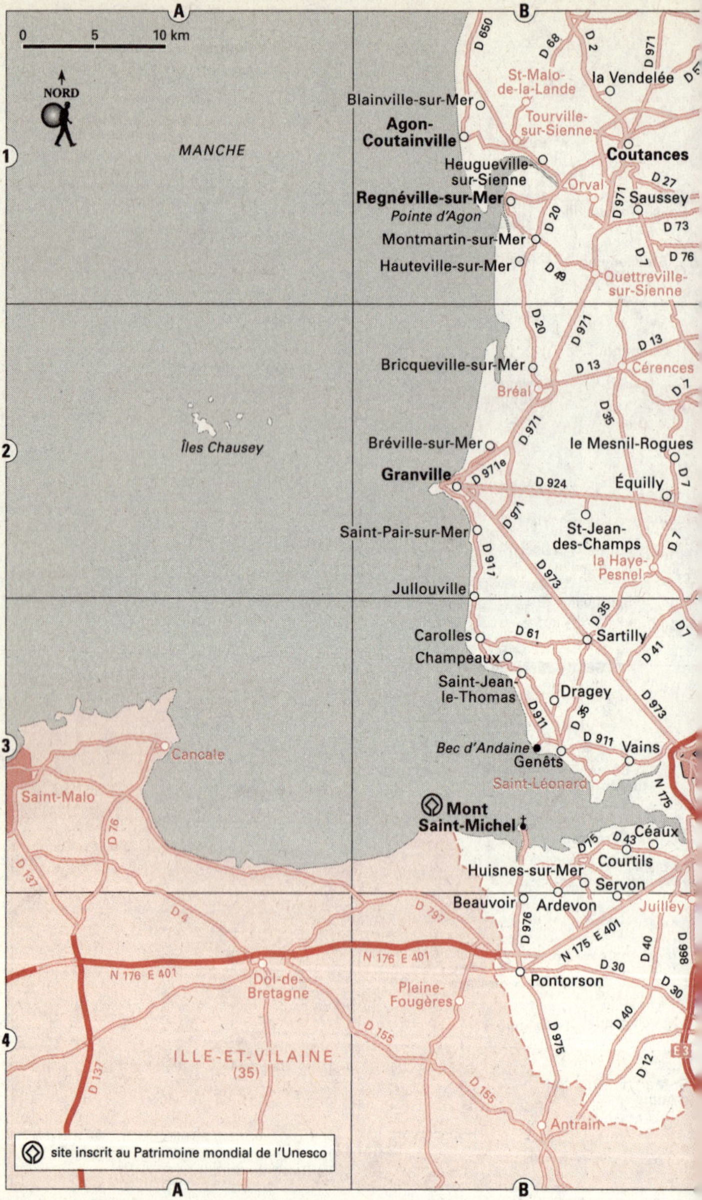

A
B
0
5
10 km
NORD
MANCHE
1
2
3
4
Îles Chausey
D 650
D 68
D 2
D 971
St-Malo-de-la-Lande
la Vendelée
Blainville-sur-Mer
Tourville-sur-Sienne
Agon-Coutainville
Coutances
Heugueville-sur-Sienne
Orval
D 27
Regnéville-sur-Mer
Saussey
Pointe d'Agon
D 20
D 73
Montmartin-sur-Mer
D 76
Hauteville-sur-Mer
D 49
Quettreville-sur-Sienne
D 13
Bricqueville-sur-Mer
Cérences
Bréal
D 35
D 7
Bréville-sur-Mer
le Mesnil-Rogues
Granville
D 971e
D 924
Équilly
Saint-Pair-sur-Mer
St-Jean-des-Champs
D 917
la Haye-Pesnel
D 973
Jullouville
Carolles
D 61
Sartilly
Champeaux
D 41
Saint-Jean-le-Thomas
Dragey
D 911
Bec d'Andaine
Genêts
Vains
Saint-Léonard
N 175
Cancale
Saint-Malo
Mont Saint-Michel
D 76
D 75
D 43
Céaux
Courtils
D 137
Huisnes-sur-Mer
Servon
Beauvoir
Ardevon
Juilley
D 4
D 797
D 976
N 175 E 401
D 40
D 998
N 176 E 401
D 30
Pontorson
Dol-de-Bretagne
Pleine-Fougères
D 155
D 975
E 3
ILLE-ET-VILAINE
(35)
D 12
Antrain
site inscrit au Patrimoine mondial de l'Unesco

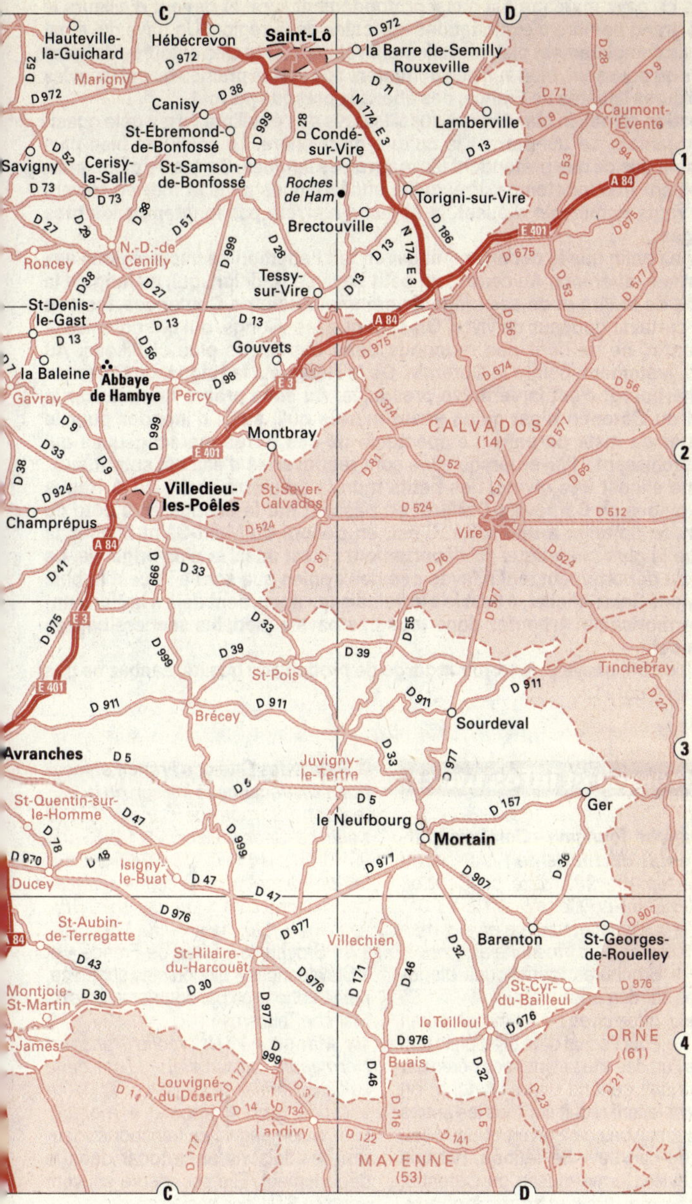

LE SUD DE LA MANCHE

Mais ce pays maritime est aussi profondément rural et détient d'ailleurs le plus grand nombre d'exploitations agricoles de la région. Un pays qui n'est jamais complètement plat, ni réellement vallonné. Des clos entourés de haies vives où poussent, bien sûr, des pommiers ; de vertes prairies où paissent les meilleures laitières de France, des chevaux presque partout.
Question climat, la Manche est aussi le pays de l'équilibre : il n'y gèle quasiment jamais, ce qui permet la culture maraîchère. Le soleil est bien plus présent que ce que prétendent les mauvaises langues. Certes il y pleut, mais rarement très longtemps. Presqu'île effilée lancée dans la mer en travers des vents dominants d'ouest, la Manche n'arrête pas longtemps les gros nuages.
Sachez enfin que le département est en fait l'addition de microrégions aux charmes différents. Au centre, un petit pays de tradition, qui, au long de la vallée de la Vire et de ses affluents comme autour de Coutances, incarne une certaine douceur de vivre. On sent que les Vikings, qui ont colonisé le Cotentin, ne se sont pas reconnus dans ces terres plus civilisées. Au nord, justement, pointe le Cotentin. De la Hougue à la Hague, de Carentan à Cherbourg, c'est la véritable presqu'île. Au sens propre du mot, car le pied du Cotentin n'est qu'un vaste marais qu'il suffit d'inonder pour le couper du reste du pays. Le spectacle de ces terres marécageuses qui « blanchissent » l'hiver lorsqu'elles sont recouvertes d'eau est somptueux. Même s'il est très divers, des petits murets de pierre sèche de la Hague aux plages de Barneville-Carteret en passant par le bocage et la côte du Plain, le Cotentin a une unité. C'est, en dehors du Mont-Saint-Michel, la partie la plus touristique du département ; c'est aussi la plus originale. Le sud du département, enfin, avec ces deux pôles que sont à l'ouest la baie du Mont-Saint-Michel, à l'est le Mortainais qui appartient déjà à la Normandie armoricaine. Arpentez donc tous ces pays à pied, les sentiers balisés abondent.
Et puis côté papilles, le terroir regorge de produits de qualité, sachez ne pas passer à côté !

Adresses et infos utiles

i ***Manche Tourisme – Comité départemental du tourisme :*** *Maison du département, 98, route de Candol, 50008 Saint-Lô Cedex.* ☎ *02-33-05-98-70.* • *manchetourisme.com* • *manchenautisme.com* • *mancherandonnee.com* • Brochures touristiques disponibles sur demande.
– ***Pass inter-sites :*** • *patrimoine.manche.fr* • Pour l'achat d'un billet plein tarif dans l'un des sites et musées gérés par le conseil général de la Manche, on obtient le tarif réduit sur tous les autres sites : maisons de Prévert et de Millet, fort du cap Lévi, île Tatihou, batterie d'Azeville, ferme-musée du Cotentin, Musée maritime et fours à chaux, abbaye d'Hambye, maisons de la Baie, relais de Courtils et relais de Vains, parc-musée du Granit et musée régional de la Poterie.

■ ***Relais des Gîtes de France et locations Clévacances :*** *Maison du département, 98, route de Candol, 50008 Saint-Lô Cedex. Rens :* ☎ *02-33-05-99-01 ; résas :* ☎ *02-33-56-28-80.* • *gites-de-france-manche.com* • *clevacances-manche.com* • *Lun-jeu 8h30-18h, ven 9h-17h30, sam 8h30-12h, 13h-17h.* Brochures « Gîtes de France » et « Clévacances » disponibles sur place, par téléphone ou par courrier auprès de Manche Tourisme.

Manéo – VTNI *(Veolia Transport Normandie Interurbain)* ***:*** *2, rue de la Laitière-Normande, Saint-Lô.* ☎ *0800-150-050 (appel gratuit).* • *mobi50.com* • Compagnie de transports assurant les liaisons en autocar dans le département. Elle est encore souvent appelée *STN,* son ancien nom.
– • *tvmanche.tv* • Une TV exclusivement consultable sur Internet. Pour être au plus près de toutes les actualités du département.

SAINT-LÔ ET LA VALLÉE DE LA VIRE

SAINT-LÔ

(50000) 21 595 hab.

Cartes Le Nord de la Manche, C4 et Le Sud de la Manche, C1

Assise sur un plateau délimité par les trois vallées de la Vire, de la Dollée et du Torteron, Saint-Lô est la préfecture de la Manche. Ville administrative, à l'écart des grands axes, elle est au centre du département de la Manche.
L'ancienne cité celte de *Briovère* connut jusqu'aux guerres de Religion un passé tumultueux, dont témoignent les imposants remparts de la ville. D'abord en bois, puis en pierre, ils furent successivement pris d'assaut par les Normands, Édouard III et les catholiques en 1574. Important centre textile à partir du XIIIe s, Saint-Lô devint petit à petit un pôle agricole d'envergure, ce que la ville est toujours aujourd'hui. Détruite à 90 % et surnommée la « capitale des ruines » en 1944, la ville qui avait tout ou presque perdu (jusqu'à son état civil...) se releva peu à peu après la guerre, et se révèle plus chaleureuse que ne le laissent supposer ses façades grises et rectilignes.

Arriver – Quitter

En train

Gare de Saint-Lô *(plan A1)* **:** *☎ 36-35 (0,34 €/mn).*

➢ ***Caen, Coutances, Pontorson (Mont-Saint-Michel), Rennes :*** 3-4 départs/j. en sem et 2-3/j. le w-e ; autres liaisons entre Saint-Lô et Granville, avec changement à Coutances (une partie du trajet en train et l'autre en autocar TER).

➢ ***Paris, Cherbourg :*** changement à Lison.

En car

Départ en centre-ville *(plan B1)* **:** *avec* ***Manéo.*** *Local au 2, rue des Laitières-Normandes. ☎ 0800-150-050 (appel gratuit).*

➢ ***Carentan, Valognes, Cherbourg :*** env 3 liaisons/j., directes ou avec changement à Sainte-Mère-Église pour Valognes et Cherbourg.

Adresse et infos utiles

Office de tourisme *(plan A1)* **:** *pl. du Quai-à-Tangue (au pied des remparts, sur le grand parking en bord de Vire). ☎ 02-14-29-00-17. ● saint-lo.fr ● Juil-août, lun-ven et sam mat ; le reste de l'année, fermé lun mat. Visites guidées des remparts en juil-août, mar et ven à 14h30 ; 2 €. Documentation sur l'itinéraire de la Libération (15 sites).*
Gère les visites guidées du haras national (individuels, avr-sept ; groupes 20 pers min tte l'année).
Loc de barques et embarcations à pédales au pied des remparts (juste à côté de l'office), l'ap-m.

– ***Marché :*** *ven et sam 9h-13h, sur la pl. du Général-de-Gaulle (centre-ville).* Produits du terroir. À l'instar des Saint-Lois (ou Saint-Laudiens), ne pas manquer d'y acheter un sandwich saucisse aux oignons, que 6 ou 7 grilleurs ne vendent que là. Bonne animation.

Où dormir ?

De bon marché à prix moyens

Armoric Hôtel *(plan B2,* ***10****)* **:** *15, rue de la Marne. ☎ 02-33-05-61-32. ● hotel-armoric.com ● Résa conseillée. Doubles 41 € avec lavabo, 45 € avec douche, 48 € avec bains (nos 16 et 21 : bain bouillonnant, 57 €). Wifi. Parking* *privé gratuit.* Dans un immeuble années 1950, en terrasse, derrière un jardinet. Ambiance pension de famille à l'ancienne, dont l'accueil peut paraître un peu bougon au début. Chambres avenantes et confortables, à la déco un peu rétro. Certaines chambres ne sont pas bien grandes, les salles de bains de certaines sont plutôt des « cabines de bains », mais l'ensemble persiste à présenter un très bon rapport qualité-prix.

Hôtel-restaurant La Crémaillère *(plan A1, **11**) : 10, rue de la Chancellerie. ☎ et fax : 02-33-57-14-68. ♿ (au resto slt). Resto fermé ven soir, sam, et soir dim et j. fériés. Doubles 40-50 € avec douche ou bains. Formules 9,50-13,50 € midi en sem ; menus 14,50-22 €. Café offert sur présentation de ce guide.* Petit hôtel tenu par un jeune couple sympa. Chambres correctes, pas bien grandes, simples, fonctionnelles, reliftées (maniaques des finitions, s'abstenir) pour nuit paisible Au resto, un choix de salades, galettes et petits menus d'inspiration régionale à prix gentils.

Plus chic

Hôtel Mercure *(plan A1, **12**) : 1, av. de Briovère (pl. de la Gare). ☎ 02-33-05-10-84. • h1072@accor.com • mercure-saint-lo.com • ♿ Resto fermé sam midi et dim soir. Doubles 90-110 € selon confort ; petit déj 14 €. Internet, wifi. Parking gratuit devant l'hôtel. Réduc de 10 % sur le prix de la chambre sur présentation de ce guide.* Devant la gare et face aux remparts, un bâtiment de la reconstruction à la façade dénuée de charme, mais à l'intérieur coloré, feutré. Le prix des chambres varie selon leur taille et leur état de rénovation. Toutes sont confortables, même si un peu sombres pour celles donnant sur la voie de chemin de fer (pas très fréquentée). Préférer celles dans les étages, avec vue sur la Vire.

Où manger ?

Bon marché

Le Bistrot de Paul et Roger *(plan B1, **21**) : 42, rue du Neufbourg. ☎ 02-33-57-19-00. ♿ Fermé dim, lun soir, mer soir et j. fériés hors saison. Formules 12,90-13,90 € ; menu bistrot 18 € ; carte 25 €.* Si les nappes de la sympathique terrasse sortent dès les premiers rayons de soleil, il serait dommage de ne pas risquer un œil à l'intérieur ou vers la mezzanine. Pour découvrir un décor 1900 où s'amoncelle un bric-à-brac à rendre vert de jalousie le moindre brocanteur... L'ambiance est celle d'une bande de copains et la cuisine propose des plats de ménage et de bistrot. Attention, qualité... parfois irrégulière !

L'Escale *(plan A2, **23**) : promenade des Alluvions. ☎ 02-33-05-51-51. ♿ Ouv le midi lun-ven, ainsi que le soir ven et sam. Congés : août, 1 sem après Noël. Formules 11,65-14,60 €.* Une grande salle fraîche et lumineuse, avec tables et chaises en teck et baie vitrée sur la rue. Au centre, un bon buffet d'entrées et de desserts. Également de bonnes grillades et des menus à composer. C'est simple, frais et bon. On ne vous mène pas en bateau derrière cette grande façade vitrée.

Prix moyens

Le Goût Sauvage *(plan A2, **20**) : 10, rue de Villedieu. ☎ 02-33-72-24-76. • caroline.vignaud12@orange.fr • Ouv midi mar-ven, soir jeu-sam ; une soirée spéciale 2e jeu du mois. Formule et menus midi 11,50-16,50 €, soir 23-28 €.* Des produits rigoureusement sélectionnés, bio et locaux de préférence, pour une cuisine qui refuse la sophistication, sans tomber pour autant dans la simplicité : chaque jour, la jeune chef se creuse la tête pour sortir de ses poêlons des saveurs de saison, mais venant de tous les horizons. L'endroit se distingue autant pour sa bonne table que pour l'esprit dans lequel il a été créé et dans lequel il est mené : la recherche des produits, la collaboration avec les producteurs, le plaisir de faire découvrir, de partager, et une carte des vins qui sort de l'ordinaire : en effet, seuls les vins naturels trouvent leur place sur les étagères de la cave.

Le Péché Mignon *(hors plan par B1, **22**) : 84, rue du Maréchal-Juin. ☎ 02-*

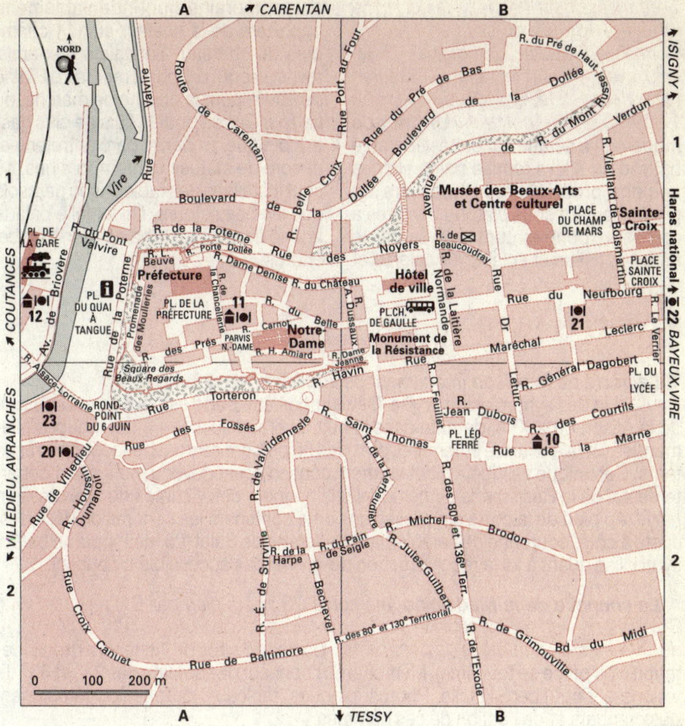

SAINT-LÔ

Adresse utile

- Office de tourisme

Où dormir ?

- 10 Armoric Hôtel
- 11 Hôtel-restaurant La Crémaillère
- 12 Hôtel Mercure

Où manger ?

- 20 Le Goût Sauvage
- 21 Le Bistrot de Paul et Roger
- 22 Le Péché Mignon
- 23 L'Escale

33-72-23-77. • restaurant-le-peche-mignon@wanadoo.fr • À l'écart du centre-ville, direction Bayeux. Tlj sf dim soir et lun. Formule déj 12,50 € en sem ; menus 17,50-38,50 €. Apéritif maison offert sur présentation de ce guide. Une institution en ville. Cadre feutré, service soigné. Vous serez noyé sous les délicatesses de transition entre les plats (on se sentirait presque important avec tout ça). Et dans l'assiette, des plats de tradition et de terroir, mais revus et corrigés dans le goût de l'époque avec épices et saveurs d'ailleurs.

Où dormir ? Où manger dans les environs ?

Château d'Agneaux : *av. Sainte-Marie, 50180* ***Agneaux.*** *☎ 02-33-57-65-88. • chateau-agneaux.com • À la sortie ouest de Saint-Lô, sur la route de*

Coutances (bien fléché). Resto fermé lun midi, plus dim soir en saison. Congés : 22-26 déc. Doubles 99-156 € (et 1 avec w-c sur le palier 80 €) selon taille ; suite 212 €. Menus (2 restos) 17,90-49 €. Internet, wifi. Un vent de modernité a soufflé sur cette vénérable bâtisse du XIIIe s reprise par le fils des anciens propriétaires ! Escaliers de pierre, hauteur sous plafond, fenêtres à meneaux, poutres sont égayés par le mobilier, tissus et éclairages colorés et contemporains qui, indéniablement, apportent de la chaleur aux 11 chambres du château. Sanitaires eux aussi revus au goût du jour. 2 restos : *La Table de Louis,* pour la cuisine de marché, ou *La Tour Carrée* pour la cuisine plus gastronomique. Superbe parc entretenu et décoré de statues contemporaines, où sont installées des tables avec parasols dès les beaux jours. De là, jolie balade le long du chemin de halage. Un bien bel endroit.

À voir. À faire

La porte de la prison *(monument de la Résistance ; plan B1) : pl. Général-de-Gaulle.* Un des symboles de la ville. Cette imposante porte est tout ce qui subsiste de la prison du XIXe s, détruite dans la nuit du 6 au 7 juin 1944. Les troupes allemandes y avaient laissé enfermées près de 150 personnes dont beaucoup de résistants. Cet unique vestige, volontairement conservé, est devenu monument départemental de la Résistance et mémorial en l'honneur des victimes de la répression nazie. Au pied de la porte est scellée une urne contenant les cendres de déportés. Juste à côté, couronné de l'emblématique licorne de Saint-Lô, un moderne *beffroi* symbolise quant à lui la reconstruction de la ville (pas accessible au public).

La chapelle de la Madeleine *(mémorial US ; hors plan par B1) : av. de Paris. Prendre la rue de la Grange, face au n° 1028. Ouv sam-dim 14h30-18h30, du 1er w-e de juil à mi-sept (Journées du patrimoine).* Un des 15 sites de l'itinéraire de la Libération (voir office de tourisme). Mémorial en l'honneur des soldats des 29e et 35e divisions qui ont libéré la ville. Photos, plaques, tableaux, drapeaux... témoignent des combats et de l'action de ces hommes.

L'itinéraire de la Libération : outre les deux sites mentionnés ci-dessus, 13 autres sites à visiter en parcourant la ville sur les traces des libérateurs. Du souterrain à la première pierre de la reconstruction, du carré des victimes civiles à l'hôpital mémorial sur la route de Villedieu. Pour contribuer au devoir de mémoire (une partie à faire à pied, mais certains sites plus éloignés à voir en voiture).

L'église Notre-Dame *(plan A1) : visites guidées (gratuites) mar et ven en juil-août, à 15h30, sinon visite libre.* Date des XVe et XVIe s. Cruellement endommagée lors de la Seconde Guerre mondiale, sa façade mutilée le rappelle de façon pathétique. Émotion renforcée par les façades modernes de la reconstruction s'effaçant volontairement derrière les vestiges du bâtiment ancien, dont il subsiste l'élégante chaire extérieure (oui, c'est surprenant) gothique. À l'intérieur, beaux vitraux du XVe s dont le grand vitrail royal. Plusieurs autres vitraux contemporains signés Max Ingrand ou Jean Couturat. Lutrin en cuivre du XVIIe s. Sur une poutre de gloire traversant le chœur, impressionnant christ, miraculeusement rescapé des destructions de 1944. Petit musée lapidaire, dans le bas-côté nord : pierres, statues, objets retrouvés dans les décombres et impressionnantes photos de l'« avant »... Petites anecdotes et aspects méconnus révélés sur les panneaux.

Les remparts *(plan A1) : demander le petit fascicule à l'office de tourisme ou suivre une visite guidée.* On en a une belle vision d'ensemble depuis les quais, sur les bords de la Vire. De l'église Notre-Dame, on peut pousser jusqu'au square des Beaux-Regards. Joliment aménagé, ce jardin public a conservé une vieille tour ronde qui offre une gentille vue sur la ville basse et la vallée de la Vire. Le sentier se prolonge sur la droite, sans intérêt particulier !

Le musée des Beaux-Arts (plan B1) : *centre culturel Jean-Lurçat, pl. du Champ-de-Mars. ☎ 02-33-72-52-55. ♿ Ouv mer-dim 14h-18h. Fermé lun, mar, dim et lun de Pâques, 1er mai, jeu de l'Ascension, 1er nov et 25 déc. Entrée : 2,60 € ; réduc ; gratuit moins de 12 ans.* Moderne, spacieux et intéressant. Vous tomberez d'abord immanquablement, au rez-de-chaussée, sur la tenture des *Amours de Gombault et Macée*, tapisserie de Bruges des XVIe-XVIIe s. Huit panneaux qui racontent, façon bande dessinée et avec un humour certain, l'histoire de deux bergers (Molière, impressionné, y fit référence dans *L'Avare*). Pour rester dans la tapisserie, étonnantes œuvres de Jean Lurçat (refondateur de la tapisserie), sorte d'anachronisme dans l'évolution de l'art contemporain. Peintres des écoles françaises : *Académie masculine* de J.-F. Millet, *Le Havre, coucher de soleil* d'Eugène Boudin, *Paysage de rivière* de Théodore Rousseau, *Homère et les Bergers* et *L'Étang* de Corot, *La Mort de Sapho*, exquis petit Gustave Moreau. Cabinet des dessins : Géricault, Fernand Léger, Jacques Callot... Gustave Doré et son émouvant *Retour d'Ophélie*. Petite section historique sur la reconstruction de Saint-Lô, donation Octave Feuillet (un cabinet de curiosités du XIXe, avec miniatures, manuscrits, etc.), espace consacré au poète Jean Follain. Enfin, une galerie de portraits de la famille des Matignon rappelle que les Grimaldi, princes de Monaco, sont toujours barons de Saint-Lô ! Plusieurs expos temporaires par an.

Le haras national (hors plan par B1) : *437, rue du Maréchal-Juin (à côté des Archives départementales). ☎ 02-33-55-29-09 ou 02-33-77-60-35. ♿ Visites guidées 1h : vac de Pâques, tlj à 14h30, 15h30, 16h30 ; mai, les w-e aux mêmes horaires ; juin et sept, jeu-dim aux mêmes horaires ; juil-août, tlj sf dim mat à 11h, 14h30, 15h30 et 16h30 (sf lors des présentations d'attelages du jeu). Entrée : 5 € ; réducs ; gratuit moins de 6 ans. Les Jeudis du haras : le dernier jeu de juil et ts les jeu en août à 15h (arriver vers 14h30) ; 5,50 € ; réduc ; gratuit moins de 6 ans. Présentation d'étalons montés et en main, et reprises d'attelages dans la cour d'honneur. Loc de sulkys à pédales et tours en calèche (15 mn ; l'ap-m, juil-août).* Le premier dépôt (complètement détruit pendant la Seconde Guerre mondiale) fut créé en centre-ville en 1806. Le haras que vous visiterez est le second dépôt, ouvert en 1886. Il est célèbre pour son nombre d'étalons (une quarantaine de reproducteurs, propriété du haras, donc de l'État) et, plus particulièrement spécialisé dans le selle-français (expert en concours hippiques), il abrite sept races différentes dont le cob normand (très apprécié des amateurs d'attelage), le trotteur français ou le percheron. Ce haras est aussi le tout premier en France quant au nombre de juments saillies (appartenant, elles, à des particuliers, qui paient cher la semence des précieux étalons). D'ailleurs, la visite guidée passe par la salle d'insémination et celle de la récolte des semences (pleine activité de mi-mars à mi-juillet, période de reproduction des juments)... si vous n'avez pas encore réussi à expliquer à Junior qu'il n'était pas né dans un chou, c'est le moment ! Également une belle collection de voitures hippomobiles, un manège automatique où sont entraînés les chevaux pour le pas et le trot, le manège couvert avec sa charpente réalisée par Gustave Eiffel et la « maternité » (les juments y attendent d'être inséminées ou s'y rétablissent avec leur poulain). Si vous en avez l'occasion, en été, ne manquez pas *Les Jeudis du haras*, un beau spectacle en musique.

Le musée du Bocage normand (hors plan par A2) : *ferme de Boisjugan ; bd de la Commune (fléché). ☎ 02-33-56-26-98. ♿ À la sortie de la ville, direction Torigny-sur-Vire, à côté du centre aquatique. Juin-sept, mer-ven 10h-12h, 14h-18h ; w-e et j. fériés 14h-18h. Mars-mai et oct, mer-dim 14h-18h. Nov-fév, jeu-dim 14h-18h. Entrée : 4,70 € ; réduc ; gratuit moins de 12 ans et pour ts le 1er dim du mois.* À deux pas d'une zone artisanale, autour d'une belle cour rectangulaire, typique de la région, cette grande et belle ferme en schiste des XVIIe et XIXe s abrite un beau musée sur l'agriculture et son évolution depuis 1800. Sont présentés en particulier l'élevage du cheval et celui de la vache. Quelques bornes interactives (sur la faune et la flore, par exemple), des projections de films (on a un faible pour celui mettant en parallèle les anciennes machines et les nouvelles) et une reconstitution d'espaces (l'écurie, l'étable, l'atelier et la beurrerie). Un beau musée didactique (compter 1h30 de visite), qui n'apprendra peut-être pas grand-chose aux gens du terroir ou du métier (quoique...), mais une introduction idéale pour les citadins, petits et grands. Au fait, la langue étrange qui apparaît ici et là, c'est le normand (pour ceux qui auraient cru que, décidément, leur anglais était vraiment médiocre !).

LA VALLÉE DE LA VIRE

Autour de Saint-Lô, une jolie campagne bocagère où de petites rivières (la Vire bien sûr et ses affluents comme l'Elle) ont dessiné de gentilles vallées qui, ici ou là, s'escarpent franchement. Une paisible microrégion à découvrir au fil de discrètes départementales, ou mieux, des anciens chemins de halage, joliment réhabilités.

Où dormir ? Où manger ?

De bon marché à prix moyens

Chambres d'hôtes La Rhétorerie : *chez Marie-Thérèse et Roger Osmond, 2271, rue de la Vire, 50750 **Saint-Ébremond-de-Bonfossé.** ☎ 02-33-56-62-98. À 4 km de Saint-Lô. Direction Villedieu, puis prendre la D 38, direction Canisy. Double 44 € avec douche (w-c sur le palier).* Dans une sympathique ferme typique du bocage, chez des agriculteurs à la retraite hauts en couleur, chaleureux et à l'accueil attentionné. Marie-Thérèse vous en dira plus sur la région que n'importe quel office de tourisme. Des chambres confortables et rétro à souhait (vive les napperons et les gravures bondieusardes !) et un copieux petit déj. Mise à disposition d'une salle de séjour avec coin cuisine.

Chambres d'hôtes Le Manoir des Arts : *chez Myriam et Michel De Aranjo, 2, hameau Bernard, 50570 **Saint-Samson-de-Bonfossé.** ☎ 02-33-56-52-92. • michel.aranjo@wanadoo.fr • manoirdesarts.com • À 9 km de Saint-Lô. À la sortie du bourg en direction de Villedieu-les-Poêles, prendre la petite route à gauche de la pharmacie, tourner à gauche au 1er croisement, à gauche au suivant, puis à droite vers le hameau Bernard, la maison est à 100 m à droite. Double 55 €, suite 85 €. Sur présentation de ce guide, 10 % de réduc sur le prix de la chambre (tte l'année).* En pleine campagne, imposante demeure du XVIIIe s avec 2 tours carrées à colombages rouges. 4 chambres spacieuses et colorées, meublées 1920-1930 avec sanitaires privés. 2 au 1er étage, les 2 autres au second. Belle suite familiale dans une autre aile. Pas de table d'hôtes mais coin cuisine à disposition. Calme et tranquillité assurés, seulement troublés par les vocalises des élèves de Myriam, professeur de chant de son état. Accueil chaleureux.

Chambres d'hôtes du Château : *chez Élisabeth et François de Brunville, Le Château, 50160 **Lamberville.** ☎ 02-33-56-15-70. • ef.brunville@wanadoo.fr • chateaudelamberville.com • À 17 km à l'est de Saint-Lô par la D 11 puis la D 34 et la D 190. Fermé déc-fév. Double 64 € avec sdb. Table d'hôtes 18 € sur résa. Vélos à disposition.* Du château, bombardé en 1944 par les Allemands, il ne reste que les écuries, plantées dans un décor très champêtre, avec pour voisine la plus proche, l'église, elle aussi isolée en pleine campagne. Au 1er étage de l'Orangerie, 3 chambres spacieuses, lumineuses et confortables, style Louis XVI pour la chambre bleue (La « Général », avec vue sur le parc). Cuisine et salle à manger à disposition des hôtes. Parc séculaire et étang (poissonneux ! vielles carpes et poissons blancs), domaine des colverts et des bernaches. Coup de cœur pour la vraie vie au vert.

Crêperie des Roches de Ham : *Les Roches-de-Ham, 50890* **Brectouville.** *☎ 02-33-56-51-57. Pour l'accès, voir plus loin la rubrique « À voir. À faire ». Tlj sf dim. Ouv Pâques-sept à partir de midi. Formule 2 galettes 6,30 € ; repas env 10 €. Un café offert sur présentation de ce guide.* Sur un petit replat, noyée dans la verdure, juste au-dessus de la falaise. Très joli cadre naturel donc (et une terrasse sous le chêne pour bien en profiter) pour cette sympathique petite crêperie, spécialisée dans les vraies galettes du pays. Le cidre maison est, lui aussi, bien normand ! C'est tout simple et bon (plus de sucré que de salé).

De chic à plus chic

Château de la Roque : *50180* **Hébécrevon.** *☎ 02-33-57-33-20. • mireille.delisle@wanadoo.fr • chateau-de-la-roque.fr • À 5 km de Saint-Lô, sur la route de Périers. Congés : de mi-déc à mi-janv. Doubles 85-100 €, suites également. Table d'hôtes sf dim 25 € (boissons comprises). Wifi. Apéritif maison offert sur présentation de ce guide.* Dans un sublime parc paysager avec étang et espaces vallonnés, au bout de la longue drève d'entrée, un château du XVIIe s à l'allure luxueuse, devenu « auberge de campagne » avec salon de musique, balnéo, sauna, cabines de soins, hammam... 15 chambres réparties sur 3 bâtiments, toutes différentes et raffinées, avec mobilier de collection, de nombreux tableaux et même un lit à baldaquin pour certaines. Un lieu très chic ! Excellente cuisine familiale de tradition, basée sur les produits de la propriété.

Le Clos des Matignon : *7, rue Robert-du-Mont, 50160* **Torigni-sur-Vire.** *☎ 02-33-57-17-21. • leclosdesmatignon@orange.fr • leclosdesmatignon.com • Fermé 2 sem fêtes de fin d'année. Doubles 100-140 € ; suite 100-170 € selon nombre d'occupants. Wifi. Parking privé.* Vaste demeure cachée par d'épais murs de pierre, autrefois dépendance du château de Torigni. L'imposant hall avec son lustre monumental, la volée d'escaliers de pierre et la balustrade en fer forgé donnent le ton. Grand siècle ! Toutefois, les 2 chambres et la suite affichent un look cosy contemporain (si elle est libre, optez sans hésiter pour la chambre « Savane ») : épaisses tentures dans les tons gris, beige et marron, lit *king size*, couettes, TV... et donnent toutes sur le parc au gazon impeccable. Les petits déj sont servis dans la cuisine-salle à manger commune ou sur la terrasse aux beaux jours.

À voir. À faire

L'église de La Barre-de-Semilly : *à 6 km à l'est de Saint-Lô.* Belle église romane du XIIe s. Appareillage de pierre original en « arêtes de poisson ». Grosse tour trapue. À l'intérieur, voûte de bois façon coque de bateau et intéressants chapiteaux sculptés.

L'abbaye bénédictine Saint-Vigor : *rue Sangles, 50680* **Cerisy-la-Forêt.** *☎ 02-33-57-34-63. • abbayes-normandes.com • À env 20 km au nord-est de Saint-Lô. (église abbatiale slt). Ouv 11h-18h ; tlj sf lun d'avr à mi-nov et tlj en juil-août. Visite libre : 4 €. Visite guidée des bâtiments et du musée (env 45 mn ; aucune visite guidée lun) : 5 € ; réduc.*

L'un des chefs-d'œuvre de l'art normand roman, en bord de forêt de Cerisy. Abbaye fondée en 1032 par le duc Robert le Magnifique en hommage à saint Vigor. Elle perdit au début du XIXe s ses cinq premières travées. Ne pas manquer le point de vue sur l'abside exprimant tout à la fois solidité, harmonie et équilibre. Chœur remarquable avec ses cinq baies romanes sur trois niveaux, les plafonds droits charpentés ont été restitués à la configuration d'origine. Anges musiciens à la retombée des arches. Stalles du début du XVe s.

À l'extérieur, il reste cependant un beau logis conventuel du XIIIe s. Petit musée lapidaire. Ravissante chapelle de l'Abbé, du XIIIe s (mais déjà gothique), ornée de fresques du XVe. Expo permanente sur les siècles romans en Normandie.

➢ À deux pas, entre Manche et Calvados, la ***forêt de Cerisy,*** superbe lieu de balades.

Le parc des sources d'Elle : *50180* ***Rouxeville.*** *☎ 02-33-56-17-90. À 12 km à l'est de Saint-Lô par la D 11. Mars-oct, tlj 7h30-19h. Entrée : 2 €/véhicule. Visite libre.* Joli parc privé situé en plein bocage, parcouru de sources (eh oui, qui donnent naissance à l'Elle) et d'étangs entourés de prairies et de bois. Avant tout, paradis des pêcheurs qui viennent y taquiner la truite dans l'un des huit étangs qui parsèment le parc, c'est aussi un très agréable lieu de balade familiale. Des sentiers aménagés parcourent ce domaine de 35 ha planté de nombreuses espèces arboricoles, et notamment de splendides massifs de rhododendrons. Espaces de pique-nique.

Le château des Matignon : *50160* ***Torigni-sur-Vire.*** *☎ 02-33-56-71-44 (mairie). À 13 km au sud-est de Saint-Lô par la N 174. Juil-août, tlj 14h30-18h ; 15-30 juin et 1er-15 sept, w-e slt aux mêmes horaires. Entrée : 6 € ; réduc ; gratuit moins de 10 ans.* Au cœur de la ville, il abrite désormais la mairie. Copieusement bombardée en juin 1944, il ne subsiste de cette forteresse du XIIe s, largement transformée au fil du temps, qu'une vaste aile, mêlant styles Renaissance et Louis XIII. À ses pieds, le joli jardin public verdoyant (ancienne cour aux canons) côtoie les jardins potagers et un étang. Le bâtiment abrite un bel escalier d'honneur du XVIe s, des meubles anciens, un musée consacré aux sculptures animalières d'Arthur le Duc et des tapisseries d'Aubusson. Ces dernières ont échappé au bombardement de 1944 grâce à leur petit séjour à Paris, où elles étaient en restauration. Expos temporaires (peinture et sculpture) également.

Les roches de Ham : *de Torigni-sur-Vire, suivre la direction de Tessy-sur-Vire, puis de Brectouville.* Falaises saisissantes et tourmentées dominant les gorges de la Vire d'une centaine de mètres. La vue sur la rivière qui serpente en contrebas et le bocage environnant mérite franchement le détour. Outre la simple beauté du site, il y a ici de belles balades à faire, une sympathique crêperie aux beaux jours et, en prime, un joli terrain d'entraînement pour les amateurs d'escalade.

Le château de Canisy : *à une dizaine de km au sud-ouest de Saint-Lô par la D 999, puis la D 38. Ne se visite pas, mais parc libre d'accès juin-sept (il faut néanmoins suivre un parcours fléché), 10h-18h. Rens : ☎ 01-44-05-09-81. • canisy.com •* Du XIe s, remodelé à la fin du XVIe s par François Gabriel, ancêtre de la fameuse famille d'architectes. Donne une impression de solidité et d'élégance tout à la fois, avec ses murs en belle pierre grise du pays et les encadrements de fenêtres en bossage de couleur améthyste. Sachez que le château peut se louer... pour des réceptions !

➢ ***Balade le long du chemin de halage :*** *le chemin de halage dans son intégralité va de Carentan à Pont-Farcy. On peut le prendre à partir de* ***Tessy-sur-Vire,*** *et descendre la Vire jusqu'à Saint-Lô (26 km).* Un chemin agréable, accessible aux piétons, aux cyclistes et aux cavaliers. À Saint-Lô, le chemin prend naissance au pied du pont Merveilleux-du-Vigneaux, à deux pas de la gare SNCF. Autre accès à la base de canoës de Condé-sur-Vire.

➢ ***Descente de la Vire en canoë-kayak :*** *à* ***Condé-sur-Vire.*** *☎ 02-33-57-33-66 ou 02-33-55-20-84. Ouv mai-sept 9h-12h, 14h-17h.* Dynamique base de loisirs de l'Écluse, où l'on peut louer des canoës et des kayaks pour découvrir les roches de Ham par le bas. Trois parcours différents, de 4 à 12 km.

LE COTENTIN

LE PARC NATUREL RÉGIONAL DES MARAIS DU COTENTIN ET DU BESSIN

Côté Manche, le parc naturel régional des Marais du Cotentin et du Bessin est compris grosso modo dans un triangle Quinéville – Lessay – Pont-Hébert (il s'étend jusqu'à Trévières dans le Calvados). Paysage de bocages et de vastes prairies sillonnés par une multitude de rivières et de fossés au centre, le parc naturel régional s'ouvre de part et d'autre sur la mer. Le marais du Cotentin, c'est la région la plus basse de la Manche. Si le niveau de la mer s'élevait d'un mètre, le Cotentin serait vraiment une île. D'ailleurs, les hivers où il pleut pas mal, plus de 14 000 ha de terres se retrouvent complètement inondés. 30 communes autour de Saint-Sauveur-le-Vicomte, Marchésieux, Rémilly-sur-Lozon, Graignes ou encore Carentan ont régulièrement en hiver le marais blanc (nom donné au marais inondé) sous leurs yeux. Une région pittoresque qui offre une palette variée de paysages, une intéressante architecture rurale et de nombreuses occasions de randonnées.

UN GRAND PATCHWORK !

En fait, les marais se révèlent plutôt comme un grand patchwork. Du bocage à perte de vue et des tourbières. Des haies coupe-vent, mais surtout les « limes » (fossés emplis d'eau) délimitent les parcelles, remplissant la fonction des talus dans le bocage. Ici, le remembrement fut brillamment évité, pour le plus grand plaisir des yeux. En effet, compte tenu de la platitude de la région et de son exposition aux tempêtes à la fois d'ouest et d'est, conserver les haies reste la seule façon de protéger le bétail du vent.

Le parc possède des dizaines d'espèces animales et végétales originales. Des millions d'oiseaux migrateurs choisissent le marais du Cotentin pour se reposer ou comme zone d'hivernage et de nidification.

Autre intérêt du parc, l'habitat. Le parc comprend plus de 10 000 édifices construits en terre crue (technique de la bauge). L'utilisation de la terre trouvée sur place se révèle ainsi non seulement économique, mais aussi profondément respectueuse de l'environnement. Les belles nuances rouges, ocre, orange, mordorées de la terre réchauffent le paysage. Autour de Graignes (au sud de Carentan), on trouve plus de 50 % de demeures en terre. Dans les environs du Mesnilbus, de nombreuses fermes proposent un intéressant compromis granit-terre.

QUAND LES CIGOGNES S'INVITENT À LA TABLE DES MARAIS

Qu'il n'y ait plus de nitrates dans les marais fait partie des nombreux buts du parc naturel régional des Marais du Cotentin et du Bessin. Et la prolifération de grenouilles attesterait que cette mission est bien remplie ! Or, ces batraciens sont un mets très prisé des cigognes, qui arrivent désormais de plus en plus fréquemment par colonies, notamment entre Marchésieux et Tribehou, pour faire ripaille.

Adresse et infos utiles

Maison du parc des Marais du Cotentin et du Bessin : *50500 Saint-Côme-du-Mont, à côté de Carentan, au cœur des marais.* ☎ *02-33-71-65-30.* • *parc-cotentin-bessin.fr* • *De mi-oct à Pâques, tlj sf lun 9h30-13h, 14h-17h30 ; Pâques-sept, tlj 9h30-19h.* Un point de départ idéal pour organiser votre séjour. Toutes les informations utiles pour découvrir de façon traditionnelle ou insolite les richesses du parc. On peut ainsi y consulter (ou acheter) une documentation sur la faune, la flore, l'histoire et les traditions des marais, mais aussi se renseigner sur les multiples sentiers de randonnée (large choix de cartes et topoguides à la boutique), les promenades en bateau, les activités-découverte, les sites culturels ou encore les possibilités d'hébergement et de restauration à l'intérieur du parc. Enfin, le parc a édité son topoguide, *Les Plus belles balades du Cotentin et du Bessin* aux éd. Dakota. Abrite également un espace de découverte (voir « Dans les environs de Carentan »).

– La Manche et, particulièrement, le Cotentin et le parc des Marais, sont propices aux ***randonnées pédestres, à vélo ou à cheval*** : GR 223 (superbe !) qui longe les côtes, plus de 250 km de voies vertes plus familiales qui empruntent les anciennes voies de chemin de fer ou chemins de halage, randos thématiques accompagnées... *Rens : auprès du CDT,* • *mancherandonnee.com* • Le CDT édite une brochure très bien faite, consacrée aux loisirs et sports nature.

CARENTAN (50500) 6 900 hab. *Carte Le Nord de la Manche, C3*

Porte d'entrée des marais du Cotentin, cité commerçante, gros marché au bétail à un important carrefour de routes et port de plaisance. Carentan a payé un lourd tribut à la libération du pays. La ville fut prise le 12 juin après un assaut à la baïonnette des parachutistes américains.

Arriver – Quitter

Gare SNCF : *bd de Verdun (sur la route principale).* Carentan se trouve sur la ligne Cherbourg-Bayeux-Caen : une dizaine de trains/j. ; quelques-uns vont jusqu'à Lisieux et Paris.

Manéo : ☎ *0800-150-050 (appel gratuit).* • *mobi50.com* • *Arrêt des bus à la gare SNCF ou à l'office de tourisme, selon destinations.* Carentan se trouve sur la ligne Cherbourg-Valognes-Sainte-Mère-Église-Carentan-Saint-Lô : 3 bus/j. en sem.

Adresse utile

Office de tourisme : *bd de Verdun.* ☎ *02-33-71-23-50.* • *ot-carentan.fr* • *Juil-août, tlj ; juin et sept, lun-sam ; le reste de l'année, lun-ven slt.* Propose des visites guidées de la ville en calèche (juillet-août). Billetterie pour les îles, la Cité de la Mer, la promenade fluviale sur la Taute... Accueil charmant.

Où dormir ? Où manger ?

Camping

Flower Camping Le Haut Dick : *30, chemin du Grand-Bas-Pays.* ☎ *02-33-42-16-89.* • *contact@camping-lehautdick.com* • *Près du port de plaisance ; à 400 m du centre-ville (fléché). Ouv début avr-début oct. Forfait 20,90 € pour 2.* Un beau site, assez vaste mais sans qu'on s'y perde, situé entre la ville, la campagne et le port (le canal passe juste derrière le camping). Les tentes se partagent les grandes pelouses sous les arbres, et les camping-cars les emplacements entre 2 haies. Quelques mobile homes en location, un peu tassés mais tous avec un petit coin de verdure privé.

Barbecues à disposition. Piscine à proximité. Location vélos et VTT.

De bon marché à prix moyens

Hôtel-restaurant L'Escapade : *28, rue du Docteur-Caillard. ☎ 02-33-42-02-00. • escapadehotelrestaurant@orange.fr • hotelrestaurantescapade.com • Résa conseillée. Doubles 36-42 € avec salle d'eau. Formule 9,90 € ; menus 12,50-22,50 €. Wifi. Parking.* Derrière une pittoresque façade colorée, des chambres pimpantes et confortables (à défaut d'être toutes immenses). L'harmonie des tons et le vieux parquet ciré donnent une ambiance reposante à l'agréable salle à manger. Très bonne cuisine de tradition. Excellent accueil, par les mêmes propriétaires que *L'Auberge Normande*, qui ont relifté cet établissement, juste en face de la gare.

Hôtel Le Vauban : *7, rue Sébline (pl. Vauban). ☎ 02-33-71-00-20. • levaubanhotelcarentan@yahoo.fcom • Très central, face à la poste. Ouv tte l'année ; fermeture hebdomadaire hors saison à préciser. Double 46 € avec sdb et w-c séparés. Wifi.* Ce petit hôtel est à l'image de Carine : un accueil, le sens du service et du détail pour les hôtes. Petit à petit, elle donne un nouveau cachet aux chambres, certes parfois plus petites, mais qu'elle rénove avec goût. Bon confort à prix très raisonnable. Calme et bien insonorisé pour les chambres donnant sur la place.

Le Père Alta : *16, rue de Caligny (en face du port). ☎ 02-33-71-26-54. • monsieurperalta@orange.fr • le-pere-alta.com • Ouv mar midi-dim midi. Congés : 2 sem fin sept-début oct. Résa conseillée. Formule 9,90 € midi sf j. fériés ; menus 15,90-24 € et carte. Apéritif offert sur présentation de ce guide.* La saga de la famille Alta commence au rez-de-chaussée, dans les souvenirs de la maison normande dont le chaleureux et sobre intérieur a été reconstitué. La crêperie (c'est plus que ça...) propose ses tables à l'étage, avec vue sur le port. La cuisine fait l'unanimité des gourmands régionaux pour ses copieuses et délicieuses portions ! Ne pas manquer la spécialité de foie gras (quelque 25 sortes, dont au chocolat, à la truffe, à la queue de homard, aux poires caramélisées...). Belle adresse qui propose aussi une école de crêperie (se renseigner).

Chambres d'hôtes de la 101e : *chez Nancy Fourault, 26, rue 101e-Airborne. ☎ 02-33-71-00-43. • chambres.carentan@bnb-normandie.com • bnb-normandie.com • Au bord de la route principale, la D 974. Ouv tte l'année. Double 60 € avec sdb ; familiales 70-80 €. Wifi. Une entrée gratuite pour un musée sur présentation de ce guide.* En bord de route, certes, mais vous l'oublierez une fois dans cette belle grosse maison à l'intérieur vivant et chaleureux. On se sent vraiment accueilli chez les propriétaires, avec les photos de famille ici et là, les bibliothèques dans les couloirs. Les chambres parquetées, qui ne manquent pas de caractère avec leurs meubles traditionnels, sont de bonne taille, coquettes, colorées et confortables (notre coup de cœur pour la 5, avec vue sur jardin et terrasse). Certaines d'entre elles ont conservé le souvenir de leur ancien occupant (la collection de petites voitures sur l'étagère, les peluches). Bon petit déj, servi dans une jolie salle vitrée donnant sur la petite cour intérieure fleurie. Accueil soigné.

L'Auberge Normande : *11, bd de Verdun. ☎ 02-33-42-28-28. • auberge-normande@wanadoo.fr • aubergenormande.com • Tte l'année. Doubles 45-85 € selon confort. Formule 13,50 € ; menus 16-36 €. Wifi. Apéritif offert sur présentation de ce guide.* Une poignée de chambres dispersées dans de petites maisons autour d'une courette enfouie sous les fleurs. C'est coquet, intime et très parme ! Côté resto : une salle à la mise chic et romantique, dans les tons parme toujours, avec lustre imposant, bougie sur les tables, cheminée... Ou véranda lumineuse et terrasse verdoyante. Dans l'assiette, le chef met en scène les produits du terroir qu'il rehausse à sa sauce.

LE COTENTIN

Où dormir ? Où manger dans les environs ?

Chambres d'hôtes Le Haras du Vieux Château : *chez Myriam et Denis*

Avenel, 36, rue de Beuzeville, 50500 ***Les Veys.*** *☎ 02-33-71-00-38. • contact@haras-vieux-chateau.com • haras-vieux-chateau.com • À 7,5 km à l'est de Carentan ; en venant de Paris, sur la N 13, sortie Isigny-sur-Mer puis direction Les Veys ; le haras se trouve sur la D 444. Double 80 € avec sdb. Gîte 9 pers 1 050-1 500 €/sem.* Une superbe ferme du XVIe s, où l'on élève des chevaux de course (plus précisément des trotteurs). 5 chambres colorées, décorées en harmonie, dans un bien joli cadre de belles pierres, calme et verdoyant. Piscine couverte chauffée et une petite cuisine à disposition des hôtes qui pourront également profiter des tables de jardin à leur intention.

I●I *L'Auberge Polonaise – Chez Hubert :* *9, rue Saint-Jean, 50620* ***Saint-Jean-de-Daye.*** *☎ 02-33-05-64-54. Au bord de la N 174, entre Carentan et Saint-Lô. Tlj sf lun. Congés : sept. Repas le midi 13 € ; carte 30 €. Apéritif offert sur présentation de ce guide.* Serait-ce là un banal routier ? Un troquet où les habitués viennent s'abreuver ? Pas vraiment. La petite salle aux murs décorés de délicates têtes de sangliers se révèle être une adresse un rien insolite... Les petites poupées polonaises et autres babioles du même type vous situent la nationalité des propriétaires, très sympa. La carte restreinte vous propose une cuisine polonaise simple, bien préparée et joliment présentée. Alors si l'envie d'un goulasch, de *pierogi* (de délicieux raviolis au fromage ou à la viande) vous saisit, rendez-vous dans ce petit lieu à l'accueil discret et sympathique.

À voir. À faire

➢ ***Balade dans le vieux Carentan :*** *départ de l'office de tourisme qui, comme la mairie, est installé dans un ancien couvent des XVIIe et XVIIIe s.* Architecture élégante, de brique rouge pour une partie. Calcaire blond pour porche et encadrements de fenêtres. Au 47, *rue Sébline,* l'hôtel de Ponthergé construit au milieu du XVIe s. Joli portail Renaissance. *Pl. de la République,* neuf belles arcades gothiques, vestiges d'un marché couvert du XIVe s. Avec la *ruelle Saint-Germain* (qui possède toujours son tracé original), elle constitue le cœur de la ville médiévale. *Rue du Château,* quelques demeures de pierre du XVIe s, mais très restaurées. *Rue de l'Église,* côté impair, un ensemble de nobles et sobres demeures. La dernière, au n° 7 (juste devant l'église) servit de cadre en 1836 à une nouvelle de Balzac (il y logeait), *Le Réquisitionnaire.*

☆☆ *L'église Notre-Dame :* bâtie sur l'emplacement d'un ancien sanctuaire romain, elle a gardé des XIIe et XIIIe s quelques gros piliers à partir desquels l'édifice gothique du XVe s fut édifié. Architecture assez originale.
Sur le flanc sud (façade principale), pignons et pinacles créent un certain rythme. Sur les pignons, des anges musiciens (on reconnaît orgue, trompette, viole, harpe). Au milieu, le transept et sa grande baie flamboyante. Côté chœur, trois amusantes gargouilles. Remarquable clocher de 60 m de haut. Tour carrée surmontée d'une élégante flèche octogonale. Petits clochetons renforçant sa « mise en orbite ». Sur la façade ouest (à gauche quand on tourne le dos à la rue de l'Église), porche finement sculpté du XIIe s. La grande baie au-dessus fut percée tardivement. À droite du porche, restes d'une chaire extérieure (aujourd'hui murée).
À l'intérieur, trois nefs avec dans le chœur une belle envolée de voûtes ogivales. Vitraux anciens, mais seuls les rouges et bleus ont résisté au temps. Poutre de gloire de 1816. Stalles sculptées. Autel baroque aux ors bien patinés. Curieuses figures sculptées entre les arcades du chœur. Et un déambulatoire copieusement graffité par les visiteurs d'aujourd'hui (du boulot pour les archéologues du futur)...

☆ *Le lavoir des Fontaines :* *passer sous la voie de chemin de fer ; accès par la rue Tilloloy ou la rue des Fontaines.* Grand lavoir de 1784 fort bien restauré.

LE COTENTIN

DANS LES ENVIRONS DE CARENTAN

Maison du parc des Marais du Cotentin et du Bessin : *50500 **Saint-Côme-du-Mont.** À env 3 km au nord-ouest de Carentan par la N 13, au cœur des marais. Voir l'introduction de ce chapitre consacré au parc. ♿ (film, expo et certains observatoires). Entrée : 5 €, valable tte l'année en cours ; visite guidée (sur résa) : 6 € ; réduc ; gratuit moins de 6 ans. Randos nature à thème.* Espace de découverte où exposition et projection d'une vidéo permettent de tout savoir sur le patrimoine naturel et culturel du parc. Pour prolonger cette instructive visite, une centaine d'hectares aménagés de sentiers de découverte avec bornes pédagogiques et observatoires, ce qui permet de découvrir de plus près les diverses espèces d'oiseaux présentes dans le marais (cigogne blanche, sarcelle d'été, chevalier combattant, busard des roseaux... au printemps et en été ; bécassine, butor étoilé, canard siffleur... en automne et en hiver).

PÉRIERS (50190) 2 650 hab. *Carte Le Nord de la Manche, B4*

Commune autrefois placée sur la route royale menant de Coutances à Carentan. C'est l'un des bourgs martyrs de 1944.

Où dormir dans les environs ?

Chambres d'hôtes Le Tertre : *chez Chantal Nolais, 3, rue de la Mer, 50190 **La Feuillie.** ☎ 02-33-47-94-39. • chambresdhotes-letertre.com • À 4 km à l'ouest de Périers, par la D 94 ; à l'église, direction Pirou puis 1re maison sur la gauche. Doubles 42-48 €. Table d'hôtes sur résa 16 €. Wifi.* Dans cette maison de pierre du XVIIIe s, à la façade croquée par le lierre, aux parquets bien cirés, aux lits douillets, au mobilier de style et aux grandes fenêtres habillées de longs rideaux, on se sent presque revenu chez grand-mère, pour des vacances à la campagne... certes, votre pétillante hôtesse ferait une mamie bien jeune ! Le soir, dans la salle à manger à l'imposante cheminée, elle vous régale de bons produits fermiers. Quant au jardin et son verger, ou la terrasse, ils sont de vrais appels à la rêverie.

Gîte d'étape de Saint-Sauveur-Lendelin : *1, rue du 8-Mai-1945, 50490 **Saint-Sauveur-Lendelin.** ☎ 02-33-19-19-19. • cc-st-sauveur-lendelin@wanadoo.fr • ♿ À 6 km au sud de Périers, par la D 971. Chambres 2, 3 ou 4 lits 11 €/pers ; 9 €/pers en dortoir (17 lits) ; petit déj 4 €. Chauffage 1,60 €/pers oct-avr.* Une maison de village, rénovée et aménagée de manière simple mais fonctionnelle. Un peu style école avec ses petites tables colorées et son aménagement. Chambres et dortoir pour des nuits calmes à tarif gentil. Local vélos pour les randonneurs.

À voir. À faire

L'église des XIIe et XVe s aux belles proportions, qui arracha, en 1836, un cri d'admiration à Victor Hugo : « J'ai vu hier deux beaux clochers de gothique anglais, celui de Carentan et celui de Périers... Les admirables flèches de Coutances semblent avoir repoussé çà et là, avec quelques variantes, en divers points de ce pays... Quand l'une d'elles, taillée à jour et d'une charmante couleur blonde, surgit tout à coup derrière une colline, c'est une magnifique aventure dans le paysage ! » Intéressante vue du chevet avec ces hautes baies flamboyantes et son inhabituelle tourelle sur l'abside. À l'intérieur, ravissante Vierge à l'Enfant du XIVe s et vestiges d'une fresque romane découverts en 1945.

➢ Au départ de Périers, des ***chemins de randonnée*** empruntent les tracés d'anciennes voies romaines.

CIRCUIT EN BOUCLE AU DÉPART DE PÉRIERS

Gorges : *au nord de Périers, par la D 24, départementale qu'on quitte au bout d'une dizaine de km pour de petites routes hors des sentiers battus.* Ne pas y manquer l'église et son retable, symbole du catholicisme triomphant au XVIIe s (au moment de la Contre-Réforme). Il rappelle la coupole des Invalides. Jolie *pietà* du XVe s (noter, à genoux, le donateur). Au nord de Gorges, la ***tourbière de Baupte,*** où l'on peut observer la cigogne blanche, des hérons ou autres échassiers (vanneau huppé, bécassine des marais...).

Marchésieux *(50190)* ***:*** *la porte d'entrée sud du marais, à 8 km à l'est de Périers.* Ne pas manquer :
– ***L'église*** appartient à un prieuré fondé au XIe s. L'édifice actuel remonte au XIIIe s. Le chœur propose un ensemble exceptionnel de fresques du XIVe s. Notamment, sur fond rouge, une présentation du Christ au Temple. Au-dessus et en dessous, la *Fuite en Égypte* et le *Massacre des Innocents.* Curieux petit atlante polychrome sur le culot d'une retombée de voûte.
– ***La maison des Marais :*** *4, rue du Port (fléché depuis la D 900).* ☎ *02-33-07-15-20. Juil-août, tlj 14h30-18h30 ; Pâques-Toussaint, dim et j. fériés slt (fermeture à 18h). Entrée : 3 € adulte ; 0,80 € enfant ; réduc ; gratuit moins de 6 ans. Pour l'achat d'un billet plein tarif, réduc à la maison de la Brique et au musée Tancrède-de-Hauteville. Visite guidée sur demande ou prêt d'une brochure.* Au bord du marais Saint-Clair, dans une longue bâtisse traditionnelle de 1773, cette maison vous propose une superbe incursion dans ce que fut la « vraie » vie des marais jusqu'au début du XXe s. Vous y découvrirez un intérieur typique de la région, une expo sur les différentes techniques de pêche locales, des objets domestiques, des instruments agraires, le jardin potager de légumes anciens, les animaux de race normande, etc. De Pâques à la Toussaint, tous les dimanches (plus jeudi en juillet et août), fabrication et vente de gâche et de pain cuit au feu de bois.
Un sympathique sentier de découverte du marais Saint-Clair démarre près de la maison.

Rémilly-sur-Lozon *(50570)* ***:*** *à 12 km au sud-est de Périers, sur la D 94.* Petit village où perdure une des activités traditionnelles du marais, la vannerie.
– ***Le château de Montfort :*** ☎ *02-33-55-30-11.* ♿ *Juil-août, tlj 14h30-19h ; avr-oct, w-e 14h30-18h. Visite libre des extérieurs hors horaires d'ouverture de l'expo. Entrée de la collection L'Art du bois : 4 € ; réduc ; 2 € 6-12 ans.* De style Renaissance, il date de la fin du XVe s. En cours de restauration, grâce aux bons soins de Noël Potier (l'étonnant cantonnier de Rémilly), il abrite ***L'Art du bois*** *(• lartdubois.fr •),* une étonnante collection de « sculptures-maquettes » entièrement réalisées en bois : horloge inscrite au livre *Guinness* des records, formule 1, jeep, (gros) livres, et même des vêtements, à taille réelle.
– ***Le musée et l'atelier de Vannerie :*** *1, rue de la Vannerie.* ☎ *02-33-56-21-01. Dans le bourg. Tlj sf dim et j. fériés 9h-12h, 14h-18h. Pour les particuliers, expo-vente en entrée libre. Visite du musée et des ateliers, sur rdv, pour groupes à partir de 10 pers. Entrée : 3,70 € ; réduc.* Existe depuis 1864. On y travaille toujours de manière complètement artisanale, à partir notamment de l'osier (famille du saule) qui pousse dans les marais. La fabrication inclut désormais des ouvrages en rotin et en bois.

Le musée Tancrède-de-Hauteville : *50570* ***Hauteville-la-Guichard.*** ☎ *02-33-19-19-24 (office de tourisme) ou 02-33-47-88-86 (en saison). Entre Saint-Sau-*

veur-Lendelin et Marigny. Juil-août, tlj sf lun 14h-18h30 ; hors saison, le dernier dim du mois 14h-18h ainsi que les 2 derniers dim de juin et ts les dim de sept, aux mêmes horaires. Fermé en déc-janv. Entrée : 4 € ; réduc. Pour l'achat d'un billet plein tarif, réduc à la maison des Marais de Marchésieux et à la maison de la Brique à Saint-Martin-d'Aubigny.

Un petit musée sans tape-à-l'œil, qui retrace la fantastique épopée de Tancrède de Hauteville et de sa nombreuse descendance. De manière un peu austère et ardue, malgré les couleurs vives des salles ! Une mine d'or pourtant pour les passionnés. Né à Hauteville aux environs de l'an 1000, Tancrède est un modeste seigneur normand, qui n'a pratiquement aucune fortune à léguer à ses 15 enfants. Quelques-uns de ses fils (ils étaient 12 !) cherchent alors gloire et puissance en se faisant embaucher comme mercenaires dans les armées qui font route, en cette époque de croisades, vers Jérusalem. Points de passage obligés des croisés : l'Italie du Sud et la Sicile, où les fils de Tancrède finissent par s'installer. En 30 ans, ils deviennent les maîtres de la région, composant intelligemment avec les autochtones et tirant parti des connaissances des différentes civilisations implantées à ce carrefour méditerranéen : juristes, géographes, artistes arabes et byzantins rejoignent la cour de ce qui devient bientôt le plus solide royaume de la Méditerranée. Une puissance fondée sur la richesse économique (la Sicile est un grenier à blé), une stabilité politique à faire pâlir d'envie la IIIe République (le royaume normand de Sicile restera en place jusqu'en 1266), et une intense vie culturelle. Car, une fois les armes déposées, les Normands se révèlent être d'excellents architectes et bâtisseurs, comme en témoignent en Sicile les palais de la Ziza, la Cuba à Palerme ou la cathédrale de Cefalù, superbes mélanges d'art roman, byzantin et arabe. Jardin d'inspiration médiévale où flâner parmi les plantes aromatiques, médicinales et les fleurs... Au cours de l'année, ateliers de peinture médiévale, de fabrication de vitraux et d'art textile.

La maison de la Brique : *3, la Briqueterie, 50190* ***Saint-Martin-d'Aubigny.*** *☎ 02-33-07-61-95 ou 73-92 (mairie). À 2 km à l'est de Périers (D 900). Juil-août, tlj 14h30-18h30 ; mi-juin et sept, dim et j. fériés 14h30-18h30. Entrée : 3 € ; réduc ; gratuit moins de 8 ans. Pour l'achat d'un billet plein tarif, réduc à la maison des Marais de Marchésieux et au musée Tancrède-de-Hauteville. Expos et animations temporaires.* Cette ancienne fabrique de briques du début du XXe s, entièrement réhabilitée, propose un circuit de découverte des différentes étapes de fabrication (extraction de l'argile, séchage, cuisson, etc.), mais aussi de l'utilisation de la brique à travers les âges... Présentation intéressante et très didactique, avec un film témoignage du dernier briquetier.

Le Village des années 30 : *base touristique centre Manche, D 900 vers Saint-Lô, 50190* ***Saint-Martin-d'Aubigny.*** *☎ 02-33-46-74-98. • villagedesannees30.fr • À 5 km à l'est de Périers (D 900). Ouv avr-fin oct, à partir de 14h30 : juil-août, tlj ; juin et de début sept à mi-sept slt le w-e ; avr-mai et de mi-sept à fin oct, slt dim (fermé à 22h... variable selon les visiteurs...). Entrée : 3,80 € ; réduc.* La concrétisation de 21 années de vie et de loisirs, bien avant la retraite ! Avec 32 000 h de travail pour l'ensemble des décors, 370 personnages, maquettes... et une soixantaine de scènes, la passion d'Édouard Dennebouy révèle un « retour vers le passé » : métiers anciens, mine de charbon, vie quotidienne, moulin à vent... Avec la minutie du détail et des machines animées (plus de 80 moteurs électriques). Grands dioramas (château-fort, fête de village...) ! Un univers revit, aussi en levant le nez vers les plafonds. Étonnant !

Le Mesnilbus : *à 12 km au sud-est de Périers.* C'est la fin du marais et le début du bocage. Petites routes étroites traversant une superbe campagne et, surtout, de pittoresques hameaux, groupes de fermes et dépendances à l'architecture typique. Soubassement et encadrement de fenêtres en pierre, murs en argile et paille mélangées, exprimant de chaudes tonalités d'orange et ocre de toutes nuances.

– Au Mesnilbus, voir l'*église* des XIe et XIIIe s (crypte – une rareté dans la région – et baptistère intéressants).
– *Fête de la Saint-Jean : aux alentours du 24 juin.*

Saint-Sauveur-Lendelin : *à 6 km au sud de Périers. Rens : office de tourisme. ☎ 02-33-19-19-24. Organise des randos guidées en saison.*
Vous découvrirez l'un des bocages les plus séduisants du coin. Charles-François Lebrun y naquit en 1739. Député aux États généraux en 1789, il sauva sa tête sous la Terreur et fut, avec Bonaparte et Cambacérès, l'un des trois consuls du Consulat (1799-1802). Beau sentier (balisé) de découverte du bocage (6 km, 2h30 environ au départ de l'école primaire) avec panneaux d'informations et de jeux. Parfois boueux sur certains passages.
– Grande *église* du XIIIe s (pour sa partie la plus ancienne)
– *Manoir du Grand Taute : à 3,5 km à l'est par la D 53 (fléché). Tlj en juil-août, 14h-18h.* Ferme et manoir datant du XVIe s (petit musée du Meuble normand) entièrement restaurés. Magnifique ensemble architectural.
– *Fête de la Saint-Sauveur : 1er dim de juil.*
– *Marché du terroir : un jeu de la 1re quinzaine d'août.*

LESSAY

(50430) 1 760 hab. *Carte Le Nord de la Manche, B4*

Sympathique bourgade construite autour d'une abbaye bénédictine. En septembre, grande foire, l'une des plus anciennes de Normandie.

Adresses utiles

Office de tourisme : *11, pl. Saint-Cloud. ☎ 02-33-45-14-34. • canton-lessay.com • Juil-août, tlj ; sam et dim slt mat. Hors saison, se renseigner.* Organise chaque été des animations autour du patrimoine architectural et de l'environnement.

Centre permanent d'initiatives pour l'environnement : *30, rue de l'Hippodrome, BP 42. ☎ 02-33-46-37-06. • cpiecotentin.com • Lun-ven 9h-12h, 14h-18h.* Des passionnés de la nature et de la région organisent diverses activités et balades axées sur la découverte des équilibres écologiques locaux, faune et flore confondues.

À voir

L'abbaye Sainte-Trinité de Lessay : *☎ 02-33-45-14-34 (office de tourisme). Tlj 9h-19h ; visite libre. Des visites guidées sont programmées chaque mer (à 15h) en juil-août (3 €) ; elles permettent d'accéder aux parties privées de l'abbaye (cloître, jardins).*
L'un des chefs-d'œuvre de l'art roman en Normandie. Fondée en 1056 par les barons de La Haye-du-Puits, elle connut les ravages de la guerre de Cent Ans et des guerres de Religion. Des siècles plus tard, les bombardements de 1944 et les mines allemandes la ravagèrent cruellement, au point qu'il fut presque envisagé de la laisser en l'état, toute restauration semblant impossible. Sensible aux vœux de la population de Lessay et à l'intérêt architectural de l'abbatiale, la commission supérieure des Monuments historiques décida finalement de sa reconstruction. Celle-ci dura 13 ans (1945-1958), sous la direction de l'architecte en chef Y.-M. Froidevaux. Les nombreux documents photographiques existants aidèrent à remettre chaque chapiteau, clef de voûte, modillon à sa place. On alla jusqu'à reproduire scrupuleusement les défauts architecturaux de la construction initiale du XIe s.

Extraordinaire harmonie des proportions. Se mettre dans l'axe du chevet pour s'en convaincre. À l'intérieur, très grande rigueur architecturale, totale pureté des lignes, équilibre des volumes, volonté de dépouillement propre à transcender les âmes les plus endurcies.
Chapiteaux stylisés pour ne pas altérer la simplicité de l'architecture bénédictine. En même temps, l'impression de rigoureuse austérité est tempérée par le chaud calcaire blond qui prend des tons mordorés lorsque le soleil pénètre l'abbatiale. Triforium surmonté d'une galerie courant tout au long.
– Deux fois par an (en juillet-août), l'abbaye organise « Les Nocturnes », visite théâtralisée durant laquelle des figurants en costume retracent l'histoire de l'édifice de 1056 à nos jours avec accès au jardin et au cloître *(durée : 1h30 ; 5 € ; réduc).*
– Durant la saison estivale, l'abbaye accueille les Heures musicales, un festival de musique classique organisé par l'association des Heures musicales de l'abbaye de Lessay *(rens et résas à l'office de tourisme : ☎ 02-33-45-14-34).*

La fromagerie Réo : *1, rue des Planquettes. ☎ 02-33-46-41-33. Juil-août, visites lun-ven (sf j. fériés) ttes les heures 9h-13h ; vac scol, slt jeu à 11h ; le reste de l'année, slt pour groupe sur rdv. Entrée : 2,55 € ; gratuit moins de 14 ans.* Depuis sa fondation par Théodore Réaux en 1931, cette petite fromagerie fabrique une merveille de camembert au lait cru moulé à la louche. Autrement dit, une espèce en voie de disparition ! De l'emprésurage à l'emballage, on assiste en une heure (en réalité, il faut 14 jours) à toute la série d'opérations nécessaires à la fabrication d'un camembert digne de ce nom, le tout au milieu d'odeurs propres à vous faire défaillir de bonheur ! Un peu de patience, la dégustation est au bout, et vous comprendrez alors pourquoi le camembert Réo a atteint le record historique de neuf médailles d'or aux Salons de l'agriculture 1992, 1993, 1994, 1998, 1999, 2004, 2006, 2008 et 2009 ! Pour les « tyrosémiophiles », belle collection d'étiquettes anciennes sur demande !

Foire

– ***La Sainte-Croix :*** *le 2e w-e de sept. Rens à l'office de tourisme ou auprès de la mairie de Lessay au ☎ 02-33-76-58-80.* Créée au XIIe s par les moines bénédictins de l'abbaye, cette foire presque millénaire est l'une des plus importantes et populaires de l'Ouest, sinon de France. Elle accueille près de 400 000 visiteurs ! Énorme fête rassemblant paysans et forains pendant trois jours. Plus de 50 rôtisseurs (on y mange de l'agneau de pré salé en côtelettes) et 1 500 « déballeurs ». Vente de chevaux le vendredi et de chiens tout le week-end. Un spectacle assez édifiant ! On y trouve de tout. Pour le côté authentique, venir tôt le vendredi matin. Attention à la circulation dans les environs : les embouteillages sont fréquents. Et évidemment, difficile de se loger dans le secteur, à moins d'avoir réservé très, très longtemps à l'avance.

SAINT-SAUVEUR-LE-VICOMTE

(50390) 2 410 hab. *Carte Le Nord de la Manche, B3*

Gros bourg tranquille dont on situe la place dans l'histoire dès que pointent les tours du château médiéval. Aux XIe et XIIe s, la ville fut le siège de la vicomté du Cotentin, titre attribué à la famille Néel de Saint-Sauveur par les ducs de Normandie, consistant en une délégation de l'administration du Cotentin. En participant à la tentative d'assassinat de Guillaume le Bâtard en 1047, Néel II

trahit son seigneur et perdit sa charge de vicomte, faisant du même coup perdre son influence à Saint-Sauveur. Pourtant, la ville resta longtemps une place stratégique à la frontière du bocage et du marais, et l'imposant château construit au Xe s en fit souvent les frais. Il fut d'abord rasé par Philippe II de Valois. Reconstruit par Godefroy d'Harcourt, il subit le siège de 1375, par l'armée de Du Guesclin, et le siège de 1450, peu avant la défaite et le départ définitif des Anglais. Au XVIe s, même enjeu pendant les guerres de Religion où Henri IV dut le reprendre aux huguenots... Saint-Sauveur est également la patrie de l'écrivain Jules Barbey d'Aurevilly qui y naquit en 1808.

Adresse utile

Office de tourisme du canton de Saint-Sauveur : *dans la chapelle du château. ☎ 02-33-21-50-44. • saintsauveurlevicomte.stationverte.com • Ouv mat tte l'année ; de mi-juin à mi-sept, tlj, dim slt ap-m. Permanences en hiver.* Audioguides (3 €) pour les grands sites de la ville.

Où dormir ? Où manger ? Où boire un verre ?

Camping

Camping municipal du Vieux Château : *av. Division-Leclerc. ☎ 02-33-41-72-04 ou 02-33-21-50-44 (hors saison). • ot.ssv@wanadoo.fr • saintsauveurlevicomte.fr • Au pied du château. Ouv de juin à mi-sept. Compter 9,70 € pour 2.* Petit camping, tout simple, tout tranquille, tout propre (sanitaires nickel), blotti au pied de la butte du château, dans un joli cadre de verdure. Accueil attentionné.

De bon marché à prix moyens

Auberge du Vieux Château : *9, av. Division-Leclerc. ☎ 02-33-41-60-15. • vieux.chateau@infonie.fr • auberge-vieux-chateau.fr • Resto fermé lun midi en été ; ven soir, sam midi et dim soir en basse saison. Congés : vac de fév zone A. Doubles 50-55 € selon saison. Menus 11,50 € (midi en sem) et 16-28 €. Parking. Des travaux sont prévus : modification des infos possible.* Derrière une façade dévorée par le lierre, face au château et dos à la campagne, un plaisant petit hôtel de village aux chambres toutes simples, gentiment colorées, tranquilles (encore plus sur l'arrière). Bonne cuisine, servie dans une agréable salle à manger classique.

Le Rideau Cramoisi : *31, rue Bottin-Desylles/pl. de l'Église. ☎ 02-33-41-62-37. À 50 m du musée Barbey-d'Aurevilly. Bar fermé mer soir, dim, j. fériés. Pas de resto le soir (slt pizza ven soir et sam soir). Congés : 9-23 août. Menu 11 €, café compris. Wifi. Apéritif maison offert sur présentation de ce guide.* Déco iconoclaste pour ce bistrot, quartier général du fan-club de Dionysos et d'Épicure, à l'ambiance de vieille auberge de village. Le nom du resto est le titre d'une nouvelle du recueil *Les Diaboliques* de Barbey d'Aurevilly. Cadre chaleureux, groupes live de temps à autre... Pour l'assiette, c'est du simple, comme à la maison, et solide !

Où dormir ? Où manger dans les environs ?

Chambres d'hôtes La Cour : *chez Monique Tardif, La Cour, 50390* ***Rauville-la-Place.*** *☎ 02-33-41-65-07. • mt.lacour@wanadoo.fr • chambres-lacour.com • À 3 km de Saint-Sauveur-le-Vicomte, sur la D 2, direction Valognes ; prendre à droite vers Saint-Clair. Doubles avec sdb 47-55 € selon chambres ; suite 4 pers 77 €.* Dans un manoir du XVe s restauré avec soin, 5 chambres de belle taille (« Pivoine » et « Hirondelle » mansardées et un rien plus petites, au 2e étage), plutôt lumineuses (ce que la façade ne laisse pas forcément présager). On ne vient pas ici pour mener la vie de château, car l'ensemble est sobre, mais pour profiter d'un lieu de caractère et de lits bien fermes pour des nuits dans le silence le plus complet. Beau jardin, avec pièce d'eau et... ânes ! Idéal pour les familles. Accueil doux et discret.

Auberge de l'Ouve : *village Longuérac, 50360* ***Les Moitiers-en-Bauptois.*** *☎ 02-33-21-16-26. • aubergedelouve.com • À 14 km au sud-est de Saint-Sauveur-le-Vicomte, par la D 15 et la D 24 (très bien fléché). Avr-oct, tlj sur résa. Formule 12,50 € ; menus 18,80-35 €. Café offert sur présentation de ce guide.* Au bord de l'Ouve, quelques maisons anciennes en brique, des chevaux qui gambadent, une haie d'arbres au bord de l'eau, des barques qui tanguent sous le vent, des couchers de soleil romantiques... et cette charmante auberge loin de tout pour s'attabler près de la cheminée devant une cuisine de terroir simple et généreuse. Beau cadre, atmosphère chaleureuse et bonne franquette. Si l'envie vous prend de rester, 2 belles chambres *(40-45 € pour 2 selon période)* ouvertes sur le marais...

À voir

Le vieux château : *visite libre des extérieurs tte l'année. Visites guidées de l'intérieur, de mi-juin à mi-sept, mar-dim à 15h et 16h30 (slt à 15h dim). Entrée : 2 € ; réduc.* Endommagé lors de la dernière guerre, il impressionne pourtant toujours, avec sa grosse tour ronde de 4 m d'épaisseur à la base, ses hautes meurtrières et son donjon carré de 25 m de haut. Au milieu, une élégante porterie. Aujourd'hui, il abrite l'office de tourisme. À sa droite part un chemin menant au tout petit cimetière avec la tombe de Barbey d'Aurevilly. Devant le château, son buste par Rodin.

Le musée Barbey-d'Aurevilly : *66, rue Bottin-Desylles. ☎ 02-33-41-65-18. Tlj sf mar ; juil-août 11h-18h, avr-oct 13h-18h. Entrée : 4 € ; gratuit moins de 12 ans.* Installé dans la maison familiale de l'écrivain. Manuscrits, autographes, souvenirs, vêtements. On y découvre surtout la *Disjecta Membra,* grosse compilation de 200 pages de poèmes, notes et réflexions diverses, ainsi qu'un intéressant travail photographique illustrant des passages de ses œuvres dont l'action se situe dans la région. En 2008, pour le bicentenaire de la naissance de l'écrivain, le musée a été totalement rénové.

L'abbaye : *à peine à l'écart du centre (c'est fléché). ☎ 02-33-21-63-20. Toujours en activité et abritant un collège, l'abbaye est ouv au public tlj 10h-12h, 14h 18h ; audiovisuel sur l'histoire de l'abbaye (sur résa). Accès gratuit.* Construite au XIe s, et en grande partie détruite au XIXe s, l'abbaye connut bien des vicissitudes (guerre de Cent Ans, Révolution française, bombardements de 1944...), mais se releva toujours. Seule l'église abbatiale se visite. Elle offre de belles proportions, malgré son clocher trapu. Plan à trois nefs. Voûte romane, avec, au-dessus, des arcatures aveugles pour accentuer l'impression d'élévation. Dans la façade, grande baie avec vitrail moderne. Beau devant d'autel du XVe s, délicatement sculpté dans une seule pièce de chêne, et vraisemblablement « emprunté » à la cathédrale de Coutances. Dans un coin, sépulture de sainte Marie-Madeleine Postel, fondatrice de la communauté de religieuses qui succéda aux bénédictins en 1832 et qui occupe toujours l'abbaye.

Manifestation

– **Salon d'art et du terroir :** *le 15 août, au château. Rens à l'office de tourisme. Entrée gratuite.* Exposition et dégustations de produits du terroir et d'artistes régionaux. Jeux normands, démo d'armes médiévales.

SAINTE-MÈRE-ÉGLISE

(50480) 1 610 hab. *Carte Le Nord de la Manche, C3*

Une des villes symboles du Débarquement, popularisée par le film *Le Jour le plus long* et l'aventure de John Steele, le parachutiste américain glorieusement passé dans l'histoire pour être resté accroché par le parachute au clocher de l'église. Devant l'hôtel de ville, la borne 0 de la voie de la Liberté, doublant celle d'Utah Beach à Sainte-Marie-du-Mont, qui en fut réduite à devenir la borne 00.

UN PEU D'HISTOIRE

Précédés par quelques éclaireurs, c'est à partir de 0h15, le mardi 6 juin 1944, que les parachutistes des 82e et 101e divisions sautent au-dessus du Cotentin. Ils ont pour objectif de s'emparer de la zone comprise entre la côte est du Cotentin et les marais d'Amfreville, et préparer ainsi le terrain aux troupes débarquant à Utah Beach. Malgré des largages très imprécis qui éparpillent les paras sur un périmètre de près de 60 km de large, quelques groupes isolés arrivent à s'emparer de points stratégiques importants. Parmi eux, le 3e bataillon du 505e régiment qui atterrit sur la place centrale de Sainte-Mère-Église, et qui dès 4h30, hisse le premier drapeau américain de la journée.

Adresse et info utiles

@ *Office de tourisme :* *6, rue Eisenhower.* ☎ *02-33-21-00-33.* • *sainte-mere-eglise.info* • *Tlj tte l'année, sf dim et j.fériés sept-mars plus sam oct-mars.* Proposent des visioguides notamment la présentation du Musée à ciel ouvert. Point internet (payant).

– ***Marché :*** *jeu mat.* Marché traditionnel et aux veaux.

Où dormir ? Où manger ?

Camping

Camping municipal : *6, rue Airborne.* ☎ *02-33-41-35-22.* • *mairie-sme@wanadoo.fr* • *À 500 m du centre. Ouv de mi-mars à mi-oct. Compter 13,30 € pour 2.* Un camping calme, confortable et agréable. De l'herbe moelleuse à fouler et l'ombre des pommiers pour se reposer. Location de vélos. Bel accueil.

Prix moyens

Auberge Le John Steele : *4, rue du Cap-de-Laine.* ☎ *02-33-41-41-16.* • *auberge-lejohnsteele@orange.fr* • *aubergejohnsteele.com* • *Fermé dim soir et lun hors juin-sept. Congés : 3 sem janv-fév, 2 sem en nov. Doubles 43-47 € avec sdb. Plat du jour env 12 € ; menus 15,90-27,50 €. Internet. Réduc de 10 % sur le prix de la chambre sur présentation de ce guide début nov-fév.* Une vraie auberge de campagne, à la façade cachée sous la végétation et à l'intérieur nécessairement rustique. Au-dessus du resto ou dans le bâtiment annexe, des chambres toutes simples mais agréables. Bonne cuisine de région.

Où dormir ? Où manger dans les environs ?

Manoir de Magneville : *chez Murielle et Philippe Bazillou-Cabras, 50310* ***Fresville.*** ☎ *02-33-01-02-24.* • *murfil@wanadoo.fr* • *manoirdemagneville.fr* • *À 7 km de Sainte-Mère-Église. Sur la N 13, prendre la sortie pour la D 69 (Écausseville), puis la D 69 direction Fresville. Doubles 65-90 €. Table d'hôtes sur résa 25 € (boissons comprises). Internet.* Dans une ravissante demeure, vivante et chaleureuse, rehaussée d'un joli jardin, des chambres pour tous les goûts : des suites pour 6 personnes, chic et élégantes aux plus simples, sous les toits, dans le grenier, avec salle de bains commune. Jacuzzi et sauna sont à votre disposition, pour finir de faire de cette maison un lieu de détente et de repos. Accueil ouvert et souriant.

À voir. À faire

Le musée à Ciel ouvert (MACO) : c'est un itinéraire multimédia de 50 km autour de Sainte-Mère-Église et Utah Beach, regroupant 11 sites du Débarquement, que l'on peut suivre grâce à un GPS à écran tactile avec diaporama, repérage cartographique, commentaires audio, etc. Se le procurer à l'office de tourisme de Sainte-Mère (8 €).

L'église : édifiée aux XIIe et XVe s, elle est célèbre pour le parachutiste américain resté accroché à son clocher le 6 juin 1944. Clocher à grandes baies ogivales surmonté d'une balustrade ajourée. S'attarder sur le portail. Sur les chapiteaux, lapin et feuillages sculptés. Dais flamboyant au tympan. Archivoltes tombant sur des modillons bizarres, presque obscènes... L'une des figures (à droite) semble se tenir les testicules. À gauche, on jurerait qu'une autre exhibe ses fesses ! À l'entrée, ancienne cuve baptismale utilisée comme bénitier. Chaire et retable du XVIIIe s. Seul le transept subsiste du XIIe s. Le lutrin, du XVIIIe s, est l'un des plus beaux du département. Détailler les chapiteaux dont certaines figures, là aussi, sont singulières. Notamment, sur le pilier droit du chœur, l'homme avec un poisson dans chaque main, puis une tête de cochon. Deux vitraux inhabituels : celui des parachutistes avec les écussons, symboles des troupes Airborne, et saint Michel, patron des paras. L'autre honore le Débarquement (probablement le seul au monde avec une Vierge à l'Enfant entourée d'avions et de parachutistes...).

Le musée Airborne : *14, rue Eisenhower, dans le bourg. ☎ 02-33-41-41-35. • musee-airborne.com • ♿ Avr-sept, tlj 9h-18h45 ; fév-mars et oct-nov, tlj 9h30-12h, 14h-18h. Fermé en janv et déc sf vac de Noël. Entrée : env 7 € ; réduc ; gratuit moins de 6 ans.* Histoire du parachutage sur Sainte-Mère-Église et de sa libération. Nombreuses vitrines avec souvenirs, documents, photos, armes et uniformes. Parmi les pièces exposées les plus spectaculaires : un C-47 « Dakota » transport de troupes, un des 512 planeurs Waco qui participèrent à l'attaque, char Sherman, half-track, jeeps, etc. Projection d'un film original. Encore un musée très bien fait et vraiment intéressant. Des travaux d'extension (1 800 m²) sont en cours afin de dévoiler les collections cachées, des blindés, des avions et autres véhicules ! Ouverture annoncée et espérée : été 2012.

La ferme-musée du Cotentin : *chemin de Beauvais. ☎ 02-33-95-40-20. Juil-août, tlj 11h-19h (18h juin et sept) ; avr-mai, vac scol Pâques et Toussaint 14h-18h. Entrée : 4,20 € ; 7-15 ans 1,75 € ; réduc.* Coup de cœur pour ce musée installé dans une ancienne ferme des XVIIe et XVIIIe s. Dans une des dépendances, une belle expo revoit tous les clichés qui collent à la Normandie (les vaches qui paissent dans les champs verdoyants, à l'ombre des pommiers, avec maison à colombages et toit de chaume en arrière-plan...) et nous apprend que, jusqu'au XIXe s, ce coin de France vivotait

OH, LA VACHE !

Le saviez-vous ? La fameuse « vache normande » est en fait un « animal de laboratoire », issu du croisement de différentes races destiné à obtenir la meilleure laitière possible. Par ailleurs, les recherches et expériences ont permis d'accroître la productivité de ces laitières : en 1852, une vache produisait 900 l de lait par an, en 1882, 1 500 l, et aujourd'hui... 5 500 à 6 000 l ! Et toujours avec quatre pis seulement !

LE COTENTIN

avant tout de la culture des céréales et que « l'avènement de la vache », de son lait, puis de son beurre ne datent que de la fin du XIXe s. Ce développement de l'élevage entraînera une transformation du paysage et la naissance du bocage... Une nouvelle expo, basée sur un film amateur exceptionnel, retrace la vie rurale dans la Manche dans les années 1950 avant la modernisation des travaux agricoles. Dans l'ensemble des bâtiments de la ferme, reconstitution visuelle, sonore et olfactive très réussie de la vie et du travail à la ferme au début du XXe s (cuisine, laiterie, laverie, pressoir, étable, écuries...). En extérieur, sur 19 ha de conservatoire vivant, exposition de matériel et outils agricoles, un potager, un verger conservatoire abritant plus de 300 variétés anciennes de pommiers et poiriers. Enfin, en vous promenant, vous pourrez contempler des animaux de race locale (vaches, cochons, canards, moutons de La Hague, oies, ânes du Cotentin, poules...). Nombreuses animations tout au long de l'année. Un lieu vraiment superbe, ludique et très instructif pour toute la famille.

➢ Au départ de Sainte-Mère-Église, des ***circuits à vélo.*** Excellents topoguides disponibles (quelques-uns gratuitement) auprès du comité départemental du tourisme ou à l'office de tourisme.

Fête et manifestations

– ***Fête du Cheval :*** *le w-e de Pâques.* Fête traditionnelle avec un concours hippique national.
– ***Salon du livre histoire et mémoire :*** *dernier w-e de mai.*
– ***Anniversaire de la Libération :*** *ts les ans, vers le 6 juin.* De nombreuses commémorations et animations sont organisées pour fêter l'événement.
– ***Marchés du terroir et de l'artisanat :*** *ts les ven en juil-août, 16h30-19h30, sur la pl. de l'église.*

DANS LES ENVIRONS DE SAINTE-MÈRE-ÉGLISE

★ ***Le pont de la Fière :*** *à 3 km à l'ouest par la D 15 (suivre les indications pour le Mémorial des parachutistes).* Un petit pont tout simple, perdu dans la campagne du Cotentin, à l'écart des circuits traditionnels du Débarquement. Et pourtant, c'est là que pendant plusieurs jours des centaines d'hommes se sont entretués. Car le pont de la Fière constituait l'un des objectifs-clés du jour J : il était l'un des deux passages (avec le pont de Chef-du-Pont) qui permettaient de relier, à travers les marais inondés, la côte est du Cotentin à la côte ouest. Si vous voulez en savoir plus, le fermier qui possède la maison juste à côté du pont connaît l'histoire par cœur. Histoire qui a inspiré le film *Il faut sauver le soldat Ryan,* de Spielberg.

★ ***Beuzeville-au-Plain :*** dans le sympathique treillis de petites routes champêtres à l'est de Sainte-Mère-Église, un petit détour par ce village microscopique ne mange pas de pain : c'est, paraît-il, l'un des très rares villages de l'Hexagone à ne pas avoir son monument aux morts. Et surtout, il est le vainqueur toutes catégories du concours de la plus petite mairie de l'Hexagone. Première fois de sa vie que l'auteur de ces lignes a eu envie de prendre une mairie dans ses bras... Et alentour, ces fermes-manoirs aux pierres blondes sont de toute beauté...

★★ ***La batterie d'Azeville :*** *entre Sainte-Mère-Église et Montebourg.* ☎ *02-33-40-63-05.* • *normandiememoire.com* • *Ouv tlj : fév-début mars, avr, oct-début nov 14h-18h ; mai-août 10h-19h ; sept 11h-18h. Fermé début nov-début fév et 3 sem en mars. Entrée : 5 € ; réduc ; gratuit moins de 7 ans ; dernier billet 1h avt fermeture. Visite guidée (1h30) ou audioguide.*
La batterie d'Azeville est située dans un environnement bucolique à souhait. Évidemment, ce n'est pas pour cette raison que les Allemands ont édifié une batterie côtière à cet endroit dès 1941. Elle servait à bombarder la batterie voisine de Cris-

becq (voir ci-après) ! Le chef de cette dernière avait en effet demandé à son homologue d'Azeville de pointer ses pièces sur Crisbecq pour expédier *ad patres* les fantassins américains qui s'apprêtaient déjà à y livrer leur ultime assaut. Dégagée, la garnison de Crisbecq se permit même le luxe de contre-attaquer et de ramener 90 prisonniers américains... Atteinte de plein fouet par deux obus du navire *Nevada* les 5 et 8 juin, la batterie d'Azeville rendra les armes le lendemain.
Aujourd'hui, on peut visiter les casemates qui abritaient les canons et le dédale impressionnant de souterrains qui servaient de base logistique à la batterie : soutes à munitions, dortoirs, puits...

La batterie de Crisbecq : *sur la D 69, entre Ravenoville et Quinéville. 06-68-41-09-04. • batterie-marcouf.com • Juil-août, tlj 10h-19h ; mai, juin, sept, tlj 10h-18h ; avr, oct, nov et vac scol de fév, tlj 11h-18h. Entrée : 6 € ; réduc.*
Armée de trois canons de marine de 210, six pièces de 75 et un canon de 150, le tout servi par une garnison de 300 hommes, la batterie de Crisbecq était la plus importante position d'artillerie allemande de tout le secteur, s'étendant sur 1,6 km de longueur et 900 m de profondeur. On soupçonne à peine tout ce qui se trouve ici (et c'est bien là l'intérêt de la chose !). Dominant la côte de Saint-Vaast jusqu'à la baie des Veys, avec une portée de tir allant jusqu'à 33 km, la batterie de Crisbecq constituait un réel danger pour le Débarquement sur la plage d'Utah. C'est pour cette raison que les Alliés bombardèrent le site sans discontinuer depuis le printemps 1944 jusqu'au Débarquement, faisant à l'occasion d'importants « dégâts collatéraux » parmi la population du petit village voisin de Saint-Marcouf-les-Gougins (32 morts pendant la nuit du 5 au 6 juin). À plusieurs reprises, du 6 au 11 juin, les Américains tentèrent de s'emparer de Crisbecq. Peine perdue : ils durent renoncer à chaque fois devant l'opiniâtreté des défenseurs, ces derniers demandant même à leurs camarades d'Azeville de leur tirer dessus pour déloger les *GI's* qui étaient parvenus sur le toit des casemates de Crisbecq. Dans la nuit du 11 au 12 juin, le commandant abandonna finalement sa position avec 78 hommes pour se retirer vers Cherbourg, laissant ses blessés aux bons soins des Américains.
Aujourd'hui, sur ce site historique de 4 ha, on peut déambuler à l'intérieur des formidables blockhaus (21 pour l'ensemble), très bien conservés, en jetant un œil sur les souvenirs exhumés de la garnison, ou en balayant du regard le beau panorama qui porte jusqu'aux îles Saint-Marcouf.

Le Mémorial de la Liberté retrouvée : *18, av. de la plage, 50310* ***Quinéville.*** *☎ 02-33-95-95-95. • mémorial-quineville.com • Ouv 1er avr-11 nov, tlj 10h-19h. Entrée : 6 € ; réduc ; gratuit moins de 7 ans.* Quinéville, objectif le plus au nord de la zone du Débarquement. Sous-titre du musée : « la vie quotidienne des Français sous l'Occupation ». Avec la chute de Cherbourg le 19 juin 1940, l'Occupation commence ! Évocation émouvante, même si elle est statique, à travers une muséologie classique : photos, affiches, musique, objets du quotidien... Il faut prendre le temps de lire et d'expliquer aux enfants tous ces panneaux qui traduisent la réalité historique. Mais cela en vaut la peine. Le film et les mannequins, ainsi que la petite rue reconstituée ou le passage par la casemate d'origine, ouverte sur la plage, sensibilisent au devoir de mémoire.

UTAH BEACH

Carte Le Nord de la Manche, C2-3

Le 6 juin 1944 à 6h25. Ils sont les premiers parmi les premiers à surgir de la mer pour poser pied sur le sol de France. Une plage dont ils ne connaissent que le nom de code – Utah –, voire une section de plage nommée, par exemple, « Uncle Red » ou « Tare Green ». En Normandie, on l'appelait la Madeleine : dunes, marécages et tarets (ruisseaux débouchant sur la mer). 20 péni-

ches de débarquement transportent l'avant-garde du 8e régiment d'infanterie américain (colonel James A. Van Fleet), de la 4e DI (général Barton). Derrière, suivent les compagnies A et B du 70e bataillon de chars Sherman. Le Débarquement proprement dit a vraiment débuté. Et pourtant, ils avaient débarqué à 2 km au sud du site prévu. Pendant ce temps-là, deux divisions américaines de parachutistes et la division britannique de bérets rouges assurent la protection du front (80 km de plages d'assaut). Le soir du 6 juin, ils seront 23 250 à avoir pris pied sur Utah. Pour l'heure, l'adjoint au commandant de la 4e DI, le général Theodore Roosevelt, cousin éloigné du président des États-Unis, se promène de long en large sur la dune « comme s'il cherchait un terrain à acheter » et plante sa canne dans le sol en criant d'une voix rauque : « On commence ici ! » Le général ne se doute pas qu'il vient de désigner l'emplacement de la borne 00 de la voie de la Liberté.

Où dormir ? Où manger dans les environs ?

Campings

⛺ 🍽 ***Camping d'Utah Beach :*** *La Madeleine, 50480* ***Sainte-Marie-du-Mont.*** *☎ 02-33-71-53-69. • utah.beach@wanadoo.fr • camping-utahbeach.com • Ouv d'avr à mi-sept. Compter 23,50 € pour 2. Loc de mobile homes (4-6 pers) 360-840 €/sem.* Le plus proche d'Utah Beach (à 200 m de la plage). Emplacements sur un sol dunaire pas vraiment à l'abri du vent, ni toujours bien ombragé. Ambiance familiale. Mobiles homes un peu entassés et près de la route pour certains. Piscine, jacuzzi, sauna.

⛺ ***Camping de la Baie des Veys :*** *Le Grand Vey, 50480* ***Sainte-Marie-du-Mont.*** *☎ 02-33-71-56-90. • jerome.etasse@orange.fr • campinglabaiedesveys.com • À 7 km au sud-est par la D 913 puis la D 115. Ouv avr-sept. Forfait 14 € pour 2. Chalet (4-6 pers) 300-650 €/sem. Roulottes (2-3 pers) 35-55 €/nuit. Wifi. Apéritif maison offert sur présentation de ce guide.* À deux pas d'un hameau, dans la nature, face à la mer (cela dit, cette mer est cachée derrière une grande haie et n'est pas vraiment propice à la baignade), un petit camping où hébergements locatifs et emplacements pour campeurs cohabitent gentiment. Chalet avec une agréable terrasse et un bout de verdure ; les mobile homes, quant à eux, sont plus tristounes et bénéficient d'un espace vital plus restreint. Quelques caravanes également et roulottes. Site tout simple, bien pour des vacances nature au calme. Accueil adorable. Location de vélos.

⛺ 🍽 ***Camping Le Cormoran :*** *50480* ***Ravenoville-plage.*** *☎ 02-33-41-33-94. • lecormoran@wanadoo.fr • lecormoran.com • ♿ À une dizaine de km au nord-ouest par la D 421. Ouv avr-sept. Compter 32 € pour 2. Wifi. Réduc de 10 % en basse saison sur présentation de ce guide.* Un camping, ou plutôt un petit village, où les nombreuses locations (un peu alignées, mais dans un environnement agréable) ne partagent pas le terrain des grands emplacements (90-150 m^2) destinés aux campeurs (au cœur du camping ou dans un vaste champ). 3 jolies piscines chauffées (pataugeoire pour les plus jeunes). Idéal pour les vacances en famille : à deux pas de la plage (de l'autre côté de la route) et vos petits trouveront aussi de multiples activités sur place. Location de vélos et de voitures. Nombreux services « confort ». Excellent accueil.

Bon marché

🏠 ***Chambres d'hôtes La Bedelle :*** *chez Nathalie et Bertrand Leconte, 50480* ***Sainte-Marie-du-Mont.*** *☎ 02-33-71-52-99. D'Utah Beach, prendre la D 913, puis à gauche direction Pouppeville, c'est fléché ensuite. Ouv tte l'année. Double 41 € avec douche et w-c.* Une grande et ancienne ferme, tout en pierre, au cœur d'une jolie campagne. 2 belles chambres très « maison de famille », avec bibelots et meubles anciens. Accueil vraiment charmant. Cavaliers bienvenus (les proprios sont – comme beaucoup dans la région – des passionnés de cheval). C'est un « gîte

LE COTENTIN

Panda », donc doc sur le parc naturel régional à disposition. Un excellent rapport qualité-prix.

Ferme-auberge de la Guidonnerie : *chez Fabienne et Maurice Léonard, 50480* ***Angoville-au-Plain.*** *☎ 02-33-71-06-63. • famille.leonard@free.fr • En venant d'Utah Beach, prendre la D 913, puis à gauche (c'est fléché) avt d'arriver à Saint-Côme-du-Mont. Ouv avr-sept. Double 42 € avec bains, petit déj inclus. Menus 11-16 €.* En rase campagne, dans une belle ferme, 3 chambres confortables dans une dépendance. À l'auberge, une bonne cuisine de terroir dans la tradition normande : jambon au cidre, *teurgoule*...

Crêperie Montoise : *52, pl. de l'Église, 50480* ***Sainte-Marie-du-Mont.*** *☎ 02-33-71-90-28. Devant l'église. Fermé lun et oct-mars. Repas 10-15 €. Café offert sur présentation de ce guide.* Petite crêperie sympathique et fraîche : des crêpes très honnêtes et des salades, servies avec le sourire... voire même en terrasse. Avec le sourire aussi.

De prix moyens à chic

Le Manoir de Juganville : *39, Les Mézières, 50480* ***Saint-Martin-de-Varreville.*** *☎ 02-33-95-01-97. • cp-jean@wanadoo.fr • juganville.com • Congés : fin déc-1er fév. Doubles 72-90 € ; 120 € pour 4.* Chantal et Pascal Jean ont aménagé dans leur demeure du XVIIIe s, au milieu d'un grand parc, 4 ravissantes chambres d'hôtes, chacune avec son ambiance. La « Baldaquin » ou la « Chambre de la tour » (mansardée, avec ses poutres apparentes) sont nos coups de cœur, s'il faut choisir.

Le Domaine du Grand Hard : *La Rivière, 50480* ***Sainte-Marie-du-Mont.*** *☎ 02-33-71-25-74. • contact@legrandhard.fr • legrandhard.fr • Accès par la D 913 en direction d'Utah Beach. Resto ouv slt ven soir-dim midi et j. fériés (15 nov-1er avr), tlj le reste du temps. Congés : janv-mars. Résa conseillée. Doubles 85-95 € ; duplex 4 pers 140 €. Menus 21-30 €. Wifi.* En pleine campagne, une ancienne propriété agricole magnifiquement restaurée et un vaste domaine équestre entouré de prairies. Cadre enchanteur pour 10 chambres et 5 duplex de grand confort, répartis dans les différentes dépendances. Hôtel de charme, chambres spacieuses pour la plupart, personnalisées et meublées à l'ancienne. Les duplex, très bien aménagés, séduiront les familles. Cuisine inventive et raffinée, tout à l'image du lieu. Salon, bar, billard, terrasse et jardin avec étang pour la détente, location de vélos et d'attelages, promenades à cheval, randonnées... pour les actifs. Pour ne rien gâcher, accueil très chaleureux.

Beaucoup plus chic

Chez Roger : *Le Grand Vey, 50480* ***Sainte-Marie-du-Mont.*** *☎ 02-33-71-57-65. À 7 km au sud-est par la D 913 puis la D 115. Ouv sur résa slt, ven soir, sam soir et dim midi (plus jeu soir en saison). Menu unique 65 €.* L'enseigne de Roger le Poitevin est restée. L'épicier, avait fait de cet endroit une légende, en servant dans son magasin à quelques initiés son menu composé de homard, gigot rôti dans la cheminée, fromage et dessert. Plein d'enthousiasme, son successeur a repris la formule en supprimant les rayons de légumes et de conserves. Pas donné, mais on en a pour son argent. Belle terrasse sur le marais.

À voir

Le musée du Débarquement : *☎ 02-33-71-53-35. • utah-beach.com • Juin-sept, tlj 9h30-19h ; avr, mai et oct, 10h-18h ; fév, mars et nov, 10h-17h30 ; vente des derniers billets 45 mn avt. Fermé déc-janv. Entrée : 7,50 € ; réduc, gratuit moins de 6 ans.*

Construit sur la dune autour d'un blockhaus allemand, ce musée est consacré au débarquement sur la plage d'Utah. Le 6 juin 2011 a été inaugurée l'extension du nouveau musée. La superficie a été triplée, passant de 100 m² à 3 000 m² pour abriter une barge d'assaut et un chenillé amphibie restauré (pièce unique en

Europe). Sous un énorme hangar de verre et d'acier, on peut désormais observer l'un des cinq modèles restants de bombardier B26 Marauder qui a participé à l'opération Overlord, et ce grâce à l'initiative et à la générosité de deux frères texans, fils d'un vétéran et héros du *D-Day.* Plus attractif, plus moderne, doté de moyens multimédias et de bornes interactives, le musée dispose aussi d'un nouveau parcours scénographique selon un cheminement chronologique. Avec panneaux, témoignages, films d'archives... Après six séquences, le visiteur « débarque » sur la plage dans une salle panoramique.
À l'extérieur, monuments commémoratifs et engins. Les routes et chemins autour du musée portent les noms de soldats morts le 6 juin, donnés par leurs camarades de combat.

LE BOCAGE

Petite région de transition entre le parc naturel régional des Marais et le val de Saire. On rencontre bien évidemment d'autres bocages en Normandie (sinon en Bretagne), mais cette appellation est, ici, historique. Dès le Moyen Âge, le terme désignait le « pays des bois », cette grande forêt remontant à l'époque gallo-romaine qui s'étendait au centre de la presqu'île du Cotentin. Une forêt sérieusement entamée dès le XVIe s par les besoins en bois de la construction navale et des verreries installées dans le secteur (le musée de La Glacerie – voir le passage « Dans les environs de Cherbourg » – en rappelle l'histoire).

BRICQUEBEC (50260) 4 440 hab. *Carte Le Nord de la Manche, B2*

Petite ville commerçante on ne peut plus tranquille, qui cache bien son jeu. Son fier château fort, l'un des mieux préservés de la Manche, est la seule trace d'un passé nettement moins paisible. Le premier seigneur de Bricquebec était Anslek de Bastembourg, le petit-neveu de Rollon le Viking, autrement dit pas du sang d'endormi ! Parmi ses descendants, Robert Bertrand Ier, dit le Tors, débarqua en Angleterre avec Guillaume le Conquérant ; un autre s'empara de Jérusalem lors de la première croisade, avec Robert Courteheuse... Quelques lustres plus tard, un autre de ses rejetons, Robert Bertrand, le septième du nom (comme quoi, l'instinct guerrier...), conquit l'île de Guernesey pendant la guerre de Cent Ans. En 1418, le château fut pris par les Anglais et attribué à Guillaume de la Polle, comte de Suffolk, lequel fut fait prisonnier par Jeanne d'Arc en 1429 (quelle aventure...) !

Adresse et infos utiles

Office de tourisme : *13, pl. Sainte-Anne. ☎ 02-33-52-21-65. Juil-août, ouv lun-sam et dim mat ; avr-juin et sept-oct, lun mat et mer-sam ap-m. Fermé le reste de l'année.*
– **Marché :** *lun.* L'un des plus réputés de la région, il couvre une surface presque supérieure à celle de la ville elle-même.
– **Fête de Sainte Anne :** *le dernier w-e de juil.* Fête foraine, défilé de groupes et feu d'artifice. Le tout sur un thème en rapport avec l'histoire régionale.

Où dormir ? Où manger ?

De prix moyens à plus chic

Hôtel-restaurant Le Donjon : *2-4, pl. Sainte-Anne. ☎ 02-33-52-23-15. • pierre.bisson@wanadoo.fr • hôtel-*

le-donjon.fr • ♿ Face au château. Fermé dim. Congés : 3 sem du 20 déc à mi-janv. Double 47 €. Formule déj 11 € (lun-ven) ; autres formules et menus 15,90-26,90 €. Wifi. Café offert sur présentation de ce guide. Le gentil petit bar-hôtel-resto de village. Les chambres, à l'écart du bistrot-resto, sont calmes et, sous leur air modeste, plutôt confortables. Beau petit cadre, tout simple pour goûter à la cuisine traditionnelle.

L'hostellerie du Château : *cours du Château. ☎ 02-33-52-24-49. • lhostellerie.chateau@wanadoo.fr • lhostellerie-bricquebec.com • Dans l'enceinte du château. Resto fermé mar midi hors saison. Congés : de mi-déc à fin janv. Doubles avec sdb 75-105 € selon type de chambre ; petit déj 10 €. Formules et menus 16-22 € (en sem) et 29-39 €.* Envie de passer une nuit dans l'enceinte d'un château médiéval ? Atmosphère chaude et douillette dans toutes les chambres, et si certaines n'ont pas de caractère particulier, d'autres (plus spacieuses, dans l'ancienne partie du château) sont vraiment charmantes (surtout celle avec ses voûtes apparentes, où séjourna la reine Victoria). Restaurant dans une superbe salle à manger à l'atmosphère médiévale. Accueil attentionné.

Où dormir ? Où manger dans les environs ?

Camping

Aire naturelle de camping, ferme de l'Oraille : *50260* ***L'Étang-Bertrand.*** *☎ 02-33-40-30-37. 📱 06-72-90-07-05. • agdgougeon@gmail.com • De Bricquebec, prendre la D 902 (direction Valognes), puis la D 167 (direction de L'Étang-Bertrand) ; à 3,5 km du bourg vers Négreville. Ouv de mi-avr à mi-oct. Forfait 7,50 € pour 2. CB refusées.* Coup de cœur pour ce camping à la ferme perdu en plein bocage et tenu par une famille vraiment accueillante. Calme, dépaysement et repos assurés dans le grand champ à l'épaisse moquette émeraude. Bel ombrage sous les grands arbres.

De bon marché à prix moyens

Auberge de la Vallée de la Douve : *La rue, Le Bourg, 50260* ***L'Étang-Bertrand.*** *☎ 02-33-94-52-70. • auberge.valleedouve@orange.fr • hotelvalleedeladouve.com • ♿ De Bricquebec, par la D 900 (direction Saint-Sauveur-le-Vicomte) puis la D 126. Resto fermé lun, mer, plus dim en saison. Congés : vac de fév et Toussaint. Double 50 €. Formule déj 11 € (mar-sam) ; menus 20,90-29,90 € ; carte 30 €. Wifi.* À la croisée de jolies routes de campagne, une gentille auberge du terroir. Des chambres d'une grande sobriété, plus fonctionnelles que charmantes, mais impeccables. Au resto, la salle n'a gardé de traditionnel que la cheminée. Dans l'assiette, une cuisine de terroir d'antan remise au goût du jour. Bref, une adresse sans réelle surprise, mais située dans un ravissant hameau.

Chambres d'hôtes, chez Jean-Michel Darroux : *50, route de la Becterie, 50260* ***Quettetot.*** *☎ 02-33-04-08-15. 📱 06-33-01-86-19. • darrouxjm@club-internet.fr • la-becterie.com • 4,5 km au nord-ouest de Bricquebec, par la D 900 (direction Les Pieux) ; à Quettetot, D 23 vers Les Pieux et 1re à gauche. Double 62 €. Table d'hôtes sur résa 23 €. Wifi. Réduc de 10 % sur le prix de la chambre à partir de 4 nuits.* L'océan Indien, la Polynésie et les lointains rivages signent la déco de cette belle maison de pierre au calme d'un petit village. 3 belles chambres (dont une suite et une familiale) inspirées des voyages (on aime la « Ceylan »...). Une inspiration qui guide aussi Jean-Michel dans sa cuisine sur des accents sucrés-salés, aux épices bien dosées... Excellent accueil.

Crêperie-restaurant Le Berlingot : *50270* ***Sortosville-en-Beaumont.*** *☎ 02-33-53-87-16. Sur la D 902, entre Bricquebec et Barneville-Carteret, juste avt la Maison du Biscuit, face à l'embranchement de la D 250. Fermé mer, plus mar sept-juin. Congés : de mi-nov à mi-mars. Formule déj 10 € en sem ; menus 18-23 €.* Une petite auberge tapie au bord de la route qui, sous un air modeste mais pimpant, propose une cuisine du terroir simple et goûteuse. Une salle sobre et chaleureuse qui se remplit vite.

Achats

La Maison du Biscuit : *hameau Costard, 50270* ***Sortosville-en-Beaumont.*** *☎ 02-33-04-09-04. Au bord de la D 902, direction Barneville-Carteret. Tlj 8h30-19h. Fermé en janv.* Eh bien voyons, goûtez seulement les « échantillons » à l'entrée... de ces répliques de superbes magasins à l'ancienne... alors, les narines et les papilles s'affolent et pour les gourmands et gourmets, cet endroit devient l'antre de la tentation : non seulement cette grande boutique confectionne et vend de confondants biscuits, cakes et gâteaux (pur beurre...), mais aussi beaucoup de produits d'épicerie fine, de la région et d'ailleurs (collection de whiskies, très belle gamme de thés, faïences de Gien). Difficile de ne pas craquer (les paniers au passage en caisse en témoignent !), malgré les prix assez élevés. Mais ça tourne et la maison a doublé de superficie, tout en élargissant l'offre avec des nouveautés ! Possibilité aussi de goûter les douceurs maison (dont le financier, spécialité de l'endroit) avec un thé ou café dans le salon de thé adjacent, à prix corrects !

À voir. À faire

Le château : *juil-août, tlj sf mar ; visites guidées possibles (rens à l'office de tourisme ou à la mairie : ☎ 02-33-87-22-50). Entrée : 1,80 € ; gratuit moins de 12 ans.* Construit au XIIe s, le château en a vu passer des barbares en armes... Il possède encore son enceinte, huit tours et un énorme donjon polygonal. Accès par la ravissante tour de l'Horloge. Abrite un petit Musée ethnographique et archéologique. Seule la cour est en accès libre.

Le musée « À la recherche du temps perdu » : *☎ 02-33-10-27-73. Les Brecqueries, à la sortie de Bricquebec, sur la route de Saint-Sauveur-le-Vicomte. Juil-août, tlj 14h-19h ; Pâques-fin sept, w-e et j. fériés aux mêmes horaires. Entrée : 4 € ; réduc ; gratuit moins de 12 ans.* Créé et animé par des passionnés, ce musée présente les objets et les outils de la vie quotidienne dans les campagnes normandes au début du XXe s. De la tapette à souris à trois places en passant par la bouillotte-sac à main pour aller à la messe, sans oublier les faucheuses, batteuses, écrémeuses et autres pince-langues pour chevaux, on découvre un extraordinaire bric-à-brac soigneusement regroupé par thèmes dans plusieurs salles. Mention spéciale pour l'épicerie du village, aux rayonnages regorgeant de boîtes de bouillon Kub, de bouteilles de Dubonnet et autres produits fleurant bon la France d'avant-guerre.

➢ À quelques kilomètres au nord de Bricquebec, à ***Sottevast*** très exactement, prend naissance l'*ancienne voie ferrée* qui reliait Cherbourg à Coutances. Désaffectée, elle est désormais accessible aux randonneurs (à pied, à vélo, à cheval) jusqu'à Cambernon, au nord-est de Coutances. 65 km de ***voie verte*** avec arrêts-buffet à Bricquebec, Saint-Sauveur, La Haye-du-Puits, Lessay et Périers.

VALOGNES (50700) 7 820 hab. *Carte Le Nord de la Manche, B2*

À l'épicentre du Cotentin (pas moins de sept routes importantes s'y croisent). Malgré les destructions de la dernière guerre, une ville historique non dénuée de charme.

UN PEU D'HISTOIRE

D'abord importante cité romaine sous le nom d'*Alauna,* pour surveiller les turbulentes tribus unelles. Puis, au Moyen Âge, la ville accueille les nombreux séjours des ducs de Normandie ; en 1046, le jeune Guillaume le Bâtard, le futur conquérant de l'Angleterre, y échappe de justesse à une conjuration de barons révoltés. Au lendemain de la guerre de Cent Ans, les artisanats du drap et du cuir y prospèrent, et Valognes compte un hôtel-Dieu et un couvent de cordeliers. Au cours des XVIIe et XVIIIe s, la ville devient un centre administratif et religieux important. De nombreux hôtels particuliers d'aristocrates y sont édifiés et plusieurs abbayes s'y établissent. Véritable petite capitale à vie culturelle active, Valognes y gagne le surnom de « petit Paris » (elle est encore couramment qualifiée aujourd'hui de « Versailles normand »). Profondément marquée par la Révolution française, Valognes devient au XIXe s « la ville des spectres », chère aux rêveries de l'écrivain Jules Barbey d'Aurevilly. Sous le Premier Empire, elle accueille une éphémère fabrique de porcelaine et envoie à l'Assemblée nationale l'un de ses plus illustres députés, Alexis de Tocqueville. Les cruels bombardements en 1944 détruisent tout le centre-ville et de nombreux hôtels particuliers. Mais la reconstruction dans le matériau du pays (la belle pierre blanche de Valognes), ainsi que le respect des proportions antérieures permettent à la ville de retrouver une grande partie de sa physionomie d'antan.

Adresses et infos utiles

Office de tourisme du Bocage valognais : *pl. du Château. ☎ 02-33-40-11-55. • ot-cotentin-bocage-valognais.fr • Juil-sept, lun-sam et dim mat ; fermé dim hors saison et mer ap-m oct-mars, sf vac scol.*

Pays d'art et d'histoire du Clos du Cotentin : *21, rue du Grand-Moulin. ☎ 02-33-95-01-26, • pah.clos.cotentin@wanadoo.fr •* Installé dans une ancienne parcheminerie du XVIe s. Propose toute l'année des visites guidées *(« Visites estivales » en saison, env 4 €)* par des guides-conférenciers.

– ***Marché :*** *ven mat.* Superbe marché, très animé.

Où dormir ? Où manger ?

Prix moyens

Grand Hôtel du Louvre – Le Relais du Louvre : *28, rue des Religieuses. ☎ 02-33-40-00-07. • grand.hotel.du.louvre@wanadoo.fr • grandhoteldulouvre.com • Selon saison, doubles 55-70 € avec sdb, TV satellite ; pour 4 pers (2 lits doubles) 67 €. Formules 10,50-15 € (midi en sem) et 27-35 €.* Un ancien relais de poste du XVIIe s, resté dans son jus. On se gare dans la cour pavée, sous l'ancienne remise des diligences, avant d'accéder aux chambres par un bel escalier à vis. Certaines, spacieuses, restaurées à l'ancienne et pleines de charme, ont vraiment du cachet, d'autres, plus classiques, restent toujours bien agréables. À table, une honnête cuisine très « mer ». Accueil charmant.

Hôtel-restaurant de l'Agriculture : *16, rue Léopold-Delisle. ☎ 02-33-95-02-02. • hotelrestaurant.lagriculture@wanadoo.fr • hotel-agriculture.com • Dans le centre. Congés : 24 déc-5 janv. Doubles 59-67 € avec sdb ; quadruples 76-85 €. Menus 15 € (midi en sem) et 18,50-38 €. Parking.* Derrière une belle façade couverte de vigne vierge, un hôtel aux chambres standard, nickel et bien confortables (bien qu'un peu étroites pour certaines), à défaut d'éblouir par leur charme. La belle salle à manger aux pierres apparentes a, en revanche, conservé un certain style. Cuisine de tradition, certes « mer », mais surtout « air-terre », bien amenée et réputée dans la région pour ses belles grillades au feu de bois.

Où dormir ? Où manger dans les environs ?

De bon marché à prix moyens

Chambres d'hôtes du Haut-Pitois : *chez Ghislaine et André Mou-*

chel, 50700 ***Lieusaint.*** *☎ 02-33-40-19-92. À 5 km au sud de Valognes. Bien indiqué en prenant la D 2. Double 45 € avec sdb ; 69 € pour 4 pers. Réduc de 10 % sur la chambre, hors vac scol et à partir de la 4e nuit, sur présentation de ce guide.* Dans une grande ferme à la superbe architecture (entrée sous un porche du XVIe s... il faut vous y faire, ici, les fermes sont de vrais manoirs !), et donnant sur la cour verdoyante, 5 chambres agréables, dont 2 familiales. Salle de séjour, cuisine aménagée. Bon petit déj avec confitures et gâteaux maison, et plateau de fromages. Bicyclettes sur place et sentiers pédestres débutant pas loin. Une très belle adresse, pleine de charme.

Chambres d'hôtes Manoir de Savigny : *chez Corinne et Éric Bonnifet, Savigny, 50700* ***Valognes.*** *☎ 02-33-08-37-75. • reservation@manoir-de-savigny.com • manoir-de-savigny.com • À 4 km de Valognes par D 974 vers Carentan ; fléché. Doubles 80-100 €. 2 gîtes (3-4 pers) 330-750 €/sem selon taille et saison. Wifi.* Loin du bruit, au calme de la campagne, ce manoir du XVIe s superbement restauré abrite 5 chambres de charme (dont une suite familiale). Quelle que soit leur inspiration, africaine, marocaine, romantique, elles dégagent la même chaleur, sous les vieilles poutres, dans les meubles de style. Un jardin paysager (et fleuri en saison) de 2,5 ha complète l'ensemble, avec 2 gîtes dans une ancienne maison de la propriété. Accueil charmant.

Crêperie du Moulin de la Haulle : *lieu-dit Le Moulin-Tapotin, 50700* ***Yvetot-Bocage.*** *☎ 02-33-40-21-37. ♿ À 2 km à l'ouest de Valognes, par la D 902. Ouv tte l'année, tlj. En saison ou le w-e, résa conseillée. Repas env 15 €.* Dans un ancien moulin à eau (en cours de rénovation), au bord d'un petit étang, des crêpes réussies et pas chères ! Ou une belle entrecôte normande grillée. On s'attable dans un cadre rustique, genre pierre-poutres et gros bois bien lourd partout, ou sur une jolie terrasse dans un cadre délicieusement bucolique aux beaux jours. Service très efficace.

À voir

L'hôtel de Beaumont : *11, rue Barbey-d'Aurevilly. ☎ 02-33-40-12-30. • hoteldebeaumont.fr • À l'angle des rues Barbey-d'Aurevilly et du Petit-Versailles. Visite guidée slt. Juil-15 sept, tlj 10h30-12h (sf dim mat), 14h30-18h30 ; ouv également les w-e de Pâques et de Pentecôte 14h30-18h30. Dernière entrée à 17h30. Entrée : 6 € ; 2,50 € pour les jardins slt (visite libre) ; réduc.* Le plus bel hôtel particulier de la ville, d'une élégance très touchante. Construit au XVIIIe s. Longue façade avec avant-corps à colonnes qui ondule. Élégant balcon en fer forgé et fronton triangulaire blasonné. À l'intérieur, un magnifique escalier à double révolution d'une prouesse inégalée et des pièces vivantes, abritant beaux meubles et objets d'art. Superbe visite aux chandelles organisée certains soirs d'août et spectacles nocturnes (à l'intérieur et à l'extérieur) en costumes d'époque ; se renseigner.

L'église Saint-Malo : *pl. Vicq-d'Azir.* Symbole des villes martyres. Elle fut en grande partie détruite par les bombardements de 1944, et pourtant, on a l'émotion de découvrir son chœur intact ! Parti pris de reconstruction d'une nef moderne d'un grand dépouillement. La transition architecturale s'effectue d'ailleurs en douceur grâce à la tour-lanterne. Belle lumière quand le soleil y pénètre. Remarquer le chevet en gothique fleuri avec gargouilles, pinacles et balustrade ajourée.

Le musée régional du Cidre : *rue du Petit-Versailles. ☎ 02-33-40-22-73. Avr-sept et pdt les vac de la Toussaint, 10h-12h, 14h-18h ; fermé dim mat et mar (sf en juil-août). Entrée : 4 €. Billet commun avec le musée de l'Eau-de-Vie ci-après.* Situé en face de l'hôtel de Beaumont, le musée occupe la superbe maison dite du Grand Quartier, bel exemple d'architecture médiévale du XVe s. Bâtie vers 1480, en bord de rivière, à usage de teinturerie, reconvertie en caserne de 1733 à 1848, elle hébergera aussi, après la Seconde Guerre mondiale, des familles victimes de la

crise du logement, avant d'être inscrite à l'inventaire supplémentaire des Monuments historiques. Ses façades, toitures et cheminées sont aujourd'hui protégées. Pour bien démarrer, ne pas manquer la vidéo (13 mn) contant l'histoire de « l'or blond des Normands ». Vient ensuite, au rez-de-chaussée, la salle du tour à piler (pour écraser les pommes), dont un magnifique tour en bois du XVIIIe s. Puis broyeurs en pierre du Cotentin et grands pressoirs.
Dans les étages sont exposés tous les systèmes de broyage utilisés jusqu'en 1950. Salle sur la commercialisation du cidre et collection d'affiches et documents consacrés à la pomme et au cidre.
Également une petite section d'arts et traditions populaires. Costumes, poteries et ustensiles en terre cuite, vaisseliers, buffets, etc. Reconstitution d'une chambre normande. Ne pas rater le fameux lit « croque la pomme », étonnant délire d'un original qui se fit un lit dans un tonneau, délicieusement sculpté... Manque de bol(ée) en revanche, pas de dégustation !

Le musée de l'Eau-de-Vie et des Vieux-Métiers : *rue Pelouze. ☎ 02-33-40-26-25. À deux pas du musée du Cidre. Mêmes horaires (un seul ticket pour les 2 musées).* Occupe l'hôtel de Thieuville du XVIIe s, qui connut de nombreuses fonctions (maison de charité, fabrique de dentelle, caserne de gendarmes, puis de pompiers...). Dans l'ancienne écurie, expo de tonneaux, foudres, pipes, barriques et alambics ambulants.
Salle de liquoristerie et de charronnerie. Au 1er étage, plusieurs salles sont consacrées aux vieux métiers : métiers du cuir, travail du fer, du bois et de la pierre, horlogerie... Collections d'ethnographie régionale (costumes, coiffes, etc.) et plusieurs petites reconstitutions (une épicerie, l'intérieur de l'horloger-bijoutier...). Pas de dégustation non plus, même avec modération !

VOUS REPRENDREZ BIEN UN P'TIT CANON ?!

Au musée de l'Eau-de-Vie et des Vieux-Métiers, on trouve une impressionnante colonne de distillation. Capable de traiter 36 000 l de cidre en 24h et de produire 2 000 l d'alcool pur, cette colonne ne servait pas à la fabrication du calva mais à celle... de la poudre à canon. En effet, pendant la Première Guerre mondiale, les champs de betteraves (dont le sucre fournissait l'alcool) étant situés pour la plupart sur les lieux de combat, on se rabattit en catastrophe sur le cidre et le vin pour produire l'alcool nécessaire à la production de la poudre.

La rue de Poterie : elle donne une bonne idée de ce que fut le Valognes riche et prospère des XVIIe et XVIIIe s. Succession de demeures à la fois élégantes et d'une certaine sobriété architecturale, édifiées dans le beau calcaire de Valognes. D'autres maisons intéressantes rues de l'Hôtel-Dieu et Weleat.

L'abbaye de Valognes : *8, rue des Capucins. ☎ 02-33-21-62-87. Magasin de pâtes de fruits, mar-dim 10h30-12h30 (11h30 dim), 15h15-17h45 (17h30 dim) ; fermé lun sf en juil, août et déc.* Initialement construite pour une communauté de moines capucins, l'abbaye Notre-Dame-de-Protection est aujourd'hui le lieu de travail et de prière d'une communauté de sœurs bénédictines. Suite aux destructions occasionnées par les bombardements de 1944, une partie de l'abbaye fut reconstruite dans un style assez moderne, tout en respectant une certaine sobriété monastique. L'église se visite. Dans celle-ci, des sculptures et des vitraux du Grand Siècle côtoient des œuvres plus contemporaines. Selon la règle de saint Benoît : « Tous les hôtes qui surviennent au monastère doivent être reçus comme le Christ. » Si vous vous sentez capable de ne pas vous prendre pour le Christ, allez donc tâter de cette belle hospitalité. Les sœurs en profiteront pour vous vanter les mérites de leurs pâtes de fruits.

Les thermes romains d'Alauna : *rue Pierre-de-Coubertin (au-dessus de la piscine municipale).* Les imposants vestiges des thermes de l'ancienne cité antique d'Alauna, élevés au Ier s de notre ère, témoignent de l'importance de Valognes à l'époque romaine. Conçu selon un plan symétrique, l'édifice possédait une dizaine de salles, dont une étuve, une piscine chaude et une piscine froide. Les maçonneries sont conservées en élévation sur une douzaine de mètres et montrent une mise en œuvre soignée, associant des assises de petits blocs de pierre cubiques et des lits de briques.

L'ancien hôtel-Dieu : *rue de l'Hôtel-Dieu.* La création de l'hôtel-Dieu de Valognes remonte à 1497. Le fondateur, Jean Lenepveu, « prestre, bourgeois et habitant de Vallongnes », obtint à cet effet le soutien de Jeanne de France, dame de Valognes, fille naturelle de Louis XI. La fondation, placée sous la tutelle de l'ordre des hospitaliers du Saint-Esprit, fonctionne jusqu'en 1687, date de la construction d'un nouvel hôpital. Passé la Révolution, l'édifice devient un casernement militaire, puis, peu avant 1880, est affecté à un haras. La chapelle gothique était accolée, côté sud, au bâtiment des malades, avec lequel elle communiquait par un portail latéral. Les vestiges de l'ancien hôtel-Dieu abritent désormais l'*Espace loisirs-culture.*

L'ancienne abbaye bénédictine royale *(actuel hôpital) :* *rue du 8-Mai-1945.* Chassées de Cherbourg par la peste en 1626, les bénédictines trouvent à Valognes un accueil enthousiaste, y compris financier (nombreuses donations). L'église fut consacrée en 1648. Sa façade s'agrémente d'un surprenant portail baroque, orné de deux ordres superposés à pilastres. Le logis de l'abbesse est un bel édifice régulièrement ordonnancé par des chaînes harpées et de longs bandeaux horizontaux. Les autres bâtiments conventuels s'organisent autour d'un cloître à galerie d'arcades. Confisquée à la Révolution, l'ancienne abbaye bénédictine abrite depuis 1810 l'hôpital de Valognes.

LE VAL DE SAIRE

À l'est du bocage, le rival en Cotentin du cap de la Hague. Autant la Hague apparaît sauvage, tourmentée, accidentée, souvent austère, autant le val de Saire donne une impression de quiétude et de bonhomie rurale. Vous y découvrirez le plus beau petit port du Cotentin et nombre de châteaux, manoirs au milieu d'un paysage et de côtes étonnamment préservés.

SAINT-VAAST-LA-HOUGUE

(50550) 2 130 hab. *Carte Le Nord de la Manche, C2*

Avant tout et pour faire local, prononcer « Saint-Va ». Important port de plaisance et de pêche et centre ostréicole renommé, tout autant que lieu de villégiature très prisé. Normal, le microclimat local favorise l'éclosion des fuchsias et mimosas, et les palmiers n'y sont pas rares. L'histoire y est particulièrement présente également puisque y débarqua, en 1346, Édouard III d'Angleterre en route pour vaincre les Français à la fameuse bataille de Crécy. En 1692, avec la bataille de la Hougue, la baie connut l'un des plus grands désastres navals de l'histoire de la marine française. Jacques II, roi déchu d'Angleterre, alors allié de Louis XIV en bisbille avec Guillaume d'Orange, y assista. Cela incita Louis XIV et Vauban à construire les forts de la Hougue et de Tatihou. En 1944, ce fut le premier port libéré.

Adresse utile

Office de tourisme : *1, pl. du Général-de-Gaulle. ☎ 02-33-23-19-32. • saint-vaast-reville.com • Face au port. Tlj avr-sept. Organise des visites guidées du fort de la Hougue (adulte 5 € ; réduc ; gratuit moins de 6 ans).* Propose des fiches des randos pédestres du val de Saire.

Où dormir ? Où manger ?

De prix moyens à plus chic

Hôtel de France Les Fuchsias : *20, rue du Maréchal-Foch. ☎ 02-33-54-40-41. • reception@france-fuchsias.com • france-fuchsias.com • Resto fermé lun midi, plus lun soir et mar hors saison. Congés : de début janv à mi-fév et la 1re sem de déc. Doubles 54-132 € selon chambre et saison ; ½ pens 64-101 €/pers. Formule déj 18,50 € en sem ; menus jusqu'à 60 € (7 plats !). Wifi.* Jolies chambres, de confort et de tailles très différents, réparties sur 3 bâtiments dont le *Pavillon fantaisie* et les *Feuillantines* au fond du grand jardin édénique qui abrite eucalyptus, bananiers, palmiers, mimosas et fuchsias centenaires. Beaucoup de charme donc pour cet ancien relais de poste dont la table bien connue des habitués de la région, propose une gastronomie subtile et créative qui met en évidence les produits de la mer et les huîtres de Saint-Vaast. Accueil aimable et service attentionné.

La Granitière : *74, rue du Maréchal-Foch. ☎ 02-33-54-58-99. • contact@hotel-la-granitiere.com • hotel-la-granitiere.com • Doubles 82-94 € selon confort et saison. Internet, wifi. Apéritif maison offert sur présentation de ce guide.* Une adresse de charme dans une maison traditionnelle cossue (en granit naturellement), derrière les quais et suffisamment en retrait de la route pour être au calme. Chambres confortables, toutes différentes, à la déco bourgeoise et vieille France. Un accueil vraiment agréable.

La Marina : *8, quai du Commandant-Albert-Paris, port de plaisance. ☎ 02-33-54-55-38. Tlj sf lun hors saison. Formule déj 10,50 € en sem ; menus 21,90-27,40 €. Apéritif offert sur présentation de ce guide.* Cette petite salle sans façon est le rendez-vous prisé des plaisanciers français ou anglais de passage. Huîtres (de Saint-Vaast comme il se doit), poissons et plats normands ou copieuses salades à déguster sur la terrasse, en regardant les bateaux.

Où dormir ? Où manger dans les environs ?

Camping

Le Rivage : *75, route Sainte-Marie, 50630* ***Quettehou.*** *☎ 02-33-54-13-76. • camping.lerivage@wanadoo.fr • camping-lerivage.fr • À l'entrée de Morsalines, par la D 14, au hameau Le Rivage. Ouv avr-sept. Compter 19,50 € pour 2. Loc de cottages 240-638 €/sem. Internet. Réduc de 5 % sur présentation de ce guide.* À 100 m de la plage, un site pas très grand, tout simple, offrant de grands emplacements bien ombragés et gardés par leurs hautes haies de chaque côté. Cottages plutôt coquets avec quelques fleurs ici et là pour égayer leur petit espace vert équipé d'un barbecue. Location de vélos. Piscine chauffée, sauna.

De bon marché à prix moyens

La Chaumière : *6, pl. du Général-de-Gaulle, 50630* ***Quettehou.*** *☎ 02-33-54-14-94. • chaumiere-normandie.com • (resto). À 2,5 km à l'ouest de Saint-Vaast par la D 1. Ouv tlj de fin juin à mi-sept ; fermé mar soir et mer hors saison. Congés : 2 sem en nov. Doubles 35-55 € avec ou sans bains, les moins chères avec w-c sur le palier. Formules et menus 7,90 € et 11,50 € en sem, puis 17,50-30 €. Wifi. Café offert sur présentation de ce guide.* 5 chambres simples, aux couleurs vives, à la déco relookée, plutôt agréables et à prix doux. Accueil attentionné et souriant.

Au restaurant, spécialités marines comme la choucroute de la mer. En dessert, goûtez à la spécialité : le *quettois* (chocolat et pain d'épice).

Au Moyne de Saire : *15, rue du Général-de-Gaulle, 50760* ***Réville.*** *☎ 02-33-54-46-06. • au.moyne.de.saire@orange.fr • au-moyne-de-saire.com • Sur la D 1, entre Saint-Vaast-la-Hougue et Barfleur. Resto fermé lun midi et jeu midi hors saison. Doubles env 55-66 € avec douche ou bains. Menus 17,50-32,50 €. Wifi. Café ou réduc de 10 % sur le prix de la chambre oct-mars, offert sur présentation de ce guide.* Un établissement très soigneusement tenu, offrant de jolies chambres à la déco très classique, certaines un rien « cosy british ». Au resto, cuisine de saveurs et de saisons, très « mer » et normande.

De prix moyens à plus chic

La Demeure du Perron : *1, rue Flandres-Dunkerque, 50630* ***Quettehou.*** *☎ 02-33-54-56-09. • hotel@demeureduperron.com • demeureduperron.com • Dans le bourg, en direction de Saint-Vaast. Fermé dim soir hors saison. Doubles 66-86 € selon confort, petit déj 6 €. Wifi.* Créé par un jeune couple sympathique et très accueillant. Un peu façon motel américain (à la sauce normande !). Chambres toutes pimpantes, certaines autour du jardin, où arbres et fleurs vous ménagent de jolis coins champêtres et paisibles où vous poser.

La Villa Gervaiserie : *17, route des Monts, 50760* ***Réville.*** *☎ 02-33-54-54-64. • la.gervaiserie@wanadoo.fr • lagervaiserie.com • Ouv d'avr à mi-nov. Doubles avec sdb 85-115 € selon étage. Wifi.* Conçu de façon à vous offrir la plus jolie des vues, où que vous soyez, ce bâtiment à l'architecture moderne tranche avec l'habitat traditionnel du pays, tout en s'intégrant discrètement dans le paysage. Les chambres au confort sobre et élégant, au design contemporain, ont toutes baie vitrée et terrasse avec vue imprenable sur la plage (la seule de Normandie orientée au sud !) et, au loin, Tatihou et Saint-Vaast. Les chambres en rez-de-jardin baignent en plus dans une belle végétation. Les proprios possèdent aussi une ferme équestre où vous pourrez louer des chevaux ou faire dormir le vôtre si vous ne pouvez pas voyager sans lui.

Auberge de Ket'hou : *17, rue du Général-de-Gaulle, 50630* ***Quettehou.*** *☎ 02-33-54-40-23. • aubergedekethou@wanadoo.fr • Fermé dim soir et lun. Congés non fixés. Formule déj 14,80 € en sem ; menus 18,50 € (midi en sem) et 20-46 €. Café offert sur présentation de ce guide.* Une petite adresse qui pourrait, grâce à la qualité de sa table, être « gastronomique », mais qui préfère la discrétion. Petite salle confortable sobrement décorée, accueil et service tout de gentillesse. Et une très bonne cuisine au gré du marché, maîtrisée et inventive juste ce qu'il faut. Quelques intéressantes variations autour des produits du coin et un savoir-faire qui se confirme jusqu'aux desserts.

Où acheter de bons produits ?

Épicerie Gosselin : *27, rue de Verrüe. ☎ 02-33-54-40-06. • maison-gosselin.fr • Tlj sf dim ap-m et lun 9h-12h30, 14h30-19h (ouv lun en été). Fermé 3 sem fin janv.* Il reste encore de vraies épiceries en France. Celle de la famille Gosselin (4e génération) en est un superbe exemple. Une belle affaire de famille, fondée il y a plus de 100 ans, qui sait conserver toutes les traditions. Ici, on vient pour le conseil, l'accueil, le meilleur produit au meilleur prix (il y a même des graines pour perruches) et l'ambiance incroyable qui y règne. La maison torréfie elle-même son café, propose des spécialités régionales (calvados, caramels, cidres...), sélectionne ses thés, ses épices, son whisky, ses chocolats fins, ses fromages, ses fruits et légumes... Mais *Gosselin,* c'est aussi une cave exceptionnelle qui fait s'exclamer tous les Anglais (et il n'y a pas qu'eux), par la qualité des vins. La maison a ouvert une succursale *(1, pl. Belle-Isle),* plus touristique (plutôt déco, pas de produits de bouche ni de consommation quotidienne).

Lesdos-Allaire – Les huîtres en direct des parcs : *pl. Belle-Isle. ☎ 02-33-54-42-13.* Dégustation et vente d'huîtres (à prix pas vraiment modérés et le verre de vin encore moins vu sa taille ! L'accueil compense, mais pas à ce point). Devant l'île Tatihou, les fonds marins en pente douce permettent à l'océan de se retirer très loin sur la plaine de l'estran. À 12 m sous l'eau, l'élevage des huîtres est filtré par les courants les plus rapides d'Europe. Elle a un goût très spécial de noisette qui se développe à la cuisson, en cassolette ou en brochette. Elle est nutritive et thérapeutique, et se délivre sans ordonnance.

À voir

Le port de pêche : troisième en importance en Normandie après Granville et Cherbourg. On peut y voir encore une dizaine de bateaux traditionnels de la baie de Saint-Vaast. Du port, jolie balade sur la grande jetée vers le phare. En chemin, s'arrêter à la charmante chapelle des marins, vestige du chœur roman de l'ancienne église paroissiale.

Le musée Paul-José-Gosselin : *1, rue des Thins. ☎ 02-33-54-45-22. Tte l'année, tlj 10h-12h, 15h-18h. Entrée : 2,50 € ; réduc (½ tarif sur présentation de ce guide).* Paul-José Gosselin a ouvert sous son atelier ce musée (ou cet anti-musée !) pour présenter son œuvre. Artiste engagé, il sait retranscrire les lumières de sa région dans un style issu de l'impressionnisme mais aussi, et surtout, en revisite l'histoire au travers de gigantesques fresques, flamboyantes, lyriques, humoristiques et parfois même choquantes. Ne manquez pas de rencontrer cet original personnage !
Pour continuer la visite, allez donc visiter les toilettes du café-restaurant *Le Perrey* (face au port) où Paul-José Gosselin vous offre de beaux et touchants points de vue du vieux Saint-Vaast (Mesdames, n'hésitez pas à passer la tête dans les toilettes des hommes... et vice versa !).
– Enfin, partez à la découverte de l'***église de Rideauville.*** Cette église à ciel ouvert, sans chapeau ni vitres (d'autres parleraient de ruines... si ce n'est que les murs de celle-ci ont été remis en état !), plantée seule au milieu des champs, dégage une belle atmosphère, à laquelle l'artiste n'a pas résisté ! Chaque été, sur un thème différent, ses toiles en habillent et animent l'intérieur. *Accès : de Quettehou, prendre la D 902 vers Barfleur ; puis prendre la D 216, à droite. Juil-août, tlj 10h-19h. Entrée libre.*

Le fort de la Hougue : *à 1,5 km du port de Saint-Vaast.* La tour tronconique avec tourelle d'escalier est désormais classée au Patrimoine mondial de l'Unesco, dans le cadre des fortifications Vauban. À 20 m de hauteur, avec des murs de 3 m d'épaisseur à la base. Bel exemple d'architecture militaire du XVIIe s. Vauban a encore frappé... Superbe balade tout autour (balisée).

Manifestation

– ***Festival du livre de mer et d'aventure :*** *mi-juil. Rens à l'office de tourisme.* Expos, dédicaces, projections de films, etc., dans le cadre exceptionnel du fort de la Hougue (lire plus haut).

L'ÎLE TATIHOU

Carte Le Nord de la Manche, C2

Après la défaite de 1692 (voir plus haut l'introduction de Saint-Vaast), Vauban décide de fortifier l'île Tatihou. Dans les siècles qui suivent, elle abrite une garnison, un lieu de quarantaine pour des marins suspectés d'être porteurs

LE COTENTIN

de maladies (jusqu'en 1880, on les isolera dans le lazaret – un bâtiment dans lequel s'effectuent la quarantaine et le traitement des malades contagieux – construit lors de la grande peste de Marseille de 1723), des prisonniers allemands pendant la guerre de 1914-1918, des titis parisiens à la santé délicate pendant l'entre-deux-guerres et, enfin, des adolescents difficiles. Le laboratoire de biologie marine du Muséum national d'histoire naturelle s'installe même à demeure de 1887 à 1925. Après plusieurs années d'abandon, l'île est rachetée par le conseil général de la Manche, qui la transforme en un vaste et intelligent espace culturel et festif dédié à la mer.

Arriver – Quitter

En bateau amphibie : *rens et billetterie à l'accueil Tatihou, quai Vauban. ☎ 02-33-23-19-92. Résa conseillée, car l'accès de l'île est limité à 500 pers/j. pour protéger l'environnement. Attention, les chiens sont strictement interdits sur l'île.* Avr-sept, 1 aller ttes les heures à marée haute, tlj 10h-16h pour les départs et jusqu'à 18h pour les retours (19h en été). Oct-Pâques, le w-e et les vac scol (sf à Noël), l'ap-m. Prix : 7,80 € ; 3,20 € enfants 4-11 ans ; gratuit moins de 4 ans. Comprend le bateau aller-retour, l'entrée à la tour et au musée. Prix du billet pour la traversée slt : adulte 4,60 €, enfant 2,30 €. Ne soyez pas surpris si vous trouvez le bateau pour Tatihou campé sur ses gros pneus sur le quai. Cet étonnant véhicule vous prend et vous dépose à pied sec dans un vacarme étonnant.

➤ ***À pied :*** *se renseigner impérativement pour les marées (départ 1h30 avt la basse mer et retour 1h30 après ; 2-3h au total sur l'île). Dans ce cas, entrée au musée et à la tour payante (4,60 € ; réduc).* À marée basse, vous aviez deviné ! C'est-à-dire si le coefficient de marée est de 55 minimum.

Où dormir ? Où manger ?

Il est possible de dormir sur l'île Tatihou. Une trentaine de chambres très agréables et tout confort ont, en effet, été aménagées au sein même du ***lazaret.*** *En raison des contraintes d'accès à l'île, séjours en pens complète (76 €/pers) ou ½ pens (55 €), boissons comprises. Rens : ☎ 02-33-54-33-33. • tatihou.manche.fr •*

Restaurant du Fort : *☎ 02-33-54-07-20. Dans l'ancienne caserne, au pied de la tour. Juin-sept, midi slt. Résa souhaitée. Menu 19 €.* Salades, moules-frites, grillades, huîtres... Fait aussi bar-salon de thé 10h-18h.

La découverte de l'île

Île-promenade, île-musée, île-observatoire, après avoir été une île pour les exclus et les reclus, Tatihou s'ouvre totalement. Une expérience à ne vraiment pas rater !

Le lazaret : construit en 1723. Dans un environnement ravissant, joliment planté d'arbres, fleurs et plantes diverses. Noter les grandes ouvertures à arcades qui devaient permettre la circulation rapide de l'air. Après les « suspects » et les scientifiques, il accueille aujourd'hui les classes de mer où les enfants s'initient à tout ce qui touche la culture maritime.

Le Musée maritime : inauguré en 1992 pour le bicentenaire de la bataille de la Hougue, ce musée superbement aménagé témoigne du patrimoine maritime de l'île. Grands espaces pour d'intéressantes expos qui changent régulièrement.

La tour Vauban : du même modèle que celle de la Hougue. Également classée au Patrimoine mondial de l'Unesco depuis 2008. Grimper les 84 marches dans une atmosphère de mystère. Étage des petits matelots, celui des officiers et, en

bas, magasin à munitions et vivres ainsi que les anciens cachots. Au sommet, par beau temps, à découvrir entre les créneaux, un splendide tour d'horizon à 360°. En sortant, un petit détour par la *caserne 7* ! Non pour y rester mais pour visiter la petite expo didactique et éducative consacrée à la faune, la flore... et les poissons de l'île et de son estran.
La cour recèle encore les découvertes réalisées lors de fouilles de la maison du gardien et de la tour d'angle en juillet 2010. La suite devrait permettre la mise en valeur de cette cour et des vestiges des bâtiments qui la bordaient autrefois (uniquement en restitution au sol, sans élévation).

La balade vous mènera encore à un ***jardin botanique*** et à un ***observatoire pour oiseaux*** : goélands bruns, tadornes, rouges-queues noirs, bécasseaux violets, sternes pierre garin, eiders à duvet, huîtriers-pies, etc. La plupart installés sur l'îlet, le fort carré jouxtant l'île.

– De très agréables ***week-ends thématiques*** sont également organisés sur Tatihou, combinant découverte de l'île et atelier pratique autour d'un thème. Au choix : « Explorez Tatihou en famille » (217,60 € pour une famille avec 2 enfants) ; « Apprenti biologiste » (92,60 €/pers) ; « La Tête dans les étoiles », pour partir à la découverte de la Lune, de Jupiter, et de bien d'autres étoiles (86,80 €/pers) ; « De la pêche à l'assiette » pour se mettre aux fourneaux et découvrir l'art de cuisiner un poisson ou un coquillage des côtes normandes... Vu le succès grandissant de cette dernière opération et les prix très abordables, réservation impérative *(99,80 €/pers tout compris – transport, visites, repas et hébergement). Rens : ☎ 02-33-92-44-13. • tatihou.manche. fr •*

Manifestation

– ***Les « Traversées » Tatihou :*** *pdt 4 j. en fonction des grandes marées, fin août. Rens : ☎ 02-33-05-95-88.* Une belle idée qui devient un rendez-vous incontournable... Un ***festival de musiques du large,*** venues du monde celte, de la Réunion, du Québec, de Scandinavie ou d'ailleurs. Les « fidèles » et amateurs de tout poil sont invités à traverser les grèves séparant Saint-Vaast de Tatihou pour passer la soirée sur l'île, au rythme de chants de marins et de mélodies inspirées de l'air du large. Une nuit de bal et de concerts... à terre.

BARFLEUR (50760) 650 hab. *Carte Le Nord de la Manche, C1*

Le plus beau petit port de la Manche, considéré comme tel depuis le XIe s, et réélu au titre officiel chaque année, depuis 1975. Le chouchou des peintres (Paul Signac y vécut longtemps). L'église et son petit écrin de nobles demeures de granit et toits de lauzes composent un ensemble architectural austère mais ravissant. Et tout cela a fort bien résisté, à travers les siècles, aux furieuses tempêtes et coups de vent assassins.
Dur à croire, mais Barfleur fut l'un des ports les plus importants de la Manche au Moyen Âge. Selon la légende, c'est d'ici que le duc Guillaume est parti à la conquête de l'Angleterre en 1066. Et c'est toujours de Barfleur que, par la suite, les chevaliers normands embarquaient pour aller administrer leurs fiefs anglais. En 1120 cependant, la réputation de Barfleur prend un sacré coup : sur le rocher de Quillebœuf, à quelques encablures du port, la *Blanche Nef* fait naufrage, emportant dans les flots les deux petits-fils de Guillaume et toute leur suite. En 1346, nouveau coup du sort : Édouard III rase Barfleur, dont la population est ensuite décimée par la peste noire. Ça fait beaucoup pour une petite ville, non ?

Après cette chevauchée médiévale, Barfleur retombe dans un anonymat tranquille, long de plusieurs siècles, même pas troublé par les visites régulières que lui fait Jules Renard. Comme nous, l'homme est sûrement tombé sous le charme du port « bleu d'eau de Javel, comme si un peuple de blanchisseuses venaient d'y laver leur linge » (*Journal* de Jules Renard, 1890).
Mais cette vision de carte postale ne doit pas faire oublier que Barfleur est aussi un important port de pêche, sans mareyeurs ni criée mais extrêmement actif. En dehors de la pêche traditionnelle des coquilles Saint-Jacques, poissons et autres crustacés, Barfleur se classe aussi comme le premier port moulier de France : 8 000 tonnes de « Blondes de Barfleur », moules sauvages de haute mer, sortent des chalutiers chaque année ! Une jolie blonde qui a d'ailleurs obtenu le label de qualité « Normandie Fraîcheur Mer ». Ne pas manquer de faire un tour sur le port à l'heure de la « débarque » : spectacle et animation garantis !
Juste à côté de l'office de tourisme, au n° 1, « Le Fort », la maison où Jules Renard écrivit la suite de *Poil de Carotte, L'Écornifleur,* dont les personnages et les décors lui sont inspirés par Barfleur.

Adresse utile

Office de tourisme : *2, rond-point Guillaume-le-Conquérant. ☎ 02-33-54-02-48. • ville-barfleur.fr • Ouv tlj sf dim oct-Pâques.*

Où dormir ?

Camping

La Blanche-Nef : *12, chemin de la Masse. ☎ 02-33-23-15-40. 06-84-12-72-23. • lablanchenef@wanadoo.fr • camping-barfleur.fr • Ouv de mi-fév à mi-nov. Forfait 14,50 € pour 2.* Camping tout juste assez en hauteur pour avoir une vue sur la mer, qui se trouve juste de l'autre côté de la route, et un bel aperçu du village de Barfleur. Très simple, de grandes pelouses où l'on s'installe à sa guise. Sans l'ombre d'un arbre et ouvert au vent, certes, mais quelle vue ! Location de bungalows toilés et mobile homes pour 4-6. Et aussi un très bon accueil. Base nautique située à côté.

De prix moyens à beaucoup chic

Hôtel Le Conquérant : *16-18, rue Saint-Thomas-Becket. ☎ 02-33-54-00-82. • contact@hotel-leconquerant.com • hotel-leconquerant.com • Dans la rue principale, à deux pas du port. Fermé nov-mars. Doubles 74-114,50 € avec douche ou bains. 4 formules petit déj 7,20-12,30 €.* Pas de vue sur la mer, mais cette belle demeure du XVIIe s nous a néanmoins conquis. Derrière la sobre façade de granit se cache un vaste et magnifique jardin à la française où est servi le petit déj aux beaux jours. Chambres confortables (2 indépendantes dont une avec terrasse privative), avec du cachet.

Où dormir dans les environs ?

Chambres d'hôtes du Manoir de la Fèvrerie : *chez Marie-France Caillet, 4, route d'Arville, 50760* ***Sainte-Geneviève.*** *☎ 02-33-54-33-53. • lafevrerie@orange.fr • lafevrerie.fr • À 3 km de Barfleur par la D 901, puis à gauche par la D 10, et 1re à gauche. Doubles 72-80 € avec douche ou bains ; suite familiale avec kichenette 110-120 € selon période. Wifi. Réduc de 10 € sept-juin pour 4 nuits sur présentation de ce guide.* Maison de famille des XVIe et XVIIe s. Toute de granit jusqu'au solide escalier de pierre qui grimpe vers des chambres plus que confortables et décorées avec beaucoup de soin. La plus chère est franchement seigneuriale. Accueil des plus charmant, et petit déj de rêve au coin de la cheminée...

Clémasine : *chez Dominique et Patrick Gancel, 49, rue de la Grandville, 50760* ***Montfarville.*** *☎ 02-33-22-08-*

LE COTENTIN

63. • patrick.gancel@clemasine.com • clemasine.com • Sur la D 902 entre Barfleur et Quettehou, entrer dans Montfarville, laisser l'église sur la gauche, traverser le village, prendre la 2e route à droite (D 415) puis à gauche (D 1) et aller jusqu'au n° 49. Fermé 24 déc-2 janv. Double 85 € (dégressif selon durée) ; 20-25 €/pers supplémentaire. Réduc de 10 % sur séjour de 2 nuits consécutives sf juil-août sur présentation de ce guide. Ancienne ferme tout en granit dont les origines remontent au XVIIe s. Si l'extérieur a conservé son caractère originel, l'intérieur se veut résolument moderne et lumineux, décoré de toiles de Patrick. 4 chambres élégantes avec sanitaires privés. 2 au 1er étage de la maison avec mezzanine pouvant accueillir une personne supplémentaire, 2 autres pour 4 personnes avec accès direct sur le jardin et mezzanine. Dominique organise des stages de patchwork régulièrement. Accueil convivial.

Où manger ? Où boire un verre ?

Le Moderne : *1, pl. du Général-de-Gaulle. ☎ 02-33-23-12-44. Devant la poste, à 50 m du port. Fermé mar soir en basse saison et mer. Bistrot 17 €. Menus 20-40 €.* Une bien jolie maison colorée et fleurie, dotée de ce petit charme indéfinissable qu'ont certaines bonnes vieilles auberges de campagne. Une cuisine de tradition, simple mais particulièrement goûteuse, et des produits d'une inattaquable fraîcheur. Mention spéciale à la choucroute de poissons et aux plateaux de fruits de mer. Mais un bémol : le service peut être long !

Restaurant du Phare : *42, rue Saint-Thomas-Becket. ☎ 02-33-54-10-33. • bkl@wanadoo.fr • Tlj sf lun. Formules en sem 8-10 € ; menus 13,50-27 €. Wifi.* La table des habitués et des familles, avec sa déco marine, ses banquettes et sa cuisine sans esbroufe. Bon plan pour un déjeuner pressé (par l'envie de découvrir Barfleur) : les moules-frites (en saison) ou le plat du jour.

Crêperie Chez Buck : *1, rue Saint-Thomas-Becket. ☎ 02-33-54-02-16. Sur le port. Fermé le soir lun-jeu de mi-oct à Pâques, sf pdt les vac scol. Congés : de mi-nov à fin janv. Réserver. Menus 13,50-19,50 €.* Pour ceux qui sont allergiques aux crêpes (sévère handicap, nos condoléances...), menus d'inspiration plus classique (moules ou escalopes normandes, andouillettes au cidre, maquereaux marinés, poisson...). Peu de tables, assez serrées d'ailleurs. Ou alors, terrasse... aux beaux moments !

Café de France : *12, quai Henri-Chardon. ☎ 02-33-54-00-38. • cafedefrance-50@orange.fr • Fermé mer et le soir hors saison. Ouv le soir vac de Pâques, grand w-e de mai, juil-août. Congés : janv. Menus 15,90-19,90 €.* Un café-brasserie un peu rétro (avec terrasse en saison) sans éclat avec le comptoir en zinc et les petits pavés. Mais à l'ambiance chaleureuse, où se mêlent locaux, habitués et touristes de passage. La cuisine est basique, mais généreuse (les petits appétits éviteront les menus !). Un lieu attachant, parfait pour boire un verre, où l'on vient davantage pour l'ambiance (et la vue sur le port) que pour la délicatesse des mets.

À voir. À faire

L'église Saint-Nicolas : construite du XVIIe au XIXe s. Son aspect ramassé et trapu est renforcé par le fait que son clocher fut rasé à la fin du XVIIIe s à la suite d'une très forte tempête. Superbes toits de lauzes. À l'intérieur, belle *pietà* du XVIe s et une *Visitation* de Maertens de Vos, superbe tableau de l'école flamande, du XVIe s.

➢ **Balade dans le bourg :** le charme de Barfleur réside avant tout dans sa simplicité, ses lignes rigoureuses, la beauté des matériaux utilisés (schiste et granit). Emprunter la pittoresque rue Saint-Nicolas, parallèle au port. La première maison, sur la droite, face à l'église est celle où séjourna Paul Signac de 1930 à 1935. Poursuivre rue Saint-Thomas-Becket où s'alignent quelques-unes des plus belles demeures de Barfleur comme la maison Alexandre (au n° 3). À la hauteur du n° 14, jeter un œil sur la cour Sainte-Catherine. Cour médiévale typique. Au n° 16, très belle maison XVIIe aujourd'hui l'hôtel *Le Conquérant*.

La station de la SNSM *(Société nationale de sauvetage en mer)* : *ouv Pâques-août. Pour les horaires, rens : ☎ 02-33-23-10-10.* La première station de sauvetage créée en France, en 1865. Exposition retraçant toute l'histoire de la station depuis sa création. Du premier canot à rames à l'évocation des différentes interventions effectuées depuis un siècle et demi, une remontée dans le temps très émouvante. Pour info, les 3 500 sauveteurs répartis en France sont permanents et bénévoles.

DANS LES ENVIRONS DE BARFLEUR

L'église de Montfarville : *à 2 km au sud de Barfleur par la D 155.* Du XVIIIe s. Revêtue à l'intérieur de pierres très claires qui procurent une luminosité particulière, elle abrite une étonnante suite de peintures de Guillaume Fouace, surtout connu pour ses natures mortes, qui représentent des scènes de la vie du Christ. Chapelle et clocher du XIIIe s. Belle Vierge polychrome du XIVe s.

LA CÔTE DU PLAIN (DE BARFLEUR À CHERBOURG)

Une presqu'île à la côte granitique certes moins spectaculaire, on l'a dit, que celle du cap de la Hague, mais qui, du phare de Gatteville à l'anse du Brick, offre son lot de pittoresque et quelques points de vue saisissants. En retrait, des villages tranquilles s'entourent d'herbages et de cultures maraîchères abritées derrière des murets de pierre.

Où dormir ?

Camping

Camping de l'Anse du Brick : *18, anse du Brick, 50330* ***Maupertus-sur-Mer.*** *☎ 02-33-54-33-57. • contact@adbcamping.com • anse-du-brick.com • ♿ À 10 km à l'est de Cherbourg, en longeant la côte. Ouv avr-sept. Compter 34 € pour 2. Loc de vac hôtellerie de plein air (4-6 pers, 350-1 145 €/sem).* Un magnifique site paysager dominant l'adorable anse du Brick qui, tout en offrant l'équipement 4 étoiles d'un petit village, réussit à conserver une ambiance vraiment bucolique. Les hébergements locatifs, du cottage au chalet en passant par la villa, sont à l'écart, eux aussi dans un bel environnement, avec une très très belle vue sur mer pour certains. Piscine. Accès à la plage par une passerelle.

Prix moyens

Fort du cap Lévi : *7, le cap Lévi, 50840* ***Fermanville.*** *☎ 02-33-23-68-68. 📱 06-80-44-33-27. • fortducaplevi@orange.fr • fortducaplevi.com • À 5 km au nord-ouest de Saint-Pierre-Église ; une fois dépassé le petit port Lévi, continuer plein nord sur le chemin qui vous conduit jusqu'à cet ancien fort de la marine. Congés : déc-janv. Résa indispensable. Doubles 65-75 € ; 120 € pour 4.* À l'abri des gros murs de granit de ce fortin construit sous Napoléon, désormais propriété du Conservatoire du littoral, 5 chambres confortables et terriblement mignonnes avec leur déco marine. Attention, lits jumeaux pour tout le monde et une seule chambre donne sur le large. Vous vous consolerez en allant prendre le petit déj sous la superbe verrière qui surplombe la mer : vue imprenable sur le cap Lévi, son phare et la rade de Cherbourg. Et le sentier côtier qui peut guider les balades.

Où acheter de bons produits ?

Ferme du Moulin des Corvées : *chez Christine et Samuel Brostin, 9, route de Digosville, 50330* ***Le Theil.*** *☎ 02-33-20-05-46. Accès depuis la D 901, entre Saint-Pierre-Église et Cherbourg, prendre à gauche la D 24, puis la D 120, qu'on continue après Le Theil, en direction de Digosville. Ouv tte l'année lun, mar, ven et sam 14h-18h (20h en juil-août) ; possibilité de visite (se renseigner).* Ici, tout se fait en famille, de la traite des vaches à la vente, en passant par la fabrication. Le camembert du Theil, avec sa belle pâte dorée, sent la vache, le foin, le lait : bref, la vraie ferme ! Christine Brostin vend aussi ses produits (beurre, crème...) sur les marchés de Saint-Pierre-Église (mercredi), Valognes (vendredi) et Beaumont-Hague (samedi).

À voir en cours de route

Le phare de Gatteville : *☎ 02-33-23-17-97. Mai-août, ouv 10h-12h, 14h-19h ; jusqu'à 18h en avr et sept, 17h en mars et oct, 16h le reste de l'année. Fermé janv, 1er mai et 25 déc. Entrée : 2 € ; gratuit moins de 12 ans.* Au bout du val de Saire, au bout de Gatteville, au bout de sa digue, le phare fascine par sa haute silhouette solitaire. Ce n'est certainement pas pour rien que Jean-Jacques Beineix y a tourné une scène de son film *Diva.* Construit de 1829 à 1834, le phare de Gatteville a pour particularité ses 365 marches, 52 ouvertures et 12 niveaux. Ça ne vous rappelle rien ? D'en haut, à 75 m au-dessus de la mer, le paysage est à couper le souffle (pour ceux qui en ont encore ou qui n'ont pas le vertige) : par temps clair, on voit jusqu'à Grandcamp. En bas, petite salle d'accueil avec vidéo sur le service des phares et balises, et exposition de quelques modèles de lampes anciennes. Devant le phare actuel se trouve l'ancien phare construit au XVIIIe s, désormais sémaphore de la Marine nationale.
En sortant, continuer vers le petit port de Gatteville, le contourner et suivre la route côtière pour profiter de la mer... à vos roues ou à vos pieds (de nombreux pêcheurs et camping cars squattent les lieux).

Tocqueville : village d'Alexis de Tocqueville, homme politique et écrivain, auteur de deux ouvrages magistraux : *De la démocratie en Amérique* et *L'Ancien Régime et la Révolution*. Né à Paris, en 1805, il fait partie de l'une des plus vieilles familles normandes, puisque l'un de ses ancêtres était aux côtés de Guillaume le Conquérant à la bataille de Hastings.

Saint-Pierre-Église : comme Tocqueville, Saint-Pierre-Église a aussi son penseur, en la personne de l'abbé de Saint-Pierre. Moins connu que les grands philosophes de l'époque, on peut cependant le considérer comme l'un des pionniers du siècle des Lumières. Partisan d'une Europe unie, il rédige un *Projet de paix perpétuelle pour l'Europe,* toujours d'actualité... Scientifique, humaniste, l'abbé est également l'un des tout premiers à militer contre le célibat des prêtres et pour la condition féminine. Tout cela valait bien une statue, à voir sur la place du village, superbe de simplicité. L'église présente une tour romane imposante, avec balustrade et tourelles carrées sur encorbellement. À 800 m du village, au bout d'une longue et élégante allée, beau château du XVIIIe s.

Le cap Lévi : belle balade jusqu'au phare, à travers les landes surplombant la mer. Devant le phare, on comprend ce qu'est l'angoisse d'une côte « mal pavée » pour un marin : ces rochers affleurant, au ras de l'eau, en ont coulé plus d'un... Derrière le cap, **Fermanville,** beau village aux nombreux hameaux et aux nombreux moulins.

Le sémaphore du cap Lévi : *☎ 02-33-54-61-12 (office de tourisme). Suivre les pancartes : phare de Fermanville. Ouv juil-août, tlj sf ven et sam, visite ttes les heu-*

LE COTENTIN

res 14h-18h ; pdt vac scol, tlj sf ven et sam, visite 15h-18h ; visite dim et j. fériés tte l'année 15h-18h. Entrée : 3 € ; réduc. On vous passe le signal ! Vous êtes dans un monument historique à double titre ! Classé d'abord ! Unique ensuite ! Le seul musée qui permet de découvrir l'histoire des sémaphores et des guetteurs. Vous pourrez même envoyer un message codé... Vue à plus de 180° sur les côtes.

L'anse du Brick : *la D 116 s'y glisse entre Fermanville et Bretteville.* Le nom réveille immédiatement tout un imaginaire : pavillon à tête de mort, bandeau noir sur l'œil et coffre débordant d'or... Et le paysage de cette adorable petite baie ne déçoit pas : une eau presque turquoise qui ourle une langue de sable... On oublie les Caraïbes et les îles au trésor en découvrant ces gros rochers granitiques polis par les flots, qui parsèment la plage. C'est de ce même granit que sont faits les pavés sur lesquels suent sang et eau les coureurs cyclistes du Paris-Roubaix.

CHERBOURG-OCTEVILLE

(50100) 42 000 hab. *Carte Le Nord de la Manche, B1*

Pour le plan de Cherbourg-Octeville, se reporter au cahier couleur.

Au fond de sa rade artificielle, la plus grande du monde, c'est depuis toujours un grand port grâce à sa position stratégique au bout du monde occidental. La montagne du Roule, qui surplombe Cherbourg, a fourni les milliers de blocs de « roule » (le grès brut) qui servirent à édifier les longues digues qui ferment le port (il fallut presque un siècle pour l'achever !). Aujourd'hui, c'est le port français couvrant le plus d'activités : port militaire, port de commerce, port de pêche, port de voyageurs (avec l'Irlande et l'Angleterre) et port de plaisance (le deuxième de France, après Cannes !). Cette ville ne vous séduira peut-être pas au premier coup d'œil, mais elle dégage une ambiance particulière. Alors découvrez l'animation du centre-ville et le charme ancien de nombre de ses demeures. En prime, un ravissant jardin botanique et un musée d'Art qui mérite la visite.

LES PARAPLUIES DE CHERBOURG, ET LE FILM DEVIENT RÉALITÉ

Cherbourg a bien sa fabrique de parapluies, mais elle est née après le film, pour perpétuer une tradition inventée de toutes pièces par Jacques Demy ! Le tournage du film eut lieu l'été 1963 et certains habitants se rappellent encore les faux chalutiers en contreplaqué cachant les vrais... Sans parler des scènes de pluie, pour lesquelles il fallut abondamment arroser, avec des lances à incendie, la délicieuse Catherine Deneuve. En effet, l'ensoleillement se révéla scandaleusement exceptionnel cette année-là !

UN PEU D'HISTOIRE

Au moment de la conquête viking (IXe s), la ville devint l'un des importants points de colonisation des Northmen, puis ville normande stratégique. Construction d'un château au début de l'an 1000. Dès cette époque, tous les pouvoirs n'auront de

cesse de faire de Cherbourg une place défensive. Pendant la guerre de Cent Ans, elle fut rarement prise. Même Du Guesclin, après six mois de siège, échoua. Idem pour Montgomery, le célèbre chef huguenot pendant les guerres de Religion.
Pour la construction de la grande digue, entreprise en 1783, Louis XVI vint lui-même assister au début des travaux. Un ingénieur avait imaginé de construire d'immenses structures en bois en forme de cône, remorquées en mer, chargées de milliers de blocs de pierre et qui devaient servir d'assises à la digue. Puis le port connut un va-et-vient incessant de personnalités et d'événements : Napoléon ordonna la militarisation de Cherbourg et vint lui-même en 1811, Marie-Louise lui succéda en 1813, le duc de Berry y rentra d'exil l'année suivante. Quant à Charles X, il l'utilisa pour son propre exil en 1830. En 1840, la rade vit le retour des cendres de Napoléon Ier de Sainte-Hélène.

CHERBOURG DANS LA BATAILLE DE NORMANDIE

Cherbourg fut, dans le plan du débarquement de juin 1944, l'un des éléments stratégiques. En effet, dans le choix des plages pour débarquer, il fallait nécessairement un port en eau profonde à proximité, pour remplacer rapidement les ports artificiels. Après d'âpres combats, la ville fut prise par le 7e corps américain les 26 et 27 juin. Aussitôt, avec l'aide de la Royal Navy, le port fut déminé et dégagé de ses épaves en un temps record pour permettre son refonctionnement. Un pipe-line (resté dans l'histoire sous le nom de *Pluto*), installé entre l'île de Wight et Cherbourg, commença début août 1944 à fournir une grande partie de l'essence nécessaire aux armées de libération. Puis la ville connut une incroyable activité portuaire. À titre de comparaison, jusqu'à fin 1944, le trafic fut deux fois supérieur à celui des années les plus actives du New York d'avant-guerre.

Arriver – Quitter

En train

– ***Rens et résas :*** ☎ 36-35 (0,34 €/mn) ou, pour les TER, ☎ 0825-00-33-00 (0,15 €/mn). • ter-sncf.com/basse_normandie •

➢ ***De/vers Paris-Saint-Lazare via Valognes, Carentan, Lison, Bayeux, Caen.***

➢ ***De/vers Saint-Lô et Coutances :*** correspondance à Lison.

En car

➢ ***De/vers Barfleur, Saint-Vaast, Valognes, Portbail, Carteret, Bricquebec, Carentan, Coutances, Saint-Lô, Les Pieux, Flamanville, et Siouville :*** avec la compagnie *Manéo Service express* (☎ 0800-150-050. • mobi50.com •).

➢ ***Cherbourg et CUC :*** bus de ville avec la compagnie *Zéphir* (Kéolis ; ☎ 0810-810-050. • zephirbus.com • zebus.com •).

En bateau

➢ ***De/vers Rosslare*** *(Irlande)* **:** avec *Irish Ferries* (☎ 02-33-23-44-44. • ferryirlande.com •). Mai-sept, 1 départ ts les 2 j. ; oct-avr, 3 départs/sem. Avec *Celtic Link Ferries LTD* (☎ 02-33-43-23-87. • celticlinkferries.com •).

➢ ***De/vers Poole*** *(Angleterre)* **:** avec *Brittany Ferries* (☎ 02-33-88-44-88. • brittanyferries.com •). Oct-mai, 1 ou 2 départs/j. (durée : 4h30). Avr-sept, 3 départs/j. dont un rapide (durée 2h15) avec le *Normandie Vitesse*.

➢ ***De/vers Portsmouth*** *(Angleterre)* **:** avec *Brittany Ferries*. Sept-mai, 1 départ/j. Mars-oct, 1 à 2 départs/j. avec le *Normandie Express* (durée : 2h45).

➢ ***De/vers Aurigny*** *(île Anglo-Normande)* **:** des vedettes font, certains j. de la sem, l'aller-retour Aurigny-Cherbourg/Cherbourg-Aurigny. Priorité est donnée à ceux qui partent d'Aurigny : vous n'avez plus qu'à espérer que certains ne feront pas le retour ! *Rens : Lady Maris II – Daren Machon,* ☎ (00-44) 77-81-10-19-71 ou (00-44) 77-81-10-08-29.

En avion

✈ ***Aéroport :*** ☎ 02-33-88-57-60. • cherbourg.aeroport.fr • Situé à 11 km de la ville.

Adresses et infos utiles

Office de tourisme de Cherbourg-Cotentin (plan couleur B2) : *2, quai Alexandre-III. ☎ 02-33-93-52-02. • ot-cherbourg-cotentin.fr • Face au pont tournant. Tte l'année, lun-sam ; plus dim 10h-17h de mi-juin à mi-sept et 10h-13h vac scol.* Propose visites guidées du centre-ville ancien, randonnées, sorties à vélo, sorties à thème (se renseigner).

ADA (loc de vélos) : *10-12 av. de Paris. ☎ 02-33-20-65-65.*

– **Marchés :** *mar 8h-17h15 (16h15 déc-fév) devant le théâtre et dans les rues avoisinantes ; sam, devant le théâtre et pl. Centrale. Mar et sam marché aux fruits, fleurs, légumes et produits du terroir ; jeu grand marché, ts produits confondus. Marché aux puces sur la pl. des Moulins, le 1er sam du mois. Le marché d'Octeville (av. de Normandie, banlieue sud-ouest de Cherbourg), le dim mat, vaut le déplacement.*

Où dormir ?

Bon marché

Auberge de jeunesse (plan couleur A1, **16**) : *55, rue de l'Abbaye. ☎ 02-33-78-15-15. • cherbourg@fuaj.org • ♿ À mi-chemin entre l'arsenal et le centre-ville (à 10 mn à pied). En bus, ligne n° 3 ou 5, arrêt « Chantier ». Fermé de mi-déc à mi-janv. Avec la carte FUAJ (obligatoire et vendue sur place), nuit et petit déj 20 €, loc de draps incluse. Internet.* Installée dans d'anciens bâtiments de la Marine nationale, intelligemment rénovés. Chambres et locaux impeccables, notamment les sanitaires, mobilier moderne... l'endroit est vraiment agréable (légèrement bruyant côté boulevard), et en plus, l'accueil est efficace et souriant. Possibilité de restauration sur place et cuisine pour les « ajistes » cordons-bleus. 2 bons plans : la terrasse extérieure pour prendre son petit déj au soleil, et la possibilité de faire un stage à la station de voile de Cherbourg, située à quelques encablures.

De bon marché à prix moyens

Hôtel Moderna (plan couleur B2, **13**) : *28, rue de la Marine. ☎ 02-33-43-05-30. • hotel-moderna@wanadoo.fr • moderna-hotel.com • Très central, proche du port et du centre-ville. Doubles 56-75 € selon taille et confort, TV satellite. Wifi.* Petit hôtel sympathique où il règne une ambiance familiale. Chambres claires et bien tenues, certaines donnant sur la petite cour intérieure. Bon petit déj.

Hôtel de la Croix de Malte (plan couleur B2, **12**) : *5, rue des Halles. ☎ 02-33-43-19-16. • hotel.croix.malte@wanadoo.fr • hotelcroixmalte.com • ♿ Fort bien situé à côté du théâtre et à proximité du port. Ouv tte l'année. Doubles 40-58 € selon taille et confort. Wifi. Parking payant. Réduc de 10 % sur la chambre sept-avr sur présentation de ce guide.* Petit hôtel moderne, à la façade un peu décrépie. D'un bon confort, les chambres sont agréables et très calmes. Les moins onéreuses ont une salle de bains, mais minuscule. Les patrons vous accueillent personnellement, de façon charmante. Excellent rapport qualité-prix.

Hôtel de la Renaissance (plan couleur B2, **11**) : *4, rue de l'Église. ☎ 02-33-43-23-90. • renaissance-cherbourg@hotmail.fr • hotel-renaissance-cherbourg.com • Derrière la charmante église de la Trinité. Ouv tte l'année. Doubles 54-68 € selon confort et saison ; familiales 71-92 €. Wifi. Parking privé payant. Réduc de 6 €/nuit à partir de 3 nuitées si résa faite directement avec l'hôtel, sur présentation de ce guide.* Très bien situé, avec des chambres (certaines assez petites) coquettes et confortables. Un excellent accueil et un bon rapport qualité-prix. Bien insonorisé, mais faire « patte de velours » : les planchers grincent !

Hôtel d'Angleterre (plan couleur A2, **17**) : *8, rue Paul-Talluau. ☎ 02-33-53-70-06. • contact@hotelangleterre-fr.com • hotelangleterre-fr.com • Ouv tte l'année. Doubles 44-75 € selon taille et confort ; familiales (3-6 pers) 69-85 €. Wifi.* Grosse bâtisse au calme, malgré sa proximité avec le quartier des bars. Chambres au confort et à la décoration d'aujourd'hui, pas immenses mais plaisantes. Accueil agréable.

🏠 ***Chambres d'hôtes Les Lilas*** *(plan couleur B2, **15**) : 163, rue du Val-de-Saire. ☎ 02-33-43-06-93. 📱 06-31-93-27-64. • maripier@laposte.net • De l'autre côté du pont tournant. Double 68 € ; familiale 105 €. Wifi.* Dans une jolie maison de maître du XIXe s, 3 spacieuses et confortables chambres au mobilier chinois, rapporté d'un long périple là-bas... et ailleurs. Agréable jardin fleuri, clos de murs, au cœur de la ville. Accueil chaleureux.

De chic à plus chic

🏠 |●| ***Hôtel La Régence*** *(plan couleur B2, **14**) : 42-44, quai de Caligny. ☎ 02-33-43-05-16. • laregencecherbourg@wanadoo.fr • laregence.com • Fermé 23 déc-16 janv. Doubles 69-115 € selon vue et confort. Formule déj 13,90 € en sem ; menus 21-35 €. Wifi.* Face au port, un élégant établissement à la déco *so British* avec beaucoup de boiseries et de petits salons cosy. Chambres pour la plupart luxueuses, parfois plus petites (3e sans ascenseur) au confort moderne, dans un labyrinthe de petits couloirs feutrés. Celles situées à l'arrière, vers la place, sont plus calmes la nuit, même si la vue est moins attrayante. Table d'excellente réputation qu'il est prudent de réserver pour déguster une très belle cuisine basée sur des produits de la mer d'une extrême fraîcheur. Bel accueil.

🏠 ***L'App@rt 54*** *(plan couleur A2, **18**) : chez Pascale Marion, 54, rue Emmanuel-Liais. ☎ 02-33-78-91-60. • contact@appart-hotel.net • appart-hotel.net • Ouv tte l'année. Appartements meublés 1-4 pers 82-139 €/nuit ou 410-830 €/sem selon taille et saison. Wifi. Réduc de 10 % sur présentation de ce guide.* Ex-professionnelle de l'hôtellerie de luxe, ex-Parisienne adoptée par le Cotentin, Pascale s'est lancée un défi ! Des apparts hyper fonctionnels et hyper équipés (notamment la cuisine), *« très cocoon »* (le plus grand avec douche-hammam), dans un esprit pension de famille pour se sentir chez soi chez elle ! Enfin presque, parce que Pascale habite en famille non loin de là ! Mais attentive, passionnée par son projet de vie, adepte du bio, elle est présente sans l'être... pour prodiguer conseils et adresses. Et privilégier la rencontre, dès l'accueil charmant, souriant, enthousiaste ! Superbe adresse au calme, et au cœur de la ville, proche du port.

Où manger ?

Sur le pouce

|●| Nombreux ***snacks, cafés, sandwicheries*** rues de la Paix et de l'Union *(plan couleur A1-2)*, pas chers et fréquentés par les jeunes Cherbourgeois. De même, autour des halles, avec le ***Carré Café.*** Bonne animation le soir (voir plus loin, « Où boire un verre ? Où sortir ? »).

🥖 ***Sucre d'Orge*** *(plan couleur A2, **21**) : 7, rue des Fossés. ☎ 02-33-93-40-80. Tlj sf dim, lun et j. fériés. Congés : août. Env 6-8 €. Sur présentation de ce guide, une crêpe offerte par sandwich acheté.* Une minuscule sandwicherie où une p'tite dame très gentille propose à emporter salades, galettes et sandwichs bons, copieux, et à des prix très raisonnables.

De bon marché à prix moyens

|●| ***Le Café du Port*** *(plan couleur B2, **24**) : 40, quai de Caligny. ☎ 02-33-43-24-31. Tlj mat, midi et soir. Formules moules moins de 12 € et dim 29 € ; menu « du port » 52 € (avec un homard grillé).* Après 29 ans à l'auberge de Goury, Pascal Retout et son fils débarquent sur le port ! Une carte réduite, quelques petits plats sympas à prix doux. Dans la salle moderne, sans attrait, et en terrasse, une cuisine du marché, simple, goûteuse. Un bémol : vite saturé, le service est parfois moins express que la formule du même nom ! En revanche, vrai p'tit déj à l'anglaise (11 €).

|●| ***L'Antidote*** *(plan couleur A2, **22**) : 41, rue au Blé. ☎ 02-33-78-01-28. Ouv mar-sam 12h-15h, 19h-23h. Menus 11 €, puis 19-29 € ; carte 20-25 €. Apéritif maison offert sur présentation de ce guide.* Au menu, des petits plats plai-

sants et copieux que vous pouvez accompagner du verre de vin que le patron vous conseille dans la bonne humeur. Blottie dans l'enfilade de cours derrière les maisons de la rue au Blé, cette adresse à la déco riante et colorée est un véritable antidote à la morosité et égaiera votre humeur par les journées au temps chagrin. Aux beaux jours, paisible et jolie terrasse bien abritée.

Brasserie Le Commerce *(plan couleur A2, **26**) : 42, rue François-Lavieille. ☎ 02-33-53-18-20. • lecommerce2@wanadoo.fr • ♿ Ouv tte l'année, tlj sf dim 11h-minuit. Formule 11,80 € ; menu 15,60 € ; carte env 25 €. Wifi. Apéritif maison offert sur présentation de ce guide.* Cette grande brasserie comblera les appétits insatiables. Portions gargantuesques pour des classiques de brasserie et autres plats normands, simples mais de qualité. Service efficace, atmosphère agréable et décontractée, c'est donc souvent bondé. Ne pas réserver risque de vous coûter cher(bourg) et de vous priver de dessert... et du reste du repas !

Prix moyens

Café de Paris *(plan couleur B2, **28**) : 40, quai de Caligny. ☎ 02-33-43-12-36. • cafedeparis.res@wanadoo.fr • ♿ Fermé lun midi et dim. Congés : 3 sem en mars et 3 sem en nov. Menus 18,50 € (midi en sem sf j. férié) et 22,50-36,50 €.* L'adresse est depuis longtemps l'institution cherbourgeoise et bourgeoise (navré pour le vilain jeu de mots) et reste aujourd'hui une référence en matière de restaurant de fruits de mer de la ville, les produits étant assurément d'une très grande fraîcheur. Côté déco, vous avez intérêt à aimer le rose...

Le Faitout 2 *(plan couleur A2, **25**) : 25, rue Tour-Carrée. ☎ 02-33-04-25-04. • fredsergent@aol.com • Au cœur de la vieille ville, près du port. Fermé lun midi et dim. Formule 14,50 € et menu 19 €, tlj midi et soir. Café offert sur présentation de ce guide.* L'âme du *Faitout*, une cuisine traditionnelle. Une cuisine que Fred fait évoluer à travers 7 plats classiques (tête de veau, bourguignon, blanquette, pot-au-feu, foie gras poêlé...). Ses ris de veau sont à se damner ! Le menu Saint-Jacques aussi (en saison bien sûr). *Le Faitout* mijote sa belle cuisine, tendance un rien fusion avec ses notes d'épices bien dosées. Le premier menu change plusieurs fois par semaine ! Service gentil, aimable et sans chichis dans les 2 belles salles.

Plus chic

Le Pily *(plan couleur A2, **23**) : 39, Grande-Rue. ☎ 02-33-10-19-29. • le-pily.com • À côté des halles. Fermé mer, sam midi et dim soir. Formules 20-25 € (midi en sem), sinon 38-65 €.* Dans un décor chaleureux, cosy et *lounge*, une cuisine gastronomique inventive et créative à base de produits du marché. Pierre Marion a vraiment du talent, et c'est une bien belle surprise qui nous est réservée en poussant la porte du *Pily*. Une carte courte pour assurer qualité et rigueur, renouvelée chaque mois. Le résultat dans l'assiette le prouve, un vrai bonheur pour le palais et les yeux. Saveurs et goûts sublimés par l'utilisation subtile d'épices variées, connues et moins connues, comme le *chizo* (une algue séchée qui vient du Japon). Le poisson est à l'honneur (la mer n'est pas bien loin), mais les viandes ne sont pas en reste. Le chef étoilé rayonne sur Cherbourg et le Cotentin ! Prudent de réserver donc.

Où dormir dans les environs ?

Camping

Camping municipal Le Collignon *(hors plan couleur par B3) : rue des Algues, 50110 **Tourlaville** (indiqué, par la voie express). ☎ 02-33-20-16-88. • camping-collignon@wanadoo.fr • ♿ Ouv mai-sept. Compter 17 € pour 2.* Dans une zone un peu étrange, à la périphérie de la ville, entre un très beau littoral et une petite zone industrielle. Camping agréable et confortable, abrité du vent par les dunes. À côté, une jolie plage (accès direct), un parc de loisirs de 10 ha (piscine couverte gratuite pour les campeurs) et un centre nautique (plongée, voile, kayak...).

Plus chic

Manoir de la Fieffe *(hors plan couleur par B3) : chez Thierry Chaffenet, rue Lefèvre-et-Toulorge, 50470* ***La Glacerie*** *(Tourlaville).* ☎ *02-33-43-59-44.* • *manoirdelafieffe@yahoo.fr* • *manoirdelafieffe.com* • *À 3,5 km du centre de Cherbourg, vers Valognes, puis D 410 à gauche ; fléché. Double 100 € ; suite pour 3 pers 110 €. Salle de remise en forme et sauna. Wifi.* Sur les hauteurs de Cherbourg, au milieu des champs et des bois, un manoir métamorphosé par un passionné des arts : arts, art de vivre, art des contrastes. Un esprit jeune, un cadre historique (manoir du XVIe s), un accueil des plus charmant. Et une mention pour les gourmands : le petit déj du chef ! Très belle adresse pour voyager encore... plus loin.

Où boire un verre ? Où sortir ?

Dans un port digne de ce nom (et Cherbourg en est un, à l'évidence), difficile de ne pas consacrer un chapitre au meilleur ami du marin en escale : le bar, le bistrot, le rade, le pub, la taverne, la buvette, l'estaminet, le mastroquet... Les « rues de la Soif » locales sauront nourrir les envies de sensations fortes dès la tombée de la nuit : ***rue de la Paix*** et ***rue de l'Union*** ou encore ***rue de la Tour-Carrée*** (près de la place de la République ; *plan couleur A1-2*), on y a (entre autres endroits de la ville !) testé, pour vous, quelques petits rades pas mal. Vous trouverez aussi quelques discothèques dans ces rues. ***Le Chat Noir*** (rue de la Paix), ***The Diver*** (rue de l'Union) ou le ***Bayou*** (rue de la Tour-Carrée) entres autres références... Mais les lieux changent parfois vite et les découvertes se font au gré de balades dans le cœur de la ville qui bat parfois bien tôt le week-end.

Kaluma *(plan couleur A1,* ***32****) : 26, rue de l'Union.* ☎ *02-33-52-55-67. Tlj.* Une devanture toute bleue, et les couleurs vives de l'intérieur ressortent de la pénombre qui règne dans ce lieu sympathique, où habitués de tous âges se retrouvent autour d'un café, pour un billard ou lors des concerts régulièrement proposés.

Micro-brasserie L'Eldorado *(plan couleur A2,* ***30****) : 50, rue François-Lavieille (au coin de la pl. de la République).* ☎ *02-33-53-08-68.* • *leldo.fr* • *Tlj, tte l'année : juin-sept 10h-2h, oct-mai 10h-1h. Wifi.* De confortables banquettes, une mezzanine, des salles de billard et une musique qui monte parfois en décibels ! On y vient pour l'ambiance et pour goûter aux bières maison à la pression (2 brassins par semaine dans les cuves visibles de la salle) ou piocher dans la belle collection de houblons bretons, français et belges. Belle blonde ! L'ambrée, la brune et la blanche complètent la gamme, avec les bières de saison. En cas d'abus de dégustation, la maison torréfie aussi d'excellents cafés, dans la grande tradition des torréfacteurs des ports.

À voir

La basilique Sainte-Trinité *(plan couleur A2) : pl. Napoléon, face à la mer. Tlj 9h-18h30.*
Bâtie par Guillaume de Normandie en 1035. En 1820, on remplaça la façade ouest et sa tour inachevée par le clocher-porche actuel, dans le style bien disgracieux de l'époque. Heureusement, il reste la remarquable façade sud avec sa baie et son portail, flamboyants, surmontée de sa petite forêt de pinacles en gothique fleuri, les dentelles des balustrades, les gargouilles.

UN MAUVAIS TOUR...

La tour de la basilique Sainte-Trinité ne fut jamais achevée : l'argent qui lui était destiné partit en effet à Madrid pour la rançon des enfants de François Ier (prisonniers à la place du roi). Les enfants, ça coûte cher.

À l'intérieur, nef aux piliers ronds peints au XIXe s. Sur les piliers du transept, cadres de pierre en gothique fleuri. De chaque côté de la nef, sur la galerie supérieure, ne pas manquer les bas-reliefs représentant une *Danse macabre* d'un côté et des scènes de la Passion de l'autre. Beaux fonts baptismaux du XIVe s. La chaire, œuvre de Pierre Fréret (1758-1816), mérite l'attention, ainsi que le retable du maître-autel. Dans les tons gris, baptême du Christ éclairé par un puits de lumière. Enfin, à l'entrée du chœur, discrets mais superbes bas-reliefs en albâtre de Nottingham, du XVe s.

➢ ***Balade dans le vieux Cherbourg*** *(plan couleur A2)* **:** le centre-ville n'a découvert que récemment le charme de certaines de ses demeures, lorsque l'on a gratté l'enduit qui cachait les façades pittoresques en schiste rugueux. La restauration a ainsi fait réapparaître des morceaux de rue d'une belle homogénéité. Voici un petit itinéraire pour les découvrir.
– ***La rue du Port*** *(plan couleur B2)* **:** c'est dans cette rue que se situe la boutique (au n° 13) qui servit de décor principal au film *Les Parapluies de Cherbourg.* Aujourd'hui, on y trouve une boutique de patchworks.
– ***La Grande-Rue*** *(plan couleur A-B2)* **:** au n° 7, cour intérieure s'ouvrant sur un ancien grenier à sel du XVIe s. Porte basse sur un pittoresque escalier à vis. Parallèlement à la Grande-Rue, la rue des Fossés avec des impasses du XVIe s. Bel escalier à vis de la même époque au n° 3.
– ***La rue des Portes*** *(plan couleur A2)* **:** au n° 18, entrée pour la cour Marie, bel ensemble architectural. Façades en schiste avec appareillages de pierre différents. Sur l'une d'elles, énormes linteaux de granit. Débouche sur l'impasse Aubry. Élégante demeure au-dessus du porche.
– ***La rue au Blé*** *(plan couleur A2)* **:** du n° 41 au n° 65, l'ensemble médiéval le plus significatif de la ville. Joliment restauré. Les maisons possèdent souvent une façade XVIIIe s, mais dans les cours subsistent des bâtiments plus anciens (XVIe et XVIIe s). Tours, tourelles, escaliers à vis que l'on déniche en arpentant couloirs, passages, courettes, qui tous communiquent entre eux. Au n° 63, enfilade de cours et placettes avec arbres. Au n° 65, superbe cour avec tours. Au n° 31, le passage Digard avec son entrée voûtée et ses quelques demeures du XVIIIe s. Au 32, rue au Fourdray, curieuse inscription datant de 1569.
– ***La place de la Révolution*** *(plan couleur A-B2)* **:** à l'angle avec la Grande-Rue, aux n°s 20-22, élégant édifice en schiste du XVIe s. Au n° 18, façade avec arcades et encorbellement. Continuer rue des Moulins, rue d'Espagne, avec d'autres maisons du XVIIIe s. Rue Tour-Carrée, au n° 14, l'hôtel de Garantot du XVIIe s, précédé d'un porche (cour pavée avec ancre de marine), fut une prison pendant la Terreur.
– ***La rue de la Marine*** *(plan couleur B2)* **:** c'était la rue des armateurs. Beaux hôtels particuliers, même si certains sont encore recouverts de crépis. Au n° 9, noter les flèches et carquois en fer forgé des balcons. Intéressant appareillage de schiste dans toutes les nuances de vert et bleu.
– ***La rue Grande-Vallée*** *(plan couleur A1-2)* **:** si d'aventure vous passez par là (en chemin vers le jardin botanique, par exemple), jetez un coup d'œil aux n°s 40 et 44, où habita Marie-Louise Giraud. Jusqu'à son arrestation par la police en octobre 1942, cette « faiseuse d'anges » procéda à 27 avortements. Condamnée à mort par le régime de Vichy, elle fut exécutée « pour l'exemple » le 30 juillet 1943 dans la cour de la prison de la Roquette. De cette histoire, Claude Chabrol a tiré son superbe film *Une affaire de femmes.*

★★★ ***Le théâtre*** *(plan couleur A-B2)* **:** *se visite en juil-août, mer à 14h30, lors des visites guidées gratuites proposées par la Ville de Cherbourg (rens : ☎ 02-33-87-88-28).* Construit en 1882 par Charles de Lalande, élève de Garnier (celui de l'Opéra de Paris), c'est l'un des très rares théâtres « à l'italienne » de l'Hexagone. Superbe façade en calcaire, ornée de colonnes, chapiteaux et autres cariatides. À l'intérieur, imposant lustre de cristal, plafond peint par Georges Clairin, balcons et baignoires richement décorées. Bref, un théâtre superbe.

★★ ***Le musée d'Art Thomas-Henry*** *(plan couleur A2)* **:** *centre culturel, 4, rue Vastel. Fermé jusqu'en 2015.*

Le muséum Emmanuel-Liais *(plan couleur A1) : parc Emmanuel-Liais. ☎ 02-33-53-51-61. Mai-sept, mar-sam 10h-12h, 14h-18h, dim 14h-18h ; oct-avr, mar-dim 14h-18h ; fermé lun et j. fériés. Entrée libre.*
Il occupe la maison d'Emmanuel Liais, qui fut astronome et mathématicien, directeur adjoint de l'Observatoire de Paris et créateur de celui de Rio de Janeiro. Installé en 1910, le musée n'a presque pas changé et possède ainsi une espèce de charme désuet bien sympathique. Certaines parties rappellent les « cabinets de curiosités » des collectionneurs. Deux grandes sections : collections zoologiques, ornithologiques, minéralogiques et, au 1er étage, la section ethnographique.
– Oiseaux de tous les pays, du toucan du Para à l'aptéryx de Mantell (le kiwi, quoi !), en passant par le cotinga bleu. Animaux naturalisés dont quelques-uns curieux qui raviront les enfants (tatou, musaraigne pygmée, gerboise, maki catta de Madagascar, albatros hurleur, casoar, tortue-alligator, requins, iguanes). Pittoresques compositions florales et oiseaux colorés sous cloche.
– Pour routard(e)s rêveurs(veuses) : parmi la riche section ethnographique, au hasard, tenture funéraire chinoise, armes mélanésiennes, « couteaux à jet » africains, bijoux, fétiches, instruments de musique. Section Asie : armures de samouraï, étranges personnages de la mythologie chinoise sculptés dans des racines, rares planches xylographiques.

Le parc Emmanuel-Liais et les serres *(plan couleur A1-2) : tlj. Entrée gratuite. En juil-août, visite du parc commentée et gratuite.* Balade fort agréable parmi les essences rares, les rhododendrons, les magnolias et actinidias de Chine. Au passage, vous croiserez l'ancienne tour d'observation.
– **Les serres :** *lun-ven 10h-12h, 14h-17h (15h-17h certains w-e). Entrée gratuite. Visite libre ou guidée (sur rdv : ☎ 02-33-53-12-31).* Là aussi, musarder parmi les fougères arborescentes, broméliacées, cactées et solanacées diverses.

Le jardin public *(plan B3) : av. de Paris.* Au pied de la montagne de la Roule, riche d'essences nouvelles, d'arbres remarquables et de pièces d'eau. Parc animalier et aire de jeux pour enfants. Abrite aussi le dernier kiosque à musique de la ville.

Le jardin Montebello *(plan A2) : rue Montebello.* Charmant petit jardin orné de bambous, de massifs de camélias et magnolias. Ouvert en 1872, on le doit à la Société d'horticulture fondée en 1844.

La Cité de la mer *(plan couleur B1) : ☎ 02-33-20-26-69. • citedelamer.com • ♿ (accès limité dans le sous-marin). Parking gratuit. Juil-août, 9h30-19h ; mai-juin et sept, 9h30-18h ; le reste de l'année et pour les périodes de congés annuels, consulter le site internet. Fermeture des caisses 1h30 avt. Fermé 25 déc, 1er janv, 4-29 janv et certains lun de mars, nov-déc. Tarif : 18 € en saison, 15,50 € hors saison ; pour les 5-17 ans : 13 € en saison, 10,50 € hors saison ; réduc ; gratuit moins de 5 ans ; pass à l'année. Le billet est valable la journée et permet de ressortir une fois. Attention, pour des raisons de sécurité, les moins de 5 ans n'ont pas accès au* Redoutable *(mais si les parents se relaient pour visiter la bête, une priorité d'accès est accordée au 2e parent afin qu'il ne fasse pas la queue). Compter env 4h de visite (mais il faudrait la journée pour tt voir, tt lire). Expos temporaires et soirées (voir le site internet).*
Le bâtiment était autrefois l'ancienne gare maritime transatlantique, construite pour répondre à l'énorme émigration des Européens vers les Amériques. Les trains en provenance de Paris s'arrêtaient en face des paquebots à quai. Inaugurée en 1933, la gare était considérée à l'époque comme l'un des plus beaux bâtiments Art déco de France, accueillant les plus prestigieux paquebots. Bien endommagée par les Allemands en 1944, la gare transatlantique fut reconstruite après-guerre et inaugurée à nouveau en 1952, pour revivre quelques années de rêve pendant lesquelles les grandes stars de Hollywood y défilèrent. Un temps menacé, l'édifice fut inscrit à l'inventaire des Monuments historiques en 1989, et abrite depuis 2002 la Cité de la mer.

Ce parc à thème a pour vocation d'expliquer et de faire partager l'aventure de l'homme sous la mer, depuis les mythes et légendes jusqu'aux sous-marins et aux techniques océanographiques les plus modernes. La visite se fait de haut en bas, comme une plongée sous-marine. La Cité de la mer s'articule principalement autour de quatre pôles.

– ***Un pôle océan*** qui retrace la complexité du monde sous-marin (faune, flore, géophysique, économie...) et les relations que de tout temps, de Léonard de Vinci au commandant Cousteau, l'homme a entretenues avec l'univers sous-marin, les techniques de l'archéologie sous-marine... Le tout illustré de manière didactique et ludique avec force photos, vidéos, bornes interactives, maquettes, quiz pour les enfants... Au centre, l'incroyable aquarium abyssal de 10,7 m de haut représentant une faille sous-marine et accueillant quelque 3 000 poissons multicolores de Tahiti, pour la plupart concentrés en surface (plus on descend, moins il y a de vie). Pour résister à la pression des 350 000 litres d'eau de mer, les vitres font 33 cm d'épaisseur ! Et puis 16 autres bassins thématiques plus petits avec des méduses translucides, des murènes, des requins... des espèces plus surprenantes les unes que les autres.

– ***Un pôle sous-marin,*** dont la vedette incontestée est *Le Redoutable,* premier sous-marin nucléaire français (pour les accros, il s'agit d'un SNLE, sous-marin nucléaire lanceur d'engins), lancé à l'arsenal de Cherbourg en 1967 par Charles de Gaulle et désarmé en 1991. Installé en cale sèche, c'est aujourd'hui le plus grand sous-marin visitable au monde. En 45 mn, équipé d'un audioguide qui diffuse les commentaires (souvent très techniques) du commandant de bord, on arpente les 128 m du bâtiment pour revivre de façon très réaliste le quotidien d'une patrouille en mer. Même les bruits et l'odeur sont au rendez-vous. Incroyable d'imaginer que 135 personnes cohabitaient là-dedans pendant 70 jours ! À la sortie du *Redoutable,* une section sur l'histoire, les techniques de fabrication et la vie quotidienne à bord des sous-marins.

– ***Une médiathèque*** dont l'ambition est de devenir un centre de documentation reconnu sur la recherche dans les grands fonds marins.

– ***On a marché sous la mer :*** la dernière animation virtuelle entraîne ses passagers dans les abysses, à bord de simulateurs de pilotage. Découverte des créatures prodigieuses des abysses pendant une heure. Accessible à tous. Ludique.

Enfin, dans le hall des trains, désormais nef d'accueil, le bathyscaphe *Archimède,* qui réalisa en 1962 une plongée à 9 545 m dans la fosse des Kouriles au Japon et la maquette du *Nautile,* l'un des sous-marins qui a découvert l'épave du *Titanic* en 1987.

– ***La grande galerie des Engins et des Hommes*** qui retrace dans la nef d'accueil l'aventure humaine internationale de la découverte des grands fonds ; nouveaux engins, maquettes et témoignages inédits.

– ***L'espace Titanic :*** en 2012, à l'instar d'autres escales, Cherbourg fête le centenaire de la première escale du célèbre paquebot dans la ville. Un nouvel espace de 2 000 m² présente une expo permanente consacrée à l'émigration entre l'Europe et l'Amérique aux XIXe et XXe s d'une part, et à l'histoire du Titanic d'autre part.

CHERBOURG

Le port militaire de Cherbourg *(plan couleur A1) :* *accès par la porte du Redan. ☎ 02-33-92-65-30 ou 09 (service communication marine nationale). Ne se visite plus, pour cause de « plan Vigipirate ».* Composé de trois bassins, d'une multitude d'ateliers, de bureaux et de gigantesques nefs de construction et d'assemblage des sous-marins, l'arsenal de Cherbourg est une véritable ville dans la ville, qui emploie encore près de 4 000 personnes. Depuis 1797, plus de 400 navires y ont été construits et lancés. L'arsenal est spécialisé depuis 1899 dans la construction des sous-marins.

L'abbaye du Vœu *(hors plan couleur par A1) :* *rue de l'Abbaye. ☎ 02-33-87-89-13. Ouv slt en juil-août lors de la visite guidée gratuite ; se renseigner.* Fondée au XIIe s par Mathilde, fille de Henri Ier roi d'Angleterre et petite-fille de Guillaume le Conquérant, gravement endommagée lors de la Seconde Guerre mondiale, elle est classée aux Monuments historiques. En cours de restauration, on ne peut qu'en faire le tour extérieur. Seule la visite guidée en juillet-août et lors des Journées du patrimoine donne accès à la ravissante salle capitulaire et à l'aile méridionale avec son cellier roman du XIIe s resté intact, ainsi qu'au vaste réfectoire du XIIIe s au 1er étage.

Le musée de la Libération – fort du Roule *(plan couleur B3)* **:** *montée des Résistants. ☎ 02-33-20-14-12. Au sommet (122 m d'altitude) de la montagne du Roule ; accès par le rond-point Thémis. Mêmes horaires que le musée d'Art Thomas-Henry. Entrée : 3,80 € ; réduc ; gratuit moins de 7 ans et pour ts dim.*
Construit de 1852 à 1857 pour résister à une éventuelle attaque anglaise, le fort du Roule servit d'abord de prison (des Communards en 1871, des Allemands en 1914-1918). En 1940, le Roule fut l'un des derniers bastions de la ville à tomber aux mains de Rommel. Les Allemands renforcèrent alors considérablement la position (toute la « montagne » fut notamment repeinte en couleurs camouflage !), ce qui donna du fil à retordre aux Américains en 1944. De là-haut, la vue imprenable sur la ville et le port permet de vérifier la véracité de l'adage local : « Qui tient le Roule, tient Cherbourg. »
Le musée raconte l'étonnante épopée du port de Cherbourg lors de la Libération. Ce port, que les Allemands prirent soin d'anéantir avant leur reddition, fut pourtant réhabilité en quelques mois par les Américains, au point de devenir le premier port au monde en octobre-novembre 1944 ! Au premier niveau, des affiches, photos, cartes, objets divers et petites mises en scène évoquent la vie quotidienne pendant la période de l'Occupation, les préparatifs du Débarquement et la période de la reconstruction, tant du côté des Alliés que des Allemands. À noter, la présence d'un poste de TSF branché alternativement sur la BBC et Radio-Paris : la guerre des ondes en direct ! Le deuxième niveau est consacré au Débarquement, à la progression des troupes américaines dans le Nord-Cotentin, et rappelle le rôle crucial que joua le port de Cherbourg dans la suite des opérations à base d'archives audiovisuelles.

Le chalutier Jacques Louise, musée de la Pêche : *quai de l'Entrepôt, bassin du Commerce. ☎ 02-33-93-32-29. 📱 06-14-40-85-31. ♿ Juil-août, lun-ven 14h30-17h30 ; sam mat sur résa. Autres périodes et pour les groupes : sur résa. Env 1h. Tarif : libre (pour participer à l'entretien du bateau).* Visites libres du *Jacques Louise*, ancien chalutier hauturier (pêche au large), classé Monument historique et seul navire de ce type visitable à flot en France.

– D'autres visites pour compléter la découverte de Cherbourg et de ses environs : ne pas manquer la ***Manufacture des parapluies de Cherbourg*** • *parapluiedecherbourg.com* • (visite guidée en direct et découverte en temps réel de la fabrication d'un véritable « Cherbourg »), le ***centre d'art Éditeur – Le Point du Jour*** • *lepointdujour.eu* • premier centre d'art tourné vers la photographie (expos, éditions, formations...), et les nombreux parcs. *Rens : office de tourisme de Cherbourg-Cotentin. ☎ 02-33-93-52-02.*

CHERBOURG

À faire

➢ ***Le tour de la rade de Cherbourg :*** ceux qui ont le pied marin pourront avoir un bel aperçu de la rade en embarquant à bord du bateau *Adèle* pour une sympathique balade commentée d'environ 1h-1h15, selon le point d'embarquement. Organise aussi des sorties découverte des côtes de La Hague et d'originales sorties en mer, sous les étoiles en collaboration avec le planétarium Ludiver, *ainsi que des sorties pêche en mer ! Rens, horaires et résas : ☎ 02-33-78-19-29. 📱 06-61-14-03-32. • hagueapart.com • Tarif : 13 € ; réduc. Départ de la Cité de la mer et du pont tournant (port centre-ville), avr-sept.*

➢ ***La mer en drakkar :*** sorties à bord du *Dreknor,* réplique historique d'un des plus grands navires de guerre viking du haut Moyen Âge, copie de ceux qui abordaient les côtes de Neustrie au IXe s pour y fonder la Normandie. *Sorties en mer 15 avr-15 oct. Embarquement quai de Caligny (Cherbourg). Résa obligatoire et rens : 📱 06-85-48-04-13. • dreknor.fr •*

– ***Voile :*** pour rester côté océan (il est difficile de passer à côté, tellement la mer fait intimement partie de la culture de cette ville), signalons que Cherbourg est l'un des meilleurs camps de base pour « voileux » en Manche. Le port accueille régulièrement les grands classiques de la course au large : Course de l'Europe (open UAP), Tour de France à la voile, Solitaire Le Figaro, Tall Ships' Race (ancienne Cutty Sark)... D'excellents marins sont des enfants du pays, comme Halvard Mabire ou Thierry Lacour. La Grande Rade, parfaitement abritée de la houle du large, permet aux voiliers de petite taille de sortir dans les conditions de vent les plus difficiles. Le port de plaisance de Cherbourg (Chantereyne) accueille chaque année plus de 10 000 voiliers et bateaux (c'est le premier port français par le nombre d'escales). Si, avec ça, vous n'avez pas envie de goûter l'air du large... Les petits rusés sauront qu'en allant traîner leurs guêtres du côté de la capitainerie du port, il est toujours possible de trouver un embarquement... Chaque jour, des bateaux restent au port par manque d'équipiers (même peu qualifiés).

■ ***Base nautique Albert-Livory :*** *port Chantereyne. ☎ 02-33-94-99-00.* École de voile de Cherbourg, l'une des plus importantes de la région.

■ ***Pôle nautisme de l'office de tourisme de Cherbourg-Cotentin :*** *rue du Diablotin. ☎ 02-33-78-19-29. Entre la statue de Napoléon et la piscine.* Propose tout un éventail d'activités sportives axées autour de l'eau et du vent : parapente, *fun board,* char à voile, aviron et kayak de mer, plongée, etc. En tout, plus d'une quinzaine d'activités à pratiquer en toute liberté (stages, baptêmes, location...) pendant une heure, une journée et jusqu'à une semaine. Idéal pour tâter de ces sports à priori peu accessibles et méconnus. Organise des séjours « clés en main » avec hébergement, restauration et activités.

CHERBOURG

Manifestations

– ***Le Mois des jardins :*** *mai.* Visites guidées des parcs et jardins de la ville ; d'autant plus intéressant que le microclimat du coin permet de faire pousser des plantes exotiques.

– ***Presqu'île en fleurs :*** *ts les 2 ans (années paires), mi-mai.* Expo-vente de plantes par une quarantaine de pépiniéristes et producteurs de plantes dans le parc du château des Ravalet à Tourlaville.

– ***Festival du Livre de jeunesse et de la B.D. :*** *en juin à la Cité de la mer.*

– Très nombreuses manifestations durant toute l'année à Cherbourg et sa communauté urbaine. Citons : le ***Festival des cultures hispaniques*** *(janv),* ***le Mois de la photo*** *(mai),* ***la fête du Nautisme*** *(juin),* la ***fête des Produits de la mer et du terroir*** *(nov)* et le ***marché de Noël*** *(déc). Rens à l'office de tourisme. ☎ 02-33-93-52-02.*

DANS LES ENVIRONS DE CHERBOURG-OCTEVILLE

🏛🏛🏛 ***Le château des Ravalet :*** *50110* ***Tourlaville.*** *☎ 02-33-87-88-28. Pour s'y rendre en voiture, prendre la direction du Mesnil-au-Val ou de Saint-Pierre-Église (vers l'est) ; puis la rue des Alliés jusqu'à la rue du Château-des-Ravalet. Parc ouv tlj, tte l'année. Horaires variables ; juin-août, 8h-19h30. Pdt la saison estivale, l'intérieur du château et les communs accueillent des expos temporaires (entrée libre, tlj sf lun 14h-18h). Se renseigner pour les horaires. De mi-juin à mi-sept, sympathique café dans la tour de l'horloge, 14h-18h.*

Quel contraste de découvrir, à quelques centaines de mètres d'un ensemble de HLM sans grâce, dans un écrin de verdure romantique, ce ravissant château Renaissance construit de 1560 à 1575 par Jean II de Ravalet, seigneur de Tourlaville. Jolies fenêtres à meneaux, encadrées de pilastres corinthiens, festival de cheminées et élégantes lucarnes. Le château fut, de 1777 à 1906, propriété de la famille Tocqueville. Achetés par la Ville de Cherbourg en 1935, le château et le parc ne furent classés Monuments historiques qu'en 1995. Il était temps, car le château a beaucoup souffert des différents usages qui en furent faits (salle de réception, etc.). Le superbe parc paysager de 17 ha, labellisé « *Jardin remarquable* » et bichonné par les jardiniers nous a totalement séduits, non seulement par sa beauté, mais aussi pour la vie qui y règne, son ambiance de jardin public où les pelouses accueillent les siestes et les premiers pas des tout-petits...

La Maison du littoral et de l'environnement : *espace loisirs-tourisme de Collignon, 50110* ***Tourlaville.*** *☎ 02-33-22-22-16. • mairie-tourlaville.fr • Ouv mar-ven, sam et dim ap-m (fermé w-e en hiver). Sorties et conférences 3,50 €/pers ; réduc ; gratuit moins de 16 ans.* Cette petite structure propose toute l'année expos, conférences et sorties-nature, le tout animé par un personnel compétent et sympathique. Pour découvrir le patrimoine local, des sentiers guidés sont organisés en juillet et août. Un centre de documentation sur l'environnement est aussi à la disposition du public. Idéal pour identifier ce que vous avez rapporté dans votre « pousseux » (une épuisette pour les incultes). Documentation touristique disponible.

Le musée de La Glacerie : *village de la Verrerie, hameau Luce, 50470* ***La Glacerie.*** *☎ 02-33-20-33-33 ou 02-33-22-27-15. Avr-oct, dim et j. fériés 14h30-18h ; juil-sept, tlj sf lun, mêmes horaires. Entrée : 3,50 € ; réduc ; gratuit moins de 12 ans.* Musée d'ethnographie régionale, installé dans des bâtiments de ferme du XIXe s. Collection de coiffes normandes, bonnettes et dentelles. Expo sur les vieux métiers du Cotentin. Témoignages sur l'activité de l'ancienne Manufacture royale des glaces créée par Colbert et Louis XIV, ainsi que sur la corporation des couvreurs du passé et leur curieux outillage. Une exposition temporaire à thème y est également présentée chaque année. Nouveauté : la reconstitution d'une pièce à vivre de style normand début XIXe s.

L'église de Tollevast : *à une dizaine de km au sud de Cherbourg.* L'une des plus belles églises romanes du Cotentin. Édifiée au XIIe s. Clocher en bâtière et portail complètement usé. Détailler avec attention la remarquable frise de modillons qui court tout le long du toit, particulièrement sur l'abside (animaux fantastiques, boucs, dragons ailés). On retrouve les mêmes représentations sur les consoles supportant les ogives du chœur avec, de plus, des visages grimaçants ou truculents (l'homme aux moustaches) et des figures géométriques. Riche statuaire, dont un beau saint Sébastien du XVIe s, un saint Hubert du XVIIe s et une Vierge à l'Enfant du XVIIIe s.

Le parc et le château de Martinvast : *domaine de Beaurepaire, 50690* ***Martinvast.*** *☎ 02-33-87-20-80. ♿ À 5 km au sud de Cherbourg par la D 900. Tlj 9h-12h, 14h-18h, sf le mat des sam, dim et j. fériés. Entrée : 6 € ; réduc.* De cette forteresse normande, il ne reste que le donjon du XIe s. Le château fut superbement reconstruit au XIXe dans un style néomédiéval. Le parc fut alors transformé en parc à l'anglaise avec étangs, cascades, bois et jardins plantés d'essences exotiques telles que séquoias, cyprès chauves, tsugas, tulipiers, liquidambars, palmiers, chênes d'Amérique, araucarias... le tout sur une centaine d'hectares qui accueillent les chevaux du haras, les lamas et les oiseaux d'ornement. Un délice ! Expositions dans la galerie du château.

Les digues de Cherbourg : elles constituent la plus grande rade artificielle du monde. On peut la découvrir depuis la digue du Homet (au bout du port de plaisance), de la passe de Collignon à Tourlaville ou de la digue de Querqueville. Pour cette dernière, suivre le front de mer vers la Hague ; à Querqueville, tourner à droite vers l'école des Fourriers de la Marine et se garer au petit port de Querqueville. Bien que propriété de la Marine nationale, on peut aller à pied jusqu'au bout de la digue ouest, laquelle, mine de rien, approche les 2 km. C'est là qu'on se rend compte de l'énormité de l'ouvrage et de l'immensité de la rade. Attention aux jours de tempête : ça souffle très fort.

La chapelle Saint-Germain de Querqueville : à quelques km de Cherbourg, direction la Hague. Visites slt durant les Journées du patrimoine, ☎ 02-33-01-65-00 (mairie de Querqueville). La chapelle Saint-Germain, à côté de l'église de la paroisse, est le plus ancien édifice religieux du Cotentin, construit sur les vestiges d'un temple du XIIe s. Les amateurs apprécieront son côté très rustique et la rare et originale abside en plan tréflé. À l'intérieur, elle se révèle bien fraîche et émouvante. On y a retrouvé nombre de sarcophages, ainsi que des peintures murales qui devraient faire l'objet d'une campagne de restauration. Superbe vue sur la rade de Cherbourg.

LA PRESQU'ÎLE DE LA HAGUE

On a coutume de la comparer à une Irlande en miniature ! C'est vrai qu'elle en possède bien des traits. Au contraire du val de Saire, plat ou légèrement vallonné, la Hague est une terre déchirée, une longue échine décharnée entourée d'écueils. C'est un morceau d'Armorique évadé, Finistère le plus proche de Paris, véritable bout du monde tombant abruptement dans le raz Blanchard (le courant le plus violent de la Manche). Tiens, il faudrait presque qu'il bruine, qu'il vente. Par beau temps, à marée basse, son côté dramatique risque d'être estompé.
Est-ce cela qui incita les pouvoirs publics à décider d'y implanter la centrale nucléaire de Flamanville et l'usine de retraitement de déchets nucléaires de Beaumont-Hague (AREVA NC) ? Même si ces deux horreurs réapparaissent régulièrement (la construction du nouvel EPR de la centrale nucléaire défigurant même désormais un magnifique bout de falaise), le treillis de routes étroites qui les entourent plonge sans cesse dans les terres et les efface du paysage. Comme la mer d'ailleurs, qu'on sent plus souvent qu'on ne la voit... Vous découvrirez alors ces petites vallées riantes (comme à Omonville-la-Rogue) entaillant l'austère plateau de la Hague. En prime, des villages de cartes postales, une superbe architecture rurale à découvrir le long de sauvages sentiers des douaniers.

Adresse utile

Office de tourisme de la Hague : *45, rue Jallot, 50440 **Beaumont-Hague.** ☎ 02-33-52-74-94. • lahague-tourisme.com • Tlj sf sam ap-m et dim. Également un point-accueil à **Goury** : ☎ 02-33-04-50-26. Au bout de la presqu'île. Ouv juin-sept et pdt les petites vac scol (sf Noël).*

URVILLE-NACQUEVILLE

(50460) 2 290 hab. Carte Le Nord de la Manche, B1

Deux communes qui n'en font plus qu'une depuis le milieu des années 1960. Dès le XIXe s, elle devint la station balnéaire de prédilection des Cherbour-

geois. Si le tramway qui amenait les citadins à la plage n'existe plus, le coin a conservé un charmant petit côté « bains de mer ». Jolie plage, souvent bousculée par des vents qui font le bonheur des amateurs de nouvelles glisses. Et jolie plongée vers la mer sur la route de Gréville à Landemer. Certes touristique, mais tellement beau sous la palette du peintre Jean-François Millet.

Où dormir ?

Chambres d'hôtes La Maison Blanche : *874, rue Saint-Laurent. ☎ 02-33-03-48-79. • blanchemaison.com • À l'entrée du village à gauche, en venant de Cherbourg (D 45 ; panneau). Double 65 €. Également un gîte pour 5 pers (450 €/sem en hte saison).* Les amateurs de botanique trouveront ici une stupéfiante variété de plantes cultivées avec passion par les propriétaires, véritables références (plusieurs jardins thématiques, plus de 300 variétés d'hydrangeas et autant d'autres espèces !) sous le microclimat de Nacqueville. Noyée au milieu de cette verdure, une belle chambre à la déco contemporaine avec vue sur mer, petite terrasse et accès indépendant. Beau gîte tout aussi calme, avec terrasse également. Accueil charmant et attentionné.

Où observer les étoiles ?

Ludiver, observatoire-planétarium du cap de la Hague : *1700, rue de la Libération, 50460* ***Flottemanville-Hague-Tonneville.*** *☎ 02-33-78-13-80. • ludiver.com • Près de la route Cherbourg-Beaumont. Ouv juil-août, tlj 11h-18h30 ; hors saison, tlj sf sam (hors vac scol) 14h-18h. Fermé janv. 1-3 séances/j. de planétarium selon saison. Musée : 3,70 € ; réduc ; gratuit moins de 7 ans. Billet couplé musée + planétarium ou observation de nuit (horaires variables selon saison) : 7,50 € ; 5,50 € enfant ; pass famille 16 €.* Un complexe entièrement dédié à tout ce qui régit l'Univers : les planètes, les étoiles, le temps, la météo... Expose une des 100 photos prises par le télescope Hubble. Les férus de la chose y trouveront leur compte grâce à l'équipement haut de gamme dont est pourvu *Ludiver* (deux télescopes de 600 et 300 mm pour des séances d'observation nocturnes, un planétarium de 7 000 étoiles, une liaison directe avec MétéoSat...), les novices y découvriront avec plaisir et étonnement comètes, éclipses et soleil de minuit. Que l'on soit pro ou profane, on y apprendra, ou réapprendra peut-être, une foule de choses. Qu'est-ce que la tectonique des plaques ? Comment se forment les nuages ? Comment fonctionne le système solaire ? Originalité : séances en langue normande à certaines périodes.

GRÉVILLE-HAGUE

(50440) 730 hab. *Carte Le Nord de la Manche, A1*

Village pittoresque où naquit le peintre Jean-François Millet, plus précisément au hameau de Gruchy. Buste sur le parking de la maison natale de Millet, vestige de la statue en pied du peintre qui fut fondue par les Allemands pendant la guerre. Une nuit, deux Haguais, aux âmes de nobles protecteurs du patrimoine local, vinrent scier ce qui restait de Millet, et cachèrent les vestiges de la statue en lieu sûr... Plus récemment, d'autres passionnés réunirent suffisamment d'argent pour faire reproduire par l'artiste Louis Debré une statue complète de Millet. Ainsi, depuis 1998, une statue en bronze, identique à l'originale, trône de nouveau près de l'église.

À voir

L'église Sainte-Colombe : intéressante petite église toute trapue, du XIIe s, modifiée au XVIe. Chapelle à droite reliée au chœur par une double arcade. Voûtes d'ogives retombant sur les bustes des quatre évangélistes. Dans la chapelle de gauche, saint Michel terrassant le dragon. Juste avant, traces de fresques du XIVe s. Tout au fond, les fonts baptismaux où fut baptisé Millet, le 5 octobre 1814. À côté, Vierge à l'Enfant en calcaire.

La maison natale de Jean-François Millet : *hameau Gruchy, à 800 m du bourg (accès slt à pied ; parking obligatoire). ☎ 02-33-01-81-91. • museegreville@cg50.fr • Avr-sept et vac scol (sf Noël), tlj sf lun 14h-18h ; juil-août, 11h-18h. Entrée : 4,20 € ; réduc.*
Dans la rue principale de Gruchy, hameau en bord de mer, qui, à lui seul, mérite une balade pour ses solides demeures du XVIIIe s, comme l'indiquent la plupart des linteaux. Ce musée propose d'aborder l'univers du peintre à travers un parcours thématique : on découvre d'abord son enfance rurale, puis sa vie et son œuvre, pour finir avec ses deux plus célèbres tableaux : *L'Angélus* et *Les Glaneuses.* Sans oublier quelques superbes fusains originaux du maître « du réalisme paysan » et, dans un autre registre, les services de table, boîtes de camembert, bouteilles de vin, calendriers, reproduisant évidemment *L'Angélus* et *Les Glaneuses.* Expo thématique (croquis, dessins originaux) proposée chaque été.
La meilleure solution pour (re)découvrir Millet est de se promener dans les environs de Gruchy, avec un bouquin sur le peintre sous le bras. Au Castel Vendon, à Gréville, les paysages que peignait Millet n'ont pas tellement changé.
Sous Gruchy, en suivant le sentier littoral, on longe le *Trou Sainte-Colombe,* ancien repaire de contrebandiers, hanté par de vieilles légendes...

OMONVILLE-LA-ROGUE

(50440) 520 hab. *Carte Le Nord de la Manche, A1*

L'un des plus beaux villages de la Manche, niché dans une toute petite vallée verdoyante, bien protégée du vent. Divisé en deux parties. Un bourg à la remarquable architecture villageoise. Demeures de granit et grès aux toits de schiste, composant un ensemble particulièrement homogène. Quelques passerelles devant les maisons enjambent un ru. En contrebas, l'adorable petit port du Hâble, en eau profonde, fondé à l'époque romaine.

Où dormir dans le coin ?

Camping

Camping municipal Le Hâble : *4, route de la Hague. ☎ 02-33-52-86-15. 06-70-25-36-43. • campingomonvillelarogue@wanadoo.fr • Accès par la D 45. Ouv avr-sept. Compter 9,40 € pour 2. Douche payante.* À 100 m de la mer, des espaces gravillonnés pour les camping-cars et, ici et là, des bouts de pelouse très peu ombragés pour les tentes. Un seul bloc sanitaire, mais bien propre.

Prix moyens

Chambres d'hôtes et gîte du sémaphore Jardeheu : *pointe Jardeheu, à* **Digulleville.** *06-33-62-05-56 (Mme Carine Lajous, régisseur). • semaphorejardeheu.digulleville@west-telecom.com • digulleville.fr • (onglet tourisme-gîtes). Entre Omonville-la-Rogue (2 km) et Omonville-la-Petite, sur la D 45 ; fléché. 2 petits studios (2 pers* *avec 2 lits superposés) et 2 gîtes familles (6-7 pers). Compter 35-95 €/nuit (slt studios), puis respectivement 65-210 €/w-e et 155-725 €/sem selon le logement et la saison). Wifi.* Un site exceptionnel ! Une vue exceptionnelle ! Un calme que seul le ressac ou la tempête peuvent troubler... À la pointe Jardeheu, le sémaphore daté de 1860 et la mer à bâbord, à tribord et droit devant ! Il vaut mieux privilégier les 2 gîtes familiaux (2 chambres chacun), *Esquinandra* ou *La Gravette* pour leur situation de part et d'autre de la vigie (salle, bar... et vue imprenable à se répartir entre les gîtes). Équipement complet, mobilier simple et juste fonctionnel. Mais on vient au sémaphore pour la vue... de la terrasse et les promenades sur le GR 223.

À voir

L'église : édifiée au XIIIe s. À l'intérieur, un très rare et curieux trône d'abbé à baldaquin du XVIe s. Décoré d'une bande dessinée sculptée polychrome d'un joyeux style primitif. À côté, reliques de saints rapportées des croisades dans de petits médaillons. Cuve baptismale en pierre sculptée avec sa vénérable cloche en bois.

Le Tourp (Maison de la Hague) : *☎ 02-33-01-85-89. À 2 km d'Omonville-la-Rogue, sur la route de Gréville (D 45). Ouv tte l'année, tlj 14h-18h (10h-19h juil-août). Entrée gratuite.* Un beau manoir du XVIIe s, propriété du Conservatoire du littoral et des villages lacustres depuis 1994. Ce remarquable ensemble bien restauré accueille un espace muséographique consacré à la presqu'île. Plusieurs salles évoquent les activités traditionnelles (et les bouleversements apportés par l'implantation de l'industrie nucléaire), la géologie, la toponymie, les paysages – et ceux similaires de l'Ouest européen – avec prolongation dans un jardin du Voyageur dédié à l'hémisphère austral... Des expositions temporaires y sont régulièrement organisées (sculpture, peinture, photo), et une médiathèque propose livres et brochures sur la région.

OMONVILLE-LA-PETITE

(50440) 130 hab. *Carte Le Nord de la Manche, A1*

Très joli village divisé en hameaux aux délicieuses maisons et fermes de schiste. C'est là que résidait Alexandre Trauner, le grand décorateur de cinéma *(Les Enfants du paradis, Les Portes de la nuit...)* décédé en 1993. C'est là aussi qu'est enterré, dans le petit cimetière, son grand copain Jacques Prévert (1900-1977). Tombe simple, fleurie et poétique, ça va de soi ! À côté, sa femme Janine et sa fille Michèle.

Où dormir ?

De prix moyens à plus chic

Hôtel La Roche du Marais : *hameau Mesnil. ☎ 02-33-01-87-87. • larochedumarais@orange.fr • larochedumarais.fr • Doubles 62-92 € selon confort et vue sur jardin ou mer. Wifi. Apéritif offert sur présentation de ce guide.* Une grande maison isolée, en bord de route, entourée d'une douce campagne et d'un joli jardin. Au loin, la mer ; d'ailleurs 5 des 22 chambres ont vue sur l'anse Saint-Martin. Derrière la vieille demeure fringante, une annexe dans une maison en pierre du pays, mais datant des années 1980. Chambres de bon confort (même si certaines sont un poil sonores). Salon de thé en saison. Accueil gentil et sympa.

Hôtel La Fossardière : *hameau de*

La Fosse. ☎ 02-33-52-19-83. • lafossardiere.fr • ♿ À 500 m de la mer, accès fléché depuis la D 45, qui longe la côte ; 1,5 km vers Digulleville. Congés : de mi-nov à mi-mars. Doubles 68-81 €. Wifi. Petit déj offert la 2e nuit (consécutive), sf mai-août, sur présentation de ce guide. Au cœur d'une superbe nature, on est d'abord charmé par cet authentique et adorable petit hameau fleuri, à cheval sur le lit d'un ruisseau. Il suffit ensuite, pour se laisser définitivement séduire, de tester l'accueil chaleureux et décontracté du patron des lieux, le confort et l'extrême tranquillité des chambres (2 d'entre elles se trouvent dans une petite maison, un peu plus loin, de l'autre côté de la route), ou encore le petit déj pris dans l'ancienne boulangerie du hameau. Le tout à des prix raisonnables. Coup de cœur de calme et de tranquillité.

À voir

La maison de Jacques Prévert : *☎ 02-33-52-72-38. Avr-mai et vac scol (sf Noël), tlj 14h-18h ; juin-sept, tlj 11h-18h (19h juil-août). Entrée : 4,20 € ; réduc ; gratuit moins de 7 ans. Parking obligatoire près de l'église ; accès à pied (10 mn).* En 1970, Janine et Jacques Prévert, amoureux de la région, achètent une adorable maison dans ce petit coin de paradis qu'est Omonville-la-Petite. Couverte de lierre, respirant la modestie et l'humanité, à l'image du poète, la maison est aujourd'hui ouverte au public. Au 1er étage, on peut retrouver intacte l'atmosphère qui fut celle de la famille Prévert. Au rez-de-chaussée, des expositions tournant autour de l'œuvre de Prévert approfondissent l'une de ses multiples collaborations artistiques ou une amitié avec un peintre...

L'église Saint-Martin : avec clocher-campanile. Au-dessus du porche, *pietà* du XVIe s, encadrée de deux statues complètement usées. À l'intérieur, une seule nef d'origine romane. Transept et chapelles latérales du XVIe s. Chœur reconstruit au XVIIIe s. Fonts baptismaux en pierre sculptée avec décor végétal et traces de polychromie sur quatre pieds. Dans le transept gauche, jolie sainte Hélène en bois.

SAINT-GERMAIN-DES-VAUX

(50440) 460 hab. *Carte Le Nord de la Manche, A1*

Un bijou que cet adorable village, lové dans un écrin de verdure, où les maisons tapies au coude-à-coude dans des rues étroites sont séparées de la mer par les champs.
Avis à ceux qui dégainent leur téléphone portable plus vite que leur ombre : nos opérateurs hexagonaux n'ayant pas jugé bon de s'installer dans ce magnifique bout de monde, le réseau est... anglais ! Donc, si vous ne tenez pas à recevoir une facture qui donnerait un vilain arrière-goût à votre séjour dans cette belle contrée, éteignez la bête.

Où dormir ? Où manger ?

L'Erguillère : *Port-Racine. ☎ 02-33-52-75-31. • contact@hotel-lerguillere.com • hotel-lerguillere.com • Doubles 55-140 € selon saison, confort et vue (les plus onéreuses ont vue sur mer) ; petit déj 14 €. Internet, wifi.* Discrètement nichée en léger contrebas de la route, on passerait devant cette maison sans la voir. Ce serait dommage : ce petit hôtel (10 chambres, dont 7 avec vue sur la mer) s'impose comme une adresse de charme, où la sobre élégance, les couleurs naturelles et les beaux matériaux règnent en maître. Même sans y résider (l'adresse n'étant quand même pas à la portée de tous les budgets), faites-y une pause sucrée : l'endroit est aussi un salon de thé, où la vue vaut à elle seule tous les gâteaux de la terre (ou presque)... un vrai régal ! De plus, quand la météo est clémente, elle se dévore de la belle terrasse.

Bar-restaurant-épicerie Le Racine : *rue du Haut. ☎ 02-33-52-64-61. Fermé dim soir et lun (plus mar-jeu le soir et sam midi hors saison). Congés : 3 sem en automne et 3 sem en hiver. Résa conseillée le soir. Formule et menu 15 et 18 € midi en sem ; menu 28,50 €.* Un bistrot de village qui n'a l'air de rien (si ce n'est d'un bar-resto-épicerie, de plus en plus resto qu'épicerie !), et qui surprend d'autant plus quant à la qualité de ce qui y est servi. On recommande l'assortiment d'entrées de la maison qui comprend, entre autres bonnes choses, le saumon fumé par le chef lui-même. Sinon, c'est du costaud (jambon à l'os, terrines, mais aussi des salades), servi copieusement et avec le sourire. Terrasse couverte et colorée en été.

Le Moulin à Vent : *10, route de Port-Racine. ☎ 02-33-52-75-20. • le-moulin-a-vent.fr • Tlj en juil-août, sinon fermé mer-jeu. Congés : 15 j. en fév et 15 j. en déc. Résa recommandée. Menus 24-45 €.* La meilleure table du coin... et plus loin même, jusqu'à Cherbourg ! Une cuisine créative et inventive à base de produits du terroir, enrichie de saveurs d'ailleurs et d'originalités moléculaires. *Autour du marché* fait accéder au monde gastronomique d'Antoine Fernandes. Le menu *Autour du voyage* est étonnant ! Le menu *Autour des atomes* (très régional par son appellation...) est moléculaire et mérite la découverte (ne serait-ce que par ses « tapas de l'espace »). Belle carte des vins, service impeccable et vue sur la côte sauvage pour les meilleures tables. Excellent accueil.

À voir

Port-Racine : *sur la D 46 entre Omonville-la-Petite et Saint-Germain-des-Vaux.* Considéré comme le plus petit port de France. Un jour, un congre en a vraiment bouché l'entrée ! Il tient son nom de François Médard Racine, un solide corsaire (rien à voir donc, avec le dramaturge) qui se planquait ici avant de fondre sur les navires anglais.

Le jardin en hommage à Jacques Prévert : *Pâques-sept, tlj sf ven 14h-19h ; juil-août tlj 11h-19h. Entrée : 5 € ; réduc.* Encore « un peu de Prévert » comme le chante Kent avec cette petite vallée où la famille et ses proches aimaient passer du temps, sinon faire la fôto. Gérard Fusberti était de ceux-là. À la mort du poète, il a eu, avec Janine, sa veuve, et Yves Montand, l'idée d'aménager ici un jardin où chaque arbre serait planté par un ami de Prévert : un thuya bleu pour Arletty, un tilleul pour Doisneau, des pins pour Montand... Ces arbres ont aujourd'hui poussé, ombrageant ce jardin un peu fantaisiste, parsemé de citations de Prévert et d'œuvres d'art...

AUDERVILLE (50440) 290 hab. *Carte Le Nord de la Manche, A1*

Au bout, presque tout au bout de la presqu'île. Ravissante bourgade fleurie à l'architecture haguaise traditionnelle. Demeures d'apparence modeste, mais, à y regarder de près, constructions solides de grès et granit au style ramassé. Serrées les unes contre les autres, le long de ruelles étroites et pentues. Pour mieux se protéger des vents marins violents assommant parfois ce Finistère bis. Afin de mieux leur résister, les fenêtres sont d'ailleurs petites. L'église et certaines maisons possèdent un toit de schiste.

Où dormir ? Où manger à Auderville et dans les environs ?

De prix moyens à beaucoup plus chic

Hôtel du Cap : *63, rue de l'Église. ☎ 02-33-52-73-46. • hotelducap.net • ♿ (une chambre). Doubles 60-65 € selon saison. Wifi.* Dans le haut du bourg, dans un jardin ceint de son mur de pierre, cette maison ancienne abrite 11 chambres, toutes avec vue sur mer (sauf celle du rez-de-chaussée, équipée pour les personnes handicapées), bien nettes et confortables, à la déco très classique. Lieu de séjour idéal.

La Malle aux Épices : *dans la rue principale. ☎ 02-33-52-77-44. • lamalleauxepices@wanadoo.fr • Fermé dim soir, lun soir, mar et sam midi. Résa indispensable (et longtemps à l'avance). Menus 15,10-24 € ; assiette-découverte 19 €.* Une curiosité que cette adresse qui se présente comme un bar-tabac-presse-restaurant, comme pour mieux vous surprendre. Autour du bar, 3 salles à la déco très différente : le chef officie dans la plus grande et la plus élégante ; pour plus d'intimité, vous demanderez le coin salon avec canapés et tables basses. Si la déco vous met déjà un pied dans un autre monde, le chef achève le voyage avec sa cuisine pleine d'épices, de saveurs et d'ingrédients « exotiques » (créoles, japonais...), délaissant volontiers les viandes pour les poissons. C'est léger, fin, la curiosité et les papilles s'en trouvent tout émoustillées ! Autre grande réussite du lieu : la fréquentation très éclectique et un sacré brassage de genres et de générations.

La Buhotellerie, chambres d'hôtes : *chez Corinne Barjetas, 3-4, La Buhottelerie, 50440* ***Jobourg.*** *☎ 02-33-08-05-77. 📱 06-76-52-91-18. • labuhottelerie@orange.fr • À 1,5 km du bourg, sur la D 901 ; vers Omonville-la-Petite ; fléché. Doubles 90-110 €.* Au milieu de la verdoyante campagne, 3 belles chambres spacieuses (dont une en duplex). Le calme, le confort et la déco faite de meubles thaïlandais et balinais incitent à prolonger le voyage ! Bel accueil et surtout, opportunité pratique de transferts vers les chemins de randos et les restos.

DANS LES ENVIRONS D'AUDERVILLE

Pas de recette particulière, du camp de base d'Auderville, rayonnez alentour, à l'inspiration, le nez au vent, dans l'adorable treillis de routes entre Saint-Germain, Omonville et Jobourg. Sûr que des hameaux réussiront à vous échapper. Voici quand même une jolie balade possible.

L'office de tourisme de La Hague possède un bureau à Auderville (Goury) en été. Parcours VTT-GPS, avec prêt de GPS.

D'abord un petit tour à ***Goury,*** devant le phare et le fameux *Gros du Raz*. Ici, le Cotentin se prend pour le Kerry. Cultures et pâturages viennent lécher la mer et confient leur protection à des murets de pierre sèche couverts de mousses et de lichens. En glissant entre ces murets, pliées en deux, nos lectrices se prendront pour les sœurs Brontë. Les amoureux d'humeurs marines pourront observer, surtout au moment des grandes marées et à mi-marée, l'un des plus saisissants spectacles qui soient : les courants du ***raz Blanchard*** soulèvent souvent de véritables barrières d'écume, infranchissables pour beaucoup de bateaux. Le courant est ici l'un des plus puissants au monde (plus de 10 nœuds par cœfficient de marée de 110). Pour la plupart des marins, franchir le raz Blanchard est toujours un moment d'émotion (ici ont péri des centaines d'embarcations...). À contre-courant, c'est le plus souvent impossible (pour les voiliers en tout cas). Par tempête d'équinoxe, le spectacle est total. À Goury, il faut d'ailleurs vous souhaiter une belle tempête. Par beau temps, le paysage pourrait presque paraître trop mièvre !

Tout au bout, le phare veillant sur ces méchants courants. Dans un édifice octogonal des années 1920, l'une des stations de sauvetage les plus modernes de l'Ouest. Impressionnant bateau tournant, prêt à s'élancer sur l'une des deux rampes suivant les courants et le niveau de la mer.
En quittant Goury, prendre à droite la route minuscule qui va à *La Roche,* délicieux petit hameau à découvrir sur la pointe des pieds. Ou suivre le sentier littoral, dans le respect de ce site naturel...

Ensuite, revenu sur la sympathique D 401 (en haut du bourg, par la côte), cap plein sud pour le nez de Jobourg. Au passage, vous apprécierez l'un des plus savoureux paysages du coin : la ***baie d'Écalgrain.*** Suspendue entre nuages et vagues, la baie préside, dans son cadre éternel et romantique, à l'affrontement traditionnellement acharné de la mer et de la terre. N'hésitez pas, à Écalgrain, à faire un petit arrêt, en bas, sur l'une des plus belles plages de galets qui soient. Profitez-en pour reprendre à pied un bout du sentier des douaniers, le long des bruyères, des prairies, des massifs d'ajoncs...

➢ Et si vous avez (encore) des fourmis dans les jambes ou si vous voulez vous lancer sur les traces des contrebandiers, contactez ***Explorations Sports Environnements*** *(06-31-45-25-80, • exspen.com •). Tte l'année, sur résa indispensable, et selon horaires, variables en fonction des marées, randos pédestres et sportives. Notamment, Le Bec de l'Âne, le Creux du Mauvais Argent et les grottes de Jobourg (slt de mi-juil à mi-fév). Tarifs : plus de 18 ans 20 € (30 € si 2 participants) ; réduc.* Pour les ***grottes de Jobourg,*** la balade est sportive (comme les autres), hors des sentiers battus et réalisée uniquement avec un guide.

Puis traversée des pittoresques hameaux ***Mouchel, Sanson*** et ***Dannery,*** avant de parvenir, par la D 202, au ***nez de Jobourg.*** Avec son voisin, le nez de Voidries, il possède, à quelque 128 m, les falaises les plus hautes d'Europe continentale. Par beau temps, on voit l'île d'Aurigny. Au village de ***Jobourg,*** ne pas manquer la belle église du XIIe s avec son clocher haguais typique. Basse et trapue pour donner le moins de prise au vent. Millet disait d'elle : « On dirait que le temps s'est assis dessus. »

Beaumont-Hague et l'usine de retraitement AREVA NC : après bien des manœuvres dilatoires, on finit quand même par lui tomber dessus (D 901 incontournable par l'itinéraire sud !). Quelques mots donc du monstre, dont dépend tant l'économie haguaise. Pensez, il fournit 5 000 emplois à la région ! Créée au début des années 1960, l'usine de retraitement s'est progressivement étendue sur plusieurs centaines d'hectares. Il n'y en a que deux de ce type au monde. À partir des combustibles irradiés, on y sépare l'uranium, le plutonium, les produits de fusion et les enveloppes des matériaux nucléaires. Les déchets traités sont ensuite vitrifiés, puis stockés à grande profondeur. Les responsables de l'usine font un énorme travail de communication pour convaincre de la fiabilité totale des installations. Cela n'empêche pas un sentiment de légitime inquiétude, teinté de fatalisme chez un certain nombre de gens. Et l'installation remarquée de Greenpeace à Cherbourg. Mais hôteliers et restaurateurs bénissent cet énorme potentiel de clientèle. Quant aux habitants de la Hague, dans leur ensemble, vous en trouverez également peu pour souhaiter la disparition d'un aussi gros générateur... d'emplois.
– Possibilité d'assister (gratuitement) à la *visite buissonnière,* soit une petite conférence sur la finalité de l'usine et ses activités, suivie d'un film et d'une promenade en bus sur le site, portant sur la surveillance de l'environnement. *Avr-sept, lun-ven à 10h et 14h ; sam à 15h. Résa conseillée auprès de l'espace Information (avr-sept, sem 10h-18h, sam 13h30-18h30). ☎ 02-33-02-73-04.*
– ***ANDRA, centre de stockage des déchets radioactifs de la Manche :*** *☎ 0810-12-01-72. Juste à côté de l'usine de retraitement. Accès par la D 901, zone industrielle de Digulleville. Visite gratuite (env 2h) ; résa indispensable.* De 1969 à 1994,

527 000 m^3 de déchets radioactifs à durées de vie courte et moyenne ont été enterrés là, confinés dans des blocs de béton et d'acier, puis recouverts de plusieurs couches de matériaux divers. Cette gigantesque décharge est censée perdre sa radioactivité dans 300 ans (au moins). Qu'y a-t-il à voir ? Rien, hormis une immense pelouse de 14 ha, les installations assurant la surveillance du site, et des expositions périodiquement organisées dans le bâtiment d'accueil, et dont le sujet n'a en général pas grand-chose de commun avec ce qui dort à quelques pas, hormis l'invocation d'un vague alibi de conservation du « patrimoine industriel collectif ». Histoire de noyer le poisson ? Libre aux lecteurs d'en discuter avec les guides du centre.

LA BAIE DE VAUVILLE

Carte Le Nord de la Manche, A1-2

Après le petit moment de déprime de l'usine de la Hague, on aurait tendance à vous conseiller d'aller vous décontaminer les mirettes au contact des superbes paysages que déroule cette ample baie, de Vauville au cap de Flamanville.

VAUVILLE (50440 ; 370 hab.)

On y accède depuis Beaumont-Hague par la D 318, qui traverse une ravissante vallée. Veloutée et verdoyante, la vallée ondule en pente douce vers l'une des plus belles plages de l'Ouest et ce superbe petit village de bord de mer plus que préservé de la gangrène touristique.

Où dormir ?

Camping municipal de la Devise : *☎ 02-33-52-64-69. Au bord de la plage. Ouv de juin à mi-sept. Env 9 € pour 2.* Dans une cuvette, au milieu de nulle part, ce petit camping, entouré de sa maigre haie, se protège comme il peut du vent marin. Spartiate avec sa pelouse sans ombre, il a néanmoins des sanitaires tout à fait corrects et même une laverie et un fil à linge ! Le cadre : d'un côté, juste derrière la haie, une magnifique plage non surveillée et, de l'autre, des collines de verdure au milieu desquelles apparaît le toit du château de Vauville (et les rabat-joie ne sont pas non plus obligés de scruter l'horizon pour distinguer, sur leur droite, l'usine de retraitement de la Hague et, de l'autre, la centrale nucléaire de Flamanville !).

À voir. À faire

Le jardin botanique du château de Vauville : *☎ 02-33-10-00-00. • jardin-vauville.fr • Avr-sept, tlj 14h-18h (19h juil-août) ; oct-Toussaint, mar, ven et w-e slt 14h-18h. Entrée : 6 € ; réduc. Possibilité de visites guidées en été ; vente de plantes des pépinières du jardin. Animaux refusés.* Seul le jardin botanique se visite, pas le château. Face à la mer, ce petit bijou de végétation (pas si petit que ça : 40 000 m^2), créé par les parents des actuels propriétaires, Guillaume Pellerin et Cléophée de Turckheim, abrite aujourd'hui plus de 1 000 espèces, toujours à feuillage persistant et souvent de l'hémisphère austral. Tantôt une petite palmeraie (la plus au nord d'Europe, merci le Gulf Stream !), tantôt un délicieux et surprenant jardin d'eau, le tout ondulant paisiblement vers la mer. Amaryllis, théâtre de bambous, aloès, étonnante collection d'hydrangeas... Certains lieux (la Demi-Lune, la

Voûte bleue) ne sont accessibles qu'avec les visites guidées. Le contraste avec les landes déchirées de la Hague est saisissant. Mais comment ont-ils réussi à faire pousser tout ça ? En créant (depuis 1950) des barrières végétales protégeant les espèces exotiques comme les palmiers, des tempêtes de l'hiver. Un dépaysement à ne rater sous aucun prétexte, tant pour la beauté insolite de l'endroit que pour l'accueil chaleureux de ses propriétaires, passionnants et passionnés. On leur doit d'ailleurs d'autres réussites dans la région dont la restauration du jardin de la maison de Christian Dior à Granville.

Le prieuré de Saint-Hermel : *au nord-est de Vauville.* Perché sur la colline (superbe point de vue), cet étonnant prieuré médiéval dépendait de l'abbaye de Cerisy-la-Forêt.

Le Grand-Thot : *au sud de Vauville, on y monte par une route (D 237) parallèle à la mer.* Panorama remarquable sur la mare de Vauville, réserve naturelle. Prairies qui se déroulent en bandes étroites vers la mer. Superbes nuances de vert, ourlées de l'immense plage déserte. Paysage serein, tout à fait unique en Normandie.

BIVILLE *(50440 ; 420 hab.)*

Petit village paisible, un peu perché au-dessus d'un incroyable massif dunaire. Point de vue assez saisissant depuis le *calvaire des Dunes* (compter 45 mn à pied ; accès fléché depuis la rue longeant l'église).

À voir

Les dunes : *en contrebas du village.* L'un des plus étonnants paysages de la Manche. Stupéfiant massif dunaire, vaste (plusieurs centaines d'hectares) et désertique, borné au nord par les falaises de la Hague et au sud par le cap de Flamanville. Vision assez fascinante, surtout par une fin d'après-midi ensoleillée, lorsque les dunes prennent du relief grâce aux ombres rasantes (le point culminant du site atteint 111 m !). Tout le coin est classé réserve naturelle (et... terrain militaire). Intéressantes faune et flore (protégées). Étape ou lieu de résidence de nombreux oiseaux. Sentier balisé pour observer les quelque 30 espèces de libellules sur les 90 répertoriées en France...

L'église : *dans le village.* Elle est originellement du XIIIe s, mais fut très remaniée et agrandie au début du XXe s pour accueillir les pèlerins vouant un culte à Thomas Hélye, qui fut aumônier de Saint Louis. Son sarcophage, en marbre, repose toujours dans l'église.

LE PORT DE DIÉLETTE

Le seul où les bateaux peuvent faire relâche entre Goury et Carteret. Joli point de vue depuis la D 4 sur ce pittoresque port ancien au pied d'une falaise. Incroyable mais vrai ! Dans ce coin perdu de la Hague, une mine de fer fut exploitée (avec des à-coups) de 1855 à 1962. Encore plus incroyable mais toujours aussi véridique, les galeries de la mine étaient situées sous la mer ! Et comme il était impossible de transporter le minerai par voie ferrée, c'est par mer qu'il était évacué. L'un des seuls vestiges encore visibles de toute cette activité est le wharf de chargement, situé à plusieurs centaines de mètres de la côte, près duquel venaient s'amarrer les cargos chargés d'emporter le minerai vers les hauts-fourneaux d'Allemagne et d'Angleterre. Le minerai de Diélette était réputé pour sa très haute teneur en fer : 600 g de fer pur par bloc d'un kilo !

Où déguster et acheter cidre, calvados et pommeau ?

Chez Théo Capelle : *1, le Haut-de-la-Lande, à* ***Sotteville.*** *☎ 02-33-04-41-17. Accès depuis Diélette par la D 23 jusqu'aux Pieux, prendre ensuite la D 904 direction Cherbourg puis la D 56 vers Couville (très bien indiqué). Tlj sf dim 9h-12h30, 14h-19h.* Depuis 1981, Théo transforme les pommes de son fils et de ses beaux-frères en cidre, calvados, pommeau et autres jus de pomme. On peut visiter *(juil-août à 11h, 15h et 17h ; 2,50 €/pers, sinon sur résa)* et, notamment, assister à la distillation du calvados (quand le bouilleur est là). Une vidéo permet de saisir toute la subtilité du travail. Pour les arômes et les saveurs, reste la dégustation.

À voir. À faire

➢ Le GR 223 de la Hague fait tout le tour du cap de Flamanville depuis Diélette. Au passage, dolmen de la Pierre-au-Roy, et l'inévitable centrale nucléaire de Flamanville...

La centrale nucléaire de Flamanville : bâtie sur le site de l'ancienne carrière de granit. L'électricité produite correspond à l'équivalent de la consommation annuelle de la Bretagne et de la Basse-Normandie. Bien sûr, la centrale déclencha en son temps moult polémiques, tant du point de vue sécurité que du point de vue esthétique. Polémiques et discussions réanimées en 2005 par le projet de construction d'une nouvelle unité de production « Flamanville 3 » avec un réacteur de troisième génération de type EPR. Le projet accepté, les travaux de la nouvelle centrale ont commencé en 2007 et devraient aboutir en 2012. L'ensemble ne se visite plus pour cause de plan Vigipirate.

➢ De *Diélette* vers les îles Anglo-Normandes ***Guernesey et Aurigny,*** liaison maritime avec la compagnie *Manche-îles Express. Rens et résas : ☎ 0825-133-050. • manche-iles-express.com • À partir de 45 mn de traversée avec un navire à grande vitesse. Env 15 j./mois avr-sept. Nombreuses formules aller-retour journée, aller-retour séjour, aller simple, inter-îles, offre spéciale famille. Tarif sur la base d'un aller-retour journée à partir de 39 €.* Aurigny est desservie directement ou via Guernesey. Jours et horaires de départ variant au gré des marées.

LA CÔTE DES ISLES

BARNEVILLE-CARTERET

(50270) 2 340 hab. *Carte Le Nord de la Manche, A3*

L'une des plus anciennes stations balnéaires françaises. Elle est « divisée » en trois parties : Carteret (port pour Jersey et Guernesey et, pour l'anecdote, village d'adoption de la fameuse « Mère Denis »), Barneville (le bourg) et Barneville-plage. Le premier touriste fut, en 1820, Jules Barbey d'Aurevilly. En 1842, on notait déjà la présence de plus de 20 familles en vacances et la visite de Chateaubriand. En 1881, ouverture d'une ligne avec Jersey et, en 1889, le chemin de fer relie Paris à Carteret !

Arriver – Quitter

En car

Liaisons assurées par la compagnie des bus *Manéo (☎ 02-33-44-32-22. • mobi50.com •).*
➢ ***De/vers Cherbourg :*** 1 à 2 liaisons/j.
➢ ***De/vers Portbail, Bricquebec et Valognes :*** 4 à 5 liaisons/j.
➢ ***De/vers Coutances :*** 1 à 2 liaisons/j. (en été slt).

En bateau

➢ ***De/vers Jersey et Guernesey et Sercq via Jersey :*** avec *Manche Îles Express. ☎ 0825-131-050. • manche-iles-express.com • À partir de 45 mn de traversée. Tlj avr-sept avec un large choix d'horaires. Nombreuses formules intéressantes : aller-retour journée, aller-retour séjour, aller simple, inter-îles, offre spéciale famille... Tarif sur la base d'un aller-retour journée à partir de 39 €.* Avec les navires à grande vitesse. Jersey est à 1h de Carteret ; attention, les liaisons ne sont pas quotidiennes (contrairement à la liaison Granville-Jersey). Également une liaison avec Guernesey (là encore, moins régulière que celle Diélette-Guernesey).
➢ Les *Vedettes du Cotentin (infos et résas : 07-60-20-20-40. • vedettesducotentin.com •)*, bateaux-taxis de 12 places, assurent les mêmes liaisons. Un service rapide, sans attente à l'embarquement, et qui du coup... a un coût plus élevé : 50 € la journée à Jersey, par exemple. Embarquement (sans attente) au port de plaisance.

Adresses et infos utiles

Office de tourisme de Barneville : *10, rue des Écoles. ☎ 02-33-04-90-58. • barneville-carteret.fr • Tte l'année, tlj sf dim.* Réservations hébergement, billets pour les îles, train touristique, concerts... Renseignements randonnées et topoguides (13 balades dans les environs de Barneville-Carteret). Charmant accueil, attentionné.
■ ***Location de vélos :*** ***Le Suroît,*** *14, rue de Paris, Carteret. ☎ 02-33-53-84-93.* ***Spordemer,*** *54, av. de la Mer, Barneville-Plage. ☎ 02-33-04-69-20. 06-73-37-70-90.* ***Vérosalies,*** *Saint-Jean-de-la-Rivière (juil-début sept). 06-03-07-04-97.*
– ***Marchés :*** *sam mat, dans le bourg de Barneville, à recommander : belle ambiance. À Barneville-Plage, marché dim mat en juil-août. À Carteret, jeu mat, pl. de la Gare.*

Où dormir ? Où manger ?

Campings

Les Bosquets : *rue du Capitaine-Quenault, à Barneville-Plage. ☎ 02-33-04-73-62. • lesbosquets@orange.fr • camping-lesbosquets.com • Ouv avr-début sept. Env 18 € pour 2. Loc de mobile homes (2-5 pers) 260-525 €/sem selon saison.* À 400 m de la plage, un très beau site, vaste, espacé, et aux paysages assez variés : ici ce sont des haies qui séparent et ombragent le terrain, là des pins (notre préférence pour les emplacements côté pinède). Bien équipé et jolie piscine. S'ils ne bénéficient pas de l'endroit le plus agréable du camping, les mobile homes sont relativement espacés avec, pour chacun, un agréable bout de pelouse et une table de pique-nique.
Camping Le Bocage : *rue du Bocage, à Carteret. ☎ 02-33-53-86-91. Fax : 02-33-04-35-98. Pas loin du port et à 1 km de la plage. Ouv avr-sept. Forfait 22,80 € pour 2.* Tranquille, bien entretenu, propre, plat et herbeux, avec quelques jolis arbres qui embellissent le site, derrière la petite chapelle Saint-Louis. Bon confort de base, mais pour ce prix... on pourrait attendre une piscine ou des petits plus qui n'y sont pas. Pour ceux qui estiment que le calme vaut son pesant d'or.

De bon marché à prix moyens

Chambres d'hôtes La Tourelle : *chez Gérard Lebourgeois, 5, rue du Pic-Mallet, à Barneville-Bourg. ☎ 02-33-04-90-22. Dans le bourg de Barneville, derrière l'église. Doubles 52-59 € ; fami-*

liales 70-80 €. Parking. Une jolie petite maison de pierre du XVIe s avec tout le charme de l'ancien : des parquets qui craquent, des meubles qui doivent bien être de famille. Une poignée de chambres adorables, dont une ouverte sur le jardin et un propriétaire aux petits soins : il prépare d'odorantes confitures avec les fruits du jardin, des crêpes, met de la dentelle sous les tasses... Une bonne adresse.

Hôtel Jersey : *4, rue de la Sablière, à Barneville-Plage. ☎ 02-33-04-91-23. • jersey.hotel@wanadoo.fr • ♿ Tte l'année. Doubles 40-45 € avec douche ou bains (et TV pour les plus chères). Parking.* Pas de vue sur la mer, mais des nuits vraiment paisibles dans ce petit immeuble des années 1950, situé dans une rue très calme. Chambres pas immenses, mais pimpantes avec leurs murs blancs et dessus-de-lit colorés. Ambiance familiale et un accueil très agréable.

Hôtel-gîte d'étape Le Relais de la Gerfleur : *106, av. de la République. ☎ 02-33-04-61-31. Fax : 02-33-04-08-45. Entre Barneville-Bourg et Carteret. Ouv tlj 15 mars-10 oct. Double dans le gîte d'étape 40 € (sanitaires à l'extérieur), dans l'hôtel et avec sdb 50 € ; 15 €/pers en gîte ; 7 € le petit déj. Parking.* Pas super bien situé (à un rond-point), mais il y a un double vitrage aux fenêtres des chambres (simples) de ce petit hôtel familial. Sur l'arrière, de part et d'autre d'une courette, des dortoirs au confort sommaire (douche dans la cour), ainsi que quelques doubles ou triples. Pour les randonneurs, les vrais.

La Cale Marine (La Kalakiki) : *promenade Abbé-Lebouteiller, à Carteret. ☎ 02-33-53-82-50. ♿ Sur le quai devant le port de pêche. Tlj sf mar soir et mer hors saison. Fermé nov-janv. Formule 11 € sf j. fériés, w-e et juil-août ; repas env 15 €.* On patiente au bar en attendant qu'une table se libère (on ne réserve pas), et on mange ce pour quoi tous les autres clients sont là : de délicieuses moules-frites, ultra-copieuses de surcroît. Décor tout en bois, comme dans la cale d'un bateau d'autrefois, chaude ambiance du comptoir qui ne tarde pas à déborder sur la salle. Pour les grincheux et les allergiques aux moules-frites, il y a aussi quelques alternatives (grillades...).

Hôtel de Paris : *8, pl. de l'Église, Barneville-Carteret (bourg). ☎ 02-33-93-17-60. • hpb8@orange.fr • Hôtel ouv tte l'année, tlj en saison ; resto fermé dim soir et lun hors saison. Congés : non fixés (se renseigner). Doubles 53-59 €. Formule déj 12,50 € tlj sf dim ; menus 17,50-33 €. Wifi. Parking privé gratuit.* Concept jeune au bar. Coup de jeune... et d'audace sur la cuisine d'un chef qui joue sur les saveurs, les associations et les textures ! Coup de jeune sur l'hôtel avec des chambres modernes confortables (celles de l'annexe moins bien insonorisées, comme certaines qui donnent sur la place). En préférer une dont la vue se perd vers la campagne, comme la 2e salle de resto ! Belle adresse, prix gentils et accueil « sympassionné ».

Hôtel Le Cap : *16, promenade Abbé-Lebouteiller, à Carteret (port, près de la gare maritime). ☎ 02-33-53-85-89. • hôtel-le-cap@wanadoo.fr • hôtel-le-cap.fr • Tte l'année. Congés : dernière sem de déc. Doubles 52-78 €. Menus 18,30 € (sf w-e et j. fériés)-37 €. Internet.* Des chambres d'excellent confort, certaines avec vue sur le chenal et la mer (préférer quand même le 2e étage), d'autres pas ! Une excellente table réputée basée sur les produits ultra-frais de la mer et du marché ! Spécialité : l'incontournable (dans tous les sens) plateau de fruits de mer et le homard grillé au feu de bois. Belle terrasse au soleil, alternative à la salle à manger classique et cossue (ne regardez pas la façade), avec ses banquettes et ses petits salons. Excellent accueil. Service prévenant, sympa et pas encombrant.

De plus chic à beaucoup plus chic

Hôtel des Isles : *9, bd Maritime, à Barneville-Plage. ☎ 02-33-04-90-76. • hotel-des-isles@wanadoo.fr • hoteldesisles.com • Congés : entre mi-fév et mi-mars. Doubles 99-130 € selon saison ; familiales 139-170 €. Menu-buffet de hors-d'œuvre 17 € le midi en sem ; autres menus 26 et 31 €. Wifi.* Une grande bâtisse grise joliment posée le long de la promenade du front de mer. Dans les étages de cette charmante adresse, les petites chambres douillettes ont un joli côté balnéaire : du blanc et bleu pour les couleurs, une armoire blanche qui évoque la cabine de bains ; c'est frais, beau, reposant. Certaines ont vue sur la mer, et les plus chanceux jouiront même d'une belle terrasse. Piscine extérieure chauffée. Au rez-de-chaussée, le sympathique bar-bistrot à la déco classe et tendance, où vous pourrez grignoter un bout, et le resto, plus classique, où sont servies les inévitables spécialités de poisson et fruits de mer. Accueil adorable.

Hôtel des Ormes : *quai Barbey-d'Aurevilly, à Carteret. ☎ 02-33-52-23-50. • hoteldesormes@wanadoo.fr • hoteldesormes.fr • ♿ Congés : janv. Doubles 125-175 € selon saison. Apéritif offert sur présentation de ce guide.* Dans une belle maison du XIXe s restaurée, face au port de plaisance, un hôtel des plus agréable, à l'atmosphère cosy. Certaines chambres sont petites mais très joliment décorées, et l'accueil est charmant. Les chambres dans l'annexe *Le Rivage* (une ravissante maisonnette) sont particulièrement belles et spacieuses. Le jardin et le petit salon-bar très agréable ont achevé de nous séduire. Fait aussi resto.

Hôtel de la Marine : *11, rue de Paris, à Carteret. ☎ 02-33-53-83-31. • infos@hotelmarine.com • hotelmarine.com • ♿ Sur le port de Carteret. Resto ouv tlj en juil-août ; fermé lun midi et jeu midi Pâques-juin et sept ; fermé dim. Congés (resto) : du 11 nov à mi-mars. Doubles 50-99 € selon saison, vue et type de chambre ; petit déj 15 €. Menus 39 € (sf sam soir et j. fériés) et 50-90 €. Wifi. Apéritif offert sur présentation de ce guide.* La grande bâtisse blanche domine le port et sa vocation maritime se retrouve dans les couloirs évoquant les coursives d'un bateau. On vous rassure, la taille des chambres et leur déco n'ont rien de celles d'une cabine. Ces élégantes au design frais sont en tout point confortables. Les moins chères ont vue sur la rue, les autres sur le port. En grimpant encore dans les prix, vous ajouterez quelques mètres carrés et de magnifiques terrasses. Bref, une adresse chic, tenue de main de maître, l'ambiance n'y est peut-être pas à la franche rigolade, mais vous y serez traité comme un roi. À table aussi d'ailleurs. Outre quelques classiques de cette ancienne maison familiale (1876), une cuisine d'aujourd'hui qui jongle avec terroir, mer, épices et saveurs d'ailleurs... Salles à manger « transatlantiques » élégantes et modernes ouvertes largement sur la mer pour un moment d'exception... qui nécessite d'alléger un peu son portefeuille !

Où manger dans les environs ?

Le Clos Rubier : *10, hameau Gaillard, 50270* ***Saint-Jean-de-la-Rivière.*** *☎ 02-33-04-98-10. • leclosrubier@orange.fr • ♿ À 2 km au sud-est de Barneville. Tlj sf mar et mer. Menus 13,50 € (midi lun-sam)-34 €.* Belle auberge de campagne, avec sa façade dévorée par la vigne vierge et son jardin fleuri. Salle rustique, avec une cheminée immense devant laquelle officie le patron. Vous êtes au royaume de la grillade conviviale. Tout le monde profite du spectacle des coquelets ou du bon gigot d'agneau en train de tourner sur leur broche. Pour les pressés : n'oubliez pas que si vous demandez une pintade rôtie, il faut laisser au feu le temps de la saisir... Alors prenez vos aises, et admirez l'art du patron dans le maniement des braises.

À voir. À faire

L'église de Barneville : construite au XIIe s. Clocher fortifié. Belle frise de modillons tout autour. Dans la nef, intéressantes arches sculptées (motifs carrés ou en chevron). Beaux chapiteaux ciselés. Entre autres, côté chaire, le pittoresque décor végétal, les entrelacs, les divers personnages, monstres, animaux, ainsi que quelques chapiteaux historiés.

Les plages : celle de *Barneville* est relativement peu urbanisée, avec des villas et hôtels de taille et hauteur très mesurées. Longue plage, familiale et très fréquentée en saison (mais il y a de la place pour tout le monde). Petite plage à *Carteret*, également, au pied d'une falaise. De Carteret, les amateurs d'espaces plus sauvages emprunteront le sentier des douaniers pour, au-delà du cap de Carteret, gagner l'immense et presque désolée *plage de la Vieille-Église.* Attention, la baignade peut s'y avérer très dangereuse (courants traîtres...).

De bien belles balades

➢ ***Circuit du cap de Carteret :*** *départ du port de plaisance (pour effectuer une boucle) ou pour allonger, de l'église de Barneville (bourg). Balisage jaune – 10 km pour l'ensemble – compter 3h.* Port de plaisance, port de pêche, corniche (vue sur Jersey et plage de Barneville) et sentier des douaniers, « anciennes batteries des 24 » au passage (les boulets pesaient 24 livres). Ensuite traversée des dunes d'Hatainville (respecter les fermetures de portillons) et du village... Belle sortie vivifiante !

➢ ***Le train de la Côte des Isles :*** *en juil-août, dim à 15h. Trains à thème tt au long de l'année ! L'été, on peut aussi se rendre au marché de Port-Bail en partant de Carteret (mar à 10h) ou aller au marché de Carteret (jeu à 10h) en partant de Port-Bail (voyage aller-retour ; tarif adulte 8 €). Rens et résas aux offices de tourisme concernés ou au Clos Saint-Jean, 50270* ***Saint-Jean-de-la-Rivière.*** *☎ 02-33-04-70-08.* Les nostalgiques des petits trains de campagne monteront à bord de ce petit train des années 1930, sympathique tortillard qui relie Carteret à Port-Bail.

Balades en mer

À bord de la goélette Neire Maôve : *📱 06-74-03-13-38 ou ☎ 02-99-40-48-72 (en cas d'absence). Balade à la ½ journée, à la journée ou minicroisière sur 2 j., à partir de 40 €/pers la ½ journée.* Reconstruit à l'identique, *La Mouette noire,* cet ancien bateau de pêche de Carteret et des îles Anglo-Normandes, propose excursions et minicroisières autour des îles Anglo-Normandes. En été, avec un peu de chance, on peut même apercevoir des dauphins...

À bord du Long John Silver : ceux qui préfèrent écumer la côte ouest du Cotentin ou la côte sud anglaise sur un bateau beaucoup plus moderne pourront poser leur sac à bord du voilier de Jean Guérin, qui propose des sorties à la journée, de 2 jours ou à la semaine. *Rens et résas : ☎ 02-33-04-71-51. 📱 06-12-26-95-11.*
– ***Aviron de mer :*** *promenade Abbé-Lebouteiller, à Carteret (devant le port de pêche). ☎ 02-33-93-13-97.* Pour les gros bras, les nostalgiques de l'époque des baleinières, ou simplement ceux qui veulent essayer l'aviron, un sympathique petit club. Stages à la semaine ou locations pour quelques heures de skiffs, doris ou doubles.

– ***École de voile de Barneville-Carteret :*** *rue de Paris. ☎ 02-33-04-83-54.* De mai à septembre, stages d'initiation ou de perfectionnement sur Optimist, dériveurs, catamarans et planches à voile.

Manifestations

– ***Festival du cerf-volant :*** *dernier w-e de juil.* Visions hautes (et parfois très hautes) en couleurs sur la plage de Barneville. Et pas que pour les petits.
– ***Course à l'aviron Jersey-Carteret :*** *juil (se renseigner à l'office de tourisme).* Une traversée de 28 km (sans compter la dérive) qui se termine en apothéose au port de Carteret. Impressionnant.

– ***Salon des antiquaires et métiers de l'art :*** *fin juil-début août, à Barneville-Carteret.* Expo-vente, par des antiquaires et artisans locaux et régionaux.
– ***Festival de la mer :*** *début août. Sur le port de Carteret.* Une fête qui célèbre les marins décédés en mer, avec messe, repas et animations sur le thème du nautisme.

PORT-BAIL

(50580) 1 715 hab. *Carte Le Nord de la Manche, A-B3*

Chantée par Souchon, une gentille bourgade qui s'étire agréablement le long d'un petit estuaire, dont la forme semble adresser un sourire aux oiseaux et au ciel. Pas mal de charme, donc. Petit port de plaisance et deux plages de sable en bord de mer reliés au bourg par un pont de 1860.

Adresse utile

ℹ @ ***Office de tourisme :*** *26, rue Philippe-Lebel.* ☎ *02-33-04-03-07.* • *portbail.fr* • ♿ *Juil-août, tlj sf dim ap-m. Hors saison, mar-sam.* Dynamique et accueillant. Organise de nombreuses animations et manifestations toute l'année (demander le programme). Initiation à la pêche à pied, visites guidées (église et baptistère), ventes de billets pour les îles... À signaler : wifi gratuit sur la place.

Où dormir ? Où manger ?

De bon marché à prix moyens

Chambres d'hôtes La Roque de Gouey : *chez Bernadette Vasselin, 16, rue Gilles-Poërier.* ☎ *02-33-04-80-27.* • *vasselin.portbail@orange.fr* • *En arrivant par la D 650, prendre à droite juste avt le supermarché* Casino, *puis à droite face au bar. Double 50 € avec sdb. Apéritif maison offert sur présentation de ce guide.* Une grande longère en pierre, bien retapée, tranquille derrière sa cour fermée ; d'autant plus tranquille que les chambres, simples, mais joliment et soigneusement décorées, donnent sur un jardin qui ressemble déjà à la campagne. Accueil charmant. Une adresse vraiment de qualité.

Chambres d'hôtes Les Courlis : *chez Sandrine et Jean-Marc Gaultier, 27, rue Lechevalier.* ☎ *02-33-04-14-42.* • *gaultier.jeanmarc@neuf.fr* • *À la sortie du bourg, direction Barneville, 400 m après l'église. Doubles 40-45 € ; suite 60 €. Réduc de 10 % sur présentation de ce guide.* Dans une charmante petite maison du début du XXe s, des chambres au style rétro, spacieuses et confortables. La plus chère possède une jolie vue sur le havre. Les autres profiteront de la vue depuis le jardin ou la véranda où est servi le petit déj. Ambiance familiale.

Aux 13 Arches : *9, pl. Castel.* ☎ *02-33-04-87-90.* • *laprodhomme@orange.fr* • *13arches.com* • *Dans le centre, juste avt le pont. Juil-août, tlj ; le reste de l'année, fermé lun. Chambres 58 €/j. en sem, 75 € le w-e en basse saison ; 125 €/j. en sem ou le w-e en hte saison. Formule déj 13,50 € en sem (sf juil-août) ; menus 22-35 €. Digestif maison offert sur présentation de ce guide.* Des moules, des salades, des poissons ou des viandes, tout le monde trouve son bonheur aux *13 Arches.* Vous ne viendrez pas ici pour manger des frites ou de la chantilly maison, mais l'endroit est familial, le service sympathique, l'assiette généreuse et tout à fait honnête. Pour ne rien gâcher, le cadre (2 salles : l'une en rez-de-chaussée, au bar, et l'autre à l'étage) est très plaisant. Que dire de la terrasse en bord de havre ! Ne partez pas sans profiter du joli tableau des toilettes... Également 4 chambres-appartements avec cuisine, vraiment superbes. Une double au-dessus du resto et 3 petits appartements (2-4 personnes) très bien arrangés dans une jolie bâtisse à part avec une délicieuse terrasse commune verte et fleurie. Location de vélos à assistance électrique.

Où dormir dans les environs ?

La Chantalière : *chez Otello et Deana Pedrini, route de Port-Bail, hameau Lucas, 50580* ***Fierville-les-Mines.*** *☎ 02-33-03-05-74. • otello.pedrini@club-internet.fr • lachantaliere.eu • Le hameau se trouve sur la D 50 entre Bricquebec et Port-Bail, 1,2 km après le village de Fierville quand on vient de Bricquebec. Double 49 €. Sur résa, table d'hôtes partagée en famille 21 €, vin et café compris. Réduc de 10 % sur le prix de la chambre sept-mars sur présentation de ce guide.* Au cœur d'un hameau (et en bord de route, calme), ensemble de bâtiments dont une ancienne ferme et une demeure principale qui date du XXe s. 4 chambres agréables et colorées avec sanitaires privés. Une au rez-de-chaussée (notre préférée avec son mur en pierre apparente), 2 au 1er étage, la dernière (mansardée mais superbe) au 2nd. Cuisine excellente (et réputée) où les spécialités italiennes et les poissons sont à l'honneur. La passion d'Otello : son jardin. Vous y découvrirez des essences du monde entier, dont certaines très rares. La maison est un peu en bord de route, mais le trafic est pratiquement inexistant la nuit. Accueil chaleureux teinté par l'accent italien du maître des lieux.

À voir. À faire

L'église Notre-Dame : Superbement située en bord du havre. D'une belle sobriété, significative des premiers frémissements de l'art roman. Son emplacement à l'entrée du havre explique probablement son côté fortifié. À l'intérieur, voûte normande en bois et chapiteaux sculptés du XIIe s, de style primitif. Dans le chœur, animaux, bête en dévorant une autre, feuillages et entrelacs. Dans le transept droit, les évangélistes. Désaffectée, l'église accueille de mars à septembre des expositions et des concerts.

Le baptistère gallo-romain : *à deux pas de l'église, derrière la mairie. En juil-août, visite guidée combinée église-baptistère mar-sam 10h30-11h30, 15h30-18h30 ; dim et j. fériés ap-m slt. Tarif : 2 € ; gratuit moins de 18 ans.* En dehors des horaires d'ouverture, on peut voir ces vestiges à travers les grilles du petit bâtiment moderne qui les protège (normalement, une lumière se déclenche quand vous approchez). Un baptistère à piscine, de forme hexagonale, très ancien (VIe s). Probablement le seul connu en France.

– ***Char à voile :*** *école du Vent en Côte des Isles. ☎ 02-33-10-10-96.* Location, baptêmes, stages d'une semaine. Pour ceux qui rêvent depuis toujours de goûter aux sports de vent mais qui ne savent pas nager, voilà un sport qui décoiffe et qui demande un minimum de technique. L'école propose également d'autres activités telles que catamaran, planche à voile, kayak de mer, etc.

Une belle balade

Les dunes de Lindbergh et la mer : *env 8 km (notamment sur le GR 223). Demander un plan à l'office de tourisme.* Du centre-ville aux dunes de Lindbergh, de l'autre côté du havre, avec traversée par la passerelle submersible. Très belle balade, parfois venteuse ! Mais le brushing en vaut la chandelle !

Fêtes et manifestations

– ***Grande fête de la Terre :*** *1er dim août.* Démonstration de battage à l'ancienne, expo de vieux matériel agricole, repas paysans...

– **Fête du port :** *le 15 août.* Animations sur le port : sauvetage, groupes folkloriques et musicaux, bateaux décorés... sur le thème de la mer !
– **Foire aux livres et cartes postales :** *tte l'année, le 4e sam du mois (se renseigner à l'office de tourisme).*

DANS LES ENVIRONS DE PORT-BAIL

Canville-la-Rocque : *à deux pas de la D 903 et de la D 15.* Dans ce petit village avec son pressoir à pommes, allez admirer les pittoresques *fresques* de l'église, découvertes en 1983 seulement. Datant de la première moitié du XVIe s, l'une d'elles illustre l'histoire du *pendu dépendu,* légende célèbre qui avait cours à la même époque dans de nombreux pays européens, comme à Santo Domingo de la Calzada en Espagne. Elle met en scène un jeune pèlerin de Saint-Jacques-de-Compostelle, injustement accusé de vol, condamné à mort et exécuté par pendaison. Son père, convaincu de son innocence, provoqua un miracle (un poulet en train de rôtir redevint un coq triomphant et emplumé) ainsi que le retour à la vie de son fils. La légende dut être véhiculée par les nombreux pèlerins de Saint-Jacques. À signaler que Canville se trouvait sur la portion Barfleur – Mont-Saint-Michel du pèlerinage (qui rejoignait ensuite Tours). Dans l'église, également de belles statues et pierres tombales anciennes (marquées 1621 et 1629). Église ouverte 9h-12h, 14h-17h (panneaux explicatifs pour la visite).
En sortant, ne pas dédaigner le petit magasin *Le Petit Chiffon* (papiers et textiles de décoration). Tenu par une passionnée, il fait partie intégrante de la vie du village *(ouv mar-sam).*

Le moulin à vent du Cotentin : *La Lande, à* ***Fierville-les-Mines.*** *☎ 02-33-53-38-04. • cotedesisles.com • (rubrique tourisme/moulin). Juil-août, tlj 11h-12h30, 13h30-19h ; mai-juin et sept, tlj sf lun 14h-19h (18h en sept) ; le reste de l'année, se renseigner. Entrée : 4 € ; 12-25 ans 3 € ; enfants 6-11 ans 1,50 €. Visite commentée 30-40 mn. En été, animations et stages pour les petits. Boutique des produits du terroir et vente de farines diverses.*
Sur une butte située à 120 m d'altitude, se dresse fièrement un superbe moulin-tour datant de 1744, restauré et réhabilité en 1997. À l'intérieur du moulin, toute la machinerie a été reconstituée, et les explications claires du guide permettent de comprendre son fonctionnement. Petit plus : on peut repartir avec son sac de farine (de sarrasin, d'épeautre ou de blé) moyennant quelques euros. Sortez les crêpières !
Une construction récente, regroupant boutique, salle de séminaire et salle pédagogique, accueille un espace muséographique consacré à l'histoire des moulins.

ATTENTION, MOULIN MALIN !

Conçu comme un voilier, le moulin à vent du Cotentin avec toit pivotant à 360° peut prendre le vent d'où qu'il vienne. Et grâce au système d'ailes articulées en bois (un système inventé en 1848 par Berton), le meunier peut réduire ou augmenter la surface des ailes en fonction de la puissance du vent.

Auberge du Moulin : *sur le site. ☎ 02-33-93-05-05. • aubergedumoulin@9business.fr • Ouv midi et soir mer-dim en saison ; midi slt mer-dim et ven soir, sam soir hors saison. Menus 18,50-30 €.* Ferme au toit de chaume, superbement restaurée, proposant des plats normands de bonne facture. Également des galettes, crêpes et produits du terroir à la carte.

LE PAYS DE COUTANCES

Au centre de la Manche, une région bien séduisante. Le rouleau compresseur du remembrement n'a pas réussi à détruire l'un des plus délicieux bocages de l'Hexagone, et peut-être l'un des plus variés. Ainsi se termine-t-il parfois le nez dans l'océan, comme à Regnéville, où les moutons paissent dans des prés plus que salés. Vers Cerisy-la-Salle et La Baleine, les rivières Soulles et Sienne l'entaillent profondément et lui donnent presque l'aspect de vallée. Région essentiellement rurale donc, propice aux longues errances bucoliques à travers un adorable treillis de petites routes balisées de manoirs de poche, châteaux, charmantes églises et abbayes. Au milieu émergent les « flèches vers Dieu » de Coutances, petite capitale de l'un de nos coins préférés de la Manche...

LE BORD DE MER DU PAYS DE COUTANCES

De Port-Bail à Granville s'étend une immense et superbe plage de sable fin ourlée d'un cordon de dunes, interrompue de temps à autre par des « havres », sortes de petits ports naturels creusés par le lit paisible d'une rivière cherchant à prendre l'air du large. De belles balades en perspective, longeant la mer, et notamment le fameux GR 223 qui traverse ici une lande odorante, là une forêt (comme à Pirou), ou ailleurs cet étonnant bocage à haies de tamaris. Noter que ce superbe paysage de plages et de dunes est très peu abîmé par les constructions balnéaires inopportunes. Deux raisons à cela : une côte dunaire très fragile, instable et difficilement constructible, mais surtout un étonnant travail de préservation et de rachat des terrains côtiers pouvant faire l'objet de spéculation immobilière, œuvre du Conservatoire du littoral, particulièrement actif dans cette région.

PIROU (50770) 1 340 hab. *Carte Le Nord de la Manche, B4*

Sympathique ministation balnéaire dotée d'une immense plage (longue de 6 km) et d'un étonnant château.
À *Pirou-Plage,* joli spectacle des bateaux de pêche, au mouillage devant l'estran, ou tentant de rejoindre l'eau à marée basse, tirés par des tracteurs. Une bonne partie de ces embarcations sont des « bulotiers », bien que l'on pêche aussi une jolie palette de fruits de mer : étrilles, tourteaux, araignées, homards, seiches...

Adresse utile

ℹ ***Office de tourisme :*** *4, pl. des Bocagers. ☎ 02-33-46-30-47. Ouv le w-e hors saison et tlj juil-août.*

Où dormir ? Où manger ?

Campings

⛺ ***Camping à la ferme :*** *1, La Morinière. ☎ 02-33-07-87-15. • marie.mas* *su@wanadoo.fr • ♿ Indiqué de la D 650, entre Pirou et Agon-Coutainville. Ouv d'avr à mi-sept. Tarif : 12 € pour 2. CB refusées.* Petit camping (25 emplacements seulement, mais de belles tailles et bien ombragés) fréquenté par une clientèle fidèle, bien éloigné de la route et à 800 m de la mer à travers champs et dunes. Terrain herbu et bien arboré à côté de la ferme. Sanitaires impeccables. Possibilité d'acheter lait, œufs et cidre bouché. Bon accueil.

Camping Le Clos Marin : *☎ 02-33-46-30-36. • le-clos-marin.pirou@wanadoo.fr • Ouv avr-fin oct. Compter 13,60 € pour 2. Quelques mobile homes (260-480 €/sem selon saison).* Juste à côté de la plage (accès direct), un grand terrain tout simple (un peu saturé en saison), aux pelouses qui ondulent légèrement. En revanche, plantez bien vos sardines car le vent souffle généreusement sur ce lieu peu abrité et préparez votre crème solaire (ou un parapluie bien costaud !), car à l'exception d'un petit espace sous les arbres, l'ombre y est très rare. Des sanitaires bien tenus, avec laverie. Piscine.

De prix moyens à plus chic

Restaurant de la Mer : *2, av. Fernand-Desplanques, Pirou-Plage. ☎ 02-33-46-43-36. Devant la plage, face à la mer. Fermé le soir dim, lun, mar et jeu hors saison, ainsi que mer tte l'année. Congés : 23 déc-fin janv. Formule déj 19,90 € midi en sem ; menus 30-41 €.* Excellentes spécialités de fruits de mer. Cuisine de qualité et produits frais, mais service parfois longuet.

La Marée : *11, av. Fernand-Desplanques, Pirou-Plage. ☎ 02-33-46-40-44. • lamaree2@orange.fr • Dans la rue principale qui mène à la plage. Juil-août, tlj ; hors saison, fermé lun et le soir (sf ven et sam). Congés : déc-janv. Menu moules ou steak avec frites env 13 €.* Accueil sympa, ambiance bonne franquette. Beaucoup de cuissons au feu de bois, de fruits de mer et de poisson.

Où dormir ? Où manger dans les environs ?

Plus chic

La Ferme des Mares : *26, rue des Mares, 50430* ***Saint-Germain-sur-Ay*** *(bourg). ☎ 02-33-17-01-02. • la-ferme-des-mares.com • ♿ À 8 km au nord de Pirou, par la D 72. Tlj sf mer plus dim en été. Congés : début janv-début fév, 19-23 juin et 1 sem à Noël. Doubles 66-115 € selon confort, taille et saison. Menus 24-42 € ; compter 40-45 € à la carte. Wifi. Réduc de 10 % sur le prix de la chambre sf juin-sept sur présentation de ce guide.* Cette adresse, ouverte en début de saison 2010, possède les atouts pour devenir une des plus belles références régionales. Le cadre d'une ancienne ferme (cercle équestre), le calme, le confort spacieux et moderne de chambres coquettes aux touches design. Les aménagements se poursuivent (notamment la cour) mais la table suit le chemin qui mène aux mares : qualité et fraîcheur pour se hisser au niveau du cadre, élégant et classique. Idéal pour des soirées cocooning au retour de belles balades. Et pour profiter de l'accueil charmant.

À voir

Le château de Pirou : *bien indiqué. ☎ 02-33-46-34-71. • chateau-pirou.org • ♿ (sf chemin de ronde et intérieur du vieux logis). Ouv 10h-12h, 14h-18h30 (17h oct-mars). Fermé mar. Congés : 1re quinzaine d'oct, entre 16 nov et vac de Noël, le 25 déc et de janv à mi-mars. Entrée : 5 € ; réduc ; gratuit moins de 7 ans. Visites guidées.*

Construit au XIIe s (à l'emplacement d'un camp viking, paraît-il), un adorable petit château sur une île au milieu d'un étang. Couvert de lierre, transformé en bâtiment agricole, il fut tout à fait oublié jusqu'à il y a 40 ans. Il s'agit d'une des très rares forteresses médiévales encore visibles en Manche. Elle fut prise en 1370 par les Anglo-Navarrais, et occupée par les Anglais de 1418 à 1449.

Étonnante bâtisse : on passe d'abord trois portes fortifiées (il y en eut cinq par le passé), puis on le découvre effectivement tout petit, râblé, bien proportionné. On distingue encore les deux rainures du pont-levis. Une des tours possède une forme originale (supportée en partie par une trompe). À l'intérieur, à droite, le vieux logis datant d'Henri IV ; à gauche, le logis neuf du début du XVIIIe s. Beau corps de bâtiment avec lucarnes ouvragées. Devant, puits vénérable. Salles avec hautes cheminées à tablier de granit ou cheminées géantes. Escalier à vis. Dallage très ancien. De juillet à septembre, expo d'une tapisserie inspirée par celle de Bayeux. Elle raconte l'épopée des Tancrède en Sicile (rappelons que cette famille plutôt gonflée qui régna sur la Sicile, les Tancrède de Hauteville, était originaire de Hauteville-la-Guichard, au cœur du parc naturel régional des Marais – voir beaucoup plus haut, sous le titre « Le Cotentin »).
En face de l'entrée du château, les longs bâtiments des communs à l'appareillage de pierre serré. On y trouve la boulangerie, le pressoir, la chapelle, la salle des plaids et, en retour d'équerre, la charreterie avec trois belles arches.

À faire

– ***Avis aux amateurs de pêche :*** Pirou possède des eaux qui permettent de pratiquer des types de pêche plus que variés : le *surf casting,* à l'entrée des estuaires, tous types de pêche en bateau... Bars, plies, soles, mulets... Pour les mordus s'est créé à Pirou un centre de pêche sportive, qui propose des stages à la journée, à la semaine... (spécialité : la pêche au bar et au lancer). *Rens : Bertrand Gaujé, 27, Les Miellettes, 50770* ***Pirou.*** *☎ 02-33-47-99-43.*

AGON-COUTAINVILLE

(50230) 2 810 hab. *Carte Le Sud de la Manche, B1*

Créée sous Napoléon III, la plus ancienne station balnéaire de la Manche et LA plage des Coutançais. Villas XIXe s, maisons années 1950, du genre « Sam'suffit » ou comme dans *Mon oncle,* s'alignent familièrement le long d'une dune surplombant la plage de Coutainville. Finalement, on aime bien le côté désuet de cette station pas trop bétonnée.

Adresse et infos utiles

ℹ ***Office de tourisme :*** *pl. du 28-Juillet. ☎ 02-33-76-67-30. • coutainville.com • Lun-ven 10h-12h30, 14h-18h ; sam 9h30-13h, 14h-17h. Horaires restreints hors saison.* Vente de billets pour les îles, visites à thème (le phare, l'architecture balnéaire, la découverte du milieu marin pour les enfants...), panneaux avec les annonces d'hébergements sur le secteur et les animations affichées quotidiennement. Édite également une brochure complète sur la station.

– ♿ Mise à disposition gratuite de fauteuils de baignade pour les personnes handicapées. *Rens au club nautique, ☎ 02-33-47-14-81.*

– ***Marché :*** *mar et sam mat à Coutainville.*

Où dormir ? Où manger ? Où boire un verre ?

Camping

⛺ ***Camping Le Casrouge :*** *77, Le Casrouge. ☎ 02-33-46-84-70. 📱 06-32-74-59-09. • fermebecsplats@wanadoo.fr • Accès : route de Saint-Malo-de-la-Lande. Ouv juil-15 sept. Compter 11,10 € pour 2. CB refusées.* Dans un beau champ planté d'arbres, un camping tranquille, très agréable, avec de vastes emplacements individuels, des sanitaires propres et l'eau chaude à volonté. Découverte de la pêche à pied une fois par mois lors des grandes marées. Sur place, épicerie et vente de produits bio : fruits et légumes, et produits locaux (yaourts fermiers, lait, cidre...). Ping-pong, terrain de volley et balançoires. Le genre d'endroit où l'on passe de bonnes vacances !

De prix moyens à chic

Hôtel Les Fresques : *9, rue de l'Amiral-Tourville. ☎ 02-33-47-05-77. • info@hotellesfresques.fr • hotellesfresques.com • Au cœur d'Agon-Coutainville, dans la rue qui mène à la mer. Fermé lun hors saison. Résa longtemps à l'avance en saison. Doubles 68-88 € selon confort et saison (voir aussi les offres spéciales sur le site). Wifi.* Au rez-de-chaussée, un bar à l'ancienne, tout en boiseries et atmosphère, prolongé d'un sympathique petit salon où se prend le petit déj. Aux étages, des chambres franchement contemporaines, pas immenses mais de bon confort, avec leur petit luxe (TV satellite et à écran plat). Les salles de bains tout plastique dans certaines ne sont pas franchement de notre goût, mais bon... Côté rue, on aperçoit la mer depuis les balcons.

Hôtel-restaurant Une Faim d'Histoires : *5, rue du Docteur-Viaud, Le Passous. ☎ 02-33-76-67-50. • unefaimdhistoire@orange.fr • unefaimdhistoires-agon.fr • Face à la grande pl. Leroux. Parking public devant. Resto fermé jeu soir, dim soir et lun oct-mai. Double 75 € selon saison ; suite 120 €. Formule et menu déj sem 20 et 25 € ; carte 25-30 €. Wifi. Café offert sur présentation de ce guide.* En face de la plage du Passous, ce petit hôtel entièrement redécoré cultive un certain charme. Les 10 chambres portent des noms d'écrivains (Daniel Pennac, Maupassant) et leurs murs comportent des citations de ces auteurs. Les salles de bains et sanitaires ultra-design tranchent avec le charme désuet et romantique des boutis, meubles pâtinés, teintes grises. Mais dans tous les cas, le bon goût est de mise. Chambres de tailles variables parfaitement insonorisées. Côté bistrot, belle et copieuse cuisine de marché servie dans un cadre épuré à base de produits du cru et assaisonnés d'une délicate pointe d'inventivité. Reste que si l'assiette remplit bien ses promesses et nous conte tout plein d'histoires, côté accueil on est plutôt resté sur notre faim...

La Plancha : *77, rue Dramard. ☎ 02-33-47-26-77. • lululebrun@free.fr • Sur le front de mer. Fermé lun soir-mer hors saison. Congés : fin janv. Formule déj en sem 16 € ; carte env 20 €. Wifi. Café offert sur présentation de ce guide.* L'adresse tendance de la station avec vue superbe sur la mer. La déco mixe joyeusement les ambiances : bar de plage, néobistrot et une fréquentation néanmoins familiale. Dans l'assiette, du grignotage branché, des p'tits plats un peu mode et honnêtes : tapas, gambas *a la plancha (of course)*... longue carte déclinée sur ardoise ! Parfait pour boire un verre aussi.

Où dormir ? Où manger dans les environs ?

De bon marché à prix moyens

Chambres d'hôtes Village Grouchy : *chez Jucimara et Robert Sebire, 11, rue du Vieux-Lavoir, 50560* ***Blainville-sur-Mer.*** *☎ 02-33-47-20-31. • jr.sebire@free.fr • jr.sebire.free.fr • Double 46 € ; 58 € pour 3. Réduc de 10 % sur le prix de la chambre, hors juil-août, à partir de 2 nuits, sur présentation de ce guide.* Au cœur du village, dans une petite impasse au calme, jolie petite maison du XVIIe s en pierre et granit. Au 1er étage, 5 chambres, dont 3 ouvrent sur le jardin avec le golf en fond de décor ; la dernière, familiale, est orientée côté cour. Déco sobre et élégante. Cuisine d'été et vélos à disposition.

La Cale : *la Plage, 50560* ***Blainville-sur-Mer.*** *☎ 02-33-47-22-72. En bord de mer. Tlj de mi-juin à mi-sept, slt ven soir-dim soir et j. fériés d'avr à mi-nov. Congés : de mi-nov à mars.*

Env 18 €. CB refusées. Une bolée de cidre offerte sur présentation de ce guide. Salle entre le hangar à bateaux et l'entrepôt Emmaüs. Cuisine simplissime comme la définit son sympathique patron. Carte qui tient sur une feuille de papier à cigarette : grillades, moules (du coin)-frites, douzaine d'huîtres (du coin aussi)... Qu'importe, on vient là pour caler une petite fringale en terrasse avec une vue géniale sur la dune et le ballet des pêcheurs de la zone conchylicole. Atmosphère iodée à souhait.

De plus chic à beaucoup plus chic

Chambres d'hôtes Le Clos des Pommiers : *5, rue de Bas, 50560* **Blainville-sur-Mer.** *☎ 02-33-45-03-30. • leclosdespommiers@wanadoo.fr • closdespommiers.com • Tte l'année. Double 130 € avec TV satellite. Gîte (4 pers) 600-1 000 €/sem. Wifi. Verre de bienvenue ou café offert sur présentation de ce guide.* Au cœur d'un vrai et grand parc, une cousine de la splendide villa Strassburger de Deauville, soit un superbe échantillon d'architecture balnéaire. Vastes espaces, belles hauteurs sous plafonds, parquets et boiseries... Mais la maison n'est pas figée dans le XIXe s : chambres plutôt design, avec plein d'idées déco qu'on repiquerait volontiers. Sympathique petit gîte rural dans une dépendance. Accueil des plus agréable.

Le Mascaret : *1-3, rue de Bas, 50560* **Blainville-sur-Mer.** *☎ 02-33-45-86-09. • le.mascaret@wanadoo.fr • Fermé lun ainsi que mer soir et dim soir hors saison. Congés : 3-24 janv et 25 nov-4 déc. Doubles ou appartement 105-195 €. Menus 19-25 € (midi en sem) et jusqu'à 76 €. Wifi. Un macaron offert sur présentation de ce guide.* Restaurant, salon de thé, maison d'hôtes, institut de beauté : cette maison de maître au cœur du village ne manque pas d'atouts pour séduire sa clientèle. À commencer par la déco très personnelle des 5 chambres-studios qui reflète l'identité slave et surtout l'esprit créatif de Nadia, ancienne danseuse étoile au ballet de Sofia : à l'heure où la mode serait plutôt à la sobriété, celle-ci n'est pas la principale caractéristique des lieux ! Des couleurs franches, des lustres, des tapisseries à motifs, des salles de bains surprenantes... Et depuis peu, un centre de soins avec forfaits massages ethniques. Au restaurant, le chef cuisine avec une imagination féconde les produits du pays en y associant légumes de son potager, fleurs, épices et herbes sauvages. Excessivement bon et accompagné, dès le premier menu, de mille et une courtoisies (pains et beurres maison, mignardises, grog pour la digestion). Bref, une adresse qui en fait presque trop, mais reste une exception.

Couleurs Saveurs : *2, route de la Bretonnière, 50290* **Bricqueville-sur-Mer.** *☎ 02-33-61-65-62. • couleurs-saveurs@orange.fr • Fermé dim soir et mer tte l'année, plus lun soir hors saison. Formule déj en sem 12,50 € ; menus 19-37 €. Kir offert sur présentation de ce guide.* Benoît et Géraldine ont quitté le Calvados et leur *Mare ô Poissons* pour se rapprocher de leur famille. On comprend mieux alors leur étonnant choix de lâcher une affaire qui marche pour tout reprendre à zéro dans une maison de maître perdue en rase campagne. Le choix était délicat, mais le pari est en passe d'être gagné. La cuisine s'inspire du terroir et de la mer toute proche, et reste diablement personnalisée et créative. Quant au décor, il est contemporain, discret et élégant, comme le service de madame.

REGNÉVILLE-SUR-MER

(50590) 810 hab. *Carte Le Sud de la Manche, B1*

Charmant petit port d'échouage bordant le havre de la Sienne, face à la pointe d'Agon. Vu la quiétude de l'endroit, comment pourrait-on deviner que Regnéville fut l'un des ports les plus importants du Cotentin au Moyen Âge et qu'il

prospéra aux XIXe et XXe s grâce à l'industrie de la chaux ? La jetée naturelle formée par la presqu'île d'Agon y est évidemment pour quelque chose. Port stratégique pendant l'occupation anglaise au début du XIVe s, l'endroit a conservé de ce passé prospère quelques traces de pierre : les murets séparant les parcelles (au lieu des traditionnels talus du bocage coutançais), des traces d'anciens hôtels, et de solides demeures, sans parler bien sûr du château. Aujourd'hui, ce village fort peu urbanisé, au charme gentiment désuet, livre de belles occasions de balades sur ses grèves. L'occasion de le dire : un havre de tranquillité !

Où dormir ? Où manger ?

Camping

⛺ ***Camping du Ruet :*** *8, rue du Port. ☎ 02-33-45-88-71. • s.i.regneville@orange.fr • ♿ Ouv mai-sept. Tarif : 9 € pour 2. Réduc de 10 % sur présentation de ce guide.* Tout simple et joliment situé, en bordure de l'adorable baie de Sienne. Emplacements sur une pelouse, avec quelques arbres. Sanitaires corrects (douche chaude payante).

De bon marché à prix moyens

🍽 ***Le Jules Gommès, pub-crêperie-restaurant :*** *34, rue de Vaudredoux. ☎ 02-33-45-32-04. Devant le havre, sur la D 49, en arrivant à Regnéville : au bout de la ligne droite, vous avez la mer, et sur votre droite, le Jules Gommès. Ouv tlj de mi-juil à fin août ; fermé dim soir, lun-mar le reste du temps. Congés : fin nov-début déc. Formules 12 € (midi en sem), puis 13-25 €. Café offert sur présentation de ce guide.* Un endroit à mi-chemin entre le resto, la crêperie et le pub irlandais. Une déco douillette, des meubles au quart de poil, et des murs chargés d'aquarelles inspirées par la beauté de la région, ainsi qu'une belle terrasse à la végétation généreuse. Ce que vous aurez dans l'assiette est dans le même mouvement de plaisir. De bonnes crêpes et galettes et de gentils petits plats confectionnés principalement avec des produits locaux et de saison.

Où dormir ? Où manger dans les environs ?

Camping

⛺ ***Camping Les Gravelets :*** *3, rue du Rey, 50620* ***Montmartin-sur-Mer.*** *☎ 02-33-47-70-20. • gravelets@wanadoo.fr • À l'entrée de Montmartin en venant de Regnéville. Ouv avr-oct. Env 8,25 € pour 2. CB refusées.* Lové dans une ancienne carrière dont les parois sont couvertes d'une envahissante végétation. Ravissant, le genre amphithéâtre protégé, verdoyant et très paisible. Location d'une quinzaine de bungalows 5 personnes.

Bon marché

🍽 ***Chez Maryvonne :*** *3, av. de l'Aumesle, 50590* ***Hauteville-sur-Mer.*** *☎ 02-33-47-52-11. • maerle.jean-marc@wanadoo.fr • ♿ Fermé mar soir et mer soir hors saison. Congés : 3 sem de mi-déc à début janv. Menus 9 € (midi en sem sf j. fériés) et 16-26 €. Café offert sur présentation de ce guide.* À 50 m de la plage (nord), mais pas du tout « truc à touristes ». Plutôt le genre de p'tit bar-resto qu'on dégoterait dans le quartier populaire d'une grande ville ou le long d'une nationale. Des tables au large d'un comptoir où s'appesantissent les habitués, une patronne à la repartie facile et un petit menu du jour qui garantit toujours son rapport qualité-prix. Poisson et fruits de mer pour quelques euros de plus.

De prix moyens à plus chic

🏠 🍽 ***Hôtellerie du Bon Vieux Temps :*** *7, rue Pierre-des-Touches, 50590* ***Montmartin-sur-Mer.*** *☎ 02-33-47-54-44. • restaurant@hotel-du-bon-vieux temps.com • À 2 km de la mer, en face de la poste de Montmartin. Ouv slt au déj mar-sam. Congés : janv-fév et en oct. Doubles 52-62 € selon confort. Formule du jour 12,50 €.* La grosse maison de pierre typique du pays, le p'tit bureau de tabac au rez-de-chaussée, les carrelages à l'ancienne, les boiseries... enfin tout pour écrire que cette hôtellerie porte bien son nom. Mais cette bonne maison sait aussi vivre avec son... temps. Le chef travaille les produits de la pêche (surtout !) dans un goût très actuel. Et les chambres s'avèrent plaisantes, carrément spacieuses pour les plus chères.

Chambres d'hôtes chez Odile et Jean-Pierre Torchio : *32, route des Salines, 50290* ***Bricqueville-sur-Mer.*** *☎ 02-33-51-77-59. • odile.torchio@wanadoo.fr • Au sud de Regnéville-sur-Mer ; de Bricqueville, suivre la direction des Salines, prendre la route face au resto La Passerelle, puis le 2e chemin à droite. Ouv juin-sept ; sur résa le reste de l'année. Double 53 € ; 20 €/pers supplémentaire. Pot d'accueil offert et réduc de 10 % à partir de 2 nuits hors saison sur présentation de ce guide.* La Bleue, la Rose... et pour une famille, on adjoint à la Rose, la Verte. Des nids tout frais, dotés d'une jolie salle de bains, petite mais pratique. Le petit déj et l'apéro de bienvenue sont servis dans le décor hétéroclite (bar de récup, vieux flipper) d'une salle riante et lumineuse avec baies ouvrant d'un côté sur les champs, de l'autre sur le jardin soigné. Accueil des plus convivial, avec, pour une fois glisseront certains, un monsieur plus bavard que madame !

À voir

Le Musée maritime de Regnéville et les fours à chaux du Rey : *☎ 02-33-46-82-18. À 800 m de l'église. Juil-août, tlj 11h-19h ; avr-juin, sept et pdt vac scol de Pâques et Toussaint 14h-18h30. Entrée : 4,20 € ; réduc. Animations (fabrication de la chaux, atelier fresque...) et spectacle début juil.*
Tout sur la vie maritime de la région du temps où Regnéville était encore un port important : maquettes et « portraits » de caboteurs à voile (bricks et goélettes à huniers), instruments de navigation, grenier de capitaine. Reconstitution de la dernière corderie (fermée en 1925), vestiges de bateaux qui transportaient les pierres, doris du coin, instruments de pêche à pied, charrette à tangue, beau tableau de Charles Jourdan, *Le Brûlage du varech.* Dans le parcours, des tableaux de nœuds pour s'entraîner au matelotage.
– *Au 1er étage :* histoire de la chaux (Antiquité, Moyen Âge, XIXe s) et de la construction des fours à chaux du Rey (1852). Reconstitution d'un dessus de four, wagonnet, usage de la chaux, etc.
– À *l'extérieur,* les fours à chaux sont un exemple impressionnant et assez exceptionnel d'architecture industrielle du XIXe s. L'imposant appareillage de pierres lui donne un air de fortification. Il s'agit de l'un des très rares exemples européens de fours à chaux mixtes (fonctionnant à la fois au charbon et au bois). Le charbon venait d'Angleterre et le calcaire de Montmartin. La chaux ainsi obtenue servait à amender (améliorer) le sol du littoral breton et des îles Anglo-Normandes. Intéressants panneaux explicatifs sur les différents aspects du procédé de production.
– Les amateurs de belles mécaniques peuvent aller au fond de la cour voir l'atelier de forge de Louis et Jean Sauvey, mécanos de père en fils de 1910 à 1970 à Coutances. Bel ensemble d'enclumes, perceuse à colonne, touret et fraiseuse qui entourent la forge. Dans le hangar voisin trône un impressionnant moteur à gaz pauvre, qui alimenta en énergie la scierie Delamare à Coutances de 1912 à 1978 ! C'est dire la fiabilité de la bête, qui consommait quand même un stère de bois par jour...

L'église Notre-Dame : classée aux Monuments historiques, elle date du XIIe s. Le clocher orné de quatre clochetons a perdu sa flèche. À l'intérieur, ensemble remarquable d'une dizaine de statues en bois ou pierre polychrome, dont une ravissante *pietà* du XVe s (à droite de la nef). À noter, la maquette de bateau ex-voto qui fait office de baromètre-hygromètre (la suspension en corde tressée se resserre ou se détend selon l'humidité !).

Le château : élevé au XIIe s, il fut détruit sur ordre de Richelieu après le siège de La Rochelle (religions, quand vous nous tenez...). Classé aux Monuments historiques, il n'en reste que le donjon carré (qui était constitué de quatre étages voûtés) et le flanc ouest, doté d'un escalier en spirale et de murs plutôt imposants : pas moins de 3 m d'épaisseur ! Malgré les destructions, l'endroit a encore belle allure. Le résultat des fouilles en cours viendra enrichir l'histoire locale. Accueille également des expos temporaires.

COUTANCES (50200) 11 500 hab. *Carte Le Sud de la Manche, B1*

Ancienne cité gauloise puis capitale du Cotentin sous le règne des ducs normands, Coutances ne fut dépossédée de sa suprématie régionale qu'après la Révolution, en 1796, lorsque Saint-Lô devint chef-lieu du département.
Quand on arrive de loin sur la ville, n'apparaissent que les trois églises, éclipsant totalement les demeures qui les entourent. Puis s'impose la cathédrale, merveille d'élégance gothique qui domine toute la ville.
Mais Coutances est également devenue une sorte de capitale culturelle du département, avec en particulier le fameux festival *Jazz sous les pommiers*, considéré comme l'un des plus sympathiques festivals de jazz européen (voir la rubrique « Loisirs, fêtes et culture »). En bref, une petite ville dynamique comme on les aime...

Arriver – Quitter

En train ou car SNCF

Gare SNCF *(plan B3)* ***:*** *☎ 02-33-07-50-77 ou 36-35 (n° national ; 0,34 €/mn). • ter-sncf.com/basse_normandie •*
➢ ***De/vers Caen, Bayeux, Lison*** (correspondance pour Paris et Cherbourg), ***Saint-Lô, Avranches, Pontorson*** (Le Mont-Saint-Michel), ***Rennes.***
➢ ***De/vers Saint-Lô, Lison, Bayeux, Caen et Granville :*** *en car.*

En car

Gare routière *(plan B3)* ***:*** *pl. de la Gare. Avec la compagnie* ***VTNI.*** *☎ 0800-150-050 (0,15 €/mn). • mobi50.com •*
➢ Quelques liaisons tlj avec Villedieu-les-Poêles, Gouville-sur-Mer, Blainville-sur-Mer, Agon-Coutainville, Carentan, Périers, Saint-Sauveur-le-Vicomte et Valognes , attention, très peu de liaisons le w-e.

Adresses et info utiles

Office de tourisme *(plan A1-2)* ***:*** *pl. Georges-Leclerc. ☎ 02-33-19-08-10. • coutances.fr • paysdecoutances.fr • Juil-août, tlj sf dim ap-m. Le reste de l'année, fermé dim.* Infos pour les visites guidées thématiques en juillet-août. Un poste avec connexion à l'office de tourisme (payant).
– ***Marché :*** *jeu mat, au marché couvert, rue du Maréchal-Foch et pl. du Général-de-Gaulle (plan B2).* Ne pas manquer d'y acheter le coutances, délicieux fromage local qui cache sous une fine modestie un gros cœur très crémeux.

Où dormir ?
Où manger ?

Camping

Camping municipal Les Vignettes *(hors plan par A1,* ***14****)* ***:*** *27, route de Saint-Malo. ☎ 02-33-45-43-13. ♿ À la sortie de la ville, direction Agon-Coutainville. Ouv tte l'année. Env 10 € pour 2. CB refusées.* Petit camping en bord de route, mais dans un bel espace verdoyant doté de haies et d'arbres, au creux d'un joli vallon pour la partie la plus agréable. Dans 2 petites maisons, 2 blocs sanitaires propres. Équipements sportifs à côté (dont une piscine et un tennis, gratuits pour les campeurs).

De prix moyens à plus chic

La Taverne du Parvis *(plan A1, **12**) : pl. du Parvis. ☎ 02-33-45-13-55. • lataverneduparvis@orange.fr • Resto fermé dim (slt le soir en saison) et j. fériés. Congés : Noël-début janv. Double 48 €. Formules brasserie 8,50 € (midi en sem)-12,90 € ; menus 16,10-21,60 €. Wifi.* Des chambres conventionnelles, globalement confortables malgré des lits un peu grincheux, mais qui, bien que lumineuses et assez spacieuses, ne respirent pas la joie de vivre... Bien situé toutefois, au cœur de la ville et à ce prix-là, faut pas trop en demander. Ceux qui souhaitent se laisser réveiller en douceur au son des cloches de la cathédrale réserveront une chambre de ce côté-là. Au rez-de-chaussée, un bar-brasserie avec ses plats du jour et ses classiques.

Le Clos des Sens *(plan A2, **20**) : 55, rue Geoffroy-de-Montbray. ☎ 02-33-47-94-78. • leclosdessens@orange.fr • Fermé dim et lun. Résa indispensable. Le midi formule et menu 17 et 21 €, le soir 30-46 €.* Plats à choisir au tableau qui décline tous les jours le midi de nouvelles propositions. Le choix est restreint au déjeuner (1 poisson, 1 viande, 2 desserts), un peu plus étendu le soir... mais le tout est d'une telle fraîcheur, d'une délicatesse si réjouissante, que vous pouvez suivre le chef les yeux fermés : les saveurs taquinent gentiment votre palais et la créativité est vraiment au rendez-vous. La salle croquignolette aux poutres bien basses contient à peine une dizaine de tables, très vite prises d'assaut : l'adresse est connue en ville, et pour cause !

De plus chic à beaucoup plus chic

Hôtel Cositel *(hors plan par A1, **13**) : 29, rue de Saint-Malo. ☎ 02-33-19-15-00. • accueil@cositel.fr • hotelcositel.fr • Resto fermé sam midi, dim midi et le 24 déc. Doubles 67-102 € selon saison et vue (parking ou jardin). Formule déj en sem env 10,90 € ; menus 23-34,50 €. Wifi. Remise de 10 % sur la chambre sur présentation de ce guide oct-mai.* Un hôtel de chaîne très fonctionnel entièrement rénové. Chambres très spacieuses pour certaines, indéniablement confortables. Bien que près de la route, l'environnement est paisible, verdoyant (le jardin est vraiment agréable) et l'accueil, très pro, se met en quatre pour répondre à vos demandes et rendre votre séjour agréable. Au resto, une cuisine dans la tradition régionale. Labellisé « Normandie Qualité Tourisme ».

Chambres d'hôtes Manoir de l'Écoulanderie *(hors plan par A1, **15**) : chez Béatrice de Ponfilly. ☎ 02-33-45-05-05. • contact@l-b-c.com • l-b-c.com • Sortir de la ville direction Agon-Coutainville ; après l'aqueduc, prendre à droite (en face du stade), la rue de la Broche, direction l'Écoulanderie, la maison est 200 m plus loin sur la droite. Double avec bains et douche et TV 150 € (40 €/pers supplémentaire). Également un gîte 4 pers. Wifi. Apéritif maison (au bord de la piscine par exemple) offert sur présentation de ce guide.* Bien tranquille derrière son portail (un peu intimidant, de prime abord...) et son vaste et très joli parc jardin en terrasses. Une vue sur la ville et la cathédrale dont on ne se lasse pas. Et des chambres, mignonnes comme tout, champêtres et cosy dans une maison du XVIIIe s (toute pimpante avec sa façade blanche et ses volets bleus) et dans une dépendance, au milieu des fleurs et sous le murmure des bassins. Piscine chauffée intérieure. Accueil charmant.

Où dormir dans les environs ?

Chambres d'hôtes Nuit de Sienne : *Elisabeth et Steven Guibout, 51 rue de la Campagne, 50200 **Heugueville-sur-Sienne.** ☎ 02-33-45-55-20. • lisalouvard@hotmail.com • À 5 km à l'ouest de Coutances, vers Agon par la D 44 ; à la sortie du bourg. 2 chambres pouvant former une suite familiale 47 € pour*

COUTANCES

■ **Adresse utile**

Office de tourisme

Où dormir ? Où manger ?

12 La Taverne du Parvis
13 Hôtel Cositel
14 Camping municipal Les Vignettes
15 Chambres d'hôtes Manoir de l'Écoulanderie
20 Le Clos des Sens

2 pers (+ 15 €/pers supplémentaire). Possibilité séances de massage et baby-sitting. Lisa et Steven veulent que l'on se sente bien chez eux. Ils y réussissent dans leur écomaison de rondins de bois, aux conduits électriques blindés, aux récupérateurs d'eau de pluie et au beau four (alsacien, pour tartes flambées) qui assure le chauffage de toute la maison. Ils partagent leur demeure et privilégient l'esprit de rencontre, autour d'un bol de cidre... maison, ou du petit déj bio. La belle et spacieuse chambre familiale rivalise avec la chambre double (notre préférée) avec petit salon, balcon et vue sur Jersey et Chausey. Accueil charmant, excellents conseils de visites et initiation à l'ornithologie avec Steven. Adresse au calme apaisant.

Chambres d'hôtes et gîtes Le Clos des Tilleuls : *chez Mme et M. Cardon, 37, route de Coutances, village au Peley, 50200* ***La Vendelée.*** *☎ 02-33-45-04-78. 📱 06-13-63-48-45. • tisoncardon@free.fr • gite-chambredhotes-relaxationalamer.com • À 4 km au nord de Coutances, par la D 2 vers Lessay. Chambre d'hôtes 68 € et gîtes 4-6 pers 350-500 €/sem selon saison. Table d'hôtes sur résa 19 € ; formules ½ pens, séjours à thème (relaxation, massage). Services courses, plateau-repas, panier pique-nique. Wifi. Loc de vélos.* Il n'est pas que la belle bâtisse en pierre dans son parc, entre mer et bocage. Praticienne en relaxation, Éléonore met à disposition 3 chambres de charme (très bien insonorisées), dont une familiale, et 2 grands gîtes (120 m^2). Harmonie du cœur dans la déco chaleureuse, dans les attentions et l'accueil charmant. Harmonie du corps dans le centre bien-être (payant hors formules) avec fitness, sauna, jacuzzi... Une hôtesse aux petits soins.

À voir

La cathédrale Notre-Dame *(plan B1-2)* **:** *tlj 9h-19h. Possibilité de visites guidées tte l'année : rens et résa (indispensable) à l'office de tourisme. Pour des raisons de sécurité, visite guidée interdite aux moins de 10 ans. Tarif : 6,50 € ; réduc.* Voir en particulier les parties hautes (à ne pas manquer !). Un miracle... cette merveille fut épargnée par les bombardements de juin 1944 ! Initialement construite par l'évêque Geoffroy de Montbray au XIe s, elle fut remplacée par un nouvel édifice (de style gothique, celui-ci) au début du XIIIe s. De la cathédrale romane, on conserva les structures de la nef et les tours de façade qui furent chemisées d'un parement gothique. Chaque flèche est entourée de clochetons effilés qui semblent jaillir comme des fusées et tirent l'ensemble vers le ciel. Prodigieuse sensation de verticalité, d'ailleurs renforcée par les longues arcatures aveugles. Au centre de la façade, une ravissante galerie ajourée du XIVe s au-dessus d'une large baie en tiers-point. Admirable abside, chef-d'œuvre d'harmonie alliant l'équilibre des volumes à la romane et la verticalité du gothique. Toutes les lignes convergent vers la tour et semblent là aussi partir à l'assaut du ciel. À l'intérieur, on retrouve les mêmes harmonieuses proportions. À la croisée du transept, la tour-lanterne avec son puissant jeu de lignes et de colonnettes inspire un fort sentiment d'aspiration vers le haut. S'attarder sur les vitraux, notamment celui du *Jugement dernier* du XVe s. On y retrouve les 12 apôtres et, en dessous, saint Michel pesant les âmes. De chaque côté, ange et démon s'emparant de leur dû. Autre fascinante verrière, du XIIIe s celle-là, *Les Trois Martyrs,* qui se lit de droite à gauche et de bas en haut, et met en scène saint Blaise, saint Georges et saint Thomas Becket. Chœur entouré d'un large déambulatoire. Pour résoudre le problème de la faible hauteur de la nef (prisonnière des structures romanes), on a joué ici sur les phénomènes optiques : fenêtres, baies, faux triforium sont sciemment étirés. Effet assez réussi ! Dans les chapelles, quelques verrières du XIIIe s.

– Derrière la cathédrale, l'évêché du XVIIIe s.

Le musée Quesnel-Morinière *(plan A2)* **:** *2, rue Quesnel-Morinière. ☎ 02-33-07-07-88. Tlj sf mar et dim mat, 10h-12h, 14h-17h (18h en juil-août). Entrée : 2,50 € ; réduc ; gratuit moins de 18 ans et étudiants.* Dans l'ancien hôtel particulier Quesnel-Morinière. Collection d'intérêt régional : une très belle collection de céramiques normandes anciennes, des estampes et quelques peintures du XVIIe au XXe s. Sculptures (dont plusieurs religieuses) du XVe au XXe s. Les amateurs d'histoire régionale y trouveront aussi des œuvres du « pou qui grimpe », fameux groupe de peintres imagiers coutançais du début du XXe s. Le musée propose également des expos temporaires (gratuites).

Le jardin des Plantes *(plan A1-2)* **:** *accès par le musée ou par la rue Quesnel-Morinière. Oct-mars, 9h-17h ; avr-sept, 9h-20h ; juil-août, 9h-23h30 (avec illuminations en musique). Entrée libre.* Splendide jardin bâti en terrasses, jadis propriété de la famille Quesnel-Morinière qui le légua à la Ville en 1850, avec comme exigence « qu'on y cultivât des plantes officinales à l'usage gratuit des indigents ». Syncrétisme réussi de la grâce des jardins anglais, de la symétrie rigoureuse des jardins à la française et du charme des terrasses italiennes. Au milieu, l'obélisque du généreux donateur. Partez maintenant à la découverte des 47 000 plantes et essences rares qui le composent, pins de l'Himalaya, savonniers, séquoia géant, cryptoméria du Japon, araucaria, ginkgo biloba, tulipiers de Virginie, chicots du Canada, etc. En été, les senteurs des héliotropes et autres lantanas vous accompagneront. À l'entrée principale, sur la gauche, face au musée, l'immense pressoir à cidre du XVIIIe s (appelé « à longue étreinte ») et, tout en bas, à gauche, le labyrinthe pour les enfants.

➢ ***Balade dans le vieux Coutances* :** la *rue Quesnel-Morinière* donne une bonne idée de ce que fut la ville jadis. Bien reconstruite après les bombardements de la Seconde Guerre mondiale, en partie grâce aux efforts de l'architecte Louis Arretche. Au n° 10, linteau sculpté. Belle demeure au n° 18. Au n° 24, porche voûté et poutres vénérables menant à une cour entourée d'édifices à l'élégante sobriété. Quelques ouvertures en accolade. Au n° 40, ancien hôtel particulier. Rue Geoffroy-Herbert, maison avec tourelle à encorbellement en brique. La *rue Saint-Pierre,* qui descend en pente raide derrière l'église, offre également un intéressant visage du vieux Coutances : fenêtres en accolade, porches donnant accès à de pittoresques ruelles pavées.

L'église Saint-Pierre *(plan A-B2)* **:** *rue Geoffroy-de-Montbray.* Plus discrète que la cathédrale, elle n'en présente pas moins une remarquable architecture. Le très riche décor de la tour-lanterne de style Renaissance contraste avec la sobriété intérieure. Sa forme rappelle vaguement une tiare et évoquerait l'aide apportée par le pape Alexandre VI à son édification. À l'intérieur, belles stalles du XVIIe s sculptées d'entrelacs. Dans le transept gauche, quelques vitraux anciens (scène de baptême). Élégantes arches à quadruples voussures. Espace intérieur particulièrement lumineux.

L'église Saint-Nicolas *(plan B1)* **:** *fermée au culte, elle accueille des expos temporaires. Tlj sf dim en juil-août aux heures d'ouverture de l'office de tourisme.* Fondée au XIIIe s, maintes fois victime des vicissitudes des guerres, elle fut complètement reconstruite de la fin du XVIe s au XVIIIe s dans le style gothique. Le chœur, élevé vers 1620, est particulièrement élégant.

L'hôtel de ville *(plan A1-2)* **:** *pour le visiter, demander à l'office de tourisme (pas de visite le dim).* Il occupe l'ancien hôtel de Cussy (XVIIe-XVIIIe s) depuis 1819, mais la façade principale date du début du XXe s. Dans la cour, élégant perron avec sa rampe en fer forgé. À l'intérieur, jeter un œil sur les peintures murales de la salle des mariages, réalisées par Charles Rocher de Gérigné dans les années 1930. Elles racontent les péripéties de la vie d'un couple de paysans normands au XIXe s. Dans le hall d'entrée, autre peinture assez cocardière.

L'aqueduc *(hors plan par A1)* **:** *rue de Saint-Malo (vers Agon-Coutainville).* Pittoresques vestiges d'un aqueduc gothique construit au XIIIe s. Détruit par les huguenots trois siècles plus tard puis réparé, il fut complètement abandonné à partir du XVIIe s.

LE PAYS DE COUTANCES

Loisirs, fêtes et culture

– ***Centre culturel des Unelles*** *(plan A1)* **:** *rue Saint-Maur, BP 524. ☎ 02-33-76-78-50.* Installé dans les imposants bâtiments de l'ancien grand séminaire. Construit en 1868, il accueillit jusqu'à 300 séminaristes. La crise des vocations a quand même du bon : depuis sa création en 1983, le centre des Unelles est l'épicentre du sympathique bouillonnement culturel de Coutances. Il héberge la médiathèque, l'équipe du théâtre municipal et propose de multiples activités (photo, peinture, poterie, artisanat, histoire). Sans oublier, bien sûr, son rôle pilier lors du festival de jazz que voici...

– ***Festival Jazz sous les pommiers :*** *en mai, la sem de l'Ascension (pas bête, il n'y a pas encore de pommes !). Rens à l'office de tourisme (☎ 02-33-19-08-10) ou au centre des Unelles (☎ 02-33-76-78-50 ou 60 ; billetterie : ☎ 02-33-76-78-68).* • *jazzsouslespommiers.com* • L'un des festivals majeurs de l'Hexagone et l'un des meilleurs publics que l'on connaisse. Depuis 1982, date de sa création, *Jazz sous les pommiers* s'offre une programmation sans œillères et une atmosphère unique... La musique déborde bien entendu largement dans la rue et les cafés, terrains de prédilection des groupes normands et bretons mis à l'honneur pour l'occasion. Réserver ses places et son hébergement bien à l'avance.

– ***Les Estivales du pays de Coutances :*** il s'agit du programme estival de l'office de tourisme qui propose des visites-découvertes insolites, des concerts ou des visites-spectacles dans les plus beaux sites du pays de Coutances.

LE SUD DU PAYS DE COUTANCES

Superbe pays de bocage où il faut se perdre dans le lacis des petites routes. Comme ça, au hasard, pour découvrir la beauté des jardins du manoir d'Argences, l'abbaye de Hambye... Juste quelques suggestions, pour aiguiser votre appétit. En parlant d'appétit, quelques bonnes adresses en prime, dans le coin.

Où dormir ? Où manger ?

Prix moyens

🏠 |●| ***Auberge de l'Abbaye d'Hambye :*** *5, route de l'Abbaye (BP 2), 50450* ***Hambye.*** *☎ 02-33-61-42-19.* • *aubergedelabbaye@wanadoo.fr* • *À 100 m de l'abbaye, sur la D 51. Resto fermé lun, plus dim soir (sf hôtel) et j. fériés. Congés : 3 sem fin janv. Doubles 52-58 € selon confort. Formule déj 17 € ; menus 27-68 €. Wifi. 10 % de réduc sur le prix de la chambre, oct-mars, sur présentation de ce guide.* Au bord d'une jolie route, une grosse maison de pierre, fleurie aux beaux jours, abritant des chambres confortables, à la déco un soupçon romantique. La maison est tranquille et tenue avec un soin méticuleux. Les jeunes propriétaires, fort courtois, et forts de leur expérience, ont donné l'impulsion gastronomique qui manquait à cette élégante demeure. Belle carte créative à des prix encore très abordables.

🏠 ***Chambres d'hôtes chez Nadine et Guy Osouf :*** *hôtel Goffêtre, 50210* ***Cerisy-la-Salle.*** *☎ 02-33-46-83-17* • *gosou@wanadoo.fr* • *hotelgoffetre.fr* • *Sur la D 972 entre Coutances et Saint-Lô, prendre direction Cerisy-la-Salle. Dans le village, D 52 vers Belval-gare sur 1,5 km, la maison est sur la gauche. Double 50 €.* Vous êtes sur le domaine du sieur Goffêtre ! Si sa demeure a été détruite par les Allemands pendant la Seconde Guerre mondiale, les dépendances sont toujours là et la maison de Nadine et Guy se trouve dans l'ancien pressoir. Un bel escalier en pierre donne accès aux 2 chambres situées au 1er étage. Déco agréable et coquette agrémentée de motifs peints par les enfants de la maison. Pas de table d'hôtes mais coin cuisine à disposition et plusieurs restos à proximité. Nadine travaille pour le conseil général, dans l'équipe chargée de la conservation des antiquités et objets d'art... Aussi comptez sur elle pour vous donner de bons tuyaux pour découvrir la région. Accueil convivial.

À voir

Les jardins du manoir d'Argences : *50200* **Saussey.** *☎ 02-33-07-92-04. • jardins-argences.com • À 3 km au sud de Coutances, direction Gavray ; bien fléché à partir de la D 7. Ouv mai-oct, tlj 14h-18h. Entrée : 5,50 € ; réduc ; gratuit moins de 12 ans.* Au creux d'un vallon perdu en pleine campagne, le manoir d'Argences, construit au XVIIe s, est composé d'un superbe ensemble de bâtiments entourés de douves et organisés autour d'une cour. C'est dans ce cadre magnifique que ses actuels propriétaires ont aménagé neuf jardins (labellisés « Jardin remarquable ») : jardin de fleurs, jardin de roses, jardin de sous-bois, bassin, ruisseau... Une explosion de senteurs et de couleurs dans un cadre bucolique et plein de charme. Meilleure époque : juin, juillet et septembre. Organise également, l'avant-dernier week-end de juillet, un Festival du film muet. Projections en plein air, dans la cour du manoir, accompagnées au piano.

Le manoir de Saussey : *50200* **Saussey.** *☎ 02-33-45-19-65. À quelques km au sud de Coutances, sur la D 7 (indiqué). Pâques-sept, tlj 14h-18h30 ; ouv sur rdv en oct, nov et mars ainsi que les w-e et j. fériés. Entrée : 6 € ; réduc.* Le propriétaire, sympathique collectionneur d'antiquités, propose en son manoir une collection de verreries antiques. Également une collection de crèches. Ravissants jardins tout autour.

L'église de Savigny : *au nord-ouest de Cerisy-la-Salle. Tlj 9h-18h (17h nov-avr).* Ne pas rater cette petite église édifiée en 1128. À l'intérieur, dans l'abside en cul-de-four, petites arcades de facture assez primitive, rythmées par des colonnettes doubles et d'exquises fresques du XIVe s. Quelques sculptures intéressantes : une Vierge à l'Enfant polychrome et à gauche, côté tour, sainte Barbe du XVIe s. Sur le mur de la nef s'étalent de grandes fresques. Dans le cycle de sainte Barbe, les trois hommes s'apprêtant à supplicier la sainte affichent le profil de vrais méchants de western spaghetti ! Autre curiosité dans la remarquable *Cène* : il y a 14 convives. L'artiste a pris la liberté d'y ajouter saint Paul ! Tout autour de la nef et du chœur, jolie frise de modillons avec figures étranges, monstres, animaux, petites scènes et feuillages.

Le château de Cerisy-la-Salle *(50210)* **:** *☎ 02-33-46-91-66. Visites guidées en juil-août, jeu à 15h et 16h30. Entrée : 5 € ; réduc ; gratuit moins de 10 ans.* À l'entrée sud du village, vous découvrirez le château, en surplomb d'un petit affluent de la Soulles. Construit au début du XVIIe s par Jean Richier, un grand seigneur huguenot. Ce qui explique l'architecture sévère, rigoureuse, de ce logis flanqué de pavillons d'angle aux hauts toits. Seule fantaisie, quelques lucarnes sculptées. Certaines fenêtres longilignes semblent même plus proches des meurtrières médiévales que des ouvertures Renaissance. En ces temps troublés, en terre protestante, on conservait un état d'esprit défensif.
Le château abrite aujourd'hui les *Colloques de Cerisy,* organisés par l'association des Amis de Pontigny-Cerisy. Ils se déroulent de mi-mai à début octobre et se fixent pour objectif de favoriser les échanges entre intellectuels, chercheurs, artistes, savants de tous les horizons et pays. Les thèmes abordés sont extrêmement variés. *Rens et programme des colloques : Centre culturel international, 50210 Cerisy-la-Salle. ☎ 02-33-46-91-66. • ccic-cerisy.asso.fr •*

Saint-Denis-le-Gast : dans le bourg, un intéressant alignement de demeures des XVIIIe et XIXe s présentant de beaux encadrements de fenêtres en pierre de taille et les toits rythmés par une série de « retroussis » (petits frontons triangulaires percés de lucarnes). Dans l'église, grand retable au beau décor rocaille de 1740.

La Baleine : *à 5 km à l'ouest de Hambye.* Adorable hameau lové dans la vallée de la Sienne. Il abrite la *chapelle Notre-Dame,* du XVIIe s, à l'intérieur de laquelle se trouve un os de baleine en guise d'ex-voto !

– Ne pas manquer de rendre visite à l'***andouillerie de la vallée de la Sienne :*** *☎ 02-33-61-44-20. Visites guidées tlj en juil-août à 11h et ttes les heures 15h30-17h30. Boutique ouv tlj sf vac scol de fév, 1 sem fin juin et fin sept. Entrée : 2,30 € ; gratuit moins de 14 ans.* C'est l'un des derniers artisans à fumer l'andouille de façon traditionnelle. Ça prend du temps (au moins trois semaines), mais quelle réussite ! L'une des meilleures qu'on ait jamais goûtées. Parfumée, pas grasse pour un sou, emballée sous vide pour le voyage. Vous saurez tout de la fabrication : le nettoyage, le salage, le fumage au feu de bois, la cuisson...

L'abbaye de Hambye : *sur la D 51, au sud de Hambye. ☎ 02-33-61-76-92. Ouv avr-oct, 10h-12h, 14h-18h (17h en oct) ; fermé mar sf juil-août (mais pas de visite guidée). L'abbaye de Hambye est la propriété du conseil général et d'un particulier ; la partie privée n'est accessible qu'en visite guidée (45 mn). Entrée : 4,20 € ; 2,70 € visite non guidée ; réduc, y compris sur présentation de ce guide ; gratuit moins de 7 ans.*

Comme à leur habitude, les moines surent choisir leur site : vallon verdoyant arrosé par la Sienne. Calme et recueillement assurés pour méditer sur les malheurs de l'époque. Fondée au XIIe s par Guillaume Paisnel, seigneur de Hambye, l'abbaye accueillit une communauté de moines bénédictins à partir du XIIe s. Les papes, les rois d'Angleterre et les ducs normands contribuèrent à son essor. Elle connut une grande prospérité aux XIIIe et XIVe s. Le déclin vint ensuite lentement. Au XVIIe s, il ne restait plus qu'une poignée de moines sans moyens et à la Révolution, elle n'était plus habitée (ce qui explique le peu de dommages subis à cette époque). L'église est vendue en 1810 comme carrière de pierre et l'abbaye est divisée en deux fermes... on vous laisse imaginer les dégâts.

JE T'AIME, MOI NON PLUS !

L'abbaye de Hambye est rachetée en 1956 par M. Beck, à l'insu de sa femme, furieuse qu'il ait dû vendre une villa de bord de mer pour cet achat. Elle jure de ne jamais mettre les pieds dans cette ferme. Elle tiendra sa promesse pendant deux ans, jusqu'au jour où des architectes du patrimoine s'extasient, tout en s'horrifiant de son entretien. Piquée au vif, Mme Beck décida de parer au plus urgent (refaire les toitures, combler les fissures)... Il était temps !

– *La salle de la Porterie :* elle accueille une expo sur les cloîtres.
– *L'église abbatiale :* elle avait réussi à passer la tourmente révolutionnaire, mais servit de carrière. Aujourd'hui très mutilée, l'abbatiale continue cependant à susciter l'admiration. Grand squelette de pierre majestueux dégageant une impression d'élévation, de grâce, de légèreté sans limite, avec ses voûtes à ciel ouvert. L'ensemble dégage beaucoup de grandeur romantique.
– *La maison des convers :* ces gens, qui servaient dans un monastère tout en restant laïcs, étaient affectés aux tâches manuelles. L'ancien dortoir, qui abrite une expo permanente consacrée à la sculpture médiévale, présente une très belle charpente de bois.

Les autres bâtisses sont privées et accessibles uniquement avec un guide. Cette partie de la visite est passionnante et il serait dommage de la rater. Vous y verrez les bâtiments agricoles (où sont exposées des toiles peintes de Hambye, typiques de l'artisanat local de la première moitié du XIXe s), la cuisine, le chauffoir (ou scriptorium ; cette pièce servit aussi de cuisine et salle à manger aux derniers moines), le parloir, la sacristie et, enfin, la salle capitulaire à l'architecture harmonieuse.

L'église Saint-Pierre de Hambye : reconstruite au XVIIe s, elle possède toujours son porche du XVe s en accolade. À l'intérieur, superbe retable baroque polychrome, expression typique du catholicisme triomphant.

LA BAIE DU MONT-SAINT-MICHEL

VILLEDIEU-LES-POÊLES

(50800) 4 320 hab. *Carte Le Sud de la Manche, C2*

Villedieu, une des villes les plus anciennes de Normandie, est spécialisée depuis le XIIIe s dans l'industrie du cuivre, de l'étain et la fonderie de cloches. C'est le martelage dû à leur activité qui valut d'ailleurs à ses habitants d'être appelés les Sourdins. Rabelais rapporte que les poêliers de Villedieu participèrent à la fabrication d'un réchauffoir à bouillie pour Pantagruel. La ville échappa aux bombardements de 1944.

Aujourd'hui, si les Sourdins ne confectionnent plus guère de poêles ou services, les activités de dinanderie se sont tournées vers la fabrication d'objets et ustensiles « décoratifs ». C'est un peu le « Lourdes » de l'étain et du cuivre. Si l'on oublie le mauvais goût d'une partie de la production, la visite des musées et des ateliers de Villedieu se révèle extrêmement enrichissante. D'ailleurs, comparée à d'autres petites cités de même importance, Villedieu possède une animation touristique tout à fait inhabituelle, même si celle-ci s'est amoindrie depuis que l'A 84 « ignore » la ville (avant celle-ci, Villedieu était un carrefour routier important sur la route du Mont-Saint-Michel et de la Bretagne). Prévoir au moins une journée (en courant) pour tout voir.

UN BASTION DE CHEVALIERS

Depuis le XIIe s, Villedieu-les-Poêles entretient un lien étroit avec les chevaliers hospitaliers. Ces ancêtres des chevaliers de l'ordre de Malte ont hérité de ce territoire grâce au roi Henri Ier. Du fait de cette tutelle, les habitants sont dispensés de payer l'impôt. Tous les quatre ans, lors de la Fête-Dieu (60 jours après Pâques), la plus ancienne commanderie accueille les chevaliers de l'ordre pour le Grand Sacre (2012).

Adresse et infos utiles

Office de tourisme : *pl. des Costils. ☎ 02-33-61-05-69. • ot-villedieu.fr • Avr-sept, tlj 9h30-12h30, 14h-18h ; oct-mars, lun-sam 9h30-12h, 14h-17h30.* L'architecture de ce bâtiment récent posé tel un ovni sur la grande place du marché surprend. En réalité, le choix du laiton pour la couleur et la forme ovale symbolisent l'art local. Dans ce nouvel écrin l'office abrite un espace muséographique consacré aux métiers d'art « association Villedieu made », vitrine de la diversité des savoir-faire dans la baie (ferronnerie, dinanderie, ébénisterie) et des créations contemporaines. Nombreuses brochures sur la région.

– ***Grand marché :*** *mar mat.*

Où dormir ? Où manger ?

Camping

Camping Les Chevaliers : *2, impasse du Pré-de-la-Rose. ☎ 02-33-61-02-44. • contact@camping-deschevaliers.com • camping-deschevaliers.com • ♿ Ouv d'avr à mi-oct. Compter 20,90 € pour 2.* Camping planté au bord de la Sienne, au milieu d'un quartier résidentiel. Fleuri, partiellement ombragé, propre, il offre des emplacements de bonne taille, délimités par des haies. Location de quelques bungalows et chalets pour 2-6 personnes, impeccables mais regroupés dans un petit coin un peu terne. Tennis et piscine à proximité. Accueil souriant.

Bon marché

Crêperie du Bocage : *10, rue du Général-Huard. ☎ 02-33-51-53-93. Dans le haut de la rue principale. Ouv tlj pdt vac scol et en saison ; fermé jeu et le soir lun-mer en basse saison. Congés : janv. Menu 6,50 € (une crêpe complète + une sucrée) ; env 15 € à la carte. Wifi. Café offert sur présentation de ce guide.* Une petite crêperie-saladerie à l'atmosphère chaleureuse. Accueil charmant, et crêpes de bonne tenue à prix raisonnables.

De prix moyens à chic

Hôtel Saint-Pierre : *12, pl. de la République. ☎ 02-33-61-00-11. • st.pierre.hotel@wanadoo.fr • st-pierre-hotel.com • ♿ Resto fermé dim soir hors saison. Congés 26 fév-12 mars. Selon saison, doubles 46-51 € dans la bâtisse principale. Menus 12,95-29,50 €. Parking. Internet.* Des couloirs étroits, sombres, mais des chambres de bonne tenue. Toutes assez coquettes, certaines classiques et d'autres plus fraîches, parquetées et à la déco épurée. Dans la maison voisine, 3 très belles chambres design un peu plus chères. Le resto quant à lui propose une honnête cuisine de terroir. Bon accueil.

Le Fruitier : *3, rue Jules-Ferry/pl. des Costils. ☎ 02-33-90-51-00. • hotel@le-fruitier.com • le-fruitier.com • ♿ En plein centre-ville, face à l'office de tourisme. Resto fermé dim soir, lun midi et jeu midi hors saison et 21 déc-15 janv. Selon confort et saison, doubles 55-97 €. Formule rapide 17 € (midi en sem) ; menus 26-34 €. Wifi. Garage payant. Réduc de 10 % sur la chambre privilège (15 nov-15 mars), non cumulable, sur présentation de ce guide.* Un établissement moderne aux chambres contemporaines joliment arrangées et spacieuses. 2 restos : d'une part, salle à manger colorée, avenante et lumineuse ; cuisine régionale soignée (belle carte de poissons notamment). D'autre part, une brasserie, *La Poêle de Gargantua,* aux couleurs pop, propre à réveiller les petites fringales (tartines, grandes salades et plats cuisinés tout simples). Pour les rêves de repos et luxe absolu, la maison vient d'ouvrir une superbe annexe de 3 suites (niveau 4 étoiles) avec vue sur la campagne et piscine à quelques rues de là.

Où dormir ? Où manger dans les environs ?

Prix moyens

Normandy Inn : *chez Mr Smithson et Mr Hogg, Le Val-Borel, 50410* ***Montbray.*** *☎ 02-33-90-76-23. • chillout@normandy-inn.com • normandy-inn.com • À env 15 km de Villedieu ; prendre la D 975 (direction Pont-Farcy), puis la D 58 vers Montbray ; sur la D 553, direction Pont-Farcy. Double 60 €, petit déj inclus ; familiales (3-5 pers) 75-110 €. Wifi.* Perdu dans un ravissant paysage vallonné et tenu par Steve et Kevin, 2 adorables Anglais. Dans l'ancienne grange restaurée, 4 chambres de belle taille et fort joliment aménagées. Ensemble frais, lumineux, épuré. Salle commune et cuisine à disposition ainsi que le barbecue et les tables de pique-nique disposées dans le délicieux jardin. Une oasis de paix et d'harmonie en compagnie des chèvres, des chats, du chien...

Les Bruyères : *50420* ***Gouvets.*** *☎ 02-33-51-69-82. • contact@lesbruyeresrestaurant.com • Sur la D 975 (direction Caen), à 12 km de Villedieu. Accès possible par l'aire de service « Vallée de la Vire » sur l'A 84 (entre les sorties nos 38 et 39), s'y garer et prendre le chemin piéton. Fermé lun soir, mar et le soir mer, jeu, dim hors saison ; lun, mar et dim soir en saison. Menus 12-15 € (midi en sem) et 20-28 €. Café offert sur présentation de ce guide.* En bord de route, dans une construction récente. L'accueil, l'atmosphère printanière et surtout l'excellent rapport qualité-prix méritent bien le déplacement. Les tripes à la mode de Caen sont la spécialité, mais le menu est renouvelé toutes les semaines selon les arrivages du marché. On a particulièrement aimé l'assortiment de pâtisseries au dessert... criminellement bon.

Auberge du Mesnil-Rogues : *1, rue de l'Auberge, 50450* ***Le Mesnil-Rogues.*** *☎ 02-33-61-37-12. À 17 km de Villedieu par la route de Granville (D 924), puis par la D 207. Dans le bourg. Fermé lun, mar soir, plus dim soir hors saison. Résa impérative. Formules 10-11 € le midi en sem. Menus 19,50-37 €. Café offert sur présentation de ce guide.* Une sympathique auberge de campagne, dans un ancien presbytère, au cœur d'un paisible village. Le décor n'a rien de sensationnel, mais qu'importe, on vient là pour la viande grillée au feu de bois (entrecôte, carré d'agneau et surtout le cochon de lait) et les superbes assiettes de terroir (poêlée d'andouille sur lit de pommes de terre, magret de canard sauce camembert). Hautement roboratif ! Au beaux jours, tables et jeux d'enfants dans le jardin. Et pour finir, un accueil tout doux.

Où acheter de bons produits ?

La Cour du Paradis : *40 et 44, rue du Docteur-Havard. ☎ 02-33-50-54-66. Juin-sept, tlj 9h-20h. Oct-mai, lun-sam 9h30-19h30 ; dim 10h-13h30, 14h30-19h. Fermé mer en hiver.* Dans une bien vieille maison, une intéressante sélection de produits fins (à boire, à manger, à poser à côté de la télé...) de la région et d'ailleurs dans une ambiance d'épicerie d'autrefois.

À voir. À faire

L'église Notre-Dame : construite en 1460 dans le plus pur style gothique flamboyant. Superbe clocher.

À l'intérieur, nef basse avec d'énormes piliers et une atmosphère sombre favorable à la méditation. Remarquable mobilier : dans le chœur, joli tabernacle en bois doré du XVIIIe s. Magnifique devant d'autel figurant des anges avec encensoirs, corbeilles de fruits et de fleurs. À gauche du chœur, fonts baptismaux du XVe s en granit. Tout autour, une exquise broderie chinoise en soie. Vierge à l'Enfant en pierre. À droite du chœur, belle statuaire de 1656. Petit autel bricolé avec des devants de stalles.

Dans le chœur, lutrin en forme d'aigle du XVIIe s. À côté, lampe du sanctuaire en cuivre repoussé du XVIIIe s, œuvre d'un artisan de la ville. Dans le transept droit, intéressante statuaire là aussi. Sur l'autel, à droite, sainte Barbe, patronne des fondeurs, des plombiers, des pompiers et des artilleurs (les arts du feu). Dans le transept gauche, belle chaire de 1683.

Derrière un pilier (près de la porte latérale), statue polychrome de Notre-Dame de Pitié (de la fin du XVe s). Vénérée par les fidèles de la région, elle frappe par la disproportion du corps du Christ. Probablement pas une *pietà*, mais une Vierge à l'Enfant dont l'avenir est déjà symboliquement représenté : notez la tête de mort dans les plis de la robe !

LES ÉGLISES AUSSI PEUVENT AVOIR LE CHŒUR À GAUCHE !

L'église Notre-Dame possède un curieux détail de construction : le chœur part vers la gauche. C'est une caractéristique que l'on trouve dans certaines églises et qui symboliserait la tête penchée du Christ sur la croix (ou alors l'architecte avait trop bien arrosé l'achèvement du transept !).

La fonderie des cloches Cornille-Havard : *rue du Pont-Chignon. ☎ 02-33-61-00-56. • cornille-havard.com • À deux pas de l'église (bien indiqué). Ouv des vac de fév aux vac de la Toussaint, mar-sam 10h-12h30, 14h-18h ; de mi-juil à fin août, tlj 9h-18h ; départ de la dernière visite guidée (obligatoire) à 17h30. Entrée : 5,50 € ; réduc ; gratuit moins de 6 ans.*

Visite à ne pas manquer, pour tous ceux qui apprécient la noblesse des vieux métiers et pour tous les amateurs d'archéologie industrielle en général ! Visite en outre exceptionnelle vu le très faible nombre de fonderies de cloches en France (il n'en reste plus que trois). Celle-ci a été brillamment reprise en main en 1981 par un couple de passionnés. La fonderie peut se vanter d'avoir à son palmarès récent de fort belles cloches : le premier bourdon du nouveau millénaire pour la cathédrale de Bayonne, celle du château de Vincennes, celles moins imposantes du lycée Louis-le-Grand, à Paris, ou, dans un autre genre, celles du sous-marin nucléaire *Le Triomphant* et du porte-avion *Charles-de-Gaulle.* L'heure semble être à la revalorisation du patrimoine, et c'est tant mieux : les mairies redécouvrent l'importance d'un bon « son de cloche » pour la cohésion des villageois...
En tout cas, la maison Cornille-Havard a le goût des traditions artisanales. Cet atelier, construit en 1865, a quasiment conservé son aspect d'origine. Ce qui donne un cachet, un certain charme même à la visite (sol en terre battue, pont roulant en bois, outils traditionnels en cuivre). La maison possède en outre plus de deux siècles d'expérience (plus neuf siècles de tradition). Essayez d'effectuer la visite en semaine pour admirer le travail des compagnons-fondeurs (si vous arrivez au bon moment), pour les voir « mouler au trousseau » d'énormes cloches à partir d'argile, de poil animal et de crottin de cheval. Imposant four-réverbère à double voûte de 20 tonnes. Également pittoresques : les fosses à mouler, l'immense balance romaine (fléau long de 4 m !), les bois sculptés pour les décors en cire. Les planches de hêtre destinées à devenir gabarit de troussage doivent sécher plus de 10 ans !
Aujourd'hui, une quinzaine de cloches de plus de 500 kg sont fabriquées chaque année. Autres productions de l'atelier : les paratonnerres, coqs de clocher, plaques commémoratives en bronze, médaillons en bas-relief, et aussi une réplique des canons du *Bounty,* de la *Liberty Bell* de Philadelphie, etc. Boutique à « prix d'atelier ». Avant de repartir, les enfants (ainsi que les grands !) pourront jouer « Frère Jacques » ou « Le bon roi Dagobert » sur de petites cloches à l'aide d'un maillet ou s'effrayer gentiment en sonnant une cloche de plus d'une tonne dans la cour.

Le musée du Meuble normand : *9, rue du Reculé. ☎ 02-33-61-11-78. ♿ (rdc slt). Ouv d'avr à mi-nov, 10h-12h30, 14h-18h30 (18h avr et oct-nov) ; fermé lun mat ; ouv dim ap-m de mi-juin à mi-sept. Entrée : 4 € ; réduc ; gratuit moins de 10 ans. Possibilité de billet jumelé avec le musée de la Poeslerie et la maison de la Dentellière : 5 €.*
Intéressant musée sur l'artisanat normand exposant plus de 150 meubles du XVe au XIXe s. Reconstitution de deux pièces de la moitié du XVIIIe s : l'une du pays coutançais, l'autre de Crèvecœur-en-Auge. Beaux coffres (seule richesse des domestiques), armoire de sabotier sculptée en creux de 1829. Le ciselage du bois rappelle parfois l'art indien.
Au 1er étage, belles armoires de mariage, notamment de Bayeux (XVIIIe s) et de Montebourg, intérieur paysan du pays d'Auge, buffet de Vire et, un autre, offert par le marié (avec un cœur), superbe coffre Renaissance à pilastres et coffre gothique du XVe s avec décor à plis de serviette, meubles vitrés pour montrer les faïences et le linge. Ceux qui ont visité l'abbaye d'Hambye retrouveront ici les toiles peintes que l'on accrochait à l'intérieur des lits-alcôves.

Le musée de la Poeslerie et la maison de la Dentellière : *cour du Foyer, 25, rue du Général-Huard. ☎ 02-33-69-33-44. Mêmes horaires et tarifs que le musée du Meuble normand.*
Très intéressant musée situé dans la cour du Foyer, là même où se travaillait le métal et où se développa l'industrie de la poêle durant des siècles. Aujourd'hui, cette cour n'a pratiquement pas changé d'aspect. Notez les escaliers extérieurs (pour gagner de la place). Projection d'un film vidéo expliquant les techniques de travail du cuivre, puis visite d'un ancien atelier. Vous y découvrirez d'abord les outils en bois (orme et buis) servant à marteler le cuivre et le « brisoir » (réservé aux femmes), qui cassait le cuivre en morceaux pour l'envoyer à la fonte. Vieille forge, souf-

flet, expo d'alambics, etc. Chaque marteau donnait un son différent. Un ouvrier pouvait ainsi, de l'extérieur, déterminer exactement l'objet que l'on fabriquait. À la longue, beaucoup de travailleurs devenaient fatalement sourds.
Au 1er étage, expo de vieux cuivres : turbotières, curieux couverts à deux têtes (pour gagner du métal), cuillères à bouillie personnelles (qu'on gardait toute sa vie). Notez que la façon de manger donnait au fil des années une forme particulière à la cuillère ! Vous trouverez aussi des « cannes à lait » (pour traire les vaches), bassinoires, chauffe-eau, fontaines d'appartement, girouettes, etc.
Section consacrée à la dentelle, l'une des grandes activités de Villedieu. Production de la ville reconnaissable aux motifs en trèfles, roses et marguerites. Vieilles photos de « troupeaux de dentellières ». Anciens métiers, fuseaux servant à leur art. Surplis d'enfants de chœur, coiffes, mouchoirs-bavoirs, corsages, parures de drap donnent un aperçu des nombreuses applications de la dentelle.

La maison de l'Étain : *15, rue du Général-Huard. ☎ 02-33-51-05-08. Mai-sept, lun-sam 9h-12h, 13h30-17h30 ; visite ttes les heures en juil-août. Mai, juin et sept, mar-sam visites à 11h, 15h et 16h30. Mars-avr et oct, 13h30-17h30 (visite sur rdv). Fermé le reste de l'année. Entrée : 5 € ; réduc. Possibilité d'acheter un billet jumelé avec l'atelier du Cuivre : 9 €. Les enfants ne paient que le billet du 1er musée visité (commencez donc par la maison de l'Étain...).* Au 1er étage de la plus vieille maison de Villedieu, une vidéo et un petit musée content l'histoire de l'industrie de l'étain, présentant la façon dont on le travaillait autrefois et les outils utilisés (nombreux moules). La visite se termine par l'atelier où l'on voit les artisans au travail.

L'atelier du Cuivre : *54, rue du Général-Huard. ☎ 02-33-51-31-85. Tlj sf dim 9h-12h, 13h30-17h30 ; départ de la dernière visite accompagnée (obligatoire) 45 mn avt. Entrée : 5,20 € ; réduc ; billet jumelé avec la maison de l'Étain : 9 € ; les enfants ne paient l'entrée que dans le 1er musée visité.* L'un des plus anciens ateliers du cuivre de Villedieu encore en activité. La visite commence par la projection d'un film d'une vingtaine de minutes puis vous observerez dans l'atelier le savoir-faire des artisans locaux sur la fabrication d'objets courants ou décoratifs (moins de personnel le samedi, donc moins d'activité).

➢ ***Balade dans la ville :*** à faire de bonne heure pour être tranquille. Découvrir surtout les anciennes petites cours et les passages étroits coupant la *rue du Docteur-Havard* (la principale rue piétonne). Au *n° 41,* adorable petite cour de la Luzerne. Au *n° 42,* élégante demeure aristocratique avec fenêtres à accolade et à meneaux. Au *n° 81,* un porche voûté mène à la cour des Hauts-Bois. Au *n° 83,* maison avec des fenêtres à encadrement en pierre. Au *n° 87,* cours Bataille et de l'Enfer. Au *n° 17, rue du Général-Huard,* long passage voûté pour parvenir à la cour des Moines, toute fleurie. Au *n° 25,* la cour du Foyer (qui abrite le musée de la Poeslerie). Ne pas manquer la jolie petite place du Pussoir-Fidèle sur laquelle se trouve un atelier de souffleur de verre.

DANS LES ENVIRONS DE VILLEDIEU-LES-POÊLES

Le parc zoologique de Champrépus : *à 8 km à l'ouest de Villedieu, sur la route de Granville. ☎ 02-33-61-30-74. • zoo-champrepus.com • Avr-sept, tlj 10h-19h ; mars et oct, slt les w-e 11h-18h ; et pdt les vac scol de la Toussaint, tlj 11h-18h. Fermé nov-janv. Attention, fermeture de la billetterie 2h avt fermeture du parc. Entrée : 13,60 € ; réduc ; tarifs préférentiels pour les internautes. Pour nos lecteurs, 1 € de réduc sur présentation de ce guide. Prévoir 2h30 de visite.* Fondé en 1957 grâce à la passion de Lucien Lebreton, ancien agriculteur et grand-père des actuels propriétaires, ce parc animalier est aujourd'hui l'une des plus belles attractions du genre dans le département. Loin du concept du zoo-exhibition, la philosophie de la famille Lebreton est de favoriser le bien-être de ses hôtes et de contribuer à la préservation d'espèces en voie d'extinction. Ainsi, ce très joli parc paysager de

7 ha accueille une cinquantaine d'espèces animales, domestiques ou exotiques, à travers plusieurs espaces ponctués de panneaux pédagogiques et informatifs vraiment bien faits. Un certain nombre de ces espèces participe à un programme d'élevage en vue de leur conservation : baudets du Poitou, ânes du Cotentin, moutons d'Ouessant, qui peuplaient autrefois nos campagnes françaises, mais aussi oryx d'Arabie, tigres de Sumatra, panthère de Perse, babiroussa des îles Célèbes, lémuriens de Madagascar sont quelques-uns de ces hôtes particulièrement choyés. Et ils se sentent visiblement fort bien ici, vu le nombre de naissances enregistrées. Il faut dire que les guépards, tigres, zèbres, chimpanzés, yacks, lamas, et autres perroquets évoluent dans un cadre proche de leur milieu d'origine et d'une rare qualité. Dans quelques parties du parc, on passe même au milieu des animaux en liberté (les chèvres naines, les lémuriens). Ne pas manquer enfin, d'avril à fin septembre les différentes animations (goûter des lémuriens, des loutres ou des girafes). Bref, une vraie réussite ! Le zoo soutient également des ONG pour la préservation des girafes au Niger et des lémuriens à Madagascar.

Possibilité de se restaurer sur place au ***Kalahari*** *(avr-sept, 12h-14h30)* ou à la sandwicherie ***Krokus*** *(juil-août, 12h-18h)* et nombreux abris pique-nique.

GRANVILLE (50400) 13 500 hab. *Carte Le Sud de la Manche, B2*

Troisième ville du département, port de pêche, port de commerce, port de plaisance et célèbre plage, c'est aujourd'hui l'un des poumons économiques de la Manche. La haute ville s'étire spectaculairement sur son promontoire rocheux et offre une superbe balade tout au long de ses vieilles demeures de granit. Pour ajouter la culture à l'esthétique, des musées intéressants devraient achever de vous convaincre de ne pas manquer Granville...

UN PEU D'HISTOIRE

Personne n'est vraiment sûr de l'origine viking de Granville, aussi nous rabattrons-nous sur ce qui ne fait aucun doute, c'est-à-dire la création de la ville par les Anglais au XVe s pour surveiller le Mont-Saint-Michel (toujours pas conquis). Essor économique reposant sur la pêche à la morue, la guerre de course et... la pêche aux huîtres. La ville basse fut d'ailleurs édifiée sur une montagne de coquilles. Armateurs et corsaires se firent élever de beaux hôtels particuliers. En 1793, la ville fut républicaine et résista aux milliers de Vendéens dirigés par La Rochejaquelein. L'activité des terre-neuvas cessa en 1930. C'est le tourisme qui prit alors le relais. Dans la seconde moitié du XIXe s, les bains de mer de Granville étaient renommés, et une ligne de chemin de fer fut même construite pour y conduire les vacanciers. Michelet, Stendhal, comme toujours amoureux, et Victor Hugo ne furent pas les derniers à apprécier la station.

INCROYABLE MAIS VRAI !

Granville fut libérée le 31 juillet 1944 par Patton. Pourtant, dans la nuit du 8 au 9 mars 1945, un déluge d'obus s'abattit sur le port, causant de sérieux dégâts aux bateaux et aux installations portuaires. On dénombra une vingtaine de morts ! On avait oublié la garnison allemande basée à Jersey. Fortement équipée, elle s'inventa son petit débarquement, avec bateaux, péniches de commandos, chalutiers armés... Les Allemands n'y laissèrent que six tués et repartirent avec un cargo chargé de charbon et plusieurs GI's *prisonniers.*

Aujourd'hui, outre le tourisme, la ville perpétue sa vocation maritime grâce à la pêche côtière et possède un certain nombre de petites industries, ainsi qu'une petite activité de port de commerce (liaisons avec les îles Anglo-Normandes et les îles Chausey). D'ailleurs, un gros projet de réaménagement du port, qui permettra de mieux gérer et exploiter ces activités, est en cours.

Arriver – Quitter

En car

Gare routière *(plan D2) : av. de la Gare. Liaisons assurées par* ***VTNI.*** *☎ 02-33-50-77-89. • mobi50.com •*
➢ ***Pour Avranches*** (via Saint-Pair, Jullouville, Carolles, Saint-Jean-le-Thomas, Genêts, Vains) ***et le Mont-Saint-Michel*** : 6 départs/j. pour Avranches et 1 départ/j. en juil-août (également mer en avr et juin) pour le Mont-Saint-Michel.

En train ou car SNCF

Gare SNCF *(plan D2) : rens et résas au ☎ 36-35 (0,34 €/mn). • ter-sncf.com/basse_normandie •*
➢ ***Caen-Saint-Lô-Coutances-Pontorson (Mont-Saint-Michel)-Rennes :*** 2-5 départs/j. en sem et 2-3/j. le w-e ; autres liaisons entre Saint-Lô et Granville, avec changement à Coutances (une partie en train et l'autre en car TER).
➢ ***Pour Argentan, L'Aigle et Paris-Montparnasse*** (par Villedieu, Vire, Flers, Argentan) **:** 4-6 départs/j.

En bateau

➢ ***Pour les îles Chausey :*** voir la rubrique « Comment y aller ? » plus bas.
➢ ***Pour les îles Anglo-Normandes (Jersey, Guernesey et Sercq) :*** *avec la compagnie* ***Manche Îles Express.*** *Rens et résas : ☎ 0825-131-050 (0,15 €/mn). • manche-iles-express.com • La ligne fonctionne tlj avr-sept, le w-e et les vac scol oct-mars slt vers Jersey ; horaires variables selon les marées. Tarifs sur la base d'un aller-retour dans la journée : 39 € adulte ; réduc.* Nombreuses formules intéressantes : de l'aller simple à l'aller-retour en séjour, offre spéciale famille... Avec les navires à grande vitesse *Marin Marie* et *Victor Hugo*. À partir de 1h de traversée.

Adresse et infos utiles

Office de tourisme *(plan C2) : 4, cours Jonville (BP 621). ☎ 02-33-91-30-03. • ville-granville.fr • Lun-sam 9h-12h30, 14h-18h (17h30 hors saison) ; juil-août, 9h-18h30, dim et j. fériés 10h-17h30. Visite de la ville à pied en juil-août à 15h jeu-sam, sans rdv.* Bonne doc sur la ville et ses environs.
– ***Marchés :*** *petit marché mer mat, pl. du 11-Novembre-1918 (quartier Saint-Nicolas) et surtout sam mat, cours Jonville.*

Où dormir ?

Camping

Camping La Vague *(hors plan par D3,* ***10****) : 126, route de Vaudroulin, plage Saint-Nicolas. ☎ 02-33-50-29-97 et 02-33-51-83-77. • camping-la-vague.com • À l'entrée de Granville-Saint-Nicolas, à 2 km du centre, vers Saint-Pair. Ouv mai-sept. Forfait 23,50 € pour 2.* En retrait de la route, entouré d'arbres, un beau site bien domestiqué avec ses emplacements délimités par de hautes haies et ses allées goudronnées. Seule une partie du site est bien (et joliment) ombragée. Ambiance familiale et ensemble bien tenu.

De bon marché à prix moyens

Auberge de jeunesse *(plan C3,* ***11****) : dans le* Centre régional de nautisme, *bd des Amiraux (port du Hérel). ☎ 02-33-91-22-60. • crng50.valerie@wanadoo.tr • crng.fr • Fermé dim soir nov-fév. Congés : vac de Noël. Pour les non-adhérents, 20-30 €/pers selon type de chambre ; petit déj 5 € en sus, draps 4,90 €. Possibilité de repas sur résa 11,50 €. Un petit déj/pers et par nuit offert sur présentation de ce guide.* Fort

Adresse utiles

Office de tourisme

Où dormir ?

10 Camping La Vague
11 Auberge de jeunesse
12 Hôtel Le Michelet
13 Le Logis du Roc
15 Hôtel des Bains

Où manger ? Où boire un verre ?

21 La Bidouille
22 Bar-brasserie Le Rocher
23 Mer et Saveurs

Où acheter des gourmandises ?

25 Un Poil Goumand
26 La Chocolathèque

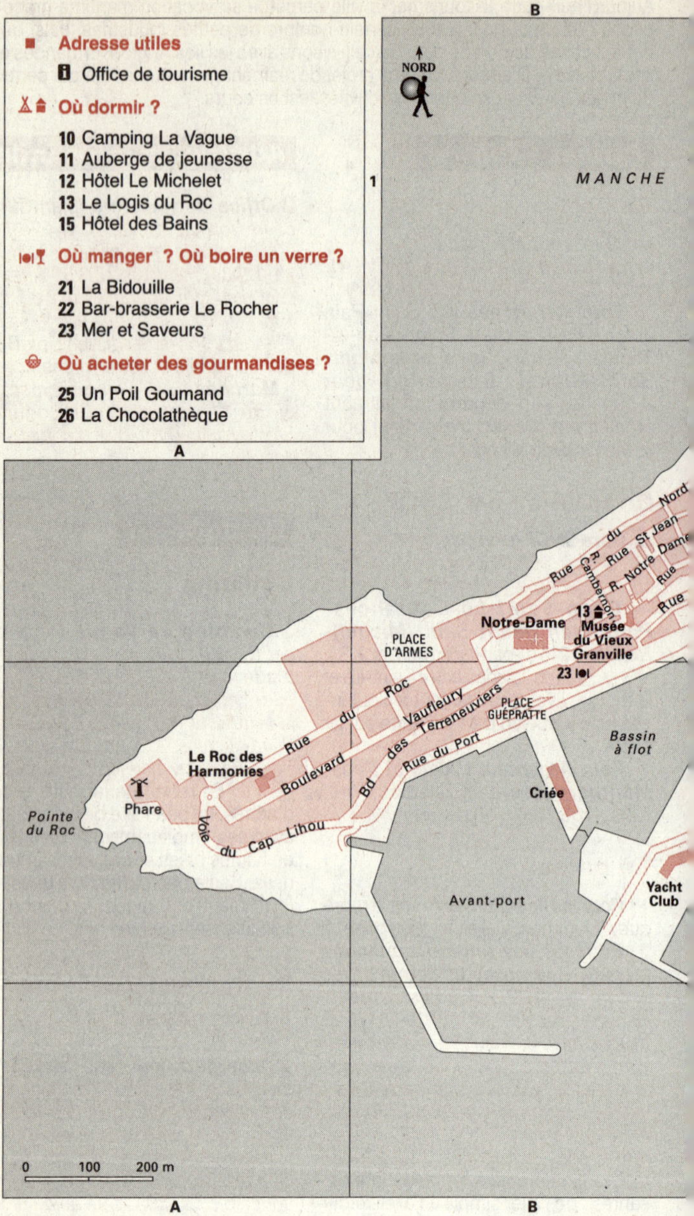

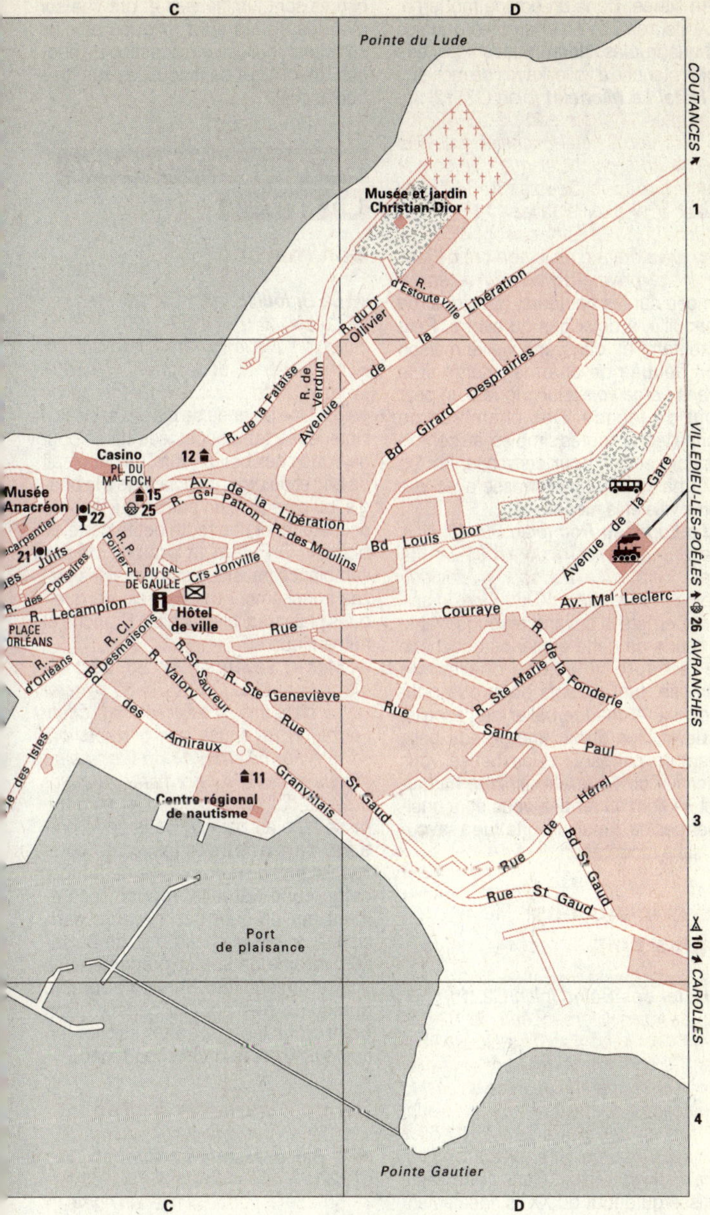
C
D
Pointe du Lude
COUTANCES
1
Musée et jardin
Christian-Dior
R. d'Estoute Ville
R. du Dr Ollivier
Avenue de la Libération
R. de la Falaise
R. de Verdun
Bd Girard Desprairies
Casino
PL. DU MAL FOCH
12
15
25
22
Musée
Anacréon
Av. de la Libération
R. Gal Patton
R. des Moulins
Bd Louis Dior
Avenue de la Gare
VILLEDIEU-LES-POÊLES
26
AVRANCHES
21
Juifs
R. des Corsaires
R. P. Poirier
PL. DU GAL DE GAULLE
Crs Jonville
Hôtel
de ville
R. Lecampion
PLACE
ORLÉANS
R. d'Orléans
R. Cl. Desmaisons
Rue Couraye
Av. Mal Leclerc
R. de la Fonderie
R. Ste Marie
R. St Sauveur
R. Valory
R. Ste Geneviève
Rue Saint Paul
Bd des Amiraux
Rue Granvillais
Rue St Gaud
Hérel
Rue de Bd St Gaud
Rue St Gaud
11
Centre régional
de nautisme
3
Port
de plaisance
10
CAROLLES
4
Pointe Gautier

GRANVILLE

bien située. Dans un édifice moderne, 160 lits, répartis en chambres doubles ou quadruples. Nombreuses activités : voile, planche à voile, kayak de mer, etc.

Hôtel Le Michelet *(plan C2,* ***12****) : 5, rue Jules-Michelet. ☎ 02-33-50-06-55. • contact@hotel-michelet-granville.com • hotel-michelet-granville.com • Fermé dim ap-m. Doubles 30-34 € avec lavabo et w-c sur le palier, 47-60 € avec douche ou bains selon saison. Wifi. Parking privé gratuit, mais nombre de places limité (premier arrivé, premier servi).* Un peu sur les hauteurs, dans une rue tranquille, à deux pas du centre. Petit hôtel familial, dans une vieille maison non dénuée de charme, même si le *Grand Large* voisin lui grignote un petit bout de façade. Des chambres de bonne tenue, toutes simples, au confort variable et qui, pour certaines, ont un petit balcon ou une terrasse avec vue sur la ville et la mer au loin.

Le Logis du Roc *(plan B2,* ***13****) : 13, rue Saint-Michel. 06-18-35-87-42. • eric.perotin@wanadoo.fr • lelogisduroc.com • Doubles 50-60 € selon saison.* Derrière la devanture rougeoyante et fleurie de cette ancienne boucherie de la haute ville, une charmante adresse, tant pour la déco que pour l'accueil. À chaque palier de l'escalier raide et bien étroit, une grande belle chambre, pimpante et lumineuse, vous attend. Confort et atmosphère harmonieuse sont au rendez-vous et, à quelques pas de la maison, une vue à savourer sans modération...

De prix moyens à plus chic

Hôtel des Bains *(plan C2,* ***15****) : 19, rue Georges-Clemenceau. ☎ 02-33-50-17-31. • contact@hoteldesbains-granville.com • hoteldesbains-granville.com • ♿ (2 chambres). Face au casino et au centre de thalasso. Selon saison, confort et vue, doubles 57-101,50 € (voir aussi les offres spéciales sur le site). Wifi. Parking payant.* Dans cette vaste bâtisse du début du XXe s, idéalement placée, chambres de bon confort. Parties communes assez anonymes, mais déco des chambres plus élégante même si elle paraît vieillissante. Les plus chères sont lumineuses et ont vue sur mer, les autres sont exiguës et plus sombres. Tout est une question de budget, donc. Mais dans tous les cas, très bon accueil.

Où manger ? Où boire un verre ?

Bon marché

La Bidouille *(plan C2,* ***21****) : 93, rue des Juifs. ☎ 02-33-50-18-47. Fermé dim midi, plus le soir et lun hors saison. Formule déj 12,50 € ; menu 16,50 €. Digestif offert sur présentation de ce guide.* Une poignée de places assises à l'intérieur, 2 tables coincées sur un bout de trottoir aux beaux jours, un décor fait de bric et de broc, un éclairage à la bougie (ou presque), un patron qui joue les animateurs et une toute petite carte de bistrot. On vient là pour le décor, l'ambiance (musique sympa) et les pizzas franchement délicieuses, ou quelques plats tradi bien ficelés. Branché et authentique !

Mer et Saveurs *(plan B3,* ***23****) : 49, rue du Port. ☎ 02-33-50-05-80. • meretsaveurs@hotmail.fr • En face de la criée. Fermé lun tte l'année, plus dim soir hors saison. Formule déj 13,50 € en sem ; menus 24-29 €. Kir normand offert sur présentation de ce guide.* La petite terrasse face au parking de la zone portuaire n'a rien de très engageant. Toutefois il serait bien dommage de bouder cette jeune adresse, reprise récemment par un chef de la région parisienne. Intérieur chaud, fait de boiseries, cuisine de la mer préparée avec soin et inventivité. Service adorable quoiqu'un peu pousse conso... Bon point pour les gougères servies en apéro et le copieux café gourmand.

De prix moyens à chic

Bar-brasserie Le Rocher *(plan C2,* ***22****) : 2, pl. du Maréchal-Foch. ☎ 02-33-50-16-41. Fermé dim (et lun hors saison) ainsi que le 1er mai. Congés : 2 sem de fin juin à début juil et 2 sem de fin déc à début janv. Formule déj 12,50 € ; carte 35-40 €.* Dans le rocher, la devanture teintée de cette brasserie de gastronome ne donne pas forcément envie de pousser la porte et pourtant... La lecture de la petite carte fraîche et inventive, sur le mur-ardoise, provoque quelques frémissements de palais... et même le hamburger (et ses frites maison) finit par vous tenter (certes, les prix calment quelque peu votre enthousiasme...). Dans cette maison à la déco tendance, le chef inspiré mêle saveurs classiques et plus exotiques, et, surtout, il travaille des produits de toute fraîcheur. Petite carte de vins peu connus mais dûment sélectionnés. Pour un simple verre ou l'apéro, que diriez-vous d'un punch aux agrumes et pain d'épice ?

Où dormir ? Où manger dans les environs ?

***Chambres d'hôtes Le Vieux Presbytère** : chez Marie-Jane et Roger Aime, 50320 **Saint-Jean-des-Champs**. ☎ 02-33-51-81-16. À 8 km à l'est de Granville, par la D 924 puis à droite la D 151 ; dans le village, 2e rue à droite après la boulangerie (vers le stade), puis à gauche après le stade. Fermé de fin oct à mi-avr. Doubles à partir de 50 € selon confort (sdb privée ou commune).* De grandes chambres meublées à l'ancienne et d'humeur campagnarde, dans un corps de ferme qui accueillit autrefois un presbytère. Les chambres se trouvent dans les anciennes écuries (dont on a conservé les portes très basses). Accueil aussi nature que le cadre.

***L'auberge des Casse-croûtes** : 2, rue de l'Église, 50290 **Bréville-sur-Mer**. ☎ 02-33-91-91-83. Au nord de Granville, accès par la D 971 puis la D 135 ; au 2e rond-point en arrivant dans Bréville. Tlj sf mer (plus mar soir et sam midi hors saison). Menu le midi 10,80 € ; carte 20-25 €.* Dans une maison qui ne paie pas de mine, en bord de route. Un intérieur chaleureux, entre auberge de campagne et pub. Au menu, des plats simples, plutôt traditionnels, bien préparés et qui tiennent au corps.

***Le Logis d'Équilly** : 50320 **Équilly**. ☎ 02-33-61-04-71. • contact@lelogisdequilly.fr • lelogisdequilly.fr • À env 15 km de Granville. Sur la D 924, direction Villedieu-les-Poêles, prendre la D 7 vers Mesnil-Rogues et Gavray, puis très vite à gauche, vers Équilly. Fermé 24 déc-1er janv. Double 90 € ; 4 pers 150 €. Gîte (5-6 pers) 380-550 €/sem selon saison. Table d'hôtes 25 €.* Cette seigneurie du XIIIe s a l'ambiance et l'élégance des grandes demeures (escaliers de pierre et cheminées qui en imposent, grand parc avec plan d'eau), mais elle a aussi conservé son caractère rustique et médiéval. La suite, avec 2 chambres séparées par la salle de bains, plaira aux familles ; la chambre de l'amiral, austère avec ses tapisseries murales et ses lambris de bois sombre, caressera votre ego (on se sent important dans un tel décor !) ; la 3e chambre, plus gaie et moins intimidante, conviendra mieux aux romantiques. Ici, ni spa ni TV écran plasma, on vient avant tout profiter d'une demeure de caractère peu à peu restaurée par ses accueillants propriétaires.

Où acheter des gourmandises ?

***Un Poil Gourmand** (plan C2, **25**) : 3, rue Georges-Clemenceau. ☎ 02-33-50-68-68. • unpoilgourmand.fr •* Que vous soyez un poil ou carrément gourmand, cette épicerie fine à l'ancienne vaut le coup d'œil. Conserves, vins, bonbons, « infusions des colonies », confitures, chocolats, biscuits... Il y a tant de choix qu'on ne sait plus où poser les yeux ! On y trouve notamment les petits sucres granvillais moulés dans des formes marines (coquillages...), fabriqués artisanalement par la société *Ercus* ou encore les petits biscuits de Sortoville-en-Beaumont. C'est le moment d'acheter une douceur pour belle-maman.

***La Chocolathèque** (hors plan par D2, **26**) : 189, route de Villedieu. ☎ 02-33-91-85-11. • yverchocolatier.com • Sur la D 924 en direction de Villedieu. Parking juste devant.* Jean-Louis Yver, maître chocolatier, a choisi les abords commerciaux de la ville pour installer son temple du chocolat. Pour commencer, et consommer utile, le musée : un espace pédagogique consacré à la saga du chocolat et à ses méthodes de fabrication à travers une sélection d'objets et petits films. Pour suivre, le vaste espace de vente, lieu de perdition ! On retrouve ces créations à *La Marquise de Presles* (26, rue Lampion).

À voir

La haute ville

Le musée du Vieux-Granville (plan B2) : *2, rue Lecarpentier. ☎ 02-33-50-44-10. Avr-sept, tlj sf mar 10h-12h, 14h-18h (18h30 en été) ; oct-mars, mer et w-e 14h-18h, et sur rdv. Fermé en janv. Entrée : 1,75 € (hors saison) et 2,70 € (en saison ; billet valable pour les expos temporaires de la halle au blé) ; réduc ; gratuit moins de 11 ans.*
Installé dans l'ancien logis du roi où habitait son représentant, le lieutenant général, et qui fut transformé, sous la Révolution, en maison commune. Témoignages du passé maritime de la ville : documents sur l'armement en course, « lettre de marque » de corsaire, contrat d'engagement d'équipage. Scènes de mer sur faïence, maquettes de bateaux, huiles, proue de navire, cuivres, meubles régionaux et granvillais.
– ***1er étage :*** une toile de Hambye (qui décorait les lits-alcôves), costumes granvillais et de Basse-Normandie, coiffes et bonnettes de deuil, de mariée. Superbes coiffes de Coutances, « frileuse », robes de baptême, bijoux (un bracelet et, sous une loupe, une curieuse croix faite de cheveux). Dentelles, blouses et gilets de paysans.
– ***2e étage :*** Granville, station balnéaire. Tenues de bain du début du XXe s, cartes postales, assiettes décorées. Lire l'affiche (aujourd'hui désopilante) de la « police de la plage et des bains de mer ». Petite section sur les activités de pêche. Dans un coin, près d'une fenêtre, un beau coffre de chirurgien.
– Exposition temporaire chaque été sur un thème maritime ou un sujet touchant à l'histoire de Granville, à la *halle au blé,* annexe du musée, située rue du Roc (près de la pointe).

La rue Lecarpentier (plan B-C2) **:** Lecarpentier fut le défenseur de la ville contre les Vendéens en 1793. Les grandes dalles des marches proviennent des anciens remparts. Noter les ruelles coupant à angle droit et permettant aux défenseurs de passer d'une muraille à l'autre rapidement. Beau panorama sur la ville basse. Arrivée place de l'Isthme. Table d'orientation. Escalier pour rejoindre le casino et la ville basse.

Le musée d'Art moderne Richard-Anacréon (plan C2) **:** *pl. de l'Isthme. ☎ 02-33-51-02-94. Juin-sept, tlj sf lun 11h-18h ; hors saison, mer-dim 14h-18h. Fermé janv. Entrée : 2,70 € ; réduc ; gratuit moins de 10 ans.* Un musée d'Art moderne tenant une place à part. Né grâce aux collections léguées par Richard Anacréon, l'un des plus grands libraires parisiens du XXe s, originaire de Granville. Il fut tout d'abord le grand ami de Colette, Paul Valéry et Claude Farrère, qui l'encouragèrent à ouvrir une librairie. Il côtoya alors dans sa boutique, *L'Originale,* toute l'élite intellectuelle et artistique de cette première moitié du siècle : Utrillo, Picasso, Léautaud, Cendrars, Cocteau, Prévert, Claudel, Dufy et tant d'autres. Dans le même temps, intuitif et collectionneur, il accumula les œuvres des uns et des autres, sollicitant dédicaces originales et dessins. Ainsi, aujourd'hui, visiterez-vous un étonnant chassé-croisé d'artistes et d'écrivains ayant chacun à leur manière parlé des autres peintres ou graveurs, et non une accumulation ordinaire d'œuvres. Quelques œuvres et artistes présentés de façon permanente comme André Derain, Marie Laurencin, Maurice de Vlaminck... Dessins, sculptures et aquarelles de Rodin et Bourdelle. Des expositions temporaires sont régulièrement organisées.

La rue Saint-Jean *(plan B-C2)* **:** continuation de notre itinéraire dans cette haute ville à l'architecture grise, dure, d'une austérité empreinte de noblesse. Peu d'ostentation dans la richesse chez les armateurs et corsaires ayant réussi « socialement ». Elle s'exprime seulement par la sobre élégance des façades et quelques détails architecturaux marginaux. Au *n° 105,* un curieux linteau *Vive Jésus* et *Marie Joseph 1672.* Vieilles venelles transversales, comme la rue Saint-Denis et ses bornes anti-carrosses. La rue Étroite mérite bien son nom. Les rues *Marché-au-Pain, des Plâtriers,* etc., témoignent des petits métiers qu'elles abritaient. Au *n° 45,* hôtel Ganne-Destouches. Élégante bâtisse de granit. On y arrêta en 1798 Destouches (immortalisé par Barbey d'Aurevilly dans *Le Chevalier des Touches*). Au *n° 39,* maison de Fortuné de Boisgobey, écrivain fameux au XIXe s pour ses romans-feuilletons. À côté, au *n° 37,* l'une des plus anciennes demeures de la ville. Elle appartint au XVIIIe s au proprio des îles Chausey (d'où provenait le granit de tous ces édifices). Dans ses caves se déroulaient les messes clandestines sous la Terreur (elles accueillent aujourd'hui une plus tranquille crêperie). Au *n° 19,* linteau gravé *1622 Poe.* Au *n° 4,* belle maison avec encadrement de granit et encorbellement. Au *n° 3,* curieux haut-relief en terre cuite dans la façade.

La rue des Juifs *(plan B-C2)* **:** elle abrite ateliers, galeries, antiquaires et brocantes. Ce petit bout de rue grimpe en direction de la haute ville. Très active pendant des siècles (avec l'arrivée des commerçants juifs), cette rue est aujourd'hui à l'écart des mouvements de masse et possède une âme de quartier bohème, où il fait bon flâner et boire un verre. D'ailleurs, s'il n'est pas fermé, faites donc un tour à *La Bidouille* (voir plus haut « Où manger ? »), un p'tit caboulot hors du commun.

La rue Cambernon *(plan B2)* **:** d'abord un petit détour par la *rue Notre-Dame* pour découvrir au *n° 14 bis,* l'une des plus vieilles demeures (XVIe s) de Granville. Dans la rue Notre-Dame toujours, au *n° 3,* hôtel des comtes de Matignon. Au *n° 43,* hôtel du Val ès-Fleurs de 1635. Au *n° 54,* hôtel Le Mengnonnet. Un peu en retrait, style élégant. Au *n° 76,* hôtel de l'Amirauté, au fronton triangulaire avec massive lucarne de granit. De la rue Cambernon, descendre la petite rue des Égouts (un nom bien mérité vu ce qui la ponctue...) et admirer... elle est pas belle, cette vue ?

L'église Notre-Dame *(plan B2)* **:** les Anglais commencèrent sa construction en 1441, mais à peine les fondations creusées, ils furent boutés hors de France. C'est malin, elle mit ensuite trois siècles à être achevée ! Elle donne l'impression d'une minicathédrale complètement ramassée sur elle-même, comme pour mieux résister aux tempêtes. Imposante façade du XVIIIe s. À l'intérieur, arches de la nef en plein cintre, tandis que celles du déambulatoire sont ogivales. Beau buffet d'orgues de 1660. Chaire et stalles du XVIIIe s, ainsi que le tabernacle en bois sculpté et doré. Au rond-point du chœur, chapiteaux sculptés. À gauche, grand bénitier en granit du XVe s (ancienne cuve baptismale). Pittoresques fonts baptismaux (grille du XVIIIe s).

La place d'Armes *(plan B2-3)* **:** *on y accède par la porte Saint-Jean.* Vaste esplanade bordée d'anciennes casernes, à la remarquable architecture du XVIIIe s (qui abritent aujourd'hui des administrations diverses...). Plus loin, rue du Roc, l'ancienne *halle au blé* qui accueille, l'été, des expositions (renseignements au musée du Vieux-Granville).

Le Roc des Harmonies – aquarium et musées *(plan A3)* **:** *Le Roc.* ☎ *02-33-50-19-83.* • *aquarium-du-roc.com* • *Tt au bout de la haute ville. Avr-sept, tlj 10h-19h ; oct-mars, tlj 10h-12h30, 14h-18h30. Fermé 25 déc, 1er janv au mat. Entrée : 8,50 € ; réduc. Salon de thé :* le Roc des Gourmandises.
En route pour une visite accompagnée par Jules Verne et quelques citations de ses œuvres dans un site hors du commun (pour le meilleur et pour le pire !). Au bassin, à l'entrée, n'oubliez pas de saluer les deux otaries.
– **Le jardin des Papillons :** découverte de l'univers des papillons et des insectes. Phasmes (insectes mimétiques), *Tropidacris titanicris* (criquets du Brésil), le *Phryne*

grossetaiti (araignée aux longues pattes pour tromper les chauves-souris)... présentés dans des tableaux originaux.
– ***L'aquarium :*** bel éventail de poissons multicolores des mers tropicales.
– ***Le palais des Minéraux :*** ici aussi, on est surpris de découvrir avec quel sérieux (et quel sens artistique tout à la fois) les bois silicifiés, séquoias minéralisés, marbres paysages, pyrites, énormes géodes d'améthyste, cristaux de toutes sortes, ont été mis en valeur, parfois superbement mis en scène.
– ***La féerie des Coquillages :*** la partie la plus incroyable (et le terme n'est pas galvaudé !) de ce musée. Vous n'imaginez pas tout ce qu'on peut faire avec des coquillages. Ça frôle parfois le chef-d'œuvre, aux frontières ténues du kitsch et du sublime. Mosquée du Caire, temple d'Angkor, maisons de poupées, masques ou la Vénus de Botticelli dans un jeu de lumière et des mises en scène féeriques.

➢ ***Les « balades littéraires » :*** *rens à la médiathèque, rue Clément-Desmaisons, ☎ 02-33-50-34-09, ou auprès de l'association **Pages et Paysages,** ☎ 02-31-79-92-73. Organisées en juil-août.* Ces balades permettent de visiter la ville et son port sur les pas de Victor Hugo, Michelet ou Stendhal, entre autres. L'association *Pages et Paysages* organise aussi toute l'année le même type de balades dans la baie du Mont-Saint-Michel avec un guide naturaliste ou à l'abbaye d'Hambye, par exemple.

La ville basse

La plage (plan C-D1-2) **:** *entre le casino et la pointe du Lude.* Bordée par la fameuse digue-promenade du Plat-Gousset. En hiver, il y a parfois de furieuses vagues.

Le musée et le jardin Christian-Dior (plan D1) **:** *villa Les Rhumbs. ☎ 02-33-61-48-21. • musee-dior-granville.com • Ouv de mi-mai à fin sept, tlj 10h-18h30 (18h pour la billetterie). Entrée : 6 € ; réduc ; gratuit moins de 12 ans. Jardin ouv tte l'année.* Devant la plage, en haut de l'escalier du bout de la promenade du Plat-Gousset, la maison d'enfance de Christian Dior, Les Rhumbs, se cache au cœur d'un exceptionnel jardin de falaise, qui est en train de retrouver la superbe que lui connaissait Dior. Face à la mer, cette villa couleur rose sorbet (le couturier s'inspirera de sa couleur pour certaines de ses créations), construite par un armateur à la fin du XIXe s, accueille désormais un musée. La collection, constituée à partir de dons, d'acquisitions et augmentée de nombreux prêts, permet chaque année d'organiser une nouvelle exposition thématique. L'occasion de découvrir, à travers accessoires, dessins, tableaux, flacons de parfum et nombre de modèles de haute couture, tout le talent et l'œuvre de Christian Dior et de ses successeurs. Enfin, le jardin des parfums avec ses bornes olfactives vous entraîne encore un peu plus dans l'univers Dior *(atelier mer à 15h, 16h, 17h sur résa).*
Pour conclure en douceur la visite, pourquoi ne pas faire une petite pause au salon de thé *(ouv tlj juil-août 11h-18h30)* ?

Le chantier du Marité : *sur le port.* Dernier des « Terre-Neuvier » français, le *Marité* aura connu cinq vies depuis son lancement à Fécamp en 1923 et sa victoire dans la course des grands voiliers en 1992. Avec ses 47 m de longueur, le plus grand trois mâts du patrimoine français subit une restauration complète, dont le chantier mérite une visite. Impressionnant par le travail des artisans.

À faire

Rappelons aux mordus un peu inattentifs que Granville est un haut lieu de la voile, avec une bonne activité de régates, allant du dériveur au croiseur, en passant par la planche à voile, le catamaran de sport, etc. Et pour cause : s'ouvre devant vous l'un des plus beaux plans d'eau qui soient, avec la baie du Mont-Saint-Michel, les îles

Anglo-Normandes, des courants et des marées en veux-tu en voilà, juste ce qu'il faut pour régaler les vrais amateurs, pas les poules mouillées genre « bronzing » méditerranéen...

■ ***Centre régional de nautisme*** *(plan C3) : bd des Amiraux, port du Herel.* ☎ *02-33-91-22-60.* • *contact@crng.fr* • *crng.fr* • Possibilité d'hébergement (voir plus haut « Où dormir ? »). Base régionale de la Fédération française de voile. Planche, dériveur, catamaran, kayak de mer, aviron, char à voile... Stages d'initiation ou de perfectionnement, cours particuliers, locations, pratique libre... Le tout avec de superbes infrastructures.

■ ***Yacht Club de Granville*** *(plan B3) : port du Herel.* ☎ *02-33-50-04-25.* • *yachtclubgranville.com* • Fondé en 1933. L'un des clubs les plus actifs en France, organisateur d'une impressionnante brochette de belles régates (pratiquement tous les week-ends). Son *club house* est le sympathique rendez-vous de tous les mordus de mer, du pêcheur au coureur océanique (Christophe Auguin, double vainqueur de la course autour du monde en solitaire, est un gars d'ici), en passant par le simple plaisancier rêvant à de futures traversées héroïques...

Sorties en mer à bord de vieux gréements

La Bisquine La Granvillaise : *rens à l'Association des vieux gréements granvillais, maison de La Bisquine, 43, bd des Amiraux, BP 219, 50402 Granville Cedex.* ☎ *02-33-90-07-51.* • *lagranvillaise.org* • *Sorties avr-oct, à la ½ journée (40 €/pers), journée (60 €), w-e ou plus... selon vos envies. Forfaits famille également.* Légendaire bateau de pêche du XIXe s, typique de la baie du Mont-Saint-Michel, doté d'une imposante voilure (293 m^2, et 340 m^2 en régate !), la star locale.

Le Lys Noir : *06-78-90-67-49.* • *lys-noir.com* • *De mi-avr à début oct, sorties à la journée, au w-e, croisières dans les îles Anglo-Normandes, en participant aux manœuvres. De préférence pour les groupes d'au moins 10 pers.* Le charme d'un ketch aurique (yacht de plaisance) de 1914. Tout ça avec un passionné du coin, qui vous fera découvrir les petits îlots perdus.

Le Charles-Marie : ☎ *02-33-46-69-54.* • *espritgrandlarge.com* • *D'avr à oct.* Un superbe voilier de 1968 réhabilité en l'an 2000. Pour découvrir le charme de la croisière traditionnelle avec un équipage connaissant particulièrement bien l'archipel de Chausey et les îles Anglo-Normandes.

Le Strand Hugg : ☎ *02-33-90-69-06.* *06-75-09-94-43.* • *strandhugg.free.fr* • Construit en 1952 au chantier Servain de Granville. Reconversion réussie pour ce bateau de pêche côtière. Sorties à la journée ou au week-end à la découverte de la baie de Granville.

Le Courrier des Îles : *rens et résas :* ☎ *02-33-50-49-80.* Visite de l'archipel à la journée. Peut accueillir jusqu'à 15 personnes.

Fêtes et manifestations

– ***Le carnaval :*** *ts les ans, sur 4 j., à partir du sam qui précède Mardi gras.* Un vrai carnaval traditionnel, hérité de l'habitude qu'avaient les terres-neuvas de se déguiser pour dépenser une partie de leur solde dans une terrible bamboula, avant de partir pour de longs mois en mer. Défilés de chars, bals, et une habitude populaire, les « intrigues » : les habitants, petits et grands (surtout les grands d'ailleurs), s'affublent des plus invraisemblables costumes et vont rendre visite à leurs connaissances... Fin des réjouissances avec l'embrasement du bonhomme Carnaval sur la plage ou dans le bassin du port de pêche.

– ***Sorties de bains :*** *4 j. dans la sem suivant le 14 juillet (normalement). Rens auprès d'Archipel,* ☎ *02-33-69-27-30.* Festival des arts de la rue réunissant plus d'une trentaine de compagnies offrant une centaine de représentations.

DANS LES ENVIRONS DE GRANVILLE

La ferme de l'Hermitière – Écomusée du Cidre et de la Ferme : *50320* **Saint-Jean-des-Champs.** *☎ 02-33-61-31-51. • ferme-hermitiere.com • À 9 km à l'est de Granville par la D 924. Ouv Pâques-juin et sept, lun-ven 14h-18h (sf j. fériés) ; juil-août, lun-sam 10h-12h, 14h-18h. Entrée : 3,50 € ; réduc ; gratuit moins de 14 ans ; 3 € sur présentation de ce guide. Visite guidée de 1h env.* Pour tout savoir sur la fabrication traditionnelle du cidre, du pommeau ou du calvados, Jean-Luc Coulombier, propriétaire-récoltant, vous ouvre les portes de son exploitation. Une vidéo de 10 mn présente tout d'abord le travail de la ferme tout au long de l'année. La découverte se poursuit par la visite guidée des installations, du pressoir aux caves, de la salle d'embouteillage aux chais. Enfin, un écomusée présente une importante collection de pièces rares (pressoirs, alambics, vieux outils...) et la reconstitution de scènes de la vie rurale au début du XXe s. Et pour conclure en beauté, une dégustation est offerte en fin de visite ! Avant de repartir, possibilité de pique-niquer au bord d'un joli étang ou de faire un tour dans l'un des vergers. Une visite très instructive et vraiment passionnante.

LES ÎLES CHAUSEY

Seul archipel normand resté français malgré le traité de Brétigny (1360), il s'étend sur environ 5 000 ha maritimes et se situe à 17 km de Granville. À marée haute, 52 îles et îlots, reliés par de vastes étendues de sable et de vase. À marée basse, il y en a presque autant que de jours dans l'année (parmi les îlots, bien sûr, beaucoup de simples rochers). Grâce à l'énorme amplitude des marées (plus de 14 m), la surface des îles à marée basse est multipliée par 70 ! D'origine granitique, elles fournirent la pierre utilisée pour construire le Mont-Saint-Michel, Saint-Malo et une partie des trottoirs de Paris et de Londres. L'archipel est en grande majorité privé, le reste étant la propriété du Conservatoire du littoral. De nos jours, à peine une dizaine de personnes vivent aux îles Chausey en hiver. Un grand moment d'harmonie et de paix, pour qui veut réellement se défaire de sa névrose urbaine, mais on vous prévient : pas facile d'éviter les hordes de touristes pique-niqueurs et plagistes en juillet et août. Plus de 300 espèces végétales attirent une grande variété d'oiseaux, dont le fou de Bassan, le tadorne de Belon ou les sternes pierregarin et caugek.
La ***Grande-Île*** (la seule à être habitée et la seule visitable) mesure 2 km de long sur 200 à 700 m de large. Une grande partie de l'île est privée, mais l'accès est autorisé aux promeneurs (ne pas toucher aux plantations, ne pas laisser de papiers gras !). L'économie repose sur la pêche au casier (homards, crabes, crevettes roses, congres, etc.) et la culture des moules, des huîtres et des palourdes.
Ici et là, sur les plages, des squelettes de bateaux en décomposition. Histoire de nous aider à comprendre qu'ici, l'hiver, la mer n'est pas qu'une toile de fond pour dépliant touristique : elle ne plaisante pas...

Un peu d'histoire

Des monuments mégalithiques attestent la présence de l'homme à Chausey dès la préhistoire. Au XIe s, l'archipel est cédé à l'abbaye du Mont-Saint-Michel par Richard II, duc de Normandie. Les moines vont extraire des îles le granit nécessaire à la construction de l'abbaye (voir, plus loin, le laïus sur la superbe histoire du Mont-Saint-Michel...). Au XVIe s, le roi Henri II fait édifier sur la Grande-Île un château fort, avant de confier l'archipel aux comtes de Matignon, ancêtres de l'actuelle famille princière de Monaco. Après avoir été pris par les Anglais en 1756, l'archipel est rattaché à la commune de Granville en 1804.
En 1949, les carrières de granit furent rouvertes, pour reconstruire la vieille ville de Saint-Malo, détruite par les bombardements.

Comment y aller ?

Vedettes Jolie France II et Jeune France II : *gare maritime de Granville. ☎ 02-33-50-31-81. • jolie-france@wanadoo.fr • vedettejoliefrance.com •* Avr-sept, 1-5 départs/j. ; mars, oct et nov, 1 départ ts les 2-3 j., sf vac tlj ; déc, janv et fév, env 2 départs/sem. Résa obligatoire par téléphone ou par e-mail. La traversée dure 35 ou 50 mn en fonction des bateaux. Prix : 22,70 € A/R ; 3-14 ans : 14,20 € ; 7 € pour les moins de 3 ans ; animaux 8 €. Billets à retirer 30 mn avant le départ.

Où dormir ? Où manger ?

De bon marché à prix moyens

Gîte rural La Ferme de Chausey : *chez M. et Mme Lair. ☎ 02-33-90-90-53. • la.ferme.chausey@orange.fr • ileschausey.com • Congés : janv-début fév. Résa indispensable. Loc w-e 113-327 € (hors juil-août et 1re quinzaine de sept), sem 500-1 190 € pour 7-9 pers (231-549 € pour 2) selon saison.* Dans l'ancienne ferme rénovée, une vingtaine de gîtes bien aménagés et fonctionnels. Du studio pour 2 à 3 personnes jusqu'au duplex 4 pièces pour 7 à 9 personnes.

Gîtes communaux : *rens et résas à l'office de tourisme de Granville. ☎ 02-33-91-30-03. • office-tourisme@ville-granville.fr • ville-granville.fr • Loc à la sem slt, avr-sept, selon les vedettes le reste de l'année. Selon saison, compter env 170-680 €/sem pour 4-7 pers.* Situés dans l'ancien presbytère et l'ancienne école de l'île. 5 gîtes superbement situés près d'une jolie plage. Prix peu élevés, mais confort très minimaliste (pas de douche dans les gîtes du presbytère, seul le plus grand possède une salle d'eau)...

Chic

Hôtel du Fort et des Îles : *☎ 02-33-50-25-02. • hoteldufortetdesiles@orange.fr • hotel-chausey.com • À 100 m à gauche au-dessus du débarcadère, donnant sur le fameux* Sound. *Ouv de mi-avr à sept. Resto fermé lun, sf j. fériés (mais ouvert aux clients de l'hôtel). Résa conseillée. Double avec douche et w-c (ou w-c commun à 2 chambres) en ½ pens env 73 €/pers. Menu 23 €.* Seul hôtel de l'île. Des chambres simples donnant, au choix, sur la campagne ou sur le dédale d'îlots. Demi-pension ou pension complète obligatoire, mais ici, cela va de soi : il n'y a pas d'autre véritable restaurant sur l'île. La plupart des poissons et crustacés que vous aurez dans votre assiette sont pêchés dans les eaux de Chausey. Difficile de faire plus frais, donc. Moins convaincant côté viandes en revanche.

À voir. À faire

➢ ***Balade à pied*** (qui ne vous épuisera pas) **:** hors saison, cure de calme, de repos, d'authentique. Voir le *phare* haut de 37 m et d'une portée de 43 km, le *fort* (construit en 1860 pour se défendre contre les Anglais et qui ne servit jamais), la *chapelle des Pêcheurs* (de 1840).
On peut également découvrir l'île avec Olivier Ribeyrolles, guide géographe *(📱 06-82-67-87-19).*

Les Blainvillais : microvillage qui tient son nom de la commune de Blainville, d'où venaient chaque été les « soudiers », employés à brûler le varech pour en extraire la soude exploitée dans les verreries.

L'ancien sémaphore : désaffecté depuis 1939, il fait désormais le bonheur des ornithologues.

Le château Renault : *ne se visite pas.* En 1928, sur les ruines du château bâti par les Matignon en 1558, dominant la superbe grève de Port-Homard, Louis

Renault (le constructeur automobile) fit construire, d'après ses propres plans, cet étonnant château à taille humaine, taillé dans le granit, qui dégage une impression de sobriété et de puissance paisible. Vous nous direz ce que vous en pensez, mais nous, on est franchement jaloux des actuels propriétaires...

Belles ***plages*** de ***Port-Homard, Port-Marie*** et ***la Grande Grève.*** Possibilité, à marée basse, de rejoindre les îlots graniteux de l'Éléphant et des Moines.

Les îles Chausey constituent une superbe ***réserve ornithologique.*** Pour les mordus, le *Groupe ornithologique normand* (☎ 02-31-43-52-56) ainsi que le *Conservatoire du littoral* (☎ 02-31-15-30-90) organisent chaque samedi en juin-juillet des visites de découverte de la réserve sur la Grande-Île (plus un samedi sur deux en mai). Huîtriers-pies, goélands, cormorans, tadornes de Belon, sternes et consorts s'ébattent ici en paix ; alors, en période de nidification (au printemps), allez-y sur la pointe des pieds...

DE GRANVILLE À AVRANCHES PAR LA CÔTE

SAINT-PAIR-SUR-MER (50380)

Agréable station balnéaire familiale. Église au beau clocher roman (seul vestige de l'édifice primitif). À l'intérieur, christ en bois polychrome dans le transept droit.

JULLOUVILLE (50610)

Au sud, l'immense plage de Jullouville est bordée de villas fin XIXe s et d'une promenade en front de mer. On imagine très bien ce qu'ont pu être les premiers bains de mer des familles bourgeoises de ce siècle-là. Témoin de cette grande époque, le casino de style Art déco, qui abrite aujourd'hui le bar *La Promenade,* grand café avec terrasse. Avec un peu de chance, vous profiterez, en premières loges, des entraînements de trotteurs sur la longue plage de sable.

CAROLLES (50740)

Petite station balnéaire à l'ancienne, là encore. Enfilade de cabines de bains sur une agréable plage dominée par de vieilles, mais superbement entretenues, villas aux jardins touffus. Désuet mais charmant. Dans les terres, sur les hauteurs, le village proprement dit, moins balnéaire mais assez charmant avec ses quartiers aux maisons de poupées. Du village, possibilité de rejoindre la côte escarpée et la cabane Vauban restaurée, qui domine la baie, pour une jolie balade sur le sentier littoral. Vue exceptionnelle.

SAINT-JEAN-LE-THOMAS (50530)

Entre le village et la petite station balnéaire tranquille. Son *église* possède une nef et un chœur appartenant à la période préromane. Vestiges de fresques. Près de la porte, saint Michel terrassant le dragon. Fonts baptismaux en granit du XVIIe s. Dans la nef, à gauche, statue de Moïse (ancien lutrin). Vierge à l'Enfant et sainte Anne du XVe s. Pierre tombale très ancienne (fils de Jehan du Bé – 1589). Sous le porche, *pietà* du XVe s.
Comme d'autres villages voisins des alentours dont Dragey, Saint-Jean-le-Thomas s'est fait une spécialité de l'élevage de chevaux de course. C'est à Saint-

Jean que s'entraînait le célébrissime *Idéal du Gazeau.* À Dragey, il y a plus de chevaux que d'habitants ! On peut voir les athlètes équins s'entraîner sur des pistes en plein champ, ou sur la plage. Les immenses étendues de sable qui se découvrent à marée basse constituent d'excellents terrains d'entraînement. Pour ceux qui souhaitent se plonger dans cet univers, une petite nuit dans l'une des *chambres d'hôtes de Belleville* (voir ci-après) est à recommander.

LE PLUS BEAU KILOMÈTRE DE FRANCE

En août 1944, Eisenhower, commandant en chef des forces alliées, s'installe à la villa Montgoméry, près de Saint-Jean-le-Thomas, afin de préparer au calme l'avancée alliée. De la terrasse, la vue sur la côte escarpée et le Mont-Saint-Michel est époustouflante. Un spectacle qui varie à chaque heure suivant la marée et la météo. Il s'exclamera alors être devant le plus beau panorama de France.

Où dormir ? Où manger dans le secteur ?

La ferme de la Moricière : *☎ 01-41-31-08-00 (central de résa). • info@unlitaupre.fr • unlitaupre.fr • À la sortie de* ***Sartilly.*** *Ouv début avr-début nov. 255-455 € le w-e pour une tente (5 adultes max et 1 enfant). Loc possible en formule mid-week (3 nuits) et à la sem (à partir de 415 €) en hte saison.* On ne présente plus le concept de *Un lit au Pré,* tant il s'est développé ces dernières années : une tente plutôt confortablement aménagée (couettes, poêle à bois, cuisine équipée...) et des sanitaires communs à l'écart. L'exception de cette ferme laitière réside surtout dans sa localisation, en surplomb de la baie. Le pré, autrefois dévoué aux vaches, est consacré aux rats des villes, venus changer d'air le temps d'un week-end (et plus selon le porte-monnaie). La vue de là-haut est absolument fantastique, en particulier, au coucher de soleil. Et pour mieux en profiter, mieux vaut bénéficier de l'une des 2 tentes de face (à la baie). Accueil adorable et très personnalisé de madame, également guide dans la baie, qui peut organiser des visites à la carte. Vente de produits régionaux sur place à l'épicerie.

Hôtel des Bains : *8, allée Clemenceau à* ***Saint-Jean-le-Thomas.*** *☎ 02-33-48-84-20. • hdbains@orange.fr • hdesbains.fr • Dans le centre du bourg. Fermé mer midi et jeu midi hors saison. Congés : 2 nov-1er avr. Doubles 62-70 € avec sdb (TV avec supplément) selon saison ; familiales 77-95 €. Menus 16,50 € (sf j. fériés)-34 €. Parking privé gratuit. Apéritif offert au resto ou réduc de 10 % sur le prix de la chambre en sem, hors vac et j. fériés, sur présentation de ce guide.* Une adresse comme on les aime, tenue par la même famille depuis 4 générations ! Accueil affable. Chambres simples, toutes différentes et confortables, dont 6 joliment installées dans une villa balnéaire, les pieds dans l'eau. La grande salle de restaurant distille une ambiance France profonde (nappes et serviettes en tissu, tables fleuries) sympathique et rassurante. Cuisine de terroir traditionnelle. Service efficace, diligent. Jardin et piscine.

Auberge de la Vallée des Peintres : *1, parvis Saint-Vigor, 50740* ***Carolles.*** *☎ 02-33-91-40-90. • auberge.v.peintres@gmail.com • auberge-valleedespeintres.com • Double 76 € ; familiale 125 €. Formule 12 € (sem) et 18,50-30 € (w-e).* Cet ancien presbytère auquel on a ajouté une discrète annexe en bois abrite un petit hôtel où tradition et contemporain se mêlent en parfaite harmonie. Entre bois et vieilles pierres, chambres élégantes au mobilier soigneusement choisi. Au bar-resto, cuisine simple et honnête, à base de produits locaux, que l'on choisit sur ardoise. On y sert d'ailleurs un excellent petit déj avec jus de pomme du cru. Belle terrasse dans le jardin aux beaux jours. Et un accueil des plus charmant. Une excellente adresse.

Chambres d'hôtes Domaine de

Belleville : *chez Florence et Olivier Brasme, 12, route de Saint-Marc, 50530* ***Dragey-l'Église.*** *☎ 02-33-48-93-96. • belleville@mt-st-michel.net • mt-st-michel.net • À env 1 km de Dragey. De Dragey, direction Ronthon. Dans Dragey-l'Église, suivre la D 484, direction Genêts. Double 79 € avec sdb. Gîtes (2-3 pers) 430-620 €/sem. Réduc de 10 % sur le prix des chambres en sem, hors vac scol, sur présentation de ce guide.* Dans une maison de maître du XVIIe s. Accueil des plus sympathique de madame, pendant que monsieur élève ses chevaux de course alentour. 2 chambres d'hôtes très spacieuses, avec juste ce qu'il faut d'élégance et de distinction (belles salles de bains). Copieux petit déj servi dans une agréable salle à manger.

Chambres d'hôtes Chez Vic : *chez Vic et Nadine Lemonnier, 17 route des Telliers, 50530* ***Champeaux.*** *☎ 02-33-51-40-13. • victor.lemonnier@wanadoo.fr • chez-vic.com • Double 52 €, tarifs dégressifs à partir de 2 nuits.* Elle en a, du cachet, cette ancienne ferme du XVIIIe s, retapée avec soin dans le goût normand ! L'étape est aussi paisible que chaleureuse pour visiter la baie, à l'écart du tumulte du Mont-Saint-Michel. 2 chambres avec coin salon, dont 1 familiale. Mais dès qu'il fait beau, c'est dans le jardin qu'on est le mieux, pour prendre son petit déj ou se détendre à l'ombre des arbres. Accueil plein de naturel.

La Grange de Tom : *40, route des Falaises, 50530* ***Champeaux.*** *☎ 02-33-61-85-52. • yvanflo.bachelet@orange.fr • Tlj midi et soir. Formules 14 € (déj en sem) et 19-23 € ; menu 30 €. Parking privé. Kir châtaigne offert sur présentation de ce guide.* Entièrement refait, dans un décor contemporain élégant et chaleureux (tables joliment dressées dans les tons vert et chocolat), le resto propose des spécialités régionales au goût du jour : magret de canard sauce pommeau, aile de raie à l'oseille... des fruits de mer, et des grillades dans la cheminée ! Belle sélection de vins au verre. Mais cette grange-là plaît aussi pour sa magnifique terrasse abritée du vent, en surplomb de la falaise, avec vue imprenable sur la baie et le rocher de Tombelaine. Un lieu qui vaut vraiment le détour.

GENÊTS (50530)

Un gros village à l'architecture bien particulière. Rues étroites bordées de maisons à un étage se serrant les unes contre les autres. Murs de schiste ou de grès avec encadrements de fenêtres en granit. Urbanisme harmonieux, à l'aspect un peu austère. Qui pourrait croire que Genêts, aujourd'hui complètement ensablé et envahi par les herbes, fut, au Moyen Âge, le principal port de départ vers Le Mont-Saint-Michel ? Les pèlerins partaient également d'ici à marée basse, à pied ou en maringotte (voiture à cheval), accompagnés de guides locaux pour éviter de s'enliser. Une traversée que vous pourrez vous-même vivre, accompagné d'un guide (voir plus loin).

Les petites salines

Ne pouvant utiliser la technique des marais salants de l'Atlantique ou des salins méditerranéens (recueil du sel par évaporation solaire), les sauniers normands durent recourir à la difficile technique des « petites salines », coûteuse en bois de chauffage et peu rentable, mais qui permettait de faire vivre (mal) quelques centaines de familles et surtout de ne pas dépendre des autres régions. On choisissait des grèves bien planes, couvertes par les grandes marées d'hiver et de mars, et on raclait la surface. D'énormes tas de sablon (sable plus sel) étaient chargés, stockés près des salines et recouverts d'argile pour les protéger de la pluie. En hiver, on procédait au lessivage du sablon dans de grandes fosses en bois. La saumure recueillie dans des tonneaux était ensuite placée dans des cuves de plomb et chauffée, pour obtenir le sel par évaporation. Le travail des petites salines était très codifié. Chaque famille de saunier ne pouvait posséder que trois cuves de plomb, et

l'opération globale devait durer 80 jours au maximum. Chaque évaporation durait 2h environ, et le sel était mis à sécher dans des ruches, sortes de paniers en osier coniques.
Ce procédé épuisant fut pourtant le seul utilisé sur les côtes d'Europe du Nord depuis la nuit des temps. Activité particulièrement artisanale qui ne subsista dans certains coins que parce qu'elle était éloignée des grands circuits commerciaux ou qu'elle bénéficiait de certains privilèges. La tentative de sa suppression par Richelieu entraîna la fameuse révolte des Nu-Pieds. La technique dite de « petite saline » dura jusqu'en 1865 en baie du Mont-Saint-Michel.

Adresses et infos utiles

La Maison de la baie : *4, pl. des Halles, derrière la mairie, dans une ancienne chapelle. ☎ 02-33-89-64-00. Pâques-sept, tlj 9h45 (10h w-e et j. fériés)-12h45, 14h-18h ; le reste de l'année, lun, mar, ven 9h45-12h45, 14h-17h.* Toutes les informations utiles (hébergements, activités, etc.) et doc concernant la baie (espace librairie, vente de topoguides...). Juste devant, passe le sentier côtier GR 223.

■ **Découverte de la Baie :** *La Maison du guide, 1, rue Montoise. ☎ 02-33-70-83-49. • decouvertebaie.com • Avr-oct, tlj 9h30-12h30, 13h30-18h ; nov-mars, lun-ven.* Dans la rue principale, près du pont. Une des principales sociétés organisant les traversées de la baie ou d'autres sorties à thème.

■ **Les Chemins de la Baie :** *34, rue de l'Ortillon (à la sortie du village, sur la route de Granville). ☎ 02-33-89-80-88. • cheminsdelabaie.com • Avr-oct, tlj 9h-12h30, 13h30-18h ; w-e 10h-12h30, 13h30-17h. Horaires restreints le reste de l'année.* Les guides proposent des traversées à pied traditionnelles mais également des sorties-découverte du patrimoine (faune, flore...) de la baie ou de l'arrière-pays.

■ **Guides indépendants pour les traversées de la baie au départ du bec d'Andaine :** *Didier Lavadoux, 06-75-08-84-69 ; Jacky Gromberg, 06-83-29-78-10 ; Stéphane Guéno (Sports Évasion à Avranches), 06-14 70-55-14 ; Olivier Ribeyrolles, 06-82-67-87-19 (propose également des sorties-découverte dans les îles Chausey).* Pour les traversées au départ du Mont-Saint-Michel, se reporter aux adresses utiles du Mont.

Où dormir ? Où manger ?

Camping

Camping Les Coques d'Or : *14, route du Bec-d'Andaine. ☎ 02-33-70-82-57. • contact@campinglescoquesdor.com • campinglescoquesdor.com • À l'entrée du village, en venant du nord, direction bec d'Andaine. Ouv avr-fin sept. Compter 16,40 € pour 2.* Une première impression tristoune due à un espace un peu nu. Rassurez-vous, le grand espace central, agrémenté de quelques haies, sous de beaux arbres, se révèle plus séduisant. Les équipements pour se divertir (tables de ping-pong abritées, piscine) sont assez nombreux pour rendre l'endroit sympathique. Location de quelques mobile homes. Bon accueil.

Bon marché

Auberge de jeunesse : *28, rue de l'Ortillon. ☎ 02-33-58-40-16. • genets@fuaj.org • fuaj.org • Dans l'ancienne gare-école. Accès en bus n° 12 depuis Avranches et Granville (téléphoner à l'AJ pour les horaires). Ouv d'avr à mi-oct. Accueil 8h-11h30, 17h-20h. Avec la carte FUAJ (obligatoire et vendue sur place), nuit 18 €, petit déj et draps inclus. Sous tente perso : 6,70 € env/pers.* Une petite AJ récente et propre, comptant une cinquantaine de lits répartis en 15 chambres de 2 à 6 personnes. Pour les adeptes du grand air, possibilité de dormir sous la tente.

Chez François : *2, rue Jérémie. ☎ 02-33-70-83-98. • resto@chezfrancois.fr • chezfrancois.fr • Près de la mairie. Fermé mer-jeu. Résa impérative. Double 34 € avec douche (w-c sur le* *palier). Repas 15-20 € à la carte.* Une très sympathique adresse menée par une équipe dynamique. La cheminée trône dans cette petite salle de bistrot de campagne (ils font même tabac) encombrée de grandes tables rustiques. Maligne petite cuisine : entrées au fil des saisons, viandes cuites au feu de bois avec une prédilection (affichée dès l'enseigne) pour le cochon (pied de cochon ou groin farci au boudin noir), desserts de la grand-mère. À l'étage, 5 chambres seulement, pas très grandes (c'est eux qui l'disent !), mais simples et fraîches, avec cabine de douche dans la chambre.

À voir. À faire

La traversée de la baie : elle ne se fait pas seul, un guide compétent est absolument nécessaire. Les traversées partent le plus souvent du bec d'Andaine à Genêts ou du Mont-Saint-Michel. Deux sociétés se partagent le gros du boulot (*La Maison du guide* et *Les Chemins de la Baie*), mais vous pouvez aussi vous adresser à des guides indépendants (dont plusieurs travaillent aussi pour les sociétés ci-dessus). Nous indiquons les coordonnées de ceux-ci dans les adresses utiles des villes d'où ils partent. Il existe différents types de traversées, commentées ou non, suivant différents itinéraires (certains avec retour ou aller en navette), de jour ou de nuit, certaines thématiques. Bien sûr leurs horaires dépendent des marées. Attention, en saison, vous pourrez avoir l'impression de vous déplacer en troupeau (les deux sociétés, par exemple, ont un minimum de quatre personnes pour les départs, mais aucun maximum pour les traversées non commentées, et de 50 personnes pour les commentées...). Pour une traversée en comité plus restreint, adressez-vous plutôt à des guides indépendants et demandez-leur la taille du groupe. *Compter 4h30 A/R (avec 1h au Mont-Saint-Michel) pour la visite non commentée et 5h-6h30 pour la commentée. Prix : env 6 €/pers pour la visite non commentée et env 10 € pour la visite commentée. Départ du bec d'Andaine : 13 km A/R (avec Tombelaine à mi-chemin). Marche dans la tangue (sorte de vase) et traversée des rivières (comme les pèlerins d'autrefois). Excursion qui se fait pieds nus (mais emporter des chaussures pour le Mont, ainsi qu'un coupe-vent et un vêtement chaud).*

L'église : construite au XIIe s. Clocher modifié au XVIe s avec baies géminées, balcons ajourés et gargouilles. Chœur révélant le début de l'ogive. Autel du XVIIIe s avec baldaquin. Derrière, vitrail en grande partie du XIIIe s. Croisée de transept originale reposant sur quatre puissants piliers entourés de colonnes à chapiteaux de style primitif. De part et d'autre de la nef, un saint Sébastien du XVIe s et une Vierge en pierre du XIVe s. Baptistère et bénitier en granit très anciens.

Le bec d'Andaine : *accès par la D 35 E, bien fléché depuis Genêts.* Que de beauté sur ces immenses plages de sable fin, face au spectacle incessant de la baie et du Mont-Saint-Michel ! On est ici à 800 m du point de départ des traversées à pied pour le Mont-Saint-Michel. Le site, qui commençait à souffrir de sa fréquentation (300 000 visiteurs par an, près de 80 000 départs de traversées...), a bénéficié d'un des premiers aménagements de l'opération Grand Site de la baie. Les voitures ont déserté les dunes pour un parking paysager, un peu à l'écart, où se trouvent aussi les billetteries (*Les Chemins de la Baie* et *Découverte de la Baie,* ainsi qu'un bureau des guides indépendants) pour les traversées de la baie. Impossible d'y manquer la nouvelle signalétique sur les dangers des fameux « lâchers » du nouveau barrage, dont les effets se font sentir 5 à 6h après la pleine mer (voir les panneaux indiquant les horaires des marées). Autrement dit, ne pas s'aventurer tout seul. Autour du bec, la nature reprend peu à peu ses droits...

VAINS (50300)

Petit village paisible qui n'a guère changé d'aspect (à part la perte de ses toits de chaume). Demeures modestes aux murs de schiste. C'est là qu'habitaient beaucoup de sauniers travaillant dans les petites salines. Voir surtout le petit prieuré datant de 1087 et fondé par Guillaume le Conquérant (une partie est habitée, mais la chapelle accueille souvent des expositions en été). Belle tour avec toit en bâtière. C'est à proximité de Saint-Léonard que Guillaume s'élança pour combattre Conan le Breton (rien à voir avec Conan le Barbare...). Enfin et surtout, ne pas manquer de faire un détour par la Maison de la Baie, bel espace muséographique qui permet de découvrir tous les aspects de la vie dans la baie du Mont-Saint-Michel. À deux pas, le Grouin du Sud offre l'un des plus beaux panoramas sur Le Mont-Saint-Michel, les îles Chausey (par temps dégagé) et la côte normande.

Où dormir ?

Chambres d'hôtes Le Coin à la Carelle : *chez Évelyne Bourée, 17, route de la Carelle. ☎ 02-33-48-50-34. 06-78-29-20-44. Prendre la direction de la* Maison de la baie *(D 591) ; poursuivre au-delà, le long de la route côtière, vous trouverez la maison sur la droite. Ouv tte l'année. Double 56 € ; familiale (chambre attenante avec 2 petits lits) 90 € pour 4 pers. Prêt de vélo pour 2 pers sur présentation de ce guide.* Une jolie maison toute gaie avec un jardin soigné où embaument chèvrefeuille, sauge... 2 chambres impeccables : l'une d'elles offre une vue entièrement dégagée sur la baie du Mont-Saint-Michel. Même panorama depuis la véranda où est servi un petit déj mémorable : produits bio, pain aussi maison que les confitures et autres petites douceurs. Accueil fait de mille et une petites attentions.

À voir. À faire

L'Écomusée de la Baie du Mont-Saint-Michel (50300) **:** *route du Grouin-du-Sud. ☎ 02-33-89-06-06. Juin-sept, tlj 10h-18h (19h en juil-août) ; avr et pdt les vac scol (sf Noël), tlj 14h-17h (dernière entrée). Entrée : 4,20 € ; enfant 1,75 €.* Installée dans un site majestueux avec vue sur Le Mont-Saint-Michel et Tombelaine, une ancienne longère superbement restaurée présente, dans un très bel espace muséographique, moderne et ludique, une exposition permanente sur la vie, au sens large, dans la baie : son écosystème, son environnement animal et végétal, ses activités humaines passées et présentes... Intéressants documents, notamment sur les petites salines, une activité qui a profondément marqué l'histoire de la baie (et de Vains en particulier) jusqu'au milieu du XIXe s (lire plus haut « Les petites salines »). Différents aspects évoqués à travers plusieurs espaces thématiques sonorisés et agrémentés de vidéos, de maquettes, de bornes interactives.

– ***Observation des marées :*** l'un des meilleurs endroits est le ***Grouin du Sud,*** petit éperon rocheux situé à quelques centaines de mètres de la Maison de la baie. La montée du flot dans les lits de la Sée et de la Sélune est très spectaculaire (surtout à l'époque des vives-eaux), avec le fameux phénomène du mascaret, cette vague déferlante provoquée par la puissance du courant de marée. En été, cela se produit une bonne dizaine de fois. Dates et horaires à la Maison de la Baie. Ce Grouin du Sud offre par ailleurs l'un des plus beaux points de vue qui soient sur la baie du Mont-Saint-Michel. Absolument magique au coucher de soleil !

➢ ***Les randonnées pédestres :*** il existe une multitude de magnifiques randos à faire dans la Manche, et notamment dans cette zone. Vous trouverez de nombreux topoguides en vente dans les offices de tourisme ou à la Maison de la Baie de Genêts.

AVRANCHES (50300) 9 230 hab. *Carte Le Sud de la Manche, B-C3*

Les noms d'Avranches et du Mont-Saint-Michel sont indissociables. En effet, c'est l'évêque d'Avranches qui fut à l'origine de la fondation du premier oratoire sur le mont Tombe (appelé plus tard mont Saint-Michel). Capitale administrative de la Manche-Sud, ville commerçante, marché agricole avec également de petites industries, Avranches est une cité animée et plaisante, et depuis l'ouverture de son musée *Le Scriptorial,* qui abrite les manuscrits du Mont-Saint-Michel, elle est devenue une étape quasi incontournable avant (ou après) la visite du Mont.

UN PEU D'HISTOIRE

Pendant trois siècles, importante cité romaine. Évangélisation à partir du IVe s. Règne de saint Aubert, évêque de la ville au VIIIe s, premier promoteur, sur le Mont-Saint-Michel.
Au XIe s, Avranches brille d'un éclat particulier. Les ducs de Normandie en font une place forte à la frontière de leur domaine face aux Bretons. Après la conquête de l'Angleterre en 1066, elle obtient de nombreuses possessions outre-Manche. La ville est reconstruite au XIIIe s par Saint Louis après les destructions liées au rattachement de la Normandie à la France en 1204. Au cours de la guerre de Cent Ans, les habitants connaissent les occupations anglaises et des libérations successives. Louis de Bourbon, évêque autour de 1500, fait construire le palais épiscopal (aujourd'hui palais de justice) et restaurer la cathédrale Saint-André.
En 1639, révolte des Nu-Pieds, les sauniers de la baie du Mont-Saint-Michel, contre l'édit de Richelieu supprimant les privilèges des salines et imposant la gabelle. Répression féroce, mais l'édit ne fut pas appliqué. Pendant la Révolution, Avranches voit passer l'armée vendéenne qui marche sur Granville. Les campagnes alentour sont acquises à la cause royaliste. Barbey d'Aurevilly y situe l'emprisonnement de son chevalier des Touches. En 1794, elle perd sa cathédrale. Paisible XIXe s. Aménagement du fonds ancien. En 1944, la percée d'Avranches sonne l'heure de la liberté pour l'Europe. Bien sûr, la ville souffre beaucoup des bombardements, mais elle n'est pas totalement rasée. Elle conserve aujourd'hui pas mal de traces de son prestigieux passé.

Adresses et infos utiles

Office de tourisme (plan A1) : *2, rue du Général-de-Gaulle.* ☎ *02-33-58-00-22.* • *ot-avranches.com* • *Tlj juil-août. Hors saison, fermé dim.* Édite une petit fascicule annuel truffé d'infos pratiques (gratuit).

Gare routière (plan A-B1) : *pl. Valhubert.* ☎ *0800-150-050.*

■ **Randonnées à VTT et à pied :** ***Sports Évasion*** *(Stéphane Guéno), 1, rue de Tombelaine, 50300* ***Le Val-Saint-Père.*** ☎ *02-33-68-10-00.* *06-14-70-55-14.* • *sport-evasion-fr.com* • *À 1 km à l'ouest d'Avranches. Loc simple (12 €) ou avec circuit (30 €).* Organise d'intéressants raids VTT autour de la baie du Mont-Saint-Michel (et de classiques traversées de la baie, à pied cette fois). On vous apporte même votre vélo à l'endroit souhaité !

■ **Survol du Mont en ULM** *(voir plus loin « dans les environs du Mont-Saint-Michel »).*

– **Marché :** *sam mat, pl. des Halles (ou pl. du Marché).*

Où dormir ?

De bon marché à prix moyens

Chambre d'hôtes chez Mme Poullain (plan B1, **11**) : *19, rue des Halles.* ☎ *02-33-48-69-73. Résa indispensa-*

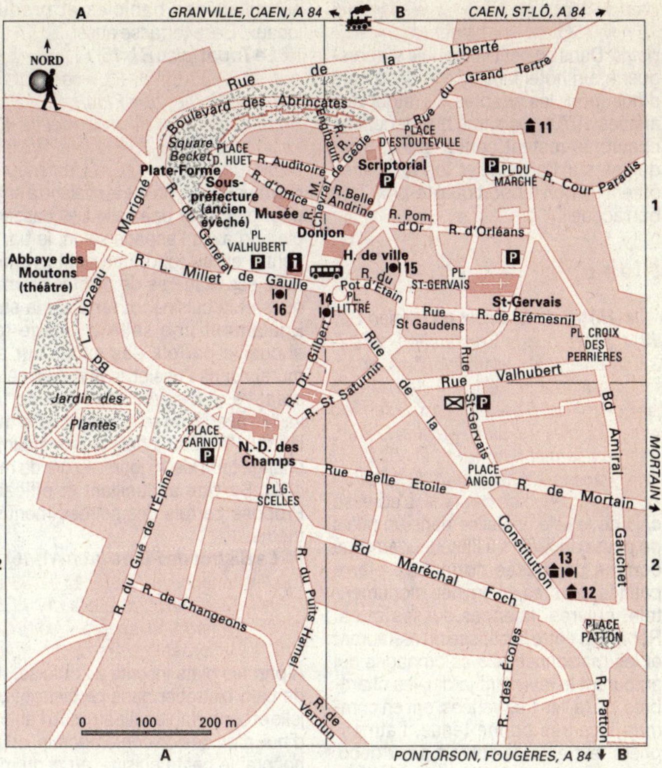

AVRANCHES

■ **Adresse utile**

Office de tourisme

Où dormir ?

11 Chambre d'hôtes chez Mme Poullain
12 Hôtel Patton
13 Hôtel de la Croix d'Or

Où manger ?

13 Hôtel de La Croix d'Or
14 Tartines et Découvertes, Le Littré
15 Le Tripot
16 Le Bistrot de Pierre

ble. Double 45 €. Réduc de 10 % sur le prix de la chambre (à compter de la 3ᵉ nuit) sur présentation de ce guide. À quelques enjambées de la place du Marché, en bordure du centre-ville, cette maison croquignolette avec son toit en brique de bois abrite un très joli nid. Une seule chambre (une grande, plus une petite pouvant accueillir un enfant), qui a conservé sa cheminée, ses poutres. Le parquet, les beaux meubles de famille et la jolie vue sur la vallée (et l'A 84 diront les grincheux) et l'étroit jardin tout fleuri achèvent de rendre l'endroit craquant. Ici et là, des délicatesses déposées à votre intention : une fleur fraîche, une coupelle de fruits. Un accueil à la fois doux et déterminé.

Hôtel Patton (plan B2, **12**) : *93, rue de la Constitution. ☎ 02-33-48-52-52. • hotelpatton@orange.fr • hotel-patton-avranches.fr • À l'angle de la pl. Patton. Fermé 2 sem en fév. Doubles sans ou avec sdb 50-80 €. Wifi. Parking privé* *gratuit. Réduc de 10 % sur la chambre, 15 nov-15 mars, sur présentation de ce guide.* Dans un petit immeuble d'après-guerre, un hôtel familial à la déco hors d'âge (pour les adeptes du retour aux années 1970), mais très bien tenu. Les chambres restent confortables, tranquilles sur l'arrière, et les familiales offrent un bon rapport qualité-prix. Très bon accueil.

Plus chic

Hôtel de la Croix d'Or (plan B2, **13**) : *83, rue de la Constitution. ☎ 02-33-58-04-88. • hotelcroixdor@wanadoo.fr • hoteldelacroixdor.fr • Fermé dim soir de mi-oct à avr. Congés : 3 sem en janv. Doubles 79-92 €. Menus 17,50 € (midi en sem sf j. fériés) et 26-52,50 €. Wifi. Parking fermé gratuit. Café offert sur présentation de ce guide.* L'adresse chic de la ville, installée dans un relais de poste du XVIIe s à l'intérieur arrangé comme un musée normand : pierre patinée, poutres, cheminée monumentale, cuivres, faïences sur les murs. Réparties entre la bâtisse du restaurant et les maisonnettes à colombages qui entourent le ravissant jardin, les chambres, de tailles très variées, ont en commun leur très bonne tenue, l'atmosphère feutrée et le confort. Leur déco, en revanche, varie du plus classique au carrément contemporain, avec de petites touches d'excentricité ou un mobilier original. Côté resto, des tables abondamment fleuries dans une très belle salle à manger, et une cuisine de terroir gastronomique.

Où manger ?

De bon marché à prix moyens

Tartines et Découvertes (plan A-B1, **14**) : *4, rue du Dr-Gilbert. ☎ 02-33-79-35-80. Tlj jusqu'à 21h. Repas 10-15 €.* Coincée entre *Le Royal* et *Le Littré*, une petite adresse pour grignoter un bout : tartines chaudes de camembert et d'andouille, salades de saumon... Cadre informel et sympathique qui plaira aux chineurs : les tables sont au milieu des babioles et produits locaux. Belle terrasse aussi.

Le Tripot (plan B1, **15**) : *11, rue du Tripot. ☎ 02-33-60-59-23. • contact@letripot.fr • ♿ Ouv tlj, sf lun hors saison. Résa conseillée. Formule déj 12 € en sem ; menus 16-33 €. Café offert sur présentation de ce guide.* L'extérieur un rien mystérieux oblige le chaland à entrer pour découvrir une salle très basse de plafond avec l'espace salon, le bar au centre et, au fond, une petite verrière avec ses étagères de plantes aromatiques et la cuisine, ouverte sur la salle. Également une salle à l'étage (qui accueille parfois des expos sur ses murs). Dans l'assiette, une cuisine *récréative* aux saveurs du monde travaillée avec finesse. Soulignons la qualité du 1er menu (choix plus restreint, il change tous les 15 jours, au gré du marché). Service accueillant et efficace. Propose parfois des soirées-menus à thème.

Le Bistrot de Pierre (plan A1, **16**) : *5, rue du Général-de-Gaulle. ☎ 02-33-58-07-66. Tlj sf dim. Formules déj 11,50-13 € ; menus 14,50 (déj)-25 € (soir). Café offert sur présentation de ce guide.* À part les plats inscrits à l'ardoise, rien de bien bistrotier dans ce bistrot : une jolie et confortable salle au goût d'aujourd'hui, d'un design contemporain, et une honorable petite cuisine, au fil du marché (croquant d'andouille et camembert, magret de canard au miel...).

Le Littré (plan A-B1, **14**) : *8, rue du Dr-Gilbert. ☎ 02-33-58-01-66. • contact@lelittre.com • Fermé lun tte l'année et dim soir hors saison (dim midi en saison). Formule plat + café gourmand 11,50 € ; menus 17,50 € le midi, 20,50 € le soir. Un kir maison offert sur présentation de ce guide.* Un adorable petit salon entre goût anglais et design italien, une grande salle à manger façon maison bourgeoise avec force moulures et meubles de famille, une autre salle enfin, dans le genre jardin d'hiver. Côté cuisine : du traditionnel fait maison (jusqu'aux desserts), simple et bon.

De prix moyens à plus chic

Hôtel de la Croix d'Or (plan B2, **13**) : *voir « Où dormir ? ».*

Où dormir ? Où manger dans les environs ?

Chambres d'hôtes Jardin Secret : *42, route de Granville, 50300* ***Marcey-les-Grèves.*** *☎ 02-33-51-92-47. • jardin-secret-manche.fr • À la sortie d'Avranches, sur la route de Granville. Doubles 65-70 €. Table d'hôtes 20 €. Internet. Apéritif maison offert sur présentation de ce guide.* C'est derrière un haut mur et une discrète grille que se cache ce magnifique jardin secret de 1 ha avec de nombreux coins intimistes. On se sent bien dans cette demeure du XIXe s richement décorée de meubles chinés, boiseries, gravures, tableaux dont quelques-uns sont du fils de la propriétaire, Martine, décoratrice passionnée. 3 chambres doubles, dont une (« le Nid ») dans une dépendance, en rez-de-jardin, superbe.

À voir

***Le musée d'Art et d'Histoire** (plan A1) : pl. Jean-de-Saint-Avit. ☎ 02-33-58-25-15. Installé dans le tribunal de l'officialité, dépendance de l'ancien palais épiscopal. Juin-sept, tlj 10h-12h30, 14h-18h. Entrée : 1,50 € ; réduc.* Belle architecture médiévale, plutôt austère. Petite section archéologique dans la salle voûtée, exposant une partie de ce qui fut retrouvé à Avranches et dans les environs, et une section ethnographique : coiffes normandes, armoire de mariée, meubles traditionnels, rouet, armoires à claies pour réfrigérer lait et beurre, gravures. Reconstitution d'une habitation campagnarde de l'Avranchin. Œuvres de peintres d'inspiration impressionniste comme le *Nu* de Jean de la Hougue, la *Campagne près d'Avranches* et l'étrange *Coup de vent* de Jacques Simon ; quelques tableaux remarquables d'Albert Bergevin. Reconstitution de l'atelier du vannier, potier, tonnelier et artisan du cuivre.

***Le Scriptorial d'Avranches** (plan B1) : pl. d'Estouteville. ☎ 02-33-79-57-00. Juil-août, tlj 10h-19h. Mai-juin et sept, tlj sf lun 10h-12h30, 14h-18h ; oct-avr, tlj sf lun 10h-12h30, 14h-17h (18h w-e). Dernier billet 1h avt la fermeture. Fermé en janv, 1er mai, 1er nov et 25 déc. Tarif : 7 € ; gratuit moins de 10 ans ; tarif famille 15 € ; audioguide 3 €. Compter 1h min de visite.*

La bâtisse triangulaire (dont la forme est censée évoquer Le Mont Saint-Michel), insérée dans les ruines des fortifications médiévales, est le nouvel écrin des manuscrits du Mont-Saint-Michel. Pour la petite histoire, Avranches reçut en 1791, à titre de dépôt littéraire, 4 000 volumes provenant du monastère du Mont-Saint-Michel. Parmi eux, 203 manuscrits réalisés du IXe au XVe s, dont 70 étaient l'œuvre des moines du Mont. Vous ne verrez dans le « Trésor » (la salle des manuscrits) qu'une quinzaine de manuscrits, ces derniers, pour des raisons de conservation, étant présentés dans une salle très sombre et par roulement tous les trois mois. Mais avant eux...

La visite commence par l'histoire d'Avranches, du Mont-Saint-Michel et des liens qui les unissent. Admirez au passage les figurines de bronze des II-IIIe s retrouvées à Avranches (notamment un ravissant Cupidon dansant sur un dauphin). Arrêtez-vous sur les films vraiment bien faits, notamment sur l'évolution du Mont-Saint-Michel jusqu'à aujourd'hui.

En introduction de la section consacrée aux manuscrits eux-mêmes, d'excellents petits films sur la restauration des manuscrits, l'art de la calligraphie, l'enluminure, la reliure, le papier et l'imprimerie... ces derniers pourraient bien faire naître quelques vocations. On découvre ensuite toute la richesse des manuscrits, leur histoire, le processus de fabrication... et le Trésor : les manuscrits eux-mêmes, dont la finesse et la délicatesse laissent coi. La fin du parcours retrace brièvement l'histoire du livre de la révolution de l'imprimerie à l'écriture informatique et la visite se conclut par une expo temporaire de qualité. Un musée passionnant, qui a su utiliser au mieux les technologies modernes de la muséographie sans que cela devienne gadget. Non seulement il constitue un parfait complément à la visite du Mont, mais il conviendra également aussi bien aux novices (et aux enfants, puisqu'ils ont leur propre parcours), qui découvriront tout un univers, qu'aux initiés, qui fileront directement vers le Trésor. Des conférences, ateliers de calligraphie et d'enluminure sont régulièrement proposés. Sans oublier les expos temporaires tout au long de l'année.

➢ ***Balade dans la vieille ville*** *(plan A-B1) : prendre le dépliant gratuit à l'office de tourisme.* Départ de la « plate-forme » (à côté de l'ancien évêché), emplacement de la cathédrale démolie à la Révolution. C'est là que Henri II Plantagenêt fit amende honorable le 22 mai 1172 pour le meurtre de Thomas Becket, archevêque de Canterbury. De là, rejoindre la *rue Engibeault* qui a conservé son caractère médiéval avec sa rigole au milieu, ses gros pavés, ses jardins secrets qu'on devine derrière de hauts murs. Au bas de cette rue, minuscule maison à encorbellement face à une élégante demeure d'angle.
Par la cour au n° 15, *rue Geôle,* accès au donjon et à son joli jardin fleuri ainsi qu'à la maison Bergevin, intéressant exemple d'édifice bourgeois du XVIIIe s. Vous remarquerez au passage la construction contemporaine qui abrite le *Scriptorial.* Au n° 32, maison à pans de bois et encorbellement. Puis on pénètre dans l'ancien quartier médiéval commerçant, dont les rues ont conservé leur dénomination d'antan : *rues Pomme-d'Or, du Pot-d'Étain, des Chapeliers.* Dans cette dernière, quelques boutiques avec les entablements d'époque. *Place du Marché* s'élève une superbe demeure à colombages du XVe s. Au n° 12 de la place, élégante bâtisse du XVIIIe s. Retour *place Littré* (par la *place Saint-Gervais*) où se concentre une partie de la vie nocturne avranchinaise (cafés sympas).

La basilique Saint-Gervais *(plan B1) : ne pas manquer de visiter le trésor. Tlj 8h30-19h sf pdt les offices. Gratuit.* Édifiée en 1843 avec un élégant clocher néo-Renaissance en granit de 74 m de haut. Vous y découvrirez le célèbre crâne de saint Aubert avec le trou dedans, provoqué par le doigt de saint Michel (lorsqu'il lui ordonna de construire le sanctuaire sur le Mont). Orfèvrerie religieuse, ostensoirs, pyxide, vêtements, etc. Belle statuaire, lutrin imposant, armoire normande avec chapes. Superbe ostensoir du Second Empire en argent doré, émaux et lapis-lazuli. Bannière de Saint-Gervais-Saint-Protais.

La place Patton *(plan B2) :* à pied, par la (longue) rue de la Constitution, on parvient à la place Patton et à son monument qui commémore la percée d'Avranches le 31 juillet 1944. La terre et les arbres furent apportés des États-Unis.

Le jardin des Plantes *(plan A1-2) : devant l'église Notre-Dame-des-Champs (édifice néogothique, non intéressant en soi, mais voir la chaire polychrome du XVIIIe s). Ouv tte l'année de 8h à la tombée de la nuit.* Bel espace vert avec plusieurs parties thématiques et, surtout, tout au bout, un remarquable panorama sur la baie du Mont-Saint-Michel. Au passage, noter le portail roman, vestige d'une ancienne chapelle du XIe s.

LE MONT-SAINT-MICHEL

(50170) 42 hab. *Carte Le Sud de la Manche, B3*

La vue de ce mont reste un enchantement, un mirage, quelles que soient l'heure, la couleur du ciel et son humeur. Pour vous éviter « quelques » déceptions, sachez cependant que cette petite merveille draine les foules, et pour peu que vous souffriez un brin d'agoraphobie, l'endroit devient invivable en saison. L'idéal serait de passer la nuit sur le rocher et de profiter du lieu à l'aube ou le soir, quand il se vide et s'apaise... mais les prix pratiqués

n'encouragent guère cette solution. Par ailleurs, le Mont est particulièrement beau vu dans son ensemble, de loin, et sa vue se savoure depuis les côtes qui l'entourent.

Attention, à partir du 28 avril 2012, un service de navettes assurera la liaison entre le continent et le Mont : le Passeur, navette sur pneumatique, en accès libre (coût inclus dans le prix du parc de stationnement), ou la Maringote tractée par des chevaux de trait (trajet 15 mn ; 6,50 € A/R). Plus de renseignements sur • *accueilmontsaintmichel.com* •

UN PEU D'HISTOIRE

Comme toute bonne légende, l'histoire du Mont est née d'une apparition : celle de l'archange saint Michel ordonnant à Aubert, évêque d'Avranches, la construction d'un oratoire sur le mont Tombe qui s'élevait alors au milieu d'une forêt (on n'en est même pas certain). Aubert n'aurait d'abord pas cru à l'apparition. Probablement un peu exaspéré, saint Michel réapparut durant son sommeil et lui ordonna de nouveau d'élever son oratoire, non sans lui pointer le doigt sur la tête pour que ça lui rentre bien dans le crâne. Assez rudement semble-t-il, si l'on en juge par le résultat (voir plus haut le commentaire sur le trésor de l'église Saint-Gervais à Avranches). L'archange lui indiqua aussi une source pour que les premiers moines puissent s'installer. Début de reconnaissance, le roi Childebert vint déposer sa couronne au pied de l'oratoire dédié à saint Michel en 710. En 713, cadeau de plusieurs reliques par le pape. Aubert mourut tranquille en 725, sa mission accomplie !
Une élévation du niveau de la mer recouvrit peu à peu la forêt et isola le Mont dans les eaux. Les pèlerins continuèrent pourtant à affluer et la modeste chapelle, sans cesse agrandie, devint, après la guerre de Cent Ans, une magnifique abbaye. On doit sa réalisation à une poignée de moines bénédictins, venus de Saint-Wandrille, qui se révélèrent de remarquables bâtisseurs, doublés d'étonnants ingénieurs : les blocs de granit acheminés par bateau depuis les îles Chausey, à 40 km, furent hissés au sommet du Mont après avoir été taillés.
Administrativement, la commune du Mont-Saint-Michel est dans la Manche, donc en Normandie. Mais, à l'origine, le Mont était breton et ne fut cédé aux Normands qu'en l'an 933. La limite entre les deux provinces est constituée par le Couesnon, fleuve capricieux qui, aujourd'hui canalisé, passe au pied du rocher.

LE MONT EN QUELQUES CHIFFRES

Une quinzaine de moines et moniales, une douzaine d'employés municipaux, deux employeurs et 300 salariés, telle est la population Montoise qui vit à l'année sur le Mont. Ajouter à cela une quarantaine d'habitants dans les fermes des polders et 300 salariés en saison pour trois principaux employeurs. Le Mont est public à 90 % (rocher, remparts et voiries). Pour le reste, il est privé avec la rue commerçante, appelée « Village » ou « Grande Rue », avec ses boutiques et hôtels-restaurants ; le Diocèse (Abbaye) et l'État se partagent le gros du gâteau. Une partie des habitations du Mont est dédiée aux logements de fonction. On a vu pire...
Plus de 3 millions de visiteurs chaque année font de ce modeste rocher l'un des sites les plus fréquentés de France. Le plus étonnant, c'est qu'au beau milieu de ce flot humain persiste une petite communauté de moines. Chassés du Mont par la Révolution, les bénédictins revinrent à l'abbaye en 1969. Mais l'invasion du Mont à chaque saison a eu raison de leur quête de tranquillité. Les bénédictins se sont retirés pour laisser place, depuis juin 2001, à une petite communauté des Fraternités monastiques de Jérusalem.

LE MONT ET SES PÉRILS

La baie s'enfonce jusqu'à 23 km dans les terres. La marée montante y est, dit-on, aussi rapide qu'un cheval au galop. Pour cette raison, il vaut mieux regagner le Mont deux heures avant la pleine mer. Se méfier aussi de certains sables mouvants et de la brume qui tombe parfois rapidement. Donc, ne vous aventurez pas seul à pied dans la baie (de toute façon, c'est interdit depuis la mise en service du nouveau barrage), chaque année des accidents mortels s'y produisent. Faites appel à un guide, ils ne manquent pas (voir nos « Adresses et infos utiles » à Genêts et à Avranches.

À LA VITESSE D'UN CHEVAL AU GALOP ?

C'est ce brave Victor Hugo qui popularisa cette fausse rumeur. En fait, la marée avance à 5,5 km/h, voire 10 km/h, alors qu'un cheval galope à plus de 20 km/h. Néanmoins, cette montée des eaux coûta la vie à bien des imprudents bloqués... par les sables mouvants.

Le péril du Mont ne vient pas seulement de la mer, mais plutôt de ***l'ensablement de la baie.*** Les effets naturels des marées – dont les courants montants – et l'impact désastreux des interventions humaines (constructions de digues pour augmenter l'espace cultivable, de la digue-route et de l'ancien barrage) ont accéléré l'accumulation de dépôts sableux mêlés de débris... Ensablement d'ailleurs visible à travers l'avancée des herbus (cette partie où paissent les fameux agneaux de prés-salés). En tout, ce sont 700 000 m^3 de dépôts qui s'accumulent chaque année dans la baie (de Cancale à Champeaux), soit l'équivalent d'une pyramide d'Égypte ! Et les eaux n'ont plus toute leur vigueur pour évacuer cet excès de sédiments.

Des années d'études scientifiques et de concertation politique ont été nécessaires pour mettre en œuvre le projet visant à rendre au Mont son caractère maritime, prévu en 2015. Et il faudra encore compter 20 ans à la fin des travaux pour corriger les erreurs du passé (zones de stationnement, digue, canalisation du Couesnon et poldérisation). Ce projet, d'envergure (200 millions d'euros), financé par l'État, les collectivités territoriales, et une contribution de l'Europe, a déjà permis la mise en place d'un nouveau barrage plus en aval sur l'estuaire du Couesnon. Si aujourd'hui le Mont est encore entouré d'eau 50 jours par an (lors des forts coefficients de marées, et particulièrement aux marées d'équinoxe), le but est qu'il le soit à terme 150 jours dans l'année. Le mécanisme du barrage est aussi astucieux que peu commun : huit vannes régulent les flux et les reflux par un système de surverse et sous-verse actionné par des vérins hydrauliques et commandées par des capteurs électroniques. On s'explique : à marée montante, les vannes restent fermées, l'eau est bloquée le temps que les sédiments se déposent, côté Mont, au pied du barrage (temps de décantation). Quelques minutes avant la pleine mer, les vannes s'abaissent et l'eau claire (débarrassée des sédiments) se déverse (surverse) dans le Couesnon. L'eau s'écoule doucement dans le lit du fleuve, jusqu'à marée haute. On referme alors les vannes et l'eau reste dans le Couesnon, plus précisément à 4 km dans l'anse de Moidrey qui retrouve du coup sa vocation initiale de tanguière (terre humide). De l'autre côté du barrage, la marée a entamé son processus de reflux. On ouvre alors, cette fois-ci, les vannes par le dessous (sous-verse) : ce sont les fameuses « chasses » ou « lâchers » qui n'ont pas la puissance d'un jet de chasse d'eau, mais permettent une action plus longue et plus efficace du phénomène de marée descendante, pour repousser au loin les sédiments qui ensablent le Mont. Depuis, le lit du Couesnon est mouvant et divague à chaque marée et, pour cette raison, les randonnées dans la baie sont strictement réglementées et interdites sans guide. Une vaste campagne d'affichage vient d'être mise en place près des principaux sites d'accès de la baie. Ne bravez pas ces interdits : on tient à nos lecteurs ! Le barrage devrait être ouvert au public. En attendant, un grand belvédère y a été aménagé : on observe le phénomène de sur-

verse, impressionnant lors des marées d'équinoxe, et un panorama unique sur le Mont. C'est le moment de sortir son appareil.
Parallèlement, les voies d'accès au Mont vont être remplacées : création du parc de stationnement à 2,5 km sur les polders du continent (zone de La Caserne) et mise en place de navettes, ce qui devrait endiguer l'autre péril du Mont : la marée touristique... Enfin, dernière phase (jusqu'en 2014), la digue-route, vieille de plus d'un siècle, qui relie le rocher au continent, sera remplacée par un pont-passerelle piétonnier.
Pour plus d'informations sur le projet et son évolution, arrêtez-vous au pavillon d'information, au lieu-dit de La Caserne, en arrivant au Mont (voir plus loin « Adresses et infos utiles »).

À PROPOS DES FAMEUSES MARÉES DU MONT...

Le Mont-Saint-Michel connaît les plus fortes marées d'Europe. Environ 15 m d'amplitude en période de grandes marées. À titre indicatif, les plus fortes du monde, celles de la baie de Fundy au Nouveau-Brunswick (Canada), sont de 18 m. Quand la mer se retire du Mont, elle libère 25 000 ha de tangue, sables, herbus et rivières. Cela impressionna tellement les ingénieurs hollandais, en 1609, qu'ils proposèrent à Sully de construire une digue de Cancale à Carolles. Ainsi, aux grandes marées, la mer peut s'éloigner jusqu'à 18 km du fond de la baie. Il fallut attendre le XVIIIe s pour en connaître l'explication scientifique. Avant, on évoquait des accès de fièvre, une sorte de « respiration animale » de la mer, on parlait d'intervention divine ou tout simplement de providence quand elles permettaient aux bateaux d'atteindre les ports. Pourtant Pline notait déjà qu'à la pleine lune les mers « se purgent ». C'est Newton, grâce à sa théorie de la gravitation universelle, qui expliquera le phénomène : les masses d'eau des océans se gonflent grâce à l'attraction combinée du Soleil et de la Lune et se dégonflent quand cette attraction diminue. À la nouvelle lune (lorsque le Mont, la Terre, la Lune, le Soleil sont par exemple dans le même axe), c'est la période des « vives-eaux ». Lorsque Soleil et Lune sont les plus proches de la Terre (en mars et septembre), ce sont les marées d'équinoxe, les plus importantes de l'année. En revanche, en juin et décembre, ce sont les marées de solstice, les plus faibles. La différence entre marées haute et basse peut alors se réduire à 5 m. Lors de la pleine lune, lorsque Soleil, Terre, Mont et Lune sont dans le même axe (mais cette fois-ci, vous aurez noté : la Terre entre le Soleil et la Lune), c'est également les vives-eaux, avec les fameux 15 m d'amplitude. Bon, on essaie d'être (encore !) plus technique : dans la baie, comme sur les autres côtes de la Manche, la mer monte et descend deux fois par jour (environ 6h pour monter, 6h30 pour descendre). À cause de la position de la Lune qui change et à cause de la Terre qui tourne sur elle-même, il y a un décalage de 50 mn des horaires de marées d'un jour à l'autre. À cause aussi de la distance de la Terre à la Lune qui varie (de 356 000 km à 407 000 km), la force des marées varie selon les mois de l'année. Attendez, on n'a pas encore abordé le cas particulier de la Manche où les marées répondent (en plus de l'attraction du Soleil et de la Lune) aux violents coups des marées de l'Atlantique, sous la forme d'une onde qui part de Brest jusqu'à Dunkerque. Cette onde heurtant perpendiculairement le Cotentin, il y a donc augmentation de son amplitude dans la baie du Mont-Saint-Michel avec ses fonds très plats et la succession des vagues se transforme rapidement en vague unique à l'approche du rocher de Tombelaine, avec alors une vitesse pouvant atteindre jusqu'à 10 km/h....

Arriver – Quitter

La gare la plus proche est celle de Pontorson. Nous indiquons les différentes gares desservies depuis cette dernière.

En train

➢ ***Par la liaison Caen-Rennes, via Dol, Folligny, Coutances, Saint-Lô, Lison, Bayeux :*** *rens au ☎ 36-35 (0,34 €/mn) ou à l'office de tourisme.*

En car

➢ ***Pour le Mont-Saint-Michel :*** *Manéo.* ☎ *02-33-60-11-43.* En été, plus de 18 liaisons quotidiennes (aller-retour) ; 12 en hiver. Possibilité de prendre aussi les bus en provenance d'autres villes et qui font étape à Pontorson.

Par la route

Au départ de Paris, trois itinéraires au choix

➢ *Le premier* (336 km), le plus court mais pas le plus rapide, passe par Dreux et Alençon (N 12) jusqu'à Pré-en-Pail, puis par la N 176, en passant par Domfront et Saint-Hilaire-du-Harcouët.

➢ *Le deuxième* (360 km), passe par Rouen, Caen et Avranches. Sortir de Paris par l'A 13, puis à hauteur de Caen prendre l'A 84 direction Rennes-Le Mont-Saint-Michel.

➢ *Le troisième* (373 km), le plus long mais le plus rapide. Suivre l'autoroute A 11 jusqu'à Laval, puis la D 30 qui passe par Fougères et Antrain.

Par le train

Au départ de Paris, deux itinéraires au choix

➢ *Le premier,* au départ de la gare Saint-Lazare. Prendre le train jusqu'à Caen, puis correspondance pour Pontorson (ligne Caen-Rennes) et liaison pour le Mont avec les navettes de la compagnie Manéo *(☎ 0800-150-050 ; • mobi50.com •).*

➢ *Le second,* le plus « efficace », consiste à aller à Rennes en TGV (2h de trajet). Arrivé à Rennes, 2 possibilités : prendre l'autocar de la gare jusqu'au Mont *(1h30 de trajet ;* ***Kéolis Émeraude,*** *☎ 02-99-19-70-70 ; • destination-montsaintmichel.com •)* ou prendre le train jusqu'à Pontorson (9 km du Mont), d'où une navette assure la liaison avec le Mont *(bus Manéo ; ☎ 0800-150-050).*

Adresses et infos utiles

ℹ ***Office de tourisme :*** *dans le corps de garde des Bourgeois, à l'entrée du Mont, juste à gauche après la 1re porte. ☎ 02-33-60-14-30. • ot-montsaintmichel.com • Ouv tlj sf 25 déc et 1er janv.*

■ ***Traversées des grèves à pied :*** outre les sociétés *Chemins de la Baie* et *Découverte de la Baie* (coordonnées dans « Adresses et infos utiles » à Genêts), une autre structure propose des traversées au départ du Mont :

– ***La Baie c'est... :*** *Le Pont-Landais, 50170* ***Ardevon.*** *📱 06-74-28-95-41. • labaiecderomain.fr • 1-2 sorties/j., tte l'année, sur résa (sorties privatives possibles). Départs au pied du Mont.* La baie c'est... une belle histoire et quantités d'émotions, transmises avec passion, authenticité et professionnalisme par Romain Pilon, guide indépendant et enfant du pays. Une visite à ne pas manquer, surtout avec des enfants.

■ ***Parkings*** *(8,50 €) le long de la digue qui mène au Mont (jusqu'au 31 août 2012).* Bien vérifier les panneaux indiquant si le parking est submersible ou non à l'heure de la marée. Si possible, ou si vous résidez dans un hôtel de La Caserne, laissez votre véhicule à l'entrée de la digue et faites le trajet à pied : c'est plus agréable et, en outre, plus écolo.

Où dormir ? Où manger ?

Deux options : dormir sur le Mont ou à l'extérieur, à l'entrée de la digue ou, mieux, dans les environs. Faisons donc une petite mise au point : la première solution est évidemment la plus tentante, mais les établissements installés sur le rocher sont souvent complets et, surtout, le rapport qualité-prix est médiocre. Aucun restaurant, non plus, n'a retenu notre attention : l'unique chose à savourer étant le plus souvent la vue, et non le contenu de l'assiette que l'on vous fait pourtant payer cher ! À l'extérieur, le choix est plus grand, la qualité et l'accueil sont souvent meilleurs, et les prix sensiblement plus bas (toutes proportions gardées). Cela dit, fermer les yeux sur un mont endormi, et s'éveiller dans son écrin, reste un grand privilège que certains voudront s'offrir au détriment de la qualité. Pour les autres (que la raison emporte !) sachez, encore une fois, que rien n'est plus beau que l'arrivée sur cette merveille au milieu des bancs de sable !

Sur le Mont

Tradition d'accueil des pèlerins oblige (les premiers routards sont arrivés au IXe s !), une dizaine d'établissements sont répartis le long de la Grande-Rue. Le rapport qualité-prix est affligeant, pour ne pas dire révoltant. Nous en avons retenu une poignée parmi les meilleurs.

Bon marché

La Sirène : *Grande-Rue. ☎ 02-33-60-08-60. Sur la gauche en montant, à l'étage d'une boutique de souvenirs. Tlj en hte saison 10h-21h30 (tlj sf lun-mar jusqu'à 18h en basse saison). Env 15 €. Un kir offert sur présentation de ce guide.* Toute petite salle aux murs de pierre, boiseries et jolies fenêtres à vitraux. Plus spontanément, les affamés se dirigent vers les restos « avec vue » (ceux de l'autre côté de la rue), mais cette crêperie fait vite le plein parce qu'elle n'a que quelques tables et... bonne réputation ! Crêpes savoureuses, produits frais et accueil courtois. Le rapport qualité-prix tient la route. Le service malheureusement est vite débordé. Patience indispensable...

Chic

Le Mouton Blanc : *Grande-Rue. ☎ 02-33-60-14-08. • contact@lemoutonblanc.fr • lemoutonblanc.com • Double avec sdb à partir de 95 €. Apéritif offert sur présentation de ce guide au resto.* Dans une belle maison à colombages (et une annexe à quelques mètres de là, un peu moins typique), des chambres étroites (notamment les salles de bains), mais plutôt élégantes et confortables. Boiseries, poutres, vitraux aux fenêtres. Et un accueil des plus chaleureux. Une très bonne adresse sur le Mont. Fait aussi resto.

Hôtel Du Guesclin : *Grande-Rue. ☎ 02-33-60-14-10. • hotel.duguesclin@wanadoo.fr • hotelduguesclin.com • Resto fermé mar soir, mer hors saison, slt ven en saison. Congés : 2 nov-31 mars. Doubles avec sdb 63-88 € selon confort et saison ; ½ pens 67-77 €/pers. Wifi. Apéritif maison offert sur présentation de ce guide.* Un établissement bien tenu, au rapport qualité-prix appréciable (comparé à la concurrence locale...). Certaines chambres, confortables dans l'ensemble bien qu'un poil vieillottes, ont vue sur la mer. Très belle vue panoramique sur la grève depuis le restaurant. Excellent accueil.

Plus chic

L'Auberge Saint-Pierre : *Grande-Rue. ☎ 02-33-60-14-03. • contact@auberge-saint-pierre.fr • auberge-saint-pierre.fr • Doubles avec sdb 190-210 € selon vue (sur la mer, c'est plus cher !) ; petit déj 15 €. Internet, wifi.* Une vingtaine de chambres, quelques-unes avec vue sur la mer, réparties soit dans la Grande-Rue, soit dans le village. Confortables dans l'ensemble, elles mériteraient une petite remise au goût du jour côté déco. Très bon accueil.

Terrasses Poulard : *Grande-Rue, BP 18. ☎ 02-33-89-02-02. • contact@terrasses-poulard.fr • terrasses-poulard.fr • Ouv tte l'année. Doubles 80-260 € selon catégorie. Petit déj 18 € ! Café offert sur présentation de ce guide.* Même maison que la chiquissime *Mère Poulard*. Desservies par un dédale de couloirs, des chambres confortables et bien tenues. Attention, 2 d'entre elles sont bien moins chères, mais donnent sur la réception et sont de fait plus bruyantes. Accueil professionnel.

De l'entrée de la digue à Beauvoir *(50170 ; à 2 km du Mont)*

Campings

Camping du Mont-Saint-Michel : *à l'hotel Vert, La Caserne, 50170 Beauvoir. S'adresser à la réception de l'hôtel Vert dont il dépend (voir plus loin). Sur la route du Mont-Saint-Michel. Ouv de fév à mi-nov. Forfait 15,30 € pour 2. Nuit en bungalow 40-74 € pour 2. Pas de résa : premiers arrivés, premiers servis.* Ce camping, le plus proche du Mont-Saint-Michel, se trouve bien en retrait de la route, dont il est protégé par l'*hôtel Vert*. Emplacements bien herbeux dans un cadre verdoyant, arboré et bien tenu, mais dans une zone rongée de toutes parts par les hôtels et motels. Parfait pour une étape et être le premier à arpenter le Mont au petit jour, mais moins adapté aux séjours prolongés. Très bon accueil. Attention : l'avenir du camping est incertain. Appelez avant de vous y rendre.

Camping du Gué de Beauvoir : *5, route du Mont-Saint-Michel, Beauvoir. ☎ 02-33-60-09-23. • nolleauyves@yahoo.fr • hotel-gue-de-beauvoir.fr • Ouv d'avril à mi-sept. Forfait 18 € pour 2. Location 80-105 €/nuit pour 4 pers.* Dans le sympathique parc de l'hôtel du même nom, situé au bord de la route du Mont-Saint-Michel. Petit site rustique dans ce qui ressemble à un morceau de campagne, et dans ce secteur, ça se fait rare. Location de petites habitations écologiques avec toit courbe végétal, sanitaires, linge de maison et chauffage. Bon accueil.

Camping Aux Pommiers : *28, route du Mont-Saint-Michel, Beauvoir. ☎ 02-33-60-11-36. • pommiers@aol.com • camping-auxpommiers.com • En venant de Pontorson, 1er camping sur la droite à l'entrée de Beauvoir. Ouv d'avr à mi-nov. Compter 19,70 € pour 2. Wifi. Loc de vélo d'une ½ journée offerte pour une pers sur présentation de ce guide.* Site tout en longueur et partiellement ombragé. Chalets de bois et mobile homes, un peu trop près les uns des autres, s'alignent parmi les tentes et les camping-cars. Pratique, plutôt bien équipé et convenable pour une étape... Cela dit, les nouveaux propriétaires sont pleins d'entrain et de projets : rénovation des locations, réaménagement du terrain et développement des animations pour l'été. Gageons que d'ici peu de temps, on fera plus qu'y passer... Location de vélos. Piscine.

De bon marché à prix moyens

Chambres d'hôtes des Polders Saint-Joseph : *Ferme Saint-Joseph, chez Brigitte et Michel Faguais, Beauvoir. ☎ 02-33-60-09-04. • mbfaguais@wanadoo.fr • chez.com/fermesaintjoseph • De Beauvoir, direction les polders ; traverser le pont sur le Couesnon, prendre la 1re route à droite et suivre le fléchage. Double 72 € avec sdb ; 10 €/pers supplémentaire. Wifi. Réduc de 10 % sur le prix de la chambre à partir de 3 nuits sur présentation de ce guide.* Au cœur des polders, face au Mont, grande ferme de culture maraîchère dans laquelle Brigitte et Michel ont aménagé des chambres, simples mais confortables. Une chambre avec kitchenette au rez-de-chaussée, et 3 chambres à l'étage, dont une familiale, et une autre dans une annexe. Le clou : toutes ont une vue immanquable sur le Mont depuis le lit ! Les produits servis au petit déj proviennent tous de la ferme. Enfin, l'accueil est extrêmement sympathique et naturel.

Chambres d'hôtes La Bourdatière : *chez Monique et Gilbert Hennecart, 8, rue Maurice-Desfeux. ☎ 02-33-68-11-17. • labourdatiere@wanadoo.fr • la-bourdatiere.com • Dans le bourg de Beauvoir, entre la mairie et l'église. Congés : sept-mars. Double avec sdb 39 €.* Dans une maison charmante et très au calme, Monique et Gilbert proposent 4 chambres spacieuses et confortables, à des prix très discrets. La plus grande, au rez-de-chaussée, possède un séjour. Accueil fort sympathique.

Hôtel Le Gué de Beauvoir : *5, route du Mont-Saint-Michel, Beauvoir. ☎ 02-33-60-09-23. • nolleauyves@yahoo.fr • hotel-gue-de-beauvoir.fr • Au bord de la route principale. Doubles 67-82 € selon confort et saison. Wifi. Prêt de vélos. Réduc de 10 % sur le prix de la chambre sf 15 juil-25 août (si résa directe avec l'hôtel) sur présentation de ce guide.* Une maison bourgeoise dans un joli parc, jouxtant le camping du même nom. Des chambres simples, rénovées pour certaines. L'entretien manque de rigueur, mais le parc verdoyant ne manque pas d'attrait. Petit déj servi sous une agréable véranda. Accueil sympathique et familial.

Hôtel Vert : *La Caserne, route du Mont-Saint-Michel, BP 8, Beauvoir. ☎ 02-33-60-09-33. • stmichel@le-mont-saint-michel.com • le-mont-saint-mi* *chel.com • Ouv tte l'année. Doubles avec bains dans l'hôtel 61,60-77,60 € selon saison ; doubles dans les bungalows 40-74 € (voir plus haut « Campings »). Internet, wifi.* Les petites chambres au ton pastel de l'hôtel sont confortables et bien tenues. Celles dans les bungalows rassemblés derrière la bâtisse principale, dans la verdure, sont bien plus rustiques mais à prix intéressants. Location de vélos et circuits des 5 sens organisés. Fait aussi resto.

De chic à beaucoup plus chic

Hôtel Le Relais du Roy : *route du Mont-Saint-Michel, BP 8, La Caserne, Le Mont-Saint-Michel. ☎ 02-33-60-14-25. • reservation@le-relais-du-roy.com • le-relais-du-roy.com • Juste avt la digue, sur la gauche. Fermé en janv. Doubles 76,50-110 €. Formule 13,50 € ; menus 18,50-38 €. Wifi. Apéritif maison offert sur présentation de ce guide. Le Relais du Roy* a greffé des bâtiments plus modernes à une petite maison dont les parties anciennes remontent au XVe s. Chambres plutôt confortables, avec leur lit vêtu d'une couette douillette, et bien tenues. Certaines sont même rénovées, d'autres ont vue à l'arrière sur le Couesnon, dont les rives seront bientôt aménagées ; pas désagréable comme vue. Au resto, décor rustico-médiéval chaleureux, pour une cuisine de bonne réputation. Bon accueil et service pro.

Le Relais Saint-Michel : *☎ 02-33-89-32-00. • reception@relais-st-michel.fr • lemontsaintmichelchel.info • ♿ Sur la digue, aux premières loges devant le Mont, une des étoiles de la galaxie Poulard. Double avec bains à partir de 190 €. Wifi. Apéritif offert sur présentation de ce guide.* Les prix sont surréalistes et le bâtiment à l'extérieur bien laid, mais il faut avouer que les chambres sont vraiment belles, toutes tournées vers le Mont et les polders, avec baie vitrée et terrasse privative pour s'abreuver de la vue somptueuse. Les moins chères, situées au rez-de-chaussée, offrent dans leur gamme un rapport qualité-prix tout à fait correct. Un cadre élégant et lumineux. On vous conseille de prendre un petit verre au bar en fin de journée, alors que le soleil déclinant souligne les contrastes de la huitième merveille du monde.

Dans la campagne alentour

Bon marché

Le Gîte du Grand Manoir : *M. et Mme Éric Sauvage, 1, rue du Pont-Houël, 50170* **Servon.** *☎ 02-33-68-30-15. • sauvage.tripied@wanadoo.fr • legitedugrandmanoir.sup.fr • ♿ (1 chambre). Du bourg, suivre direction Céaux et Courtils. Double 34 € (180-250 €/sem selon saison) ; chambre 4-5 pers 50 € ; pas de petit déj, mais cuisine et salle à manger à disposition. Loc d'un gîte (14 pers) 850-1 150 €/sem selon saison. Tarif dégressif (30 € la chambre) à partir de la 2e nuit, sur présentation de ce guide.* Juste à côté d'un magnifique manoir du XIIIe s, cette ancienne grange, à la façade mêlant le bois et la pierre, accueille un hébergement hybride, entre le gîte d'étape et la chambre d'hôtes. Très grande salle au rez-de-chaussée, avec cuisine équipée à disposition. Des chambres fraîches, aux tapisseries fleuries (une double au rez-de-chaussée, 2 doubles, une triple et une chambre de 5 à l'étage). Également une machine à laver le linge à disposition, des lits bains de soleil pour profiter du petit bout de pelouse, un barbecue... Bref, un rapport qualité-prix étonnant, et l'endroit idéal pour un séjour prolongé.

Chambres d'hôtes Au Jardin Fleuri : *chez Michel et Marie-Thérèse Guesdon, 2, La Mottaiserie, 50220* **Céaux.** *☎ 02-33-70-97-29. 📱 06-84-10-13-77. • aujardin@club-internet.fr • site.voila.fr/aujardin • Du Mont-Saint-Michel, prendre la route de la Baie (D 43) ; face à l'hôtel* Au P'tit Quinquin, *prendre la route de Servon : c'est la 1re maison sur la droite. Congés : 1re sem d'oct, 24-25 déc, 31 déc-1er janv. Double avec sdb 50 €. Wifi.* 5 chambres confortables dans une maison ancienne joliment restaurée et jouissant d'un adorable jardin arboré et... fleuri. Coin cuisine à disposition.

Gîte d'étape : *chez Élie et Marie-Joseph Lemoine, 79, route du Mont-Saint-Michel, La Guintre, 50220* **Courtils.** *☎ 02-33-60-13-16. ♿ Avt d'arriver à Courtils, sur la route de la Baie (la D 275, en venant du Mont-Saint-Michel). Ouv tte l'année (mais téléphoner quand même avt...). Nuit 10 € ; petit déj 3,50 €. Gîte entier (pour 18 pers) 150 €/nuit.* Dans une petite maison attenante à une ferme tout à fait typique de la région des prés salés. Basique, sans grand charme, mais propre.

En face, le fils propose des **chambres d'hôtes :** *82, rue du Mont-Saint-Michel, 50220* **Courtils.** *☎ 02-33-60-06-02. • lemoine.osack@club-internet.fr • bedandbreakfastineurope.com/courtils • ♿ Congés : 15 nov-15 déc. Double avec douche 36 € ; 3 pers 47-56 €. Wifi.* Les chambres simples, peut-être un peu datées mais bien tenues, ont presque toutes une splendide vue sur les prés-salés et, tenez-vous bien, sur le Mont-Saint-Michel ! Pas de resto, mais un petit coin cuisine est à votre disposition. Accueil très agréable.

Chambres d'hôtes Le Petit Manoir : *chez Annick et Jean Gédouin, 21, rue de la Pierre-du-Tertre, 50170* **Servon.** *☎ 02-33-60-03-44. • agedouinmanoir@laposte.net • chambresgedouin.com • À 500 m de l'église, direction Céaux et Courtils. Double 40 €. Gîte (8-10 pers) 350 €/w-e, 500-750 €/sem selon saison.* Belle ferme proposant 2 chambres, l'une avec vue sur la baie, l'autre sur le jardin. Loue également un beau gîte qui, s'il n'est pas loué en tant que tel, peut vous accueillir en chambre d'hôtes (un peu plus cher).

Prix moyens

Auberge de la Baie : *44, rte de la Rive, 50170* **Ardevon.** *☎ 02-33-68-26-70. • reservations@aubergedelabaie.fr • aubergedelabaie.fr • ♿ À 4 km de la digue par la route de la Baie (D 275). Doubles avec douche et w-c 45-70 €. Internet.* La petite adresse qu'on est bien content de dégoter, si près du Mont. Le bâtiment principal, en bordure de route passante (voie d'accès au Mont) n'a rien d'enthousiasmant, mais la volonté de bien faire est évidente, et les prix sont très humains. En particulier pour les nouvelles chambres (côté parking), standardisées, mais très calmes, dotées de tout le confort et de bon goût. Fait aussi resto avec un chef Maître-Restaurateur.

La Casserole de la Baie : *8, rue de la Grange-à-Dîme, 50170* **Huisnes-sur-Mer.** *☎ 02-33-60-33-40. • lacasseroledlb@aol.com • lacasseroledelabaie.com • ♿ (resto). Fermé dim soir, mer soir et jeu de mi-sept à mi-juil. Congés : 15 j. en déc et 15 j. en juin. Doubles 43,50 (w-c sur le palier)-53,50 €. Formule 18,50 € et menu 15,45 € le midi en sem, puis 23,80-33,80 €. Résa souhaitée. Parking. Wifi. Café offert sur présentation de ce guide ainsi qu'une réduc de 10 % sur le prix de la chambre 15 nov-15 mars.* Un p'tit hôtel-resto-bar-tabac au cœur d'un tranquille village un peu perché. Un vrai sens de l'hospitalité, le respect de la tradition (la salle rustique, les plats au tableau noir) et une cuisine gourmande, qui varie au gré des saisons. Chambrettes basiques mais claires et bien tenues, toutes avec vue sur la baie et Le Mont-Saint-Michel au loin. Les chambres les moins onéreuses ont la douche directement dans la chambre (au cas où vous ne connaîtriez pas très bien votre compagnon de chambrée...).

Auberge du Terroir : *Le Bourg, 50170* **Servon.** *☎ 02-33-60-17-92. • aubergeduterroir@wanadoo.fr • ♿ Axe Pontaubault-Pontorson, à droite sur la D 107. Congés : 3 premières sem de mars et 15 nov-10 déc. Resto fermé mer, jeu midi, sam midi. Résa indispensable. Double 68 € avec sdb ; une suite pour 4 pers 125 €. Menus 19-45 €. Wifi.* Adorable petit hôtel aux chambres mignonnes, champêtres et cosy, aménagées dans la vieille école communale et l'ancien presbytère. Atmosphère des plus paisible, autour du joli jardin. Tennis. Cuisine traditionnelle délicieuse, bien de son époque, et servie dans une très agréable petite salle à manger (carré d'agneau de pré-salé au thym, dos de bar au jus de persil...). Accueil charmant.

À Pontorson *(50170 ; à 9 km au sud du Mont)*

Petite ville tranquille le soir, un peu perturbée dans la journée par le trafic routier généré par la présence voisine du Mont. Située à la limite entre la Normandie et la Bretagne, Pontorson conviendra aux fins stratèges, à ceux qui préfèrent prendre un peu d'élan avant d'aborder l'ascension de la « huitième merveille du monde ». Une de vos chances de trouver où loger si tout est complet.

@ Office de tourisme : *pl. de l'Hôtel-de-Ville. ☎ 02-33-60-20-65. • mont-saint-michel-baie.com • Juil-août, lun-ven 9h-12h30, 14h-18h30 ; sam 10h-12h30, 15h-18h30 ; dim 10h-12h. Sept-juin, lun-ven 9h-12h, 14h-18h ; sam 10h-12h, 15h-18h.* Un point informations bien pratique sur la SNCF et les liaisons en bus dans la Manche et l'Ille-et-Vilaine. Borne Internet (payante). Vous trouverez aussi ici un des guides, Nicolas Perrin, pour la traversée de la baie au départ du Mont-Saint-Michel. Site internet très complet.

– **Marché :** *mer mat.*

– **Foire locale :** *à la Saint-Michel (dernier w-e de sept ou 1er d'oct).*

Camping

Camping Haliotis : *chemin des Soupirs. ☎ 02-33-68-11-59. • camping.haliotis@wanadoo.fr • camping-haliotis-mont-saint-michel.com • Au bord du Couesnon. Ouv de mi-mars à début nov. Compter 22,60 € pour 2 (2 € de plus pour un emplacement avec sanitaires privés). Wifi. Réduc de 10 % sur présentation de ce guide.* Des emplacements simples, mais un site vraiment agréable, paysager et très bien tenu, même si les arbres, encore jeunes, n'offrent qu'une ombre limitée. Belle qualité des infrastructures, notamment la jolie piscine chauffée. Si les chalets sont au cœur du camping, les mobile homes sont un peu à l'écart, avec une belle terrasse en bois et un coin de pelouse bien à eux. Enfin, pour le ravissement des plus jeunes, un petit espace nature avec un cheval, des biquettes, des lapins. Bref, un bel endroit pour des vacances en famille, et idéalement placé pour rayonner dans la région.

De bon marché à prix moyens

Auberge de jeunesse : *centre Du Guesclin, 21, rue du Général-Patton. ☎ 02-33-60-18-65. • aj.pontorson@wanadoo.fr • Juste à côté du camping. Fermé oct-avr. Nuit en dortoir 11,70 € pour les adhérents et 14,70 € pour les non-membres (petite augmentation à prévoir). Petit déj 3,40 €.* Dans une grande bâtisse du début du XXe s. Pas très guilleret, genre hôpital désaffecté, mais très bien tenu et accueil sympa. Chambres ou dortoirs de 4 à 6 lits avec ou sans salle de bains. Draps fournis. Possibilité de cuisiner sur place. Bon petit déj.

Hôtel-restaurant La Tour Brette : *8, rue Couesnon. ☎ 02-33-60-10-69. • latourbrette@wanadoo.fr • latourbrette.fr • (resto). Dans la rue principale. Resto fermé mer (sf juil-août). Congés : 4-26 janv, 14-22 mars. Doubles avec sdb 38-46 € selon saison. Menus 12-35 €. Café offert sur présentation de ce guide.* Un hôtel tout simple, proposant 10 petites chambres sans prétention mais confortables et fort bien tenues. Sur la rue principale, mais il y a un double vitrage. La providence des petits budgets, et un excellent rapport qualité-prix-accueil. Cuisine de tradition, dans le même esprit.

Hôtel-restaurant Au Jardin St-Michel : *37, rue de la Libération. ☎ 02-33-60-11-35. • aujardinstmichel@orange.fr • aujardinstmichel.fr • (resto et w-c). Resto fermé lun et dim soir hors saison. Double 49 €. Repas à la carte env 15 €. Wifi. Parking clos.* Adresse tenue en famille. Chambres décorées de façon différente, résolument ton sur ton. Les plus calmes sont sur l'arrière, avec vue sur la terrasse et le parking. Jardin avec chaises longues en saison. Cuisine traditionnelle régionale au resto.

Le Grillon : *37, rue du Couesnon. ☎ 02-33-60-17-80. • philippe.gasnier405@orange.fr • Fermé jeu (plus mer soir hors saison). Congés : 16 nov-5 déc. Doubles 32-35 €. Menus 9,50 (midi en* *sem)-16,50 € ; carte env 15 €. Wifi. Café offert sur présentation de ce guide.* Une bonne et gentille crêperie (mais qui propose aussi quelques autres plats et plusieurs salades), à l'accueil vraiment charmant. Loue également quelques chambres simples et vraiment pas chères.

Les Tartines Bavardes : *32, rue Saint-Michel. ☎ 02-33-60-67-04. Tte l'année, tlj sf dim 10h-19h en continu (fermé le soir et le w-e hors saison). Env 9 € pour une formule déj. Café offert sur présentation de ce guide.* Une jolie devanture bleu pervenche, quelques tables en terrasse aux beaux jours égayées de pots de fleurs fraîches, et un intérieur coquet pour ce petit salon de thé zen. Musique relaxante, assiettes végétariennes (mais pas que), tartes sucrées-salées maison, crumbles à base de fruits bio et une large sélection de thé pour jouer les prolongations... Copieux et délicieux.

Chic

Hôtel Best Western Montgomery : *13, rue Couesnon. ☎ 02-33-60-00-09. • info@hotel-montgomery.com • hotel-montgomery.com • Dans la rue principale. Congés : 2 sem en fév, du 11 nov à fin nov. Doubles tt confort 65-125 € selon saison et décoration ; également des chambres grand luxe avec balnéo (bien plus chères). Petit déj 11 €. Wifi. Garage payant.* De belles chambres, dotées pour certaines d'un mobilier exceptionnel, dans la demeure du XVIe s des comtes de Montgomery. Vraiment un beau cadre, doublé d'un jardin paisible et tout fleuri.

À voir

Le bourg

La Grande-Rue : la digue de 2 km qui relie depuis 1879 le Mont au continent aboutit à la porte du Roy, utilisée en cas de grande marée. Une passerelle de bois conduit jusqu'à la porte de l'Avancée, la seule ouverte dans les remparts. La Grande-Rue qu'empruntaient les pèlerins grimpe à l'assaut du rocher, entre deux haies d'hôtels-restos et de magasins de souvenirs. Il faut oublier tous ces étals de bimbeloterie et bignouseries made in Hong Kong et faire preuve d'un peu d'imagination pour remonter dans le temps. Cela dit, cette rue a toujours eu une vocation commerçante puisque, avant les touristes, c'étaient les pèlerins qui s'y pressaient et s'y arrêtaient pour trouver le gîte et le couvert. Quelques maisons anciennes caractéristiques de l'architecture civile du Moyen Âge vous aideront à reconstituer le décor d'origine.

LA MÈRE POULARD ET LA POULE AUX ŒUFS D'OR...

Il y a un siècle, les gastronomes venaient en pèlerinage devant l'âtre où étaient dorées les fameuses omelettes de la « Mère Poulard ». Véritable spectacle que d'observer la cuisine où officiaient comme des métronomes les batteurs et les cuisinières en tablier blanc. On a beaucoup écrit sur le secret des fameuses omelettes d'Annette Poulard (1851-1931) que Clemenceau, Pagnol, Maurice Chevalier, Rita Hayworth ou François Mitterrand, entre autres, sont venus déguster. Aujourd'hui, la préparation de la fameuse omelette est quasiment mise en scène et les prix pourraient laisser penser que les œufs utilisés sont d'or...

Les remparts : le tour des remparts s'impose pour la vue sur la baie et sur le rocher de Tombelaine, à 3 km, ce frère jumeau qui fut occupé par les Anglais pendant la guerre de Cent Ans. Le Mont, lui, resta toujours français grâce à la protection de l'archange saint Michel qui, pour sauver le royaume, alla chercher à Domrémy une petite bergère dont l'histoire finira sur un bûcher, place du Marché, à Rouen.

Les musées : au nombre de quatre, ils sont privés et pas d'un intérêt fou. Enfin, si vous avez du temps... Un billet unique *(15 € ; réduc ; mais on peut aussi visiter chaque musée indépendamment : 7 €)* permet de visiter l'***Archéoscope*** (l'histoire sacrée de l'abbaye, ses légendes...), le ***musée de la Mer et de l'Écologie*** (les plus grandes marées d'Europe, de la baie, maquettes de bateaux...), le ***Musée historique*** (personnages de cire, périscope, dioramas ; il faut quand même être amateur du genre !) et le ***logis de Tiphaine de Raguenel,*** femme de Bertrand Du Guesclin.

L'église paroissiale Saint-Pierre : flanquée d'un cimetière où fut enterré saint Aubert, le fondateur du Mont, mérite une halte avant d'aborder l'escalier qui conduit à la barbacane et marque l'entrée de l'abbaye. Au Mont, on n'en finit jamais avec les escaliers. Celui que l'on appelle le Gouffre arrive à la salle des Gardes (billetterie). Il faut encore monter entre les logis de l'abbatiale et les murs de soutènement pour atteindre la terrasse de l'Ouest, dont l'accès est possible uniquement pour ceux munis du ticket d'entrée de l'abbaye. Si le temps est dégagé, les îles Chausey (40 km) sont visibles au loin.

➢ Pour clore la visite du bourg, il faut ***s'y promener le soir,*** lorsque les remparts sont déserts et que les marchands du Temple ont tiré le rideau de fer sur toute leur quincaillerie. Les murs de l'abbatiale, illuminés, surgissent alors dans la nuit comme une armure de pierre et l'archange aux ailes dorées (il a été restauré et replacé par hélicoptère en novembre 1987) se dresse au milieu des étoiles. Magique...

L'abbatiale

– **Horaires d'ouverture :** *sous réserve de modif, ouv tlj mai-août, 9h-19h ; sept-avr, 9h30-18h ; dernière entrée 1h avt. Fermé 1er janv, 1er mai et 25 déc. Pour ceux que ça intéresse, la messe a lieu tlj (sf lun, la communauté religieuse s'absente) à 12h15 ; rdv à 12h devant les grilles d'entrée de l'abbaye (dim messe à 11h30, rdv à 11h15).* Retenez que les visites fonctionnent aussi l'hiver, loin des hordes de touristes. Les guides vous bichonneront, et vous pourrez découvrir en toute tranquillité la véritable magie et le dépouillement du lieu (le granit et l'hiver font assez bon ménage, pour qui sait se munir d'un bon gros pull !).

➢ ***Pendant la journée,*** *4 types de visite possibles (les tarifs mentionnés sont en plein tarif et sont susceptibles d'être augmentés ; réduc pour les enseignants et les moins de 25 ans ; gratuit moins de 18 ans et pour ts le 1er dim du mois nov-mars inclus).*

– **La visite libre :** *9 €.* Possibilité de faire la visite à l'aide d'un document.

– **La visite commentée :** *avec un agent du monument. Même tarif que la 1re. Durée : env 1h. Attention, les dernières visites guidées partent env 2h avt la fermeture du site.*

– **La visite « conférence » :** *slt les w-e, tlj pdt les vac scol. 13 € ; réduc moins de 25 ans. Pas de résa possible. Durée : env 2h.* Un conférencier passionnant et passionné vous entraînera dans une découverte approfondie des moindres recoins perdus de cette invraisemblable abbaye.

– **L'audioguide :** *4,50 € en plus de l'entrée simple pour 1 appareil ; 6 € en plus de l'entrée simple pour 2 appareils.*

➢ **Parcours nocturnes de l'abbaye :** *tlj sf dim juil-août, 19h-23h (dernière entrée 22h30) ; visite libre ponctuée d'animations ; entrée : 9 €. Rens : ☎ 02-33-89-80-00.*

La visite

Les commentaires intéressants et vivants des guides permettent de mieux comprendre ce que fut le Mont au cours de son histoire. Les lieux eux-mêmes sont

assez étourdissants, non seulement pour leur beauté austère, mais aussi parce qu'on a bien du mal à se repérer dans ce labyrinthe. Attention, le parcours de la visite peut changer, comme l'ouverture des salles au public.
Pour des raisons esthétiques (et symboliques), les bâtisseurs de l'époque ont voulu donner à l'église la même dimension en longueur que la hauteur du rocher, soit 80 m, ce qui nécessita la construction d'infrastructures très complexes dans lesquelles se trouve enchâssée l'église préromane du Xe s. C'est à Chausey – alors propriété de l'abbaye –, qu'on est allé chercher les blocs de granit qui servirent à la construction. Embarqués sur des bateaux à fond plat, il fallait ensuite composer avec les marées !
Toute cette construction tient de la prouesse technique, car elle repose en grande partie sur une plate-forme artificielle, en équilibre au sommet du rocher.
– ***L'abbatiale :*** lieu central dans la vie des moines, puisqu'ils y assistaient sept fois par jour aux offices (et devaient consacrer huit autres heures à la prière). Il est difficile de ne pas ressentir un choc dans le vaisseau de la ***grande nef*** qui monte comme une prière avec ses arches de pierre inondées de lumière. Le ***chœur*** est l'un des plus beaux exemples de gothique flamboyant. L'homme a enfin réussi, après des siècles de recherche, à vaincre les poussées de la voûte et à percer les murs d'ouvertures laissant pénétrer le soleil. Le chœur roman s'effondra en 1421.
– En passant dans le cloître, on pénètre dans la ***Merveille,*** c'est-à-dire dans un ensemble de six salles réparties sur trois étages, construit à partir de 1211, achevé 17 ans plus tard. Suspendu entre le ciel et la mer, le ***cloître*** est comme un balcon ouvert sur l'infini. Tous les murs étant en porte-à-faux, il était indispensable de construire quelque chose de léger. Ce qui explique la disposition en quinconce des 137 colonnettes. Lieu de méditation et de prière, le cloître a retrouvé son jardin de buis et une toiture en schiste du Cotentin. Ici, tout est à la mesure de l'homme, contrairement aux autres parties du monastère.
– ***Le réfectoire*** surprend par sa démesure et ressemble plutôt à une église avec sa voûte en berceau. Logique puisque le repas des moines était presque une messe. Ne communiquant que selon un code de gestes, les moines y prenaient en silence leur frugal repas en écoutant la lecture d'un texte sacré. Noter l'extraordinaire technique utilisée par l'architecte pour capter un maximum de lumière sans affaiblir la solidité des murs. En outre, jeu optique subtil au niveau symbolique : on s'enferme, mais on laisse la lumière pénétrer quand même. Espace superbement maîtrisé. Cette salle résume bien toute la spiritualité du Mont-Saint-Michel.
– ***La salle des Hôtes :*** réservée aux pèlerins nobles et aux rois, elle a perdu son revêtement de couleur, mais garde son architecture majestueuse et élégante, d'une grande fluidité correspondant à la fonction de la salle. Poussée maintenue par des contreforts intérieurs. Royaumont copia cette salle, et la technique des contreforts fut utilisée à la Sainte-Chapelle. Deux gigantesques cheminées dans lesquelles on pouvait faire rôtir plusieurs agneaux de prés-salés. La salle devait être bruyante ; ce qui n'était pas le cas du ***scriptorium,*** dit salle des Chevaliers, où les moines travaillaient à la copie et à l'enluminure des manuscrits. Noter qu'elle possède la même hauteur que l'autre, mais qu'on s'y sent plus écrasé.
– Impressionnante ***crypte*** des gros piliers, assez oppressante même. Elle se trouve sous le chœur de l'abbatiale et fut construite pour la soutenir. Les piliers romans (de 5 m de circonférence) furent enrobés pour les renforcer.
– ***La crypte Saint-Martin :*** sous le bras sud du transept. Très belle voûte en berceau de 8 m. Exploit technique pour supporter tout le poids de l'église au-dessus.
– ***L'infirmerie*** était le seul endroit où les moines pouvaient manger de la viande rouge (pour se refaire une santé) et se lever quand bon leur semblait. Il était tentant de se faire porter pâle. Moins drôle : la fosse remplie de chaux (en guise de désinfectant...) dans laquelle étaient jetés les moines morts, pour éviter la prolifération des épidémies.
– Ce qui fut le cimetière des moines contient, depuis 1820 environ, un étonnant monte-charge. L'impressionnante roue pouvant contenir jusqu'à six hommes utilisait les prisonniers comme moteur.

– ***La chapelle Saint-Étienne*** était la chapelle où l'on veillait les morts avant leur enterrement dans le cimetière voisin.
– ***Le promenoir des moines :*** en dessous, c'était la salle des pèlerins. Au-dessus, le ***dortoir.*** Aux XIe et XIIe s, le réfectoire primitif. Gros murs romans. Voûtes refaites après 1103 en croisée d'ogives. Début de la technique. Mortier qui sert de joint (erreur du gothique primitif).
– La visite se termine par le ***cellier*** et l'***aumônerie,*** destinée aux pèlerins de condition modeste. Elle abrite aujourd'hui les comptoirs de la librairie.

QUAND L'ABBAYE DEVINT PRISON...

Au XVIIIe s, les bénédictins partis, le Mont devint une prison et reçut des prisonniers politiques incarcérés sur lettres de cachet. Puis il fut transformé en maison de correction et abrita jusqu'à 500 détenus de droit commun. Après la révolution de 1848, Blanqui, Barbès et Raspail, entre autres, y furent internés. Victor Hugo s'en indigna et Napoléon III supprima le pénitencier en 1863.

DANS LES ENVIRONS DU MONT-SAINT-MICHEL

L'église Notre-Dame, à Pontorson *(50170) : tlj 9h30-18h.* Date du XIe s pour ses parties les plus anciennes. Tour bâtière avec galerie à l'aspect trapu. Contreforts puissants. Côté place, porche roman complètement usé. Au tympan, une image énigmatique. Côté façade, triples voussures avec décor à chevrons. À l'intérieur, le granit gris lui donne un côté austère. Sur le sol, pierres tombales du XVIIe s. Voir le *retable des Saints cassés,* montrant la vie du Christ en 22 compartiments. Réalisé au XVe s et très mutilé pendant les guerres de Religion et la Révolution française, il exprime cependant encore beaucoup de noblesse. À côté, le retable de l'*Ascension* (12 apôtres entourant la Vierge) et un grand christ du XVIIIe s. Lutrin de la même époque. Également une belle Vierge en bois du XVIIe s à côté du baptistère et son curieux couvercle en bois sculpté (du XVIIIe s).

– ***Survol du Mont en ULM :*** *3 pers proposent cette activité. Didier Hulin, ☎ 02-33-48-67-48 ou 📱 06-07-54-91-92. • ulm-mont-saint-michel.com • ; Régis Mao, 📱 06-81-99-24-79. • normandie-ulm.com • ; Laurent Papillon, ☎ 02-33-60-59-29 ou 📱 06-68-28-02-83. • manche-ulm-evasion.com • Fonctionnent, à la demande, tte l'année selon météo. Résa recommandée. Départ de l'aérodrome du Val-Saint-Père, à Avranches. Une façon fantastique de découvrir le Mont-Saint-Michel par les airs : compter 70-100 € pour une balade de 20 à 30 mn dont vous vous souviendrez longtemps. Didier Hulin accorde 10 € de réduc sur les tarifs publics sur présentation de ce guide.* Moment assez exceptionnel surtout en y allant tôt le matin vers 7h. Au lever du soleil, c'est magique. Vous nous bénirez encore dans 50 ans (sauf si vous avez le mal de l'air !).

Fêtes et manifestations

– ***Les Œufs de Pâques :*** *le w-e de Pâques. Rens à l'abbaye. ☎ 02-33-89-80-00. • monuments-nationaux.fr •* Pour les enfants.
– ***Marathon de la baie du Mont-Saint-Michel :*** *13 mai 2012. Rens : ☎ 02-99-89-54-54. • montsaintmichel-marathon.com •* Départ de Cancale. Une trentaine de nations, quelque 5 000 coureurs participeront au marathon qui fête sa 15e édition.
– ***La Saint-Michel d'automne :*** *fin sept.*
– ***Monument, jeu d'enfant :*** *le 1er ou le 2e w-e d'oct. Rens à l'abbaye : ☎ 02-33-89-80-00. • monuments-nationaux.fr •* Parcours ludique destiné aux enfants pour découvrir l'abbaye autrement.

LE PAYS DU SUD-MANCHE ET LE MORTAINAIS

À l'est du Mont-Saint-Michel s'étend une région moins connue, donc moins touristique, très bucolique et idéale pour la randonnée. Symbolisée par la vallée de la Sélune et le Mortainais, région typique du Bocage normand. On y trouve de nombreux témoignages de la vie rurale passée. Habitat utilisant le matériau local, complètement adapté au paysage : granit de l'Avranchin, schiste de Sourdeval, pierre blanche du Mortainais. Parfois de longues crêtes rocheuses livrent de jolis panoramas ; ailleurs, la paisible vallée de la Sélune, bucolique à souhait et grossie de plusieurs petits lacs de barrages, vous invite à de tranquilles balades au fil de l'eau...

LE MORTAINAIS

MORTAIN (50140) 2 450 hab. *Carte Le Sud de la Manche, D3*

Importante ville-carrefour, au point de jonction de la Bretagne, du Maine et de la Normandie. Dernier soubresaut au cœur des « montagnes de Normandie », et fort joli soubresaut ! La région présente un relief accidenté, et Mortain elle-même est bâtie sur les flancs d'une colline qui culmine à 327 m. Superbe abbaye et collégiale, et paysages grandioses à ne point manquer ! Géricault, Courbet et Corot n'ont pas pu résister à l'envie de venir peindre dans les parages, c'est quand même un signe, non ?
L'origine de la ville remonte au Bas-Empire romain. Mais c'est surtout à partir du Xe s que Mortain entra réellement dans l'histoire : les Normands en firent une forteresse se dressant face à la Bretagne et au Maine. Le demi-frère de Guillaume le Conquérant, Robert, comte de Mortain (que l'on voit figurant à côté de Guillaume sur un détail de la tapisserie de Bayeux), donna au comté une stature politique, voire artistique.
Un petit millénaire plus tard (navré pour la brutalité de la transition), la ville fut le cadre de l'un des épisodes les plus dramatiques de la bataille de Normandie...

L'OPÉRATION *LÜTTICH* À MORTAIN

À Mortain se déroula une offensive allemande décisive qui aurait pu retarder considérablement la victoire. Hitler donna l'ordre au maréchal von Kluge d'attaquer vers l'ouest pour couper l'armée américaine en deux dans le goulot d'Avranches (l'opération *Lüttich*). Par chance, le 2 août 1944, son message fut intercepté par hasard et décodé par une simple radio de l'armée américaine. L'offensive allemande était fixée le 6 août. L'info parut suffisamment importante pour être transmise à Churchill au 10 Downing Street et au quartier général d'Eisenhower. Et c'est là que se situe un gag incroyable : les doutes sur l'efficacité de l'offensive émis par von Kluge et les réponses cinglantes de Hitler furent tous, par la suite, interceptés par les Alliés. Ils purent suivre en direct les contradictions de l'État-Major ennemi.
L'attaque allemande se révéla particulièrement brutale, et Mortain fut prise. Les éléments avancés des panzers arrivèrent même à moins de 2 km du PC du général Hobbs, commandant de la 30e division d'infanterie américaine. L'offensive alle-

mande fut à un cheveu de réussir. Mais la brume matinale finit par s'estomper et permit aux avions alliés de bombarder les colonnes allemandes. Incroyable, le général Gerhardt, chef de la 116e Panzer, refusa de s'engager dans l'attaque. Ce dernier, impliqué dans le complot du 20 juillet contre Hitler, ne croyait plus à la victoire !
Von Kluge décréta l'arrêt de l'opération. Hitler ordonna de la reprendre. L'armée allemande était alors étirée dans une poche pénétrant profondément les lignes alliées et prise totalement en tenaille. Hitler, finalement, ordonna alors la retraite. La tenaille pouvait se refermer. Ce fut le piège de la « trouée de Falaise », suivi du « Stalingrad » en Normandie à Chambois (feuilleton à suivre aux chapitres « Orne » et « Calvados »). La côte 314 (face à la petite chapelle Saint-Michel) montre les éléments-clés de l'épisode de la bataille de Mortain.

Adresse utile

Office de tourisme : *rue du Bourglopin.* ☎ *02-33-59-19-74.* • *ville-mortain.fr* • *Tlj en juil-août ; sept-avr, lun-sam.*

Où dormir ?

Camping

Camping municipal Les Cascades : *pl. du Château.* ☎ *02-33-79-30-30.* • *mairie.de.mortain@wanadoo.fr* • *ville-mortain.fr* • *En centre-ville. Ouv Pâques-Toussaint. Compter 9 € pour 2. CB refusées.* Minuscule camping (16 emplacements) à deux pas du centre qui ravira les petits budgets. Bien ombragé et calme. Idéalement placé pour rayonner dans ce paisible coin de Manche.

Où dormir ? Où manger dans les environs ?

De bon marché à prix moyens

Gîte d'étape du Neufbourg : *50140* ***Le Neufbourg.*** ☎ *02-33-59-18-55 (mairie).* • *mairie.le-neufbourg@wanadoo.fr* • *le-neufbourg.fr.st* • *Aux portes de Mortain ; dans le bourg (c'est fléché). Sur résa. Nuit 12 €/pers ; gîte complet 265 €/nuit.* Dans un ancien prieuré, pour partie du XIIe s, ce gîte peut accueillir 27 personnes en chambre de 2 à 4 lits, certaines avec douche et w-c. Cuisine aménagée, salle à manger. Le tout est franchement nickel.

Chambres d'hôtes Manoir de Clérisson : *chez Mme Boscher, 9, route de Clérisson. 50150* ***Sourdeval.*** ☎ *02-33-59-64-57.* • *clerisson@orange.fr* • *e-monsite.fr/manoirdeclerisson* • *À 10 km de Mortain ; prendre à gauche à la mairie de Sourdeval direction Avranches, puis 2 fois à gauche. Doubles 60-70 €, loft 100-120 € pour 3.* Dans un superbe manoir du XVe s, belle chambre à l'étage accessible par un vieil escalier en pierre et somptueux loft avec entrée indépendante, cheminée et salle de bains très moderne. Une adresse de charme !

Le Relais du Parc : *46, rue Pierre-Crestey, 50720* ***Barenton.*** ☎ *02-33-59-51-38.* • *lerelaisduparc@orange.fr* • *À 9 km au sud de Mortain. Ouv tlj au déj en sem, sf lun ; le w-e, sur résa slt. Congés : pour les fêtes de fin d'année. Menus 13-35 €.* Petit resto de village au cadre un peu Années folles. On est entre de bonnes mains : le chef fait partie de la confrérie des Vikings du Bocage. Fichtre ! Dès le très heureux 1er menu, on s'offre des produits de terroir cuisinés avec imagination, tels les œufs pochés au camembert ! Un bon repas que vous prendrez entre la cheminée et l'horloge de grand-mère.

La Vieille Auberge : *la Fosse Arthour, 50720* ***Saint-Georges-de-Rouelley.*** ☎ *02-33-59-44-14. Ouv tlj au déj, le soir sur résa slt. Congés : fév. Menus 16,70-29,90 €. Apéritif offert sur présentation de ce guide.* Une bonne petite crêperie-bar tenue par le sympathique et dynamique animateur de la Fosse Arthour (voir plus loin). Nombreuses salades et spécialité de cuisses de grenouilles flambées au cognac. Dîner dansant avec orchestre le 1er samedi de chaque mois.

À voir. À faire

La collégiale Saint-Évroult : *tlj 9h-19h. Sur résa auprès de l'office de tourisme, le trésor est accessible pour les groupes (min 15 pers) tte l'année, et en juil-août (selon les horaires proposés) pour les individuels (visite commentée gratuite).*
Fondée en 1082, elle fut reconstruite au XIIIe s à la suite des destructions causées par Philippe Auguste. De la première période reste notamment le somptueux portail au décor en chevron, côté sud. Massive tour assez impressionnante. Hautes baies particulièrement filiformes évoquant de longues meurtrières. À l'intérieur, belles stalles du XVe s (s'attarder sur les miséricordes), buffet d'orgues du XVIIIe s. Dans la tour, le trésor de l'église possède deux chefs-d'œuvre : un *chrismale,* coffret d'origine irlandaise du VIIe s qui servait à transporter les hosties, en hêtre recouvert de cuivre doré. Orné de 38 signes runiques en vieil anglo-saxon et de représentations assez primitives du Christ et de saint Michel. Il aurait servi de modèle au fameux Graal de l'épopée de Chrétien de Troyes. L'autre pièce est un *évangéliaire* enluminé du XIe s, de l'école de Winchester.

L'abbaye Blanche : *à la sortie du bourg, direction Villedieu-Sourdeval. ☎ 02-33-79-47-47. Tlj 10h-18h (pour l'église slt). Entrée libre.* L'abbaye tient son nom de l'habit de bure blanche propre à l'ordre de Cîteaux, couleur prescrite par saint Bernard (les sœurs de Mortain se rallièrent à Cîteaux en 1147). La construction s'étala de 1150 à 1205, et fut richement dotée par les comtes de Mortain, dont Henri II Plantagenêt. Bel exemple d'architecture cistercienne. Clocher tout en bois. Abbatiale en forme de croix latine, voûtes bombées, stalles de style gothique flamboyant. Beaux vestiges du cloître roman (il ne reste que 11 colonnes de la fin du XIIe s, une partie considérable ayant été détruite à la Révolution). Chapiteaux très stylisés, d'une grande sobriété, tous différents. Réfectoire des sœurs converses. Salle voûtée avec vieux puits. Salle capitulaire voûtée d'ogives sur quatre colonnes de granit. Régulières expositions d'art l'été.

La grande cascade : *peu après l'abbaye Blanche.* Elle plonge d'une vingtaine de mètres dans un défilé rocheux. C'est la plus importante de l'Ouest. Courbet (qui devait y retrouver quelque chose de sa Franche-Comté natale) aimait la peindre. Environnement agréable, d'une grande fraîcheur. Couvert de rhododendrons en fleur et de lauriers-roses en mai et début juin. Voir aussi ***la petite cascade,*** romantique et secrète, au cœur de la ville. Les eaux du Cançon s'écoulent en cascatelles pour rejoindre la Cance au pied du rocher de l'Aiguille.

La chapelle Saint-Michel : *ouv à ts tlj en juil-août et lors des Journées du patrimoine.* Sur une colline à 314 m d'où, par beau temps, on peut embrasser l'horizon sur 40 km et apercevoir Le Mont-Saint-Michel. Mémorial de la bataille de Mortain, en hommage aux 700 hommes qui tinrent la colline, complètement encerclée pendant 7 jours (la fameuse côte 314) en août 1944. Seulement 300 en revinrent vivants. Face à la chapelle, des sentiers aménagés plongent le visiteur au cœur des événements de 1944 (panneaux explicatifs). Livret de visite disponible gratuitement à l'office de tourisme.

➢ ***Balade le long de l'ancienne voie de chemin de fer :*** les lecteurs parisiens du *Guide du routard* et les amateurs de l'histoire des transports en commun vont retrouver ici une vieille connaissance : Fulgence Bienvenüe, constructeur du métro (le Bienvenüe de la station Montparnasse-Bienvenüe, c'est lui). Mais ce polytechnicien est aussi l'ingénieur qui a dirigé les travaux de construction de la voie de chemin de fer qui reliait, jusqu'en 1939, Vire à Fougères et Domfront, via Mortain. La voie a été débarrassée de ses rails et traverses, mais le tracé et les gares sont restés. Et un sentier de rando accessible aux marcheurs, aux VTTistes et aux cavaliers a été aménagé à la place. L'idéal pour une balade tranquille et agréable.

Au carrefour des lignes venant de Vire, Fougères et Domfront, Mortain est le point de départ idéal de la promenade. Guide gratuit et topoguide payant des sentiers de randonnées, disponibles à l'office de tourisme.

DANS LES ENVIRONS DE MORTAIN

Au sud de Mortain

UN VILLAGE QUI A DU CHIEN !

Au sud de Mortain, Villechien est un petit village de 200 habitants, souvent oublié des voyageurs de passage. Et pourtant, il a une particularité bien surprenante : ses habitants sont appelés les Toutouvillais !

La maison de la Pomme et de la Poire : *à* ***Barenton*** *(50720). ☎ 02-33-59-56-22. (en partie). À une dizaine de km au sud-est de Mortain, direction Domfront. D'avr à mi-oct, tlj 10h-12h (12h30 en juil-août), 14h-18h (18h30 en juil-août). Entrée gratuite ; visite guidée, se renseigner.* Installé dans une ancienne ferme du bocage. Présentation d'une activité typique de Basse-Normandie. Tout sur les techniques de fabrication du cidre, du poiré et du calva. Sympathique plongeon dans la pomologie (sic !) et la cidriculture, qui constituait jusqu'au début du XXe s l'une des toutes premières ressources économiques de l'Ouest de la France. Avis aux écluseurs : dégustation gratuite de poiré, cidre, jus de pomme ou de poire. Intéressante visite d'un verger de poiriers et pommiers, après laquelle on pénètre dans un ancien atelier d'écrasage et de brassage, avec son vieux pressoir à levier, héritier des techniques de l'Antiquité. Et pour clore la visite, boutique de produits cidricoles...

La Fosse Arthour : *à* ***Saint-Georges-de-Rouelley*** *(50720). Bien indiqué depuis la D 907.*
Un fort bel endroit, appuyé sur une belle légende : il s'agit encore de l'indépassable roi Arthur, héros du cycle de la Table ronde, roi des Bretons (pas les nôtres, ceux d'outre-Manche, ou plutôt du sud de l'Écosse). Le génie des lieux n'aurait autorisé Arthur à rendre visite à son épouse qu'au coucher du soleil. Comme cet effronté a évidemment tenté de la voir avant, il fut noyé dans le torrent, dans lequel sa belle se jeta elle aussi (par désespoir, dit-on...). Mais la légende semble hésiter : est-ce Arthur, ou Merlin l'Enchanteur, qui repose en ces lieux ?... Quoi qu'il en soit, le doux mélange de rivière mélodieuse, de relief accidenté et de forêt ondoyante fait de la Fosse Arthour un bon endroit, bien bucolique.
Et d'ailleurs l'endroit ne s'adresse pas qu'aux poètes : on vient ici pour l'*escalade* (180 voies répertoriées !), les *balades à cheval*, la *randonnée* et le *VTT*. Et on peut également y louer des embarcations à pédales et y camper. *Rens à La Vieille Auberge (voir la rubrique « Où dormir ? Où manger dans les environs ? » à Mortain).*

Au nord de Mortain

Le musée regional de la Poterie : *à* ***Ger*** *(50850). ☎ 02-33-79-35-36. Entre Sourdeval et Mortain, à 4 km de Ger. Juil août, tlj 11h-19h ; avr-juin, et pdt les vac de Pâques et de la Toussaint, tlj sf mar 14h-18h. Entrée : 4,20 € ; réduc ; gratuit moins de 7 ans.* À partir du XVe s, l'industrie de la poterie va connaître un essor grandissant à Ger, où l'on utilisait l'argile à grès de la région de Domfront et le bois de la forêt de Mortain pour fabriquer des poteries réputées pour leur qualité et leur élégance. Sachez qu'au XIXe s, 700 ouvriers potiers travaillaient à Ger, et jetez un œil sur la vitrine reconstituée d'un marchand de poteries, où l'on trouve pêle-mêle biberons à veaux, canards à malades (pour les infusions), secouettes (pour le tabac à priser) et « trompe-couillons » (tasses à calvados pour fins de banquets arrosés). En bref, jusqu'à l'arrivée de la boîte de conserve et du plastique, le grès était tout simplement le contenant numéro un. Ateliers et habitations reconstitués, fours de cuisson restaurés, vitrines savamment éclairées, bornes interactives et démonstration de tournage : voilà toute une histoire résumée dans un musée mariant heureusement tradition et modernité. Une exposition temporaire est organisée tous les étés, et un marché de potiers a lieu le dernier week-end d'août.

L'ORNE

ABC
DE L'ORNE

- *Superficie :* 6 103 km².
- *Préfecture régionale :* Alençon.
- *Sous-préfectures :* Mortagne-au-Perche, Argentan.
- *Population :* 292 300 hab.
- *Pommiers :* 845 000 dans l'Orne, soit près de trois pommiers par Ornais !
- *Poiriers :* 205 000, ce qui en fait le premier département producteur de poires de France.
- *Haies de bocage :* 36 000 km au total, de quoi faire quasiment le tour du monde en restant dans l'Orne...
- *La moitié des effectifs de trotteurs français provient des haras ornais.*

Loin de la côte, voici la Normandie côté jardin, un département mosaïque, méconnu, réfugié derrière ses collines et ses forêts profondes. Un peu d'Armorique à l'ouest vers Flers et Domfront, un morceau escarpé de pays d'Auge au nord-ouest, un coin du pays d'Ouche vers L'Aigle, ajoutez à cela les collines et les manoirs du Perche (à l'est), les maisons à colombages, en grison ou en granit, les eaux vives et poissonneuses de la Suisse normande, et vous aurez déjà une petite idée de la variété des paysages, des traditions et des gens de ce pays. Sans oublier le cœur de l'Orne, entre Argentan et Le Merlerault, où les herbages sont considérés comme les plus riches de France. Si riches qu'ils nourrissent des ribambelles de chevaux de course, cachés dans des haras dont le fleuron reste le haras du Pin.

Cette terre constitue un véritable paradis pour les amateurs de rando, d'équitation ou de vélo, mais aussi pour les mycologues et les pêcheurs. Les gourmets ne s'y tromperont pas non plus, au pays du camembert et du boudin noir de Mortagne, les repas s'arrosent de calva, de cidre ou de poiré.

Ce pays brodé comme une dentelle nous a vraiment plu : rustique mais élégant, opiniâtre, bon vivant, paisible dans le bon sens du terme, une sorte de jardin anglais à la sauce normande...

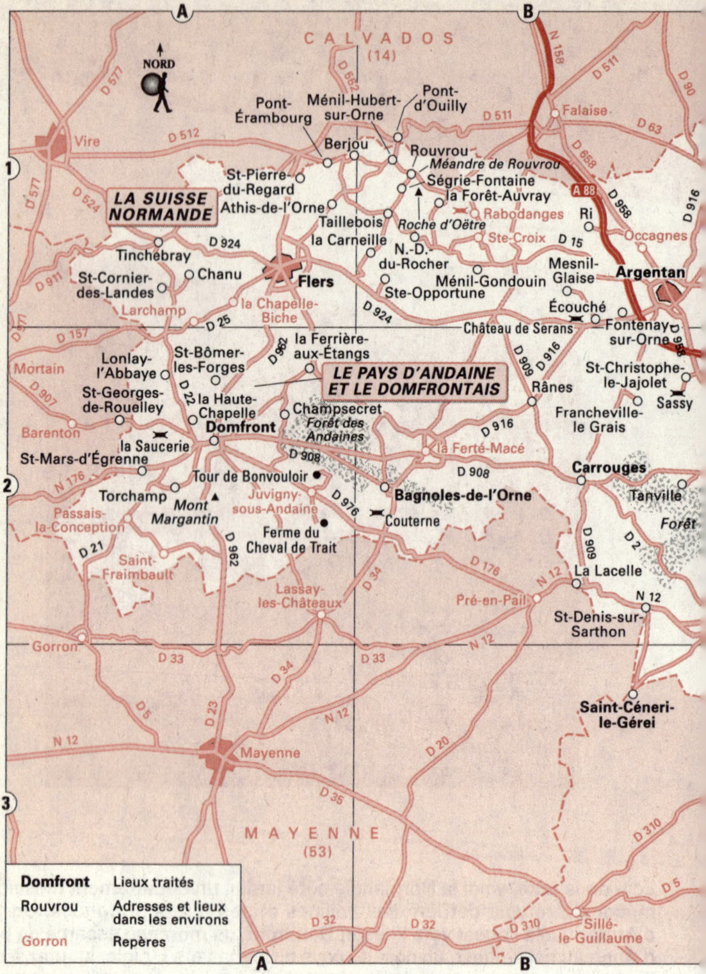

LES PARCS NATURELS RÉGIONAUX

Deux parcs naturels régionaux couvrent une grande partie du département. Le parc Normandie-Maine, créé en 1975, se trouve à cheval sur l'Orne, la Manche, la Mayenne et la Sarthe. Le parc du Perche, quant à lui, créé en 1998, s'étend sur l'Orne et l'Eure-et-Loir.

Ces parcs ont le mérite de former des entités historiques, naturelles et culturelles, passant outre les découpages administratifs actuels. Une visite à la Maison du parc de Carrouges (carte Orne, B2) pour le Normandie-Maine et de Nocé (carte Orne, D3) pour le Perche vous donnera une multitude de clés pour explorer et comprendre ces très belles régions.

L'ORNE

UN PAYS DE BALADES

L'Orne se découvre à sa façon et à son rythme. Les fanas d'histoire, et plus particulièrement de la Seconde Guerre mondiale, emprunteront ainsi les routes de la bataille de Normandie. il existe aussi celles des manoirs du Perche, du camembert, ou encore des itinéraires qui vous permettront de partir sur les traces de Lancelot du Lac ou de la Dame aux camélias.

Les amateurs de randonnées pédestres, à vélo ou à cheval, trouveront quantité de sentiers à se mettre sous le pied, la roue ou le sabot. Citons, parmi les plus connus, le GR 22 (qui relie Paris au Mont-Saint-Michel) et le GR 36 (entre Caen et Bourg-Madame, dans les Pyrénées-Orientales). Deux voies vertes offrent aussi la possibilité de relier Alençon et Condé-sur-Huisne pour la partie est du département (*• voie vertealencon-conde.over-blog.com •*) ou Flers et Domfront (d'où une autre voie verte part vers Mortain, dans la Manche) pour la partie ouest.

L'ORNE, TERRE DU CHEVAL

Impossible de venir dans l'Orne et d'ignorer notre ami le cheval. Peu de départements peuvent se targuer de posséder autant de haras et de centres équestres : dans ce pays du percheron qui fit la gloire des Canadiens, les randos équestres et promenades sont nombreuses, les élevages et stages sont légion.
– Rens : comité départemental de tourisme équestre, ☎ 02-33-29-19-92. • equitorne.fr •

Adresses et infos utiles

🅸 ***Comité départemental du tourisme de l'Orne*** *(plan couleur Alençon, B1) : 86, rue Saint-Blaise, 61002* ***Alençon*** *Cedex. ☎ 02-33-28-88-71. • ornetourisme.com • Près de la maison de la famille Martin (maison natale de sainte Thérèse). Lun-ven 8h30-12h, 13h30-17h.* Assure les informations diverses sur le département et le service de résas des *Gîtes de France* : chambres d'hôtes, fermes-auberges, campings à la ferme, gîtes de groupe... Nombreuses brochures sur différents thèmes : les jardins, les chevaux, le poiré, etc. *Pour les résas : ☎ 02-33-28-07-00. • normandie-weekend.com •*

■ ***Savoir-Faire et Découverte :*** *La Caillère, 61100* ***La Carneille*** *(carte Orne, B1). ☎ 0820-820-186 (0,12 €/mn). • lesavoirfaire.fr •* Voir « Adresses utiles » dans le chapitre « Normandie utile ».

– La chambre d'agriculture de l'Orne édite un petit guide ***Orne Terroirs,*** disponible dans les offices de tourisme. Il recense les artisans de produits authentiques, réalisés dans des conditions conformes aux traditions de la ferme, sélectionnés chaque année par la chambre d'agriculture et classés par produit. *• orne-terroirs.fr •*

– ***Normandie Pass :*** *• normandiepass.com •* Voir « Adresses utiles » dans le chapitre « Normandie utile ».

– ***Septembre musical de l'Orne :*** *pdt 4 w-e fin août-fin sept. ☎ 02-33-26-99-99. • septembre-musical.com •* L'Orne vit au rythme de la musique (classique, opéra, piano, récital, quartet...) à travers les plus beaux sites du département. Un vrai succès depuis la création de la manifestation, en 1982. Résa conseillée.

Circuler en bus dans l'Orne

– ***Réseau Cap Orne :*** une trentaine de lignes de bus dessert les villes et villages du département, en passant par les gares ferroviaires. Tarif unique : 2 € le voyage sur une seule ligne, quelle que soit la distance ; carnet de 10 tickets 15 €. *• orne.fr/transports/cap-orne •*

LE PAYS D'ALENÇON

Si le titre de duc ou duchesse d'Alençon était sans cesse octroyé aux cadets de la royauté, la préfecture et son pays n'en demeurent pas moins aujourd'hui une des forces économiques du département. Fer de lance de la dentelle autrefois et de la plasturgie aujourd'hui, le pays d'Alençon recèle encore quelques beaux exemples de châteaux de ducs et d'églises romanes et gothiques.
– Pour plus d'infos : • paysdalencontourisme.com •

ALENÇON

(61000) 27 600 hab. *Carte Orne, C2-3*

Pour le plan d'Alençon, se reporter au cahier couleur.

Historiquement, la troisième ville de Basse-Normandie en importance est avant tout connue pour la dentelle et son fameux « point d'Alençon » (inscrit au Patrimoine culturel de l'Unesco depuis 2010), ou pour être le berceau de sainte Thérèse, mais elle est aussi une cité qui accueille de nombreux spectacles, étoffe son pôle universitaire, développe son industrie (notamment dans la plasturgie), élargit ses espaces verts, et bénéficie d'une situation géographique qui la place à une heure de la mer et à quelques encablures de sites en pleine forêt. Bref, un endroit où il fait bon vivre. Plus provinciale que nature, Alençon est un peu moins normande que prévu. Pas de colombages, ni de fromage dans ce coin de l'Orne. Du granit et des toitures d'ardoises pour rappeler que l'on est bel et bien sur la vieille route de Paris à la Bretagne, celle des diligences d'autrefois. Balzac y a situé deux de ses romans (*La Vieille Fille* et *Le Cabinet des antiques*) ! On se promène aujourd'hui avec plaisir dans son joli centre-ville pavé, restauré, mais en rien musée.

UN PEU D'HISTOIRE

Une dentelle unique au monde

Alençon sans sa dentelle, c'est comme Reims sans son champagne. Janine Montupet a même écrit un roman, *La Dentellière d'Alençon* (Robert Laffont), qui retrace l'esprit de la ville, à travers la dentelle, dont le Grand Siècle (XVIIe s) reste l'âge d'or. La plus élégante et la plus fine de toutes les dentelles d'Europe est réalisée entièrement à l'aiguille avec des fils de lin extrêmement fins. D'où son succès foudroyant au lendemain de son invention, vers 1650, par une dame nommée de La Perrière, originaire d'Alençon. Celle-ci parvint à perfectionner la seule technique existant alors, le point de Venise. Son secret : copier, mais en mieux ! Son point à l'aiguille fit école et, dans la petite ville de province, 8 000 personnes vivaient de la dentelle. Un chiffre énorme pour l'époque.
En 1655, Colbert choisit la ville pour y créer une manufacture royale, chargée de produire des dentelles au point de France (c'est-à-dire au point d'Alençon) et capable de rivaliser avec les centres dentelliers étrangers. De 1670 à 1675, les dentellières d'Alençon affirmèrent leur style en inventant une technique très particulière : le réseau. Et la dentelle d'Alençon devint la référence absolue en matière d'élégance vestimentaire, partout en Europe. D'ailleurs, elle n'était pas considérée comme un simple élément vestimentaire, mais comme un véritable bijou que les nobles portaient avec ostentation.
En 1851, à l'Exposition universelle de Londres, elle fut reconnue comme la « reine des dentelles ». Aujourd'hui, l'activité dentellière de la ville se réduit à l'atelier national du point d'Alençon, conservatoire où l'on maintient cette merveilleuse tradition.

La 2e division blindée du général Leclerc libère Alençon

Le 12 août 1944 : libération de la ville, la première pour la 2e DB. Mais au-delà de cet événement, voici le point de départ d'une longue, et de la plus célèbre, offensive pour la libération de la France. Tout commence le 1er août. Le général Leclerc et sa 2e DB débarquent à Saint-Martin-de-Varreville (Manche), au lendemain même de la célèbre percée d'Avranches. Sa mission : contribuer à l'encerclement de la 7e armée allemande par le sud de la Normandie, en traversant le Maine (Sarthe) et le Perche (est de l'Orne).

La 2e DB se compose de 15 000 hommes, souvent volontaires de la première heure, qui ont auparavant combattu à Douala, Libreville, Fort-Lamy, Koufra, Mourzouk et Tripoli. Avec eux, 4 000 véhicules et 242 chars. La division Leclerc se met en route. Elle déferle, par La Haye-du-Puits et Coutances, sur Avranches. Puis pique au sud sur Le Mans qu'elle traverse le 8 août. De là, elle remonte plein nord vers Alençon.

À Alençon, Leclerc et ses hommes arrivent en vue d'un pont, devant lequel l'infanterie met pied à terre. L'endroit est inoccupé. C'est le pont de la rue du Pont-Neuf. Le général Leclerc s'assied alors sur le parapet, ponctue de sa canne les quelques ordres qu'il donne pour l'occupation des autres passages, réfléchit un instant, puis repart sans hâte.

Le 12 août 1944, Alençon se réveille libre, sans un coup de feu tiré, sans une goutte de sang versé. Contrairement à Caen, Saint-Lô, Falaise, Argentan et de nombreuses autres villes normandes, Alençon ne fut pas détruite, ce qui explique sûrement une grande partie de son charme aujourd'hui.

SUR LE PONT D'ALENÇON...

Savez-vous pourquoi la 2e DB décide de passer par Alençon, libérant ainsi la ville ? À cause des ponts, pardi ! C'est l'obsession stratégique de Leclerc. Mettre la main sur les ponts, « si possible intacts, car nécessaires au repli allemand comme à notre avance ».

Adresses et info utiles

Office de tourisme du pays d'Alençon (plan couleur B2) **:** *maison d'Ozé, pl. de la Magdeleine. ☎ 02-33-80-66-33. • paysdalencontourisme.com • Juil-sept, lun-sam 9h30-19h, dim et j. fériés 10h-12h30, 14h-16h30. Le reste de l'année, lun-sam.* Établissement bien documenté et situé dans une maison historique au chevet de l'église Notre-Dame. Visites audioguidées toute l'année *(3 €/audioguide).*

@ **Espace Internet de la ville d'Alençon** (plan couleur A2, **34**) **:** *dans la halle au blé, 18, rue des Filles-Notre-Dame. ☎ 02-33-32-40-33. Lun-sam 8h30-19h.* 8 postes connectés. Gratuit mais sur résa.

– **Marché :** *jeu mat, pl. du Plenitre et pl. de la Magdelaine (plan couleur B2) et sam mat (pl. de la Magdelaine).*

Où dormir ?

Nos adresses se trouvent toutes en face de la petite gare SCNF. Le quartier ne brille peut-être pas par son charme, mais il n'est en rien désagréable ni particulièrement bruyant.

Camping

Camping de Guéramé (hors plan couleur par A2, **5**) **:** *65, rue de Guéramé. ☎ 02-33-26-34-95. • campinggueramee@ville-alencon.fr • À 1 km du centre, par l'av. Koutoubia. Ouv avr-sept. Compter 10,60 € pour 2.* Noyé dans la verdure, au calme, ce petit camping tout simple dispose d'emplacements bien délimités et ombragés, en bordure de rivière.

Bon marché

Hôtel Le Normandie (plan couleur C1, **2**) **:** *16-22, rue Denis-Papin. ☎ 02-33-29-00-51. Doubles 30 € avec lavabo, 40 € avec sdb. Wifi.* Face à la gare, avec un bar-tabac-presse-PMU au rez-de-chaussée et les chambres dans les étages. Une telle description pourrait faire craindre le pire, eh bien, pas du tout ! Les chambres, très sobres, sont plaisantes et scrupuleusement entretenues. Et pour couronner le tout : un accueil lui aussi très agréable. Bref, un excellent rapport qualité-prix.

Hôtel de Paris *(plan couleur C1, **1**) : 26, rue Denis-Papin. ☎ 02-33-29-01-64. • hoteldeparis.alencon@orange.fr • hoteldeparis-alencon.fr • Congés : dernière sem de déc. Doubles 31-39 € avec lavabo ou sdb. Wifi. Café offert sur présentation de ce guide.* Une petite adresse, avec bar au rez-de-chaussée, dans une structure vieillissante, mais qui devrait faire peau neuve courant 2012. Quoi qu'il en soit, ensemble plutôt bien tenu, prix doux et accueil agréable.

De prix moyens à chic

Chambres d'hôtes La Hulotte *(hors plan couleur par A2, **6**) : chez Jocelyne et Jean-Pierre Guihaire-Quoniam, 45-47, rue Albert-Ier. ☎ 02-33-32-28-11. • lesmamours-61@hotmail.fr • Face au parc des Promenades. Double 54 €. Wifi. Apéritif maison offert sur présentation de ce guide.* Repérez l'enseigne en forme de clé dépassant du mur : il s'agit effectivement d'une ancienne serrurerie, dont les ateliers sont devenus des annexes. Quant aux hôtes, ils occupent 2 chambres avec salle de bains commune dans une maisonnette indépendante, donnant sur un adorable potager. Déco originale, très personnelle, kitchenette, petit coin salon autour du poêle et miniterrasse privée. Bref, l'idéal pour une famille. Excellent accueil.

Hôtel des Ducs *(plan couleur C1, **3**) : 50, av. Wilson. ☎ 02-33-29-03-93. • hoteldesducs@orange.fr • hotel-centre-ville.hoteldesducs-alencon.fr • Doubles 57-77 € selon confort et saison. Wifi.* La façade relativement neutre cache un lieu agréable et frais, aux chambres confortables, bien tenues et aux couleurs qui claquent pour certaines.

Où manger ?

De très bon marché à prix moyens

Le Carnet de Routes *(plan couleur A1, **14**) : 6, rue Marcel-Palmier. ☎ 02-33-27-06-23. • lecarnetderoutes@free.fr • Ouv 11h-15h, 17h30-1h. Fermé sam midi, dim et j. fériés. À la carte 10-15 €.* Une adresse très conviviale connue non seulement pour sa cuisine simple et bonne mais aussi pour ses concerts, à apprécier dans des fauteuils bien rembourrés. Salades, tartines, fondue... Également, des « grignotes » pour l'apéro. Quand la musique fait bon ménage avec la cuisine ! Voir plus loin « Où boire un verre ? Où écouter de la musique ? ». Excellent accueil.

Le Hangar *(plan couleur A1, **15**) : 12, pl. à l'Avoine. ☎ 02-33-82-04-27. ♿ Sur une jolie petite place. Fermé w-e. Congés : 1 sem en avr, 3 sem en août, 1 sem entre Noël et Jour de l'an. Formule 13,90 € ; carte 23 €.* On vous laisse deviner ? Vous êtes ici dans un ancien... hangar ! Mais joliment réhabilité : cadre lumineux doté d'une baie vitrée, de plantes vertes, le tout propice à une ambiance « collègues de bureau » décontractée. Accueil agréable pour une cuisine traditionnelle simple et efficace faite de belles assiettes (magret de canard sauce camembert, pièce du boucher...).

Chez Fano *(plan couleur B1, **12**) : 22, rue Saint-Blaise. 📱 06-33-07-42-99. • chezfano@orange.fr • Tlj sf dim et lun. Menus 13,50 € (midi sem) et 29,90 € ; carte 20 €. Apéritif maison offert sur présentation de ce guide.* Le gros avantage ici, ce sont les horaires souples. Ensuite, on aime bien le cadre (3 salles minuscules à la déco colorée) et les petits plats simples et agréables, comme les planches fort ludiques : la fraîcheur, celle de la semaine, du mois, il y en a pour tous les goûts et les appétits. Accueil jeune et sympa.

Le Bistrot *(plan couleur A2, **13**) : 21, rue de Sarthe. ☎ 02-33-26-51-69. • lebistrotalencon@orange.fr • Tlj sf dim, lun et j. fériés. Congés : 1 sem en mai, 3 sem en août et 1 sem pdt les fêtes de fin d'année. Menus 12,40-14,20 € ; env 25 € à la carte.* Un petit bistrot sympa comme tout, avec ses vieilles pubs en déco, ses nappes à carreaux de rigueur, et son ardoise indiquant les « coups de cœur » du patron (que l'on vous conseille). À la carte, des classiques qui changent régulièrement. Ajoutez à cela une bonne sélection de vins, des petits prix, le service rapide et agréable. Petite terrasse au calme, aux beaux jours.

lol ***La Fabrique*** *(plan couleur A2, **11**) : 161, Grande-Rue.* ☎ *09-53-73-88-53.* • *lesfreres2gros@free.fr* • *Tlj sf sam midi et dim. Carte 20-25 €.* Une salle agréable, tout en longueur, égayée par ses chaises jaunes. Les viandes occupent une place prépondérante dans la petite carte, mais des salades pleines de fraîcheur consoleront ceux qui ne se sentent pas d'humeur carnivore. Ici, les petits plats issus de la tradition, que l'on accompagne volontiers d'un verre de vin sélectionné par la maison, jouent franc jeu : c'est simple et bon. Idem côté sucré : ne vous fiez pas à la mine modeste (mais soignée) des desserts, car ils font eux aussi partie des petits trésors préparés maison.

lol ***Coco Vins*** *(plan couleur B1-2, **10**) : 8, rue de la Halle-aux-Toiles.* ☎ *02-33-82-96-50. Mar-sam 7h30-18h. Résa conseillée. Env 15 €.* Bar à vins, salon de thé et restaurant dans lequel on peut entendre la patronne s'affairer dans la cuisine ouverte sur la salle lilliputienne. Le choix se limite au plat du jour, une salade ou une pièce de viande. Plats de résistance que l'on peut accompagner de l'entrée du jour et d'un dessert pioché dans la petite sélection. Voilà, que du frais et fait maison. Quasiment en face, la même maison possède la cave et épicerie fine nommée *Vins et Tradition*.

lol ***Bar à Papa*** *(plan couleur A2, **18**) : 14, rue de Sarthe.* ☎ *02-33-27-13-85. Bar ouv mar-sam 11h30-1h ; resto midi mar-sam, soir jeu-sam. Menu du jour 11,80 € ; carte 20-25 €.* Café-bar où l'on peut se restaurer de bons petits plats simples, dans une ambiance chaleureuse de vieux troquet légèrement revu et corrigé. Déco hétéroclite où se mêlent radios et affiches anciennes et même un panneau de signalisation routière.

De prix moyens à plus chic

lol ***Rive droite*** *(plan couleur B2, **17**) : 31-33, rue du Pont-Neuf.* ☎ *02-33-27-79-73.* • *restaurantrivedroite@orange.fr* • *Tlj sf dim soir et lun ; salon de thé l'ap-m. Formules déj (sf dim) 19,50-23 € ; carte 30-45 €.* Resto-salon de thé installé dans l'ancien QG de Leclerc qui ne reconnaîtrait probablement pas les lieux ! Les propriétaires du château de Saint-Paterne (voir « Où dormir ? Où manger dans les environs ? ») ont repris les lieux et ont su y insuffler le même esprit que dans leur hôtel. Ambiance donc plutôt chic et feutrée, mais pas guindée, dans les salles mêlant meubles anciens et déco design. Charmant salon rose aux couleurs qui décollent la rétine, ambiance sage et cosy dans la bibliothèque ou plus lumineuse et aérée dans l'orangerie qui ouvre sur la terrasse entourée de beaux arbres. Au menu, une cuisine légère et fine suivant l'humeur des saisons et du chef.

lol ***Au Petit Vatel*** *(plan couleur A1, **16**) : 72, pl. du Commandant-Desmeulles.* ☎ *02-33-26-23-78.* • *au.petit.vatel@orange.fr* • ♿ *Tlj sf dim soir, mar soir et mer. Formule déj 17,50 € en sem ; menus 20,50-40 €.* Depuis de longues années, Jean-Pierre Fulep propose à ses convives une cuisine gastronomique de terroir pur jus dans une salle à la déco classique et feutrée. Au rayon des desserts, mention spéciale pour le chariot de délicieuses glaces !

Où dormir ? Où manger dans les environs ?

⌂ **lol** ***Château de Saint-Paterne*** *(hors plan couleur par C3, **7**) : 72610* ***Saint-Paterne.*** ☎ *02-33-27-54-71.* • *contact@chateau-saintpaterne.com* • *chateau-saintpaterne.com* • *À 2 km au sud d'Alençon. Congés : de fin déc à mi-mars. Doubles 135-160 € ; suites 190-240 € ; petit déj 13 €. Table d'hôtes sur résa 47 €. Internet, wifi.* Un grand portail flanqué d'un pigeonnier garde ce fier manoir en granit construit au XVe s, isolé au milieu d'un parc de 10 ha. Henri IV, de passage, en profita paraît-il pour séduire la maîtresse de maison. C'est en tout cas une très belle escapade romantique : une dizaine de chambres luxueuses, toutes différentes, décorées avec goût (voir l'Orangerie, avec le décor du théâtre de Barcelone). Magnifique ! Délicieux repas avec les produits du potager, apéro et café compris, et aux chandelles pour couronner le tout.

Atmosphère raffinée, mais accueil spontané et souriant. Piscine chauffée (mai-septembre).

Où boire un verre ? Où écouter de la musique ?

Le Carnet de Routes *(plan couleur A1, **14**) : voir la rubrique « Où manger ? ». ☎ 02-33-27-06-23. ● lecarnetderoutes.fr* ● Concert hebdomadaire (jeudi en général) à tendance « jazzy ». Bonne ambiance, à l'image de la politique de la maison : aucun droit d'entrée et une seule conso demandée (à peine majorée).

Bar à Papa *(plan couleur A2, **18**) : voir la rubrique « Où manger ? ».*

La Luciole *(hors plan couleur par A2, **23**) : 171, route de Bretagne. ☎ 02-33-32-83-33. ● laluciole.org ● ♿ Du centre, suivre le fléchage « Parc des expositions ». Tlj sf dim. Congés : août. Entrée : de gratuit à 35 € selon programmation.* C'est LA salle de concert d'Alençon : connue pour la qualité de sa programmation (entre valeurs confirmées et nouveaux talents, styles jazz, rock, reggae, électro...), cette « scène des musiques actuelles » propose en général 4 concerts par semaine. Salle contemporaine bien conçue d'une capacité de 650 personnes, ou salle « club » de 300 places, où règne une très belle ambiance.

Où acheter de la dentelle ?

Auguste *(plan couleur A2, **40**) : 14, pl. Halle-au-Blé. ☎ 02-33-26-54-68.* À l'étage de cette belle boutique se cache un véritable trésor : une collection rare de dentelles d'Alençon que le propriétaire, un passionné, a chinées longuement avant de les encadrer pour les proposer aux amateurs.

ALENÇON

À voir

La maison d'Ozé *(plan couleur B2, **30**) : siège de l'office de tourisme.* Construite en 1449 par le gouverneur de la ville, Jehan du Mesnil, elle fut habitée par Charles de Valois, duc d'Alençon. Au fond du jardin, accès aux anciens remparts qui offrent une jolie vue sur la ville.

La Basilique Notre-Dame *(plan couleur B2, **31**) :* pour y entrer, on passe sous un remarquable porche gothique flamboyant. Encore une belle dentelle, mais en pierre très finement sculptée cette fois et datant des XVe et XVIe s. Au-dessus de l'arcade centrale, sept statues (chiffre biblique de la perfection) représentent la Transfiguration. Les travaux de construction de l'église débutèrent en pleine occupation anglaise, pendant la guerre de Cent Ans, à l'instigation de Marguerite de Lorraine. Au milieu du XVIIIe s, un incendie provoqué par la foudre anéantit une bonne partie de l'édifice, d'où ce dôme (plutôt incongru) élevé pour réunir ce qui restait de l'église et les parties reconstruites. Clocher d'une autre époque, beau buffet d'orgue, et des vitraux du XVIe s. C'est ici que fut baptisée sainte Thérèse.

La maison de la famille Martin – Maison natale de sainte Thérèse *(plan couleur B1, **32**) : 50, rue Saint-Blaise. ☎ 02-33-26-09-87. Avr oct, tlj 9h-12h, 14h-18h ; nov-mars, tlj sf lun 10h-12h, 14h-17h. Congés : 3 janv-3 fév. Entrée libre.* Cette maison qui vit naître Thérèse Martin (1873-1897), plus connue au calendrier des saints sous le nom de sainte Thérèse de l'Enfant-Jésus, est la seule où les Martin vécurent tous réunis. À la mort de la mère, la famille partit en effet s'installer à Lisieux. Louis et Zélie Martin, les parents, eurent neuf enfants, mais quatre périrent en bas âge et les cinq autres (des filles uniquement) devinrent toutes religieuses. Il faut dire que les deux parents, dans leur jeunesse, avaient eux-mêmes envisagé d'intégrer les ordres ! Ils furent d'ailleurs béatifiés en 2008. Même si la maison peut aujourd'hui sembler modeste (en taille surtout), les Martin étaient des artisans commerçants aisés : lui travaillait comme horloger et elle comme dentellière, avec une quinzaine d'ouvrières sous sa direction. La visite commence avec l'histoire de la famille et une petite galerie d'objets fort bien conservés. Ensuite, un film bien intéressant, qui s'appuie sur la correspondance de la mère, raconte l'histoire de la famille durant les six années où elle vécut ici. C'est seulement après ce film de 20 mn que l'on pénètre vraiment dans la maison, où bruitages et petites animations font revivre les lieux. La visite se termine dans la chapelle adjacente, édifiée en 1925, année de la canonisation de sainte Thérèse. Pour poursuivre le pèlerinage, rendez-vous rue du Pont-Neuf, premier lieu de demeure des Martin.

DENTELLE EN POINT

L'atelier national du point d'Alençon est le dernier au monde à fabriquer cette dentelle à l'aiguille, unique par sa finesse et pour laquelle il faut six semaines de travail minutieux pour réaliser, à la main, une dentelle de la taille d'un livre de poche. La petite dizaine de dentellières en activité réalise une vingtaine de pièces par an, en vente au musée des Beaux-Arts et de la Dentelle uniquement.

Le musée des Beaux-Arts et de la Dentelle **(plan couleur A1, 33) :** *cour carrée de la Dentelle. ☎ 02-33-32-40-07. Entrée par la rue du Collège et par la rue Jullien (parking gratuit). Tlj (sf lun sept-juin) 10h-12h, 14h-18h. Entrée : 4 € ; réduc ; gratuit moins de 25 ans et pour ts le 1er dim de chaque mois. Visites guidées l'ap-m en été (durée : 1h30 ; 6 € ; réduc) et démonstrations de points d'Alençon par une dentellière mer et ven 14h30-16h30. Expos temporaires chaque été.*

Installé dans l'ancien collège des Jésuites (1620). On ne peut pas rater, dès l'entrée, l'ancienne chapelle qui abrite aujourd'hui la superbe bibliothèque, avec sa toiture en forme de carène de navire renversée à l'impériale et ses boiseries du XVIIIe s. Riche collection à la médiathèque de manuscrits anciens et d'incunables (ouvrages réalisés entre l'invention de l'imprimerie en 1438 et le début du XVIe s). Ne manquez pas les magnifiques salles de lecture accessibles au public, avec ce contraste entre les boiseries des chartreux du Val-Dieu et ce mobilier moderne, les feuilles d'acanthe et les médaillons dont un dédié à Conté, un enfant du pays (voir l'introduction de Sées). Superbe meuble original créé pour les planches de *La Description d'Égypte.*

Au musée, belle collection d'œuvres de peintres français, italiens, flamands et hollandais des XVIIe, XVIIIe, XIXe et début XXe s : Jouvenet, Philippe de Champaigne, Courbet et Fantin-Latour, mais aussi des peintres de l'Orne tels que Monanteuil, Léandre, Landon ou Lacombe, artiste nabi qui choisit la forêt d'Écouves comme centre d'intérêt et résidence, tandis que René Brô se passionne pour les plaines avec ce *Paysage de Courgeron dans l'Orne,* avant d'influencer la peinture d'Hundertwasser *himself.* N'oublions pas André Mare, créateur de l'Art déco, dont l'enfance passée dans ce département du cheval, influença la peinture : belle vue du *Haras du Pin* (1924). Au chapitre impressionniste, deux œuvres remarquables d'Eugène Boudin : *Bœufs au marais* et *Rochers de l'Islette à Antibes.*

On s'en doute, la section consacrée à la dentelle vaut le détour (la richesse du fonds du musée permet de renouveler fréquemment la collection). Elle présente l'aventure des dentelles en France et en Europe, et les trois techniques utilisées par les dentellières : mécanique, fuseaux et aiguille. On découvrira d'incroyables robes de mariée en partie faites de dentelle, et quelques pièces rares exposées par roulement (comme le bas d'aube de Bossuet ou un fichu supposé avoir appartenu à Marie-Antoinette).

Pour terminer, un audiovisuel de 20 mn sur l'historique et la technique du point d'Alençon : le travail était si minutieux et difficile qu'on travaillait à la chaîne. Chaque vélineuse avait sa spécialité, et seule la maîtresse dentellière était habilitée à réunir les différentes parties !

On achève au dernier étage ce parcours éclectique par la salle d'ethnographie cambodgienne, don d'Adhémar Leclère, spécialiste de la culture cambodgienne, ancien maire de Phnom Penh en 1908, et originaire d'Alençon. Ce legs nous transporte au

XIXe s et à l'autre bout du monde parmi les bijoux, les sculptures, les coiffures, les armes du peuple khmer, et quelques surprenantes photos noir et blanc.

La halle au blé *(plan couleur A2,* ***34****)* **:** un vaste bâtiment rond comme un O éclairé par une verrière et joliment restauré. Essayez de vous placer en son centre, c'est confondant de beauté. Il accueille régulièrement des expos temporaires.

Le château des Ducs *(plan couleur A2)* **:** *rue du Château.* Ce bel édifice du XVe s aux deux tours à mâchicoulis superposées n'est en fait que le pavillon d'entrée de l'ancien château d'Alençon. Jusqu'en 2010, il abrita la maison d'arrêt et ne se visite pas.

Manifestations

– ***Alençon-Médavy :*** *un dim fin mars ou début avr.* Course pédestre entre Alençon et le carrefour de la croix Médavy (15 km environ).
– ***Les Échappées belles :*** *de mi-juil à mi-août. ☎ 02-33-29-16-96.* Spectacles en plein air (cirque, théâtre, danse...). À Alençon et ses environs.
– ***Les Folklores du monde :*** *2e sem de juil.*

SAINT-CÉNERI-LE-GÉREI (61250) 140 hab. *Carte Orne, B3*

Stop ! Arrêtez-vous ! Après avoir traîné dans les Alpes mancelles, belle région encaissée aux confins de la Sarthe, de l'Orne et de la Mayenne, la Sarthe, petite rivière tranquille, décrit ici un large méandre au pied d'une colline verte. Au sommet de celle-ci, quelques belles maisons d'allure armoricaine, une jolie église perchée, un pont romain, un paysage vallonné, un site romantique, c'est Saint-Céneri. L'endroit inspira plus d'un peintre, dont Courbet et Corot. Certains d'entre eux ont d'ailleurs laissé un souvenir insolite à l'auberge des sœurs Moisy. Classé parmi les Plus Beaux Villages de France, le site est effectivement adorable. Le passage vaut le coup d'œil, surtout depuis le vieux pont romain au bas du village...

Où manger ? Où boire un verre ?

Auberge des Peintres – Le Lion d'Or : *dans le bourg. ☎ 02-33-26-49-18. Tlj sf mar et mer, plus lun soir hors saison. Plats à l'ardoise, 25-35 € à la carte.* C'est la terrasse idéale pour profiter de l'atmosphère du village ! Cuisine traditionnelle du marché tout à fait honorable. Plusieurs œuvres de Mary Renard dans la jolie salle rétro et expo-vente de tableaux d'artistes de la région. Ne pas manquer de visiter la salle à l'étage, avec ses 24 œuvres impressionnistes peintes à même les murs, dont certaines de Henri-Joseph Harpignies, ami de Van Gogh.

Où dormir ? Où manger dans les environs ?

Chambres d'hôtes La Louvière : *Le Fault, 61420* ***Saint-Denis-sur-Sarthon.*** *☎ 02-33-29-25-61. • isabelle@louviere.fr • louviere.fr • À 10 km au nord de Saint-Céneri-le-Gérei. Dans Saint-Denis-sur-Sarthon, prendre la direction de La Roche Mabile sur la D 350. Ouv Pâques-oct. Doubles 95-135 €. Table d'hôtes 34 € ; brunch dim 15 €. Wifi. Apéritif maison offert sur présentation de ce guide.* Gentilhommière du XVIIIe s alliant harmonieusement le confort et l'élégance dans un parc paysager de 3 ha. Superbes massifs fleuris, étang romantique, tennis, piscine chauffée... Les chambres spacieuses, toutes différentes, offrent un raffinement et un confort d'exception !

Où acheter de bons produits ?

Le Gué de Moulins : *chez Françoise et Jean-Christophe Betis, le Gué de Moulins, Saint-Cénéri-le-Gérei. ☎ 02-33-82-65-30. • le.gue.de.moulins@wanadoo.fr • Accès par la D 101 en direction d'Alençon, puis par la D 101 bis vers Moulins-le-Carbonel. Mar-sam 16h-19h.* Une ferme où vous pourrez faire le plein de bons produits laitiers (yaourt, crème crue, fromage blanc).

Fournier Frères : *la Lentillère, 61320* ***La Lacelle.*** *☎ 02-33-27-40-00. • cidrespommeraie@wanadoo.fr • Lun-ven 8h30-12h, 13h30-18h (17h ven). Ouv sam fév-sept, 9h-12h, 14h-17h.* Excellents produits, dont un délicieux poiré, du pommeau et du calvados.

À voir

L'auberge des sœurs Moisy : *dans le centre-bourg. ☎ 02-33-27-84-47. • amisdesaintceneri.com • Visite guidée (45 mn) slt ; avr-sept, mer-dim 15h30 et 17h ; oct-mars, mer et ven-dim à 16h. Entrée : 1,50 € ; gratuit pour les moins de 12 ans. Tickets à retirer au Point d'informations touristiques à côté de l'auberge.* Ce site unique est la véritable perle de Saint-Céneri, autant pour sa valeur historique qu'artistique. Car les nombreux peintres de passage dans le village séjournaient logiquement dans cette auberge. Jusqu'ici rien d'extraordinaire. Mais un jour, l'un d'entre eux eut l'idée de dessiner son profil sur le mur de la salle à manger. C'est devenu un jeu, une coutume, et de 1880 à environ 1920, plus de 60 profils (parmi lesquels on distingue également certains habitants du village) sont venus étoffer cette collection insolite. L'un d'eux est Eugène Boudin. Mais lequel ?

L'église romane : située à l'écart du village. Chef-d'œuvre roman, avec son beau clocher à baies géminées, c'est-à-dire groupées par paire. Superbes fresques du XIIe s (christ en majesté au-dessus de l'autel en bois peint) à la seconde moitié du XIVe s (saint Céneri, l'ermite fondateur du patelin traversant la Sarthe).

En contrebas de l'église s'amorce une prairie en pente douce jalonnée de frênes. Un sentier mène à une discrète mais délicieuse ***chapelle*** du XVe s, toute proche de la Sarthe. Un endroit vraiment délicieux, on s'y ferait presque ermite (elle aurait d'ailleurs été construite à l'emplacement de l'ermitage de saint Céneri) ! Grand terrain à proximité pour le pique-nique en famille, qui inspira Bernard Buffet, dont on trouve des toiles au musée des Beaux-Arts et de la Dentelle d'Alençon.

Les jardins de la Mansonière : *en haut du village, en direction de Saint-Denis-sur-Sarthon. ☎ 02-33-26-73-24. • mansoniere.fr • De mi-avr à mai, ven-dim et j. fériés 14h30-18h30 ; de juin à mi-sept, tlj sf mar, mêmes horaires. Entrée : 6 € ; réduc.* C'est un jardin de chambres, c'est-à-dire organisé en fonction de différentes sections thématiques. Une foule de fleurs, de la rose Fantin-Latour à l'orientale Belle Sultane, ornent le jardin japonais, la roseraie, ou encore le patio romantique. De mai à août, visites illuminées par 800 bougies et concert nocturne le dernier samedi du mois. Également des expos et des conférences sur l'art du jardin.

– Nombreux ***ateliers d'artistes*** à découvrir aux hasards des ruelles du bourg. Durant le week-end de la Pentecôte, à l'occasion de *La rencontre des peintres*, les habitants ouvrent leurs portes pour exposer les œuvres des artistes de la région (près de 40 points d'expo).

CARROUGES (61320) 730 hab. *Carte Orne, B2*

Lieu de passage (*Carrouges* signifie « Carrefour ») sur la route du Mont-Saint-Michel, l'endroit mérite vraiment qu'on s'y arrête pour deux raisons : son imposant château et la Maison du parc naturel régional Normandie-Maine. La plus jolie route pour rejoindre (ou quitter) Carrouges demeure la D 908, qui traverse la grande tache verte de la forêt d'Écouves, pleine de gibier et de champignons.

Adresse et info utiles

■ ***La Maison du parc naturel régional Normandie-Maine :*** *☎ 02-33-81-13-33. • parc-naturel-normandie-maine.fr • À 200 m avt le château, sur la gauche.* Superbe, cette Maison du parc ! Installée dans les beaux bâtiments de l'ancienne chanoinerie (XVe s) du château, elle est une véritable mine d'infos pour qui souhaite découvrir la région. La librairie propose une documentation riche et complète sur les nombreuses activités et animations du parc, une multitude de topoguides, ainsi qu'une belle sélection de livres pour petits et grands sur la botanique, la flore, la faune ou même la gastronomie locale (*Le poiré et les vergers du Domfrontais*, publié par OREP éditions, ravira tous ceux qui ont toujours voulu tout savoir sur cette boisson !). Abrite également une belle boutique de produits du terroir, dont une cave bien fournie. La maison du parc met aussi à disposition quelques vélos électriques et VTC. Bon ça, c'était pour le pratique, pour ce qu'il y a à voir, se reporter à la rubrique concernée.

– ***Marché :*** *mer mat.*

Où dormir dans les environs ?

La Cabane de Jeanne : *chez Françoise Piccino, le Grand Moulin, 61150* ***Rânes.*** *☎ 06-74-72-13-42. • francoise/piccino@nordnet.fr • la-cabane-de-jeanne.com • À env 13 km au nord-ouest de Carrouges. À Rânes, au rond-point de l'église, suivre la D 909 vers Carrouges et surveiller sur votre droite la série de panneaux indiquant les lieux-dits ; suivre la petite route de campagne jusqu'à un chemin non bitumé qu'il faut descendre. Résa conseillée. Séjour de 2 nuits (min) 150 € pour 2 ; nuit supplémentaire 50 €, petit déj inclus ; supplément chauffage en hiver.* Une adresse qu'on souhaiterait presque garder secrète, rien que pour nous... Que dire, si ce n'est admirer le talent qu'a la bonne fée qui veille sur ces lieux pour faire des merveilles à partir de ce qui, à la base, n'était probablement pas grand-chose. Alors oui, on garde bien l'esprit cabane, mais une cabane douillette, aménagée à partir d'objets chinés et d'une bonne dose d'ingéniosité. La cuisinette (frigo et plaques) à disposition vous permettra de ne pas quitter ce petit paradis sous les arbres, au bord d'un lac... mais chut, c'est bon, on en a déjà trop dit !

L'ORNE

À voir. À faire

Le château de Carrouges : *☎ 02-33-27-20-32. • carrouges.monuments-nationaux.fr • ♿ Ouv tlj (sf certains j. fériés) : de mi-juin à août, 9h30-12h, 14h-18h30 ; de sept à mi-juin, 10h-12h, 14h-17h (18h d'avr à mi-juin et sept). Dernière visite 45 mn avt la fermeture. Entrée : 7 € ; réduc ; gratuit pour les moins de 26 ans sur présentation d'une pièce d'identité. Visite libre des jardins.*

L'un des plus imposants châteaux de Basse-Normandie, et sans doute le plus marquant de l'Orne. Arrivée spectaculaire depuis le centre de Carrouges, avec ces envolées de briques, de granit et d'ardoises. Il a gardé de l'époque de sa construction, aux XIVe et XVe s, l'aspect défensif d'une forteresse, entourée de douves en eau profonde. Pourquoi un ouvrage de cette ampleur dans ce secteur ? L'une des raisons est la proximité de la limite historique entre la Normandie et le Maine, provinces naguère en conflit. Avant de pénétrer dans le château, ne pas manquer d'admirer à l'entrée du domaine le très élégant châtelet du XVIe s, en brique, avec ses tourelles pointues couvertes d'ardoises. Adorable !
L'intérieur du château témoigne des étapes successives de sa construction : du centre de la cour d'honneur, on distingue parfaitement le donjon du XIVe s, l'aile des Blosset du XVe s, et les deux dernières ailes du XVIe s. Quant aux appartements, ils sont d'autant plus intéressants qu'ils ont conservé le charme d'une maison encore habitée. La plupart des pièces possèdent un mobilier de la Renaissance à la Restauration. Outre la chambre Louis XI, où il passa une nuit, le grand salon et la salle à manger, on visite les cuisines avec leurs belles casseroles en cuivre et le salon des Portraits, qui abrite une série de tableaux représentant la famille Le Veneur, dont les armes sont encore en bonne place au-dessus de la cheminée. Le château lui a appartenu, tenez-vous bien, de 1450 à 1936, donc presque un demi-millénaire ! Un record de longévité. Il est aujourd'hui propriété de l'État.
– ***Visite aux chandelles (et en musique !) :*** *le ven soir à dates fixes en été (env 2h). Rens à l'accueil.*
– ***Animations :*** *nombreuses animations tte l'année.* Visites adaptées pour les personnes handicapées (sur résa), soirées à thème, concerts, jeux et visites adaptées aux enfants, projections cinématographiques...
– ***Le parc du château :*** *visite libre (journée continue).* Superbe promenade au printemps, sous les arbres séculaires. Beaux jardins garnis de rosiers, douves où se reflète l'architecture de brique, d'ardoise et de granit du bâtiment.
– ***Fête de la Chasse et de la Pêche :*** *le 1er w-e d'août. ☎ 02-33-27-23-78. • fetedecarrouges.com • Entrée payante.* L'un des plus importants rassemblements de la région. Dans le parc du château, respectant la tradition : messe, chasse, concours, championnat de trompes de chasse, grande soirée avec feu d'artifice et présentation des métiers de la forêt.

L'espace découverte de la Maison du parc naturel régional Normandie-Maine : *♿ Entrée libre.* Cet espace découverte se divise en deux sections principales : un espace « convivialité », avec miniconférences et animations très variées sur la découverte de l'environnement et du patrimoine (naturel, architectural et culinaire), et un espace muséographique. Dans ce dernier, toutes les clés vous sont données pour comprendre ce qu'est le parc naturel Normandie-Maine, son histoire (tant sur un plan géologique et naturel qu'économique, architectural ou gastronomique), son organisation, ses missions et son avenir. Vous y trouverez aussi nombre d'informations techniques sur la gestion de ce parc qui, rappelons-le, s'étend sur 257 000 ha et quatre départements (l'Orne, la Mayenne, la Sarthe et la Manche). À l'extérieur, du parking, vous aurez traversé le verger conservatoire (pommiers et poiriers). Également un verger de poiriers à poiré, un jardin pédagogique et la jolie collégiale.

LA FORÊT D'ÉCOUVES

Carte Orne, B-C2

Située dans le triangle Alençon-Sées-Carrouges, sur 12 000 ha, voici l'une des plus grandes forêts de l'Orne avec celles des Andaines, du Perche et de Bellême. Peuplée de hêtres, de chênes ainsi que de pins sylvestres, elle se

rapprocherait assez bien des forêts bretonnes. D'ailleurs, ce n'est pas par hasard si elle recouvre l'un des derniers contreforts du Massif armoricain et si elle cache le plus haut point de l'ouest de la France, le signal d'Écouves, monticule culminant à 417 m.

Où dormir ?

Camping d'Écouves : *Ferme des Noyers, 61250* ***Radon.*** *☎ 02-33-28-75-02. 06-08-70-14-63. • ecouves.net • ♿ À env 7 km d'Alençon, sur la D 26, en direction de Mortrée. Ouv juin-sept. Env 10 € pour 2. Chalets 3-6 pers env 60 €/nuit et 250 €/sem. CB refusées.* Aux portes de la forêt d'Écouves, un joli camping tout simple et ceinturé de vert. Emplacements de belle taille séparés par des haies. Possibilité de louer 4 chalets en bois.

Chambres d'hôtes de la Verrerie du Gast : *61500* ***Tanville.*** *☎ 02-33-31-14-14. • hediger.valerie@orange.fr • laverreriedugast.com • Sur la D 26 ; en direction de Mortrée, dans un virage, sur la gauche, peu après le Char « Valois ». Doubles 65-90 € selon confort. Wifi.* En pleine forêt d'Écouves, sur le site tout vert d'une ancienne verrerie (une des plus grandes de Normandie), les chambres se trouvent à l'étage de ce qui était autrefois la demeure du maître-verrier. Les styles et époques qui se mélangent dans la déco montrent que l'on est bien là dans une maison habitée au quotidien. Les chambres sont cependant très soignées et avenantes... Avouons une petite préférence pour la « Boissière », la plus grande (et la plus chère !), avec son lit à baldaquin.

À voir. À faire

– Le topoguide « *Au fil des chemins à pied, à cheval, à VTT Écouves* » propose 23 circuits de randos pour explorer cette belle forêt.

Le char « Valois » de la 2e DB de Leclerc : *à 14,5 km au nord d'Alençon, au carrefour de la Croix-de-Médavy, sur la D 26.* On ne peut pas le rater. Il n'a pas changé de place depuis qu'il fut neutralisé par les obus d'un panzer allemand le 13 août 1944.

Le parc animalier d'Écouves : *61 500* ***Le Bouillon.*** *☎ 02-33-82-04-63. • parcanimalierdescouves.fr • Dans un village en bordure de la forêt ; sur la D 908 entre Sées et Carrouges, au lieu-dit Les Choux, tourner à gauche juste avt le resto routier ; de là, suivre Le Bouillon, puis le fléchage. Avr-nov, ouv mer et w-e 14h-18h ; vac scol, tlj 11h-19h. Entrée : 6,50 € ; 4,50 € pour les moins de 12 ans.* Sur 12 ha, dans un paysage vert et vallonné, une trentaine d'espèces animales évoluent tout à leur aise (dans des enclos, quand même). On peut y admirer des animaux de chez nous, mais aussi d'autres plus exotiques, comme des lamas, des zébus nains, des alpagas ou des rennes. Le parcours est jalonné de panneaux expliquant l'origine de chaque espèce, son histoire, son alimentation ou encore, la menace qui peut peser sur elle. Sympathique, surtout avec des petits.

Mélisâne : *chez Philippe et Christine Brand, La Place, 61500* ***Le Bouillon.*** *☎ 02-33-82-02-35. • melisane.fr • Avr-oct, visite gratuite mer (et jeu en juil-août). Boutique ouv ts les ap-m sur simple appel. Sur la D 908 entre Sées et Carrouges, au lieu-dit Les Choux, tourner à gauche juste avt le resto routier ; de là, aller jusqu'au Bouillon, puis suivre le fléchage.* Le lait d'ânesse, très doux pour la peau et hydratant, est un tenseur naturel. Depuis 2007, les Brand ont lancé leur gamme de produits artisanaux bio à base de ce lait (savons, laits, crèmes de soin). La visite guidée permet d'approcher le troupeau de 25 ânes, d'assister à la traite (manuelle) et de découvrir le labo où sont fabriqués les produits (mais sans démonstration).

SÉES (61500) 4 550 hab. *Carte Orne, C2*

Un peu comme à Chartres, les flèches élancées de la cathédrale se distinguent à des kilomètres à la ronde. Puis, en flânant dans les ruelles du centre ancien de cette agréable ville animée en été et bien commerçante (surtout le samedi, jour de marché), on est surpris par le nombre et la taille des bâtiments religieux (anciens couvents, séminaires, écoles). La raison ? Depuis son évangélisation au Ve s par saint Latuin, premier évêque du diocèse, Sées est toujours restée le siège de l'évêché.

LES ENFANTS DU PAYS

Connaissez-vous Louis Forton ? Le dessinateur des Pieds Nickelés était sagien. Tout comme Nicolas-Jacques Conté, scientifique qui participa à l'expédition napoléonienne en Égypte, premier homme à mesurer la hauteur de la Grande Pyramide (139 m), et qui inventa en outre la mine de crayon. Une célèbre marque porte d'ailleurs encore son nom.

Adresse et info utiles

Office de tourisme : *pl. du Général-de-Gaulle (à côté de la mairie). ☎ 02-33-28-74-79. • tourisme@sees.fr • En saison, lun-sam 9h-12h30, 14h-18h ; hors saison, fermé sam ap-m, dim et lun mat. Visite de la ville avec audioguide (3 €). Résa en été pour les Musilumières.*

– **Marché :** *cours Mazeline, sam mat.*

Où dormir ?

Camping

Camping Le Clos Normand : *rue du 8-Mai-1945. ☎ 02-33-28-87-37 ou 02-33-28-74-79. • tourisme@sees.fr • À 500 m du centre-ville. Ouv mai-sept. Env 11 € pour 2. CB refusées.* Emplacements bien tenus (ombragés pour certains), sur un terrain fleuri agréable, bien qu'un peu près de la route. Simple et sans prétention. Location de mobile homes pour 2 à 6 personnes.

De bon marché à prix moyens

Chambres d'hôtes de M et Mme Maurice : *26, rue du Docteur-Hommey. ☎ 02-33-26-17-02. • mauri ce.pg@wanadoo.fr • En centre-ville, dans le prolongement de la rue Billy (rue qui descend de la place de la cathédrale). Doubles 50-65 € selon confort.* Jolie maison de ville plutôt bourgeoise abritant des chambres avenantes et confortables. L'une se trouve au rez-de-chaussée, côté rue, et les 2 autres dans l'aile de la maison qui donne sur la jolie cour-jardin à l'arrière. 2 petits lits et salle de bains privée mais sur le palier pour la plus petite ; espace, belle luminosité et immense salle de bains pour la plus grande, qui nous a vraiment conquis (même si elle est difficile à chauffer l'hiver). Accueil un peu réservé mais charmant.

Où dormir ? Où manger dans les environs ?

De bon marché à prix moyens

Chambres d'hôtes La Folèterie : *61390 Trémont. ☎ 02-33-28-72-15. • yl.ledemay@orange.fr • pagesperso-orange.fr/lafoleterie • À 9 km à l'est de Sées ; suivre Mortagne, puis tourner au panneau indiquant La Folèterie (après l'indication pour Trémont). Double 45 €. Table d'hôtes, sf dim, 18 € tt* *compris. Wifi.* Une adresse bourrée de charme. D'abord, la maison : coquette, avec ses chambres bien aménagées, aux décorations peintes par la sympathique propriétaire sur les murs. Ensuite l'environnement : en pleine campagne, au calme, avec vue sur le vaste jardin foisonnant de fleurs magnifiques et de beaux spécimens de pigeons paons. Sans oublier le poulailler ! Enfin l'accueil : sincère et chaleureux, à l'image des repas préparés avec les produits du jardin. Carton plein !

Chambres d'hôtes Ferme équestre des Tertres : *chez Odile et Jean-Claude Besniard, 61500* ***La Chapelle-près-Sées.*** *☎ 02-33-27-74-67. • jc.besniard@wanadoo.fr • fedestertres.com • De Sées, suivre la route d'Alençon (D 438), puis à droite (fléché). Congés : Toussaint. Double 47 €. Table d'hôtes sur résa 15 €.* Une ferme équestre à l'accueil familial, plein de bonne humeur. Côté chambres, vous êtes vraiment à la ferme ; c'est simple mais propre. Cuisine familiale et copieuse. Les amoureux d'équitation seront ravis, car Jean-Claude propose de nombreuses formules week-end pour découvrir la région.

Chic

Chambres d'hôtes du Château de Villiers : *chez Franck et Fabienne Rollo, 61500* ***Essay.*** *06-84-37-89-86. • info@chateau-normandie.com • chateau-normandie.com • De Sées, suivre Neauphe-sous-Essai, entrer dans le village, c'est indiqué à droite à la fourche. Château 1 km plus loin. Congés : janv-fév. Doubles 85-150 €. Table d'hôtes (bio) 40 €. Gîtes (6-8 pers) 380-480 €/sem. Internet, wifi.* Près du joli village d'Essay, on vit ici au calme et en pleine nature. La charmante propriétaire s'active au potager tandis que son mari bricole dans la grange. Les 5 chambres au style épuré restent fidèles à l'esprit du XVIe s dont est issu ce très beau manoir entouré de douves en eau. Tableaux anciens, lits hauts en bois, parquets d'origine et sanitaires impeccables (plus récents quant à eux). Les salons cosy sont dans le même esprit, et le vieil escalier à vis achèvera de combler les amoureux de vieilles pierres. Bref, une adresse douillette... d'autant qu'on y trouve même un espace de remise en forme ! Dispose également d'un gîte, dans les communs.

Domaine de la Rue : *chez les Marti, La Rue, 61390* ***Saint-Léonard-des-Parcs.*** *☎ 02-33-31-88-16. • info@domainedelarue.com • domainedelarue.com • De Sées, prendre la D 50 vers Le Merlerault et Neuville-près-Sées ; à Neuville, suivre Saint-Léonard-des-Parcs et tourner à gauche 2 km plus loin, vers La Rue ; continuer à suivre le fléchage discret pour La Rue ; à l'arrivée, chemin pentu à grimper sur 300 m. Doubles 70-140 €. Repas 14-33 € selon menu (résa 3-4 j. avt).* Joli domaine planté seul sur sa hauteur, au milieu des champs et d'un paysage vraiment séduisant ! Pour notre plus grand bonheur (et le vôtre !), l'entreprise de séduction se poursuit à l'intérieur, avec 2 belles chambres à prix moyens ; l'une classique et bourgeoise, avec mobilier ancien et cheminée, l'autre dans un esprit un peu plus campagnard (mais campagne élégante). Plus chic, la « Verrière » est un grand duplex avec façade vitrée et une déco résolument contemporaine.

À voir. À faire

– Un parcours historique de 3 km jalonné de panneaux explicatifs permet de découvrir la ville.

La cathédrale : un des fleurons de l'architecture gothique en Normandie. Elle date des XIIIe et XIVe s. Les deux flèches des clochers s'élèvent à 70 m (les gratte-ciel du Moyen Âge !). Grand portail central aux sculptures mutilées (tympan). À l'intérieur, les deux parties les plus intéressantes sont le chœur et le transept. Très belles verrières et magnifiques rosaces du XIIIe s. La plus belle est au sud, toute rouge et or, le Christ au centre et les apôtres au-dessous. Splendide !

Certains chapiteaux de piliers assez remarquables également. C'est ici que Luc Besson tourna la scène du sacre de Charles VII pour son film *Jeanne d'Arc.* Spécificité à signaler, la cathédrale est le seul édifice à bénéficier du même système d'éclairage que... la tour Eiffel. Donc, à ne pas louper de nuit !

Le musée départemental d'Art religieux : *7, pl. du Général-de-Gaulle. ☎ 02-33-81-23-02. Tt près de la cathédrale, dans l'un des rares vestiges du quartier des chanoines. Juil-sept, tlj sf mar 10h-18h. Entrée : 2 € ; réduc ; gratuit moins de 12 ans. Visite libre ou guidée (1h).* Ce bâtiment du XIVe s, remanié au XVIIIe s, renferme des expos temporaires ainsi qu'une collection très intéressante d'objets liturgiques répartis de façon chronologique (la salle médiévale, celle de la Réforme, et celle consacrée aux XIXe et XXe s). Quelques pièces plutôt rares (chasuble du XVIIe s en soie brodée, peigne liturgique de Thomas Becket, croix de procession des XIIe et XVe s avec un christ très byzantin, ou cet étonnant jeu de messe offert par les parents désireux de préparer leurs enfants à la prêtrise). Mobilier et statues provenant de petites églises rurales de l'Orne. Un musée assez unique en son genre.

Le palais d'Argentré : *dans la rue d'Argentré, qui part à droite de la pl. de la Cathédrale quand on lui fait face.* Cette somptueuse construction du XVIIIe s, qui abrite aujourd'hui l'Office départemental de la culture, fut le palais épiscopal où vécut monseigneur d'Argentré, évêque de Sées. La bâtisse elle-même ne se visite pas, mais les jardins de l'autre côté de la route sont, eux, ouverts aux promeneurs.

➢ **Les bords de l'Orne :** petite (mais alors toute petite) balade en descendant la rue du Vivier. L'Orne, qui prend sa source à deux pas, n'est encore ici qu'un gros ruisseau (lavoir du XVIIIe s).

Manifestations

– **Les Musilumières :** *juil-sept. ☎ 02-33-28-74-79. • musilumieres.org •* Spectacles, chants, musique et lumières dans la cathédrale.
– **Concerts gratuits :** *au bord de l'Orne ts les dim soir d'août à 21h.* Jazz, folk, classique.
– **La Foire aux dindes et le marché de Noël :** *mi-déc.* À la Sainte-Lucie, un grand marché unique dans le « Grand Ouest » autour de la dinde. Quant au marché de Noël, il se tient le même jour, mais dans la chapelle canoniale.

LE PAYS D'ANDAINE ET LE DOMFRONTAIS

Poiré « domfrontais » AOC, calvados « domfrontais » AOC : pour sûr, cette région est fière de son terroir, qui le lui rend bien ! Du passage vers la Bretagne restent les dolmens, et l'adorable ville médiévale de Domfront, suspendue sur sa motte, dernière épine du Massif armoricain, entourée de forêts riches en gibier, cours d'eau et champignons. Un paradis pour randonneurs et gourmands !
– Se procurer la brochure *Pays du Bocage* qui décrit 10 balades passionnantes dans toute la région, centrées autour du fer, de l'eau, des gorges, des monts et autres merveilles.

BAGNOLES-DE-L'ORNE (61140) 2 500 hab. *Carte Orne, B2*

Il est surprenant de découvrir une station thermale aussi ancienne et toujours aussi fréquentée, dans un pays de douces collines, de forêts profondes, de bocages et de pommiers. Effectivement, Bagnoles est la première station thermale du Grand Ouest. Beaucoup de choses nous ont bien plu ici : le côté rétro des maisons et des hôtels, l'air particulièrement bon à respirer, les bonnes tables qui retiendront plus d'un routard, les nombreuses activités et randonnées, et cette façon très humaine, presque intimiste, de pouvoir se fondre dans la nature environnante. Lancelot du Lac y aurait même traîné ses guêtres... Enfin, sachez que la ville est constituée de deux quartiers, la partie Belle Époque, *Bagnoles-Lac,* avec ses jolies villas, et celle du château-hôtel de ville, *Bagnoles-Château,* dotée d'un arboretum planté de 154 (c'est précis !) espèces d'arbres.

Adresses et info utiles

@ *Office de tourisme :* *pl. du Marché. ☎ 02-33-37-85-66. • bagnolesdelorne.com • Mai-sept, lun-sam 9h30-13h, 14h-18h30 ; dim 10h-12h30, 14h30-18h30 ; le reste de l'année, lun-sam. Visites guidées – notamment celles des quartiers Belle Époque et de Tessé en saison – ou audioguidées (3 €).* Nombreuses infos sur la ville (doc historique à dispo) et sur ses environs (comme l'insolite circuit Lancelot du Lac). Accès Internet (payant).

■ ***Location de vélos :*** *à la **Résidence des Thermes,** rue du Professeur-Louvel ; ☎ 02-33-30-38-18. Au **Garage d'Andaines,** 8, av. Robert-Cousin (à côté du casino) ; ☎ 02-33-37-83-11 ; fermé sam ap-m et dim.* Moyen idéal pour découvrir la forêt environnante.

– ***Marché :*** *mar mat et sam mat (pl. du Marché), mer mat et ven mat (allée des Anciens-Combattants).*

Où dormir ? Où manger à Bagnoles et dans les environs ?

Pas moins d'une trentaine d'hôtels à Bagnoles ! Pourtant, il est rare qu'une ville aussi chic et touristique continue à proposer des prix aussi attractifs, dans toutes les gammes, et toute l'année.

Camping

Camping de la Vée : *5, rue du Président-Coty. ☎ 02-33-37-87-45. • info@campingbagnolesdelorne.com • campingbagnolesdelorne.com • Au sud de Bagnoles, sur la route de Couterne ; après avoir traversé la Vée, tourner à droite (bien indiqué). Ouv mars-oct. Env 13 € pour 2. Loc de mobile homes 320-405 €/sem.* Sur 3 ha, des emplacements délimités par des haies dans un camping bien ombragé et bien équipé, mais très fréquenté.

De bon marché à prix moyens

|●| ***Restaurant-Bar Chez Marraine :*** *6, rue du Square. ☎ 02-33-37-82-91. • chezmarraine@wanadoo.fr • Derrière la poste. Fermé lun en juil-août et mar hors saison. Congés : déc-janv. Menus 15,80 € (en sem) et 20,80-28,70 €.* En plein centre de Bagnoles-Lac, une adresse conviviale connue notamment pour une spécialité de plus en plus rare, la tête de veau sauce gribiche (aux câpres). Les gourmands peuvent même en commander à emporter ! Pour le reste, la cuisine est traditionnelle, copieuse, et servie dans différentes salles simples et agréables.

De prix moyens à chic

|●| ***Ô Gayot :*** *2, av. de la Ferté-Macé. ☎ 02-33-38-44-01. • contact@ogayot.*

com • ogayot.com • ♿ Près de l'office de tourisme. Fermé jeu (plus dim soir et lun midi hors saison). Doubles 55-75 € selon confort et saison. Formule déj 15 € ; menus 20-25 € ; carte 25-30 €. Wifi. Réduc de 10 % sur la chambre, 30 oct-31 mars (sf j. fériés), sur présentation de ce guide. C'est l'adresse qui dynamise Bagnoles. Par sa déco, contemporaine et soignée, et par son concept. Car cet hôtel très tendance (chambres sobres mais douillettes aux couleurs bleu, vert et marron) est également un resto (branché) et une bonne épicerie fine. Mais comme la maison pratique le mélange des genres, on peut en fonction de l'envie du moment s'attabler devant un vrai plat (de bistrot élaboré), ou opter pour un « grignotage », c'est-à-dire composer une assiette à partir des bons produits disposés sur les étals.

Hôtel de Normandie : *2, av. du Docteur-Lemuet. ☎ 02-33-30-71-30. • hotel-le-normandie@wanadoo.fr • hotel-le-normandie.com • Quasiment en face du Ô Gayot. Fermé déc-fév. Doubles 50-85 € selon confort. Formules déj 11-14 € en sem ; menus 19-31 €.* L'hôtel offre des chambres au confort et au charme inégaux, certaines ayant bénéficié d'une remise au goût du jour, d'autres non. Notre préférence va aux chambres confort (prix intermédiaire) situées dans la jolie annexe qui borde l'agréable jardin avec son petit bout de pelouse. Le resto, quant à lui, est vraiment agréable avec ses 2 salles élégantes que viennent dévergonder quelques touches de couleur sur un mur ou les abat-jour. En cuisine, les bons produits du terroir sont volontiers associés à des saveurs plus méditerranéennes et le chef n'hésite pas à s'échapper avec succès des chemins tout tracés de la gastronomie normande.

La Potinière du Lac : *2, rue des Casinos. ☎ 02-33-30-65-00. • lapotinieredulac@orange.fr • hoteldelapotiniere.com • Fermé déc-début janv. Doubles 44-96 € selon confort et saison. Wifi.* Difficile de le louper, c'est l'une des plus jolies façades de Bagnoles. On vous prévient : là encore, toutes les chambres n'ont pas le même charme. En fait, seule une bonne moitié d'entre elles a été joliment rénovée au goût et au confort d'aujourd'hui, dans un style sobre et reposant. Certaines bénéficient d'une vue formidable sur le lac, et 2 sont situées dans la tourelle (nos préférées), toujours avec la vue !

Nouvel Hôtel : *8, av. Pierre Noal (Bagnoles-Château). ☎ 02-33-30-75-00. • nouvel.hotel@wanadoo.fr • lenouvelhotel.fr • Près de l'église. Ouv avr-oct. Doubles 75-105 € selon confort et saison. Menus 19 € (en sem) et 23-35 €. Apéritif offert sur présentation de ce guide.* Une belle façade blanche rappelant la Belle Époque et, à l'arrière, un jardinet agréable pour bouquiner au calme. Du caractère donc, mais qui tend à disparaître dans les étages selon qu'ils ont été rénovés ou non. Certaines chambres sont donc très classiques et fonctionnelles mais froides, d'autres beaucoup plus élégantes. Au resto, une cuisine de terroir classique.

Beaucoup plus chic

Manoir du Lys : *La Croix-Gauthier, route de Juvigny-sous-Andaine. ☎ 02-33-37-80-69. • manoir-du-lys@wanadoo.fr • manoir-du-lys.fr • ♿ À 3 km de Bagnoles, par la D 235. Resto fermé lun, mar midi et mer midi (plus dim soir hors saison pour l'établissement). Congés : de janv à mi-fév. Doubles 110-140 € selon confort et saison. Menus 45-110 €. Internet, wifi. Digestif maison offert sur présentation de ce guide.* Un adorable manoir, naguère relais de chasse, niché dans la forêt des Andaines. Le coucou chante, les biches traversent le jardin... Côté chambres, il y en a pour tous les goûts, du plus classique au plus contemporain (les plus nombreuses), avec plus ou moins de fantaisie dans les formes et les couleurs. L'accueil et la cuisine sont tout aussi délicieux que le cadre est soigné (superbes tableaux d'Aldo Paolucci, piano dans le salon très cosy). Des produits frais du terroir, des saveurs retrouvées (andouille de Vire en papillote transparente au foin vert)... Le genre d'endroit idéal pour une halte romantique. Surtout si l'on opte pour les pavillons sur pilotis ! Piscine, nombreuses rencontres mycologiques et cours de cuisine.

Où boire un verre ?

La terrasse du casino : *☎ 02-33-37-84-00. ♿ Tlj sf lun midi.* C'est évidemment la plus belle, la seule au bord de l'eau. Vue géniale garantie ! Bonne carte de cocktails. Soirées à thème 1 à 2 fois par mois. Fait aussi resto.

Toutes les brasseries autour de la fontaine sont l'autre *spot* agréable de la ville pour s'attabler autour d'un verre.

Où acheter des macarons ?

Casati : *4 bis, rue des Casinos. ☎ 02-33-37-82-74. Tlj avr-nov, 9h30-12h30, 14h30-19h30 ; fermé lun le reste du temps. Congés : de mi-janv à fin fév.* Cette jolie boutique est surtout réputée pour les célèbres macarons *Lenoir,* absolument délicieux, livrés chaque matin de la fabrique. Fraîcheur garantie !

L'épicerie du Ô Gayot : *voir « Où dormir ? Où manger à Bagnoles et dans les environs ? ».* Belle sélection de produits du terroir, avec en plus, régulièrement, une autre région ou un autre pays mis à l'honneur.

À voir

Le parc du château de Bagnoles-Château : cette demeure néo-Renaissance appartint pendant des siècles à la famille Goupil, avant d'être cédée, dans les années 1920, à une Parisienne excentrique, qui y vivait seule entourée de mannequins d'osier vêtus de costumes Louis XVI et Premier Empire ! Hôtel de ville de Bagnoles-de-l'Orne depuis 2000, le château ne se visite pas (on peut toutefois jeter un coup d'œil dans le hall aux heures d'ouverture).

Le casino et le lac : *☎ 02-33-37-84-00. ♿ Ouv tlj.* Immanquables. Une petite touche rétro de plus dans le paysage bagnolesque ! Même s'il a été complètement rénové, il date de 1927 et a été construit grâce au financement d'un milliardaire américain, passionné de jeu, à qui on avait refusé l'achat du château. Côté ambiance, on n'est ni à Deauville, ni à Nice, mais l'endroit est parfois noir de monde pendant le week-end (400 000 visiteurs par an). Agréable promenade autour du lac.

L'établissement thermal : *☎ 0811-90-22-33. ♿* Au fond d'une petite vallée dominée par des rochers escarpés, comme le *roc au Chien* d'où l'on a une belle vue sur l'établissement thermal. On remarque immédiatement la résidence des Thermes, grande bâtisse du début du XXe s, qui offre un bel exemple de l'architecture dite « thermale ». Naguère *hôtel des Thermes,* il est partagé aujourd'hui en 140 appartements. Vaut le coup d'œil surtout pour son hall d'entrée très haut de plafond et le *restaurant des Thermes,* prolongé par une terrasse très agréable pour manger.

Les vieilles maisons de caractère : quoi de plus pittoresque qu'une balade à pied à la découverte des façades rétro des hôtels et des villas ? Côté hôtels, on ne compte plus le nombre de tourelles en poivrière, de lucarnes en forme de campaniles, de balcons de bois et de vérandas où l'on s'abrite sous une marquise croquignolette. C'est ça, Bagnoles ! Un style qui mêle l'exubérance des Années folles et un je-ne-sais-quoi des films de Jacques Tati, genre « monsieur Hulot fait sa cure ». Dans le centre, jeter un coup d'œil sur l'hôtel *La Potinière,* couvert de faux colombages et d'un curieux damier blanc et brun. Dans la tourelle à l'air très kitsch, des chambres de forme triangulaire sont louées, paraît-il, chaque année par les mêmes clients. Autre hôtel à l'architecture loufoque, *Le Roc au Chien,* à droite sur la route de l'établissement thermal, sous le roc au Chien justement. Dans le quartier Belle Époque, où trône en hauteur l'église, quelques belles pièces d'architecture

dont le *Chalet suédois* (face à l'église), ancien pavillon suédois de la grande Exposition universelle de Paris de 1889, et de nombreuses autres villas toutes aussi spécifiques les unes que les autres, massives ou colorées.
– L'office de tourisme propose des visites guidées (voir « Adresses utiles ») ainsi qu'une brochure avec un circuit découverte du quartier Belle-Époque.

Le musée départemental des Sapeurs-Pompiers de l'Orne : *16, bd Christophle. ☎ 02-33-38-10-34. (rdc slt). Avr-oct, tlj 14h-18h (sur rdv hors saison). Entrée : 3,80 € ; réduc.* Un merveilleux endroit, consacré exclusivement à l'art d'éteindre les feux. Installé dans l'ancienne église de Bagnoles, il abrite une foule d'objets insolites (comme cette règle à calcul pour mesurer la pression de l'eau dans les extincteurs) et une superbe collection d'une trentaine de pompes à bras (les unes tirées par des chevaux, les autres par des hommes) et de motopompes (avec moteur à essence) – toutes en état de marche ! La plus belle pièce est une pompe à bras de la fin du XVIIIe s, dénommée *La Distinguée.*

Le golf de Bagnoles-de-l'Orne : *☎ 02-33-37-81-42.* Un neuf-trous au sein de la forêt des Andaines, à la sortie de la ville, route de Domfront.

Manifestations

L'ORNE

– ***Les Vendredis de l'été :*** *chaque ven soir à 21h en juil-août. ☎ 02-33-30-72-70. Gratuit.* Spectacles de rue, théâtre, musique, art du cirque...
– ***Les Clés de Bagnoles :*** *ts les dim à 17h en juil-août. Gratuit.* Concerts.
– ***Automne gourmand :*** *début sept.* Festival gastronomique, marché gourmand avec AOC, démonstration de chefs, etc. Une bonne ambiance.

DANS LES ENVIRONS DE BAGNOLES

Le musée du château de Couterne : *à 2 km sur la route de Couterne. ☎ 02-33-37-97-97. Juil-août et pour les Journées du patrimoine, tlj sf dim, lun et j. fériés 10h-12h, 14h-18h. Entrée : 3 € ; gratuit pour les enfants.* Grande bâtisse de brique rose et granit dont les façades se reflètent dans les eaux des douves. Parc de 20 ha et une petite salle d'exposition.

➢ ***La forêt des Andaines :*** celle que les locaux appellent plus communément la forêt d'Andaines est l'une des trois grandes forêts de l'Orne, recouvrant 5 400 ha. Vestige d'une immense forêt primitive qui formait une zone de transition (ou marche) entre la Bretagne et la Gaule, elle enveloppe Bagnoles-de-l'Orne telle une écharpe verte, et fait office de poumon d'oxygène. Forêt de fées et d'ermites, de ruisseaux et de fougères, de myrtilles, de champignons et de chênes, de brigands et de chevaliers, de chouans et de résistants, elle est aujourd'hui le refuge d'un gibier assez abondant et du chêne Hippolyte, connu pour sa circonférence de plus de 5 m à seulement 1 m du sol, du nom d'un ancien garde forestier ! Sites les plus intéressants dans la forêt : les *gorges de Villiers,* accessibles à pied par le GR 22, la *chapelle Sainte-Geneviève* (à 2 km au sud du carrefour de l'Étoile-des-Andaines) à l'orée de la forêt, d'où l'on a une belle vue sur le bocage et la chapelle Saint-Antoine.

La tour de Bonvouloir : *☎ 02-33-38-40-06 ou 02-33-37-93-71. À env 8 km au sud-ouest de Bagnoles par la route de Juvigny-sous-Andaine ; c'est indiqué. À 2 km après le Manoir du Lys, prendre une petite route sur la droite. Site accessible gratuitement tte l'année, mais entrée dans la tour interdite.* Une vraie curiosité. Dans un paysage de carte postale, mince et haute tourelle en pierre du XVe s jaillissant d'une tour trapue, ultime vestige d'un château médiéval dont on voit encore le pigeonnier.

La ferme du Cheval de trait : *à* ***La Michaudière.*** *☎ 02-33-38-27-78. 06-81-49-66-46. • chevaldetrait.com • Venant de Juvigny-sous-Andaine,* *route à droite en arrivant à La Chapelle-d'Andaine (fléché). Ouv avr-oct. Spectacle en principe à 15h30 mer, jeu, sam et dim de mi-juil à août. Autres périodes, spectacles également très réguliers mais téléphoner avt. Tarif : 10 € (incluant la visite de la ferme) ; réduc ; gratuit moins de 5 ans. Visite libre de la ferme les jours de spectacle (9h-14h30) : 3,50 €.* Avec le temps, cette entreprise familiale est devenue un site touristique de premier plan. D'abord, pour la ferme elle-même, dont les dépendances abritent des petites expos, un film, une sellerie et une auberge rustique où l'on sert des repas traditionnels (sur résa). Ensuite, pour le spectacle pittoresque (course de chars à la Ben Hur, voltige, attelage...) qui met en scène une trentaine de percherons et le plus grand cheval du monde, le Shire. Et tout cela dans la bonne humeur, à l'image du pot offert en fin de spectacle pour se remettre de ses émotions !

DOMFRONT (61700) 3 900 hab. *Carte Orne, A2*

Cette ville médiévale, assise sur un promontoire, domine toute la région avec ses tours et ses maisons qui semblent suspendues dans l'air. Et au bout de ce promontoire, les restes d'une forteresse du XIe s, qui abrita naguère l'une des cours les plus brillantes d'Europe, celle d'Aliénor d'Aquitaine (mariée à Henri II Plantagenêt). Les routards qui débarquaient vers l'an 1150 dans ce patelin de l'Ouest n'étaient pas en France mais quasiment en Angleterre, du moins dans un poste stratégique de cet immense territoire conquis vers la moitié du XIIe s par les Plantagenêts et qui s'étendait de l'Écosse aux Pyrénées !
C'est avec plaisir que l'on déambule dans cette charmante cité, avec ses petites places, ses ruelles et ses quelques maisons à colombages revêtues d'essentages (petites tuiles en bois).
Le pays de Domfront est aussi connu pour son fameux *poiré,* appelé aussi « le champagne normand ». Cette boisson fruitée et pétillante à base de poire du pays AOC se déguste avec une crêpe ou du boudin noir. Les poiriers qui, dit-on, vivent trois siècles (un pour grandir, un pour produire et un pour mourir...) offrent un superbe spectacle en avril, quand ils sont en fleur.

Adresse et infos utiles

Office de tourisme : *12, pl. de la Roirie. ☎ 02-33-38-53-97. • ot.bocagedomfrontais@wanadoo.fr • De mi-juil à mi-août : mar-ven 10h-18h ; lun, sam et j. fériés 10h-12h30, 14h-18h ; dim 10h30-12h30, 13h30-16h30. D'avr à mi-juil et de mi-août à oct : lun-sam et j. fériés 10h-12h30, 14h-18h ; fermé dim. Fermé dim et lun reste de l'année. Visites guidées de la ville et du site du château de mi-juin à mi-sept (2,50 €).* Infos sur la ville et le Domfrontais, et même une expo à l'étage de maquettes des monuments du coin au temps de leur superbe. Accès wifi.

– ***Marché :*** *ven mat.*

– ***Les Médiévales :*** *☎ 02-33-38-56-66. • domfront-medievales.com • 1er w-e d'août (ts les 2 ans ; prochaine fête en 2013).* Domfront vit à l'heure médiévale pendant 2 jours et demi.

Où dormir ? Où manger ?

Camping

Camping municipal du Champ Passais : *4, rue du Champ-Passais. ☎ 02-33-37-37-66 • mairie@domfront.com • domfront.com • ♿ En contrebas du village médiéval (indiqué). Ouv avr-sept. Env 9 € pour 2. CB refusées.* Un joli petit camping simple et bien tenu, installé à flanc de colline et convenablement équipé. Espaces bien délimités, mais peu d'ombre malgré toute la verdure environnante.

L'ORNE

De prix moyens à chic

Chambres d'hôtes Belle Vallée : *chez Richard et Victoria Hobson-Cossey, Belle-Vallée. ☎ 02-33-37-05-71. • belle-vallee@wanadoo.fr • belle-vallee.net • Suivre la direction de La Ferté-Macé puis, à la sortie de Domfront, prendre la D 21 direction Dompierre et La Ferrière-aux-Étangs ; c'est 500 m plus loin sur la gauche. Doubles 65-85 €. Table d'hôtes 20 € sur résa. Wifi.* Nichée au creux d'une vallée paisible, dans un délicieux coin de nature, cette belle maison de maître du XIXe s est idéale pour le cocooning : 4 chambres, dont une suite familiale, très confortables et pleines de charme au style soit très british, soit très campagne, avec à chaque fois une ou deux peluches en bonne place (la marotte de madame) ! Les salles de bains ont un petit côté rétro délicieux, avec des baignoires à pieds. La suite familiale sous les toits est superbe avec ses 2 chambres bien séparées l'une de l'autre. Très relaxant, comme le salon cosy (cheminée et bouquins à dispo) ou le jardin bien entretenu où l'on repère vite les chaises longues. Petit déj pantagruélique, avec les fruits du jardin ! Accueil adorable. Également un gîte tout confort pour 4 personnes.

Hôtel La Campagnette : *19, route du Mont-Saint-Michel. ☎ 02-33-37-82-49. 06-86-74-16-21. Fax : 02-33-37-81-32. Dans le bas de la ville, à deux pas de l'église Notre-Dame-sur-l'Eau. Doubles 45-57 € selon confort.* Une curiosité : cet hôtel minuscule n'en a pas l'air, car il s'agit d'une étroite maison de ville tout en hauteur plantée au fond d'un jardin. Du coup, on a l'impression d'arriver chez des amis... Impression confirmée par l'accueil sympa et pas compliqué ! Au total, 6 chambres seulement, simples, pas bien grandes, mais impeccables, certaines avec salle de bains complète, d'autres avec toilettes sur le palier.

Hôtel de France : *7, route du Mont-Saint-Michel. ☎ 02-33-38-51-44. • reservation@hoteldefrance-fr.com • hoteldefrance-fr.com • Dans le quartier de la gare, au pied de la ville, au bord de la route principale. Resto fermé dim soir, lun et mar (grill ouv tlj). Congés : 2de quinzaine de janv. Doubles 55-75 € selon confort. Formule 9,90 € (grill) midi en sem ; menus au resto, 15 € (en sem)-39,80 €. Wifi.* Un hôtel classique et efficace. Les chambres les plus grandes et les mieux équipées sont celles côté route, mais si vous avez le sommeil léger, mieux vaut choisir celles donnant sur le grand et beau jardin à l'arrière. Dans chacune, la déco est plus ou moins au goût du jour, selon qu'elle a été refaite ou non. À table, formule « grill » servie dans l'annexe, ou bien cuisine traditionnelle normande proposée dans une salle à manger au charme vieille école mais agréable.

Où dormir ? Où manger dans les environs ?

Camping

Camping à la ferme : *chez Patrick et Isabelle Chopin, La Bonelière, 61350* ***Saint-Mars-d'Égrenne.*** *☎ 02-33-38-60-29. • laboneliere.com • Sur la D 976, direction Passais, tourner à gauche (fléché, mais sortie un peu raide). Ouv mai-sept. Env 8,50 € pour 2. Gîte (6 pers) 260 €/sem. CB refusées.* Sous les poiriers et les pommiers, au cœur d'une exploitation agricole bio (anti-OGM et nucléaire !), un terrain de camping atypique avec toutes sortes de petits plus : four à pizzas, tonnelles, et même une grange aménagée en cas de pluie. Une super ambiance, très familiale. Promenade en calèche possible. Également un gîte dans une maisonnette caractéristique du coin.

De bon marché à prix moyens

Gîte de groupe communal de La Haute-Chapelle, La Grange du Bourg : *61700* ***La Haute-Chapelle.*** *☎ 02-33-38-55-01 (mairie). • mairie.lahautechapelle@wanadoo.fr • À 2 km au nord de Domfront, par la D 22. Entre l'église et le court de tennis. Pour 8-10 pers : 12 €/nuit et par pers (draps et duvets non fournis), 470 €/sem pour le gîte.* Dans une ancienne grange soigneusement restaurée et bien entretenue, avec grand salon, cuisine équipée, machine à laver et jolies chambres sous les toits. Idéalement placé pour partir en rando, à VTT, aller à la pêche, ou sillonner la région.

Auberge et gîte de groupe La Nocherie : *61700 Saint-Bômer-les-Forges. ☎ 02-33-37-60-36. Fax : 02-33-38-16-08. À 6 km au nord de Domfront. Prendre la D 962 en direction de Flers, puis panneaux sur la droite ; compter ensuite 4 km jusqu'à La Nocherie. Auberge fermée dim soir et lun. Congés : vac fév ou Pâques (zone A). Double en chambre d'hôtes 43 € ; gîte de groupe, 21 €/pers sans petit déj. Camping 11 € pour 2, douche incluse. Menus 20-38,50 €, boissons incluses (sur résa). CB refusées.* Dans les dépendances de cette demeure champêtre, vous avez, d'un côté, 2 chambres d'hôtes simples et agréables avec salle de bains et, de l'autre, 6 chambres pour 2 à 4 personnes en gîte de groupe avec sanitaires privés (apporter son duvet). L'espace ravissant réservé au camping s'étale sur un tapis verdoyant, sous les pommiers, et dispose d'un abri où manger en cas de pluie. Quant à l'auberge, elle occupe l'ancienne boulangerie du manoir (XVIe s) et les dépendances de la ferme. Ambiance vraiment conviviale, dans une campagne belle et attachante. Cuisine préparée dans le vieux four à pain, avec des spécialités comme les terrines maison, les grillades au feu de bois et le riz à la palette. Possibilité de rejoindre des sentiers de petite et moyenne randonnées qui passent à côté, et la voie verte.

Voir aussi la très bonne ***auberge de la Mine*** à La Ferrière-aux-Étangs (rubrique « Où manger dans les environs ? » dans le passage sur Flers, ci-après).

Où acheter de bons sablés ?

Boulangerie Marie : *56, rue Barrabé. ☎ 02-33-38-51-18. Tlj sf dim ap-m et lun. Congés : vac avr, 2 sem fin sept.* C'est ici qu'on fabrique les très bons « sablés du Domfrontais » (on ne les trouve nulle part ailleurs : la recette est cédée avec le fonds), vendus dans une boîte en fer-blanc rétro. De quoi prendre des forces avant la jolie balade dans le village qui passe obligatoirement par les ruines du château.

À voir

Laissez votre voiture dans un parking au pied de la cité, puis montez à pied dans la vieille ville médiévale.

La place du Panorama : entre l'***église Saint-Julien*** (néobyzantine de 1924) et la place de la Mairie avec son clocheton. Comme son nom l'indique, on y profite d'une vue plongeante sur la vallée versant nord et la campagne environnante. À noter aussi, à l'angle des rues, des panneaux d'information sur des événements historiques domfrontais, comme dans la rue du 14-Juin-1944 où il est rappelé qu'à cette même date la ville fut bombardée par les Américains afin d'empêcher le renforcement du front allemand. Bilan : 37 victimes, quelque 500 immeubles détruits et plus de 900 bâtiments endommagés.

L'espace-musée Charles-Léandre : *à l'intérieur de la mairie. ☎ 02-31-69-41-16. • musee-charles-leandre.fr • Mar-ven 9h30-12h15, 14h-18h30 ; sam 10h-18h ; dim 14h30-18h. Visite gratuite mais audioguide 2,50 €.* Abrite des portraits et des dessins de Charles Léandre, peintre, lithographe, caricaturiste et illustrateur, originaire de Champsecret. Également des faïences et des porcelaines de la Compagnie des Indes. La pièce la plus surprenante est sans conteste ce trône de prince annamite (centre du Vietnam actuel) rapporté, avec d'autres souvenirs, par un ancien résident, général, à Hanoi.

Les ruines du château : *à l'extrémité ouest du promontoire de Domfront.* Immanquable : cette très importante forteresse contrôlait toute la région. Édifié

en 1011 par Guillaume de Bellême, ce nid d'aigle unique en Normandie possédait, au XIIe s, l'un des donjons les plus puissants de France. L'actuel donjon fut édifié à la fin du XIe s par Henri Ier Beauclerc. On accède aux ruines, et à ce qui est devenu un joli parc, par un pont qui enjambe l'ancien fossé des remparts. Au passage, descendez dans le réseau exceptionnel de casemates, aménagé au XIIIe s pour défendre cette haute forteresse. À côté, quelques jeux pour enfants, et plus haut, un joli point de vue sur la région, avec table d'orientation.
Dans les remparts du château, on a retrouvé la *chapelle Saint-Symphorien* où Aliénor d'Aquitaine aurait fait baptiser sa fille, Aliénor de Castille, la future grand-mère de Saint Louis, en septembre 1161.

L'église Notre-Dame-sur-l'Eau : *située tt en bas de la colline de Domfront.* Voici l'une des plus belles églises romanes de l'Orne. Construite à la fin du XIe et au début du XIIe s, elle se distingue par son chœur et son abside, merveilleux témoins de l'art roman normand. Dans le transept, un gisant, unique dans le département, repose dans son armure sous un dais gothique. C'est celui du gouverneur de Domfront à la fin du XIVe s, un dénommé Pierre Ledin de la Châlerie. Le long des murs, 37 pierres tombales, des XVIIe et XVIIIe s, rappellent que cette église fut la nécropole des seigneurs du Passais.

DANS LES ENVIRONS DE DOMFRONT

➢ Suivre la ***route du Poiré.*** Itinéraire auprès de l'office de tourisme. Il se termine à la maison de la Pomme et de la Poire à Barenton (se reporter plus haut au chapitre sur La Manche, à la rubrique « Dans les environs de Mortain »).

Le manoir de la Saucerie : *à 5 km à l'ouest de Domfront, vers Mortain. Prendre un chemin sur la gauche de la D 907. Accès fléché (mais ouvrez bien l'œil). Gratuit.* C'est à voir, même s'il ne reste plus du manoir que le très insolite pavillon d'entrée flanqué de deux tours rondes surplombées de toitures alambiquées, magnifiquement restaurées. On avait de l'imagination à revendre au XVe s ! Un édifice tellement curieux qu'il a été adopté comme flamme postale par quatre communes du département.

– **_Le centre de pleine nature « La Richerie » :_** *61330* ***Torchamp.*** *☎ 02-33-38-70-41. • pleinenature-normandie.com • À 9 km au sud-est de Domfront, en plein cœur du parc naturel régional Normandie-Maine et ses 300 km de sentiers. Lun-ven 9h-17h (permanence le w-e).* Un centre pour partir à l'aventure, à la journée ou sur plusieurs jours : location de VTT, canoë-kayak, escalade, pêche, course d'orientation... Équipe sympa et pro. Gîtes modernes en enfilade sur un terrain au calme et vallonné.

Les Forges de Varenne : *61700* ***Champsecret.*** *☎ 02-33-37-76-88. De Domfront, suivre la direction de Flers sur 4 km ; juste avt Les Forges, un grand calvaire, prendre le chemin à droite et suivre les indications. Visite libre tlj 9h-12h, 14h-17h. Visite guidée payante : 15 juin-15 sept, mar, jeu et dim à 15h30 (slt dim hors saison) sur résa.* Les vestiges d'un des derniers (et des plus beaux) ensembles sidérurgiques de la région, tout en pierre, sont dispersés au creux d'une vallée pittoresque. Le sol de la région était très riche en minerai de fer, mais également en eau et en bois, matières premières incontournables pour implanter une forge. Construites au XVIe s, fermées deux siècles plus tard, les forges produisaient de la fonte et employaient près de 150 ouvriers et une centaine de chevaux. On peut encore voir aujourd'hui les restes du haut-fourneau, les cheminées de l'affinerie, le magasin de fer, une maison ouvrière et la chapelle des forgerons.

La Fosse Arthour : *à* ***Saint-Georges-de-Rouelley*** (voir la rubrique « Dans les environs de Mortain » dans le chapitre « La Manche »).

Lonlay-l'Abbaye : *à 8 km au nord de Domfront par la D 22.* En pleine campagne, un petit village et son abbaye bénédictine fondée au XIe s. Joli site. L'abbaye connut un rayonnement important jusqu'en Angleterre, où elle posséda trois prieurés. Suite à des mésaventures historiques (incendies, pillages, Révolution...), elle tomba dans l'oubli. Elle est aujourd'hui restaurée. Chœur gothique à trois étages, transept roman avec chapiteaux du XIe s et superbe retable du XVIIIe s.

– ***La Biscuiterie de l'Abbaye :*** *route du Val, 61700 Lonlay-l'Abbaye. ☎ 02-33-30-64-64. • boutique-biscuits-abbaye.com • Magasin d'usine ouv tte l'année, lun-ven 8h30-12h, 13h30-17h ; à ces mêmes horaires, visite guidée gratuite sur simple résa.* Les sablés de l'Abbaye furent inventés en 1941 par le boulanger de Lonlay-l'Abbaye. En 1964, son fils et son gendre perpétuèrent la tradition en fondant *La Biscuiterie de l'Abbaye,* dirigée aujourd'hui par Gérad Lebaudy, le petit-fils du boulanger inventeur de sablés. La maison emploie 230 personnes et produit 7 jours sur 7 sablés, galettes et cookies vendus sous son nom (vous les trouverez dans tous les magasins de Normandie), mais aussi sous celui des marques de la grande distribution, ainsi que sous celui de certaines enseignes bio (le bio représentant en effet 40 % de la production).

FLERS (61100) 15 700 hab. *Carte Orne, A1*

Ville-étape à mi-chemin entre la forêt des Andaines et la Suisse normande, Flers fut libérée le 17 août 1944 par la 11e division blindée britannique après le passage de Rommel, mais elle dut payer le prix fort : 70 % environ de la ville furent complètement détruits par les bombardements américains. Plus d'un demi-siècle plus tard, les rues et les maisons portent toujours cette marque architecturale très particulière de l'après-guerre, mais quelques quartiers ont tout de même réussi à préserver un certain charme avec de belles maisons du XIXe s. Dire que c'est une ville touristique serait exagéré, car elle demeure avant tout le troisième bassin économique de Basse-Normandie avec un centre industriel lié à l'automobile et à l'agro-alimentaire. Mais la ville mérite un arrêt pour le parc et le château où l'on découvre un surprenant musée. Et pour les gourmands, rendez-vous dans une des boulangeries de la ville pour déguster un « bec de Flers » (viennoiserie à la pomme, à la rhubarbe et à la crème).

Adresses et infos utiles

Office de tourisme : *2, pl. du Docteur-Vayssières. ☎ 02-33-65-06-75. • flerstourisme.com • En plein centre-ville. Lun-sam sf j. fériés 9h30-12h, 14h-18h30.* Doc variée sur les environs de Flers et la Suisse normande (topoguides de rando, de VTT, circuits intra-muros...). Organise d'intéressantes visites de la ville. Excellent accueil.

@ ***Oxy-jeunes :*** *31, rue du Commandant-Charcot. ☎ 02-33-65-48-61. Lun-ven 10h-19h.*

Gare ferroviaire : *☎ 36-35 (0,34 €/mn).* Ligne Paris-Granville.

– ***Marché :*** *mer mat et sam mat sur la pl. Paulette-Duhalde (la place devant l'office de tourisme).*

Où dormir ?

Camping

Camping du Pays de Flers : *La Fouquerie. ☎ 02-33-65-35-00. 06-74-49-21-82. • camping.paysdeflers@wanadoo.fr • À la sortie de Flers, direction Argentan. Ouv avr-oct (loc tte l'année). Env 9 € pour 2. Loc de mobile homes (6 pers) 52 €/nuit et 260-365 €/sem.* Calme, convenablement ombragé (sous les peupliers), fort bien tenu et, pour couronner le tout, un accueil très sympa. Possibilité de commander la veille croissants et pain frais pour le petit déj.

Prix moyens

Hôtel Saint-Germain : *10, pl. du Docteur-Vayssières. ☎ 02-33-65-25-59. • st.germain12@wanadoo.fr • hotelflers.fr • Doubles 48-53 € selon confort. Wifi.* Petites chambres sans prétention (avec toilettes sur le palier pour les moins chères), au-dessus d'une brasserie fréquentée par de nombreux habitués. Pratique pour le petit déj ! Très propre, en plein centre, avec un patron sympa et serviable. Ça ne se refuse pas !

Hôtel Le Galion : *5, rue Victor-Hugo. ☎ 02-33-64-47-47. • le.galion.hotel@wanadoo.fr • hotellegalion.fr • ♿ Résa conseillée en sem. Double env 65 €. Wifi. Parking gratuit.* Cet hôtel moderne et fonctionnel de taille moyenne ne déborde pas de charme, mais offre le trio gagnant : bon confort, bon entretien, bon accueil.

Où dormir dans les environs ?

Chambres d'hôtes Comme un Jardin dans un Jardin : *chez M. et Mme Halbout, Les Huttereaux, 61800* ***Chanu.*** *☎ 02-33-66-83-32. • es.halbout@orange.fr • À 8 km au sud de Flers par la D 25 ; suivre le quartier Saint-Michel, puis La Chapelle-Biche, passer le village, c'est à droite 1 km plus loin. Double 50 €. Table d'hôtes 14 €.* Une adresse qu'on transmet timidement du bout des lèvres, tant c'est un havre de paix et de sérénité. Cela tient à l'accueil de M. et Mme Halbout, discrets et chaleureux, mais aussi à ce nid douillet, un ancienfouràpaindevenulaiterieetaujourd'hui transformé en une véritable maison de poupée : kitchenette, chambre en loggia et coin salon autour du feu. Un vrai bonheur. C'est coloré, chaleureux et plein de jolis détails.

Chambres d'hôtes La Bergerie : *chez Frédéric et Sylvie Leblond, 61100* ***Sainte-Opportune.*** *☎ 02-33-66-04-28. • gite.labergerie.orne@orange.fr • gite-caractere-normandie.com • ♿ Sur la D 924 entre Flers et Argentan, prendre la D 354 vers Sainte-Opportune ; dans le bourg, tourner à droite sur la D 20, puis à gauche sur la D 885 (fléché) ; se trouve sur la droite peu après un petit carrefour. Double 51 €. Repas sur résa 19 €. Wifi.* En pleine campagne bocagère, dans un environnement diablement bucolique et fleuri, 4 chambres confortables et coquettes installées dans des maisonnettes restaurées de façon écologique (matériaux anciens, utilisation du chanvre, de la chaux et du torchis, etc.) et en respectant les techniques traditionnelles. Certaines chambres sont carrément des petits duplex. Loue également des gîtes. Un rapport qualité-prix étonnant.

Où manger ?

Prix moyens

Au Bout de la Rue : *60, rue de la Gare. ☎ 02-33-65-31-53. • restaurant@auboutdelarue.com • ♿ Fermé mer soir, sam midi et dim. Congés : 1re sem de janv, 3 dernières sem d'août. Formules et menus 16-21 € en sem, puis 31-35 €.* On s'y aventure avec plaisir, au bout de cette rue. Car derrière la devanture un tantinet rétro, mais au décor plutôt *lounge,* on découvre une jeune équipe tout sourire, préoccupée par l'idée de bien faire. Et elle s'en sort largement avec les honneurs : plats joliment ficelés, entre le bistrot chic et la table gourmande de saison (la carte change souvent). Bref, une bonne table.

Le Relais Fleuri : *115, rue Schnetz. ☎ 02-33-65-23-89. • aubergelerelaisfleuri@orange.fr • ♿ Presque à la sortie de la ville, sur la route de Mortain. Fermé lun et le soir des ven, dim et j. fériés. Congés : à Noël. Formule 12,10 € en sem ; menus 16,50-30,70 € ; carte 40 €.* Il ne faut pas se fier à la façade très banale de la bâtisse, car le chef qui sévit ici ne manque pas d'idées et ne vous fera pas regretter la balade : sa cuisine inventive de saison ravit autant les papilles que les pupilles ! Service souriant, dans une salle classique et agréable.

PLANS ET CARTES EN COULEURS

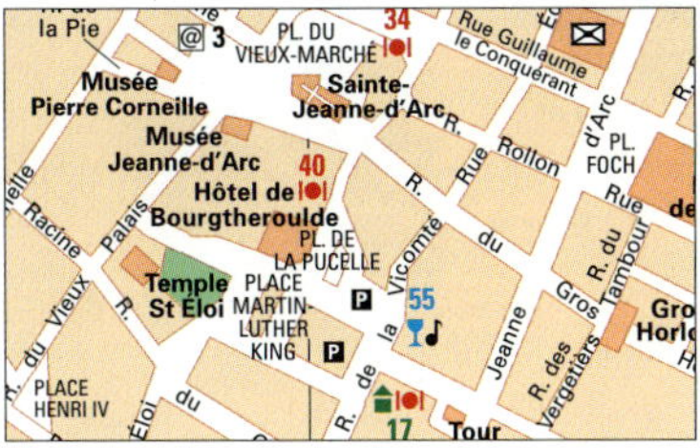

sites inscrits au Patrimoine mondial de l'Unesco
Bellême Lieux traités
Chartres Repères
1 Riva-Bella
2 Ouistreham
3 Merville-Franceville
4 Cabourg
5 Dives-sur-Mer
6 Houlgate
7 Villers-sur-Mer
8 Deauville
9 Trouville ★★
10 Villerville
11 Cricquebœuf
NORD
MANCHE
Auderville
Omonville-la-Petite
Omonville-la-Rogue
Greville-Hague
Urville-Nacqueville
Cap de la Hague ★★★
Cherbourg
Barfleur ★
Vauville
St-Vaast-la-Hougue ★
Île Tatihou
Valognes
Quinéville
Bricquebec
Utah Beach
St-Sauveur-le-Vicomte
Ste-Mère-Église
Grandcamp-Maisy
Pointe du Hoc
Longues-sur-Mer
Arromanches ★★
Courseulles-sur-Mer
St-Aubin
Langrune-sur-Mer
Luc
Lion
Omaha Beach ★★
Barneville-Carteret
Portbail
Isigny-sur-Mer
Port-en-Bessin
La Haye-du-Puits
Carentan
Bayeux ★★
Ver
Bernières
Douvres-la-D.
Creully
Bénouville
Ranville
Lessay
Périers
le Molay-Littry
Pirou
MANCHE (50)
Balleroy
CAEN
SAINT-LÔ
Caumont-l'Éventé
Agon-Coutainville
Coutances
CALVADOS (14)
★ Regnéville-sur-Mer
Tessy
Thury-Harcourt
★ Abb. de Hambye
Gavray
Clécy ★
SUISSE NORMANDE
★ Granville
Villedieu-les-Poêles
Condé-sur-Noireau
Vire
Athis-de-l'Orne
Putanges-Pont-Écrepin
Tinchebray
Flers
Brécey
ORNE (61)
★★★ Mont-St-Michel
Genêts
Avranches
Ducey
Mortain
Domfront ★
Pontorson
Saint-Hilaire-du-Harcouët
le Teilleul
★ Bagnoles-de-l'Orne
la Ferté-Macé
Carrouges
Parc naturel régional Normandie-Maine
Saint-James
ILLE-ET-VILAINE (35)
Fougères
★★ St-Céneri-le-Gérei
Mayenne
MAYENNE (53)
RENNES

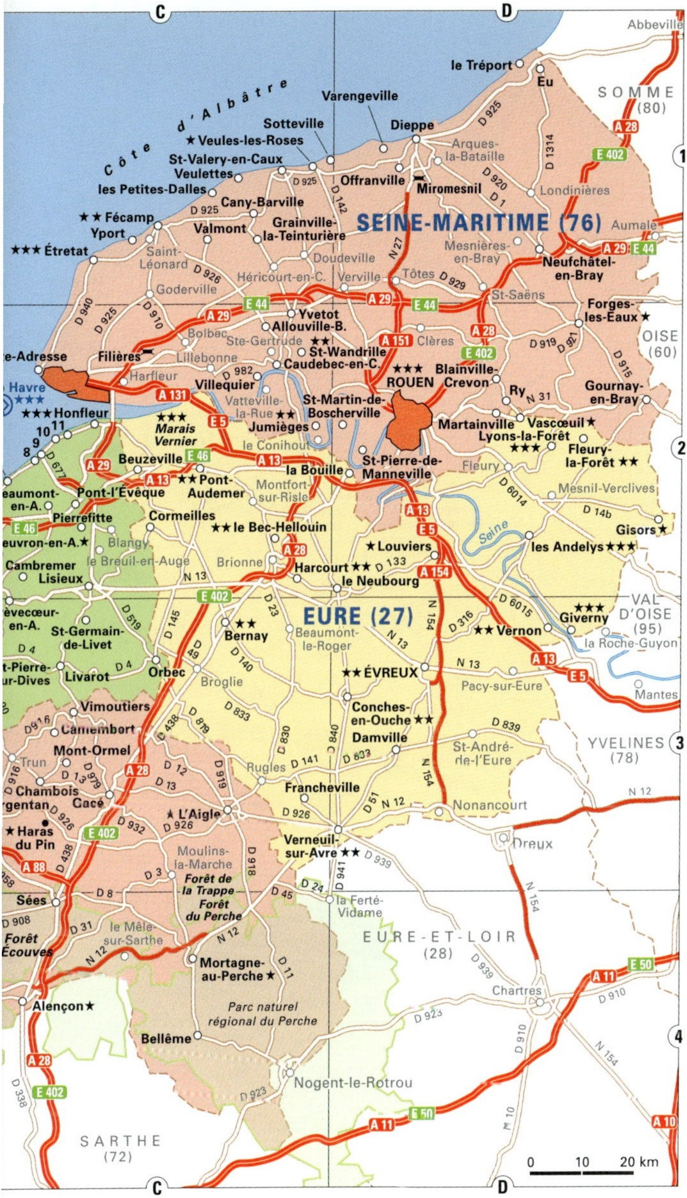

LA NORMANDIE

ROUEN

NORD
A
B
1
2
3
23, 24
Maison de Ferdinand Marrou
18
PLACE TISSOT
Rue Pouchet
R. Verte
Rue Bouquet
R. Saint-Maur
Rue Saint Gervais
R. Crevier
R. Guy de Maupassant
Rue Saint André
Rue du Renard
Rue Lecat
Rue de Stanislas
Boulevard de la Marne
R. Abbé-Cochet
Saint-Patrice
Rue Saint Patrice
Musée de la Céramique
R. du Bailliage
Square Verdrel
Musée des Beaux-Arts
R. du Donjon
R. Morand
Rue Jeanne d'Arc
PLACE CAUCHOISE
Rue Girardin
Hôtel-Dieu
Musée Flaubert
Rue Buffon
R. du Lieu de Santé
Av. Gustave Flaubert
R. du Contrat Social
Rue de Crosne
Rue Cauchoise
Rue Fontenelle
R. des Bons Enfants
Rue Lecanuet
R. de l'Anc. Prison
Rue Étoupée
R. du Sacre
Rue Écuyère
R. des Basnages
57
61
32
34
Rue Percière
Al. E.-Delacroix
R. de la Pie
@ 3
PL. DU VIEUX-MARCHÉ
Musée Pierre-Corneille
Sainte-Jeanne-d'Arc
Rue Guillaume le Conquérant
R. Rollon
PL. FOCH
Musée Jeanne-d'Arc
Hôtel de Bourgtheroulde
PL. DE LA PUCELLE
Palais de justice
Rue aux Juifs
R. Socrate
R. Eugène Boudin
39
Rue Nostre
Boulevard des Belges
Rue Racine
R. du Vieux Palais
Temple St Eloi
PLACE MARTIN-LUTHER KING
Rue de la Vicomté
60
R. du Tambour
Gros-Horloge
Rue du Gros Horloge
14
(Palais des Congrès)
R. Anatole France
Rue de Fontenelle
Rue d'Harcourt
PLACE HENRI IV
R. St Eloi
Rue du Gén. Giraud
R. de
17
Tour St André
R. des Vergetiers
Rue aux Ours
13
PL. DE LA CATHÉDRALE
20
30
Saint-Vincent (vestiges)
Rue des Charrettes
Quai du Havre
2
Rue Grand Pont
Théâtre des Arts
Rue du Général Leclerc
PL. LELIEUR
Rue Champmeslé
R. de la Tour de Beurre
12
38
Quai de la Bourse
R. de la Savonnerie
PL. DU GAILLARDBOIS
PL. DE LA BASSE-VIEILLE-TOUR
Seine
64
Quai Cavalier de la Salle
PONT JEANNE-D'ARC
PONT BOIELDIEU
R. Pierre Chirol
PL. LE MOYNE-D'IBERVILLE
Bd d'Orléans
Rue Amiral Cécille
Av. Jacques Cartier
Quai Jean Moulin
Cité administrative
Rue Saint Sever
Hôtel du Département
PLACE JOFFRE
la Madeleine
LE HAVRE, A 150, DIEPPE
LE HAVRE, ÉVREUX, CAEN, PARIS, A 13
LE HAVRE, ÉVREUX, CAEN, PARIS, A 13
A 13

■ **Adresses utiles**

- Office de tourisme
- 2 Allo Métrobus
- 3 Cyber@Net
- 4 Place Net

Où dormir ?

- 11 Chambres d'hôtes La Maison qui Penche
- 12 Hôtel Arts et Seine
- 13 Chambres d'hôtes Philippe et Annick Aunay
- 14 Hôtel Les Initiés
- 15 Hôtel des Carmes
- 16 Chambres d'hôtes La Boulangerie
- 17 Hôtel de l'Europe
- 18 Hôtel Andersen
- 19 Hôtel de la Cathédrale
- 20 Le Cardinal
- 21 Chambres d'hôtes Le Clos Jouvenet
- 22 Chambres d'hôtes Villa La Gloriette
- 23 Hôtel Ermitage Bouquet
- 24 Chambres d'hôtes Un Jardin en ville

Où manger ?

- 17 Le Petit Gourmand
- 20 P'tit Paul
- 30 Brasserie Paul
- 31 Pommes d'Epices
- 32 La Place
- 33 Le Café Gourmand
- 34 Gill Côté Bistro
- 37 La Petite Auberge
- 38 Le 37
- 39 16/9

Où déjeuner sur le pouce ?

- 50 Thé Majuscule
- 51 Dame Cakes
- 52 Ici & Ailleurs

Où boire un verre ?

- 55 Le Son du Cor
- 56 Le Bistrot Saint-Maclou
- 57 La Boîte à Bières

Où sortir ? Où écouter de la musique ?

- 60 Le Vicomté
- 61 Nash Café
- 62 Le Bateau Ivre
- 63 L'Emporium Galorium
- 64 Le 106-scène de musiques actuelles

ROUEN

■ **Adresses utiles**

- Office de tourisme
- 1 Librairie La Galerne

Où dormir ?

- 10 Gîte de la Porte Océane
- 11 Le Séjour Fleuri
- 12 Le Richelieu
- 13 Hôtel Les Gens de Mer
- 14 Le Petit Vatel
- 15 Hôtel Vent d'Ouest
- 16 Novotel Le Havre
- 17 Art Hotel

Où manger ?

- 20 Restaurants saisonniers
- 21 La Taverne Paillette
- 22 Le Lyonnais
- 23 La Petite Brocante
- 24 Café-restaurant des Grands Bassins

LE HAVRE

25 La Petite Auberge
26 À Deux Pas d'Ici
27 Le Wab Lobby Lounge

30 L'Abri Côtier
32 L'Eau Tarie
33 Cafétéria du musée Malraux

Où boire un verre ? Où sortir ?

1 Salon de thé de la librairie La Galerne
24 Hercule Poirot Club
27 Le Wab Lobby Lounge

Où piquer une tête ? Où admirer une réussite architecturale en même temps ?

40 Les Bains des Docks
41 Club nautique havrais

■ **Adresses utiles**

1 Office de tourisme
4 Cycles Chasserez

Où dormir ?

11 Grand Hôtel de la Gare
12 Normandy Hôtel

Où manger ?

20 Restaurant La Croix d'Or
21 La Gazette
22 La Vieille Gabelle

Où boire un verre ?

25 Le Hastings

Où acheter une bonne pâtisserie ?

23 Chocolatier Auzou

À voir

31 Musée de l'ancien évêché

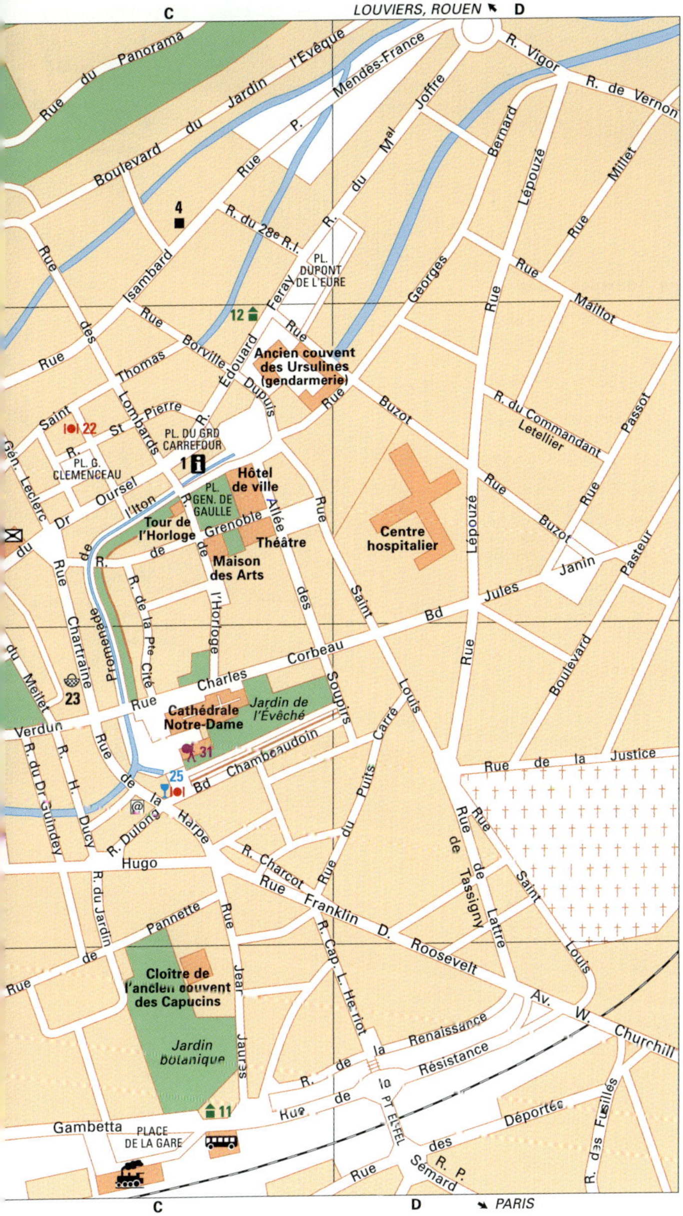
C
LOUVIERS, ROUEN
D
1
2
3
4
Rue du Panorama
Boulevard du Jardin l'Évêque
Rue P. Mendès-France
R. du Mal Joffre
R. Vigor
R. de Vernon
Rue Bernard
Rue Lépouzé
Rue Millet
4
R. du 28e R.I.
Rue Isambard
Rue des Lombards
PL. DUPONT DE L'EURE
Rue Feray
12
Rue Georges
Rue Maillot
Rue Borville
Rue Thomas
R. Édouard Dupuis
Ancien couvent des Ursulines (gendarmerie)
Rue Buzot
R. du Commandant Letellier
Rue Passot
Rue Saint Pierre
22
PL. DU GRD CARREFOUR
1
R. Gén. Leclerc
PL. G. CLEMENCEAU
R. Dr Oursel
Hôtel de ville
PL. GEN. DE GAULLE
R. de l'Iton
R. Grenoble
Allée des Soupirs
Rue Saint Louis
Centre hospitalier
Rue Janin
Rue Pasteur
Tour de l'Horloge
Théâtre
Maison des Arts
R. de l'Horloge
Rue du Meilet
Rue Chartraine
Promenade
R. de la Pte Cité
Bd Jules
Bd Charles Corbeau
Boulevard Pasteur
23
Cathédrale Notre-Dame
Jardin de l'Évêché
Rue de Verdun
31
R. du Dr Guindey
R. H. Ducy
Rue de la Harpe
25
Bd Chambaudoin
Rue du Puits Carré
Rue de la Justice
@
R. Dulong
Hugo
R. Charcot
Rue Franklin D. Roosevelt
Rue de Tassigny
Rue de Lattre
Rue Saint Louis
R. du Jardin
Rue de Pannette
Rue Jean Jaurès
R. Cap. L. Herriot
Cloître de l'ancien couvent des Capucins
Jardin botanique
Av. W. Churchill
Rue de la Renaissance
R. de la Résistance
11
Gambetta
PLACE DE LA GARE
Rue de la
PT EIFFEL
Rue des Déportés
R. des Fusillés
Rue P. Semard
C
D
PARIS

ÉVREUX

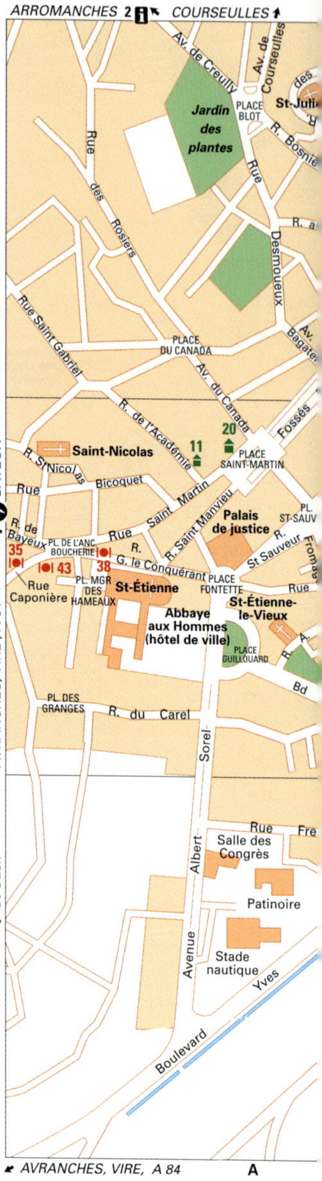

■ Adresses utiles

- 1 Office de tourisme
- 2 Comité départemental du tourisme – Calvados Tourisme
- @ Systenium
- 3 Centre Information Jeunesse

Où dormir ?

- 10 Auberge de jeunesse
- 11 Hôtel Saint-Étienne
- 12 Central Hôtel
- 13 Hôtel du Havre
- 14 Hôtel des Cordeliers
- 15 Hôtel Bernières
- 16 Hôtel des Quatrans
- 17 Hôtel Bristol
- 18 Hôtel Moderne
- 19 Le Dauphin
- 20 Le Clos Saint-Martin

Où manger ?

- 16 L'Archidona
- 33 Café Bois Charbon
- 34 L'Assiette sans Frontière
- 35 La Courtine
- 37 L'Embroche
- 38 Pain et Beurre
- 39 Dolly's
- 41 La véranda
- 42 Café Mancel
- 43 Au Double Blanc
- 44 La Part du Colibri

Où prendre le thé ? Où faire une pause ?

- 39 Dolly's
- 44 La Part du Colibri
- 60 Memoranda

Où boire un verre ? Où écouter de la musique ?

- 50 El Che Guevara
- 51 O'Donnell's Irish Pub
- 53 La Garsouille
- 54 L'Écume des Nuits

B
LANGRUNE
C
0 100 200 m
NORD
Université
Université
Av. d'Édimbourg
Rue de la Délivrande
R. L. Lecornu
Espl. de la Paix
R. du Gaillon
Rue de la Pigacière
Av. G. Clemenceau
HÉROUVILLE-ST-CLAIR, OUISTREHAM, RIVA-BELLA
Abbaye aux Dames
Musée d'Anthropologie
PLACE ST-GILLES
PL. DE LA REINE MATHILDE
Église de la Trinité
Pte des Champs
Donjon
R. des Cordes
Libération
Place de la Mare
Salle de l'Échiquier
Château
Musée des Beaux-Arts
42
Église du St-Sépulcre
R. Leroy
R. des Chanoines
Rue Haute
Rue Basse
Musée de Normandie
Église St-Georges
37
QUARTIER DU VAUGUEUX
Hôtel de Colomby
14
50
Quatrans
Maison des Quatrans
PL. J. LETELLIER
19
16
54
60
R. des Cordeliers
R. des Croisiers
Gémare
R. M. Poissonnerie
39
Tour Guillaume-le-Roy
PLACE COURTONNE
Quai de la Londe
BASSIN SAINT-PIERRE
St-Pierre
Église du Vieux Saint-Sauveur
12
1
Hôtel d'Escoville
Notre-Dame-de-Froide-Rue
Rue Saint Pierre
Bd des Alliés
R. Neuve Saint Jean
3
R. Bernières
51
Hôtel de Than
Saint-Pierre
15
Avenue de
Bernières
33
Quai de Vendeuvre
2
R. Demolombe
R. Vauquelin
Rue Froide
Rue Bras
Leclerc
Rue Saint Jean
PL. MALHERBE
53
18
Mar.
R. de la Miséricorde
CABOURG, DEAUVILLE, TROUVILLE
Notre-Dame-de-la-Gloriette
PL. DE LA RÉPUBLIQUE
R. Général de Gaulle
R. de l'Oratoire
R. des Équipes d'Urgence
Résistance
PL. DE LA RÉSISTANCE
Préfecture
Saint Laurent
Boulevard
Théâtre
41
R. des Carmélites
Giraud
Saint-Jean
R. des Martyrs
R. du 6 Juin
Bertrand
PLACE GAMBETTA
R. des Jacobins
Romain
13
R. du Havre
PLACE D'ARMES
Scamaroni
R. D. Huet
Rue Carnot
PL. DE L'ANC. COMÉDIE
Av. de Verdun
Rue Saint Jean
44
Quai de Juillet
Bd Aristide Briand
PLACE FOCH
Cours Gén. de Gaulle
17
R. du 11 Novembre
Quai de Juillet
PONT CHURCHILL
Hamelin
3
Guillou
Q. Amiral
R. de la Gare
Prom. de Sévigné
Hippodrome
Noé
PT DE BIR-HAKEIM
Q. E. Meslin
R. de Vaucelles
Cours Maréchal Kœnig
Orne
R. Saint Michel
Rue d'Auge
LISIEUX, ROUEN
R. de Falaise
Saint-Michel-de-V.
B
ALENÇON, LE MANS
10
34
C

CAEN

DEAUVILLE

■ **Adresses utiles**

- Office de tourisme
- 4 Cycles Lucas
- 5 Cycles Jamme

Où dormir ?

- 10 Hôtel Les Sports
- 11 Hôtel L'Espérance
- 12 Le Patio
- 13 Hôtel du Polo
- 14 Hôtel de la Côte Fleurie
- 15 Hôtel Le Chantilly
- 16 Hélios Hôtel

Où manger ?

- 20 Le Drakkar et Chez Miocque
- 21 Le Comptoir et la Table
- 22 Bar du Soleil
- 23 La Péniche
- 24 Les 3 Mages

Où manger une bonne glace ?

- 30 Martine Lambert

Où boire un verre ? Où écouter de la musique ?

- 31 Brok Café

Où acheter de bons produits ?

- 40 Marché de Deauville

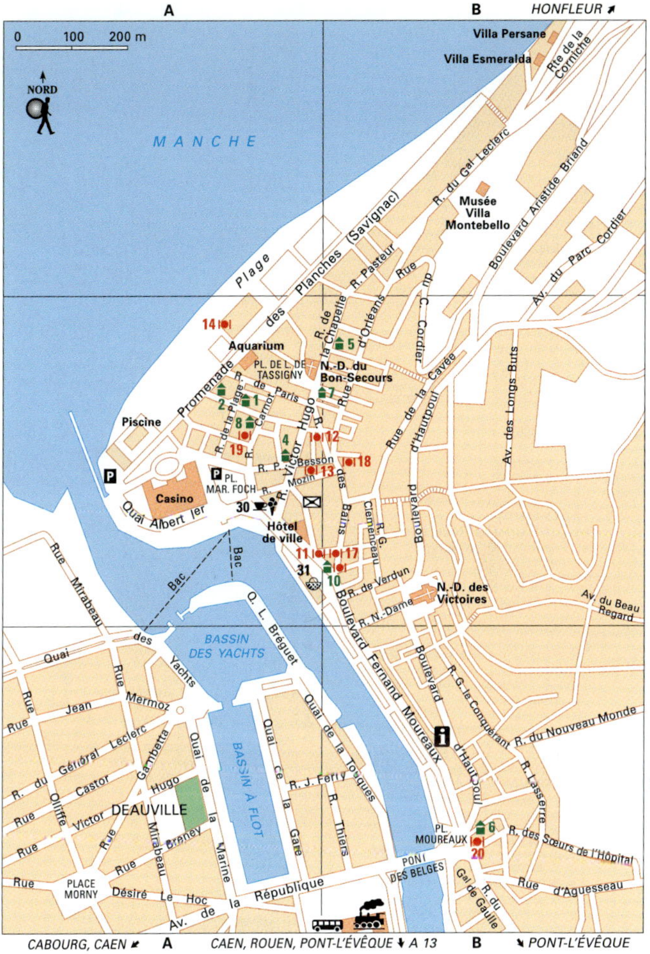

TROUVILLE

■ **Adresse utile**

🛈 Office de tourisme

Où dormir ?

1 Le Florian
2 Hôtel Le Flaubert
4 Le Fer à Cheval
5 Le Trouville
6 Hôtel de la Paix
7 La Maison Normande
8 Hôtel Le Reynita
10 Hôtel Le Central

Où manger ?

10 Brasserie Le Central
11 Les Vapeurs et Les Voiles
12 L'Inattendu
13 Tivoli Bistro
14 Le Galatée
17 Les Mouettes
18 Bistrot des Quatre Chats
19 La Petite Auberge
20 Il Parasole

Où manger d'excellentes glaces et pâtisseries ?

30 Pâtisserie Charlotte-Corday, Tutti Fruti et Martine Lambert

Où acheter de bons produits ?

31 Poissonnerie Saiter

■ Adresses utiles

- Office de tourisme
- @ 34 Espace Internet

Où dormir ?

- 1 Hôtel de Paris
- 2 Hôtel Le Normandie
- 3 Hôtel des Ducs
- 5 Camping de Guéramé
- 6 Chambres d'hôtes La Hulotte
- 7 Château de Saint-Paterne

Où manger ?

- 10 Coco Vins
- 11 La Fabrique
- 12 Restaurant Chez Fano
- 13 Le Bistrot
- 14 Le Carnet de Routes
- 15 Restaurant Le Hangar
- 16 Au petit Vatel
- 17 Rive Droite
- 18 Bar à papa

Où boire un verre ? Où écouter de la musique ?

- 14 Le Carnet de Routes
- 18 Bar à papa
- 23 La Luciole

Où acheter de la dentelle ?

- 40 Auguste

À voir

- 30 Maison d'Ozé
- 31 Église Notre-Dame
- 32 Maison de la famille Martin – Maison natale de sainte Thérèse
- 33 Musée des Beaux-Arts et de la Dentelle
- 34 Halle au blé

CAEN, LISIEUX
A 28 DREUX
B
C
1
2
3
Bd de Strasbourg
Rue de la Demi Lune
R. de la Pyramide
Av. de Quakenbruck
Rue
PLACE DU GÉNÉRAL DE GAULLE
Av. du Président Wilson
2
3
1
PL. DE LA RÉSISTANCE
Rue Denis Papin
Passage Lemaître
Rue Odolant Desnos
Bd Lenoir-Dufresne
Rue Saint Blaise
Préfecture
CDT
Cité administrative
32
R. Valazé
PL. A. POULET MALASSIS
R. des Marcheries
Halle aux Toiles
Rue Clemenceau
12
10
PLACE DU GÉNÉRAL BONET
R. des Capucins
Rue du Docteur Bailleul
Rue Demées
Rue Cazault
PL. DU PALAIS
Grande Rue
PL. DE LA MAGDELAINE
30
31
PL. DU PLENITRE
P
Rue Bourdon
Rue Piquet
R. de la Poterne
Rue de la République
Rue de la Billardière
Tassigny
17
R. du Pont Neuf
Quai Henry Dunant
Rue de la Fuie des Vignes
R. Aristide Briand
PL. DU 103E R.I.
Rue de l'Isle
Rue de la Sénatorerie
Boulevard de la
R. du Mans
Rue St Pierre
Montsort
7
0
100
200 m
site inscrit au Patrimoine mondial de l'Unesco
LE MANS, A 28

ALENÇON

CHERBOURG-OCTEVILLE

■ Adresse utile

- Office de tourisme de Cherbourg-Cotentin

Où dormir ?

11 Hôtel de la Renaissance
12 Hôtel de la Croix de Malte
13 Hôtel Moderna
14 Hôtel La Régence
15 Chambres d'hôtes Les Lilas
16 Auberge de jeunesse
17 Hôtel d'Angleterre
18 L'App@rt 54

Où manger ?

14 Restaurant de l'hôtel La Régence
21 Sucre d'Orge
22 L'Antidote
23 Le Pily
24 Le Café du Port
25 Le Faitout 2
26 Brasserie Le Commerce
28 Café de Paris

Où boire un verre ? Où sortir ?

30 Micro-brasserie L'Eldorado
32 Kaluma

Où manger dans les environs ?

De chic à très chic

Auberge des Vieilles Pierres : Le Buisson-Corblin. ☎ *02-33-65-06-96.* • *aubergedesvieillespierres@wanadoo.fr* • *À la sortie de la ville, sur la route d'Argentan, à 2 km du centre de Flers. Fermé lun, mar soir et dim soir hors saison. Congés : pdt les vac de fév, 3 sem en août. Menus 16 € (en sem) et 27-60 €.* Salles à manger agréables et élégantes (comme la terrasse aux beaux jours), égayées ici et là de touches plus personnelles ou colorées, avec des tables suffisamment espacées pour profiter pleinement de la délicate cuisine de la maison. Le chef a un penchant pour les poissons et les crustacés (comme en atteste le vivier), mais pas seulement : les fruits s'invitent régulièrement dans les salades ou aux côtés des poissons et des viandes. Une bonne table.

Auberge de la Mine : *Le Gué-Plat, 61450* **La Ferrière-aux-Étangs.** ☎ *02-33-66-91-10.* • *nobis.hubert@wanadoo.fr* • *Dans un gros bourg à mi-chemin entre Flers et La Ferté-Macé. De Flers, gagner La Ferrière ; puis, route de Domfront, tourner à gauche env 1,5 km plus loin (bien indiqué). Fermé dim soir, lun et mar. Formule déj 20 € en sem ; menus 26 € (en sem) et 36-65 €.* Partout dans le coin, le souvenir des mines est encore présent et cette grande maison en brique, couverte de lierre, était autrefois la cantine des mineurs. Les temps ont changé, radicalement même : la déco de cette délicate bonbonnière en fait aujourd'hui une adresse chic et l'une des meilleures du département. Grande qualité des produits du terroir, sélectionnés chaque jour en fonction du marché, puis traités avec finesse et créativité. Pas de doute, le chef est un artiste, et les plats flattent tout autant l'œil que le palais. Accueil aux petits oignons.

L'ORNE

À voir

Le château : Ouf ! Il a été épargné par les bombardements américains de juin 1944. Une sorte de rescapé du vieux Flers. Belle demeure entourée de deux étangs, d'un parc planté de beaux hêtres avec ses promenades en sous-bois, et des jeux en plein air pour les enfants. Construit au XVIe s, agrandi au XVIIIe s, il abrite désormais un musée. Pendant la période révolutionnaire, il fut le Q.G. de la chouannerie locale.

– **Le musée-château de Flers :** ☎ *02-33-64-66-49. Avr-oct, tlj sf sam mat et dim mat 10h-12h, 14h-18h. Fermé 1er mai et 13 juil. Entrée : 2,50 € ; réduc ; gratuit moins de 18 ans.* C'est, en premier lieu, l'occasion de visiter le château : salons avec lambris et parquets du XVIIIe s, superbe charpente sous les combles... Ensuite, c'est l'un des plus beaux musées du département, puisque la section consacrée à la peinture comprend, en plus des œuvres des écoles italienne et hollandaise, le célèbre *Boulevard Haussmann* de Caillebotte, un Courbet, un Boudin, un Corot, une lithographie de Miró, plusieurs toiles de Charles Léandre, originaire de Champsecret, et de surprenantes céramiques signées... Jean Cocteau. Beaux nus. Dans les tours, salle du souvenir sur la résistance et la déportation, et hommage à la 11e DB britannique qui libéra la ville en août 1944.

Festival

– **Muzic Azimut :** *1 sem fin oct.* ☎ *02-33-65-40-73.* • *muzicazimut.fr* • Festival intercommunal de musique actuelle.

DANS LES ENVIRONS DE FLERS

Tinchebray : *à 14 km à l'ouest de Flers. Dépliants disponibles à la maison du Pays de Tinchebray, 1, pl. du Général-Leclerc.* ☎ *02-33-64-23-55.* Ville natale d'André Breton, le père du surréalisme, mais aussi de Guy Degrenne, Tinchebray est aussi et surtout la « capitale de la quincaillerie ». On y vient principalement pour visiter le ***musée*** *(34, Grande-Rue ; ouv juil-août, tlj sf lun et mar 14h30-18h30 ; 4 €),* une grosse maison d'angle en pierre, connue pour avoir abrité le tribunal révolutionnaire et la prison royale. Vous y apprendrez aussi tout sur la bataille de Tinchebray et la découverte du sucre de betterave, que l'on doit à Jean-Baptiste Queruel, originaire du canton de Tinchebray. Autre curiosité : il flotte une bonne odeur de chocolat dans la ville, grâce aux usines Cemoi, situées dans l'ancienne abbaye. Point de départ aussi de plusieurs circuits de découvertes.

FRÈRES ENNEMIS OU COMMENT LA NORMANDIE REDEVINT ANGLAISE...

En 1106, la bataille de Tinchebray opposa les fils de Guillaume le Conquérant (Henri Ier Beauclerc, roi d'Angleterre, et Robert Courteheuse, duc de Normandie) et se solda par la victoire des troupes anglaises. Résultat : le duché de Normandie qui n'était plus rattaché à l'Angleterre depuis 1087 le redevint, et le restera jusqu'en 1204.

Le musée du Clou : *à* ***Saint-Cornier-des-Landes,*** *à env 15 km à l'ouest de Flers. ☎ 02-33-66-82-88. Démonstration en théorie jeu slt, 14h-17h de mi-mai à sept.* Ce n'est pas un musée, mais une forge minuscule. Une minuterie à côté de la fenêtre permet d'observer le soufflet et les outils de l'extérieur. Insolite ! Plus intéressant lorsque le forgeron fait une démonstration.

L'ORNE

LA SUISSE NORMANDE DE L'ORNE

Explorant cette partie mal connue de la Normandie, à la fin du XIXe s, un journaliste britannique tomba sur ce joli coin très verdoyant, à l'aspect particulièrement accidenté. Stupéfait de trouver des paysages aussi mouvementés après la relative platitude du bocage, il eut l'idée de nommer ce terroir la « Suisse normande ». Rien de montagneux pourtant dans cette succession harmonieuse de collines vertes et de vallons douillets où des fermes à vaches (et à cidre) se nichent discrètement. Les monts oscillent de 200 à 300 m d'altitude. On est bien loin des Alpes ! Bien sûr, la nature y est préservée. De merveilleuses petites rivières, comme les méandres de la Rouvre, vont se jeter dans l'Orne, chemin liquide, naguère royaume des meuniers, aujourd'hui lieu de prédilection des randonneurs, des kayakistes et des pêcheurs. Un formidable bol d'air. On y trouve, en cherchant bien, le lys martagon qui appartient à la flore alpestre, et de rares libellules protégées par l'Union européenne ! Pays des sources, des rus, des ruisseaux et des rivières, la Suisse normande ornaise se distingue de sa partie calvadosienne par une plus grande sauvagerie.

Deux sites naturels nous ont particulièrement plu : le méandre de Rouvrou et la roche d'Oëtre pour sa vue à couper le souffle.

– Pour la découverte de la Suisse normande côté Calvados (Clécy, Thury-Harcourt), se reporter à cette partie.

ATHIS-DE-L'ORNE *(61430 ; 2 630 hab.)*

À 9 km au nord-est de Flers. « Jusqu'au dernier sanglot, dégustez le bourdelot ! » Telle est la devise des habitants d'Athis-de-l'Orne, et particulièrement de la Confrérie des goustes bourdelots du bocage athisien. Non, ce n'est pas une secte, mais un club de gastronomes dont l'objectif est la promotion du bourdelot. Il s'agit d'un dessert typiquement normand, que l'on réalise avec une pâte à pain, du sucre, du beurre et une certaine variété de pommes, la calville. On le servait autrefois au repas de la fête des battages, qui marquait la fin des moissons. Pour en savoir plus, venir à Athis le 1er vendredi d'octobre pour le concours des bourdelots.

Adresse et info utiles

Office de tourisme des collines de Normandie : *pl. Saint-Vigor. ☎ 02-33-66-14-26. • roche-doetre.fr • Ouv mar-ven 10h-12h30, 14h-18h30.*
– **Marché :** *mar mat.*

Où dormir dans le coin ?

Camping à la ferme de la Ribardière : *à* ***La Ribardière.*** *☎ 02-33-66-41-93. • davy.isachris@orange.fr • fer melaribardiere.wordpress.com • À 4 km de la ville, en pleine campagne ; du centre, suivre Condé, puis petite route à gauche avt de quitter Athis et suivre les panneaux. Ouv de mi-avr à mi-oct. Env 8 € pour 2. Apéritif maison offert sur présentation de ce guide.* Camping à la ferme simplement équipé mais vaste, dans un environnement pittoresque de pommiers et de vaches laitières. Sur place, un gîte, des produits de la ferme (notamment du cidre et du poiré) et l'accès à des sentiers pédestres. Ambiance champêtre garantie.

L'ORNE

À voir. À faire

Les villages autour d'Athis : l'office de tourisme vous remettra des fiches détaillées présentant ces nombreux villages répondant aux doux noms de ***La Carneille*** avec ses petites ruelles, ***Notre-Dame-du-Rocher*** et son moulin transformé en gîte, ***Berjou*** et sa bataille, ***Taillebois*** et son manoir, ou encore ***Ménil-Hubert-sur-Orne.***

➢ ***Desconte en canoë-kayak :*** *14690* ***Pont-d'Ouilly,*** *au foyer rural, base de plein air près du camping sur l'Orne. ☎ 02-31-69-86-02. • pontdouilly-loisirs.com • Sur les berges du Calvados, mais face à l'Orne. Ouv tte l'année.* Descente de la rivière avec retour en minibus. Sur une demi-journée. Également location de VTT et balades accompagnées.

LA VALLÉE DE LA VÈRE

De Flers, par la D 962 (direction Condé-sur-Noireau), puis à droite par la D 17 qui épouse les méandres de la rivière. Une petite vallée encaissée et pittoresque qui, au bout de quelques kilomètres, s'avère être une véritable « rue d'usines ». Témoignage de l'importance de l'industrie textile au XIXe s dans la région de Flers, où l'on travaillait le coton importé des États-Unis ou de Martinique.

SAINT-PIERRE-DU-REGARD – PONT-ÉRAMBOURG
(61790 ; 1 240 hab.)

Petit village sur une hauteur, Saint-Pierre-du-Regard est à 1 km au sud de Condé-sur-Noireau (Calvados), tandis que Pont-Érambourg n'est que le quartier de la gare, où se trouve le pont reliant l'Orne et le Calvados.

À faire

Les Vélorails de la Suisse normande *(Amicale pour la mise en valeur de la voie ferrée Caen-Flers) : gare de Pont-Érambourg. ☎ 02-31-69-39-30. • rails-suissenor* *mande.fr • En venant d'Athis, une fois à Pont-Érambourg, passer le pont direction Saint-Pierre (indiqué). Résa conseillée. Départs tlj et ttes les heures en juil-août, 10h30-18h30 ; avr-oct, mêmes horaires les w-e et j. fériés et 14h-16h en sem. Prix : 18 € la balade de 13 km A/R dans 1 vélorail (4 pers) ; env 1h45 l'A/R.* Hervé a acheté cette gare et sa voie pour la réhabiliter sur ses 6,2 km. Résultat, une balade facile, qui plaît à toutes les générations, et fort agréable : on longe le Noireau, des falaises, une vallée, on passe des ponts, des viaducs, et on voit même un des derniers pontons américains amovibles datant de la Seconde Guerre mondiale fixé sur la rivière. C'est d'ailleurs dans ce cadre qu'a été filmé en 1951 *Le Plaisir* avec Jean Gabin. Pique-nique possible sur place (avec bonus de temps de 1h) et expositions de vieilles photos dans d'anciens wagons de tri postal désaffectés.

ROUVROU *(61430)*

Petit bourg sans intérêt spécifique mais dans un site escarpé et verdoyant, à environ 10 km au nord-est d'Athis. Ne pas louper le méandre de Rouvrou. À cet endroit-là, en effet, l'Orne décrit un superbe méandre en forme de S, se frayant un chemin entre une colline et une rive encaissée et boisée. Très beau paysage, notamment au printemps.

Où dormir dans les environs ?

Gîte de Bréel : *le bourg, 61100* ***Bréel.*** *☎ 02-31-59-13-13. • roche-doetre@wanadoo.fr • roche-doetre.fr • ♿ Au centre du bourg. Ouv tte l'année. Compter 20 €/pers, draps non compris.* Un gîte moderne et bien entretenu d'une trentaine de lits, répartis en dortoirs basiques (avec casiers) de 5 à 6 lits. Coin salon TV et grande salle à manger au rez-de-chaussée. On apprécie également sa localisation au centre d'un délicieux village en pleine campagne. Petit terrain de sport. Souvent complet, mieux vaut réserver, mais dispose d'un autre gîte pas loin, tout aussi bien.

À voir dans le coin

Le site Saint-Jean : au départ de la route qui mène au camping du *Domaine de la Rouvre* (dans le bas de Rouvrou, à Menil-Hubert), un chemin part sur la droite, conduisant à un site romantique par excellence, un petit cimetière isolé dans les prés, qui surplombe la boucle encaissée de la Rouvre.

La maison de la Rivière et du Paysage : *61100* ***Ségrie-Fontaine.*** *☎ 02-33-62-34-65. • cpie61.fr • Accès par la D 43 ; fléché depuis Ségrie-Fontaine. Ouv tte l'année, lun-ven 9h30-17h30 (18h juil-août) ; ouv aussi dim et j. fériés avr et sept 14h-19h, plus sam mai-août.* Vaut surtout le détour pour ses sorties thématiques intéressantes. La *maison de la Rivière* (*et de l'Eau*), elle-même, est installée dans l'ancien moulin de Ségrie, au bord de la Rouvre : elle abrite une station de comptage des poissons migrateurs ainsi qu'une petite exposition pédagogique et gratuite sur la rivière et les paysages de la région. À deux pas, la *maison du Paysage* (moulin de Bréel) avec une exposition annuelle et thématique. Café-nature (qui tient lieu d'accueil) pour boire un verre. À l'extérieur, un parcours pédagogique pêche-nature pour tout public (compter 30 mn) sur la faune et la flore.

LA ROCHE D'OËTRE

La roche d'Oëtre se trouve sur une hauteur, à 5 km à l'ouest de ***La Forêt-Auvray.*** *De Rouvrou, accès par la D 21, direction Briouze (bien fléché).* Certainement le site naturel le plus curieux (et le plus beau) de toute la Suisse normande. Avec la clairière de Brésolettes dans la forêt du Perche et les arbres remarquables de la forêt de Réno-Valdieu (Perche toujours), c'est le troisième paysage classé de l'Orne. Donc, à ne pas manquer. Ici, la roche en tant que telle n'a pas d'importance, mais c'est la vue que l'on a de son sommet qui impressionne. Plus de 400 m de hauteur ! Il s'agit d'une sorte de cuvette profonde, noyée dans les arbres à perte de vue, où la Rouvre, petit affluent de l'Orne, a réussi à se frayer un chemin. La rivière est elle aussi protégée : les saumons la remontent, et il semblerait que des loutres se cachent à nouveau sur ses rives. Un sentier accède à l'éperon rocheux. Mais puisque vous êtes là, il faut absolument descendre jusqu'à une terrasse inférieure pour découvrir la carte postale du coin : la roche supportant la terrasse évoque un profil humain. Surprenant ! Attention aux rochers, glissants les jours de pluie : la dénivellation est de 118 m, ça fait beaucoup en cas de chute...

i ***Office de tourisme des collines de Normandie :*** *☎ 02-31-59-13-13. • roche-doetre.fr • Avr-oct, tlj 10h-18h (19h juil-août ; 17h oct) ; ouv slt 14h-17h hors saison.* On y trouve un espace d'expos temporaires ainsi qu'un resto (menu à 20 €).

– Sur place également, un beau ***parcours accrobranches*** (avec un parcours spécial pour les tout-petits). *Ouv avr-nov (Roche d'Oëtre Orne Aventure. • rochedoetreaventure.fr •).*

L'ORNE

LA RÉGION DES HARAS ET DES CHÂTEAUX

L'Orne est le premier éleveur de trotteurs en France, et c'est entre Argentan et Le Merlerault (petite commune à l'est d'Argentan, sur la route de L'Aigle) qu'ils sont pour la plupart élevés, bichonnés, entraînés et promis aux plus beaux destins...

ARGENTAN (61200) 14 440 hab. *Carte Orne, B1*

On a vraiment du mal à imaginer ce que fut le décor d'Argentan autrefois, à l'époque où cette ancienne ville fortifiée vivait de la dentelle et plus particulièrement du point d'Argentan.
Ancien lieu de résidence des rois d'Angleterre et des ducs de Normandie (aux XIIe et XIIIe s), Argentan fut pilonnée sans relâche de juin à août 1944, au point d'être presque totalement détruite (à 87 %), puis reconstruite, comme de nombreuses cités normandes. Heureusement, on trouve quelques témoignages du passé dans un centre historique bien réhabilité (l'église Saint-Germain notamment, et de nombreux hôtels particuliers), qui furent miraculeusement épargnés.
Argentan est par ailleurs la ville natale du peintre Fernand Léger (1881-1955).

Adresse et infos utiles

i @ ***Office de tourisme :*** *chapelle Saint-Nicolas, pl. du Marché, près du château et de l'église Saint-Germain. ☎ 02-33-67-12-48. • argentan.fr • En juil-août, lun 9h30-12h30, 13h30-18h et mar-sam 9h-18h30. Sept-juin, lun-ven 9h30-12h30, 14h-18h (17h30 sam).* Visites guidées de la ville de juin à septembre, balades en calèche en été et pendant les vacances scolaires. La brochure *Pas à pas* (gratuite) propose

une balade de 1h30 à travers la ville. Borne Internet.
– **Marché :** *pl. Saint-Germain, mar mat, ven mat et dim mat.*

Où dormir ? Où manger ?

Camping

⛺ ***Camping de la Noë :*** *34, rue de la Noë. ☎ 02-33-36-05-69. • camping@argentan.info • argentan.fr • ♿ À 800 m du centre-ville, vers le sud, à côté de la Maison des dentelles. Ouv avr-sept. Env 9 € pour 2. CB refusées.* Un camping intime et agréable : emplacements à proximité d'un étang, dans un parc bien entretenu avec massifs de fleurs et allées bucoliques. Vente sur place de permis de pêche.

De bon marché à chic

🍴 ***Bistrot de l'Abbaye :*** *25, rue Saint-Martin. ☎ 02-33-39-37-42. ♿ Dans le logis d'une abbaye de sœurs bénédictines ; entrée par la rue de la République. Fermé dim et j. fériés, lun soir et mar soir. Congés : vac scol de fév (zone A), 3 sem en août. Formule et menu 12,90 et 15 € en sem ; 18 € sam soir ; carte env 25 €.* Un petit bistrot sympa comme tout, avec sa déco mignonne et colorée et ses nombreux habitués le midi. On y goûte des spécialités classiques simples et bonnes, servies avec efficacité.

🏠 🍴 ***Chambre d'hôtes Le manoir de Coulandon :*** *5 rue de Coulandon, à* **Coulandon.** *☎ 02-33-39-18-22. • info@manoir-de-coulandon.com • manoir-de-coulandon.com • Du centre d'Argentan, suivre la route d'Alençon, puis prendre à gauche à la sortie de la ville vers le hameau de Coulandon. Doubles 75-80 € selon confort. Table d'hôtes 30 € tt compris, sur résa. Internet, wifi. Réduc de 10 % sur la chambre pour une nuit avec table d'hôtes.* À deux pas de la ville, mais sans les inconvénients, c'est l'adresse idéale pour qui souhaite dormir à Argentan. Car, au bout de la rue, c'est déjà le calme de la campagne, et le charme d'un gentil petit manoir du XVe s avec son escalier à vis, ses cheminées de bonne taille et son vieux pressoir. Les chambres sont dans le même esprit, pleines de caractère et fort coquettes. L'une d'entre elles profite même d'une terrasse privée ouverte sur le jardin. Box pour les chevaux. Accueil très sympathique.

🏠 🍴 ***Hostellerie de la Renaissance :*** *20, av. de la 2e-Division-Blindée. ☎ 02-33-36-14-20. • larenaissance.viel@wanadoo.fr • hotel-larenaissance.com • ♿ Resto fermé dim soir et lun, mar midi en juil-août. Congés : 1 sem en fév, env 1 mois à la mi-juil. Doubles 67-90 € selon confort. Menus 27-65 €.* Des goûts, des saveurs, des combinaisons novatrices : Arnaud Viel maîtrise sa palette de saveurs. Derrière la façade plutôt contemporaine se cache un décor d'auberge normande revisité, où les assiettes s'égaient d'un agneau de pays ou d'un foie gras de la ferme, qui envoûtent littéralement nos palais. Du bocage au littoral, le chef connaît la musique. Chambres tout confort et bien insonorisées. Leur prix dépend de leur situation ou orientation (côté route ou jardin) et de leur déco : simple et classique pour les moins chères, moins ternes et plus contemporaine pour les plus chères. Au fond de la cour, une poignée de chambres dans une dépendance, avec petites terrasses. Petit déj copieux.

Où dormir ? Où manger dans les environs ?

De bon marché à prix moyens

🏠 ***Chambre d'hôtes chez Annick Allais :*** *le Moulin Foulon, 61210* **Ri.** *☎ 02-33-35-90-27. • allais-annick@orange.fr • Prendre la D 958 vers Falaise. Peu après Occagnes, tourner à gauche, vers Commeau, puis suivre la direction de Ri ; la maison se trouve sur la gauche, au bout d'un chemin, peu avt le pont au-dessus de l'A 88. Doubles 55-60 €.* Première chose : rassurez-vous, si l'A 88 peut se faire entendre dans le jardin en journée, elle ne viendra guère troubler vos nuits. Le cadre est bel et bien celui d'une ferme, mais dans la partie réservée aux chambres d'hôtes, elle n'est plus en activité. À en juger par la déco des lieux (et tous les beaux déguisements cousus main près de l'escalier), la gentille maîtresse des lieux a encore des rêves de princesse plein la tête ! Dans les chambres soignées et avenantes, aux couleurs douces et claires, angelots et petits cœurs veilleront sur votre sommeil. Mais, par pitié pour vos voisins, conversez à voix basse et gardez le pied léger : la maison est assez sonore.

Crêperie du Grais : *61570* ***Francheville-Le Grais.*** *☎ 02-33-36-55-02. À 15 km au sud d'Argentan, par la route de Carrouges. À Boucé, prendre à gauche (indiqué). Fermé mar et mer sf j. fériés. Formule déj 12 € en sem ; env 15 € à la carte. Apéritif maison ou café offert sur présentation de ce guide.* Dans une belle maison en pierre au milieu du hameau Le Grais, une adresse bon enfant pour se faire plaisir à moindre coût : galettes généreuses et crêpes gourmandes à déguster en terrasse, ou dans la salle chaleureuse. Déco personnelle et artistique avec plein de belles photos (normal, le sympathique propriétaire est un ancien reporter-photographe !).

De prix moyens à chic

La ferme de l'Isle aux Oiseaux : *Le Marais, 61200* ***Fontenay-sur-Orne.*** *☎ 02-33-67-05-47. • lafermedelisleauxoiseaux@orange.fr • lafermedelisleauxoiseaux.fr • À env 3 km à l'ouest d'Argentan, par la D 924 vers Flers ; tourner à droite vers l'intérieur du village juste avt l'hôtel* Le Faisan Doré, *puis suivre le fléchage. Congés : vac de Noël. Doubles 70-100 €. Table d'hôtes 33 €. CB refusées.* Pendant que les oiseaux s'abreuvent à la source voisine, les voyageurs se relaxent dans les chambres personnalisées de cette superbe ferme. Un vrai havre de paix ! Alors on y pose volontiers ses valises, d'autant que l'accueil est adorable et que le charme de cette demeure agit très vite, notamment grâce aux œuvres de la propriétaire, artiste peintre, ou aux mille petits détails qui font la différence, comme la présentation raffinée de la table d'hôtes (nappe blanche, bougies, pétales de fleurs...).

La table de Catherine : *sur la D 924, 61200* ***Fontenay-sur-Orne.*** *☎ 02-33-67-18-11. • tabledecatherine@viaorne.fr • Restaurant de l'hôtel* Le Faisan Doré, *près de la sortie d'autoroute, sur la route de Flers. Fermé dim soir et lun midi. Menus 12,50 € (midi en sem) et 19,50-35 €.* Tandis que monsieur assure le service en salle, madame (la fameuse Catherine) s'active aux fourneaux. On la sent plus à son aise avec les viandes (nettement majoritaires au menu) qu'avec les poissons. Les spécialités de la maison sont d'ailleurs le foie gras, le carré de porc et le tartare de bœuf. La cuisine s'inspire fortement du terroir (cidre et pommes sont aussi deux ingrédients qui réapparaissent régulièrement au détour des plats), mais s'enrichit aussi de parfums ou goûts plus méditerranéens ou exotiques. Le tout servi dans une déco gaie, faussement rétro, avec tapisseries à fleurs très épanouies et couleurs explosives.

La Ferme Saint-Roch : *Mesnil-Glaise, 61150* ***Batilly.*** *☎ 02-33-36-28-22. • info@ferme-saint-roch.com • ferme-saint-roch.com • Ouv de mi-mars à mi-oct. Double 100 €, petit déj inclus. Gîte (capacité 10 pers) 400 €/w-e et 1 100 €/sem.* À côté du château de Mesnil-Glaise, en pleine campagne, presque au bout d'une petite route en cul-de-sac, cette superbe ferme fortifiée des XVIe et XVIIe s charme le visiteur avec ses bâtiments de caractère encadrant une cour pittoresque. Elle les conquiert définitivement lorsqu'ils découvrent les chambres aux beaux volumes, toutes personnalisées et décorées avec goût. Celle installée dans la tourelle conviendra parfaitement aux amoureux. Très reposant.

Chambres d'hôtes du château de Serans : *à* ***Écouché*** *(voir « Dans les environs d'Argentan »).*

À voir

L'église Saint-Germain : *ouv juin-Journées du patrimoine.* Gravement endommagée par les bombardements de 1944. Commencée vers 1410, achevée vers le milieu du XVIIe s, elle possède un porche latéral du XVe s, finement sculpté, et une tour-lanterne de 53 m légèrement penchée. À l'intérieur, voûtes du déambulatoire très ouvragées. Bel éclairage de nuit. Détail curieux : l'église possède deux tours, ce qui, à l'époque, était réservé aux cathédrales.

La chapelle Saint-Nicolas : *sur la pl. du Marché.* Construite en 1373, elle abrite l'office de tourisme. Réduite à ses murs en 1944, elle sera finalement restaurée en 1952 pour accueillir, en 1966, un beau retable en chêne du XVIIIe s provenant d'une église voisine. Abrite des expos temporaires toute l'année.

La maison des Dentelles : *34, rue de la Noë. ☎ 02-33-67-50-78. Avr-oct, mar-sam 9h-11h30, 14h-17h30 (dim mai-sept, 15h-17h30). Entrée : 3,20 € ; réduc. Visite guidée.* Au bord du plan d'eau de la Noë, cette charmante maison bourgeoise du XIXe s abrite une riche collection de dentelles (à l'aiguille, au fuseau, mécanique...) et retrace le passé dentellier d'Argentan, qui fut sous Louis XIV l'un des grands centres dentelliers du pays. Après avoir évoqué le fameux point d'Argentan (que les bénédictines voisines sont les seules à produire aujourd'hui), on s'attarde sur les créations récentes (pour apprécier les évolutions), puis on termine par un petit tour de France de la dentelle. Également un film de 15 mn, des démonstrations (dates variables) et des expos temporaires.

L'ancien château : *sur la pl. du Marché.* Conserve trois tours. Abrite le tribunal. Ne se visite pas.

Le donjon : un des derniers vestiges de la fortification. Construit en 1120 par Henri Ier Beauclerc, il est actuellement fermé pour restauration.

L'église Saint-Martin : *rue Saint-Martin.* Remarquable par ses proportions et par la finition de sa maçonnerie. Commencée vers 1450, elle ne fut terminée qu'au début du XVIe s. À l'intérieur, dans le chevet, un beau vitrail représente la mort de saint Martin qui évangélisa la région au IVe s.

La tour Marguerite : *rue de la Vicomté. Ouv tlj en été (gratuit).* Promenade sur le chemin de ronde très sympa.

Autour de l'église s'étend la ***basse ville,*** petit quartier épargné par les bombardements : une bonne vingtaine d'anciens hôtels particuliers (rue Pierre-Ozenne, rue Saint-Martin) et jolie place des Vieilles-Halles.

DANS LES ENVIRONS D'ARGENTAN

Le château du Bourg-Saint-Léonard : *☎ 02-33-36-68-68. À la sortie de Bourg vers Trun et Chambois. Ouv les w-e et j. fériés de mai à mi-sept, 14h30-16h30 ; tlj 14h30-17h30 en juil-août. Entrée : 3,50 € ; réduc.* Le château, entouré d'un parc superbe et flanqué d'une orangerie et d'écuries, est une belle construction du XVIIIe s. Datant de l'Ancien Régime, il abrite un vrai petit musée de la décoration du siècle des Lumières. Il rassemble une intéressante collection de meubles et boiseries d'époque, d'objets autour de l'art de la table et quelques tapisseries de Flandres et une d'Aubusson. Le parc paysager et son beau plan d'eau sont libres d'accès.

Écouché et le château de Serans : *à 7 km à l'ouest d'Argentan.* Petite ville dotée d'une impressionnante église, de quelques ruelles, d'une campagne paisible, et d'un château qui met l'art moderne en avant. Le syndicat d'initiative *(☎ 02-33-36-88-82 ; ouv en saison)* propose des plans et des balades pédestres autour de la ville.

– **Atelier Balias – château de Serans :** *à la sortie d' Écouché. ☎ 02-33-36-69-42. • atelierbalias@gmail.com • atelierbalias.com • Ouv 14h-18h : tlj en été, slt w-e hors saison (ou sur résa). Entrée : 4 € ; réduc.* L'artiste Balias ouvre son château au public : dans les galeries, des expos temporaires, dans le salon ou la salle à manger, ses propres fresques, et dans le parc, des dizaines de sculptures contemporaines dans un cadre assez unique. Surprenant et très réussi. Organise aussi des festivals, des expositions, des ateliers, toujours autour de l'art, de juin à septembre, et propose un parcours de golf 12 trous à travers le parc de sculptures.

Chambres d'hôtes du château de Serans : *double 75 €. Table d'hôtes 35 €. Wifi.* Si les chambres, confortables mais très classiques, ne se démarquent pas particulièrement, en revanche l'environnement vaut vraiment la peine : déambuler parmi les œuvres d'art ou prendre son petit déj dans la salle à manger décorée par le maître est une vraie expérience ! Belle vue champêtre depuis les chambres. Accueil souriant.

Le village de Mesnil-Glaise : *à une douzaine de km à l'ouest d'Argentan. Rejoindre Écouché et, dans le village, suivre la direction de Mesnil-Glaise.* Ce village isolé est d'un autre temps. On découvre un village en cul-de-sac, en hauteur, dominant une boucle de l'Orne, avec son château.

L'église de Ménil-Gondouin : *à une vingtaine de km à l'ouest d'Argentan par la D 15.* Sa façade colorée détonne dans ce coin tranquille de la campagne ornaise. On la doit au farfelu abbé Paysant, qui avait pour habitude de recouvrir son église d'inscriptions et de dessins religieux en souvenir de ses pèlerinages. À sa mort en 1921, l'évêché décide de tout effacer. Restauré aujourd'hui, l'édifice, sorte de bande dessinée sainte, renoue avec le vœu de l'abbé qui souhaitait une église « vivante et parlante », accessible à tous. Certaines citations seraient des inventions du saint homme... les reconnaîtrez-vous ?

La boucle des châteaux de l'Orne : au départ d'Argentan, une sympathique boucle permet de découvrir quelques merveilles architecturales et historiques. Nombre de propriétés sont privées et donc fermées au public, voire impossibles à observer depuis la route.

– Le château d'O : *à* ***Mortrée,*** *village situé sur la D 958, entre Sées et Argentan. ☎ 02-33-39-55-79. Téléphoner pour les horaires, mais en principe ouv slt en été. Gratuit. Visite guidée, env 45 mn.*

L'un des plus connus et des plus élégants châteaux de Normandie. Ses hautes tourelles effilées et ses fenêtres délicates se reflètent dans les eaux de ses douves au milieu d'un très joli parc boisé.

Particularité du château : il est composite. Si c'était une tête humaine, on dirait d'elle qu'elle est magnifique de face, moyenne de profil et assez banale de dos... C'est vrai que la première façade qui s'offre à vos regards, de style gothique finissant, est pleine d'exubérance, de fantaisie et de finesse. Construit à la fin du XVe s, remanié et agrandi aux XVIIe et XVIIIe s, ce château appartint longtemps à la famille d'O, dont le dernier descendant fut François d'O, mignon d'Henri III et désastreux ministre des Finances d'Henri IV. Il est mort ruiné, « confit dans la débauche », en 1594.

Après la Seconde Guerre mondiale, le château abrita une colonie de vacances de la Marine nationale : certains murs et miroirs furent peints en rose et la salle de garde servait de salle de douche collective ! Un désastre. Un moment propriété de l'académicien Jacques de Lacretelle, homme de lettres et de goût, le château d'O a retrouvé une certaine splendeur.

– Le château et le jardin à la française de Sassy : *à* ***Saint-Christophe-le-Jajolet.*** *☎ 02-33-35-32-66. À 6 km du château d'O, à gauche de la D 958 vers Argentan, prendre une route sur la gauche (indiqué). De mi-juin à mi-sept, tlj 10h30-12h30, 14h-18h. De Pâques à mi-juin et de mi-sept à début oct, w-e 15h-18h. Entrée : 7 € ; réduc.* Surplombant la campagne environnante et un sublime jardin étagé à la française, le château date de la fin du XVIIIe s. L'intérieur abrite de belles tapisseries, ainsi que les souvenirs et la bibliothèque du chancelier Pasquier. Dans la petite chapelle perdue sous les hortensias, ne pas rater le beau retable en bois du XVe s, remarquable par le nombre des personnages sculptés.

– ***Le château de Médavy :*** *près d'Almenêches, à 12 km au sud-est d'Argentan par la D 240. ☎ 02-33-35-05-09. Visites guidées de mi-juin à mi-sept, tlj 15h-19h. Entrée : 6 €.* Construit du XVe au XVIIIe s, il en impose avec ses deux tours coiffées en dôme et ses douves qui rappellent son enceinte fortifiée. À l'intérieur, beau parquet en soleil, cartons de tapisseries, boiseries, chaises à porteur, collection d'atlas.

EN VOITURE !

Le village de Saint-Christophe-le-Jajolet est l'un des rares lieux en France où se déroule chaque année, le dernier dimanche de juillet et le premier dimanche d'octobre, un grand pèlerinage d'automobilistes. Saint Christophe étant le patron des voyageurs (donc des routards !), les amoureux des belles carrosseries viennent faire bénir leur voiture sur la place de l'église.

LE HARAS DU PIN (LE PIN-AU-HARAS)

(61310) 390 hab. *Carte Orne, C1*

Soudain, dans un virage, surgit cette sorte de palais royal, entièrement voué à « la plus noble conquête de l'homme ». Le cheval a trouvé ici son « Versailles », c'est l'écrivain et auteur de *Nez-de-cuir,* Jean de La Varende, qui l'a dit à la fin du XIXe s. Colbert en avait décidé la construction, Mansart dessiné les plans et Le Nôtre imaginé le jardin. Enfin, c'était jusqu'à ces dernières années l'histoire officielle du haras. Mais aujourd'hui, on sait qu'en 1715, quand les terres du haras du Pin furent achetées, ces trois-là étaient déjà morts ! Alors, à défaut des maîtres, le haras a eu les élèves : des nommés Robert de Cotte et Pierre le Mousseux. Une chose est sûre : on n'a pas lésiné sur les moyens. Les bâtiments ne font pas injure au style Grand Siècle et le parc présente une merveilleuse alternance d'allées forestières et de tapis d'herbe grasse.
On est ici au cœur du pays du Merlerault, dont l'herbe, considérée comme l'une des meilleures de France (sinon d'Europe), sert de pâture à des milliers de chevaux. Près de 20 % de l'élevage des pur-sang, des trotteurs de France, se concentrent dans ce triangle magique formé par Argentan, Gacé et le village du Merlerault. Rien qu'entre Nonant-le-Pin et Argentan, on compte plus de 20 haras.

LE ROYAUME DES DADAS LES PLUS BEAUX

Pour éviter la fuite des capitaux à l'étranger et l'achat de chevaux allemands destinés à la guerre, Louis XIV demanda à Colbert de prendre une mesure urgente en faveur des chevaux français. C'est ainsi qu'en 1665 fut fondé un premier haras à Saint-Léger-en-Yvelines. Fiasco. En 1715, le roi, à qui on avait vanté la qualité des herbages ornais, décida l'achat des terres de la seigneurie du Pin. La construction du haras du Pin ne sera achevée qu'en 1730. À la Révolution, il devint haras national, ce qu'il est toujours aujourd'hui. Entouré d'un immense domaine de 1 112 ha (dont 250 ha de forêt et 680 ha de pâturages), cet établissement obéit à une double vocation : centre de reproduction et pôle hippique avec l'une des plus grandes scènes hippiques de France, le parc du Haut-Bois. On trouve également sur le domaine un centre de formation aux métiers du cheval et aux techniques de reproduction.
Les écuries, que l'on visite, abritent une trentaine d'étalons de 10 races différentes. On trouve là des chevaux de selle français, des trotteurs, des percherons et des pur-sang anglais.

Où dormir ? Où manger dans les environs ?

Chambres d'hôtes Hôtel de Guerpel : *13, pl. du Marché, 61310* ***Exmes.*** *☎ 02-33-39-90-22. Doubles 75-85 € selon confort, petit déj inclus.* Dans le joli bourg d'Exmes (prononcer « em »), sur la place de l'église, voici un bel hôtel particulier du XVIIIe s auquel Thierry et Christophe, ses propriétaires, ont redonné son lustre bourgeois tout en conservant un caractère bien campagnard. La touche la plus contemporaine se concentre dans les jolies salles de bains. Des tapisseries comme vous n'en trouverez pas beaucoup ailleurs, une literie qui vous emportera loin dans les bras de Morphée, de beaux espaces... on sent là un amour du détail et du beau, sans tomber dans le précieux ou le prétentieux. Accueil décontracté et exquis.

Le Pavillon de Gouffern : *l'Orée du Bois, 61310* ***Silly-en-Gouffern.*** *☎ 02-33-36-64-26. • pavillondegouffern@wanadoo.fr • pavillondegouffern.com • À 3 km du haras du Pin ; indiqué sur la droite sur la D 926 entre Argentan et Gacé. Ouv tte l'année sf 24-25 déc. Doubles 95-180 € ; petit déj 12 €. Menus 28-55 €. Wifi. Apéritif offert sur présentation de ce guide.* Un vaste pavillon de chasse joliment rénové, à l'atmosphère très anglaise avec ses canapés Chesterfield et ses feux de cheminée. Dans les chambres design, confort extrême, lits douillets, parquets et salles de bains en marbre. Très calme. Pour les familles, l'idéal reste la « maison de poupée », un adorable cottage indépendant. Au resto, dans une superbe salle panoramique rouge et noir, le chef innove et s'amuse, sous les yeux ébahis des biches égarées de la forêt voisine. Une très bonne adresse, avec un golf à proximité.

Chambres d'hôtes chez M. et Mme Plassais : *la Grande-Ferme, Sainte-Eugénie, 61160* ***Aubry-en-Exmes.*** *☎ 02-33-36-82-36. • ste-eugenie@free.fr • chambres-hotes-ste-eugenie.com • À mi-chemin entre le haras du Pin et Argentan ; sur la D 926, au niveau de Silly-en-Gouffern, suivre les indications pour le hameau de Sainte-Eugénie. Double 48 €. Table d'hôtes 19 €. Wifi.* 4 chambres dans une ferme en activité, dont la façade typique est recouverte de lierre. Confort rustique tout à fait convenable : salle de bains et armoire normande pour tout le monde ! Vue agréable sur un pré tranquille et verdoyant. Ambiance familiale.

L'ORNE

La visite du haras

– ***Informations :*** *☎ 02-33-36-68-68. • haras-national-du-pin.com • Centre d'accueil au niveau des parkings, billetterie, boutique et restauration rapide. Gros programme de manifestations tout au long de l'année.*

– ***Horaires :*** *début avr-fin sept, tlj 10h-18h ; en mars et oct ouv slt w-e 14h-17h ; pdt vac scol, tlj 10h30-12h, 14h-17h. Fermé de mi-nov à mi-déc et de janv à mi-fév. Compter 1h30.*

– ***Tarifs :*** *selon l'option choisie ; soit la visite guidée seule (comprend un historique, la sellerie d'honneur et la collection de calèches) 6 €, soit le musée seul 7 €, soit la totale 10 € ; réduc, notamment oct-mars. L'été, visites possibles en sus de la maréchalerie et de l'atelier de sellerie (suppléments), du centre de formation et des chevaux dans les paddocks.*

Promenade en calèche en juillet-août. Quelques animations pour les enfants.

Les écuries : pendant la ***visite guidée*** du haras, accès aux écuries secondaires. Construites dans la seconde moitié du XVIIIe s, elles sont très belles, et particulièrement rétro. Les bâtiments jouent joyeusement du contraste brique rouge-calcaire blanc. Et les chevaux ont l'air ravis d'être là. Sauf, peut-être, les poneys dits « souffleurs » qui ne sont présentés aux juments que pour détecter d'éventuelles chaleurs ; la saillie restant le privilège de l'étalon choisi par le haras ! Ce sont pas moins de 30 étalons de 10 races différentes qui sont voués à la reproduction (la saison de monte s'étend de fin février à mi-juillet).

Le parcours découverte de l'écurie n° 1 : l'écurie n° 1, qui date de 1715, abrite un vaste ***espace muséographique*** moderne et bien conçu. On apprend tout sur ces équidés, de l'anatomie aux races en passant par les allures, mais également sur les différents métiers qui en découlent. À l'étage, historique intéressant sur les haras. Films, bornes interactives, théâtre optique...

BOUTE-EN-TRAIN

À l'origine, ce n'est pas un rigolo ! Il s'agit d'un cheval qu'on place auprès des femelles afin de repérer si elles sont en chaleur ou non. À ces périodes-là, leur attitude change (elles urinent fréquemment). Ensuite, on le remplace par l'étalon qui les fécondera.

La collection de calèches : nostalgie quand tu nous tiens ! Voilà bel et bien les ancêtres de nos voitures actuelles : milord, phaéton... D'ailleurs, au XIXe s, on les appelait déjà des voitures (hippomobiles). On y voit même un omnibus (toujours hippomobile) !

La sellerie d'honneur et l'atelier de sellerie-bourrellerie : *en été (ven 15h-17h), visite de l'atelier de sellerie-bourrellerie. Entrée : 2,50 €.* On peut en revanche accéder toute l'année à la très belle sellerie d'honneur présentant des boiseries et de beaux harnais. Parmi les curiosités, noter la selle de Giscard d'Estaing.

La maréchalerie : *visite de la forge ts les lun ou mar en juil-août. Entrée : 2 €.*

Le château : *visite pdt les petites vac scol 1 ap-m/sem 14h30-16h30, ainsi que le 14 juil et 15 août. Entrée : 5 € (9 € avec le haras).* Tapisseries, mobiliers, objets d'art, tableaux...

La salle Géricault : un petit manège de 1881, ainsi baptisé depuis que Bartabas (du cirque Zingaro) y a tourné son film *Mazeppa* (1993) sur la vie du peintre Géricault.

Manifestations

– ***Animation spéciale « Les Mardis et Jeudis du Pin » :*** *début juin-fin sept, ts les jeu et certains mar (juil-août) à 15h (arrivée conseillée à 14h30). Entrée : 6 € (13 € avec le haras et le musée).* Sympathique présentation commentée d'étalons et d'attelages, dans la cour d'honneur du haras, le tout en musique. Juste avant, on peut se promener dans l'enceinte de la cour d'honneur, d'où l'on a une belle vue sur le parc du Haut-Bois.
– ***Concours international d'attelage :*** *un w-e mi-juil.*
– ***Concours complet d'équitation :*** *5 j. mi-août.*
– ***Courses à l'hippodrome du haras du Pin :*** *1 dim en sept et 2 dim en oct. Entrée : 5 €.* À l'occasion de ces courses, ***défilé des attelages du haras.***
– ***Concours national de la race percheronne :*** *ven et sam du dernier w-e de sept.*

LE PAYS D'AUGE ORNAIS

C'est sur cette terre de vallons verdoyants plantés de pommiers, avec vaches et maisons à colombages en arrière-plan, qu'est produit l'un des produits phares de la Normandie : le camembert. C'est aussi là, pendant la Seconde Guerre mondiale, que s'est jouée une phase décisive pour la libération de la France.

CHAMBOIS ET LE MONT-ORMEL (61160) *Carte Orne, C1*

C'est dans les haies du bocage de la partie sud-ouest du pays d'Auge que s'est joué le dernier acte de la bataille de Normandie, du 16 au 22 août 1944. Bien qu'on évoque plus souvent la poche de Falaise, c'est dans l'Orne que l'armée allemande fut encerclée et les soldats pris en tenaille par les troupes alliées. Le dénouement de la bataille eut lieu dans un tout petit territoire (5 x 5 km environ), en forme de triangle, délimité par Chambois (au sud), Trun (à l'ouest) et la colline du Mont-Ormel (au nord). C'est là que les plus féroces combats firent rage. Pour le général Dwight Eisenhower, commandant suprême des Alliés, ce fut « le plus grand champ de tuerie qu'aucun secteur de la guerre eût jamais connu ! ». Et pour son ennemi Blumentritt, chef d'état-major des forces allemandes de l'Ouest, « la chaudière de Falaise-Chambois a été notre Stalingrad de l'Ouest ». Plus de 50 000 Allemands démoralisés y furent tués ou capturés. Dans ce véritable piège, les soldats de la VIIe armée allemande furent contraints à la retraite et se retrouvèrent enfermés dans le célèbre « couloir de la Mort » où la plupart périrent. En face d'eux, des Américains, des Canadiens, des Britanniques, des Français, mais aussi des Polonais déterminés qui tinrent jusqu'au bout le site stratégique du Mont-Ormel. « Bien que la bataille de la poche de Falaise n'eût pas réalisé la totale extermination des armées allemandes en Normandie, leur puissance utile de combat était brisée et notre route à travers la France ouverte », estimera Eisenhower.

L'ORNE

Où dormir dans les environs ?

Chambres d'hôtes chez Martine et Rógis Bodé : *La Cour Bonnet, 61160 Neauphe-sur-Dive. ☎ 02-33-36-64-91. • la-cour-bonnet-gite-chambre-hotes.com • Doubles 52-58 € selon confort. Wifi.* Vous logerez ici dans une des dépendances de la maison des propriétaires, qui servait auparavant d'étable, poulailler et grenier à foin. Non seulement la petite bâtisse joliment située au bord d'un plan d'eau ne manque pas de caractère avec ses colombages, mais les chambres sont fraîches, lumineuses et soigneusement apprêtées. L'une d'entre elles dispose même de son petit balcon. Cuisine à disposition pour les séjours de plusieurs nuits.

À voir

Chambois : rien de particulier à voir, hormis le superbe donjon carré du XIIe s, élevé sur trois étages et, sur la place, la stèle commémorative de la bataille de Chambois. Le soir du 19 août 1944, les soldats américains font, avec les Polonais, la jonction à Chambois, tandis que les troupes allemandes jettent leurs dernières forces dans la bataille. Pour la première fois depuis le Débarquement, des hommes s'affrontent à la baïonnette et au poignard.

Le Mont-Ormel : *à 6 km au nord-est de Chambois, par la D 16.* Sur la droite de la route en allant vers Chambois, un petit chemin conduit au mémorial de Coudehard-Mont-Ormel, au sommet d'une colline de 262 m d'où l'on a une vue très étendue sur la cuvette de la Dives, qui fut le tombeau de l'armée allemande. Là, se dresse un grand mur de pierre portant des inscriptions en français, en anglais et en polonais.

Le mémorial de Mont-Ormel : *☎ 02-33-67-38-61. • memorial-montormel.org • ♿ Avr, tlj 10h-17h ; mai-sept, tlj 9h30-18h ; oct-mars, mer, sam et dim 10h-17h (tlj vac Toussaint). Visite guidée slt (env 1h). Entrée : 5 € ; réduc ; sur présentation de ce guide : 4 €.*
Une visite indispensable, avec un petit film, des vitrines avec le matériel trouvé sur le champ de bataille, une présentation audio et des explications face au site, à travers une baie vitrée, données par des guides de grande qualité. Nombreuses anecdotes, et malheureusement pas toujours drôles. Présente aussi des expos, des rencontres, des films, du théâtre, des sorties sur le site, des lectures de poèmes pour ne pas oublier.
C'est ici que se déroulèrent les derniers combats de la bataille de Normandie. Petit rappel : c'est au 2e corps canadien que fut confiée la mission d'encercler la VIIe armée allemande par le nord et le nord-est. Le fer de lance du corps était formé par 16 000 soldats polonais de la 1re DB du général Maczek, déterminés à combattre le nazisme jusqu'au bout. Le 19 août 1944, ils prennent Mont-Ormel, contrôlant ainsi la route Chambois-Vimoutiers (qui passe au pied de la colline), couloir obligé de la retraite allemande. Suivent trois jours de combats acharnés. Au soir du 21 août, les attaques allemandes s'espacent, faiblissent. Onze chars polonais, calcinés, gisent sur le terrain. La bataille de Normandie est terminée. Les colonnes alliées qui passeront au pied de la colline, sur la route de Chambois à Vimoutiers, verront un immense panneau planté à l'emplacement du monument actuel par le génie canadien, et portant ces mots : « A Polish Battlefield » (un champ de bataille polonais). Une maquette animée retrace ces événements et des photos d'époque finissent d'exprimer toute l'horreur. « Il semble incroyable », comme l'écrit le major Currie, « que tant de dévastation se soit abattue là en si peu de temps. Quelles horreurs a vues cette campagne aujourd'hui si paisible ? » Car l'une des particularités de cette bataille, c'est d'avoir inclus de nombreux civils. Trun, notamment, accueillait un centre de réfugiés destiné à tous ceux qui fuyaient les combats au lendemain du Débarquement. Ces familles en détresse servirent de bouclier humain ! Pendant des mois, une espèce de fumée noire s'élèvera du champ de bataille : c'était une nuée de mouches au-dessus des corps en putréfaction. Bouleversant.

Le couloir de la Mort : *entre Chambois et Saint-Lambert-sur-Dives, sur la route D 13, vers Trun, sur la droite, une petite route débouche au lieu-dit Gué-de-Moissy.* C'est le site historique de la bataille de la poche de Chambois-Mont-Ormel, où plus de 100 000 soldats de l'armée allemande en retraite se retrouvèrent pris au piège et encerclés par les troupes alliées (10 000 morts environ, 30 000 à 50 000 prisonniers). Du 16 au 22 août 1944, sur ce territoire exigu, ils furent sans cesse pilonnés par l'artillerie et l'aviation alliée. Un silence de mort régna longtemps sur la cuvette de la Dives. Pendant quatre mois, la zone fut déclarée insalubre. Il fallut un an pour enterrer tous les corps. 15 ans après ce carnage, un paysan retrouva dans son champ le cadavre d'un soldat allemand, encore vêtu de son uniforme et coiffé de son casque...

LA ROUTE DU CAMEMBERT

Une très belle balade, à faire de préférence au printemps, quand les pommiers sont en fleur et la campagne bien verte. Par d'adorables petites routes, on explore ainsi le pays d'Auge ornais, subtil bocage où alternent de douces collines et des vallons douillets. Un pays béni par les dieux de la terre, une terre nourricière avec des vaches heureuses, sommeillant dans les prés, des villages de poupées, de craquantes maisons à colombages.

CAMEMBERT (61120)

Minuscule village accroché au flanc d'une colline, mais un nom qui a fait plusieurs fois le tour du monde. Et les habitants de ce trou normand ont un dieu, le camembert, et une déesse, Marie Harel. Pendant la période révolutionnaire, cette jeune fermière aurait caché un prêtre réfractaire dans sa ferme de Beaumoncel. En guise de remerciement, le brave homme pourchassé lui aurait délivré le secret de fabrication du fameux fromage. En 1791, elle aurait ainsi élaboré un frometon nouveau, mélange de l'ancien camembert (ce fromage est déjà cité en 1702 par Thomas Corneille, frère du grand poète dramatique) et du fromage de Brie, autre fromage créé par des prêtres. Puis elle transmit son savoir-faire à sa fille. Un jour où Napoléon III inaugurait la ligne de chemin de fer Paris-Granville (à Surdon), on lui en fit goûter un. L'empereur fut conquis. Le 9 août 1863 au haras du Pin, il décida de confier à Victor Paynel, petit-fils de Marie Harel, le privilège d'en fournir désormais la table impériale. L'aventure commença.
Mais qui eut l'idée d'emballer le camembert dans une boîte de bois mince ? De fait, si l'on connaît sa date de naissance approximative (la fin du XIXe s), l'origine de la boîte à camembert reste controversée. Selon certains, c'est Georges Leroy, employé d'une scierie du Breuil-en-Auge, qui (pour un de ses clients, fromager, qui se plaignait souvent de la faiblesse des emballages de camembert) eut l'idée de les cercler avec de minces rubans de peuplier. Un ingénieur de Vimoutiers, M. Ridel, lui aurait permis de commercialiser son invention. Selon d'autres sources, la paternité de la boîte à camembert reviendrait à Auguste Lepetit, fondateur de la fromagerie du même nom. Pour d'autres encore, c'est un exportateur de camembert du Havre, M. Rousset, qui eut l'idée de génie, s'inspirant de boîtes à... pharmacie fabriquées en épicéa dans le Jura. Même inspiration montagnarde pour deux autres inventeurs potentiels, MM. Ledru et Lefèvre (encore des patrons de scierie), qui auraient détourné l'usage de boîtes à vaseline dont les paysans suisses se servaient pour lubrifier le pis des vaches ! Compliqué ! Et résultat, contrairement à Marie Harel, aucun d'entre eux n'est passé à la postérité. C'est pourtant grâce à cet (ces ?) illustre(s) inconnu(s) que le camembert voyage aussi bien et s'exporte aussi loin.

Où dormir ?

Chambre d'hôtes Le Clos de la Source : *La Rue, 61120* ***Champosoult****. ☎ 02-33-36-85-78. • jrdekeyser@wanadoo.fr • leclosdelasource.pagesperso-orange.fr • À env 1,5 km de Camembert ; du village, descendre par la C 2, puis prendre à droite sur la D 246 vers Trun et, peu après, tourner à gauche sur la route très étroite (fléché). Ouv avr-oct. Double 50 €.* Une chambre aux couleurs chaleureuses (rouge pour les pavés et jaune pour les murs), avec kitchenette (frigo et plaques électriques) et même son petit bout de jardin à elle. Mon tout, paumé en pleine nature, dans une belle propriété du XVIIIe s, où les maisons à colombages dominent un beau paysage vallonné, couvert d'herbe verte et de pommiers... le pays d'Auge dans toute sa splendeur, quoi ! Également un gîte pour 6 personnes.

Où acheter un camembert fermier ?

Ferme de la Héronnière : *chez M. et Mme Durand. ☎ 02-33-39-08-08. Du centre de Camembert, prendre la direction Trun sur la D 246, c'est à 3 km à droite. Ouv (normalement) avr-oct, tlj sf dim 10h-12h30, 15h-17h30.* Il s'agit du dernier fermier à fabriquer des camemberts AOC. Si vous êtes chanceux, peut-être pourrez-vous aussi faire le petit circuit autour du site et voir la vidéo sur les étapes de la fabrication.

À voir

La Maison du Camembert : *au village (on ne peut pas la louper !). ☎ 02-33-12-10-37. • maisonducamembert.com • ♿ Ouv mars-Toussaint : mai-août, tlj*

10h-19h ; mars jeu-dim 10h-12h, 14h-17h ; avr, sept-oct, mer-dim 10h-12h, 14h-17h30. Entrée : 3 € ; réduc ; gratuit moins de 10 ans. Camembert avait besoin d'un lieu moderne comme vitrine de son sacré fromage. Le groupe Lactalis, propriétaire de la marque Président, a donc sauté sur l'occasion. Il ne s'agit pas d'un site de production, mais d'un centre pédagogique bien conçu, expliquant la fabrication et l'histoire du fameux fromage de façon vivante et originale. On découvre les anciennes techniques, les outils d'autrefois et toutes les étapes nécessaires en amont de la production (la traite, la collecte, etc.). On regarde, on apprend, on sent, on touche et on goûte ! Bonne visite guidée (40 mn), vidéo et dégustation.

La boutique de la maison du Camembert : *en face de la Maison du Camembert. ☎ 02-33-12-10-37.* Un « bar à fromages » avec des marques fabriquées mécaniquement ou de façon artisanale, et les 4 AOC de Normandie : le pont-l'évêque, le livarot, le neufchâtel et naturellement le camembert. Assiettes de dégustation et « sandwich normand ».

Le manoir de Beaumoncel : *juste au-dessus de l'église. ☎ 02-33-39-27-01. Ouv de mi-juil à mi-août et pdt les Journées du patrimoine ; tlj 13h30-19h. Entrée : 3 €.* C'est la ferme où Marie Harel, en 1792, fabriqua le fameux camembert. Le manoir ne se visite pas dans son intégralité, seules deux salles du rez-de-chaussée accueillent une sorte de petit écomusée sur les fermes cidricoles et fromagères au XVIIIe s.

L'église : peut-être l'une des plus représentées de France (sur chaque couvercle de camembert) ? Son clocher pointu est typiquement normand. Abrite un grand tableau peint et une bannière évoquant un pèlerinage au Mont-Saint-Michel auquel les Camembertois participèrent en 1772. Au ***cimetière,*** voir le caveau de Mme Dornois, morte en 1915. Son mari, maire du village à cette époque, fut si bouleversé par la disparition de sa chère et tendre moitié qu'il décida de remplir son cercueil de son meilleur calvados.

La stèle de Marie Harel : *au bas du village, au carrefour avec la D 246, avec la vue sur Camembert.*

VIMOUTIERS *(61120)*

La « capitale » du pays de Camembert fut lourdement bombardée par les Américains pendant la Seconde Guerre mondiale. Paradoxalement, c'est à ce carnage que l'église doit aujourd'hui ses bien jolis vitraux.

Adresse utile

Office de tourisme du Pays de Camembert : *21, pl. de Mackau. ☎ 02-33-67-49-42. • paysducamembert.unblog.fr • Juin-oct : lun 14h-18h ; mar-sam 9h30-12h30, 14h-18h ; dim 10h-12h30, 14h-16h ; j. fériés 10h-13h. Hors saison : fermé lun mat, dim et j. fériés.* C'est ici que vous trouverez toutes les infos pour explorer le pays du camembert.

Où dormir ? Où manger ?

Chambres d'hôtes Le Domaine de Pasiphae : *13, av. Foch. ☎ 02-33-35-97-65. • domainedepasiphae.com • En ville, sur la route de L'Aigle, juste en face du garage Citroën. Doubles 65-85 € selon confort. Wifi.* Les chambres qu'abrite cette maison de maître de brique rouge sont un brin déroutantes, mais très bien tenues et agréables. La déco elle-même est plutôt très classique, mais quelques excentricités ou anachronismes dans le mobilier rendent le lieu plus vivant et plus chaleureux. Le prix des chambres varie selon leur taille ; la plus chère est vraiment très grande puisqu'elle dispose d'un vrai petit salon. Joli jardin soigné et fleuri, et accueil charmant.

L'Ardoise gourmande : *1, rue du 14-juin. ☎ 02-33-39-59-95. Tlj sf jeu. Menu 17 € ; carte env 20 €.* Une petite adresse absolument sans prétention, mais qui se démarque de la grisaille ambiante, tout en respectant votre porte-monnaie. Au menu, des salades et autres petits plats dans lesquels la star locale, le camembert, réapparaît régulièrement. Accueil souriant.

À voir

Le musée du Camembert : *10, av. du Général-de-Gaulle. ☎ 02-33-39-30-29. ♿ Ouv avr-oct, jeu-lun 14h-17h30. Entrée : 3 € ; réduc ; gratuit moins de 7 ans.*
Musée entièrement consacré au plus renommé des fromages, fabriqué depuis toujours dans les fermes des environs de Vimoutiers. On y explique les différentes étapes de la fabrication du camembert, de la collecte du lait à sa commercialisation, en passant par l'emprésurage, le moulage, le séchage et l'affinage, etc. Les yeux des tyrosémiophiles (collectionneurs d'étiquettes... de camembert) loucheront devant les 3 000 étiquettes exposées.

TOUT UN FROMAGE

Le clou du musée du Camembert est sans aucun doute cette insolite collection d'étiquettes de boîtes de camembert, avec près de 3 000 pièces au total ! Merveilleux ! Il y a même du camembert norvégien, réunionnais, danois et chilien. Camemberto ! *À quand le camembert chinois ? Étonnant phénomène que cette collectionnite aiguë. Chaque année, fin août, une assemblée de tyrosémiophiles (collectionneurs d'étiquettes de fromage) se réunit au musée pour échanger leurs précieuses trouvailles.*

On note qu'il ne reste plus que neuf producteurs dans la région à faire du camembert AOC, donc répondant aux critères stricts de l'Association des fabricants de camembert. Finalement, le calendos devient un produit rare...
– ***Les statues de Marie Harel :*** la géniale inventrice du camembert méritait bien une statue, voire deux. Celle située square Bosworth, près des halles, a été offerte en 1956 par un important centre fromager de l'Ohio (États-Unis). L'autre, boulevard Dentu, à côté de l'église Notre-Dame, plus ancienne, fut inaugurée en 1928 par le président Millerand, mais elle fut décapitée par un bombardement de juin 1944. Les dates sur les statues sont fausses, car ce n'est qu'en 1991 qu'on a découvert la date exacte du décès de la célèbre inventrice... soit 1844.

Les vitraux de l'église Notre-Dame de Vimoutiers : *juste en face de l'office de tourisme.* Une histoire peu commune que celle des vitraux de cette église. En juin 1944, en 30 minutes, un raid aérien pulvérise la ville. Parmi les quelques bâtiments rescapés de ce carnage : l'église, mais privée de ses vitraux, qui ont explosé. Après la guerre, la ville décide de les reconstruire. Elle opte pour la technique à base de dalles de verre taillées et de ciment, bien que celle-ci soit plus onéreuse que celle, plus commune, à base de verre et de plomb. Leur réalisation est confiée à Gabriel Loire (1904-1996), grand maître-verrier français dont on peut admirer les œuvres aussi bien en France qu'en Allemagne, aux États-Unis, au Japon ou encore au Chili ; une partie d'entre eux est financée par le Pilot Club International et d'autres sont offerts par les clubs de Philadelphie, Chicago, etc. Que viennent donc faire les États-Unis dans cette histoire, nous direz-vous ? Margaret Mitchell (l'auteur *D'autant en emporte le vent*) était une amie de Denis Barois, gendre du Dr Boullard, homme profondément engagé dans la reconstruction de Vimoutiers après la guerre. C'est elle qui œuvrera afin que le Pilot Club International parraine Vimoutiers et finance ses vitraux. Et le plus beau dans toute cette histoire ? Les vitraux eux-mêmes !

CROUTTES (61120)

Petit village à 6 km à l'ouest de Vimoutiers (par la D 916), au nom adapté à la région ! Quelques habitations troglodytiques et un superbe prieuré.

Où acheter de bons produits fermiers ?

La Galotière : *au lieu-dit du même nom, famille Olivier. ☎ 02-33-39-05-98. • lagalotiere.fr • ♿ À 5 km de Vimoutiers. Depuis Vimoutiers, suivre Argentan puis les panneaux pour la ferme. Visite libre (à des horaires raisonnables).* Une vraie carte postale : cette adorable ferme normande nichée au creux d'une vallée est environnée de vergers, où les vaches paissent paisiblement. Possibilité de déguster et d'acheter le cidre, le poiré, le pommeau et le calvados de la maison.

À voir

Le prieuré Saint-Michel : *☎ 02-33-39-15-15. • prieure-saint-michel.com • Indiqué depuis Crouttes. Tlj sf lun et mar (non fériés) mai-sept, 14h-18h. Entrée : 6 € ; réduc. Env 45 mn de visite.* Un merveilleux endroit, en pleine nature, pour une agréable promenade ou pour écouter un concert. Ancien prieuré rural des XIIe et XIIIe s, dépendant jadis de l'abbaye de Jumièges. Tous les bâtiments médiévaux ont été soigneusement restaurés : la ravissante chapelle du XIIIe s (qui abrite parfois des expositions de peinture), la grange dîmière où l'on entreposait les récoltes, le pressoir à pans de bois du XVe s prolongeant une hôtellerie du XIVe s. Délicieux jardins : une roseraie, un verger, un jardin de plantes médicinales, des enclos de charmilles qui cachent jardins des simples ou des iris, une source canalisée par les moines qui alimente un bassin de nymphéas où chantent les grenouilles et nagent les tortues... Fait aussi chambres d'hôtes.

L'ORNE

LES CHAMPEAUX-EN-AUGE (61120)

À 9 km au sud-ouest de Vimoutiers, à gauche de la route de Trun (D 916). La jolie Charlotte Corday, de son vrai nom Marie d'Armont, arrière-arrière-petite-fille de Pierre Corneille, naquit le 27 juillet 1768 à la ferme du Ronceray (privé), modeste maison à colombages avec ses trois lucarnes, au milieu d'un verger. Elle entre dans l'histoire en assassinant dans sa baignoire le conventionnel Marat, rédacteur de *L'Ami du peuple* et l'un des instigateurs des massacres de Septembre. « J'étais républicaine bien avant la Révolution », déclara-t-elle à ses juges avant de finir sur l'échafaud.

Où manger ?

La Camembertière : *l'Hôtellerie-Faroult, aux Champeaux-en-Auge. ☎ 02-33-39-31-87. • lacamembertiere@wanadoo.fr • ♿ À 4 km de Camembert (bien fléché), route de Trun (la D 916). Tlj sf mer (plus mar hors saison et mieux vaut appeler le dim soir). Congés : 15 j. en fév. Formule déj 12,50 € en sem ; menus 19-39 €.* Ce bâtiment moderne décoré à la normande (original les fleurs en plastique au plafond...) est connu pour ses plateaux-dégustation des différents crus et sa cuisine au camembert. Parmi les standards de la maison : la tarte au camembert ou l'émincé de bœuf normand. Dommage que la qualité soit un peu inégale.

LE SAP (61470)

Le Sap n'a subi aucun bombardement durant la guerre, c'est pourquoi ce petit village a conservé ses vieilles maisons qui font aujourd'hui tout son charme.

Adresse et info utiles

Syndicat d'initiative du plateau du Sap : *1, pl. du Marché. ☎ 02-33-36-93-31. • cdc-camembert.fr • Ouv slt juin-août, lun-sam et dim mat.* Propose des visites de la ville orientées sur l'histoire et l'architecture.

– **Marché :** *mar ap-m et sam mat.*

Où dormir ? Où manger dans le coin ?

Les Glycines : *2, rue Hubert-Laniel, Le Sap. ☎ 02-33-39-41-59. Tlj sf lun (mar, voire mer, hors saison). Carte env 20 €.* Mais que vient donc faire ce bouchon lyonnais en pleine campagne normande ? Remarquez, on ne va pas se plaindre ! Bonne cuisine de bistrot, simple et généreuse, avec petite carte à l'ardoise qui change régulièrement. Animation au moins une fois par mois (concert, projection de film, expo, conférence, etc.).

Restaurant La Maison du Vert : *61120* ***Ticheville.*** *☎ 02-33-36-95-84. • info@maisonduvert.com • maisonduvert.com • À 6 km à l'ouest du Sap, sur la D 12 (route de Vimoutiers). Ouv mai-sept. Résa conseillée. Carte env 30 €.* C'est pas banal ça, un resto tenu par des Anglais qui mettent un point d'honneur à servir une cuisine inventive, fine et parfumée, mais uniquement végétarienne et préparée à partir des légumes du potager bio, des fruits du jardin et des œufs tendrement couvés par leurs poules. Même le pain est fait maison ! Autre grand attrait de l'endroit, et presque aussi délicieux que la cuisine : le jardin où caquètent poules et canard.

Chambres d'hôtes Le Pressoir : *la Thibaudière, 61470* ***Heugon.*** *☎ 02-33-36-68-99. 06-26-03-02-96. • robert.hind@orange.fr • À env 4 km d'Heugon par la D 663 en direction du Sap (la maison est à gauche peu après avoir traversé la D 438). Double 55 €.* Au cœur d'un jardin soigné, l'ancien pressoir a été entièrement rénové pour accueillir une poignée de chambres fonctionnelles, colorées et tout confort. 2 d'entre elles, en duplex, sont impeccables pour les familles. Et le pressoir ? En pierre, il est en bonne place à côté d'une vieille vis en bois dans le salon commun très cosy. Excellent accueil.

Le Renard se Marre : *pl. de l'Église, 61470* ***Heugon.*** *☎ 02-33-35-49-51. • lerenardsemarre@orange.fr • Tlj sf lun-mar. Congés : janv. Menus 10 € (midi en sem) et 16,50-19,50 €.* Le *Renard* ne manque pas de bonnes idées : cet ancien café de village revu et corrigé dans un style jeune et pimpant est désormais connu pour ses petits plats très honnêtes, ses pizzas, et ses soirées à thème conviviales (concerts de blues, karaoké...). Il y a même le wifi... et une épicerie pour dépanner ! Décidément très complet.

L'ORNE

À voir. À faire

L'écomusée « de la Pomme au Calvados » : *rue du Grand-Jardin. ☎ 02-33-39-42-39. • le-grand-jardin.asso.fr • Juin-août, ouv théoriquement tlj sf lun 10h30-12h, 14h30-17h30 ; Pâques-juin, w-e 14h30-18h ; de sept à mi-déc, tlj sf lun-mar 14h30-17h30. Entrée : 3 € en visite libre et 3,50 € avec visite guidée ; réduc ; gratuit moins de 10 ans. Compter 1h de visite.* Ce petit écomusée est idéalement situé dans une ancienne cidrerie ! À l'arrivée, belles cuves en ciment-verre (prévues pour le vin à l'origine, d'où les fissures visibles à l'intérieur sous la pression du cidre). Tout le nécessaire à la fabrication : gadage (avant de presser les pommes), pressoir à longue étreinte (du XVIIIe s) et, à l'extérieur, l'alambic pour la double distillation du calva.

Près de l'église, face à l'écomusée, à l'angle de la rue Raoul-Heurgault et de la place, pan de mur original où sont dispersés quelques carreaux de ***céramique du pays d'Auge*** très colorés et des lambrequins tout aussi incongrus. Aucune explication historique, le tout n'est qu'esthétique !

– ***Le Spom :*** *La Vallée du Manoir, 61470* ***Saint-Aubin-de-Bonneval.*** *☎ 02-33-36-90-79. • institut-spa-de-la-pomme.fr • À env 7 km au nord-est du Sap ; accès par la D 253, puis la D 707. Ouv jeu (ap-m)-sam 9h30-12h30, 14h-19h. Résa conseillée.* Centre de soins établi dans un ancien pressoir à pommes et dont tous les traitements sont, justement, à base de pommes (bio) : massages, gommages, bains... Original, et le lieu lui-même, derrière le verger de pommiers, ne manque pas de charme. Bref, l'endroit parfait pour n'en faire qu'à sa pomme !

Manifestation

– ***La fête du Cidre à l'ancienne :*** *le 2e w-e de nov.*

GACÉ

(61230) 2 100 hab. *Carte Orne, C1*

Ville aux confins du pays d'Auge et du pays d'Ouche, depuis laquelle on a une jolie vue de la route de Chambois (la D 13). Rien de particulier à voir sauf le château, où se trouve un musée consacré à l'héroïne du pays : la Dame aux camélias.

L'INCROYABLE MAIS VÉRIDIQUE HISTOIRE DE LA DAME AUX CAMÉLIAS

Extraordinaire et tragique destin que celui d'Alphonsine Plessis, dite Marie Duplessis, petite Normande inculte, née en 1824 à Nonant-le-Pin et devenue à 21 ans une grande courtisane, séduisante et adulée par les hommes de son temps. Une vraie mangeuse d'amants (on dit qu'elle en aurait eu plus de 1 000 en 5 ans !) dans le Paris riche et galant de la moitié du XIXe s. Un jour, l'écrivain Alexandre Dumas (fils) fait sa connaissance et en tombe follement amoureux. Amour impossible. Ils se séparent, la mort dans l'âme. Envoûté, il décide d'écrire un roman sur elle : *La Dame aux camélias.* Succès immédiat du livre. On en fait une pièce de théâtre. Le Tout-Paris se bouscule pour la voir. Le musicien Verdi s'en inspire pour écrire *La Traviata.* Résultat : voilà une gamine inconnue dont la vie fait encore pleurer les foules, d'Aurillac à Tokyo, de Grande-Bretagne jusqu'au Brésil ! Un mythe ? Une énigme ?

DITES-LE AVEC DES FLEURS...

Amis lecteurs, savez-vous pourquoi la jeune courtisane Alphonsine Plessis fut surnommée la Dame aux camélias ? Tout simplement parce qu'elle ne sortait jamais dans Paris sans un bouquet de camélias blancs (sauf quelques jours par mois où le bouquet était rouge pour montrer qu'elle était indisponible. Les lois de la nature...).

Revenons un peu à ses origines. Son père ? Une sorte de colporteur très beau, violent et buveur (il était le fils reconnu du curé d'un village des environs). Sa mère était d'une grande beauté. Alphonsine erre sur les chemins de son pays natal. Très jeune encore, elle est jetée en pâture au libertinage d'un septuagénaire... Sa mère meurt. Alphonsine vend, pendant quelque temps, des parapluies à Gacé, puis elle monte à Paris. Elle a 14 ans, ne sait ni lire ni écrire. Mais elle possède une beauté du diable : « 1,67 m, les cheveux châtains, les yeux noirs, le front moyen, les sourcils bruns, le nez bien fait, la bouche petite, le menton rond, le visage ovale, le teint pâle... » En l'espace de deux ans, elle se transforme, sous l'effet des innombrables galants et amants, dont le musicien Liszt, qui la courtisent. Tous les hommes (riches) craqueront pour elle, jeunes et vieux ! Sa vie fut brève : elle disparaît à 23 ans, victime d'une violente tuberculose, dans une sorte d'agonie-rédemption qui impressionnera Dumas. Au cimetière de Montmartre à Paris, sa tombe est toujours fleurie par d'anonymes et fervents admirateurs.

Adresse et info utiles

Office de tourisme : *au château. ☎ 02-33-67-08-59. • gace.fr • Juin-août slt, tlj sf lun et dim.*
– Marché : *sam ap-m.*

Où dormir ? Où manger ?

L'Étoile d'Or : *60, Grande-Rue. ☎ 02-33-35-50-03. • gilles.lolivier@orange.fr • restaurant-l-etoile-d-or.com • En plein bourg. Tlj sf dim soir et lun. Doubles 45-49 € avec lavabo et douche ou sdb complète. Menus 23-30 € ; repas à la carte env 27 €. Wifi.* Dans une maison de ville mignonne, une adresse toute simple, à prix doux. Petite terrasse fleurie aux beaux jours. Fait aussi resto.

L'ORNE

À voir

Le musée de la Dame-aux-Camélias : *dans le château. ☎ 02-33-67-08-59 (office de tourisme). Juin-août slt, visite guidée tlj sf dim et lun 14h-18h (dernière visite à 17h). Départ ttes les 45 mn. Tarif : 3 € ; réduc ; gratuit moins de 12 ans. Prévoir env 1h de visite.* Tout un étage est consacré à la vie de la Dame aux camélias à travers de nombreux objets ayant appartenu à Alphonsine : deux de ses passeports portant des informations divergentes (elle change son âge et déclare qu'elle est rentière...), des bijoux, un petit lézard porte-bonheur, bref, peu de choses finalement pour une dame aussi adorée (même par les Japonais, à cause de ses yeux noirs un peu bridés et de ses camélias !). Tant de stars de notre époque ont incarné, pour le cinéma, le théâtre ou l'opéra, ce rôle flamboyant et pathótique : Greta Garbo, Sarah Bernhardt, la Callas, Edwige Feuillère, Isabelle Huppert ou encore Isabelle Adjani et Élisabeth Platel.

Le musée des Minéraux et des Fossiles : *dans la tour du château. ☎ 02-33-35-51-98. Pâques-sept, mer et sam 14h-17h et aussi sur rdv (même pour les individuels). Entrée : 2 €.* Ce qui est présenté dans cette petite salle du château est la collection privée d'un passionné, Michel Bordin, qui en 50 ans a réuni des minéraux et des fossiles du monde entier (mais aussi des environs). Un certain nombre d'entre eux provient notamment du Maroc. Également quelques fossiles de dinosaures.

LE PAYS D'OUCHE

Les Petites Filles modèles, Un bon petit diable, Les Malheurs de Sophie... **Autant de titres qui ont rythmé notre enfance, imaginés par la comtesse de Ségur, qui vivait au cœur de ce pays d'Ouche et des vieilles forges. Un petit air romantique avec ses nombreux cours d'eau rieurs et ses ruines de l'abbaye de Saint-Évroult-Notre-Dame-des-Bois.**
– Pour plus d'infos : • pays-d-ouche.com •

L'AIGLE (61300) 8 320 hab. *Carte Orne, D1*

Le nom de la ville vient du fait qu'on ait trouvé un nid d'aigle dans les communs du château. Qu'y a-t-il de commun entre des aiguilles, du grison, du cervelas et la comtesse de Ségur ? Apparemment rien. Et pourtant... Ce bric-à-brac surréaliste fait bel et bien partie de la réalité de L'Aigle. Les aiguilles ? Le dernier fabricant d'aiguilles en France (les établissements Bohin) se trouve sur la commune et se visite. Le grison ? À cause des nombreuses maisons construites avec cette étrange pierre. Le cervelas ? Il est depuis toujours la spécialité aiglonne. La comtesse de Ségur ? Elle a longtemps vécu près de L'Aigle, dans un château où elle écrivit la plupart de ses contes. Au-delà de tout ça, on y trouve aussi l'un des plus importants marchés de bétail de France, de bons petits restos, des coins pour la rando et un centre-ville commerçant et agréable. Bonne promenade dans cette jolie petite ville du pays d'Ouche !

Adresses et info utiles

Office de tourisme du pays de L'Aigle : *pl. Fulbert-de-Beina. ☎ 02-33-24-12-40. • paysdelaigle.com • Lun-sam 9h-12h30, 14h-18h30. Wifi.* Installé dans les communs du château du XVIIe s dessiné par Mansart. Dépliant gratuit disponible pour une visite de la ville et un circuit touristique sur la Communauté de communes du pays de L'Aigle.

Club Canaoë-Kayak : *base de Saint-Sulpice-sur-Risle. 06-82-68-14-79. Direction Rugles. Ts les w-e 14h-17h30, sur résa.* Randonnées et initiation au canoë-kayak sur la Risle.

– **Marché :** *mar mat dans tout le centre-ville.* Un grand marché traditionnel.

Où dormir ? Où manger ?

O'Château : *11, pl. Saint-Martin. ☎ 02-33-24-00-97. • info@chambre-hote-orne.com • chambre-hote-orne.com • Resto tlj sf dim. Doubles 55-65 €, petit déj inclus. Formules déj 10-18 € en sem ; carte env 20 €. Wifi.* En plein centre, en face de l'office de tourisme, une adresse qui rassemble sous la même enseigne un petit pub à l'anglaise (avec une maquette d'avion au-dessus du comptoir et une vieille moto dans un coin), un bistrot, et 5 chambres. Celles-ci sont installées dans ce qui était autrefois la maison des propriétaires du commerce voisin (qui était alors un magasin de cycles et non une banque), et vu les pièces, les affaires devaient être prospères ! Hormis quelques aménagements et le confort des salles de bains, on a conservé 3 d'entre elles à peu près telles quelles. Le résultat est surprenant : les pièces sont vastes, et le style bourgeois très vieille France. Les 2 autres chambres, très bien elles aussi, sont sous les toits, plus petites et leur déco récente. Bref, un lieu vraiment insolite et bien tenu. Côté bistrot, cuisine traditionnelle correcte. Clientèle d'habitués, vite installée soit en terrasse, soit dans l'arrière-salle fort coquette. Accueil charmant.

L'Épi d'Or : *22, av. du Général-de-Gaulle. ☎ 02-33-84-83-72. • yvon.philippe@club-internet.fr • À deux pas de la gare. Fermé dim et lun. Congés : les 2 premières sem d'août et 1 sem en déc. Formule déj 9,20 € ; carte env 15-20 €.* Nous sommes bien au pays du cidre, alors, quoi de meilleur qu'une bonne crêpe pour accompagner sa bolée ! Surtout quand celles-ci sont copieuses, moelleuses et non sèches comme bien souvent avec les crêpes. Miniterrasse à l'arrière. Un endroit sans prétention, mais d'un bon rapport qualité-prix.

Le Marmiton : *La Croix-Lamirault, L'Aigle. ☎ 02-33-84-10-36. À la sortie de L'Aigle, sur la route d'Argentan. Ouv midi lun-ven, soir ven-sam. Menus*

11,50-15 €. Une adresse de bord de route simplissime, mais qui fait plaisir au portefeuille et dont vous ressortirez repu. Buffet d'entrées pour commencer, suivi de plats de résistance simples mais bien préparés. Même le cadre n'est pas désagréable, avec le bar à l'entrée et les 3 petites salles derrière, fréquentées par les habitués et les gens de passage. Service agréable et efficace.

Hôtel-restaurant et brasserie du Dauphin : *pl. de la Halle. ☎ 02-33-84-18-00. • reservation@hotel-dauphin.fr • hotel-dauphin.fr • Resto fermé dim soir. Doubles 70-110 € selon confort et j. de la sem. Petit déj 10 €. Menus 38-43 € ; carte (brasserie) 25-30 €. Wifi.* Cette vieille institution cumule les genres. Côté face, vous découvrirez la belle façade d'un ancien relais de diligence du XVIIe s, naguère fréquenté par les voyageurs se rendant de Paris à Granville ; il renferme des chambres de bon confort, jolies quand elles ont été refaites, et de bonne taille. Côté pile, c'est une grosse bâtisse moderne sans charme ; celle-ci abrite des chambres standard, sans caractère, aux couettes douces mais à la literie un peu trop tendre, et pas merveilleusement insonorisées. Côté table, la brasserie a pour elle ses horaires étendus (service jusqu'à 21h30 tous les jours) et ses plats bien ficelés, tandis que le restaurant réserve de belles surprises aux gourmets (cuisine de terroir revisitée avec la manière). Accueil impeccable.

Où dormir ? Où manger dans les environs ?

Camping

Base de loisirs de Saint-Évroult-Notre-Dame-du-Bois : *Le Bourg. ☎ 02-33-34-84-25. 06-58-06-14-60. • catherine-motte@orange.fr • st-evroult-nd-du-bois.fr • Accès : face au lac. Ouv de mi-avr à fin sept. Env 8 € pour 2. CB refusées.* Emplacements bien ombragés en bordure de lac et sanitaires à peu près propres. Idéal pour les familles en raison de la proximité de la base de loisirs : embarcations à pédales, petit bout de plage (mais baignade interdite), jeux...

De prix moyens à chic

Chambres d'hôtes de la Bourdinière : *chez Cécile Talpe, 61300* ***Crulai.*** *☎ 02-33-24-70-91. • talpe.labourdiniere@orange.fr • labourdiniere.fr • À 9 km au sud de L'Aigle, direction Longny-au-Perche. À Crulai, tourner à gauche vers Beaulieu. C'est indiqué sur la droite à 1 km. Double 50 €. Wifi.* Dans une maison au jardin bien entretenu, au milieu d'un petit hameau. À l'étage, 2 chambres simples, agréables, avec chacune une grande salle de bains avec parquet peint et vue sur la campagne. Accueil adorable, sincère et serviable. Fiches de randonnées à disposition pour les amateurs.

Le Manoir de Villers : *61550* ***Villers-en-Ouche.*** *☎ 02-33-34-98-00. • alexandra.cappellini@wanadoo.fr • manoir-de-villers.com • À 19 km au nord-ouest de L'Aigle, sur la route de Vimoutiers. En basse saison, fermé mar-jeu. Congés : janv. Formule 14 € ; menus 18-27 € ; carte 32 €. Wifi. Digestif offert sur présentation de ce guide.* Une belle ferme équestre pleine de cachet, tenue par une famille italienne. Côté cuisine, on lorgne vers l'Émilie-Romagne, avec pour spécialités les pâtes fraîches à déguster dans une salle champêtre toute mignonne. Différents stages d'équitation également proposés, ainsi que des chambres d'hôtes.

Auberge L'Écuyer Normand : *23, route de Paris, 61300* ***Chandai.*** *☎ 02-33-24-08-54. • ecuyer-normand@wanadoo.fr • À env 9 km de L'Aigle, au bord de la D 926, sur la route de Verneuil. Au carrefour, tourner à droite pour se garer 50 m plus loin. Fermé dim soir, lun, mer soir. Formule 14 € en sem ; menus 19-39 €.* À l'abri derrière ces vieux murs tapissés de lierre, une salle feutrée et agréable, aux vieilles poutres sombres. Chef très doué, proposant une cuisine personnelle et moderne, tout en étant ancrée dans la tradition. Très au point sur le poisson et les produits de la côte normande. Accueil particulièrement chaleureux et attentionné.

🍴 ***Auberge Saint James :*** *62, route de Paris, 61270* ***Aube.*** *☎ 02-33-24-01-40. Fermé mer et le soir dim, mar et j. fériés. Congés : 15 j. en août. Menus 12,50 € (midi en sem) et 18-30 €. Café offert sur présentation de ce guide.* Les voyageurs qui suivent les traces de la comtesse de Ségur ne seront pas déçus en faisant une pause dans cette petite auberge de campagne. L'accueil est discret mais très gentil, le cadre classique et agréable, et la cuisine traditionnelle (issue de toute la France) joliment ficelée et pleine de saveurs.

🍴 ***Hôtel du Paradis :*** *10, Grande-Rue, 61550* ***La Ferté-Frênel.*** *☎ 02-33-34-60-38. À env 13 km au nord-ouest de L'Aigle, par la D 12. Menus 11 € (midi en sem) et 18-30 €.* Au cœur du bourg, une sympathique maison. On entre tout d'abord dans le joli bar à vins (le maître des lieux est œnologue) à la déco rougeoyante et sa cave où l'on peut acheter une bouteille. À l'arrière, 2 salles de resto, où l'on vous sert avec le sourire et entrain une cuisine du terroir très honnête. L'année 2012 devrait aussi voir renaître des chambres à prix doux.

Hôtel Le Dauphin : *66, Grande-Rue, 61380* ***Moulins-la-Marche.*** *☎ 02-33-34-50-56. • dauphin-moulinslamarche@wanadoo.fr • hotel-ledauphin.fr • Idéalement situé pour découvrir la région, à cheval entre le pays d'Ouche et le Perche, ainsi qu'entre Sées et L'Aigle. Doubles 65-75 € selon taille et saison. Wifi.* Dans une jolie petite ville à proximité de laquelle Jean Gabin avait une ferme ; c'est aussi à lui que l'on doit l'hippodrome qui porte son nom. 7 chambres seulement au-dessus du resto de ce gentil petit hôtel. Certaines possèdent encore une cheminée, les couleurs sont douces, et la plus chère est vraiment grande. Simple, agréable, dans une ambiance très familiale.

À voir. À faire

L'église Saint-Martin : on remarque immédiatement son clocher-tour du XVe s gothique flamboyant, dominant la vieille ville. Le mur extérieur de l'abside ainsi que la tour sud de la façade avec son carillon et sa flèche en charpente datent de l'époque romane (XIIe s). Le reste de l'église est de la Renaissance. En face de l'église, sur la place Saint-Martin, amusante maison des Poulies, dite de Marie Stuart, la plus vieille de la ville.

➢ Petite balade ***quai Catel,*** le long de la Risle. Des passerelles permettent l'accès aux maisons.

Le musée Juin-1944 : *pl. Fulbert-de-Beina. ☎ 02-33-84-16-16 (mairie) ou 02-33-24-19-44. D'avr à mi-sept, mar-mer et w-e 14h-18h. Entrée : 3,60 € ; réduc.* Ce fut le premier musée parlant de France. Inauguré en 1953 par la maréchale Leclerc en personne, il rappelle les grandes étapes de la Seconde Guerre mondiale à travers 12 tableaux mettant en scène les principaux protagonistes (reconstitution de l'appel du 18 Juin, de l'arrivée de Leclerc sur le pont d'Alençon...). Évidemment, la bataille de Normandie est au cœur du sujet, du Débarquement jusqu'à la reddition allemande dans la poche de Chambois (une immense carte stratégique détaille les opérations).

Le musée de la Météorite et Musée archéologique : *dans une annexe du musée Juin-1944, mêmes horaires d'ouverture. Gratuit.* Présente des poussières de météorites, pour rappeler la chute de l'une d'elles en 1803 sur L'Aigle. Également une petite collection d'objets préhistoriques.

Le musée des Instruments de musique : *à la mairie. Lun-ven 8h30-12h, 13h30-17h30 (16h45 ven). Gratuit.* Dans un bureau à l'étage, une vitrine présente la donation de Marcel Angot : 92 instruments de musique anciens, certains bizarres, d'autres exotiques et plusieurs fort rares (signés par des luthiers célèbres).

DANS LES ENVIRONS DE L'AIGLE

Saint-Ouen-sur-Iton : *à 6 km au sud-est de L'Aigle.* Curieux petit village dont toutes les cheminées, ou presque, ont une forme torsadée. Sur la place, une colonne de 14 m raconte les merveilles de Désiré Guillemare, qui fut maire de Saint-Ouen pendant 57 ans. Un long texte explique « comment la commune fut transformée » par cet élu philanthrope. Parmi ses nombreux bienfaits, il fit don d'une cloche de 47,5 kg à condition que celle-ci sonne à toutes les inhumations, pour les riches comme pour les pauvres. Un parcours de pêche fléché au départ du village.

Aube : *à 7 km de L'Aigle, sur la route d'Argentan.* Précisons que le château des Nouettes, l'ancienne demeure de la comtesse de Ségur, ne se visite pas.
– **Le musée de la Comtesse-de-Ségur :** *3, rue de l'Abbé-Roger-Derry. ☎ 02-33-24-60-09. • musee-comtessedesegur.com • De mi-juin à mi-sept, tlj sf mar 14h-18h (mer de juin et de sept ouv 16h-18h) ; hors saison, appeler pour connaître les horaires. Entrée : 4 €. Billet couplé avec le musée de la Grosse-Forge : 6 €.* Née en Russie tsariste dans une très vieille famille qui prétendait descendre en ligne directe du terrible empereur mongol Gengis Khan, Sophie Rostopchine émigra en France à 18 ans (en 1817) et devint, en se mariant, la comtesse de Ségur. Elle ne commença à écrire ses contes pour enfants qu'à partir de l'âge de 57 ans. Installée au château des Nouettes à Aube, entourée de ses petits-enfants, elle y écrivit pour eux la plupart de ses bouquins. Tous furent des succès d'édition (chez Hachette !) durant le Second Empire. Ce petit musée et son joli jardinet où l'on trouve la rose « Comtesse de Ségur », met en valeur quelques pans de la vie de cette merveilleuse femme (à l'aide de commentaires audios, de mannequins en costume, de portraits et de photos de famille) et retrace sa carrière époustouflante. Elle s'inspira beaucoup du pays d'Ouche et de ses scènes quotidiennes pour écrire ses histoires : le marché de L'Aigle, les usines d'épingles de Boisthorel, la forêt de Saint-Évroult. Elle est morte en Bretagne, à Pluneret, près d'Auray. Vive Gribouille et le général Dourakine !
– **Le musée de la Grosse-Forge :** *rue de Vieille-Forge. ☎ 02-33-34-14-93. • forgeaube.fr.st • Bien indiqué, à l'entrée de la ville en venant de L'Aigle. Mêmes horaires (sf mer de juin et de sept, ouv 14h-16h) et mêmes tarifs que le musée de la Comtesse-de-Ségur (ci-dessus).* Dans une vieille et belle bâtisse au bord de la rivière, voici toute l'histoire de l'activité métallurgique dans le pays d'Ouche (petit parcours audiovisuel de 45 mn), du XVIe au milieu du XXe s : roue à aubes, soufflet géant, ateliers, fours d'affinerie et un impressionnant marteau hydraulique provenant des Forges de Varenne à Champsecret. Également deux petites expositions sur le travail du fer (maquettes).

Saint-Évroult-Notre-Dame-du-Bois : *à 14 km à l'ouest de L'Aigle.* Dans un coin paisible, environné d'une belle forêt, un village qui conserve les superbes ruines d'une abbaye du XIIe s bien mises en valeur. À côté, un plan d'eau très sympa. À moins que vous ne préfériez la terrasse du *bar du Lac des Cygnes.* Belle vue sur les ruines à ciel ouvert.
Voir plus haut ***Base de loisirs de Saint-Évroult-Notre-Dame-du-Bois*** *dans la rubrique « L'Aigle – Où dormir ? Où manger dans les environs ? »*

– ***Équitation :*** *au manoir de Villers.* Voir plus haut « Où dormir ? Où manger dans les environs ? ».

LE PERCHE ORNAIS

Il règne sur ce territoire au sud-est du département une ambiance hors du temps. Des monts herbeux perdus sous la brume au petit matin, des chapelles croquignolettes où se cachent des fresques colorées, des chemins creux

de randonnée dans le fameux parc naturel régional, survolé par les cigognes noires ou les grues cendrées, des villages d'opérette où l'on chine à loisir, et ces manoirs aux murs blanchis à la chaux… autant d'images à portée de main.
La beauté de cet endroit et sa qualité de vie le prédestinaient à devenir un véritable nid à résidences secondaires. Et tous les week-ends, c'est en nombre que les Parisiens (et autres visiteurs) débarquent. Voilà pourquoi, selon le moment de votre visite, l'ambiance dans les villes et les villages peut changer du tout au tout : ainsi Mortagne-au-Perche ou Bellême, qui pourront vous sembler gentiment assoupies et désertes un jour de semaine, s'animent brusquement du vendredi au dimanche.

IL Y A PERCHERON ET PERCHERON…

Tous deux peuvent mesurer entre 1,60 m et 1,85 m, mais l'un pèse entre 500 et 1 200 kg, ce qu'on ne souhaite pas à l'autre ! Le Percheron est l'habitant du Perche, le percheron un cheval de trait pouvant tracter jusqu'à trois fois son poids. Menacé de disparition avec la motorisation des véhicules et la mécanisation de l'agriculture, cet ancien employé des postes n'est plus élevé que pour sa viande dans les années 1970. Son élevage ne redécolle que dans les années 1990. Aujourd'hui, il est surtout utilisé pour le débardage, l'attelage de loisir… ou pour le ramassage scolaire, comme à Saint-Pierre-sur-Dives dans le Calvados !

Adresse utile

■ ***Maison du parc naturel régional du Perche :*** *manoir de Courboyer, 61340* ***Noce.*** *☎ 02-33-25-70-10. • parc-naturel-perche.fr • Voir aussi plus loin à Nocé (rubrique « À voir »).* Procurez-vous le guide pratique de découverte, très bien fait. Il y en a pour tous les goûts : des sentiers de randonnées pédestres avec topoguides (payants), mais aussi des sentiers VTT, des balades à dos d'âne ou en attelages…

MORTAGNE-AU-PERCHE (61400) 4 110 hab. *Carte Orne, D2*

Perchée sur une colline qui domine la région, cette petite ville cache des trésors : rues et ruelles dignes de l'Ancien Régime, nombreuses maisons et hôtels particuliers patinés par le temps et témoins de l'époque où la ville était la capitale des comtes du Perche. Cité médiévale qui vit naître le philosophe Alain, elle est surtout célèbre pour le percheron, ce cheval « costaud » qui fit les grandes heures des omnibus parisiens et qui s'exporta jusqu'en Amérique, autant au Canada qu'aux États-Unis.
L'autre trésor de la ville est le boudin noir, qu'on trouve au marché fermier. On dit qu'il s'en vend 4 à 5 km chaque année à la Foire au boudin ! Attention, ici, uniquement du boudin frais, rien d'industriel.

Adresse et info utiles

ℹ ***Office de tourisme :*** *36, pl. du Général-de-Gaulle. ☎ 02-33-85-11-18. • ot-mortagneauperche.fr • À côté de la halle aux grains. De mi-juin à mi-sept, lun-sam 10h-12h30, 14h30-18h et dim mat. Hors saison, mar-sam. Wifi.* Visites guidées ou vente (1 €) d'un « circuit patrimoine » pour découvrir la ville seul, à son rythme.
– ***Marché fermier :*** *sam mat.*

Où dormir ? Où manger à Mortagne et dans les environs ?

Prix moyens

Chambres d'hôtes Le Gros Chêne : *à Saint-Germain-de-Loisé. ☎ 02-33-25-02-72. • brigitte.pasquert@wanadoo.fr • fermedugroschene.com • Dans un village à la sortie de Mortagne par la D 8 (direction Longny-au-Perche). Double 65 €. Table d'hôtes 22 € sur résa. Wifi.* Comme son nom l'indique, c'est champêtre. C'est même une ferme en activité. Mais les écuries n'ont plus rien de rustique, sauf pour la déco, depuis que les propriétaires l'ont entièrement rénovée pour y accueillir leurs hôtes. On y trouve désormais une belle pièce à vivre (avec une cuisine à dispo), un coin détente avec spa et hammam ainsi que 5 chambres, dont une familiale, très confortables, joliment décorées selon des thématiques florales. Un très bon point de chute, d'autant que le petit déj est fameux : brioche maison, yaourt fermier...

Chambres d'hôtes La Maison Pervenche : *1, rue du Petit-Boëcé, 61560 **Boëcé.** ☎ 02-33-83-05-16. • maisonpervenche@hotmail.com • perso.orange.fr/maisonpervenche • Sur la D 912 entre Mortagne-au-Perche et Alençon. Double 55 €. Table d'hôtes 20 € sur résa. Réduc de 10 % sur la chambre à partir de la 2e nuit sur présentation de ce guide.* Une allée de pommiers conduit à un vrai havre de paix : les bâtiments de caractère encadrent un beau jardin paysager (M. Colard est un ancien fleuriste : bassin, terrasse et fleurs en nombre), le tout prolongé par un pré bien vert. La carte postale ! Dans l'une des maisons, 4 chambres sous les toits, dont une familiale. Toutes sont joliment décorées. Grande salle commune pour le petit déj. Sourire, accueil et gentillesse ont fini de nous séduire...

La Vie en Rouge : *31, rue Sainte-Croix. ☎ 09-66-13-88-20. • lavieenrouge0450@orange.fr • Jeu-sam 10h-20h, dim 10h-15h, lun 10h-19h. Assiettes 10-18 €. Café offert sur présentation de ce guide.* Aucune raison de voir rouge ici, mais on a toutes les chances d'en ressortir... rouge de plaisir ! Car le sympathique patron de cette épicerie fine de charme connaît son affaire : les rayonnages de la partie cave sont remplis de beaux flacons, certains fort rares, qu'on savoure avec délectation en s'offrant une dégustation de bons produits régionaux (charcuteries, fromages...). Une véritable étape gourmande.

De prix moyens à plus chic

Hôtel du Tribunal : *4, pl. du Palais. ☎ 02-33-25-04-77. • hotel.du.tribunal@orange.fr • hotel-tribunal.fr • En centre-ville. Fermé Noël et Jour de l'an. Doubles 60-115 € selon confort. Formule « le Référé » 15 € midi en sem ; menus 29-65 €. Wifi. Apéritif maison offert sur présentation de ce guide.* Impossible de ne pas succomber au charme de cette belle maison percheronne du XVIe s, près d'une petite place qui vous donne presque l'impression d'être retourné au XIXe s. La façade semble d'ailleurs n'avoir pas changé depuis l'époque où cette auberge était à l'enseigne « Jean qui rit, Jean qui pleure » parce que située à la sortie du tribunal. Les chambres sont à l'inverse nettement plus contemporaines, arborant même à l'occasion une déco aux goûts du jour très réussie. Gentille annexe à l'arrière, avec des chambres ouvrant sur une petite cour fleurie. Certaines disposent d'un jacuzzi, d'une terrasse, ou de la vue sur le jardin intérieur et le vieux Mortagne. Dans la chaleureuse salle à manger bourgeoise, les menus portent des noms évoquant la justice (le « Verdict », le « Grande Instance »...) et proposent une cuisine de terroir élaborée et délicieusement revisitée, avec bien sûr l'indéboulonnable boudin noir grillé. On adore la formule du midi, qui est en fait un assortiment de plats et un véritable bonheur pour les papilles. Bref, une très belle adresse, où il fait aussi bon dormir que manger.

Chambre d'hôtes La Maison d'Hector : *Les Herbinières, 61 400 **Saint-Mard-de-Réno.** ☎ 02-33-73-*

58-59. • contact@lamaisondhector.com • lamaisondhector.com • Prendre la D 8 vers Longny-au-Perche, traverser le village de Saint-Mard-de-Réno, puis tourner à gauche, sur la D 5, en direction d'Autheuil et Tourouvre. Doubles 85-95 €. Dîner (sf mer) sur résa 24h à l'avance 22 €. Ce soir, vous vous sentez plutôt Poule de luxe, Belle de nuit ou Mauvaise graine ? Eh oui, à chaque chambre son humeur et son thème prometteur ! Quoi qu'il en soit, Pierre-Yves et Alain, vos hôtes, ont soigné la déco, plutôt contemporaine, tout en conservant le caractère intime et chaleureux de leur jolie longère du XVIIIe s, nichée dans son beau jardin verdoyant. Quant à la mascotte des lieux, Hector, il se charge de donner de la voix pour avertir les maîtres de votre arrivée !

Chambre d'hôtes L'Hôtel des Tailles : *9, rue des Tailles. ☎ 02-33-73-69-09. • hoteldestailles.com • Doubles 90-130 € selon confort. Wifi.* Le portail monumental dissimule une petite perle : à peine entrouvert, on tombe sous le charme d'un bel hôtel particulier du XVIIIe s, qui appartint en son temps au receveur des tailles. Les nouveaux proprios sont nettement plus sympas, comme le prouve le bar avec un vrai zinc aménagé dans la maisonnette à l'entrée ! Quant aux chambres, elles se révèlent charmantes, dans un style à la fois sobre et très élégant (mention spéciale pour la maisonnette indépendante, idéale pour les familles, avec 2 chambres et une salle de bains commune).

Les Pieds dans l'Eau : *28, chemin de la Folle-Entreprise, 61400* ***Saint-Langis-lès-Mortagne.*** *☎ 02-33-25-31-44. • lespiedsdansleau61@orange.fr • ♿ Accès par la rue au niveau de la gendarmerie de Mortagne. Fermé lun-mar. Congés : en oct. Menus 18 € (midi en sem) et 22-34 €.* Monter une affaire sur le chemin de la Folle Entreprise, c'est presque un défi ! Mais celui-ci a été relevé avec panache par une équipe jeune et dynamique, qui ne ménage pas sa peine pour travailler dans les règles de bons (et beaux) produits, n'ayant d'autre ambition que de satisfaire ses hôtes avec des plats savoureux et soigneusement présentés. Le succès ne s'est pas fait attendre. La réservation s'impose, surtout le midi : la terrasse est effectivement les pieds dans l'eau, ou presque. Le soir, c'est plus intime, dans une belle salle rustico-chic propice à la détente.

À voir

L'ancienne halle aux grains : *sur la pl. du Général-de-Gaulle, centre animé de la ville.* Date de 1825. Juste à côté, au n° 9, remarquer la maison à tourelle d'angle, surmontée d'un cadran solaire, et cette fontaine contemporaine en forme de... sarcophage égyptien ! De nuit, avec la fumée qui en sort, on pourrait aussi se croire devant une tombe de vampire d'un film de série B. Bizarre...

L'église Notre-Dame : de style gothique flamboyant. Reconstruite à la fin du XVe s, elle abrite des boiseries du XVIIIe s (dans le chœur). Un vitrail rappelle le rôle joué par les gens de Mortagne, Pierre Boucher de Boucherville notamment, dans la conquête du Canada au XVIIe s. À l'extérieur, la rue du Portail-Saint-Denis. Elle est extraordinairement bien conservée avec son arc brisé du XVe s et la tour qui la surmonte, finement sculptée sur son fronton.

Le cœur du vieux Mortagne : *pl. du Palais-de-Justice.* Juste derrière l'église. Charmant quartier non défiguré par le temps.

Le musée Alain : *8, rue du Portail-Saint-Denis, dans la bibliothèque municipale. ☎ 02-33-25-25-87. Dans la maison des comtes du Perche. Mar, jeu-ven 14h-18h ; mer 9h30-12h, 13h30-18h ; sam 10h-12h, 14h-17h. Fermé pdt les fêtes de fin d'année. Entrée gratuite. Journée annuelle Alain, le 1er w-e d'oct.* Beaucoup ont peut-être encore en tête quelques bribes philosophiques de cet auteur au programme des classes de terminale. Né en 1868 à Mortagne, dans une maison située au 3, rue de la Comédie, Émile-Auguste Chartier (son vrai nom) était percheron avant tout. « Je suis percheron, c'est-à-dire autre que normand. » Au travers de ce petit musée rétro, on découvre l'autre facette d'Alain, journaliste éclairé, poète subtil et parfois virulent, qui inventa les *Propos*, la forme d'expression qui lui convenait le mieux et dans laquelle il excella. On visite également son cabinet de travail provenant de sa demeure du Vésinet où il décéda en 1951.

Le jardin public : *derrière l'hôtel de ville* (hôtel particulier du XVIIIe s). Vue étendue sur la campagne et, au loin, les forêts de Bellême et de Perseigne (Sarthe).

LE BOUDIN C'EST BIEN !

Afin de perpétuer les traditions et de sauvegarder la qualité du boudin noir, plat rustique à base de sang de cochon (à l'origine, c'était du sanglier), d'oignons et de lard, la Confrérie des chevaliers du goûte-boudin de Mortagne organise chaque année, en mars, un concours ainsi qu'une foire où le boudin se vend au kilomètre (de 4 à 5 km). Quand on aime, on ne compte pas ! Et pour prouver leur passion pour cette spécialité mortagnaise, chaque confrère doit jurer solennellement de manger du boudin une fois par semaine !

Manifestations

– À Mortagne-au-Perche, on célèbre encore le ***percheron*** *(1er w-e de sept).*
– ***Salon rétromobile :*** *3e dim de sept.* Défilé de voitures anciennes le matin dans les rues de la ville, suivi de l'exposition des véhicules et de la rencontre avec leurs propriétaires dans l'après-midi.

L'ORNE

DANS LES ENVIRONS DE MORTAGNE-AU-PERCHE

Circuit des collines du Perche

La forêt de Réno-Valdieu : l'une des plus belles forêts de Normandie, avec celles de Bellême et du Perche. Cet océan de verdure fut sauvé de justesse par Colbert qui pensait que la France périrait faute de bois. Il oublia le Canada auquel il ne croyait plus, mais défendit avec véhémence la forêt de Réno-Valdieu. Ici, près de 70 % des arbres sont des chênes. Les plus majestueux s'appellent les chênes de la Gautrie. Parmi ceux-ci, trois chênes tricentenaires s'élèvent à plus de 40 m de haut. Des monuments d'écorce et de chlorophylle !

La Chapelle-Montligeon : *à l'orée sud-ouest de la forêt de Réno et à 11 km de Mortagne.* Le « Lourdes du Perche ». Une immense basilique, un peu surréaliste en pleine campagne, crève le ciel de ses deux flèches. De style néogothique, sa construction demanda 17 ans de travaux (1894-1911). Impressionnante statue de Marie, pesant plus de 13 tonnes ! À l'origine, l'abbé Buguet, curé du village, fonda en 1884 une association de prière pour les morts. Celle-ci connut un tel succès qu'elle donna naissance à un pèlerinage très suivi encore de nos jours *(1er mai, Ascension, 15 août et 2e dim de nov).* Alors que le village, victime de l'exode rural, se dépeuplait, le même abbé décida de créer des ateliers (de broderie, ganterie, etc.) afin d'inciter les habitants à rester. Incapables de résister à la concurrence, ceux-ci périclitèrent rapidement. Il décida alors, en 1886, d'ouvrir une imprimerie qui, elle, existe encore aujourd'hui.

Hôtel-restaurant Le Montligeon : *14, rue Principale, 61400 La Chapelle-Montligeon. ☎ 02-33-83-81-19. ● info@hotelmontligeon.fr ● ho* *telmontligeon.fr • Dans le centre du village, face à la pl. de l'Église. Fermé dim soir, lun et mar. Congés : 20 déc-15 janv et 1re quinzaine de juil. Doubles 45-80 € selon confort et saison. Formules et menus 12,60-15,50 € (en sem) et 20,50-36,50 €. Wifi. Apéritif maison offert sur présentation de ce guide.* Le bon petit hôtel de campagne, aux chambres sans prétention d'un bon rapport qualité-prix. Mention spéciale, cependant, pour la chambre charme, plus contemporaine et sous les toits. Grande salle à manger classique, coquette et chaleureuse ainsi qu'une grande véranda. Cuisine copieuse de terroir joliment présentée, mettant en avant les producteurs régionaux.

LES FORÊTS DU PERCHE ET DE LA TRAPPE

Enfin une vraie forêt gauloise ! Dans la forêt du Perche, le chêne rouvre et le hêtre sont rois, représentant plus de 80 % du peuplement. De longues routes forestières, bien ombragées et très vertes, partent du carrefour de l'Étoile et rayonnent aux quatre coins du massif. L'Avre y prend sa source et le traverse en diagonale. Le sentier GR 22 reste, pour les randonneurs, la meilleure façon de découvrir cette « petite mer verte » où il fait bon vagabonder au printemps comme en automne. Vous êtes au cœur du parc naturel.

Différente, peuplée de 60 % de résineux, la forêt de la Trappe fut longtemps le domaine du monastère et des moines cisterciens venus y chercher la solitude et le silence nécessaires à la prière. Ces hommes-là y trouvèrent un refuge. D'autres s'en sont détachés : des milliers d'habitants des villages proches de la forêt émigrèrent au Canada au XVIIe s.

TOUROUVRE *(61190 ; 1 640 hab.)*

Un gros bourg à 2 km de l'orée de la forêt du Perche. L'origine de son nom atteste qu'il a toujours été marié avec les chênes : *Tourouvre* vient en effet du latin *tortum robur,* « force tordue », en souvenir d'un énorme chêne rouvre, au bois très dur, dont la belle ramure aurait été tordue par la force de la nature et par l'âge. Détruit en quasi-totalité le 13 août 1944 par un incendie, le village n'a plus le charme d'autrefois.

Tourouvre est étroitement lié à l'histoire du Canada, car 80 familles firent le choix difficile de l'émigration pour tenter leur chance dans les colonies en 1650. Un ensemble muséographique célèbre ce lien unique.

– ***Marché :*** *ven mat.*

MARQUÉ AU FER... DE TOUROUVRE !

Tourouvre bénéficie d'un sol riche en minerai de fer, la région a donc développé très tôt une activité métallurgique. C'est au lieu-dit (prédestiné) La Fonte qu'ont été fondues, en 1803, les arches du pont des Arts à Paris, premier pont métallique de France.

Où dormir ?

■ ***Gîte de groupe :*** *pl. Saint-Laurent. Rens auprès de la mairie : ☎ 02-33-25-74-55. • mairiedetourouvre@wanadoo.fr • Nuit env 14 €/pers, draps fournis.* Au centre du bourg, dans une maison de ville toute simple. Coin repas et cuisine, chambres et dortoirs basiques. Propre et bien entretenu.

Où dormir ? Où manger dans les environs ?

Prix moyens

Le Bois Gerboux : *chez M. et Mme Buxtorf, route du Lavoir, 61190* ***Lignerolles.*** *☎ 02-33-83-68-43. • buxtorf@normandnet.fr • leboisgerboux.com • En pleine nature, à 250 m du village par la D 273. Double 60 €. Wifi.* Le petit chemin débouche sur une belle ferme percheronne, dont la grange a été réaménagée pour accueillir d'agréables chambres tout confort. Piscine. Accueil délicieux, plein de délicates attentions (comme le petit déj copieux avec les confitures de la maison, ou la kitchenette à disposition). Point de départ pour de bonnes promenades en forêt.

Le Relais de la Tour : *61190* ***Bubertré.*** *☎ 02-33-25-78-06. • philippe.mary30@wanadoo.fr • De Tourouvre, sur la D 32 en direction de l'abbaye de la Trappe. Fermé mar, mer et le soir dim et j. fériés. Congés : de la dernière sem de juin à la 1re sem de juil et vac de Noël. Résa conseillée le w-e. Formule déj 10 € en sem (sf j. fériés) ; menus 19-36 €. Un souvenir gourmand offert sur présentation de ce guide.* La bonne petite auberge de village, simple et chaleureuse. À l'entrée, un coin salon avec feu dans la cheminée, histoire de se mettre à son aise, puis la petite salle envahie de bibelots champêtres. Cuisine de terroir et de saison (salade au livarot chaud...) au rapport qualité-prix avantageux. Clientèle d'habitués.

L'ORNE

À voir à Tourouvre et dans les environs

Les muséales – le musée de l'Émigration française au Canada et le musée du Commerce et des Marques : *15, rue Mondrel. ☎ 02-33-25-55-55. • musealesdetourouvre.com • Juin-sept, mar-dim 11h-18h ; hors saison, mer-dim 14h-18h. Fermé de janv à mi-mars ainsi que les 25 et 26 déc. Se renseigner, horaires susceptibles d'être modifiés. Entrée : 3 € pour le musée du Canada, 3 € pour le musée du Commerce, 6 € pour l'ensemble.*

Ce bel espace contemporain rassemble deux musées. Le premier présente en cinq sections thématiques l'aventure des pionniers au Canada. On y apprend pourquoi 30 000 Français partirent pour le Nouveau Monde du XVIIe au XVIIIe s (l'espoir d'une vie meilleure pour certains, la gloire pour d'autres), on y évoque les conditions difficiles de la traversée (tempêtes, maladies...), on y découvre enfin la réalité du quotidien (climat redoutable, conflits avec le voisin anglais...) et les alliances, les unions contractées par ces colons, dont l'espace généalogique nous permettra de retracer les lignées.

Le second musée, fort ludique, intéressant et bien fait, retrace le chemin parcouru depuis l'épicerie d'antan jusqu'à l'hypermarché d'aujourd'hui, en insistant sur le rôle croissant de la publicité, du marketing et de la com... Et quand, 3h après la visite, on se surprend à fredonner « Oasis, Oasis, c'est bon, c'est bon ! » ou « On se lève tous pour Danette ! » (mais on vous parle peut-être là d'un temps que les moins de vingt ans ne peuvent pas connaître... !), tout est dit ! Pour appuyer le propos, reconstitution d'une ancienne épicerie, d'un rayon de supermarché, vieilles affiches et publicités anciennes, ainsi que de nombreux documents d'époque. Un musée bien intéressant et qui, mine de rien, peut faire réfléchir.

L'église Saint-Aubin : les deux derniers vitraux dans le bas-côté droit de la nef évoquent l'émigration des Tourouvrains en Nouvelle-France. Curieux et joli ! Notamment l'histoire de Julien Mercier, le plus connu des émigrants du village à cause – sans doute – de la visite à Tourouvre, en 1891, de son arrière-petit-fils, Honoré Mercier, alors Premier ministre du Québec.

L'Inzolite : *Le Bourg, 61190* ***Lignerolles.*** *☎ 02-33-25-91-07. Ouv théoriquement juin-sept, jeu-dim 14h-18h ; avr-mai et nov w-e 14h-18h. Entrée : 4,50 €.* Les belles collections que vous pouvez admirer aujourd'hui aux muséales de Tourouvre dans la partie consacrée à la consommation sont en fait celles de Pierre Marzorati, le fondateur de ce drôle d'endroit. Manifestement, il lui restait encore un certain nombre de curiosités dans ses tiroirs de collectionneur, qu'il s'amuse à mettre en scène dans cet espace.

AUTHEUIL *(61190)*

À 2 km au sud de Tourouvre, en direction de Malétable. Sur une butte verdoyante, l'***église*** Notre-Dame d'Autheuil est l'une des rares à ne pas avoir souffert de la guerre de Cent Ans. Édifice roman presque pur, trapu, elle abrite une fresque, des chapiteaux sculptés et une plaque en hommage à Robert Giffard, chef de file de l'émigration des Percherons au Canada au XVIIe s. Il lança et organisa le mouvement, aidé des frères Juchereau.

MALÉTABLE *(61290)*

À mi-chemin entre Longny-au-Perche et Tourouvre. Jolie route qui traverse un vallon verdoyant, lorsque l'on vient de Brochard et de la forêt de Réno-Valdieu. Une seule curiosité : l'étrange ***tour de l'église Notre-Dame-de-la-Salette,*** qui se termine un peu à la façon d'un phare. Cette église (1866) et sa tour (vers 1872) furent bâties au XIXe s à l'initiative du curé du village, l'abbé Migorel, qui finança une partie de sa construction sur ses propres deniers. *Ce lieu insolite se visite gratuitement le 3e dim du mois, de juin à sept, à 15h.*

VOUS N'AURIEZ PAS VU L'ARCHANGE, PAR HASARD ?

L'œil observateur notera qu'il manque un archange sur un des quatre angles de la tour de l'église de Malétable. Moult explications ont été données à cette absence : pour certain, l'ange se serait envolé (c'est celle qu'on préfère !), pour d'autres on l'aurait enlevé car il menaçait de faire s'écrouler la tour, ou encore un soldat allemand lui aurait tiré dessus pendant la guerre et il serait tombé. La véritable raison est beaucoup plus prosaïque : le forgeron qui le fabriqua, craignant de ne pas être payé, ne le livra pas, tout simplement. Reste à savoir ce qu'il fit de cette statue...

Où dormir chic à Malétable et dans les environs ?

Chambres d'hôtes Le Moulin de Sévoux : *à Malétable. ☎ 02-33-25-37-96. • moulindesevoux@orange.fr • moulindesevoux.pagesperso-orange.fr • Sur la D 290, en direction d'Autheuil. Doubles 80-85 €. Table d'hôtes 16-28 €. Internet, wifi. Apéritif maison ou café offert sur présentation de ce guide.* En pleine forêt, isolé à la croisée des chemins, cet ancien moulin est le refuge idéal du voyageur douillet. Il faut reconnaître que ses sympathiques propriétaires ne laissent rien au hasard : la restauration du bâti respecte le charme de l'ancien, tandis que l'aménagement intérieur se révèle cossu, à l'image du piano dans la belle salle à manger, ou des chambres très soignées (déco à la fois rustique et actuelle) au confort irréprochable. Du sur mesure.

Château de la Grande Noë : *61290 Moulicent. ☎ 02-33-73-63-30. • contact@chateaudelagrandenoe.com • chateaudelagrandenoe.com • En pleine campagne, à 1 km de Moulicent, sur la route de Malétable. Ouv mars-déc. Doubles 110-130 € ; tarif dégressif selon le nombre de nuits. CB refusées. Wifi.* Au cœur d'un vaste parc, un très beau château de famille du XIVe s, remanié par l'Écossais Robert Adam au XIXe s dans un style néoclassique intéressant. Beaucoup d'allure, à l'image de la salle à manger ornée de boiseries ou des chambres, toutes différentes, décorées d'objets de famille. Belle vue sur le plateau de Moulicent. Sérénité assurée.

Les cabanes de La Grande Noë : *61290 Moulicent.* *06-58-54-21-24.* • *grandenoe@gmail.com* • *lagrandenoe.com* • *À côté du château de la Grande Noë. Fermé déc-fév. Selon cabane, 115-145 € pour 2, petit déj inclus mais literie non fournie.* L'heure serait-elle venue de réaliser un rêve d'enfant en allant passer une ou plusieurs nuits perché dans un arbre ? Au total, 6 cabanes sont dispersées soit dans le parc du château (c'est la fille des propriétaires de la Grande Noë et son mari qui ont créé ce lieu) soit au-dessus des champs cultivés par l'autre fille de la famille. À chaque cabane son arbre, sauf pour 2 d'entre elles louées uniquement à un même groupe. Attention, l'intérieur des maisonnettes, tout en bois, est mignon et ingénieusement aménagé, mais c'est rustique. Ni eau courante, ni électricité là-haut, uniquement des toilettes sèches et un éclairage à la bougie ; bagages, panier du petit déj et réserve d'eau sont hissés par un système de poulie et douches communes sur la terre ferme, au poulailler !

LONGNY-AU-PERCHE *(61290)*

Bourg percheron niché dans la vallée verdoyante de la Jambée. Église Saint-Martin avec un clocher du XVIe s. Au cimetière, à la sortie de la ville en direction de Mortagne, la chapelle Notre-Dame-de-Pitié présente un pur portail Renaissance (1549).

– La Confrérie des fins gourmets de Longny organise en avril le ***championnat de France du meilleur plat de tripes*** et, début octobre, un ***concours de terrines forestières*** (chapitre de la Confrérie des fins gourmets). *Infos à l'office de tourisme (☎ 02-33-73-66-23) ou à la charcuterie de l'autre côté de la pl. de la Mairie (☎ 02-33-73-62-51).*

– ***Marché :*** *mer mat.*

BRESOLETTES *(61110)*

Perdu dans un océan d'arbres, ce minuscule et adorable village compte à peine 20 habitants : c'est la plus petite commune de Normandie. Quelques maisons blotties autour d'une église du XVIe s. Un village de conte pour enfants. De nombreux étangs alimentés par les eaux de la forêt (de l'Avre notamment) donnent à la clairière de Bresolettes une indéniable touche écolo-romantique qui envoûtera randonneurs et poètes errants. D'ailleurs, l'endroit fait partie des trois sites paysagers classés de l'Orne (avec les arbres de la forêt de Réno-Valdieu et la roche d'Oëtre en Suisse normande). De bien belles balades en perspective.

SOLIGNY-LA-TRAPPE *(61380)*

L'abbaye de la Trappe : *à 1 km à l'ouest de la route L'Aigle-Mortagne, dans une belle région d'étangs et de forêts, le monastère est habité par une communauté d'env 30 moines trappistes appartenant à l'ordre cistercien de la stricte observance, obéissant à la très vieille règle de saint Benoît (VIe s). On ne le visite pas, ce qui est le bon sens même, les moines étant retirés du monde pour mieux se consacrer à la prière. Toutefois, une projection audiovisuelle (en accès libre à la boutique) présente l'histoire de l'abbaye et la vie des trappistes aujourd'hui. Durée : 25 mn.*

– ***La fontaine Saint-Bernard :*** située près du magasin de l'abbaye. Utilisée depuis toujours par les gens de la région, elle donne une eau de source, lentement filtrée à travers d'épaisses couches de sable fin du Perche. On voit même les gens du coin faire la queue le bidon à la main.

– ***Le monastère :*** les bâtiments que l'on aperçoit, de styles néogothique et néoroman, datent de la fin du XIXe s et ne rappellent en rien (hormis le bâtiment du XIIIe s) l'abbaye fondée en 1140 par un comte du Perche en mémoire d'une épouse qu'il chérissait, décédée lors d'un naufrage en mer. Après une période de ferveur et de prospérité, la Trappe (c'est le nom du lieu-dit ; désigne à l'origine un piège à poisson) connut la misère, puis la décadence. Arrive l'abbé de Rancé, ancien prêtre mondain converti à l'ascétisme monastique, qui réforme de fond en comble la vie des moines, instituant la règle de la « stricte observance » toujours en vigueur. Un retour à la pureté des origines en quelque sorte. En quelques années, la Trappe devient, grâce à lui, un centre spirituel de première importance. Des personnages comme Saint-Simon, Bossuet et Jacques II d'Angleterre y firent des visites. Chateaubriand s'est inspiré de l'existence de ce moine exceptionnel pour écrire sa *Vie de Rancé,* livre que les trappistes n'hésitent pas à fustiger allègrement. Mais l'histoire mouvementée de la Trappe continue : expulsion des moines à la Révolution, exil en Suisse, en Russie et même aux États-Unis où l'ordre a essaimé. Puis retour dans le Perche en 1815.

Un magasin *est ouv au public en sem 10h30-12h, 14h45-17h45 (15h-18h30 en été) ; dim 11h45 (après la messe !)-12h45, 14h45-18h30. ☎ 02-33-84-17-00.* On peut y acheter des livres, des souvenirs religieux (icônes), ainsi que des produits fabriqués par les moines de diverses abbayes : pâtes de fruits, fromages, confiture de lait, etc.

BELLÊME (61130) 1 570 hab. *Carte Orne, D3*

Bellême, dont le nom viendrait de celui de la déesse celte *Belisama* ou tout simplement du latin *Bellissima,* c'est d'abord une forêt magique, dernier lambeau du monde gaulois, que l'on aime pour la beauté centenaire de ses chênes. Quant à la petite ville, elle surplombe toute cette immensité verte depuis des siècles. Encore assez vieille France dans son ensemble, elle se réveille cependant en fin de semaine et devient très tendance, notamment dans la rue de la Ville-Close, avec ses brocantes, ses boutiques d'antiquaire, ses ateliers (tapissiers mais aussi des boutiques de mode et de création) ou encore ses salons de thé qui font aussi épicerie fine.
Cette partie sud du Perche, pays des collines, des ruisseaux et des vieux manoirs enfouis dans la magie des arbres, gagne vraiment à être connue.

Adresse et info utiles

Maison du tourisme du Pays bellêmois : *bd Bansard-des-Bois. ☎ 02-33-73-09-69. • lepaysbellemois.com • Face aux vestiges des remparts du château. Juil-août, tlj 9h30-12h30, 14h-18h ; avr-juin et sept, mar 14h-18h, mer-dim 10h-12h30 et 14h-18h ; oct-mars, ouverture restreinte.* Visite guidée de la ville l'été et distribution d'une brochure avec un petit circuit pour la découvrir par vous-même (il existe aussi un circuit pour les enfants). Loue aussi les clubs pour le minigolf voisin (avril-novembre seulement). Accès Internet (15 mn) gratuit.
– ***Marché :*** *jeu mat.*

Où dormir ? Où manger ?

Camping

Camping municipal du Val : *route de Mamers. ☎ 02-33-85-31-00. 06-07-11-27-39. • mairie.belleme@wanadoo.fr • Sur la route de Mamers et Alençon, tourner à gauche et traverser un lotissement (indiqué). Ouv de mi-avr à mi-oct. Env 6,50 € pour 2. CB refusées.* À la lisière du bourg, dans un coin paisible profitant d'un bel environnement vallonné, un petit camping tout simple et bien tenu, aux emplacements agréables. Certains sont délimités par des haies, d'autres sont en hauteur et bénéficient de la vue. Piscine communale à proximité.

Bon marché

Gîte communal : *19, rue Ville-Close. ☎ 02-33-85-31-00 (mairie). 06-07-11-73-66. • mairie.belleme@wanadoo.fr • Ouv tte l'année. Env 12,50 € la nuit.* Sur 2 étages, dans l'une des plus vieilles rues de la ville, cette maison ancienne (et étroite) restaurée avec soin peut accueillir une quarantaine de personnes réparties dans une douzaine de chambres. Cuisine collective, salon avec cheminée, une cour et son jardinet donnant sur la campagne percheronne. Location de draps.

De chic à plus chic

Le Relais Saint-Louis : *1, bd Bansard-des-Bois. ☎ 02-33-73-12-21. • relais.st-louis@wanadoo.fr • relais-st-louis.com • ♿ Fermé dim soir-mar midi en saison. Congés : 1 sem en mars et nov. Doubles 75-87 €. Menus 16 € (midi en sem) et 25-48 €. Wifi.* La bonne auberge d'autrefois, dans un ancien relais de poste construit sur les remparts. Salle à manger avec cheminée, armures et bibelots médiévaux, idéale pour goûter une cuisine inspirée des traditions locales, comme cette omelette perchoronne (un délice) ou cette aumônière d'andouille de Vire. Pour dormir, des chambres coquettes, toutes différentes, certaines avec vue sur les jardins à l'arrière. Une belle adresse, dommage que l'accueil ne soit pas toujours à la hauteur.

Chambre d'hôtes de l'Hôtel de Suhard : *chez Josianne et Joël Lenoir, 34, rue d'Alençon. ☎ 02-33-83-53-47. • contact@hotel-de-suhard.fr • hotel-de-suhard.fr • En plein centre, dans la rue qui descend derrière l'église. Doubles 75-120 € selon saison, j. de la sem et chambre. Wifi.* Il règne dans cette demeure du XVIe s une ambiance bourgeoise, veloutée et sereine. Les lieux, magnifiquement restaurés, gardent encore aujourd'hui l'empreinte des siècles passés, avec les dalles patinées, les parquets, les cheminées ou encore le bel escalier en bois. Les chambres sont de véritables cocons aux couleurs douces, où mobilier ancien et plus contemporain se côtoient harmonieusement. Quant aux lits, c'est presque une torture de les quitter ! Ajoutez à cela un ravissant jardin et des hôtes aux petits soins et vous obtenez un endroit que l'on quitte à regret.

Où manger dans les environs ?

Restaurant La Croix d'Or : *6, rue de La Herse, 61400* ***Le Pin-la-Garenne.*** *☎ 02-33-83-80-33. • lacroixdor@free.fr • À env 8 km au nord de Bellême, sur la D 938 vers Mortagne-au-Perche. Tlj sf mar et dim. Formules déj 9-13 € en sem ; menus 20-45 €.* Lui est chef, elle sommelière. Ensemble, ils tiennent d'une main de maître cette petite adresse vraiment sérieuse, qui offre un beau rapport qualité-prix, et ce dès les premiers menus. Cuisine plutôt fine, bien de son époque, à partir de bons produits joliment travaillés et de légumes de saison. Un seul petit regret : la déco, un peu froide.

À voir. À faire

L'église Saint-Sauveur : date des Xe et XVe s, mais fut reconstruite de 1675 à 1710 dans un pur style classique. La chapelle du Rosaire fut offerte par Aristide Boucicaut, l'enfant du pays, fondateur du *Bon Marché* à Paris.

Le cadran solaire de la place Liégeard : entre deux fenêtres, peint au XIXe s. Une trace de l'artisanat percheron. Symbole du temps qui passe concrètement, poétiquement mais fatalement !

Le porche : du XVe s. Quand on vient de la place de la République où se trouve l'église Saint-Sauveur, il marque l'entrée de la rue de la Ville-Close. Une plaque rappelle le siège de Bellême et indique que Saint Louis prit la ville à un Breton nommé Mauclerc, lequel fut comte.

✯ ***La rue de la Ville-Close :*** bordée de beaux hôtels particuliers des XVIIe et XVIIIe s. Admirer, au n° 28, l'hôtel de Bansard des Bois (un ancien député et maire de Bellême), sorte de petit château en plein village. Tout ça fait très Ancien Régime !

✯ Très jolie ***vue*** sur la forêt de Bellême de la route périphérique qui enlace la ville par le sud et rejoint la route D 955 vers Mamers.

– ***Golf de Bellême :*** *Les Sablons.* ☎ *02-33-73-12-79.* • *belleme.com* • *À la sortie de la ville (indiqué). Ouv tte l'année.* Pris dans le parc naturel régional du Perche, voici l'unique 18-trous du département. En contrebas de la ville, on swingue entre les bois et les étangs. Vallonné et verdoyant, il rappelle certains parcours anglais.

Manifestations

– ***Les Journées mycologiques de Bellême*** *(Mycologiades internationales)* **:** *ts les ans, le 1er w-e d'oct. Infos et inscriptions :* ☎ *02-33-73-34-16.* • *mycologiades.com* • Une manifestation réputée qui souffle sa soixantième bougie en 2012. C'est que la forêt de Bellême est riche de 360 espèces de champignons et attire des mycologues prestigieux, venus de toute l'Europe pour chercher, étudier et exposer ces trésors qui poussent au pied des chênes. Mais on ne peut les manger, c'est interdit par le règlement. Sorties en forêt, conférences, etc. Un Cèpe d'or est même décerné au meilleur fouineur. Exposition de tous les plus beaux spécimens recueillis pendant ces 4 jours.

– ***Spectacle nocturne vivant « Le Trésor maudit » :*** *derrière la Maison du tourisme. De mi-juil à mi-août, ts les ven et sam à 22h30.* • *perche-passion.com* • *Payant.* Toutes les légendes du Perche, scènes de combat, danses.

DANS LES ENVIRONS DE BELLÊME

LA FORÊT DE BELLÊME

Elle commence juste à la sortie nord de la ville, formant sur 18 km de longueur et 9 km de large une merveilleuse mer d'arbres dans les douces collines du Perche. Voilà sans doute ce qui fut la plus belle forêt du Perche (jusqu'à ce qu'elle soit ravagée par une tempête), peuplée de chênes majestueux dont le chêne de l'École, situé dans la partie ouest de la forêt, particulièrement beau. Un peu de l'âme de la Gaule antique vit encore à l'ombre de ces feuilles. Environ 2 400 ha archi-protégés, qu'il faut découvrir à pied ou à bicyclette, à travers le sentier GR 22 (Paris-Mont-Saint-Michel), par exemple. On peut se procurer les circuits de plusieurs sentiers pédestres auprès de la Maison du tourisme.

LA PERRIÈRE *(61360 ; 290 hab.)*

Un village plein de charme pris d'assaut en été, lieu de résidence de nombreux artistes et *people.* De Bellême, la plus jolie route pour y arriver passe par Le Gué-de-la-Chaîne. De là, prendre à droite une adorable route de campagne qui longe (en la surplombant) à flanc de colline la forêt de Bellême : haies touffues, talus fleuris, échappées secrètes sur l'orée des bois, hameaux éparpillés, par monts et par vaux.

Puis on arrive à La Perrière, village millénaire perché au sommet d'une colline, qui eut son heure de gloire au XIXe s grâce à la broderie sur filet et au filet perlé. Sur la place centrale : une belle maison couverte de vigne vierge, une vieille balance à chevaux, et, un peu plus loin, l'épicerie du village. Mais la partie la plus intéressante du bourg est située entre la place centrale et l'église (ouverte toute l'année). Là, plusieurs ruelles (dont la ruelle Puante !), aux murs couverts de glycines, cachent de croquignolets petits jardins. Plus haut encore, de l'église, superbe vue sur le bocage et 17 clochers de la région. Planté de pins, le cimetière a un air méditerranéen. Nombreuses demeures de caractère des XVIe et XVIIe s.

Adresse utile

Office de tourisme du pays de Pervenchères : *Grande-Place. ☎ 02-33-73-35-49. • si-pays-pervencheres@wanadoo.fr • En saison, ouv mar-sam. Visite guidée sam à 15h30 en été.* Dépliants sur les plus belles maisons du village, les légendes de la région et sur la butte de Montgaudry située à quelques kilomètres.

Où dormir ? Où manger ?

Village d'artistes oblige, La Perrière possède un ***gîte rural...*** décoré d'œuvres d'art à vendre ! *Infos auprès de Loisirs Accueil Orne : ☎ 02-33-28-07-00.*

De prix moyens à chic

Le Relais d'Horbé : *sur la pl. du village. ☎ 02-33-25-95-44. • horbe98@wanadoo.fr • relaisdhorbe.com • Fermé mer hors saison. Double 55 €. Formules 10 € (midi en sem) et 18-20 €. Internet, wifi. Un petit déj/chambre et par nuit et café au resto offerts sur présentation de ce guide.* La petite auberge de Martin vous reçoit en terrasse sous les glycines, ou autour de son vieux zinc et de sa magnifique collection de percolateurs. Il faut dire que la maison fait aussi brocante dans la pièce voisine, alors forcément, ça aide. Cuisine toute simple et pas chère, servie avec plaisir par votre hôte, qui s'installe gentiment à votre table pour papoter. Sa devise, c'est « comme à la maison sans les inconvénients », et c'est vrai qu'on a l'impression d'être de passage chez des amis. Convivial donc, notamment grâce à sa clientèle d'habitués. Et comme toute auberge qui se respecte, on trouve quelques chambres (3 exactement !) à l'étage : déco personnalisée qui ne manque pas de caractère (ni de détails : la marocaine propose même une paire de babouches !). Parmi elles, la *marine* est particulièrement adaptée pour les familles avec bébé. Fait aussi cybercafé.

La Maison d'Horbé : *La Grande-Place (à ne pas confondre avec le* Relais d'Horbé*). ☎ 02-33-73-18-41. • lamaisondhorbe@wanadoo.fr • Fermé lun tte l'année et ouv slt ven-dim et j. fériés hors saison ; sur résa après 20h. Carte 25-30 €. Café offert sur présentation de ce guide.* Une adresse dans l'air du temps. En poussant la porte de cette brocante adorable, on est aussitôt submergé par les bonnes odeurs échappées de la cuisine. Car c'est également un bon restaurant le midi et un salon de thé soigné (excellents produits) le reste de la journée.

L'ORNE

À voir. À faire dans le coin

La ferme de la Grande Suardière : *sur la route entre La Perrière et Montgaudry (panneaux). ☎ 02-33-83-53-29. Vente de produits frais jeu et dim 10h-19h.* Une ferme biologique où les propriétaires, qui préparent leur pain à l'ancienne, proposent des stages de cuisine bio et font visiter le site jeudi et dimanche toute l'année (sur résa de préférence).

Le manoir de Soisay : *sur la D 931 vers Mamers, 2 km avt Suré sur la droite (panneau). 06-61-42-51-87. • soisay.fr • Ouv à la visite début juil-début sept, sf sam-dim, 11h-17h. Entrée : 3 € ; réduc.* Isolé en pleine campagne au bout d'un petit chemin, ce manoir ravissant des XVIe et XVIIe s possède un pigeonnier, une chapelle, un four à pain et des jardins cultivés façon agro-écologie. En été, c'est devenu un surprenant lieu de vie culturel : des artistes en résidence investissent les dépendances, présentent leurs œuvres et font visiter à leur façon le logis. Original !

Manifestations

– **Le Marché d'art :** *le w-e de la Pentecôte. ☎ 02-33-73-35-49. • marchedart.com •* Pendant 2 jours, le village accueille 85 peintres, photographes ou sculpteurs. Tous les ateliers et les maisons où sont exposées des œuvres sont ouverts au public pour l'occasion.
– **Week-end des métiers d'art :** *le 2e w-e de sept. Infos à l'office de tourisme.* Tous les métiers d'art, à l'exception des artistes peintres, investissent les rues pour présenter leur travail. Plusieurs dizaines d'exposants.

LA ROUTE DES MANOIRS DU PERCHE

Carte Orne, D3

On ne dira jamais assez la beauté d'un manoir percheron caché derrière son bouquet d'arbres ou niché dans un pli du relief, à l'endroit même où il fallait qu'il soit. Point d'arrogance dans ces vieux corps de bâtiments couverts de tuiles et d'ardoises. Les châtelains du XVIe s y menaient une existence assez rustique, entre l'opulence du seigneur et le dépouillement du paysan. Environ 500 manoirs furent construits entre le XVe et le XVIIe s, il n'en reste plus qu'une centaine aujourd'hui. Restaurés, certains d'entre eux accueillent hébergement de charme ou musées de la vie locale. D'autres, parmi ceux que nous citons sur cet itinéraire, ne sont pas ouverts à la visite. Très souvent, cependant, on peut aisément les admirer depuis la route.

➢ Notre itinéraire recoupe, c'est inévitable, les excellents circuits du petit fascicule *Routes tranquilles du Perche* (payant), disponible dans les offices de tourisme, qui présente neuf itinéraires pour musarder, chiner ou grignoter.

L'ORNE

RÉMALARD (61110 ; 1 270 hab.)

À 18 km au nord-est de Bellême, gros bourg percheron où naquit Octave Mirbeau, l'auteur du *Journal d'une femme de chambre,* adapté au cinéma par Buñuel. L'actuelle mairie est installée dans la gentilhommière où il passa ses tendres années. Jolie église Saint-Germain-d'Auxerre (portail et abside romans) sur un tertre verdoyant.
– **Marchés :** *lun mat tte l'année et marché aux produits fermiers dim mat Pâques-déc.*

Où manger dans les environs ?

La Petite Ramonerie : *17, rue du Perche, 61110* ***Boissy-Maugis.*** *☎ 02-33-73-72-21. • lapetiteramonerie@gmail.com • Tlj en juil-août ; reste de l'année, fermé lun et ven. Congés : en janv. Formule 19,50 € ; carte 15-20 €.* Petit bar-resto où se retrouvent les habitués du coin ainsi que les gens de passage dans un cadre plaisant où les abat-jour d'un autre temps côtoient les fenêtres barrées d'un néon. La petite carte change régulièrement, mais privilégie une cuisine maison simple et de saison, qui pioche volontiers dans un répertoire plus exotique.

À voir

Les jardins de la Petite-Rochelle : *22, rue du Prieuré. ☎ 02-33-73-85-38. • lapetiterochelle.com • À proximité de l'église. De juil à mi-août, tlj 13h-19h.*

Entrée : 5 €. Sur plus de 1 ha, huit jardins différents avec bassins, cultivés avec amour par les propriétaires depuis plusieurs décennies.

L'hôtel des Arts : *4, pl. des Arts. • reflect@wanadoo.fr* • En bas du village, un ancien hôtel désormais dévolu à l'univers des arts. Expos temporaires et concerts à l'occasion des vernissages.

De Rémalard, prendre la route de Moutiers-au-Perche. Sur la droite de celle-ci, à environ 2,5 km, on aperçoit dans un vallon le ***manoir de Voré*** (privé), beau château dans le plus pur style XVIIIe s, mais le moins percheron des manoirs du Perche. Ce fut la demeure d'Helvétius, brillant esprit du Siècle des lumières, auteur d'un essai, *De l'esprit,* dans lequel il dénonce les abus des courtisans et les excès de la monarchie, et appelle des réformes sociales.

MOUTIERS-AU-PERCHE *(61110 ; 440 hab.)*

Bien s'enfoncer dans le village pour découvrir ses maisons qui s'accrochent à un versant de colline, le long d'une rue pentue qui mène à l'église du Mont-Harou (XIIe-XVIe s) aux gargouilles démesurément grandes. À l'intérieur, une musique douce, un superbe vieux carrelage, une large nef, des voûtes en bois et une charpente lambrissée en berceau. Ne pas manquer les fresques érodées par le temps. De là-haut, belle vue sur la vallée.

Où dormir ? Où manger ?

De chic à beaucoup plus chic

Villa Fol Avril : *2, rue des Fers-Chauds. ☎ 02-33-83-22-67. • contact@villafolavril.fr • villafolavril.fr • Fermé janv. Doubles 75-130 € selon confort et saison. Wifi.* Dans un ancien relais de poste soigneusement rénové, des chambres rétro-chic de charme aux teintes chaleureuses. Salles de bains au carrelage crème et TV écran plat font bon ménage avec les meubles chinés chez les antiquaires. Lits moelleux à souhait. Fait aussi resto. Piscine.

Maison d'hôtes Le Domaine de la Louveterie : *☎ 02-33-73-11-63. • domainedelalouveterie@wanadoo.fr • domainedelalouveterie.com • De Moutiers, prendre la direction de Rémalard. À 1,3 km, sur la droite. Ouv tte l'année. Doubles 95-165 € (dont 2 gîtes 2-3 pers). Table d'hôtes (sur résa) 39 et 72 €/pers.* Dans une superbe longère du XVIIe s isolée au creux d'une vallée où rôdaient autrefois les loups, des chambres toutes différentes, chaleureusement décorées (chinoise, années 1950, mauresque, etc.). On a craqué pour la bergerie, un vrai gîte pour amoureux, avec son nid douillet à l'étage et sa salle de bains balnéo. Piscine aux beaux jours. Belle vue sur Moutiers, là-bas, au loin... Hôtes délicieux et pleins d'attentions, à l'image de leurs repas préparés dans les règles et avec les légumes de leur potager bio : table dressée avec la manière et feu dans la cheminée pour l'ambiance. Propose aussi des cours d'aquarelle, un « dîner conté » au Nouvel An et des massages sur résa.

Où acheter de bons produits ?

Boucherie Charcuterie Gilles Prévost : *1, rue des Fers-Chauds. ☎ 02-33-73-96-79. Face à la* Villa Fol Avril. Pour s'approvisionner en très bon boudin noir, c'est par ici !

À faire

– ***Perch'orizon :*** *au lieu-dit de Launay. 📱 06-82-41-42-88. • perchorizon.com • À la sortie de Moutiers-au-Perche par la D 920 en direction de Rémalard ; dans le virage, prendre à gauche vers La Joignère.* Toute l'année, ce club d'équitation pleine nature propose, aux débutants comme aux cavaliers confirmés (adultes et enfants), des balades de 30 mn à 2h à dos de percheron, mais aussi de poneys, fjords, etc. Également des randos thématiques de 1 à 3 jours.

NOCÉ *(61340 ; 780 hab.)*

À 8 km à l'est de Bellême. Deux beaux manoirs visibles de la route. Le ***manoir de Courboyer,*** à 3 km au nord, est l'une des plus remarquables gentilhommières construites dans le Perche à la fin du XVe s. À la sortie de Nocé, sur la route de Berd'huis, le ***manoir de Lormarin*** (XVIe s) avec trois tours rondes. Suivre la route jusqu'à Préaux-du-Perche. Voir le ***manoir de la Lubinière,*** élégante demeure du XVIe s abritant de belles cheminées de la Renaissance et de grandes caves voûtées.
– ***Le parc,*** d'une superficie de plus de 194 000 ha, est une succession de forêts et de bocages, les paysages percherons possèdent un rare pouvoir de séduction, pleins de charme et de rusticité.

Où manger ?

|●| ***Auberge des 3 J :*** *1, pl. du Docteur-Gireaux. ☎ 02-33-73-41-03. ♿ Tlj sf dim soir et lun, plus mar hors saison. Congés : 1re quinzaine de janv et 2de quinzaine de sept. Menus 25,50-36 €.* En plein cœur du charmant village de Nocé. Dans cet ancien relais de poste joliment décoré, Stéphan Joly (un ancien de la *Tour d'Argent*) et ses acolytes en cuisine s'amusent des codes gourmands du terroir normand et s'en échappent pour voyager au loin à travers les plats qu'ils inventent. Ça donne une cuisine magnifiquement présentée et pleine de surprises gustatives. Mention spéciale pour les desserts (on ajouterait bien quelques pages au millefeuille...) ! Cours de cuisine.

À voir

✯✯ ***Le manoir de Courboyer :*** *à 3 km au nord de Nocé. ☎ 02-33-85-36-36. • parc-naturel-perche.fr • ♿ (dans le domaine). Tlj sf 1er janv et 25 déc : en juil-août 10h30-18h30 (18h avr-juin et sept-oct ; 17h30 nov-mars). Visite du manoir libre (2 €) ou guidée (3 €) ; gratuit moins de 16 ans. Accès libre au domaine.* Un séduisant manoir du XVe s qui héberge la ***Maison du parc naturel régional du Perche*** sur un site de 65 ha. Celle-ci propose des visites guidées du domaine, un diaporama, une exposition sur le Perche et son histoire. On apprend à travers ceux-ci que les manoirs représentaient le pouvoir au XVe s et qu'ils étaient toujours situés près d'un cours d'eau, car ils devaient se suffire à eux-mêmes, or l'eau était indispensable à l'agriculture ou pour alimenter les moulins qui permettaient de moudre le blé. Ces gentilhommières, souvent de style Renaissance dans le Perche, sont ornées de belles fenêtres à meneaux et recèlent parfois quelques surprises amusantes : ici, c'est un bonhomme qui montre ses fesses sur le cul-de-lampe de la tourelle d'angle.
Également des expos temporaires. De là, partez à la découverte du domaine. Patrimoine naturel unique. Sentier découverte, animations, expos, conférences, marché fermier de plein air. Vous n'allez pas vous ennuyer ! Petite boutique de produits locaux ouverte tous les jours. Restaurant sur place avec produits du terroir et de la ferme.

SAINTE-GAUBURGE *(61130 ; 250 hab.)*

Situé sur la commune de *Saint-Cyr-la-Rosière,* un hameau percheron miraculeusement préservé et magnifiquement restauré. Un coup de cœur.

À voir

L'écomusée du Perche : *au cœur du hameau. ☎ 02-33-73-48-06. • ecomuseeduperche.fr • (rdc). À env 2 km de Saint-Cyr-la-Rosière. Écomusée : tlj 10h30-18h30 (oct-mars jusqu'à 18h et le w-e 14h-18h slt). Bibliothèque : ts les mer ap-m et sur rdv. Entrée : 4,50 €. Billet jumelé musée + prieuré 5,60 € ; réduc et gratuit moins de 18 ans. Un verre de cidre ou de jus de pomme offert sur présentation de ce guide.* Sur deux niveaux, un écomusée bien conçu qui passe en revue tout l'univers percheron au travers des vieux métiers d'autrefois : le bourrelier, le tisserand... et aussi l'élevage du cheval, la culture du chanvre et de la pomme. Les petites reconstitutions et les nombreuses anecdotes dévoilent peu à peu un monde étonnant : le sabotier qui vivait et travaillait en pleine forêt, souvent considéré comme un marginal sinon comme un sorcier, les bouilleurs de cru « irrégulièrement honnêtes »... Impressionnant pressoir à « longue étreinte », et alambic. Beaucoup d'animations tout au long de l'année (sur l'habitat rural, l'apiculture, la cuisson dans le four à pain...). Boutique, avec notamment le cidre, le jus de pomme et le miel, produits par l'écomusée.
Dans la cour, reconstitution d'un jardin potager paysan, où sont cultivés légumes anciens et plantes traditionnelles du Perche.
– Également des expos temporaires, des circuits « découverte », et la *Journée de l'arbre et du cidre* début novembre à Saint-Cyr-la-Rosière. Le 14 juillet, *fête de l'Agriculture*, le 15 août, *fête du Cheval percheron* et, en septembre, *fête de l'Abeille*.

Le prieuré : *à côté du musée. Visite guidée du prieuré + visite écomusée : 5,60 €. Visites guidées slt (45 mn) les w-e, j. fériés et vac scol slt, 14h-18h.* Fondé au XIe s, ce prieuré servit de ferme et de maison d'habitation jusqu'en 1993. En constante restauration. Dans l'église, qui accueille désormais des expos temporaires, belles salles voûtées d'ogives, lavabos gothiques et Renaissance, nef et chœur en lambris, remarquablement éclairés et chapiteaux feuillagés. Dans le logis, salle capitulaire (transformée en cuisine au XVIIIe s), chapelle du prieur et salle de l'Annonciation. Voir notamment la cheminée sculptée représentant Adam et Ève au paradis, mais sans tête. La Révolution est passée par là ! Nombreuses randos au départ du prieuré.

L'ORNE

PRÉAUX-DU-PERCHE *(61340)*

Il faut ici fureter dans le bocage. Quelques belles surprises !

Où dormir ? Où manger ?

La Petite Viandrie : *chez Évelyne Boulay, Préaux-du-Perche. ☎ 09-71-57-55-74. 06-81-50-38-69. • lapetiteviandrie@gmail.com • lapetiteviandrie.fr • À la sortie de Préaux-du-Perche, par la D 277 en direction de Saint-Cyr-la-Rosière. Double 70 € (50 € à partir de 2 nuits).* Au bout du chemin se love un petit manoir du XVe s restauré avec grand soin par ses propriétaires qui vivent sur place mais possèdent l'exploitation laitière à côté. Ils ont conservé la structure et les espaces existants, sauf dans la partie réservée aux chambres, réaménagée afin d'obtenir 2 pièces séparées avec salle de bains. Sous les toits, pas très grandes et douillettes, elles sont belles dans leur simplicité : parquet, vieilles poutres, meubles rustiques qui n'alourdissent en rien l'ensemble mais lui donnent plutôt son caractère. Bref, on se sent ici dans une vieille maison de campagne confortable et non dans un magazine de déco. Grand salon à disposition, ainsi qu'une petite cuisine avec micro-ondes et frigo.

Chambres d'hôtes du Jardin François : *chez Gérard François, Le Clos, Préaux-du-Perche. ☎ 02-37-49-64-19. • gfrancois@jardin-francois.com • jardin-francois.com • À env 4 km de Préaux, direction Le Theil. Fermé Noël et 1er janv. Doubles 45-120 € selon* *confort et saison.* À l'écart du jardin touristique, bien au calme, un ravissant bâtiment renferme une poignée de chambres rénovées avec goût et dotées de tout le confort. Déco soignée, conservant le style ancien de la maison (vieilles pierres apparentes, mobilier, collection de faïence). Kitchenette dans toutes les chambres avec plaques électriques, frigo et cafetière et petit déj déposé le matin dans un panier devant la porte de la chambre. Et sans surprise, car c'est la marque de la maison, en plus du jardin François, on découvre un magnifique jardin réservé aux hôtes sur le thème provençal (oliviers, figuiers, thym en pagaille...). Il y a même un coin de potager dans lequel on peut piocher fraises et salades (en saison, évidemment) !

Le Relais Saint-Germain : *pl. Saint-Germain, Préaux-du-Perche. ☎ 02-33-73-33-39. • contact@le-relais-st-germain.com • Au cœur du village, face à l'église. Tlj sf dim jusqu'à 20h (sf si animations). Menus 10 € (midi en sem) et 15-18 €. Wifi.* Un vrai café de village joliment restauré, où l'on se retrouve autour d'un verre ou pour profiter des menus à prix doux. Vous y trouverez toutes les boissons du coin à base de pommes, mais aussi les jus de fruits et sirops bio d'un producteur du village. La cuisine, quant à elle, reste simple mais s'efforce de servir des produits locaux et de saison.

À voir. À faire

Les escargots du Perche : *La Huberdière, Préaux-du-Perche. • escargots-du-perche.com • De l'écomusée de Sainte-Gauburge (voir plus haut), suivre direction Préaux, sur la D 277, indiqué à droite. ☎ 02-33-25-91-79. Ouv à la vente lun-sam 9h-12h, 14h-18h. Visite slt sur rdv de mi-avr à mi-oct lun-sam. Nocturne les mer de juil-août, également sur rdv. Prix : 3,50 € ; réduc.* Saviez-vous qu'il ne reste que 120 éleveurs d'escargots en France, pour n'assurer que 10 % de la consommation nationale ? Surtout depuis que le remembrement a provoqué la disparition de 80 % de l'espèce. De l'*Helix pomatia* (le gros blanc ou bourgogne) à l'*Helix aspersa* (le petit-gris) en passant par leur gros cousin libyen, vous saurez tout sur l'escargot, grâce à un passionnant passionné, M. Couvreur.

Le jardin François : *☎ 02-37-49-64-19. • jardin-francois.com • Près des chambres d'hôtes, voir ci-dessus. Tte l'année, du lever au coucher du soleil (23h le ven avec éclairage). Entrée : 6 € ; réduc ; gratuit moins de 12 ans. Env 1h30 de visite.* Créé dans les années 1990, ce jardin est l'aboutissement d'années de travail, de patience et de passion. Sur 3 ha, Gérard, horticulteur passionné, a voulu recréer dans le pays de son enfance un jardin « carnets de voyages » qui raconterait de petits morceaux de ses nombreux voyages : jardin japonais, fontaine irlandaise, plantes exotiques, pont en « bambou », roseaux... Et l'endroit a le mérite de pouvoir se visiter en toute saison. Nombreuses bruyères d'hiver, feuillage, collections de camélias, rosiers anciens, rhododendrons, azalées, hortensias... L'architecture du site reste moderne, prise dans la nature. Un autre jardin « Surprenant », plus petit, se découvre au bout du sentier sous les arbres avec ses cerisiers et pruniers sauvages. Des concerts y sont organisés. Produits de la ferme, chambres d'hôtes et possibilité de boire un verre dans ce cadre reposant.

SAINT-GERMAIN-DE-LA-COUDRE *(61130 ; 850 hab.)*

Belle crypte dans l'église Saint-Germain sur les hauteurs de la ville et un des plus anciens manoirs percherons, le ***manoir de la Fresnaye,*** impressionnant avec son donjon et ses deux tours. Il date de la guerre de Cent Ans !

Où dormir dans le coin ?

Maisons d'hôtes chez M. et Mme Weber : *accueil à la ferme de la Haute Blatrie, 61130* ***Bellou-le-Trichard.*** *☎ 02-33-83-25-98. • bellou61@free.fr • bellou61.free.fr • À 2 km de Bellou-le Trichard ; de ce village, prendre la direction Igé. Doubles 60-70 € avec petit déj bio ; suite 150 €. Gîtes (6-8 pers) 350-650 €/sem. Table paysanne bio sur résa (20-25 €/pers).* Les charmants propriétaires, des exploitants bio de la première heure, proposent 2 types d'hébergement : la Lorandière et la Saboterie. La première, plus rustique dans le style, est un petit corps de ferme en pleine campagne ; la seconde occupe une ancienne saboterie au cœur de Bellou-le-Trichard. Ne vous fiez pas à sa mine : cette maison jaune aux volets bleus semble petite de l'extérieur mais possède de grands espaces intérieurs, impression encore renforcée par la superbe verrière. La petite cabane dans son jardin devrait aussi occuper vos enfants pendant un moment ! Si l'atmosphère dans les 2 maisons n'est pas la même, la cuisine et la salle à manger sont communes dans les 2 cas. La déco signée par madame y est aussi bien jolie.

Chambres d'hôtes Le Haut Buat : *chez Isabelle et Laurent Thiéblin. ☎ 02-33-83-36-00. • lthieblin@wanadoo.fr • haut.buat.free.fr • À env 3 km de Saint-Germain ; de ce village, suivre Bellou-le-Trichard par la D 211. Double 75 €. Wifi.* En pleine nature, dans un bel ensemble de bâtiments anciens comprenant la longère, les écuries et la grange, le tout organisé en équerre. Les chambres confortables et chaleureusement décorées, avec accès indépendant, occupent la maison principale : 2 de plain-pied avec salles de bains privées, 2 à l'étage, sous les combles, avec salle de bains commune (attention à la tête !), idéales pour les familles. Vue reposante sur la vallée de la Même. Accueil sympathique.

Gîte et chambres d'hôtes du Moulin de Gémages : *chez Anna Iannaccone, Le Moulin, 61130* ***Gémages.*** *☎ 02-33-25-15-72. • info@lemoulindegemages.com • lemoulindegemages.com • Fléché depuis le village de Gémages, mais aussi sur la route entre Le Theil et Bellême. Doubles 85-100 €. Gîte (6 pers) 250-295 €/w-e, 360-500 €/sem, selon saison. Table d'hôtes 35 € le soir sur résa. Wifi.* Une affaire familiale qui roule. Il faut reconnaître qu'elle ne manque pas de bons arguments : l'ancien moulin est bourré de charme, et sa propriété de 15 ha avec plans d'eau et parcours de pêche à la mouche fera le bonheur des amateurs. Les autres ne manqueront pas d'y faire des balades revigorantes. Et les chambres ? Confortables et séduisantes, toutes de plain-pied, mais mansardées pour certaines. Également un gîte dans l'ancienne habitation du minotier, qui a su conserver le cachet de l'époque. Bons plats de terroir et de saison.

La Cabane Perchée : *La Renardière, 61130* ***Bellou-le-Trichard.*** *☎ 02-33-25-57-96. • perchedansleperche@gmail.com • perchedansleperche.com • À 2 km de Bellou-le-Trichard ; de ce village, prendre la direction de La Ferté-Bernard ; accès par un petit chemin à côté du château d'eau. 150 € pour 2 pers ; 270 € les 2 nuits (et 2 nuits min le w-e et pdt les vac scol). Wifi.* Le rêve pour les romantiques, ou les grands enfants, voire les deux à la fois ! Car cette cabane perchée rappelle de bons souvenirs et garantit une jolie escapade nature. Construite autour d'un châtaignier séculaire, elle ne manque ni de charme (vue magnifique sur la campagne depuis la terrasse), ni de confort (salle de bains, coin cuisine, système hi-fi).

L'ORNE

À voir dans les environs

L'Hermitière – Cidrerie traditionnelle du Perche : *Tronas, 61260* ***Le Theil.*** *☎ 02-37-49-67-30. • cidrerie-traditionnelle-du-perche.fr • Sur la D 107, entre Le Theil et Saint-Germain-sur-Coudre. Avril-oct, tlj 10h-12h, 15h-20h ; nov-mars, mer-dim 10h-12h, 15h-19h. Visite individuelle gratuite (film de 20 mn permettant de passer en revue toutes les étapes de la fabrication du cidre, mais aussi du calva ou plus* *simplement du jus de pomme ; suivi d'un petit passage en cave).* Cette exploitation produit peut-être le cidre de façon traditionnelle, mais n'exclut en rien la remise en cause et la modernité, d'où la façade tout en bois et des installations bien d'aujourd'hui. Cette maison bio au bâtiment certifié « Haute qualité environnementale » réunit en son sein : l'unité de production (qu'on ne voit pas de l'extérieur puisqu'elle est construite dans le sol, ce qui permet de garder la température idéale sans utiliser aucune énergie), un bel espace vente (de leurs produits, mais aussi de plusieurs autres entreprises locales dont ils partagent les valeurs ou les goûts), un service de petite restauration pour les randonneurs ou promeneurs (10h-12h, 15h-18h) proposant des boissons, en-cas ou assiettes à base de produits locaux à prix très doux et à déguster à l'intérieur ou en terrasse aux beaux jours, ainsi qu'un théâtre avec une programmation mensuelle. Ajoutez à tout cela des expos et un ***Festival de théâtre*** en été et la ***fête du Cidre*** le dernier dimanche d'octobre.

Le cadran solaire : *à la sortie de* ***Bellou-le-Trichard*** *(indiqué).* Placez-vous sur le mois correspondant à votre visite et vous aurez, selon l'intensité du soleil, l'heure solaire. Et ça marche !

SPÉCIAL DÉFENSE DU CONSOMMATEUR

Un routard informé en vaut dix ! Pour éviter les arnaques en tout genre, il est bon de les connaître. Voici un petit vade-mecum destiné à parer aux coûts et aux coups les plus redoutables.

Affichage des prix : les hôtels et les restos sont tenus d'informer les clients de leurs prix, à l'aide d'une affichette, d'un panneau extérieur ou de tout autre moyen. Vous ne pouvez donc contester des prix exorbitants que s'ils ne sont pas clairement affichés.

HÔTELS

1 - Arrhes ou acompte ? : au moment de réserver votre chambre par téléphone – par précaution, toujours confirmer par écrit – ou directement par écrit, il n'est pas rare que l'hôtelier vous demande de verser à l'avance une certaine somme, celle-ci faisant office de garantie. Il est d'usage de parler d'arrhes et non d'acompte (en fait, la loi dispose que « sauf stipulation contraire du contrat, les sommes versées d'avance sont des arrhes »). Légalement, aucune règle n'en précise le montant. Toutefois, ne versez que des arrhes raisonnables : 25 à 30 % du prix total, sachant qu'il s'agit d'un engagement définitif sur la réservation de la chambre. Cette somme ne pourra donc être remboursée en cas d'annulation de la réservation, sauf cas de force majeure (maladie ou accident) ou en accord avec l'hôtelier si l'annulation est faite dans des délais raisonnables. Si, au contraire, l'annulation est le fait de l'hôtelier, il doit vous rembourser le double des arrhes versées. À l'inverse, l'acompte engage définitivement client et hôtelier.

2 - Subordination de vente : comme les restaurateurs, les hôteliers ont interdiction de pratiquer la subordination de vente. C'est-à-dire qu'ils ne peuvent pas vous obliger à réserver plusieurs nuits d'hôtel si vous n'en souhaitez qu'une. Dans le même ordre d'idée, on ne peut vous obliger à prendre votre petit déjeuner ou vos repas dans l'hôtel ; ce principe, illégal, est néanmoins répandu dans la profession, toléré en pratique... Bien se renseigner avant de prendre la chambre dans les hôtels-restaurants. Si vous dormez en compagnie de votre enfant, il peut vous être demandé un supplément.

3 - Responsabilité en cas de vol : un hôtelier ne peut en aucun cas dégager sa responsabilité pour des objets qui auraient été volés dans la chambre d'un de ses clients, même si ces objets n'ont pas été mis au coffre. En d'autres termes, les éventuels panonceaux dégageant la responsabilité de l'hôtelier n'ont aucun fondement juridique.

RESTOS

1 - Menus : très souvent, les premiers menus (les moins chers) ne sont servis qu'en semaine et avant certaines heures (12h30 et 20h30 généralement). Cela doit être clairement indiqué sur le panneau extérieur : à vous de vérifier.

2 - Commande insuffisante : il arrive que certains restos refusent de servir une commande jugée insuffisante. Sachez, toutefois, qu'il est illégal de pousser le client à la consommation.

3 - Eau : une banale carafe d'eau du robinet est gratuite – à condition qu'elle accompagne un repas – sauf si son prix est affiché. La bouteille d'eau minérale quant à elle doit, comme le vin, être ouverte devant vous.

4 - Vins : les cartes des vins ne sont pas toujours très claires. Exemple : vous commandez un bourgogne à 16 € la bouteille. On vous la facture 32 €. En vérifiant sur la carte, vous découvrez que 16 € correspondent au prix d'une demi-bouteille. Mais c'était écrit en petits caractères illisibles.

Par ailleurs, la bouteille doit être obligatoirement débouchée devant le client.

5 - Couvert enfant : le restaurateur peut tout à fait compter un couvert par enfant, même s'il ne consomme pas, à condition que ce soit spécifié sur la carte.

6 - Repas pour une personne seule : le restaurateur ne peut vous refuser l'accès à son établissement, même si celui-ci est bondé ; vous devrez en revanche vous satisfaire de la table qui vous est proposée.

7 - Sous-marin : après le coup de bambou et le coup de fusil, celui du sous-marin. Le procédé consiste à rendre la monnaie en plaçant dans la soucoupe (de bas en haut) : les pièces, l'addition puis les billets. Si l'on est pressé, on récupère les billets en oubliant les pièces cachées sous l'addition.

LES GUIDES DU ROUTARD 2012-2013

(dates de parution sur **routard.com**)

France

Nationaux

- Les grands chefs du routard
- Nos meilleures chambres d'hôtes en France
- Nos meilleurs campings en France
- Nos meilleurs hôtels et restos en France
- Nos meilleurs produits du terroir en France
- Tourisme responsable

Villes françaises

- Lyon
- Marseille
- Nantes et ses environs
- Nice

Paris

- Paris
- Paris à vélo
- Paris balades
- Restos et bistrots de Paris
- Le Routard des amoureux à Paris
- Week-ends autour de Paris

Régions françaises

- Alsace (Vosges)
- Ardèche, Drôme
- Auvergne
- Berry
- Bordelais, Landes, Lot-et-Garonne
- Bourgogne
- Bretagne Nord
- Bretagne Sud
- La Bretagne et ses peintres
- Champagne-Ardenne
- Châteaux de la Loire
- Corse
- Côte d'Azur
- Dordogne-Périgord
- Franche-Comté
- Guadeloupe, Saint-Martin, Saint-Barth
- **Isère, Hautes-Alpes et stations des Alpes-Maritimes (mai 2012)**
- Languedoc-Roussillon
- Limousin
- Lorraine
- Lot, Aveyron, Tarn
- Martinique
- Nord-Pas-de-Calais
- Normandie
- La Normandie des impressionnistes
- Pays basque (France, Espagne), Béarn
- Pays de la Loire
- Picardie
- Poitou-Charentes
- Provence
- Pyrénées, Gascogne et Pays toulousain
- Réunion
- **Savoie Mont Blanc (avril 2012)**

Europe

Pays européens

- Allemagne
- Andalousie
- Angleterre, Pays de Galles
- Autriche
- Baléares
- Belgique
- **Budapest, Hongrie (mars 2012)**
- Catalogne (+ Valence et Andorre)
- Crète
- Croatie
- Danemark, Suède
- Écosse
- Espagne du Nord-Ouest (Galice, Asturies, Cantabrie)
- Finlande
- Grèce continentale
- Îles grecques et Athènes
- Irlande
- Islande
- Italie du Nord
- Italie du Sud
- Lacs italiens
- Madrid, Castille (Aragon et Estrémadure)
- Malte
- Norvège
- Pologne
- Portugal
- **République tchèque, Slovaquie (mars 2012)**
- Roumanie, Bulgarie
- Sardaigne
- Sicile
- Suisse
- Toscane, Ombrie

LES GUIDES DU ROUTARD 2012-2013 (suite)

(dates de parution sur **routard.com**)

Villes européennes

- Amsterdam et ses environs
- Barcelone
- Berlin
- Bruxelles
- Florence
- Lisbonne
- Londres
- Moscou, Saint-Pétersbourg
- Prague
- Rome
- Venise

Amériques

- Argentine
- Brésil
- Californie
- Canada Ouest
- Chili et île de Pâques
- Équateur et les îles Galápagos
- États-Unis Nord-Est
- Floride
- Guatemala, Yucatán et Chiapas
- Louisiane et les villes du Sud
- Mexique
- New York
- Parcs nationaux de l'Ouest américain et Las Vegas
- Pérou, Bolivie
- Québec, Ontario et Provinces maritimes

Asie

- Bali, Lombok
- Birmanie (Myanmar)
- Cambodge, Laos
- Chine
- Inde du Nord
- Inde du Sud
- Istanbul
- **Israël, Palestine (mai 2012)**
- Jordanie, Syrie
- Malaisie, Singapour
- Népal, Tibet
- **Sri Lanka (Ceylan ; mai 2012)**
- Thaïlande
- Tokyo, Kyoto et environs
- Turquie
- Vietnam

Afrique

- Afrique de l'Ouest
- Afrique du Sud
- Égypte
- Kenya, Tanzanie et Zanzibar
- Maroc
- Marrakech
- Sénégal, Gambie
- Tunisie

Îles Caraïbes et océan Indien

- Cuba
- Guadeloupe, Saint-Martin, Saint-Barth
- Île Maurice, Rodrigues
- Madagascar
- Martinique
- République dominicaine (Saint-Domingue)
- Réunion

Guides de conversation

- Allemand
- Anglais
- Arabe du Maghreb
- Arabe du Proche-Orient
- Chinois
- Croate
- Espagnol
- Grec
- Italien
- Japonais
- Portugais
- Russe

Et aussi...

- G'palémo (conversation par l'image)

INDEX GÉNÉRAL

A

B

C

INDEX

D

E

INDEX

F

G

INDEX

H

I-J

L

INDEX

M

INDEX

N

O

P

INDEX

Q

R

S

INDEX

INDEX

T

INDEX

U-V

Y

INDEX

OÙ TROUVER LES CARTES ET LES PLANS ?

INDEX

Les **Routards** parlent aux **Routards**

Faites-nous part de vos expériences, de vos découvertes, de vos tuyaux. Indiquez-nous les renseignements périmés. Aidez-nous à remettre l'ouvrage à jour. Faites profiter les autres de vos adresses nouvelles, combines géniales... On adresse un exemplaire gratuit de la prochaine édition à ceux qui nous envoient les lettres les meilleures, pour la qualité et la pertinence des informations. Quelques conseils cependant :

– Envoyez-nous votre courrier le plus tôt possible afin que l'on puisse insérer vos tuyaux sur la prochaine édition.
– N'oubliez pas de préciser l'ouvrage que vous désirez recevoir.
– Vérifiez que vos remarques concernent l'édition en cours et notez les pages du guide concernées par vos observations.
– Quand vous indiquez des hôtels ou des restaurants, pensez à signaler leur adresse précise et, pour les grandes villes, les moyens de transport pour y aller. Si vous le pouvez, joignez la carte de visite de l'hôtel ou du resto décrit.
– N'écrivez si possible que d'un côté de la lettre (et non recto verso).
– Bien sûr, on s'arrache moins les yeux sur les lettres dactylographiées ou correctement écrites !

En tout état de cause, merci pour vos nombreuses lettres.

Les Routards parlent aux Routards :
122, rue du Moulin-des-Prés, 75013 Paris

e-mail : ***guide@routard.com***
Internet : ***routard.com***

Le Trophée du voyage humanitaire ROUTARD.COM s'associe à VOYAGES-SNCF.COM

Ils ont aidé à la création d'un poste de santé autonome au Sénégal, à la reconstruction d'un orphelinat à Madagascar... Et vous ?
Envie de soutenir un projet qui favorise la solidarité entre les hommes ? Le Trophée du Voyage Humanitaire Routard.com est là pour vous ! Que votre projet concerne le domaine culturel, artisanal, écologique, pédagogique, en France ou à l'étranger, le *Guide du routard* et Voyages-sncf.com soutiennent vos initiatives et vous aident à les réaliser ! Si vous aussi vous voulez faire avancer le monde, inscrivez-vous sur • *routard.com/trophee* • ou sur • *tropheesdutourismeresponsable.com* •

Routard Assurance 2012

Routard Assurance et Routard Assurance Famille, c'est l'Assurance Voyage Intégrale. Dépenses de santé et frais d'hôpital pris en charge directement sans franchise jusqu'à 300 000 € + caution + défense pénale + responsabilité civile + tous risques bagages et photos. Assurance personnelle accidents : 75 000 €. Très complet ! Tarif à la semaine pour plus de souplesse. Tableau des garanties et bulletin d'inscription à la fin de chaque *Guide du routard* étranger. Pour les départs en famille (4 à 7 personnes), demandez le bulletin d'inscription famille. Pour les longs séjours, contrat Plan Marco Polo « spécial famille » à partir de 4 personnes. Pour un voyage éclair de 3 à 8 jours dans une ville de l'Union européenne, bulletin d'inscription adapté dans les guides villes avec des garanties allégées et un tarif « light ». Également un nouveau contrat Seniors pour les courts et longs séjours. Si votre départ est très proche, vous pouvez vous assurer via Internet • *avi-international.com* • ou par fax : 01-42-80-41-57, en indiquant le numéro de votre carte de paiement. Pour en savoir plus : ☎ 01-44-63-51-00.

Édité par Hachette Livre (43, quai de Grenelle, 75905 Paris Cedex 15, France)
Photocomposé par Jouve (45770 Saran, France)
Imprimé par Lego SPA Plant Lavis (via Galileo Galilei, 11, 38015 Lavis, Italie)
Achevé d'imprimer le 5 mars 2012
Collection n° 15 – Édition n° 1
24/5312/4
I.S.B.N. 978-2-01-245312-8
Dépôt légal : mars 2012